"十三五"国家重点出版物出版规划项目

经济科学译丛

中级微观经济学

（第八版）

杰弗里·M. 佩罗夫（Jeffrey M. Perloff） 著

谷宏伟 译

MICROECONOMICS
(EIGHTH EDITION)

中国人民大学出版社
·北京·

《经济科学译丛》总序

　　中国是一个文明古国，有着几千年的辉煌历史。鸦片战争后，中国由盛而衰，一度成为世界上最贫穷、落后的国家之一。中国共产党领导的革命把中国从饥饿、贫困、被欺侮、被奴役的境地中解放出来，1949年中华人民共和国成立，中国人民从此当家做主。1978年以来的改革开放，使中国真正走上了通向繁荣富强的道路。

　　中国改革开放的目标是建立一个有效的社会主义市场经济体制，加速发展经济，提高人民生活水平。但是，要完成这一历史使命绝非易事，我们不仅需要从自己的实践中总结教训，也要从别人的实践中获取经验，还要用理论来指导我们的改革。市场经济虽然对我们这个共和国来说是全新的，但市场经济的运行在发达国家已有几百年的历史，市场经济的理论亦在不断发展完善，并形成了一个现代经济学理论体系。虽然许多经济学名著出自西方学者之手，研究的是西方国家的经济问题，但他们归纳出来的许多经济学理论反映的是人类社会的普遍行为，这些理论是全人类的共同财富。要想迅速稳定地改革和发展我国的经济，我们必须学习和借鉴世界各国包括西方国家在内的先进经济学的理论与知识。

　　本着这一目的，我们组织翻译了这套经济学教科书系列。这套译丛的特点是：第一，全面系统。除了经济学、宏观经济学、微观经济学等基本原理之外，这套译丛还包括了产业组织理论、国际经济学、发展经济学、货币金融学、财政学、劳动经济学、计量经济学等重要领域。第二，简明通俗。与经济学的经典名著不同，这套丛书都是国外大学通用的经济学教科书，大部分都已发行了几版或十几版。作者尽可能地用简明通俗的语言来阐述深奥的经济学原理，并附有案例与习题，对于初学者来说，更容易理解与掌握。

　　经济学是一门社会科学，许多基本原理的应用受各种不同的社会、政治或经济体制的影响，许多经济学理论是建立在一定的假设条件上的，假设条件不同，结论也就不一定成立。因此，正确理解和掌握经济分析的方法而不是生搬硬套某些不同条件下产生的结论，才是我们学习当代经济学的正确方法。

本套译丛于 1995 年春由中国人民大学出版社发起筹备并成立了由许多经济学专家学者组成的编辑委员会。中国留美经济学会的许多学者参与了原著的推荐工作。中国人民大学出版社向所有原著的出版社购买了翻译版权。北京大学、中国人民大学、复旦大学以及中国社会科学院的许多专家教授参与了翻译工作。前任策划编辑梁晶女士为本套译丛的出版做出了重要贡献，在此表示衷心的感谢。在构建高水平社会主义市场经济体制时期，我们把这套译丛献给读者，希望为中国经济的深入改革与发展做出贡献。

《经济科学译丛》编辑委员会

前　言

在我还是学生的时候，就对微观经济学情有独钟，因为它帮我澄清了很多困惑，也赐予我解决各种新问题的钥匙。写这本书也是为了向学生说明，经济理论是用来解决现实问题的，不是空洞的学术说教。

本书阐述了个人、决策者、律师和法官以及企业如何运用微观经济理论这个实用工具来分析问题和解决问题。比如，大家可以从中学到：

■ 个人可依靠微观经济理论来做出是否进行投资，或者是否签订一份让价格钉住政府的通货膨胀指标的合约等决策。

■ 在税收、规制措施及其他政策出台之前，决策者（和投票人）可以利用微观经济学对政策的效果加以预测。

■ 律师和法官可以利用微观经济学来审理有关反托拉斯、歧视和经济合同等方面的案件。

■ 企业可以利用微观经济原理来实现成本最小化和利润最大化、选择战略、决定是从市场上购买还是自己内部生产，以及制定能为员工提供最优激励的合约，等等。

我曾在麻省理工学院、宾夕法尼亚大学和加州大学伯克利分校等大学的经济学系任教，也在加州大学伯克利分校的农业经济学和资源经济学系以及沃顿商学院讲授过微观经济学，所有这些经历让我坚信：学生们在学习的过程中更愿意关注的是现实世界的经济问题。

本书特色

与其他微观经济学教材相比，本书的特色主要体现在以下三个方面：

■ 本书更关注那些新发展起来的经济理论（比如，产业组织理论、博弈论、交易成本理论、信息理论、合约理论以及行为经济学等），这些理论在分析现实市场的时候非常有用。

■ 用现实世界的经济例子来介绍基本理论，并列举其在更多现实情形下的应用。

■ 本书在阐释如何利用微观经济理论来解决经济问题和进行政策分析时，运用的是循序渐进的方法。

现代理论

常见的微观经济理论在本书中均有呈现，但重点放在了那些对我们理解企业行为和政策效果特别有用的现代理论上。

产业组织。企业如何通过差异化其产品来提高利润？市场的结果何时取决于企业的价格或者数量决定？政府的价格规制对企业行为有什么影响？产业组织理论就是用来回答类似问题的。

博弈论。在拍卖中最优的出价方式是什么？企业如何设定价格以阻止竞争对手进入市场？孩子大学毕业后，家长用什么策略能让孩子回到自己身边生活？博弈论是一种策略性的思维方式，可以为人们选择最优的策略提供一些方法。

合约理论。一家企业应该向员工提供什么样的合约才能诱使其努力工作？人们应如何避免被那些拥有信息优势的人盘剥？现代合约理论会告诉你如何订立一份合约以避免和优化上述问题。

行为经济学。一家企业该给予工人加入或者不加入一项退休计划的自由选择权吗？面对最后通牒，人们该做出何种反应？我们用行为经济学来回答上述问题，行为经济学是目前经济学中最热门的领域之一，它用心理学的方法和理论来解释人们对理性行为的偏离。

现实世界的经济学

本书意在说明经济理论是有实用价值的，它所提供的方法也对我们理解现实市场、企业以及消费者决策大有裨益。我们用两种方式达到上述目的：其一，用基于现实数据所估计出来的模型来介绍基本理论；其二，将理论广泛应用于解决大量的现实世界问题。

用估计得到的模型来介绍理论。在本书的一些章节，我们会用估计得到的需求曲线、供给曲线、生产函数、成本函数等介绍基本的经济理论。例如，学生们将会使用估计的需求曲线和供给曲线来学习进口石油如何限制了美国石油生产商的定价，用估计的生产函数推导日本啤酒制造商的成本曲线，用估计的需求曲线和成本曲线考察对天然气垄断进行规制的后果，用估计的需求曲线和成本与利润方面的数据来分析寡头垄断厂商的策略，而这些数据均来自现实世界中的竞争，如美国航空公司和联合航空公司之间的竞争，以及可口可乐和百事可乐之间的竞争。

应用。基于估计的需求曲线和供给曲线，应用经济理论来预测，允许在北极国家野生动物保护区（Arctic National Wildlife Refuge）开采石油会对油价产生什么样的影响，用调查数据说明 iTunes 价格上涨对音乐下载量的影响，解释为什么一些顶级设计师会限制客户所能购买的箱包的数量，分析为什么亚马逊要提高其 Prime 会员服务的价格，以及测量互联网的使用价值。

问题导向的学习方式

普通人、企业和决策者总有一些现实的经济问题必须解决。本书使用了问题导向式的学习方法来说明经济理论可以帮助他们做出最佳决策。

例题详解。每章平均有超过 5 道"例题详解"，而每一道题均设置定量或定性问题，并用循序渐进的方法构造一个适宜的求解问题的模型。这些问题包括：彼得·古贝尔

（Peter Guber）和乔·拉科布（Joe Lacob）应该购买金州勇士队吗？如何用估计得到的需求曲线和边际成本曲线来确定英特尔和 AMD 的利润最大化产量和价格？对垄断企业的价格规制会对消费者和企业有什么影响？

挑战题。从第 2 章开始，每章都会以一道"挑战题"开始，这道题与当前现实世界中的重要事件有关，在题末会提出一系列问题；每一章的结尾，会以"挑战题解答"结束，我们会用这一章学到的方法来回答这些问题。也就是说，"挑战题"会把该章的"应用案例"和"例题详解"的材料有机地组合在一起。本书的挑战题有：引进转基因食品对一般食品的价格和数量的影响，为什么美国人比德国人更爱买电子书，明星球员的薪水上涨是否会提高球票价格，上大学是否值得，以及亨氏如何通过不同的销售方式来增加其番茄酱的利润。

章末思考题。从第 2 章开始，每一章的章末都有大量的思考题，很多问题直接和现实的热点问题相关，每一道"例题详解"以及每一道"挑战题"都至少对应一道章末思考题，这样安排的目的是拓展和反复训练学生的分析能力。还有一些题和"应用案例"相关，扫描书末二维码可获取部分章末思考题的答案，全部答案可以在 MyEconLab 上找到，这是专门用于学生进行自我评价、家庭作业和测验的平台。

第八版的改进

使用过本书前七版的师生们对本书的再版提出了非常宝贵的建议，第八版也在此基础上做了实质性的更新和全面的修正。这一版的主要变化有：

- 书中全部的"挑战题"和绝大部分例子及"应用案例"都是全新的或者进行了更新；
- 补充和更新了一部分"例题详解"；
- 对许多章末思考题进行了补充、更新和改编；
- 所有的章节都做了修订；
- 主要的章节都有一个新的特色栏目，我们在其中会分析一个常识性谬误。

挑战题、例题详解和思考题

所有的"挑战题"都是全新的或做了更新，应读者的要求，我们在这一版将"挑战题"和"例题详解"的数量增加至 111 道，它们中很多是新的，或者做了比较明显的改编。而且，对每一道"例题详解"而言，都能在章末的思考题中找到至少一道题与之呼应。

40% 左右的"例题详解"与现实中的事件有关，多数也同文中的"应用案例"以及例子相联系。除了"挑战题"之外，"应用案例"和"例题详解"中的例子包括：在北极国家野生动物保护区开采石油对油价有什么影响，攻读 MBA 的机会成本，为天然气设定价格上限的社会成本，苹果 iPad 的定价，以及把在国外购买的教材转售至美国的价格效应，等等。

从第 2 章起，每章的章末都会有平均 42 道左右的思考题，它们用文字、图形和数学的形式表述。这一版的思考题有 810 道，比上一版多出 47 道，12% 的思考题是新的（或做了更新），很多思考题与近期的事件有关，是从报纸、期刊等上面摘选的。

应用案例

第八版的"挑战题"和"应用案例"加起来有 133 个，比上一版多了 4 个。这其中，

35%是全新的，53%做了更新，二者共计88%。"应用案例"所涉及的事件大多发生在2015年和2016年这两年，只有一小部分所涉及的事件稍早一些，保留下来的例子都是不受时间影响的。

为了给新的"应用案例"留足篇幅，我们把第七版中的一些"应用案例"放在了MyEconLab上，并且还在上面补充了若干新的"应用案例"，平台上的"应用案例"等材料已经数以百计。

新的和更新的材料

每一章的多数内容都有变化，"挑战题"和"应用案例"是全新或更新过的。每一章的例子和统计数据也做了更新，一些比较大的变化包括：

■ 第2章和第3章几乎重写。我们用基于鳄梨、咖啡、玉米、乙醇和原油等市场估计出来的结果来介绍供求理论，咖啡的例子是全新的，也对3道"例题详解"做了比较大的改编。

■ 第4章和第5章的结构做了调整，内容也有变化，特别是第5章的"生活成本的调整"一节。

■ 第6章的"生产"一节改动较大，其余部分略有变化。

■ 第7章做了适当的改动，特别是与图7.2相关的内容。

■ 第8章改动较大，具体包括："利润最大化的两个步骤"一小节开始时关于停止营业决策的讨论的部分，"短期中的竞争"一节，"进入和退出"部分，"要素价格随产量变化时的长期市场供给曲线"部分以及有关的图形。

■ 第9章重写了大部分内容，包括：导言，"使供求曲线移动的政策"一节，有关原油贸易的讨论（使用了一个新的估计的模型）。

■ 第10章中一道"例题详解"、有关帕累托最优的比较以及"效率和公平"一节的内容是重写的。

■ 第11章增加了两道新的"例题详解"，有关苹果公司的材料都是重写的。

■ 第12章做了适当的变化。重新组织了有关群体价格歧视的内容，并进行了大量的改动，两部定价的内容有少许变化，增加了一道"例题详解"。

■ 第13章变化较大。整理和重写了"卡特尔"一节，重写了"古诺模型"一节和"竞争性均衡、斯塔克尔伯格均衡、古诺均衡及串谋均衡的比较"一小节的内容。

■ 第14章增加了两道新的"例题详解"，有关静态博弈的内容几乎全部重写，关于动态博弈的部分也做了大幅改动，还增加了一个有关双向拍卖的讨论。

■ 第15章的变化是，修改了表15.1、图15.9和图15.10，以及关于买方垄断的介绍。

■ 第16章改写了两道"例题详解"，并对部分事实做了更新。

■ 第17章重写了有关框架效应的讨论，改写了一道"例题详解"，为"规避风险"一节添加了一个导言，并增加了一小节新内容"拒绝参与"。

■ 第18章有关科斯定理、俱乐部物品和公共物品的内容做了比较大的改动。

■ 第19章做了适度的改动，有一道"例题详解"改动较大。

■ 第20章有一个新的"挑战题解答"。

新的板块：常识性谬误

这一版增加了一个新的特色板块——有关常识性谬误的讨论。常识性谬误是指被大众广泛接受的错误观点。除了第 1 章之外，每一章都会至少安排一个常识性谬误的介绍，我们会用经济理论来解释为什么这些观点是错误的。

可灵活安排授课内容

不同教师在授课内容上也会有所差别，本书的设计尽可能做到灵活多样。在讲授微观经济学时，最常见的方法是按照本书前半部分的章节次序进行：供给和需求（第 2 章和第 3 章）、消费者理论（第 4 章和第 5 章）、企业理论（第 6 章和第 7 章）和竞争模型（第 8 章和第 9 章）。随后，许多教师会接着讲到垄断（第 11 章）、价格歧视（第 12 章）、寡头垄断（第 13 章和第 14 章）、要素市场（第 15 章）、不确定性（第 17 章）和外部性（第 18 章）。

一个常见的变化是在消费者理论之后紧接着讲述不确定性（第 17.1 节到第 17.3 节）。很多教师喜欢在竞争模型和非竞争模型之间插入福利经济学的相关问题，就如同第 10 章论及一般均衡和经济福利时所安排的那样。或者，也可以把该章安排在课程的最后阶段讲授。教师可以提前把要素市场的内容布置给学生（第 15.1 节的内容可安排在竞争理论各章之后，其余各节可安排在第 11 章之后）。第 14～20 章的讲授顺序可以灵活安排，但如果第 19 章和第 20 章两章的内容都需要学习，则依序讲授；而第 17.4 节的内容应安排在第 16 章之后。

很多商学院的课程会跳过消费者理论（可能还包括供给和需求的一些内容，比如第 3 章），而把课时安排到本书后半部分所涉及的一些主题上。商学院的授课教师可能格外钟爱博弈和策略论（第 14 章）、资本市场（第 16 章）以及现代合约理论（第 19 章和第 20 章）。

技术上要求比较高的章节都带有星号（★）标志，这些章节即使跳过不讲也不影响对后续章节的理解。

MyEconLab*

《中级微观经济学》（第八版）的 MyEconLab 是一个非常强大的配套的评价和指导系统，上面包罗万象，有家庭作业、小测验和考试以及各种指导意见，学生能对自己所学的知识进行检测，教师可以出于评估上的需要而将它们组织在一起，学生或教师都可以注册、创建和使用所有 MyLab 上的课程，而不是仅限于自己的学科。网址是：http://www.pearsonmylab.com。

《中级微观经济学》（第八版）的 MyEconLab 上的特色资源包括：

■ Enhanced Pearson eText。它可以帮助学生更好地理解课程材料，进而达到自我提高的目的。通过实例、动画和交互指南等，将学习融入生活。学生可以使用 MyLab 上的自我评价和算法练习来运用这些概念，进而获得一个完全数字化的学习体验。

■ MyEconLab Videos。教材中重要的图形和概念都以动画的形式配上语音一步一步地展示出来，这些新的视频被加入"eText"中，可以通过 MyEconLab 来访问。

■ MyEconLab Solved Problems。很多学生不能用经济学的概念去解决问题，数字资

---

* 相关辅助材料，中国人民大学出版社未购买版权，有需要的读者请填写本书末的教学支持表，向培生公司申请索取。

源可以帮助学生克服这些障碍，方法是教你如何把一个问题化整为零。MyEconLab 上的每个"Solved Problem"（例题详解）和"eText"都包括至少一道分类的实践题，这些交互指导可以帮助学生用基本的解题技巧来处理家庭作业、小测验和考试，目的是让学生学会一些方法，以分析他们从新闻中看到或者听到的一些现实经济问题。

■ Additional Readings。MyEconLab 上面还额外提供了一些应用案例、补充材料和例题详解。

■ MyEconLab 上的 NEW（Math Review Exercises）。MyEconLab 现在还提供了丰富的分级练习题，其中也涵盖了一些基本的数学概念，旨在向学习经济学原理或者中级经济学的学生提供帮助。

■ Practice。利用算法生成的家庭作业和学习计划包含及时反馈，可以确保这些灵活多变的练习能帮助学生加深理解以及为测验和考试做准备。很多练习要求学生画图或者求解数学问题。

■ Learning Resources。一些个性化的学习帮助功能，如"Help Me Solve This problem walkthroughs""Teach Me explanations of the underlying concept""figure Animations"都能在学生最需要的时候提供帮助。

■ Personalized Study Plan。它所起的作用就像一名导师，会根据每名学生在实现课程学习目标时所展现出来的能力，提供一些个性化的推荐。进而，学生可以利用定制化的练习和帮助工具（比如视频、"eText"、课程辅导等），专注于那些需要他反复学习的内容。教师可以利用"Gradebook"所给出的报告，集中讲授学生最需要教师指导的那部分内容。

■ Learning Catalytics。它帮助生成课堂讨论，实现讲义的定制化，用实时解析的方式促进点对点的学习。它也允许学生使用智能电话、笔记本或者平板电脑回答问题，或者在教室内参与交互任务。教师可以利用这些信息及时调整教学策略。

■ Current News Exercises。培生公司每一周都会搜寻一些适合微观经济学课程的新闻和文章，并在此基础上生成一些分级练习放在 MyEconLab 上。

■ Reporting Dashboard。教师可以使用其查看、分析和报告学生的学习效果，简单易懂、一目了然，"Gradebook"和手机端可以使用这些功能。它用简单可视化的方式，从班级、课程内容以及学习计划的维度展示了学生的学习效果。

■ LMS Integration。你可以直接从"Blackboard Learn""Brightspace by D2L""Canvas"或者"Moodle"直接登录到 MyEconLab 上，因此，你可以直接获得 MyEconLab 上的作业、考勤和资源等。你也可以将成绩直接同步到 LMS 成绩单上。学生只需要登录一次即可获得全部的个性化学习资源。

■ Mobile Ready。学生和教师可以使用任意的移动端获得多媒体资源并完成评估。

■ Experiments in MyEconLab。MyEconLab 上的实验灵活多样，有单人和多人不同的版本，也易于发布和自我评分，这一切都让学习变得更加有趣。

想获得更多的信息，可以登录 http://www.myeconlab.com。

补充读物

本教材配有大量的补充读物供师生选用：

■ Leonie Stone 对"Online Instructor's Manual"进行了修改，上面既提供了一些有

益的和富有创造性的教学思想，也加入了一个章节概要，并补充了若干讨论题、练习题及其配套答案。

■ "Online Solutions Manual" 上有每一章章末思考题的答案。

■ 雪城大学的 Lourenço Paz 建设的 "Online Test Bank" 上有难度各异的练习题，适合留作家庭作业和考试。很多选择题取材于现实事件。

■ "Computerized Test Bank" 使用 TestGen 软件复制了 "Online Test Bank" 上的内容。TestGen 是一款可用于 Windows 和 Macintosh 系统的软件，教师用它能轻易地对现有问题进行编辑、加入习题、生成测试以及以各种格式来打印测试题。

■ 由佛罗里达大西洋大学的 Ting Levy 编撰的 "Online PowerPoint Presentation" 包含有图表和讲义，图文并茂、重点突出，在课堂展示的时候，这些幻灯片能让教师在例题和教材之间自由转换。

这些教学资源可以在"教师资源中心"（Instructor Resource Center）在线下载，它位于 http://www.pearsonhighered.com 网站上的《中级微观经济学》（*Microeconomics*）页面。电子书的名称也是这个书名，你可以在多数电子书销售商那里买到。

致　谢

最应该感谢的是我们在麻省理工学院、加州大学伯克利分校和宾夕法尼亚大学的学生们，他们总是耐心地聆听我用各种方法来讲授经济学，并彬彬有礼地提出了宝贵的建议。

多年来，许多出色的研究助理——Hayley Chouinard、R. Scott Hacker、Guojun He、Nancy McCarthy、Enrico Moretti、Yann Panassie、Lisa Perloff、Asa Sajise、Hugo Salgado、Gautam Sethi、Edward Shen、Klaas van't Veld 和 Ximing Wu——努力搜集事实、开发例子和制作图表，并核对资料。

很多人慷慨地向我提供了数据、模型、案例等资料，他们包括但不限于：Thomas Bauer（波鸿大学）、Peter Berck（加州大学伯克利分校）、James Brander（英属哥伦比亚大学）、Leemore Dafny（西北大学）、Lucas Davis（加州大学伯克利分校）、James Dearden（理海大学）、Farid Gasmi（社会科学大学）、Avi Goldfarb（多伦多大学）、Claudia Goldin（哈佛大学）、Rachel Goodhue（加州大学戴维斯分校）、William Greene（纽约大学）、Nile Hatch（伊利诺伊大学）、Larry Karp（加州大学伯克利分校）、Ryan Kellogg（密歇根大学）、Arthur Kennickell（华盛顿联邦储备银行）、Fahad Khalil（华盛顿大学）、Lutz Kilian（密歇根大学）、Christopher Knittel（加州大学戴维斯分校）、Jean-Jacques Laffont（已故）、Ulrike Malmendier（加州大学伯克利分校）、Karl D. Meilke（圭尔夫大学）、Eric Muehlegger（哈佛大学）、Giancarlo Moschini（艾奥瓦州立大学）、Michael Roberts（北卡罗来纳州立大学）、Wolfram Schlenker（哥伦比亚大学）、Junichi Suzuki（多伦多大学）、Catherine Tucker（麻省理工学院）、Harald Uhlig（芝加哥大学）、Quang Vuong（图卢兹社会科学大学、南加州大学）以及 Joel Waldfogel（明尼苏达大学）。

写一本教材对参与其中的每个人来说都不轻松，感谢花了大量时间阅读和评论这本书的教师们，书中的一些重要思想要归功于他们。

特别感谢英属哥伦比亚大学的 James Brander，他向我提供了第 13 章和第 14 章的材料，对本书之前的版本也给出了极有价值的评论，我们还共同编写了另外一本相关的教材。这一版中的很多新素材都是我们两个人共同撰写的。要特别感谢的另一个人是理海大学的 James Dearden，他对本书之前所有的版本都给出了富有洞察力的建议，并编写了部分章末思考题。

在之前的一些版本中，Peter Berck 对第 16 章的撰写做出了重大贡献，Charles F. Mason 对很多章节提出了富有建设性的意见。Larry Karp 帮我新写了两小节的内容，并就其他内容给出了细致认真的评论。维克森林大学的 Robert Whaples 阅读了之前版本的一些章节，给出了有益的评论，他还撰写了我最喜欢的一个"应用案例"的初稿。

这一版的撰写要特别感谢 Tony Lima 和 Gordon Lenjosek。Tony 准备了很多 MyEconLab 上的视频，并给出了重要的建议；Gordon 非常认真地检查出了前一版存在的排版等方面的错误，还就很多方面给出了更好的修改建议。感谢下列人士在不同阶段给出的宝贵建议：

M. Shahid Alam（东北大学）

Anne Alexander（怀俄明大学）

Samson Alva（波士顿学院）

Richard K. Anderson（得克萨斯农工大学）

Niels Anthonisen（西安大略大学）

Wilma Anton（中佛罗里达大学）

Emrah Arbak（纽约州立大学奥尔巴尼分校）

Nestor M. Arguea（西佛罗里达大学）

Scott E. Atkinson（佐治亚大学）

Talia Bar（康奈尔大学）

Raymond G. Batina（华盛顿州立大学）

Anthony Becker（圣奥拉夫学院）

Robert A. Berman（美利坚大学）

Gary Biglaiser（北卡罗来纳大学教堂山分校）

S. Brock Blomberg（韦尔斯利学院）

Hein Bogaard（华盛顿大学）

Vic Brajer（加州州立大学富尔顿分校）

Jurgen Brauer（奥古斯塔州立大学）

Bruce Brown（加州理工大学和加州大学洛杉矶分校）

Byoung Heon Jun（高丽大学）

Cory S. Capps（伊利诺伊大学厄巴纳-香槟分校）

John Cawley（康奈尔大学）

Cedric Ceulmans（纽约州立大学帕切斯学院）

Indranil Chakraborty（俄克拉何马大学）

Leo Chan（堪萨斯大学）

Joni S. Charles（西南得克萨斯州立大学）

Kwang Soo Cheong（夏威夷大学马诺阿分校）

Darlene Chisholm（萨福克大学）

Joy L. Clark（奥本大学蒙哥马利分校）

Dean Croushore（费城联邦储备银行）

Douglas Dalenberg（蒙大拿大学）

Shooshan Danagoulian（韦恩州立大学）

Andrew Daughety（范德堡大学）

Carl Davidson（密歇根州立大学）

Ronald Deiter（艾奥瓦州立大学）

Manfred Dix（杜兰大学）

John Edgren（东密歇根大学）

Patrick Emerson（科罗拉多大学）

Xin Fang（夏威夷太平洋大学）

Bernard Fortin（拉瓦尔大学）

Tom Friedland（罗格斯大学）

Roy Gardner（印第安纳大学）

Rod Garratt（加州大学圣巴巴拉分校）

Wei Ge（巴克内尔大学）

Lisa Giddings（威斯康星大学拉克罗斯分校）

J. Fred Giertz（伊利诺伊大学厄巴纳-香槟分校）

Haynes Goddard（辛辛那提大学）

Steven Goldman（加州大学伯克利分校）

Julie Gonzalez（加州大学圣克鲁兹分校）

Rachel Goodhue（加州大学戴维斯分校）

Srihari Govindan（西安大略大学）

Gareth Green（西雅图大学）

Thomas A. Gresik（宾夕法尼亚州立大学）

Jonathan Gruber（麻省理工学院）

Steffan Habermalz（内布拉斯加大学卡尼分校）

Claire Hammond（维克森林大学）

John A. Hansen（纽约州立大学弗雷多尼亚学院）

Bradley Hardy（美利坚大学）

Philip S. Heap（詹姆斯麦迪逊大学）

L. Dean Hiebert（伊利诺伊州立大学）

Kathryn Ierulli（伊利诺伊大学芝加哥分校）

Mike Ingham（英国萨福德大学）

Samia Islam（博伊西州立大学）

D. Gale Johnson（芝加哥大学）

Erik Jonasson（瑞典隆德大学）

Charles Kahn（伊利诺伊大学厄巴纳-香槟分校）

Courtney Kamauf（培生公司）

Vibha Kapuria-Foreman（科罗拉多学院）

Paula M. Kazi（巴克内尔大学）

Carrie Kerekes（佛罗里达海湾海岸大学）

Alan Kessler（普罗维登斯学院）

Kristin Kiesel（加州大学戴维斯分校）

Kate Krause（新墨西哥大学）

Robert Lemke（森林湖学院）

Jing Li（宾夕法尼亚大学）

Qihong Liu（俄克拉何马大学）

Zhou Lu（纽约市立学院）

Fred Luk（加州大学洛杉矶分校）

Robert Main（巴特勒大学）

David Malueg（杜兰大学）

Steve Margolis（北卡罗来纳州立大学）

Kate Matraves（密歇根州立大学）

James Meehan（科尔比学院）

Claudio Mezzetti（北卡罗来纳大学教堂山分校）

Chun-Hui Miao（南卡罗来纳大学）

Janet Mitchell（康奈尔大学）

Felix Munoz-Garcia（华盛顿州立大学）

Babu Nahata（路易斯维尔大学）

Kathryn Nantz（费尔菲尔德大学）

Zafar Nazarov（印第安纳大学-普渡大学韦恩堡分校）

Jawwad Noor（波士顿大学）

Yuka Ohno（莱斯大学）

Patrick B. O'Neil（北达科他大学）

John Palmer（西安大略大学）

Christos Papahristodoulou（乌普萨拉大学）

Silve Parviainen（伊利诺伊大学厄巴纳-香槟分校）

Lourenço Paz（雪城大学）

Sharon Pearson（阿尔伯塔大学）

Ingrid Peters-Fransen（劳里埃大学）

Jaishankar Raman（瓦尔帕莱索大学）

Sunder Ramaswamy（明德学院）

Lee Redding（密歇根大学迪尔伯恩分校）

David Reitman（美国司法部）

Luca Rigotti（蒂尔堡大学）

S. Abu Turab Rizvi（佛蒙特大学）

Bee Yan Aw Roberts（宾夕法尼亚州立大学）

Richard Rogers（阿什兰大学）

Nancy Rose（麻省理工学院斯隆商学院）

Joshua Rosenbloom（堪萨斯大学）

Roy Ruffin（休斯敦大学）

Matthew Rutledge（波士顿学院）

Alfonso Sanchez-Penalver（麻省大学波士顿分校）

George Santopietro（拉德福德学院）

David Sappington（佛罗里达大学）

Rich Sexton（加州大学戴维斯分校）

Quazi Shahriar（圣迭戈州立大学）

Jacques Siegers（荷兰乌得勒支大学）

Alasdair Smith（萨塞克斯大学）

William Doyle Smith（得克萨斯大学埃尔帕索分校）

Philip Sorenson（佛罗里达州立大学）

Peter Soule（帕克学院）

Robert Stearns（马里兰大学）

Jennifer Lynn Steele（华盛顿州立大学）

Shankar Subramanian（康奈尔大学）

Albert J. Sumell（扬斯敦州立大学）

Beck A. Taylor（贝勒大学）

Scott Templeton（克莱姆森大学）

Mark L. Tendall（斯坦福大学）

Justin Tevie（新墨西哥大学）　　　　Jacob L. Vigdor（杜克大学）

Wade Thomas（纽约州立大学奥尼昂塔分校）　Peter von Allmen（摩拉维亚学院）

Judith Thornton（华盛顿大学）　　　Eleanor T. von Ende（得克萨斯理工大学）

Vitor Trindade（雪城大学）　　　　Curt Wells（隆德大学）

Russell Triplett（北佛罗里达大学）　Lawrence J. White（纽约大学）

Nora Underwood（加州大学戴维斯分校）John Whitehead（东卡罗来纳大学）

Burcin Unel（佛罗里达大学）　　　　Ryan Williams（得克萨斯理工大学）

Kay Unger（蒙大拿大学）　　　　　Colin Wright（克莱蒙特·麦肯纳学院）

Alan van der Hilst（华盛顿大学）　　Bruce Wydick（旧金山大学）

Bas van der Klaauw（阿姆斯特丹自由大学　Peter Zaleski（维拉诺瓦大学）
　和丁伯根研究所）　　　　　　　　Artie Zillante（佛罗里达州立大学）

Andrew Vassallo（罗格斯大学）　　　Mark Zupan（亚利桑那大学）

　　还要感谢 Bob Solow，他是世界上最好的经济学老师，他教我如何在不失精华的情况下将模型简化。多年以来，我还从我的诸多合作者那里学会了很多经济学知识和写作技巧，他们是：Dennis Carlton（合写了《现代产业组织》）、Jackie Persons、Steve Salop、Michael Wachter、Larry Karp、Peter Berck、Amos Golan 以及 Dan Rubinfeld（以及那些在我决定写这本书之后还与我交谈的人）。

　　本书第一版得益于两位优秀编辑 Jane Tufts 和 Sylvia Mallory 的工作。Jane Tufts 对本书初版的手稿内容进行了评论，教我如何尽可能地将内容清晰有序地展示出来，这种努力一直延续至这一版。Sylvia Mallory 则大胆地改变了我的写作风格，他的帮助在前四版中得以体现。

　　很高兴能和培生公司的优秀编辑们合作，在本书的写作过程中总是能够得到他们慷慨的帮助。Adrienne d'Ambrosio 是商务和经济学定量分析的主管，负责策划和修订了很多版本。要特别感谢 Christina Masturzo（高级投资组合经理）、Kathryn Brightney（内容制作人）、Meredith Gertz 以及 Gillian Hall（帮我制订了修订计划，并在这一过程的每一阶段都给出了富有价值的建议）。Christina 负责这本书的策划、写作和出版等全面管理工作，Kathryn 协助做了修订计划的制订和项目监督所有方面的工作。Meredith 在本书的整个生产过程中表现出一如既往的出类拔萃的管理能力，她将整个出版团队黏合在一起，并负责本书的内容设计。她和 Gillian Hall 以及 Aardvark Group Publishing Services 团队的其他人一道，协助我们完成了本书的设计，并保证整个工作能按时完成。和以往一样，我要感激能和 Gillian 一道工作，她神奇的应变能力和执行力确保本书能够以最好的面貌示人。

　　感谢 Laurie Entringer 负责的封面设计，也感谢 Melissa Honig、Noel Lotz 和 Courtney Kamauf 在建设 MyEconLab（本书的在线评价和学生指导系统）上所付出的努力。

　　最后，也是最重要的，要感谢我的太太 Jackie Persons 和我的女儿 Lisa Perloff，她们在我漫长的写作过程中一直表现出极大的耐心，并不时提供帮助。我无法将所有提供过帮助的亲朋好友的名字都列在这里，在此也希望得到他们的谅解。

杰弗里·M. 佩罗夫

目 录

中级微观经济学（第八版）

中级微观经济学（第八版）

目录

第1章

导 论

一个经济学家的轮回论：如果你足够好，就会以更高的层次重生。猫重生为狗，狗重生为马，而人——若他们能像乔治·华盛顿（George Washington）那样出类拔萃——则重生为金钱。

如果一个人可以不劳而获，就用不着学经济学了。遗憾的是，在生活中，绝大部分有用的东西都是稀缺的，也就是说，我们不可能想要多少就有多少。因此，稀缺是经济学之母。

微观经济学（microeconomics）研究的是，在一个稀缺的世界里，个人和企业如何决策来让自己尽可能地过得更好，以及这些个体决策对市场和整体经济的影响。微观经济学常被称为价格理论（price theory），以此来强调价格在其中所发挥的重要作用。它解释了所有买者和卖者的行为如何决定价格以及价格如何影响单个买者和卖者的决策和行为。

本章将考察以下3个主题：

1. 微观经济学：稀缺资源的配置。微观经济学研究的是稀缺资源的配置。
2. 经济模型。经济学家用模型做出可检验（或验证）的预测。
3. 微观经济模型的运用。个人、企业和政府使用微观经济模型和预测结果进行决策。

▨ 1.1 微观经济学：稀缺资源的配置

个人和企业会对自身有限的资源加以配置，以尽可能地使自己过得更好。在财富有限的情况下，消费者要找出一组产品和服务来让自己获得最大的快乐。企业则要决定生产什么、在哪里生产、生产多少来最大化自身的利润，以及使用多少劳动、资本、土地、能源这样的投入才能以最小的成本来生产这些产品。对于可耗竭的自然资源（比如石油）的所有者来说，他们要确定在什么时候使用这些资源。而政府的决策者（要让消费者、企业或政府机构受益）要做出的决定是，政府提供哪种产品和服务，对某些行业和消费者是否要进行补贴、征税或是规制。

□ 权衡取舍

世间万物并非应有尽有，于是，我们要进行权衡取舍。一个社会常面临三类重要的权衡：

- 生产什么：如果一个社会生产了更多的汽车，那么它所能提供的其他产品和服务必定就少了，因为可用于生产的资源（工人、原材料、资本和能源）有限。
- 如何生产：企业要生产一定量的产出，少使用一种投入就要多使用另一种投入，饼干和甜饼的制造商在棕榈油和椰子油之间的选择取决于哪个更便宜。
- 为谁生产（或谁得到它们）：你得到的社会产品和服务多了，别人得到的就少了。

□ 决策的主体

上述三种有关资源配置的决策可以由政府明确地做出，或者，很多消费者和企业独立决策，而这些决策之间的相互作用可能决定社会的分配决策。

在苏联，政府既要告诉厂商每种汽车生产多少，用什么来生产，又要决定哪些消费者得到这些产品。

而在多数国家，每款汽车的产量和买者都取决于用最经济的方式生产一定量汽车所花费的成本以及消费者愿意支付的价格。如果劳斯莱斯（Rolls-Royce）的价格没有那么高（是丰田凯美瑞汽车价格的 18 倍以上），就会有更多的人想拥有一辆手工制造的劳斯莱斯，于是，买凯美瑞的人就少多了。

□ 价格决定分配

价格同"生产什么、如何生产以及为谁生产"这样的决策相关。价格影响单个消费者和企业的决策，而消费者、企业和政府的决策又相互作用，决定了价格。

消费者和企业之间的关系发生在**市场**（market）中，市场是一种让买者同卖者进行交易的交换机制。市场既可能是人们常常去购买食品和衣服的城镇广场，也可能是一个进行金融证券买卖的国际性电信网络。通常，当说到市场的时候，我们指的是某一种或一类非常相似的产品的交易，比如富士苹果、软饮料、电影、小说或者汽车。

本书的大部分内容都是在讲某一市场中的价格决定问题。我们将说明市场中买者和卖者的数量及其拥有的信息量会有助于他们确定价格同生产成本是否相等，也会说明不存在市场（因此，也就没有市场价格）的严重后果，如高污染等。

应用案例

"肥胖税"

眼下，一些发达国家和地区（如美国、澳大利亚、英国、加拿大、新西兰等）的人正被由肥胖和高胆固醇引发的问题所困扰，这在年轻人群体中尤为突出，于是当地的法律就主张对有损健康的高脂肪和甜食征收"肥胖税"。一项调查发现，45%的成年人都同意对每磅软饮料、油炸薯条和黄油征收 1 美分的税，并将税收收入用于某些关乎健康教育的计划。

近几年来，很多国家都掀起了一场对含糖软饮料征收新税的讨论（个别国家甚至已经同意征税）。2014 年，美国康涅狄格州国会代表罗莎·德劳洛（Rosa DeLauro）提出了汽水税。新的饮料税于 2014 年在墨西哥和 2015 年在美国的加州伯克利市正式生效。2016 年，英国宣布将在 2018 年征收软饮料税。在美国，至少有 23 个州对软饮料、糖果、口香糖以及薯条等零食征收大小不一的税。今天，美国很多学校的校区内都不允许有销售软饮料的自动售货机存在，这项法令如同酷税，意在限制消费。英国最大的人寿保险公司也会向肥胖者收取更高的保费。

新税首先将影响到生产什么，因为企业会愿意开发一些新的低脂肪和低糖的产品；也会影响到如何生产快餐食品，原因是，厂商会对它们的产品进行改造以求降低税负。鉴于消费者（特别是孩子们）将会转而消费更便宜的无税产品，所以，新税还会影响到为谁生产。[①]

1.2 经济模型

> 凡事应尽量简单，但不要过分简化。
>
> ——阿尔伯特·爱因斯坦（Albert Einstein）

经济学家用**模型**（model）来解释个人和企业对资源的配置以及市场价格的决定这类问题，也用它来预测一个变量变化对其他变量产生的影响。模型是对两个或多个经济变量之间关系的描述。

应用案例

收入门槛模型及其在中国的应用

按照收入门槛模型（income threshold model）的观点，收入低于门槛水平的人不会购买某些特定的耐用消费品（该产品可以长时间地使用，比如电冰箱或汽车）。该理论也认为，几乎每个收入高于门槛水平的人都会购买这些耐用消费品。

如果这个理论正确，就可以预期，在一些新兴经济体（emergent economies）中，随着居民的收入提高到门槛水平之上，对某些此前几乎没有什么需求的耐用消费品而言，居民的购买量会瞬间爆炸式地增长。来自马来西亚的证据就证明了这一点，那里购买汽车的收入门槛大概是 4 000 美元。

中国居民的收入增长十分迅速，目前已经超过购买很多耐用消费品的收入门槛水平。有鉴于此，专家们正确地预测到，中国将会出现史上最大规模的耐用消费品销售高峰。基于这样的想法，来自全球各地的企业大幅增加了（生产耐用消费品的）中国工厂的投资。中国的外商直接投资从 1983 年的 9.16 亿美元增加到了 2015 年的 1 270 亿美元。也

---

① 相关应用案例可在本书的后面章节找到。

正是预见到了这种增长潜力，像韩国和俄罗斯等一些国家，尽管和中国在政治上存在一定分歧，但还是会选择在中国进行投资。

汽车堪称最耐用的消费品之一。今年46岁的李日福是一位中国农民，也是一位修表匠，为了便于自己两个仍然单身的儿子（分别为22岁和24岁）能快点找到女朋友、娶妻生子，他花了9 000美元买回一辆吉利金刚轿车。没过多久，两个孩子都找到了女朋友，大儿子都已经结婚了。

在中国国内销售的新车中，有五分之四是被初次购车的消费者买走，这部分人群的迅速扩大也为中国的汽车销量从2000年到2015年增长15倍做出了贡献，在2010年，中国成为世界第一大汽车制造商。截至2014年，中国的汽车产量已经超过美国和日本的总和，同整个欧盟成员国的产量相当。

☐ 通过假设来简化分析

上面用文字的形式简要介绍了收入门槛模型，当然，我们也可以用图形和数学的方法来描述。如果不考虑表达方式的差异，经济模型就是对现实的简化，它只包含其中最重要的一些特征。由于现实世界太过复杂，不可能面面俱到地进行分析，如果不进行简化，就没法做出预测。

打个比方，假如你新买了一台智能电视机，配套手册上有一个图画出了该机的所有部件，这个图让人看了就会不知所措，甚至无从下手。反之，如果它只画出机器前面的指示灯，并注明每个指示灯的作用，这个手册就能派上用场，也能提供信息。

经济学家通过一些假设（assumption）来简化模型。[1] 当我们用收入门槛模型解释中国的汽车购买行为时，会假设收入以外的其他因素（比如车的颜色等）与购买决策无关。因此，在说明平均收入和消费者愿意购买的汽车数量之间的关系时，我们忽略了所售汽车的颜色。如果这个假设正确，通过忽略颜色，在不失重要细节的情况下，对汽车市场的分析就变得简单了。如果假设不对，忽略的信息重要，预测就会出错。

对于贯穿本书始终的模型，在开始的时候，我们会用一个较强的假设来使其简化，后来再逐渐加入一些复杂的内容。比如，在本书的大部分内容中，我们都假设消费者了解每一家企业索要的价格。在有些市场中这个假设是正确的（如纽约证券交易所）；但在有些市场中就不正确了，比如，在二手车市场上，消费者就不知道每家企业的价格。为了设计出一个合适的模型来介绍消费者面临有限信息的情形，我们在第19章的模型中加入消费者关于价格的不确定性的内容。

☐ 理论的检验

Blore 剃刀原理：如果非要在两个理论中选择，选好玩的那个！

经济理论是建立并运用模型去检验假设，是对因果关系的预测。我们所感兴趣的模型都能够得出明确的、可检验的结论，像"如果价格上升，则需求量下降"。一个理论如

---

[1] 经济学家、工程师和物理学家3人漂流到孤岛上，他们有一个豆子罐头，但没有起子，怎么才能打开罐头呢？工程师说用石头把罐头敲开，物理学家建议生起一堆火，把罐头放在上面加热，借助压力把它撑开。而经济学家想了一会儿，然后说："假如有一把开罐头的起子的话……"

中级微观经济学（第八版）

4

果认为"人的行为取决于他的嗜好（或喜好、品味），而嗜好的变动又捉摸不定"，那么这个理论就没什么用处了，因为没办法得出可检验的预测。

经济学家根据预测的准确性来检验理论。如果预测最终没有发生，就拒绝该理论。[①] 在被证据证伪或构建出更好的模型之前，他们还是会一直使用这个模型。

好模型总是能够做出清晰明确的预测，并且同现实一致。一些过于简单的模型得出的结论虽然鲜明，但却不正确，而一些过于复杂的模型又会得出模棱两可的预测：每一种结果都是可能的，从而无法检验。构建模型时的技巧就是要坚持一种"中庸之道"。

本书的目的就是要让你学会像经济学家那样思考，你可以自己用模型来建构一个可检验的理论，也可以运用已有的模型去解释新的问题。尽管经济学家在建立和运用可检验模型方面差别不大，但分歧常有。基于一个理论，某位经济学家可能认为价格水平在下个季度将会上升，而另一位从不同的理论出发，会认为价格将下降——虽然两个理论在逻辑上都是正确的。如果经济学家是理性的，就会同意仅仅依靠纯粹的逻辑解决不了分歧。实际上他们知道，必须采用经验证据——有关现实世界的若干事实——找出哪个预测是正确的。

替代理论（an alternative theory）

□ 约束条件下的最大化

在绝大多数经济模型中，决策者都会在约束条件下最大化自己的目标。消费者在预算约束下最大化自己的生活水平，也就是说，他的商品购买量要受资源所限。企业在技术等约束下最大化自己的利润。政府也会在资源以及消费者和厂商行为的约束下最大化消费者或者企业的福利。在这些模型中，资源的有限性都起着重要的作用。如果资源不是稀缺的，人对产品和服务的消费就可能毫无顾忌、为所欲为，而销售者也会变得无比富裕。

个人和企业的最大化行为决定了社会中三种主要的配置决策：生产什么，如何生产，为谁生产。例如，只有企业觉得有利可图了，它们才会销售镶钻的袖珍梳子。只有消费者对梳子的评价至少同生产成本相当时，企业才会生产并销售这种梳子。也只有在消费者从梳子中获得的快乐高于用同样资源购买其他商品所获得的快乐时，他们才会去购买。

□ 实证与规范

使用最大化行为的模型有时候会让预测结果看起来有点难以接受或不近人情。比如，一位世界银行的经济学家预言，如果某个非洲国家的政府在干旱期用价格控制的手段使

---

① 用来指明一个理论的预测是否正确的证据固然可以证伪一个理论，但却不能证实一个理论。如果模型的预测与实际不符，一定是模型错了，我们就拒绝它。然而，即使模型的预测与实际发生的一致，也有可能是基于错误的原因。因此，我们不能证明一个模型是正确的，只是不能拒绝它而已。

粮食维持低价，该国就会出现食品短缺、饥荒甚至饿死人的现象。预言的结果固然可怕，可经济学家并非冷酷无情。他只是就事件的因果关系做了一个科学的预测：价格控制（原因）导致食品短缺和饥荒（结果）。

这种科学的预测被称作**实证表述**（或实证分析，positive statement）：一个有关因果关系的可检验的假说。"实证"并不是说我们认为自己所讲的都是事实，而只是说我们可以对表述的真实性进行检验。

如果世界银行的经济学家是对的，政府还应该控制价格吗？要是政府相信经济学家的预测，它就该认识到，低价只是帮助了那些幸运的消费者，他们买到了足够多自己想要的食品，而与此同时，该政策却对食品生产企业和某些消费者造成了伤害，因为这些人没能买到足够的食品，有人还可能会饿死。这样，政府是否进行价格控制，就看它更关心（上面提到的）哪一方——赢家还是输家。换句话说，确定要采用哪种政策之前，政府要先进行一次价值判断。

政府可以直接进行价值判断，而不是先做一个预测，然后对其加以检验，接着再做一个价值判断以决定是否使用价格控制。价值判断基于这样的理念："由于人们应该对干旱有所准备，所以政府就不应该维持食品低价来帮助他们。"或者判断基于这样的观点，"在干旱时期，政府应该使用价格控制，而个人应该被保护以免遭价格欺诈。"

这两种论断不是科学预测，而是价值判断或者**规范表述**（或规范分析，normative statement）：关于某事是好还是坏的结论。一个规范表述不能被检验，因为证据不能驳倒一个价值判断，它是一种惯例而不是一种预测。规范表述涉及的是应该是什么（should happen）的问题，而实证表述涉及的是是什么（will happen）的问题。

尽管事先不用进行实证分析也能得出一个规范性的结论，可如果先有实证分析，一项政策争论就会为更多的人所了解。[①] 假设你的规范性的信条是政府应该帮助穷人。那么你应该投票给一位这样的候选人吗？他想要改变现有的福利制度，鼓吹提高最低工资法（该法要求企业向工人支付某一特定水平或更高的工资）、欧洲式的福利体系（确保向人们提供医疗、住房和其他基本的商品和服务）、负所得税（一个人收入越低，政府补贴给他的就越多）或者工作培训项目。实证分析能判断这些项目是否使穷人受惠，而不管它们是好还是坏。把这种分析同你的价值判断结合在一起，就可以决定把票投给谁了。

经济学家对实证分析的强调会影响我们的研究和所使用的语言。比如，很多经济学家都说，他们研究人的需求（wants）而不是需要（needs）。为了生存，人确实需要起码的食物、住房和衣物，但发达国家的绝大部分人都有足够的钱去买这些东西，数量要远远超过生存所必需的最低水平。因此在富裕的国家里，把某物称为一种"需要"往往是一种价值判断。肯定有些老人曾经告诉你"你需要接受大学教育"，这个人可能做了一个价值判断（"你应该上大学"），而不是一个科学的预测（如果你不上大学，会有严重的经济损失）。我们不能检验这个价值判断，但是我们可以检验这样的假说，比如，"在当前的价格水平下，有三分之一的大学适龄人口想要（wants）上大学"。

---

① 某些经济学家有一个规范性的结论，即我们要像社会科学家那样，应该对自己的实证分析加以限制。而另一些经济学家则认为，我们要像后来者那样（和我们不同，他们主观、偏激而且固执），不应该放弃进行价值判断的权利。

1.3 微观经济模型的运用

微观经济模型解释了经济决策的原因，并有助于我们进行预测，因此，它在个人、政府和企业的决策中大有用处。本书将用一些例子说明微观经济学是如何有助于实际决策的。

个人可以运用微观经济理论来进行购买等方面的决策（第4章和5章）。消费者的购买和投资行为受通货膨胀以及对生活成本的调整的影响（第5章），花钱上大学值不值得（部分地）要看利率的高低（第16章），消费者投票给谁和候选人的经济主张有关。

企业必须就成本最小化（第7章）和利润最大化（第8章）的生产方式进行选择。它们可以用复杂的价格机制或者做广告的形式来提高利润（第12章）。当竞争对手为数不多的时候，可使用策略性行为来使利润最大化（第13章和14章）。某些企业可以利用信息优势来增加利润（第19章），还有些企业用经济学的基本原理与其他企业缔约（第20章）。

政府在选举和任命官员时常使用（或可以使用）经济模型。行政部门最近也越来越强调经济分析的重要性。如今，很多项目开始着手之前都需要先考虑它对经济和环境的影响。美国总统经济顾问委员会和其他联邦政府经济学家对所有重要政策可能导致的经济后果都要进行分析，并向政府部门提出建议。

实际上，对政府来说，微观经济模型最主要的用途是在一项政策出台之前预测其可能产生的影响。比如，经济学家会分析一项税收对消费者所付的价格和税收收入的大体影响（第3章），价格控制是否会造成短缺（第2章），关税和配额对贸易的不同影响（第9章），规制措施对垄断价格和数量的影响（第11章），等等。

本章小结

1. 微观经济学：稀缺资源的配置。微观经济学研究的是稀缺资源的配置问题。消费者、企业和政府都必须做一些有关配置的决策。社会面临着三种重要的权衡取舍：生产什么，如何生产，为谁生产（谁得到它们）。这些决策相互关联，并取决于消费者和企业所面对的价格以及政府的行动。市场价格会影响个人和企业的决策行为，这些决策的相互作用决定了市场价格。市场组织——特别是市场上的厂商数量，以及消费者和厂商拥有的信息——在决定市场价格到底是等于还是高于边际成本的过程中起着重要的作用。

2. 经济模型。在经济理论基础上建立起来的模型被用来做出预测，或者回答某种变化（比如，加税）对经济中的不同部门产生什么样的影响这样的问题。好的理论简单明了，并可以做出一些没有被证据拒绝（证伪）的清晰、可检验的预测。大部分微观经济模型都是以最大化行为为基础的。经济学家运用模型来构建有关因果关系的实证假说，可以对这些实证问题进行检验。相反，作为一种价值判断的规范表述则不能被检验。

3. 微观经济模型的运用。个人、政府和企业使用微观经济模型和预测来进行决策。例如，要实现利润的最大化，企业需要知晓这样一些内容：消费者的决策标准、产品的各种生产和营销方式之间的关系以及政府的规制方式等等。对大公司而言，了解竞争对手对其行为的反应在制定经营战略时非常重要。

第2章

供给与需求

空谈廉价，供过于求。

挑战题　　　　　　　　　　**转基因食品的数量和价格**

　　眼下，世界各国正在就是否允许企业种植和销售转基因食品而争论不止。这种食品不是用惯常的方式种出来的，而是用基因工程的手段改变了作物的DNA。① 转基因技术的引进既会影响农民供给的某一类作物的数量，也会影响消费者购买该作物的意愿。

　　目前至少有29个国家种植转基因粮食作物，这些作物主要是具有抗除草剂性状的玉米、大豆和油菜。尽管美国转基因作物种植面积占全球的40％，发展中国家的转基因作物总量仍然超过了发达国家。截至2015年，最大的转基因生产国（按顺序）为美国、巴西、阿根廷、印度、加拿大和中国。而在欧洲，转基因作物的种植面积只有全部耕地面积的0.1％，产量几乎可以忽略不计。

　　一些调查显示，在欧洲有70％的消费者对转基因食品持反对态度。对转基因食品的抵触导致一些消费者拒绝购买转基因作物（如果消费者无法区分非转基因产品和转基因产品，则会拒绝购买该作物的所有品种）。而诸如美国这样的国家，其消费者对于转基因食品的抵触就表现得没有那么强烈。2015年的一项民意调查显示，即使是在美国，57％的消费者仍然认为转基因食品通常是不安全的，但是88％的科学家认为它们一般是安全的。美国国家科学院在2016年的报告中提到，他们没有找到任何证据证明转基因生物对环境或人类健康是有害的。

　　截至2016年，包括欧盟国家、日本、澳大利亚、巴西、俄罗斯、中国和美国等在内的共65个国家要求对转基因食品进行标识。如果产品没贴标签，消费者就很难避免买到转基因产品。

　　转基因种子的使用会让食品的价格下降且销售量增加吗？如果拒绝购买转基因作

---

　　① 本书会分别在每章的开始部分和正文中设置"挑战题"与"应用案例"两类专栏，"资料来源"部分列出了这些文章的出处，详情可扫书末二维码。

物的消费者不在少数，那么销售的价格和数量会如何变化？我们将在本章运用相关模型进行分析，并在本章的末尾回答这些问题。

经济学家常常用供给-需求模型（supply-and-demand model，简称供求模型）来分析外部事件对价格和数量的影响。比如，市场中引入了新的产品和技术，政府实施规制措施或征税，等等。如果有人问，"如你所知，经济学中最重要的东西是什么？"很多人会说，"供给等于需求。"回答简明扼要，却也说出了经济学中一个最简单也是最有解释力的模型。供求模型揭示了消费者和供给者如何相互作用以决定某商品或服务的销售数量和销售价格。要运用这个模型，还需要确定三件事：买者的行为、卖者的行为及他们之间的相互作用。

学完这一章，你将能熟练运用供给-需求模型来分析本国当前所面临的最重要的政策问题，比如国际贸易、最低工资、医疗价格的控制等。

看完了上面这段激昂的开篇语后，你可能会问："这就是经济学的全部吗？我能这么快就成为一名经济学家了吗？"答案当然是否定的，你还需要知道这个模型有哪些缺陷和不足，以及当这个模型不适用时，还有哪些其他模型可供使用。（你还必须学会经济学家们所用的专业的沟通方式。）

不过，即便存在种种局限，供求模型仍然是用途最广泛的经济模型。它对竞争性市场的机能和运行状况做了很好的描述。竞争性市场（competitive markets）是指有大量买者和卖者的市场，比如，多数农产品市场、劳动力市场、股票和商品市场。像所有的成熟理论一样，供给-需求模型可以被检验——也有可能被证伪。不过，在其适用的市场上，它能帮我们轻松地做出准确的预测。

本章将考察以下6个主题：

1. 需求。消费者对某种商品或服务的需求量取决于价格和其他因素，比如消费者的收入、相关商品的价格等。

2. 供给。企业所提供的商品或服务的数量取决于价格和其他因素，比如企业用以生产该商品或服务的投入成本。

3. 市场均衡。消费者的需求和企业的供给相互作用，决定着商品或服务买卖的市场价格和数量。

4. 对均衡的冲击。任何一个影响需求（比如，消费者的收入）、供给（比如，投入品价格的上涨）的因素发生变动，或者一项新的政府政策（比如，增加某项税收）的实施，都会改变商品的市场价格和数量。

5. 政府干预的后果。政府政策可能会改变均衡，并导致供给量与需求量不一致。

6. 供求模型适用的条件。该模型仅适用于竞争性市场。

2.1 需求

潜在的消费者是在考虑了价格和其他一些因素后，才决定某种商品或服务的购买量。这些因素包括消费者自身的偏好、信息、其他商品的价格、收入和政府行为等。在重点分析价格对需求的决定作用之前，我们还是先简单地了解一下这些因素。

消费者的偏好（taste）决定着购买的对象。他们不会买自己不喜欢的食品、不中意的艺术品或者认为已经过时的、不舒适的衣服。在这方面，广告可能影响到人们的偏好。

同样，有关商品用途的信息（information）（或错误信息）也会影响到消费者的决策。在几年前，人们相信燕麦片能够减少人体内的胆固醇，于是纷纷冲进商店大肆购买。（即便是觉得味道有点难以下咽，还是强忍着吃了不少。）

其他商品的价格（price of other goods）影响消费者的购买决策。你在决定是否购买李维斯（Levis）牌牛仔裤之前，或许要考虑一下其他品牌的价格。如果相似替代品（substitute，你认为与你要购买的那种商品相似或相同的产品）的价格远远低于李维斯的价格，你可能会转而购买别的品牌。同样，互补品（complement，你将与你打算购买的商品同时消费的商品）的价格也对你的决策产生影响。如果你只愿意就着冰激凌吃派，那么冰激凌的价格越高，你就越不愿意购买派。

收入（income）在决定消费者购买什么以及购买多少时起着重要的作用。突然继承了大笔财产的人可能会购买劳斯莱斯或其他奢侈品，而不再购买要自己动手时才派得上用场的修理工具。

政府法规和规制措施（government rules and regulations）也对购买决策产生影响。销售税提高了消费者购买商品时所必须支付的价格。政府对商品的用途加以限制也会影响到需求。在 19 世纪，人们可以买到拜耳（Bayer）海洛因以及含有可卡因及其他毒品成分的产品，但是今天，这些产品在绝大多数国家都是被禁止的。如果一个城市的市政当局禁止在大街上玩滑板，那么滑板的销售量就会下降。[①]

其他因素（other factors）会影响特定商品的需求。假如身边的朋友都在使用一个手机应用程序，你就更有可能也去使用它。同其他月份相比，在 12 月，人们对小型常青树的需求也要多很多。

尽管影响需求的因素不少，但经济学家们通常关注的是价格如何影响需求量。在供求分析中，价格和需求量之间的关系在决定市场价格和数量的过程中起到关键作用。为了弄清价格变动如何影响需求量，经济学家必须视影响需求的其他因素（比如，收入和偏好）保持不变。

☐ 需求曲线

在影响购买行为的其他因素保持不变的情况下，消费者愿意（will）以一定价格购买的商品的数量就是**需求量**（quantity demanded）。一种商品或服务的需求量可能超过其实际购买量。

例如，作为促销，本地一家商店可能会将重量为 4.12 盎司的 Ghiradelli 黑巧克力棒的价格定为 1 美元/支。价格这么低，你可能想买 10 支，但商店现在只有 5 支可售，你最多就只能买到 5 支。尽管实际上你买到了 5 支，但你的需求量是 10 支（这是你愿意购买的数量）。

我们可以从图形上看出价格与需求量之间的关系。**需求曲线**（demand curve）表示

---

① 当密西西比州的一名妇女想以 2 000 美元的价格把自己的孙女和一辆轿车卖给别人的时候，该州的立法者惊恐万分，他们发现，手头竟然没有任何一部法律明令禁止买卖儿童，于是，他们火速颁布了一部类似的法律。（Mac Gordon, "Legislators Make Child-Selling Illegal," Jackson Free Press, March 16, 2009.）

的是在其他因素保持不变的情况下，每一种可能的价格上的需求量。图 2.1 显示的是一条估计出来的有关绿咖啡豆（未烘焙的咖啡豆）的需求曲线 D^1。① （尽管图中的需求曲线是直线，但需求曲线也可能是光滑的或者波浪形的曲线。）按照惯例，纵轴代表价格，即商品的单价 p（美元/磅）；横轴代表（以某一单位时期的实物单位衡量的）商品的数量 Q。在这里，我们以"百万吨/年"来衡量咖啡的需求量。

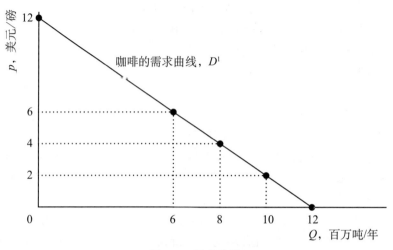

图 2.1 需求曲线

D^1 是估计出来的全世界对咖啡的需求曲线，该曲线显示了每年的需求量和（每磅）价格之间的关系。向下倾斜的需求曲线表明，在影响需求的其他因素保持不变的情况下，价格越高，消费者的需求量就越小，价格越低，则需求量就越大。价格的变化导致一种沿着需求曲线的移动。例如，咖啡价格的上涨导致消费者对咖啡更小的需求量。

需求曲线与纵轴相交时的价格是 12 美元/磅，这表明，当价格等于（或高于）12 美元/磅的时候，需求量为 0。需求曲线与横轴相交时的数量是每年 1 200 万吨，这是价格为 0 的时候消费者想要购买的数量。要确定这 0 到 4 美元/磅之间的某一价格水平所对应的需求量，先在纵轴上选出价格（比如，2 美元/磅），然后从这里画出一条水平线与需求曲线相交，最后经过交点作一条垂线与横轴相交。如图所示，该价位上的需求量是 1 000 万吨/年。

要想理解需求曲线图，最重要的一点就是弄清楚有哪些东西没有在图形中体现出来。所有相关的经济变量——消费者的收入、其他商品（比如水果和蔬菜）的价格、偏好、信息等——都没有在图上表示出来，它们都固定不变。所以，需求曲线图代表的是需求量随价格的变化而变化的情况，而没有考虑收入、替代品的价格、偏好、信息等变量的影响。需求曲线简明扼要地回答了这样的问题：在其他因素保持不变的情况下，商品的价格变化将导致需求数量发生怎样的变化？

价格对需求量的影响

很多经济学家认为，经济学中最重要的实证研究成果就是**需求定理**（law of de-

---

① 由于价格、数量和其他因素随着时间的推移都会发生变化，所以经济学家使用统计手段来控制商品价格之外的其他因素，以便能够确定价格如何对需求量产生影响（见书末附录 2A）。估计这一模型所使用的的数据源自：Food and Agriculture Organization，*Commodity Review and Outlook*；International Coffee Organization（www.ico.org/new_historical.asp）；International Cocoa Organization，*The World Cocoa Economy：Past and Present*（July 2012）；and World Bank，*World Development Indicators*。

中级微观经济学（第八版）

mand)：在影响消费量的其他因素不变的情况下，商品的价格越低，消费者的需求量就越大。根据需求定理，需求曲线向下倾斜，如图 2.1 所示。①

向下倾斜的需求曲线表明，当商品价格下降的时候，消费者的需求（量）增加；当商品价格上升的时候，则消费者的需求（量）减少。那么，在其他因素不变的情况下，若咖啡价格下降，咖啡的需求量会如何变化呢？答案是咖啡的需求量会上升。在图 2.1 中，如果咖啡的价格从 6 美元/磅降至 4 美元/磅，消费者愿意购买的数量将从 6 单位增加到 8 单位，即增加 200 万吨。② 这些因价格变动而出现的需求量的变动表现为沿着需求曲线的移动。

其他因素对需求的影响

如果需求曲线衡量的是在影响需求的其他因素保持不变的情况下，价格变动对需求量的影响，那么我们如何运用需求曲线来揭示某种其他因素（比如家庭收入）对需求量的影响呢？一种方法是绘制一个三维的需求曲线图，其中，第一维是咖啡的价格，第二维是家庭收入，第三维则是咖啡的需求量。不过，简单地想一下怎么画出这个图就够伤脑筋的了。此外，如果更多的影响需求曲线的因素发生了变化，你就真的会不知所措了。

经济学家们运用一种更为简便的方法来说明价格以外的影响需求量的其他因素变化所产生的结果。商品自身价格以外的任何其他因素变化会导致需求曲线的移动，而不是沿着需求曲线的移动。

如果家庭的平均收入增加而咖啡的价格不变，人们就会购买更多的咖啡。我们假设家庭的平均收入从每年的 35 000 美元上升至 50 000 美元，收入增加了 15 000 美元。从图 2.2 可以看出，收入的增加导致需求曲线从 D^1（平均收入为 35 000 美元）右移至 D^2（平均收入为 50 000 美元），移动了 1.5 个单位（百万吨）。

如果影响咖啡需求的其他因素（如替代品和互补品的价格）变化，也会导致需求曲线移动。替代品是可以代替其他商品（或服务）而被消费的商品（或服务）。对于很多人来说，茶是咖啡的替代品，所以，当茶叶的价格下降时，将会造成人们在任一价格水平下对咖啡需求的减少，咖啡的需求曲线向左移动。互补品是与另一种商品（或服务）共同被消费的商品（或服务）。例如，许多人喝咖啡会加糖，那么糖的价格上涨会导致咖啡的需求曲线向左移动。

影响需求曲线的因素还有很多。例如，如果香烟变得更容易让人上瘾，那么，烟民的香烟需求曲线就会向右移动。③

总而言之，为了正确分析某些变量的变化对需求量的影响，我们必须对沿着需求曲线的移动和需求曲线的移动这两种情况加以区分。商品价格变化导致沿着需求曲线的移动，商品价格之外其他因素的变化导致需求曲线的移动。

---

① 从理论上讲，需求曲线是可以向上倾斜的（见第 5 章），但已有的经验证据有力地支持了需求定理的内容。

② 除非特别有用，否则经济学家通常不会采用相关的实物和时间单位的表述方式。他们用数量来代替"（公）吨/年"这种很实用的说法，用价格来代替具体的"美分/磅"。大体上我将遵循这一传统，以后我将用 4 美元来表示价格（理解为每磅），用 8 来表示数量（理解为百万吨/年）。

③ 哈佛大学公共卫生学院的一项研究表明，1998—2005 年，为了使烟民们更容易上瘾，香烟制造商们将卷烟中的尼古丁含量提高了 11%。（Gardiner Harris, "Study Showing Boosted Nicotine Levels Spurs Calls for Controls," *San Francisco Chronicle*，January 19，2007，A-4.）

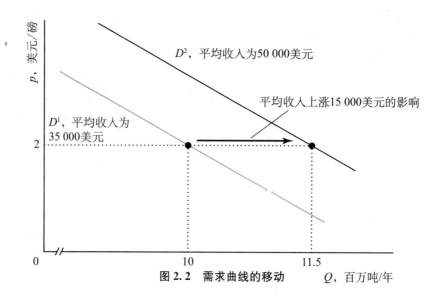

图 2.2　需求曲线的移动

由于高收入国家的家庭平均年收入从 35 000 美元升至 50 000 美元，咖啡的需求曲线从 D^1 移动到 D^2。因此，在较高的收入下，在任何价位上咖啡的需求量都增加了。

星巴克餐点中的卡路里

信息也会影响需求曲线。从 2008 年年中开始，纽约市要求连锁餐厅必须在菜单上标明每道餐点的卡路里数量。Bollinger、Leslie 和 Sorensen（2011）发现，该市的这项法令导致了高热量食品消费下降。以星巴克（Starbucks）为例，消费者所点的每份食物中的卡路里含量平均下降了 6%。他们发现，更健康的、受过良好教育的消费者以及之前摄入卡路里较多的那部分人群对这一信息反应最为强烈。

也有一些研究发现人们对此类信息的反应并不明显。Dingman 等（2015）在一些学生公寓的自动售货机上粘贴了所售食品的卡路里信息，并以电子邮件的形式把这些信息发送给住在这些公寓的学生，而对另一些公寓里的学生则没提供任何信息。他们比较了在自动售货机上粘贴食品卡路里信息之前四周和之后四周的销售情况，没有发现学生购买行为有什么差别。不过，美国农业部的研究发现，已经拥有健康饮食习惯的人——显然与大学生不同——确实会关注这些信息（Stewart and Mentzer Morrison，2015）。

美国食品和药物管理局（FDA）要求大型连锁餐厅在其菜单上注明食品的卡路里信息。2016 年，FDA 还为包装食品设定了新的卡路里、营养和分量标签要求，并且自 2018 年 7 月起将这项规定上升为强制性的要求。

□ 需求函数

需求函数解释了需求量、价格和影响购买的其他因素之间的关系。可能影响需求量的其他因素包括收入、替代品、互补品、偏好和消费者信息。在图形上，我们通过移动需求曲线来说明价格以外的其他因素的变化对需求的影响，需求函数可以说明所有相关因素对需求量的影响。

我们考察一下咖啡的需求函数：

$$Q=D(p,p_s,Y) \tag{2.1}$$

其中，Q 是咖啡的需求量，p 是咖啡的价格，p_s 是糖的价格，Y 是消费者的收入。我们假设，在需求函数中没有列出来的其他因素都与此无关（如秘鲁的美洲驼的价格），或者保持不变（如替代品和互补品的价格、偏好和消费者信息）。

公式 2.1 是一般函数形式——它没有准确说明 Q 如何随解释变量 p、p_s 和 Y 变化。对应于图 2.1 中的需求曲线 D^1 和图 2.2 中的需求曲线 D^1 的需求函数具有特定的（线性）形式。我们估计全世界对未烘焙咖啡豆的需求函数是：

$$Q=8.56-p-0.3p_s+0.1Y \tag{2.2}$$

其中，Q 是咖啡的需求量（单位：百万吨/年），p 是咖啡的价格（单位：美元/磅），p_s 是糖的价格（单位：美元/磅），Y 是高收入国家的家庭年均收入（单位：千美元）。

当我们绘制图 2.1 和图 2.2 中的需求曲线时，我们将 p_s 和 Y 保持在特定值。在这些图中，我们使用了 p_s 和 Y 的平均值，分别是 0.20 美元/磅和 35 000 美元/年。将这些数代入公式 2.2 中，就可以写出咖啡的需求函数，其中需求量仅仅取决于咖啡的价格：

$$\begin{aligned}Q &=8.56-p-0.3p_s+0.1Y\\&=8.56-p-(0.3\times0.2)+(0.1\times35)\\&=12-p\end{aligned} \tag{2.3}$$

公式 2.3 的线性需求函数对应的是图 2.1 中的直线型需求曲线 D^1。式中的常数项 12 是咖啡价格为零时的需求量（百万吨/年）。在公式 2.3 中，我们将价格设为零，需求量为 $Q=12-0=12$。图 2.1 表明，D^1 在价格为零时与横轴相交，且 $Q=12$。

将 p 的任意特定值代入公式 2.3 中，都能确定相应的需求量。例如，如果 $p=2$ 美元，则 $Q=12-2=10$，如图 2.1 所示。

方程还说明了需求量如何随着价格的变化而变化：沿着需求曲线移动。如果价格从 p_1 下降到 p_2，价格变化是 $\Delta p=p_2-p_1$。（Δ 这个符号是希腊字母，代表着后面这个变量的变化量，所以 Δp 意味着价格的变化量。）如果咖啡价格从 4 美元下降到 2 美元，价格变化是 -2 美元，需求量的变化量是 $\Delta Q=Q_2-Q_1=10-8=2$（百万吨/年）。也就是说，价格下降 2 美元，需求量增加 200 万吨/年。

一般地，在价格为 p_1 时，需求量是 $Q_1=D(p_1)$，价格为 p_2 时，需求量为 $Q_2=D(p_2)$。（利用方程 2.3，）需求量对价格变动做出的反应（$\Delta Q=Q_2-Q_1$）为：

$$\begin{aligned}\Delta Q &=Q_2-Q_1\\&=D(p_2)-D(p_1)\\&=(12-p_2)-(12-p_1)\\&=-(p_2-p_1)\\&=-\Delta p\end{aligned}$$

因此，需求量的变动 ΔQ 为 -1 乘以价格的变动 Δp，如果 $\Delta p=-2$（美元/磅），则 $\Delta Q=-\Delta p=-(-2)=2$（百万吨/年）。

这种结果符合需求定律：价格下降 2 美元导致需求量增加 200 万吨/年；同样，价格上涨会导致需求量下降。

需求曲线的斜率 $\Delta p/\Delta Q$ 等于"高"（Δp，沿着纵轴移动）除以"底"（ΔQ，沿着横轴移动），在图 2.1 和图 2.2 中，需求曲线 D^1 的斜率为：

$$斜率 = \frac{高}{底} = \frac{\Delta p}{\Delta Q} = \frac{1\ 美元/磅}{-1\ 百万吨/年} = -1$$

斜率前面的负号符合需求定理，含义是，咖啡的需求量减少 100 万吨/年，它的价格就会上涨 1 美元/磅。

因此，我们可以用需求曲线来回答价格下降对需求产生的影响，以及需求量变化对价格的影响这类问题。当然，用需求函数同样能做到这一点。

例题详解 2.1

对消费者来说，必须把价格降低多少，才能让他们每月多购买 100 万吨咖啡？

解答

1. 把消费者愿意支付的价格表示为数量的函数。我们用代数的方法将需求函数写成反需求函数的形式，式中，价格取决于需求量。方程 2.3 两端同时减去 Q 并加上 p 得到的反需求函数为：

$$p = 4 - Q \qquad\qquad (2.4)$$

2. 用反需求曲线来确定价格必须下降多少，消费者每年才愿意多购买 100 万吨的咖啡。我们想得到一个新的需求量 Q_2，它是初始的需求量 Q_1 加 1：$Q_2 = Q_1 + 1$。利用方程 2.4 这个反需求函数，可以得出价格必须变化的量：

$$\begin{aligned}
\Delta p &= p_2 - p_1 \\
&= (1 - Q_2) - (1 - Q_1) \\
&= -(Q_2 - Q_1) \\
&= -\Delta Q
\end{aligned}$$

需求量的变化为 $\Delta Q = Q_2 - Q_1 = (Q_1 + 1) - Q_1 = 1$，所以价格的变化是 $\Delta p = -1$。也就是说，对消费者而言，若要每年多消费 100 万吨咖啡，咖啡的价格必须下降 1 美元，这是一个沿着需求曲线的移动。

需求曲线的加总

市场上只有两个消费者，如果我们已经知道了每一个人的需求曲线，怎么来确定他们总的需求曲线呢？某一既定价格水平上的总的需求量等于这一价格水平上每个消费者的需求量之和。

可以用需求函数来表示几个消费者的总需求，假设消费者 1 的需求方程如下：

$$Q_1 = D^1(p)$$

消费者 2 的需求方程是：

$$Q_2 = D^2(p)$$

在价格为 p 的水平上，消费者 1 的需求量为 Q_1 单位，消费者 2 的需求量为 Q_2 单位，这两个消费者的总需求为单个消费者的需求量的加总：

$$Q = Q_1 + Q_2 = D^1(p) + D^2(p)$$

将这个方法一般化，就可以得到 3 个或者多个消费者的总的需求。

只有当所有消费者都面对相同的价格时，才能对他们的需求量加总。把某一价格水平上消费者1的需求量同另一价格水平上消费者2的需求量相加，无异于把苹果和橘子加在一起。

应用案例

玉米需求曲线的加总

我们用估计出来的有关玉米的需求曲线（McPhail and Babcock，2012）在图形上说明如何从个体的需求曲线加总出总的需求曲线。下图说明了美国饲料用玉米（使用玉米喂养动物）的需求曲线、美国食用玉米的需求曲线以及这两种用途的玉米的总的需求曲线。[①]

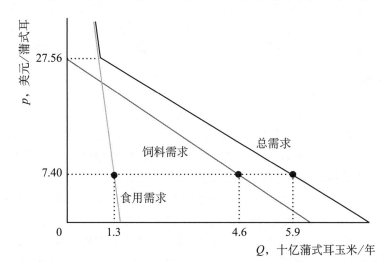

为了得出给定价格下两种用途的玉米的需求量之和，我们需要依据个体需求曲线把该价格水平上的需求量加在一起。也就是说，把需求曲线水平加总。当玉米价格为7.40美元时，食用玉米的需求量为13亿蒲式耳，饲料用玉米的需求量为46亿蒲式耳。因此，该价格下的总需求量为 $Q=13+46=59$ 亿蒲式耳。

当玉米价格超过27.56美元/蒲式耳时，农民不再使用玉米作为动物饲料，因此饲料用玉米的需求量等于零。所以，当价格为27.56美元及以上时，总的需求曲线与食用玉米的需求曲线相同。

2.2 供给

仅仅了解消费者的需求还不足以知道市场上商品的价格和数量，对它们的确定还需

第2章

供给与需求

---

① 为了使图形简化，我们没有给出美国用于出口、储备以及生物燃料（乙醇）等途径的玉米的需求曲线。因此，该总的需求曲线不是玉米的总的需求曲线。

要掌握企业在任意价格水平上所愿意提供的商品数量。

企业是根据商品价格和其他一些因素来确定商品的供给量的，这些因素还包括生产成本、政府法规和规制措施等。众所周知，价格越高，企业愿意提供的商品数量就越多。现在暂时把价格的作用搁置一边，先简单介绍一下其他因素在决定供给中的作用。

生产成本（cost）影响着企业愿意出售的某种产品的数量。在其他条件不变的情况下，成本下降，企业愿意提供的产品就会增加。如果成本超过了售价，企业一件也不会卖。因此，影响成本的因素也自然会影响供给。在其他条件不变的情况下，技术进步会降低企业的生产成本，也会使它愿意提供更多的产品。

政府法规和规制措施影响着企业愿意或者能够出售的产品数量。税收以及很多政府规制措施——比如那些有关污染、卫生和医疗保险等的规定——都会改变生产成本。还有一些规制措施会影响到产品的销售时间和方式，比如，在某些国家和地区，商店可能不会在具有特定宗教意义的日子里销售大多数商品和服务。在美国，向儿童兜售香烟和酒精饮料是非法的，而纽约、旧金山和其他一些城市还对出租车的数量加以限制。

□ 供给曲线

供给量（quantity supplied）是在影响供给决策的其他因素（比如成本和政府行为）不变的情况下，企业在既定的价格水平上愿意（want）出售的某种商品的数量。我们可以用图形的方式来表示价格和供给量之间的这种关系。**供给曲线**（supply curve）描述的是，在影响供给决策的其他因素不变的情况下每一可能的价格水平上的供给量。

图 2.3 是一条估计出来的咖啡的供给曲线 S^1。同之前的需求曲线图形一样，纵轴代表价格，以每单位的美元价格（美元/磅）来表示，横轴代表数量，以每个时期的单位数量（百万吨/年）来表示。因为如成本以及政府法规这样的影响供给的其他因素保持不变，所以供给曲线简单地描述了"在其他因素不变的情况下价格的变化对供给量有什么影响"的问题。

价格对供给量的影响

在图 2.3 中，我们用咖啡的供给曲线来说明价格变化对供给量的影响。咖啡的供给曲线是向右上方倾斜的，随着价格的提高，企业愿意提供的商品数量也越来越多。价格在每磅 2 美元的时候，市场的供给量是 1 000 万吨/年。如果价格上升到每磅 4 美元，供给量就会增加到 1 100 万吨。咖啡价格的上升导致沿着供给曲线的移动，咖啡的供给量增加。

尽管需求定理表明需求曲线向右下方倾斜，但是并没有所谓的"供给定理"要求供给曲线向特定方向倾斜。也就是说，市场的供给曲线可能向上倾斜，也可能垂直或水平，甚至可能会向下倾斜。不过，就像咖啡的供给曲线那样，大部分供给曲线还是向右上方倾斜的。沿着这条供给曲线，在成本和政府规制措施保持不变的情况下，价格越高，企业愿意出售的商品数量就越多。

其他变量对供给的影响

咖啡价格以外的其他因素变化导致整条供给曲线的移动。假设可可（生产加工咖啡的最主要原料）的价格上涨了 3 美元，从每磅 3 美元上涨到每磅 6 美元，因为种植咖啡的土地也可以种植可可，所以当可可价格上涨时，一些咖啡农转而生产可可。因此在任何给定的咖啡价格水平上，当可可价格上涨时，咖啡的生产量会下降。

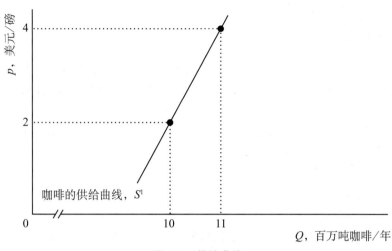

图 2.3　供给曲线

　　估计出的有关咖啡的供给曲线 S^1 表明了在成本和影响供给的其他因素保持不变的情况下供给量（每年）和价格（每磅）之间的关系。供给曲线向上倾斜，说明价格越高，供给量就越多；而价格越低，供给量也就越少。咖啡价格的任何变化都会导致沿着供给曲线的移动。例如，咖啡价格的上涨导致沿着供给曲线的移动，咖啡的供给量增加。

　　在图 2.4 中，S^1 是可可价格上涨前咖啡的供给曲线，S^2 是可可价格上涨后咖啡的供给曲线。可可价格的上涨导致咖啡供给曲线向左移动，从 S^1 移动到 S^2。[①] 也就是说，同可可价格上涨之前相比，在当前的每一价格水平上，企业愿意提供的咖啡数量都会减少。咖啡的价格为每磅 2 美元时，企业愿意提供的商品量从可可价格上涨前 S^1 上的 1 000 万吨降至可可涨价后 S^2 上的 940 万吨。

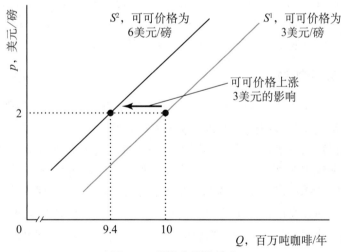

图 2.4　供给曲线的移动

　　可可价格从每磅 3 美元上涨到每磅 6 美元，导致咖啡的供给曲线由 S^1 移动到 S^2，在咖啡的价格为每磅 2 美元的水平时，供给量从 S^1 上的 1 000 万吨减少到 S^2 上的 940 万吨。

　　重申一下，区分沿着一条供给曲线的移动和供给曲线的移动很重要。当咖啡的价格变化时，供给量也会变化，这属于沿着供给曲线的移动；当成本、政府法规以及影响供

---

　　① 或者说，由于企业只会以更高的价格提供既定数量的咖啡，所以我们可以说供给曲线向上移动。

给的其他因素变动时，会造成供给曲线的移动。

□ 供给函数

我们也可以用数学的方法来表示供给量同价格及其他因素之间的关系，这就是**供给函数**（supply function）。按照通常的表示方法，咖啡的供给函数可以写成：

$$Q = S(p, p_c) \tag{2.5}$$

这里 Q 代表咖啡的供给量，p 是咖啡的价格，而 p_c 则是可可的价格。供给函数（方程2.5）也可以包含诸如工资、运输成本、技术水平等其他因素，但这里暂不考虑它们，也就是隐含地认为这些因素是不变的。

我们所估计的咖啡的供给函数为：

$$Q = 9.6 + 0.5p - 0.2p_c \tag{2.6}$$

函数中数量 Q 的单位是百万吨/年，咖啡价格 p 的单位是美元/磅，可可价格 p_c 的单位是美元/磅。

如果可可的价格一直维持在 3 美元不变，我们就可以将供给方程2.6改写为仅仅用咖啡价格表示的函数，将 $p_c = 3$ 美元代入公式2.6，我们得到了：

$$Q = 9.6 + 0.5p - 0.2 \times 3 = 9 + 0.5p \tag{2.7}$$

因为影响供给量的其他因素（比如成本和政府法规）是固定不变的，所以这个供给函数简明扼要地回答了这样的问题："在所有其他因素保持不变的情况下，价格变化对供给量会有什么影响？"

如果咖啡的价格提高了 $\Delta p = p_2 - p_1$，供给量会有多大的变化呢？随着价格从 p_1 提高到 p_2，供给量从 Q_1 到 Q_2，因此供给量的变化是：

$$\Delta Q = Q_2 - Q_1 = (9.6 + 0.5p_2) - (9.6 + 0.5p_1) = 0.5(p_2 - p_1) = 0.5\Delta p$$

因此，价格上涨 1 美元（$\Delta p = 1$）导致供给量每年增加 $\Delta Q = 0.5$（百万吨/年）。随着 p 的提高，咖啡供给量的这种变化是沿着供给曲线的移动。

□ 供给曲线的加总

总的供给曲线表示在每一种可能的价格水平下所有厂商所生产的商品总量。例如，日本大米总的供给就是日本国产大米和外国大米的供给曲线之和。

假如日本的国产大米供给曲线和外国大米供给曲线分别如图 2.5（a）和图 2.5（b）所示。总的供给曲线 S 见图 2.5（c），它是国产大米的供给曲线 S^d 和外国大米的供给曲线 S^f 的水平加总。在图 2.5 中，当大米的价格在 $\underline{p}$ 及其以下的任何水平时，国内外的大米供给量都是零，所以总的供给也是零。价格一旦高于 $\underline{p}$，国内外大米的供给量都是正的，因此总的供给量也为正。比如，当价格为 p^* 时，日本国内企业的大米供给量为 Q_d^* ［见图 2.5（a）］，外国企业的大米供给量为 Q_f^* ［见图 2.5（b）］，总供给量是 $Q = Q_d^* + Q_f^*$ ［见图 2.5（c）］。由于总的供给曲线是国内外供给曲线的水平加总，所以它比后两条供给曲线中的任何一条都更平坦。

□ 政府进口政策对供给曲线的影响

可以用推导出总的供给曲线的方法来分析政府政策对总的供给曲线造成的影响。日本政府在历史上一直是禁止从国外进口大米的，我们现在想要确定的是，禁止进口如何

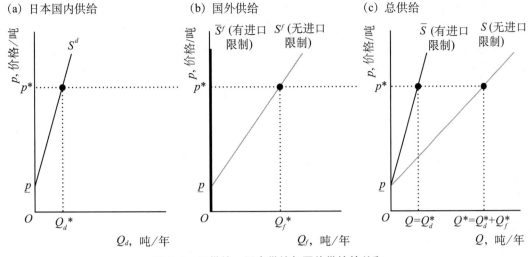

(a) 日本国内供给　　　　　(b) 国外供给　　　　　(c) 总供给

图 2.5　总供给：国内供给与国外供给的总和

如果允许国外供给，日本的大米总供给曲线 S 就是国内供给曲线 S^d 和国外供给曲线 S^f 的水平加总。如果禁止进口，国外供给曲线 $\overline{S}^f$ 在任何价格水平上均为 0，所以总供给曲线 $\overline{S}$ 与国内供给曲线 S^d 完全相同。

影响日本国内市场的大米总供给曲线。

如果不对进口进行限制，国外大米的供给曲线如图 2.5 中的 S^f 所示。禁止进口的贸易政策取消了外国的供给，所以实施限制后国外的供给曲线 $\overline{S}^f$ 是一条数量为 $Q_f=0$ 的垂线（纵轴），而进口限制对国内大米的供给曲线 S^d 没什么影响，所以供给曲线与图 2.5 (a)中的供给曲线相同。

对国外供给施以限制，在任何价格水平 $\overline{S}^f$ 都为 0，于是在有进口限制的情况下，图 2.5 (c) 中市场总的供给曲线 $\overline{S}$ 在每一价格水平上都与日本国产大米的供给曲线 S^d 相同。进口限制使总的供给曲线位于无进口限制时总的供给曲线 S 的左侧，即进口限制使总的供给曲线向纵轴方向转动。

政府对进口的外国产品的数量加以限制叫作**配额**（quota）。由于绝对禁止从国外进口大米，日本政府大米的进口配额为 0。有时候政府设定的配额可能为正，也就是 $\overline{Q}>0$。只要供给没超过配额 $Q_f\leqslant\overline{Q}$，国外企业就可以提供它们想提供的产品数量。

例题详解 2.2 对配额的影响加以讨论。在本书的大部分例题详解中，我们都会提问，某个变量或者政策的变化会对一个或多个变量产生什么影响。在本题中，从没有配额到有配额的政策变化会对总的供给曲线产生影响。

例题详解 2.2

假设美国政府对从国外进口的糖设定了一个数量为 $\overline{Q}$ 的配额，国内外糖的供给分别由图 (a) 和图 (b) 中的 S^d 和 S^f 来表示，该配额会如何影响美国总的糖类供给曲线呢？

解答

1. 确定不存在配额时的美国的供给曲线。在图 (c) 中，没有配额时总的供给曲线 S 是美国国内供给曲线 S^d 和无配额的国外供给曲线 S^f 的水平加总。

2. 说明对国外供给实施配额的影响。价格低于 $\overline{p}$ 时，国外供应商愿意提供的商品数量低于配额水平 $\overline{Q}$，因此，在这个价格区间，低于配额的国外供给曲线 $\overline{S}^f$ 与没有配额时

的国外供给曲线 S^f 相同。当价格高于 $\bar{p}$ 的时候，外国的供应商虽然愿意提供更多商品，但是却受限于 $\bar{Q}$，于是，有配额的供给曲线 $\bar{S}^f$ 在 $\bar{p}$ 以上时垂直于 $\bar{Q}$。

　　3. 确定存在配额的情况下美国总的供给曲线。在有配额的情况下，总的供给曲线 $\bar{S}$ 是 S^d 和 $\bar{S}^f$ 的水平加总。在任何一个高于 $\bar{p}$ 的价格水平上，总供给等于配额加上国内供给。比如，当价格位于 p^* 的水平时，国内供给为 Q_d^*，国外供给为 $\bar{Q}_f$，所以总的供给为 $Q_d^* + \bar{Q}_f$。当价格高于 $\bar{p}$ 时，$\bar{S}$ 等于国内供给曲线右移 $\bar{Q}_f$ 单位，所以，$\bar{S}$ 在价格 $\bar{p}$ 以上的部分与 S^d 的斜率相同。

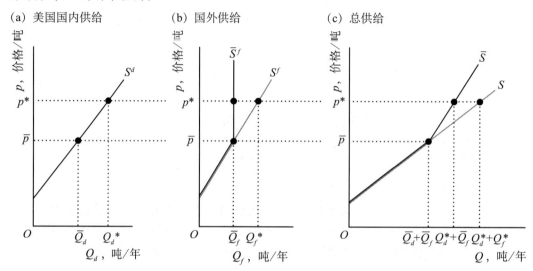

(a) 美国国内供给　　　(b) 国外供给　　　(c) 总供给

　　4. 对有配额和无配额情况下美国总的供给曲线进行比较。当价格低于或等于 $\bar{p}$ 时，不管有没有配额，供给量都相同，所以 $\bar{S}$ 与 S 一致。当价格高于 $\bar{p}$ 时，有配额时的供给量要小于没有配额时的供给量，因而 $\bar{S}$ 要比 S 陡峭，这说明价格上升同样的程度，有配额时供给量的增加要小于没有配额时供给量的增加。

2.3　市场均衡

　　供给曲线和需求曲线决定了商品买卖的价格和数量。需求曲线说明了消费者在不同价格水平下愿意购买的商品数量，而供给曲线则显示了企业在不同价格水平上愿意出售的商品数量。除非价格的设定恰好使消费者愿意购买量与供给者想要出售的数量相等，否则，要么是一些消费者买不到自己想买的那么多商品，要么就是一些销售者卖不出去自己想卖的那么多的商品。

　　当所有交易者在买、卖的数量上都能够得偿所愿的时候，市场就正好处于**均衡**（equilibrium），这是一种没有人愿意改变其行为的状态。此时的价格被称为均衡价格（equilibrium price），因为在这个价格水平上，消费者买到了自己想要买的那么多商品，而销售者也卖出了自己想要出售的那么多商品。在均衡价格水平处所交易的商品数量就是均衡数量（equilibrium quantity）。

均衡的图形分析

要想说明供求曲线如何决定均衡价格和均衡数量，我们恐怕还得用之前已经熟悉的有关咖啡的例子来说明。图 2.6 显示了咖啡的供给曲线 S 和需求曲线 D。它们在市场均衡的 e 点相交，均衡价格为 2 美元/磅，均衡数量是 1 000 万吨/年，这也是企业想要出售和消费者想要购买的数量。

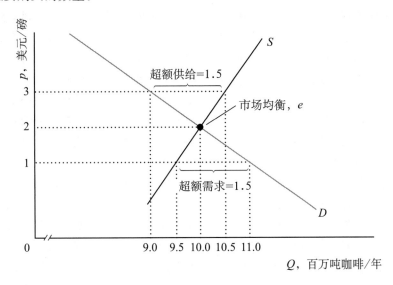

图 2.6　市场均衡

咖啡的供给曲线 S 和需求曲线 D 相交决定了市场的均衡点 e，此时 $p=2$（美元/磅），$Q=10$（百万吨/年）。在一个更低的价格水平上，比如，$p=1$（美元），供给量只有 9.5，而需求量有 11，所以此时的超额需求为 1.5。当价格高于均衡价格时，比如 $p=3$（美元），这时超额供给为 1.5，因为需求量只有 9，小于供给量 10.5。一旦存在超额需求或者超额供给，市场的力量就会使价格重新回到均衡价格 2 美元的水平上。

均衡的数学分析

我们也可以用供求函数在数学上求出咖啡的市场均衡，用它们来确定使需求量和供给量相等（均衡数量）的价格水平。

需求函数如方程 2.3 所示，它说明了供给量 Q_d 和价格之间的关系[①]：

$$Q_d = 12 - p$$

供给函数如方程 2.7 所示，它说明了需求量 Q_s 和价格之间的关系：

$$Q_s = 9 + 0.5p$$

我们想找到让 $Q_d = Q_s = Q$（均衡数量）的价格 p。因为上面两个方程的左侧部分在均衡的时候相等，$Q_d = Q_s$，所以方程的右侧也必然相等：

$$9 + 0.5p = 12 - p$$

等式的两边同时加上 p，再减去 9，于是有 $1.5p = 3$，两侧再同时除以 1.5，就得到了均衡价格，$p=2$（美元）。把 $p=2$ 代入供给方程或者需求方程中，就能解出均衡数量：

---

① 通常，我们使用 Q 来表示所需的数量和供给的数量。但是，为了便于理解，我们使用 Q_d 和 Q_s。

$$Q_d = Q_s$$
$$12 - 1 \times 2 = 9 + 0.5 \times 2$$
$$10 = 10$$

所以，均衡的数量是 1 000 万吨/年。

□ 让市场趋于均衡的力量

市场均衡绝不仅仅是一个抽象的概念或者理论上的可能，它是可以观察到的现象。[①]某个市场正处于均衡的间接证据，就是你可以按市场价格买到想买的那么多数量的商品。对于像牛奶、圆珠笔这样的普通商品而言，在购买量方面我们差不多总是能够如愿以偿。

奇怪的是，根本不用在消费者和企业之间进行任何公开的协调，市场均衡就产生了。在如农产品市场这样的竞争性市场中，数以万计的消费者和成百上千的企业各自独立地做出买卖决策，但每家企业都能够卖出它们想卖的那么多商品，而每个消费者也都能够买到他们想买的那么多商品。这种无形的市场力量就好像一只看不见的手（invisible hand），指引着人们协调他们的行动以实现市场均衡。

让市场趋于均衡的真正原因是什么呢？就像马上要讲到的那样，如果价格没有处于均衡水平，消费者和企业就会有动力以某种方式来改变他们的行为，这正好也让价格走向均衡。

假设初始价格低于均衡价格，消费者要买的就会多于企业要卖的。如在图 2.6 中，咖啡的价格是 1 美元，企业想要提供 950 万吨/年，而消费者需求的数量是 1 100 万吨/年。也就是说，在这个价格水平上市场处于非均衡（disequilibrium）状态，这意味着需求量和供给量不等，存在着**超额需求**（excess demand）——某一价格水平上需求量超出供给量的数量。在价格为 1 美元/磅时，超额需求为 150（＝1 100－950）万吨/年。

当价格为 1 美元的时候，有些消费者幸运地买到了咖啡，可还有些找不到卖家，怎么办？这些失意的消费者没准就会向厂商支付一个高于 1 美元的价格。还有一种可能是，一旦看到有些人失意而归，厂商就提高价格。不管怎么说，消费者和厂商的这些行为都会使价格上升。随着价格的提高，企业愿意提供的产品数量会增加，而消费者想要购买的数量会下降，让价格上涨的力量会一直促使价格升到 2 美元的均衡水平，此时超额需求为 0。

反之，如果初始价格高于均衡价格水平，厂商愿意提供的商品数量就会大于消费者想买的数量。如图 2.6 所示，当价格是 3 美元的时候，厂商想卖 1 050 万吨/年，但消费者只想买 900 万吨/年，市场也处于非均衡状态，存在**超额供给**（excess supply）——在某一价格水平上供给量超出需求量的数量。超额供给是 150（＝1 050－900）万吨。同样，不是每个厂商都能够卖出它想卖的那些产品。为了避免储存成本（并且积压的那些未烘焙的咖啡豆可能会变质），企业就得降低价格来吸引更多的消费者。只要价格高于均衡水平，就会有企业出现商品积压，就会继续降低价格，最终价格会降到 2 美元的均衡水平，没有超额供给，也没有继续降价的压力。[②]

① MyEconLab 为课程提供了一些游戏（或实验），这些在线游戏让你和电脑对战。你可以参与一个虚拟的市场，在游戏中体会供求模型的运作。要进行游戏，请使用 MyEconLab 的多媒体库（Multimedia Library）进行单机游戏，并将章节字段设置为"所有章节"。

② 并非所有市场的均衡都是通过众多买者和卖者独立决策来实现的。在机构化或正式一点的市场中，比如芝加哥商品交易所（从事农产品、金融工具、能源和金属的交易），买家和卖家会出现在同一地点（或网站）。在这样的市场上，个人和企业有时候是做市商，他们不断调整价格，使市场迅速趋于均衡。

总而言之，只要价格不处于均衡水平，就有部分消费者或厂商无法实现自己想要进行的交易，而这些人接下来的行为就是改变价格，驱使价格向均衡水平靠拢。均衡价格又被称为市场出清价格（market clearing price）：在均衡的价格水平上没有超额需求或超额供给。它源于失意的买者或卖者的行为。

2.4　对均衡的冲击

如果影响供求的其他变量保持不变，均衡状态就会保持下去，市场上的参与者也没有动力去改变价格。只有冲击改变了需求曲线或者供给曲线的位置，均衡才会发生变化。也就是我们原本认为保持不变的某个变量发生变化了，这些曲线就会移动。如果偏好、收入、政府政策或生产成本等因素出现变化，需求曲线或（和）供给曲线就会移动，均衡也就改变了。

☐ 对供给曲线冲击的影响

假如只有一个变量发生变化：每磅可可的价格上涨了 3 美元，则如图 2.7 (a) 所示，可可的价格上涨导致咖啡的供给曲线由 S^1 向左移动到 S^2，移动了 0.6 个单位。由于可可的价格不包含在需求函数中，因此需求曲线 D^1 不会发生变化。

在咖啡的初始均衡价格 2 美元的水平上，消费者现在想购买 1 000 万吨，而供给者仍然只愿意提供 940 万吨，这样就会有 60 万吨的超额需求。市场力量会使价格一直上涨到新的均衡位置 e_2。

(a) 可可价格上涨3美元的影响

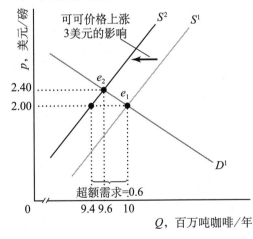

(b) 家庭年收入增加15 000美元的影响

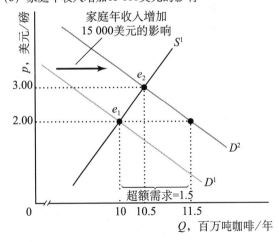

图 2.7　供给曲线变动的结果

（a）可可价格每上涨 3 美元，一些农民就会从生产咖啡转向生产可可，从而减少了在每种价格水平上咖啡的供给量，导致咖啡的供给曲线向左移动，由 S^1 移动到 S^2。在初始均衡水平 e_1 处，价格是 2 美元，此时超额需求为 60 万吨，市场力量会使价格一直上涨到 2.40 美元的水平，新的均衡点是 e_2。（b）家庭的平均年收入增加 15 000 美元，导致咖啡的需求曲线向右移动，从 D^1 移动到 D^2，初始市场均衡是 e_1，此时的超额需求为 150 万吨，市场力量使价格上涨至 3 美元，新的均衡点为 e_2。

在新的均衡点 e_2，新的均衡价格为 2.40 美元，新的均衡数量为 960 万吨。因此，可可价格的上涨导致咖啡的均衡价格上涨 40 美分，均衡数量下降 40 万吨。在这种情况下，可可价格的上涨导致了一个供给曲线的移动和一个沿着需求曲线的变动。

这下龙虾的价格要暴跌了！

例题详解 2.3

当可可的价格从原来的每磅 3 美元提高到每磅 6 美元时，用代数的方法确定，咖啡的均衡水平与初始均衡（$p=2$，$Q=10$）相比，发生了怎样的变化。

解答

1. 说明可可价格上涨后，供求函数如何变化？由于需求函数不依赖于 p_c，因此保持不变：

$$Q = 12 - p \tag{2.3}$$

将新的 $p_c=6$ 代入供给函数（方程 2.6）$Q=9.6+0.5p-0.2p_c$，我们发现新的供给函数是：

$$Q = 9.6 + 0.5p - (0.2 \times 6) = 8.4 + 0.5p$$

2. 令供求函数相等以确定新的均衡：让供求函数的右侧部分相等，得到新的均衡价格。

$$12 - p = 8.4 + 0.5p$$

求解 p 的这个等式，得到均衡价格是 $p=2.40$ 美元。将这个价格代入需求函数或供给函数，计算出均衡数量为：$Q=12-2.40=8.4+0.5\times2.40=9.6$。

3. 通过将新的均衡价格和均衡数量减去初始的均衡价格和均衡数量，说明咖啡的价格和数量如何随着可可的价格而变化。如图 2.7（a）所示，均衡价格的变化是 $\Delta p = 2.40 - 2 = 0.40$ 美元。均衡数量的变化是 $\Delta Q = 9.6 - 10 = -0.4$。

□ 对需求曲线冲击的影响

假设可可的价格不变，但家庭的年收入从 35 000 美元上升到 50 000 美元。如图 2.7（b）所示，这种变化导致咖啡的需求曲线向右移动，但不会影响供给曲线。

中级微观经济学（第八版）

在咖啡的初始均衡价格水平上，市场的超额需求为 150 万吨。需求过剩导致价格有上涨的压力，在新的均衡点 e_2，均衡价格为 3 美元，均衡数量为每年 1 050 万吨。此时，需求曲线的移动导致了一个沿着供给曲线的移动。

总之，潜在因素的变化会造成需求曲线或供给曲线的移动，从而导致均衡发生变化。为了描述这种变化的影响，我们将初始均衡价格和数量与新的均衡值进行比较。

2.5 政府干预的后果

一国政府可以有多种影响市场均衡的方式，政府行为有时候会改变供给曲线，有时候会改变需求曲线，有时还会让两者同时变动，这都会改变均衡的结果。不过，一些政府干预的行为还会造成供求量的不相等。

□ 让供给曲线变动的政策

我们专注于政府影响供给曲线的政策，是因为它们比影响需求曲线的政策更为常见。接下来讨论两种政府影响供给的政策：许可法和配额。

许可法

政府的许可法会起到限制某一市场上的企业数量的作用。比如，全球随处可见的地方政府对出租车数量的控制（参见第 9 章）。政府还会用分区法（zoning law）来控制酒吧、书店、连锁酒店等行业内企业的数量。在发达国家，营业执照通常会被颁给那些率先进入行业的企业或者通过资格考试的人；在发展中国家，执照通常归于政府官员的亲朋好友和那些肯花大价钱行贿的人。

应用案例

职业许可证的发放

在美国的一些领域，无许可证工作是非法的。今天美国有超过 800 种工作在从业之前都需要先取得职业许可证，许可证是由地方政府、州政府或者联邦政府发放的，工作岗位涉及动物训练师、营养师、医生、电工、尸体防腐员、殡葬礼仪师、理发师、图书管理员、护士、心理咨询师、房地产经纪人、呼吸治疗师、售货员、教师、伐木工人以及卡车司机（但不包括经济学家）。

在 20 世纪 50 年代早期，只有不到 5% 的工人在州一级许可法所涵盖的行业从业，从那时起，越来越多的工作要申请职业许可证，这一比例在 80 年代为 18%，到 2000 年的时候高于 20%，2015 年为 26%。颁发职业许可证变得越来越司空见惯，这意味着，对工人的教育程度的要求也越来越高：在大学及以上学历的教育群体中，超过 40% 的人所从事的工作需要持有职业许可证，而在高中及以下学历的人群中，这一比例仅有 15%。在医疗和技术领域工作的人中，超过四分之三的人持有职业许可证。

在某些行业，要想获得许可证，必须先通过一个考试。一般来说，试题由已经从业的人来设计，而这些从业人员为了限制进入行业的人数，故意把题出得难之又难。比如，在2015年7月加利福尼亚州的律师资格考试中，虽然所有应试者都具有法律专业的学位，但通过率只有47%（2015年美国国家律师资格考试的通过率会高一些，也仅有63%）。要从事专业编织头发的工作，南达科他州对从业者的要求是接受2 100小时的教育和获得美容许可证，而南卡罗来纳州的要求只有六个小时的课程。

就考试的目的而言，许可证制度确实提高了工人的平均质量，不过，更一般的结果是限制了从业的人数。我们可以用一个类似图2.7的图形来分析发放许可证的影响，用纵轴表示工资水平，用横轴表示每年的工人数量。

许可证制度使得行业的供给曲线左移，结果导致均衡的工人数量减少，均衡工资上升。Kleiner和Krueger（2013）发现，这种制度会使行业的工资水平平均上涨18%。根据美国劳工部2016年的数据，有许可证的中级工人每周收入超过1 000美元，而没有许可证的工人则略低于800美元。对于高中学历的人，许可证的价值为108美元/周，但对有学士学位或高级学位的人来说，许可证不会提高他们的收入。Kleiner（2015）的研究表明，职业许可证制度每年使消费者损失2 030亿美元。

2016年，奥巴马政府宣布将向与各州合作的组织提供750万美元的赠款，以减少过度烦琐的许可证制度，并使持证从业者更容易跨州工作。

配额

配额一般用来限制企业可售商品（而不是企业）的数量。政府在限制进口的时候常常会用到配额。像前面介绍过的那样，针对进口的配额会影响供给曲线。下面就用图形来说明配额对供给曲线的影响。

日本政府禁止从国外进口大米的政策（配额为零）大幅提高了国内米价，图2.8说明了日本大米的需求曲线D和没有进口限制时的总的供给曲线S。在允许自由进口的情况下，S和D的交点e_1就是市场均衡。

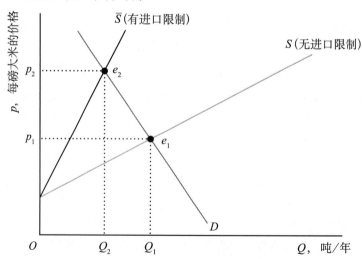

图2.8　禁止进口大米提高了日本国内的大米价格

同没有进口限制相比，禁止进口大米的贸易政策使日本国内的大米供给曲线向上移动，相当于只存在国内供给的情形。变动的结果是均衡点由e_1变到e_2，禁止进口的政策使米价从p_1上涨到p_2，均衡数量则由Q_1下降到Q_2。

中级微观经济学（第八版）

禁止从国外进口大米对日本的需求曲线和供给曲线会有什么样的影响呢？如果日本的消费者并不在乎自己吃的是国产大米还是进口大米，进口限制就不会影响到需求曲线，但这一政策会对总的供给曲线产生影响，使它围绕着初始的端点向上旋转，由 S（总的供给曲线是国内和国外两条供给曲线的水平加总）变为 $\overline{S}$（总的供给曲线等同于国内供给曲线）。

$\overline{S}$ 和 D 的交点 e_2 就是新的均衡点，它位于 e_1 点的左上方，对进口的限制导致供给曲线沿着需求曲线变动，并使均衡数量从 Q_1 下降到 Q_2，均衡价格由 p_1 上涨到 p_2。2001年，日本近乎完全禁止进口大米的政策使国内米价比国际市场价格高 10.5 倍之多，不过，价格的上涨在近几年来有所缓和。

如果实施配额为 $\overline{Q}$ 的贸易政策，其影响与直接的贸易禁止政策可能没什么两样。不过，若是配额设定过高而对进口量没有限制，就不会影响均衡的结果。在下面的例题详解 2.4 中我们会对这种可能性加以探讨。

例题详解 2.4

美国对糖实施数量为 $\overline{Q}$ 的配额，这对国内糖市场的均衡有什么的影响？提示：答案取决于该配额是否会起到约束的作用（配额只要足够低，就会影响到均衡）。

解答

1. 说明配额 $\overline{Q}$ 对美国的糖的总的供给曲线有什么影响。下图对无配额和有配额情况下美国糖的总的供给曲线 S 和 $\overline{S}$（在例题详解 2.2 中推导出来的）进行了重新表述。当价格低于 $\overline{p}$ 时，配额大于国外企业想要提供的数量，进而不起作用，两条供给曲线相同。但当价格在 $\overline{p}$ 之上时，$\overline{S}$ 位于 S 的左侧。

2. 如果初始的均衡数量低于配额水平从而配额不起约束作用，说明配额的影响。假设在任一价格水平上，美国对糖的需求都很低，以至于需求曲线 D^l 与两条供给曲线的交点位于价格 $\overline{p}$ 以下，这样配额实施前后的均衡相同，都是 e_1，此时均衡价格 p_1 低于 $\overline{p}$。因此，当需求曲线非常靠近原点的时候，配额将不起作用，对均衡也没有影响。

3. 说明配额起约束作用时的影响。如果需求曲线 D^h 比较高，配额就会影响均衡。无配额时的均衡 e_2 是需求曲线 D^h 与无配额时总的供给曲线 S 的交点。当实施配额时，均衡点为 e_3，这是 D^h 同有配额时总的供给曲线 $\overline{S}$ 的交点。配额把美国的糖价从 p_2 提高到了 p_3，而交易量则由 Q_2 下降到 Q_3。

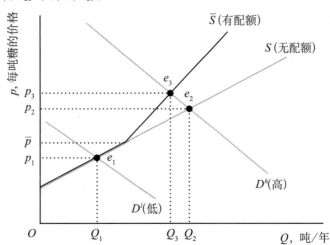

评论：现如今，在全美国消费者所消费的糖中，有76%产自国内，余下的则来自约40个国家，并受一套配额体系控制。由于配额的存在，在一个典型年份，美国国内的糖价差不多比世界上其他地方高出24%。营养师们对此拍手叫好，此前他们一度为美国食谱中的糖分而忧心忡忡。

□ 导致供求不相等的政策

某些政策绝不是改变供给曲线或者需求曲线那么简单，比如，政府直接对价格进行控制，如果政府设定的价格与均衡价格不相等，就可能会有超额供给或者超额需求产生。下面我们用两类价格控制计划来说明这种结果。当政府规定一个价格上限（price ceiling）$\bar{p}$ 的时候，意味着商品的售价不能高于 $\bar{p}$。反之，当政府规定一个价格下限（price floor）$\underline{p}$ 的时候，就意味着商品的售价不能低于 $\underline{p}$。

价格上限

价格上限（或限制价格）如果高于均衡价格，就不会对均衡产生影响，情况和没有价格控制时一样。如果政府对一家企业说，它所出售的汽油每加仑不能超过 $\bar{p}=5$ 美元，而实际上该企业汽油的售价只有1美元，政府的价格控制政策就是一纸空文，毫无效果。不过，如果价格上限 $\bar{p}$ 位于均衡价格 p 以下，在市场中实际上所看到的价格就是这个价格上限了。

美国在两次世界大战、朝鲜战争以及1971—1973年尼克松总统当政等期间，都实施过价格控制。汽油政策的相关历史就说明了价格控制的后果。在20世纪70年代，石油输出国组织（OPEC）减少了向西方国家的原油（用来提炼汽油）供给，美国汽油总的供给曲线（国内供给曲线和OPEC供给曲线的水平加总）向左移动，如图2.9所示，从 S^1 移动到 S^2。这种变化也令国内均衡的油价大幅上扬，从 p_1 提高到 p_2。为了控制油价，保护消费者，美国政府在1973—1979年间一直对汽油设定价格上限。

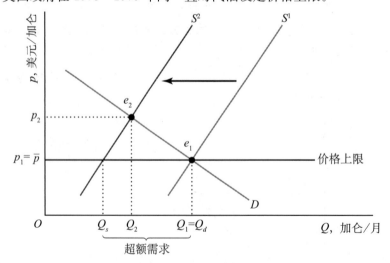

图2.9 汽油的价格上限

供给从 S^1 移到 S^2，在政府的价格控制计划下，加油站不允许索要超过价格上限 $\bar{p}=p_1$ 的价格。在这个价格水平上，生产者只愿意提供 Q_s 单位的汽油，远远小于消费者的意愿购买量 $Q_1=Q_d$，于是存在 Q_d-Q_s 单位的超额需求或短缺。

政府告诉加油站，它们的售价不能超过 $\overline{p}=p_1$。在图 2.9 中，价格上限是一条从价格轴出发的水平直线，价格始终为 $\overline{p}$，因为 $p_2 > \overline{p}$，所以价格控制将发挥作用。市场上所能看到的价格就是价格上限。在 $\overline{p}$ 处，消费者想要购买 $Q_d = Q_1$ 加仑的汽油，这也是 OPEC 采取行动之前的均衡数量，但是目前，企业只愿意提供 Q_s 单位，这是 S_2 和价格控制线的交点，这种价格控制的结果是，出现了 $Q_d - Q_s$ 单位的超额需求。

要不是因为有价格控制，市场的力量将使价格升到 p_2 的水平，超额需求也会消失。政府价格上限抑制了上述调整的发生，进而导致**短缺**（shortage）的出现：一种持续存在的超额需求。

在价格控制期间，一些政府官员认为，短缺是由 OPEC 造成的，因为它削减了对美国的原油供给。这种观点不对。如果没有价格控制，新的均衡点将是 e_2 点，新的均衡价格 p_2 可比 p_1 高多了，也不会有短缺出现。而且，此时均衡的数量 Q_2 也多于有价格控制计划时的 Q_s。

当价格上限起作用的时候，供求模型会得出一个存在短缺的均衡。在这种均衡下，需求量同供给量并不相等。之所以还把它叫作均衡，是因为即便存在短缺，在法规既定的情况下，也没有消费者或企业愿意改变自己的行为。如果没有价格控制，在面临短缺的情况下，消费者为了得到更多商品愿意支付更高的价格，而且企业也会提高售价。在政府价格控制起作用的时候，因为知道不可能把价格提高，所以他们会在短缺的状态下生活。

短缺是怎样一种情况呢？一些幸运的消费者以低价格 $\overline{p}$ 买到了 Q_s 单位的商品，还有一些消费者相当沮丧，他们也想在这个价格水平下买一些汽油，可发现根本就没有人愿意卖给他们。

在价格控制的情况下，又是什么因素决定了哪些消费者是幸运儿，他们可以用低价买到商品呢？当实施价格控制的时候，销售者会用价格以外的标准来分配稀缺的商品，企业把产品卖给自己的朋友、长期客户，或特定种族、性别、年龄和信仰的人。它们还可以根据先到先得的原则来销售，或者限制每个人的汽油购买量。

还有一种可能性是消费者和企业逃避价格控制。消费者可以和加油站的经理说，"如果你能满足我的全部需求，我就给双倍价格，这件事天知、地知、你知、我知。"一旦这么做的消费者和企业足够多，短缺就不会发生了。在 1973 年美国政府对汽油价格进行控制的时候，一项来自 92 个大城市的调查显示，有 52 个城市的加油站前没有出现排队购买的情况，而在像芝加哥、哈特福德、纽约、波特兰以及图森这样的城市，消费者要排队等上 1 个小时甚至更长时间才能加上油。[1] Deacon 和 Sonstelie（1989）计算过，在 1980 年油价管制期间，消费者每节省 1 美元，就要在排队和其他方面损失 1.16 美元。

最近，夏威夷州、纽约州和新泽西州实施了汽油价格控制。夏威夷州从 2005 年 9 月开始对汽油批发价格实行价格管制，但在 2006 年年初，大概是由于民众的反对，该政策又草草地收场。在超级飓风"桑迪"于 2012 年袭击东海岸之后，由于汽油供给紧张，纽约和新泽西都实施了几周的价格控制。

---

[1] 参见一则对 1973 年和 1979 年的油价控制的讨论：MyEconLab, Chapter 2, "Gas Lines"。

委内瑞拉的商品短缺和价格上限

委内瑞拉一直是拉丁美洲最富有的国家之一。它是世界上最主要的石油生产国之一，同时也拥有一些农业和非农业产业。

是什么原因使得委内瑞拉的居民为了购买生活用品需要在凌晨4点就起来排队呢（商店的营业时间是上午8点）？是政府设定的严格的价格上限，这造成食品和其他商品在全国范围内出现短缺。

据委内瑞拉央行称，在2014年有28%的产品在商店中无法买到，创下历史新高。2015年，委内瑞拉人尤其为安全套、避孕药和卫生纸的短缺而烦恼。到2016年，该国的经济系统土崩瓦解。近87%的委内瑞拉人表示他们没有足够的钱购买食物。由于没有糖，人们甚至都无法买到可口可乐。委内瑞拉最大的啤酒企业Empresas Polar SA（市场上80%的啤酒产自该公司）也停止运营。超市货架常常空空如也，许多面包店需要在荷枪实弹的警卫看护下运送食品。由于商品的短缺，杂货店、药店和肉店也常遭暴徒洗劫。

人们认为委内瑞拉至少应该能够为其公民供给充足的咖啡，毕竟咖啡在该国已经生产了几个世纪，委内瑞拉在2009年以前实际上也确实一直对外出口咖啡。不过，自那以后，它却需要依靠大额的进口来弥补产量下降。为什么农民和咖啡生产商要减少咖啡的产量呢？由于零售价格上限较低，他们不得不亏本生产。

由于委内瑞拉对包括汽油和玉米淀粉在内的许多商品都进行了价格管制，而位于其西面、直接相邻的哥伦比亚却并没有这样做，因此走私活动在两地区时有发生。2015年，汽油在委内瑞拉的售价只有4美分/加仑，而在哥伦比亚的大部分地区的售价是72美分，走私的诱惑实在太大了。委内瑞拉的塔奇拉（Táchira）州毗邻哥伦比亚，当地政府表示，送往塔奇拉的食物中有40%被偷运到了哥伦比亚。如果你的玉米淀粉能在哥伦比亚以高价售出，为什么选择以低价在委内瑞拉销售它们呢？[①]

委内瑞拉民粹主义总统乌戈·查韦斯（Hugo Chávez）和他的继任者尼古拉斯·马杜罗（Nicolás Maduro）声称，实施严格的价格上限是为了控制通货膨胀，让穷人也能买得起东西。但价格上限政策真的能帮助穷人吗？

对很多委内瑞拉人来说，答案是："不能！"正如一位餐馆工作人员Nery Reyes所说："委内瑞拉太有钱了，以至于不怎么生产鸡肉和大米。为了能买到这些东西，我需要花一整天的时间来排队。"[②]

近年来，示威者们走上街头，抗议包括商品短缺在内的持续的经济和社会问题。2016年，在委内瑞拉全国各地平均每天爆发17次示威活动，还有一些人在与警队的暴力冲突中丧生，其中包括一名当选选美皇后的学生，她曾被加冕为卡拉博沃州旅游小姐。讽刺的是，尼古拉斯·马杜罗总统还建议，委内瑞拉人民要通过减少消费来缓解商品短缺的危机。

[①] 2016年底的新闻报道称，七个边境州政府已经停止对食品等一些基本商品实施价格管制，允许按市场价格来销售进口食品，这个价格一般是受管制价格的5～20倍。

[②] William Neuman, "With Venezuelan Food Shortages, Some Blame Price Controls," *New York Times*, April 20, 2012.

价格下限

价格下限也是政府经常使用的价格控制的手段。一个最常见也最重要的例子是劳动力市场上的最低工资。最低工资法禁止雇主向雇员支付低于法定最低工资 w 的工资。

新西兰在 1894 年就有了最低工资法，英国于 1909 年颁布了这一法案，而美国马萨诸塞州在 1912 年也有了这样的法律。在 1938 年的《公平劳动标准法案》（Fair Labor Standards Act）中，美国最低工资的标准被定为 25 美分/小时。今天，联邦最低工资是 7.25 美元/小时，但有 31 个州、哥伦比亚特区和其他一些城市都设定了更高的最低工资标准。例如，华盛顿州的最低工资是 9.47 美元/小时，加州奥克兰的最低工资是 12.25 美元/小时。2016 年，英国成年工人的最低小时工资为 6.70 英镑。在 2015 年，俄罗斯联邦的法定月度最低工资为 107 欧元，葡萄牙为 505 欧元，法国为 1 457.52 欧元和卢森堡为 1 922.96 欧元。[①]

例题详解 2.5

假设在一个劳动力市场上，所有人的工资相同，如果政府设定的最低工资 w 起作用的话，市场均衡会有什么变化？

解答

1. 画出最低工资政策实施前的初始均衡。下图给出了劳动力市场的供给曲线和需求曲线，企业以雇用工人的方式购买劳动服务。横轴表示的是每年的工作小时数，纵轴表示的是每小时的工资水平。在没有政府干预的情况下，供求曲线相交所决定的市场均衡为 e，均衡工资水平为 w^*，均衡劳动时间为 L^*。

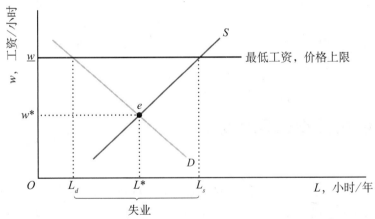

2. 在最低工资的位置画一条水平线，说明市场均衡的变化。最低工资相当于设定了一个价格下限，用位于 w 的水平直线来表示。在这个工资水平上，劳动需求量减少到 L_d，而劳动供给量增加到 L_s，于是出现了 L_s-L_d 单位的超额供给或失业。最低工资的存在也使市场力量无法消除这个超额供给，导致一个包含失业的均衡结果。

① 美国劳工部在其网站 www.dol.gov 上保留了联邦最低工资法、劳动力市场、州最低工资法和其他相关的历史信息。有关欧洲最低工资的信息，请访问 www.fedee.com/minwage.html。有关英国房价信息，请访问 www.direct.gov.uk。

第2章

供给与需求

33

评论: 1938 年,美国政府颁布的最低工资法造成波多黎各出现了大量失业。[1] 但是,根据法律的覆盖范围和劳动力市场的类型,最低工资并不必然导致失业(见第 10 章和第 15 章)。Card 和 Krueger(1995)认为,在简单的供求模型分析中,最低工资法提高了某些市场(如快餐)的工资,但没有显著减少就业。而 Neumark 等(2014)基于对最低工资的大量研究,最后得出了相反的结论:最低工资的提高往往会对就业产生负面的影响。

□ 供给与需求不相等的原因

价格上限和价格下限的例子说明,在供求模型中,供给量和需求量不必相等。许多人对此感到困惑,是因为他们认为:

常识性谬误: 供求必定相等。

这种论断只有在枯燥的会计意义上才成立:企业的实际销售量必然等于消费者的实际购买量。因为我们是根据人们想要的而不是实际购买和销售的数量来定义供给量和需求量,"供给等于需求"这句话的内容是:它不仅是会计上的相等,而且是理论的精炼表达。供求理论认为,如果政府不干预,供给曲线和需求曲线的交点决定了市场的均衡价格和均衡数量。

当政府设定价格上限或价格下限时,基于我们对这两个概念的定义,供给量就不等于需求量。我们对供给量的定义是,在影响企业供给决策的其他因素保持不变的情况下,每一价格水平上企业愿意出售的商品数量。而需求量的定义是,在影响购买需求的其他因素保持不变的情况下,每一价格水平上消费者愿意购买的商品数量。这样,在任何一个价格上,企业想要出售的数量和消费者想要购买的数量无须与实际的买、卖量相等。

例如,当政府对汽油设定价格上限 $\bar{p}$ 时,需求量大于供给量,尽管此时的供求数量并不相等,但供求模型在进行市场分析时仍然是有用的,因为它预测到了超额需求的出现,这同我们实际所观察到的情况一致。

2.6 供求模型适用的条件

如前所见,供求理论有助于我们理解和预测在一些市场上出现的真实事件,第 10 章会讨论竞争性市场的问题,在这个市场中,如果一些潜在的因素(比如,嗜好、收入和投入要素的价格)出现变化,则供求模型就是预测均衡变动的有力工具。在本书的某些章节(特别是第 8 章和第 9 章)中,我们用了大量篇幅详细介绍该模型有用武之地的那些市场。简而言之,模型适用于这样的市场:

■ **每个人都是价格的接受者:** 每个消费者和企业所占市场份额都很小,以至不能对市场价格产生影响。企业要进入市场相当容易,市场中的企业数目庞大,通常这是企业成为价格接受者的必要条件。

---

[1] 参见 MyEconLab, Chapter 2, "Minimum Wage Law in Puerto Rico"。

- 企业出售的产品相同：因此消费者就不会对某个企业的产品有特别的偏好。
- 每个人对产品的价格和质量有完全的信息：当一家企业的价格高于其他企业时，消费者会立即知晓，而且，当企业打算销售劣质产品的时候，他们也能发现。
- 交易成本很低：买者发现卖者并与之交易或者卖者发现买者并与之交易的过程都是瞬时和无代价的。

具有上述特征的市场，被称为完全竞争市场（perfectly competitive markets）。

市场上的企业和消费者为数众多，任何一个都不会大到能影响价格。如果你不买面包了，或者成千上万的农民中有一个人不再出售用来加工面包的小麦了，面包的价格也不会有丝毫变化。消费者和企业都是价格接受者（price taker）：他们不能影响市场价格。

相反，如果某种商品或服务只有一个销售者——也就是垄断（monopoly，见第 11 章），它就会成为价格的制定者（price setter），可以影响市场价格。由于需求曲线向右下方倾斜，一个垄断者可以通过减少供给量来提高价格。在寡头（oligopoly）或者存在产品差异的市场上，企业也是价格的制定者。前一个市场中只有少数几家企业，而在后一个市场中，消费者会特别偏好某种产品（见第 13 章）。在这些企业有定价能力的市场上，价格通常比供求模型所预测的要高一些，这不是说模型错了，只是意味着该模型并不适用于只有少数几个买者或卖者的市场，在这类市场上，我们还有别的模型可用。

如果企业掌握的信息多于消费者，就有可能利用这个优势出售一些劣质产品，或者索要高于其他企业的价格。在这样的市场中，价格也往往要比供求模型预测的高一些。可能根本就不存在这样的市场，也有可能就同一种产品，不同的企业会索要不同的价格（见第 19 章）。

在一个交易成本很高的市场中，卖者发现买者或者买者发现卖者的成本都很大，这时供求模型也不完全适用。**交易成本**（transaction costs）是在寻找交易对象或者进行商品或服务的交易中发生的超出商品价格的费用。这些成本包括找到某人并与之交易所耗费的时间和金钱。比如，为了卖掉已经行驶了 13.7 万英里的 1999 年产灰色本田车，你要花钱在报纸上登广告；或者，为了买一件颜色称心如意的衬衫，你可能需要逛很多家商店才行。这样看来，交易成本不仅包括交通费用，也包括花费的时间，填写表格以及订货的人工成本也属于交易成本。其他交易成本还包括合约签订和实施的成本，比如聘请律师。交易成本高的地方，交易无从发生，即便有，个体所支付的价格也是完全不同的（参见第 12 章和第 19 章的内容）。

如此看来，供求模型不适用于：只有一家或几家企业的市场（电力市场），有产品差别的市场（电影市场），消费者不如企业了解产品的价格和质量信息的市场（二手车市场），或是交易成本很高的市场（核能发动机市场）。已证明该模型有用武之地的市场包括：农产品市场、金融市场、劳动力市场、建筑市场、服务市场、批发市场以及零售市场。

挑战题解答　　　　　　**转基因食品的数量和价格**

在本章结束之际，让我们回头再想一下开篇在挑战题部分提出的问题，即转基因种子的使用对一些农作物（以玉米为例）的价格和数量会有什么影响。和传统的种子相比，使用转基因的种子会大大提高农作物的产量，因此，在其他条件不变的情况下，供给曲线会向右移动。而如果消费者对转基因商品心存疑虑，玉米的需求曲线就会左移。我们想知道市场均衡在转基因种子引入后的变化情况。当一个事件对两条曲线均有影响时，即便知道了两条曲线的变动方向，想定量地给出均衡价格和均衡数量的变化也几乎是不可能的。均衡价格和均衡数量的变化完全取决于曲线变动的幅度。在我们的分析中，我们要考虑到如下可能：对那些消费者坦然接纳转基因产品的国家而言，其需求曲线只有轻微的变化；而对其他那些消费者排斥转基因产品的国家来说，需求曲线的变动会十分明显。

在下图中，使用转基因种子之前的（初始）均衡点为 e_1，这是初始供给曲线 S^1 和初始需求曲线 D^1 的交点。此时均衡价格是 p_1，均衡数量是 Q_1。图（a）、图（b）均说明了这一点。

在引入转基因种子后，新的供给曲线变为 S^2，位于 S^1 的右侧。在图（a）中，新的需求曲线 D^2 仅仅是 D^1 轻微左移的结果；而在图（b）中，D^3 是 D^1 大幅左移的结果。图（a）中新的均衡是 S^2 和 D^2 的交点 e_2，图（b）中新的均衡则是 S^2 和 D^3 的交点 e_3。

在图（a）中，均衡价格由 p_1 降为 p_2，而在图（b）中，均衡价格降为 p_3。但均衡数量有所不同，图（a）中由 Q_1 增加到 Q_2，图（b）中则由 Q_1 减少到 Q_3。

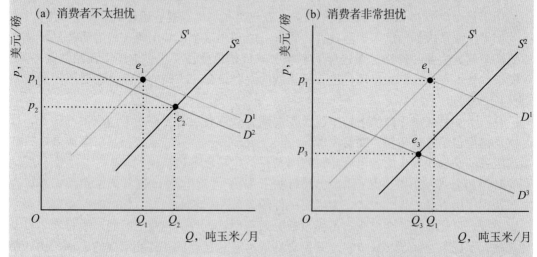

因此，当两条曲线同时变动时，如果不了解它们变动的具体幅度，就没法确定均衡价格和均衡数量的变动方向。一个国家在使用转基因种子之后是否会增产，还要看消费者对这种转基因产品的排斥程度有多强。

本章小结

1. 需求。消费者对某种商品或服务的需求量取决于他们的嗜好、商品价格、替代品和互补品的价格、收入、信息、政府法规等等。基于观察而得出的需求定理说的是需求曲线向下倾斜。在影响需求的其他因素保持不变的情况下，价格越高，需求量就越少。价格变化导致的是一种沿着需求曲线的移动。收入、嗜好等影响需求的价格以外的因素变化，导致需求曲线的移动。为了得出总的需求曲线，要把个体的（或不同类型的消费者群体或国家的）需求曲线水平加总，也就是说，在每一个价格水平下，把每个个体的需求量加在一起，就得出了总的需求曲线。

2. 供给。企业对一种商品或服务的供给量取决于价格、成本、政府政策以及其他因素。市场的供给曲线通常是向右上方倾斜的，但不是必然如此。价格变化导致的是沿着供给曲线的移动，投入要素的价格或者政府政策的变化导致的是供给曲线的移动。总的供给曲线是单个企业供给曲线的水平加总。

3. 市场均衡。需求曲线和供给曲线的交点决定着市场的均衡价格和均衡数量。如果初始的价格和数量并没有在均衡水平上，那么，市场力量以及消费者和企业的行为会使它们向均衡水平移动。

4. 对均衡的冲击。价格以外的其他因素变化会使供给曲线或者需求曲线变动，进而使均衡改变。比如，如果消费者的收入增加，则咖啡的需求曲线会向右移动，这就出现了一个沿着供给曲线的移动，并且在更高的价格和产量水平上实现新的均衡。如果这些潜在的因素一个接着一个地变化，市场就会慢慢调整，长时间地处于非均衡状态。

5. 政府干预的后果。某些政府政策，比如禁止进口，也会导致供给曲线或需求曲线的移动，因而也会改变均衡。另一些政府政策，就像价格控制或最低工资法，会导致供给量大于或小于需求量，引起持续存在的过剩或短缺。

6. 供求模型适用的条件。在解释市场要发生什么，或者在潜在因素变化后对市场的变化进行预测时，供求模型是一个强有力的工具，不过，该模型只适用于具有下列特征的市场：买者和卖者人数众多；产品同质；有关价格、数量、质量、收入、成本以及其他市场特征的信息准确且完全；交易成本较低。

思考题

MyEconLab 上有全部思考题；＊＝答案请扫本书末二维码获取；A＝代数问题；C＝可能要用到微积分知识。

1. 需求

＊1.1 对加拿大加工猪肉所估计的需求函数 (Moschini and Meilke，1992) 为 $Q=171-20p+20p_b+3p_c+2Y$，其中，Q 是每年猪肉的数量（百万公斤），p 是每公斤猪肉的价格（所有引用的价格均以加元计算），p_b 是每公斤牛肉的价格，p_c 是每公斤鸡肉的价格，而 Y 是平均收入，以千加元为单位。如果我们在研究期间令 p_b、p_c 和 Y 取它们的代表性数值且保持不变：$p_b=4$，$p_c=3\frac{1}{3}$，$Y=12.5$，求出需求函数。A

＊1.2 使用问题 1.1 中加工猪肉的估计需求函数，求出在给定价格水平下，所需的数量如何随着人均年收入 Y 增加 100 加元的变化而变化。A

1.3 根据应用案例"星巴克餐点中的卡路里"，指出纽约市卡路里发布要求对星巴克需求曲线的影响。

1.4 给定有关牛油果的估计的需求函数为：$Q=104-40p+20p_t+0.01Y$，用代数（或微积分）方法说明，如果人均月收入从 4 000 美元增加到 5 000 美元（注意：西红柿的价格为 0.80 美元），需求曲线会如何变动？把这个变动用图形表示出来。A

1.5 猪肉的反需求函数（思考题 1.1）是 $p=14.30-0.05Q$，如果消费者想要每年减少 200 万公斤猪肉的消费，那么猪肉价格需要上涨多少？（提示：见例题详解 2.1。）A

1.6 在应用案例"玉米需求曲线的加总"中，由 McPhail 和 Babcock（2012）估计的食用玉米和饲料用玉米的需求曲线分别为 $Q_{food}=1\,487-22.1p$ 和 $Q_{feed}=6\,247.5-226.7p$。根据应用案例的图形说明，用数学推导的方法求出总需求曲线。（提示：请记住，饲料用玉米的需求曲线在价格高于 27.56 美元时为 0。）A

＊1.7 某城镇大学生对电影的反需求函数为 $p=120-Q_1$，该城镇其他居民对电影的反需求函数为 $p=120-2Q_2$。求出该城镇对电影的总的需

求函数（$Q=Q_1+Q_2$ 是 p 的函数）。用图形的方法来说明你的答案。（提示：参阅应用案例"玉米需求曲线的加总。"）A

1.8 根据 Duffy-Deno（2003）对宽带服务的需求的估计，小型企业的需求函数为 $Q=15.6p^{-0.563}$，大型企业的需求函数为：$Q_l=16.0p^{-0.296}$，其中价格单位为"美分/千字节·秒"，数量单位为"百万千字/每秒（Kbps）"。求出行业的总的需求函数。（提示：请参阅应用案例"玉米需求曲线的加总"。）A

1.9 根据 Ghose 和 Han（2014）的估计，消费者对苹果应用商店里移动应用程序的需求函数为 $Q_A=1.4p^{-2}$，而对谷歌应用商店的程序的需求函数为 $1.4p^{-3.7}$，数量单位为"百万个"。求出消费者对应用程序的总的需求函数。如果一个应用程序的价格是 1 美元，那么苹果的消费者、谷歌的消费者对有关应用程序需求的均衡数量是多少？（提示：请参阅应用案例"玉米需求曲线的加总。"）A

2. 供给

*2.1 对加拿大加工猪肉的估计的供给函数为 $Q=178+40p-60p_h$（Moschini and Meilke，1992），其中数量单位为"百万公斤/年"，价格单位为"加元/公斤"。如果猪肉的价格翻了一倍，从 1.5 加元/公斤变为 3 加元/公斤，则供给函数会有什么变化（提示：参考例题详解 2.1 中的推导）？A

2.2 估计的牛油果的供给函数为：$Q=58+15p-20p_f$，其中 p_f 是肥料的价格。如果肥料的价格从每磅 0.40 美元上涨到每磅 1.50 美元，上涨了 1.1 美元，则牛油果的供给曲线会如何移动。把这个变动用图形表示出来。

2.3 如果美国供给的大米是 $Q_a=a+bp$，而世界其他地区的供给是 $Q_r=a+cp$，则全世界大米的供给是多少？A

2.4 在例题详解 2.2 中，如果美国的国内供给曲线与纵轴的交点位于价格 $\bar{p}$ 之上，则总的供给曲线会有什么变化？

3. 市场均衡

*3.1 用供求图形来解释如下论断："空谈廉价，供过于求。"什么样的价格才能使这个比较成立？

3.2 小镇上的每所房屋旁都有一口井，可以免费取水。不过，一旦每天水的需求量超过10 000

加仑，多出的部分就需要从小镇旁的一家企业那里购买，小镇目前的消费量是 9 000 加仑/天。

a. 画出线性的需求曲线。

b. 企业的供给曲线是线性的，并且从原点出发。画出市场的供给曲线，其中也要包括井水的供给。

c. 找出均衡。均衡的价格和数量各是多少？请解释。

3.3 很多企业都能生产昆虫形状的巧克力，供给曲线是线性的并向上倾斜，与价格轴的交点是 6 美元/盒。一些胆大的消费者会购买这种巧克力（可能是用来吓唬人玩的）。他们的需求曲线也是线性的并向下倾斜，与价格轴的交点是 4 美元/盒。画出供给曲线和需求曲线。均衡价格和均衡数量存在吗？为什么？

3.4 估计得出的加拿大加工猪肉的需求函数（Moschini and Meilke，1992）是 $Q=171-20p+20p_b+3p_c+2Y$（见思考题 1.1），供给函数是 $Q=178+40p-60p_h$（见思考题 2.1）。求用猪肉价格 p_h、牛肉价格 p_b、鸡肉价格 p_c 和收入 Y 表示的均衡价格和均衡数量。如果 $p_h=1.5$（加元/公斤），$p_b=4$（加元/公斤），$p_c=3\frac{1}{3}$（加元/公斤），$Y=12.5$（千加元），则均衡价格和均衡数量各是多少？

*3.5 一种商品的需求函数为 $Q=a-bp$，供给函数为 $Q=c+ep$，其中 a、b、c、e 为大于零的常数，求用这几个常数表示的均衡价格和均衡数量。A

*3.6 Green 等（2005）对加利福尼亚州的加工番茄的供给函数和需求函数做了估计，供给函数为：$\ln Q=0.2+0.55\ln p$，其中，Q 为加工番茄的数量，单位是"百万吨/年"，p 的单位是"美元/吨"；需求函数是：$\ln Q=2.6-0.2\ln p+0.15\ln p_t$，$p_t$ 是番茄酱（这是加工番茄的主要用途）的价格，单位是"美元/吨"。在 2002 年，$p_t=110$，求出这一年加工番茄的需求函数，其中数量是加工番茄价格的函数。求出加工番茄的均衡价格和均衡数量（解释你的计算，小数点后保留两位即可），画出供给曲线和需求曲线（注意它们都不是直线），标出均衡点及其相应的坐标。A

4. 对均衡的冲击

*4.1 参见 2.4 节开篇部分有关龙虾捕捞的

卡通图片中渔民就大网捕捞对龙虾市场价格影响的有关评论，解释什么是供给冲击。

4.2 Airbnb 是一家网站，上面有房东向外地游客提供公寓租赁的信息。用图形说明这个新网站如何影响热门旅游城市房屋租赁的均衡价格和均衡数量。

4.3 "9·11" 恐怖袭击导致美国航空公司旅客的需求曲线向左移动约 30%（Ito and Lee, 2005）。使用供求图形来说明该事件对价格和数量的可能影响（假设市场是竞争性市场）。指出该事件对均衡价格和均衡数量影响的大致程度——比如，你预计均衡数量会改变 30% 吗？说明该结果取决于供求曲线的形状和位置。

4.4 在 2014—2015 年，高致病性禽流感（HPAI）的暴发使鸡蛋的供给量大大减少，尤其是在产蛋量最高的艾奥瓦州和中西部其他地区。高致病性禽流感对中西部和其他地区美国鸡蛋生产商供给的鸡蛋价格和鸡蛋数量会有什么影响？

4.5 用供求图形说明下列可能的冲击对美国牛油果市场的影响：

a. 一项新研究表明，食用牛油果有益于身体健康；

b. 对从墨西哥进口牛油果的贸易壁垒 2007 年被取消了；

c. 经济衰退造成人均收入下降；

d. 转基因品种的牛油果进入市场，种植该品种可以在不提高成本的情况下增加牛油果的产量和收益。

4.6 个人和企业越来越多地使用互联网而不是报纸来发布广告，前者能提供免费或价格低廉的分类广告（如 Classified Ads.com、Craigslist.org、Realtor.com、Jobs.com、Monster.com 以及雅虎和谷歌）。用供求模型解释互联网的使用对报纸广告的均衡有什么影响。互联网的发展所影响的是报纸广告的供给曲线还是需求曲线？还是对二者都有影响？为什么？

4.7 乙醇是从玉米中提取出来的，从 2000 年到 2015 年，乙醇的产量提高了 8.5 倍（www.ethanolrfa.org）。请用供求图形说明，将越来越多的玉米用于提取乙醇会对食用玉米的价格和消费数量产生什么影响。

4.8 需求函数为 $Q=220-2p$，供给函数为 $Q=20+3p-20r$，其中 r 是资金的租赁成本。说明均衡价格和均衡数量如何随着 r 的变化而变化。

（提示：见例题详解 2.3。）A

4.9 利用思考题 3.6 中的信息分析：如果番茄酱的价格下降 10%，加工番茄的均衡价格和均衡数量会有什么变化。（提示：见例题详解 2.3。）A

5. 政府干预的后果

5.1 本章应用案例"职业许可证的发放"假设考试的唯一目的是使供给曲线左移，分析了许可证考试对某些职业的影响。现在假设考试能提高行业内员工的平均素质，上述分析会有什么变化？它对需求曲线有什么影响？

*5.2 直接禁止从国外进口是否有可能不会对均衡价格产生影响？（提示：假定只有在价格非常高的时候才会有进口。）

5.3 在 2002 年，美国的渔业及野生动物管理局（Fish and Wildlife Service, FWS）提出，为了保护里海和黑海的鲟鱼，禁止从国外进口鱼子酱。在过去的 20 年里，这两个海域的鲟鱼减少了 90%，世界市场上的鱼子酱有 60% 是销往美国的。在世界上合法的批发市场中，每千克鱼子酱的平均价格是 500 美元，每年的销售额约为 1 亿美元。请分析，美国的这一禁令会对世界市场的价格和数量产生什么样的影响？禁止进口能起到保护鲟鱼的作用吗？（提示：参考例题详解 2.4。）

5.4 如果设定一个进口配额 $\bar{Q}$，且 $\bar{Q}>0$，这对均衡价格和均衡数量有什么影响？（提示：仔细思考一下这对总的供给曲线会有什么影响。参考例题详解 2.4。）

5.5 一些美国医生要求对国外培养并来美国执业的医师的数量加以限制，这对美国医疗服务的均衡价格和均衡数量有什么影响？对美国培养的医生和美国的消费者有何影响？（提示：参考例题详解 2.4。）

5.6 高利贷法（usury laws）对如银行这样的贷款者向借款人索要的最高利率做了规定，在有这种法律的州，低收入家庭的消费信贷水平明显低于那些没有这种法律的州，这是为什么？（提示：利率是贷款的价格，贷款额就是它的数量单位。）

5.7 泰国政府热衷于对市场进行干预（Nophakhun Limsamarnphun, "Govt Imposes Price Controls in Response to Complaints," *The Nation*, May 12, 2012）。

a. 政府将每天的最低工资提高了 40%，达到

300 泰铢（300 泰铢≈9.63 美元）。如果法律适用于整个劳动力市场，说明更高的最低工资对工人需求数量、劳动力供给和失业的影响。

b. 解释在主要的购物商场和零售商店，雇员的最低工资和房屋租金的增加对快餐的供给曲线有何影响。解释为什么一份快餐的均衡价格会从 30 泰铢升至 40 泰铢。

c. 为了回应公民关于食品价格上涨的投诉，政府对 10 种受欢迎的食物实施了价格管制。说明这些价格管制对食品市场的影响。

d. 对食品的价格管制会对劳动力市场产生什么影响？

5.8 有些城市会施行房租管制法，这是对租赁类住宅（公寓、别墅和活动板房）的价格进行限制。在 20 世纪 50 年代初期，仅纽约市就拥有超过 200 万套受到租金管制的公寓，但到了 2014 年仅有 27 000 套左右。利用供求图形说明房租管制法对纽约市公寓的均衡租赁价格和均衡数量的影响，并指出其超额需求。

*5.9 在 1994 年，洛杉矶地震和"卡特里娜"飓风等重大灾难发生后，由于食品的供给量下降，零售商经常提高牛奶、汽油和其他食品的价格。一些政府部门声称要对此事进行调查，而且还会出台法律来禁止这种价格的上涨，这种法律可能产生的影响是什么？

5.10 假设政府对加工番茄实施价格补贴，每吨补贴价格为 65 美元，在这个价格水平上，农民想买多少，政府就买多少，因此加工企业支付的价格也是 65 美元/吨。利用思考题 3.6 的信息说明此时企业和政府各买了多少吨番茄。用供求图形来说明你的答案。A

5.11 根据应用案例"委内瑞拉的商品短缺和价格上限"，使用两个图形来说明委内瑞拉政府对玉米淀粉实施价格管控对委内瑞拉和哥伦比亚的玉米淀粉市场所造成的影响。

6. 供求模型适用的条件

6.1 在下面几个市场中，用供求模型所做的预测是否可靠？为什么？

a. 苹果市场；

b. 纪念品市场；

c. 电子游戏市场（三大游戏公司组成的市场）；

d. 二手车市场。

7. 挑战题

*7.1 那些食用了由染病动物器官制成的牛肉制品的消费者有患上疯牛病（牛海绵状脑病，bovine spongiform encephalopathy，BSE）的风险，这种病是库贾氏病（creutzfeldt-Jakob disease）的一种新的变异，患者的脑部慢慢空洞化，将承受着致命的痛苦。美国第一例病例报告于 2003 年 12 月，是在从加拿大进口的一头牛身上发现的。从那以后，有超过 40 个国家终止了从美国进口牛肉，这导致那些牛肉进口国的牛肉供给曲线左移。此外，在疯牛病发现之初，美国的一些消费者也不再食用牛肉了，这也使得需求曲线左移了［Schlenker and Villas-Boas（2009）发现，疯牛病出现 3 周之后，美国的消费者才开始恢复信心，牛肉的消费又回到之前的水平］。在美国禁止牛肉贸易的最初几周，日本销售的牛肉数量大幅下降，价格高涨。相反，在 2004 年 1 月，也就是第一例疯牛病发现的 3 周之后，同 2003 年 12 月最后一周的情况相比，美国的牛肉价格下降了 15%，销售量增加了 43%。请用供求图形解释其中的原因。

7.2 在宣布发现疯牛病之初，美国牛肉市场的均衡价格下降，均衡数量增加，前一题要求说明其中的原因。证明：如果供给曲线和需求曲线同方向变化，但变动幅度不同，则均衡数量可能会减少。那么，均衡价格有可能会上涨吗？

7.3 当保罗·布鲁默三世（Paul Bremer Ⅲ）任美国驻伊拉克的最高行政长官时，他制定了一项为其巩固伊拉克政权稳定的法规：凡 25 岁及以上且具有"良好声誉和品格"的人均可拥有包括 AK-47 突击步枪在内的枪支一支。在该项法令的保护下，伊拉克公民迅速开始建立自己的武装力量。2006 年 2 月底在萨马拉什叶派圣地遭到轰炸后，各教派之间的暴力冲突升级，随之对枪支的需求量也急剧增加，导致了枪支的价格上涨。2006 年 2 月至 3 月，俄罗斯造的卡拉什尼科夫 AK-47 突击步枪的法定价格从 112 美元跃升至 290 美元，子弹价格从 24 美分猛升至 33 美分（Jeffrey Gettleman，"Sectarian Suspicion in Baghdad Fuels a Seller's Market for Guns，" *New York Times*，April 3，2006.）。尽管美国军队向伊拉克安全部队提供了成千上万的枪支和弹药，但是其中一些最终还是落入了私人手中，涨价还是出现了。利用图形说明价格上涨的原因。价格是否需要上涨，或者说价格的变化是否与需求和供给曲线的形状及相对变化有关？

第3章

供求模型的应用

新泽西州取消对肉毒杆菌征税的决定让消费者欢呼雀跃，虽然说不一定是这样，但至少我认为他们是这样的。

挑战题　　　　　　　　　　　　　谁为汽油付税？

与其他工业化国家相比，美国的汽油税已经很低了，但美国的消费者和政客们仍就汽油税的增减争论不休。2016 年，一个代表性的美国人会为每加仑无铅汽油缴 45 美分的税，其中包括 18.4 美分的联邦税和大约 26.6 美分的地方税。相比之下，加拿大的汽油税是 1.12 美元，法国是 3.63 美元，英国是 4.20 美元。

在国际气候大会上——如 2015 年巴黎国际气候大会，经常有来自世界各地的政府官员、环保主义者和经济学家强烈要求提高汽油和其他燃料（或等量的碳）的税率以减缓全球变暖，改善大气环境。

然而，只要汽油价格突然上涨，政客们就会呼吁（至少是暂时性地）调低汽油税。伊利诺伊州和印第安纳州在 2000 年的油价高峰期就暂时取消了汽油税。2008 年阿拉斯加也采取了同样的举措。参议员约翰·麦凯恩（John McCain）和希拉里·克林顿（Hillary Clinton）于竞选总统期间呼吁，在 2008 年夏天增加一个夏季汽油税的空窗期，他们希望国会在惯常的夏季汽油高价月份暂停 18.4 美分/加仑联邦汽油税以降低油价，但前参议员贝拉克·奥巴马（Barack Obama）却斥责他们是在向选民献媚，他认为这种做法的主要受益者是原油公司而不是普通消费者。2008 年，英国也发生了类似的争论。在 2011 年，众议员希思·舒勒（Heath Shuler）和伊利诺伊州、印第安纳州、新罕布什尔州以及纽约州的立法者都提出设立一个为期 45 天的联邦汽油税空窗期。2013 年，印第安纳州议会少数党领袖也提议增设汽油免税期。

在这些争议中，一个关键问题是税负由谁来承担。是企业自身承担，还是它们以提高价格的形式把汽油税转嫁给了消费者？同长期相比，企业在短期转嫁税负的能力会有什么不同吗？

我们用供求分析就能回答这些问题。当影响需求或供给曲线的潜在因素（例如税收）发生变化的时候，均衡价格和均衡数量也会变化。第 2 章介绍过，即便不知道供求曲线的具体形状，你也能够预测出均衡价格和均衡数量的变动方向（这是一种定性的变化）。在那一章的大多数例子中，你只需知道当潜在因素发生变化时供求曲线变动的方向，就能给出一个定性的答案。

要想确定均衡数量和均衡价格变化的具体值（定量变化），我们可以像在第 2 章中有关牛油果的例子那样，使用估计的供给函数和需求函数的方程。本章将介绍如何用一个数字去描述需求量或供给量对价格变化的敏感度，以及怎样用这些概要性的数字给情景分析提供一个定量化的答案，比如，税收对消费者所付价格的影响。

本章将考察以下 4 个主题：

1. 供求曲线形状的意义。一个冲击对市场均衡的影响（例如征收新税，或投入要素的价格上涨）取决于供求曲线的形状。

2. 需求量对价格的敏感度。需求量对价格的敏感度可以用需求价格弹性这一指标来概括。

3. 供给量对价格的敏感度。供给量对价格的敏感度可以用供给价格弹性这一指标来概括。

4. 销售税的影响。销售税的增加对一种商品的均衡价格和均衡数量的影响以及消费者和生产者各自承担税负的大小，均取决于供求曲线的形状。

3.1 供求曲线形状的意义

供求曲线的形状决定了一个冲击对均衡价格和均衡数量影响的大小。我们用牛油果的例子说明了需求曲线形状的重要性。[①]牛油果的供给取决于牛油果的价格和肥料的价格，肥料是生产牛油果的主要投入。在图 3.1（a）中，当肥料价格上涨 55 美分时，牛油果供给曲线 S^1 会向左移动到 S^2。供给曲线的变动引起了一个沿着向下倾斜的需求曲线 D^1 的移动。均衡数量从 8 000 万磅/月下降到 7 200 万磅/月，均衡价格也从 2 美元/磅上涨到 2.2 美元/磅，这损害了消费者的利益。

如果需求曲线的形状不同，供给冲击的影响也会有所差异。假设需求量对价格的变动不敏感，无论价格是多少，需求量都固定不变，就像图 3.1（b）中垂直的需求曲线 D^2 那样。化肥价格上涨 55 美分，再次将供给曲线从 S^1 移动到 S^2。均衡数量不变，但是消费者支付的价格上涨了 73 美分，为 2.73 美元。因此，当需求曲线垂直而不是向右下方倾斜的时候，消费者的支出会增加。

现在假设消费者对价格变动非常敏感，需求曲线就像图 3.1（c）中的 D^3 那样为水平直线，消费者在（或小于）2 美元/磅这一价格水平上购买的牛油果数量实际上不受限制，不过，一旦价格稍有上涨，他们就会停止购买。此时化肥价格的上涨对消费者的支付价格毫无影响；然而，均衡数量会大幅下降到 6 900 万磅/月。因此，当肥料的价格上涨时，牛油果的均衡数量及均衡价格的具体变动数量取决于需求曲线的形状。

---

① 为了获得估算的供给曲线，我们使用加州牛油果委员会的最新数据更新了 Carman（2006）的推算，并补充了其他来源的信息。

中级微观经济学（第八版）

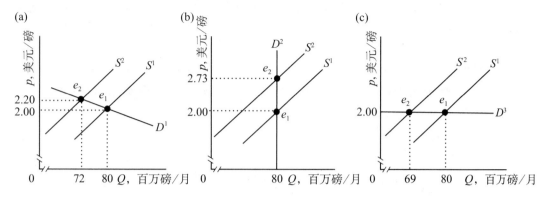

图 3.1　供给冲击的影响取决于需求曲线的形状

　　肥料价格上涨 55 美分使牛油果的供给曲线从 S^1 移动到 S^2。（a）如果需求曲线为向下倾斜的直线，均衡价格从 2 美元上涨到 2.2 美元，均衡数量从 80 下降到 72。（b）如果需求曲线为 D^2，是垂直的，供给冲击将使价格上涨到 2.73 美元，均衡数量保持不变。（c）如果需求曲线是水平的（D^3），供给冲击对均衡价格没有影响，但会使均衡数量降到 69。

3.2　需求量对价格的敏感度

　　在供求模型中，当其他条件不变时，要预测某次冲击的效应，了解价格上涨对需求量的影响非常重要。精确地画出一条需求曲线或者写出需求函数（描述需求曲线的等式）的表达式，就能定量地求出价格上涨对需求量的影响。然而，用不着写方程或者画图，利用总结出的相关信息就能方便地给出情景分析问题的答案。依靠这种简明的统计量，企业可以预测市场供给曲线的变化对产品价格及其收入（单价乘以销售数量）的影响。

　　在本节，我们会介绍一个描述需求量对价格变化的反应程度的指标，这就是需求价格弹性。在下一节中，我们会介绍供给曲线方面的一个类似的指标。而在本章末，我们还要说明政府如何运用供求方面的这些简要的指标来预测新的销售税对均衡价格、企业收入及税收收入的影响。

　　衡量一个变量（如需求量）对另一个变量（如价格）的敏感度的最常见指标就是弹性。弹性（elasticity）是一个变量对另一变量既定百分比变动的反应程度。

□ 需求价格弹性

　　需求价格弹性或**需求弹性**（price elasticity of demand，or elasticity of demand）是指在需求曲线的某一点上，需求量 Q 对价格 p 的既定百分比变动的反应程度。需求价格弹性（用希腊字母 ε 表示）是：

$$\varepsilon = \frac{需求量变动的百分比}{价格变动的百分比} = \frac{\Delta Q/Q}{\Delta p/p} \tag{3.1}$$

符号 Δ（希腊字母）表示变动，所以 ΔQ 是需求量的变动，$\Delta Q/Q$ 是需求量变动的百分比；Δp 是价格的变动，$\Delta p/p$ 是价格变动的百分比。[①] 例如，如果价格上涨 1% 导致需求量减少了 3%，需求价格弹性就是 $\varepsilon=-3\%/1\%=-3$。[②] 因此，需求价格弹性是一个纯粹的数字（没有单位）。

需求弹性的负号与需求定理对应：价格上升，需求量下降。需求弹性简明地回答了这个问题："价格每上升 1%，需求量会下降多少？"价格上升 1% 会使需求量改变 $\varepsilon\%$。

用另一个等价的表达式来计算需求弹性更为方便：

$$\varepsilon=\frac{\Delta Q/Q}{\Delta p/p}=\frac{\Delta Q}{\Delta p}\frac{p}{Q} \tag{3.2}$$

$\frac{\Delta Q}{\Delta p}$ 是数量相对价格变化的变动比例（需求曲线斜率的倒数）。

我们可以用公式 3.2 来计算线性需求曲线的需求弹性（影响需求的其他因素保持不变），其一般的形式为：

$$Q=a-bp \tag{3.3}$$

在公式 3.3 中，a 是价格为零时的需求量，$Q=a-b\times0=a$，$-b$ 是价格上升所引起的数量下降的比例，也就是 $\Delta Q/\Delta p$。[③] 因此，对于线性需求曲线来说，需求弹性为：

$$\varepsilon=\frac{\Delta Q}{\Delta p}\frac{p}{Q}=-b\frac{p}{Q} \tag{3.4}$$

例题详解 3.1

估计得出的美国玉米的需求曲线方程为：

$$Q=15.6-0.5p \tag{3.5}$$

其中，p 是每蒲式耳玉米的价格，Q 是每年玉米的需求量（单位：十亿蒲式耳）。[④]当价格为 7.2 美元/蒲式耳时，求需求价格弹性。

解答

将斜率系数 b、价格和需求量的值代入公式 3.4。公式 3.5 是一般线性需求函数方程 3.3（$Q=a-bp$）的特例，其中，$a=15.6$，$b=0.5$。在 $p=7.2$ 时，$Q=15.6-(0.5\times7.2)=12$。将 $b=0.5$，$p=7.2$，$Q=12$ 代入公式 3.4，得知需求曲线上此时的需求弹性为：

$$\varepsilon=-b\frac{p}{Q}=-0.5\times\frac{7.20}{12}=-0.3$$

结论：在均衡状态下，玉米价格上涨 1% 会导致玉米需求量下降 0.3%。也就是说，玉米需求量下降的比例小于价格上涨的比例。

---

① 如果用微积分，我们可以使价格的变化无穷小（Δp 趋近于零），于是弹性可以写成 $(dQ/dp)(p/Q)$。在讨论弹性的时候，我们假设价格的变动程度很小。

② 根据需求定理，需求曲线向下倾斜，所以需求弹性是负值。基于此，一些经济学家在报告需求弹性时会将负号忽略掉。比如在上例中，他们可能会说需求弹性等于 3，而不说弹性等于 -3（负号省略）。

③ 当价格从 p_1 上涨到 p_2 时，需求量由 Q_1 变为 Q_2，所以需求变化量是 $\Delta Q=Q_2-Q_1=(a-bp_2)-(a-bp_1)=-b(p_2-p_1)=-b\Delta p$。因此，$\Delta Q/\Delta p=-b$。（需求曲线的斜率是 $\Delta p/\Delta Q=-1/b$。）

④ 此需求曲线是 Roberts 和 Schlenker（2013）估计的需求曲线的线性化版本。为了方便计算，我对弹性的估计值做了四舍五入。

谷歌和苹果应用程序的需求弹性

截至 2016 年 6 月，苹果应用商店（iOS）里有 200 万个应用程序（智能手机和平板电脑的移动应用程序），谷歌应用商店（Android）里有 220 万个应用程序。应用程序的消费者对价格敏感度如何？苹果用户对价格的敏感度比谷歌用户的高还是低呢？

Ghose 和 Han（2014）估计苹果应用商店中应用程序的需求弹性为 -2.0。也就是说，价格上涨 1% 会导致苹果应用需求量下降 2%。因此苹果应用商店中的需求是富有弹性的。估计谷歌应用商店中应用程序的需求弹性为 -3.7，这意味着谷歌用户的价格敏感度几乎是苹果用户的两倍。

□ 需求曲线上各点的弹性

对多数需求曲线来说，上面各点的需求弹性都各不相同。如果是一条向下倾斜的线性需求曲线，上面每一点的需求弹性都不一样；但在水平和垂直的线性需求曲线上，每点的弹性都固定不变。

向下倾斜的线性需求曲线

对严格向下倾斜的线性需求曲线来说（需求曲线既非垂直也非水平），需求弹性表达式为 $\varepsilon = -b(p/Q)$，沿着需求曲线变动时，b 是常数，但 p/Q 会变化，所以每点的弹性也各不相同。价格越高，需求弹性的负数数值就越大。因此，即使线性需求曲线的斜率不变，弹性也会沿着曲线而变化。对接近需求曲线上端和下端（左侧和右侧）的各点来说，价格同样上涨 1%，前者的数量下降百分比要高于后者。

图 3.2 中玉米的线性需求曲线就说明了这种情况。当需求曲线交于数量轴时（$p=0$，$Q=a=15.6$），根据公式 3.4，需求弹性是 $\varepsilon = -b(0/a)=0$。当价格为 0 时，价格的少许变化影响甚微，不会使数量发生变化，该点的需求弹性是零，这种需求曲线被认为是完全无弹性的（perfectly inelastic）。做个物理学的类比，如果你想拉伸一根没有弹性的钢条，其长度不会有任何变化。价格变化推动了需求的变化；如果价格变化对需求量没有任何影响，它就是完全无弹性的。

当数量介于线性需求曲线的中点和下端之间时，$Q=a$，需求弹性在 0 和 -1 之间，即，$0>\varepsilon>-1$。需求曲线上弹性在 0 和 -1 之间的点是缺乏弹性的（inelastic）（但不是完全无弹性的）。在需求曲线缺乏弹性的地方，价格上涨 1% 所引起的数量减少要小于 1%。例如，我们在例题详解 3.1 中看到，当 $p=7.20$ 美元且 $Q=12$ 时，$\varepsilon = -0.3$。所以价格上升 1%，数量会下降 0.3%。就像上面的物理学类比中拉一根绳子那样，由于绳子缺乏弹性，不可能把它拉多长：价格变化几乎不会对数量有什么影响。

在线性需求曲线的中点，$p=a/(2b)=15.60$ 美元，$Q=a/2=7.8$，因此 $\varepsilon = -bp/Q = -b[a/(2b)]/(a/2)=-1$，我们将这种需求弹性称为单位弹性（unitary elasticity）：价格上涨 1%，数量会减少 1%。

当一点的价格高于需求曲线中点所对应的价格时，其需求弹性小于 -1，即 $\varepsilon<-1$。

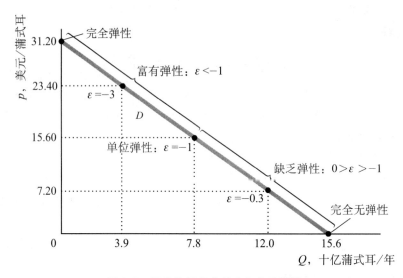

图 3.2　玉米的需求曲线上各点的弹性

如果像玉米那样有一条线性的需求曲线，价格越高，需求弹性就越大（ε 的负数数值越大，即绝对值越大）。在需求曲线与横轴相交的位置是完全无弹性的（ε＝0）；在需求曲线与纵轴相交的位置是完全弹性的；在需求曲线的中点则是单位弹性的（ε＝−1）。

在这个区间内，需求曲线富有弹性。一个物理学上的类比是，当你拉橡皮筋时，能把它拉得很长。价格上涨 1％，数量减少 1％ 以上。如图 3.2 所示，当 $p=23.40$ 美元、$Q=3.9$ 时，弹性是−3，也就是说，价格上涨 1％，需求量会减少 3％。

随着价格的上升，弹性的负数数值越来越大，趋近于负无穷。当需求曲线与价格轴相交时，为完全弹性①，此处价格为 $a/b=31.20$ 美元，$Q=0$，p 下降 1％ 使得需求量变为正值，该点需求量的变动值为无穷大。

并非只有向下倾斜的线性需求曲线才会如此（即曲线上各点弹性均不相同），多数需求曲线都是这样。还有一种特殊类型、被称为固定弹性（或不变弹性、常弹性，constant elasticity）的需求曲线，曲线上任何一点的弹性都相同。② 固定弹性需求曲线的两种极端的例子是完全水平和完全垂直的线性需求曲线。

水平的需求曲线

在图 3.3（a）中，需求曲线是位于价格等于 p^* 处的一条水平线，当价格小于或等于 p^* 时，企业卖多少，消费者就会买多少。不过，一旦价格上涨，即便略高于 p^*，需求量也会降为零。价格微小的上涨引起数量无限的减少，因此需求曲线是完全弹性的。

为什么需求曲线会是水平的呢？一个原因是消费者认为这种商品与另一种商品毫无差别，买哪种都可以。假如消费者认为华盛顿产的苹果与俄勒冈州产的苹果是一样的，一旦华盛顿产的苹果卖得贵，他们就不会买这种苹果；同样，要是俄勒冈州产的苹果价

① 需求曲线与价格轴交于 $p=a/b$，$Q=0$，因此弹性为 $-bp/0$。当价格接近 a/b 时，弹性接近负无穷。考察如下序列就可以洞悉这种做法：−1 除以 1/10 得−10，−1 除以 1/100 得−100，依此类推。我们除的数越小，结果就是一个越小的负数，这样就越接近负无穷。

② 固定弹性的需求曲线都有同样的形式 $Q=Ap^\varepsilon$，其中，A 是一个正的常数，ε 是一个负的常数，也是需求曲线上每一点的价格弹性的数值。参见第 2 章思考题 2.6。

中级微观经济学（第八版）

格高，他们也不会买。如果两种苹果的价格相同，买哪种都行。因此，当两个产地的苹果价格相等时，俄勒冈州苹果的需求曲线就是水平的。

垂直的需求曲线

在图 3.3 (b) 中，垂直的需求曲线上每一点都是完全无弹性的。这种需求曲线是线性需求曲线的一种极端情形，斜率无穷大（垂直）。如果价格上涨，需求量不变（$\Delta Q/\Delta p = 0$），那么需求弹性必然为零：$(\Delta Q/\Delta p)(p/Q) = 0(p/Q) = 0$。

必需品的需求曲线是垂直的，必需品是指人们必须要有的，愿意支付任何价格都要买的商品。Jerry 是糖尿病患者，他关于胰岛素的需求曲线就是垂直的，每天的用量是 Q^*。更真实的情况是，需求曲线 [图 3.3 (c)] 只在他所能够支付的最高价格 p^* 以下是完全无弹性的，因为价格只要高于 p^*，他就负担不起，也就不会买。于是，当价格为 p^* 且数量在 Q^* 单位以下时，他的需求曲线是完全弹性的。

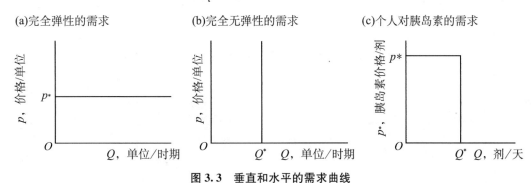

图 3.3　垂直和水平的需求曲线

（a）在价格为 p^* 时一条水平的需求曲线是完全弹性的。（b）一条垂直的需求曲线在任何价格水平上都是完全无弹性的。（c）一个糖尿病患者的需求曲线在价格低于 p^* 时是完全无弹性的，在价格等于该患者所能支付的最高价格 p^* 时是完全弹性的。

需求弹性和总收益的关系

任何导致均衡价格变动的冲击都会影响公司的总收益或收入（revenue，即价格乘以市场销售量）。在图 3.4 (a) 中，当初始价格为 p_1 时，消费者依需求曲线 D^1 在 e_1 点购买 Q_1 单位产品。收益 $R_1 = p_1 \times Q_1$，是矩形区域 $A+B$，其高度为 p_1，长度为 Q_1（初始的需求量）；如果均衡价格上升至 p_2，那么均衡数量将沿需求曲线降至 Q_2，新的收益 $R_2 = p_2 \times Q_2$，也就是区域 $A+C$。收入的变化量 $R_2 - R_1 = (A+C) - (A+B) = C - B$。价格上涨时收益是否增加取决于需求弹性的大小。下面的例题详解将给出求解此类问题的方法。

例题详解 3.2

如果需求曲线在初始价格水平是缺乏弹性的，价格上涨后，总收益是增加还是减少？如果需求曲线是富有弹性的，结果又会怎样？

解答

1. 说明如果最初的需求曲线是富有弹性的，则区域 C 会相对较小。图 3.4 (a) 给出了一条相对平缓的需求曲线 D^1，它在初始价格水平上是富有弹性的。价格小幅上升导致数量大幅度下降，于是 B 相对于 C 会大一些。如果需求曲线是这种类型的，价格上升会使总收益减少。[1]

2. 考虑需求曲线是完全无弹性的极端情况，再推广到需求缺乏弹性的一般情况。在图 3.4（b）中，垂直的需求曲线 D^2 完全无弹性，这样的话，当价格由 p_1 上升至 p_2 时，需求量没有变化，$Q_1=Q_2$，因此，图中并没有出现类似图 3.4（a）中的 B 部分，收入增加了区域 $C=(p_2-p_1)Q_2$。如果需求曲线相对陡峭（但不是完全垂直），则需求曲线在 p_1 点缺乏弹性，价格的上升会导致数量以更小的比例下降；如果价格上升大于数量的下降，则总收益增加，也就是说，图 3.4 中的 B 非常小，所以 $C>B$。下面的应用案例就说明了这种情形。

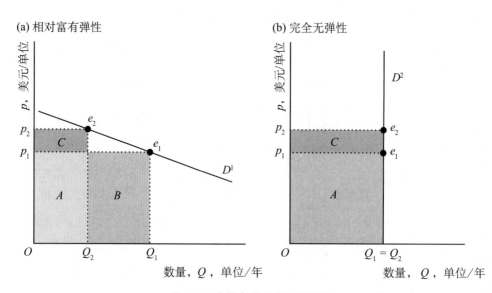

（a）相对富有弹性　　　　　　　　（b）完全无弹性

图 3.4　价格变动对收入的影响

（a）当价格为 p_1 时，消费者依需求曲线 D^1 在 e_1 点购买 Q_1 单位。收入为 $R_1=p_1 \times Q_1$，是矩形区域 $A+B$。如果价格上升至 p_2，那么消费者在 e_2 点购买 Q_2，新的收入为 $R_2=p_2 \times Q_2$，也就是区域 $A+C$。收入的变化量为：$R_2-R_1=(A+C)-(A+B)=C-B$。（b）当需求曲线完全无弹性时，价格从 p_1 上升到 p_2，D^2 的均衡数量不发生变化，$Q_1=Q_2$。因为该图没有区域 B［如图（a）中所示］，所以收入增加量为：$C=(p_2-p_1)Q_2$。

应用案例

亚马逊的 Prime 会员服务费

2014 年，亚马逊考虑将其 Prime 会员的运费和流媒体视频服务费的价格从每年 79 美元提高到 99 美元，增幅为 25%，这是九年来的首次提价。

亚马逊担心此举会导致一些客户放弃会员服务，损失的客户数量同 Prime 会员服务的需求价格弹性有关。据分析师估计，会员人数将从 2 000 万减少到 1 800 万，损失大约 10%，也就是说，估计的需求价格弹性为 $-10\%/25\%=-0.4$。

他们预计，区域 C 的面积为 $=(99-79)\times18=360$ 百万美元（3.60 亿美元），区域 B 的

---

[1] 第 11 章会用数学方法详细介绍这一结果。

面积为79×(20−18)＝158 百万美元（1.58 亿美元），则收入变化将是正值：3.6−1.58＝2.02 亿美元。因此，亚马逊最后提高了 Prime 会员服务的价格。

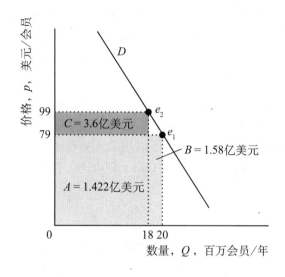

□ 不同时期的需求弹性

需求曲线的形状和时期的长短有关。短期的需求弹性与长期的需求弹性截然不同，而短期所持续的长度要看消费者或企业调整相关商品需求量所需的时间。

商品替代和储存的难易程度是决定短期需求弹性（相对于长期需求弹性）大小的两个主要因素。一般来说，在长期，所有的商品都是可替代的，而在短期就不是这样。比如，消费者很容易存放如豌豆罐头之类的商品，但无法存储如汽油之类的东西。

当美国油价从 2014 年 7 月的每加仑 3.75 美元急跌至 2016 年 2 月的 1.93 美元时，多数消费者在短期对汽油的需求并没有明显的变化。对每天开着福特汽车行驶 27 英里去上班的人来说，汽油的消费并没有明显的变化。可是在长期中，购买大型车的消费者的比例会上升，许多人会去离家更远的地方工作，开车度假的人也多了。

Liddle（2012）估计了不同国家汽油的需求弹性，他发现，汽油的短期需求弹性平均为−0.16，长期弹性为−0.43。也就是说，价格同样上涨 1％，需求量在短期仅仅会减少 0.16％，而在长期会减少 0.43％——这是短期的两倍还多。

对于那些容易存放的商品而言，短期需求曲线会比长期需求曲线更富有弹性。如果当地超市的冷冻橙汁在本周大减价，消费者很可能会立刻买回来一堆，然后把多出来的存放在冰箱里。因此，与长期的情况相比，消费者在短期对冷冻橙汁的价格变化会更加敏感。Prince（2008）的研究表明，计算机的需求曲线在短期内更具弹性，为−2.74，而在长期为−2.17。人们会选择在价格相对较低的时候购买电脑，然后一直用很多年。

需求弹性因时而变，价格上升对收益的影响也会有所不同。比如，汽油的需求曲线在短期更缺乏弹性，因此，在价格上涨幅度相同的情况下，收入在短期增加的幅度要大于长期。

□ 其他需求弹性

我们常把需求价格弹性称为需求弹性，可是除了价格之外，还有一些变量会对需求量产生影响，这要用其他弹性来概括，常见的需求弹性还有两类：需求的收入弹性和交叉价格弹性。

收入弹性

收入增加，需求曲线随之移动。如果需求曲线右移，则任何既定价格水平上的需求量都会增加；反之，如果左移，则任何既定价格水平上的需求量都会减少。

价格既定时的需求量对收入的敏感度可以用收入弹性来衡量。**需求的收入弹性**或**收入弹性**（income elasticity of demand or income elasticity）指需求量对收入 Y 的百分比变化的反应程度。需求的收入弹性可计算如下：

$$\xi = \frac{需求量变动的百分比}{收入变动的百分比} = \frac{\Delta Q/Q}{\Delta Y/Y} = \frac{\Delta Q}{\Delta Y}\frac{Y}{Q}$$

ξ 是希腊字母 xi，如果需求量随着收入的增加而增加，则需求的收入弹性为正；如果需求量随着收入的增加而没有变化，则需求的收入弹性为零；如果需求量随着收入的增加反而减少，则需求的收入弹性为负。

我们可以用估计的需求函数来计算牛油果的收入弹性：

$$Q = 104 - 40p + 20p_t + 0.01Y \tag{3.6}$$

其中，p 是牛油果的价格，p_t 是西红柿的价格，单位是美元/磅，Y 是月收入（美元）。因为收入变化导致的数量变化为 $\Delta Q/\Delta Y = 0.01$[①]，于是，可以将需求的收入弹性写成：

$$\xi = \frac{\Delta Q}{\Delta Y}\frac{Y}{Q} = 0.01\frac{Y}{Q}$$

在竞争性均衡时，数量 $Q = 80$，收入 $Y = 4\ 000$，所以收入弹性是 $\xi = 0.01 \times (4\ 000/80) = 0.5$。弹性为正，说明收入增加导致牛油果的需求曲线向右移动。将牛油果的价格固定在 2 美元/磅的水平，收入增加 1% 引起牛油果需求曲线向右移动 $0.4 (= \xi \times 80 \times 0.01)$ 百万磅，相当于均衡数量的 0.5%。

收入弹性在第 5 章分析消费者行为的时候将扮演重要的角色。一个社会常常会把一些商品看作必需品，而将另一些商品视为奢侈品。一般来说，必需品的收入弹性接近于零，而奢侈品的收入弹性往往大于 1。

交叉价格弹性

需求的交叉价格弹性（cross-price elasticity of demand）指需求量对其他商品价格 p_o 百分比变动的反应程度。交叉价格弹性可计算如下：

$$\frac{需求量变动的百分比}{其他产品价格变动的百分比} = \frac{\Delta Q/Q}{\Delta p_o/p_o} = \frac{\Delta Q}{\Delta p_o}\frac{p_o}{Q}$$

当交叉价格弹性为负时，两种商品是互补品（complements）（见第 2 章）。如果交叉价格弹性小于 0，当其他商品涨价时，人们会减少购买这种商品，此时商品的需求曲线向左移动。比如，人们喜欢在咖啡中兑一点奶油，如果奶油价格上升，咖啡的消费量就

---

① 当收入是 Y_1 时，需求量是 $Q_1 = 104 - 40p + 20p_t + 0.01Y_1$。当收入是 Y_2 时，$Q_2 = 104 - 40p + 20p_t + 0.01Y_2$。所以 $\Delta Q = Q_2 - Q_1 = 0.01(Y_2 - Y_1) = 0.01\Delta Y$，因此 $\Delta Q/\Delta Y = 0.01$。

会减少。因此，咖啡的消费量关于奶油价格的交叉价格弹性是负值。

如果交叉价格弹性为正，则两种商品是替代品（substitutes）（见第 2 章）。这意味着，当其他商品价格上涨时，人们会增加对这种商品的购买。例如，当西红柿价格 p_t 上涨时，牛油果的需求量增加。根据公式 3.6 我们知道，$\Delta Q/\Delta p_t = 20$。所以，西红柿价格和牛油果数量之间的交叉价格弹性是：

$$\frac{\Delta Q}{\Delta p_t} \frac{p_t}{Q} = 20 \frac{p_t}{Q}$$

在均衡点，$Q=80$（百万磅/年），$p_t=0.80$（美元/磅），交叉价格弹性是 $20 \times (0.8/80) = 0.2$。随着西红柿价格上涨 1%，牛油果的需求量也增加了 1% 的 1/5。

人们在进行商业决策和制定政策的时候，需要考虑交叉价格弹性的大小。比如，通用汽车想知道，丰田汽车的价格变化对雪佛兰的需求量会有多大影响，社会也想了解对软饮料征税是否会大幅增加对牛奶的需求。

应用案例

禁烟令可能会减少醉驾

每一个看过老电影的人都知道，在酒吧里，人们经常吸烟和喝酒：它们是相辅相成的。最近的研究更严格地论证了这种关系，清楚地表明香烟和酒精是互补品。当卷烟价格上涨或吸烟变得更加困难时（例如，由于吸烟禁令），伴随着人们吸烟量的减少，饮酒量也会减少。酒精需求与香烟价格的交叉弹性是巨大的。Krauss 等（2014）发现，卷烟价格上涨 1% 会导致酒的消费量下降近 1%。也就是说，酒精饮料和香烟之间的交叉价格弹性几乎为 -1。

烟和酒之间的这种互补关系意味着征收烟草税（提高香烟价格）和限制吸烟会一举两得：首先，税收减少了吸烟对健康的伤害；其次，税收还会减少因过度饮酒而造成的负面影响，包括酒后驾车造成的严重车祸的风险。

3.3　供给量对价格的敏感度

有些情景分析问题的回答需要我们就供给量对价格变化的敏感度有所了解。例如，政府想确定销售税对市场价格的影响，就需要知道供给量和需求量对价格的敏感度。

☐ 供给弹性

能用需求弹性概述需求曲线的形状，同样也可以用供给弹性来概述供给曲线的形状。**供给的价格弹性**或**供给弹性**（price elasticity of supply, or elasticity of supply）是指供给量对价格百分比变动的反应程度。供给价格弹性（η，希腊字母 eta）计算如下：

$$\eta = \frac{\text{供给量变动的百分比}}{\text{价格变动的百分比}} = \frac{\Delta Q/Q}{\Delta p/p} = \frac{\Delta Q}{\Delta p} \frac{p}{Q} \tag{3.7}$$

其中，Q 是供给量。如果 $\eta=2$，价格上涨 1%，会使供给量增加 2%。

等式 3.7 定义了供给弹性，这和等式 3.1 定义的需求弹性类似，关键的区别在于供给弹性描述的是价格变动引起的沿供给曲线的移动，然而需求弹性描述的是价格变动引起的沿需求曲线的移动。也就是说，在分子中，供给弹性使用的是供给量变动的百分比，而需求弹性使用的是需求量变动的百分比。

如果供给曲线向上倾斜，$\Delta p/\Delta Q>0$，则供给弹性为正，$\eta>0$。如果供给曲线向下倾斜，则供给弹性为负，$\eta<0$。

就像在介绍需求曲线时那样，我们也用缺乏弹性和富有弹性这样的术语来描述向上倾斜（upward-sloping）的供给曲线。如果 $\eta=0$，则说供给曲线完全无弹性（perfectly inelastic）：供给量不会随价格的上升而变化；如果 $0<\eta<1$，则供给曲线缺乏弹性（inelastic，但不是完全无弹性）：价格增加 1%，供给量增加小于 1%；如果 $\eta=1$，供给曲线具有单位弹性（unitary elastic）：价格增加 1%，供给量也恰好增加 1%；如果 $\eta>1$，供给曲线富有弹性（elastic）；如果 η 无穷大，供给曲线具有完全弹性（perfectly elastic）。

线性供给曲线的供给函数是：

$$Q=g+hp \tag{3.8}$$

其中，g 和 h 是常数，同前面的推导一样，$\Delta Q=h\Delta p$，因此 $h=\Delta Q/\Delta p$，它说明了价格变化所引起的需求量的变化。线性供给函数的供给弹性是：

$$\eta=\frac{\Delta Q}{\Delta p}\frac{p}{Q}=h\frac{p}{Q} \tag{3.9}$$

我们可以使用美国玉米的供给函数（Roberts and Schlenker，2013）来介绍这个计算过程：

$$Q=10.2+0.25p \tag{3.10}$$

其中，Q 是玉米数量，单位是十亿蒲式耳/年，p 是每蒲式耳玉米的价格。等式 3.10 是常见的供给函数方程 3.8（$Q=g+hp$）的一个特定情形，其中 $g=10.2$，$h=0.25$。

因此，如果玉米的价格为每蒲式耳 7.20 美元，数量为每年 120 亿蒲式耳，我们将 $h=0.25$、$p=7.20$ 和 $Q=12$ 代入等式 3.9，以求得此时的供给弹性：

$$\eta=h\frac{p}{Q}=0.25\times\frac{7.20}{12}=0.15$$

在这一点上，玉米价格上涨 1% 导致玉米需求量增加 0.15%，后者的变化仅有前者的七分之一。也就是说，玉米的供给曲线在该点是缺乏弹性的。

□ 供给曲线上各点的弹性

在多数情况下，供给弹性会沿着线性的供给曲线而变化。只有在固定弹性的供给曲线（constant elasticity of supply curve）上，各点的弹性才相同。[①] 固定弹性的供给曲线和线性供给曲线的两个共同的特例是垂直的和水平的供给曲线。

如等式 3.9 所示，线性供给函数的供给弹性 $\eta=h(p/Q)$。如果供给弹性 $\eta>0$，随着 p/Q 的比率上升，供给弹性也会变大。如等式 3.10 中的玉米供给函数所示，$h=0.25$ 为正，因此供给弹性 $\eta=0.25(p/Q)$ 随着 p/Q 的增加而增加。图 3.5 中的玉米供给曲线在

中级微观经济学（第八版）

---

① 固定弹性的供给曲线的形式是 $Q=Bp^{\eta}$，其中 B 为常数，η 是供给曲线上每一点的弹性，它是一个不变的常数。

所示的每个点处都是缺乏弹性的：$p=5.60$ 美元时弹性为 0.125，$p=7.20$ 美元时弹性为 0.15，$p=8$ 美元时弹性为 0.164。

垂直于某一数量 Q^* 的线性供给曲线是完全无弹性的。无论价格是多少，厂商的供给量总是 Q^*。一个有关供给完全无弹性的例子是易腐商品，比如新鲜水果。如果易腐水果没被卖出去，很快就变得一文不值。因此，无论市场价格怎样，卖家都会接受。

价格等于 p^* 的水平供给曲线是完全弹性的。如果价格高于或等于 p^*，则市场需要多少，厂商就会生产多少（潜在的无限数量）。可一旦价格低于 p^*，就不足以补偿生产成本，厂商不会生产，供给为零。

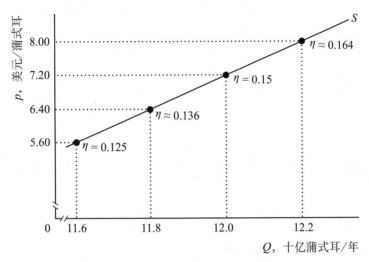

图 3.5　玉米的供给曲线上各点的弹性

供给弹性 η 随着供给曲线上点的位置而变化。价格越高，供给弹性越大。

□ 不同时期的供给弹性

供给曲线的弹性在长、短期也有差别。要是一家制造企业想在短期内提高产量，它可以通过多雇一些工人然后夜以继日地开动机器来实现这个目标，但产量提高的程度要受车间规模和机器数量的限制。不过在长期，企业可以另建一间厂房，购买或建造更多的设备。因此，我们可以预期企业长期的供给弹性要大于短期的供给弹性。例如，Clemens 和 Gottlieb（2014）的研究发现，由于聘请熟练的医疗服务人员需要花费时间，所以医疗保健服务供给的长期弹性是短期弹性的 2 倍，长期为 1.4，短期为 0.7。

应用案例

在北极国家野生动物保护区开采原油

我们可以用供求弹性的知识去回答一个重要的公共政策问题：出售采自北极国家野生动物保护区（ANWR）的原油会对油价有明显的影响吗？ANWR 成立于 1980 年，占地 2 000 万平方英亩，是阿拉斯加 16 个国家野生动物保护区中最大的一个，被公认为有丰富的原油储备（与 2005 年美国的原油消费量相比）。几十年来，保护区的所有者（美国公民）就是否开采区内的原油而争论不休。[①]

有关这场错综复杂的争论的最简单版本是，奥巴马总统与环保主义者站在了一边，强调钻探可能会损害到野生动物的栖息，并会对环境造成污染。但共和党州长协会（2012 年）、前总统乔治·W. 布什和其他钻探支持者辩说，采出的原油可以大幅降低油价。最近国际油价剧烈波动和中东地区的骚乱都使这场争论愈演愈烈。

销售 ANWR 的原油对世界原油价格的影响成了这场争论的关键。我们可以把有关原油产量的信息与供求弹性结合在一起，简单估计一下价格效应的大小。

分析人士对能从 ANWR 开采出多少原油持不同意见。美国能源部的能源信息服务中心（EIS）预计，ANWR 每天的开采量平均为 80 万桶，不到世界原油日均产量的 1%（2016 年世界平均日产油量为 9 400 万桶）。

一份来自美国能源部的预测表明，ANWR 会使每桶油价下降约 1%。加州大学能源研究院院长、经济学家塞韦林·博伦斯坦（Severin Borenstein）推测，只有当 ANWR 的原油产量再上升几个百分点时，才可能会使油价下降。因此，"开采 ANWR 的原油绝不会对油价有显著影响"。在下面的例题详解 3.3 中，我们可以自己来计算 ANWR 原油开采的价格效应。

例题详解 3.3

假定 $\varepsilon = -0.25$，$\eta = 0.25$（Baumeister and Peersman，2013），当前世界的原油产量为 $Q_1 = 94$ 百万桶/天，价格 $p_1 = 50$ 美元/桶，如果 ANWR 的产量为 0.8 百万桶/天，则开采 ANWR 的原油会对世界油价有何影响？[②] 为简单起见，假设供求曲线均为线性的，ANWR 的原油开采会使世界原油供给曲线水平右移 0.8 百万桶/天。

解答

1. 求出以 ANWR 开发前的产量和价格为变量的长期的线性需求函数。线性需求曲线的一般形式为 $Q = a - bp$，其中，a 是 $p = 0$ 时（也就是需求曲线与横轴相交）的数量，$b = \Delta Q / \Delta p$。在图中初始均衡点 e_1 处，$p_1 = 50$ 美元，$Q_1 = 94$ 百万桶。此时的需求弹性为 $\varepsilon = (\Delta Q / \Delta p)(p_1 / Q_1) = -b \times (50/94) = -0.25$。经过代数变换有：$b = 0.25 \times (94/50) = 0.47$，因此需求函数是 $Q = a - 0.47p$。在 e_1 处，需求量 $Q = 94 = a - 0.47 \times 50$，所以 $a = 94 + 0.47 \times 50 = 117.5$。因此，此需求曲线的方程是 $Q = 117.5 - 0.47p$。

2. 求出以 ANWR 开发前世界原油的产量和价格为变量的长期的线性供给函数。线性供给曲线的一般表达式为 $Q = c + dp$，其中，c 由 $p = 0$ 且 $d = \Delta Q / \Delta p$ 给出。供给曲线 S^1 与需求曲线的交点为初始均衡点 e_1，供给弹性 $\eta = (\Delta Q / \Delta p)(p_1 / Q_1) = d(50/94) = 0.25$。通过求解发现，$d = 0.25 \times (94/50) = 0.47$，因此供给函数为 $Q = c + 0.47p$。在 e_1 处计算该等式，$Q = 94 = c + 0.47 \times 50$。求解 $c = 94 - 0.47 \times 50 = 70.5$。因此，ANWR 开发前的供给曲线是 $Q = 70.5 + 0.47p$。

3. 求出 ANWR 开发后的长期的线性供给函数。ANWR 的原油开采会使供给曲线平

---

① 感谢罗伯特·瓦布里斯（Robert Whaples）撰写了这一分析的早期版本。在接下来的讨论中，我们将明确地假设原油市场是完全竞争的，并且在至少 10 年内，开采 ANWR 的原油不会对均衡价格和均衡数量产生影响。

② 这个价格是 2016 年 6 月公布的 2015 年每桶原油的平均价格。2007—2015 年，每桶原油的价格在 30 美元和 140 美元之间波动。在本题中，选择哪个价格作为初始价格对计算价格变动的百分比影响甚微。

行移动，从 S^1 右移 0.8 到 S^2。也就是说，斜率不变，但是数量轴的截距增加了 0.8。因此，S^2 的供给函数是 $Q=71.3+0.47p$。

4. 用需求曲线和 ANWR 开发后的供给曲线计算出新的均衡价格和均衡数量。供给曲线 S^2 与需求曲线 D 的交点是新的均衡点 e_2。假设需求函数的右侧和 ANWR 开发后的供给函数相等，这就得出关于新价格 p_2 的表达式：

$$117.5-0.47p_2=71.3+0.47p_2$$

通过求解这个表达式，我们得到新的均衡价格 $p_2 \approx 49.15$ 美元。也就是说，价格下降约 0.85 美元，降幅约为 1.7%。如果我们把新的均衡价格代入需求曲线或者 ANWR 开发后的供给曲线，就能得到新的均衡数量为 94.40 百万桶/天，即均衡产出量上升了 0.40 百万桶/天（0.43%），仅为预测的 ANWR 日产量的一半多，之所以如此，是由于其他供应商也会因价格下降而小幅减产。

评论： 适度调整我们对供求弹性的估计，以及原油的均衡价格更高或更低，不会对我们的结论（开采 ANWR 内的原油只会使国际油价小幅下挫）产生多大影响。主要原因在于 ANWR 的原油产量只占世界总产量的很小一部分——新的供给曲线与初始的供给曲线相距不大。所以，在国际原油市场因一些外部事件而剧烈震荡的背景下，即便开发了 ANWR 内的原油，也不会使美国市场独善其身。

与之相反，海湾地区的新一轮战争会使全世界的原油供给曲线向左移动 24 百万桶/天或更多（接近 ANWR 产量的 30 倍）。因此，无论 ANWR 开发与否，这个冲击都会使油价飙升。

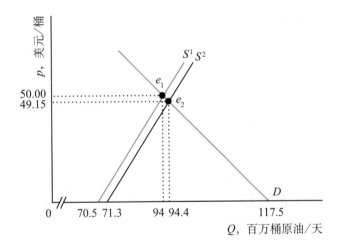

3.4 销售税的影响

在对一项新的销售税投赞成票之前，立法者要先预测新税对价格、数量和税收收入的影响。如果新税使价格大幅上涨，赞成新税的立法者在下一届选举中就可能会落选。可如果新税没能使税收收入显著增加，投票者会更加恼火。

政府征收两类不同的销售税：从价税和从量税。最常见的销售税被经济学家称作从价税（ad valorem），而普通人称其为营业税（the sales tax）。消费者每花 1 美元，政府都会按从价税率 v 从中拿走一部分。日本的国民销售税按从价税率 8％ 征收。如果一个日本消费者购买了一个价格为 4 万日元[①]的任天堂 Wii（Nintendo Wii）游戏机，政府要收取 $v \times 40\,000 = 8\% \times 40\,000 = 3\,200$（日元）的税款，销售者得到 $(1-v) \times 40\,000 = 92\% \times 40\,000 = 36\,800$（日元）。[②]

另一类销售税是从量税（specific tax）或单位税（unit tax），是指向每单位产品征收固定数额的税 t。比如，美国联邦政府会向在美国销售的每加仑煤气征收 $t = 18.4$ 美分的税。

在这一节，我们将考察有关销售税影响的四个问题：

1. 销售税（从量税）对均衡价格和均衡数量以及税收收入各有什么影响？

2. 均衡价格和均衡数量同征税的对象（是生产者还是消费者）有关吗？

3. 许多人声称，生产者将自身的税负转嫁给了消费者，这是真的吗？也就是说，消费者要承担全部的税负吗？

4. 比较从价税和从量税，两者对均衡价格和均衡数量以及税收收入有相同的影响吗？

税收对均衡价格和均衡数量的影响有多大，税收有多少会落在消费者身上，这都取决于供求曲线的形状，而弹性概括了曲线形状上的差异。因此，只要知道了供给弹性和需求弹性，我们就可以精确地预测出新税的影响，并能判定消费者要承担的税负的大小。

□ 从量税对均衡的影响

我们用估计得到的玉米的供求曲线来回答第一个问题——从量税对均衡的影响。先假设政府从企业（农民）那里收取每蒲式耳玉米 $t = 2.40$ 美元的从量税。如果消费者为商品支付的价格是 p，政府征收 t，则农民就得到 $p-t$。

因此，在每种可能的价格下，企业愿意提供的数量要小于企业能收到消费者所付全部款项时的水平。在价格为 5.60 美元的水平，企业税前每年愿意供给 116 亿蒲式耳玉米，如图 3.6（a）中的税前供给曲线 S^1 所示。在税后，如果消费者支付 5.60 美元，企业只能收到 3.20（$= 5.60 - 2.40$）美元，因此，他们不愿意供给原来那么多玉米。要想让企业提供这一数量，消费者必须付 8.00 美元，以便企业在税后能获得 5.60（$= 8.00 - 2.40$）美元。所以，税后供给曲线 S^2 在每个数量所对应的均衡价格上均比原始供给曲线 S^1 高出 2.40 美元。

我们可以对税前和税后的均衡进行比较，来确定税收的影响。在图 3.6（a）中，税前玉米的供给曲线 S^1 与需求曲线 D^1 的交点 e_1 就是税前的均衡点。该点处的均衡价格 $p_1 = 7.20$ 美元，均衡数量 $Q_1 = 12$。

税收使供给曲线移动到 S^2，税后的均衡点为 e_2，此时消费者支付的价格 $p_2 = 8.00$ 美

---

① 大体上，111 日元＝1 美元。

② 具体来讲，假设厂商接受的价格是 $p = (1-v)p^*$，p^* 是消费者支付的价格，v 是从价税率。不过，很多政府都会对销售者设置一个从价税 V，作为生产者要价的追加量，因此消费者支付 $p^* = (1+V)p$。通过恰当地设定 v 和 V，两种税收就会相等。这里 $p = p^*/(1+V)$，所以 $1-v = 1/(1+V)$。例如，如果 $V = \frac{1}{3}$，则 $v = \frac{1}{4}$。

中级微观经济学（第八版）

元，农民得到 $p_2 - 2.40 = 5.60$ 美元，$Q_2 = 11.6$。所以，税收使消费者支付的价格上升（$\Delta p = p_2 - p_1 = 8.00 - 7.20 = 0.8$ 美元），而均衡数量减少（$\Delta Q = Q_2 - Q_1 = 11.6 - 12 = -0.4$）。

尽管税收使消费者和生产者的境况都变差了，但是政府得到了税收收入 $T = tQ = 2.40$ 美元/蒲式耳×116 亿蒲式耳/年 = 278.4 亿美元/年。在图 3.6 中，阴影部分的矩形长为 $Q_2 = 116$ 亿蒲式耳/年，高度为 $t = 2.40$ 美元/蒲式耳，矩形的面积就是税收收入。因此，我们的第一个问题的答案是：从量税导致消费者支付的价格上涨，均衡数量下降，政府获得税收收入。

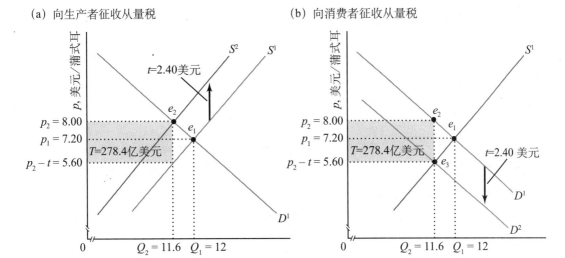

图 3.6　在玉米市场上向生产者（消费者）征收从量税的影响

（a）向生产者征收 $t = 2.40$ 美元的从量税使供给曲线从 S^1（税前供给曲线）移到 S^2（税后供给曲线）；税收使均衡点从 e_1（由 S^1 和 D^1 的交点决定）移到 e_2（由 S^2 和 D^1 的交点决定）；均衡价格从 7.20 美元提高到 8.00 美元。政府的税收收入为：$T = tQ_2 = 278.4$ 亿美元/年。（b）向消费者征收 $t = 2.40$ 美元的从量税使需求曲线从 D^1 移到 D^2；新的均衡点 e_3（由 S^1 和 D^2 的交点决定）所对应的均衡价格为 $p_2 - t = 5.60$ 美元；与该点相对应的均衡点 e_2 位于 D^1 上，所对应的均衡价格为 $p_2 = 8.00$ 美元，它与图（a）中向生产者征收 2.40 美元税收时的点重合。

□ 均衡结果与纳税主体无关

第二个问题是：均衡或者税负的多少同征税的对象有关吗？答案有点出人意料：在供求模型中，无论政府向消费者征税还是向生产者征税，最终的结果（均衡状态和税负）都是一样的。

如果消费者为购买 1 蒲式耳玉米向农民支付 p 美元，并且政府从消费者那里收取从量税 t，则买方为购买玉米所支付的总额为 $p + t$。假设消费者在税前以价格 p^* 购买了 Q 单位的玉米。在税后，只有当玉米价格下降到 $p^* - t$ 时，他们才愿意继续购买 Q 单位玉米，因此税后实际购买价格为 $p^* - t + t$，仍为 p^* 美元。所以，从企业的角度看，需求曲线在图 3.6（b）中从 D^1 下移 $t = 2.40$ 美元，降至 D^2。

D^2 和供给曲线 S^1 的交点 e_3 是税后的均衡点，均衡数量是 $Q_2 = 11.6$，生产者得到的价格是 $p_2 - t = 5.60$ 美元。在 e_3 的正上方且位于 D^1 上的 e_2 是税后的均衡点，在该均衡水平，消费者支付的价格是 $p_2 = 8$ 美元。

比较图 3.6 中的两个图形，我们看到，无论政府是对消费者还是销售者征税，税后均衡 e_2 都是相同的。同样，政府如果想得到 $T = 278.4$ 亿美元的税收收入，结果也是一样的。因此，无论向卖方征税还是向买方征税，你都可以用移动供给曲线或需求曲线的方法来分析税收的问题。

例题详解 3.4

如图 3.6（a）所示，用数学方法分析向卖方征收 $t = 2.40$ 美元的从量税对玉米的均衡价格和均衡数量产生的影响。

解答

1. 说明税收对供给曲线的影响。给定税率为 t 的情况下，如果消费者支付 p，农民只能获得 $p - t$。因此，它的供给函数从等式 3.10（$Q = 10.2 + 0.25p$）变为 $Q = 10.2 + 0.25(p - t) = 10.2 + 0.25(p - 2.4) = 9.6 + 0.25p$。如图 3.6（a）所示，税后的供给曲线从 S^1 向上移动 t 单位至 S^2。

2. 通过联立税后的供给函数与初始的需求函数来确定税后均衡价格。由于税收不影响需求函数（等式 3.5）$Q = 15.6 - 0.5p$，我们令需求函数的右侧部分和税后供给函数相等：$15.6 - 0.5p = 9.6 + 0.25p$。求解出均衡价格 $p = 8$。

3. 将均衡价格代入需求函数或者税后的供给函数中，求出税后的均衡数量。利用需求函数计算，均衡数量为：$Q = 15.6 - 0.5 \times 8 = 11.6$。

从量税的税负

现在我们可以回答第三个问题了，消费者是否就像很多政客和新闻报道所说的那样，承担全部的税收负担？

常识性谬误：企业将所有的销售税都转嫁给了消费者，因此税负都由消费者承担。

正如我们所介绍的那样，这种说法通常是错误的。我们首先应该确定消费者所承担的税收份额，其次说明这一份额如何取决于供求弹性。

税负

如果政府征收新的从量税 t，它将使税收从 0 变为 t：$\Delta t = t - 0 = t$。**消费者的税负**（incidence of a tax on consumers）是指消费者所承担的那部分税收。消费者所承担的税负是 $\Delta p / \Delta t$，即消费者价格上涨幅度与税收增加额的比值。

在图 3.6 有关玉米的例子中，与税前相比，征收 $\Delta t = 2.40$ 美元的从量税使消费者每蒲式耳多付 $\Delta p = 80$ 美分，因此消费者承担了 1/3 的税负：

$$\frac{\Delta p}{\Delta t} = \frac{0.8 \text{ 美元}}{2.4 \text{ 美元}} = \frac{1}{3}$$

企业所得到的价格变化为 $(p_2 - t) - p_1 = (8 - 2.40) - 7.20 = 5.60 - 7.20 = -1.60$ 美元，也就是说，和无税的情况相比，企业每单位要少得 1.60 美元。农民承担的税负——所得的价格所减少的部分除以税收——为 $1.60/2.40 = 2/3$。消费者承担的税负是 1/3，企业承担的税负是 2/3，加到一起就是全部的税收效应 1；同样，消费者多支付的价格减去企业少得到的价格也等于税收：$0.8-(-1.6)=2.40=t$。

税收的影响和弹性有关

消费者承担的税负和供求弹性有关，作为对税收变化 Δt 的反应，消费者支付的价格增加：

$$\Delta p = \left(\frac{\eta}{\eta-\varepsilon}\right)\Delta t \tag{3.11}$$

其中，ε 和 η 分别是均衡时的需求弹性和供给弹性（这个等式的推导见附录3A）。玉米的需求弹性为 $\varepsilon=-0.3$，供给弹性为 $\eta=0.15$，因此税收变化 $\Delta t=2.40$ 美元，如图3.6所示，这造成消费者支付的价格上涨：

$$\Delta p = \left(\frac{\eta}{\eta-\varepsilon}\right)\Delta t = \frac{0.15}{0.15-(-0.3)} \times 2.40 = 0.8(美元)$$

将等式3.11的两边同时除以 Δt，我们得到了消费者的税负：

$$\frac{\Delta p}{\Delta t} = \frac{\eta}{\eta-\varepsilon} \tag{3.12}$$

所以，消费者承担的税负为：

$$\frac{0.15}{0.15-(-0.3)} = \frac{1}{3}$$

如果供给弹性保持不变，需求弹性越大，税后的均衡价格涨幅就越小，消费者承担的税负就越小。例如，如果玉米供给弹性保持在 0.15，但需求弹性扩大一倍至 -0.6，则消费者承担的税负将降至 $0.15/[0.15-(-0.6)]=0.2$，消费者支付的价格仅仅上涨了 $0.15/[0.15-(-0.6)] \times 2.40=0.48$ 美元而不是 0.8 美元。

同样，如果需求弹性保持不变，供给弹性越大，税后消费者支付的均衡价格的涨幅也就越大。在玉米的例子中，如果需求弹性保持为 -0.3 但供给弹性翻倍为 0.3，则税负将上升至 $0.3/[0.3-(-0.3)]=0.5$，消费者所支付的价格增加 $0.3/[0.3-(-0.3)] \times 2.40=1.20$ 美元，而不是 0.8 美元。

应用案例

"肥胖税"

很多政府用征税的方式来阻止人们购买"有罪"的商品，比如烟、酒等。最近，它们还把含有糖和高脂肪的食物添加到这个清单中。曾经有一段时间，匈牙利政府宣布要对高脂肪食品征收"汉堡税"和"薯片税"，同时也对碳酸饮料和酒精饮料征税，将税收用于医疗保健。芬兰、法国、墨西哥和挪威对精制糖征税。欧盟国家、罗马尼亚和南非等国也就是否开征此类税种而争论不休。英国于2018年正式开始对含糖饮料征税。在美国，至少有25个州对软饮料、糖果、口香糖和薯片等零食征税。

一些营养学家认为廉价的玉米是导致肥胖的主要原因。因为农民使用玉米作为动物饲料，所以廉价的玉米降低了肉的价格，并促进了更多的肉类（和脂肪）消费。食品加工商使用玉米生产高果糖的玉米糖浆，这是生产软饮料和许多食品的主要甜味剂，如果汁类饮品、花生酱和意大利面酱等。

为了减少肉类、软饮料和其他易导致肥胖的食品的消费，包括营养学家在内的一些人建议对玉米或玉米糖浆征税。① 玉米税能大幅降低玉米的消费吗？答案取决于玉米的需求弹性和供给弹性。

在图 3.6 中，我们考虑征收每蒲式耳 2.40 美元的高额从量税，这是均衡价格的三分之一。不过，高税收仅仅使均衡数量从每年的 120 亿蒲式耳减少至 116 亿蒲式耳，降幅只有 3.3%。况且征收这样一笔重税在政策上也不可行。就算是有这么高的税，玉米的消费也降幅有限。因此，对玉米征税并不是解决肥胖问题的有效方法。但是，政府可能想这么做，因为它会带来一笔可观的税收。

为什么向玉米征税的效果有限？在供求弹性给定的情况下，由于消费者承担的税负仅为 $\frac{1}{3}$，也就是说，只有 0.8 美元的三分之一转嫁给了消费者，这仅仅相当于均衡价格的 $\frac{1}{9}$。

即便将全部税负都转嫁给消费者，使得消费者支付的价格上涨 $2.40/7.20=1/3$，因为需求曲线在均衡位置缺乏弹性，玉米的需求量也只会减少 $\frac{1}{3}\varepsilon=\frac{1}{3}\times(-0.3)\approx10\%$。我们接下来讨论一下造成消费者承担全部税负的供给弹性的问题。

例题详解 3.5

如果供给曲线是完全弹性的，而需求曲线是向下倾斜的，向生产者征收 1 美元的从量税会对均衡价格和均衡数量产生什么影响？消费者承担的税负是多少？为什么？

解答

1. 确定无税的均衡。征税前，完全弹性的供给曲线 S^1 是一条水平的直线，如下页图所示，位于价格 p_1 处。向下倾斜的线性需求曲线 D 与 S^1 交于 e_1，这是税前的均衡点，此时价格为 p_1，数量为 Q_1。

2. 说明税收使供给曲线如何移动，并找出新的均衡。1 美元的从量税会使税前的供给曲线 S^1 向上移动 1 美元，移至 S^2，这是一条位于 p_1+1 处的水平直线。D 和 S^2 的交点 e_2 是税后的均衡点。在该点，消费者支付的价格是 $p_2=p_1+1$，厂商得到的价格是 $p_2-1=p_1$，数量是 Q_2。

3. 对税前和税后的均衡进行比较。从量税使均衡数量从 Q_1 下降到 Q_2，厂商得到的价格仍然为 p_1。在均衡状态下，消费者支付的价格从 p_1 上升到 $p_2=p_1+1$。消费者承担了全部的税负：

$$\frac{\Delta p}{\Delta t}=\frac{p_2-p_1}{\Delta t}=\frac{1\ 美元}{1\ 美元}=1$$

4. 解释原因。消费者必定承担全部税负，原因在于，厂商得到的价格如果低于税前价格 p_1，就不会提供商品。所以价格必须上涨，使得供给者得到的税后价格保持不变。由于消费者在高价时不想消费同样多的商品，所以均衡数量下降。

---

① 玉米种植者获得大额补贴（即负的税收）。因此，与对玉米征税不同，政府减少这些补贴对玉米需求量的影响将更为直接。

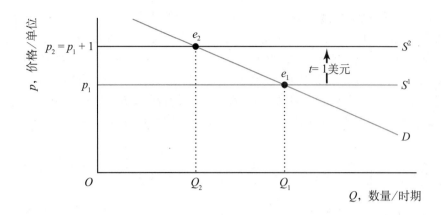

□ 从价税与从量税的影响相同

我们的第四个问题是，与从量税相比，从价税对均衡价格和均衡数量的影响是否相同。除了从量税以外，政府还对大量商品征收从价税。美国多数州对几乎所有商品和服务征收从价销售税，只对少数产品如食品和药品等不征税。

假设政府对玉米的消费者征从价税而不是从量税，税率为 v。我们已经知道从量税为每蒲式耳 2.40 美元时，均衡价格为 8 美元。在此价格上，如果从价税 $v=2.40/8=30\%$，则与 2.40 美元的从量税效果相同。

分析从价税影响的最简单方法是移动需求曲线的位置。图 3.7 显示了从量税和从价税是如何移动玉米的需求曲线的，从量税使税前需求曲线 D 向下平行移动到 D^s；从价税使需求曲线移动到 D^v——在任何既定的价格 p 上，D 与 D^v 的间距都是 vp，价格越高，间距就越大。当价格是 8 美元时，间距是 2.40（$=0.3\times8$）美元；当价格是 4 美元时，间距变成 1.20（$=0.3\times4$）美元。

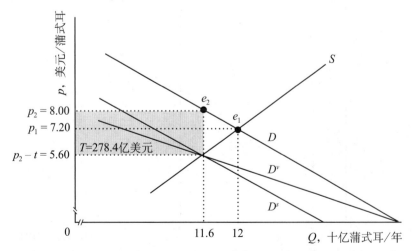

图 3.7　向玉米征收从价税和从量税的比较

无税时，需求曲线为 D，供给曲线为 S。$v=30\%$ 的从价税使厂商面临的需求曲线移动到 D^v。D 与 D^v 之间的距离就是单位商品的税负，它随着价格的升高而增加。相反，当从量税为 2.40 美元/蒲式耳时，厂商所面临的需求曲线是平行于 D 的 D^s。两种税的税后均衡相同。

征收从价税使税后均衡数量降为 11.6，低于税前的均衡数量 12，税后价格 p_2 上升到税前价格 p_1 之上。单位产出的税额是 $t=vp_2$。消费者承担的税负为价格的变化（$\Delta p = p_2 - p_1$）除以单位税负的变化（$\Delta t = vp_2 - 0$），等于 $\Delta p/(vp_2)$。从价税的税负通常由消费者和供给者共同承担，因为从对均衡价格的影响以及使单位商品税额提高的幅度方面来看，征收 $v=30\%$ 的从价税与征收 2.40 美元的从量税的效应相同，两种税的税负也一样。（和从量税一样，从价税的税负也取决于供求弹性的大小，但是我们省略了其中的细节。）

例题详解 3.6

如果新鲜水果的短期供给曲线是完全无弹性的，需求曲线是一条向下倾斜的直线，从价税会对均衡价格和均衡数量有什么影响？消费者承担的税负是多少？为什么？

解答

1. 确定税前的均衡。在下图中，完全无弹性的供给曲线 S 在 Q^* 处垂直。税前需求曲线 D^1 和 S 相交于均衡点 e_1，对消费者和生产者来说，均衡价格都是 p^*，均衡数量都是 Q^*。

2. 说明税收如何移动需求曲线，确定税后的均衡。当政府征收税率为 v 的从价税时，上面的需求曲线向下旋转到 D^2，两条需求曲线的距离是 vp^*。S 与 D^2 的交点决定了税后均衡点 e_2，均衡数量没有变化，仍为 Q^*，消费者继续支付价格 p^*。政府对每单位商品征收 vp^* 的税，因此企业得到的价格下降了，等于 $(1-v)p^*$，低于税前的价格 p^*。

3. 确定消费者的税负。当税收使价格提高 vp^* 时（从 0 开始），消费者支付的价格没有变化，所以 $\Delta p = 0$，此时税收收入增加了 vp^*，消费者承担的税负是 $\left(\dfrac{0}{vp^*}\right)=0$。

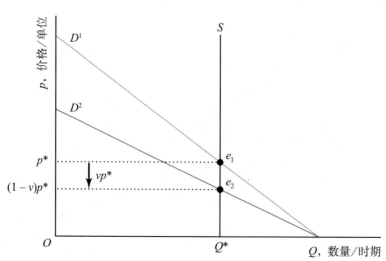

4. 解释为什么企业承担了全部的税负。企业承担全部税负的原因是，不管政府征收多高的税，水果的供给量 Q^* 都不变。如果企业提高价格，消费者就会减少水果的购买。水果极易腐烂，卖不出去的水果对卖方来说毫无价值。因此，鉴于供给者更喜欢以正的价格来销售它们的产品，而不是等到它们一文不值，它们会接受任何（使价格下降的）税负。

□ 补贴

补贴是一种负的税收。政府利用征税从企业或消费者那里筹集资金，但用补贴的形式提供资金。政府经常向企业提供补贴，以鼓励它们生产特定商品和服务，如某些农产品、医疗保健服务、电影和清洁能源等。

我们对税收影响的分析也适用于补贴。由于补贴是一种负的税收，它对均衡的影响刚好与税收相反。

例如，假设在玉米市场上，图 3.6（a）中的初始的供给曲线是 S^2，初始的均衡点为 e_2。每蒲式耳 2.40 美元的从量补贴会使供给曲线下调至 S^1，补贴后的均衡为 e_1。因此，补贴会降低均衡价格并增加均衡数量。

应用案例

乙醇补贴

30 多年来，美国政府一直对乙醇进行补贴，以期望达到用（玉米做的）生物燃料替代 15% 的汽油使用量的目标。政府在 2012 年取消了对乙醇的显性补贴。〔不过，截至 2016 年，政府还在继续给玉米（主要原材料）予以补贴，并要求加油站出售汽油-乙醇的混合物，这也大大增加了对乙醇的需求。[①]〕

补贴类似一种负的税收，它给人们发钱而不是收钱。这样，与图 3.6 中征税使供给曲线向上移动不同，补贴使供给曲线向下移动。我们可以用与分析税收一样的方法来分析补贴，因为它是一种反向的税收。

在 2011 年，也就是乙醇补贴的最后一年，政府一共支付了 60 亿美元的补贴。根据莱斯大学 2010 年的一项研究，政府在 2008 年的补贴为 40 亿美元，仅仅替代 2% 的汽油消费，在汽油零售价的高点，相当于每加仑的补贴成本为 1.95 美元。乙醇和玉米两项补贴加起来相当于每加仑乙醇补贴了 2.59 美元。

纳税人提供补贴，但补贴是怎么影响乙醇消费者的呢？有多少补贴流向了购买乙醇的消费者？由于补贴是一种负的税收，我们需要改变消费者的税负公式（等式 3.12）的符号，即补贴，而不是税收。也就是说，消费者承担的税负是 $\Delta p/\Delta s = \eta/(\varepsilon - \eta)$。

根据 McPhail 和 Babcock（2012）的研究，乙醇的供给弹性 η 约为 0.13，需求弹性 ε 为 -2.1，因此，在均衡点，供给曲线相对缺乏弹性（与例题详解 3.5 中供给曲线几乎具有完全弹性相反），而需求曲线相对富有弹性。利用等式 3.12 可得，对消费者的影响为 $\eta/(\varepsilon - \eta) = 0.13/(-2.1 - 0.13) \approx -0.06$。换句话说，如果以低价形式进行补贴，则消费者分文未得，而生产者几乎拿走了全部补贴。Bielen 等（2016）的一项实证研究发现，消费者和玉米种植者从乙醇补贴中获得的收益微不足道，几乎所有的好处都被乙醇生产商和汽油制造商瓜分。

第3章

供求模型的应用

---

① 亨利·福特在 1908 年制造了第一辆 Model T 汽车，它以乙醇、汽油或两者的混合物作为燃料。

挑战题解答　　　　**谁为汽油付税？**

联邦汽油税带给消费者的长期税负有多大？油价在夏季通常会高一些，如果政府决定在夏季暂停征收汽油税，消费者的短期税负有多大？

由于长、短期的供给曲线有着本质的区别，进而长、短期的税负也不尽相同。像我们在下图中所展示的那样，长期供给曲线向上倾斜，但（美国的）短期供给曲线是近似于垂直的。在最近 30 年，美国炼油厂的生产能力略有下降。2016 年，140 家炼油厂日均加工原油 1 810 万桶。而在 1981 年，炼油厂共有 324 家，每天的产量是 1 860 万桶。很多美国家庭喜欢在夏季驾车旅行，这导致需求曲线右移，炼油厂也开足马力生产。于是，它们现在短期内增加供给是不太可能的，汽油的供给曲线垂直于最大产能 $\overline{Q}$ 处。也就是说，即使油价上涨，厂商所能出售的汽油也不会超过 $\overline{Q}$。

利用实证研究，我们知道，每加仑 $t=18.4$ 美分的美国联邦汽油税基本是由厂商和消费者均摊的，不过，由于短期供给曲线相比于长期供给曲线更缺乏弹性，厂商在短期承担的税负也会更多一些（类似于例题详解 3.6）。基于同样的推理，如果税负在短期内突然停止征收，企业（相比于长期）也会获益更多。

我们在图形中对汽油税的长、短期影响加以比较。在两个图形中，出于简化的目的，假设（从量）汽油税 t 向消费者征收，导致税前的需求曲线 D^1 向下移动 t，至税后的需求曲线 D^2 处。

在图（a）的长期汽油市场中，税收使均衡点从 e_1（D^1 和 S^{LR} 的交点）移到了 e_2（D^2 和 S^{LR} 的交点），企业得到的价格从 p_1 降到了 p_2，消费者支付的价格则从 p_1 上升至 p_2+t。如图所示，在长期中，消费者和企业大致均摊了税负。

在短期，向上倾斜的短期供给曲线在最大产能 $\overline{Q}$ 处垂直，短期均衡点从 e_1（D^1 和 S^{SR} 的交点）移到了 e_2（D^2 和 S^{SR} 的交点），消费者支付的价格在税前是 p_1，在税后为 p_2+t，两者相等。企业得到的价格下降幅度等同于税负的大小。因此，企业在短期承担全部税负，在长期承担了一半的税负，进而那时的参议员奥巴马关于在夏季暂停征收汽油税会让企业而不是消费者受益的论断是正确的。

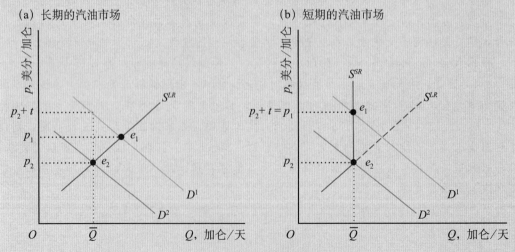

（a）长期的汽油市场　　　　　　　　　（b）短期的汽油市场

中级微观经济学（第八版）

本章小结

1. 供求曲线形状的意义。一个供给冲击（例如，价格上涨等因素）使供给曲线移动的程度以及对均衡价格和均衡数量的影响与需求曲线的形状有关。同样，一个需求冲击（例如，替代品价格的上升）使需求曲线移动的幅度以及对均衡的影响也与供给曲线的形状有关。

2. 需求量对价格的敏感度。需求的价格弹性（或需求弹性）ε 概括了需求曲线在某一特定点的形状。需求弹性是需求量对价格百分比变化的反应程度。例如，价格上涨 1% 使需求量下降 ε%。根据需求定理，需求曲线向下倾斜，所以需求弹性总是负的。

如果 $\varepsilon=0$，则需求曲线是完全无弹性的；如果 $0>\varepsilon>-1$，则缺乏弹性；如果 $\varepsilon=-1$，则为单位弹性；如果 $\varepsilon<-1$，则富有弹性；当 ε 趋近负无穷时，是完全弹性。垂直的需求曲线在每一个价格水平上都是完全无弹性的，而水平的需求曲线则是完全弹性的。

需求的收入弹性是需求量对收入百分比变化的反应程度，需求的交叉价格弹性是需求量对其他产品价格的百分比变化的反应程度。

由于消费者在长期更容易找到一种商品的替代品，所以，相对于短期的情况而言，长期的需求曲线更富有弹性。不过，如果商品很容易存储，短期的需求曲线就会更富有弹性。

3. 供给量对价格的敏感度。供给价格弹性（或供给弹性）η 是供给量对价格百分比变化的反应程度。如果供给曲线向上倾斜，则供给弹性为正，垂直的供给曲线是完全无弹性的，而水平的供给曲线是完全弹性的。如果生产者能够在长期中以较低的成本增加产量，则长期供给弹性大于短期供给弹性。

4. 销售税的影响。有两种常见的销售税，一种是从价税，政府按单位商品的售价来征收固定比率的税；另一种是从量税，政府对售出的每单位商品征收一定数额的税。两种税收都会使均衡价格上升，均衡数量下降。它们通常使消费者支付的价格上升，使供给者得到的价格下降，因此消费者不会承担全部的税负。它对数量、价格和消费者承担的税负的影响取决于供求弹性的大小。补贴是一种负税收，它对均衡的影响同税收刚好相反。

思考题

MyEconLab 上有全部思考题；* =答案请扫本书末二维码获取；A=代数问题；C=可能要用到微积分知识。

1. 供求曲线形状的意义

1.1 用类似于图 3.1 的图形来说明需求冲击的影响程度取决于供给曲线的形状。分别考虑供给曲线水平、向上倾斜、向下倾斜和垂直的情况。

1.2 在有足球赛的周末，许多人前往印第安纳州南本德观看 Notre Dame 的足球比赛。同全年其他 341 天相比，赛事周末的宾馆价格暴涨，特别是在 Notre Dame 队有望夺冠的那个赛季。使用供求图形说明为什么当需求曲线向右移动时，酒店房间的价格会上涨。请用供求图形来说明当需求曲线向右移动的时候，为什么宾馆房间的价格会上涨。（提示：需要考虑客流量达到顶峰时，比

如宾馆客满的时候，供给曲线的形状会是怎样的。）

1.3 在每 10 名学生中，有 6 人是用手机或者 iPod（而不是手表）来看时间的。2004—2005 年间，低价手表的销售量下降了 12%，像 Fossil 公司这样备受青年人青睐的公司，销售量更是下滑了 19%。在萧条的 2009 年时，销售额下降 9%。但到了 2010 年和 2011 年，它的销售额增长了 9%，销售额的平稳或是上升状态一直持续到 2015 年。可同一时期，低价手表的价格并没有明显下降。你能否从中得出供给曲线的形状？请用图形来分析。

2. 需求量对价格的敏感度

2.1 在一篇关于健康险价格上涨的评论中（"Healthy, Wealthy, and Wise," *Wall Street Journal*, May 4, 2004, A20），经济学家约翰·科根（John Cogan）、格伦·哈伯德（Glenn Hubbard）和丹尼尔·凯斯勒（Daniel Kessler）指出，"健康险的价格每上升 1 个百分点，就会有 300 000 人退出保险。"如果这个观点是正确的，请证明健康险的需求价格弹性和参保人数有关。如果有 2 亿人参保，需求价格弹性是多少？如果有 2.2 亿人参保，需求价格弹性又是多少？（提示：见例题详解 3.1。）A

*2.2 根据 Duffy-Deno（2003）的研究，当宽带接入量（用户能在互联网中发送的信息量）的价格提高 10%时，商业用户的购买量减少约 3.8%。对企业来说，宽带接入量的需求弹性是多少？在当前价格下，需求是缺乏弹性的吗？A

2.3 Gillen 和 Hasheminia（2013）研究表明，对于单独旅行的人来说，航空旅行的需求弹性为 -0.17，对结伴的人来说是 -3.09。这些需求弹性是富有弹性的还是缺乏弹性的？哪种类型的旅行者有更多的需求？为什么他们的弹性会存在差异？

2.4 根据 Cranfield（2012）的估计，在加拿大，牛肉、鸡肉和猪肉的需求弹性分别为 -0.83、-0.61 和 -0.76。这些需求弹性是富有弹性的还是缺乏弹性的？哪种产品的需求弹性最小？

2.5 直线形状的需求曲线上哪一部分是富有弹性的？

*2.6 用微积分的知识证明：在函数为 $Q = Ap^{\varepsilon}$ 的需求曲线上，每一点的需求弹性都是 ε。C

2.7 Duffy-Deno（2003）估计，小企业对宽带服务的需求函数是 $Q_s = 15.6p^{-0.563}$，大企业的需求函数是 $Q_l = 16.0p^{-0.296}$。在图形中，这两条需求曲线相交，你能说出交点处的需求弹性是多少吗？你能归纳出其一般意义上（在其他价格水平下）的需求弹性吗？（提示：有关交点的问题可能会转移你的注意力，解释其原因。）C

2.8 假设对各国来说，当小麦的价格达到某个"瓶颈"价格 p^*——指价格太高以至于无人购买——时，需求曲线就缺乏弹性，因此当价格低于 p^* 时，需求曲线在 Q^* 处垂直，而在价格为 p^* 时，需求曲线是水平的。如果每个国家的 p^* 和 Q^* 都不同，整个世界市场的需求曲线是什么样的？说明这条需求曲线上各点的需求弹性与价格之间的关系。

2.9 Nataraj（2007）发现，在加利福尼亚州的圣克鲁斯（Santa Cruz），当对用水量多的用户收取的水费增加 100%时，他们的用水量平均减少了 20%（涨价前他们支付的平均水价是 1.55 美元/单位，涨价后为 3.14 美元/单位）。用百分比的形式说明他们的用水总支出（价格乘以数量）（也就是供水公司的收入）的变化。（提示：见例题详解 3.2。）

2.10 根据 Ghose 和 Han（2014）的研究，谷歌应用商店中的应用程序的需求弹性为 -3.7（请参考应用案例"谷歌和苹果应用程序的需求弹性"）。在该弹性下，一个大学城里每月销售约 1 000 个应用程序。如果价格上涨 5%，需求量会有什么变化？收益会上升还是下降？收入（= 价格×数量）的百分比变化是多少？（提示：见例题详解 3.2。）

2.11 在初始的均衡点，需求弹性是 -1，现在价格上涨了 1%，总收入的变化是多少？（提示：见例题详解 3.2。）

2.12 应用案例"禁烟令可能会减少醉驾"介绍了当烟草税上涨时酒精饮料市场的均衡变化。使用供求图形来说明该变化。

2.13 椰子油的需求函数（Buschena and Perloff, 1991）是 $Q = 1\ 200 - 9.5p + 16.2p_p + 0.2Y$，其中 Q 是椰子油的需求量，单位是千吨/年，p 是椰子油的价格，单位是美分/磅，p_p 是棕榈油的价格，单位是美分/磅，Y 是消费者的收入。假设最初 p 等于 45 美分/磅，p_p 等于 31 美分/磅，Q 等于 1 275 千吨/年。计算椰子油的需求收入弹性。（如果你缺少必要的计算数字，可以用变量代替。）A

*2.14 利用第 2.13 题中的椰子油的需求函数，计算椰子油的需求价格弹性和交叉价格弹性。（如果现有数据不足以计算出定量的答案，可用变量来代替。）A

2.15 在应用案例"亚马逊的 Prime 会员服务费"中的图中，A、A+B、A+C 和 B-C 这几个区域分别代表什么？

2.16 美国电影协会 2014 年的一份报告显示，尽管影院的售票数量从 2012 年的 13.6 亿下降到 2013 年的 13.4 亿，但美国电影的票房收入还是从 108 亿美元增加到了 109 亿美元。[①] 收入

---

① Schwartzel, Erich and Ben Fritz, "Fewer Americans Go to the Movies," *Wall Street Journal*, March 25, 2014.

增加主要是由于美国电影的平均票价从 2012 年的 7.96 美元上涨至 2013 年的 8.13 美元。假设需求曲线保持不变，请用图形说明收入增长的原因，并标出图形中各个区域的数值大小（以美元为单位计算）。

2.17 Cranfield（2012）估计，在加拿大，牛肉的需求弹性为−0.83。如果牛肉的供给曲线在短期内近乎完全无弹性，法律政策的修订导致供给曲线向左移动了 10%，则牛肉的均衡价格会上涨多少？A

3. 供给量对价格的敏感度

*3.1 线性供给曲线是 $Q=g+hp$，请推导出以 p 来表示的（没有 Q）供给弹性的表达式，再给出只含有 Q 的供给弹性的表达式。A

3.2 如果供给函数为 $Q=Bp^{0.5}$，请用微积分的方法推导出供给弹性。C

3.3 墨西哥会停止生产龙舌兰酒吗？酿造龙舌兰酒蒸馏所用的蓝色龙舌兰的价格跌到了历史最低点，导致墨西哥哈利斯科州以及其他州的农民转而生产更有利可图的其他作物，比如目前普遍用来代替乙醇作燃料的玉米（Kyle Arnold, "No Mas Tequila," *The Monitor*, September 17, 2007）。龙舌兰的种植面积虽然从 2000 年到 2004 年迅速扩大，但随着低档龙舌兰酒的价格的走低而不断缩减。2000 年龙舌兰的种植数量为 6 000 万棵，2002 年为 9 300 万棵，2006 年为 1 280 万棵，2007 年仍保持下降的势头。一棵龙舌兰从种植到收割需要 7 年的时间。近几年，低档龙舌兰酒的价格下降了 35%～40%，但高端龙舌兰酒的价格一直比较稳定，并且越来越受人们的喜爱。讨论一下龙舌兰酒的长期和短期的供给弹性，你认为高端龙舌兰酒的供给弹性是多少？为什么？如果低档龙舌兰酒的需求曲线基本保持不变，则均衡点处的需求曲线是富有弹性还是缺乏弹性？为什么？

3.4 根据 Borjas（2003）的研究，1998—2000 年，外来移民使美国劳动人口的劳动供给量增加了 11%，本国工人的薪酬平均下降了 3.2%。根据这个结果，我们能否推断出供给弹性或者需求弹性？哪条（或哪些）曲线发生了变化？为什么？画出供求图形，标明坐标轴，并说明变化的情况。

3.5 例题详解 3.3 认为，新的海湾战争会使世界原油供给曲线向左移动达 2 400 万桶/天，不论是否开发 ANWR 内的原油，都会使油价飙升。这种看法准确吗？使用例题详解中的分析方法，分别计算出在开采和不开采 ANWR 内的原油的情况下，这次冲击会使油价上升多少。A

3.6 2012 年，严重的干旱导致粮食减产，人们希望玉米更多地用于食用和作为饲料喂养牲畜，几个主要的畜牧业生产州的州长要求美国环境保护署（EPA）暂停联邦乙醇法令（Amanda Peterka, "EPA Denies Waiver of Corn-based Fuel Requirements," *Greenwire*, November 16, 2012）。该提案要求汽油与指定量的乙醇混合，而乙醇由玉米生产。在美国，有超过 30% 的玉米作物用于生产乙醇。不过，美国环境保护署拒绝了这些提议，因为即使完全取消对汽油中乙醇的数量要求，也很难会对玉米、食品以及燃料的价格产生什么影响。使用估计的需求函数（等式 3.5）和供给函数（等式 3.10），说明需求曲线向左移动 30% 将会对玉米价格产生什么样的影响。（提示：见例题详解 3.3。）

4. 销售税的影响

4.1 和一般人相比，Dan 对鱼的需求弹性要大得多。在完全竞争市场上，如果对鱼征税，他承担的税负也会比其他人高吗？

4.2 Callison 和 Kaestner（2012）的一项实证研究表明，征收 100% 的烟草税将会使成人的吸烟率降低 5%。此结果对供求曲线的形状有什么影响（假设烟草市场是竞争性市场）？

4.3 政府常用销售税来增加税收收入（即每单位的税收乘以销售量）。如果需求曲线在初始价格水平上是富有弹性或者缺乏弹性的，那么一项从量税会使税收收入增加吗？

4.4 在 2010 年初，美国政府向新购房者提供了 8 000 美元的购房补贴。这项（以单位住房计的）补贴对住宅市场上的均衡有什么影响？补贴使购房者获益多少？（提示：补贴是一种负的税收。请参考应用案例"乙醇补贴"。）

4.5 在 2011 年，加拿大魁北克省为每个孩子提供的托儿津贴降至每天 7 美元（每个孩子每年花费大约 10 000 美元）。（提示：补贴是一种负的税收。请参考应用案例"乙醇补贴"。）

a. 这种补贴对均衡价格和均衡数量有何影响？

b. 使用供求图形分析这种补贴对托儿服务提供者和幼儿父母的影响。

*4.6 用数学方法证明：在均衡点处，如果供给曲线是完全弹性的，那么整个税负就都由消费者承担。A

4.7 Green 等（2005）估计，杏仁的需求弹性是−0.47，长期供给弹性是12.0。棉花的需求弹性和长期供给弹性分别是−0.68和0.73，番茄制品的需求弹性和长期供给弹性分别是−0.26和0.64。如果政府对这些商品征收从量税，消费者承担的税负各是多少？A

4.0 固定弹性的供给曲线 $Q=Bp^{\eta}$ 与固定弹性的需求曲线 $Q=Ap^{\varepsilon}$ 相交，A、B、η 和 ε 均为常数。征收1美元从量税的税负是多少？你的答案与供求曲线相交的位置有关吗？请解释。A

4.9 英国人一直存在着过度饮酒的问题。1980—2007 年，英国人均酒精消费量增长了19%，而其他发达国家则下降了13%。由于担心年轻人过度饮酒，英国政府从 2008 年到 2012 年将啤酒税增加了 42%。这种从量税在什么条件下会大幅降低酒的均衡数量？运用需求弹性和供给弹性相关的知识回答。

4.10 如果需求是完全无弹性的，1美元的从量税对均衡数量和均衡价格有什么影响？消费者承担的税负是多少？请解释。（提示：见例题详解 3.5 和 3.6。）

4.11 如果需求是完全弹性的，1美元的从量税对均衡数量和均衡价格有什么影响？消费者承担的税负是多少？请解释。（提示：见例题详解 3.5 和 3.6。）

4.12 如果供给是完全无弹性的，1美元的从量税对均衡数量和均衡价格有什么影响？消费者承担的税负是多少？请解释。（提示：见例题详解 3.5 和 3.6。）

4.13 如果需求曲线是完全弹性的，供给曲线是完全无弹性的，1美元的从量税对均衡数量和均衡价格有什么影响？消费者承担的税负是多少？请解释。（提示：见例题详解 3.5 和 3.6。）

*4.14 你是否关心是从牛奶生产商还是消费者那里收取每加仑牛奶 15 美分的税？为什么？

4.15 如果反需求函数为 $p=a-bQ$，反供给函数为 $p=c+dQ$，现在征收 t 美元的从量税，证明消费者承担的税负是 $b/(b+d)=\eta/(\eta-\varepsilon)$。A

4.16 如果政府从消费者那里收取 $t=2.40$ 美元的从量税，则如图 3.6（b）所示，利用代数方法，计算出玉米市场的税后均衡价格和均衡数量。（提示：见例题详解 3.4。）A

4.17 从 1965 年 7 月 1 日起，美国对很多商品和服务都免收联邦从价税。比较这一变化前后的价格，我们就可以确定税收的免除使价格下降了多少。在此之前，每售出一件价格为 p 的商品，就会被征收 αp 的税。而如果免税后商品价格下降了 αp，则消费者必定承担了全部的税负。因此，免税的好处全部由消费者获得。根据 Brownlee 和 Perry（1967）的研究，在零售环节被征税的商品和服务（除了入场费和会费）以及在生产环节被征税的大部分商品（包括粉饼、银器、手表和手提包等），减税的收益全部被传递给了消费者。列出税负全部由消费者承担的条件（根据供求曲线的弹性或形状），并用图形来加以说明。

*4.18 从本质上讲，联邦从价税的免除并没有使消费者在购买电影票及交纳会费时少花多少钱（Brownlee and Perry, 1967；参见思考题 4.17）。列出税负全部由企业承担的条件（根据供求曲线的弹性或形状），并用图形来说明。

4.19 对糖或脂肪征税使得高脂肪含量的食品和饮料的需求量大幅减少，那么需求弹性和供给弹性是多少？（提示：请参考应用案例"肥胖税"。）

5. 挑战题

5.1 在挑战题解答中，汽油税的税负在长期几乎是由供求双方均摊的，所以，你认为供给弹性和需求弹性是怎样的？如果短期的供给曲线几近垂直，你能从税收对数量和价格的影响中推断出有关需求弹性的信息吗？

5.2 2004 年有 1 000 万游客到新奥尔良旅游，但 2005 年的"卡特里娜"飓风毁坏了相当一部分地区，因此在此后的几年里，新奥尔良的旅游业被迫中断。2006 年仅有 370 万游客到新奥尔良旅游，2007 年为 710 万。虽然后来也有飓风来袭，使游客人数一再减少，但到 2013 年，游客数量逐渐回升到飓风前的水平（http://www.crt.state.la.us）。使用供求图形来说明飓风如何影响旅游需求曲线，从而影响均衡价格和均衡数量。指出可能的对均衡价格和均衡数量影响的程度，并解释该变化怎样受到供求曲线的形状的影响。（提示：酒店客满的时候，供给曲线的形状会是怎样的？）

第4章

消费者选择理论

如果这是一杯咖啡，请给我杯茶；但如果这是一杯茶，请给我
杯咖啡。

挑战题   **为什么美国人比德国人更喜欢读电子书**

你读的是这本书的电子版吗？现如今，电子书在以英语为母语的国家比比皆是。由于 Kindle、iPad 等电子阅读器的普及，电子书在英美国家的图书市场中占到了 27% 的份额。然而根据 2016 年的报道，电子书在德国市场的份额只占 7%。

为什么电子书在美国比在德国更流行呢？德国书商协会的于尔根·哈特（Jürgen Harth）将这一差异归结为偏好（或嗜好、品位等），也就是"文化因素"。德国人格外喜欢印刷的纸质书，那是因为现代印刷技术是由一位德国人发明的。有句话可以用来形容德国人喜欢纸质书的现象："每个街角都有一家书店。"这就是造成德国人和美国人在阅读习惯上存在差异的最大原因。

另一种解释则与德国政府的政策和税收有关，它们影响了德国的物价。即使德国人和美国人有相同的偏好，但在美国电子书比纸质书更便宜，因而美国人更倾向于购买电子书。而在德国，电子书比纸质书更贵。与美国不同的是，一旦发生价格自由浮动的现象，德国就会进行管制。为了保护实力弱小的书商，德国价格管制体系要求所有的图书销售商在新书的价格上必须保持一致。同时，尽管电子书可以以相对较低的价格进行销售，但根据 2016 年的调查数据，德国在电子产品上征收的税高达 19%，远高于纸质书的 7%。① 那么，偏好上的差异能解释两国在阅读习惯上的不同吗？或者说，阅读习惯上的差异是由税收和价格方面的不同造成的吗？

微观经济学为消费者面临的众多问题和选择提供了有力的解释。就电子书这一问题，我们可以将其概述为：如何利用消费者过去的预算信息来预测价格变化对他们今天商品需求的影响？消费者更喜欢收现金还是等额的食品券？为什么年轻人 21 岁后喜欢酒精胜

---

① 英国在税率上也有类似的差别。

于大麻？

为了回答有关个体决策方面的问题，我们需要一个个体行为模型——消费者行为模型，它的基本假设是：

■ 个人品位（嗜好）或偏好（tastes or preferences）决定着人们从他所消费的商品或服务中获得的满足程度。

■ 消费者的选择受到约束和限制。

■ 消费者在约束条件下最大化消费所带来的福利和满足程度。

消费者会把钱花在能给他带来最大满足程度的那组商品上。如果你喜欢音乐，不喜欢糖果，你会把大部分钱都用在听音乐会或 iTunes 上的歌曲方面，用来买糖果的钱屈指可数。[①] 相反，如果你的朋友是个巧克力狂，不喜欢音乐，他就可能花很多钱去买好时（Hershey）巧克力，而用在听音乐上的钱寥寥无几。

钱财有限，不能为所欲为，所以消费者必须精打细算，对所购买的商品进行选择。另外，政府的一些规定也对消费者能购买的商品进行了限制：青少年消费者购买烟酒是非法的；任何人都不允许购买可卡因和其他娱乐毒品。所以，在购买能给他们带来最大满足程度的商品时，消费者面临双重约束：开支不能超过收入，并且只能买政府允许的商品。

经济分析的目的在于解释行为（见第 1 章的实证分析），而不是进行价值判断（规范命题）。经济学家认为，消费者才是自己的主人。如果你哥哥从吸烟中获得了满足，经济学家就不会因为这个再去和他讨论"吸烟是否有害健康"的问题，这就好比他们不会跟你的那位喜欢看斯蒂芬·金（Stephen King）的小说的姐姐说，你应该去读亚当·斯密（Adam Smith）的《国富论》。[②] 只不过，接受消费者品位上的差异并不等于认同相应的结果。经济学家要预测行为，比如，他们想知道，如果香烟价格在明年下降 10%，你的哥哥是否会多吸烟。如果经济学家说"他不应该吸烟，因此，我们预测他下一年将不会吸烟"，这样的预测就不可能正确。基于个人的实际品味所做的推测才可能是正确的："他喜欢吸烟，如果明年香烟价格下降，他可能会多吸烟。"

本章将考察以下 5 个主题：

1. 偏好。利用有关偏好的三个特征预测消费者会更喜欢哪一种商品组合。

2. 效用。经济学家用效用函数来概括消费者的偏好，给每一种可能的商品组合都指定一个数值，从而反映出对这些组合的相对排序。

3. 预算约束。价格、收入和政府约束限制了消费者购买商品的能力，商品交易是由两种商品的相对价格的比率决定的。

4. 约束下的消费者选择。收入限制了消费者所能购买的商品数量，在收入既定的情况下，消费者会最大化各种可能的商品组合给他带来的满足程度。

5. 行为经济学。实验证明，人们有时会背离理性的最大化行为。

---

① 微观经济学研究的是交换的问题：你是准备把钱存起来，还是买你渴望已久的《动作漫画》第一期？实际上，微观经济学（microeconomics）的一个变形词（anagram）就是收入（income）或漫画（comics）。

② 古罗马有句谚语"各有所好，不必计较"（De gustibus non est disputandum），这里我们并不对（解释）偏好做过多的探讨；或者，像电影《大饭店》（Grand Hotel）（1973）中琼·克劳福德所说的，"吃你的鱼子酱吧，它对我来说就像鲱鱼。"

中级微观经济学（第八版）

4.1 偏好

> 为了不至于盲从自己的偏好，我被迫自我否定。
>
> ——马塞尔·杜尚（Marcel Duchamp），达达主义艺术家

想要分析消费者的行为，首先要研究他们的偏好。我们用三个基础性的假设就能预知很多有关偏好的信息，而一旦了解了偏好，再将消费者面临的约束考虑进来，很多问题就迎刃而解了，比如本章开头提出的那些疑问以及下一章关于需求曲线的推导等等。

作为一个消费者，你可以在多种商品间进行选择。是用冰激凌还是蛋糕当甜点呢？是花很多钱买个大房子，还是租一个单人间，把省下来的钱用来旅游和听音乐会？一句话，你得用钱去买一组（市场篮子或组合）商品。

消费者怎么选择他要买的商品组合呢？一种可能是不假思索，盲目、随机地挑选商品。不过，多数消费者的选择都呈现出一定的条理性，就像每次你去商店时，都多少会买几种相同的商品。

为了解释消费者的行为，经济学家假设消费者在选择商品的时候，其品味和偏好起着指导性的作用。[①] 人与人之间的品位相差悬殊，我们还是先详细说明一下经济学家有关消费者行为模型中的几个基础性假设。

☐ 消费者偏好的特征

消费者在选择商品时，通常对它们按照满足程度的大小进行排序。我们用偏好关系来概括这种排序：弱偏好$\succsim$，严格偏好$\succ$，相似偏好$\sim$。比如，如果消费者认为商品组合 a 至少和组合 b 一样好，那么我们就说消费者认为 a 弱偏好于 b，写成 $a \succsim b$。

从这种弱偏好关系出发，我们可以推出另外两种关系。如果消费者认为 a 弱偏好于 b，$a \succsim b$，但不认为 b 弱偏好于 a，那么就可以认定消费者认为 a 严格偏好于 b（也就是说，如果让他在 a 和 b 之间进行选择，他一定会选择 a），写成 $a \succ b$。

如果消费者认为 a 弱偏好于 b，b 也弱偏好于 a，即 $a \succsim b$ 和 $b \succsim a$，则我们说消费者认为 a 和 b 是无差异的，或者喜欢它们的程度相同，写成 $a \sim b$。

我们对消费者偏好的特征做了三个关键假设，简而言之，它们是：完备性（completeness）、传递性（transitivity）和越多越好（more is better）。

完备性

完备性的特征指的是，当消费者在任意两个商品组合 a 和 b 之间进行选择的时候，都可以给它们排序，而且下列关系中有且只有一种是正确的：$a \succsim b$，$b \succsim a$，或者 $a \sim b$。这个特征也将消费者无法决定哪个组合更好的可能性排除在外。

传递性

如果消费者对商品组合的排序不具有逻辑上的一致性，要预测他的行为就困难了。

---

① 35 岁以下的美国人中，一半的女性有文身，但在男性中这个比例只占四分之一。Haper's Index, *Harper's Magazine*，August 2014.

而传递性就排除了某些不合逻辑的行为。按照这个特征，消费者对不同商品组合的偏好在某种意义上具有一致性。如果消费者认为 a 弱偏好于 b（$a \succsim b$），b 又弱偏好于 c（$b \succsim c$），那么他就会认为 a 弱偏好于 c（$a \succsim c$）。

如果你的一个好姐妹告诉你，一勺冰激凌比一块蛋糕好，一块蛋糕比一块糖好，而一块糖又比一勺冰激凌好，你可能会想她是不是有点神志不清，或者至少你不知道该给她哪种甜品好。

如果消费者的偏好满足完备性和传递性，那么就可以把偏好关系称作是理性的，即在任意一组选择中，消费者都具有明确定义的偏好。

越多越好

越多越好是说，在其他条件都相同的情况下，商品的数量多比少好。[①] 实际上，经济学家把（起码在某种消费水平上）多比少好的东西定义为**良品**（good）；反之，把少比多好的东西叫作**厌品**（bad），例如污染。我们现在关注的是良品（除了第 18 章）。

虽然完备性和传递性对后面的分析至关重要，但是有了越多越好这个特征，分析就大大简化了——不过，即使没有这个特征，我们很多重要的结论也依然成立。

那么为什么经济学家还要做越多越好这样的假设呢？最主要的原因是，这个特征对我们中的绝大多数人来说都是正确的。[②] 另一个原因是，如果消费者可以自由地（或者无成本地）处置多余的商品，则即便商品数量过多，他的境况也不会变坏（本章后面会讨论第三个原因：只有这个条件成立时，消费者才会购买商品）。

应用案例

钱无止境

> 有很多钱并不会让你更快乐。我有 5 000 万美元，但我有 4 800 万美元时，我觉得我也一样快乐。
>
> ——阿诺德·施瓦辛格（Arnold Schwarzenegger）

令人惊讶的是，来自多个国家的研究表明，在富人是否比穷人更快乐这一问题上，结论并不一致（Helliwell et al., 2012；Easterlin, 2015；Easterlin, 2016）。人会知足吗？如果收入高到想要什么就能买什么的地步，再增加收入还能提高感知的福利水平吗？Stevenson 和 Wolfers（2013）利用多个国家的数据展开研究，他们发现，并不存在一个所谓的"餍足点"，也就是富裕国家或者富人们的主观幸福感不会再进一步提高的拐点。而且，他们还发现个人报告的幸福感或者满意程度同人均收入之间有着显著的正相关关系。

[①] 术语提示：经济学家们把这个特征称作非饱和性（nonsatiation）或单调性（monotonicity）。

[②] 当我在沃顿商学院给 MBA 的学员讲授微观经济学的时候，给他们讲过我那位生活在俄勒冈州的堂兄的故事。他刚刚带着他全部的家当搬到了一个社区，这些财产包括：一顶帐篷、一个富兰克林式火炉、生存所需的足够的食物和几件衣服。他说他不再需要任何东西了，也就是说，他饱和（satiated）了。若干年之后，其中的一个学生和我在街上偶遇，他说："教授，我不记得您的名字，也不记得您在课堂上教我的任何东西，但是我一直想您堂兄的那件事，他真不需要任何别的东西吗？他的生活方式刚好和我的相反。"事实上，我的堂兄已经放弃了苦行僧般的生活，并开始从事电话营销，但出于教学的目的，我回应道，"他当然还过着那种生活——你不能指望每个人都和 MBA 学生有同样的喜好。"

2005 年，在一项针对美国富裕人口的调查中，有这样一个问题："一个人有多少钱才能过上舒适的生活？"净财富有 100 万美元的人回答说要 240 万美元，净财富至少有 500 万美元的人回答说要 1 040 万美元，而净财富有 1 000 万美元以上的人说要 1 810 万美元。这个调查虽然谈不上科学，但极有说服力。显然，我们多数人的欲望是没有止境的。

☐ 偏好图

仅仅凭借完备性、传递性、越多越好这三个特征，我们就可以对消费者的偏好做深入了解，确实是够神奇的了。概括消费者偏好信息有一种最简单的方式，就是画一张示意图。为了使图形简单易懂，我们在本章会一直使用只包含两种商品的选择模型，但这个模型也很容易被扩展成包括任意种商品的情形。

每个学期，以吃快餐为主的 Lisa 都要决定吃多少比萨和墨西哥玉米卷饼（以下简称卷饼）。图 4.1 画出了她能消费的比萨和卷饼的各种组合，横轴表示每学期消费的（单人份）比萨数，纵轴表示每学期消费的卷饼数。

比如，在组合 e 处，Lisa 每学期选择消费 25 个比萨和 15 个卷饼。根据越多越好这个特征，所有位于右上方的组合（区域 A）都比 e 点要好，因为它们所含的比萨和卷饼数量比 e 点更多。所以，对她来说，这一区域中的组合 f（30 个比萨和 20 个卷饼）就比组合 e 更受偏好。

同理，区域 B 位于 e 点的左下方，和 B 中的所有组合——如组合 d（15 个比萨和 10 个卷饼）——相比，Lisa 会更偏好组合 e。和 e 相比，区域 B 中的所有商品组合要么是比萨少一些，要么是卷饼少一些，要么是两种商品都少。

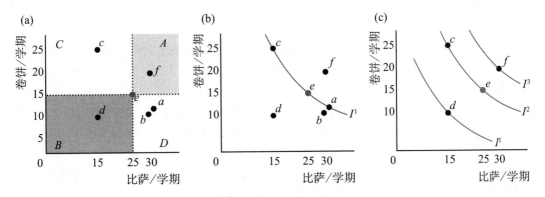

图 4.1　Lisa 可能消费的比萨和卷饼的组合

横轴代表每学期消费的比萨数，纵轴代表每学期消费的卷饼数。(a) Lisa 认为越多越好，所以她认为包括 d 在内的区域 B 中的所有组合都没有 e 好；同样，她也认为包括 f 在内的区域 A 中的所有组合都比 e 好。(b) 无差异曲线 I^1 显示的是 Lisa 认为没有差异的商品组合的集合（包括 c、e、a）。(c) 无差异曲线图概括了 Lisa 的偏好，其中的 3 条无差异曲线 I^1、I^2 和 I^3 只是无差异曲线图的一部分。

从图 (a) 看，我们没法说出组合 e 同位于其左上方区域 C 中的组合 c（15 个比萨和 25 个卷饼），以及位于其右下方区域 D 中的组合 b（30 个比萨和 10 个卷饼），哪个更受 Lisa 偏好，因为这些组合所含的商品中，总有一种比 e 多而另一种比 e 少，进而没法使用越多越好这个特征来进行评价。要想知道 Lisa 对于区域 C 和 D 中特定商品组合同 e 相比的情况，就需要更多的偏好信息。

无差异曲线

如果我们让 Lisa 把所有能给她带来和 e 点同样满足程度的商品组合都找出来，而后在图 4.1（b）中标出，就会得到一条曲线 I^1，它通过所有和 e 一样好的商品组合，这就是**无差异曲线**（indifference curve）：消费者认为满足程度相同的商品组合的集合。

无差异曲线 I^1 包括组合 c、e 和 a，因此消费这些组合对 Lisa 来讲没有差别。利用这条无差异曲线我们还能发现，Lisa 认为组合 e（25 个比萨和 15 个卷饼）比 b（30 个比萨和 10 个卷饼）好。怎么知道的呢？因为组合 b 在 u 的左下方，根据越多越好的特征，Lisa 会认为组合 $a > b$。a 和 e 同处在无差异曲线 I^1 上，它们对 Lisa 来讲是一样好的，所以 Lisa 会像喜欢 a 那样喜欢 e。由于 Lisa 认为 e 和 a 一样好，而在 a 和 b 之间她更偏好 a，利用传递性这个特征，在 e 和 b 之间，她一定会认为 e 比 b 好。

原则上，只要问 Lisa 的问题足够多，就可以画出一组完整的无差异曲线，它经过了所有可能的比萨和卷饼的组合。[①] **无差异曲线图**或**偏好图**（indifference map or preference map）是概括了一位消费者偏好信息的一组完整的无差异曲线。之所以称作"图"，是因为它用了和地形学或等高线相同的原理，每一条线都包括了具有相同高度的所有点。在无差异曲线图中，每条线都描绘了具有相同效用或福利的点（商品组合）。图 4.1（c）就画出了 Lisa 的 3 条无差异曲线 I^1、I^2 和 I^3。

就像图中所画的那样，通常假设无差异曲线都是连续（没有间断）的、平行的（虽然不是必然如此）。所有的无差异曲线图都包括 4 个重要特征：

（1）无差异曲线离原点越远，曲线上面的商品组合就越受偏好。

（2）每个可能的商品组合都有一条无差异曲线穿过。

（3）无差异曲线两两不能相交。

（4）无差异曲线向下倾斜。

首先，我们要说明，为什么无差异曲线离原点越远，曲线上的商品组合就越受偏好。根据越多越好这个特征，在图 4.1（c）中，Lisa 会认为组合 f 比 e 好。无差异曲线 I^2 上的所有组合（包括 c 和 e）对她来说都是一样好的，无差异曲线 I^3 上的所有组合（包括 f）对她来说也都是一样好的。根据传递性特征，他认为组合 f 比 e 好，而 e 和 c 是一样好的，所以组合 f 比 c 好。基于同样的原因，无差异曲线 I^3 上的组合都要好于 I^2 上的组合。

其次，根据完备性特征，我们知道，每一种可能的商品组合总有一条无差异曲线经过：消费者可以对任何两个商品组合进行比较。与既定的商品组合相比，有些商品组合更好，有些商品组合和它一样好，还有些商品组合没有它好。把所有能带来同样满足程度的商品组合连在一起，就画出了一条无差异曲线，那个既定的商品组合也位于这条线上。

再次，说一下无差异曲线不能相交的问题，也就是说，一个既定的商品组合不能同时位于两条无差异曲线之上。如图 4.2（a）所示，假设两条无差异曲线在 e 点相交，因为组合 e 和 a 位于同一条无差异曲线 I^0 上，所以 Lisa 认为 e 和 a 一样好；同样，由于组

---

① 例如，通过询问人们他们会选择哪些商品，Rousseas 和 Hart（1951）对鸡蛋和培根的消费组合建立了一组无差异曲线，MacCrimmon 和 Toda（1969）对法式甜点和货币（可用于购买所有其他商品）的组合构建了一组无差异曲线。

合 e 和 b 都位于无差异曲线 I^1 上，所以 e 和 b 又一样好。根据传递性特征，如果 Lisa 认为 e、a 以及 e、b 都是一样好的，则 a 和 b 也必然是一样好的。当然，这不可能！因为组合 b 位于组合 a 的右上方，根据越多越好这个特征，Lisa 一定会认为组合 b 比 a 好。所以，根据偏好的传递性和越多越好这两个特征，无差异曲线不能相交。

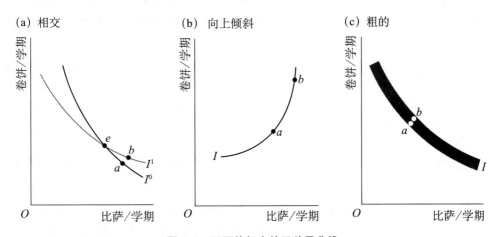

图 4.2　不可能相交的无差异曲线

（a）假设无差异曲线在商品组合 e 点的位置相交。由于 e 和 a 同处于无差异曲线 I^0 上，所以 Lisa 认为它们一样好。e 和 b 同处于无差异曲线 I^1 上，所以 e 和 b 也一样好。如果 Lisa 认为 e、a 以及 e、b 都是无差异的，根据传递性的特征，a 和 b 也一样好。但组合 b 的比萨和卷饼要比 a 多，所以她一定会认为 b 比 a 好。这与前面相互矛盾，因此无差异曲线不能相交。

（b）假设无差异曲线向上倾斜，因为 a 和 b 同处于 I 上，消费者会认为 b 和 a 是一样好的，但是根据越多越好这个特征，b 一定比 a 好，这与假设矛盾，所以无差异曲线不能向上倾斜。

（c）假设无差异曲线很粗（宽或厚），a 和 b 都在上面，因为都在同一条无差异曲线上，消费者会认为 a 和 b 是一样好的，但是根据越多越好的假设，由于 b 在 a 的右上方，消费者会认为 b 比 a 好，这又是相互矛盾的，因此，无差异曲线不能太粗。

最后，谈一下无差异曲线必然向下倾斜的问题。假设与此相反，无差异曲线向上倾斜，如图 4.2（b）所示，消费者会认为 a 和 b 一样好，因为它们位于同一条无差异曲线上。但是，根据越多越好这个特征，消费者会认为 b 比 a 好，因为组合 a 严格位于组合 b 的左下方。因为这个矛盾——消费者不可能既认为 a 和 b 一样好，又认为 b 严格好于 a——无差异曲线不能向上倾斜。例如，Lisa 如果认为比萨和卷饼都是良品（good），她不可能认为 1 个比萨与 1 个卷饼的组合会和 6 个比萨与 6 个卷饼的组合一样好。

例题详解 4.1

无差异曲线会很粗吗？

解答

画一条至少有两个商品组合那么粗的无差异曲线，说明其违背了偏好的特征。图 4.2（c）中有一条无差异曲线 I，a 和 b 两个商品组合都在上面，组合 b 位于组合 a 的右上方。由于 b 中所包含的比萨和墨西哥卷饼的数量都多于 a，根据越多越好的特征，组合 b 一定比组合 a 好。但是由于它们处于同一条无差异曲线上，所以消费者又会认为 a 和 b 是一样好的。a 和 b 之间的这两种关系不能同时成立，彼此矛盾，因此，无差异曲线不能太粗。

评论：我们通过在图中画非常细的无差异曲线来说明这一点。

商品之间的替代意愿

Lisa 想在商品之间做一些替换。无差异曲线向下倾斜，说明 Lisa 为了得到更多的比萨愿意放弃一些卷饼，反之亦然。如图 4.3 (a) 所示，商品组合 a 和 b 都在无差异曲线 I 上，所以它们之间是无差异的（一样好）。如果原来的组合是 a（8 个卷饼和 3 个比萨），她能通过以 3 个卷饼换 1 个比萨的方式变成组合 b（5 个卷饼和 4 个比萨）。做不做这样的交换对她来说都是一样的。

Lisa 用一种商品去交换另一种商品的意愿由她的边际替代率（marginal rate of substitution，MRS）来衡量：消费者为了多获得一单位其他商品而必须减少的一种商品的最大数量。边际替代率指的是比萨的一个边际变化（微小的增加）需要交换的卷饼的数量（替代率）。Lisa 的卷饼对比萨的边际替代率是：

$$MRS = \Delta B / \Delta Z$$

公式中 ΔZ 代表的是 Lisa 为了获得 ΔB 单位的卷饼而愿意放弃的比萨的数量，反之亦然，横轴代表比萨（Z）的数量。边际替代率就是无差异曲线的斜率。[①]

如图 4.3 (a) 所示，为了从组合 a 移到组合 b，Lisa 愿意放弃 3 个卷饼（$\Delta B = -3$）以换来 1 个比萨（$\Delta Z = 1$），边际替代率是 $-3/1 = -3$。也就是说，无差异曲线的斜率是 -3。负号说明 Lisa 愿意放弃某种商品来获得更多的其他商品：她的无差异曲线是向下倾斜的。

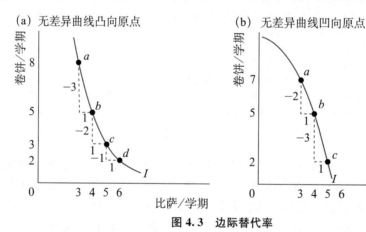

图 4.3　边际替代率

（a）在组合 a 处，Lisa 为了获得 1 个比萨愿意放弃 3 个卷饼；在组合 b 处，Lisa 为了获得 1 个比萨只愿意放弃 2 个卷饼。也就是说，她拥有的卷饼越多，为了获得 1 个比萨愿意放弃的卷饼就越多。

（b）这种形状的无差异曲线是不太可能出现的。Lisa 拥有的卷饼越少，为了获得一个比萨愿意放弃的卷饼就越多。当从组合 c 移到组合 b 时，她愿意用 1 个比萨交换 3 个卷饼。当从组合 b 移动到组合 a 时，尽管她的卷饼较多一些，但他只愿意用 1 个比萨交换 2 个卷饼。

无差异曲线的曲率

无差异曲线一定是像图 4.3 (a) 中的曲线 I 那样凸（convex）向原点的吗？也就是说，曲线的中点一定比当无差异曲线是直线时的中点离原点更近吗？答案是，并非必然如此。但日常观察表明，多数人的无差异曲线都是这种形状的。当某种商品的数量很多

---

① 斜率（slope）就是"纵坐标与横坐标的比"：当我们沿着横轴移动时纵坐标的变化量。从技术上说，边际替代率是我们所说的某一特定商品组合的斜率，即 ΔZ 很小的时候的斜率。在微积分中，相关的斜率叫作导数。参见附录 4A。

时，人们愿意多放弃一些这种商品以换取少量的自己相对缺乏的其他商品。不过，在第一次交易以后，换取同样数量的其他商品，他所愿意放弃的这种商品的数量就会比以前少了。

在图 4.3（a）中，当 Lisa 处于 a 点时，为了得到 1 个比萨，她愿意放弃 3 个卷饼；在 b 点，为了得到 1 个比萨，她只愿意放弃 2 个卷饼；在 c 点，她的交易意愿进一步减弱，为了得到 1 个比萨，她只愿意放弃 1 个卷饼。沿着无差异曲线向右下方移动，Lisa 为换得 1 个比萨所愿意放弃的卷饼数量越来越少，这反映了边际替代率递减：当我们沿着无差异曲线向右下方移动时，边际替代率越来越趋近于零，也就是无差异曲线变得越来越平坦（斜率变小）。

很难想象 Lisa 的无差异曲线是凹的［像图 4.3（b）所显示的那样］而不是凸的［如图 4.3（a）所示］。如果无差异曲线是凹的，意味着当她只有少量卷饼的时候，反而会为了获得 1 个比萨而放弃更多的卷饼。在图 4.3（b）中，从组合 c 到 b，她愿意为 1 个比萨放弃 3 个卷饼；从组合 b 到 a，她愿意为 1 个比萨放弃 2 个卷饼——尽管她拥有的比萨数量与卷饼数量之比变大了。虽然凹形的无差异曲线难以想象，但可能会存在两种极端的向下倾斜的、凸的无差异曲线：直线形的无差异曲线和直角形的无差异曲线。

一种极端的情形是**完全替代品**（perfect substitutions）：对消费者来说，消费哪种都一样（没有差别）的商品。由于 Bill 尝不出可口可乐和百事可乐之间有什么差别，就把它们当成是完全可以相互替代的商品。对他来说，多一罐可口可乐还是多一罐百事可乐都一样，这两种商品的无差异曲线是一组斜率为 −1 的平行直线，如图 4.4（a）所示，Bill 在无差异曲线上的每一点的边际替代率都是 −1。不过，完全替代品的无差异曲线的斜率不必总是 −1，它可以是任何一个固定的比率。例如，Chris 看了标签才知道，高乐氏洗衣液的效力是其他普通品牌的 2 倍，于是对他来说，1 杯高乐氏洗衣液和 2 杯普通洗衣液是一样的。如果用纵轴表示普通品牌的洗衣液，其无差异曲线的斜率就是 −1/2（普通洗衣液位于横坐标）。[①]

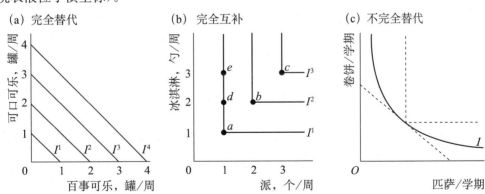

图 4.4 完全替代、完全互补和不完全替代

（a）Bill 认为可口可乐和百事可乐相互之间可以完全替代，其无差异曲线是一组边际替代率为 −1 的平行直线。他愿意用一罐可口可乐换一罐百事可乐。（b）Maureen 喜欢冰激凌派，也就是喜欢把派和冰激凌混在一起吃，并不喜欢单独消费它们中的任何一种：她把派和冰激凌当成是完全互补的商品，它们之间不能替代，并且只按固定比率消费这两种商品。（c）Lisa 把比萨和卷饼当作不完全替代的商品，其无差异曲线也介于完全替代和完全互补这两种极端情况之间。

---

① 有时候很难判断出哪些商品是相近的替代品。根据 1994 年的哈珀指数（Harper's Index），美国人认为"非常适合"作为母亲节礼物的商品前三名分别为：鲜花、香水、灭火器。

另一种极端情况是**完全互补品**（perfect complements）：消费者只愿意按固定比例消费的商品。Maureen 不喜欢单独消费派或者冰激凌，但她喜欢冰激凌派：1 个派上面放 1 勺冰激凌。如图 4.4（b）所示，她的无差异曲线是直角形状的。如果她只有 1 个派，1 勺冰激凌（如组合 a）与 2 勺冰激凌（如组合 d）、3 勺冰激凌（如组合 e）给她带来的满足程度是一样的。也就是说，因为没有更多的派来就着冰激凌一起吃，她不愿意吃更多的冰激凌，所以只会消费像 a、b、c 这样的商品组合，即冰激凌和派所占的比例相同。

在 a、b 或 c 这样的组合上，她不会用 1 个派来代替 1 勺冰激凌。比如，假设她现在处于 b 点，她不会用 1 个派来换 2 勺冰激凌（e 点），确切地说，即便给她再多的冰激凌，她也不愿意放弃 1 个派，因为多余的冰激凌对她来说毫无价值。

在图 4.4（c）中，有一条标准的、凸的无差异曲线，它介于两个极端情形之间。凸的无差异曲线说明消费者将两种商品视为不完全替代的商品。

应用案例

有关食品和衣服的无差异曲线

下图给出了美国普通消费者关于食品和衣服的无差异曲线。食品和衣服分别是各种商品的加权平均值。当食品和衣服的数量较少时，其无差异曲线就像 I^1 那样，差不多接近一个直角，它们之间是完全互补的。一旦远离原点，无差异曲线就会变得比较平坦，越来越接近完全替代的关系。

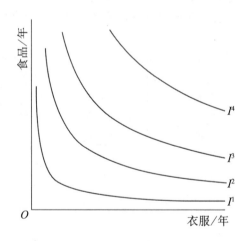

对这种无差异曲线的一种解释是，为了维持生存，食品和衣服的数量都有一个最低的消费水平。一旦一种商品数量低于这个关键值，消费者就不会用它去交换另一种商品。随着消费者拥有的两种商品的数量不断增加，在二者之间进行交换的意愿也在变化。根据这些估计，当消费者对这两种商品的拥有量都为数不多的时候，食品和衣服是完全互补的商品；而当这两种商品的拥有量都很大的时候，食品和衣服就是完全替代的商品。

中级微观经济学（第八版）

78

4.2 效用

消费者行为模型基于这样的信念：消费者能够对不同的商品组合进行比较，从而找出哪一个商品组合能给他们带来最大的满足。给每个可能的商品组合指定一个数值来反映消费者对这些组合的相对排序，就能对消费者的偏好有个大致的了解。

在杰里米·边沁（Jeremy Bentham）、约翰·斯图亚特·穆勒（John Stuart Mill）及19 世纪英国其他的一些经济哲学家之后，经济学家把反映不同商品组合相对等级的一组数值称为效用（utility）。"Bonnie 认为商品组合 X 比 Y 好"，这个表述与"消费商品组合 X 给 Bonnie 带来的效用要多于 Y"是一个意思。当商品组合 X 给 Bonnie 带来 10 尤特尔（util，对一个单位效用的称呼），而商品组合 Y 给她带来 8 尤特尔的效用时，Bonnie 就更愿意选择 X 而不是 Y。

效用函数

如果我们知道了效用函数（utility function）——在相同的效用水平下，每种可能的商品组合之间的关系——我们就可以用无差异曲线图对这些信息加以简单概括。Lisa 的效用函数 $U(Z, B)$ 告诉我们她从比萨 Z 和墨西哥卷饼 B 中获得了多少尤特尔。给定的效用函数反映了她的偏好，如果 Lisa 偏好商品组合 1（Z_1，B_1）甚于商品组合 2（Z_2，B_2），那么她从第一个商品组合中获得的尤特尔就会更多一些，即 $U(Z_1，B_1) > U(Z_2，B_2)$。

比如，假设 Lisa 从卷饼和比萨中获得的效用 U 为：

$$U(Z,B) = \sqrt{ZB} \tag{4.1}$$

从公式 4.1 中可以看到，她所消费的两种商品越多，获得的效用就越大。如果她有两种不同的商品组合 x 和 y，其中，x 代表 9 个卷饼和 16 个比萨的商品组合，y 代表两种商品各有 13 个的商品组合，那么我们用这个函数就可以判断出哪个商品组合给她带来的满足更多。她从商品组合 x 中获得的效用是 $12(=\sqrt{9 \times 16})$ 单位。从商品组合 y 中获得的效用是 $13(=\sqrt{13 \times 13})$ 单位。因此，她偏好商品组合 y 胜于 x。

序数效用

一般来说，消费者能轻松地说出两个商品组合中他更喜欢哪个，就像"同 2 勺冰激凌和 1 份蛋糕的商品组合比起来，你会更喜欢 1 勺冰激凌和 2 份蛋糕的组合吗？"不过，因为没有指标能用来描述从两个商品或两种商品组合中获得的满足的差异，所以他没法说出一个商品组合究竟比另一个商品组合好多少。因此，我们也许知道消费者对不同商品组合的排序，但不了解（对消费者来说）一个商品组合比另一个究竟好多少。

如果只知道消费者对商品组合的相对评价，对满足程度的测量就是序数的（ordinal），而不是基数的（cardinal）。序数指标告诉我们的是两个物品间的相对排序，而不是一个比另一个高多少。

假设一位教授只用字母来给一次测验打分，我们知道得 A 的学生比得 B 的学生考得好，但是按照这个序数等级，我们没法说出 A 比 B 好多少。就学生的表现而言，我们也没法说出得 A 和得 B 的学生之间的差异到底是大于还是小于得 B 和得 C 的学生之间的差异。

基数指标是指等级之间可以进行绝对的比较。货币就是一种基数指标。如果你有 100 元而你哥哥有 50 元，我们不但知道你的钱比你哥的多，而且能准确地说出你的钱是他的 2 倍。

因为效用是一种序数指标，所以我们不应该给两种商品组合在效用上的绝对差异赋予任何权重，只关心它们的相对效用或等级就够了。[①]

□ 效用与无差异曲线

一条无差异曲线是由带来特定效用 $\overline{U}$ 的所有商品组合所构成的。如果 Lisa 的效用函数用 $U(Z, B)$ 表示，那么她的无差异曲线的表达式即为：

$$\overline{U}=U(Z,B) \tag{4.2}$$

这个表达式决定了能给她带来效用 $\overline{U}$ 的所有商品 Z 和 B 的组合。例如，若她的效用函数由等式 4.1 表示，即 $U=\sqrt{ZB}$，则无差异曲线为 $4=\overline{U}=\sqrt{ZB}$ 涵盖了所有 $ZB=16$ 的商品组合，包括（4，4），（2，8），（8，2），（1，16）和（16，1）。

图 4.5 中的三维图说明了 Lisa 的效用随着 B（卷饼）和 Z（比萨）的消费数量而变化的情况。图（a）是从正前方观察这种关系，图（b）是从一侧观察同样的关系。在图中，底面的一条轴表示 Z 的数量，另一条轴表示 B 的数量，而效用 $U(Z, B)$ 由纵轴表示。例如，组合 a 包含了两个比萨和两个卷饼。垂直向上到效用表面或者"快乐之丘"（hill of happiness，三维空间中效用变化的图形像个山丘）就是点 $U(2, 2)$。这一点上纵轴的高度说明 Lisa 消费商品组合 a 获得的效用。图中，$U(Z,B)=\sqrt{ZB}$，所以 a 点的高度就是 $U(2,2)=\sqrt{2\times2}=2$。由于多比少好，当 Z 或者 B 增加时，效用也会增加。就是说，Lisa 的"快乐之丘"会随着一种商品或者两种商品的同时增加而增加。

无差异曲线是由带来特定效用水平的 B 和 Z 的各种商品组合构成的，Lisa 的效用函数和其中某条无差异曲线是什么关系呢？想象一下这座"快乐之丘"是由黏土堆成的。如果你在某一高度——假定是商品组合 a 所对应的效用水平 $U(2, 2)=2$——将这座山水平切一刀，切面的上方就有了一座小山丘。山丘底部的边缘（就是你切下去的地方）就是曲线 I^*。如果你把这座小山直接放在地上，并把它的外部轮廓描出来，接着往下看地面，这个轮廓线就代表了二维地面上的一条无差异曲线 I。继续对这座"快乐之丘"进行类似的切割，然后放到地面，描出轮廓线，如此反复，就能得到一个无差异曲线图：每条曲线都代表了一个不同的效用水平。

---

① 设 $U(Z,B)$ 是初始的效用函数，$V(Z,B)$ 是对其进行正单调变换后的新效用函数，正单调变换是使函数在每一点上的值（效用值）都增加的变换。这两个效用函数对任何商品组合都给出相同的序数排列。（经济学家通常常用"一个效用函数只有符合正单调变换才是唯一的"来表述这个概念。）假设 $\beta>0$，$V(Z,B)=\alpha+\beta U(Z,B)$，则两个效用函数的排序是一样的，因为当且仅当 $U(Z,B)>U(Z^*,B^*)$ 时，$V(Z,B)=\alpha+\beta U(Z,B)>V(Z^*,B^*)=\alpha+\beta U(Z^*,B^*)$。

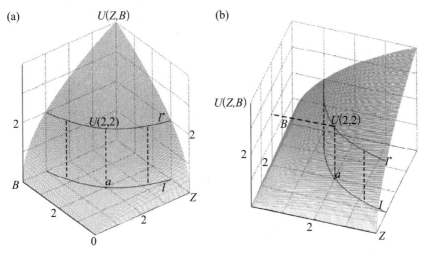

图 4.5　效用函数和无差异曲线的关系

图（a）和图（b）给出了 Lisa 的效用 $U(Z,B)$，这是她（从不同角度）所消费的比萨 Z 和卷饼 B 的数量的函数。在每个图中，底面的一条轴表示 Z，另一条轴表示 B，而效用则由纵轴表示。当 Z、B 或者两者同时增加时，她就会获得更多的效用，在图中表示为更高的点。如果我们用曲线 I^* 表示一个既定的高度（一个既定的效用水平），把线上所有点在图中底面上画出来，就得到了无差异曲线 I。

□ 边际效用

根据 Lisa 有关卷饼和比萨的效用函数，我们能知道某种商品消费量的变化对她的效用的影响。假设 Lisa 的效用函数可以用图 4.6（a）中的曲线表示，该曲线说明，当我们把她的卷饼消费数量固定在 10 单位时，其效用会随着比萨的消费量的增加而变化。因为比萨是一种物品，所以效用会随着比萨消费量的增加而增加。

如果比萨的消费量从 $Z=4$ 增加到 5，则 $\Delta Z=5-4=1$，效用从 $U=230$ 增加到 250，$\Delta U=250-230=20$。她从最后一单位商品（$\Delta Z=1$）的消费中获得的额外效用（ΔU）就是该商品的**边际效用**（marginal utility）。因此，在其他商品消费不变的情况下，边际效用是效用函数的斜率（见附录 4A）：

$$MU_Z=\frac{\Delta U}{\Delta Z}$$

比萨的消费量从 4 增加到 5 后，Lisa 的边际效用是：

$$MU_Z=\frac{\Delta U}{\Delta Z}=\frac{20}{1}=20$$

在卷饼的消费量不变时，图 4.6（b）描述了 Lisa 每增加一单位比萨的消费其边际效用变化的情况。随着比萨的消费量的增加，边际效用递减，但仍然为正：多消费一个比萨仍然会给 Lisa 带来满足，但相对于其他商品来说，带来的满足越来越小。

□ 效用与边际替代率

之前已经了解到，边际替代率（MRS）就是无差异曲线的斜率，其结果取决于边际效用。如果 Lisa 一学期有 10 个卷饼和 4 个比萨，现在她又多得了 1 个比萨，她的效用增加了，增加的效用就是最后一个比萨的边际效用 MU_Z；与之类似，如果换成是她多得了

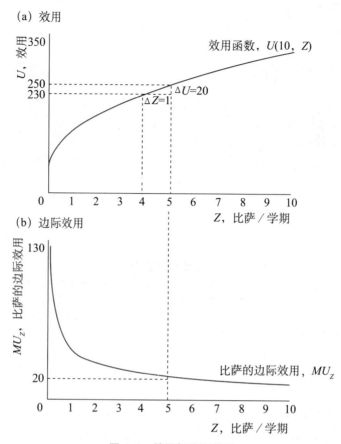

(a) 效用

效用函数，$U(10, Z)$

$\Delta U = 20$

$\Delta Z = 1$

U，效用

Z，比萨／学期

(b) 边际效用

MU_Z，比萨的边际效用

比萨的边际效用，MU_Z

Z，比萨／学期

图 4.6　效用与边际效用

当卷饼的消费量维持在 10 个不变时，随着比萨消费量的增加，Lisa 的总效用 U 也将增加，而比萨的边际效用 MU_Z 将下降（尽管它仍然是正数）。

1 个卷饼，最后一个卷饼的边际效用就是 MU_B。

假设 Lisa 用卷饼换比萨，使自己的消费组合在同一条无差异曲线上变动。换来的比萨带来一定的边际效用，换出的卷饼带走一定的边际效用，如附录 4A 所示，边际替代率可以写成：

$$MRS = \frac{B}{Z} = -\frac{MU_Z}{MU_B} \tag{4.3}$$

此时，MRS 是换来的比萨与换走的卷饼的边际效用之比的负值。

4.3　预算约束

了解个人的偏好只是分析个体消费行为的第一步，消费者福利最大化的目标会受到诸多约束。在决定消费什么商品时，多数人面临的最主要约束就是个人的预算约束。

如果不允许储蓄和借贷，预算就等于我们一定时期内所得到的收入。反之，要是能储蓄和借贷的话，就可以先把钱存起来留到以后（比如退休时）再消费；或者在年轻的时候借钱花，等年老时再偿还。储蓄实际上是消费者可以购买的一种商品。为简单起见，假设每个消费者现在都有一笔数目固定的钱用来消费，那么预算（budget）和收入（income）两个词的意义是相同的。

为了便于图示，假设消费者只买两种商品。如果 Lisa 把全部预算 Y 都用来买比萨和卷饼，则：

$$p_B B + p_Z Z = Y \qquad (4.4)$$

$p_B B$ 是买卷饼花的钱，$p_Z Z$ 是买比萨花的钱。等式 4.4 就是 Lisa 的预算约束，表示在卷饼和比萨上的支出花光了她的全部预算。

Lisa 能买多少个卷饼？等式 4.4 的两边都减去 $p_Z Z$，并除以 p_B，就能确定出她可以购买的卷饼数量：

$$B = \frac{Y}{p_B} - \frac{p_Z}{p_B} Z \qquad (4.5)$$

根据等式 4.5 可知，收入提高、卷饼和比萨的价格下降，或减少比萨的购买量，都能让她买更多的卷饼。[①] 比如，收入（Y）增加 1 美元，她就能多买 $1/p_B$ 个卷饼。

如果 $p_Z = 1$ 美元，$p_B = 2$ 美元，$Y = 50$ 美元，等式 4.5 就变成：

$$B = \frac{50}{2} - \frac{1}{2} Z = 25 - \frac{1}{2} Z \qquad (4.6)$$

如等式 4.6 所示，对 Lisa 来说，买 2 个比萨所花的钱相当于买 1 个卷饼所花的钱。如果她把所有的钱都用来买卷饼，能买多少个呢？在等式 4.5 中，设 $Z = 0$，我们发现 $B = Y/p_B = 50/2 = 25$。同样，如果把所有的钱用来买比萨，$B = 0$，$Z = Y/p_Z = 50/1 = 50$。

当然，她可以两样都买一些，而不是只买一种。表 4.1 给出了她可能买到的 4 种不同的商品组合。比如，她可以用 50 美元去买 20 个卷饼和 10 个比萨。

表 4.1 预算为 50 美元的卷饼与比萨的分配

商品组合	卷饼	比萨
a	25	0
b	20	10
c	10	30
d	0	50

图 4.7 对等式 4.6 进行了概括。这条线叫作**预算线**（budget line）或**预算约束线**（budget constraint）：在商品价格既定的条件下，将所有预算都用来购买商品时所能买到的商品组合。它表示当 Lisa 把 50 美元都用来买卷饼和比萨时，所能买到的这两种商品的各种组合。表 4.1 中的 4 种组合都在这条线上标注出来了。

当然，Lisa 也可以购买任何开销少于 50 美元的商品组合。**机会集**（opportunity set）由消费者所能购买的全部商品组合构成，包括预算约束线上和线内的所有点（像 $p_B B + p_Z Z \leqslant Y$ 这样所有的 Z 与 B 为正的商品组合）。Lisa 的机会集是图 4.7 中的阴影部分。她可以花 35 美元买 10 个卷饼和 15 个比萨，这个组合就位于预算约束线内。除非她想用余

---

① 运用微积分的知识，我们发现：$dB/dY = 1/p_B > 0$，$dB/dZ = -p_Z/p_B < 0$，$dB/dp_Z = -Z/p_B < 0$，以及 $dB/dp_B = -(Y - p_Z Z)/(p_B)^2 = -B/p_B < 0$。

下的 15 美元购买其他商品，否则，她还是会把这些钱用来买自己喜欢的食品，并且会选择预算约束线上而不是线内的某个商品组合。

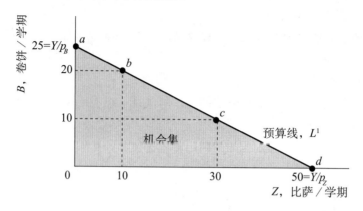

图 4.7 预算约束线

如果 $Y=50$ 美元，$p_Z=1$ 美元，且 $p_B=2$ 美元，则 Lisa 的预算约束线 L^1 与纵轴交于 25，与横轴交于 50。她可以购买机会集（即阴影部分）内的任何商品组合，包括预算线上的点。预算线的公式 $B=Y/p_B-(p_Z/p_B)Z=50/2-(1/2)Z$。如果她多买一单位的 Z，她必须减少消费 B，即减少 $p_Z/p_B=1/2$，以便消费仍然维持在预算之内。而预算线的斜率 $\Delta B/\Delta Z$ 也叫作边际转换率（MRT），等于 $-(p_Z/p_B)=-1/2$。

□ 预算约束线的斜率

预算线的斜率取决于两种商品的相对价格。根据等式 4.5，$B=Y/p_B-(p_Z/p_B)Z$，Lisa 每多买一单位 Z 就要少买 p_Z/p_B 单位 B[①]，因此预算线的斜率等于 $\Delta B/\Delta Z=-p_Z/p_B$。所以，预算线的斜率只和相对价格有关。

Lisa 面临价格 $p_Z=1$ 美元，$p_B=2$ 美元，所以预算线的斜率是 $-(p_Z/p_B)=-1$ 美元/2 美元 $=-\frac{1}{2}$。比如，假设我们像图 4.7 中那样，把对比萨的消费从 b 点的 10 单位降低到 a 点的 0 单位，则 Lisa 可以购买的卷饼的数量就从 b 点的 20 单位增加到了 a 点的 25 单位，所以 $\Delta B/\Delta Z=(25-20)/(0-10)=5/(-10)=-1/2$。[②]

这个斜率也叫**边际转换率**（marginal rate of transformation，MRT）：市场施加给消费者的一个选择，为了多获得其他商品所必须放弃的一种商品的数量。边际转换率是 Lisa 在市场中可以用卷饼换取比萨的比率：

$$MRT=\frac{B}{Z}=-\frac{p_Z}{p_B} \tag{4.7}$$

由于 Lisa 的 $MRT=-1/2$，多买一个比萨要花掉她半个卷饼——或者多买一个卷饼要花掉她两个比萨。

---

① 正如预算线与横轴交于 Y/p_Z，与纵轴交于 Y/p_B，我们可以用"高与宽之比"的方法表述预算线的斜率，即 $-(Y/p_B)\div(Y/p_Z)=-p_Z/p_B$。或者，我们可以对预算线进行微分，如等式 4.5 那样，可以得到 Z：$dB/dZ=-p_Z/p_B$。

② 图 4.7 中的预算约束线是连续的、光滑的，它表示 Lisa 所购买的卷饼和比萨的数量能用分数表示。如果隔一周买一个卷饼，就相当于每周买半个卷饼，因此这个假设是合理的。

在干旱期，政府常常对水的使用设配额。最近几年，像加利福尼亚、得克萨斯、俄克拉何马、佛罗里达、美国的中央大平原和西部地区，以及埃及、洪都拉斯、印度、肯尼亚、新西兰、巴基斯坦、委内瑞拉等国家和地区都曾经对水的使用实施过配额。配额会影响消费者的机会集，他们不可能按市场价格买到自己想买的那些水。现在假设政府对消费者的购买量设定配额，从而对水进行定量供应，如果某消费者每月能买 1.2 万加仑的水，而政府设定的限额是 1 万加仑，该消费者的机会集有何变化？

解答

1. 用一条有关水和其他商品的预算线确定初始的机会集。在下图中，如果不受限制，消费者每月最多能买 1.2 万加仑的水。机会集是两条坐标轴和预算线围成的部分，即 A 与 B 的面积。

2. 在下图中加一条线表示配额，并找出新的机会集。在代表水的坐标轴上的 1 万加仑的位置画一条垂线表示配额。新的机会集 A 是坐标轴、预算线及配额线围成的部分。

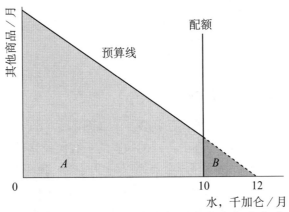

3. 对两个机会集进行比较。限量供应使消费者原有的机会集少了一部分：1 万加仑线右侧的三角形 B。由于设定配额，消费者的机会集变小了。

价格变化对机会集的影响

如图 4.8（a）所示，如果比萨的价格翻倍而卷饼的价格保持不变，预算约束线会向原点方向转动。如果 Lisa 把所有的钱都用来买卷饼，买的数量还和以前一样多，所以预算线与代表卷饼的坐标轴仍然交于 25 单位的地方。不过，若把所有的钱都用来买比萨，则只能买到之前的一半的量，因此预算线与代表比萨的坐标轴交于 25 单位而不是 50 单位。

新的预算约束线更陡，位于初始预算线的内侧。预算线的斜率 MRT 随着比萨价格的上升而变化。在初始预算约束线 L^1 上，$MRT = -1/2$，说明她可以用半个卷饼换一个比萨或者用两个比萨换一个卷饼；在新的预算约束线 L^2 上，$MRT = -p_Z/p_B = -2$ 美元/2 美元 $= -1$，这意味着，当比萨的价格上涨后，她现在能用一个比萨换一个卷饼了。

当比萨价格上涨后，Lisa 再也买不起阴影中的比萨与卷饼的组合了；除非她只想吃卷饼，否则生活状况就实实在在地下降了。

比萨降价的影响则与此相反：预算线将会围绕与卷饼轴的交点向外旋转，机会集扩大。

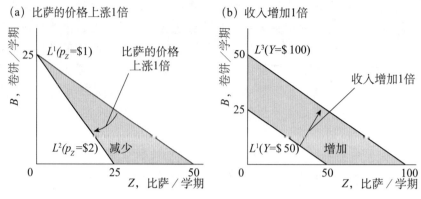

图 4.8 预算约束线的变化

（a）如果每个比萨的价格从 1 美元涨到 2 美元而卷饼的价格不变，仍为 2 美元，则 Lisa 的预算约束线绕着与卷饼轴的交点从 L^1 旋转到 L^2。初始预算线 L^1 的斜率即 $MRT = -1/2$。新预算线 L^2 的斜率为 -1。阴影部分表示她不再能买得起的商品组合。

（b）如果 Lisa 的收入增加 50 美元，在初始的价格基础上，她的新预算约束线从 L^1 平行移动到 L^3：两条预算线都有相同的斜率（MRT）$-\frac{1}{2}$。机会集增加了阴影部分的面积。

收入变化对机会集的影响

如果消费者的收入增加，能买的商品就多了。如图 4.8（b）所示，假设 Lisa 每学期的收入增加了 50 美元（达到 100 美元），她的预算约束线向外移动（远离原点），并且与原来的预算线平行。为什么新的预算线会与原来的平行呢？预算线在卷饼轴上的截距为 Y/p_B，在比萨轴上的截距为 Y/p_Z。因此，当价格不变时，截距会随着收入的增加成比例地向外移动。如果一开始把所有的钱都用来买比萨，能买 50（$=50$ 美元/1 美元）个，但现在她能买 100（$=100$ 美元/1 美元）个。同样，卷饼轴的截距也从 25（$=50$ 美元/2 美元）变为 50（$=100$ 美元/2 美元）。收入变化只会影响预算线的位置，而不影响斜率。斜率由比萨和卷饼的相对价格决定。这样看来，如下面的例题详解所示，两种商品的价格都下降一半同收入增加一倍的效果是相同的。

例题详解 4.3

如果 Lisa 的收入翻了一倍，或者所买的两种商品的价格都下降了一半，她的生活会变好吗？

解答

两种变化对于她的预算线和机会集的影响是一样的。如图 4.8（b）所示，收入增加一倍会使预算线平行向外移动。在卷饼轴上的新截距为 $50 = 2Y/p_B = (2 \times 50)/2$，在比萨轴上的新截距为 $100 = 2Y/p_Z = (2 \times 50)/1$，它们都比原来增加了一倍。若商品价格下降一半，预算约束线的变化同收入翻倍时是一样的。在卷饼轴上的新截距为 $50 = Y/(p_B/2) = 50/(2/2)$，在比萨轴上的新截距为 $100 = Y/(p_Z/2) = 50/(1/2)$。

4.4 约束下的消费者选择

我的麻烦在于按净收入来调整生活习惯。

——埃罗尔·弗林（Errol Flynn）

如果没有预算约束，那些认为越多越好的消费者会毫无节制地消费所有的商品。当然，他们不可能拥有一切！消费者只能在一定的预算约束下最大化自己的效用水平。为了完成对消费者行为的分析，我们必须找出一个商品组合，该组合服从预算的约束并使个人效用最大化。

□ 消费者的最优组合

我来了，我看见了，我买了。

给定 Lisa 的偏好信息（由无差异曲线概括）和她的支出总额（由预算约束线反映），我们就可以求出她的最优选择。这个最优选择是在她所有能够购买的商品组合中，给她带来最大满足程度的那一个组合。[①]

如图 4.9 所示，Lisa 的最优组合一定位于预算约束线上。无差异曲线上高于预算约束线的组合（如 I^3 上的点）不在机会集内，所以，尽管 Lisa 觉得无差异曲线 I^3 上的组合 f 比 I^2 上的 e 好，但 f 太贵，买不起。Lisa 买得起预算线内的商品组合，可她却不想买，因为多比少好：对于预算约束线内的任何组合（如 I^1 上的 d），总能在预算约束线上找出另外一个组合，其中至少有一种商品的数量会更多，她也会更喜欢预算约束线上的那个组合。因此，最优商品组合必然位于预算线上。

同样可以看出，同其他位于预算线上的组合相比，与预算线相交的无差异曲线（比如与预算约束线交于 a 点和 c 点的 I^1）上的组合要差一些。无差异曲线 I^1 上只有一部分组合位于机会集内：买得起的组合包括 a、c 以及 I^1 上介于二者之间的点（如 d 点）。因为 I^1 穿过预算约束线，I^1 上 a 与 c 之间的组合完全落在预算约束线下方，所以机会集（$A+B$ 部分）内有比它们更好而且能买得起的商品组合。根据越多越好这个特征，相比 d 点，Lisa 会更喜欢 e 点，因为该点所代表的比萨和卷饼数量都比 d 点多。根据传递性，e 点也优于 a、c 点以及 I^1 上其他所有的点——甚至于像 g 这样 Lisa 无法负担的商品组合。因为无差异曲线 I^1 与预算约束线相交，位于 I^1 右上方的 B 中至少有一个组合要优于 I^1 上的某一个组合。因此，消费者的最优组合必定位于预算约束线上，且位于一条不与预算线相交的无差异曲线上。这样的组合叫作**消费者的最优解**（consumer's optimum）。如果 Lisa 恰好在消费这个组合，她就没有动力再变换组合。

最优组合有两种可能，一类是**内解**（interior solution），最优组合中两种商品的数量都为正，最优组合位于预算约束线上，但不是端点；另一类是**角点解**（corner solution），最优组合位于预算约束线的某一端，也就是预算线与其中一条坐标轴相交的地方。

---

① 附录 4B 中用微积分方法推导出预算约束下效用最大化的商品组合，我们这里只用图形来说明。

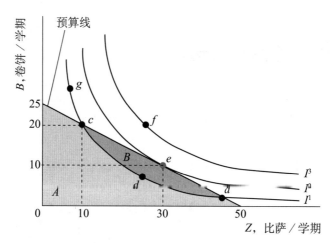

图 4.9　消费者的效用最大化：内解

Lisa 的最优组合是 e（10 个卷饼和 30 个比萨），位于无差异曲线 I^2 上，并且曲线 I^2 与预算线在 e 点相切。组合 e 在她可以买到的最高的无差异曲线（即最高的效用）上。任何比 e 更好的组合（如 I^3 上的点）都在机会集之外（买不起）。位于机会集内部的组合（如 d）又比 e 差，因为它们至少有一种商品数量会比 e 少。

内解

在图 4.9 中，无差异曲线 I^2 上的点 e 是最优的商品组合。它远离预算约束线的两端而位于预算线的内部。比起只消费一种食品的情况，Lisa 希望消费相对均衡一些的食物组合 e，包括 10 个卷饼和 30 个比萨。

既然无差异曲线 I^2 与预算约束线接触却不相交，它必然是预算线的切线（tangent）：在切点 e，预算约束线与无差异曲线的斜率相同。无差异曲线的斜率即边际替代率，衡量了 Lisa 愿意（will）用卷饼交换比萨的比率：$MRS = -MU_Z/MU_B$（等式 4.3）。预算约束线的斜率是边际转换率，衡量了 Lisa 在市场中能够用钱换取的卷饼或比萨的比率：$MRT = -p_Z/p_B$（等式 4.7）。因此，当 Lisa 愿意用卷饼换比萨的比率等于她能够交换的比率时，她的效用实现了最大化：

$$MRS = -\frac{MU_Z}{MU_B} = -\frac{p_Z}{p_B} = MRT$$

重新整理上式，该均衡条件变为：

$$\frac{MU_Z}{p_Z} = \frac{MU_B}{p_B} \tag{4.8}$$

等式 4.8 表明，比萨的边际效用除以其价格（在比萨上多花 1 美元所额外获得的效用，MU_Z/p_Z）等于卷饼的边际效用除以其价格（MU_B/p_B）。因此，如果 Lisa 花在比萨上的最后一美元与花在卷饼上的最后一美元给她带来了相同的效用，她的总效用就实现了最大化。如果用在比萨上的最后一美元给她带来的效用多于用在卷饼上的最后一美元带来的效用，Lisa 可以通过多买比萨而少买卷饼来增加她的满足程度。不过，她的堂兄 Spenser 的情况却不同。

总的来说，效用最大化需要符合以下四个等价的条件：

（1）预算约束线与无差异曲线相切；

（2）消费者购买了位于最高可能的无差异曲线上的商品组合；

（3）消费者的边际替代率（无差异曲线的斜率）等于边际转换率（预算线的斜率）；

（4）用在商品 1 和商品 2 上的最后一美元所带来的效用相等。

酒精代替了大麻

Crost 和 Guerrero（2012）发现，年轻人认为酒精和大麻互为替代品。根据他们的估计，酒精消费的概率提高 1% 会使大麻消费的概率降低 0.2%。

研究还发现，人们对这两种商品的价格变化比较敏感。在美国，年满 21 岁的年轻人可以合法饮酒，这时候他们买酒的成本大大降低（在此之前，因为饮酒并不合法，买酒也面临着入狱的风险）。结果是，一旦到了 21 岁，因为酒喝得多了，吸大麻的就少了。这种现象在女性身上更为显著，大麻的消费量降低 17%，远超男性的 6%。所以说，对未成年人饮酒的禁止很显然增加了他们吸食大麻的可能性。

例题详解 4.4

Nate 关于果冻（J）和花生酱（N）的效用函数是 $U=JN$。果冻的边际效用是 $MU_J=N$，花生酱的边际效用是 $MU_N=J$。[①] 一罐果冻和一罐花生酱的价格分别是 5 美元和 10 美元。Nate 的预算是 100 美元，如果要实现最大化效用，他应该买多少果冻和花生酱？

解答：

1. 假设预算与支出相等。在每项商品上的支出是该商品的价格和消费量的乘积，所以 Nate 的预算 100 美元等于他在两种商品上的支出总和：$100=5J+10N$。

2. 利用等式 4.8 找出 J 和 N 之间的关系。等式 4.8 表明，Nate 如果想获得最大的效用，他在花生酱和果冻上花的最后一美元所带来的边际效用要相等，即 $MU_J/5=MU_N/10$。也就是说，$N/5=J/10$，$N=J/2$。

3. 将效用最大化的条件代入预算等式中，求出 J 和 N。将此最优条件代入预算约束中，有：$100=5J+10N=5J+10(J/2)=10J$，利用这个式子得出 $J=10$。

4. 将 J 的值代入预算等式，解出 N。将 $J=10$ 代入预算约束，有 $100=5J+10N=50+10N$，$50=10N$，$N=5$。因此，Nate 要想实现自身的效用最大化，需要买 10 罐果冻和 5 罐花生酱。

角点解

有些消费者只买两者中的一种物品，这是一个角点解。他们更偏好其中一种商品，因此也只会购买那一种商品。

在图 4.10 中，Spenser 的无差异曲线比图 4.9 中 Lisa 的要平缓一些，其最优商品组合所在的无差异曲线与预算线只接触一次，交点是预算线的左上端 e 点，此时他只买卷饼（25 个卷饼和 0 个比萨）。

---

① J 的边际效用 MU_J 为：$\partial U/\partial J=\partial(JN)/\partial J=N$。同样，$N$ 的边际效用 $MU_N=\partial U/\partial N=\partial(JN)/\partial N=J$。

组合 e 是最优的商品组合，因为无差异曲线没有穿过预算约束线进入机会集内部。如果它进入了，就会有别的组合给他带来更大的满足。Spencer 的无差异曲线与预算线并不相切。

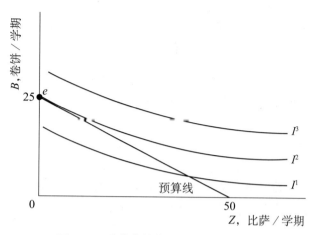

图 4.10 消费者的效用最大化：角点解

Spenser 的无差异曲线比 Lisa（图 4.9）的要平缓一些。也就是说，他愿意放弃更多的比萨来换取一个卷饼。其最优组合是机会集的左上角 e 点：25 个卷饼和 0 个比萨。

例题详解 4.5

高乐氏的有效成分次氯酸钠的含量是一般品牌的两倍，于是 Chris 认为，一杯高乐氏洗衣液同两杯一般品牌洗衣液是可以完全替代的。如果高乐氏的定价是每加仑 3 美元，一般品牌的定价是每加仑 1 美元，Chris 每年在洗衣液上的预算 Y 是 6 美元，他所购买的商品组合是多少？如果高乐氏的定价降到每加仑 2 美元，Chris 的消费行为会有什么变化？

解答：

1. 画出代表性的无差异曲线。Chris 的无差异曲线是一组斜率为 $-1/2$ 的直线，例如，无差异曲线 I^2 与代表一般品牌的坐标轴相交于 6，而与代表高乐氏的坐标轴相交于 3。

2. 画出初始预算线以及 Chris 选择的商品组合。初始预算线是下页图（a）中的 L^1，Chris 可以买 6 加仑一般品牌的洗衣液，或 2 加仑高乐氏的洗衣液，或总花费为 6 美元的两种品牌的任意组合。与 L^1 相交的最高的无差异曲线为 I^2，交点是 e 点。因为高乐氏的效果是一般品牌的两倍，而价格却是后者的三倍，进而 Chris 只选择买 6 加仑的一般品牌，这是一个角点解。

3. 画出新的预算线并说明 Chris 的行为变化。当高乐氏的价格降为 2 美元时，预算线为下页图（b）中的 L^2。此时 L^2 和 I^2 重合，Chris 购买 I^2 上的任意组合都可以：6 加仑一般品牌，3 加仑高乐氏，2 加仑高乐氏和 2 加仑一般品牌，1 加仑高乐氏和 4 加仑一般品牌，等等。也就是说，Chris 的选择可能是个角点解，也可能是个内解。

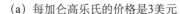

(a) 每加仑高乐氏的价格是3美元　　　　　(b) 每加仑高乐氏的价格是2美元

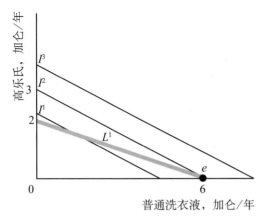
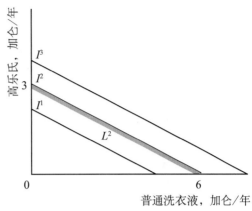

□ ★无差异曲线凸起部分的最优组合①

回忆一下之前的观点，多数无差异曲线都是凸向原点的。现在我们已经知道怎样确定消费者的最优消费组合，也能为之前的假设（无差异曲线是凸的）给出一个令人信服的解释。可以看到，如果无差异曲线是平滑的，最优消费组合要么会落在无差异曲线凸起的部分，要么会落在预算约束线与坐标轴相交的位置。

假设无差异曲线严格凹向原点［就像图 4.11（a）中所画的那样］，则 I^1 与预算线切于 d 点，这不是最优的消费组合。预算约束线和纵轴（代表卷饼）有个交点 e，该点所代表的消费组合位于无差异曲线 I^2 上，这比之前的 d 点所处的无差异曲线高。如果消费者的无差异曲线严格凹向原点，消费者就会只购买一种商品，此处要买的是卷饼。同样，如同在例题详解 4.5 中所看到的那样，有着直线形无差异曲线的消费者只会买最便宜的商品。鉴于只买一种商品的情况实属罕见，无差异曲线必定有一段是凸的。

如果无差异曲线像图 4.11（b）所展示的那样，凸凹相间，最优消费组合就会位于凸起的部分或某一角点。无差异曲线 I^1 的凹陷部分与预算线的切点 d 所代表的消费组合不能成为最优消费组合，而切点 e 却刚好是一个最优的消费组合，且是预算线与更高的无差异曲线凸起部分的切点。倘若消费者两种商品都买（两种商品的购买量都为正），则无差异曲线就是凸的，并且与预算线在该最优消费组合处相切。

□ 越多越好

那些口口声声说有钱也买不到幸福的人，只不过是不知道去哪里买罢了。

消费者行为分析的一个重要的假设是越多越好：消费者具有非餍足性（非饱和性或非满足性）。现在就来说明一下，如果两种商品的消费量和价格都是大于零的常数，则不论哪种商品增加，多都比少好。假设实际情况并非如此，逆命题才是正确的，也就是说，Lisa 更喜欢少消费（而不是多消费）一些卷饼。既然卷饼也是花钱买来的，那么降低消费就能提高福利水平，直到消费量为零。这与假设相悖，即两种商品的消费

---

① 标注星号代表选修。

(a) 严格凹的无差异曲线　　　　　　　(b)凸凹相间的无差异曲线

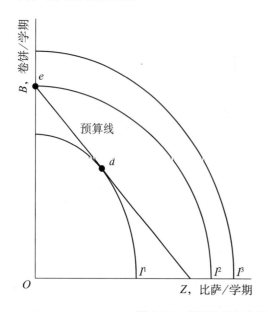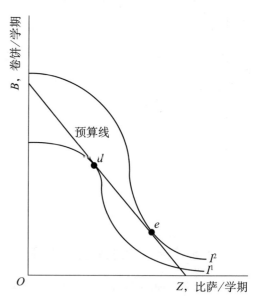

图 4.11　位于无差异曲线凸起部分的最优消费组合

（a）无差异曲线 I^1 与预算线在 d 点相切，但 e 点所代表的消费组合更好，因为它处于一条效用更高的无差异曲线 I^2 上。如果无差异曲线是严格凹向原点的，最优消费组合 e 点就会落在一个角点上。（b）若无差异曲线是凸凹相间的，其凹陷部分同预算约束线 I^1 的切点 d 就不是最优的消费组合，因为在更高的无差异曲线 I^2 的凸起部分（或者角点），必定会存在一个更好的消费组合 e。

量都为正。[①] 当消费量极高时可能会出现少比多好的情况，但这不在我们的研究范围之内。

总之，我们不研究下述情形的消费者决策问题：凹形的无差异曲线或消费存在饱和性。于是可以大胆假设，在实际所观察到的商品范围内，无差异曲线是凸的，消费者认为多比少好（或者越多越好）。

☐ 食品券

> 我知道饿是什么滋味，所以直奔餐馆。
>
> ——林·拉德纳（Ring Lardner）

我们可以用消费者选择理论来分析食品券或等量现金哪种方式更有利于穷人的问题。美国联邦、州和地方政府正一道致力于为穷人提供食品补贴。一般来说，一个美国家庭如果在收入、资产和就业方面符合法律的规定，就可以收到食品券，然后用它在零售店里购买食品。

美国的食品券计划始于 1939 年，1964 年该计划更名，2008 年又更名为营养补充援助计划（SNAP）。SNAP 是美国规模最大的社会福利项目之一，在 2016 年该计划为 4 400万居民（每 7 个人中就有一个）提供了 670 亿美元的食品券。平均下来相当于每人

---

① 同样，在最优消费组合处，Lisa 也不会是满足的——消费卷饼的多少还是有区别的。假设收入源于工作，而 Lisa 更喜欢休闲，要不是为了能买得起更多的商品，她就不会工作这么长时间。所以，如果 Lisa 满足了，不介意少消费一些卷饼，她就会缩短工作时间，收入因而会下降，直到最优消费组合在她认为多比少好或者什么都不消费的位置上出现。

每月补贴 125 美元，或者每人每天 4.12 美元。

2016 年，美国农业部报道称 76% 的 SNAP 补助流向了有孩子的家庭，12% 提供给了残疾人家庭，10% 则给了有老人的家庭。在 20 岁之前，一半的美国人和 90% 的非洲裔美国儿童都曾（至少是短暂地）受惠于食品券计划。[①]

自食品券计划实施以来，经济学家、营养学家和决策者们就开始讨论"可套现"的食品券问题，也就是说，用提供现金的方式来替代当前的食品券，因为后者只能用来购买食品。尽管实际上确实存在一个食品券交易的黑市，但是按照法律的规定，食品券是不能出售的。随着电汇付款技术的进步，从食品券转为现金可以减少行政开支并降低由欺诈和偷窃导致的损失。

用等额现金取而代之真的会提高食品券获得者的福利水平吗？受助者会不会只把补贴的一部分用来购买食品，而把余下的都用来买别的商品呢？

同食品券相比，穷人接受等额现金补贴会有更多的选择。有了食品券只不过能多买些食品；而现金就不同了，除了食品，还可以买些别的。所以，尽管数额相同，但现金补贴扩大了受助者的选择空间（机会集）。基于这个逻辑，人们对现金补贴到底让多少人受益进行了笼统分析。除非食品券所能提供的食品数量超过现金补贴时他们在食品上的开支，否则还是现金补贴更好，但前一种情况极少出现。

常识性谬误：对最贫困的人口来说，现金补贴优于食品券补贴。

在图 4.12 中，食品和其他商品的单价都是 1 美元。Felicity 的月收入是 Y，其预算约束线分别同两条坐标轴在 Y 处相交，机会集是 A。

如果她获得了每月 100 美元的现金补贴，新的月收入变成 $Y+100$，新预算线与两坐标轴分别交于 $Y+100$ 处，且与初始预算线平行，机会集增加了 $B+C$，变为 $A+B+C$。

如果她获得了价值 100 美元的食品券，新的预算线就会出现弯折。因为食品券只能用来购买食品，所以在其他商品消费不超过 Y 的任何一个水平上，预算线都会向右平移 100 单位。例如，如果 Felicity 之前只购买食品，现在就可以买到 $Y+100$ 单位的食品了；如果之前所有的收入都用来买其他商品，那么她现在就能得到 Y 单位的其他商品和 100 单位的食品。由于食品券不能兑换成其他商品，所以她不可能购买到 $Y+100$ 单位的其他商品，这点和现金补贴有所不同。获得食品券补贴后的机会集是 $A+B$，比补贴之前的机会集多了 B，但和现金补贴的机会集相比又少了 C。

如果 Felicity 平时至少会在食品方面花费 100 美元，则她从现金和等额食品券补贴中获得的好处相同。换句话说，如果个人的无差异曲线与获得食品券补贴后的预算线在其向下倾斜的部分相切，那么，补贴现金还是食品券对她来说没什么差别。

反之，如果 Felicity 每月在食品上的支出小于 100 美元，她就会更喜欢现金补贴而不是食品券补贴。图 4.12 显示的是更偏好现金而不是食品券的个人无差异曲线。Felicity 在补贴食品券时会选择 e 点所代表的商品组合来消费（Y 单位的其他商品和 100 单位的食品），在补贴现金时会选择 f 点所代表的商品组合来消费（超过 Y 单位的其他商品和少于 100 单位的食品）。如果补贴现金而不是食品券，她会处于一条更高的无差异曲线 I^3（而不是 I^2）上。

---

① 源自 Mark Rank 教授（Jason DeParle and Robert Gebeloff, "The Safety Net: Food Stamp Use Soars, and Stigma Fades," *New York Times*, November 29, 2009）。

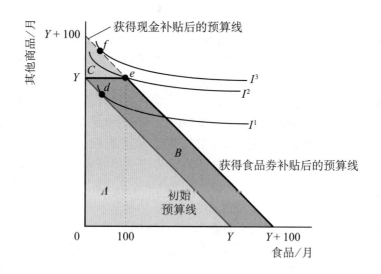

图 4.12　食品券补贴与现金补贴

　　Felicity 的月收入是 Y，浅色的线是初始预算线，深色的线是得到了价值 100 美元的食品券之后的预算线，获得 100 美元现金补贴的预算线是两条坐标轴上 $Y+100$ 的点所连成的线。食品券补贴使机会集增加了区域 B，而现金补贴使机会集增加了 $B+C$。个人的无差异曲线如图所示，在没有补贴的时候，她会选择 d 点所代表的商品组合（少于 100 单位的食品）来消费；在获得食品券时会选择 e 点的商品组合（Y 单位的其他商品和 100 单位的食品），在而有现金补贴时会选择 f 点的组合消费（多于 Y 单位的其他商品和少于 100 单位的食品），个人在现金补贴情况下获得的效用要高于食品券补贴情况下的效用。

应用案例

<h1 style="text-align:center">受益于食品券</h1>

　　因为我们知道你已经死去，所以你的食品券会在 1992 年 3 月失效。上帝保佑！如果那边也能用的话，可以再重新申请。

——南卡罗来纳州格林维尔市福利局

　　消费者理论预测，如果政府把发放食品券改为发放等额的现金，受助者的效用水平起码不会比原来差，一些人会减少食品消费而多消费其他商品。

　　Whitmore（2002）发现，如果用等额的现金来代替食品券，有 20%～30% 的受助者的境况会改善。他们在食品上花的钱都低于食品券的数额，因此发放现金会让他们的境况变得更好。在那些愿意用食品券换取现金的人当中，受助者对食品券的平均估价是其面值的 80%（而在黑市上，平均价格只有票面价值的 65%）。因此，惠特莫尔（Whitmore）估计对整个受助者群体来说，政府因补贴食品券而非现金造成的浪费高达 5 亿美元。

　　Hoynes 和 Schanzenbach（2009）发现，食品券导致在食品上的现金支付减少，但在食品上的总支出增加。对于那些更偏好现金的家庭而言——他们将收入花费在食品上的比重偏小——食品券使得他们在食品上的消费增加了 22%，而其他家庭只增加了 15%，所有家庭增加了 18%。Bruich（2014）预测 SNAP 每补助 1 美元就会使受助者多开支 37 美分，但是 MacEwan、Smith 和 Alston（2016）发现，食品券计划并没有导致人们变胖。

4.5　行为经济学

　　一旦有选择，就会有麻烦事。——荷兰谚语

　　迄今为止，我们一直假设消费者是理性的追求最大化的个体。作为一个新的研究领域，**行为经济学**（behavioral economics）从心理学的角度出发，基于人的认知和情感偏差，通过对理性的经济模型进行补充更好地预测了个体的经济决策。[①] 在本节中，我们将介绍行为经济学的三个应用：对传递性的检验、禀赋效应以及凸显性和有限理性。在本书的后面章节，我们还会介绍：一个人的购买行为是否会受到他人的影响（第 11 章），在拍卖中个体为什么会缺乏自我控制（第 14 章[*]），以及不确定性下决策的心理学（第 17 章），等等。

☐ 对传递性的检验

　　在本章开始部分，我们介绍了一个基础性的消费者选择模型，该模型假设消费者的选择是可传递的，真是这样的吗？

　　大量关于人和动物的研究都表明，偏好通常是具有传递性的。Monteiro 等（2013）报告说，即便是椋鸟，它们的偏好也满足传递性特征。

　　Weinstein（1968）用一个实验来观察人的这种传递性反应。所有的实验对象都不知道这个实验的目的。有 10 种商品，两两任意组合，这些实验对象被要求在每一种可能的组合中做出选择。为了不让商品的货币价值影响到个人的计算，他们还被告知所有商品的价值都是 3 美元。Weinstein 发现，在 18 岁以上的成年人中，有 93.5% 的反应是可传递的；可是在 9～12 岁的儿童中，只有 79.2% 的反应具有这一特征。

　　心理学家用人们对颜色、面部照片等的偏好来对传递性进行检验。Bradbury 和 Ross（1990）发现，让不同年龄的人群在 3 种颜色之间选择，不符合传递性特征的行为在 4～5 岁的儿童中占接近一半，在 11～13 岁的人群中占 15%，而在成年人中只占 5%。两位研究者指出，多数非传递性的选择可以由新奇性（novelty，就是对一种新颜色的偏爱）来加以解释，这种效应在儿童中尤其明显。

　　根据这些研究的结果，有人会认为，"成年人的多数经济决策都符合传递性"这个假设是合适的。而当研究的对象是儿童或者引入了特征明显的商品时，就应该对这个假设进行修正。

　　经济学家通常认为，应该允许理性人自己做出决策来最大化其自身的效用。不过，也有人认为，鉴于儿童的行为缺乏传递性和理性，有必要对他们进行政治、经济方面的限制（或保护）。

☐ 禀赋效应

　　实验表明，人们会格外看重自己当前所拥有的商品，**禀赋效应**（endowment effect）

　　[①]　Camerer 等（2004）和 DellaVigna（2009）都提供了导读性的章节，他们对该领域的重要文献做了很好的梳理，对我们接下来的讨论也帮助很大。

　　[*]　原书为第 16 章，疑有误。——译者注

对这种倾向提供了一个解释，意思是，同正考虑购买的情况相比，人们在拥有一种商品的时候对它的评价会更高。

我们一般假设个体会按照市场价格来买入或卖出商品。也就是说，他不是根据收入来购买一组商品，而是在一开始就拥有若干数量的某种商品，然后靠出售它们所赚得的钱去购买其他商品。

我们常假设消费者的禀赋不影响他的无差异曲线，但 Kahneman 等（1990）在一个经典的买卖实验中对该假设提出了挑战。实验的对象是康奈尔大学的法学和经济学专业的 44 名本科生，他们被随机地分成两组。其中一组中的每位同学都被分发了一个咖啡杯，学生商店的售价是 6 美元，这就是他们的禀赋。他们被告知可以把杯子卖掉，然后被询问能接受的最低价格是多少。另一组没有杯子，调查者询问他们愿意为一个杯子支付的最高价格是多少。如果模型用的是传统的标准假设，而且分组也是随机的，我们会预期实验对象买、卖杯子的价格是相同的。不过，该实验的买入价格和卖出价格的中位数分别是 2.25 美元和 5.75 美元，所以卖者索要的卖价是买者愿意支付的价格的 2 倍还多。

研究者在稍加变化之后反复进行这个实验，仍然发现禀赋效应的存在。不过，Plott 和 Zeiler（2005）认为，如果对实验对象进行足够的培训以使他们对程序有所了解，结果就会有所不同。List（2003）对运动纪念品收藏者的实际行为进行了考察，他发现不常进行交易的那些业余爱好者的行为具有禀赋效应，而职业的和成熟的藏家则没有。由此可见，经验可能会减少或者消除禀赋效应，那些投机者不会过分偏爱自己倒卖的商品。

也有一些人接受了这个结论，并思考如何对标准模型进行修正以反映出禀赋效应（Knetsch，1992）。该实验的一个含义是，人们只有在价格变化较大的时候才会交易自己的禀赋商品。可以使无差异曲线在禀赋点附近出现弯折来反映这种对交易的抗拒心理[在图 4.4（b）中，我们介绍了无差异曲线弯折了 90° 的情况]。一条无差异曲线的弯折程度可能会超过 90°，而且弯折的地方可以是一个点或是一个线段。如果无差异曲线出现弯折，那么只有价格出现很大的变化时，消费者才会改变自己的消费组合。

应用案例

选择加入还是退出

禀赋效应的一个现实意义是，把选择呈现给消费者的方式会对他的行为产生影响。在企业中，很多工人都会面临一个选择——加入他们企业的"自愿税收延迟退休计划"[voluntary tax-deferred retirement plan，也叫作 401（k）计划或条款]。企业可以用两种方式把这个选择提供给工人：自动把工人加入项目中，也允许他们选择退出；或者告诉想参与计划的工人，必须先签字确认才算加入。

两种方式看起来一样，但结果不同。Madrian 和 Shea（2001，2002）发现：如果被自动加入计划中，工人的参与率是 86%；而如果必须事先签字确认，则参与率只有 37%。前者是后者的 2 倍还多。简而言之，惯性使然。

这个证据促使美国议会在 2006 年和 2007 年对联邦法案加以修改，使得员工自动参与 401（k）计划变得更加方便。Aon Hewitt 的调查显示，2012 年有 67% 的大型企业选择让员工自动加入 401（k）计划，而在 2007 年，这一比率只有 58%。根据美国劳工统计局的数据，由于自动参与的推行，参与 401（k）计划的人数从 2008 年的 45% 增加到了 2015

年的 72%。

☐ 凸显性和有限理性

到目前为止，我们都假设决策者知晓一切相关信息，包括自身的收入和禀赋、相关价格、偏好等等，因此，他的决策也是在拥有充分信息的基础上做出的。这些假设并不是一直成立的。行为经济学家和心理学家已经证明了，那些以吸引眼球的方式呈现出来的或者容易理解和计算的信息更容易引起人们的关注。经济学家用"凸显"（salience）这个词来形容这种现象，也就是"引人注目的"（striking）或"明显的"（obvious）的意思。这一因素在预判销售税的影响方面至关重要。

常识性谬误：增加销售税必然会抑制人们的购买行为。

一般认为，当销售税上涨时，人们的购买量就会下降。这种观点貌似也同需求定理一致：价格提高，需求量下降。不过，这种观点成立需要一个前提条件，就是人必须有**税收凸显性**（或者税收显著性，tax salience），也就是对一种税收的感知。如果商店标注的价格是一种税前价格，一些消费者在决策时就容易忽视税收的存在（参见下一个应用案例"无视税收"）。

消费者无视税收的另一个原因是**有限理性**（bounded rationality），指的是在预测和解决复杂问题或者计算所有的选项时，人只有有限的能力。在商店买东西的时候，为了避免精打细算带来的麻烦，很多人都不会去算计含税的价格是多少。不过，一旦税后价格的信息很容易得到，他们就不会置之不理。

对标准模型的一个修正是假设存在计算成本（计算花的时间和精力），并假设这种成本的发生本身也是理性决策过程的一部分。只有在个体认为从一个更好的商品组合选择中得到的收益大于成本时，计算成本才会发生。当税率很高或者需求富有弹性时（对价格变动很敏感），人们才会注意到税收的大小。同样，购买的商品越值钱、次数越少（比如电脑或汽车），就越可能关注税收的大小；反之，如果买的东西不怎么值钱或者要经常购买（比如一块肥皂），就不会那么在意税收的问题了。

税收的凸显性和有限理性对税收政策来说意义重大。在第3章中，我们假设消费者会把注意力放在价格和税收身上，说明了消费者承担的税负大小同征税对象无关（这里我们隐含地假设每个人都会意识到税收的大小）。不过，要是消费者没有意识到税收，一旦征税，他们就会承担更多的税负。如果对消费者征的税提高了，消费者却没有意识到，而且对商品的需求缺乏弹性，他们承担的税负就会增加（见等式 3.12）。相反，如果向卖方征税，他们想把一部分税负转嫁到消费者身上，那么一旦卖方提价，消费者就能看到。

应用案例

无视税收

如果一家杂货店的商品标价包含销售税，当税收变化的时候，消费者就会观察到价格的变化；而如果商店的商品标价是税前价格，消费者在付款的时候才缴税，他就不大可能注意到税收对税后价格的影响。

Chetty 等（2009）比较了消费者在上述两种情形下对（从价的）啤酒税上涨的不同反应。税收变化对最终价格的影响都一样，因此，消费者如果注意到税收，他们的反应也应该是一样的。[①]

他们发现，当标价上涨 10% 后，如果标价含税，啤酒的消费会减少 9%；如果标价中不含税，则消费只下降 2%。他们还做了一项实验，当他们把一家商店里的 750 种商品的税都放在标价中时，同这家商店的其他商品以及附近别的商店的相同商品相比，这些商品的需求量下降了 8%。

一些消费者忽视商品税是因为他们忘了（凸显性不足），还有一些人则是根本不知道还要交税这回事。在有的州的部分商店，只对酒和化妆品征税，不对食品征税。导致的结果是，一些人在买牙膏的时候压根不知道牙膏也要缴税。Zheng 等（2013）基于 Chetty 等（2009）的研究发现，有 20% 的消费者因为根本不知道牙膏要缴税，所以在牙膏标价里看到税收这一项时就拒绝购买，导致牙膏的销量下滑 31%。

Goldin 和 Homonoff（2013）发现，所有消费者都会对香烟标价的变化做出反应，但只有低收入群体才会将此视同税收的变化。因此，同所有人都关注税收的情形相比，通过对香烟征税来抑制吸烟效果远没有想象的那么大。不过，烟草税也有积极的一面，富人承担的税负会更多，因为他们更无视税收的存在。

挑战题解答　　　　为什么美国人比德国人更喜欢读电子书

为什么美国人对这项新技术接纳更快，比德国人更喜欢阅读电子书？原因可能是两国人的喜好不同，但也有一些证据表明这种差别并不显著。比如，调查结果表明，有 59% 的美国人和 56% 的德国人对电子书不太感兴趣，那么只有价格差异才能提供更好的解释。

假设德国人 Max 和美国人 Bob 都是热心读者，他们的收入和偏好也基本相同。两个人在读小说时，用传统的纸质书还是电子阅读器差别不大，因此他们的无差异曲线斜率是 -1（如下页图中的细线所示）。我们可以用无差异曲线-预算线分析来解释为什么 Max 购买纸质书而 Bob 选择电子书。

在这两个国家，电子书的税前价格都低于纸质书。在美国，电子书的税后价格仍然较低，因此 Bob 的预算线 L^B 比无差异曲线平坦。因为德国的税收制度对纸质书设定的税率低于电子书，所以税后的电子书价格要高一些，因此 Max 的预算线 L^M 比无差异曲线更陡。如图所示，Bob 通过只买电子书来实现自身的效用最大化，他的最优消费组合为 e_B，是他的无差异曲线 I 和预算线 L^B 的交点；同理，Max 会只买纸质书，他的最优选择为 e_M。

如果 Bob 和 Max 把这两种书看作是不可完全替代的商品，则他们的无差异线是凸的，他们会选择一个电子书和纸质书的组合。不过，由于电子书在美国的价格相对较低，Bob 会多买一些电子书。

---

① 消费者最终付款 $p^* = p(1+V)(1+v)$，其中 p 是税前价，v 是从价税率，V 是啤酒税率。

中级微观经济学（第八版）

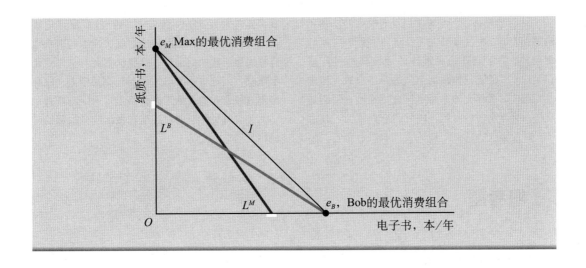

本章小结

消费者的效用（福利）最大化行为受收入和商品价格的约束。

1. 偏好。经济学家用个体的偏好理论来预测消费者对约束变化的反应。概括消费者偏好的一种方法是使用一组无差异曲线。一条无差异曲线是由给消费者带来特定效用水平的所有商品组合构成的。通过对消费者行为的观察，经济学家认为消费者的偏好有三个特征：完备性、传递性、越多越好。在这三个假设的基础上，无差异曲线具有如下特征：

■ 距离原点越远的无差异曲线上的商品组合给消费者带来的满足程度越高。

■ 对任意一种商品组合，总有一条无差异曲线经过它。

■ 无差异曲线不会相交。

■ 无差异曲线向下倾斜。

■ 无差异曲线很细。

2. 效用。经济学家把反映不同商品组合相对等级的一组数值称为效用。效用是一种序数指标，对消费者从两种不同商品组合中获得的效用大小进行比较，我们能知道消费者偏好效用水平更高的消费组合，但是不知道效用高出多少。一种商品的边际效用是在其他商品消费保持不变的情况下，个人多消费一单位某种商品时所增加的效用。消费者愿意用商品 1 交换商品 2 的比率是

边际替代率，由消费者从两种商品中分别得到的边际效用的相对值决定。

3. 预算约束。在既定的价格水平下，消费者可以购买的商品数量受其收入水平限制。因此，收入水平越高以及商品价格越低，消费者的状况就越好。在市场上，他们用商品 1 交换商品 2 的比率叫边际转换率，它由两种商品的相对价格决定。

4. 约束下的消费者选择。每个人都会选出一个他们能够支付得起的商品组合来消费以最大化其满足程度。如果一个人消费商品 1 和商品 2（内解），那么一旦下面四个等价的条件被满足，他的效用就会达到最大：

■ 两种商品的无差异曲线与预算约束线相切。

■ 消费者购买自己能支付得起的且位于最高的无差异曲线上的商品组合。

■ 消费者的边际替代率（无差异曲线的斜率）等于边际转换率（预算线的斜率）。

■ 花费在商品 1 和商品 2 上的最后一美元给消费者带来的效用相等。

不过，消费者有可能并不是所有的商品都会购买（角点解）。如果真的购买了，说明花在某种商品上的最后一美元所带来的效用大于消费者不购买时一美元的实物价值。

5. 行为经济学。心理学以及有关人的认知和情感偏差方面的实证研究为经济研究提供了新的视角，经济学家开始对理性的经济模型进行修正，以使其能更好地预测个体的经济决策。相比儿童而言，成年人的选择更符合传递性，特别是在考虑到新奇性的时候。因此，有人认为，儿童的经济决策能力应该受到约束。如果消费者（与购买这件商品相比）对自己拥有的商品评价更高，则就说明存在禀赋效应，就像标准的消费者选择模型所预测的那样，这些消费者对价格变化不敏感，因此也不太可能参与到交易中去。除非把税收包含在商品的最终价格里，否则消费者是不太关注税负问题的，进而在做出购买决策的时候将其忽略。

思考题

MyEconLab 上有全部思考题；＊＝答案请扫本书末二维码获取；A＝代数问题；C＝可能要用到微积分知识。

1. 偏好

1.1 经济学家假设"越多越好"，请你给出其中的可能原因，并用相关知识解释应用案例"钱无止境"。

1.2 一条无差异曲线可以有像钩子那样的形状吗（先向下倾斜，然后在尾部向上弯曲）？（提示：参见例题详解 4.1。）

1.3 试着解释一下无差异曲线凸向原点的原因。

1.4 Don 是个大公无私的人，画出其有关慈善和所有其他商品的无差异曲线的可能形状。

＊1.5 Arthur 把他的收入都用在购买面包和巧克力上。他把巧克力看作是一种物品，而将面包视为中性商品，因为他不在乎是否消费了面包，画出他的无差异曲线图。

1.6 下列哪些组合中的商品是互补品？哪些是替代品？对于某些或全部消费者而言，那些替代品之间是完全替代的吗？

a. 畅销小说和八卦杂志。

b. 剃刀和刀片。

c. 枪炮和黄油。

d. 三星蓝光播放器和苹果 iPod。

2. 效用

2.1 Miguel 认为休斯敦大歌剧院的门票和休斯敦太空人棒球比赛的门票是完全替代品，画出他的偏好图，写出他的效用函数。

＊2.2 Sofia 只消费含有生奶油的热狗，画出她的偏好图，并写出她的效用函数。

2.3 效用函数 $V(Z,B)=\alpha+[U(Z,B)]^2$ 和 $U(Z,B)$ 给出的偏好排序一样吗？A

2.4 对 Fiona 来讲，只有其消费达到了一个最低水平（一个门槛）之后，增加商品的消费，效用才可能增加：当 $X+Z\leqslant 5$ 时，$U(X,Z)=0$；当 $X+Z>5$ 时，$U(X,Z)=X+Z$。画出她的无差异曲线图。这个例子违反了我们通常的哪一条假设？

2.5 如果 Joe 认为 2 块糖和 1 块蛋糕是完全替代的，她对糖和蛋糕的边际替代率是多少？

2.6 Julia 消费 A 罐凤尾鱼和 B 盒饼干，其每条无差异曲线都反映出了严格递减的边际替代率。当 $A=2$、$B=2$ 时，她在罐装凤尾鱼和盒装饼干之间的边际替代率等于 $-1(=MU_A/MU_B)$。与消费 2 罐凤尾鱼和 2 盒饼干相比，她会更喜欢有 3 罐凤尾鱼和 1 盒饼干的消费组合吗？为什么？A

＊2.7 如果 José Maria 的效用函数是 $U(B,Z)=AB^\alpha Z^\beta$，则 Z 的边际效用是多少？B、Z 两种商品之间的边际替代率是多少？C

3. 预算约束

3.1 Gregg 消费巧克力糖和橘子。现在他有 4 块巧克力糖和 3 个橘子。他可以以每块 2 美元的价格购买或卖出巧克力糖，以每个 1 美元的价格购买或卖出橘子。如果他没有其他收入来源，画出他的预算约束线并写出公式。他可以在这些商品上最多花费（Y）多少？

3.2 如果政府对每加仑汽油征收 1 美元的从量税，而其他商品不在征税之列，预算约束线会有什么样的变化？如果这项税收只适用于每周购买量超出 10 加仑的那部分汽油，预算线又会有什么样的变化？

中级微观经济学（第八版）

3.3　如果在例题详解 4.2 中，每月水的限额是 1.3 万加仑，消费者的机会集会是怎样的？

*3.4　征收 50% 的所得税会对 Dale 的预算线和机会集产生什么样的影响？（提示：见例题详解 4.3。）

3.5　改变例题详解 4.3 的条件，使比萨的价格和 Lisa 的收入都增长一倍，但是墨西哥卷饼的价格保持不变，那么 Lisa 的预算约束和机会集会有什么样的变化？与原来相比，Lisa 的境况变好了吗？（提示：预算线的截距有何变化？）

4. 约束下的消费者选择

4.1　当所有商品的价格和收入都增长一倍时，消费者的最优选择会有什么样的变化？（提示：预算线的截距有何变化？）

4.2　进口鞋子是一种征收关税（对进口商品所征收的税）比较高的商品。奇怪的是，越便宜的鞋子反而征税越多。在美国，3 美元的帆布运动鞋被征收最高的税率 67%，12 美元的运动鞋被征税 37%，而价值 300 美元的意大利皮鞋是免税的（Blake W. Krueger，"A Shoe Tariff With a Big Footprint," *Wall Street Journal*，November 22，2012）。Laura 给孩子们买的鞋既有便宜的帆布运动鞋（税前价格为 3 美元），也有贵一点的运动鞋（税前价格为 12 美元）。用无差异曲线-预算线分析，与无税的情况相比，这种不等的税负对她购买鞋子的消费行为有何影响？你能肯定她会因为税收而购买贵一点的运动鞋？为什么？

4.3　假设在波士顿牛油果的价格是橘子价格的 2 倍，而在圣迭戈牛油果的价格只有橘子的一半。如果顾客最大化了自己的效用水平，那么他对牛油果与橘子的边际替代率在哪个城市高一些？请解释。

4.4　Ralph 经常会从当地一家比萨店购买 1 份比萨和 2 罐可乐，现在这个比萨店搞优惠活动：全价购买第一个比萨后，之后的第二个以及更多的比萨都是半价。在新的预算约束下，你认为 Ralph 会选择什么样的消费组合？

*4.5　Andy 只买两种商品：苹果（a）和金橘（k）。他有 40 美元的收入，苹果和金橘的价格分别是每磅 2 美元和每磅 4 美元，其效用函数为 $U(a,k)=3a+5k$，也就是说，他购买苹果的边际效用（固定）是 3，购买金橘的边际效用是 5。要使自己的效用达到最大，他应该购买什么样的苹果和金橘的消费组合？为什么？A

*4.6　David 的效用函数是 $U=B+2Z$。因此，$MU_B=1$，$MU_Z=2$。用 B 和 Z 的相对价格来说明其最优消费组合的位置（如果可能的话）。A

4.7　Linda 喜欢买鞋和外出跳舞，其效用是鞋的双数 S 和每月她跳舞的次数 T 的函数，$U(S,T)=2ST$，所以 $MU_S=2T$，$MU_T=2S$。Linda 买一双新鞋或者晚上出去跳一次舞要花费 50 美元。假设她共有 500 美元可用于这两种商品的消费。

a. 写出她的预算约束线的方程，在图中画出预算线（以 T 为纵轴）并标出斜率和截距。

b. 边际替代率是多少？请解释。

c. 从数学上解出她的最优消费组合，说明怎样用无差异曲线和预算约束线的图形来求出这个最优消费组合。（提示：参考例题详解 4.4。）

4.8　Vasco 的效用函数是 $U=10X^2Z$，X 的价格 $p_X=10$ 美元，Z 的价格 $p_Z=5$ 美元，收入是 $Y=150$ 美元。求出他的最优消费组合（提示：参考附录 4B），并用图说明（提示：参考例题详解 4.4）。C

*4.9　Diogo 的效用函数是 $U(B,Z)=AB^\alpha Z^\beta$，其中，A、α 和 β 为常数，B 和 Z 分别代表墨西哥玉米卷饼和比萨。如果墨西哥玉米卷饼的价格 $p_B=2$ 美元，比萨的价格 $p_Z=1$ 美元，收入 $Y=100$ 美元，则 Diogo 的最优消费组合是什么？（提示：参考例题详解 4.4。）C

4.10　Felix 要在水和其他商品中做出选择。如果所有的钱都用来买水，每周能买 12 000 加仑。在当前的价格水平下，他的最优消费组合是 e_1，请用图形来说明这个结果。在一场干旱中，政府对每周的用水量进行了限制，现在他每周只能买 10 000 加仑水。用图形分析，在什么条件下新的最优消费组合 e_2 会和 e_1 一样好。如果这两个组合不同，你能说明 e_2 所处的位置吗？

4.11　Salvo 和 Huse（2013）发现，当汽油价格比乙醇高出 20% 时，大约有五分之一的汽车（可以使用乙醇和汽油混合物作为燃料）车主会选择汽油（按照能源调整条款）。同样，当乙醇比汽油贵 20% 时，只有五分之一选择乙醇和汽油的混合物作为燃料。对这些人的偏好，你有什么看法？

4.12　据 towerswatson.com 对大雇主的调查，年收入在 10 000～24 999 美元的员工中，有 48% 的人参加了自愿退休储蓄计划，而年收入超过 10 万美元的人中，参加的比率高达 91%。我们认为储蓄是一种物品。在储蓄-其他商品的图中画出为什么人们的收入增加，储蓄也随之增加（将钱存进退休账户）。

4.13 Maureen 喝了一杯咖啡加一茶匙糖。作图表示给她带来最大效用的咖啡和糖。在该消费组合下，她的无差异曲线和预算线是否相切？

4.14 Crost 和 Guerrero（2012）研究发现，当女性年满 21 岁时，她们购买酒的成本会下降，并且大麻的消费量也会减少 17%（参见应用案例"酒精代替了大麻"）。作图解释此现象。

4.15 一个收入为 1 000 美元的穷人获得了价值 100 美元的食品券。如果食品券可以在黑市上以低于面值的价格出售，画出他的预算约束线。

4.16 自 1979 年起，食品券就是免费发放的，而在此之前，人们是按补贴率来购买食品券的。比如，为了买到价值 1 美元的食品券，一个家庭大概要付 15 美分（具体金额因家庭的特征和其他因素而有所不同）。如果一个家庭每个月可以按 15 美分的价格购买 1 美元的食品券，而每月最多只能买 100 美元的食品券，则这个家庭的预算约束线是什么样的？

4.17 如果食品券是由政府免费发放的，而不是按补贴率出售的，说明个人的机会集会增加多少。

4.18 每月发放 100 美元的食品券（只能被用来购买食物）或 100 美元的服装券（只能被用来购买衣服），哪个带给穷人的好处更多？为什么？

*4.19 富人会比穷人更偏好接受政府给予的 100 美元现金，而不是 100 美元的食品券吗？为什么？

4.20 联邦住房计划和食品券补贴计划是针对穷人实施的两个最大的实物转移支付项目。在 2016 年奥巴马总统提交的预算中，分配给住房选择券项目（Housing Choice Voucher Program）的资金是 211 亿美元。许多穷人都有资格申请这两项补贴：30% 的住房补贴受助者也同时获得了食品券，38% 的食品券计划的参与者也同时得到了住房补贴（Harkness and Newman，2003）。假设 Jill 每月的收入是 500 美元，可以用在食品和住房上，两者的价格都是每单位 1 美元，画出她的预算线。如果她接受了 100 美元的食品券和 200 美元的住房补贴（她只能用在住房上），则她的预

算线和机会集会有什么样的变化？

4.21 本地游泳馆对非会员收费是每位 10 美元。如果你是会员，每次只需 5 美元，但是必须交 F 美元的年费。用无差异曲线图找出 F 的价值，在该点你不入会没有差别。假设游泳馆正好向你索要了 F 美元的年费，你去游泳馆的次数比没入会时多还是少？为了便于计算，假设所有商品的价格都是 1 美元。

4.22 在例题详解 4.5 中，如果普通的洗衣液的洗涤效果与高乐氏的相同，而价格不变，那么如果高乐氏的价格是 3 美元或 2 美元，Chris 会选择怎样的消费组合？

5. 行为经济学

5.1 用弯折的无差异曲线说明禀赋效应背后的逻辑。让弯折的程度超过 90°。假设价格变化，通过禀赋点的预算线斜率也会变化，用图形的方式说明，为什么当一个人的禀赋点处于弯折的地方时，只有当价格出现明显的变化时，他才会进行交易。

*5.2 为什么超市里商品的价格含税还是不含税会影响到消费者的需求？对于要购买汽车的人来说，这种征税方式所带来的影响相同吗？（提示：参考应用案例"无视税收"。）

6. 挑战题

6.1 假设改变挑战题解答中的条件，使得 Max 和 Bob 两人的偏好相同，无差异曲线也和普通人一样。用图形说明预算约束线的斜率会影响每个人对纸质书和电子书的购买量。你是否能明确地说出每个人的购买量？如果知道了 Bob 的预算约束线穿过 Max 的最优消费组合，你是否能回答上面的问题？

*6.2 西弗吉尼亚州对食品征收销售税。居住在该州边境附近的居民可以在边境的两边购物。如果他们在西弗吉尼亚州购买食品，他们的总成本就是食品的价格和税的总和。如果他们跨越边境，去不对食品征税的州购买食品，则总成本是路费加上购买食品的成本之和。Tosun 和 Skidmore（2007）研究发现，当对食品征收 6% 的销售税时，西弗吉尼亚州的食品销售额下降了 8%。请解释其原因。（提示：参考挑战题解答和例题详解 4.5。）

6.3 Einav 等（2012）发现，在销售税比较高的地方，居住在那里的人更可能会通过互联网购物，因为如果生产企业位于另一个州，就不用

缴纳销售税了。他们的研究发现，当地的销售税增加1%将会使该州居民的网上购物增加约2%。该结果产生的原因是否与挑战题解答中的解释相同？为什么？

6.4 在2012年之前，如果连锁店（与网店对应的实体店）既在网上销售也有实体店铺，加利福尼亚州、得克萨斯州和宾夕法尼亚州将对其在线销售的行为征税。由于百思买在这些州有实体店，因此百思买的在线销售就被征税，而亚马逊在这些州没有实体店，则不用缴税。从2012年开始，在这些州亚马逊也不得不缴税了。对亚马逊征税后，（相对于其他连锁店）百思买在这些州的在线销售额增长了7.1%，亚马逊的销售额则下降了8%（Baugh，Ben-David，and Park，2015）。请用无差异曲线和预算线说明，为什么对亚马逊征税会导致百思买的销售额增长。（提示：画出代表性消费者关于亚马逊消费和百思买消费的无差异曲线。）

第5章

消费者理论的应用

国税局＝他们的

中级微观经济学（第八版）

挑战题　　　　**托儿津贴：按小时补，还是按固定总额补？**

政府对托儿或儿童保育（childcare）进行补贴在全世界都很常见，但各国的补贴方式不一。根据经合组织（OECD）2016 年的报告，从儿童保育支出占国内生产总值的比重来看，德国、墨西哥和美国为 0.1％，日本为 0.3％，英国为 0.4％，法国为 0.6％，芬兰为 0.8％，瑞典为 1.1％。

近半个世纪以来，随着母亲外出工作的比率上升，对托儿服务的需求也在激增。在今天的美国，近 70％的母亲在外工作，这比 1970 年要高出两倍多。80％的有 6 岁以下孩子的母亲都需要某种非父母形式的托儿服务。60％的 6 岁以下和 45％的 1 岁以下的儿童都接受了托儿服务。相比之下，在韩国，5 岁以下的儿童可以获得 100％的托儿补贴，2 岁以下儿童接受托儿服务的比例为 90％，而在 3 至 4 岁的儿童中这一比例为 49％（Lee，2016）。

对于穷人来说，托儿是一个沉重的负担，高额的费用可能使母亲中断工作。对一个年收入 1.44 万美元的家庭来说，负担一个 5 岁以下儿童的托儿费用几乎会耗费其总收入的 25％，但是对于年收入 5.4 万美元以上的家庭而言，这一费用仅占家庭收入的 6％。政府对于托儿的补贴使得单亲母亲拥有正式工作的可能性增加了 7％（Tekin，2007）。可以想象，补贴对接受福利救济的母亲的影响要远大于富裕的母亲。

2016 年，为了使大部分贫困家庭的孩子在父母工作时可以享受到托儿服务，美国儿童保育和发展基金（CCDF）向各州提供了 94 亿美元的资金。托儿津贴在各州的金额和补贴形式大不相同。[①] 多数州政府提供了从价或从量补贴（见第 3 章），以降低贫困家庭在托儿上的小时费用。

除了对托儿服务的价格进行补贴以外，有些政府还会向家庭提供无用途限制的一笔津贴，受补助的家庭可以将这笔钱用于购买托儿服务或者食品和住房等其他商品，

---

① 有些州提供一次性（定额）补贴，而其他州则按一定的比例补贴托儿费用。

加拿大提供的补贴就属于后者。

在政府支出给定的情况下，价格补贴和一次性补贴（或定额补贴，lump-sum），哪一种能使受助者获益更多？哪一种能增加对托儿服务的需求？哪一种补贴对其他消费者的托儿费用的负面影响更小？

我们可以用消费者理论来回答这些问题，还可以用这一理论推导出需求曲线，并分析通货膨胀对生活成本的影响，最后推导出劳动供给曲线。

用消费者理论可以说明在收入和其他商品价格保持不变的情况下，如何靠改变一种商品价格的方法来确定该商品需求曲线的形状，这也是本章分析的起点。企业在定价时会用到这些信息，它对政府预测税收和价格控制政策的影响也大有裨益。

接下来，我们用消费者理论说明收入增加对需求曲线变动的影响。企业基于收入和需求的关系来预测那些欠发达国家是否会大幅增加对自身产品的需求。

而后，我们将阐释商品价格上涨对需求的两种效应。其一，在价格上涨后，即便已经对消费者进行了现金补偿，他们仍将减少对相对昂贵商品的购买；其二，价格上涨会使消费者的收入今不如昔，所以他们会减少某些商品的购买量。

对价格上涨的两种需求效应所做的分析表明，政府衡量通货膨胀的方法［消费物价指数（Consumer Price Index，CPI）］高估了通货膨胀的程度。正因为 CPI 存在这种偏误，如果合约内容是根据政府通货膨胀指数来调整报酬，那么有些人就会受益，而另一些则蒙受损失。如果你和房东签订了一份长期公寓租赁合同，租金将随时间推移按照 CPI 的涨幅变动，基于上述偏误，你将受损，而你的房东则从中获益。

最后，我们将说明如何使用消费者理论来确定个人的劳动供给曲线。熟知工人劳动供给曲线的形状对我们分析所得税税率给生产和税收收入造成的影响至关重要。许多政治家像约翰·F. 肯尼迪（John F. Kennedy）、罗纳德·里根（Ronald Reagan）和乔治·W. 布什（George W. Bush）都曾举例说明，如果下调所得税税率，工人们会延长工作时间，税收收入也会增加。若果真如此，每个人的生活都会因减税而变得更好。若非如此，则政府赤字将会攀升至历史新高。经济学家用基于消费者理论的经验研究来预测下调税率对税收收入的影响，这部分讨论我们会安排在本章末进行。

本章将考察以下 5 个主题：

1. 需求曲线的推导。用消费者理论推导需求曲线，并说明价格变化引起了一种沿着需求曲线的变动。

2. 收入变化对需求曲线的影响。用消费者理论确定需求曲线是怎样因收入的变动而变动的。

3. 价格变化的影响。价格变化对需求有两种效应，一种和相对价格的变化有关，另一种与消费者机会集的变化有关。

4. 生活成本的调整。用上述有关价格变化的两种效应的分析证明 CPI 高估了通货膨胀率。

5. 劳动供给曲线的推导。用消费者理论来推导休闲的需求曲线和工人们的劳动供给曲线，以此来确定下调所得税税率对劳动供给和税收收入的影响。

5.1 需求曲线的推导

消费者理论可以说明，当一种商品的价格上涨后，它的需求量会下降多少。个人选择的最优消费组合位于无差异曲线与预算线的切点处（第 4 章）。价格变化时，消费者面临的预算约束也会变化，因此消费者会选择新的最优商品组合。在相关商品价格和收入保持不变的情况下，通过变动一种商品的价格，我们可以了解需求量变动的程度，利用这个信息就可以画出需求曲线。推导出个人的需求曲线后，我们将说明消费者的偏好与需求曲线形状之间的关系，而需求价格弹性就概括了这方面的信息（第 3 章）。

□ 无差异曲线和旋转的预算线

我们用无差异曲线中有关偏好的信息推导需求曲线（附录 4B 提供了一种数学方法）。为了举例说明推导的过程，我们使用了美国消费者的数据来估计有关葡萄酒与啤酒之间的一组无差异曲线，图 5.1（a）画出了一个代表性美国消费者（我们称之为 Mimi）的一组无差异曲线中的 3 条。这些无差异曲线凸向原点：Mimi 视啤酒与葡萄酒为不完全替代的商品（第 4 章）。在其预算、偏好和葡萄酒的价格保持不变的情况下，通过改变啤酒的价格，就能构造出其对啤酒的需求曲线。

图 5.1（a）中的纵轴代表 Mimi 每年消费葡萄酒的数量（加仑），横轴代表每年消费啤酒的数量（加仑）。Mimi 每年在酒类上的开销为 $Y=419$ 美元。啤酒的价格 p_b 为每单位 12 美元；葡萄酒的价格 p_w 为每单位 35 美元。[①] 她的预算线 L^1 的斜率为 $-p_b/p_w=-12/35\approx$ $-\frac{1}{3}$。在此价格水平上，无差异曲线 I^1 与预算线 L^1 的切点 e_1 决定了 Mimi 的消费组合，此时，她每年消费 26.7 加仑啤酒和 2.8 加仑葡萄酒。[②]

若啤酒的价格下降一半，每单位是 6 美元，同时葡萄酒的价格和她的预算约束保持不变，则 Mimi 的预算线将向外转动至 L^2。如果她把钱全用来买葡萄酒，和往常一样，仍然可以买 12（$\approx419/35$）加仑，所以 L^2 和 L^1 在纵轴上截距相同。不过，如果她把钱都用来买啤酒，可以购买的数量比以前多了 1 倍（现在是 70 加仑啤酒，原来是 35 加仑啤酒），所以 L^2 与横轴的交点距离原点的距离是 L^1 与横轴的交点距离原点的距离的 2 倍。因此，L^2 较 L^1 平坦，L^2 的斜率为 $-1/6$（$\approx-6/35$）。L^2 之所以变得平坦，是因为啤酒与葡萄酒的相对价格下降了。

因为现在啤酒相对更便宜了，所以 Mimi 会多喝点啤酒。她选择的商品组合 e_2（每年消费 44.5 加仑啤酒和 4.3 加仑葡萄酒）是无差异曲线 I^2 与 L^2 的切点。如果啤酒的价

---

① 为了确保价格为整数，我们在此声明，与价格相关的度量单位都是特殊的计量单位（不是加仑）。

② 这些数字就是美国人年均的葡萄酒与啤酒消费量。之所以高得惊人，是因为它们反映了包括完全戒酒者以及酒鬼在内的所有人的平均饮酒量。世界卫生组织在 2015 年报告称，在各国 15 岁及 15 岁以上的人群中，人均消耗的酒精数量为：美国 9.0 加仑，土耳其 2.4 加仑，挪威 7.0 加仑，日本 7.5 加仑，瑞典 8.7 加仑，加拿大 10.3 加仑，德国和西班牙 10.6 加仑，爱尔兰 10.9 加仑，新西兰 11.2 加仑，英国 12.0 加仑，澳大利亚 12.6 加仑，捷克 14.1 加仑（http://apps.who.int/gho/data/node.sdg.3-5-viz? lang=en）。

中级微观经济学（第八版）

格持续下跌，降到每单位 4 美元，Mimi 就选择 e_3 所代表的商品组合（每年消费 58.9 加仑啤酒和 5.2 加仑葡萄酒）。[①] 啤酒的价格越低，Mimi 的满足感就越强，因为在同样的预算下她可以消费更多的啤酒：她处于一条更高的无差异曲线上（哪怕仅仅高出一点）。

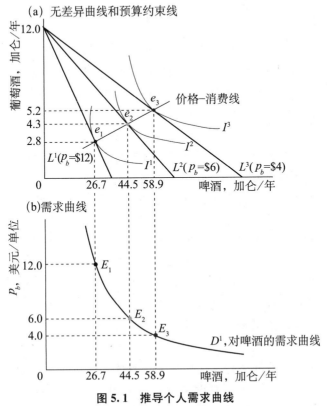

图 5.1　推导个人需求曲线

　　如果啤酒的价格下降，而葡萄酒的价格、预算约束和偏好保持不变，根据我们的估计，代表性的美国人会购买更多的啤酒。(a) 在实际的预算线 L^1 上，啤酒的价格为每单位 12 美元而葡萄酒为每单位 35 美元，消费者平均的无差异曲线 I^1 与预算线相切于 e_1（每年 26.7 加仑啤酒和 2.8 加仑葡萄酒）。如果啤酒的价格下降至每单位 6 美元，新的预算线为 L^2，消费者平均每年购买 44.5 加仑啤酒和 4.3 加仑葡萄酒。(b) 通过变动啤酒的价格，我们能描绘出个人的需求曲线 D^1。图 (b) 中需求曲线上啤酒的价格-数量组合 E_1、E_2 和 E_3 分别与图 (a) 中的最优消费组合 e_1、e_2 和 e_3 相对应。

☐ 价格-消费线

　　图 5.1 (a) 也同时给出了价格-消费线（price-consumption curve），这条曲线穿过如 e_1、e_2 和 e_3 这样的均衡组合。它们都是当葡萄酒的价格和预算约束保持不变时，Mimi 在不同的啤酒价格下所消费的啤酒-葡萄酒组合。鉴于价格-消费线向上倾斜，由此推知，当啤酒价格下降时，Mimi 对两种酒的消费都会增加。

　　根据不同的偏好（不同形状的无差异曲线）可以推导出平坦或者向下倾斜的价格-消费线。如果价格-消费线是平坦的，则啤酒价格下降时消费者的葡萄酒消费量不变，但会消费更多的啤酒；如果价格-消费线向下倾斜，则啤酒价格下降时消费者会消费更多的啤

---

　　① 这些数字或许高于真实水平，因为我们假设当啤酒价格下降时，Mimi 仍会花费与原来同样多的钱来购买啤酒和葡萄酒。

酒和更少的葡萄酒。

戒　烟

烟草是人类有史以来对公众健康危害最大的物品之一，在 20 世纪，有 1 亿人死于吸烟。2016 年，美国疾病控制中心（CDC）报告称，美国每年有 48 万人丧生，其中五分之一都与吸烟或吸二手烟有关。在和吸烟有关的死者中，有一半死于和吸烟有关的疾病。从全世界看，烟草每年会造成 600 万人死亡。

全球有超过 10 亿烟民，80% 都生活在中低收入国家。使人们（特别是贫困人口）戒烟的方法之一是提高烟草的相对价格（改变人们面临的预算约束线的斜率）。在贫穷的国家，吸烟者为了购买手机而戒烟。随着手机在一些贫穷国家变得越来越便宜，手机与香烟的价格比率显著下降。为了买手机，消费者会降低他们在其他商品上的花费，其中也包括香烟。

根据 Labonne 和 Chase（2011）的研究，2003 年，在手机普及之前，菲律宾农村有 42% 的家庭消费香烟，而农村总收入的 2% 都用于购买香烟。手机价格下降后，手机用户从 2003 年到 2006 年增长了 4 倍。随着手机消费的增加，烟草消费量下降了三分之一，也就是说，每个家庭至少有一个人戒烟了（因此在总人口中，消费人数下降了 1/5）。如果我们用横轴表示手机，用纵轴表示烟草，手机价格的下降使得价格-消费线向下倾斜（与图 5.1 不同）。

至少有 163 个国家对香烟征税，这既增加了税收，又阻止了吸烟这种危害社会的行为。如果香烟价格上升，低收入人群和年轻人比其他人更容易戒烟。Pesko 等（2016）估计，美国人对香烟的需求价格弹性约为 0.25。Nikaj 和 Chaloupka（2013）对 38 个国家的青少年香烟需求情况进行研究，得出的需求弹性为 −1.5。此外，在相对贫穷的国家，需求弹性为 −2.2。

但是这些政策对那些继续吸烟的烟民会有什么影响呢？为了维持昂贵的喜好，他们不得不降低对其他商品的消费，比如住房和食物。Busch 等（2004）对烟价上涨后香烟的需求弹性以及同其他商品的交叉价格弹性进行了估计，他们发现，香烟价格上涨10%，贫困的吸烟家庭在吸烟支出上会减少 9%，在酒类和交通方面的支出会减少 11%，食品支出会减少 17%，医疗服务支出会减少 12%。在这些吸烟的家庭中，36% 的支出用于住房，而在不吸烟的家庭中，这一比例达到 40%。因此，若想继续吸烟，这些人必须勒紧腰带，压缩在生活必需品上的开支。如果我们用横轴代表烟草，用纵轴代表其他商品，价格-消费线将是向上倾斜的。当烟草价格上涨时，消费者会同时减少烟草和其他商品的购买量。

☐ 需求曲线与价格-消费线的对应关系

在图 5.1（b）中，我们用价格-消费线的信息还能推导出 Mimi 关于啤酒的需求曲线 D^1。纵轴代表啤酒的各种可能的价格，依据价格-消费线，我们在横轴上记录 Mimi 的啤酒需求量。

图中需求曲线上的点 E_1、E_2 和 E_3 与图 5.1（a）中价格-消费线上的商品组合 e_1、e_2 和 e_3 相对应。e_1 和 E_1 都表示，当啤酒的价格是每单位 12 美元时，Mimi 每年要消费 26.7 加仑的啤酒。当价格降至每单位 6 美元时，Mimi 的啤酒需求会增加到 E_2 点，即 44.5 加仑的位置。正如需求定理所预测的那样，需求曲线 D^1 向下倾斜。

例题详解 5.1

Mahdu 认为可口可乐和百事可乐是完美的替代品：他不在乎喝哪种可乐。12 盎司的可口可乐价格为 p，同样大小的百事可乐价格为 p^*，他每周在可乐上花费 Y。试用图 5.1 的方法推导出 Mahdu 关于可口可乐的需求曲线。（提示：参见例题详解 4.4。）

解答

1. 用无差异曲线推导出 Mahdu 的均衡选择。在下面的图（a）中，他的无差异曲线 I^1 和 I^2 有着相同的斜率—1，这是因为他认为买哪种可乐都是一样的（见第 4 章）。固定百事可乐的价格 p^*，令可口可乐的价格 p 变动。最初，因为可口可乐的价格相对百事可乐要高一些，即 $p_1 > p^*$，因此预算约束线 L^1 比无差异曲线陡峭。Mahdu 选择组合 e_1 最大化他的效用，这个时候，他只买百事可乐（角点解，见第 4 章）。如果可口可乐的价格低于百事可乐，即 $p_2 < p^*$，预算线 L^2 比无差异曲线平坦。Mahdu 的效用最大化点在 e_2 点，他只买可口可乐，位于预算线上他能够买得起的最多的数量处，$q_2 = Y/p_2$。如果可口可乐的价格 $p_3 = p^*$，他的预算线的斜率和无差异曲线相同，某一条无差异曲线应和预算线重合。因此，他购买可口可乐的数量 q 从 0 到 $Y/p_3 = Y/p^*$ 都是无差异的（只要他购买的可乐总数是 $Y/p_3 = Y/p^*$）。

2. 利用图（a）中的信息画出他对可口可乐的需求曲线。给定百事可乐的价格 p^* 和 Y，图（b）给出了 Mahdu 关于可口可乐的需求曲线 q。当可口可乐的价格超过 p^* 时，他的需求曲线与纵轴重合，需求量为 0，如图（b）中的 E_1 点，它与图（a）中的 e_1 点对应；如果两种可乐的价格相等，他可以买不多于 $Y/p_3 = Y/p^*$ 的任意数量的可口可乐；如果可口可乐的价格 $p_2 < p^*$，他会购买 $q_2 = Y/p_2$ 单位的可口可乐［即图（b）中的 E_2 点，对应图（a）中的 e_2 点］。当可口可乐的价格低于百事可乐并趋近于 0 的时候，它的需求曲线会不对称地趋近横轴。

(a) 无差异曲线和预算约束线

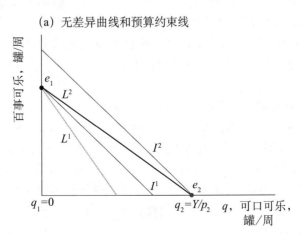

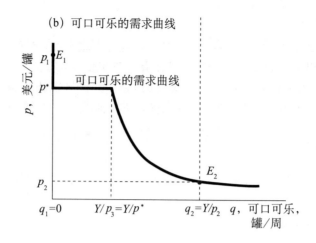

(b) 可口可乐的需求曲线

5.2 收入变化对需求曲线的影响

为了画出需求曲线，我们已经发现，当收入、偏好和其他商品价格都不变时，商品价格的上涨会导致需求量沿着需求曲线向下移动。现在我们要看一下，当所有商品的价格都保持不变时，收入增加如何导致需求曲线的移动。

收入和需求量之间的关系常为企业所用，比如，当惠而浦（Whirlpool）决定推销产品的地点时，它需要知道哪些国家会把新增收入中的大部分都用来购买电冰箱和洗衣机。

☐ 收入增加的影响

当啤酒和葡萄酒的价格保持不变时，我们通过观察收入增加对 Mimi 行为的影响来说明需求量与收入之间的关系。图 5.2 列出了三种用以观察收入与需求量之间关系的方法。三个图的横轴相同，都是每年消费的啤酒量。在有关消费者理论的图（a）中，纵轴表示每年消费的葡萄酒数量。在反映需求曲线的图（b）中，纵轴代表每单位啤酒的价格。最后在图（c）中，纵轴是 Mimi 的预算 Y，它直接表明了收入和需求量之间的关系。

在图（a）中，Mimi 收入的增加使预算线向外移动，她购买商品的机会集扩大了。当初始收入为 $Y=419$ 美元时，预算线 L^1 与无差异曲线 I^1 相切于 e_1 点。

和以前一样，在图（b）中，Mimi 关于啤酒的需求曲线是 D^1。D^1 上的 E_1 点与图（a）中的 e_1 点相对应，它表示当啤酒的单价为 12 美元（葡萄酒每单位为 35 美元）时，Mimi 每年消费啤酒 26.7 加仑。

现在假设 Mimi 在啤酒和葡萄酒上的预算 Y 增加了大约 50%，每年为 628 美元。在图（a）中，新预算线 L^2 距离原点更远，但与她初始的预算线 L^1 平行，这是因为啤酒和葡萄酒的相对价格保持不变。预算增加之后，Mimi 会选择商品组合 e_2。在图（b）中，收入增加使她的需求曲线移至 D^2。保持 $Y=628$ 美元不变，使用与图 5.1 中推导曲线 D^1 相同的方法，通过变动啤酒的价格来推导 D^2。当啤酒价格为每单位 12 美元时，她每年可以购买 38.2 加仑，此时 E_2 在 D^2 上。同样，如果 Mimi 的收入增加到每年 837 美元，她的需求曲线会移动到 D^3。

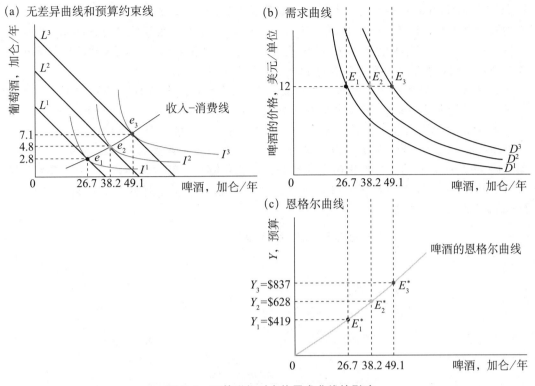

图 5.2　预算增加对个体需求曲线的影响

价格保持不变，当每年用于啤酒和葡萄酒的预算 Y 从 419 美元增加到 628 美元再增加到 837 美元时，如图（a）中的收入-消费线所示，代表性消费者对这两种商品的购买量都增加了。收入增加导致代表性消费者对啤酒的购买量增加，图（b）中啤酒的需求曲线向外移动，；因此，在图（c）中，啤酒的恩格尔曲线向上倾斜。

在图（a）中，收入-消费线穿过商品组合 e_1、e_2 和 e_3，这说明了 Mimi 对两种酒的消费是如何随着收入的增加而增加的。当 Mimi 的收入增加时，她对啤酒和葡萄酒的消费都将随之增加。

可以用更直观的方法来表示需求量与收入之间的关系，而不仅仅是通过移动需求曲线来说明这种影响。在图（c）中，当价格不变时，我们能画出一种商品的需求量与收入之间的关系，这就是**恩格尔曲线**（Engel curve）。纵轴表示收入，横轴表示啤酒的需求量。在 Mimi 的恩格尔曲线上，E_1^* 点、E_2^* 点和 E_3^* 点与图（b）中的 E_1 点、E_2 点和 E_3 点以及图（a）中的 e_1 点、e_2 点和 e_3 点分别对应。

例题详解 5.2

Mahdu 把可口可乐和百事可乐视为可完全替代的商品：喝哪个牌子对他来说都无关紧要。一罐 12 盎司装的可口可乐价格为 p，而一罐 12 盎司装的百事可乐价格为 p^*，前者低于后者。Mahdu 有关可口可乐的恩格尔曲线是什么样的？他在可乐上的预算必须增加多少，才能每周多买一罐可口可乐？

解答

1. 用无差异曲线推导出 Mahdu 的最优选择。因为 Mahdu 视两个品牌为完全替代品，因此在下页的图（a）中，无差异曲线 I^1 和 I^2 都是斜率为 -1 的直线。当他的收入为 Y_1 时，预算线 L^1 与代表百事可乐数量的纵轴交于 Y_1/p^*，与代表可口可乐数量的横轴交于

Y_1/p。当 Mahdu 的效用实现最大化时，他只消费 Y_1/p 罐较便宜的可口可乐，而百事可乐的购买量为零，这是一个角点解。当他的收入增至 Y_2 时，预算线向外移动并与初始的预算线 L^1 平行，斜率仍为 $-p/p^*$。由此可见，在任何收入水平下，其预算线都要比无差异曲线平坦，所以均衡解始终位于代表可口可乐的横轴上。

2. 用第一个图来推导他的恩格尔曲线。因为 Mahdu 把全部的预算 Y 都用来购买可口可乐，因此可以购买 $q=Y/p$ 罐。这个等式说明了收入与可口可乐购买量之间的关系，这就是 Mahdu 有关可口可乐的恩格尔曲线。图（b）中恩格尔曲线上的 E_1 点、E_2 点分别与图（a）中的 e_1 点、e_2 点对应。我们可以将这个恩格尔曲线的表达式重写为 $Y=pq$，图（b）中斜率为 p 的直线就说明了这种关系。若 q 增加一罐（横轴），Y 就会增加 p 单位（纵轴）。因为所有的预算都被用于购买可口可乐，所以每周要多买一罐可口可乐，Mahdu 的收入至少要增加 p。

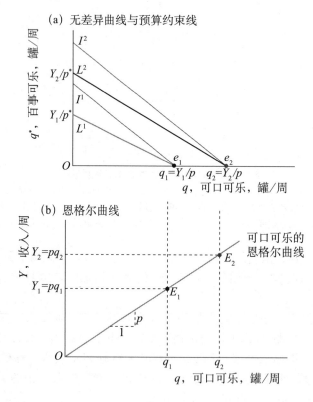

(a) 无差异曲线与预算约束线

(b) 恩格尔曲线

□ 消费者理论和收入弹性

收入弹性说明了需求量对收入变化的反应程度。用收入弹性可以概括出恩格尔曲线和收入-消费线的形状，或者收入增加时需求曲线的变动情况。比如，企业用收入弹性可以预测所得税对消费的影响。下面我们会先讨论收入弹性的定义，然后再说明它和收入-消费线的关系。

收入弹性

在第 3 章中，需求的收入弹性定义如下：

$$\xi = \frac{需求量变动的百分比}{收入变动的百分比} = \frac{\Delta Q/Q}{\Delta Y/Y}$$

式中，ξ 为希腊字母"xi"，Mimi 关于啤酒的收入弹性 ξ_b 等于 0.88，关于葡萄酒的收入弹性 ξ_w 等于 1.38（根据我们对一般美国消费者的估计而得出）。当她的收入增加 1％时，对啤酒和葡萄酒的消费量会分别增加 0.88％和 1.38％。根据这个估计，当收入下降时，一般美国人对啤酒和葡萄酒的消费量也会下降。这同美国媒体的看法截然相反，它们时常（没有真凭实据地）宣称，在经济衰退时期收入下降时，人们常会借酒消愁，酒的消费量因而增加。

多数商品都和啤酒、葡萄酒类似，收入弹性为正。我们把收入增加，需求量也会增加（或增加得更多）的商品称为**正常品**（normal good）。因此，如果一种商品是正常品，则它的收入弹性会大于或等于 0，即 $\xi \geqslant 0$。

不过，也有某些商品的收入弹性为负，即 $\xi < 0$。我们把需求量随着收入的增加而减少的商品称为**低档品**（inferior good）。使用"低档"这个词不夹杂任何主观的价值判断。低档品不是指那些有缺陷或者劣质的产品，一些人们所熟知的低档品是像土豆和木薯这样的食物，这些都是穷人大量消费和赖以生存的食品。某些经济学家一本正经地宣布，当其他食物的价格奇高无比时，饥饿难耐的人就会开始嗜食同类，此时人肉就是一种低档品！Bezmen 和 Depken（2006）认为高仿品也是低档品：人均收入增加 1％，高仿品的消费会减少 0.25％。

一个匪夷所思的例子是把孩子当成消费品。尽管我们不可能通过市场交易的手段来得到孩子，但可以确定抚养孩子的数量。Guinnane（2011）对大量文献进行研究后发现，一个家庭中儿童数量的收入弹性是一个接近于零的负值。因此，一个家庭所需要孩子的数量对收入的变化不是很敏感。

收入-消费线与收入弹性

两种商品的收入-消费线的形状能告诉我们收入弹性的符号是正还是负。我们知道 Mimi 关于啤酒和葡萄酒的收入弹性为正，因为在图 5.2（a）中，收入-消费线向上倾斜。收入提高时，预算线向外移动，同向上倾斜的收入-消费线在更高的水平相交，两种商品的消费量均有所增加。因此，当收入增加时，Mimi 需要更多的啤酒和葡萄酒，其啤酒和葡萄酒的收入弹性皆为正数。有鉴于此，在图 5.2（b）中，当收入增加时，啤酒的需求曲线向右移动。

为了说明收入-消费线的斜率与收入弹性的符号之间的关系，看一下 Peter 对食品和住房的选择。当 Peter 的预算线为 L^1 时，他会购买图 5.3 中的商品组合 e。在收入增加后，预算线变为 L^2，他会选择 L^2 上的某个商品组合，这由反映其偏好的无差异曲线决定。

通过商品组合 e 的水平、垂直的虚线将新的预算线 L^2 分为 3 段，而最优商品组合位于哪一部分决定了 Peter 关于食品和住房的收入弹性的大小。

先假设 Peter 的无差异曲线与预算线 L^2（过 e 点的垂线的左侧）相切于 L^2 左上部分的某一点，比如 a 点。如果 Peter 的收入-消费线为 ICC^1，它穿过 e 点和 a 点，当收入增加时，住房的消费量增加而食品的消费量减少。（为简化起见，我们将可能的 ICC 线画成直线，但通常而言，它可能是一条曲线。）住房是正常品，而食品是低档品。

如果最优商品组合位于 L^2 的中间部分（水平虚线上方与垂直虚线右方之间的区域），如 b 点所示，他的收入-消费线 ICC^2 向上倾斜。收入增加以后，两种商品的购买量都增加，所以食品和住房都是正常品。

现假设最优商品组合处于 L^2 的右下部分（水平虚线的下方），并假设他的最优商品组合为 c，向下倾斜的收入-消费线穿过 e 点和 c 点。随着收入的增加，Peter 会选择消费更多的食品和更少的住房，所以食品是正常品，而住房是低档品。

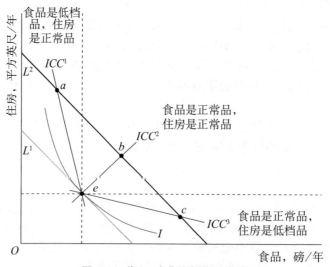

图 5.3　收入-消费线与收入弹性

在最初的收入水平上，预算线和最优商品组合分别是 L^1、e。收入增加后，新的预算线为 L^2。如果收入-消费线像 ICC^2 这样向上倾斜，则两种商品都是正常品；如果收入-消费线像 ICC^1（过 e 点的垂直虚线左侧）这样穿过 L^2 的左上部分，则住房是正常品，而食品是低档品；而一旦收入-消费线像 ICC^3 那样与 L^2 的右下部分相交（过 e 点的水平虚线的下方），则食品是正常品，而住房是低档品。

必有商品为正常品

不可能所有的商品都是低档品，图 5.3 可以印证这一点。当 Peter 处于初始的收入水平时，他的预算线为 L^1，会购买 e 点所代表的食品和住房的组合。当收入增加时，预算线移至 L^2。其偏好（无差异曲线的形状）决定了他可以选择商品组合 a（多买住房而少买食品），或选择商品组合 b（两种商品都多买一些），亦可以选择商品组合 c（多买食品而少买住房）。因此，要么两种商品都是正常品，要么一种是正常品而另一种是低档品。

如果两种商品都是低档品，则当 Peter 的收入增加时他会同时减少两种商品的购买量，显然这毫无意义。如果两种商品的消费同时减少，Peter 选择的商品组合就位于初始预算线 L^1 的内部。即便在一开始收入较低的情况下，他也可以选择这个组合，但他却选择了组合 e。根据第 4 章中越多越好的假设，相对于任何处于预算线内部的组合而言，位于预算线上的组合给 Peter 带来的效用更高。

即使一个人不买更多的普通商品和服务，他也会把多出来的钱存入银行。大量实证研究表明，储蓄是一种正常品。

应用案例

快餐的恩格尔曲线

快餐餐厅的一顿饭是正常品还是低档品呢？这个问题十分重要，因为随着过去 25 年人们收入的增长，美国人将更多的收入用来消费快餐，许多营养学家们将肥胖率的增加归咎于此。然而，大量研究表明，肥胖率会随着收入的增长而下降，这说明至少在高收入阶段，快餐可能是一种低档品。

Kim 和 Leigh（2011）认为，快餐店的消费需求是价格、收入和各种社会经济变量的函数，如年龄、家庭规模以及是否收到食品券（这降低了超市食品相对于快餐店食品的相对价格）。他们发现，在收入低于 6 万美元时，快餐店的客流随着收入的增加而增加，但在收入高于 6 万美元之后，客流会随着收入的增加而减少。[①]

我们用图（a）来说明 Gail 对快餐食品（用横轴表示，其中 Y 以千美元为单位）和其他商品（用纵轴表示）的选择。在收入增加时（由 30 000 美元增加到 60 000 美元），她的预算线向外移动，由 L^1 移至 L^2，她可以购买更多的快餐：组合 e_2 位于 e_1 的右方。因此，在该区域内，快餐食品是正常品。

随着她的收入进一步增加到 90 000 美元，预算线向外移动到 L^3，她减少了对快餐食品的消费：组合 e_3 位于 e_2 的左边。因此，在收入较高的情况下，Gail 认为快餐是一种低档品。

图（b）中 Gail 关于快餐食品的恩格尔曲线说明了这种关系：当收入从 30 000 美元增加到 60 000 美元时，均衡点从 E_1［对应于图（a）中的 e_1］向右上方移动到 E_2，在该范围内，恩格尔曲线向右上方倾斜，意味着她购买了更多的快餐，随着收入的进一步增加，恩格尔曲线向后弯折。

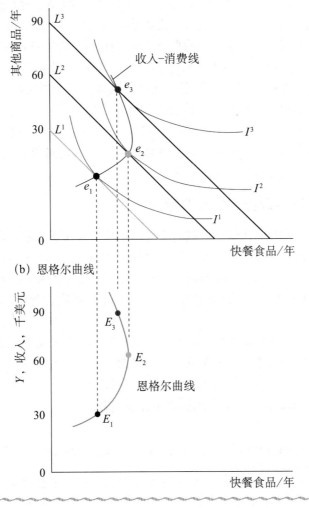

（a）无差异曲线与预算约束线

（b）恩格尔曲线

---

① 相反，他们发现提供全面服务（非快餐）的餐厅的客流量的收入拐点出现在 95 000 美元。

5.3　价格变化的影响

当偏好、其他商品价格和收入不变时，一种商品的价格上涨会对个体的需求产生两种效应。一种是**替代效应**（substitution effect）：在其他商品价格与效用保持不变而一种商品的价格变化时，消费者对该商品的需求量的变化。如果效用保持不变，一种商品的价格上涨，消费者会用相对便宜的商品来代替（substitute）这种商品。

另一种是**收入效应**（income effect）：在其他商品价格不变而收入改变时，消费者对一种商品需求量的变化。商品价格上涨削弱了消费者的购买力，实际上就相当于消费者的收入（income）下降或机会集变小了，导致其至少会减少对某些商品的购买。所有商品价格同时翻倍与消费者收入减少一半的效果一样。即便只有一种商品的价格上涨，消费者也无法买到之前那些数量的商品了。就像在中国，城市居民收入的 36% 用于食品消费，农村居民则是40%，如果食品涨价，消费者的有效购买力就会明显下降（《中国统计年鉴》，2012）。

当商品价格上涨时，购买量方面的总效应是替代效应和收入效应之和。[1] 在估计价格变化对个人需求量的影响时，经济学家将总效应分成两个不同的部分，并从这两种效应中获得更多的信息，以此来回答类似下面这样的问题：衡量通货膨胀的指标是否准确？提高税率会不会增加税收？政府补贴消费者的政策有何效果？等等。例如，总统吉米·卡特（Jimmy Carter）、比尔·克林顿（Bill Clinton）、贝拉克·奥巴马曾呼吁征收能源税，同时提议对穷人进行收入补贴以抵补税收的损害。我们可以运用能源价格变化的收入效应和替代效应来估计这些政策的效果。

☐ 正常品的收入效应和替代效应

为了说明替代效应和收入效应，我们来看一下消费者在录音室音乐（产生于录音棚）和现场音乐（源于演唱会或演奏会的现场）之间的选择。在 2008 年，一位代表性的英国年轻人（14～24 岁）——我们可以叫她 Laura——每个季度买 24 首录音室音乐 T，并消费 18 单位的现场音乐 M。[2] 我们设定 Laura 的效用函数并用它画出 Laura 的无差异曲线（见图 5.4）。[3]

因为 Laura 每季度在娱乐上的预算是 30 英镑，在亚马逊网站（或它主要的竞争者）上，一首录音室音乐的价格是 0.5 英镑，一单位现场音乐的价格是 1 英镑（我们选用合适的单位），所以初始的预算线为 L^1，如图 5.4 所示。她可以只买 60 首录音室音乐，或只买 30 单位现场音乐，或这二者之间的某个任意组合。

---

[1]　此数学关系被称为斯勒茨基方程，详见附录 5A。更多关于斯勒茨基方程的内容请参见 MyEconLab，Chapter 5，"Measuring the Substitution and Income Effects"。

[2]　一单位的现场音乐相当于用 1 英镑可以买到的数量（也就是说，它并不代表一整场音乐会或一场酒吧表演）。总支出的数据来源于 2007 年的《学生体验报告》（*The Student Experience Report*）（参见 http://www.unite-students.com）；现场音乐和录音室音乐预算的分配源于 2008 年英国音乐权利组织和赫特福德大学（University of Hertfordshire）进行的一项有关年轻人音乐体验与行为的调查。

[3]　Laura 的效用函数设定为 $U = T^{0.4}M^{0.6}$，它是一种柯布-道格拉斯形式的函数（见附录 4A）。

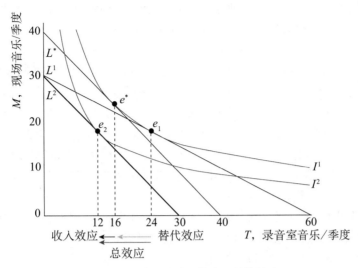

图 5.4　正常品的收入效应和替代效应

录音室音乐的价格从 0.5 英镑上涨到 1 英镑，Laura 的预算线由 L^1 旋转至 L^2。试想有一条虚构的预算线 L^*，它与 L^2 的斜率相同，且与无差异曲线 I^1 相切。消费者效用最大化的商品组合由 e_1 变为 e_2，这是价格变化的总效应。总效应可分解为替代效应（e_1 至 e^*）和收入效应（e^* 至 e_2）。

给定效用函数，Laura 对录音室音乐和现场音乐的需求函数分别为 $T=0.4Y/p_T$ 和 $M=0.6Y/p_M$。在初始价格水平，娱乐的预算约束是每季度 $Y=30$ 英镑，此时 Laura 选择组合 e_1，即每季度消费 $T=0.4\times30/0.5=24$ 首录音室音乐和 $M=0.6\times30/1=18$ 单位现场音乐，这是预算线 L^1 和无差异曲线 I^1 的切点。

如图 5.4 所示，现在假设录音室音乐的价格上涨了一倍（变为 1 英镑），这导致 Laura 的预算线由 L^1 旋转至 L^2。由于录音室音乐变贵了，新的预算线的斜率 $-p_T/p_M=-1/1=-1$ 是 L^1 的斜率 $-p_T/p_M=-0.5/1=-0.5$ 的两倍。Laura 的机会集变小了，所以她选择的商品组合的数量比原先少。两条预算线之间的区域反映了由于录音室音乐价格上涨而导致的机会集减少的部分。录音室音乐涨价后，Laura 新的最优选择为 e_2（此时她购买 $T=0.4\times30/1=12$ 首录音室音乐），是预算线 L^2 和无差异曲线 I^2 的切点。

均衡点由 e_1 移到 e_2 是录音室音乐价格上涨导致消费量出现的总的变化。具体而言，这个总效应是由于价格上涨，她现在会少买 12（$=24-12$）首录音室音乐。如图 5.4 所示，向左指的箭头和标注"总效应"的区间表明减少量。

我们可以把"总效应"分解成替代效应和收入效应两个部分。当录音室音乐的价格上涨时，即使收入没变，Laura 的机会集也会缩小。试想一下，如果我们给她一笔收入来补偿这个损失，就能确定出替代效应的大小。替代效应是指录音室音乐价格的一个补偿性变化导致的需求量的变动，即在保持效用不变的情况下，通过增加 Laura 的收入来补偿因录音室音乐价格上涨而给她带来的损失。要确定替代效应，先画一条辅助预算线 L^*，它与 L^2 平行且与 Laura 初始的无差异曲线 I^1 相切。这条辅助预算线与 L^2 有着同样的斜率（-1），因为它们都是基于录音室音乐价格上涨而画出来的。从 L^* 与 I^1 相切可知，要抵消录音室音乐涨价给 Laura 带来的损失，需要把 Laura 的预算由 30 英镑增加到 40 英镑。如果 Laura 的预算线是 L^*，她就会选择可消费 $T=0.4\times40/1=16$ 首录音室音乐的商品组合 e^*。

因此，如果录音室音乐的价格相对于现场音乐的价格上升了，我们通过增加 Laura

的收入而使其效用保持不变，从而使最优商品组合从 e_1 移到 e^*，这就是替代效应。如向左指的箭头和标注"替代效应"的区间所示，她现在每季度将会少买 8（＝24－16）首录音室音乐。

因为录音室音乐的价格上涨使机会集变小了，所以 Laura 同样面临着收入效应，她只能在较低的无差异曲线上选择商品组合。再试想一下，如果价格不变而降低她的收入，降多少才能使她在这条新的较低的无差异曲线上选择商品组合。收入效应是指在价格不变的情况下，由收入变化导致的消费者对商品的需求量的变化。预算线 L^* 到 L^2 的平行移动就反映了收入的下降。如向左指的箭头和标注"收入效应"的区间所示，从 e^* 移动到 e_2 就是收入效应。当 Laura 的预算由 40 英镑减少到 30 英镑时，她每季度会少消费 4（＝16－12）首录音室音乐。

所以，就像图中的箭头所指的那样，价格变化引起的总效应是替代效应和收入效应之和。Laura 由录音室音乐价格上涨引起的总效应可以表示为：

$$总效应 ＝ 替代效应 ＋ 收入效应$$
$$-12 ＝ -8 ＋ (-4)$$

无差异曲线凸向原点，因此替代效应是确定的：在效用不变的情况下，一种商品价格上涨，消费者会用相对便宜的商品来替代这种变贵的商品。由于效用保持不变，替代效应使得均衡沿着一条无差异曲线移动。

而收入效应改变了消费者的机会集，导致均衡从一条无差异曲线移向另一条无差异曲线。收入效应的方向要取决于收入弹性。录音室音乐对 Laura 而言是正常品，故收入效应为负。Laura 的替代效应与收入效应方向相同，因而由价格上涨带来的总效应也必然为负。

例题详解 5.3

Maureen 喜欢冰激凌苹果派（一个苹果派上面有一勺香草冰激凌），但她不喜欢单独消费苹果派或香草冰激凌［图 4.4（b）］。也就是说，她认为苹果派和香草冰激凌是完美的互补品。一开始她每周吃两个苹果派，当苹果派的价格上涨后，她选择只吃一个苹果派。在类似于图 5.4 的图中，展示较高的苹果派价格使得 Maureen 对苹果派需求产生的替代效应、收入效应和总效应。

解答：

1. 价格上涨导致预算线围绕代表冰激凌的坐标轴旋转，并且 Maureen 的最佳消费组合从 2 单位的苹果派和冰激凌减少到 1 单位。在下页图中，她的初始预算线是 L^1，最优消费组合是 e_1，这是无差异曲线 I^1 与 L^1 的切点。当苹果派价格上涨时，她的预算线变为 L^2，新的最优消费组合是 e_2。

2. 画一条平行于 L^2 的线 L^*，它与 Maureen 初始的无差异曲线 I^1 相切，说明新的切点 e^* 和初始的切点 e_1 之间的关系。无差异曲线 I^1 与 L^* 相切于 e^*，该点与 e_1 重合。

3. 说明替代效应、收入效应和总效应的大小。替代效应为 0，因为对于 Maureen 来说，冰激凌和苹果派之间是无法相互替代的。上方箭头说明价格上涨的收入效应是需求从每周 2 个苹果派减少到 1 个，下方箭头表示总效应等于收入效应。

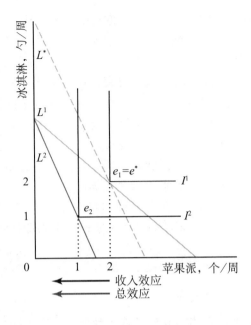

例题详解 5.4

一家生产餐碟的企业在工厂旁边开了家折扣店，里面出售的餐碟分为甲等（质量优良）和乙等（略带瑕疵）两种，其中后者的销量相对较大。而在其他地方的折扣店里，甲等餐碟的销量要多一些。为什么？（假设无论在哪里，消费者对餐碟的偏好都不变，并且把餐碟从工厂运到别处的成本是 s。）

解答

1. 找出两类折扣店出售的餐碟的相对价格有何不同。在工厂旁边的折扣店，消费者预算线的斜率为 $-p_1/p_2$，其中 p_1 是甲等餐碟的价格，p_2 是乙等餐碟的价格。因为两种餐碟的重量和运输方式相同，所以运费也一样。在其他地方的折扣店里，餐碟的价格是价格加上运费，所以甲等餐碟和乙等餐碟的价格分别为 p_1+s 和 p_2+s，消费者预算线的斜率也变为 $-(p_1+s)/(p_2+s)$。我们看到，与其他地方的折扣店相比，工厂旁边的折扣店里，乙等餐碟的价格相对便宜一些。例如，$p_1=2$ 美元，$p_2=1$ 美元，$s=1$ 美元/餐碟，厂边店的预算线的斜率为 -2，而其他折扣店的预算线的斜率是 $-3/2$。于是，厂边店销售的甲等餐碟的价格是乙等餐碟的 2 倍，而在其他折扣店，仅为 1.5 倍。

2. 用相对价格的差异解释在厂边店里买乙等餐碟的人相对较多的原因。假设一个消费者的收入和偏好不变，如果乙等餐碟的价格相对于甲等餐碟的价格上升（就像我们从厂边店转到其他折扣店买餐碟一样），大多数消费者都会买更多的甲等餐碟。替代效应是确定的：如果消费者获得补偿以维持效用不变，他们一定会用甲等餐碟替代乙等餐碟。收入效应的方向可能相反，不过，因为多数人花在餐碟上的预算非常有限，因此收入效应会比替代效应小一些。于是我们可以预期，其他折扣店卖出的乙等餐碟要比厂边店（相对）少一些。

☐ 低档品的收入效应和替代效应

如果商品是低档品，收入效应与替代效应的方向会相反。对于大多数低档品而言，收入效应会小于替代效应，因此总效应与替代效应的方向一致，只不过总效应会小一些。但在某些极端情况下，收入效应可能会大于替代效应，价格下降后需求量反而会减少的商品被称为**吉芬商品**（Giffen good）。①

Jensen 和 Miller（2008）对中国湖南的代表性居民喜明（Ximing）的消费行为进行研究，发现在中国湖南，大米是吉芬商品。因为大米价格的下跌使得他把购买大米省下来的钱用来购买其他商品。实际上，他甚至为了能多买一些其他商品而决定少买点大米。因此，这种吉芬商品的需求曲线是向右上方倾斜的。

不过，需求定理（见第 2 章）告诉我们：需求曲线向下倾斜。你可能会奇怪，怎么会犯这么明显的错误？答案在于，需求定理是一条经验规律，而非理论上的必然。经济学家发现，尽管需求曲线在理论上有向上倾斜的可能，但除了中国湖南的大米消费（Jensen and Miller，2008）之外，吉芬商品在现实世界中非常罕见。②

例题详解 5.5

喜明的钱用于购买大米（吉芬商品）和其他商品。当大米价格下跌时，喜明买的大米反而更少了。将价格变化对大米消费的总效应分解为替代效应和收入效应。

解答

1. 利用初始预算线与无差异曲线的切点确定喜明初始的最优消费组合 e_1。在图中，他的初始预算线 L^1 与无差异曲线 I^1 相切于 e_1 点。

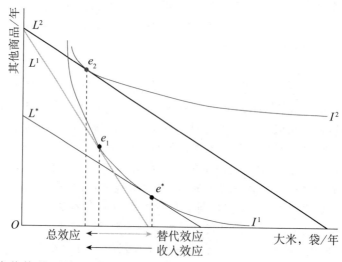

2. 随着大米价格的下降，说明最优消费组合的变化。米价下跌，新预算线 L^2 变得更加平坦，并围绕初始预算线在纵轴上的交点向外旋转。L^2 和无差异曲线 I^2 在 e_2 相切，由于大米是吉芬商品，所以喜明买的大米更少了。

3. 画一条辅助预算线 L^*，该预算线是喜明在新的价格水平上，使他的效用仍然维持在初始效用水平上的补偿预算线。当米价下跌时，喜明的机会集变大。为了使他保持

---

① 19 世纪英国经济学家罗伯特·吉芬（Robert Giffen）认为，当土豆价格因为瘟疫而上涨时，爱尔兰的穷人增加了对土豆的消费。然而，最近对爱尔兰土豆短缺的研究对这一观点提出了异议。

② 不过，Battalio、Kagel 和 Kogut（1991）的实验表明，对实验室里的小白鼠来说，奎宁水就是吉芬商品！

在原有的效用水平上，收入必须降到 L^*，此时 L^* 与初始无差异曲线 I^1 相切于 e^*。

4. 确定替代效应和收入效应。米价变化的替代效应是从 e_1 到 e^*：当米价下跌时，在保持效用不变的情况下，喜明会买更多的大米。从 e^* 到 e_2 的变化是收入效应：收入增加但价格不变的情况下，喜明会减少大米的购买量。总效应为 e_1 到 e_2，是替代效应（增加大米购买）和收入效应（减少大米购买）之和。由于收入效应大于替代效应，所以，随着米价下降，喜明所买的大米反而减少。

★□ 补偿变化和等价变化

在图 5.4 和例题详解 5.5 的图中，我们画出了一条辅助的预算线 L^* 来确定替代效应和收入效应，该预算线与新的预算线 L^2 平行，并与初始无差异曲线 I^1 相切。我们现在计算**补偿变化**（compensating variation，CV）：这是价格上涨时为了补偿消费者遭受的损失所必须给予他的货币量，或者，价格下跌时为了抵消消费者获得的好处所必须从他那里拿走的货币量。也就是说，在图 5.4 中，补偿变化是使消费者的选择保持在初始无差异曲线 I^1 上。经济学家将价格上涨造成的损失的大小称为补偿变化，因为需要对消费者进行收入补偿。

同样，我们可以通过画出与 L^1 平行并与 I^2 相切的 L^* 来确定替代效应和收入效应的大小。画出 L^* 后就可以计算出**等价变化**（equivalent variation，EV）：这是为了等价于价格上涨时给消费者带来的损失所必须从他那里拿走的货币量，或者，为了等价于价格下跌时给消费者带来的好处所必须给予他的货币量。也就是说，等价变化使消费者的选择移动到新的无差异曲线 I^2 上。因为这种方法衡量的损失等价于价格上涨造成的损失，经济学家将其称为等价变化。

应用案例

智能手机究竟给你带来了什么好处？

用智能手机、平板电脑或可穿戴设备上网对你究竟价值几何？2015 年，波士顿咨询公司（BCG）对 13 个富裕国家的消费者进行了调查，了解他们的补偿变化（CV）和等价变化（EV）（尽管调查没有使用这些术语）。

调查人员询问消费者，给他们多少钱才能不上网（这是补偿变化）。13 个国家的研究结果显示，补偿变化平均为 4 000 美元，相当于消费者为购买设备和支付网费所花费金额的 7 倍。把这些国家的所有消费者加在一起，总的补偿变化约为 3.5 万亿美元。

该调查还询问了一个关于等价变化的问题：为了上一年的网，你愿意放弃什么？也就是说，放弃什么样的东西或行为所带来的损失和不能上网一样大？为了能上网，选择放弃的行为及其比重分别是：看报纸 74%，吃巧克力 70%，饮酒 67%，读书 62%，看电视 49%，运动 44%，性爱 27%，洗澡 19%。

很多经济学家对调查结果的可信度产生怀疑，为此，他们常常基于可观测的购买行为估计出需求曲线，然后再分别计算消费者剩余、补偿变化和等价变化。

5.4　生活成本的调整

仅仅知道总效应还不够，有些问题还必须在了解替代效应和收入效应之后才能解释和回答。比如，若企业对自身产品的收入效应做到心里有数，它就可以判断出一项负的所得税（政府发给公众的一笔钱）对产品销量的影响。同样，如果我们知道了两种效应的大小，也可以确定政府衡量通货膨胀的精确度。

很多长期合约和政府项目都涉及生活成本的调整（或生活费用调整，cost-of-living adjustments，COLAs），也就是按照通货膨胀指数成比例地提高价格或收入。不仅是商业合同，房租合同、赡养费、薪酬、养老金、社会保险等都是以这种方式随时间的变化而不断调整。接下来，我们将用消费者理论来回答以下问题：为什么说政府常用来衡量生活费用的指标高估了不同时期真实的生活费用？恰恰因为这种高估，在公寓租金以这种方式上涨时你向房东多付了钱。

☐ 通货膨胀指数

随着时间的推移，多数商品的价格都呈上升趋势，我们把这种总体价格水平的上升称为通货膨胀（inflation）。

实际价格与名义价格

商品当前的价格叫作名义价格（nominal price）。经过通货膨胀调整后的价格叫作实际价格（real price）。

总体价格水平会随着时间的推移而不断上升，因此，名义价格的上涨速度常高于实际价格。比如，麦当劳汉堡的名义价格从 1955 年的 15 美分上涨到了 2016 年的 1.10 美元，几乎上涨了 7 倍。不过，汉堡的实际价格是下降的，因为其他商品的价格上涨得更快。

如何根据通货膨胀进行调整来算出实际价格呢？政府会先计算出一组标准的商品组合的费用，然后用它来比较不同时期的价格变化。这个指标被称为消费物价指数（CPI）。普通居民在基年常买的一组商品的当前价格每个月都会被报告一次（隔几年基年就要变更一次）。

通过比较在不同时期购买这组商品的费用，我们就能知道总体物价水平上涨了多少。在美国，1955 年的 CPI 为 26.8，而 2016 年 5 月为 240.2[①]，因此，从 1955 年到 2016 年，购买这组商品的费用上涨了 796%[≈(240.2−26.8)/26.8]。

我们可以用 CPI 来计算不同时期汉堡的实际价格。用 2016 年的美元表示的 1955 年汉堡的实际价格为：

$$2016 年 CPI/1955 年 CPI \times 汉堡的单价 = 240.2/26.8 \times 0.15 \approx 1.34 美元$$

也就是说，如果你在 1955 年用 2016 年的美元（价值没有 1955 年的大）买一个汉堡，要花 1.34 美元，而 2016 年一个汉堡的实际价格（也是名义价格）仅有 1.10 美元。因此，

---

① 240.2 并不是实际的美元数量，而是在该时期购买这组商品的美元数量除以 1982—1984 年的价格再乘以 100。因此，1982—1984 年的 CPI 为 100。

汉堡的实际价格下降了 1/5 以上。如果都用 1955 年的美元来比较 1955 年和 2016 年汉堡的实际价格，结果仍然相同，汉堡的价格大约下降了 1/5。

计算通货膨胀指数

美国政府收集了多达 364 种不同商品和服务的数量与价格信息，其中包括住房、牙医服务、钟表和珠宝修理、大学学费、出租车费、女用假睫毛和假发、助听器、沙发套和装饰靠垫、香蕉、猪肉香肠、葬礼费等等。它们的涨幅不同，如果政府仅仅是把所有这些商品价格的变化一项一项地列出来，多数人看了之后都会一头雾水，不知所措，而 CPI 是一个能代表平均价格变动的综合统计指标，有了它，价格变化就一目了然。

我们可以用一个仅包括衣服和食品两种商品的例子来说明 CPI 是如何计算的。在第一年，消费者以 p_C^1 的价格购买了 C_1 件衣服，以 p_F^1 的价格购买了 F_1 单位的食品。现在把 C_1 和 F_1 作为进行比较时的基期的商品组合。在第二年，消费者分别以 p_C^2 和 p_F^1 的价格买了 C_2 件衣服和 F_2 单位的食品。

政府从每年的价格普查中了解到，第二年衣服的价格是前一年的 p_C^2/p_C^1 倍，而食品的价格是前一年的 p_F^2/p_F^1 倍。如果第一年衣服的价格是 1 美元，第二年是 2 美元，则第二年衣服的价格是第一年的 2（＝2/1）倍，或者说比第一年上涨了 100%。

一种计算物价平均涨幅的方法是赋予这些商品相同的权重，但真会这么做吗？我们会给滑板价格的上涨与汽车价格的上涨赋予相同的权重吗？另一种办法是赋予花费较多收入的商品以更大的权重。CPI 正是根据不同商品在预算中所占的份额来确定权重的。[①]

第一年的 CPI 是当年在市场上实际购买这一篮子商品所花的费用：

$$Y_1 = p_C^1 C_1 + p_F^1 F_1 \tag{5.1}$$

在第二年购买该商品组合的花费是：

$$Y_2 = p_C^2 C_1 + p_F^2 F_1 \tag{5.2}$$

要想计算通货膨胀率，我们需要先确定在第二年购买与第一年相同的商品组合要多花多少钱，也就是方程 5.2 与方程 5.1 之比：

$$\frac{Y_2}{Y_1} = \frac{p_C^2 C_1 + p_F^2 F_1}{p_C^1 C_1 + p_F^1 F_1}$$

例如，从 2015 年 5 月到 2016 年 5 月，美国的 $Y_1 = 237.8$，$Y_2 = 240.2$，CPI 上涨了 $Y_2/Y_1 \approx 1.01$，也就是对于同一件商品来说，在 2016 年购买要比在 2015 年购买多花 1%。

比率 Y_2/Y_1 反映了价格的平均涨幅。将分子中的第一项乘以 p_C^1 再除以 p_C^1，第二项乘以 p_F^1 再除以 p_F^1，方程变为：

$$\frac{Y_2}{Y_1} = \frac{\left(\frac{p_C^2}{p_C^1}\right)p_C^1 C_1 + \left(\frac{p_F^2}{p_F^1}\right)p_F^1 F_1}{Y_1} = \left(\frac{p_C^2}{p_C^1}\right)\theta_C + \left(\frac{p_F^2}{p_F^1}\right)\theta_F$$

其中，$\theta_C = p_C^1 C_1/Y_1$，$\theta_F = p_F^1 F_1/Y_1$，这是衣服和食品在第一年或基年所占的预算份额。CPI 是对每种商品价格上涨（p_C^2/p_C^1、p_F^2/p_F^1）的加权平均（weighted average），权重 θ_C、θ_F 分别是两种商品在基年所占预算的比重。

---

① 此处所讨论的 CPI 是用简单方法计算出来的，我们忽略了包括连续基年变动等复杂的调整方法。

□ 按通货膨胀调整的后果

一份按CPI进行调整的长期合同存在过度补偿因通货膨胀所带来的损失的问题。下面以劳动合同为例，说明在长期合同中按CPI调整同按真实的生活成本调整之间的区别，后者以维持效用水平不变为目标。

按CPI调整

Klaas在就业时和用人单位签订了一份长期的劳动合同。根据合同中有关生活成本调整的条款，雇主将按照CPI上涨的比率来给他涨工资，如果今年CPI比去年涨了5%，那么Klaas的工资也要自动地涨5%。

假设Klaas将所有的钱都用来买衣服和食品，则第一年的预算约束为：$Y_1 = p_C^1 C + p_F^1 F$，通过移项写成：

$$C = \frac{Y_1}{p_C^1} - \frac{p_F^1}{p_C^1} F$$

预算线 L^1 在图5.5中纵轴（代表衣服）上的截距为 Y_1/p_C^1，斜率是 $-p_F^1/p_C^1$。无差异曲线 I^1 与预算约束线 L^1 的切点是 e_1 点，代表其第一年的均衡的商品组合，即消费 C_1 件衣服和 F_1 单位的食品。

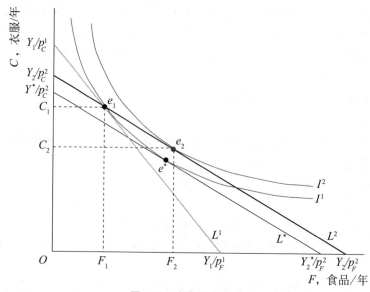

图5.5 消费物价指数

第一年，Klaas的收入是 Y_1，效用最大化的消费组合是 e_1，这是无差异曲线 I^1 与预算约束线 L^1 的切点。第二年，衣服价格比食品价格涨得要多一些。由于薪酬与CPI同比变动，第二年的预算线 L^2 穿过 e_1 点，所以他可以购买到与第一年相同的商品组合。新的最优消费组合是 e_2，这是预算约束线 L^2 与 I^2 的切点。按CPI调整薪酬过度补偿了价格上涨给他带来的损失：第二年获得的效用位于 I^2 上，而 I^2 所代表的效用大于 I^1，所以 Klaas 在第二年过得更好。而与之相比，按真实生活成本调整的幅度就要小一些，Klaas的预算约束线 L^* 与无差异曲线 I^1 相切于 e^*。

第二年，他的工资随CPI调整为 Y_2，所以预算约束线 L^2 是：

$$C = \frac{Y_2}{p_C^2} - \frac{p_F^2}{p_C^2} F$$

新预算线 L^2 的斜率为 $-p_F^2/p_C^2$，比 L^1 要平坦一些，这是由于衣服价格的上涨幅度比食品的大。而且新预算线与初始预算线在均衡点 e_1 处相交，因为企业要确保按 CPI 变动给 Klaas 加薪以便他在第二年还能买到与上一年相同的商品组合。

他能买到和前一年相同的商品组合，但他真会这么做吗？答案是否定的。在第二年，他的最优商品组合是 e_2。这是新无差异曲线 I^2 与新预算约束线 L^2 的切点，均衡点由 e_1 点移至 e_2 点就是衣服和食品实际价格变化所带来的总效应。收入的调整并没有使他维持在初始无差异曲线 I^1 上。

其实 Klaas 在第二年要比第一年过得好一些，效用增加了，从这个意义上讲，按 CPI 进行的调整过度补偿了通货膨胀所带来的影响。

Klaas 生活状况能变好，是因为衣服与食品的价格上涨幅度不同。如果两者涨幅相同，在经过 CPI 调整以后，Klaas 第二年的预算约束线 L^2 就会和第一年的 L^1 完全相同，最优商品组合正好也是第一年的 e_1。

与衣服相比，食品价格上涨的幅度要小一些，预算线 L^2 与 L^1 不同，现在食品相对于衣服更便宜了，于是，通过多买食品、少买衣服，Klaas 在第二年获得了更高的效用。

要是衣服变得相对便宜了，Klaas 在第二年就可以通过多买衣服来提高效用。因此，随着时间的推移，哪种商品变得相对便宜了并不重要，重要的是有一种商品变得相对便宜而使 Klaas 从 CPI 补偿中获益。

应用案例

外派员工的工资

越来越多的在跨国企业工作的员工面临着工作地点的变更，有的是去国内其他城市，有的是去国外。经常需要外派员工的企业既有如高盛（Goldman Sachs）这样的投资银行，也有如谷歌（Google）和贝恩（Bain，咨询机构）这样的跨国企业。2016 年，一项对 163 家跨国企业进行的调查发现，61% 的企业会告诉员工这类外派对他们的职业生涯很重要，而在外派的员工当中，大约有 10% 属于千禧一代。

可想而知，会有一部分员工并不愿意去外地工作。在一项由 Runzheimer International 发起的调查中，79% 的管理人员都反馈说他们遇到过员工的抵制，主要是因为这些员工被派到生活成本较高的地区工作。

对企业来说，确保员工异地工作的一种常见方式是，支付给他们的工资能确保这些员工在新的工作地点也能买得起在本地所消费的那些商品和服务。根据 Mercer 的一项调查，79% 的国际企业声称，它们会根据不同地区的 CPI 指数调整工资水平，提供给员工的工资也足以让他们在国外也能维持其在国内的生活水准。

如果员工在意的只是他们的消费水平而不是工作地点，则企业支付的工资就存在过度补偿的问题。如图 5.5 所示，L^1 是工人在本国工作的预算约束，e_1 是他们的最优选择。企业的补偿使员工在国外也能买得起 e_1 所代表的商品组合，新的预算线为 L^2，对工人来说，e_2 的效用大于 e_1。因此，一个更低的补偿（L^*）就足以使得工人去外地工作。

★真实的生活成本的调整

现在我们已经知道按 CPI 调整会对通货膨胀造成的损失予以过度补偿，而我们想要的是一个真实的生活成本指数（true cost-of-living index）：使效用在不同时期内保持不变。

Klaas 的工资要涨多少才能让他在这两年过得一样好呢？我们可以用确定替代效应和收入效应的方法来解决这个问题。在图 5.5 中，画一条虚构的预算约束线 L^*，让它与 I^1 相切，这样就可以让 Klaas 的效用保持不变，其斜率与 L^2 相同。这条预算约束线对应的收入是 Y^*，这也是让 Klaas 保持效用不变的收入水平。如果 Klaas 在第二年的收入是 Y^* 而不是 Y_2，他就会放弃 e_2 而选择 e^*。e^* 与 e_1 处在同一条无差异曲线 I^1 上，所以 Klaas 的效用在这两年没有变化。

表 5.1 中的例子也说明了 CPI 的过度补偿问题。[1] 假设 p_C^1 为 1 美元，p_C^2 为 2 美元，p_F^1 为 4 美元，p_F^2 为 5 美元。第一年，Klaas 花 $Y_1=400$ 美元的收入买了 200 件衣服和 50 单位的食品，效用水平为 $I_1=2\ 000$。如果收入在第二年没有变化，他就会用相对便宜的食品来替代衣服，衣服消费量下降了一半，而食品消费量只减少了 20%，总效用也降到了 1 265 的水平上。

假如第二年的收入按照 CPI 同比增加，他就可以购买和第一年相同的消费组合 e_1。收入变为 $Y_2=650$ 美元（$=p_C^2 C_1 + p_F^2 F_1 = 2$ 美元 $\times 200 + 5$ 美元 $\times 50$）。如果预算现在也增加到 Y_2，Klaas 的生活就会过得比以前好。他用相对便宜的食品来替代衣服，买的衣服比第一年少，但买的食品比以前多，他的效用由 2 000 增加到了 2 055（效用水平是 I^2）。

收入必须增加多少才能让他在这两年过得一样好呢？如果他在第二年的收入 $Y^* \approx 632.50$ 美元，并用一定的衣服替代食品，最优消费组合变成 e^*，他就获得了和第一年相同的效用，即 2 000。

表 5.1 生活成本的调整

	p_C	p_F	收入，Y	衣服	食品	效用，U
第一年	1 美元	4 美元	$Y_1=400$ 美元	200	50	2 000
第二年	2 美元	5 美元				
不调整			$Y_1=400$ 美元	100	40	$\approx 1\ 265$
按 CPI 调整			$Y_2=650$ 美元	162.5	65	$\approx 2\ 055$
按真实生活成本调整			$Y^* \approx 632.50$ 美元	≈ 158.1	≈ 63.2	2 000

我们可以用正好能够补偿 Klaas 损失的收入 Y^* 来构造真实的生活成本指数。在这个例子中，按真实生活成本指数调整工资，他的收入上涨了 58.1% $[\approx(632.50-400)/400]$，而按 CPI 调整的话，收入上涨了 62.5% $[=(650-400)/400]$。

---

[1] 在表 5.1 和图 5.5 中，假设 Klaas 的效用函数是 $U=20\sqrt{CF}$。

CPI 替代偏误的大小

我们已经说明了，若个人收入按 CPI 上涨的幅度同比增加，他的效用水平会提高，因此 CPI 调整存在一个向上的偏误。如果按 CPI 调整工资，隐含的假设（不正确地）是，当价格变化时，消费者为维持同样的消费组合，并不会用便宜的商品来替代贵的商品。我们将这种过度补偿称为**替代偏误**（substitution bias）。

CPI 用 Y_2/Y_1 来计算物价的涨幅，可以把这个表达式分为两部分：

$$\frac{Y_2}{Y_1} = \frac{Y^*}{Y_1} \frac{Y_2}{Y^*}$$

右边第一项为 Y^*/Y_1，表示真实生活成本的上涨；第二项 Y_2/Y^* 反映了 CPI 中的替代偏误。由于 $Y_2 > Y^*$，所以 Y_2/Y^* 大于 1。在表 5.1 的例子中，$Y_2/Y^* = 650/632.50 \approx 1.028$，所以 CPI 把生活成本的上涨高估了 2.8%。许多研究表明，美国的替代偏误至少为 0.5%。然而，近年来美国政府为了减少替代偏误修改了 CPI 计算公式。

如果所有商品的价格都同比例上涨，相对价格保持不变，就不会出现替代偏误了。一些商品的价格相对于其他商品涨得越快，由便宜商品的替代效应所导致的向上偏误就越显著。

5.5　劳动供给曲线的推导

> 人总要面临一个艰难的抉择：工作，还是（整天地）看电视。

本章始终在用消费者理论来解释消费者的需求行为。令人惊讶的是，我们还可以用它来推导劳动供给曲线。接下来我们先求出一条关于"不工作的时间"的需求曲线，然后再用它推导出工作时间的供给曲线。

☐ 劳动-休闲选择

人要在工作和休闲（leisure）之间进行选择，工作是为了赚钱糊口，休闲是所有不工作的时间。除了吃饭、睡觉和娱乐以外，休闲还包括煮饭以及对自家住宅的修葺。每天工作的时间 H 等于 24 减去休闲或者不工作的时间：

$H = 24 - N$

一旦知道休闲的价格，我们就能用消费者理论得出休闲的需求曲线。你在看电视、上学或其他非工作活动上花了一小时，成本是多少？成本是你工作一小时所能赚到的工资 w，休闲的价格就是放弃的工资。工资越高，休闲的代价就越大。因为这个原因，一位每小时收入 250 美元的律师休息一下午的成本要比一个挣最低工资的人高得多。

用一个例子可以说明工资、非劳动收入（父母的遗产或礼物）及偏好对个人工作和休闲时间的影响。Jackie 将她的全部收入 Y 都用于购买商品。为了使分析简化，假设商品的价格为 1 美元/单位，她买了 Y 件商品。效用 U 由休闲的时间和消费的商品数量共同决定：

$U = U(Y, N)$

一开始，我们先假设 Jackie 可以选择工作时间的长短，每小时的工资是 w 。其劳动收入为 wH ，等于工作时间 H 和工资 w 的乘积。总收入 Y 是她的劳动所得加上非劳动所得 Y^* 。

$$Y = wH + Y^*$$

图 5.6（a）说明了 Jackie 在休闲与商品之间的选择。纵轴表示的是 Jackie 购买商品的数量，横轴从左至右是她休闲的时间 N ，而从右至左表示的是她工作的时间。要使效用达到最大，Jackie 面临两个约束：第一个是时间约束，一条在休闲时间为 24 小时处的垂线。一天只有 24 小时，钱再多也不能让一天多出一小时来。第二个是预算约束，因为她没有非劳动所得，初始预算约束 L^1 为 $Y = w_1 H = w_1 (24 - N)$ ，预算线的斜率是 $-w_1$ ，因为多享受一小时的休闲就要损失 w_1 单位的商品。

Jackie 选择的最优的休闲时间是 $N_1 = 16$ ，其效用在 I^1 上，这是能和预算约束线相切的最高的无差异曲线。每天工作 $H_1 = 24 - N_1 = 8$ 小时，收入是 $Y_1 = w_1 H_1 = 8w_1$ 。

用和推导 Mimi 对啤酒的需求曲线类似的方法，可以得出 Jackie 对休闲的需求曲线。在图 5.6（a）中，提高休闲的价格——工资，在图 5.6（b）中画出她对休闲的需求曲线，当工资从 w_1 增加到 w_2 时，休闲变得更贵了，Jackie 对它的需求就会减少。

在每一个工资水平上，用 24 小时减去对休闲的需求〔图 5.7（a）中休闲的需求曲线〕，就能够在图 5.7（b）中得出劳动的供给曲线（愿意工作的时间是工资 w 的函数）。[①]工作时间的供给曲线就像是一面镜子，从中我们能看到休闲的需求：Jackie 多享受一小时的休闲，就要减少一小时的工作。

□ 收入效应和替代效应

工资上涨会产生收入效应和替代效应，这又会影响个人对休闲的需求和对工作时间的供给。在图 5.8 中，Jackie 的工资由 w_1 涨到 w_2 的总效应是 e_1 到 e_2 的变动，工作时间减少 $H_2 - H_1$ 小时，休闲时间增加 $N_2 - N_1$ 小时。

画一条虚构的预算约束线 L^* ，让它和初始的无差异曲线相切，斜率与新的工资水平相同。我们可以把总效应分为收入效应和替代效应，e_1 至 e^* 的变动是替代效应，它一定为负：一个补偿性的工资上涨使 Jackie 的休闲时间减少到 N^* ，工作时间增加到 H^* 。

如果工作时间还和原来一样，随着工资的上涨，她的收入就会增加。从 e^* 到 e_2 的变动是收入效应。休闲对 Jackie 来说是正常品，收入提高，她对休闲的消费也会增加。当休闲是正常品的时候，收入效应和替代效应的方向正好相反，对休闲的需求增加与否就要看哪个效应更大一些。Jackie 的收入效应大于替代效应，所以对休闲的总效应为正：$N_2 > N_1$ 。随着工资的上涨，Jackie 的工作时间缩短了，其劳动供给曲线向后弯曲。

如果休闲是低档品，收入效应和替代效应的方向相同，休闲的时间肯定会减少。因此，如果休闲是低档品，工资上涨一定会导致工作时间的延长。

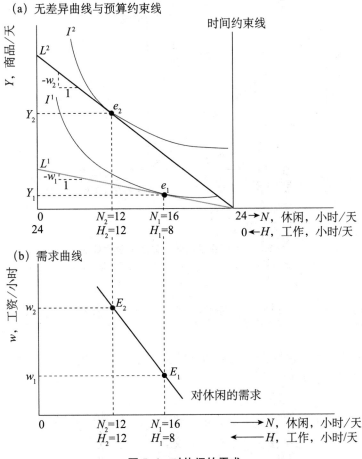

(a) 无差异曲线与预算约束线

图 5.6　对休闲的需求

(a) Jackie 在休闲 N 和其他商品 Y 之间进行选择，且服从于时间约束（在 24 小时处的垂线）和预算约束 L_1，其中 $Y = w_1 H = w_1(24 - N)$，斜率为 $-w_1$。无差异曲线 I^1 和预算约束线 L^1 的切点就是她的最优消费组合 e_1，此时的休闲时间为 $N_1 = 16$ 小时，工作时间是 $H_1 = 24 - N_1 = 8$ 小时。如果工资从 w_1 涨到 w_2，Jackie 的最优消费组合会从 e_1 变到 e_2。(b) 商品组合 e_1 和 e_2 分别对应着休闲需求曲线中的 E_1 和 E_2。

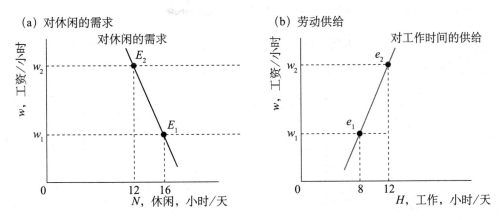

图 5.7　劳动的供给曲线

(a) Jackie 对休闲的需求曲线是向下倾斜的。(b) 在任何工资水平上，Jackie 的工作时间 H 和休闲时间 N 之和都是 24。因此，对工作时间的供给曲线就等于 24 小时减去她对休闲时间的需求，该曲线是向上倾斜的。

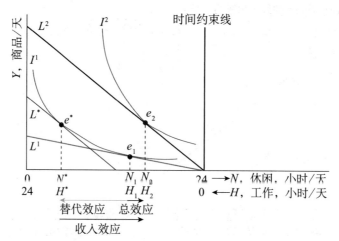

图 5.8　工资变动的收入效应和替代效应

工资变动会同时产生一个替代效应和一个收入效应。从 e_1 到 e^* 的变动是替代效应，从 e^* 到 e_2 的变动是收入效应，而从 e_1 到 e_2 的变动就是总效应。

例题详解 5.6

Enrico 得到了一笔不附加任何条件的奖学金：每天 Y^*。该奖学金对其工作时间有何影响？他的效用增加了吗？

解答

1. 求出没有非劳动所得时的消费均衡。当 Enrico 没有非劳动所得时，预算线为下图中的 L^1，与代表休闲的坐标轴在 0 小时处相交，斜率为 $-w$。

2. 说明非劳动所得对预算线的影响。额外增加的收入使预算线平行向上移动 Y^* 单位，新的预算线为 L^2，因为工资没有变化，所以斜率与之前的预算线相同。当然，收入增加也不可能为 Enrico 换来更多的时间，所以 L^2 不会延伸到时间约束线之外。L^2 在 0 小时处的垂直距离等于 Y^*：不工作时，他的收入为 Y^*。

(a) 休闲是正常品

(b) 休闲是低档品

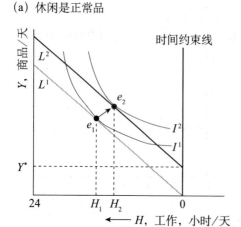

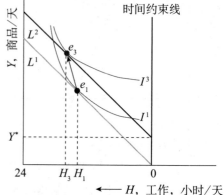

3. 说明 Enrico 的偏好决定了新均衡和初始均衡的相对位置。工作时间的变化取决于他的偏好，图（a）和图（b）画出了两组可能的无差异曲线。在这两个图中，当预算线

中级微观经济学（第八版）

为 L^1 时，Enrico 会选择劳动 H^1 小时。在图（a）中，休闲是一种正常品，随着收入的增加，他对休闲的消费也越来越多：由商品组合 e_1 移到 e_2。在图（b）中，他把休闲视为低档品，与之前相比休闲的时间减少了：由组合 e_1 移到 e_3。（还有另一种可能，工作时间不受非劳动所得的影响。）

4. 讨论效用的变化。不考虑偏好，奖学金让 Enrico 在新均衡时的收入增加，且无差异曲线更高。总而言之，他认为，钱财这东西，多多益善。

☐ 劳动供给曲线的形状

劳动供给曲线的形状（向上倾斜、向后弯曲还是二者兼有）取决于休闲的收入弹性。如果一个工人在低工资时把休闲看作低档品，在高工资时又把休闲当成正常品，那么，随着工资的增加，他对休闲的需求将先减后增，市场上的劳动供给就会先增后减〔也可以说，劳动供给曲线先向上倾斜，一旦休闲是正常品的时候就向后弯曲：在低工资的时候，替代效应（增加工作时间）大于收入效应（减少工作时间），而高工资时则相反〕。

在图 5.9 中，随着工资的上涨，预算线由 L^1 转到 L^2。因为休闲在低收入的时候是低档品，与初始的最优消费组合 e_1 相比，新的最优消费组合 e_2 意味着此时工人消费的休闲少了，消费的其他商品多了。

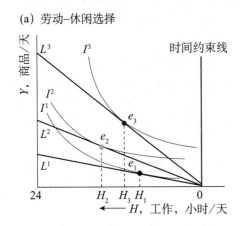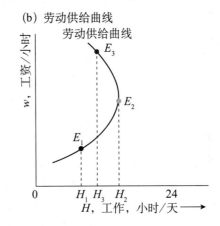

图 5.9　先向上倾斜然后向后弯曲的劳动供给曲线

在低收入的时候，增加工资会延长工作时间：图（a）中从 e_2 移到 e_2，或图（b）中从 E_1 移到 E_2。在高收入的时候，增加工资会缩短工作时间：从 e_2 移到 e_3，或从 E_2 移到 E_3。

不过，在高收入阶段，休闲是正常品。工资上涨后，e_3 成为新的均衡点，它位于预算线 L^3 上，此时对休闲的需求增加而劳动的时间缩短。因此，与低工资时向上倾斜的劳动供给曲线相比，高工资时劳动的供给曲线向后弯曲，如图 5.9（b）所示。

劳动供给曲线究竟是向上倾斜还是向后弯曲？仅凭经济理论回答不了这个问题，两种劳动供给曲线在理论上都是有可能的。而要解决这个问题还必须利用实证研究。

很多调查（参考 Keane，2011）发现，因为收入效应和替代效应相互抵消，或者两者均很小，英国、美国两国的男性的劳动供给曲线实际上是垂直的。经济学家在其他的地方，如日本（Kuroda and Yamamoto，2008）和荷兰（Evers et al.，2008）也得出了类似的结果。基恩（Keane）在对全体男性的纯替代工资弹性的研究中，估计出它的平均值约为 0.31（尽管大多数估计值低于 0.15）。相比之下，基恩所做的大多数研究的结果表明，女性的长期工资弹性估计值在 1.25 和 5.6 之间。

应用案例

"中"个好日子

如果中了大奖，或者继承了一大笔钱，你还会工作吗？经济学家想知道非劳动所得对劳动供给的影响，这个问题在政府关于税收和福利的讨论中起着重要的作用。举例来说，一些议员反对负所得税和福利计划，在他们看来，给穷人钱会鼓励他们放弃工作。这种说法对吗？

如果我们能从一大组有不同数量非劳动所得的人群中随机选出一些人观察他们的行为，就能清楚地回答这个问题。幸运的是，政府所发行的彩票为我们提供了一个这样的实验。

Imbens 等（2001）比较了马萨诸塞州百万奖金彩票的大奖得主和其他人的行为。这些大奖得主的奖金从 2.2 万美元到 970 万美元不等，平均为 110 万美元，奖金是在二十年中每年分期支付的。

一个普通的中奖者每年有 55 200 美元的奖金收入，工作时间略有缩短，劳动所得每年减少 1 877 美元。也就是说，中奖人会增加他们的消费和储蓄，但工作时间并没有明显减少。

非劳动所得每多一块钱，中奖人的工作积极性就会有所下降，劳动所得平均会下降 11 美分。性别、奖金额度以及受教育程度方面的差异不会影响中奖人的行为，但年龄和收入会有一定的影响。与年轻人相比，55～65 岁的人中奖后工作的努力程度会下降 1/3，可能会提前退休。更有意思的是，那些在中奖之前没有收入的人一旦中了奖，就会延长工作时间，劳动所得增加。

Cesarini 等（2015）在对瑞典彩票的研究中发现，中奖之后，人们所减少的劳动收入会占到奖金的 10% 左右。根据对荷兰彩票的研究发现（Picchio et al.，2015），获奖者在中奖后减少了工作时间，但不太可能退出劳动力市场。

☐ 所得税税率与劳动供给

为什么要关注劳动供给曲线的形状呢？从中断定所得税税率（劳动所得的百分比）的提高是否会减少工人的工作时间就是其中的一个原因。[①] 一方面，如果劳动供给曲线向上倾斜，对政府来说，通过对劳动所得征税来筹款就不明智了，因为与供给曲线垂直或者向后弯曲的情形相比，税收缩短了个人的工作时间，减少了社会生产的产品量，进而政府税收收入的增加十分有限。另一方面，如果供给曲线向后弯曲，税率的一个微小的上升会使税收收入和总产量增加（但休闲减少了）。因此，很多人都高估了减税效果。

---

① 尽管税收历史悠久，但所得税是最近才有的。为了筹集经费同拿破仑作战，威廉·皮特（William Pitt）于 1798 年首先在英国引入了所得税（年收入在 60 英镑以上的按 10% 缴纳）。1861 年美国国会也如法炮制，用所得税（年收入在 800 美元以上的按 3% 缴纳）为内战筹款。

中级微观经济学（第八版）

常识性谬误：所得税的减免一定会增加政府的税收收入。

这种说法通常是不正确的。[①] 减税可能会导致税收收入上升或者下降，但最终取决于初始的税率水平。

约翰·肯尼迪、罗纳德·里根以及乔治·W. 布什（小布什）认为，削减边际税率（最后一美元收入中政府征收的税款所占的百分比）会使人们延长工作时间、增加产出，最后导致税收增加。[②] 由于美国税率随着时间的推移发生了很大变化，我们恰好可以用这些数据来检验该假说是否正确。

肯尼迪-约翰逊（Kennedy-Johnson）的减税政策将联邦最高个人边际税率从91%降至70%，其他税率也随之下降。里根的减税政策将1982年的最高边际税率降至50%，1987年为38.5%，1988年为28%。1991年，共和党总统乔治·H. W. 布什（老布什）将最高边际税率再次提高至31%。1993年，在民主党总统比尔·克林顿的领导下，最高边际税率升至39.6%。小布什政府的《税收削减法案》使最高边际税率在2001年降为38.6%，2004年为37.6%，2006年为35%。该减税政策在民主党总统贝拉克·奥巴马总统执政期内到期。但是，由于对较低税率的削减保持不变，而对最高税率的削减已经到期，整体的税率在2013年再次回升至39.6%。[③]

如果税收不影响税前工资，则边际税率为 $v = 28\% = 0.28$，有效工资从 w 减少到 $(1-v)w = 0.72w$。[④] 税收使税后工资减少了28%，所以工人的预算约束线向下旋转，如同在图5.9中，从 L^2 向下旋转到 L^1。

如图5.9所示，预算约束线向下旋转，工作时间既可能增加，也可能减少，这要看休闲是正常品还是低档品。在图5.9（b）中，工人的劳动供给曲线一开始时向上倾斜，接着又向后弯曲。若工资很高，工人就会处于劳动供给曲线向后弯曲的那部分。

如果真是这样，如图5.10所示，边际税率 v 和税收收入 vwH 之间的关系就是钟形的。这个图估计了美国的税收收入曲线（Trabandt and Uhlig，2011，2013）。如果一个人的边际税率 $v = 28\%$，则政府税收收入与现在相同。在税率为零的时候，税收收入也等于零，此时税率的一个小幅上升必定会使税收收入增加。不过，如果税率再多上升一点，税收收入就会大幅增加，原因有二：其一，税率越高，政府从工人每赚得的一美元钱中拿走的就越多；其二，由于工人处于劳动供给曲线向后弯曲的部分，因此当税率提高时，工人的工作时间也会增加。

---

① 2012年芝加哥大学布斯商学院对40位杰出经济学家（包括共和党人、独立人士和民主党人）进行了民意调查，结果显示没有一位经济学家认为减税会增加美国的税收收入。

② 不过，这些政客都十分愿意效仿戈黛娃（Godiva）女士的抗税方法。据称，她的丈夫麦西亚伯爵利奥弗里克（Leofric）承诺，如果她能够一丝不挂地骑马通过考文垂市场，他就同意取消税收。

③ 近年来，许多其他国家的中央政府也降低了最高边际税率。在撒切尔执政期间，英国最高边际税率在1979年从83%下降到60%，在1988年达到40%，2010年升至50%，2013年4月降至45%。日本最高边际税率从1983年的75%降为1987年的60%，1988年为50%，1999年为37%，但2007年上升到40%，2015年为45%。1988年，加拿大提高了两个最低收入群体的边际税率，并降低了落入前九个纳税区间的人的税率。在2015年，加拿大最高的联邦边际税率为29%。

④ 在累进的所得税制度下，边际税率会随着收入增加而提高，平均税率不同于边际税率。假设收入的第一个10 000美元的边际税率是20%，第二个10 000美元的边际税率是30%。一个工资收入为20 000美元的人，需要为第一个10 000美元纳税2 000（=0.2×10 000）美元，为第二个10 000美元纳税3 000美元，这样，他的平均税率是25%[=(2 000+3 000)/20 000]。在2012年，如果你是一位应税收入为5万美元的单身人士，则边际税率为25%，而平均税率为17.06%。出于简化的目的，在下面的分析中，我们假设边际税率是一个常数 v，所以平均税率也是 v。

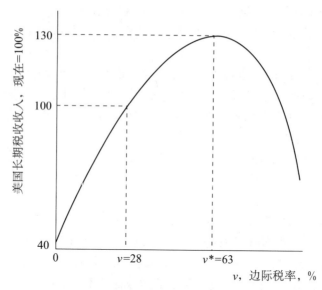

图 5.10 税收收入和边际税率的关系

该曲线说明了美国的所得税是怎样随着所得税边际税率 v 的变化而变化的（Trabandt and Uhlig，2011，2013）。当一个人支付 28% 的边际税率时，政府税收额与现在相同。当边际税率 $v^* = 63\%$ 的时候，税收收入会达到最大，是现在税收额的 130%。如果边际税率小于 v^*，边际税率的上升会使税收收入增加。不过，当边际税率大于 v^* 的时候，边际税率的上升会使税收收入减少。

如果边际税率继续上升，税收也会增加，直到边际税率达到 $v^* = 63\%$，从而美国的税收将是现在的 130%。[1] 但是，当边际税率过高时，工人就会处于劳动供给曲线向上倾斜的部分，边际税率上升会减少工作时间。只要边际税率足够高，工作时间缩短的效应就会大于提高边际税率的效应，进而总的税收收入会下降。

对一个政府而言，边际税率过高没有意义，这会使自己位于钟形曲线向下倾斜的部分。用削减边际税率的办法既可以增加产出，又可以提高税收收入。

挑战题解答　　　托儿津贴：按小时补，还是按固定总额补？

现在，我们回到本章开头提出的问题：在政府支出给定的情况下，托儿服务的价格补贴和一次性补贴，哪一种能使受助者获益更多？哪一种能增加对托儿服务的需求？哪一种补贴对其他消费者托儿费用的负面影响更小？

我们用消费者选择模型来判断哪种计划能使家庭受益更多。如下页图所示，贫困家庭的选择是在每天的托儿时间（Q）和其他商品的消费之间进行的。假设其他商品的价格为 1，则购买其他商品（不包括托儿费用）的最大花费就是收入 Y。初始的预算约束线是 L^O，贫困家庭选择的消费组合是位于无差异曲线 I^1 上的 e_1，此时家庭对托儿服务的需求量为 Q_1。

如果政府对托儿进行价格补贴，预算线就会沿着横轴向外旋转，新的预算线变为 L^{PS}。现在家庭选择的消费组合是位于（更高的）无差异曲线 I^2 上的 e_2。由于托儿服务

---

①　对于 14 个欧盟国家的平均值而言，v 也低于 v^*，但将边际税率提高到 v^* 将使欧洲税收仅增加 8%（Trabandt and Uhlig，2011）。

是正常品且价格变便宜了，所以，对托儿服务的需求就增加到 Q_2。

要衡量补贴对受助家庭的价值，一种方法是计算出补贴前后家庭能消费的其他商品的数量。在初始的预算水平上，如果家庭消费 Q_2 单位的托儿服务，则其他商品的消费量就是 Y_O。如果实施的是价格补贴，则消费同样多单位的托儿服务，对其他商品的消费量是 Y_2。家庭对所有其他商品的消费量 Y_2 也是家庭在支付了托儿费用之后的收入，因此，托儿价格补贴对家庭的价值是 $Y_2 - Y_O$。

相反，如果对托儿服务实施的不是价格补贴而是一次性补贴 $Y_2 - Y_O$，两种计划对纳税人来说成本一样大，家庭在得到一次性补贴之后的预算线为 L^{LS}。由于托儿服务和其他商品的相对价格没有变化，所以这条线的斜率与初始预算线 L^O 的斜率相同（参见第 4.3 节）。新预算线一定也经过 e_2 点，因为家庭现在也能买得起该商品组合。不过，消费无差异曲线 I^3 上的商品组合 e_3 要更好一些（原因与图 5.5 中对消费物价指数的分析相同）。在一次性补贴下，家庭对托儿服务的消费 Q_3 小于 Q_2。

无差异曲线 I^3 位于 I^2 之上，贫困家庭会认为一次性补贴优于价格补贴，不过，因为成本相同，纳税人认为这两种计划没什么差别。托儿产业则会因为需求多而更偏好价格补贴，在任意价格水平下，贫困家庭接受价格补贴时对托儿服务的需求都要高于一次性补贴下的需求。

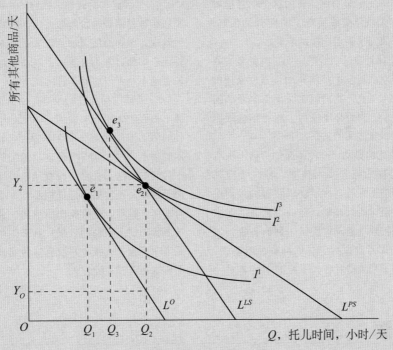

贫困家庭的选择是在每天的托儿时间（Q）和其他商品之间进行的。初始的预算约束线是 L^O，贫困家庭选择的消费组合是位于无差异曲线 I^1 上的 e_1，此时家庭对托儿服务的需求量为 Q_1。实施价格补贴后，新的预算约束线是 L^{PS}，家庭选择的消费组合是位于（更高的）无差异曲线 I^2 上的 e_2，对托儿服务的需求就增加到 Q_2。如果对托儿服务实施一次性补贴 $Y_2 - Y_O$，两种计划对纳税人来说成本一样大，家庭在得到一次性补贴之后的预算线为 L^{LS}，新预算线一定也经过 e_2 点。此时虽然家庭对托儿服务的消费 Q_3 小于 Q_2，但消费无差异曲线 I^3 上的商品组合 e_3 要更好一些。

假设多数直接相关的群体都认为一次性补贴优于价格补贴，为什么后者还广泛存在呢？一种可能的解释是，托儿行业进行了有效的游说以寻求价格支持，但几乎没有证据能证明这一点。第二种解释是，政治家怀疑贫困家庭在托儿方面做出明智选择的能力，因此他们把价格补贴当成是能让这些家庭享受到更多（或更好）托儿服务的手段，其他方法则行不通。第三种解释是，政治家愿意让贫困家庭消费更多的托儿服务，这样他们的工作时间就长了，能够增加社会财富。还有第四种解释，政治家根本就不懂这种分析。

本章小结

1. 需求曲线的推导。个体的需求曲线可以用偏好方面的信息推导出来，这些信息常包含在无差异曲线中。在其他商品的价格和收入不变的情况下，通过变动一种商品的价格就能发现需求量如何随着价格的变化而变化，利用这个信息能画出需求曲线。无差异曲线反映了消费者的偏好，而这种偏好又决定了需求曲线的形状。

2. 收入变化对需求曲线的影响。消费者的收入增加会使需求曲线发生整体移动。通过保持价格不变而让收入变化，我们就能看出需求量如何随着收入而变动。当价格不变时，恩格尔曲线概括了收入和需求量之间的关系。

3. 价格变化的影响。一种商品的价格上涨有两种效应：替代效应和收入效应。替代效应是说，当商品价格上涨时，为了使消费者的效用保持不变，对他进行收入补偿，在补偿后商品需求量的变化。替代效应是确定的：一种商品价格的补偿上涨总是让消费者减少对该种商品的消费。收入效应说明了当消费者收入下降时消费者对一

种商品的需求量的变化。价格上涨减少了消费者的选择，因为消费者用同样的收入只能买到更少的商品。收入效应可正可负，如果某商品是正常品（收入弹性为正），则收入效应为负。

4. 生活成本的调整。政府的一种主要的通货膨胀指数是消费物价指数，由于该指数忽略了替代效应，因而高估了通货膨胀的影响。尽管替代偏误平均而言并不显著，但对特定的人或企业来说也绝不是可以忽略不计的。

5. 劳动供给曲线的推导。用消费者理论能推导出每天的休闲需求曲线，休闲是指用于劳动以外的活动上的那部分时间。从 24 小时中减去休闲的需求曲线，就得到劳动供给曲线，它说明工作时间如何随工资变动而变动，但变动的方向取决于休闲是正常还是低档品。劳动供给曲线既可能向上倾斜，也可能向后弯曲。劳动供给曲线的形状决定了减税的效果。基于该理论的经验证据说明了为什么减税并没有像各届政府所预期的那样增加了其税收收入。

思考题

MyEconLab 上有全部思考题；＊＝答案请扫本书末二维码获取；A＝代数问题；C＝可能要用到微积分知识。

1. 需求曲线的推导

1.1 用与图 5.1 相似的图说明价格-消费线也可以是水平的甚至是向下倾斜的。

＊1.2 在图 5.1 中，与 E_2 相比，Mimi 在需

求曲线 D^1 上的均衡点 E_1 的效用如何？

当商品组合沿着向下倾斜的需求曲线从最高点向下移动时，消费者的效用一定是增加的吗？

1.3 如果 Olivia 只吃冰激凌派，而不单独吃

派和冰激凌，试推导出她的需求曲线（派和冰激凌是完全互补品）。（提示：参考例题详解 5.1。）

1.4 随着工艺技术的进步，人造钻石的价值也可以媲美最好的纯天然钻石。在 2013 年，人造钻石的售价要比天然钻石低 20%～30%。假设消费者原来认为人造钻石 M 是天然钻石 N 的不完全替代品，现在认为两者之间是完全替代品，因此它们的效用函数为：$U(M,N)=M+N$。这将对人造钻石的需求产生怎样的影响？请推导出人造钻石的新的需求曲线，并用图形表示。A

1.5 如果上题中的效用函数变为 $U=\ln(M+N)$，从而使消费者对钻石的边际效用递减，回答思考题 1.4 提出的问题。A

1.6 使用类似于图 5.1 中的图形，说明在应用案例"戒烟"中，如果菲律宾手机的价格下降会有什么影响。

1.7 如果 Lisa 的效用函数是 $U=Z^{0.25}B^{0.75}$，其中 B 是墨西哥卷饼，推导出比萨 Z 的需求曲线。C

2. 收入变化对需求曲线的影响

2.1 如果 Olivia 只吃冰激凌派，而不单独吃派和冰激凌，试推导出她的恩格尔曲线（派和冰激凌是完全互补品）。（提示：见例题详解 5.2。）

2.2 你的父母是否曾经给过你钱或者答应你在他们去世后把钱留给你？如果是这样，你的父母可能认为这些赠与是一个物品。他们必须选择：把钱用来吃喝玩乐，买汽车，还是直接给你。Altonji 和 Villanueva（2007）估计，预期的终生收入每增加一美元，父母会将其中的 2～3 美分作为遗产留给成年的儿女，将 3 美分给他人。这些赠与只有养育 18 岁以下未成年子女和大学费用的五分之一。请分别运用收入-消费线和遗产的恩格尔曲线两个图形，说明父母收入增加对他们在留遗产和其他娱乐两者之间的分配的影响。（提示：见例题详解 5.2。）

2.3 Hugo 把甜甜圈和咖啡当成完全互补的商品：他总是在喝咖啡时吃一个甜甜圈，不喝咖啡时不会吃甜甜圈，没有甜甜圈时也不喝咖啡。推导并画出 Hugo 对甜甜圈的恩格尔曲线。如果 Hugo 每周多买一个甜甜圈，其每周的预算线必定会上升多少？（提示：见例题详解 5.2。）A

*2.4 Don 把钱都花在食品和歌剧方面。如果食品对他来说是低档品，那么歌剧是低档品还是正常品？为什么？在图中画出一条可能的收入-消费线。

*2.5 用微积分的方法说明，不可能所有的商品都是低档品。（提示：先从恒等式 $y=p_1q_1+p_2q_2+\cdots+p_nq_n$ 着手。）C

2.6 用图形说明，个人的恩格尔曲线能否成为应用案例"快餐的恩格尔曲线"中的一个镜像（数量先是随着收入的增加而减少，而后又随着收入的增加而增加）。你能找出一种具有同样恩格尔曲线的商品吗？

3. 价格变化的影响

3.1 Michelle 把所有的钱都用在吃穿方面。当衣服降价时，她会多买衣服。

a. 替代效应会使她多买还是少买衣服？请解释。（如果效应的方向不确定，原因何在？）

b. 收入效应会使她多买还是少买衣服？请解释。（如果效应的方向不确定，原因何在？）

3.2 Steve 的效用函数是 $U=BC$，其中，$B=$ 蔬菜汉堡个数/周，$C=$ 香烟包数/周。这里，$MU_B=C$，$MU_C=B$。如果纵轴代表蔬菜汉堡的数量，横轴代表香烟的包数，他的边际替代率是多少？Steve 的收入是 120 美元，一个蔬菜汉堡的价格是 2 美元，一包香烟的价格是 1 美元，效用最大化时 Steve 消费的蔬菜汉堡和香烟的数量各是多少？对汉堡征税使其价格涨到 3 美元，Steve 的新的最优消费组合是多少？在图中说明你的答案。再画一个图形，用纵轴表示蔬菜汉堡的税后价格，画出他的需求曲线并且说明税前税后相对应的需求曲线上均衡点的位置。（提示：参见附录 4B。）C

3.3 Cori 早餐吃鸡蛋和吐司，每吃 2 个鸡蛋就要吃 3 片吐司。她的效用函数是怎样的？如果鸡蛋涨价，但我们对她进行补偿，使她能和价格变化之前过得一样好，则她对鸡蛋的消费会有什么变化？画图并解释。消费的变化能反映出替代效应或收入效应吗？A

3.4 在什么情况下收入效应与替代效应方向相同？在什么情况下方向相反？如果两者方向相反并且收入效应大于替代效应，那么这种商品是什么商品？

3.5 使用类似图 5.4 或例题详解 5.3 中的图形，讨论对于将可口可乐和百事可乐视为完全替代品的 Mahdu 来说，可口可乐价格变化所产生的替代效应、收入效应和总效应。

3.6 加利福尼亚和纽约哪个地方销售的优

质脐橙更多？为什么？（提示：见例题详解 5.4。请注意，运送高质量橙子和低质量橙子的成本是相同的。）

*3.7 将例题详解 5.4 中的文字解答用图形的方法表示出来。将数学知识与图形结合起来说明，如果新增一项从价税，之前的分析会有何变化。

3.8 Remy 认为冰激凌和软糖酱是完全互补的。是否有可能在这些商品中存在吉芬商品？或者是否有可能两者都是吉芬商品？（提示：见例题详解 5.5。）

3.9 利用等价变化而不是补偿变化的方法重新作图 5.4。

4. 生活成本的调整

4.1 《经济学家》（Economist）杂志以麦当劳的巨无霸在不同国家、不同时期的售价为基础发布"巨无霸指数"。在什么情况下人们会发现该指数在衡量生活成本变化方面是有用的或者比消费物价指数更有用？

4.2 在学校的第一年，Ximing 以每本 50 美元的价格买了八本新教材，而二手书 30 美元一本。书店宣布，下一学年新书价格上涨 20%，二手书价格上涨 10%，Ximing 的父亲也多给了他80 美元。分析价格变化后他的境况是变好了、没变还是变差了。为什么？

4.3 学校的奖学金是 Ann 的唯一收入，这笔钱只用来买冰激凌和书。去年冰激凌的价格是10 美元，而书的价格是 20 美元，她去年一共花了 250 美元，买了 5 加仑的冰激凌和 10 本书。今年冰激凌的价格是 15 美元，书的价格是 25 美元。为了能买同样数量的冰激凌和书，学校把奖学金提高到了 325 美元。Ann 的无差异曲线是一般形状的，今年她会改变冰激凌和书的购买量吗？如果会，请解释如何改变及其原因。和去年相比，今年 Ann 的境况是变好了、变差了还是没有变化？为什么？

*4.4 Alix 把咖啡和奶油视为完全互补的商品。在第一期，Alix 选取了咖啡和奶油的最优商品组合 e_1。在第二期，发生了通货膨胀，咖啡和奶油的价格也变了，且变化幅度不同，她按照这两种商品的消费物价指数调整了生活费用。在价格变化和进行生活费用调整之后，新的最优消费组合为 e_2。在一个图中说明这两个均衡，e_2 与 e_1相比，她的境况是变好了、变坏了还是不变？请

解释。两种商品的 CPI 与真实的生活成本指数差别有多大？

4.5 改变图 5.5，使 L^2 比 L^1 更陡（但仍然经过 e^1），也就是说，第二年食物价格的上涨幅度比服装更大。其结论是，在接受了 CPI 调整后，Klaas 的境况变得更好了。解释以下陈述背后的逻辑："不论两种商品的价格在第二年是上涨了还是下降了，只要相对价格在两年内不同，分析结果就是正确的。"

4.6 在 1050 年，一份麦当劳炸薯条的价格是 10 美分。请使用互联网查询，或者直接询问麦当劳，确定现在麦当劳的薯条价格。美国联邦政府的城市 CPI 指数可在 http://www.bls.gov/cpi/#data 和 https://research.stlouisfed.org/fred2/series/CPIAUCNS 获取。根据这些数据，请判断薯条的实际价格是否上涨了。

5. 劳动供给曲线的推导

5.1 用微积分的知识说明工资变化对个人休闲需求的影响。（提示：参见附录 5B。）C

5.2 如果个人的劳动供给曲线在低工资时向上倾斜，在高工资时向后弯曲，那么休闲是一种吉芬商品吗？如果是，是在高工资水平还是低工资水平？

5.3 近来 Bessie 每天都工作 10 小时，工资为 w，她正好也愿意工作这么长的时间。现在老板决定每天工作的时间不能超过 8 小时，说明预算约束线和工作时间的选择都有什么变化。这些变化肯定会使她的境况变差，为什么？（提示：见例题详解 5.6。）

5.4 假设 Roy 可以选择一天工作时间的长短，工资为 w，他的选择是每天工作 7 小时。现在老板决定每天工作超过 8 小时，则每小时的工资是原来的 1.5 倍。说明 Roy 的预算约束线如何变化。他会选择每天工作 7 小时以上吗？（提示：见例题详解 5.6。）

5.5 Jerome 有两个工作选择。高收入工作的工资为 w，但每天最多只能工作 8 小时。另一份工作的工资是 w^*，他愿意工作多久就工作多久。说明 Jerome 如何决定工作时间的长短。（提示：见例题详解 5.6。）

5.6 假设在思考题 5.5 中，高工资的工作在时间上没有限制了，那么 Jerome 的预算约束线和行为会有什么变化？（提示：见例题详解 5.6。）

5.7 假设 Bill 的工资随着他的工作时间而变

化：$w(H)=aH$，$a>0$。说明他对工作时间的选择取决于他的偏好。

5.8 Joe 购买了本州发行的彩票，中了大奖，以后每年都有 365 000 美元的奖金收入。用劳动-休闲选择模型回答下面的问题：

a. 说明中奖对 Joe 的预算线位置的影响。

b. 中奖之后，Joe 每天的工作时间仍一如往常，则中奖的收入效应是多少？

c. 如果老板提高了 Joe 每小时的工资水平，用你在 b 中推导的收入效应和替代效应来分析 Joe 是否选择增加每周的工作时间。（提示：见例题详解 5.6。）

5.9 在 14 世纪，税收都是累进的。1377年，对兰开斯特公爵所征收的人头税是农民的 520 倍。人头税是对个人征收的一种定额税（固定的），它与工作时间的长短与收入无关。用图说明人头税对于劳动-休闲决策的影响。假设偏好相同，根据税收是累进的这一信息，你能说出贵族和农民哪个群体的工作时间会延长吗？

*5.10 今天多数发达国家的所得税都是累进的。富人支付的边际税率高于贫困人口。在这样的税收体制下，边际税率是高于、等于还是低于平均税率？

5.11 很多政治领袖（也包括近年来一些美国的总统候选人）都主张征收均一的所得税，边际税率固定不变。

a. 证明：如果每个人都被允许"个人减免"，即第一个 10 000 美元是不用缴税的，则均一税会成为累进税。

b. 均一税的拥护者声称，这种税制能促进生产（相对当前累进的所得税而言，后者的边际税率随着收入的增加而上升），解释这种说法的理由。

5.12 根据一项福利计划，政府向穷人一次性支付 L 美元。一旦他们接受这笔福利金，他们就必须为他们的收入缴纳高额所得税，即 $v=1/2$。如果他们不接受福利金，他们就不必为他们的收入纳税。请解释个人是否接受该项福利取决于个人的偏好。

5.13 遗产税的历史要比所得税更悠久，奥古斯丁皇帝对所有的遗产征收 5% 的税（给孩子和配偶的赠与除外），以此来向军人提供退休金。在小布什政府时期，共和党和民主党的议员曾经

为是否利用削减所得税和遗产税（共和党称之为死亡税）的办法来促进经济而吵得不可开交，因为不确定减税是否可以提高人的工作积极性。假设政府关注的是征税对工作积极性和税收收入的影响。

a. 假设 George 将休闲视为正常品，其工作每小时工资为 w。用劳动-休闲分析来比较对工资征收边际税率为 v 的所得税和总量为 T 的定额税（与工作时间无关的税）对工作时间的不同影响。如果按小时计税，工作 10 小时的收入是 $10w(1-v)$，政府设定的定额税是 $T=10wv$，两种税所带来的税收收入一样多。

b. 现在假设政府想要提高税收（遗产税和所得税）的办法来增加收入，哪种税收会让 George 减少更多的工作时间？为什么？

*5.14 Prescott（2004）认为，由于边际税率低，美国雇员的工作时间要比德国、法国以及意大利的同行们多 50%。假设 4 个国家的工人对休闲和其他商品有着同样的偏好，则美国雇员的工作时间必然会更长吗？用图形回答并解释原因。Prescott 的这个证据是否指出了替代效应和收入效应的相对大小？为什么？

5.15 参考应用案例"外派员工的工资"。公司将其员工 Kiki 派到另一个国家工作，并同意支付足够的费用使她的购买力与之前相同。Kiki 不介意她住在哪里。用图形说明并解释：为什么当公司提供这种补偿时，Kiki 在国外会过得更好。

6. 挑战题

6.1 政府通常会限制育儿津贴的金额。例如，在 2015 年，华盛顿州的婴儿最高补贴为每天 31.47 美元。对补贴的限制使预算约束线弯折。请解释该限制对"挑战题解答"中的分析有什么影响。

*6.2 基于"挑战题解答"中的图形，如果政府出于缩减成本的目的设定了一个额度更小的补贴，贫困的父母的境况还会和接受价格补贴的情况下一样好吗？给定图中的偏好，这对父母消费的托儿服务的时间长短有什么影响？

*6.3 在"挑战题解答"中，那些没有获得补贴的父母会做何感想？分别在两种补贴方式下加以说明。（提示：利用第 2 章和第 3 章的供需分析加以说明。）

第 6 章

企业与生产

就算工作累不死人，我也不想冒这个险！

挑战题　　　　　　　　　**经济衰退期的劳动生产率**

在近几次经济衰退中（如大衰退），为什么很多企业的劳动生产率（用人均产出衡量）会提高（Lazear et al.，2016）？在经济大衰退期间（2007 年第四季度至 2009 年第三季度），非农业企业的劳动生产率增长了 3.2%。相比之下，在大衰退前的两年，劳动生产率仅仅上升了 2.2%。

由于需求下降，企业在经济衰退期间会减产，裁员也在所难免，进而人均产出的变化取决于产出和就业哪一个降幅更大。在经济周期中，劳动生产率的变化情况因行业而有所不同。

在"挑战题解答"中，我们将考察一家啤酒公司的劳动生产率状况。如果了解企业的整个生产流程，在每裁掉一名员工后，我们能否估计出企业的人均产出是上升还是下降呢？

企业所有者必定要进行决策，而本章关注的是这些决策的类型。首先，企业需要确定其所有权形式和管理模式，例如，美国甘草公司（American Licorice Co.）是一家现代公司制企业（不是为一个或几个合伙人所有），由职业经理人来管理。其次，企业必须决定其生产方式。和过去相比，美国甘草公司现在普遍使用机器和机器人，工人的数量寥寥无几。再次，如果企业想扩大生产，就必须确定其长、短期的行为。在短期，美国甘草公司要想增加产出，可以把每周的工作日延长至 6～7 天，增加原材料投入。但要进一步提高产出，就必须增加机器设备（例如增加机器人的数量），雇用更多的工人，乃至新建一家工厂，这些都需要花费时间。

在这一章里，我们将了解企业的本质以及企业为了有效生产而进行的投入选择。在第 7 章，我们会研究企业如何在所有可能的有效生产方式中选出成本最小的一种，第 8 章会把这些与成本和收益有关的信息都综合起来，说明企业利润最大化的产量选择。

这几章给我们的主要启示是，企业不是黑盒子——魔术般地将投入（例如劳动、资本和原材料）转化为产出。经济理论可以解释企业在生产工艺、投入类型及产量等方面的决策。

本章将考察以下 6 个主题：

1. 企业的所有权和管理。企业的组织方式会影响到谁来充当企业的决策者以及企业的目标（比如是否追求利润最大化）。

2. 生产。企业从多种可行的技术中选出一种将投入转化为产出。

3. 短期中的生产。在短期中，只有某些投入是可变的，企业通过调整可变投入来改变产出。

4. 长期中的生产。在长期中，当所有要素都可变时，企业在如何生产及如何改变产出水平方面就更具灵活性。

5. 规模收益。产出与投入的比率随着企业规模变化而变化的情况是决定企业规模的一个重要因素。

6. 生产率和技术变迁。既定数量的投入所能生产的产出因企业和时间而异。

6.1 企业的所有权和管理

企业（firm）是将劳动、原材料和资本这样的投入转化为产出（其出售的商品或者服务）的组织。美国钢铁公司（U. S. Steel）用铁矿石、机器设备和劳动来生产钢铁，一家本地餐馆将买来的生鲜加以烹饪之后卖给顾客，一名园艺设计师领着雇来的园丁将租到的设备和买来的各种树木运送到顾客家中，并对整个制作过程进行监督。

☐ 私营、公有和非营利企业

> 无神论是一个非先知的组织。
>
> ——乔治·卡林（George Carlin）

企业在私营部门、公共部门和非营利部门运营。私营部门有时也被叫作营利性私有部门，它由个人或其他非政府团体所有，以追求利润为目标。本书自始至终研究的都是这类企业。差不多在所有的国家中，这些企业都是国内生产总值（GDP，衡量国家总产出的指标）的主要贡献者。

公共部门包括由政府或政府机构所有的企业或组织。例如，美国铁道客运公司（National Railroad Passenger Corporation，Amtrak）主要由美国政府所有。军队和法院系统也是公共部门的一部分，大部分的中小学校、学院和综合性大学也是如此。

非营利部门（nonprofit/not-for-profit sector）既不为政府所有，又不以营利为目的。这些部门的机构通常以社会或公众利益为目标。绿色和平组织（Greenpeace）、嗜酒者互诚协会（Alcoholics Anonymous）、救世军（Salvation Army）就是代表性的例子，此外还有慈善、教育、健康、宗教类的组织。根据美国经济分析局（U. S. Bureau of Economic Analysis）2016 年的数据，私营部门创造了美国国内生产总值的 75%，政府部门贡献了 12%，而非营利组织和家庭贡献了余下的 13%。

有时这三个部门在同一行业中都扮演着重要的角色。例如，在美国、英国、加拿大等国，营利性医院、非营利性医院和政府所有的医院并存。一家企业可以部分由政府所有，部分由私人资本所有。比如在 2007—2009 年的经济衰退期间，美国政府就持有了金融和汽车行业中的一些公司的部分股权。

应用案例

中国的国有企业

1978 年以前，中国的工业企业实际上尽数为国有企业。从那以后，中国开始向市场经济转型，私营企业的作用逐渐增强，国有企业的数量急剧减少，只保留了规模最大的那些。到 1999 年，国有企业数量仅占中国工业企业数量的 36%，但控制着近 68% 的工业资产。2000 年以来，中国政府允许小型国有企业私有化或破产，同时继续对大型国有企业进行补贴。截至 2014 年，国有企业数量仅占工业企业数量的 5% 左右，但持有的工业资产仍高达 40%。

□ 营利性企业的所有权

企业的法律结构决定了谁对债务负责。私营部门企业的组织形式在法律上不外乎下列三种基本形式：个人独资、合伙制以及公司。

个人独资（sole proprietorship）企业是由一个人拥有的企业。

合伙（partnership）企业是由两个或两个以上合伙人共同拥有和控制的企业，企业在合伙协议的框架内运营。

公司（corporations）是指企业由持有其股票的股东（shareholder）所有，每一股构成企业一单位所有权。因此，股东的所有权与其持有的股票份额成比例。股东选取董事会来代表他们，而董事会通常会雇用经理人来管理公司的运营。有的公司很小，只有一个股东；而有的公司很大，股东成千上万。公司的法定名称通常包括公司或有限公司的字样，以表明其性质或现状。

公司的一个基本特征是所有者并非以个人财产对公司债务负责。他们承担**有限责任**（limited liability）：一旦破产，所有者的个人资产不会被用来偿还公司的债务。因为是有限责任，破产后股东的最大损失也只是他们当初购买的股票，这些股票在公司破产后常常会变得一文不值。[1]

有限责任的目的是使企业能够筹集资金，并使其发展不受如下情形限制：所有者冒着其个人资产可能受所投资的公司经营状况影响的风险。根据美国国税局（Internal Revenue Service）的最新统计数据，截至 2016 年，公司在数量上只占全部非农业企业的 18%，但营业收入占 81%，净营业收入占 61%。非农业个人独资企业占企业总数的 72%，但营业收入只占 4%，净收入占 10%。合伙企业占企业总数的 10%，营业收入占

---

[1] 近年来，美国（1996 年以来）、英国（2000 年以来）等一些国家开始允许个人独资企业、合伙企业或公司注册成为有限责任公司（LLC）。这样，所有企业——并非只有公司——目前都只承担有限责任了。

15%，净收入占 29%。

正如这些统计数字所表明的，大企业往往是公司，小企业往往是个人独资企业。这种模式反映了企业生命周期的自然演变，企业家可以以独资形式创办一家小企业，然后随着经营规模的扩张而转变成一家大企业。事实上，成功的公司通常都不断扩张，美国经济的大部分收入都由为数不多的大企业所创造。

□ 企业的管理

在小企业中，所有者往往也参与企业的经营管理。而在大企业（特别是公司和较大的合伙企业）中，企业的经营往往由一个管理者或者管理团队来完成。在这样的企业里，所有者、经理人以及更低层的主管都是决策者。

决策者的目标之间可能会有冲突，对所有者最有利的行为不见得对经理人或其他雇员也最有利。比如，经理人可能想要一间豪华的办公室、一辆专车、一架专机和其他津贴，但所有者可能会出于对公司利润的考虑反对他们这样做。

如果经理人追求的是个人的目标而不是企业的目标，所有者就会解雇他。在公司里，董事会应该确保经理人的行为不会背离企业的目标。如果经理人和董事会把企业经营得一塌糊涂，股东就可以把他们全部解雇，或者在股东年度大会上以投票的方式直接改变某些政策。在第 20 章之前，我们会把经理人和所有者之间可能存在的这种冲突搁置一旁，不予考虑。我们认为所有者就是公司的管理者，全部的决策均出自他们之手。

□ 所有者的目标

经济学家通常假设企业所有者的目标是利润最大化。他们认为，大多数人投资企业的目的就是赚钱，钱不怕多，越多越好。他们希望企业盈利（正利润）而不是亏损（负利润）。企业的**利润**（profit，π）是收入（R）和成本（C）之差，R 是出售产品获得的销售收入，C 是购买劳动、原材料和其他投入所支付的成本。

$$\pi = R - C$$

通常，企业收入是价格 p 和销售量 q 的乘积：$R = pq$。

实际上，某些所有者可能还有其他目标，比如尽可能地把企业做大、拥有一间豪华的办公室或者保持低风险。不过我们会在第 8 章说明，一家竞争性企业要是不按利润最大化的方式行事，就极有可能会关门停产。

要最大化自己的利润，企业必须像我们在本章所述的那样，尽可能地提高生产效率。在技术知识和生产组织不变的情况下，如果企业无法用更少的投入生产出同样的产出，我们就说该企业是**生产有效的**（efficient production），或者实现了**技术效率**（technological efficiency）。同样，在投入要素既定的情况下，如果利用已有的知识不能使产出增加，也可以说企业是生产有效的。

若企业不能有效生产，就无法实现利润的最大化，有效生产是利润最大化的必要条件。即便企业有效地生产了既定的产出，但如果产出过高或过低，又或者使用了较昂贵的投入，则同样不能实现利润最大化。因此，有效生产本身并不是确保企业实现利润最大化的充分条件。

企业可以雇用工程师和其他专家，利用熟知的方法或技术找出最有效的生产方式。不过这些知识并不意味着每一种使用不同投入组合的技术都能使企业以最小的成本生产或者获得最大的利润。如何以最小的成本生产属于一种经济决策，该决策往往由企业的经理做出（参见第 7 章）。

6.2 生产

企业使用技术或生产工艺将投入或生产要素转化为产出。投入多种多样，但绝大多数都可以被归为以下三大类：

- 资本服务（K）：像土地、建筑物（工厂、店铺等）和设备（机器、卡车等）这样可长期使用的投入。
- 劳动服务（L）：由经理人、技术工人（建筑师、经济学家、工程师、管道工等）和非技术工人（门卫、建筑工人、生产线工人等）提供的劳动。
- 原材料（M）：自然资源和初级品（油、水、小麦等）、加工品（铝、塑料、纸张、钢铁等），它们被用于生产或者组合在一起加工成最终的产品。

出于简化的目的，我们一般用资本指代资本服务，用劳动指代劳动服务。

产出既可以是服务（service，比如机械工提供的机动车修理服务），也可以是有形的产品（physical product，比如电脑芯片或薯片）。

☐ 生产函数

企业有多种方式可将投入转化为产出。不同的糖果公司虽然都会雇用一名技术总监、经理人和一些非技术工人，有的还会雇用技术工人并使用先进设备，但它们在工人的技能和设备数量方面还是会存在差异。在小的糖果企业中，糖果的定型、装饰、包装乃至装箱都是由技能相对较低的工人完成的；在稍微大一点的企业里，他们用几十年前被发明的传送带等设备完成各项工作；而在现代化、大规模的工厂中，工人们会使用机器人和其他尖端设备，设备的维修和保养由高级技工负责。在决定用哪种生产工艺之前，企业先要考虑它的各种选择。

生产函数（production function）概括了将投入转化为产出的各种方式，它指在当前既定的技术和组织条件下投入量和最大产出之间的关系。只使用劳动和资本的企业，其生产函数是：

$$q = f(L, K) \tag{6.1}$$

它表示使用 L 单位的劳动（技能相对较低的生产线工人的工作天数）和 K 单位的资本（传送带的数目）能够生产出 q 单位的产出（包装好的糖果）。

因为生产函数只概括了有效率的生产工艺，因此，它表示既定劳动和资本所能够生产的最大的产出。一家利润最大化的企业对无效率和浪费投入的生产工艺没什么兴趣：如果一个工作只需要一名工人就能有效完成，它可不想雇两名工人。

☐ 投入随时期的变动

企业在长期要比在短期更容易调整它的投入量。一般来说，企业所使用的原材料和低技能工人的数量能很快调整，但要想搜寻和雇用一些技术工人、订购新设备或者新建一家工厂，这就需要花点时间了。

调整的时间越长，企业能改变的生产要素就越多。**短期**（short run）指至少有一种生产要素实际上不可变的短暂时期。在短期中，保持不变的生产要素被称为**固定投入**（fixed input）。相反，**可变投入**（variable input）是在一定时期内，企业可以轻易地对其数量进行调整的生产要素。**长期**（long run）是可以改变所有投入要素数量的一个时期。在长期中，没有固定投入，所有的生产要素都是可变投入。

一家装修公司某一天突然接到很多工程，远多于平时。即便它想干，但因为时间有限，它不可能再去买或者租一辆卡车，也无法再去买一台用来操作电动喷雾器的压缩机，这些投入在短期都是固定的。为了按时完工，只有用公司唯一的一辆卡车载来一个临时工，再配备一把刷子和一桶涂料，参与到最后的工作中。不过，在长期，企业可以调整所有的投入，如果每天想要粉刷更多房间，它会多雇用一些正式工，再买一辆卡车和压缩机，并买一台电脑来跟踪和监测所有的项目。

让所有的投入都可变需要花一段时间，时间的长短取决于企业所用的生产要素。对于像门卫服务这样的工作来说，主要的投入只有劳动，长期也非常短。相反，一家汽车制造厂可能要花好几年的时间来建造一个新工厂，或者设计并且制造一款新车。而种植阿月浑子树*的果农想收获树上结出的开心果，起码先要十余年的苦心经营。

对很多企业来说，一个月的时间足以改变原材料和劳动的投入量。但后者并不总是可变投入，找一个技能高超的熟练工人很花时间。同样，资本也可能是可变投入或者固定投入。企业能很快租到小型设备（卡车和个人电脑），但是要获得大型资本设备（如建筑物和大型专业设备），可能要花好几年的时间。

为了说明企业在长期比在短期更灵活，我们要对等式 6.1 所代表的生产函数进行仔细的研究。在等式中，产出仅是劳动和资本的函数，观察的顺序是先短期再长期。

6.3 短期中的生产

短期中至少有一种投入是固定的。我们来考察一个只有两种投入的生产情形。在短期中，资本是固定投入，劳动是可变投入，企业只能通过增加劳动的数量来扩大产出。它的短期的生产函数是：

$$q = f(L, \overline{K}) \tag{6.2}$$

其中，q 代表产出，L 是劳动的数量，$\overline{K}$ 是固定的资本的数量。

为了说明短期生产的情况，我们来考察一家为某制造商组装电脑的企业，该制造商为其提供必要的零部件，如电脑芯片和磁盘驱动器。在短期中，企业不能增加它的资本——8 个全部配备完好的工作台，配有工具、电子探测器和其他测试电脑的设备，但企业可以用下列方式来增加产量：多雇用一些工人，或提高在岗工人的工资从而让他们加班。

□ 总产量

产出（output）或总产量（total product）同劳动之间的具体关系可以用一个特定的

---

* 开心果树的学名。——译者注

函数（比如等式6.2）、表格或图形来概括。表 6.1 说明了当资本固定时，一家企业的产出和劳动之间的关系。第一列是固定数量的资本：8 个配备完好的工作台。当工人的人数或劳动量（第二列）增加时，总产量——一天组装的电脑数量（第三列）——先增后减。

表 6.1 资本固定时劳动的总产量、边际产量和平均产量

资本，$\overline{K}$	劳动，L	产出，劳动的总产量，q	劳动的边际产量，$MP_L = \Delta q/\Delta L$	劳动的平均产量，$AP_L = q/L$
8	0	0		
8	1	5	5	5
8	2	10	13	9
8	3	36	18	12
8	4	56	20	14
8	5	75	19	15
8	6	90	15	15
8	7	98	8	14
8	8	104	6	13
8	9	108	4	12
8	10	110	2	11
8	11	110	0	10
8	12	108	−2	9
8	13	104	−4	8

没有工人，一台电脑也组装不了。1 名工人利用企业的设备每天可以组装 5 台电脑。随着工人人数的增加，产量也在增加：1 名工人每天组装 5 台电脑，2 名工人每天组装 18 台，3 名工人每天组装 36 台，等等。利用现有的资本设备，企业每天最多能组装 110 台电脑，需要 10 或 11 名工人。若再增加人手，反而会因为人浮于事、相互妨碍而导致产量下降。表中的虚线表明，企业最多会雇用 11 名工人，再多就没有效率了。也就是说，该生产函数（只涉及有效率的生产）所包括的工人不会超过 11 名。

□ 劳动的边际产量

还可以用另外两个概念来说明增加一名工人对总产量的影响：（劳动的）边际产量和（劳动的）平均产量。管理者在决定是不是多雇用一名工人之前，先要了解多一名工人（$\Delta L = 1$）能够增加多少产出（Δq）。也就是说，管理者想知道**劳动的边际产量**（marginal product of labor，MP_L）：在其他要素（资本）不变的情况下，多使用一单位劳动（ΔL）所带来的总产出的变化量（Δq）。当工人数量增加 ΔL 时，产出变化了 Δq，则单位工人的产出变化量是[①]：

$$MP_L = \frac{\Delta q}{\Delta L}$$

如表 6.1 所示，工人的数量从 1 增加到 2，$\Delta L = 1$，产出增加了 $\Delta q = 18 - 5 = 13$，所以劳

---

① 利用长期生产函数 $q = f(L, K)$ 可以计算出劳动的边际产量的微积分定义 $MP_L = \partial q/\partial L = \partial f(L,K)/\partial L$，其中资本是固定的，为 K。在短期内，当资本固定在 $\overline{K}$ 时，我们可以将生产函数表示为仅仅是劳动的函数，$q = f(L, \overline{K}) = \hat{f}(L)$。因此，在短期内，$MP_L = \mathrm{d}q/\mathrm{d}L = \mathrm{d}\hat{f}/\mathrm{d}L$。

动的边际产量等于 13。

对于线性生产函数 $q = f(L, K) = 2L + K$，假设资本固定在 $\overline{K} = 100$，求出企业短期的生产函数以及劳动的边际产量。

解答：

1. 令 $\overline{K} = 100$，求出短期的生产函数。短期生产函数为 $q = 2L + 100$。

2. 说明当 L 增加 ΔL 单位时 q 如何变化，以此确定劳动的边际产量。当劳动为 $L + \Delta L$ 时，产出为 $q = 2(L + \Delta L) + 100$。求出该产出与劳动投入量为 L 时的产出 $(q = 2L + 100)$ 之差，有 $\Delta q = [2 \times (L + \Delta L) + 100] - (2L + 100) = 2\Delta L$。因此，劳动的边际产量 $MP_L = \Delta q / \Delta L = 2$。[①]

劳动的平均产量

管理者在雇用一名工人之前，要知道产出是否会和劳动同比增加，而只有在确定了多一名工人对劳动的平均产量的影响后，企业才可能回答这个问题。**劳动的平均产量**（average product of labor, AP_L）指产出同生产这些产出的劳动数量之比：

$$AP_L = \frac{q}{L}$$

在表 6.1 中，9 名工人每天可以组装 108 台电脑，所以这 9 名工人的劳动的平均产量是 12（= 108/9）台电脑。10 名工人每天可以组装 110 台电脑，劳动的平均产量是 11（= 110/10）台电脑。因此，工人从 9 人增加到 10 人后，每名工人的平均产量下降。

生产曲线的图示

图 6.1 和表 6.1 说明了劳动的总产量、平均产量和边际产量如何随着工人数量的变化而变化。（图中的曲线之所以是光滑的，是因为企业可以通过仅在一天中的某段时间内雇人的方法来将"一单位工人"不断细分。）图 6.1（a）中的曲线说明了劳动变化对总产量的影响，劳动的总产量指既定数量的劳动所能生产出的产出数量（或总产量）。产出随着劳动的增加而增加，一直到 B 点达到最大值——11 名工人组装了 110 台电脑。从这之后，再增加工人，组装的电脑数量会下降。

图 6.1（b）则显示了工人数量变化对劳动的平均产量和边际产量的影响。我们用一些平行线把两个图连接起来，因为它们的横坐标相同，都是每天的工人数量，但纵坐标不同，图 6.1（a）的纵坐标是总产量，图 6.1（b）的纵坐标是劳动的边际产量和平均产量（即单位劳动的产出）。

增加劳动的效应

在多数生产过程中，劳动的平均产量会随着劳动的增加先升后降。图 6.1 中 AP_L 曲线最初上升的一个原因是，组装电脑时增加一名工人可绝不仅仅是多了两只手那么简单，一名工人固定住部件，另一名工人上螺丝，这样产出增加的比率就会更高，所以劳动的

[①] 我们可以通过短期生产函数对劳动求微分得出同样的结果：$MP_L = \mathrm{d}(2L + 100)/\mathrm{d}L = 2$。

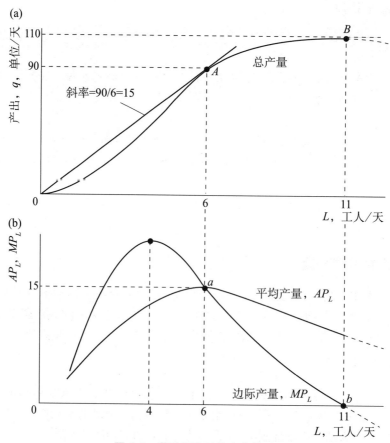

图 6.1　劳动可变时的生产关系

（a）劳动的总产量曲线显示了不同数量的工人 L（每天工作 8 小时）使用 8 台配备完好的工作台可以组装出的电脑的数量 q（参见表 6.1 中的第 2、3 列）。在图中，当增加工人会减少装机数量时，总产量曲线为虚线，表示这种生产是没有效率的，也不是生产函数的一部分。原点到 A 点连线的斜率是 6 单位工人的劳动的平均产量。（b）在平均产量曲线达到最高点的时候，劳动的边际产量（$MP_L = \Delta q / \Delta L$，表 6.1 中的第 4 列）等于劳动的平均产量（$AP_L = q/L$，表 6.1 中的第 5 列）。

平均产量上升。就像表 6.1 所显示的那样，工人数量从 1 到 2，增加 1 倍，而产量则从 5 到 18，增加大于 1 倍，劳动的平均产量也从 5 增加到 9。

同样，由于生产活动的专业化程度提高，产出增加的比率最初会高于劳动增加的比率。随着专业化程度的加深，工人对分配给他的任务日臻熟练，而且由于避免了在不同的工作之间来回移动，时间也大大节省了。

不过，随着劳动数量的不断增加，工人在使用某一设备之前要先等上一段时间，而且工作上彼此之间可能会互相妨碍，产出的增长速度会逐渐降下来，甚至落后于工人的增长速度。在图 6.1 中，当工人的数量超过 6 人时，产出增加的比率就小于劳动增加的比率，平均产量下降。

如果使用的人数超过 11 人，再增加工人会使工作场所更加拥挤不堪，总产量曲线下降。人太多反而没有效率，所以这部分曲线用虚线来表示，表明该阶段并不是生产函数的一部分，生产函数只包含劳动和资本的有效组合。与之类似，平均产量曲线和边际产量曲线的虚线部分也是无关紧要的，因为没有企业会雇用这么多工人而使产量降低。

中级微观经济学（第八版）

148

生产曲线之间的关系

图 6.1 中的三条曲线在几何上是相关的。我们先用图 6.1（b）说明劳动的平均产量曲线和边际产量曲线之间的关系，然后再把图 6.1（a）和图 6.1（b）结合起来说明劳动的总产量曲线同另外两条曲线之间的关系。

如果增加一名工人带来的产出增加量——该工人的边际产量——比原来的平均产量大，增加的这名工人就提高了平均产量。同理，如果新增一名工人的边际产量比原来的平均产量小，劳动的平均产量就会下降。进而，当劳动的边际产量曲线位于平均产量曲线上方时，平均产量上升；当劳动的边际产量曲线位于平均产量曲线下方时，平均产量下降，所以劳动的平均产量会在图 6.1（b）中的 a 点达到一个极值，而劳动的边际产量曲线正好穿过该点。（参见附录 6A 的数学证明。）

用劳动的总产量曲线能确定劳动的平均产量。L 单位工人的平均产量等于图 6.1（a）中 L 单位工人在劳动的总产量曲线上的点与原点连线的斜率。这条直线的斜率等于产出量除以工人的人数，这也正是劳动的平均产量的定义。例如，从原点到 A 点（$L=6$，$q=90$）画出的直线的斜率是 15，它等于 $q=90$ 的"竖直距离"除以 $L=6$ 的"水平距离"。在图 6.1（b）中 a 点就是 6 名工人的劳动的平均产量，等于 15。

劳动的边际产量在几何上也可以用劳动的总产量曲线来解释。总产量曲线上既定一点的斜率 $\Delta q / \Delta L$ 就是劳动的边际产量。也就是说，劳动的边际产量等于总产量曲线上该点切线的斜率。例如，在图 6.1（a）中的 B 点，总产量曲线的切线是水平的，所以当劳动数量为 11 人时，劳动的边际产量是 0：增加劳动对产出没有任何影响。当人数少于 11 时，总产量曲线向上倾斜，劳动的边际产量为正。如果企业愚蠢到雇了 11 名以上的工人，则总产量曲线向下倾斜（虚线），MP_L 为负：增加工人会降低产出。再说一遍，这段 MP_L 曲线可不是生产函数的一部分。

当人数为 6 时，劳动的平均产量等于边际产量，原因在于图 6.1（a）中原点到 A 点的连线恰好也是总产量曲线的切线，所以那条直线的斜率（15）就是图 6.1（b）中 a 点对应的劳动的边际产量和劳动的平均产量。

□ 边际收益递减规律

"边际收益递减规律"大概是使用频率仅次于"供给等于需求"的经济学术语了。当企业使用越来越多的劳动时，这个规律决定着劳动的总产量曲线和边际产量曲线的形状。

边际收益（或边际产量）递减规律认为，当所有其他的投入和技术保持不变时，随着企业不断增加一种投入，对应的产出增加量最终会越来越小。也就是说，如果只增加一种投入，该投入的边际产量终将递减。

在表 6.1 中，如果企业的工人从 1 增加到 2，劳动的边际产量是 13。如果再多雇用 1 名或 2 名工人，边际产量继续增加：第 3 名工人的边际产量是 18，第 4 名工人的边际产量是 20。不过，一旦企业将工人增加到 4 人以上，边际产量就会下降：第 5 名工人的边际产量是 19，第 6 名工人的边际产量是 15。超过 4 名工人，每多一名工人增加的产出越来越少，所以劳动的总产量曲线上升的幅度越来越小。当增加到 11 名工人时，边际产量是 0。简而言之，边际收益递减规律认为，如果企业连续增加一种投入，则产出的增加量会变得越来越小。新增劳动的递减收益可能是由于大量工人共用少数几台设备或者过分拥挤，互相妨碍对方工作而造成的。因此，随着劳动使用量增加到一定程度后，边际产量曲线近似于0，相应的总产量曲线也趋于水平。

不幸的是，很多人在用这条经验规律时都多少有些夸大其词，他们常说"收益递减"而不是"边际收益递减"，这两句话的意思截然不同。随着劳动增加，当边际收益递减但为正时，总产量会继续增加。在图6.1（b）中，一旦人数多于4人（但不超过11人），边际产量开始递减，但总产量［如图6.1（a）所示］仍然增加。直到劳动投入超过11人时，边际收益为负。收益递减意味着增加劳动会减少产出，工人数量在11人以上时（总）收益递减，对应着图6.1（a）中的虚线那部分。

因此，"收益递减"是一个比"边际收益递减"更强的命题。我们对企业在生产中出现劳动的边际收益递减的情况司空见惯，但很少看到总收益递减的情况，因为它完全可以用更少的投入生产出更多的产品。

由于托马斯·马尔萨斯（Thomas Malthus）的影响巨大，很多人对边际收益递减规律的表述都是错误的。

常识性谬误：边际产量随着投入的增加一定会下降。

如果在技术和其他投入不变的情况下只增加某一种投入的数量，这个观点成立；要是同时增加劳动和其他要素的数量，或者使用更先进的技术，则劳动的边际产量有可能会上升。

应用案例

马尔萨斯和绿色革命

托马斯·马尔萨斯是一位牧师，同时也是现代史和政治经济学教授。他在1798年预测到，由于土地的数量有限，（不加控制的）人口增长将超过食物增长，原因在于固定不变的土地数量会导致劳动的边际产量递减，进而产出增加的比率小于农民增加的比率。于是马尔萨斯得出了饥荒必将发生这样一个看似冷酷的结论。Brander和Taylor（1998）认为，500年前的复活节岛出现过类似的灾难。

与马尔萨斯生活的时代相比，今天世界人口已经增长了6倍，可为什么我们绝大多数人还没有饿死呢？一个简单的解释是，我们今天用更少的土地和劳动所能生产的粮食都比马尔萨斯生活的年代多得多。今天美国农场工人的产量是50年前普通工人产量的两倍多。我们没有看到劳动的边际收益递减，是因为农业的技术进步和农民更多地使用化肥、资本和良种等投入，生产函数发生了变化。

在200年前，为了不致挨饿，绝大部分人都必须从事农业生产。而如今，美国人口中只有不到1%的人还在从事农业生产。在20世纪，多数发达国家的粮食增长的速度远高于人口的增长速度。例如，第二次世界大战以来，美国人口数量翻了一番，而同期的粮食产量却增长了2倍。

在1850年的美国，生产100蒲式耳玉米所需的劳动量超过80小时。后来机械动力的出现使劳动的投入减半。而因为引进了杂交品种和化学肥料，并且在除草剂和杀虫剂方面取得进步，劳动需求再次减少了一半。抗药和抗虫作物的种植与生物技术一道，使得今天再生产同样数量的玉米只需大约两小时的劳动——仅相当于1850年的2.5%。在过去的60年里，单位劳动的产量增加了一倍多，每英亩玉米产量增加了6.2倍。

当然，饥荒的风险在发展中国家更为严峻。几乎全世界98%的饥饿人口生活在发展中国家。幸运的是，有一个人要以一己之力去战胜马尔萨斯式的灾难的威胁。你知道是谁拯救了这一个、一百个生命吗？你知道历史上谁拯救的人最多吗？据估计，在 20 世纪的后 50 年，诺曼·博洛格（Norman Borlaug）及其科学家同事掀起的"绿色革命"拯救了近 10 亿人的生命。他们通过发展抗旱、抗病虫害的农作物，改良灌溉技术，更好地使用化肥和农药，以及改进机器设备等手段来提高产量。

不过，诚如博洛格博士在 1970 年获得诺贝尔奖时的演讲中所说的那样，仅仅凭高科技还不足以消除饥荒，一个健全的经济体制和稳定的政治环境也必不可少。

经济和政治上的失败，像战争造成的经济上生产和分配系统的分崩离析，导致了 2014 年至 2016 年全世界 1/9 的人营养不良，1/5 的非洲人整体营养不良，2/5 的非洲中部人营养不良。如果这些经济和政治问题不能够得到解决，歪打正着，马尔萨斯没准就是对的。

6.4 长期中的生产

我们对生产函数的分析始于对短期生产函数的关注。在短期中，一种投入（资本）固定，而另一种投入（劳动）可变。不过到了长期，两种投入都可变。正是因为这样，企业可以用不同的方式来生产既定的产出：多用劳动少用资本，或多用资本少用劳动，或两者都适度用一些。也就是说，企业可以用一种投入代替另一种投入来保持产出不变，就如同一个消费者可以用一种商品替代另一种商品来维持效用水平不变一样。

一家企业通常可以用不同的方式组织生产，有些用的劳动会比较多。比如，某木材场要在一小时内生产 200 块木板，用手锯的方式需要 10 名工人，用电锯的方式需要 4 名工人，而用机床的话，2 名工人即可。

我们用表 6.2 来说明一家企业在投入上的替换能力，该表显示了企业每天以不同的劳动和资本的组合生产出的产量。表的第一行是劳动投入量，第一列是资本投入量。表中列出了企业为生产 24 单位产出可用的 4 种不同的劳动和资本的投入组合，分别是：（a）1 单位劳动和 6 单位资本；（b）2 单位劳动和 3 单位资本；（c）3 单位劳动和 2 单位资本；（d）6 单位劳动和 1 单位资本。

☐ 等产量线

在图 6.2 中，有 4 种劳动和资本的投入组合位于 $q=24$ 这条曲线上，分别标记为 a、b、c 和 d。我们把这样的曲线叫作**等产量线**（isoquant）：由能生产出同样产出水平（量）的资本和劳动的有效组合所构成的曲线。如果生产函数是 $q=f(L, K)$，当产量恒等于 $\bar{q}$ 时，等产量线的公式为：

$$\bar{q}=f(L, K)$$

等产量线刻画了一家企业在生产既定产出时的灵活性。图 6.2 画出了对应 3 个不同产出水平的 3 条等产量线。因为企业的投入可以无限细分，所以这 3 条线都是平滑的曲线。

我们可以用等产量线来说明在短期当资本固定并且只有劳动可变时生产的情况。如表 6.2 所示，若资本一直是 2 单位不变，投入 1 单位劳动能生产 14 单位产出（图 6.2 中的 e 点），投入 3 单位劳动能生产 24 单位产出（c 点），投入 6 单位劳动能生产 35 单位产出（f 点）。因此，如果企业令一种要素保持不变而改变另一种要素的投入量，产量就会从一条等产量线移到另一条等产量线上；反之，如果企业增加一种要素投入而适当地减少另一种要素投入，就会处于同一条等产量线上。

表 6.2   两种可变要素的产出

资本，K	劳动，L					
	1	2	3	4	5	6
1	10	14	17	20	22	**24**
2	14	20	**24**	28	32	35
3	17	**24**	30	35	39	42
4	20	28	35	40	45	49
5	22	32	39	45	50	55
6	**24**	35	42	49	55	60

等产量线的性质

等产量线的大部分性质和无差异曲线类似，最大的不同在于等产量线表示产出不变，而无差异曲线表示效用不变。现在我们就讨论等产量线的三个主要特征，而这些特征大部分源于企业的有效生产。

第一，等产量线离原点越远，代表产出水平越高。也就是说，如果生产是有效率的，企业投入的越多，它所得到的产量就越多。在图 6.2 中的 e 点处，企业用 1 单位的劳动和 2 单位的资本生产了 14 单位的产出。如果让资本保持不变，再增加 2 单位劳动，它就会在 c 点的位置上生产，c 点必然处于一条更高的等产量线上（此处是 24 单位的等产量线），当然，条件是企业的生产是有效的，而且没有浪费增加的劳动。

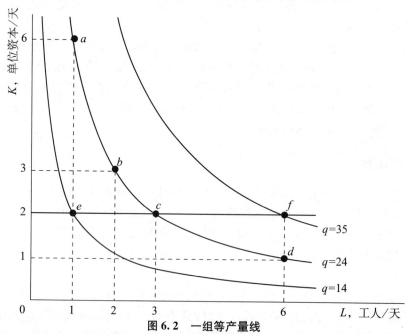

图 6.2   一组等产量线

图中这组等产量线说明了生产不同产出水平的劳动和资本的投入组合。等产量线离原点越远，代表产量越高。a、b、c 和 d 点是企业可用来生产 $q=24$ 单位产品的不同劳动和资本的投入组合。如果资本保持在 2 单位不变，将劳动从 1 单位（e 点）增加到 3 单位（c 点），再增加到 6 单位（f 点），产出水平就会从 $q=14$ 变到 $q=24$，再变到 $q=35$。

中级微观经济学（第八版）

第二，等产量线不相交。相交与企业总是有效生产的要求不一致。比如，如果 $q=15$ 和 $q=20$ 的两条等产量线相交了，则企业用同样的劳动和资本的组合能生产出两种不同的产量。在它可以生产 $q=20$ 的情况下生产了 $q=15$ 单位的产量，其生产必定是无效率的，所以这一劳动和资本的组合不应落在 $q=15$ 的等产量线上，那条线上应该只包括有效率的投入组合。因此，效率条件要求等产量线不能相交。

第三，等产量线向下倾斜。如果等产量线向上倾斜，企业用相对较少或较多的投入都能生产出相同的产出，投入较多的生产就是无效率的。由于等产量线只表示有效率的生产，因而向上倾斜的等产量线是不可能的。实际上，同样的讨论也可以用来证明等产量线必须是很细（薄）的。

等产量线的形状

等产量线的弯曲程度（曲率）说明了企业用一种投入去替代另一种投入的难易程度。在生产工艺中还有两种极端的情况：完全替代和完全不能替代。

如果投入要素之间是完全替代的，每条等产量线都会是一条直线。假设产自缅因州的马铃薯（x）和产自爱达荷州的马铃薯（y）都是以"磅/天"来计量的，也都可用来做马铃薯沙拉（q），单位是磅，该生产函数可以表示为：

$$q=x+y$$

有三种方式都能生产出 1 磅的马铃薯沙拉：用 1 磅爱达荷州马铃薯而不用缅因州马铃薯；用 1 磅缅因州马铃薯而不用爱达荷州马铃薯；每种马铃薯都用 1/2 磅。图 6.3（a）中显示了 $q=1$、$q=2$、$q=3$ 几条等产量线。因为每少用 1 磅爱达荷州的马铃薯就需要增加 1 磅缅因州的马铃薯才能保持产量不变[1]，所以这些等产量线都是斜率为 -1 的直线。

不过，有时候用一种要素去替代另一种要素是不可能的：投入要素的使用必须按固定的比例，这样的生产函数也被称为固定比例生产函数。比如，要生产 1 箱 12 盎司重的谷物（q），所需要的投入是谷物（12 盎司/天）和纸箱（箱/天）。如果某家企业有 1 单位谷物和 1 个箱子，它可以生产 1 箱谷物；如果有 1 单位谷物和 2 个箱子，仍然只能生产 1 箱谷物。因此在图 6.3（b）中，唯一有效的生产点是 45°线上的圆点。[2]虚线表示如果等产量线也包含无效率的生产，等产量线就是直角形状的。

在其他生产过程中，投入要素之间是不完全替代的，等产量线是凸的（所以等产量线的中间部分比它是直线时会更靠近原点）。与直线形状的等产量线不同，其每点的斜率都不相同，多数等产量线都是平滑且向下倾斜的，从原点向外弯曲，介于直线（完全替代）和直角（完全不能替代）两种极端情形之间，如图 6.3（c）所示。

第6章

企业与生产

---

[1] 1 磅马铃薯沙拉的等产量线是 $1=x+y$，或 $y=1-x$，这个等式也说明了等产量线是斜率为 -1 的直线。

[2] 这种固定比例的生产函数表达式为：$q=\min(g, b)$，其中，g 代表以 12 盎司计量的谷物数量（天），b 代表箱子的数量（天）。函数的最小值意味着"g 或 b 的最小值"，比如，如果 $g=4$，$b=3$，则 $q=3$。

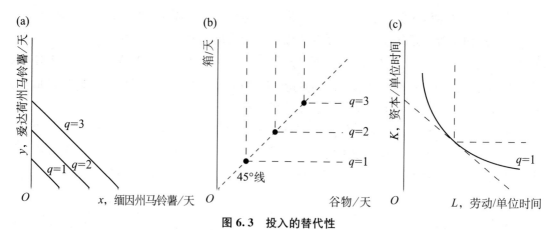

图 6.3　投入的替代性

（a）如果投入要素之间是完全替代的，则等产量线是直线。（b）如果投入要素完全不能替代，则等产量线是直角（虚线表明如果将无效生产也包括进来，则等产量线就是直角形状的）。（c）代表性的等产量线介于直线和直角两种极端情形之间。沿着一条等产量线，用一种投入替代另一种投入的能力不断变化。

应用案例

半导体集成电路的等产量线

我们可以用半导体集成电路（ICs，或 chips，它是计算机和其他电子设备的"大脑"）的等产量线来说明为什么等产量线由原点向外弯曲。半导体制造商买来硅片，然后用劳动和资本生产出芯片。

芯片由多层硅片组成，生产过程中的一个关键步骤是把它们排列起来。有三种可供选择的对齐技术，用的是不同的劳动和资本的组合。第一种是使用资本密集程度最低的技术，操作者会用一种叫作校准器的设备，他们通过显微镜观察并以手工的形式把涂层连接起来，每天生产 200 个 10 层芯片需要 8 名工人使用 8 个校准器。

第二种是资本密集程度相对较高的技术，它使用一种叫作光刻机的设备。光刻机会自动对齐各层。这项技术需要的劳动更少：每天生产 200 个 10 层芯片需要 3 名工人和 6 台光刻机。

第三种工艺的资本密集程度更高，它使用具有晶片传送功能的光刻机，这大幅度地减少了对劳动的需求。1 名工人利用 4 台晶片传送光刻机，每天能生产 200 个 10 层芯片。

在下页图中，纵轴表示所使用的资本量。从对资本的使用来看，校准器少于普通的光刻机，而普通的光刻机又少于具有晶片传送功能的光刻机。这三种技术都以固定比例使用劳动和资本。该图展示了与这三种技术相对应的三条直角形的等产量线。

不过，有些工厂会把这些技术结合起来使用：一些工人使用一种类型的机器，另一些工人使用别的类型的设备。用这种方法，半导体制造商可以用劳动和资本的中间组合来进行生产，就像弯折的实线型等产量线所描绘的那样。企业不会将校准器和晶片传送光刻机这两种技术结合起来使用，因为这种组合没有只使用光刻机的技术有效率（校准器和晶片传送光刻机这两种技术之间的连线要比校准器和光刻机之间的连线离原点远）。

新的工艺在不断出现，一旦被引入，等产量线就会有更多的弯折（一种新工艺就会有一个弯折），而且会越来越接近我们之前画的那种平滑的、正常形状的等产量线。

中级微观经济学（第八版）

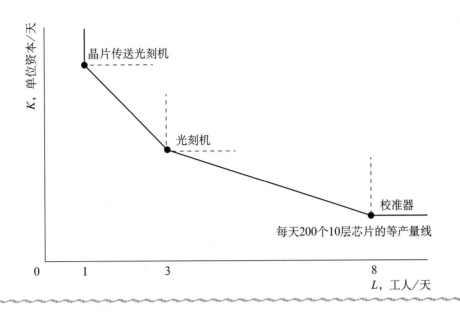

图中标注：

K，单位资本/天

晶片传送光刻机

光刻机

校准器

每天200个10层芯片的等产量线

0   1   3   8   L，工人/天

投入的替代

等产量线的斜率表明了企业在保证产出不变的情况下用一种投入替代另一种投入的能力。图 6.4 展示了美国一家服务公司的估计出来的等产量线，它说明了这种替代关系。该企业用劳动 L 和资本 K 来生产产出 q。[1] 等产量线表示生产 10 单位产出可用的 L 和 K 的不同数量的组合。

企业可以用 a 或 b 所代表的投入组合生产 10 单位产出。a 是 2 单位劳动和 16 单位资本。如果多用 1 名工人（$\Delta L=1$），就可以减少 6 单位的资本（$\Delta K=-6$）并保持产出不变，如 b 点。若将 a 点和 b 点连成一条直线，它的斜率是 $\Delta K/\Delta L=-6$。这个斜率告诉我们，如果多雇用 1 名工人，企业可以减少多少单位资本的使用（6 单位）。[2]

等产量线的斜率叫作**边际技术替代率**（marginal rate of technical substitution, $MRTS$）：

$$MRTS = \frac{资本的变化}{劳动的变化} = \frac{\Delta K}{\Delta L}$$

边际技术替代率告诉我们，在保持产出不变的情况下，企业多使用 1 单位劳动可以替代的资本的数量。因为等产量线向下倾斜，所以 $MRTS$ 为负。也就是说，如果企业想生产既定水平的产出，可以用更多的资本替代劳动（反之亦然）。

一条等产量线上各点的投入替代性

就像图 6.4 中的服务公司那样，在一条弯向原点的等产量线上，各点的边际技术替代率均不相同。如果企业最初处于 a 点的位置，它可以通过多雇 1 名工人而少用 6 单位资本来保持产出不变，这就移到了 b 点，$MRTS$ 为 -6。如果企业又多雇了 1 名工人，为

---

[1] $q=10$ 这条等产量线是根据有关"个人服务及其他服务"（如园艺、美发、洗衣等）的生产函数 $q=2.35L^{0.5}K^{0.4}$ 估计出来的（Devine et al., 2012），其中 L 的单位是人/天。由于资本 K 包括了各种机器，产出 q 代表了各种服务，所以没法用统一的标准作为计量单位。

[2] 等产量线上某点的斜率等于该点切线的斜率。因此，等产量线上相邻两点的连线就近似于等产量线的斜率。

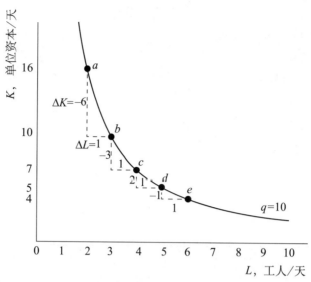

图 6.4　一条等产量线上各点的边际技术替代率的变化

　　从 a 点移动到 b 点，一家服务公司可以通过多用 1 名工人（ΔL=1）而少用 6 单位的资本（ΔK=−6）来生产同样数量的产出（q=10）(Devine et al., 2012)，因此它的 MRTS＝ΔK/ΔL＝−6。从 b 点移动到 c 点，MRTS 是−3。如果再增加 1 名工人，从 c 点移动到 d 点，MRTS 就等于−2。最后，如果从 d 点移动到 e 点，MRTS 是−1。因此，凸向原点的等产量线有着递减的边际技术替代率。也就是说，随着资本对劳动的比率下降，企业每增加 1 名工人所减少的资本数量越来越少。

了保持产出不变，它可以减少 3 单位的资本，从 b 点移动到 c 点，MRTS 等于−3。若企业从 c 点移动到 d 点，MRTS 等于−2。从 d 点移动到 e 点，MRTS 等于−1。随着企业不断增加劳动投入，MRTS 的绝对值沿着等产量线持续下降，这说明了边际技术替代率递减。企业使用的劳动越多，资本越少，用劳动替换剩余资本就越困难，等产量线也会变得越平坦。

　　在特殊情况下，等产量线是一条直线，此时边际技术替代率并不递减，因为在生产过程中，每一种投入的价值都不会上升，它们之间完全替代。例题详解 6.2 就说明了这个问题。

例题详解 6.2

　　企业用爱达荷州和缅因州的马铃薯生产沙拉，边际技术替代率会沿着等产量线而变化吗？等产量线上各点的 MRTS 是多少？

解答

　　1. 确定等产量线的形状。如图 6.3（a）所示，马铃薯沙拉的等产量线是直线形的，因为这两种马铃薯可完全替代。

　　2. 在形状的基础上，确定 MRTS 是否沿着等产量线保持不变。在直线形的等产量线上，每一点的斜率都相同，所以 MRTS 不变。

　　3. 确定每一点的 MRTS。我们在稍早之前已经说明了这条等产量线的斜率是−1，所以 MRTS 在等产量线上的各点处都是−1。也就是说，由于两种投入是完全替代品，1 磅爱达荷州马铃薯可以被 1 磅缅因州马铃薯代替。

中级微观经济学（第八版）

投入的可替代性和边际产量

我们现在要说明，边际技术替代率等于边际产量之比的负值。[1] 边际技术替代率告诉我们，一家企业为保持产出不变，增加一种投入可以减少的另一种投入的数量。我们知道了劳动和资本的边际产量，就可以确定为了抵消另一种投入的减少所必须增加的某种投入的数量。

因为劳动的边际产量 $MP_L = \Delta q / \Delta L$，是每增加 1 单位劳动所导致的产出的增加量，比如，如果 MP_L 等于 2，企业多雇用 1 名工人，则它的产出就增加 2 单位，所以如果企业多雇用 ΔL 名工人，它的产出就会增加 $MP_L \times \Delta L$。

同样，资本的边际产量 $MP_K = \Delta q / \Delta K$，这是在其他投入不变的情况下，增加一单位资本所带来的产出的增量。因此，如果劳动不变，资本减少，会导致产出下降 $MP_K \times \Delta K$。

如果企业通过增加劳动并减少资本的方式保持产出不变，$\Delta q = 0$，由资本减少所造成的产出下降必须正好等于由劳动增加所导致的产出增加：

$$MP_L \times \Delta L + MP_K \times \Delta K = 0$$

对各项进行整理，有：

$$-MP_L / MP_K = \Delta K / \Delta L = MRTS \tag{6.3}$$

即，边际技术替代率是边际产量之比的负值。

在图 6.4 中，沿着等产量线向右移动时边际技术替代率递减，现在可以用等式 6.3 来解释其中的原因。当人均占有的资本设备很少时，每台设备的价值都很高，资本的边际产量增加；同样，每台资本设备所用的工人越多，劳动的边际产量越低。随着不断地用劳动替代资本（沿着等产量线向右下方移动），资本的边际产量上升，劳动的边际产量下降，所以 $MRTS = -MP_L / MP_K$ 的绝对值下降。

柯布-道格拉斯生产函数

我们用一个特殊的生产函数——柯布-道格拉斯生产函数[2]——来解释如何确定 $MRTS$。

$$q = AL^a K^b \tag{6.4}$$

其中，A、a、b 均为正的常数。

在实证研究中，经济学家们已经发现，柯布-道格拉斯生产函数能准确地概括绝大部分行业的生产状况。在图 6.4 中，这家服务公司的估计的生产函数（Devine et al.，2012）可以写成柯布-道格拉斯形式的，$q = 2.35 L^{0.5} K^{0.4}$，也就是，$A = 2.35$，$a = 0.5$，$b = 0.4$。

常数 a、b 决定了劳动和资本的边际产量与平均产量的关系（参见附录 6C）。劳动的边际产量等于 a 乘以劳动的平均产量 $AP_L = q/L$：

$$MP_L = aq/L = aAP_L \tag{6.5}$$

同样地，资本的边际产量为：

$$MP_K = bq/K = bAP_K \tag{6.6}$$

就柯布-道格拉斯生产函数来说，如果保持产出 $\bar{q}$ 不变，沿着等产量线变动的边际技

---

① 微积分推导请参见附录 6B。

② 这个生产函数以它的发明者——数学家查尔斯·W. 柯布（Charles W. Cobb）和经济学家、美国参议员保罗·H. 道格拉斯（Paul H. Douglas）——的名字命名。

术替代率为：

$$MRTS=-\frac{MP_L}{MP_K}=-\frac{a\bar{q}/L}{b\bar{q}/K}=-\frac{a}{b}\frac{K}{L} \tag{6.7}$$

例如，对服务公司而言，$MRTS=-(0.5/0.4)K/L=-1.25K/L$。当我们沿着等产量线向右下方移动时，资本-劳动比 K/L 下降，所以 $MRTS$ 接近于零。

6.5 规模收益

截至目前，我们已经研究了在一种要素投入不变或减少的情况下，增加另一种投入的影响（从一条等产量线变为另一条等产量线，或沿着一条等产量线的移动）。接下来看这样一个问题：如果一家企业按一定比例增加了所有的要素投入，产出会变化多少。问题的答案会对企业确定它在长期中的规模有所帮助。

企业在长期中可以再建一个工厂并雇用与第一个工厂同样多的工人来增加产量。要不要这么做取决于企业产出增加的比例是大于、等于还是小于投入增加的比例。

□ 规模收益不变、递增和递减

如果当所有要素投入都增加一定比例时，产出也增加相同的比例，这个生产函数就呈现出**规模收益（或报酬）不变**（constant returns to scale）的特征。如果一家企业的生产技术 $q=f(L，K)$ 是规模收益不变的，则当企业将它的投入增加 1 倍时（比如，建一家完全相同的工厂并且使用相同数量的劳动和设备），企业的产出也会增加 1 倍：

$$f(2L，2K)=2f(L，K)=2q$$

我们可以检查一下马铃薯沙拉的生产函数是不是规模收益不变的。假设企业用 x_1 磅爱达荷州马铃薯和 y_1 磅缅因州马铃薯可以生产 $q_1=x_1+y_1$ 磅马铃薯沙拉。若两种投入均增加 1 倍，用了 $x_2=2x_1$ 爱达荷州马铃薯和 $y_2=2y_1$ 缅因州马铃薯，则产出也会随之增加 1 倍：

$$q_2=x_2+y_2=2x_1+2y_1=2q_1$$

因此，马铃薯沙拉生产函数呈现出了规模收益不变的特征。

如果产出的增加比例大于所有要素投入增加的比例，则这个生产函数就是**规模收益（或报酬）递增**（increasing returns to scale）的。如果一项技术能通过增加 1 倍的投入而使产出增加 1 倍以上，它就呈现出规模收益递增的特性：

$$f(2L，2K)>2f(L，K)=2q$$

为什么生产函数可能呈现出规模收益递增的趋势呢？一个原因是，企业固然可以用复制工厂的方式而使产出翻倍，但它更可能通过建造一个大一点的工厂从而使劳动和资本的专业化程度加强这样的途径来实现产出比翻倍还多。在两个小工厂的情境中，工人必须从事一些毫不相关的工作，比如所用机器设备的操作、维修和安装。而在后一种情况下（只有一个大工厂），有一些工人会专业化地从事机器的维修和安装，这样效率就提高了。同样，企业更可能在一个大工厂而非小车间里安装使用专业化的设备。

如果产出增加的百分比小于所有投入增加的百分比，生产函数就表现出**规模收益**

(或报酬)递减（decreasing returns to scale）的性质。技术方面会呈现出 2 倍的投入没能带来 2 倍的产出：

$$f(2L, 2K) < 2f(L, K) = 2q$$

规模收益递减的一个原因是，组织、协调和整合经济活动的难度会随着企业规模的扩大而增加。一个所有者在管理一家企业时可能得心应手，但同时管理两家企业时就会困难重重。从某种意义上说，所有者在经营大企业时所遇到的困难可能反映出我们对生产函数中某些因素的漠视，比如管理。当企业增加各种投入时，它并没有相应地增加管理上的投入。若果真如此，那么"规模收益递减"就的确是由固定投入所致。规模收益递减的另一个原因是大集体不像小团队运作得那么好，因为在小团队中，每一个人都要承担起更多的个人责任。

例题详解 6.3

根据方程 6.4（$q = AL^a K^b$）回答，柯布-道格拉斯生产函数分别在什么条件下会呈现出规模收益递减、不变和递增的性质？

解答

1. 说明当两种投入都增加一倍时，产出有何变化。如果企业最初使用 L 和 K 作为投入要素，它将生产 $q_1 = AL^a K^b$。当企业所用的劳动和资本的数量都增加一倍时，产出为：

$$q_2 = A(2L)^a(2K)^b = 2^{a+b} AL^a K^b = 2^{a+b} q_1 \tag{6.8}$$

因此，q_2 等于 2^{a+b} 乘以 q_1，如果我们设 $g = a + b$，那么方程 6.8 说明：

$$q_2 = 2^g q_1 \tag{6.9}$$

因此，如果投入翻倍，产出将增加 2^g 倍。

2. 给出一条确定规模收益的规则。如果 $g = 1$，我们从方程 6.9 中可以知道 $q_2 = 2^1 q_1 = 2q_1$，两种投入要素都增加一倍使产出增加一倍，因此柯布-道格拉斯生产函数呈现出规模收益不变的特征。如果 $g < 1$，那么 $2^g < 2$，则有 $q_2 = 2^g q_1 < 2q_1$，两种投入要素都增加一倍使产出增加不到一倍，因此柯布-道格拉斯生产函数呈现出规模收益递减的特征。比如，$g = 0.8$，$q_2 = 2^{0.8} q_1 \approx 1.74 q_1$，所以投入翻倍后，产出只变为原来的 1.74 倍。最后，如果 $g > 1$，那么 $q_2 > 2q_1$，柯布-道格拉斯生产函数呈现出规模收益递增的特征。例如，$g = 1.2$，$q_2 = 2^{1.2} q_1 \approx 2.3 q_1$。因此，确定柯布-道格拉斯生产函数的规模收益情况的规则是：如果 $g < 1$，规模收益就是递减的；如果 $g = 1$，规模收益就是不变的；如果 $g > 1$，规模收益就是递增的。

评论：对 g 的一个解释是，它表示产出对投入的弹性。如果所有投入都增加 1%，则产出增加 g%。例如，如果 $g = 1$，则所有投入增加 1%，产出也会增加 1%。

应用案例

不同行业的规模收益

规模收益的递增、不变和递减都是比较常见的现象。下表列出的是估计出的不同行业的柯布-道格拉斯生产函数及其规模收益情况。

	劳动，a	资本，b	规模，$g = a + b$
规模收益递减			
美国烟草[a]	0.18	0.33	0.51
孟加拉国玻璃[b]	0.27	0.45	0.72
丹麦食品和饮料[c]	0.69	0.18	0.87
中国高科技[d]	0.28	0.66	0.94
规模收益不变			
日本合成橡胶[e]	0.50	0.51	1.00
日本啤酒[e]	0.60	0.40	1.00
新西兰商品批发[f]	0.60	0.42	1.02
丹麦出版和印刷[e]	0.89	0.14	1.03
规模收益递增			
新西兰采矿[f]	0.69	0.45	1.14
孟加拉国皮革制品[b]	0.86	0.27	1.13
孟加拉国冶金[b]	0.98	0.28	1.26

a. Hsieh (1995)；b. Hossain et al. (2012)；c. Fox and Smeets (2011)；d. Zhang et al. (2012)；e. Flath (2011)；f. Devine et al. (2012)．

下图用等产量线来解释日本啤酒公司、美国烟草公司和孟加拉国的金属制品公司的规模收益情况。我们分别对劳动、资本及产出单位进行了测量，对于全部三家企业来说，在三个图中的 $q=100$ 的等产量线上，100 单位的劳动和 100 单位的资本生产了 100 单位的产出。这些图也说明了等产量线的间距决定了规模收益的大小。$q=100$ 和 $q=200$ 两条等产量线越接近，规模收益就越大。

在图 (a) 中，对于规模收益不变的啤酒公司来说，因为 $g=1$，投入增加 1% 将导致产出增加 1%。如果劳动和资本都增加一倍，从 100 单位增加到 200 单位，产出也将增加一倍，变为 $200 (=100 \times 2^1$，使用方程 6.9，初始产量乘以增长率)。

在图 (b) 中，对于烟草公司而言，$g=0.51<1$，生产函数是规模收益递减的。同样增加一倍的投入，产出仅增加为 $142 (\approx 100 \times 2^{0.51})$，产出增加的比例小于投入增加的比例。

在图 (c) 中，金属制品公司是规模收益递增的，因为 $g=1.26>1$。它的投入增加一倍，产出增加将超过一倍，达到 $239 (\approx 100 \times 2^{1.26})$，因此该企业的生产函数是规模收益递增的。

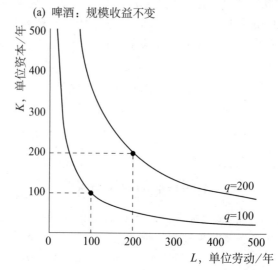

(a) 啤酒：规模收益不变

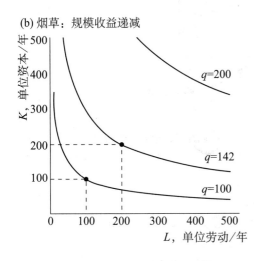

(b) 烟草：规模收益递减

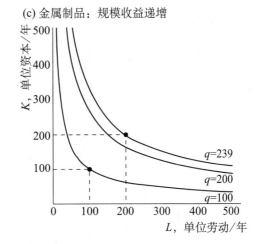

(c) 金属制品：规模收益递增

□ 规模收益的变化

在前面柯布-道格拉斯生产函数的例子中，规模收益的情况在所有产出水平上都是相同的。不过，在有的行业，生产函数的规模收益可能会随着产出水平的变化而变化。比如，一家企业可能在低产出水平上有递增的规模收益，在高产出水平上有递减的规模收益，而在中间阶段呈现出规模收益不变。

Sato 和 Söderbom（2012）发现，在瑞典，企业的规模越大，其规模收益越小。微型企业（少于 10 人）、小型企业（10～49 人）、中型企业（50～249 人）和大型企业的规模收益分别为 1.156、1.081、1.010 和 0.934。

很多生产函数都有这样的特点。当产量很小时，规模收益递增；当产量适中时，规模收益不变；而当产量较大时，规模收益递减。规模小的时候，通过增加劳动和资本，企业能从工人之间的协作以及工人和设备的专业化中获益，这也是专业化的收益，因而规模收益递增。随着企业的扩张，规模收益最终穷尽了。专业化不能带来更多的好处，所以技术呈现出规模收益不变的一面。如果生产规模继续扩大，所有者分身乏术，管理失调，生产表现为规模收益递减。

图 6.5 对这一变化模式进行了描述。等产量线的间距仍然反映规模收益的情况。企业最初只有 1 名工人和 1 台设备，位于 $q=1$ 的等产量线上的 a 点处，生产 1 单位的产出。如果企业将要素投入增加 1 倍，即 $L=2$ 和 $K=2$，产量位于通过原点和 a 点的虚线上，即 b 点所处的位置，此时产出增加 1 倍以上，达到 $q=3$，所以生产函数在这个阶段表现出规模收益递增的特点。如果投入继续增加 1 倍，到达 c 点，则产出也增加 1 倍，为 6 单位，因此生产函数在这个阶段是规模收益不变的。投入再增加 1 倍到 d 点，产出只增加了 1/3，$q=8$，因此生产函数在这个阶段是规模收益递减的。

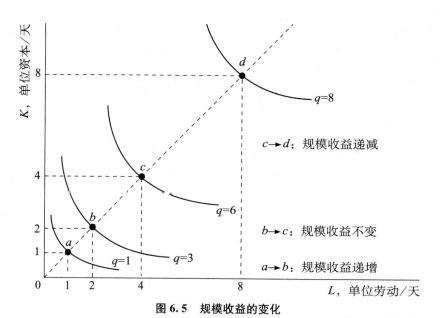

图 6.5　规模收益的变化

这个生产函数呈现出了变化的规模收益。开始时，企业用 1 名工人和 1 单位资本，在 a 点生产。随着投入的不断加倍，沿着虚线上的 b、c 和 d 点变动。当投入要素第一次增加 1 倍时，从 a 点到 b 点，产出增加大于 1 倍，从 q=1 变为 q=3，因此生产函数是规模收益递增的。接下来投入继续增加 1 倍，从 b 点到 c 点，产出也增加了 1 倍，规模收益不变。最后投入再增加 1 倍时，从 c 点到 d 点，生产函数表现出规模收益递减的性质。

6.6　生产率和技术变迁

企业可能会使用不同的技术和方法来组织生产，所以，即便投入量相同，不同企业的产量也会有所差别。而且，在技术或管理方面出现革新后，企业也会焕然一新，不同以往，生产能力会大大提高。

□ 相对生产率

在本章中，我们始终假设企业的生产是有效率的。如果一家企业想最大化自己的利润，它必须有效地生产。不过，即便每家企业在市场中都倾尽全力，它们的生产率也会有所不同，也就是说，在投入一定的情况下，一家企业的产出可能会多于另一家企业。

如果一家企业的管理者知道了一种组织生产的好方法，或者只有该企业可以使用一项新发明，它就可能比别的企业更具生产率。仅影响一部分企业的工会管理工作章程、种族或性别歧视、政府规制或是其他制度性约束都有可能降低这些企业的相对生产率。

不同市场的生产率差异可能源于竞争程度的不同。在竞争性市场中，企业进出市场都比较容易，没有效率的企业会因为亏损而被逐出市场。因此，留下来还在继续生产的企业必然有相同的生产率（见第 8 章）。而在缺乏竞争的寡头市场中，企业数量很少，新企业也无法进入，无效率的企业就可以生存下来，就会看见行业中存在一些生产率截然不同的企业。[①]

□ 创新

在生产过程中，企业会尽可能地使用最有效的技术和管理知识。这些技术和知识的进步被称为**技术进步**（technical progress），指用同样的投入生产出更多的产出。新产品的发明是技术创新的一种形式。在劳动和原材料不变的情况下，机械手的出现使汽车的产量增加，对生产过程的管理和组织的完善具有同样的效果。

技术进步

一项技术创新会改变生产工艺。某企业去年的产量是：

$$q_1 = f(L, K)$$

用 L 单位的劳动和 K 单位的资本生产了 q_1 单位的产品。由于有了新的发明，该企业今年的生产函数与去年有所不同，用同样的投入多生产了 10% 的产出：

$$q_2 = 1.1 f(L, K)$$

例如，Flath（2011）估计了日本制造企业的技术创新年增长率：电力铜为 0.91%，医药为 0.87%，钢管为 0.33%，水泥为 0.19%，啤酒为 0.08%。Shao 和 Lin（2016）估计，12 个发达国家的信息技术（IT）商品和服务行业的年均生产率增长率为 7.4%。

在投入要素比率不变的情况下，产出增加了，我们就说这家企业经历了中性技术进步（neutral technical progress）。例如，某次技术创新导致一种新型印刷机出现，它能够增加产出，但所用投入要素的比率仍和以前相同：一名工人与一台印刷机。在中性技术进步的例子中，因为出现了技术进步，企业产出的年增长率是 $10\% = \Delta q/q_1 = [1.1 f(L,K) - f(L,K)]/f(L,K)$。

中性技术进步不改变等产量线的形状。然而，现在的每一条等产量线均代表了更多的产出。例如，在图 6.5 中，如果存在中性技术进步，每一种投入组合都使得产出增加了一倍，那么从最低产量到最高产量，我们需要依次标出 $q=2$，$q=6$，$q=12$ 和 $q=16$。

非中性技术进步（nonneutral technical progress）是改变了企业所用投入要素的比率的一种创新。如果技术进步（相对于其他投入）节省了资本，我们就称它为资本节约型的。例如，手机的发展使得企业大量减少了对固定电话、传真机和电脑的使用，在提高产出的同时也降低了销售或维修工人的资本-劳动比率。

此外，技术进步也可以是劳动节约型的。Basker（2012）发现，杂货店使用了条形码扫描器之后，劳动的平均产量提高了大约 4.5%。2015 年，亚马逊在美国的 10 个仓库中使用了至少 1.5 万个机器人来搬运仓库中的货物，大大节省了人力。如今，机器人也在帮助医生迅速完成手术，缩短病人的康复时间。

应用案例

机器人和食物

机器人已用于制造业多年，眼下正逐渐在农业中站稳脚跟。一款名为 Agrobot 的草

[①] 参见 MyEconLab，Chapter 6，"German Versus British Productivity" 和 "U. S. Electric Generation Efficiency"。

莓采摘机器人售价约为 10 万美元，尽管价格不菲，但仍吸引着大量来自加州的买家。佛罗里达州的 Hackney Nursery 用机器人来评估花卉的最佳生长空间，并相应地摆放、栽培花卉。同样被广泛应用的还包括一款全自动挤奶机器人。

机器人的使用颠覆的不仅仅是食品行业的前端——农业，餐厅机器人的历史至少可以追溯到 2010 年。位于中国济南的"大鲁机器人餐厅"用机器人来接待客人、提供娱乐。每个提供食物的机器人都有一个运动传感器，一旦有人拦住，它就停下来，食客就可以把自己的食物拿走。有一个女性机器人是大家的最爱，明眸善睐，还能跟客人说"你好"。第一次来店的客人李小梅对此赞不绝口，称"机器人的服务态度比人可要强多了"。

2016 年，肯德基在上海开了世界上第一家无人餐厅。不过，餐馆服务员可不会就这样退出历史舞台。2016 年，中国的《工人日报》（Workers' Daily）报道称，广州的三家餐厅决定不再使用机器人了，因为他们不称职。

组织变革

组织变革也能在不增加投入的情况下改变生产函数，增加产量。20 世纪初，亨利·福特（Henry Ford）通过两次组织变革在大规模生产方面掀起了一场革命。

首先，他引进了可互换零件，这为安装不同的部件节省了时间。而在此之前，为了能顺利安装，工人需要先用锉刀或车床来对个别部件进行加工。

其次，福特在生产过程中引入了传送带和装配流水线。早先工人都围着车转，每名工人要完成多项安装任务。而在福特的车间里，每名工人专业化地从事单独某一项工作，比如，把右侧的后挡泥板固定到底盘上。传送带沿着装配线运行，它以一个恒定的速度把车从一名工人那里送到另一名工人那里。由于工人只专业化地从事少数几项工作，熟能生巧，工作日趋熟练，也因为传送带的引入减少了工人必须在车间里来回走动的次数，福特用同样数量的工人安装出了更多的汽车。

这些创新降低了劳动力与资本的比例。1908 年，福特的 Model T 售价为 850 美元，而市场上同类产品售价为 2 000 美元。到了 20 世纪 20 年代初，福特已经把年产量从不到 1 000 辆增加到了 200 万辆。

应用案例

好老板能提高生产力

一个好的管理者能提高员工的工作效率吗？为了回答这个问题，Lazear 等（2015）考察了一家大型的服务公司。从老板对工人生产力的影响角度衡量，这些管理者的管理质量有很大的差别。用最优秀的 10% 的老板中的一位取代最差的 10% 的老板中的一位，可以提高一个团队的产出，数量上大致相当于在一个九人团队中又增加一名员工的产出。因此，管理人员的好坏会让一家企业比另一家企业更有效率。

　　我们可以用已经学到的知识回答本章开头提出的问题。在经济衰退期，如果企业通过裁员来降低产出，则（用劳动的平均产量衡量的）劳动生产率会有什么变化？如果继续裁掉一名工人，人均产出会有什么变化？

　　短期中，企业的资本保持不变，裁员的积极影响是释放了多余的劳动，解放了机器。不过，裁员也意味着留下来的工人必须承担"多重任务"以代替离职同事的工作，企业进而丧失了专业化生产的收益。人浮于事的时候，解放机器是主要的，承担"多重任务"倒不是什么大事。如果企业人数很少，没什么多余劳动可释放，机器有时候甚至会闲置一段时间。此时，承担"多重任务"倒是一个严重的问题。因此，在劳动（相对于资本）富足的情况下，裁员会提高劳动的平均产量；如果劳动稀缺，则会降低平均产量。

　　例如，在图6.1（b）中，当工人数量在6人以内时，劳动的平均产量会随着工人人数的增加而上升；一旦超过6人，则劳动的平均产量就会下降。于是，当企业人数在2～6人时，裁员会降低平均产量，当人数多于6人时，裁员会提高劳动的平均产量。

　　不过，对于某类生产函数，由于 AP_L 曲线一直向下倾斜，裁员始终会提高劳动生产率。对这类生产函数来说，裁员在释放资本方面的积极影响是主要的，对劳动平均产量的消极影响是次要的。

　　考虑一个柯布-道格拉斯生产函数 $q = AL^a K^b$，其中，$AP_L = q/L = q = AL^{a-1} K^b$。如果我们略微增加劳动投入，则 AP_L 的变化是 $(a-1) AL^{a-2} K^b$（参见附录6C）。因此，如果 a 小于1，则 $a-1$ 为负，AP_L 会随着劳动的增加而下降。在应用案例"不同行业的规模收益"中，所列的估计出的柯布-道格拉斯生产函数全都具有这一性质（尽管不一定适用于所有行业）。

　　例如，对啤酒公司所估计的柯布-道格拉斯生产函数为：$q = AL^{0.6} K^{0.4}$（Flath，2011），其中 $a = 0.6 < 1$，AP_L 曲线在每个产量水平上都是向下倾斜的。我们可以说明在这个特定的生产函数中，每裁掉一名工人会使 AP_L 上升多大幅度。如果 $A = 1$，初始的 $L = K = 10$，则企业的产出是 $q = 10^{0.6} \times 10^{0.4} = 10$，劳动的平均产量是 $AP_L = q/L = 10/10 = 1$。如果裁掉一名工人，产出减少至 $q = 9^{0.6} \times 10^{0.4} \approx 9.39$，劳动的平均产量上升到 $AP_L \approx 9.39/9 \approx 1.04$。也就是说，劳动减少10%导致产出下降6.1%，但会使劳动的平均产量上升4%。企业的产量下降不到10%，因为剩下的工人生产率提高了。

　　在美国，劳动生产率的上升减轻了经济衰退对一些行业的负面冲击。不过，这种现象在其他国家并不一定会看到，原因在于它们在衰退期间不能自由裁员。直到最近，大多数日本企业还都不会在经济低迷时裁员。因此，和美国相比，由于在衰退期间劳动数量不能减少，其劳动的平均产量就会显著下降。

　　同样，和美国相比，欧洲企业的就业变动率要低30%，部分原因是欧洲企业在裁员的时候要纳税（Veracierto，2008）。[①] 因此，在短期内其他因素不变的情况下，经济衰退对日本和欧洲企业的利润和产出的打击要更大一些。不过，从长远来看，在短期低迷中将优秀的工人留下来，对企业和工人而言也未必不是一件好事。

---

① 与美国不同，一些欧洲国家中有10年以上经验的蓝领工人的遣散费要比一年的工资还要高。

本章小结

1. 企业的所有权和管理。企业有三种形式，私营、公有和非营利企业。私营企业可以是个人独资企业、合伙企业，也可以是公司。在小企业（特别是个人独资企业和合伙企业）中，所有者常常管理着企业。而在大企业（如多数公司制企业）中，所有者雇用职业经理人来管理企业。所有者希望使利润最大化。如果经理人和所有者的目标不同，所有者就必须盯紧经理人以确保利润最大化。

2. 生产。生产指利用当前有关技术和管理的知识，将投入或生产要素（劳动、资本和原材料）结合在一起加工出产品的过程。企业要想最大化自己的利润，必须尽可能有效地生产：在知识既定的情况下，从所用投入中获得最大的产出。企业可能会有多种有效的生产方式，用不同的投入组合生产出既定的产出。在投入组合一定的情况下，新技术或新的组织形式都能够增加产出。生产函数表示在不同的投入水平下有效生产时的产出量。企业在长期中能改变所有的投入，而在短期中只能改变一部分投入。

3. 短期中的生产。在短期，有些投入（如资本）无法调整，企业可以通过调整可变投入（如劳动）来改变产出。如果除了劳动以外所有的要素都是固定的，当企业劳动使用量很少时，增加劳动投入会使产出以更高的比例增加，这是工人专业化程度更高的结果。不过，最终随着企业使用越来越多的工人，彼此之间相互影响甚至要共用一台机械设备，产出的增长就会越来越小。后

一种现象可以用边际收益递减规律来描述：在其他投入不变的情况下，随着一种投入要素的不断增加，它所带来的边际产量（最后一单位投入所带来的产出增加量）终将递减。

4. 长期中的生产。在长期，当所有的投入都可变时，企业可以在投入要素间进行替代。一条等产量线表示生产既定产出水平所需投入的不同组合。边际技术替代率是等产量线的斜率。通常，企业使用的一种投入要素越多，它就越难以被另一种投入要素替代。即，随着企业使用的一种投入越来越多，其边际技术替代率递减。

5. 规模收益。如果一家企业的所有投入同比增加，产出也增加相同比例，我们就说生产过程呈现出规模收益不变的性质；如果产出增加的比例小于投入增加的比例，生产过程就是规模收益递减的；而如果产出增加的比例大于投入增加的比例，生产过程就是规模收益递增的。所有这三种形式的规模收益在实际中都很常见。随着企业规模的不断扩大，很多生产都是先规模收益递增，而后不变，最后递减。

6. 生产率和技术变迁。虽然在一个行业中所有的企业都在有效地生产，但考虑到它们的知识及面临的制度和其他约束都不尽相同，总有一些企业比别的企业生产率更高：用同样的要素组合生产出了更多的产品。像技术进步或者组织生产的新方法这样的创新，能令企业用和以前相同的投入组合生产出更多的产品，创新改变了生产函数。

思考题

MyEconLab 上有全部思考题；*=答案请扫本书末二维码获取；A=代数问题；C=可能要用到微积分知识。

1. 企业的所有权和管理

1.1　同其他企业相比，有限责任公司的规模会更大吗？为什么？

1.2　什么类型的企业通常不会以利润最大化为目标？

1.3　哪些类型的组织允许企业所有者获得

有限责任的优势?

2. 生产

2.1 对于生产函数来说，短期是多久?

2.2 请指出波音公司（喷气式飞机的生产商）、通用磨坊（早餐谷物生产商）和 Wacky Jack's（声称是美国最大的歌唱电报供应商）这些公司中，哪一家的短期是最久的? 哪一家的长期是最短的? 请解释原因。

*2.3 假设对于生产函数 $q=f(L,K)$，如果 $L=3$ 且 $K=5$，则 $q=10$。对于同样的生产函数，如果 $L=3$ 且 $K=6$，能否生产出 $q=10$ 的产量? 为什么?

3. 短期中的生产

*3.1 如果增加 1 名工人就可以增加 1 单位的产出，则劳动的总产量、平均产量、边际产量与劳动的关系是怎样的? 请用类似于图 6.1 的图形表示它们。

3.2 6 人以内，每增加 1 名工人，产出也增加 1 单位; 6 人以上，增加工人并不能增加产出。在图中画出劳动的总产量、平均产量和边际产量曲线。

3.3 如果生产函数是 $q=f(L,K)=3L+2K$，且资本固定在 $\overline{K}=50$，那么短期生产函数是什么? 劳动的边际产量是多少? （提示：见例题详解 6.1。）

*3.4 假设生产函数是 $q=L^{0.75}K^{0.25}$。

a. 当资本保持在 $\overline{K}$ 时，劳动的平均产量是多少?

b. 劳动的边际产量是多少? （提示：参见例题详解 6.1，计算 L 每增加 1 单位，q 的变化是多少。使用微积分或参考附录 6C。）C

3.5 你认为边际收益递减规律成立的原因何在?

3.6 Ben 每周要练习游 50 000 码，一直这样练下去的话，他在即将举行的大赛中将以 52.6 秒的成绩游完 100 码蝶泳，排名第 10。Ben 的教练预测，如果 Ben 将每周的练习距离增加到 60 000 码，比赛中百码蝶泳的时间就会减少到 50.7 秒，排名第 8。而如果每周练习 70 000 码，时间会进一步减少到 49.9 秒，就能夺冠了。

a. 从 Ben 在大赛中所用的时间来看，平时练习距离（码）的边际生产率是多少? 练习距离的边际产量递减吗?

b. 从 Ben 在大赛中的排名来看，平时练习距

离（码）的边际生产率是多少? 练习距离的边际产量递减吗?

c. Ben 练习距离的边际生产率和他衡量生产率的方式（在大赛中的排名，或者所用的时间）有关吗?

3.7 在短期内，企业不能改变资本的数量，$K=2$，但可以改变劳动 L 的数量，产出为 q。请解释为什么企业在短期中会（或不会）出现劳动的边际收益递减的情况，如果它的生产函数是：

a. $q=10L+K$。

b. $q=L^{0.5}K^{0.5}$。C

3.8 根据应用案例"马尔萨斯和绿色革命"，玉米生产中的劳动的平均产量是怎样随时间的推移而变化的?

4. 长期中的生产

4.1 在一条轴表示劳动数量、另一条轴表示资本数量的坐标图中画一个圈。这个圈代表所有能生产 100 单位产出的劳动和资本的组合。现在再画出 100 单位产出的等产量线。（提示：记住等产量线只包括有效的劳动和资本的组合。）

4.2 等产量线和无差异曲线有什么区别?

4.3 为什么等产量线必须很细才行? （提示：参照第 4 章中对为什么无差异曲线不能太粗的解释。）

4.4 假设企业有一个固定比例的生产函数，1 名工人和 2 单位资本能生产 1 单位的产出。如果企业只增加工人但不增加资本，产出不变，仍是 1 单位。同样，只增加资本也不会使产出增加。

a. 画出该生产函数的等产量线。

b. 画出劳动的总产量曲线、平均产量曲线和边际产量曲线（你可能需要用两个图）。

4.5 根据 Gard（2009）的研究，(a) 高中学历以下和高中学历的工人可完全相互替代，(b) "高中同等学力"和"本科同等学力"的工人不能完全替代，(c) 受教育人群中，移民和本土居民不能完全替代。根据上述每一组比较，画出包含这两类工人的生产函数的等产量线。例如，在图 (a) 中，产量是有高中学历的工人和高中学历以下的工人的函数。

4.6 如果 L 和 K 是完全替代的，每一单位的 q 需要 1 单位 L 或 K（或者这两种投入的总和为 1 的组合），生产函数是什么样的?

*4.7 在 $L=4$ 和 $K=4$ 时，劳动的边际产量为 2，资本的边际产量为 3，那么边际技术替代

率是多少？A

*4.8 Mark 洗白色衣服的生产函数是 $q=B+0.5G$，其中 B 是使用高乐氏洗衣液的杯数，G 是使用效力只有一半的普通洗衣液的杯数。请画出等产量线。B 和 G 的边际产量各是多少？如果 B 由纵轴表示，那么等产量线上的每一点的边际技术替代率是多少？（提示：见例题详解 6.2。）

*4.9 要制作 1 张 CD（$q=1$），需要 1 张空白磁盘（$D=1$）和 1 台刻录机（$M=1$）以及 1 小时的时间。画出这个生产过程的等产量线并对其形状进行解释。

4.10 Ginko 复印店的生产函数是 $q=1\,000\times\min(L,3K)$，其中 q 是每小时复印文件的数量，L 是工人的数量，K 是复印机的数量。例如，如果 $L=4$，$K=1$，那么 $\min(L,3K)=3$，$q=3\,000$。

a. 画出该生产函数的等产量线。

b. 画出该函数在不同产出水平时的劳动的总产量曲线、平均产量曲线和边际产量曲线。

4.11 使用应用案例"半导体集成电路的等产量线"中的图形解释，随着公司采用其他固定比例的生产技术，该公司所有的等产量线接近于一条平滑的曲线。

4.12 通过学习，Will 能在即将到来的经济学考试中取得高分 G_W 吗？生产函数取决于他学习边际分析问题所花的时间 A 和学习供求理论所花的时间 R。具体来说，$G_W=2.5A^{0.36}R^{0.64}$。他的室友 David 的得分生产函数是 $G_D=2.5A^{0.25}R^{0.75}$。

a. Will 学习供求理论的边际产量是多少？David 的是多少？（提示：参见附录 6C。）

b. Will 学习两部分经济理论的边际技术替代率是多少？David 的是多少？

c. Will 和 David 的生产函数可能会有不同的边际生产率但却有相同的边际技术替代率吗？请解释。（提示：请参阅"柯布-道格拉斯生产函数"这一小节。）C

4.13 发电厂常通过燃烧石油或天然气来产生蒸汽。该蒸汽用于驱动涡轮机并产生电力。一桶原油产生约 560 万 BTU 的能量，而 1 000 立方英尺的天然气产生 10.27 万 BTU 的能量（http://www.physics.uci.edu/~silverma/units.html）。因此，发电公司可以用 5 648 立方英尺的天然气替代 1 桶原油。为这个生产过程画几条等产量线。它的边际技术替代率是多少？A

5. 规模收益

5.1 在 2004 年 12 月的南亚海啸中，为了能尽快地向被海啸破坏的与外界隔绝的社区居民提供援助，美国政府在 2005 年年初将救援直升机的数量由 45 架增加 1 倍至 90 架。美国太平洋司令部司令、海军上将托马斯·法戈（Thomas Fargo）被问到，如果直升机的数量增加 1 倍，"所运送的（救灾物资）能否达到原来的 2 倍"。他预测道："可能相当接近 2 倍。"（Vicky O'Hara, *All Things Considered*, National Public Radio, January 1, 2005, www.npr.org/dmg/dmg.phg?prgCode=ATC&showDate=04-Jan-2005&segNum=10&NPRMediaPref=WM&getAd=1.）找出该事件中的产出和投入，描述生产过程。海军上将所讨论的生产过程是规模收益不变的还是其他形式的？

5.2 Michelle 的企业用劳动、黏土和炉子来生产陶瓷杯。1 名工人 1 天可以制作 25 个杯子，2 名工人 1 天可以制作 35 个杯子。她的生产过程是否证明了规模收益递减或者劳动的边际收益递减？为什么产出没有和工人的数量同比增加？

5.3 用图形说明，一个生产函数可能同时具有要素的边际收益递减和规模收益不变两种性质。

5.4 在什么情况下，下列生产函数是规模收益递减、不变或递增的？

a. $q=L+K$。

b. $q=L^aK^b$。

c. $q=L+L^aK^b+K$。（提示：参考例题详解 6.3。）A

*5.5 我们估计出的黑莓公司的生产函数是 $q=2.83L^{1.52}K^{0.82}$，其中 L 是劳动，K 是资本。Epple 等（2010）估计出美国住房的生产函数是 $q=1.38L^{0.144}M^{0.856}$，其中 L 是土地，M 是所有其他流动性的、非土地要素的集合，我们称之为原材料。Haskel 和 Sadun（2012）估计，英国超市的生产函数为 $q=L^{0.23}K^{0.10}M^{0.66}$，其中 L 为劳动，K 为资本，M 为原材料。这些生产函数的规模收益是递减的、不变的还是递增的？（提示：见例题详解 6.3。）A

5.6 如果生产函数满足 $f(xL,xK)=x^gf(L,K)$，其中 x 是正的常数，则称该函数是 g 阶齐次函数。也就是说，无论投入组合是什么样的，该函数的规模收益都是相同的。证明：对这样的生产函数来说，劳动和资本的边际产量都

是 $g-1$ 阶齐次的。C

5.7 一家企业的生产函数既是规模收益递增的，又是（每一种）要素边际生产率递减的，这可能吗？利用本章的应用案例"不同行业的规模收益"中的表所列出的信息，计算美国烟草公司、日本啤酒公司和孟加拉国的金属制品公司的资本和劳动的边际生产率，然后回答上述问题。（提示：参考附录 6C。）A

6. 生产率和技术变迁

6.1 如果我们发现企业 1 的劳动的平均产量高于企业 2，则从企业 1 能用同样的投入生产更多的产出这个意义上来说，企业 1 更具有生产率，这种说法对吗？为什么？

*6.2 企业 1 和企业 2 具有相同类型的生产函数，但是前者只有后者 90% 的生产率。即，如果企业 2 的生产函数是 $q_2 = f(L, K)$，则企业 1 的生产函数是 $q_1 = 0.9f(L, K)$。在一个特定的投入水平下，这两家企业劳动的边际产量会有什么不同？C

6.3 直到 18 世纪中期机械化纺纱出现之前，棉布一直都价格不菲，而且称不上是重要的纺织品(Virginia Postrel, "What Separates Rich Nations from Poor Nations?" *New York Times*, January 1, 2004)。1 个印度手工纺纱工纺 100 磅的棉布要用 50 000 小时，如果借助 1 台 18 世纪 60 年代的手动小型纺纱机，则只用 300 小时就能纺出同样数量的棉布，且质量更好。在 1825 年自动纺纱机出现以后，所用的时间下降到 135 小时，棉布

成了一种便宜的普通布料。该技术进步是中性的吗？用图说明这些技术变化对等产量线的影响。

6.4 在制造车间里，工人用专门机器来生产传送带。现在发明了一种劳动节约型新机器，企业用它只需使用少量的工人就能生产出和用老机器时生产的数量相同的传送带。在长期，劳动和资本（机器）都是可变的。根据你的了解，这项发明会对 AP_L、MP_L 和规模收益产生什么影响？如果你需要更多的信息才能回答这个问题，请具体说出你都想要哪些信息。

6.5 在应用案例"机器人和食物"中，机器人作为一种创新，是中性的、劳动节约型的还是资本节约型的？为什么？

6.6 在"好老板能提高生产力"的应用案例中，老板作为一种要素是固定要素，还是可变要素？如何让一个好老板影响这家企业的劳动边际产量线？假设生产过程还包括资本投入，好的老板对代表性的等产量线有什么影响？

7. 挑战题

7.1 如果我们在衡量劳动生产率时用的是劳动的边际产量，而不是劳动的平均产量，那么，"挑战题解答"中的答案会有什么不同？

*7.2 在经济衰退期，美国企业裁员的幅度比日本企业要大。（日本企业在此期间会继续保持高产出，然后要么把它储存起来，要么以较低的价格出售。）假设无论经济怎样波动，生产函数在相当长的时间内都会保持不变，你预计劳动的平均产量是日本的高还是美国的高？为什么？

企业与生产

169

第 7 章

成 本

为了节省开支，有些人会不惜一切代价。
——李·亚科卡（Lee Iacocca，克莱斯勒汽车公司前 CEO）

挑战题　　　　　　　　本土与国外生产的技术选择

　　一家半导体企业的管理者在生产中有多种技术可以选择，他要确定在海外的工厂是否也采用和本土工厂一样的生产技术。自 1961 年 Fairchild 半导体公司在中国香港设立分厂后，大量美国半导体企业都把它们的生产移到了海外。根据半导体行业协会的估计，美国企业的订单占全球订单的份额从 1976 年的 66％ 下降到 1998 年的 34％，2011 年继续下降到 17％，然后在 2016 年初又略升至 18％。

　　由于税收优惠、劳动成本低廉以及投资补贴等因素的存在，半导体企业将它们的生产转移到国外。国外政府提供的投资补贴诱使这些半导体企业在该国生产，这样的补贴也使得半导体企业在海外拥有和经营一家工厂的成本比在美国本土低 25％。

　　半导体制造商生产芯片的方式有多种：既可以是复杂的机器设备加少量工人，也可以用大量的工人加简单设备。在美国，企业会使用相对资本密集型生产技术，这么做可以降低生产既定产出的成本。那么，当他们将生产转移到国外后，使用同样的生产技术还能实现成本的最小化吗？

　　企业想有效率地生产既定数量的产品，可以分两步进行决策。首先，找出具有技术效率（technologically efficient）的生产方式或生产工艺，以便用最少的投入生产既定的产出。这就像我们在第 6 章中看到的那样，企业利用工程学和其他方面的信息，确定其生产函数，该函数概括了那些可以利用的、具有技术效率的生产方式。

　　其次，从这些具有技术效率的生产方式中选择同时具有经济效率（economically efficient）的生产方式，从而使生产一定量产品的成本实现最小化。要确定哪种方式能使生产成本最小化，就要利用生产函数和投入成本的有关信息了。

　　通过降低既定产出的成本，企业可以增加利润。任何以利润最大化为目标的竞争性企业、垄断企业或者寡头企业都会最小化其生产成本。

本章将考察 5 个主题：

1. **成本的性质**。在考虑将计划付诸实施的成本时，一个好的管理者总会预先考虑到所有的备选机会。

2. **短期成本**。在短期，为实现成本最小化，企业可以调整可变要素（如劳动），但不能调整固定要素（如资本）。

3. **长期成本**。从长期来看，所有投入都是可变的，所以企业可以对所有的投入要素进行调整。

4. **长期中成本下降**。因为在长期，企业更具灵活性，会发生技术进步，工人和管理者也能从经验中学习，所以长期成本要小于或等于短期成本。

5. **生产多种产品的成本**。如果企业同时生产多种产品，则每种产品的成本由它所生产的全部产品的数量决定。

为了以最小的成本生产，商人和经济学家需要知道投入成本和产出之间的关系。经济学家了解成本还有其他方面的原因。在后面的章节中我们会看到，产出和成本之间的关系在决定市场性质方面（市场中有多少家企业以及价格比成本高多少）扮演着重要的角色。

7.1 成本的性质

> 在射击场上，你要是错站在了另一端，代价有多大？
>
> ——西·杰·佩雷尔曼（S. J. Perelman）

要说明企业的成本如何随着产出的变化而变化，必须先算出成本，而商人和经济学家常用的方法并不相同。经济学家会把所有相关的成本都包含进来。为了使企业盈利，管理者必须像经济学家那样考虑所有相关的成本，但他们同时又会指导会计人员或簿记员尽量以符合税法等法律的方式记录成本，这样才能使企业的财务状况让股东满意。

为了生产一定数量的产品，一家企业在投入所需的劳动、资本、能源和原材料时会发生成本。管理者（或者会计人员）用投入要素（劳动、资本、能源和原材料）的价格乘以它们的数量来计算成本。如果工人工资为 20 美元/小时，每天工作时间加总为 100 小时，则企业的劳动成本为 $20 \times 100 = 2\,000$（美元/天）。管理者可以很轻松地计算出这类显性成本（explicit cost），因为它们是在特定时期内用于购买投入要素而直接支付的费用。计算显性成本简单直接，但是还有一些成本是隐性的（implicit），它们只反映放弃的机会，并不是直接的当期花费。在处理耐用的资本品时，想合理地计算这些放弃的机会就要格外注意，因为对一项投入的过去花费可能与当前的成本计算无关（如果这项投入眼下没有其他用途）。

☐ 机会成本

> 经济学家就是这样一类人：当受邀在宴会上发言时，他也会告诉听众"天下没有免费的午餐"。

经济成本（economic cost）或**机会成本**（opportunity cost）是指一种资源的最佳其

他用途的价值。机会成本可以是显性成本，也可以是隐性成本。如果企业在市场上购买了一种要素并立刻将其用于生产，要素的机会成本就是市场价格。可是，如果企业没把这种要素用于生产，则最好的用途可能是按市场价格把它卖出去。

当企业所使用的要素不是从市场上买来的，或者是过去在市场上购买的，在这些情况下，机会成本的概念就特别有用。机会成本的一个代表性的例子就是管理者的时间。例如，Maoyong 拥有并管理着一家企业，因为企业的利润也是他的，所以每个月他只给自己开 1 000 美元的工资。如果他给别的企业打工，每个月能赚 11 000 美元。因此，他的时间的机会成本是 11 000 美元（时间的收益最大的其他用途），而不是实际付给自己的那 1 000 美元。

有关隐性的机会成本的经典例子就是"天下没有免费的午餐"。假设你的父母明天要带你出去吃午饭，虽然他们会付餐费，但你也知道这顿饭对你来说并不是免费的。午餐的机会成本是你就餐所花时间的最佳其他用途。

假设这段时间的最佳其他用途是学习本书，但是你也可以去打工赚钱，或者轻松地看一会儿电视，等等。此类机会成本通常不容忽视。（你在学习机会成本的时候放弃了什么？）

在某些时候，我们多数人都持有以下错误观念：

常识性谬误：商品也好，服务也罢，自己动手而不是去买，就能省钱。

这种谬误常常是因为我们忽略了时间的机会成本。你有没有尝试过自己花了几个小时的时间安装管道？而一个专业的管道工只要几分钟就可以搞定。如果你的时间机会成本很低（或者管道工的费用很高），选择自己安装才有意义。同样，一旦考虑时间价值，多数人自给自足的成本将远大于从商店购买的成本。

应用案例

读 MBA 的机会成本

在经济极端低迷的 2008—2010 年，申请攻读 MBA 学位的人会减少、持平还是像第一次互联网泡沫期间科技股那样一飞冲天？这个问题的回答离不开机会成本这一概念。

对很多学员来说，攻读 MBA 学位最大的成本是放弃一份报酬可观的工作的机会成本。有的人为了读这个学位可能辞掉了一份月薪 5 000 美元的工作，这每个月的 5 000 美元就是放弃报酬带来的隐性成本，除此之外，还要加上学费和书本费。

这么看来，在经济低迷的时候，由于读书的机会成本下降，申请攻读 MBA 的人数增加也就不足为奇了。一旦考虑到经济萧条的时候有可能被解雇或者难以晋升，想重回学校读 MBA 的人面临的机会成本就大大降低。像芝加哥大学商学院的 MBA 项目主管斯泰西·科尔（Stacey Kole）所说的那样，"经济形势好的时候，没几个人想回学校读书；一旦经济出了问题，读书的机会成本就小了。"

在 2008 年，当美国的失业率飙升、经济恶化的时候，申请攻读 MBA 学位的人突然多了起来。申请 2008—2009 学年 MBA 项目的人数比上一年增加了 79%，英国增加了 77%，欧洲其他国家也增加了 69%。2009—2010 学年，加拿大和欧洲国家的申请人数也大幅增加。不过，随着经济形势趋好，申请人数在 2010 年基本持平，自 2011 年开始略有下降，而到了 2015 年则大为减少。

公司派 Meredith 去参加一个管理者大会并为其支付会费，交了会费之后，就可以免费参加一个有关衍生证券（比如期货）定价的学习班，她正考虑是否要参加。最吸引她的是聆听沃伦·巴菲特（Warren Buffett）讲的投资战略，只不过在时间上刚好和学习班冲突，她愿意为演讲支付 100 美元，而演讲的门票费只有 40 美元。假设参加这两个活动不会再有其他花费，你认为 Meredith 参加衍生证券定价学习班的机会成本是多少？

解答

为了计算她的机会成本，必须先算出 Meredith 为参加学习班而放弃的收益。因为她参加衍生证券定价学习班没有其他成本发生，Meredith 的机会成本就是她放弃听巴菲特的演讲的收益。她对演讲的评价是 100 美元，门票只有 40 美元，所以听演讲的收益为 60（＝100－40）美元。进而，她参加衍生证券定价学习班的机会成本为 60 美元。

☐ 资本的机会成本

　　　资本：在动作片中被炸掉的东西，如汽车、冰箱、工厂或飞机等等。

对土地或机器设备这类资本的机会成本需要特殊对待。资本是**耐用品**（durable good），也就是可以使用许多年的产品。在核算资本成本的时候可能会遇到两个问题：一个是初始的采购成本在不同时期的分配问题，另一个是处理资本价值随着时间的推移而发生变化的问题。

如果资本是租来的而不是买来的，这两个核算方面的问题就不会出现了。比如，企业可以每月花 400 美元租一辆卡车，也可以直接花 20 000 美元去买一辆。如果租车，那么租金就是每个月的机会成本。卡车按期租用，企业就不必担心购置成本在不同时期分配的问题了。而且，如果一辆卡车的成本随着时间的推移在不断变化，租金也会做相应的调整。因此，如果企业在短期内租用资本设备，则资本成本的核算就和非耐用性要素成本的计算方法一样。

如果卡车是买的，企业在确定这辆卡车的机会成本时就会面临一个复杂的问题。公司的会计可能把全部 20 000 美元作为当期消费记在账目中，也可能按照会计组织或相关部门（例如美国国税局）的规定，分期摊销成本，也就是把购置成本 20 000 美元分摊在卡车的整个使用期内。

管理者想让自己的决策更加稳健，他不会按照上面的规则将卡车的成本分期摊销。如果企业自有一辆卡车，使用这辆卡车的真实的机会成本是把它租给别人所获得的租金，也就是说，无论企业是买还是租用，管理者都把这一资本设备在每一时期的租金看成是它的机会成本。如果一辆旧卡车的价值小于新卡车，它的租金会随着时间的推移而降低。

不过，要是没人租赁卡车，怎么合理地估计出它的机会成本呢？假设企业有两个选择，一个选择是放弃购买卡车把 20 000 美元省下来，另一个选择是用 20 000 美元买一辆卡车，一年之后再以 17 000 美元的价格把它卖出去。如果不买卡车，20 000 美元放在银行存起来，年利率是 5%，这样企业在一年末就一共有 21 000 美元。因此，使用一年卡车的机会成本是 4 000（＝21 000－17 000）美元。[①] 这 4 000 美元的机会成本等于卡车一年的折旧 3 000

---

① 公司同样要付油费、保险费和车牌照费以及其他使用费。但是这些项目都可以当作运营成本，并不会被当作资本成本出现在企业的账目中。

（＝20 000－17 000）美元加上放弃的把20 000美元存入银行所能获得的1 000美元利息。

卡车和机器等设备的价值会随着时间的推移而下降，租金和机会成本也会跟着下降。与此相反，像土地、建筑物这类资本可能会不断增值。这样，不管是增值还是贬值，企业为了获得最大的利润，就必须合理地计算出每项资本品的机会成本。比如，一家美容院买了一间房子，该地区房屋的租金是每月1 000美元，那么它使用这间房子的机会成本就是每月1 000美元；若地价升值，月租金变为2 000美元，美容院使用这间房子的机会成本也会变成2 000美元。

□ 沉没成本

覆水难收。

在进行产量决策的时候，虽然机会成本并非总是一目了然，但始终应该把其考虑在内。与此相反，**沉没成本**（sunk cost）倒是简单明了，但它反而是管理者在确定产量时不应考虑的。沉没成本是过去发生的、不能收回的成本。如果一项支出已经沉没了，就不能算作机会成本。

一家企业花25 000美元购买了一辆叉车，如果转售时也能以这个价格卖出去，这里不发生沉没成本，这辆叉车的机会成本是25 000美元。相反，如果企业花25 000美元买的是一项专用设备，无法倒卖，这些钱就都成了沉没成本。由于设备没有其他用途，机会成本是零，在计算企业当前成本的时候不应该把这笔钱算进去。要是一开始花25 000美元买的专用设备能以10 000美元的价格卖出去，那么就只有15 000美元的初始花费是沉没成本，剩下的10 000美元就算作机会成本。

为了说明为什么沉没成本不影响管理者的当前决策，我们试想一下，如果企业花300 000美元买了一块地，现在的市场价格只有200 000美元，那么这块地的机会成本是200 000美元。买价和市场价格之间的差额100 000美元是沉没成本，买地的时候已经支付但现在收不回来了。如果企业在这块地上建厂，地价会上升为240 000美元。到底是建厂自用还是以200 000美元的价格把地卖出去？如果企业在决策的时候把初始的买价也考虑在内，就会错误地认为土地自用的话会造成60 000美元的损失，这是这块地的自用价值240 000美元与买价300 000美元之差。反之，如果不考虑买价，就应该选择将土地留着自用。因为这块地的次优选择是以200 000美元的价格卖掉，而自用会有40 000美元的收益。所以，企业在决策的时候应该考虑机会成本，忽略沉没成本。简而言之，"覆水难收，既往不咎"。

7.2 短期成本

企业利润最大化的决策需要了解产出变化对成本的影响。成本会随着产出的增加而上升。在短期，有些投入不可变，比如资本（第6章）。而在长期，所有的投入都可以改变，因此，随着产出的增加，短期成本通常高于长期成本。在本节，我们先介绍短期的成本变化情况。

▢ 短期成本的衡量

还是先用一个数值例子来介绍几个基本的成本概念，然后再分析这些概念之间的图形关系。

固定成本、可变成本和总成本

在短期，企业生产一定量产出的生产成本既包括固定投入的成本，也包括可变投入的成本。企业的**固定成本**（fixed cost，F）是不随产出变化而变化的生产费用。固定成本是短期内无法调整的那些投入（像土地、厂房、大型机械和其他资本设备）的成本。企业自有并使用的资本设备的固定成本是不把它们租给他人的机会成本。如表 7.1 所示，该企业每天的固定成本是 48 美元。

企业的**可变成本**（variable cost，VC）是随着产出量的变化而变化的生产费用。可变成本是可变投入的成本。企业为改变产出水平可以调整投入，如劳动和原材料。表 7.1 表明，企业的可变成本随着产出量的变化而变化。每天的可变成本从产出为 1 单位时的 25 美元变到产出为 2 单位时的 46 美元。

表 7.1 　　　　　　　　　　　　　随产出变化的短期成本

产出，q	固定成本，F	可变成本，VC	总成本，C	边际成本，MC	平均固定成本，$AFC=F/q$	平均可变成本，$AVC=VC/q$	平均成本，$AC=C/q$
0	48	0	48				
1	48	25	73	25	48	25	73
2	48	46	94	21	24	23	47
3	48	66	114	20	16	22	38
4	48	82	130	16	12	20.5	32.5
5	48	100	148	18	9.6	20	29.6
6	48	120	168	20	8	20	28
7	48	141	189	21	6.9	20.1	27
8	48	168	216	27	6	21	27
9	48	198	246	30	5.3	22	27.3
10	48	230	278	32	4.8	23	27.8
11	48	272	320	42	4.4	24.7	29.1
12	48	321	369	49	4.0	26.8	30.8

企业的**成本**或**总成本**（cost or total cost，C）是企业的可变成本和固定成本之和：

$$C=VC+F$$

每天生产 2 单位产品的总成本是 94 美元，这是固定成本 48 美元和可变成本 46 美元的总和。因为可变成本随着产出的变化而变化，所以，就像表中所显示的那样，总成本也随着产出的变化而变化。

要确定产量，企业可用多种方法来衡量成本随产出而变化的情况。表 7.1 介绍了四种测量方法，它们都是由固定成本、可变成本和总成本推导出来的，这四个指标分别是边际成本、平均固定成本、平均可变成本以及平均成本。

共享经济和短期

一家建筑公司将工人的工资视为可变成本，将公司自有的资本——特别是推土机等重型设备——视为固定成本，但共享经济正在改变这种固有的模式。

Platinum Pipeline 公司的主营业务是安装水管和污水管道，最近它承接了一项新的业务，而完成这项业务需要再增加一台推土机（原有两台）。该公司的总裁曼努埃尔·德弗赖塔斯（Manuel de Freitas）并没有直接去买一台，而是在他的手机上下载了一个应用程序，并通过它租用了一台卡特彼勒 D6T 推土机，使用时间是两个月，每月租金为 7 500 美元。租赁公司 Yard Club 负责在市场上寻找这些重型的机器设备，并将它们出租给需要的人（就像 Airbnb 一样）。当然，租赁公司一般自己也拥有这些设备。

租赁建筑设备正在流行。2014 年，租赁公司拥有美国建筑设备的 54%，而十年前这一比例为 40%。一项预测显示，在未来 5 到 10 年内，这一比例可能会超过 60%。

如果建筑公司可以租用而不是购买重型机器设备，它们所有的投入就都是可变的。因此，它们的短期和长期之间没有什么区别。

边际成本

企业的**边际成本**（marginal cost，MC）是产出再增加一单位所导致的成本的变化量。边际成本是[1]：

$$MC = \frac{\Delta C}{\Delta q}$$

当产出变化 Δq 单位时，成本的变化量是 ΔC。如表 7.1 所示，当企业的产出从 2 单位增加到 3 单位时，$\Delta q = 1$，它的总成本从 94 美元提高到 114 美元，$\Delta C = 20$ 美元，所以，边际成本是 20 美元 $= \Delta C / \Delta q$。

产出变化只会导致可变成本变化，所以，我们也可以把边际成本定义成产出增加 1 单位时可变成本的变化量：

$$MC = \frac{\Delta VC}{\Delta q}$$

企业的产出从 2 单位增加到 3 单位时，可变成本增加 $\Delta VC = 20 (= 66 - 46)$ 美元，因此边际成本 $MC = \Delta VC / \Delta q = 20$ 美元。企业可以根据边际成本来确定改变产出水平是否划算。

平均成本

平均成本的衡量指标有三种。**平均固定成本**（average fixed cost，AFC）是固定成本除以产出：$AFC = F/q$。随着产出的增加，平均固定成本会一直下降，因为固定成本被分摊到更多产品上。如表 7.1 所示，平均固定成本从产出为 1 单位时的 48 美元下降到产出为 12 单位时的 4 美元。

---

[1] 如果我们用微积分来表示，边际成本就是 $MC = dC(q)/dq$，$C(q)$ 是成本函数，显示了成本如何随着产出的变化而变化。这个微积分定义式的含义是，当产出变化接近无穷小时的成本变化情况。不过，为了说明这个含义，我们在表 7.1 中用了较大的产出的变化量。

平均可变成本（average variable cost，AVC）是可变成本除以产出：$AVC=VC/q$。可变成本随着产出的增加而增加，所以产出增加后，平均可变成本可能增加也可能减少。平均可变成本从产出为 1 单位时的 25 美元一直减少到产出为 6 单位时的 20 美元，达到最小值，然后又开始增加。就像在第 8 章中将要看到的那样，当需求很小时，企业要借助平均可变成本来决定是否停止生产。

　　平均成本（average cost，AC）——或者**平均总成本**（average total cost，ATC）——是总成本除以产出：$AC=C/q$。平均成本是平均固定成本和平均可变成本之和[①]：

$$AC=AFC+AVC$$

　　如表 7.1 所示，随着产出的增加，平均成本先是下降，在产出达到 8 单位后开始上升。如果平均成本低于价格，也就小于企业的平均收益，企业盈利。

▢ 短期成本曲线

　　我们利用图 7.1 中的曲线说明产出和各种成本指标间的关系。图 7.1（a）显示了与表 7.1 相对应的可变成本曲线、固定成本曲线和总成本曲线。固定成本不随产出的变化而变化，是一条位于 48 美元处的水平直线。可变成本曲线从原点出发（产出为零时，可变成本是零），随着产出的增加而增加。总成本曲线是可变成本曲线和固定成本曲线的纵向加总，它在每一个产出水平上都比可变成本曲线高 48 美元，这两条曲线平行。

　　图 7.1（b）显示的是平均固定成本曲线、平均可变成本曲线、平均成本曲线和边际成本曲线。平均固定成本随着产出的增加而下降。当产出趋于无穷时，平均固定成本趋近于 0，因为固定成本被分摊到了更多的产出上。平均成本曲线是平均固定成本曲线和平均可变成本曲线的纵向加总。比如，在产出为 6 单位时，平均可变成本是 20，平均固定成本是 8，因此平均成本是 28。

　　平均成本曲线和边际成本曲线同总成本曲线之间的关系，与我们在第 6 章中讨论过的边际产量曲线、平均产量曲线同总产量曲线之间的关系有些类似。某一特定产出水平的平均成本是原点和该产出水平总成本曲线上对应的那点的连线的斜率。这条直线的斜率是曲线上该点的纵坐标（这一产出水平对应的成本）除以横坐标（产出水平），这就是平均成本的定义。如图 7.1（a）所示，从原点出发，经过 A 点的直线的斜率是产出为 8 单位时的平均成本。在 A 点，成本曲线的高是 216，因此，直线的斜率为 216/8＝27，这正是图 7.1（b）中平均成本曲线在所对应的 a 点上的高。

　　同样，平均可变成本是从原点到可变成本曲线上的一点的连线的斜率。如图 7.1（a）所示，从原点到 B 点的直线的斜率是 20，它等于可变成本曲线的高 120 除以产出量 6，这正是平均可变成本在产出为 6 单位［即图 7.1（b）中的 b 点］时的高。

　　边际成本是总成本曲线或可变成本曲线上（与一定的产出水平对应的）点的斜率。因为总成本曲线和可变成本曲线平行，所以这两条曲线在某一产出水平的斜率也相同。成本和可变成本之差是固定成本，固定成本不影响边际成本。

　　如图 7.1（a）所示，从原点出发的直线与总成本曲线相切于 A 点。因此在产出为 8 单位时，这条直线的斜率就同时等于平均成本和边际成本，如图 7.1（b）中的 a 点所示，相等出现在边际成本曲线和平均成本曲线的交点处。（参见附录 7A 中的数学证明。）

---

　　① 因为 $C=VC+F$，如果把等式的两边同除以 q，我们将得到：$AC=C/q=F/q+VC/q=AFC+AVC$。

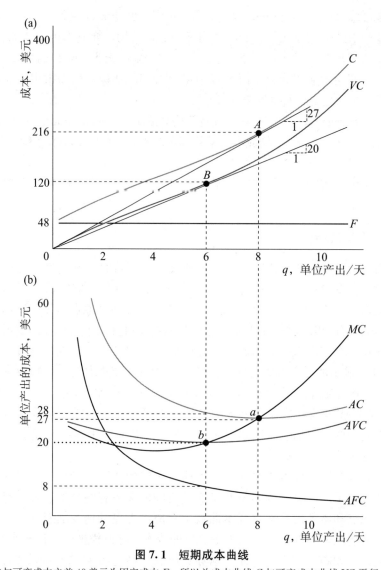

图7.1 短期成本曲线

(a) 总成本与可变成本之差 48 美元为固定成本 F，所以总成本曲线 C 与可变成本曲线 VC 平行。(b) 边际成本曲线 MC 穿过平均可变成本曲线 AVC 和平均成本曲线 AC 的最低点。AC 在 a 点的高等于从原点与总成本曲线上 A 点连线的斜率。AVC 曲线在 b 点的高等于原点到可变成本曲线上 B 点连线的斜率。边际成本的高是对应产出水平上 C 曲线或者 VC 曲线的斜率。

当边际成本曲线位于平均成本曲线的下方时，平均成本曲线随着产出的增加而下降。因为 2 单位产出的平均成本 47 比第 3 单位的边际成本 20 高，所以 3 单位产出的平均成本下降到 38。当边际成本曲线位于平均成本曲线上方时，平均成本曲线就会随着产出的增加而上升。在产出为 8 单位时，边际成本等于平均成本，因此平均成本保持不变，这就是平均成本曲线的最低点 a。

借助曲线图也能得出同样的结论。在图 7.1（a）中，从原点出发的直线与可变成本曲线相切于 B 点，所以边际成本和平均可变成本在图 7.1（b）中的 b 点处相等。同样，当边际成本高于平均可变成本时，平均可变成本曲线随着产出的增加而上升；当边际成本低于平均可变成本时，平均可变成本曲线随着产出的增加而下降。因为平均成本曲线高于平均可变成本曲线，而且边际成本曲线在与这两条曲线相交时都处于上升阶段，所以，同平均成本曲线的最低点 a 相比，平均可变成本曲线的最低点 b 对应的产出水平更低。

□ 生产函数和成本曲线的形状

生产函数决定了一家企业成本曲线的形状。生产函数表示生产一定产出与所需投入量之间的关系。企业把每种投入要素的数量与价格相乘，然后加总，计算出成本。

假设企业使用资本和劳动来生产产品，资本在短期内固定不变，企业的可变成本就是劳动的成本。劳动成本是每小时的工资 w 乘以雇用的劳动时间 L，即：$VC=wL$。

企业的资本在短期固定不变，增加产出的唯一方式是使用更多的劳动。要是企业能够增加足够多的劳动，就会达到劳动的边际收益（或报酬）递减的那一点，在这一点之后，每增加一名工人所带来的产出增加量减少。利用劳动和产出之间的关系（即生产函数），就能够确定可变成本曲线和其他相关曲线的形状了。

可变成本曲线的形状

假定投入要素的价格不变，那么可变成本曲线的形状就由生产函数决定。我们以图 7.2 中的企业为例说明这一关系，该企业的劳动投入的价格不变，即工资为每小时 10 美元。

如图 7.2 所示，当资本保持不变时，劳动的总产量曲线概括了企业的产出和劳动之间的短期的生产函数关系。在 a 点，企业生产 1 单位产出需要 5 小时的劳动。在 b 点，企业生产 5 单位产出需要 20 小时的劳动。这里，产出增长 4 倍，劳动增长 3 倍。相对地，当企业从 b 点移到 d 点，产出增长比率低于劳动增长比率。劳动从 20 变为 46，增长 1.3 倍，而产出为 10，变为原来的 2 倍。从 d 点到 e 点，产出增长比率相对于劳动增长比率更低。当劳动投入较多时，总产量曲线变得平缓，反映出了劳动的边际收益递减。

这条曲线既说明了在生产中产出和劳动的关系，也说明了在可变成本中产出和成本的关系。企业要为每小时工作时间支付 10 美元的成本，如图 7.2 所示，可以让横轴表示另一个指标，也就是可变成本，即劳动的成本。生产 5 单位产出需要 20 小时的劳动，因此企业的可变成本是 200 美元。如果横轴表示可变成本，劳动的总产量曲线就变成了可变成本曲线。

随着产出的增加，由于边际收益递减，可变成本上升的比例大于产出增加的比例。生产函数决定了可变成本曲线的形状，它也就决定了边际成本曲线、平均可变成本曲线和平均成本曲线的形状。企业决策时，主要参考这些表示单位成本的指标，而不是总的可变成本。接下来我们要逐一详细地分析这些成本曲线的形状。

边际成本曲线的形状

边际成本是产出增加一单位时可变成本的变化量：$MC=\Delta VC/\Delta q$。在短期，资本不变，因此企业增加产出的唯一方法是使用更多劳动。产出每增加一单位需要增加的劳动是 $\Delta L/\Delta q$。一单位的额外劳动需要企业支付 w，因此企业的成本以 $w(\Delta L/\Delta q)$ 的速度上升。于是边际成本等于：

$$MC=\frac{VC}{q}=w\frac{L}{q}$$

边际成本等于工资乘以每多生产一单位产出所需要的额外的劳动。如图 7.2 所示，产出从 5 变到 6，增加了一单位，这需要增加 4 小时的劳动。如果工资为每小时 10 美元，则边际成本就等于 40 美元。

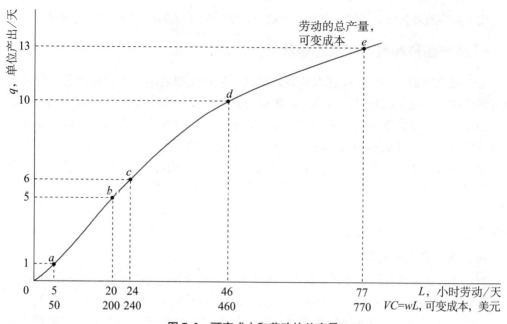

图7.2 可变成本和劳动的总产量

企业短期的可变成本曲线和劳动的总产量曲线形状相同。劳动的总产量曲线用横轴表示工作时间，可变成本曲线用横轴表示劳动成本，也是唯一的可变成本。

怎样才能知道多生产一单位的产出需要额外增加多少单位的劳动呢？生产函数能告诉我们答案。劳动的边际产量——在其他投入保持不变的情况下，劳动增加一单位时带来的额外产出——是 $MP_L = \Delta q/\Delta L$。因此，产出每增加一单位所需要的额外劳动 $\Delta L/\Delta q$ 等于 $1/MP_L$，于是企业的边际成本可以表示为：

$$MC = \frac{w}{MP_L} \tag{7.1}$$

等式7.1表明，边际成本等于工资除以劳动的边际产量。如图7.2所示，如果企业的产出量从5单位增加到6单位，多生产一单位的产出必须增加4小时的劳动。因此，一小时劳动的边际产量是1/4。假设每小时工资是10美元，第6单位产出的边际成本是10美元除以1/4，或者40美元。

等式7.1说明边际成本与劳动的边际产量呈反方向变化。通常情况下，当劳动处于较低水平时，劳动的边际产量会随着劳动的增加而增加，因为新增工人与原来的工人互助合作，能更加充分利用企业的设备（第6章）。随着劳动边际产量的增加，边际成本下降。

不过，随着工人数量的不断增加，最终他们必须共用数量有限的设备，并可能相互妨碍，因而，由于劳动的边际收益递减，边际成本曲线向上倾斜。于是，如图7.1（b）所示，边际成本曲线先下降后上升。

平均成本曲线的形状

劳动的边际收益递减决定着可变成本曲线的形状，也因此决定了平均可变成本曲线的形状。平均可变成本是可变成本除以产出：$AVC = VC/q$。在前面考察的企业中，短期唯一的可变投入是劳动，资本不变，所以对该企业而言，可变成本就是 wL，因此平均可变成本是：

$$AVC = \frac{VC}{q} = \frac{wL}{q}$$

因为劳动的平均产量是 q/L，所以平均可变成本就等于工资除以劳动的平均产量：

$$AVC = \frac{w}{AP_L} \qquad (7.2)$$

如图 7.2 所示，当产出为 5 单位时，平均可变成本是 40 美元，也就是工资 10 美元除以劳动的平均产量 $1/4(=q/L=5/20)$。

当工资保持不变的时候，平均可变成本与劳动的平均产量呈反方向变化，见等式 7.2。就像我们在第 6 章中所看到的那样，劳动的平均产量先上升后下降，因此，如图 7.1（b）所示，平均成本先下降后上升。

在图 7.1（b）中，平均成本曲线是平均可变成本曲线和平均固定成本曲线的纵向加总。如果平均可变成本曲线呈 U 形，与严格下降的平均固定成本曲线相加，就会使平均成本曲线在产出水平较低时比平均可变成本曲线下降得更快、更为陡峭。而当产出水平比较高的时候，随着平均固定成本 F/q 趋近于零，平均成本曲线和平均可变成本曲线之间的差异就越来越小。因此，平均成本曲线也呈 U 形。

应用案例

啤酒制造商的短期成本曲线

一家日本啤酒制造商的短期平均成本曲线呈 U 形，尽管它的平均可变成本曲线是严格向上倾斜的。下图画出了这家企业的各种短期成本曲线［根据 Flath（2011）的估计］，这里假设企业的资本固定不变，为 $\overline{K}=100$。附录 7B 用数学的方法推导出了该企业的短期成本曲线。

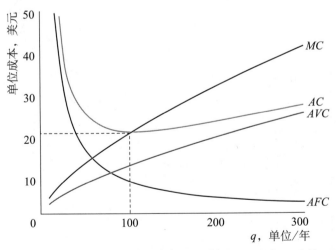

企业的平均固定成本（AFC）曲线随着产出的增加而下降，平均可变成本曲线严格上升。平均成本（AC）曲线是平均可变成本（AVC）曲线和平均固定成本曲线的纵向加总。因为平均固定成本曲线随着产出的增加而下降，而平均可变成本曲线随着产出的增加而上升，所以平均成本曲线呈 U 形。当产量大于零时，企业的边际成本（MC）曲线位于不断上升的平均可变成本曲线的上方，而且穿过平均成本曲线的最低点。

□ 税收对成本的影响

对企业征税，会使一部分或者全部的边际成本曲线和平均成本曲线发生移动。比如，政府对企业生产的每单位产出征收 10 美元的从量税。税额会随着产出的变化而变化，影响企业的可变成本，但对固定成本没有影响。因此，它会对企业的平均成本曲线、平均可变成本曲线和边际成本曲线产生影响，但对平均固定成本曲线没有影响。

在每一个产出水平上，平均可变成本、平均成本和边际成本都会增加，增幅与税收相等。在表 7.1 中，如果售出 8 单位产出，税前平均可变成本（AVC^b）是 21 美元。征税后，企业每单位产出需要向政府缴税 10 美元，税后的平均可变成本上升到 31 美元的水平。一般来说，企业的税后平均可变成本 AVC^a 是税前平均可变成本加上单位产出的税负 10 美元：$AVC^a = AVC^b + 10$。

平均成本等于平均可变成本加上平均固定成本，税收使平均可变成本增加 10 美元，对平均固定成本没有影响，所以税收使平均成本从 $AC^b = 27$ 美元增加到 $AC^a = 37$ 美元，也增加了 10 美元。

税收还造成企业的边际成本上升。例如，在表 7.1 中，假设企业想把产出从 7 单位增加到 8 单位。企业生产第 8 单位产出的税前的边际成本 MC^b 是 27 美元。每多生产一单位产出，企业的成本就是生产这一单位产出的边际成本，$MC^b = 27$ 美元，再加上 10 美元，因此，它的税后边际成本是 $MC^a = MC^b + 10 = 37$ 美元。

在图 7.3 中，10 美元的从量税使边际成本曲线和平均成本曲线都上移 10 美元。税后的边际成本曲线穿过税后平均成本曲线的最低点。因为两者上移幅度相同，所以在图 7.3 中，

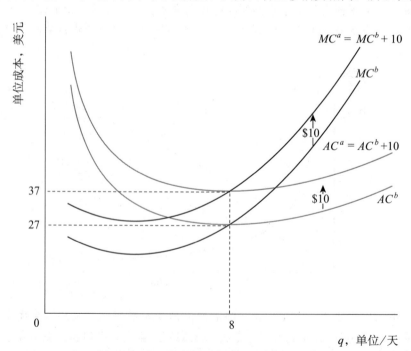

图 7.3　从量税对成本曲线的影响

对每单位产出征收 10 美元的从量税，会使边际成本曲线和平均成本曲线同时向上移动 10 美元。因为平均成本曲线平行向上移动，所以税前的平均成本曲线 AC^b 和税后的平均成本曲线 AC^a 都在 8 单位产出水平时达到最低。

税后的平均成本曲线和税前平均成本曲线都在产出水平为 8 单位时达到最低。总之，尽管从量税增加了企业的平均成本，但是它对平均成本最小值时的产出水平没有影响。

同样的方法也适用于分析特许经营税（费）对成本的影响。**特许经营税**（franchise tax），也称**执照费**（business license fee），是企业为获得某项业务的经营权而支付的金额。比如，在 2012 年，想获得在纽约中央公园原绿地客栈餐厅门前出售热狗的四年期许可证，你需要支付 139 万美元。这些税不会随着产出的变化而变化，所以它们只能影响企业的固定成本，而不影响可变成本。

例题详解 7.2

一项总额为 $\mathscr{L}$ 的特许经营税会对企业税后平均成本曲线最低点的产出有什么影响？（假设企业的税前平均成本曲线呈 U 形。）

解答

1. 确定单位产出的平均税额。因为特许经营税一次性缴纳，不随产出的变化而变化，所以企业的产量越高，单位产品的税负（$\mathscr{L}/q$）就越低。如果企业只售出一单位产品，它的成本是 $\mathscr{L}$；如果售出 100 单位产品，则单位产品的税负只有 $\mathscr{L}/100$。

2. 说明单位产出的税额对平均成本的影响。企业的税后平均成本 AC^a 是税前平均成本 AC^b 与单位产出负担的平均税额 $\mathscr{L}/q$ 之和。如下图所示，单位产出的平均税额随着产出的增加而减少，所以税后平均成本曲线和税前平均成本曲线之差也随着产出的增加而减小。

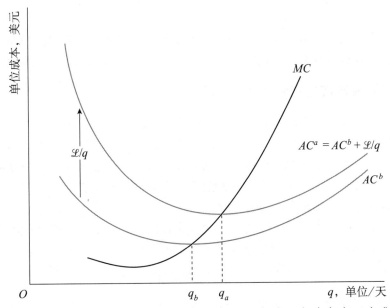

3. 确定税收对边际成本曲线的影响。因为特许经营税不会随产出而变化，所以它不影响边际成本曲线。

4. 对两条平均成本曲线的最低点进行比较。边际成本曲线从两条平均成本曲线的下方穿过它们的最低点。因为税后平均成本曲线在税前平均成本曲线的上方，所以税后平均成本曲线达到最低点时的产量 q_a 要大于税前平均成本曲线达到最低点时的产量 q_b。

□ 对短期成本的总结

我们讨论了三种成本（总成本、固定成本和可变成本）曲线和四种单位成本（平均成本、平均固定成本、平均可变成本和边际成本）曲线。了解这些曲线的形状以及它们之间的关系，对掌握本书其他章节对企业行为的分析是至关重要的。幸运的是，这些曲线的形状和它们之间的关系大多可以从下面四个基本概念中推导出来：

■ 在短期，与不能调整的投入相关的成本是固定不变的，与可调整的投入相关的成本是可变的。

■ 若投入要素的价格不变，则可变成本曲线和总成本曲线的形状由生产函数决定。

■ 在一种可变投入呈现出边际收益递减的情况下，随着产出的增加，可变成本曲线和总成本曲线会变得相对陡峭，因而平均成本曲线、平均可变成本曲线和边际成本曲线会随着产出的增加而上升。

■ 由于边际成本与平均成本之间的关系，当边际成本曲线在平均成本曲线和平均可变成本曲线的下方时，平均成本曲线和平均可变成本曲线下降；反之，当边际成本曲线在它们的上方时，它们会上升，因此边际成本曲线穿过平均成本曲线和平均可变成本曲线的最低点。

7.3 长期成本

企业在长期中为了尽可能地以最小的成本生产，会调整所有要素的数量。它可以改变工厂的规模、设计并制造新的机器设备，或者调整那些在短期固定不变的投入。

□ 所有的成本在长期都是可避免的

企业在长期也可能会有固定成本，但是这些固定成本是可避免的（avoidable）［而不像在短期那样会沉没（sunk）］。一家餐馆每个月支付的租金 F 不随供餐次数（产出）的变化而变化，是一种固定成本。在短期，这种固定成本是沉没成本：即使这家餐馆不营业，每月也必须支付 F。而在长期，这种固定成本是可避免的：如果关门，就不必支付租金。租赁合同的期限决定了短期的长度。

在本章的例子中，我们始终假设所有投入在长期都是可变的，所以就没有长期的固定成本（$F=0$）这回事了。长期总成本等于长期可变成本：$C=VC$。企业在长期只关心三个成本（总成本、平均成本和边际成本），而不是像短期那样，要考虑七种成本。

□ 成本最小化

为了能以最小的成本生产既定量的产出，企业会使用生产函数以及劳动和资本的价格等相关信息。在长期，企业能选择使用多少单位的劳动和资本，但是在短期，资本是固定的，企业只能对劳动的投入量进行调整。所以，如果短期企业必须使用"不适量"的资本，则其长期成本就会低于短期成本。本节我们就来分析长期中企业如何选择成本最小的投入组合。

就像等产量线所表明的那样（第 6 章），一家企业能够以多种不同的要素组合来生产既定的产出，且这些组合也是具有技术效率的。在这些有效投入组合中，企业要选的是生产成本最低的那组，即具有经济效率的投入组合。要这么做，就要把等产量线所反映出的技术信息同劳动、资本所反映出的成本信息结合在一起。

接下来，我们将要说明，如何用**等成本线**（isocost line）把有关成本的信息综合在一起表示出来，然后再分析企业是如何结合等产量线和等成本线的信息选出具有经济效率的投入组合的。

☐ 等成本线

既定产出的生产成本取决于劳动和资本的价格。企业以小时工资 w 购买了 L 小时的劳动服务，其劳动成本是 wL。又以小时租金 r 租来了机器，使用了 K 小时，资本成本是 rK（如果企业拥有资本，r 就是隐性租金水平）。企业的总成本就是劳动成本和资本成本的和：

$$C = wL + rK \tag{7.3}$$

此外，无论企业购买（或租用）多少劳动和资本，两种要素的价格不变。

成本相同的劳动和资本组合有多种。假定工资率 w 是每小时 10 美元，资本的租金 r 为 20 美元。表 7.2 列出了成本为 200 美元的 5 种不同的劳动和资本的组合。把这些组合绘制在一条等成本线上，这条线是所有总支出相同的投入要素的组合。图 7.4 显示了三条等成本线。200 美元的等成本线表示的是企业花 200 美元可以买到的所有劳动和资本的组合，包括表 7.2 中列出的从 a 到 e 的那 5 个组合。

表 7.2 　　　　　　　　**企业的成本为 200 美元时的劳动和资本的组合**

组合	劳动，L	资本，K	劳动成本，$wL = 10L$（美元）	资本成本，$rK = 20K$（美元）	总成本，$wL + rK$（美元）
a	20	0	200	0	200
b	14	3	140	60	200
c	10	5	100	100	200
d	6	7	60	140	200
e	0	10	0	200	200

沿一条等成本线移动，成本始终会维持在一个固定的水平上，记为 $\overline{C}$，因而把等式 7.3 中的成本设为 $\overline{C}$，我们就可以得到与成本为 $\overline{C}$ 的等成本线相对应的等式：

$$\overline{C} = wL + rK$$

利用数学知识对等式进行变换，说明当企业的总成本为 $\overline{C}$ 且购买了 L 单位的劳动时，可以购买的资本的数量是：

$$K = \frac{\overline{C}}{r} - \frac{w}{r}L \tag{7.4}$$

将 $\overline{C} = 200$ 美元、$w = 10$ 美元、$r = 20$ 美元代入等式 7.4，我们得出 200 美元的等成本线是 $K = 10 - \frac{1}{2}L$。根据等式 7.4，我们可以得出等成本线具有三个性质：

第一，等成本线与代表资本和劳动的坐标轴的交点由企业的成本 $\overline{C}$ 和投入要素的价格决定。在成本是 $\overline{C}$ 的等成本线与资本轴的交点处，企业只有资本一种投入。令等式

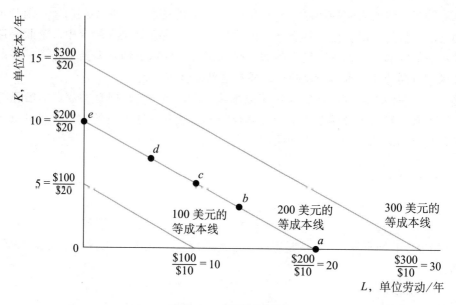

图 7.4 一组等成本线

等成本线表示成本相同的所有劳动和资本的组合。总成本越大，等成本线离原点就越远。所有等成本线的斜率都相同，即 $-w/r=-1/2$。该斜率表示的是，保持成本不变时企业可以用资本替代劳动的比率。为了使成本不变，企业要多投入 1 单位的资本，就必须减少 2 单位的劳动。

7.4 中的 $L=0$，我们可知，企业能买到 $K=\overline{C}/r$ 单位的资本。如图 7.4 所示，200 美元的等成本线和资本轴的交点位于 200 美元/20 美元=10 单位的资本的位置。同样，等成本线与劳动轴的交点在 $\overline{C}/w$ 处，也就是当只有劳动一种投入时，企业能雇用到的劳动量。

如图 7.4 所示，200 美元的等成本线和劳动轴在 $L=20\left(K=10-\dfrac{1}{2}\times20=0\right)$ 的位置相交。

第二，同离原点较近的等成本线相比，等成本线离原点越远，代表的成本就越高。因为等成本线与资本轴交于 $\overline{C}/r$，与劳动轴交于 $\overline{C}/w$，所以，随着成本的增加，这些交点就会沿着坐标轴等比例地向外移动。100 美元的等成本线与资本轴和劳动轴的交点分别是 5 和 10，而 200 美元的等成本线与两条坐标轴的交点分别是 10 和 20。

第三，等成本线的斜率都相等。根据等式 7.4，如果企业增加了 ΔL 劳动，资本就必须减少：

$$\Delta K=-\frac{w}{r}\Delta L$$

把等式的两边同时除以 ΔL，就得到了等成本线的斜率：$\Delta K/\Delta L=-w/r$。所以说，等成本线的斜率取决于投入要素的相对价格。在图 7.4 中，等成本线的斜率是 $-w/r=-10/20=-1/2$。也就是说，为使总成本保持不变，企业如果多投入 2 单位的劳动（$\Delta L=2$），就必须少投入 1 单位的资本$\left(\Delta K=-\dfrac{1}{2}\Delta L=-1\right)$。图中所有的等成本线都使用了同样的价格，它们的斜率相等，相互平行。

等成本线在企业决策中的作用和预算线在消费者决策中的作用相同。二者都是直线，它们的斜率都由相对价格决定。一个重要的区别是：消费者只有一条预算线，由其收入决定；企业要面临多条等成本线，每条对应着不同的支出水平。一家企业可以选择少投入，以低成本生产低产出。也可以选择高投入，以高成本生产高产出。

□ 把生产和成本信息结合起来

等成本线包含了成本方面的信息，等产量线综合了有效生产方面的信息，企业一般要结合这两方面的信息来选择生产既定产出的成本最小的方式。我们将分析啤酒制造商怎样找出成本最小的劳动和资本组合来生产 100 单位的产出。图 7.5 给出了产出为 100 单位的等产量线［基于 Flath（2011）］和三条等成本线，其中，资本的租金是 8 美元/小时，工资是 24 美元/小时。

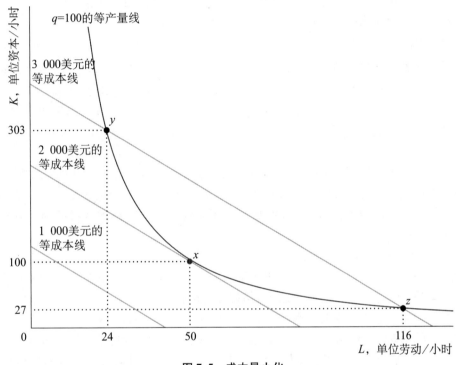

图 7.5　成本最小化

啤酒制造商生产 100 单位产出的最小成本位于 x 点（$L=50$，$K=100$）。成本最小化的投入组合由 $q=100$ 的等产量线和与其相切的最低的等成本线（2 000 美元）的切点决定。在 x 点，等成本线与等产量线相切，因此等成本线的斜率（$-w/r=-3$）等于等产量线的斜率（即边际技术替代率）。也就是说，企业在要素市场上以资本交换劳动的比率等于在生产过程中用资本替代劳动的比率。

企业可以用下面三个等价方法中的任何一个来实现成本最小化：

■ **最低成本法则**（lowest-isocost rule）：选择与等产量线相切的最低的等成本线上的投入组合。

■ **相切法则**（tangency rule）：选择等产量线与等成本线相切的投入组合。

■ **最后一美元法则**（last-dollar rule）：选择把最后一美元花在任何一种投入上所带来的额外产出都相等的投入组合。

最低成本法则

利用最低成本法则，企业选择与（代表 100 单位产出的）等产量线相切的最低的等成本线上的投入组合来实现成本最小化。图 7.5 中，2 000 美元的等成本线与等产量线在投入组合 x 处相切，在这一点，企业购买的劳动量 $L=50$，资本投入量 $K=100$。想证明

组合 x 是生产 100 单位产出的成本最小化方式，需要证明其他投入组合要么产出小于 100 单位，要么成本更高。

因为 2 000 美元的等成本线恰好与生产 100 单位的等产量线相切，所以，任何表示更低成本（比如 1 000 美元）的等成本线都不会和这条等产量线相切。位于 1 000 美元等成本线上的投入组合均位于等产量线的下方，进而企业无法用 1 000 美元生产出 100 单位的产出。

除了 x 点，还有其他投入组合也能生产出 100 单位的产出，不过，用这些组合生产的话，成本会更高。比如，企业可以用组合 $y(L=24, K=303)$ 或者 $z(L=116, K=27)$ 来生产 100 单位的产出，但这两个组合都位于 3 000 美元的等成本线上，所以，企业生产 100 单位产出所需的投入成本都要大于 x。

相切法则

如果一条等成本线与等产量线两次相交（就像 3 000 美元的等成本线那样），则必定另有一条较低的等成本线与等产量线相切。与之相切的最低等成本线（2 000 美元的等成本线）与等产量线在投入组合 x 处相切，切点唯一。因此，企业可以用相切法则来进行生产决策：为了用最小的成本生产出既定的产出，企业应该选择等成本线与等产量线相切时的投入组合。

在切点处，等产量线的斜率等于等成本线的斜率。就像在第 6 章中分析的那样，等产量线的斜率是边际技术替代率（MRTS），等成本线的斜率是负的工资与资本成本的比率 $-w/r$。为了使生产既定产出的成本最小，企业要选择边际技术替代率与负的相对投入价格相等时的投入组合[①]：

$$MRTS = -w/r \qquad\qquad (7.5)$$

在生产过程中，企业用资本替代劳动的比率是 MRTS。在要素市场上，企业用资本换取劳动的比率是 $-w/r$，企业要选择使两者恰好相等的投入组合。

在图 7.5 中，等成本线的斜率是 $-w/r = -24/8 = -3$。在投入组合 x 处，等产量线的斜率，也就是 MRTS 也是 -3。相比之下，在 y 点，等成本线穿过等产量线，因此两条曲线在该点的斜率不同，此处 $MRTS = -18.937\,5$，其绝对值大于投入的价格比率 3。这也意味着企业可以用更低的成本生产出既定的产出。

例题详解 7.3

如果生产函数为柯布-道格拉斯形式（$q = AL^a K^b$），图 7.5 中的啤酒制造商的生产函数为 $q = 1.516L^{0.6}K^{0.4}$，其中 $w=24$，$r=8$。使用相切法则求出上述情形下的成本最小化投入组合。

解答：

1. 使用一般形式的柯布-道格拉斯生产函数和等式 7.5 求出此类函数的相切条件。根据等式 6.7，柯布-道格拉斯生产函数对应的等产量线的斜率是 $MRTS = -(a/b)(K/L)$。根据等式 7.5，如果企业实现了成本最小化，则它的 MRTS 等于其等成本线的斜率：

$$-\frac{a}{b}\frac{K}{L} = -\frac{w}{r}$$

[①] 附录 7C 中使用微积分的方法推导出了等式 7.5。

将表达式移项整理后，我们发现，在成本最小化的组合处：

$$K = \frac{wb}{ra} L \tag{7.6}$$

2. 将例子中啤酒制造商的具体参数值代入等式7.6中。在啤酒生产函数中，$a=0.6$ 和 $b=0.4$。将这些值和 $w=24$、$r=8$ 代入等式7.6，得：

$$K = \frac{24 \times 0.4}{8 \times 0.6} L = 2L \tag{7.7}$$

也就是说，在成本最小化的投入组合中，企业的资本投入量是劳动投入量的 2 倍。

最后一美元法则

可以用另外一种方式解释等式7.5所描述的相切条件。第6章的等式6.3表明，边际技术替代率等于劳动边际产量与资本边际产量之比的负值：$MRTS = -MP_L/MP_K$。于是等式7.5的成本最小化条件可以写成：$-MP_L/MP_K = -w/r$。也可以写成：

$$MP_L/w = MP_K/r \tag{7.8}$$

等式7.8说明了最后一美元法则：如果选择的投入组合使得花在劳动上的最后一美元所带来的额外产出 MP_L/w 与花在资本上的最后一美元所带来的额外产出 MP_K/r 相等，则企业实现了成本最小化。

根据等式6.5和等式6.6，我们知道啤酒制造商的劳动的边际产量 $MP_L = 0.6q/L$，资本的边际产量 $MP_K = 0.4\,q/K$。在组合 x 处（$L=50$，$K=100$），$q=100$，啤酒制造商的劳动的边际产量是 1.2（$=0.6 \times 100/50$），资本的边际产量是 0.4（$=0.4 \times 100/100$）。花在劳动上的最后一美元使企业产出增加：

$$MP_L/w = 1.2/24 = 0.05$$

花在资本上的最后一美元使企业产出增加：

$$MP_K/r = 0.4/8 = 0.05$$

因此，在 x 点，在劳动和资本上多花一美元给企业带来的产出相等，等式7.8成立，因此企业在生产 100 单位产出时实现了成本最小化。

相反，如果企业用投入组合 y（$L=24$，$K=303$）来生产，即使用更多的资本和更少的劳动，其 MP_L 是 2.5（$=0.6 \times 100/24$），MP_K 约为 0.13（$\approx 0.4 \times 100/303$）。因此，花在劳动上的最后一美元使产出增加 $MP_L/w \approx 0.1$ 单位，而花在资本上的最后一美元只能增加上述产出增加值的约四分之一，$MP_K/r \approx 0.017$。在 y 点，假如企业把一美元从资本转向劳动，由于资本减少，产出下降 0.017 单位，而由于劳动增加，产出又增加了 0.1 单位，所以企业用同样的成本使产出净增加了 0.083 单位。这时它应该把更多的资源从资本转向劳动，资本的边际产量开始增加而劳动的边际产量不断下降，一直调整到使等式7.6成立的 x 点。

总之，我们证明了，当等产量线是平滑的曲线时，企业选择生产既定产出的最小成本投入组合可以遵循的三种等价的法则：最低成本法则、相切法则（见等式7.5），以及最后一美元法则（见等式7.8）。如果等产量线不是平滑曲线，利用相切法则和最后一美元法则就无法确定成本最低的生产方式，不过，即使等产量线不是平滑曲线，最低成本法则也是有效的（如同第6章的应用案例"半导体集成电路的等产量线"中所描述的那样）。

□ 要素价格变化

啤酒制造商一旦确定了生产既定产出的成本最小投入组合之后，只要要素的价格不变，它的选择也不变。如果某种要素的价格变了，它的选择应该怎么变呢？假定工资从24美元下降到8美元，而资本的租金仍维持在8美元不变。

此时，企业会用价格相对便宜的劳动替代价格相对昂贵的资本，重新实现成本的最小化。工资变化不影响技术效率，进而对图7.6中的等产量线没有影响。但是，由于工资下降，与斜率为$-w/r=-24/8=-3$的初始等成本线相比，新的等成本线更为平缓，其斜率为$-w/r=-8/8=-1$。

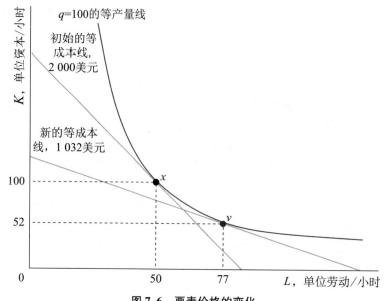

图7.6 要素价格的变化

初始的工资是24美元，资本的租金是8美元，最低的等成本线（2 000美元）与$q=100$的等产量线在x点（$L=50$，$K=100$）相切。当工资降到8美元的时候，等成本线变得更加平坦，因为与资本相比，劳动相对便宜了。当等成本线的斜率从$-w/r=-24/8=-3$下降到$-8/8=-1$时，新的、最低的等成本线（1 032美元）与等产量线相切于v点（$L=77$，$K=52$）。因此，当工资下降时，企业使用更多的劳动和更少的资本来生产既定产出，生产成本也相应地从2 000美元降到了1 032美元。

相对陡峭的初始等成本线与100单位的等产量线在组合x处（$L=50$，$K=100$）相切。较平缓的、新的等成本线与该等产量线在组合v处（$L=77$，$K=52$）相切。因此，当劳动相对更便宜时，企业会多使用劳动，少使用资本。此外，由于工资下降，企业生产100单位产出的成本从2 000美元下降到1 032美元。这个例子表明，投入要素相对价格的变化会影响企业选择的投入组合。

例题详解7.4

如果企业选择在国内生产，它所面临的劳动和资本的投入价格分别是$\hat{w}$和是$\hat{r}$，企业购买了$\hat{L}$单位劳动和$\hat{K}$单位资本，生产了$\hat{q}$单位产出。如果在海外生产，工资和资本成本都是国内的一半，此时企业会改变用来生产$\hat{q}$单位产出的劳动和资本的投入量吗？生产$\hat{q}$单位产出的成本有何变化？

解答

1. 确定要素价格的变化对等产量线或等成本线的斜率的影响。等产量线仅由技术（生产函数）决定，要素的价格变化对它没有影响。同样，要素价格减半对等成本线的斜率也没有影响。初始斜率为 $-\hat{w}/\hat{r}$，新的斜率等于 $-(\hat{w}/2)/(\hat{r}/2)=-\hat{w}/\hat{r}$。

2. 用最低成本法则确定企业对投入组合的选择。企业要实现成本最小化，就会选择在等产量线与可能的最低的等成本线的切点处生产。也就是，在等产量线的斜率 MRTS 等于等成本线的斜率 $-w/r$ 的位置生产。在要素价格等比例变化后，这两条线的斜率不变，所以企业会继续使用与之前数量相同的劳动 $\hat{L}$ 和资本 $\hat{K}$ 来生产 $\hat{q}$ 单位的产出。

3. 计算并比较初始成本和新成本。企业生产 $\hat{q}$ 单位产出的初始成本是 $\hat{w}\hat{L}+\hat{r}\hat{K}=\hat{C}$，生产相同量产出的最新成本是 $(\hat{w}/2)\hat{L}+(\hat{r}/2)\hat{K}=\hat{C}/2$。因此，当要素价格减半时，生产 $\hat{q}$ 单位产出的成本也会减少一半。等成本线的斜率与以前相同，但每条等成本线所对应的成本都是以前的一半。

□ 长期的扩展线和成本函数

现在我们知道了一家企业如何确定生产既定产出的成本最小化方式。企业通过对不同产出水平上的决策进行反复分析，就能了解成本和产出的关系。

图 7.7（a）给出了投入价格不变（$w=24$ 美元，$r=8$ 美元）情况下，啤酒制造商成本最低的要素组合和各种不同产出水平之间的关系。过切点的直线就是长期的**扩展线**（也叫扩张线或扩展路径，expansion path）：每一个产出水平下成本最小化的劳动和资本的组合。当产出为 100 单位时，成本最低的生产方式是位于 2 000 美元的等成本线上的劳动与资本组合 x（$L=50$，$K=100$）；同样，当产出为 200 单位时，成本最低的生产方式是使用劳动与资本组合 z，它在 4 000 美元的等成本线上。扩展线穿过 x 点和 z 点。

我们推导出了例题详解 7.3 中啤酒制造商的这条扩展线。根据等式 7.7，在成本最小化的组合中，企业所使用的资本的投入量是劳动的 2 倍：$K=2L$。因此，扩展线是一条过原点且斜率为 2 的直线。为了让产出从 100 单位增加到 200 单位，企业要把劳动使用量从 50 人增加到 100 人，把资本量从 100 单位变为 200 单位。在产出从 100 单位增加到 200 单位时，两种投入也要增加一倍，所以成本也增加了一倍。

啤酒制造商的扩展线和长期成本函数 $C(q)$ 包含了同样的信息，后者表示的是成本和产出的关系。从扩展线中可以看到，生产 q 单位的产出需要投入 $K=q$ 单位的资本和 $L=q/2$ 单位的劳动。[①] 因此，对应的长期成本函数为：

$$C(q)=wL+rK=wq/2+rq=(w/2+r)q=(24/2+8)q=20q$$

也就是说，与这条扩展线对应的长期成本函数为 $C(q)=20q$。在图 7.7（a）所示的扩展线上，x 点对应的成本为：$C(100)=2\,000$ 美元，y 点对应的成本为：$C(150)=3\,000$ 美元，z 点对应的成本为：$C(200)=4\,000$ 美元。

图 7.7（b）画出了这条长期成本曲线。成本曲线上的 X、Y、Z 点分别对应着扩展线上的 x、y、z 点。例如，2 000 美元的等成本线过 x 点，这一点是生产 100 单位产出的成本最小化的资本和劳动的组合。同样，长期成本曲线上的 X 点对应着 2 000 美元的成本和 100 单位产出。与扩展线一样，成本曲线也反映了成本和产出同比例变化的性质。

---

① 我们可以正式推导出这个结果。如扩展线所示，当 $2L=K$ 时，成本最小。将该表达式代入生产函数 $q=1.516L^{0.6}K^{0.4}$，有：$q=1.516L^{0.6}(2L)^{0.4}=1.516\times2^{0.4}L=2L$，或 $L=q/2$。因此，$K=2L=q$。

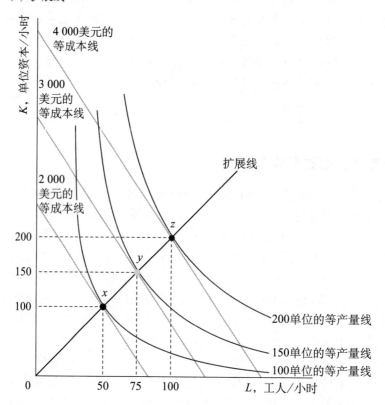

(a) 扩展线

4 000美元的
等成本线

3 000
美元的
等成本线

2 000
美元的
等成本线

扩展线

200单位的等产量线

150单位的等产量线

100单位的等产量线

K，单位资本/小时

L，工人/小时

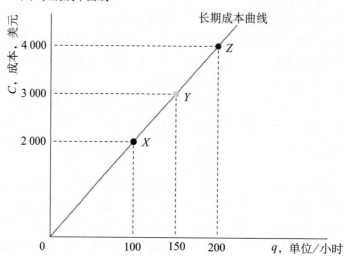

(b) 长期成本曲线

长期成本曲线

C，成本，美元

q，单位/小时

图7.7　扩展线和长期成本曲线

（a）穿过等成本线与等产量线切点（如 x、y、z 点）的曲线叫扩展线。扩展线上的点是每一个产出水平下成本最
小化的劳动和资本的组合。（b）啤酒制造商的扩展线表示长期成本和产出之间的关系，这和长期成本曲线是相同的。

对于一个固定比例的生产函数来说，如果用 1 单位劳动和 1 单位资本可以生产 1 单位产出（第 6 章），则它的长期成本函数是怎样的？画出它的长期成本曲线。

解答

将各种要素的投入量与其价格分别相乘，然后相加，得出总成本。q 单位产出的长期成本为 $C(q)=wL+rK=wq+rq=(w+r)q$。可见，成本与产出成比例变化。长期成本曲线是一条斜率为 $w+r$ 的直线。

▢ 长期成本曲线的形状

长期的平均成本曲线和边际成本曲线的形状由长期总成本曲线的形状决定。为了说明它们之间的关系，我们来分析一家代表性的企业的长期成本曲线，其长期平均成本曲线呈 U 形。

图 7.8（a）中的长期总成本曲线与图 7.8（b）中的长期平均成本曲线和边际成本曲线相对应。不像图 7.7 中啤酒制造商的直线形长期成本曲线或例题详解 7.5 中按固定比例投入要素的长期成本曲线，此处长期总成本曲线不是直线形的。当产出小于 q^* 时，成本上升的比例小于产出增加的比例；当产出大于 q^* 时，该曲线加速上升。

可以把分析短期曲线时用到的方法用在分析长期的总成本曲线、平均成本曲线和边际成本曲线的几何关系上。从原点出发的直线在产出等于 q^* 时与长期总成本曲线相切，此时边际成本和平均成本相等，所以边际成本曲线在这一点穿过平均成本曲线。当长期边际成本曲线位于长期平均成本曲线的下方时，长期平均成本曲线呈下降趋势；而当长期边际成本曲线位于长期平均成本曲线的上方时，长期平均成本曲线呈上升趋势。所以，边际成本曲线穿过了平均成本曲线的最低点。

在图 7.8（b）中，为什么平均成本曲线先下降后上升呢？对这一问题的解释不同于对短期平均成本曲线呈 U 形的解释。

短期平均成本曲线之所以最初向下倾斜，主要是因为平均固定成本曲线是向下倾斜的：把固定成本分摊到更多产出上降低了单位产出的平均固定成本。可是长期没有固定成本，因此固定成本就不能解释长期平均成本曲线最初向下倾斜的问题。

短期平均成本曲线在产出水平较高时向上倾斜的主要原因在于边际收益递减。但是，在长期，所有生产要素都是可变的，因此边际收益递减也不能解释长期平均成本曲线向上倾斜的问题。

从根本上来说，和短期的曲线一样，长期成本曲线的形状也是由产出和投入之间的生产函数关系决定的。在长期，规模收益是影响平均成本及其他成本曲线形状的最主要因素。正如我们在第 6 章所讨论的那样，按比例增加所有投入不一定会导致产出同比例增加：在产出水平较低时，产出增加的比例要大于投入增加的比例（规模收益递增）；在产出达到中间水平时，产出增加的比例等于投入增加的比例（规模收益不变）；在产出水平较高时，产出增加的比例小于投入增加的比例（规模收益递减）。如果生产函数具有这种规模收益的模式，并且要素价格保持不变，则长期平均成本一定呈 U 形。

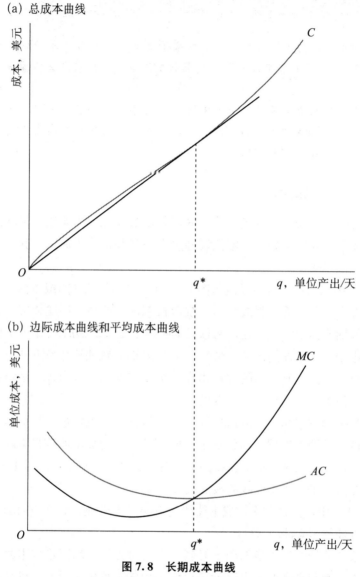

（a）总成本曲线

成本，美元

C

O　　　　　　　　q^*　　　q，单位产出/天

（b）边际成本曲线和平均成本曲线

单位成本，美元

MC

AC

O　　　　　　　　q^*　　　q，单位产出/天

图 7.8　长期成本曲线

（a）长期总成本曲线在产出水平低于 q^* 时比产出增长得慢，在产出水平高于 q^* 时比产出增长得快。（b）因此，边际成本曲线和平均成本曲线呈 U 形。边际成本曲线在 q^* 处穿过平均成本曲线的最低点。

　　为了说明规模收益和长期平均成本之间的关系，我们可以借助图 6.5 所示的规模收益的例子，相关数据见表 7.3。企业使用 1 单位的劳动和 1 单位的资本可以生产出 1 单位的产出。如果工资和资本的租金成本都是每单位 12 美元，则生产 1 单位产出的总成本和平均成本就都是 24 美元。现在两种投入都增加 1 倍，总产出增加了 1 倍以上，为 3 单位，这说明生产是规模收益递增的。因为成本是原来的 2 倍而产出是原来的 3 倍，所以平均成本下降了。要是生产的平均成本随着产出的增加而下降，就可以说成本函数呈现出**规模经济**（economies of scale）的性质。因此，规模收益递增是规模经济的充分条件。

表 7.3 规模收益和长期成本

产出，q	劳动，L	资本，K	成本，$C=wL+rK$	平均成本，$AC=C/q$	规模收益
1	1	1	24	24	
3	2	2	48	16	递增
6	4	4	96	16	不变
8	8	8	192	24	递减

说明：$w=r=12$ 美元/单位。

如果投入再增加 1 倍（$L=K=4$），产出也增加 1 倍（$q=6$），生产的规模收益不变，因此，平均成本也保持不变。要是产出增加对平均成本没有影响（平均成本曲线是直线），则不存在规模经济。

若投入继续增加（$L=K=8$）只能导致产出小幅增加（$q=8$），生产呈现出规模收益递减，于是平均成本上升。如果平均成本随着产出的增加而增加，则企业存在**规模不经济**（diseconomies of scale）。

平均成本曲线的形状多种多样。具有代表性的竞争性企业的平均成本曲线呈 U 形。在不完全竞争市场中，平均成本曲线可能是 U 形、L 形（随着产出的增加，平均成本先迅速下降然后趋于水平）、一直向下倾斜、一直向上倾斜或者其他形状。平均成本曲线的形状预示着生产过程存在规模经济还是规模不经济。

表 7.4 总结了加拿大各类制造企业的平均成本曲线的形状〔根据 Robidoux 和 Lester（1992）的估计〕。数据表明，在这些企业中，平均成本曲线呈 U 形只是特例，并不常见，有近三分之一的平均成本曲线都呈 L 形。不过，一些表面上看起来呈 L 形的平均成本曲线可能是某些 U 形成本曲线的一部分，这些 U 形曲线的底部往往又长又平，在这一段，我们找不到任何一家企业其产量可以高到出现规模不经济的情况。

表 7.4 加拿大制造业的平均成本曲线的形状

是否存在规模经济	占制造业的比重，%
规模经济：AC 曲线最初向下倾斜	57
AC 曲线总是向下倾斜	18
AC 曲线呈 L 形（先向下倾斜，然后趋于水平）	31
AC 曲线呈 U 形	8
规模经济不存在：AC 曲线是直线	23
规模不经济：AC 曲线向上倾斜	14

资料来源：Robidoux and Lester（1992）.

应用案例

3D 打印

在过去，企业需要大批量地生产才能获得规模经济的好处，从而降低成本。而 3D 打印技术的问世改变了这一局面，它使得企业在生产一件产品时的成本与生产上千件产品时的平均成本没什么两样，一样便宜。

通过 3D 打印，员工向机器发出指令（基本上是已经设计好的程序），按下 Print 键，机器就从下往上开始打造出目标体。它通过从喷嘴沉积材料，或通过使用胶水或聚焦的光束来选择性地固化薄塑料或金属层。

航空航天公司、医药公司和汽车公司率先利用 3D 打印技术来构造模型，然后再使用传统技术制造出最终的产品。对于那些只需要少量零部件的企业来说，3D 打印技术的使用为它们节约了成本，创造了效益。

生物医药公司和航空航天公司正用 3D 打印参与即时制造来降低成本。事实证明，它对生物医药公司生产定制假肢特别有用。在航空航天领域，空客公司在 2014 年为其飞机打印了 45 000～60 000 个零件（2013 年为 20 个）。空客公司打印的零件比过去轻 30%～50%，这样可以减轻飞机的重量并节省燃油。一项研究表明，2015 年波音公司的飞机上装有 10 万个 3D 打印的零部件。而最令人瞩目的是，空客公司在 2016 年推出了世界上第一架由 3D 打印技术制造的无人机。

有些科学家和企业认为，3D 打印最终将使一些工厂没有用武之地，低工资国家在制造业方面的优势也将荡然无存。随着 3D 打印的成本不断降低，这些机器未来将用于生产终端客户需求的小型高级定制的产品。

☐ 成本曲线的估计与反思

经济学家常用统计方法来估计成本函数。不过，有时候借助随机观测和演绎推理也能推断出成本曲线的形状。

例如，自 1920 年起，Good Humor 公司就开始用卡车来运送冰激凌，这家企业的生产过程似乎呈现出固定比例和规模收益不变的特点：想多卖产品，就要多派卡车和司机。几乎可以断定司机和卡车是不可替代的投入（等产量线呈直角）。如果一名司机每天的成本是 w，租金每天的成本是 r，冰激凌每天的销量是 q，那么成本函数就是 $C=(w+r)q$。

我曾经说过，这种演绎推理可能使人误入歧途。一家热水器公司向我提供了多年投入和产出的数据，我也曾经和该企业的工程师谈过他们的生产过程，并参观了这家工厂〔它和但丁的《地狱》（$Inferno$）里的场景很像，火光熊熊，还夹杂着巨大的噪声〕。

热水器由金属气缸、支架、电子控制装置、许多小零件（螺丝、垫圈等等）和几根会慢慢生锈的铁杆组成。工人把金属切成圆柱形，并焊接在一起，然后把其他配件组装上去。"行了，"我心想，"这就是一种按固定比例投入要素的生产工艺。因为要生产一台热水器，每种零件都得用一件。怎么可能用气缸来代替电子控制装置，或者用劳动来代替金属材料呢？"

接着我用统计方法来估计该企业的生产函数和成本函数。按照通常的步骤，我并不认为我知道函数的具体形式，而是让数据亲自"告诉"我函数的类型。让我吃惊的是，估计结果表明，该生产工艺并不是固定比例的，确切地说，企业能够轻而易举地实现资本和劳动之间的相互替代。

"肯定是我哪里出错了，"看了这些结果后，我对工厂经理说。"不是，"他说，"这没问题，劳动和金属材料之间有很强的替代性。"

"怎么替代呢？"

"这很容易，"他说，"我们可以多雇用一些工人，精确、细致地切出我们需要的东西，那样就可以节省一些金属材料；或者，我们可以少雇一些工人，切得快一些，那样就得多用一些材料。当劳动成本相对较高时，我们就多用材料少雇人，当金属价格相对较高时，我们就认真切割。"这样做可以最小化企业的成本。

7.4 长期中成本下降

在做长期计划时，企业会根据产量来选择工厂的规模和其他方面的投资，从而使长期成本最小化。一旦确定了工厂的规模和设备，这类投入在短期就不会改变了。因此，企业的长期计划决定着它的短期成本。因为资本的数量在短期不变，而在长期可变，所以短期成本至少和长期成本一样高。如果资本的投入在短期并非恰到好处，则短期成本高于长期成本。

□ 作为短期平均成本曲线包络线的长期平均成本曲线

从前面的分析可以看出，长期平均成本总是小于或等于短期平均成本。如图 7.9 所示，假设企业最初只有 3 种规模可供选择。最小的生产规模所对应的短期平均成本曲线是 $SRAC^1$。在此规模下企业要生产 q_1 单位的产出，平均成本是 10 美元，即曲线 $SRAC^1$ 上的 a 点。如果用一个稍大一点的规模来代替当前的生产，q_1 单位产出的平均成本就是 12 美元，即曲线 $SRAC^2$ 上的 b 点。所以，如果企业要生产 q_1 单位的产出，它就会选用较小的生产规模，最小化其平均成本。假如它希望生产 q_2 单位的产出，那么曲线 $SRAC^2$ 上的 e 点所对应的平均成本要低于曲线 $SRAC^1$ 上的 d 点所对应的平均成本。

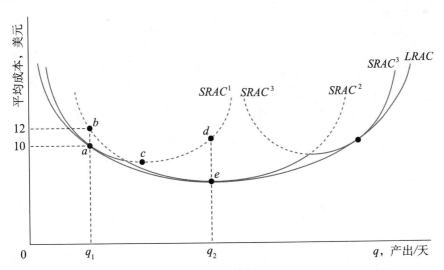

图 7.9　作为短期平均成本曲线包络线的长期平均成本曲线

如果企业只有 3 种工厂规模可供选择，且短期平均成本曲线分别是 $SRAC^1$、$SRAC^2$ 和 $SRAC^3$，那么长期平均成本曲线是 3 条短期平均成本曲线的弧形实线部分。当短期平均成本曲线有无数种的时候，$LRAC$ 就变成了一条 U 形的平滑曲线。

在长期，企业会选择使生产成本达到最小的生产规模，所以它会选择任意产出水平上那个使平均成本最低的生产规模。在 q_1 水平上，它就选择最小的生产规模；在 q_2 水平上，它会选择中等生产规模。因此长期平均成本曲线是三条短期平均成本曲线的弧形实线部分。

假设生产规模有无数种可能，长期平均成本曲线 LRAC 就是 U 形的平滑曲线。LRAC 包括了每条可能的短期平均成本曲线上的一点，但该点并不一定是短期平均成本曲线的最低点。例如，LRAC 包括 $SRAC^1$ 上的 a 点，而不是其最低点 c。以最低平均成本经营的小工厂同利用规模经济来生产的大工厂相比，前者无法使用后者那样低的平均成本来生产。

应用案例

啤酒制造商的长期成本曲线

下图说明了日本啤酒制造商的长、短期平均成本曲线之间的关系［基于 Flath (2011) 的估计］。由于生产函数规模收益不变，投入加倍，产出也加倍，所以就像之前看到的那样，长期平均成本 LRAC 是常数。假定资本投入为 200 单位且固定不变，企业短期的平均成本曲线就是 $SRAC^1$。如果企业的产出是 200 单位，则短期平均成本和长期平均成本相等。而在任何其他产出水平上，短期成本都要高于长期成本。

短期边际成本曲线 $SRMC^1$ 和 $SRMC^2$ 向上倾斜，并分别在 U 形的短期平均成本曲线 $SRAC^1$ 和 $SRAC^2$ 的最低点 20 美元的位置与这两条曲线相交。相比之下，因为长期平均成本曲线是一条在 20 美元处的水平直线，进而长期边际成本曲线 LRMC 也是一条位于 20 美元位置上的水平直线，所以，长期边际成本曲线不是短期边际成本曲线的包络线。

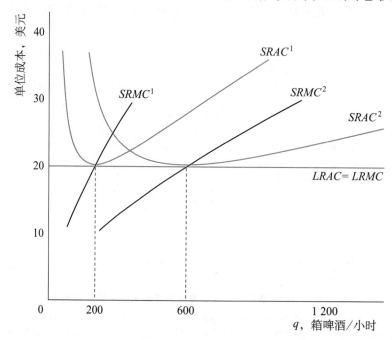

中级微观经济学（第八版）

选择喷墨打印机还是激光打印机

在 2016 年，一台激光打印机的售价为 90 美元，一台喷墨打印机的售价为 30 美元。如果买喷墨打印机，立刻省 60 美元。不过，激光打印机的打印成本更低，用激光打印机打印一页需要的纸墨成本大约是 4 美分，相比之下，喷墨打印机的成本大概是每页 7 美分。

于是，使用一台激光打印机的平均成本是每张 $90/q+0.04$ 美元，q 是纸张的页数；而使用一台喷墨打印机的平均成本是 $30/q+0.07$ 美元。比较而言，开始的时候喷墨打印机的平均成本低，当 q 达到 2 000 页时，二者的平均成本均为 8.5 美分。这意味着在打印量较大时，使用激光打印机更划算。比方说，如果打印机使用两年，并且每周打印不少于 20 页，使用激光打印机的平均成本更低。

那么，你应该购买激光打印机吗？如果你在知道打印量之前已经买了打印机，那么在短期你可能会受困于选错打印机的类型。例如，由于认为没有太多东西需要打印而先买了喷墨打印机，最后你发现很多课程都需要打印材料，那么与购买激光打印机相比，在短期，你会有一个更高的平均打印成本。

从长期来看，你可以改变打印机的类型。因此，你的长期平均成本会低于短期平均成本。如下图所示，长期平均成本曲线位于给定数量下的短期平均成本曲线的最低点。沿着所有这些平均成本曲线，你的打印量越大，平均成本就越低。

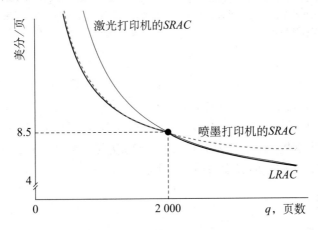

□ 短期和长期的扩展线

企业的生产在长期更灵活，所以长期成本比短期成本低。为说明这种灵活性的好处，我们可以比较与长、短期成本曲线相对应的长、短期的扩展线。

啤酒制造商在长期更具灵活性。如图 7.10 所示，等产量线和等成本线的切点确定了长期的扩展线。企业通过同时增加劳动和资本来提高产出，因此长期扩展线向上倾斜。为了让产出从 100 单位增加到 200 单位（从 x 点移动到 z 点），资本和劳动的投入都扩大 1 倍，资本从 100 单位增加到 200 单位，劳动从 50 名工人增加到了 100 名工人。因此，成本也从 2 000 美元上升到了 4 000 美元。

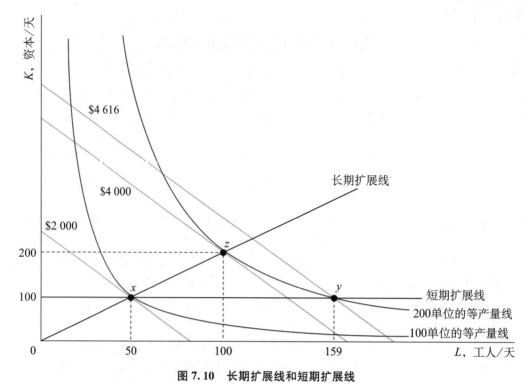

图 7.10　长期扩展线和短期扩展线

在长期，啤酒制造商通过同时增加两种投入来提高产出，因此，其长期扩展线向上倾斜。在短期，企业不能改变资本，因此短期扩展线在一个固定产量处保持水平。也就是说，它通过增加劳动使用量来提高产出。产出从 100 单位增加到 200 单位，使得啤酒制造商的长期成本从 2 000 美元上升到 4 000 美元，却使其短期成本从 2 000 美元上升到 4 616 美元。

在短期，企业不能增加资本（其资本固定在 100 单位不变），它只能通过增加劳动投入来提高产出，所以短期扩展线是位于 $K=100$ 处的水平直线。为了让产出从 100 单位增加到 200 单位（从 x 点移动到 y 点），该企业不得不增加劳动，把工人的数量从 50 增加到 159，此时，成本从 2 000 美元上升到了 4 616 美元。因此，产出提高 1 倍使长期成本变为原来的 2 倍，而使短期成本增加到原来的约 2.3 倍。

□ 学习曲线

> 我们必须学会做的是，通过实践来学习。

> ——亚里士多德

基于三种原因，企业的平均成本可能随着时间的推移而下降。首先，从长远来看，大规模生产可能会存在规模收益递增，进而降低平均成本；其次，技术进步（见第 6 章）会提高生产率从而降低平均成本；最后，企业可能会受益于"**干中学**"（learning by doing）：工人或管理者从经验中获得的生产技能和知识。

工人被指派某项任务之后，开始几次操作可能要慢一些，但速度会随着实践而不断加快。管理者也逐渐学会怎样组织生产更有效，发现哪些工人适合哪些岗位，决定对哪里追加投资而哪里要减少投资。工程师可能会实验不同的生产方式从而选择最优的生产设计。由于这样那样的原因，生产的平均成本随着时间的推移而降低，这种效应在新产品的生产方面尤为明显。

在一些企业，"干中学"是生产时间的函数，从开始生产某种产品开始计算。而更常见的形式是，"干中学"是累积产量（cumulative output）的函数，累积产量是自产品开始生产以来的产出总量。

学习曲线（learning curve）是关于平均成本和累积产量之间关系的函数。例如，图 7.11（a）给出了英特尔中央处理器（CPU）的学习曲线，英特尔的平均成本在开始的几百万单位的累积产量中下降得很快，但是之后降幅会随着累积产量的增加而减小（Salgado，2008）。

假设企业在平均成本曲线的规模经济范围内经营，扩大产出、降低成本的原因有两个：规模经济使当前的平均成本降低；在任一既定的产出水平上，"干中学"使下一期的平均成本下降。

如图 7.11（b）所示，企业在第 1 期以平均成本曲线 AC^1 上 A 点所对应的成本生产 q_1 单位的产出。我们假设每个时期足够长，企业可以改变所有的生产要素。如果第 1 期的产出增加到 q_2，由于存在规模经济，其平均成本会下降到 B 点。而第 1 期的"干中学"又会使第 2 期的平均成本降到 AC^2。如果企业在下一期仍然生产 q_2 单位的产出，其平均成本就会降到 AC^2 上的 b 点。

若企业把第 1 期的产出增加到 q_3，而非 q_2，由于更大的规模经济，第 1 期的平均成本会更低（AC^1 上的 C 点）。而且，由于在当前时期获得了经验，第 2 期的平均成本会继续降低至 AC^3。如果企业在下一期继续生产 q_3 单位的产出，其平均成本为 AC^3 上的 c 点。因此，在所有其他条件都相同的情况下，如果"干中学"是累积产量的函数，那么企业就有了增加产出的动力，以便降低未来的成本。

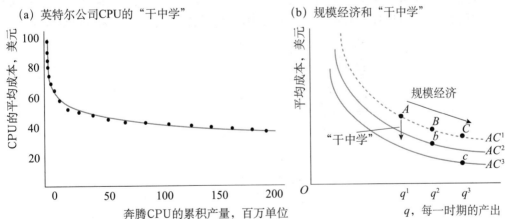

(a) 英特尔公司CPU的"干中学"　　(b) 规模经济和"干中学"

图 7.11　"干中学"

(a) 随着英特尔生产更多的 CPU，平均成本下降（Salgado，2008）。(b) 在短期内，由于规模经济，产出的增加降低了企业的平均成本：因为 $q_1 < q_2 < q_3$，所以 A 点高于 B 点，B 点高于 C 点。在长期，由于"干中学"，产出的增加使平均成本下降。在当期，生产 q_2 的成本位于 AC^1 上的 B 点处，在下一期生产相同产出的成本只达到位于 AC^2 上的 b 点处。如果企业在当期生产 q_3 而非 q_2，由于"干中学"的存在，它在下一期的平均成本是 AC^3 而不是 AC^2。因此，当期的产出增加以两种方式降低成本：首先是规模经济导致当期平均成本下降，其次是"干中学"造成下一期的（任意产出水平的）平均成本降低。

只生产一种产品的企业并不常见，讨论单一产品的企业仅仅是出于分析上的便利。如果企业同时生产两种或两种以上的产品，那么，一种产品的成本也会受到其他产品的产出水平的影响。为了提高效率，企业常用一种要素同时生产两种产品。例如，羊肉和羊毛都出在羊身上，黄牛能提供牛肉和牛皮，石油可以加工出燃料和汽油。联合生产牛肉和牛皮要比单独生产它们成本更低。如果联合生产两种产品，仅一次操作就生产一单位的牛肉和一张牛皮。若是分开而单独生产（把没用的产品扔掉），则同样的产出就需要两次操作以及更多的劳动。

如果联合生产比单独生产成本更低，我们就说生产存在**范围经济**（economies of scope）（Panzar and Willig，1977，1981）。范围经济（SC）的度量指标是：

$$SC = \frac{C(q_1, 0) + C(0, q_2) - C(q_1, q_2)}{C(q_1, q_2)}$$

式中，$C(q_1, 0)$ 表示单独生产 q_1 单位第一种产品的成本；$C(0, q_2)$ 表示单独生产 q_2 单位第二种产品的成本；$C(q_1, q_2)$ 表示联合生产两种产品的成本。如果单独生产两种产品的成本 $C(q_1, 0) + C(q_2, 0)$ 与联合生产两种产品的成本 $C(q_1, q_2)$ 相等，那么 SC 等于零。如果联合生产两种产品的成本更低，则 SC 大于零。若 SC 小于零，就存在着范围不经济，这两种产品就应该分开单独生产。

为了说明这一思想，我们假设 Laura 花一天的时间去树林里采蘑菇和野草莓。她的**生产可能性边界**（production possibility frontier）——一定量的投入（Laura 一天的努力）所能生产的最大产出量（蘑菇和野草莓）——是 PPF^1，如图 7.12 所示。生产可能性边界概括了 Laura 所面临的选择：一天之中，她采的野草莓越多，采的蘑菇就越少。

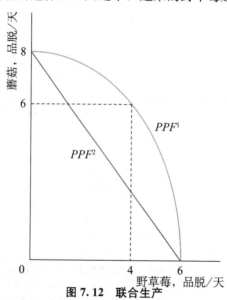

图 7.12   联合生产

如果存在范围经济，生产可能性边界就会像 PPF^1 那样凹向原点。反之，如果生产可能性边界像 PPF^2 那样是一条直线，则同时生产两种产品时，生产成本并不会下降。

如果 Laura 在一天的时间里只采蘑菇，能采 8 品脱；只采野草莓，能采 6 品脱；要是蘑菇和野草莓都采一些的话，她所收获的总产量会有所增加，能采 6 品脱的蘑菇和 4 品脱的野草莓。由于只采一种产品（蘑菇或野草莓）的边际收益递减，所以生产可能性边界是凹的（与直线相比，曲线的中间部分离原点更远）。假设她只采蘑菇，即便看到了野草莓也路过不采，这样所走的路就比两者都采时要多。所以，同时采蘑菇和野草莓存在着范围经济。

相反，如果生产可能性边界是一条直线，两种产品联合生产时的成本就不会下降。就像一片树林里长着蘑菇，而另一片树林里长着野草莓。在这种情况下，Laura 不用越过野草莓就能只采蘑菇。那么，生产可能性边界就是一条直线，就像图 7.12 中的 PPF^2 那样。通过在两片树林之间分配劳动时间，在一天中，她可以花一部分时间在这片树林里采蘑菇，而用另一部分时间在那片树林里采野草莓，如此分配就可以得到蘑菇和野草莓不同数量的组合。

应用案例

医疗行业的范围经济

一些实证研究的结果表明，某些医疗服务存在范围经济，有些不存在，还有一些存在着范围不经济。在综合性的医院里，将门诊和住院部分开能节约成本吗？还是应单独设立住院部？Carey 等（2015）发现，在中等规模的营利性医院里，存在着小规模的范围经济（SC＝0.12）。

Gonçalves 和 Barros（2013）以葡萄牙的医院为样本，研究了提供辅助性临床服务是否能节约成本。他们没有发现临床服务和其他医疗服务之间存在范围经济，因此，将该服务外包不会增加医院的成本。不过，在医学成像（medical imaging）服务中，计算机断层扫描（computed tomography）与其他的大多数医疗服务之间都存在范围经济，因此，这项服务外包会提高其他服务的生产成本。

Cohen 和 Morrison Paul（2011）发现，在华盛顿州的医院里，由于存在药物滥用的问题，医院所提供的住院服务和门诊服务之间存在着显著的范围不经济，因此这两种服务单独提供能降低成本。

挑战题解答　　　　　　本土与国外生产的技术选择

如果一家美国本土的半导体制造企业把生产转移到了国外工厂进行，它还应该使用和国内工厂一样的要素投入组合吗？和美国相比，由于国外的劳动成本相对较低，企业进而可能会选择不同的技术。

若等产量线平滑，如图 7.6 所示，假设要素的相对价格不同，企业在国外会使用不同于国内的投入组合。不过，半导体制造企业的等产量线可能会有弯折。下页图给出的等产量线是我们在第 6 章的"半导体集成电路的等产量线"这一应用案例中所考察过的那一组。

在美国本土的工厂里，半导体制造企业会使用晶片传送光刻机技术，因为 C^1 是同等产量线相切的最低的等成本线。

在国外，两种要素的投入价格均低于美国。与美国本土的工厂相比，国外工厂所使用的劳动的成本相对资本成本更低。等成本线的斜率为$-w/r$，其中w是工资，r是制造设备的租金。w相对r变小，等成本线会变得更平坦。因此，国外工厂的等成本线会比美国国内的等成本线C^1更加平坦。

如果企业的等产量线是平滑的，国外工厂必然会使用不同于国内工厂的技术。不过，由于等产量线是弯折的，投入要素相对价格的小幅变化不一定会导致企业选择不同的技术。企业面临着如C^2或C^3这样的等成本线，二者均比C^1平坦。如果企业面临的是$C^{?0}$，它只是比C^1略微平坦一点，此时企业在国外工厂仍然会选择资本密集型晶片传送光刻机技术。若面临的等成本线是C^3，比C^1平坦很多，它可能会与等产量线上的光刻机技术所处的位置相切，选择的技术会有所变化（若等成本线更加平坦，切点对应的技术还可能是校准器技术）。

即使工资变动很小，使得国外工厂面临的等成本线是C^2，虽然选择的技术不变，因为C^2小于C^1，国外生产的成本还是下降了。不过，如果工资下降很多，国外工厂就会选择劳动密集型技术，其成本C^3也小于C^2。

所以，企业在国外工厂是否使用和国内工厂不同的技术，要看两地的要素相对价格以及等产量线的形状（平滑与否）。如果等产量线平滑，即使要素相对价格小幅变动，也会导致企业选择等产量线上的不同技术，使用不同的劳动-资本比率。如果等产量线出现弯折，只有要素相对价格变化较大，企业才会选择不同的技术。

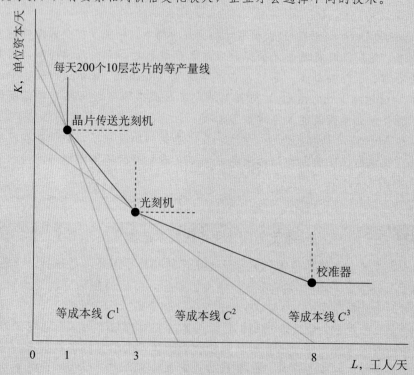

本章小结

企业从所有具有技术效率的生产过程（或工艺）中选择具有经济效率的那个。具有经济效率的生产过程是指在具有技术效率的条件下，以最小的成本生产既定的产出，或者以既定的成本生产最大的产出的生产过程。

1. 成本的性质。在进行生产决策的时候，管理者需要考虑投入的机会成本，即该投入的其他最佳用途的价值。例如，若一个人既是企业的所有者，又是管理者，他当然不会有工资，而他在别处可以赚到的收入——放弃的收入——就是他的时间的机会成本。机会成本关系到企业是否生产的决策。耐用品的机会成本取决于它目前的其他用途。如果一个耐用品的花费沉没了，也就是无法收回，那么这项投入就没有机会成本，因此也不会影响企业的现时生产决策。

2. 短期成本。在短期，有的要素可以调整，企业可以改变这些要素的成本，而其他要素的成本固定不变。平均固定成本随产出的增加而下降。如果企业的短期平均成本曲线呈 U 形，那么，当平均成本下降时，边际成本曲线在它的下方，当平均成本上升时，边际成本曲线在它的上方，因此，边际成本曲线穿过平均成本曲线的最低点。

3. 长期成本。在长期，所有要素都是可变的，因此，所有的成本也都是可变的，平均成本和平均可变成本相等。企业选择成本最小化的投入组合。为了生产既定的产出，企业选择能触及相关等产量线的最低的等成本线，也就是与等产量线相切的等成本线。同样，为实现成本最小化，企业不断调整投入，直到在每种投入上花的最后一美元所增加的产出都相等。当投入要素的价格既定时，如果企业能够计算出每一个可能产出水平下的成本，就能得出成本函数，其中成本是投入要素价格和产出水平的函数。如果企业的平均成本随着产出的增加而下降，则存在规模经济。如果企业的平均成本随着产出的增加而上升，则存在规模不经济。

4. 长期中成本下降。企业在短期可以做的事情，在长期也都能做，因此长期成本一定不会大于短期成本。在短期，有些生产要素是固定的，要增加产出，企业必须大幅增加其他要素的投入量，所以成本相对较高。在长期，企业可以调整所有的生产要素来降低生产成本。如果存在技术进步或"干中学"，则长期成本也会低于短期成本。

5. 生产多种产品的成本。假如企业联合生产两种产品比单独生产的成本低，则存在着范围经济。如果存在范围不经济，则单独生产两种产品的成本会更低。

思考题

MyEconLab 上有全部思考题；＊＝答案请扫本书末二维码获取；A＝代数问题；C＝可能要用到微积分知识。

1. 成本的性质

1.1 莱昂尼斯酒庄（南加利福尼亚州的一个顶级葡萄酒厂）的高管们惊讶地发现，把葡萄酒海运到亚洲的一些国家会比送到美国的东海岸更便宜（David Armstrong, "Discount Cargo Rates Ripe for the Taking", *San Francisco Chronicle*, August 28, 2005）。因为美国和亚洲主要国家之间巨大的贸易不平衡，到达美国西海岸的船往往载满货物，但返回亚洲时却空了一半。试用机会成本的概念解释不同的运价。

1.2 Hives 是你最喜欢的乐团，现在你以 100 美元的价格购买了一张 Hives 的音乐会门票，但该门票不能转售。不过，你可以再花 30 美元买一张史蒂文·科伯特（Steven Colbert）的演唱会门票（你愿意支付高达 90 美元的费用来听科伯特的演唱会），两场演出同时进行。假设参加任何一项活动都不会再发生额外的费用，参加 Hives 音乐会的机会成本是多少？（提示：见例题详解 7.1。）

*1.3 "有了飞机，就存在某种固定成本。"在沃尔沃/旧金山网球锦标赛间歇期，安德烈·阿加西（Andre Agassi）曾这样说，"因此，飞行次数越多，就越有经济意义……我买飞机后的第一次飞行是带朋友们去棕榈泉（Palm Springs）吃午饭。"（Scott Ostler，"Andre Even Flies like a Champ，"*San Francisco Chronicle*，February 8，1993，C1.）阿加西的这番话说得有道理吗？

*1.4 几年前，一家公司以每根 10 美元的价格购买了一批铜管，然后将它们储存起来，待需要时使用。该公司目前可以以 9 美元的价格出售其剩余的铜管。每根铜管的机会成本和沉没成本分别是多少？

1.5 Platinum Pipeline 公司需要卡特彼勒 D6T 推土机来安装自来水管道和污水管道。如果它可以租用而不是购买推土机，它的固定成本会如何变化？（提示：请参考应用案例"共享经济和短期"。）

1.6 2015 年，美国最高法院审理了一项关于节约用电的联邦提案。在讨论这条规则时，首席大法官约翰·罗伯茨（John Roberts）将该规定与汉堡包的定价联系起来[①]：

"如果联邦能源管理委员会站在麦当劳门外并告诉人们：'只要你们不进去，我们就会给你们每个人 5 美元'，当时汉堡包的价格是 3 美元……我认为大多数经济学家会说，汉堡包的实际价格应该是 8 美元，因为如果他们放弃 5 美元，他们仍然需要支付 3 美元。"

他说的对吗？汉堡包的机会成本真的是 8 美元吗？汉堡包的显性成本是多少？吃汉堡包的额外的机会成本是多少？

2. 短期成本

2.1 许多公司允许首席执行官（CEO）私人旅行时乘坐公司的商务机。美国国税局规定，企业应把商务机的私人用途当作高级管理人员的应纳税收入来上报。美国证券交易委员会（SEC）规定，公开上市交易的公司要向股东报告该项福利的价值。美国国税局以等于或小于头等舱机票的价格作为首席执行官私人飞行的价值；证券交易委员会以首席执行官乘坐航班所增加的成本

（这趟航班给公司带来的附加成本）作为其价值；第三种选择是租用一架飞机的市场价值。在这三种方法中，头等舱机票最便宜，租用飞机最贵。

a. 决定高级管理人员的私人旅行给公司带来的显性的边际成本的因素（如燃油）是什么？这三种价值评估方法都能正确地表示出显性的边际成本吗？

b. 高级管理人员的私人旅行给公司带来的边际机会成本是什么？

2.2 在 20 世纪，消费者发现，去一家商店要比去几家商店经济得多，于是大型商场和超市在很大程度上取代了小的专营店。去商店购物也会发生交易成本或者搜寻成本，最主要的是购物所花时间的机会成本。交易成本包括往返于超市的固定的交通成本，以及随着消费者要在货架上采购的商品种类数目的增加而增加的可变成本。超市里肉、水果、蔬菜及其他商品一应俱全，这样去一个超市购物就省掉了分别去肉店、农产品市场和其他专卖店的固定交通成本。用数学方法或者图形解释，为什么消费者在一个超市里购物要比在多家商店购物的平均成本低。（提示：把商品定义为买回家的东西。）

2.3 利用表 7.1 所提供的数据信息另做一个表，以此说明一项 30 美元的定额特许经营税对企业各条平均成本曲线的影响。

2.4 1796 年，一个德国的出版商戈特弗里德·克里斯托夫·哈特尔（Gottfried Christoph Härtel）对使用雕版技术印制乐谱的成本进行了计算，并且利用其估计出来的成本函数制定生产决策。哈特尔计算出，印刷一页乐谱的固定成本（雕版的成本）是 900 芬尼，每多复印一页乐谱的边际成本是 5 芬尼（Scherer，2001）。

a. 请画出总成本函数、平均总成本函数、平均可变成本函数和边际成本函数所对应的曲线。

b. 如果一家出版公司仅出版特定的某一部作品，是否存在成本优势？为什么？

c. 哈特尔利用数据做如下分析。假设他希望某部作品能以每页乐谱 15 芬尼的价格卖出 300 本。出版公司愿意为每页乐谱向该作品的作者支付的最高酬金是多少？

2.5 物业管理公司唯一的可变投入是清扫

① Bravender, Robin, "McDonald's helps Chief Justice Roberts Demystify FERC Rule," eenews. net.

办公室的工人，他们的工资 w 是每小时 8 美元。一名工人每小时可以打扫 4 间办公室。利用数学方法来确定每多清扫一间办公室的可变成本、平均可变成本和边际成本各是多少。画一个像图 7.1 那样的图形，标出可变成本曲线、平均可变成本曲线和边际成本曲线。

2.6 求下列成本函数的 AFC、MC、AVC 和 AC 的表达式，并画出这四种成本的曲线。

a. $C=10+10q$。

b. $C=10+q^2$。

c. $C=10+10q-4q^2+q^3$。A

2.7 Gail 在一个花店工作，她每小时可以插 10 盆花。在工作的前八个小时，每小时能赚 10 美元，之后每多工作一小时就能赚 15 美元。如果 Gail 的工资是公司唯一的可变成本，那么公司的成本函数是多少？求这个花店的 AC、AVC 和 MC 的函数表达式。画出 AC 曲线、AVC 曲线和 MC 曲线。A

2.8 某企业的成本函数是 $C=F+10q-bq^2+q^3$，其中，$b>0$。

a. b 的取值是多少时，总成本、平均成本和平均可变成本的值为正？（从现在起，假设所有成本在每一个产出水平上都大于零。）

b. AC 曲线的形状是什么样的？求 AC 达到最小值时的产出水平。

c. 分别求出 MC 曲线穿过 AC 曲线和 AVC 曲线时的产出水平。C

2.9 某企业有两家生产同样产品的工厂，它们的成本函数分别是 $C_1=10q-4q^2+q^3$，$C_2=10q-2q^2+q^3$。

a. 分别求出每家工厂的平均成本曲线最低点所对应的产出水平。

b. 如果企业一共要生产 4 单位产品，每家工厂应该生产多少？C

*2.10 某企业用木材来制造海运板条箱 (shipping crate)。假设木材每平方英尺 1 美元，不存在劳动或其他投入成本。制作一个 1 立方英尺（每条边都是 1 英尺）板条箱的成本与制作一个 8 立方英尺板条箱的成本相比如何？具体说明成本如何随着体积的变化而变化。

2.11 一家中国高科技制造企业的生产函数为 $q=10L^{0.28}K^{0.64}$ [基于 Zhang et al.（2012）]。它的要素价格为 $w=10$ 和 $r=20$。它的短期的边际成本曲线和平均可变成本曲线是怎样的？（提

示：见附录 7B。）A

2.12 在例题详解 7.2 中，假设政府每年都向企业征收特许经营税（而不是只征一次）。描述这项税收对边际成本曲线、平均可变成本曲线、短期平均成本曲线和长期平均成本曲线的影响。

2.13 在应用案例"啤酒制造商的短期成本曲线"中，日本啤酒制造商的短期可变成本函数为 $VC=0.55q^{1.67}$。如果企业生产 550 单位产品的固定成本为 600，求出 C、VC、MC、AFC 和 AVC 的表达式。如果企业将产量增加到 600 单位，那么这些成本会怎样变化？A

3. 长期成本

3.1 企业最初的工资是 $w=10$，其资金的租赁成本是 $r=10$。在工资翻倍后，其等成本线如何变化？

*3.2 用 60 分钟的时间完成一次只有两道题的考试。你想尽可能得高分。考试时，在一道题上投入的时间越多，单位时间能够增加的分数就越低。你该如何在两道题之间分配时间？（提示：把花在每道题上的时间看作投入，把考试成绩看作产出，然后利用等式 7.8。）

*3.3 装瓶厂使用两种投入为软饮料 Sludge 装瓶：装瓶机（K）和工人（L）。其等产量线为光滑的曲线。机器每天的运转成本是 1 000 美元；工人每天的工资是 200 美元。以目前的生产水平，机器每天的边际产量是 200 瓶，劳动的边际产量是 50 瓶。该企业是在以最小成本生产吗？如果是最小成本，请说明为什么。如果不是最小成本，解释企业应如何改变要素的投入比率来降低成本。（提示：利用成本最小化条件：等式 7.5 或等式 7.8。参考例题详解 7.3。）

3.4 使用相切法则来确定日本合成橡胶公司生产函数 $q=L^{0.5}K^{0.5}$（Flath，2011）的成本最小化劳动和资本组合，其中 $w=10$ 且 $r=10$。如果 $w=20$ 且 $r=10$，结果有什么变化？（提示：参考例题详解 7.3。）

3.5 一家美国电子公司想把生产移到海外，其生产函数为 $q=L^{0.5}K^{0.5}$ [基于 Hsieh（1995）]。因此，$MP_L=\frac{1}{2}K^{0.5}/L^{0.5}$，$MP_K=\frac{1}{2}L^{0.5}/K^{0.5}$（参见附录 6C）。美国的要素价格为 $w=r=10$。在墨西哥，工资水平仅为美国的一半，而资本价格相同，即 $w^*=5$，$r^*=r=10$。如果在这两个

国家分别生产 $q=100$ 单位的产品，分别需要投入多少单位的 L 和 K？成本各是多少？（提示：参考例题详解 7.3。）

*3.6 一家美国服装厂想把生产移到海外。它的生产函数是 $q=L^{0.7}K^{0.3}$［基于 Hsieh（1995）］。因此，$MP_L=0.7q/L$，$MP_K=0.3q/K$。在美国，$w=7$，$r=3$。而在其亚洲的工厂中，支付的工资比美国低 10%，支付的资本成本比美国高 10%：$w^*=7/1.1$，$r^*=1.1\times3$。如果在这两个国家分别生产 $q=100$ 单位的产品，分别需要投入多少单位的 L 和 K？成本各是多少？如果其亚洲的工厂也要使用和美国工厂相同数量的要素，其生产成本会是多少？（提示：参考例题详解 7.4。）A

*3.7 美国制造的棒球都是以葡萄牙的软木、马来西亚的橡胶、澳大利亚的纱线和法国的皮革为原料的，并且由哥斯达黎加的工人缝制而成（恰好是 108 针）。假定这些要素都需要投入一单位才能做出一个棒球，最后，还必须把所有的成品运至其目的地——纽约的库柏镇。所用材料的成本各地都一样。与格鲁吉亚的生产基地相比，哥斯达黎加的劳动成本更低，但运输成本高一些。求它的生产函数、成本函数。如果在哥斯达黎加生产棒球的成本比格鲁吉亚低，关于运输成本我们能得出什么样的结论？（提示：参考例题详解 7.4。）

3.8 假设政府按工资的 25% 对工人进行补贴［该比率是 20 世纪 70 年代末在美国政府的新增就业税收减免计划（New Jobs Tax Credit program）中提出的］。分析在生产既定产出时，该项补贴对企业的劳动和资本投入组合的选择有什么影响？（提示：参考例题详解 7.4。）

3.9 加利福尼亚州公平交易委员会（California's State Board of Equalization）提高了对波普饮料的税收，波普饮料是一种含酒精成分调味品在 0.5% 以上的风味啤酒，比如香草精（Guy L. Smith，"On Regulation of 'Alcopops'," *San Francisco Chronicle*，April 10，2009）。这些啤酒按照蒸馏酒征一加仑 3.3 美元的税，而啤酒税只有一加仑 20 美分。作为回应，厂商们重新包装了它们的饮料来避税。2009 年前期，州政府只收取了 9 000 美元的税收，而不是预计的 1 年 3 800 万美元。用等成本线-等产量线图来说明企业的回应行为。（提示：酒精成分的饮料和其他饮料可能接近完全替代。）

3.10 Bouncing Ball 乒乓球公司销售乒乓球套装，包括两个球拍和一个球。如果生产成本只包括在市场上购买球拍和球的费用，没有其他支出，那么企业的长期扩展线是怎样的？球拍和球的相对价格对扩展线有什么影响？（提示：参考例题详解 7.5。）

3.11 盒装麦片有一个固定比例的生产函数：一盒麦片由一个盒子和一单位（12 盎司）麦片组成。求它的扩展线、成本函数的表达式。（提示：参考例题详解 7.5。）

*3.12 如果生产函数为 $q=L+K$，求它的长期成本函数。

3.13 假设你所在的公司的生产函数具有不变的规模收益。它的扩展线是怎样的？（提示：参考例题详解 7.5。）

3.14 某家玻璃厂的成本函数是 $q=10L^{0.5}K^{0.5}$［基于 Hsieh（1995）］。它的边际产量函数是 $MP_L=5K^{0.5}/L^{0.5}=0.5q/L$，$MP_K=5L^{0.5}/K^{0.5}=0.5q/K$。假设工资 w 为每小时 1 美元，资本的租金成本 r 为 4 美元。

a. 用图详细说明该玻璃厂如何实现生产成本最小化。（提示：参考例题详解 7.4。）

b. 求玻璃厂的（长期）扩展线方程，并在图中表示出来。

c. 推导出以 q 为自变量的长期总成本曲线的方程。A

3.15 请参考应用案例"3D 打印"，如果所有业务均由企业完成，那么 3D 打印技术将对短期和长期成本曲线的形状造成什么影响？

4. 长期中成本下降

4.1 U 形的长期平均成本曲线是 U 形的短期平均成本曲线的包络线。短期曲线在长期曲线哪一部分（向下倾斜、平缓或者向上倾斜）与之相切？（提示：答案会因这两条曲线的切点在长期曲线上的不同位置而不同。）

*4.2 企业的平均成本 $AC=aq^b$，其中 $a>0$。a 的含义是什么？（提示：设 $q=1$。）如果存在"干中学"，b 的符号是什么样的？当 q 增加时，平均成本如何变化？当 a 和 b 取特定值时，画出以产出水平为自变量的平均成本函数所对应的曲线。A

4.3 你认为在什么类型的企业中存在"干中学"？为什么？

*4.4 企业的学习曲线说明了平均成本与累

积产量（自企业开始生产以来的产出总和）之间的关系，$AC=a+bN^{-r}$；AC 是其平均成本；N 是其累积产量；a、b 和 r 是大于零的常数；并且 $0<r<1$。

a. 如果 $r=0$，企业的平均成本 AC 是多少？请评价一下该企业"干中学"的能力。

b. 如果 $r>0$，请评价一下该企业"干中学"的能力。当企业的累积产量 N 非常大时，它的平均成本 AC 有什么变化？请解释。A

5. 生产多种产品的成本

5.1 如图 7.12 所示，如果 Laura 的时间价值是每小时 10 美元，其生产可能性边界是 PPF^1，那么我们应该如何评价 Laura 的范围经济呢？

*5.2 炼油厂以几乎固定的比例从原油中生产燃料油和汽油。你对这样一家企业的范围经济有什么看法？衡量范围经济的指标 SC 的符号是正是负？

5.3 根据 Haskel 和 Sadun（2012），在 20 世纪 90 年代初，英国开始限制食品杂货店的规模。现在，一个典型的英国食品杂货店的大小只有美国食品杂货店的一半、法国的三分之二。这种对于规模的限制对商店的平均成本有何影响？请从规模经济和范围经济的角度出发加以讨论。

6. 挑战题

*6.1 如"挑战题解答"中的图形所示，存在一个工资和资本服务成本，使得采用晶片传送光刻机技术和光刻机技术对该企业而言并无差别。这个工资与资本成本的比率同等成本线 C^2 和 C^3 上的工资与资本成本的比率相比有何不同？

6.2 据报道，罗森伯格（Rosenberg，2004）发明了一种新机器，摘草莓时可以把它放在旁边，作为接收和放置包装好的草莓的移动平台，这样就可以减少工人的劳动时间，减轻搬运草莓的负担。有机器协助时 15 名工人的采摘量与没有机器协助时 25 名工人的采摘量相当，都是 q^*。在一个 6 天约 50 个小时的工作周内，一台机器可以代替 500 个小时的人工。如果每小时的工资成本是 10 美元，那么一台机器一周可以节省劳动成本 5 000 美元，在一个约 26 周的收获季节里，可以节省 130 000 美元的劳动成本。机器使用和保养的成本为 200 美元/天，或者 1 200 美元/周（6 天），因此每周节省额为 3 800 美元，或者说 26 周的净节省额共计 98 800 美元。

a. 假设只有两种技术（只使用劳动，机器、劳动同时使用）可用，画出产量为 q^* 的等产量线，并尽可能准确地给等产量线和坐标轴标出刻度。

b. 再画一组等成本线来表示企业选择哪一种技术（保证在一个可比的时间段基础上，计算工资和租金的成本）。

c. 假定规模收益不变，画出（有机器和没机器）对应的成本曲线，并尽可能准确地标注出等产量线和坐标轴的刻度。

第8章

竞争性企业和市场

竞争造就了最完美的市场和最邪恶的人。

挑战题 　　　　　　　　　　**不断上升的运输成本**

　　有些商家一直在抱怨，政府的某些管制措施将一些成本和繁文缛节强加在他们头上，这种情况在美国的卡车司机和运输公司群体中尤为突出。联邦和各州收取的费用在近几年节节攀升，而卡车司机们必须遵守的规章制度也越来越多。

　　联邦公路运输安全管理局（Federal Motor Carrier Safety Administration, FMCSA）和 41 个州的交通部门通过《统一运输登记协议》(Unified Carrier Registration Agreement) 管理跨州卡车的牌照。2013 年 FMCSA 的官方网站显示，在开始州际运输业务之前，每家公司都需要获得一个由其颁发的运营许可。而在获得许可之前，每名运输人员须符合 27 类驾驶员准则、16 类机动车辆准则、42 类公司准则、4 类危险品运输准则以及 14 类其他指导类准则（当然，我在写这段话的时候，可能又会有新的准则落地[①]）。除此之外，一名卡车司机还必须缴纳最低的保险，支付注册费，遵守各州的不同政策。登记过程烦琐复杂、耗时费力，为了加快申请程序和尽快达到各州的要求，许多公司都通过中间商来申请，但这也需支付大笔佣金。

　　对一辆大卡车来说，每年需要缴纳的联邦跨州登记费就超过 8 000 美元。为了经营下去，卡车司机和企业必须支付各种附加费，遵守各类准则。这些需要一次性支付的大笔成本（与运营里程无关）在过去几年里直线飙升。在出现金融危机的 2007—2009 年间，许多州都把年费从几百美元提高到几千美元。在开展州际货运业务之前，公司必须加入新进入者安全保障程序（New Entrant Safety Assurance Process），该程序提高了 2009 年开始通过新进入者安全审核的合规标准。截至 2017 年，每辆卡车将需要添加一个电子车载记录器，记录旅行时间和距离，该措施的年度成本在 165 和 832 美元之间。

[①] 实际上，在我写完这句话立刻着手检查时，就发现它们确实增加了一项新的禁令，禁止司机开车时发短信（当然，这些条款和准则都是为社会的安全特别是司机的安全着想）。

中级微观经济学（第八版）

新的固定成本对卡车市场的价格和数量有什么影响？私人企业会提供更多还是更少的运输服务？市场上企业的数量是增加还是减少？（当我们在本章结尾再度讨论这个问题时，某些答案可能会使你大吃一惊。）

运输公司或其他企业面临的一个主要问题是"应该生产多少件产品？"为了选出一个能使自己利润达到最大的产出水平，每家企业都必须考虑它的成本函数以及在给定价格水平上能够销售的产品数量。企业往往认为，产品的销量又和下列因素有关：消费者的市场需求，对市场中其他企业行为的看法，等等。企业行为取决于**市场结构**（market structure）：市场中的企业数量、企业进入和退出市场的难易程度以及企业生产不同于其竞争对手的产品的能力。

本章将考察竞争性的市场结构。在这种市场中，很多企业生产同质（相同）的产品，它们可以轻而易举地进入和退出市场。因为一家企业的产出只占市场总产出的很小比重，并且产品与其他企业的并无二致，所以每家企业都是价格接受者（price taker），无法将产品价格提高到市场价格之上。如果非要这么做，消费者能够以更低的价格从市场上的其他企业手中买到这种产品，提价企业的结果只能是一件产品也卖不出去。市场价格概括了企业想了解的有关消费者需求和竞争对手行为的全部信息，因此，一家竞争性企业在进行产出决策时，不必考虑单个对手的具体行为。[①]

本章将考察以下 4 个主题：

1. **完全竞争**。竞争性企业是一个价格接受者，正因为如此，它面临着一条水平的需求曲线。

2. **利润最大化**。要使利润最大化，任何一家企业都必须进行两项决策：生产多少以及是否生产。

3. **短期中的竞争**。在短期中，可变成本决定了一个利润最大化的竞争性企业的供给曲线和市场的供给曲线，并且与市场的需求曲线一道决定了短期的竞争性均衡。

4. **长期中的竞争**。长期中的企业供给曲线、市场供给曲线和竞争性均衡皆与短期不同，这是因为企业在长期能够调整在短期内原本固定不变的要素投入。

8.1 完全竞争

竞争是一种常见的市场结构，具有若干令人满意的特性，因此，把它同其他市场结构进行比较意义重大。在本节，我们将首先对竞争性企业和市场的若干性质进行描述。

价格接受者

在大多数人眼中，竞争性企业是指争夺同一群消费者的那些企业，它们互为对手。按照这种解释，只要市场中的企业不止一家，就是竞争性的。不过，对经济学家来说，

---

① 相反，尽管对手为数不多，但每一家寡头企业都必须考虑所有对手的行为，这个讨论留在第 13 章进行。

在这些有多家企业的市场中，只有一部分才算得上名副其实的竞争性市场。

如果一个市场中的每家企业都是价格接受者，经济学家就认为该市场是竞争性的。所谓价格接受企业，是指不能显著影响其产品的市场价格或所购买的要素的价格的企业。为什么一家竞争性企业是一个价格接受者呢？它别无选择。当企业面临着一条位于市场价格处的水平的需求曲线的时候，该企业就不得不成为一个价格接受者。在市场价格处，需求曲线是一条水平的直线，这意味着企业可以按市场价格想卖多少就卖多少，所以它没有降价的动机。同样，企业也无法通过限制产量来提高产品的售价，因为它面临着一条具有完全弹性的需求曲线（参见第 3 章）：价格的任何微小涨幅都会使需求迅速降为零。

□ 需求曲线水平的原因

完全竞争市场具有下面五个特征，这些特征促使企业成为一个价格接受者：

- 市场中有大量的买者和卖者。
- 所有企业都销售相同的产品（identical product）。
- 所有参与者都拥有关于价格和产品特征方面的全部信息。
- 交易成本低。
- 企业能够自由（或无成本地）进入和退出市场。

买者和卖者众多

如果市场上的卖者规模小，数量众多，就没有企业能提高或降低市场价格。市场上的企业数量越多，一家企业的产出对市场产出（进而对市场价格）的影响就越小。

例如，美国有 316 000 个豆农，他们全部是价格接受者。其中一个退出了市场，市场供给量只会下降 $1/316\ 000 \approx 0.000\ 32\%$，这对市场价格几乎不会有任何影响。在当前的市场均衡价格水平下，豆农生产多少就能卖掉多少。也就是说，在市场价格下，企业的需求曲线是水平的。

与之类似，完全竞争要求买者也是价格接受者；如若不然，假设企业只能将产品出售给唯一的买主（例如，先进武器的制造商只被允许将产品出售给它们的政府），则价格由买方来决定。

产品相同

在完全竞争市场上，所有企业都出售相同（identical）或同质（homogeneous）的产品。消费者认为 Granny Smith 苹果大致都差不多，所以，他们就不会关心苹果出自哪家农场。当所有企业的产品均被视为相同时，就没有谁能够以高于其他企业的价格将产品售出。

相反，汽车市场可就不是完全竞争的了。宝马 5 系列和本田思域在性能上有本质的区别，它们是异质（heterogeneous）或有差别（differentiated）的产品。来自思域系列的竞争无法阻止宝马价格的上涨。

完全信息

买者知道不同企业生产的产品相同，也了解每家企业的售价。从而，任何一家企业都很难单独把价格提高到市场价格之上。如果他真这么做了，消费者会从其他企业那里购买相同的产品。但是，如果消费者不知道产品是相同的，或者他们不知道其他企业的价格，则一家企业就能提高价格进行销售。

可忽略不计的交易成本

完全竞争市场的交易成本极低，买卖双方可以毫不费力地找到对方，也无须为做成一笔生意而雇律师撰写交易合同。[①] 如果交易成本很低，当消费者平时常去的那个商店提高价格时，他可以轻而易举地从其竞争对手那里买到商品。

相反，如果交易成本过高，消费者可能就要容忍卖家的提价。比如，有些消费者喜欢在附近的便利店买牛奶，而不是驱车去几公里外的超市。这样的话，即使便利店要价稍高，也不会失去所有的顾客。

在有些完全竞争市场上，买卖双方聚到同一间屋子里，这样一来，交易成本几乎为零。例如，荷兰花卉拍卖市场吸引了来自全球的 7 000 多家供应商和 4 500 多个买主。每天会有约 12.5 万笔拍卖，每年会完成 120 亿枝插花和 13 亿株盆栽的交易。

进出自由

企业自由地进入和退出一个市场的能力导致市场中有大量企业存在，并且都是价格接受者。假设有一家企业，它可以提高价格从而提高利润。如果其他企业能够迅速且容易地进入市场，则高额利润就会驱使更多企业进入，最终价格会回归到初始水平。自由退出也同样重要：若企业可以自由进入市场但在价格下降时不能轻易退出，则即便最初面临短期获利的机会，它可能也不愿意进入市场。[②] 更广泛地说，我们假定资源完全流动，这使得企业能够改变它们的生产规模，也可以进入和退出一个行业。

芝加哥商品交易所的完全竞争

在芝加哥商品交易所（Chicago Mercantile Exchange），数以千计的买者和卖者聚在一起交易小麦等商品，交易所呈现出完全竞争市场的几个特征。任何人都可以参与其中，也可以朝买晚卖。实际上，一个小麦市场是一个典型的完全竞争市场，市场上有众多作为价格接受者的买者和卖者，他们交易相同的产品，也拥有关于产品和价格方面的全部信息，这些信息抬头可见。在这里，参与者不用耗费时间寻找潜在交易对象，用手机等电子设备能轻易下单，交易无纸化，交易成本因此可以忽略不计。上述特征导致大量的买者和卖者涌入市场，这些市场的参与者成为价格接受者。

☐ 对完全竞争的偏离

不过，有些市场即使并不具备上述全部特征，也仍然是高度竞争的，其中的买方和卖方在事实上仍是价格的接受者。例如，尽管政府政策限制了新企业进入市场，但只要市场现有的买者和卖者数目足够多，他们就仍然是价格的接受者。很多城市用分区法律限制某类商店和旅馆的数量，但从整个城市看，它们的数量仍然为数不少。还有的城市给市场的新进入者施加了适度的交易成本，要求他们购买执照、发行债券，以及应付行动迟缓的政府官僚机构，即便如此，仍然有大量企业进入市场。与之类似，哪怕只有少数消费者知晓信息，也足以防止企业哄抬价格。比如，外地游客对本地商店的价格一无所知，但本地人知道。这在一定程度上也打消了一些商店索要高价的企图。

---

① 平均而言，一个美国人和一个中国人每周花在购物上的时间分别是 4 小时和 10 小时——*Harper's Index*，2008。

② 比如，有些政府要求，企业要退出市场或向其员工支付遣散费时，需提前 6 个月通知员工。

与其他人相比，经济学家所用的"竞争"（competition）和"竞争性的"（competitive）这两个词要更狭义一些。对他们来说，一家竞争性的企业就是一个价格的接受者；相反，多数人谈到竞争性的企业，只是说它们要为同一群消费者而展开竞争。从这个更宽泛的角度来说，即便市场上的企业数量不多，只要为同一群消费者竞争，它们就是竞争性的。从现在开始，我们用"竞争"和"竞争性的"专指这样的市场：没有一个买者或者卖者能够（明显地）影响市场价格，他们都是价格的接受者，哪怕这个市场不是完全竞争的。

□ 竞争性企业需求曲线的推导

单家竞争性企业实际面临的需求曲线是水平的吗？要回答这个问题，我们需要用修正的供求图形来推导出单家企业的需求曲线。

企业面临的**剩余需求曲线**（residual demand curve）是在任意给定的价格水平下其他卖者无法满足的那一部分市场需求。企业的剩余需求函数为 $D^r(p)$，表示价格为 p 时市场对企业的需求量，企业仅将商品出售给那些没有从其他卖者那里买到商品的人。通过市场需求曲线和市场上所有其他企业的供给曲线，我们可以得出每一可能价格水平上某家企业的剩余需求。市场需求量是价格的函数：$Q=D(p)$。其他企业的供给曲线是 $S^o(p)$。剩余需求函数等于市场需求函数 $D(p)$ 减去其他企业的供给函数：

$$D^r(p)=D(p)-S^o(p) \tag{8.1}$$

当价格足够高的时候，其他企业的供给量 $S^o(p)$ 会大于市场的需求量 $D(p)$，这时剩余需求量 $D^r(p)$ 为零。

在图 8.1 中，我们得出了生产金属椅子的加拿大制造企业的剩余需求曲线。图 8.1（b）显示了市场需求 D 和其他制造企业的供给 S^o。[1] 当每把椅子的价格为 $p=66$ 美元时，其他企业的供给为每年 500 单位（其中一单位代表 1 000 把金属椅子），该值等于市场需求［见图 8.1（b）］，所以企业的剩余需求量［见图 8.1（a）］为零。

当价格低于 66 美元的时候，其他企业的供给小于市场需求。以 $p=63$ 美元为例，市场需求为 527 单位，而其他企业的供给意愿仅有 434 单位，该企业的剩余需求量就等于 93（$=527-434$）单位。因此，在任意给定的价格水平上，剩余需求曲线是市场需求曲线和其他企业供给曲线的水平差。

在图 8.1（a）中，企业的剩余需求曲线要比图 8.1（b）中的市场需求曲线平坦得多，因此，剩余需求曲线的弹性要大于市场的需求弹性。

如果市场上有 n 家相同的企业，企业 i 的需求弹性 ε_i 可表示为：

$$\varepsilon_i=n\varepsilon-(n-1)\eta_o \tag{8.2}$$

其中，ε 代表市场的需求弹性（为负数），η_o 代表其他企业的供给弹性（为正数），$n-1$ 代表其他企业的个数（推导过程见附录 8A）。

如方程 8.2 所示，市场上企业的数量 n 越多、市场需求弹性 ε 越大，以及其他企业的供给弹性 η_o 越大，企业的剩余需求就越有弹性。如果供给曲线向上倾斜，则剩余需求弹

---

① 图中运用了固定弹性（或常弹性）的需求曲线和供给曲线。供给弹性 $\eta=3.1$ 是基于 Robidoux 与 Lester（1988）对加拿大办公设备制造成本函数的估计。我们估算出市场的需求弹性为 $\varepsilon=-1.1$，数据源于 Statistics Canada, *Office Furniture Manufacturers*。

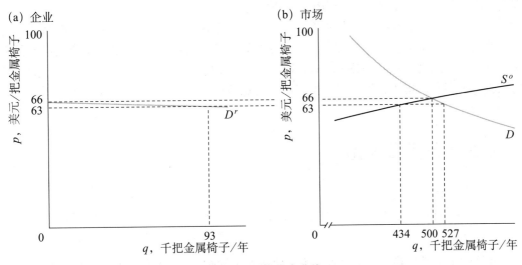

图 8.1　剩余需求曲线

　　一家办公设备制造企业面临的剩余需求曲线 $D^r(p)$ 等于市场需求 $D(p)$ 减去其他企业的供给 S^o，企业的剩余需求曲线要比市场的需求曲线更平坦。

性 ε_i 的大小至少为 $n\varepsilon$（因为第二项可以使估值更有弹性），这样用 $n\varepsilon$ 作为近似值比较保守。例如，尽管大豆市场的需求弹性约为 -0.2，缺乏弹性，但由于市场上有约 107 000 个大豆农场，所以单个农场的剩余需求弹性为 $n\varepsilon=107\ 000\times(-0.2)=-21\ 400$，非常富有弹性。

例题详解 8.1

　　生产金属椅子的加拿大制造企业数量 $n=78$，估计出的供给弹性 $\eta_o=3.1$，需求弹性 $\varepsilon=-1.1$。假设所有企业均相同，计算出其中一家企业面临的需求弹性，其剩余需求曲线的弹性大吗？

　　解答：

　　1. 参考方程 8.2，将参数代入方程，得出面临的剩余需求曲线的弹性：

$$\varepsilon_i=n\varepsilon-(n-1)\eta_o$$
$$=78\times(-1.1)-77\times3.1$$
$$=-85.8-238.7=-324.5$$

　　也就是说，一家代表性企业所面临的剩余需求曲线的弹性为 -324.5。

　　2. 讨论这一弹性值的大小。估计的弹性值接近市场弹性 -1.1 的 300 倍。如果一家企业把价格提高了 0.1%，它的销售量将下降三分之一左右。因此，竞争模型假设该企业面临着一条弹性无穷大的需求曲线并不过分。

□ 学习完全竞争理论的原因

　　完全竞争市场的重要性有两点：

　　第一，我们有理由认为很多市场都是竞争性的，比如类似农产品这样的商品市场、股票交易所、批发和零售市场、建筑市场，等等，它们具备了完全竞争市场的全部或大部分特征。在这些市场上，竞争性的供求模型大有用武之地，能十分精确地预测出税收、成本、收入等因素的变动对市场均衡的影响。

第二，完全竞争市场具有很多理想的性质（参见第 9 章）。经济学家将它作为理想的市场模式，并将现实市场与之比较。在本书的余下部分，我们将说明若一个市场没有具备完全竞争市场的这些特征，则从整体上看，社会的福利水平将下降。从现在开始，除非特别说明，否则我们将用竞争性市场来表示完全竞争市场。

8.2 利润最大化

"尖刻吗？"让成本见鬼去吧。只要是一部好影片，我们就要拍。

——塞缪尔·戈尔德温（Samuel Goldwyn）

经济学家通常假设，所有企业（不仅仅是竞争性企业）的目标都是利润的最大化。一个原因是很多商人都这么说，另一个原因是，那些没有实现利润最大化的企业（特别是竞争性企业）极有可能遭受损失，并且被逐出市场。

本节先讨论企业（并非只有竞争性企业）实现利润最大化的方式，然后再具体说明竞争性企业的利润最大化问题。

□ 利润

企业的利润 π 就是企业的收入 R 与成本 C 之差：

$$\pi = R - C$$

如果利润为负，$\pi < 0$，则企业出现亏损（loss）。

企业收入的衡量很简单：收入等于价格乘以数量。而成本的计算就要复杂得多。对于一个经济学家来说，正确测算的成本应该是机会成本或经济成本：企业使用的任意一项资产的最佳其他用途的价值。第 7 章已经介绍过，投入要素的全部机会成本可能会超过财务报表上的显性成本。这一差别很重要，如果企业忽略了机会成本而错误地计算了利润，会付出惨重的代价。

我们常说的利润或者经济利润（economic profit）等于收入与机会（经济）成本之差。由于税收等原因，营业利润（business profit）往往与经济利润不同。比如，如果企业只关注显性成本，计算出的利润就会大于经济利润。下面几个例子说明了这两种利润计算方式的差异及其重要性：

常识性谬误：你自己开一家公司的时候，只要营业利润大于零就行。

这一结论可能并不成立，因为营业利润（不同于经济利润）不考虑机会成本。

假设你自己开了一家公司[①]，必须支付的显性成本包括工资和原材料等。像众多企业主一样，你不会给自己发工资，但每年可以赚回 20 000 美元的营业利润。不过，在经济学家（素以使人败兴而著称）看来，你的利润可没有 20 000 美元。经济利润等于营业利润减去所有的机会成本。如果你不是经营自己的生意而是给别人打工，每年能赚到

[①] 迈克尔·戴尔（Michael Dell）在上大学的时候就开了一家可直邮的电脑公司。今天，它已经发展成为世界上最大的私人电脑公司。截至 2015 年，据《福布斯》估计，迈克尔·戴尔拥有的财富已达到 197 亿美元。

25 000 美元。那么，你自己打理生意的机会成本就是 25 000 美元，这也是你放弃的工资。因此，尽管你的企业有 20 000 美元的营业利润，但你还是承担了 5 000 美元的经济损失（负的经济利润）。换言之，自己当老板的代价是 5 000 美元。

如果仅看重营业利润而忽视机会成本，你可能觉得"自己经营也能赚钱"。可一旦考虑到经济利润，你就会意识到，为他人工作才能使你的收入最大化。

与之类似，当企业决定是否投资一个新项目时，它也必须考虑资金的最佳其他用途。一家企业想在图森（Tucson）设立分支机构，它必须考虑所有其他选项：在圣菲（Santa Fe）设立分支机构，或者把用来设立分支机构的资金存入银行所赚取的利息收入，等等。若这笔资金的最佳其他用途是存入银行，每年可以有 10 000 美元的利息，那么，只有预期该新分支机构每年的营业利润不小于 10 000 美元时，企业才应该把在图森设立分支机构的计划付诸实施。也就是说，只有在企业从该分支机构获得的经济利润为零或为正的条件下，它才应该这么做。若经济利润为零，则说明这项新投资带来的利润等于把这笔资金用于次优选择（存入银行）所能够获得的利润。从现在开始，除非特别说明，我们所说的利润一词都指的是经济利润。

☐ 利润最大化的两个步骤

任何企业（不仅仅是竞争性企业）都会进行两次决策来实现利润最大化。因为收入和成本都随着产出的变化而变化，所以，企业的利润也随着产出的变化而变化，利润函数为：

$$\pi(q) = R(q) - C(q)$$

其中，q 为产出数量，$R(q)$ 为收益函数，$C(q)$ 为成本函数。为实现利润最大化，任何企业在选择产量实现利润最大化的过程中，都必须回答下面两个问题：

■ 产出决策（output decision）：如果企业进行生产，哪个产出水平 q^* 能使其利润最大或损失最小？

■ 停止营业决策（shutdown decision）：生产 q^* 单位产出与停止营业，哪个更为有利？

图 8.2 中的利润线描述了这两项基本的决策。如图所示，产出水平过高或过低，企业都将亏损；一旦产出水平适中，它就获得正利润。这条利润线先升后降，当产出为 q^* 时达到最大值 π^*。因为此时利润为正，它会选择生产 q^* 单位的产出。

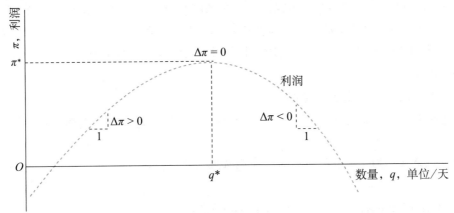

图 8.2 利润最大化

将产出设定在 q^* 水平，企业达到最大利润 π^*。

生产法则

有三条等价的法则，企业可以用其中的任意一条来确定产出水平。该法则适用于所有追求利润最大化的企业。最直观的法则是：

生产法则1：企业将产出设定在利润最大化所对应的水平上。

图 8.2 中的利润线表明，产出为 q^* 时利润达到最大值 π^*。如果企业能知道整条利润线的形状，它就能立即确定利润最大化的产出水平。

即便企业不知道，也可以通过反复实验来找到利润最大化所对应的产出。它可以先让产出缓慢增加，如果利润也跟着增长，则进一步提高产出水平，直到利润不再变化为止，企业的利润线也就在该产出水平达到最高点。如果刚开始增加产出时利润就下降，则企业会尽量减少产出，直至利润线达到最高点以后，企业才会停止缩减生产规模。

企业做的就是通过实验的方式来确定利润线的斜率，而利润线的斜率是企业的**边际利润**（marginal profit）：企业多销售一单位产品所带来的利润的变化量，$\Delta\pi/\Delta q$。[1] 在图 8.2 中，当产出小于 q^* 时，边际利润或曲线的斜率为正；当产出等于 q^* 时，边际利润或曲线的斜率为零；而当产出超过 q^* 时，边际利润或曲线的斜率为负。因此，第二条等价法则为：

生产法则2：企业将产出设定在边际利润为零的水平上。

第三条利润最大化的生产法则是用成本和收入来表述的。企业的边际利润取决于**边际成本**和**边际收益**（或边际收入）。边际成本（MC）是企业产出增加一单位所导致的成本的变化量（第 7 章）：$MC=\Delta C/\Delta q$，其中 ΔC 为成本的变化量，Δq 为产出的变化量。与之类似，企业的边际收益（MR）是企业多销售一单位产品所带来的总收益的变化量：$MR=\Delta R/\Delta q$，其中 ΔR 代表收益或收入的变化量。[2] 如果一家刚刚卖出 q 单位产品的企业又多销售出一单位产品，那么增加的收入 $MR(q)$ 会使利润提高，但是增加的成本 $MC(q)$ 则使利润减少。企业利润的变化量为边际收益和边际成本之差[3]：

$$边际利润(q)=MR(q)-MC(q)$$

企业多生产一单位产品值得吗？如果这最后一单位产品带来的边际收益大于边际成本[$MR(q)>MC(q)$]，则企业的边际利润为正[$MR(q)-MC(q)>0$]，增加产出是划算的。企业会一直增产直至边际利润 $=MR(q)-MC(q)=0$，也就是边际收益等于边际成本：$MR(q)=MC(q)$。若企业在边际成本大于边际收益[$MR(q)<MC(q)$]的条件下增加产出，利润会减少。因此，第三条等价法则就是（附录 8B）：

生产法则3：企业将产出设定在边际收益等于边际成本的水平上：

$$MR(q)=MC(q)$$

停止营业法则（或停产法则）

如果盈利，企业会选择生产 q^*；一旦亏损，它会停止经营吗？根据常识，答案是否定的。

常识性谬误：当企业发生亏损时，应该选择停止营业。

---

[1] 边际利润是利润函数 $\pi(q)$ 关于产量的导数，即 $d\pi(q)/dq$。

[2] 边际收益是收益（或收入）函数关于产量的导数：$MR(q)=dR(q)/dq$。

[3] 因为利润为 $\pi(q)=R(q)-C(q)$，所以边际利润就是边际收益与边际成本之差：$d\pi(q)/dq=dR(q)/dq-dC(q)/dq=MR-MC$。

如果企业在长期内亏损，这个直觉成立；如果是短期的亏损，这可能就是错的。不论是在长期还是短期，对于所有企业都适用的一般规律是：

停止营业法则 1：仅当停止营业可以减少损失时，企业才会这么做。

在短期中，企业有可变成本（比如劳动和原材料）和固定成本（比如厂房和设备）（第 7 章）。如果固定成本沉没了，这些花费就不会因停止营业而避免（不论是否停产，都需要支付这些费用）。因此，沉没的固定成本与停止营业决策无关。停止营业意味着收入为零，不必支付可变成本，但仍然存在着沉没的固定成本。因此，只有当企业的收入低于可变成本时，它才会选择停止营业。

假设某企业每周收入为 $R=2\,000$ 美元，可变成本为 $VC=1\,000$ 美元，固定成本为购买一台机器的支出，$F=3\,000$ 美元。该机器不能转售，也不能用于其他用途。根据这些条件可知，该企业在短期内亏损：

$$\pi=R-VC-F=2\,000-1\,000-3\,000=-2\,000(美元)$$

若企业停止营业，就要损失 3 000 美元的固定成本，所以对它来说，还是继续经营比较好，收入不仅能弥补可避免的可变成本，而且还能抵消一部分固定成本。

不过，若收入仅有 500 美元，则损失就是 3 500 美元，这比只损失 3 000 美元的固定成本要大。由于收入低于其可避免的可变成本，所以企业应该通过停止营业来减少损失。

总之，企业在决定是否停止营业时，只需比较收入和可变成本的大小即可。因为固定成本已经沉没，停止营业也不能避免，无论关门与否都要支付，因此，沉没的固定成本与停止营业的决策无关。

我们通常认为固定成本在短期内会沉没。不过，要是企业的固定资产可以出售，固定成本损失是可避免的（第 7 章），企业在决定是否关停时应该考虑这个问题。一家企业的固定成本损失如果是可避免的，在短期内遭受亏损时，它往往会选择关门。如果企业买了一台专用型的机器设备，售价为 1 000 美元，该机器只能用于本企业，或者以 100 美元的价格按废旧金属出售，这里固定成本的 100 美元是可避免的，900 美元是无法弥补的。只有固定成本中可避免的部分与是否停止营业的决策有关。

长期中企业可以选择停止营业，所有的成本都可以避免。于是在长期中，任何亏损都会使企业停止营业。进而，我们可以将停止营业法则表述为：

停止营业法则 2：仅当企业的收益小于可避免的成本时，企业才会停止营业。

无论时期长短，该法则对所有的企业都适用。

8.3 短期中的竞争

我们已经对企业实现利润最大化的方式有了大致的了解，现在我们考察短期中竞争性企业的利润最大化行为，推导出供给曲线，然后确定其短期内的竞争性均衡。我们将在下一节介绍长期中的竞争性企业和竞争性市场。

短期的意思是时间短到至少有一种投入要素的数量来不及调整（第 6 章）。短时间内很难建一家新工厂或者购置大型资本设备，所以一家新企业短期内无法进入一个市场，同样也无法退出一个市场。它可以选择不生产，即停止营业，但是这些固定投入（如工厂或其他资本设备）也很难迅速处理掉。到了长期，任何投入要素都可变，企业可以进入和退出一个行业。

我们分别从短期和长期两个视角来考察企业的行为，原因有二：首先，企业为了实现利润最大化，短期中会选择承受适当损失继续经营，但长期不会；其次，一家企业的长、短期供给曲线并不相同。

无论长期还是短期，一家竞争性企业会选择能实现利润最大化（或损失最小化）的产出水平，然后决定是继续生产还是停止营业。

☐ 短期的产出决策

我们已经知道，对任何一家企业来说，利润最大化的产出水平都由边际利润等于零或边际收益等于边际成本这样的条件决定。因为竞争性企业面临着一条水平的需求曲线，它可以按市场价格 p 卖出任意数量的产品。因此，企业每多销售一单位产品，收入 $R=pq$ 就会增加 p 单位，边际收益等于 p。[①] 例如，一家竞争性企业面临的市场价格是每单位产品 2 美元，如果它卖出去 5 单位的产品，收入等于 10 美元，卖出 6 单位，收入等于 12 美元，从而第 6 单位产品的边际收益等于 2（=12−10）美元（市场价格）。竞争性企业的边际收益等于市场价格，所以一家利润最大化的竞争性企业的产出水平由边际成本等于市场价格决定：

$$MC(q)=p \tag{8.3}$$

为说明竞争性企业实现利润最大化的方式，我们来具体考察一家有代表性的加拿大石灰厂。石灰是一种非金属矿产，可用于加工砂浆、塑料、水泥、漂白粉、钢铁、玻璃等产品。图 8.3（a）中给出了该石灰厂的估计的成本曲线 AC，该曲线先降后升。[②] 和前面介绍的一样，边际成本曲线 MC 穿过平均成本曲线的最低点。

如果石灰的市场价格 $p=8$ 美元/吨，则该竞争性企业所面临的需求曲线（价格或者边际收益曲线）就是位于 8 美元处的一条水平直线。MC 曲线同企业的需求曲线相交于 e 点，此时的产出为 284 单位（1 单位为 1 000 吨）。

所以，当石灰的市场价格 $p=8$ 美元时，企业选择生产 284 单位产品实现了利润的最大化。如果产量低于 284 单位，市场价格会高于边际成本，从而企业可以通过扩大产出来增加利润。因为多生产 1 单位产品得到的收入为 $p=8$ 美元，大于所耗费的成本（$MC<8$ 美元）；如果产量高于 284 单位，市场价格会低于边际成本（$MC>8$ 美元），企业此时可以通过减少产出来增加利润。只有选择令边际成本等于边际收益（也是市场价格）的产出水平，竞争性企业才实现了最大的利润。

如图 8.3（a）中阴影部分的长方形面积所示，当产出为 284 单位时，企业的利润 $\pi^*=426\ 000$ 美元。该长方形的长为销售量 $q=284$ 单位，宽是单位产品的平均利润。由于企业的利润为收入减成本，即 $\pi(q)=R(q)-C(q)$，单位产品的平均利润是市场价格 [或平均收入，$p=R(q)/q=pq/q$] 和平均成本 [$AC=C(q)/q$] 之差。

---

① 因为 $R(q)=pq$，所以 $MR=dR(q)/dq=d(pq)/dq=p$。

② Robidoux 和 Lester（1988）估计出了可变成本函数。在图中，我们假设在产出为 50 000 吨、价格为 5 美元时，平均可变成本曲线达到最低点。根据加拿大统计局公布的相关信息，我们知道了固定成本，从而算出当产出达到 140 000 吨时，平均成本为 6 美元。

$$\frac{\pi(q)}{q}=\frac{R(q)-C(q)}{q}=\frac{R(q)}{q}-\frac{C(q)}{q}=p-AC \qquad (8.4)$$

在 284 单位的产出水平上,单位产品的平均利润为 1.50 美元 $=p-AC$ (284) $=8-6.50$,企业的利润 $\pi=1.50\times284\,000=426\,000$(美元)。图 8.3 (b) 显示,该利润为最大可能的利润,它也是利润曲线的峰值。

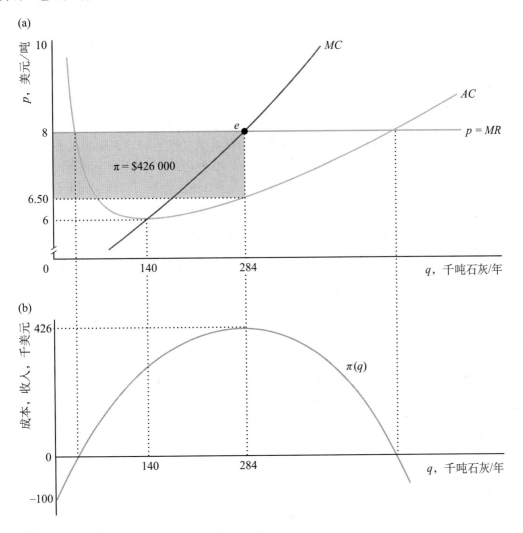

图 8.3　竞争性企业的利润最大化

(a) 当边际收益 MR(即市场价格 $p=8$ 美元)等于边际成本 MC 时,该企业实现利润最大化 $\pi^{*}=426\,000$ 美元。(b) 对一家竞争性的石灰厂来说,在生产 284 单位石灰时利润达到最大 $\pi^{*}=426\,000$ 美元(Robidoux and Lester,1988)。

例题详解 8.2

　　由于要素价格上涨或者征税等原因,一家竞争性企业的成本上升。企业管理者能根据这种变化迅速计算出实现利润最大化的新的产出水平。假设在加拿大,只有曼尼托巴省对省内的石灰征收从量税,税率为 t,而其他省份则没有此税。曼尼托巴省只有一家石灰厂，因此该政策只影响该企业，对市场价格没有影响。如果征税，曼尼托巴省的这家企业该如何调整产出水平以实现利润最大化？其最大的利润有何变化？

解答：

1. 说明税收对边际成本曲线和平均成本曲线的影响。企业税前的边际成本曲线为 MC^1，平均成本曲线为 AC^1（见下图）。从量税使单位产品的成本提高 t，所以税后的边际成本曲线向上平移至 $MC^2 = MC^1 + t$，平均成本曲线平移至 $AC^2 = AC^1 + t$（参见第 7 章）。

2. 确定税前和税后的均衡以及企业对产出的调整。税前边际成本曲线 MC^1 与水平的需求曲线 p 相交于 e_1 点，此时利润最大化的产出水平为 q_1。税后的边际成本曲线 MC^2 与需求曲线 p 相交于 e_2 点，此时利润最大化的产出水平为 q_2。因此，征税之后，企业的产出下降了 $q_1 - q_2$ 单位。

3. 说明征税后企业利润的变化。市场价格不变，企业的平均成本曲线向上平移，所以每一个产出水平上的利润都下降了。企业的销量减少（由于 MC 增加），单位利润降低（由于 AC 增加）。税后利润等于面积 $A = \pi_2 = [p - AC^2(q_2)]q_2$，而税前利润等于面积 $A + B = \pi_1 = [p - AC^1(q_1)]q_1$。所以，由于征收了从量税，企业的利润减少了面积 B。[1]

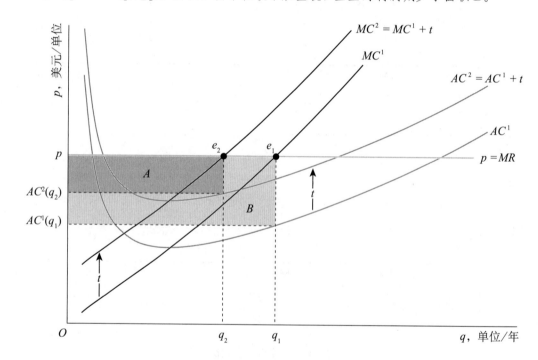

短期的停止营业决策

一旦一家企业确定了利润最大化（或损失最小化）的产出水平，接下来就要决定是

---

① 我们可以通过微积分的方法来求解这个问题。企业盈利为 $\pi = pq - [C(q) + tq]$，其中 $C(q)$ 为税前成本，$C(q) + tq$ 为税后成本。我们通过将利润对数量求一阶导数并令结果等于 0，得到企业税后利润最大化：

$$\frac{\mathrm{d}\pi}{\mathrm{d}q} = \frac{\mathrm{d}(pq)}{\mathrm{d}q} - \frac{\mathrm{d}[C(q) + tq]}{\mathrm{d}q} = p - \left[\frac{\mathrm{d}C(q)}{\mathrm{d}q} + t\right] = p - (MC + t) = 0$$

因此，企业在 $p = MC + t$ 处进行生产。

生产这一产出，还是停止营业。这个决策对图8.3中的石灰厂来说易如反掌，因为在利润最大化的产出水平上企业有正的经济利润。但对于在短期内出现亏损的企业来说，到底应不应该继续生产就是一个值得考虑的问题。

所有企业（不仅仅是竞争性企业）都要遵守同样的停止营业法则：只有在停业能减少损失时，才会选择这么做。也就是说，停业的条件是收入小于可避免的可变成本：$R(q) < VC(q)$。对竞争性企业来说，规则是：

$$pq < VC(q) \tag{8.5}$$

等式8.5两侧同时除以产量，就可以把这一条件写成：

$$p < \frac{VC(q)}{q} = AVC(q)$$

在利润最大化的产出水平上，当市场价格小于短期的平均可变成本时，竞争性企业就会选择停止营业。

我们用该石灰厂的例子来说明竞争性企业这条法则背后的逻辑。考察以下三种情况：（1）市场价格位于平均成本（AC）最低点以上；（2）市场价格低于平均成本最低点，但大于等于平均可变成本最低点；（3）市场价格低于平均可变成本最低点。

市场价格高于平均成本最低点

如果市场价格在企业选择的产量水平上高于平均成本，企业会有正利润，会继续生产。在图8.3（a）中，竞争性的石灰厂的平均成本曲线在140单位时达到了最低点，为每吨6美元。因此，如果市场价格高于6美元，该企业就能从销售每单位石灰中赚取（$p - AC$）大小的利润。在该图中，市场价格是8美元，公司获利42.6万美元。

市场价格介于 AC 最低点和 AVC 最低点之间

当市场价格小于平均成本最低点，但大于或等于平均可变成本的最低点时，情况比较棘手。此时企业发生亏损，但继续营业要好于停止营业，因为前者的损失更小。

图8.4介绍了这种情况［这是图8.3（a）中石灰厂的边际成本曲线和平均成本曲线再加上一条平均可变成本曲线组成的］。石灰厂的平均成本曲线在产出为140单位时达到其最低点6美元的水平，而平均可变成本曲线的最低点出现在产出为50单位的水平上，大小是5美元。若市场价格介于5美元和6美元之间，因为价格低于AC，企业亏损，但是它不会选择停产。

例如，如果市场价格是5.5美元，企业选择的损失最小化的产量为100单位，此时边际成本与价格相等。在这个产量水平上，平均成本是6.12美元，企业销售每单位产品会亏损$0.62[=p - AC(100) = 5.5 - 6.12]$美元。

为什么亏损还要继续生产呢？原因在于，收入大于可变成本，或者价格高于平均可变成本，进而继续生产能减少损失，而停止营业损失更大。

如果企业在短期停止营业，只损失固定成本，为98 000美元，即A和B的面积之和。[①] 如果企业继续运营并生产$q = 100$单位，它的平均可变成本为$AVC = 5.14$美元，低于市场价$p = 5.50$美元/吨，每出售1吨赚36美分，这是价格高出平均可变成本的部分

---

① 平均成本是平均可变成本和平均固定成本之和，$AC = AVC + F/q$（第7章）。因此，任意产出水平上平均成本和平均可变成本的差为$AC - AVC = F/q$。长方形A和B的宽为$AC(100) - AVC(100) = F/100$，长为100单位，所以其面积等于$F$，98 000美元 = 62 000美元 + 36 000美元。

$p-AVC=5.50$ 美元-5.14 美元。企业的收益和可变成本之差 $R-VC$ 为四边形 $B=$ 36 000 美元（长为 10 万吨，宽为 36 美分），因此，只要企业继续运营，损失就只有 62 000 美元（四边形 A 的面积），这低于停止营业所带来的损失（98 000 美元）。由于企业运营的时候，其收入足以补偿可变成本，甚至还能补偿一部分固定成本，因此，它会选择继续生产，而不是停止营业。

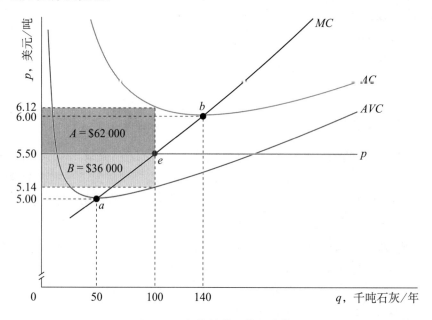

图 8.4 短期的停止营业决策

如果市场价格高于平均可变成本曲线最低点 a 所对应的价格 5 美元，则竞争性石灰厂会选择继续生产。当市场价格为 5.50 美元时，企业生产 100 单位产品，因为价格高于 $AVC(100)=5.14$ 美元，所以企业的收入在弥补现款支付的可变成本后还有剩余。以该价格计算，亏损 $A=62\,000$ 美元，这是因为价格低于 6.12 美元的平均成本。如果选择停止营业，损失等于固定成本，即面积 $A+B=98\,000$ 美元。因此，企业不会选择停止营业。

市场价格低于 *AVC* 最低点

如果市场价格低于平均可变成本的最低点或最小值（即图 8.4 中的 5 美元），企业会选择在短期停止营业。因此，平均可变成本曲线的最低点被称为停止营业点。只要价格低于平均可变成本的最低点，企业的收入就小于可变成本，继续运营的损失要大于停止营业的损失，除了固定成本外，每生产和销售一单位产品还有其他额外的损失。

总之，竞争性企业要进行两个决策来实现利润最大化。首先，基于边际成本等于市场价格（或边际收益）这一条件来确定利润最大化或损失最小化的产出水平：$p=MC$。其次，只要损失不大于停止营业时的损失，就会选择继续生产。因此，只有当市场价格小于平均可变成本曲线的最低点时，竞争性企业才会在短期停止营业。

中级微观经济学（第八版）

应用案例

水力压裂法和采油

油价上下起伏，油井采关不定。1998—1999 年期间，油价创历史新低，美国的

136 000 口油井中共有 74 000 口被临时关闭或被永久遗弃。历史总在重演。从 2011 年开始，到 2014 年的上半年，油价一直在（每桶）100 美元之上，一度接近 130 美元的峰值，远在美国所有油井的关停阈值之上。不过，到了 2015 年，油价跌破 50 美元/桶，2016 年更是跌至 30 美元/桶，美国很多油井再次宣布停止开采。

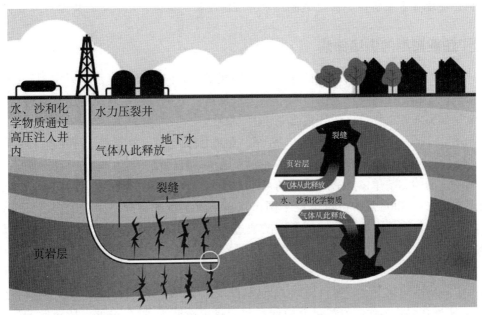

把管子插在地上然后泵出石油的传统油井的关停阈值很低，从而在 2014 年和 2015 年还可以使用。中东地区的一些油井甚至在每桶 10 美元以下时才会关停，而对老的得州油井而言，其盈亏平衡点介于 20 美元和 30 美元之间。

美国多数的新油井都使用水力压裂法。[①] 油页岩（含油的岩石）由水、沙和化学物质混合而成，压裂泵对其加压裂解，释放出天然气和原油。目前水力压裂式油井的停止营业点在每桶 50 美元和 77 美元之间，平均为 65 美元。因此，当油价低迷时，采用水力压裂方式的油井比使用传统采油方式的油井更容易关停。

例题详解 8.3

一家竞争性企业的会计师在检查企业账目时发现，该企业在厂房上的费用支出（一项固定成本）为经理之前所预期的 2 倍之多。听到这个消息后，企业经理应该改变当前的产出水平吗？该信息对利润有何影响？

解答

1. 说明固定成本变化不影响企业的决策。企业生产多少以及在短期内是否停止营业，都和可变成本的大小有关（企业会选择一个使其边际成本——只由可变成本决定——等于市场价格的产出水平，并且，当且仅当市场价格低于平均可变成本的最小值

① 水力压裂法始于 1947 年。刚开始时，水力压裂式油井可变成本过高，以至难以盈利。不过近年来，技术创新使成本大幅下降，国际油价不断高企，水力压裂法被广泛应用。在美国，原油日产量从 2010 年的 560 万桶增加到了 2015 年的 930 万桶。不过，由于担心造成环境问题甚至引发地震，水力压裂法也存在争议。

时，企业才会停止营业）。获知厂房的实际支出高于之前的预期，也不应该改变管理者已经选择的产出水平。

2. 说明会计师计算固定成本的方式不会影响经济利润。会计师对厂房的历史估价的变化可能会影响企业短期的营业利润，但并不影响企业实际的经济利润，因为经济利润是基于机会成本（企业将厂房出租给他人使用所能赚到的租金）而非历史成本计算的。

□ 企业短期的供给曲线

前面介绍了市场价格给定的情况下，竞争性企业如何选择产出水平以实现利润最大化或损失最小化。在各种可能的市场价格下重复这一分析过程，就能得出竞争性企业的供给量是如何随着市场价格的变化而变化的。

如图 8.5 所示，随着市场价格从 $p_1 = 5$ 美元上涨到 $p_2 = 6$ 美元，再到 $p_3 = 7$ 美元，最后到 $p_4 = 8$ 美元，该石灰厂每年的产出也不断增加，分别为 50 单位、140 单位、215 单位以及最后的 285 单位。通过相关的需求曲线（市场价格线）和企业的边际成本曲线的交点（如 e_1 点和 e_4 点）可以确定不同市场价格水平下的利润最大化的产出。也就是说，随着市场价格的上涨，不同均衡点的轨迹构成了边际成本曲线。不过，如果市场价格降到企业平均可变成本的最小值 5 美元以下，竞争性企业就会选择停止营业。

图 8.5 中的那条粗线 S 就是企业短期的供给曲线。当价格高于 5 美元时，短期供给曲线与边际成本曲线重合。当价格低于 AVC 曲线最低点所对应的价格 5 美元时，供给量为零。（从现在起，为使图例尽可能简便，我们将价格低于 AVC 最低点所对应的那部分供给曲线省略掉。）

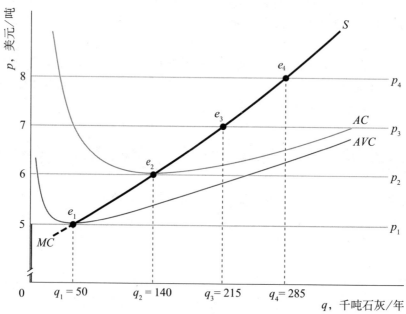

图 8.5　利润最大化的产量随价格变化而变化

随着市场价格的上涨，该石灰厂的产量也不断增加。价格变化的轨迹描绘出该企业的边际成本曲线（MC）。企业短期的供给曲线（S）即 MC 在 AVC 曲线上方一段（相交于 e_1）。

□ 市场短期的供给曲线

市场供给曲线是市场上所有单家企业的供给曲线的水平加总（第2章）。在短期，新企业进入市场还需要时间，所以市场中的企业的最大数量 n 是固定的。如果竞争性市场上的所有企业相同，它们的供给曲线也一样，则任意价格水平上的市场供给是单家企业供给的 n 倍。如果每家企业短期的停止营业的价格不同，则市场供给反映了不同价格水平上企业数量的不同。下面会先考察企业成本相同的竞争性市场，然后再研究成本不同的市场。

企业完全相同的短期市场供给

为了说明如何绘制出短期的市场供给曲线，我们假设从事石灰加工的市场上共有 $n=5$ 家企业，它们的成本曲线完全相同。图8.6（a）画出了一家代表性企业的短期供给曲线 S^1——AVC 曲线最低点之上的 MC 曲线，图中横轴代表企业的年产量 q。图8.6（b）中曲线 S^5 为该竞争性市场的供给曲线，其中横轴代表市场的年产量 Q。两个图的纵轴都表示价格，但相同价格对应的横轴坐标不同。

如果每吨石灰的市场价格低于5美元，没有企业会提供产品，因而市场总的供给为零。价格等于5美元时，每家企业愿意提供 $q=50$ 单位［如图8.7（a）所示］，市场供给为 $Q=5q=250$ 单位［如图8.7（b）所示］。当价格为每吨6美元时，每家企业供给140单位，市场供给量为 700（$=5\times140$）单位。

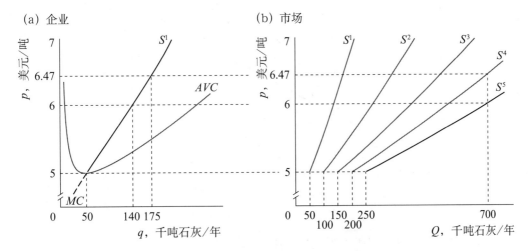

图8.6　有5家完全相同石灰厂的市场的短期供给曲线

（a）S^1 是一家代表性石灰厂的短期供给曲线，它就是该企业 AVC 曲线最低点之上的 MC 曲线。（b）市场供给曲线 S^5 是5家完全相同企业各自供给曲线的水平加总。S^4 是仅有4家企业的市场供给曲线。S^3 是仅有3家企业的市场供给曲线。依此类推。

现在假设短期内市场中的企业不足5家。图8.6（b）中的曲线 S^1、S^2、S^3、S^4 分别为仅有1家、2家、3家、4家企业的市场供给曲线，这些企业也都是既定市场价格的接受者。因为市场供给曲线是越来越多企业的向上倾斜的供给曲线的水平加总，所以，随着市场中企业数目的增加，市场的供给曲线会越来越平坦。当企业数目非常多的时候，市场供给曲线就近似于一条水平的直线，处于价格等于5美元的位置。因此，在既定的价格水平上，这些完全相同的企业的产量越高，该价格所对应的短期市场供给曲线就越平坦

（越富有弹性）。如此一来，市场中企业越多，价格的轻微上涨导致短期市场供给增加的幅度就越大。若有5家企业，消费者可以按每吨6美元的价格买到700单位的石灰，但如果只有4家企业，要买到同样数量的石灰，每吨支付的价格就必须提高到6.47美元的水平才行。

企业间存在差异的短期市场供给

在竞争性市场中，若企业的最小平均可变成本各不相同，则在不同的价格水平上，不是所有的企业都开工生产，这种情形会影响短期市场供给曲线的形状。假设石灰市场中仅有2家企业，第一家是前面出现的代表性的石灰厂，其供给曲线为图8.7中的S^1；第二家企业的边际成本和最小平均成本都比第一家的高，其供给曲线为图8.7中的S^2。只要价格不低于5美元，第一家企业就会开工生产，但第二家企业只有在价格不低于6美元时才会选择生产。当价格为5美元时，第一家企业的产量是50单位，因而市场供给曲线S对应的供给量为50单位。当价格在5美元和6美元之间时，只有第一家企业在生产，所以这部分市场供给曲线与该企业的供给曲线S^1重合。当价格高于6美元时，两家企业都会生产，市场供给曲线是这两者供给曲线的水平加总。比如，当价格等于7美元时，第一家企业生产215单位，第二家企业生产100单位，所以市场供给量等于315单位。

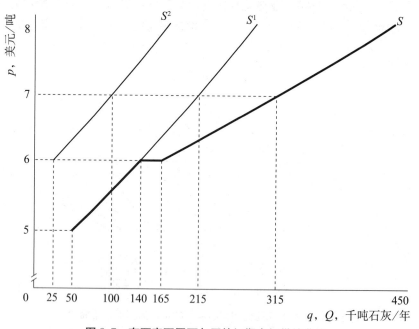

图8.7 有两家不同石灰厂的短期市场供给曲线

供给曲线S^1与图8.6中的那家代表性石灰厂的供给曲线完全相同。第二家企业的MC曲线位于第一家企业成本曲线的左侧，其AVC曲线最低点也高于第一家，因此，这家企业的供给曲线S^2在第一家企业供给曲线S^1的左上侧。将这两条供给曲线水平加总便得到了市场供给曲线S。只要价格不低于6美元，两家企业就都会生产，市场的供给曲线比任意一家企业的供给曲线都要平坦。

就像所有企业完全相同的市场那样，当两家企业都生产时，市场供给曲线比任何一家企业的供给曲线都要平坦。因为在价位较低时，第一家企业生产，而第二家企业不生产，所以此时短期市场供给曲线要比企业完全相同的市场供给曲线的相应部分陡峭一些（供给弹性更小）。

在企业间存在差异的市场中，只有低成本的企业会在较低的价格水平上生产。随着价格的不断上涨，另外一类企业——高成本企业——开始供应产品，从而产生了一条阶梯状的市场供给曲线。生产成本各不相同的供给者越多，市场供给曲线的台阶就越多。随着价格上涨以及更多企业供应产品，市场供给曲线逐渐趋于平坦，因此，要想使供给增长一定数量，价格只需小幅提高。换句话说，不同企业的成本差异越大，市场供给曲线在低价格水平处就越陡峭，这种成本差异是某些市场供给曲线向上倾斜的原因之一。

□ 短期的竞争性均衡

将短期的市场供给曲线和需求曲线结合在一起，就能确定短期的竞争性均衡。下面先介绍一下石灰市场均衡的确定，然后再考察税收对均衡的影响。

假设当石灰市场实现短期均衡时行业内共有 5 家完全相同的企业。图 8.8（a）中画出了代表性企业的短期成本曲线和供给曲线 S^1，图 8.8（b）画的是相应的短期竞争性市场供给曲线 S。

如图 8.8（b）所示，初始的需求曲线 D^1 与市场供给曲线的交点 E_1 为市场均衡点。此时均衡产量为 $Q_1 = 1\,075$ 单位，市场均衡价格为 7 美元。

在图 8.8（a）中，每家竞争性企业都面临着一条水平的需求曲线，价格就是市场的均衡价格 7 美元。作为价格的接受者，企业选择边际成本曲线与水平需求曲线的交点 e_1 所对应的产出水平，它们在 e_1 点实现利润最大化，没有企业愿意改变自身的行为，该点就是企业的均衡点。此时每家企业获得的短期利润都是 $A+B = 172\,000$ 美元，也就等于每吨的平均利润（$p - AC = 7 - 6.20 = 0.8$ 美元）乘以企业的产量（$q_1 = 215$ 单位）。市场均衡产量 Q_1 等于企业的数目 n 乘以每家企业的均衡产量：$Q_1 = nq_1 = 5 \times 215 = 1\,075$ 单位

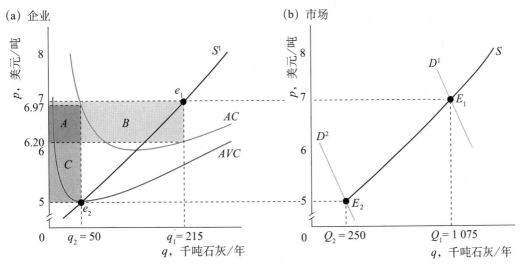

图 8.8　石灰市场的短期竞争性均衡

（a）短期供给曲线是位于平均可变成本最低点 5 美元之上的边际成本曲线。当价格为 5 美元时，所有的企业都亏损，亏损额为 $(AC - p)q = (6.97 - 5) \times 50\,000 = 98\,500$ 美元，即 $A + C$ 的面积。当价格为 7 美元时，一家代表性的石灰厂的短期利润为 $(p - AC)q = (7 - 6.20) \times 215\,000 = 172\,000$ 美元，即 $A + B$ 的面积。（b）如果短期内石灰市场有 5 家企业，则市场供给曲线为 S，市场需求曲线为 D^1，所以短期均衡点为 E_1 点，此时市场均衡价格为 7 美元，市场均衡产量为 $Q_1 = 1\,075$ 单位。如果需求曲线移动到了 D^2，市场均衡就变为：$p = 5$ 美元，$Q_2 = 250$ 单位。

[图 8.8（b）]。

现在假设需求曲线移动到了 D^2，市场新的均衡点为 E_2 点，均衡价格是 5 美元。在这一价格水平上，每家企业生产 $q=50$ 单位的产品，从而市场的供给量为 $Q=250$ 单位。如图 8.8（a）所示，企业生产一吨石灰平均要损失 $AC-p=6.97-5=1.97$ 美元，共销售了 $q_2=50$ 单位。但由于价格正好等于企业的平均可变成本，所以企业不会停止营业，继续生产能弥补可变成本方面的支出。

例题详解 8.4

如果对某市场上全部 n 家企业所销售的每单位产品都征收大小为 t 的从量税，这会对短期均衡有什么影响？税负如何？

解答

1. 说明这项税收对代表性企业的边际成本曲线、平均成本曲线进而供给曲线的影响。如下面的图（a）所示，在例题详解 8.2 中，我们曾说明这种税收会使企业的边际成本曲线、平均成本曲线向上平移 t 单位，并且（因此）导致平均成本曲线的最低点向上移动 t 单位。所以，企业的短期供给曲线（图中标有 S^1+t 的曲线）在税前供给曲线 S^1 的基础上向上移动 t 单位。

2. 说明市场供给曲线的变动。市场供给曲线是所有单家企业供给曲线的水平加总，它也相应向上移动 t 单位，在图（b）中 S 移至 $S+t$。

3. 确定市场短期均衡的变化。如图（b）所示，税前市场的短期均衡点为 E_1 点，即向下倾斜的市场需求曲线 D 与 S 的交点，该均衡点对应的价格为 p_1，产量为 Q_1，其中 Q_1 等于 n（企业数目）乘以一家代表性企业在 p_1 价格水平上的产量 q_1。税后的市场短期均衡点 E_2 是需求曲线 D 与税后供给曲线 $S+t$ 的交点，对应的价格为 p_2、产量为 Q_2。因为税后价格 p_2 高于税后平均可变成本的最小值，因此所有的企业都将继续生产，但产量没有以前那么多：$q_2<q_1$。结果是市场的均衡产量从 $Q_1=nq_1$ 减少到 $Q_2=nq_2$。

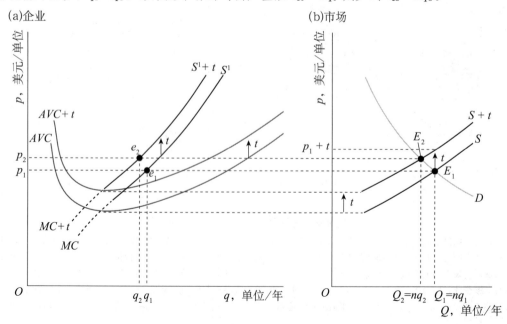

4. 讨论税负的问题。虽然均衡价格上涨，但涨幅小于税收：$p_2 < p_1 + t$。因为供求曲线都是倾斜的，所以税负由消费者和生产者共同承担（第 3 章）。

8.4 长期中的竞争

> 我认为，有 5 台计算机就构成一个世界市场了。
>
> ——托马斯·J. 沃森（Thomas J. Watson），IBM 总裁，1943 年

在长期中，竞争性企业可以对短期固定不变的要素加以调整，因此企业和市场的长期供给曲线有别于短期的供给曲线。我们先简单看一下企业长期的利润最大化行为及其供给曲线的确定，然后再考察长、短期市场供给曲线和竞争性均衡之间的关系。

□ 长期的竞争利润最大化

长期来看，企业的两种利润最大化决策（生产多少以及是否生产）要比在短期更简单。长期中，全部成本都是可变的，所以企业就不必考虑固定成本是沉没还是可避免的这样的问题。

企业用和短期相同的决策规则来确定利润最大化的产量。它会选择能使长期利润达到最大、能使收益与长期成本之间的差最大的产量。与之等价的命题是，长期的边际利润为零，以及边际收益等于长期边际成本。

企业在确定了利润最大或损失最小的产量 q^* 之后，还要决定是生产还是停产。它会因收益小于可避免的成本或可变成本而停止营业。但是长期中所有的成本都是可变的，所以，一旦企业在长期中出现经济亏损，它就会停产。

□ 企业的长期供给曲线

企业的长期供给曲线就是位于长期平均成本曲线最低点之上的长期边际成本曲线（因为长期中全部成本都是可变的）。企业在长期中可以随意选择资本的数量，所以长期的供给曲线可能与短期的供给曲线有本质的不同。

企业基于对未来的预期选择工厂的规模以实现长期经济利润的最大化。如果预期错误，工厂规模可能过大或过小，短期将陷入困境，但是在长期，它可以调整规模，修正错误。

图 8.9 中的企业有着不同的长、短期成本曲线。如果价格为 35 美元，企业短期所采用的工厂规模要小于长期的最优规模（短期规模大于长期规模也是可能的）。短期中企业每年生产 50 单位的产品，此时的边际成本 SRMC 等于市场价格，短期的利润是面积 A。短期的供给曲线 S^{SR} 就是位于短期平均可变成本曲线 SRAVC 最低点（20 美元）之上的短期边际成本曲线。

如果企业预期价格能维持在 35 美元的水平上，它会在长期中建造一座更大的工厂。工厂规模扩大之后，当长期边际成本 LRMC 等于市场价格时，企业每年生产 110 单位的产品。长期的期望利润为 $A+B$，比短期多出了 B。这不仅因为现在多销售了 60 单位的

产品，而且因为长期均衡时的平均成本（$LRAC=25$ 美元）也要比短期均衡时的平均成本（28 美元）低。

在长期中，当所有的生产要素都可变时，一旦亏损，企业就不再继续经营了，它会在市场价格低于长期平均成本的最小值（24 美元）时关门停产。因此，竞争性企业的长期供给曲线就是 24 美元之上的长期边际成本曲线。

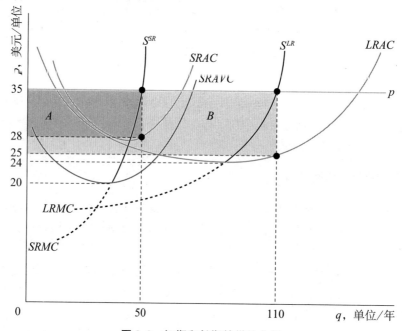

图 8.9　短期和长期的供给曲线

企业的长期供给曲线为 S^{LR}，当价格低于平均成本的最小值 24 美元时，供给量为零，而在 24 美元以上时，与长期边际成本曲线 $LRMC$ 重合。企业在长期中的产量（110 单位）高于短期产量（50 单位），从而获得更多的利润（由面积 A 变为面积 $A+B$）。

乙醇加工厂的规模

在很多企业最初建立乙醇加工厂时，选择的工厂规模都比较小。乙醇市场在 21 世纪的最初几年迅速发展，2006 年 6 月的价格达到每加仑 4.23 美元的高峰，很多企业大量建厂或扩大工厂规模。1999—2006 年，工厂数量几乎翻了一番，平均产能也接近原来的三倍（从每年的 3 600 万加仑增加到 1.06 亿加仑）。

不过从那以后，乙醇的市场价格严重缩水，价格常年低于 3 美元的水平。2007—2016 年价格一度低于 1.50 美元，在 2016 年 1 月触及 1.26 美元的低点。很多企业都关闭了工厂或缩减生产规模。2006—2016 年，工厂的平均产能下降了三分之一（年产量也从 1.06 亿加仑降至 7 300 万加仑）。

☐ 长期的市场供给曲线

无论在短期还是长期，竞争性市场的供给曲线都是各企业供给曲线的水平加总。在短期中，市场上企业的最大数量固定不变，我们把一组数目已知的企业的供给曲线相加就能得到短期的市场供给曲线。而短期中增加市场供应量的唯一途径就是市场中已有的企业提高产出。

在长期中，企业可以选择进入和退出市场，因此，在把所有相关企业的供给曲线相加以推导出长期的市场供给曲线之前，需要先确定每一可能的价格水平上市场中的企业数量。我们现在就来仔细考察一下市场的进入和退出对长期市场供给曲线的影响。

进入和退出

长期中企业的进入和退出决定了一个市场中企业数目的多少。而一家企业在长期中的进入和退出决策取决于它能否获得长期利润：

- 如果能获得长期利润，$\pi > 0$，企业进入该市场。
- 为避免长期中的亏损，$\pi < 0$，企业退出该市场。

如果一个市场中各企业的长期利润都为零，则去和留对它们来说没有差别。我们假定，若企业已经进入市场，即使长期利润为零，它们也会继续留在市场中。

在美国，2014 年第四季度有 23.8 万家企业进入市场，有 19.7 万家企业退出。[①] 每年的进入率和退出率都在 10% 左右。

甚至从长远来看，许多市场有进入限制，比如在制造业，企业进入面临着巨大的成本，如启动成本。在另外一些市场，政府的限制也造成了进入壁垒。例如，许多市政府都会对可以销售酒类的商店的数量加以限制，从而造成了一个无法逾越的障碍，阻止新企业进入。同样，专利保护也通过阻止新企业在专利期内生产该专利产品保护了原企业的利益。

不过，在不受监管、完全竞争的市场中，从长期来看，企业的进出是自由的。例如，许多只提供劳动服务的建筑公司每年进出市场几次。

在自由进入的市场中，当需求曲线向右平移时，市场价格和利润上升，引来一波进入潮，直到最后一家（边际上的）企业的长期利润为零。同样，在自由退出的市场中，如果需求曲线向左平移，市场价格下降，最小平均成本在该市场价格之上的企业陆续退出市场，直至最后退出的（边际上的）企业的长期利润为零，退出才会停止。

应用案例

太阳能企业的进入和退出

美国大约一半的住宅太阳能系统安装在加利福尼亚州。自 2007 年起，企业进入或退出加州太阳能市场的动机已经发生巨大变化。

2007 年以来，太阳能系统的制造成本大幅下降。加州提供了一个大规模的住宅太阳能补贴项目，但这一补贴在 2007 年到 2013 年项目结束后降幅很大。房主也可以获得（对于每个太阳能系统）30% 的补助，上限是 2 000 美元。在 2009 年，补贴的上限被取

---

① http://www.bls.gov/web/cewbd/table9_1.txt（访问日期：2016 年 6 月 16 日）。

消。到 2016 年年底，这一联邦补贴计划结束。

太阳能企业之间差别很大。一家企业如果成本低或者预期乐观就会进入市场，与此同时，成本高或者预期悲观的企业会退出市场。

下图给出了 2008—2013 年每年进入和退出加州太阳能市场的企业数量（Davis and Chun，2015）。进入企业的数量、退出企业的数量和企业总数的曲线如图所示。例如，在 2009 年，有 453 家企业进入市场，有 197 家企业退出市场，市场上的企业数量增加了 256 家，从 2008 年的 603 家上升到 2009 年的 859 家。

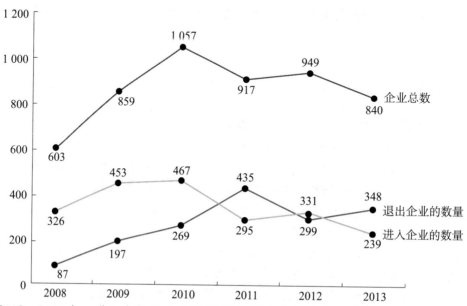

2008—2010 年，进入市场的企业数量远超退出市场的企业数量。企业总数从 2008 年的 603 家增加到 2010 年的 1 057 家，涨幅为 75％。在这高速增长的三年中，每年进入市场的企业中有近一半属于首次进入的新企业。

自 2010 年起，企业数量不断下降，2010 年最多，是 1 057 家，到 2013 年跌至 840 家。可即便在这段时间，每年的新进入者中也有 30％ 是新企业。不过，在 2011 年和 2013 年，进入市场的企业数量要小于退出市场的企业数量（2012 年大体持平）。

鉴于每年有大量的企业进入和退出市场，所以进入和退出市场的成本很低。尽管 SolarCity 和其他一些大企业每年都安装很多系统，但市场中的绝大部分企业都是小企业，中等企业每年也只能安装五个系统。

企业完全相同且自由进入的长期市场供给曲线

如果市场进出自由，企业为数众多，且成本相同，投入要素的价格不变，则长期的市场供给曲线就是位于长期平均成本最低点的水平直线。该结论源于我们对短期供给曲线的分析：市场中的企业越多，市场供给曲线就越平坦。由于长期市场中企业的数目很多，市场供给曲线实际上是一条水平的直线。（在植物油市场中，"很多"是指 10 家企业。）

图 8.10（a）中的 S^1 是一家代表性植物油厂的长期供给曲线，它也就是位于长期平均成本最小值（10 美元）之上的长期边际成本曲线。因为市场价格一旦低于 10 美元，就不会有企业继续经营，所以长期的市场供给曲线在价格低于 10 美元时等于零。价格高于

10 美元时企业能获得正的利润，会有新企业进入，市场的产量不断扩大，直到利润又重新变为零（即价格再降到 10 美元）为止。如图 8.10（b）所示，长期供给曲线是一条位于代表性企业长期平均成本最低点（10 美元）的水平直线。当价格为 10 美元时，每家企业生产 $q=150$ 单位（1 单位等于 100 吨），因此，市场中 n 家企业的总产量为 $Q=nq=n\times150$ 单位。市场增加的产出是新进入企业提供的。

总而言之，在要素价格不变的情况下，如果无限多个成本相同的企业能够自由地进入和退出一个市场，则长期的市场供给曲线就是一条水平的直线。

有时候长期的市场供给曲线并不是水平的，原因如下：

（1）进入受限；

（2）企业之间的成本函数不一致；

（3）投入要素的价格随着产出的变化而变化；

（4）存在一个庞大的买者（其需求占市场份额较大）。

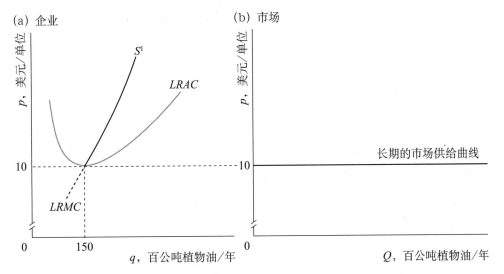

图 8.10　具有相同的植物油厂的市场中单家企业的长期供给曲线和市场的长期供给曲线

（a）S^1 是一家代表性植物油企业的长期供给曲线，它就是位于长期平均成本最小值 10 美元之上的长期边际成本曲线。（b）长期的市场供给曲线是一条在该代表性企业长期平均成本最小值（10 美元）处的水平直线。每家企业生产 150 单位产品，市场供给量等于 $150n$，n 为企业的数量。

进入受限时的长期市场供给曲线

如果长期中某一市场上的企业数目受到限制，则市场供给曲线会向上倾斜。若政府控制企业的数量，或者企业生产需要某种稀缺资源，或者进入市场的成本比较高，则企业数目都会受到限制。举个例子，在迈阿密海滩可以建造豪华海滨旅馆的地方少之又少，这就是一个稀缺资源限制企业数量的典型案例。高进入成本也能起到限制作用，因为企业只有在长期经济利润大于进入成本时才会选择进入市场。

在企业数量受限的情况下，提高市场产出量的唯一途径就是市场中已有企业多生产。由于单家企业的供给曲线向上倾斜，所以长期的市场供给曲线也向上倾斜，其论证过程与图 8.6（b）对短期情况的分析一致，当时假设仅有 5 家企业能进入市场。图 8.6（b）中向上倾斜的 S^5 曲线就是市场的供给曲线，是这 5 家企业平均成本最低点以上的向上倾斜的边际成本曲线的水平总和。

企业的成本函数存在差异的长期市场供给曲线

长期市场供给曲线向上倾斜的第二个原因在于企业间存在差异。在价格较低时，所有企业中长期平均成本较低的那些企业才愿意进入市场，导致长期的市场供给曲线向上倾斜（类似于图8.7中短期的例子）。

许多市场都有低成本企业和高成本企业。[1] 如果低成本企业能满足市场需求，高成本企业就无法生存，长期的市场供给曲线是这些低成本企业的平均成本最低点以上的边际成本曲线的水平加总。只有低成本企业的产量和数量受到限制，不能满足市场需求，长期的市场供给曲线才会向上倾斜。

应用案例

向上倾斜的棉花的长期供给曲线

很多国家都产棉花，但是由于土质、降水、灌溉成本、劳动成本等方面存在差异，各国的生产成本并不相同。

下图画的是棉花的长期供给曲线。该曲线每一段阶梯的长度代表着所标注国家的产量。低成本国家的产量必定有限，否则高成本国家没法生产。

供给曲线每一段阶梯的高度表示所对应国家代表性的平均生产成本的最小值。巴基斯坦的平均生产成本还不到伊朗的一半。这条供给曲线之所以呈现阶梯状，是由于我们采用了估计的各国平均成本的均值，仅仅只有这一个数值。如果能知道这些国家中每家企业的供给曲线，就可以画出一条平滑的市场供给曲线。

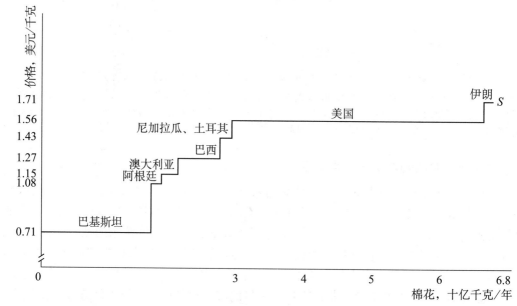

中级微观经济学（第八版）

随着市场价格的上涨，棉花生产国也越来越多。市场价格在每千克 1.08 美元以下时，只有巴基斯坦一国生产棉花。若价格低于 1.50 美元，美国和伊朗不会生产。在价格上涨到 1.56 美元后，美国开始大量供应棉花，这段（1.08～1.56 美元）供给曲线十分富有弹性。要想让伊朗也提供棉花，价格绝不能低于 1.71 美元。价格在这个区间（1.56～1.71 美元）内上涨，最终只带来供给量的小幅增加。因此，价格在 1.56 美元之上的那部分供给曲线相对缺乏弹性。

要素价格随产量变化时的长期市场供给曲线

市场供给曲线可能会向上倾斜的第三个原因关乎要素价格的变化。当要素价格随着产出的增加而上升时，即使各企业的成本相同，并且可以自由进出市场，市场的供给曲线也仍会是向上倾斜的。

如果某市场所需的生产要素只占该要素市场总销售量的很小一部分，则该要素的价格就不太可能受到产品市场供给量（即市场产出量）增加的影响。就好比牙科诊所雇用的接待员人数远不能影响到该劳务市场的工资水平。

相反，如果某市场将一种生产要素的绝大部分都买了去，则该要素的价格就很可能随着产量的增加而变化。一家喷气式飞机制造厂扩大生产，增加了喷气式发动机的购买量，则这些发动机的价格也会随之上涨，因为该飞机制造厂是这些发动机的唯一买者。

企业要想多生产产品就必须投入更多的要素。若要素购买量增加导致部分或全部要素的价格也随之提高，则最终产品的生产成本也会随之增加。我们称要素价格随产量提高的市场为成本递增型市场（increasing-cost market）。没有几个建筑工人不恐高，谁也不愿意修建高楼大厦，因此他们的供给曲线是急剧向上倾斜的。在一个时期内，随着越来越多的摩天大楼拔地而起，对这些工人的需求曲线会向右移动，均衡沿着供给曲线向上移动，从而提高了他们的工资水平。

假设市场中所有企业的成本曲线都相同，而且要素价格随着产品市场供给量的增加而上涨。图 8.11（a）是一家代表性企业的成本曲线，我们利用这组曲线来推导图 8.11（b）中向上倾斜的市场供给曲线。

初始需求曲线为图 8.11（b）中的 D^1，当市场价格为 p_1 时，市场供给只有 Q_1，所以要素价格相对也低。在图 8.11（a）中，由于各家企业相同，所以它们的长期边际成本曲线 MC^1 和平均成本曲线 AC^1 都相同。代表性企业在平均成本曲线的最低点 e_1 处生产，销售 q_1 单位的产品。n_1 家企业共销售 $Q_1 = n_1 q_1$ 单位产品，即图 8.11（b）中市场供给曲线上的 E_1 点。

如果市场需求曲线向外（右）移动到 D^2，且市场价格上涨到 p_2，则有新企业进入，市场供给量增至 Q_2，同时也使要素价格上涨。结果，边际成本曲线从 MC^1 移动到 MC^2，平均成本曲线从 AC^1 提高到 AC^2。此时该代表性企业在一个稍高一些的平均成本曲线的最低点 e_2 处生产。价格提高之后，市场中共有 n_2 家企业，因此市场供给量为 $Q_2 = n_2 q_2$，即市场供给曲线上的 E_2 点。

因此，无论是在成本递增型市场还是在成本不变型市场（随着产量的增加，要素价格保持不变），企业在长期都以最小的平均成本进行生产。区别在于，成本递增型市场上最小平均成本随着产量的增加而提高，而成本不变型市场上最小平均成本始终不变。综上所述，成本递增型市场中的长期供给曲线向上倾斜，成本不变型市场中的长期供给曲

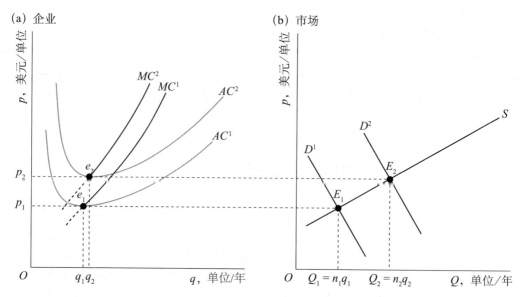

图 8.11 成本递增型市场的长期市场供给曲线

(a) 在相对较低的市场产出水平 Q_1，企业长期的边际成本曲线和平均成本曲线分别是 MC^1 和 AC^1。市场供给量达到较高的水平 Q_2 时，由于要素价格上涨，两条成本曲线分别向上移动到 MC^2 和 AC^2。如果所有企业完全相同，则每家企业都会以最小的平均成本进行生产，如 e_1 点和 e_2 点。(b) 长期市场供给曲线 S 向上倾斜。

线保持水平。

在成本递减型市场中，随着产品市场供给量的增加，至少有一种生产要素的价格会下降。因此，在成本递减型市场中，长期供给曲线向下倾斜。

规模收益递增可能导致要素价格下降。例如，当公司引进蓝光光驱后，它们生产和销售的光驱会相对较少，制造成本相对较高。由于蓝光光驱价格高昂，消费者对蓝光光驱的需求很少。随着蓝光光驱数量的增加，更多的自动化生产也成为现实，这样企业可以以更低的平均成本生产光驱。光驱的价格下降同时也拉低了使用这些光驱的电脑的成本。因此，理论告诉我们，竞争性的长期市场供给曲线可能是平坦的，也可能向上倾斜或向下倾斜。

有一个庞大买者时的长期市场供给曲线

第四个造成供给曲线倾斜的原因可能是某个买者（如一个国家）的需求占市场份额较大。棉花、石油等很多产品都在国际市场上交易。一种产品的国际均衡价格和均衡数量由国际供给曲线（每个生产国供给曲线的水平加总）与国际需求曲线（每个消费国需求曲线的水平加总）相交而定。

对一种产品的进口国（买者）而言，其供给曲线是其国内市场供给曲线与进口供给曲线的水平加总。国内供给曲线就是我们刚刚推导出的竞争性的长期供给曲线，但进口供给曲线还需要推导一下。

该国进口了世界市场的剩余的供给，**剩余供给曲线**（residual supply curve）是指在任意价格水平上，没有被其他需求者消费的那部分市场供给。[1] 该国的进口供给函数就是

---

[1] 术语提示：一般来说，只有在讨论国际贸易问题时，才使用超额供给（excess supply）一词，否则使用剩余供给（residual supply），尽管这两个词是等价的。

其剩余供给函数 $S^r(p)$，也就是价格为 p 时对该国的供给量。因为进口国仅购买了整个世界供给 $S(p)$［被其他国家需求者消费掉的供给为 $D^o(p)$］的一部分，所以它的剩余供给函数为：

$$S^r(p) = S(p) - D^o(p) \tag{8.6}$$

如果价格低到 $D^o(p)$ 大于 $S(p)$ 的程度，则剩余供给 $S^r(p)$ 为零。

如图 8.12 所示，我们利用图（b）中的世界供给曲线 S 和其他国家的需求曲线 D^o 推导出了图（a）中日本的棉花剩余供给曲线。两个图的数量轴的刻度略有不同。当每吨价格为 850 美元时，其他国家的需求耗尽了世界供给量（D^o 与 S 相交于每年 3 200 万吨处），因而没有剩余的棉花可提供给日本。当价格升至 935 美元时，日本的超额供给为 400 万吨，它等于世界供给量 3 400 万吨与其他国家的需求量 3 000 万吨之差。如图所示，日本面临的剩余供给曲线与世界供给曲线相比更接近于一条水平线。

对一国而言，剩余供给的弹性 η_r 为（参见附录 8A 中的类似论证）：

$$\eta_r = \frac{\eta}{\theta} - \frac{1-\theta}{\theta}\varepsilon_o \tag{8.7}$$

其中，η 代表市场供给弹性，ε_o 代表其他国家的需求弹性，$\theta = Q_r/Q$ 代表进口国占世界总产量的份额。

一方面，如果一国只进口了世界供给中的一小部分，我们可以预期到它面临着一条几乎是完全弹性的水平的剩余供给曲线；另一方面，若该国国内消费某产品的消费者群体数目庞大，则会有一条向上倾斜的剩余供给曲线。

(a) 日本的超额供给曲线

(b) 世界供给和世界其他国家的需求

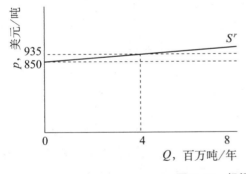 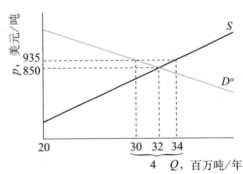

图 8.12　超额或剩余的供给曲线

日本的棉花超额供给曲线 S^r 就是世界供给曲线 S 与世界其他国家的需求曲线 D^o 的水平距离之差。

当 $\eta = 0.5$ 且 $\varepsilon_o = -0.7$（Green et al.，2005）时，我们能计算出棉花的世界供给量与其他国家的需求量之间的差额，几乎等于 ε_o。美国的棉花进口量占世界总产量的份额 $\theta = 0.1\%$，因此其剩余供给弹性为：

$$\eta_r = \frac{\eta}{0.001} - \frac{0.999}{0.001}\varepsilon_o = 1\,000\eta - 999\varepsilon_o$$

$$= 1\,000 \times 0.5 - 999 \times (-0.7) = 1\,199.3$$

它是世界供给弹性的 2 398.6 倍。如果加拿大也进口，份额是美国的 10 倍，$\theta = 1\%$，其剩余供给弹性"仅仅"为 119.3。但是，加拿大的剩余供给曲线却接近水平：价格上涨 1% 会导致进口增长 1 倍以上，即增长 119.3%。即使日本的进口份额已达到 $\theta = 2.5\%$，其剩余供给仍然相对富有弹性（$\eta_r = 46.4$）。相反，中国进口了世界棉花总产量的 18.5%，因而其剩余供给弹性为 5.8。即便中国的剩余供给弹性是世界供给弹性的 11 倍，也不能算高，其超额供给曲线向上倾斜。

因此，如果一个国家进口额只占世界总产量的一小部分，则其进口供给曲线为水平的直线，价格为国际均衡价格。如果国内供给曲线处处高于国际价格，则该国就只进口，不自己生产，并有一条水平的需求曲线。若其向上倾斜的国内供给曲线有一部分低于国际价格，则该国的总供给曲线在价格低于国际价格的部分向上倾斜，达到国际价格后则保持水平（第 9 章所要分析的石油供给曲线就是如此）。

上面对国际贸易的分析也适用于国内贸易。下面的应用案例就说明了该分析过程可用于研究一国各地区间或各辖区间（如州与州之间）的贸易。

应用案例

特种混合汽油的供给曲线

在威斯康星州的一些地方，你根本买不到密尔沃基使用的汽油。休斯敦的汽油与西得克萨斯州的汽油也不一样。加利福尼亚州、明尼苏达州、内华达州以及美国绝大多数大城市都使用一种或多种特种混合汽油，共计 46 种（有时它们被称作精品燃料），而其他地方只使用普通汽油。因为特种混合汽油可以降低对空气的污染，所以它们更可能被美国的《洁净空气法修正案》、州的法规、高污染地区的地方条例所接受。例如，再生燃料计划（Reformulated Fuels Program）的目标就是降低地表层的臭氧污染。它详细规定了含量标准（比如苯含量限制）和以排放量为基础的炼油厂的生产标准。

在一些普通汽油普及的州，为了能赚取一丁点儿的差价，批发商愿意通过州际管道把普通汽油输送到价格稍高的相邻各州。这样看来，对于既定的州而言，普通汽油的剩余供给曲线近似于一条水平直线。

相比之下，要求使用特种混合汽油的地区很少进口汽油。很少有炼油厂生产特种混合汽油，威斯康星州只有一家炼油厂生产密尔沃基需要的特殊低污染混合汽油。由于生产新的油品需要炼油厂升级设备，花费巨大，它们一般也不会转型生产另一种汽油。因此，即使密尔沃基汽油价格上涨，其他州的批发商由于不能合法地在那里出售普通汽油，加之生产该地所需的特种混合汽油成本太高，它们也不会把汽油输送到密尔沃基。

因此，与普通汽油近乎水平的剩余供给曲线不同，特种混合汽油的供给曲线最终将向上倾斜。当产量较低时，炼油厂不用支付高成本就能增加产量，所以特种混合汽油的供给曲线在该低产量范围内较为平坦。不过，要想大幅度提高产量，在天气比较热的时候，炼油厂必须夜以继日地生产，并让每加仑石油提炼出更多的汽油，高额的生产成本不可避免。于是，当产量较高时，只有提高价格，它们才愿意销售更多的汽油，供给曲线向上倾斜。当炼油厂的生产能力达到极致时，无论价格有多高，它们都无法生产更多（至少在新炼油厂投产前如此），供给曲线变成垂直形状。

密尔沃基和威斯康星州东南部的其他五个县在天气热的时候使用特种混合汽油，而威斯康星州的其他地区则使用普通汽油。初春，炼油厂开始转向清洁的特种混合汽油，这时候消费者外出驾车频繁，密尔沃基的汽油供给曲线向上倾斜。2015 年 3 月，特种混合汽油紧缺，密尔沃基和威斯康星州的驾驶员要比麦迪逊（习惯用普通汽油）多付每加仑45美分或者20%的汽油钱。在2016年，从全国范围来看，使用特种混合汽油的地区要比使用普通汽油的地区在汽油上每加仑多花17美分。

例题详解8.5

天气变热，某州的汽油需求曲线会向右移动。汽油的竞争性市场价格会有什么变化？请根据销售普通汽油和规定使用特种混合汽油两种情况分别进行回答。

解答

1. 说明需求曲线移动对使用普通汽油的地区产生的影响。如下面的图（a）所示，在一个使用普通汽油的地区，供给曲线是水平的，因此，随着需求曲线从 D^1 右移至 D^2，均衡点在供给曲线上从 e_1 点变为 e_2 点，但价格仍然保持为 p_1。

2. 说明需求曲线的小幅和大幅变动对使用特种混合汽油的地区所产生的影响。图（b）中的供给曲线是按照前面应用案例中的描述绘制的。如果需求曲线稍加变动，从 D^1 右移至 D^2，则因为 D^2 仍与供给曲线的水平部分相交，所以价格不变，仍为 p_1。不过，如果需求曲线进一步向右移动到 D^3，就会在供给曲线向上倾斜的部分与之相交，价格会升至 p_3。因此，在使用特种混合汽油的地区，未预期到的需求"激增"很可能会形成一个"价格钉"（price spike）——价格大幅度上涨。

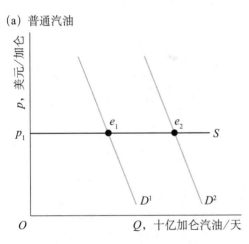

(a) 普通汽油

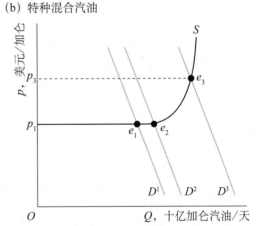

(b) 特种混合汽油

☐ 长期中的竞争性均衡

长期的市场供给曲线和需求曲线相交决定着长期的竞争性均衡。如果企业相同、要素价格不变、市场进出自由，则竞争性市场的长期供给曲线是一条位于长期平均成本曲线最低点的水平直线，均衡价格等于长期平均成本。需求曲线的变动只影响均衡数量，不影响均衡价格，价格始终等于平均成本的最小值。

市场供给曲线在长、短期有所不同，所以长期的竞争性均衡不同于短期。二者之间的关系取决于市场需求曲线与长、短期的市场供给曲线相交的具体位置。图8.13以植物油市场为例对这个问题进行了具体的说明。

一家代表性企业的短期供给曲线是位于其平均可变成本曲线最低点（7美元）以上

的边际成本曲线。当价格为 7 美元时，每家企业生产 100 单位，从而短期内市场中的 20 家企业总计供给 2 000（=20×100）单位的植物油，如图 8.13（b）所示。短期的市场供给曲线是企业向上倾斜的边际成本曲线的水平加总，在高价格区间，它会向上倾斜。

假设企业在长、短期中的工厂规模相同，进而平均成本最小值也相同，都是 10 美元。由于所有企业的成本相同且能自由进入市场，长期的市场供给曲线在平均成本最低点 10 美元处保持水平，如图 8.13（b）所示。当价格介于 7 美元和 10 美元之间时，企业在短期出现亏损，而长期则不然。

若市场需求曲线为 D^1，则短期市场均衡点 F_1 位于长期市场均衡点 E_1 的右下方。若市场需求曲线为 D^2，二者的位置刚好相反。[①]

短期中，如果需求像 D^1 那么低，则均衡点 F_1 对应的市场价格为 7 美元。在该价格水平上，20 家企业均生产 100 单位，即图 8.13（a）中的 f_1 点。由于 7 美元的价格低于生产 100 单位植物油的平均成本，因此企业亏损。长期中，损失会驱使一些企业退出市场，从而市场供给量减少，价格上升。长期市场均衡点 E_1 对应的价格为 10 美元，此时每家企业生产 150 单位（即 e 点），企业盈亏平衡。由于市场需求仅有 1 500 单位，10（=1 500/150）家企业生产便足够了，所以曾在短期中生产的企业有一半会退出市场。[②] 因此，根据需求曲线 D^1，长期中价格上升，但产量减少。

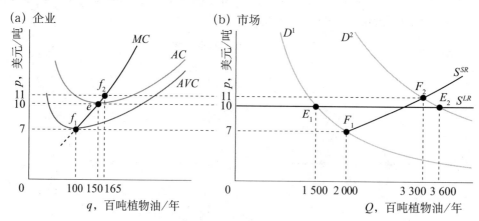

图 8.13　植物油市场的短期和长期均衡

（a）一家代表性的植物油厂愿意以 10 美元的价格生产 100 单位产品，或以 11 美元的价格生产 165 单位产品。
（b）短期的市场供给曲线 S^{SR} 是 20 家企业各自位于其平均可变成本最低点（7 美元）之上的短期边际成本曲线的水平加总。长期的市场供给曲线 S^{LR} 是位于平均成本最低点（10 美元）的水平直线。若市场需求曲线为 D^1，在短期市场均衡点 F_1 处，20 家企业以 7 美元的价格销售 2 000 单位植物油；在长期市场均衡点 E_1 处，10 家企业以 10 美元的价格销售 1 500 单位植物油。若市场需求曲线为 D^2，则短期市场均衡点为 F_2（11 美元，3 300 单位，20 家企业），长期市场均衡点为 E_2（10 美元，3 600 单位，24 家企业）。

如果需求扩张到了 D^2，在短期中，20 家企业均将各自产量提高到 165 单位，即 f_2 点，且价格上升到 11 美元，此时企业盈利：11 美元的价格高于生产 165 单位产品的平均成本。长期中，该利润会吸引新企业进入市场，价格随之下降。在长期均衡状态下，每

---

① 利用加拿大统计局的数据，我估计出植物油的需求弹性为 -0.8。D^1 和 D^2 都是弹性恒为 -0.8 的需求曲线。在任意价格水平上，D^2 对应的需求量都是 D^1 的 2.4 倍。

② 怎么能知道哪家企业会离开市场呢？如果企业完全相同，理论上没法解释谁去谁留的问题。退出市场的企业经济利润为零，留下来的企业亦如此，所以走和留对它们而言并无差别。

家企业生产 150 单位产品，如 e 点所示；24 家（＝3 600/150）企业共销售 3 600 单位产品，如 E_2 点所示。因此，根据需求曲线 D^2，长期中价格下降，但产量增加。

挑战题解答　　　　　　　　　　**不断上升的运输成本**

　　回到本章开篇的挑战题，提高年费和其他一次性费用等成本对卡车运输市场的价格和数量、单家企业的产出，以及运输企业的数量有什么影响（假设需求曲线保持不变）？长期中企业可以进入和退出这个行业，所以更高的一次性收费对竞争性均衡的影响会和我们的直觉相反。

　　所有型号相同的卡车本质上是一样的，进入或退出行业也很容易（政府规定的除外）。代表性企业的成本曲线如图（a）所示，图（b）显示的是市场均衡。

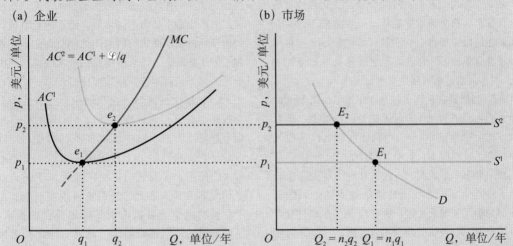

　　新产生的各种费用提高了企业的固定成本 $\mathcal{L}$。图（a）中，一次性特许经营税将代表性企业的平均成本曲线从 AC^1 提高到 $AC^2 = AC^1 + \mathcal{L}/q$，但不影响边际成本（见例题详解 7.2）。这导致企业的平均成本最小值从 e_1 上升到 e_2。

　　假设愿意在该行业工作的卡车司机的数量不受限制，长期的市场供给曲线是一条位于平均成本最低点的水平直线。因此，图（b）中市场的供给曲线上升的幅度与平均成本最低点的上升幅度相同。给定市场的需求曲线 D 向下倾斜，在新的均衡点 E_2，产出下降（$Q_2 < Q_1$），价格上升（$p_2 > p_1$）。

　　在图（a）中，随着市场价格的上升，企业的产出也从 q_1 上升到 q_2。因为边际成本曲线在初始均衡时向上倾斜，当平均成本曲线因为固定成本增加而向上移动时，新的平均成本曲线的最低点所对应的产出会大于初始均衡时的水平。因此，仍在市场上运营的卡车公司会选择更大的产出水平。

　　市场的产出下降，但仍在运营的每家企业产出增加，市场上的企业数量必定减少。在初始均衡水平，企业数量 $n_1 = Q_1/q_1$。在新的均衡点，企业数量变为 $n_2 = Q_2/q_2$。因为 $Q_2 < Q_1$，$q_2 > q_1$，所以 n_2 必然小于 n_1。因此，正如多数人所料，固定成本的增加导致市场价格上升，产出和企业的数量下降。一个出人意料的结果是，单家企业提供的服务量增加了。

本章小结

1. 完全竞争。完全竞争是一种市场结构，在完全竞争市场中买卖双方都是价格接受者。每家企业都面临着一条水平的需求曲线。这是因为完全竞争市场有如下五个特征：市场中买、卖双方的数量足够多，所有企业都销售相同（同质）的产品，双方均知道企业的售价和有关商品特征的全部信息，交易成本极低从而可以忽略不计，在长期中进出市场自由。许多市场尽管并非严格具备完全竞争的五个特征，但它们是高度竞争性的（企业非常接近于价格接受者）。

2. 利润最大化。多数企业都追求经济利润的最大化，经济利润等于收入减去经济成本（显性成本加上隐性成本）。因为营业利润（仅从收入中扣除了显性成本）忽略了隐性成本，所以经济利润一般小于营业利润。经济利润为零的企业获得了将其全部资源投入最佳用途所能得到的利润。为实现利润最大化，所有企业（并非只有竞争性企业）必须做出两项决策。第一，企业需要确定利润最大化的产量。边际利润为零（或等价地，边际收益等于边际成本）时，利润最大。第二，企业决定是否生产。

3. 短期中的竞争。为了最大化利润，竞争性企业（如同其他市场结构中的企业一样）选择其边际收益等于边际成本的产出水平。因为竞争性企业是价格接受者，所以它的边际收益等于市场价格。通过将产量设定在使其短期边际成本等于市场价格的水平上，竞争性企业实现了利润最大化。在短期内新企业无法进入。此外，企业还有一些沉没成本。从这个意义上说，它不可能在短期内退出这个行业。但是如果市场价格低于平均可变成本的最小值，企业会停止营业。因此，一个利润最大化的竞争性企业的短期供给曲线与平均可变成本最低点之上的边际成本曲线重合。短期市场供给曲线——短期内固定数量企业的供给曲线之和——在较低的产出水平是水平的，而在较高的产出水平是向上倾斜的。短期的竞争性均衡由市场的需求曲线与供给曲线相交而定。需求增加的影响取决于需求曲线在供给曲线的水平部分还是向上倾斜的部分与其相交。

4. 长期中的竞争。在长期中，竞争性企业会按照市场价格与长期边际成本相等的条件来确定产量。因为长期中所有成本都可变，所以企业会在市场价格低于其长期平均成本最小值时关门停产，进而它的供给曲线是位于其长期平均成本最低点之上的长期边际成本曲线。由于在长期内企业可以改变其固定要素的投入，所以公司的长期供给曲线可能具有与短期曲线不同的斜率。长期市场供给曲线是市场中所有企业的供给曲线的水平加总。若所有企业相同、进出自由、要素价格不变，则长期市场供给曲线就是一条水平的直线，价格等于平均成本的最小值。如果各企业不同，进入困难或成本高，则长期的市场供给曲线向上倾斜。如果要素价格随产量增加而提高，则长期供给曲线向上倾斜；若要素价格随产量增加而下降，则长期供给曲线向下倾斜。长、短期的市场均衡价格和均衡数量皆不相同。

思考题

1. 完全竞争

1.1 一个大城市有近 500 家餐厅，随着人口的增长，定期会有新的餐厅进入市场。该市决定将餐厅的数量限制在 500 家。这个市场的哪些特征符合完全竞争市场，又有哪些不符合？这个餐厅市场近似于完全竞争市场吗？为什么？

1.2 为什么交易成本高或是信息不完全会阻碍价格接受的行为？

1.3 根据 Roberts 和 Schlenker（2013）的研究，玉米需求弹性为 $\varepsilon=-0.3$，供给弹性为 $\eta=0.15$。根据 2007 年农业普查数据，美国有 347 760 家种植玉米的农场。假设农场规模大致相同，单个农场面临的需求弹性是多少？（提示：参见例题详解 8.1。）

1.4 根据方程 8.2，如果有一家新公司进入此行业，那么企业面临的剩余需求弹性增加了多少？（提示：参见例题详解 8.1。）A 或 C

2. 利润最大化

2.1 一家竞争性企业正处于亏损状态（经济利润为负），它是否应该继续生产？为什么？

2.2 如果一家企业每周的收入为 1 000 美元，它应该关门吗？为什么？

a. 可变成本 VC 为 500 美元，沉没成本 F 为 600 美元。

b. 可变成本 VC 为 1 001 美元，沉没成本 F 为 500 美元。

2.3 如果一家企业每周的收入为 1 000 美元，可变成本为 500 美元，固定成本为 800 美元，其中 600 美元是可避免的。它应该关门吗？为什么？

*2.4 公司的利润函数是 $\pi(q)=R(q)-C(q)=120q-(200+40q+10q^2)$。求出利润最大化（或损失最小化）时的正的产出水平以及企业的收入、可变成本和利润。在短期内该企业应该继续生产还是停止生产？C

3. 短期中的竞争

*3.1 多数边际成本曲线都是 U 形的，因此 MC 曲线有可能与需求曲线或价格线在两个产量水平相交。哪一个是利润最大化的产量？为什么？

3.2 John 的修鞋铺的成本函数为 $C(q)=100+10q-q^2+\frac{1}{3}q^3$，边际成本函数为 $MC=10-2q+q^2$，该修鞋铺利润最大化的条件是什么？A

*3.3 若一家竞争性企业的成本函数为 $C(q)=a+bq+cq^2+dq^3$，其中 a、b、c、d 为常数，求该企业的边际成本函数。其利润最大化的条件是什么？C

3.4 Acme Laundry 公司的成本函数为 $C(q)=10+10q+q^2$，从而其边际成本函数为 $MC=10+2q$，其中 q 是洗衣店清洗衣物的吨数。推导出该公司的平均成本曲线和平均可变成本曲线。如果市场价格是 p，使该公司利润最大化的 q 是多少？如果竞争性市场价格 $p=50$，该公司的清洗量 q 是多少？A

3.5 如果只给一家竞争性企业从量补贴（负的税收）s，企业会如何调整产出水平以达到利润最大化？最大化利润又是如何变化的？

3.6 如果曼尼托巴省对该省生产的石灰征收 $v\%$ 的从价税（见第 3 章），而非从量税，那么例题详解 8.2 的结果将如何变化？（提示：分析市场价格在两种税收中起了什么作用。）

3.7 Beta Laundry 公司的成本函数为 $C(q)=30+20q+q^2$，它的边际成本函数为 $MC=20+2q$。

a. 如果市场价格为 p，企业利润最大化的 q 是多少？如果 $p=60$，那么它生产的 q 又是多少？

b. 如果政府对每单位产品征收 $t=2$ 的从量税，该公司税后利润最大化的产量 q 是多少？此时应该继续经营还是关门停产？（提示：参见例题详解 8.2。）A

3.8 John 的修鞋铺的成本函数为 $C(q)=100+10q-q^2+\frac{1}{3}q^3$，它面临着 $t=10$ 这样一笔从量税，若市场价格是 p，修鞋铺的利润最大化条件是什么？当价格为 p 时，你能求出一个唯一的利润最大化产量 q 吗？（提示：参见例题详解 8.2。）C

3.9 初始的市场价格 $p=20$，竞争性企业平均可变成本的最小值是 18，平均成本的最小值是 21，该企业是否应该关门停产？为什么？现在，该企业每单位产出水平上的平均可变成本都增加了 3，而市场中其他企业并未受到影响，该企业的平均成本会有何变化？企业是否应该关门停产？为什么？

3.10 旧金山的梅赛德斯-奔驰在广播中宣称，它已经被同一个家族在同一地点拥有并经营了半个多世纪。然后，它又做出两项声明：其一，因为它已占用这片土地数十年，所以其日常开支低于附近其他汽车经销商；其二，由于日常开支较低，它对所生产的汽车定价也较低。讨论这些声明的内在逻辑。（提示：参见例题详解 8.2。）

3.11 应用案例"水力压裂法和采油"中，常规油井的关停阈值低于使用水力压裂法的油井。使用图形来比较企业在使用传统油井和使用水力压裂式油井时的供给曲线。在图形中标示出关停阈值并在纵轴上标出对应的成本。

3.12 第二次世界大战后，由于黄金价格在每盎司 34.71 美元（当前美元约 446 美元）时，采矿业已无利可图，加利福尼亚州的最后一批金矿也关闭了。然而，在 2012 年，黄金价格接近历史高位，徘徊在每盎司 1 700 美元左右。因此，半个多世纪以来的第一次大规模硬岩金矿开采业务重新开放，其他的采矿业务也于 2013 年开始兴起（Don Thompson, "Gold Mining Is Back in the Sierra Foothills," *Appeal-Democrat*, December 17, 2012; http://www.macrotrends.net/1333/gold-and-silver-prices-100-year-historical-chart, viewed June 22, 2013）。

a. 作图，并表示出采金业务的成本函数形状。

b. 使用 a 中提到的成本函数来说明黄金市场价格的上涨如何影响竞争性企业的黄金开采量，并指出企业均衡利润的变化。

*3.13 在 2012 年夏天，由于龙虾的泛滥，缅因州的龙虾价格跌至每磅 1.25 美元，比正常水平低 70%，接近 30 年来的最低价。根据马萨诸塞州龙虾协会主席比尔·阿德勒（Bill Adler）的说法，"一旦价格低于每磅 4 美元，捕龙虾就不赚钱了"（Jerry A. Dicolo and Nicole Friedman, "Lobster Glut Slams Prices," *Wall Street Journal*, July 16, 2012）。至少有 30 艘美国渔船宣布它们将留在港口直到龙虾的价格上涨。然而，加拿大渔船和美国其他渔船继续捕捞龙虾。为什么有的渔船停止捕捞，而有的仍在继续捕捞龙虾？

3.14 2009 年加利福尼亚州的奥克兰市投票通过了对医用大麻征税的法案。2010 年，奥克兰城市委员会通过了一项法案，不对大批种植大麻的企业做规模限制，但是每家企业必须缴纳 21.1 万美元的年费。一家企业宣称要建立一个占地 10 万平方英尺的农场（相当于两个足球场的大小）。而在这项法案通过之前，只有个人才能种植大麻。这使小型农场主叫苦连天，他们声称大企业因规模经济而获益，从而会把他们驱逐出自己辛苦建立的市场。画图说明这一情况。在什么情况下（比如相对成本、需求曲线的位置以及低成本企业的数量），小型高成本企业会被驱逐出市场？（2012 年，联邦政府终止了在奥克兰的这项法案。自 2013 年以来，几个州和哥伦比亚特区已将大麻的娱乐用途合法化。）

3.15 互联网正在影响着假日邮递业务。过去，邮递服务最为繁忙的时期出现在感恩节那周。现在，随着人们越来越感受到电子商务的便利，他们也越来越依赖这种购物方式，他们在年底购买，而且更有可能邮购商品（而非到销售现场去购买）。联邦快递、亚马逊及其他电子商务企业在此期间不得不多雇一些工人，而许多正式工基本上都长时间地加班。

a. 由于业务量增多，企业的边际成本和平均成本会提高还是下降？（讨论规模经济，以及边际成本曲线和平均成本曲线的斜率。）

b. 同时画出企业和市场的曲线图，利用图形分别说明电子零售需求的季节性变动在长、短期中分别对企业数量、均衡价格和均衡产量及利润有何影响。解释你的分析。

3.16 加利福尼亚州和亚利桑那州种植脐橙。若亚利桑那州对脐橙生产企业开征一项从量税，长期的市场供给曲线会如何变化？（提示：可以假设所有企业的成本相同，答案可能取决于进入市场是否受限。参考例题详解 8.4。）

3.17 如果给市场中的所有 n 家企业一项从量补贴 s，这会对短期均衡有什么影响？补贴带给各方的收益有多大？（提示：参见例题详解 8.4。）

3.18 从 2013 年开始，华盛顿的一项法律要求购买食品和酒的居民必须为商店提供的每个塑料袋额外支付 10 美分（商店获得此费用）。这项税收对边际成本有影响吗？如果有，有多大？这笔费用是否可能影响消费者支付的总金额？

3.19 一个竞争性市场中有 10 家企业，每家企业的成本函数均为 $C = 25 + q^2$，因此其边际成本函数为 $MC = 2q$。市场需求函数为 $Q = 120 - p$。求出均衡价格、每家企业的产量及市场供给量。A

3.20 一个冲击导致需求曲线向右移动。市场的哪些因素可能导致均衡价格的大幅上涨？（提示：参见关于市场供给曲线形状和例题详解 8.5 的讨论。）

4. 长期中的竞争

4.1 2005 年 6 月，柯达公司宣布将不再生产黑白相纸——在传统暗房中冲洗相片所用的那种相纸。基于数码摄影已经取代传统摄影这一事实，柯达做出了这个停止营业的决定。在做退出决策过程中，柯达比较它的相纸价格和平均可变成本（在最优产出水平处）了吗？换言之，柯达比较它的相纸价格和平均总成本（同样在最优产出水平处）了吗？

4.2　利用图 8.9 重新画一个图形说明短期的工厂规模远远大于长期的最优工厂规模的情形。

*4.3　美国的法律规定，企业必须将停止营业通知向其员工公示满六个月后才能关闭工厂。这条法律对企业和市场均衡有何影响？

4.4　一个竞争性市场中每家企业的成本函数均为 $C=q^2$，因此其边际成本函数为 $MC=2q$。市场需求函数为 $Q=24-p$。求出长期均衡价格、每家企业的产量、市场供给量及企业数量。A

4.5　廉价的手持式摄像机已经使色情电影市场发生了巨大变革。以前，制作电影需要昂贵的设备和专业的技术人员。而现在只要有几百美元就能够买一部摄像机，再拥有一双极具平衡感的手，任何人都可以用摄像机拍电影。这样一来，很多新企业进入电影市场，色情电影的供给曲线整体向右移动。在 1986—1991 年间，美国一年仅有 1 000～2 000 部色情影片获准发行，到 1999 年已经增加到 10 300 部，而 2005 年有 13 588 部。[①]用图说明该技术创新对市场的长期供给曲线及均衡各有什么影响。

4.6　绘制一个图形来说明近年来乙醇加工厂规模缩小的原因（参见应用案例"乙醇加工厂的规模"）。

4.7　应用案例"向上倾斜的棉花的长期供给曲线"中给出了一条棉花的供给曲线。讨论国际需求曲线穿过该供给曲线（a）标有"巴西"的水平部分或者（b）其右侧的垂直部分所形成的均衡点。美国农场会怎样做？

4.8　重新绘制图 8.11 并说明，如果企业的成本会随着行业内企业数量的增加而下降，将会发生什么。

*4.9　推导等式 8.7。（提示：用与附录 8A 中相似的方法。）C

*4.10　截至 2013 年，联邦政府对汽油征收的从量税为每加仑 18.4 美分，而各州的从量税各不相同，从阿拉斯加的 8 美分到加州的 43 美分不等。一项数据调查（Chouinard and Perloff, 2004）发现，联邦从量税给消费者带来的税收负担（第 3 章）远低于各州从量税造成的税收负担。联邦从量税增加 1 美分，零售价格大约上涨 0.5 美分：零售端的消费者承担了一半税负。相反，如果某个使用普通汽油的州多征收 1 美分的从量税，税负几乎全落在消费者的身上：零售价格上涨近 1 美分。

a. 联邦和州征收的从量汽油税分别给企业带来多大的税负？

b. 假设该市场是竞争性的，请解释为什么联邦和州征收的从量汽油税会给消费者带来不同的税收负担。（提示：比较一个州的剩余供给曲线和国家的剩余供给曲线。）

c. 用剩余供给方程（等式 8.6）估计一个州的剩余供给弹性比国家的剩余供给弹性大多少。（为简便起见，假设共有 50 个完全相同的州。）A

4.11　2010 年，为了使墨西哥湾的石油泄漏的破坏程度降到最低，BP 石油公司和美国政府大大增加了对运输服务、各种吸油材料和其他商品与服务的购买。用企业和市场图形说明这样一种产业需求的变化在短期和长期分别对企业数量、价格、产出和利润等有什么影响。解释一下，你的答案会因需求变动是暂时的还是永久的而有所不同吗？

4.12　在 20 世纪 90 年代末之前，人们从旅行社购买机票。到了 20 世纪 70 年代后期，由于对航空公司的管制被放松，1975—2000 年间美国的航空旅行增加了三倍以上，旅行社的数量也从 45 000 家增加到 124 000 家。但到了 20 世纪 90 年代末，Travelocity、Expedia、Priceline 和 Orbitz 等互联网旅游网站纷纷进入市场，导致旅行社的数量开始大幅缩减。那些 2000 年还在运营的旅行社中，到了 2001 年有 10% 的旅行社已经退出市场，2002 年又退出了 6%，2010 年退出了 43%（Waldfogel, 2012）。用图形说明旅行社市场发生的变化。

5. 挑战题

5.1　在"挑战题解答"中，对如注册费这样的一次性费用按年征收还是在企业成立时一次性征收有区别吗？这样的特许经营税对企业的长期供给曲线有什么影响？为什么？

5.2　在"挑战题解答"中，如果把长期变成短期，答案有何不同？（提示：答案取决于需求曲线在哪里和初始的短期供给曲线相交。）

5.3　1995 年，《北美自由贸易协定》提议在

————————

① "Branded Flesh," *Economist*, August, 14, 1999: 56; http://www. internet-filter-review. toptenre-views. com/internet-pornography-statistics-pg9. html.

美国和墨西哥边境开通双向长途卡车运输服务。美国的卡车司机反对这一提议，因为他们认为墨西哥的卡车并没有达到美国的环境和安全标准，而低廉的固定成本和工资可能会使墨西哥的司机抢走他们的生意。他们的抱怨使这一提议暂缓执行（除了在小布什政府时期有一小段试用期，在奥巴马政府时期就结束了）。墨西哥卡车运输服务的进驻对市场价格和数量以及美国卡车司机的数量有什么短期和长期影响？

*5.4 堕胎诊所处于一个近似于完全竞争的市场中，它们在一种接近收支平衡的状态下经营。Medoff（2007）估计，堕胎的需求价格弹性为-1.071，收入弹性为 1.24。一例堕胎手术的平均真实价格在最近 25 年中一直比较稳定，这与堕胎的供给曲线近似水平有关。如果对堕胎诊所征收的一项定额税导致其平均成本的最小值提高 10%，这对堕胎的市场价格和堕胎的数量影响有多大？利用图形说明你的答案。

5.5 一个完全竞争的市场上有多家企业，它们生产同质的产品，也可以自由进入和退出市场，并且存在着无限多的潜在进入者。如果政府开始征收从量税 t，则市场和企业的长期均衡会有什么变化？

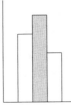

第9章

竞争模型的应用

公众接受不了更多的商品了。

——托马斯·杰斐逊（Thomas Jefferson）

挑战题　　　　　　　　　　**酒类许可证**

毕业后，你想开一家提供酒水的餐馆吗？如果想，要先获得一张酒类的许可证，而在有些州，这要花掉你很多钱。

美国有17个州加上华盛顿特区都对酒类许可证的数量加以限制。[①] 马萨诸塞州每2 000名居民颁发一张酒类许可证，新泽西州是每3 000人颁发一张，犹他州是每4 925人才颁发一张。在这些存在限制或配额的州，从州政府那里购买一张酒类许可证只需几百美元，不过，你不一定能够买到。于是你不得不从拥有许可证的人那里买一张。在费城郊区，购买一张酒类许可证需要花20万美元，在马萨诸塞州需要花45万美元，在蒙大拿州、新墨西哥州或犹他州需要花100万美元，而在新泽西州部分地区则需要花160万美元。

限制酒类许可证的数量对餐费（包括酒）有什么影响？什么决定了许可证的价值？除了许可证的成本外，一家餐馆还能赚多少钱？限制许可证的数量使谁受益？谁受损？

本章将介绍如何运用竞争性市场的模型来回答上述问题。该模型的一大优势是，它可以预测出政府政策变化［如有关许可证、贸易关税（进口税）、进口配额、全球变暖以及重大的成本节约等方面的政策变化］对消费者和生产者的影响。我们首先考察竞争性市场的性质，其次介绍政府行为等冲击对市场及其性质的影响。

我们专注于竞争性市场的两个主要特性。第一，处于竞争性均衡状态的企业在长期内通常获得零（经济）利润。第二，竞争使社会福利最大化。

---

① 阿拉斯加州、亚利桑那州、加利福尼亚州、佛罗里达州、爱达荷州、肯塔基州、马萨诸塞州、密歇根州、明尼苏达州、蒙大拿州、新泽西州、新墨西哥州、俄亥俄州、宾夕法尼亚州、南达科他州、犹他州和华盛顿州。

对大多数人来说，"福利"（welfare）一词是指政府对穷人的转移支付。但经济学家在使用这个词的时候却没有包含这层含义。在他们眼中，"福利"是指社会福利，是消费者福利（消费者剩余）和生产者福利（生产者剩余）的总和。分析一种变化对各群体的福利的影响叫作福利经济学（welfare economics）

经济学家通过预测政策对消费者剩余、生产者剩余以及福利的影响，告诉决策者政策会使谁受益，谁受损，政策的净效应如何。至于决策者具体采用哪一种政策，可能需要把这些预测和他们的规范性观点（价值观）结合起来看，比如，他们更感兴趣的是帮助那些受益于该政策的群体还是受损的群体。

本章将考察以下 7 个主题：

1. 竞争性企业在长期获得零利润。在竞争性市场的长期均衡中，利润最大化的企业会盈亏平衡，所以那些不追求利润最大化的企业就会亏本离开市场。

2. 消费者福利。利用需求曲线或效用函数所提供的信息，可以衡量出均衡价格的变化给消费者带来的收益或损失的大小。

3. 生产者福利。利用边际成本曲线提供的信息及对利润变动的测度，可以衡量出均衡价格的变化给生产者带来的收益或损失的大小。

4. 竞争使福利最大化。利用消费者福利和生产者福利能得到社会福利，而竞争能使社会福利水平最大化。

5. 使供求曲线移动的政策。在完全竞争的市场上，使供求曲线移动的政府政策对消费者不利，并且会降低福利水平。

6. 使供给、需求之间产生一个楔子的政策。类似税收、价格上限、价格下限以及关税这样的政府政策，会在供给曲线、需求曲线之间插入一个楔子，从而减少均衡产量，提高消费者所面临的均衡价格，并使福利水平下降。

7. 两类政策的比较：进口。在进口方面，即便两类政策都使进口减少相同的数量，但限制供给的政策（如配额或禁止进口）与使供给、需求之间产生一个楔子的政策（如关税，即对进口产品征收的税）对福利的影响也完全不一样。

9.1 竞争性企业在长期获得零利润

无论企业是否能完全自由地进入市场，竞争性企业的长期利润都是零。因此，它们必须最大化自己的利润。

长期零利润：自由进入

如果企业可以自由地进入市场，它们有着相同的成本，并且要素价格固定不变，则长期供给曲线就是水平的。市场上所有的企业都在长期平均成本的最低点生产。也就是说，它们都只获得零利润，因此是否停止营业没有差异。

这个停止营业法则（见第 8 章）的一个含义是，即使获得零经济利润（收入减去机会成本），它也愿意长期经营。因为机会成本包括次优投资的价值，所以即使在长期经济利润为零的情况下，该企业也可获得投资于其他方面所得到的正常的营业利润。

例如，企业主没有新建一座用于生产的工厂，他就可以将这笔钱投在其他地方或者存入银行，于是，所放弃的把钱用在其他地方的收益就是新建工厂的机会成本。

据《福布斯》估计，美国所有企业的资本投资 5 年期税后的会计回报率为 10.5％，这意味着，代表性企业在资本市场上每投入资本 1 美元就能赚取 10.5 美分的营业利润。这些企业的经济利润几乎为零，但营业利润却大于零。由于营业成本不包括机会成本，故而营业利润大于经济利润。因此，利润最大化的企业如果获得的长期经济利润为零，它会继续经营下去；但如果获得的长期营业利润为零，就会停止营业。

□ 长期零利润：限制进入

在某些市场中，企业不能进入以赢得一个长期盈利的机会。市场中的企业数目有限，这可能是由要素供给有限性造成的。例如，能提炼出铀的矿山少之又少，只有极少数人的篮球水平能达到职业篮球运动员的要求。

有人会想，在这样的市场上，企业在长期会有正的经济利润吧？答案仍然是否定的。原因在于，大量企业会为了获得稀缺的要素而竞价，要素价格一直上涨，直至经济利润为零。

假设适合种植西红柿的土地是有限的。图 9.1 给出了土地租金为零时的一个代表性农民的平均成本曲线（平均成本包括劳动、资本、原材料以及能源的成本，但不包括土地的地租）。在市场价格 p^* 的位置，企业的产量是 q^* 蒲式耳西红柿，利润是 π^*，也就是图中阴影部分的面积。

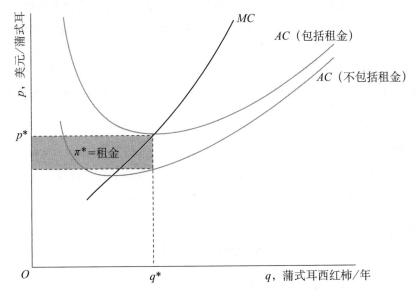

图 9.1　租金

如果农民不必为使用土地而支付租金，则拥有肥沃土地的农民获得 π^* 的长期正利润。不过，由于农民会竞争性地为这块土地相互竞价，最后租金会达到 π^* 的水平，地主得到了肥沃土地的全部收益，而农民却只获得了零的长期经济利润。

如果地主不收租，农民会获得经济利润。不幸的是，土地租金会按照 π^* 的大小来收取，所以农民的实际利润为零。土地租金的数量是怎么确定的呢？关键在于，使用这块土地的机会成本是 π^*，也就是，对其他农民来说，这块地的价值是 π^*，他们会在地租上相互竞价，直到土地租金等于 π^* 为止。

对农民来说，由于土地租金不随产量而变，所以它属于固定成本。因此，土地租金会影响平均成本，但不会影响边际成本。

因此，无论租金是多少，农民都会按照边际成本等于市场价格的原则生产 q^* 单位的产品。图 9.1 中较高的平均成本曲线包括了租金 π^*，在这条平均成本曲线的最低点，产量 q^* 所对应的价格是 p^*，农民获得零利润。

如果市场的需求曲线向左移动导致价格下降，这些农民要承受短期损失；从长期来看，土地的租金也会大幅下降，直至每个农民的经济利润再次为零。

要是农民是土地的所有者，结果和租用土地会有什么不同吗？答案是，没有！对农民来说，拥有这块优质土地的机会成本是把它放在竞争性土地市场上出租所获得的租金。因此，在长期均衡中，不管土地是自有还是租用，经济利润都是零。

肥沃土地不是唯一的稀缺资源。任何供给固定不变的要素的价格都会基于同样的逻辑（相互竞价）而上涨，直到企业长期的经济利润为零。同样，政府可能要求企业必须在获得执照后才能经营，这种方式也限制了企业的数量。潜在进入者为了得到执照而相互竞价，从而使经济利润降为零。比如，在 2009 年，为了能在纽约市的大都会艺术博物馆旁边卖热狗，需要支付的执照费用是 643 000 美元。[①]

稀缺要素（不管是个人的能力还是土地）都有更高的机会价值，这个额外的价值被称作**租金**（rent），它是支付给要素所有者的、超出提供该要素所需最低金额的那部分费用。

Bonnie 管理着一家商店，工资为 4 万美元，这只是一名普通管理者所赚的正常工资。在这个高度竞争的零售市场上，企业通常获得零经济利润。不过，由于她的管理能力出众，企业第一年的经济利润是 5 万美元，其他企业会因此认为 Bonnie 的工作出色，向她提供高工资。相互竞争的结果会把 Bonnie 的工资推到 9 万美元（4 万美元的基本工资加上 5 万美元的租金）的水平。在将租金作为工资付给 Bonnie 之后，雇用她的企业就像市场上的其他企业一样，获得了零经济利润。

总之，在短期，如果企业因为稀缺要素而获得经济利润，其他企业就会为了获得这种要素而竞相抬价，要素价格会一直上涨到长期经济利润消失为止。在这样的市场上，因为所有企业都是在长期平均成本的最低点生产，所以供给曲线是水平的。

应用案例

名字值多少钱？

天赋异禀的人往往能赚大钱，这是他们能力的租金。尽管法律不会阻止任何人成为一名职业的艺人或运动员，但我们中有一定天赋和魅力还能让大家花大钱去看演出的人总是寥寥无几。

根据福布斯网站的介绍，2015 年，克里斯蒂亚诺·罗纳尔多（Cristiano Ronaldo）的收入为 8 800 万美元，泰勒·斯威夫特（Taylor Swift）的收入为 8 000 万美元，勒布

---

① 该执照的拍卖价值在 2009 年达到 643 000 美元，但自那以后一直在下降。截至 2013 年，纽约市最高的执照费发生在中央公园原绿地客栈餐厅前经营一辆热狗车，费用是每年 139 万美元。

中级微观经济学（第八版）

朗·詹姆斯（LeBron James）的收入为7 700万美元，吹牛老爹（Diddy）的收入为6 000万美元，Lady Gaga的收入为5 900万美元。

事实上，名人的一些资产即使在他们死后也会继续收取租金。人们仍然会花钱去听他们的音乐，看他们的漫画，或者使用他们的形象。2015年，迈克尔·杰克逊（Michael Jackson）的遗产收入为1.15亿美元，埃尔维斯·普雷斯利（Elvis Presley）的遗产收入为5 500万美元，查尔斯·舒尔茨（Charles Schulz）的遗产收入为4 000万美元，鲍勃·马利（Bob Marley）的遗产收入为2 100万美元，阿尔伯特·爱因斯坦（Albert Einstein）的遗产收入为1 100万美元。

客观地看，这些收入在数额上超过了一些小国的国内生产总值（即该国总产出的价值），例如，拥有10 869人的图瓦卢的国内生产总值仅为3 700万美元。

☐ 最大化利润的需要

> 企业不盈利就是对工人的最大犯罪。

> ——塞缪尔·冈珀斯（Samuel Gompers），美国劳工联合会的首任主席

在企业同质和进出自由的竞争性市场上，如果多数企业都实现了利润最大化，则企业的长期利润为零。任何没有实现利润最大化的企业都会亏损，即它们没有按照边际成本等于市场价格的原则或者没有使用最具成本效益的方法进行生产。因此，要想在一个竞争性市场上生存，企业必须实现利润最大化。

9.2 消费者福利

经济学家和决策者都想知道，当均衡的价格和数量受到冲击时，消费者能够从中得到多少好处或遭受多大损失。如果地方政府通过开征销售税来增加收入，会给消费者带来多大的伤害？要回答这样的问题，我们需要先用某种手段衡量出消费者的福利水平。经济学家所用的福利衡量方法是以消费者行为理论为基础的（第4章和第5章）。

我们要是能知道消费者的效用函数，就可以直接回答"某事件对消费者福利有何影响"这个问题了。如果牛肉价格上涨，消费者所面临的预算线会向内旋转，在新的均衡状态下消费者位于一条效用更低的无差异曲线上。如果能知道初始的无差异曲线和新的无差异曲线所对应的效用水平，就可以根据效用的变化计算出销售税对消费者福利的影响。

不过，基于如下两个原因，这种方法并不可行。第一，即便可能，我们也很少知道个人的效用函数是什么样的。第二，就算我们能衡量不同消费者的效用，也没有直接可行的方法来对其进行比较。对于同样一组商品，一个人可能说他从中得到了1 000单位（效用单位）的满足，而另一个消费者则会说她获得了872单位的满足。第一个人的满意度并不见得一定更高，也许只是因为他用了不同的衡量尺度。

基于上述原因，我们用货币来衡量消费者福利。不要再问这样愚蠢的问题："如果每天的通勤时间延长15分钟，你会丧失多少单位的满足？"但可以问"为了不让每天的通

勤时间多 15 分钟，你愿意付多少钱？"或者"如果每天的通勤时间延长 15 分钟，相当于使你放弃了多少收入？"相对于效用的比较，比较货币收入要容易得多。

接下来，我们先介绍最被广泛使用的消费者福利的衡量方法，然后再说明怎样用它来衡量价格变动对消费者福利的影响。

□ 用需求曲线衡量消费者的福利水平

一件商品给消费者带来的福利，就是消费者从该商品的消费中所获得的好处减去购买它所花费的支出。从一种商品的消费中得到的满足会比它的价格高多少？如果花的钱恰好等于它能带给你的价值，买不买对你来说就没什么两样。不过更一般的情形是，你只会买那些在你看来价值会高于价格的东西。不妨设想一下，你已经在炎炎烈日下打了好一阵子网球，饥渴难耐，只需向自动售货机内投入 1 美元就能买到一瓶饮料。但你实在是太渴了，愿意付的价格远比这 1 美元高得多，所以说，买比不买要好。

要是能算出你的支付意愿比实际支出高多少，也就能知道你从这笔交易中得到了多少好处。幸运的是，需求曲线为我们确定这一数额提供了必要的信息。

边际支付意愿

想在需求曲线的基础上发展出一套衡量福利水平的方法，首先要知道这条曲线中都包含了什么信息。需求曲线反映了消费者的边际支付意愿（marginal willingness to pay）：消费者愿意为额外一单位产品所支付的最高金额。消费者的边际支付意愿是他赋予最后一单位产品的边际价值（marginal value）。

在图 9.2（a）中，David 每周对杂志的需求曲线显示出了他对购买不同数量杂志的边际支付意愿。他认为第一本杂志的边际价值是 5 美元，第二本杂志的边际价值是 4 美元，第三本杂志的边际价值是 3 美元。因此，如果每本杂志 5 美元，他就会买 1 本，如图中 a 点所示；如果每本杂志 4 美元，他就会买 2 本，如图中 b 点所示；如果每本杂志 3 美元，他就会买 3 本，如图中 c 点所示。

消费者剩余

为购买一定量的商品，消费者愿意支付的和实际支付的货币量的差被称为**消费者剩余**（consumer surplus，CS）。消费者剩余是一个货币价值尺度，衡量了消费者从一项交易中获得的超出商品价格的额外的满足。

对于 David 来说，多买一本杂志所带来的消费者剩余就是他的边际支付意愿减去为得到杂志而必须支付的价格。

在图 9.2（a）中，他对第一本杂志的边际支付意愿是 5 美元，等于面积 $CS_1 + E_1$。如果价格是 3 美元，他买这本杂志的实际支出就等于面积 $E_1 = 3$ 美元。因此，第一本杂志的消费者剩余就是他的边际支付意愿（$CS_1 + E_1$）减去支付的价格（E_1），即 $CS_1 = (CS_1 + E_1) - E_1 = 5 - 3 = 2$ 美元。因为第二本杂志的边际支付意愿是 4 美元，所以他的消费者剩余减少至 $CS_2 = 1$ 美元。第三本杂志的边际支付意愿为 3 美元，恰好等于为了得到它而必须支付的价格，消费者剩余为 0，即 $CS_3 = 0$ 美元。这样看来，买不买第三本杂志对他来说没什么两样。

当 David 以 3 美元的价格买了 3 本杂志的时候，他所得到的总的消费者剩余就是他购买每本杂志分别获得的消费者剩余之和：$CS_1 + CS_2 + CS_3 = 2 + 1 + 0 = 3$ 美元。而这 3

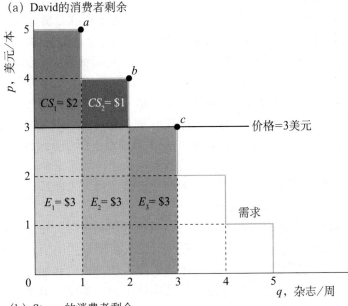

(a) David的消费者剩余

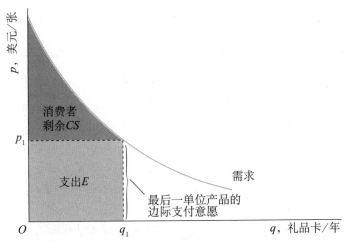

(b) Steven的消费者剩余

图9.2 消费者剩余

（a）David 对杂志的需求曲线呈阶梯状。当价格是 3 美元时，他购买 3 本杂志，如图中 c 点所示。David 认为第一本杂志的边际价值是 5 美元，等于面积 $CS_1 + E_1$，而他的实际支出是 3 美元，即面积 E_1，所以消费者剩余是 $CS_1 = 2$ 美元。第二本杂志的消费者剩余是 1 美元，即面积 CS_2，第三本杂志的消费者剩余是 0（买和不买对他来讲没什么区别）。因此，他的总的消费者剩余等于面积 $CS_1 + CS_2 + CS_3 = 3$ 美元。（b）Steven 对礼品卡的边际支付意愿就是其光滑需求曲线的高度。当价格为 p_1 时，Steven 的支出为 E（$= p_1 q_1$），消费者剩余是 CS，并且他认为每年购买的 q_1 张礼品卡的总价值为 $CS + E$。

美元的总消费者剩余，也是他为以 3 美元的价格购买 3 本杂志的权利所愿意多支付的金额。因此，个人的消费者剩余就是需求曲线以下、与其购买量所对应的市场价格以上的这部分区域的面积。

除非价格降到 2 美元或以下，否则 David 是不会愿意买第四本杂志的。如果妈妈送了他一本作为礼物，David 会认为这本杂志的边际价值只有 2 美元，低于妈妈 3 美元的实际支出。

用 David 特殊的阶梯状需求曲线来确定消费者剩余的方法同样适用于光滑需求曲线的情形。图 9.2（b）是 Steven 对棒球礼品卡的光滑需求曲线，曲线的高度代表 Steven 多购买一张礼品卡的支付意愿，它也会随着年购买量的变动而变动。如果每年买 q_1 张卡，他愿意支付的总值等于需求曲线以下至 q_1 这一区域的面积，也就是 CS 与 E 的面积之和。E 是他购买 q_1 张卡的实际支出。因为价格是 p_1，所以支出等于 $p_1 q_1$。Steven 从 q_1 张卡中得到的消费者剩余等于：愿意支付的价值 CS 与 E 的面积之和再减去实际的购买支出 E。因此，当 Steven 按照价格 p_1 购买 q_1 张礼品卡时，其消费者剩余 CS 就是图 9.2（b）中需求曲线以下、位于价格 p_1 处的水平直线以上那部分区域的面积。

用个体的需求曲线能测量出个人的消费者剩余，用市场需求曲线就可以测量出市场中所有消费者的消费者剩余。市场的消费者剩余就是市场需求曲线以下、消费者的购买量所对应的市场价格线以上的区域面积。

综上所述，用消费者剩余来衡量消费者福利既方便又实用。和效用相比，用它来探讨消费者福利问题的好处有两个：第一，便于对多人货币形式的消费者剩余进行比较和加总，而使用效用就无法做到这一点，个体的效用是很难比较和加总的。第二，计算消费者剩余相对容易，而要直接算出有意义的效用值很难。要算出消费者剩余，我们只需要确定需求曲线以下那部分区域的面积。

应用案例

eBay 上的支付意愿

对同一种东西，人的支付意愿千差万别。2009 年 9 月，eBay 对带有巴尔比国王头像的公元 238 年的古罗马货币——塞斯特斯（当时相当于四头驴的价值）——进行了拍卖。根据这些出价，我们就能发现每个人对标的物的支付意愿。正如第 14 章所要讲的那样，竞标者（或竞价者）的最佳策略就是按照他们的边际支付意愿（他们赋予标的物的最高价值）出价。在 eBay 上能看到除中标者以外其他所有人的最高出价，中标者只按第二高的出价再加上一个极小的增量来付款。[①]

在下页图中，竞标者对钱币的出价从高到低依次排列，每个方柱代表对 1 个钱币的叫价，所以图中展示了这组竞标者愿意以不同的价格购买多少单位钱币。也就是说，它是市场反需求曲线。

Bapna 等（2008）建了一个网站（www.Cniper.com，不过现在已经不再运营了），它可以在竞拍的最后一刻自动在 eBay 上报价。为了使用这个网站，人们必须报出自己愿意支付的最高价格，这样他们就能了解最高竞价者的支付价格。研究发现，平均需要付 14 美元拍得的商品，其消费者剩余的中位数为 4 美元。他们估算了 eBay 上所有买家的 CS 和支出 E，并计算出 $CS/E=30\%$。也就是说，竞标者的消费者剩余是他们支出的 30%。Hasker 等（2014）估计，在 eBay 上购买电脑显示器的 CS 中位数为 28 美元，CS/E 约为 19%。

[①] 加价的大小取决于竞拍的规模。比如，叫价 25～199.99 美元的物品（每次）只需加价 1 美元，而叫价 1 000～2 499.99 美元的物品需（每次）加价 25 美元。

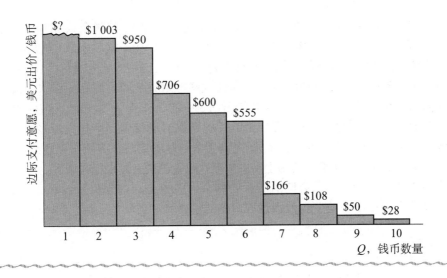

价格变化对消费者剩余的影响

如果供给曲线向上移动，或者政府开征了一项新的销售税，均衡价格就会提高，消费者剩余将减少。我们以美国市场上销售的一种名为"甜心"的杂交茶香玫瑰为例，用估计出的供给曲线和需求曲线来说明价格上涨对消费者剩余的影响。[①] 然后再讨论价格上涨后哪个市场的消费者剩余损失得最多。

假设新税的开征使玫瑰的批发价从最初的每支 30 美分上涨到 32 美分，如图 9.3 所示，出现了一个沿着需求曲线的变动。当价格为 30 美分时，消费者剩余等于面积 A+

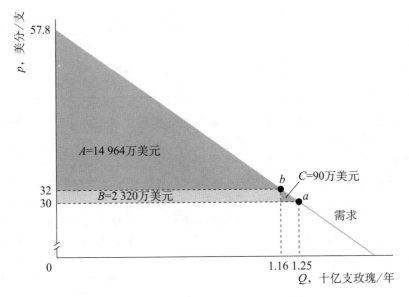

图 9.3 玫瑰价格上涨减少了消费者剩余

当玫瑰的价格在每支 30 美分的基础上提高 2 美分时，它的需求量从原来的每年 12.5 亿支减少至每年 11.6 亿支。价格上涨带来的消费者剩余损失即 B 与 C 的面积等于 2 410 万美元/年。

---

① 建立此模型的数据来源于：*Statistical Abstract of the United States*，*Floriculture Crops*，*Floriculture and Environmental Horticulture Products*，and http://www.usda.mannlib.cornell.edu。价格按照 1991 年美元实际价格计算。

$B+C=17\ 374$ 万美元/年，而在价格升至 32 美分后，消费者剩余仅相当于面积 $A=14\ 964$ 万美元/年。[①] 因此，价格上涨导致消费者剩余损失为 $B+C=2\ 410$ 万美元/年。

一般来说，随着商品价格的上涨，消费者剩余的损失会增大，这是因为：（1）花在商品上的总支出更多；（2）需求曲线更缺乏弹性（参考附录 9A）。商品的需求曲线越往右，花费在该商品上的支出就越多，这样就会使图 9.3 中的 A、B、C 这样的区域面积变大。B 和 C 的面积越大，说明价格按既定百分比增长所导致的消费者剩余损失越多。与之类似，需求曲线弹性越小（需求曲线越接近纵轴），消费者就越不愿意放弃购买该商品，因此，他们对消费的削减幅度就小于商品价格上涨的幅度，以至消费者剩余损失增大。

在有些市场上，价格上涨会使消费者的剩余损失更多。如果决策者在征税前能考虑到新税会使哪个市场中的消费者受损最大，则对消费者有益。

应用案例

价格上涨带来巨大消费者剩余损失的商品

我们可以利用对需求曲线的估计来推断哪种商品的价格上涨导致消费者剩余的损失最大。下表列示了几种商品的价格上涨 10% 导致的消费者剩余损失情况（ ΔCS ），全部金额均按 2016 年的美元实际价格计算，并以十亿美元为单位。正如我们所预期的那样，该表说明花费在某商品上的初始收入（价格×数量）越多，消费者剩余损失就越大。[②] 价格同样上涨 10%，医疗服务带来的消费者剩余损失远远大于烟酒带来的消费者剩余损失，前者达 1 840 亿美元，而后者仅为 220 亿美元，这是因为在医疗服务上的支出更大。

	收入（2012 年）	需求弹性，ε	消费者剩余改变量，ΔCS
医疗	1 902	−0.604	−184
住房	1 698	−0.633	−164
食品	867	−0.245	−86
服装	383	−0.405	−38
交通	326	−0.461	−31
水电	321	−0.448	−31
烟酒	218	−0.162	−22

乍一看，上表中需求弹性与消费者剩余损失好像是负相关的：若一条需求曲线富有弹性，则价格按一定百分比变化会对消费者剩余产生更大的影响。但是，这种关系纯属巧合：花费收入多的商品恰巧拥有一条富有弹性的需求曲线。价格变化的影响必须同时取决于收入弹性和需求弹性。在此表中，收入的相对规模要比相对弹性更重要。

如果能够使收入保持不变而弹性不断变化，我们就可以发现，随着需求曲线的弹性逐渐变小，价格上涨带来的消费者剩余损失不断增大。以烟酒为例，若其需求曲线的弹性变为原来的 10 倍，即 −1.62，而收入保持不变——在初始均衡点，需求曲线将变得更平缓——消费者剩余损失会减少近 20 亿美元。

---

① 三角形 A 的高为 25.8 美分/支＝57.8 美分/支−32 美分/支，它的底为 11.6 亿支/年，所以 A 的面积等于 $\frac{1}{2}×0.258$ 美元/支×11.6 亿支/年＝14 964 万美元/年。长方形 B 的面积为 0.02 美元/支×11.6 亿支＝2 320 万美元。三角形 C 的面积等于 $\frac{1}{2}×0.02$ 美元/支×0.9 亿支＝90 万美元。

② 附录 9A 说明了如何计算 ΔCS。

假设两条线性需求曲线穿过初始均衡点 e_1。在 e_1 点处，一条需求曲线的弹性小于另一条需求曲线的弹性。价格上涨会使哪一条需求曲线的消费者剩余损失更大？

解答

1. 画出两条需求曲线，并指出哪一条需求曲线在初始均衡点处的弹性更小。下图中两条需求曲线交于 e_1 点，陡峭的那条曲线在 e_1 点处的弹性更小。[①]

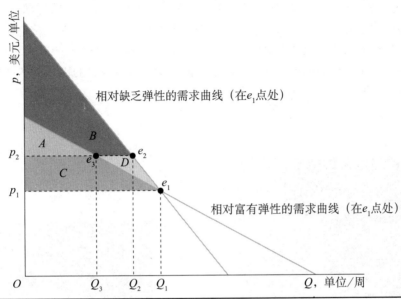

	相对富有弹性的需求曲线	相对缺乏弹性的需求曲线
价格为 p_1 时的消费者剩余	$A+C$	$A+B+C+D$
价格为 p_2 时的消费者剩余	A	$A+B$
消费者剩余损失	$-C$	$-C-D$

2. 说明价格上涨会使弹性较小的需求曲线的消费者剩余损失更大。如果价格从 p_1 上涨到 p_2，弹性相对较大的那条需求曲线的消费者剩余仅减少了 C，而弹性相对较小的需求曲线的消费者剩余减少了 $C+D$。

9.3　生产者福利

厂商参与市场活动所获得的收益可以用生产者剩余来表示。**生产者剩余**（producer

---

　　① 就像第 3 章所讨论的那样，需求价格弹性 $\varepsilon=(\Delta Q/\Delta p)(p/Q)$，就是需求曲线的斜率 $\Delta p/\Delta Q$ 的倒数乘以价格与需求量的比率。两条需求曲线相交时，它们对应相同的价格 p_1 和需求量 Q_1。在这个交点上，需求曲线越陡峭，需求弹性也就越小。

surplus，PS）是指商品的实际售价与使生产者愿意生产该商品所必需的最低价格之间的差额。使生产者愿意生产该商品所必需的最低价格是企业可避免的生产成本（第8章的停止营业法则）。因此，就某一特定数量而言，企业的生产者剩余是其销售该数量的收入与生产该数量的可变成本之间的差额。

□ 用供给曲线来衡量生产者剩余

竞争性企业的供给曲线是位于平均可变成本曲线最低点之上的边际成本曲线（第8章），我们用它来衡量生产者剩余。图9.4（a）中的企业供给曲线呈阶梯状。生产第1单位产品的边际成本为 $MC_1=1$ 美元，即边际成本曲线以下、介于0和1之间区域的面积。生产第2单位产品的边际成本为 $MC_2=2$ 美元，依此类推，可知生产更多单位产品的边际成本。生产4单位产品的可变成本 VC 就是前4单位产品各自的边际成本之和：

$$VC=MC_1+MC_2+MC_3+MC_4=1+2+3+4=10（美元）$$

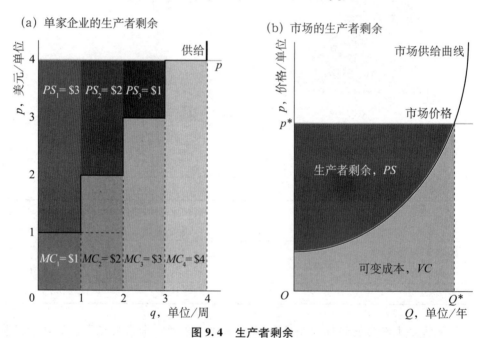

图9.4 生产者剩余

（a）该企业的生产者剩余为6美元，大小等于图中市场价格4美元以下至销售量4单位所对应的边际成本曲线（供给曲线）之上区域的面积。可变成本等于实际产量所对应的边际成本曲线之下的区域的面积。（b）市场的生产者剩余等于市场供给曲线以上、与产量 Q^* 所对应的市场价格线 p^* 以下区域的面积。供给曲线之下、市场决定的产量 Q^* 以左的这个区域的面积就是生产 Q^* 所耗费的可变成本。

如果市场价格 p 等于4美元，企业销售第1单位产品的收入比其生产成本多出了3美元，这正好就是第1单位产品的生产者剩余 $PS_1=p-MC_1=4-1=3$ 美元。企业生产第2单位产品获得2美元的生产者剩余，生产第3单位产品获得1美元的生产者剩余。由于第4单位产品的价格等于边际成本，因而企业刚好收支平衡。因此，企业按每件4美元的价格销售4单位产品，获得的总的生产者剩余 PS 就是这4单位产品各自的生产者剩余之和：

$$PS=PS_1+PS_2+PS_3+PS_4=3+2+1+0=6 \text{ 美元}$$

用图形表示，总的生产者剩余就是供给曲线之上、实际产量所对应的市场价格线以下的区域面积。当企业的供给曲线是光滑的线条时，上述论证过程也同样适用。

生产者剩余与利润密切相关。生产者剩余等于收入 R 减去可变成本 VC：

$$PS=R-VC$$

如图 9.4（a）所示，收入为 $4\times4=16$ 美元，可变成本为 10 美元，所以生产者剩余等于 6 美元。利润等于收入减去总成本 C，而总成本又等于可变成本加上固定成本 F：$\pi=R-C=R-VC-F$。因此生产者剩余与利润之差就等于固定成本 F。

$$PS-\pi=(R-VC)-(R-VC-F)=F$$

如果固定成本为零（长期中经常如此），生产者剩余就等于利润。[①]

也可以从另外一个角度解释生产者剩余，把它看作是交易的所得。从短期看，若企业生产并销售产品（进行交易），它就能够赚到一个等于 $R-VC-F$ 的利润额。若企业关门（不再进行交易），它将损失固定成本，也就是损失额为 F。因此，生产者剩余等于交易的利润减去不进行交易的利润（负损失）：

$$PS=R-VC=\pi-(-F)=(R-VC-F)+F$$

□ 生产者剩余的应用

即便在短期，对于任何一个不会影响到企业固定成本的冲击（比如替代品价格或投入价格的变动），我们仍然可以用生产者剩余来研究其影响。鉴于固定成本在短期中保持不变，这种冲击就会使利润和生产者剩余发生完全同步的变化，$\Delta\pi=\Delta PS$。

生产者剩余的一大优势是，我们可以用它来衡量冲击对市场中所有企业的影响，而不必分别确定每家企业的利润。就像用单家企业的供给曲线计算生产者剩余那样，也可以用市场供给曲线来计算市场的生产者剩余。图 9.4（b）中的市场生产者剩余就等于供给曲线之上、从销售量 Q^* 所对应的市场价格 p^* 处所引出的水平直线以下的区域的面积。将每一家企业的边际成本曲线水平加总，就得出了市场的供给曲线（第 8 章）。所以，对于市场上的所有企业来说，生产 Q 单位产品的可变成本就是供给曲线以下、介于 0 与市场产出量 Q 之间的区域的面积。

例题详解 9.2

如果玫瑰的估计的供给曲线是线性的，当价格从 30 美分/支降到 21 美分/支时（销售量从 12.5 亿支/年减少至 11.6 亿支/年），生产者剩余会损失多少？

解答

1. 画出供给曲线，说明价格变化导致的生产者剩余的变动量。下页图中所示为估计出的玫瑰的供给曲线。a 点是初始价格为每支 30 美分时的供给量，b 点为价格降至每支 21 美分时的供给量，所损失的生产者剩余就是长方形 D 与三角形 E 的面积之和。

2. 将长方形 D 与三角形 E 的面积相加，计算出生产者剩余的损失。长方形 D 的长为初始价格与新价格的差，等于 9 美分；宽等于 11.6 亿支/年，因此长方形 D 的面积（由于数量轴上有一处断开，所以该图并没有完全显示出 D 的实际面积）就等于 0.09 美

---

① 尽管从长期来看，每家竞争性企业的利润均为零，但市场中稀缺资源的持有者能够赚取租金收入。因此，后者在长期经营中得到正的生产者剩余。

元/支×11.6 亿支/年＝10 440 万美元/年。三角形 E 的高也等于 9 美分，底为 9 000 万支/年，所以其面积为 $\frac{1}{2}$×0.09 美元/支×9 000 万支/年＝405 万美元/年。因此，降价导致的生产者剩余损失为 10 845 万美元/年。

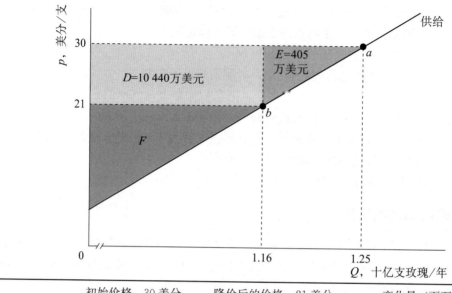

	初始价格，30 美分	降价后的价格，21 美分	变化量（百万美元）
生产者剩余	$D+E+F$	F	$-(D+E)=-108.45$

9.4 竞争使福利最大化

社会的福利应该怎么计算呢？合理的方案有多种，最常用的方法是将消费者剩余和生产者剩余之和看作社会福利 W：

$$W=CS+PS$$

尽管没有明示，但还是能看出该方法对消费者和生产者的福利一视同仁，无所偏倚。我们在使用这种方法的同时也做了一次价值判断，即消费者的福利和生产者的福利同等重要。

但是，并不是所有的人都同意社会应该尽量使福利最大化。有些生产者要求通过立法来帮助他们增加福利，即使消费者遭受的损失超过他们的收益——似乎只有生产者剩余才是重要的；同样，也有一部分消费者认为，我们应该只注重消费者福利，言下之意，好像社会福利应该只包括消费者剩余似的。

在本章，我们将用消费者剩余加生产者剩余的标准来衡量社会福利（下一章再对其他福利观点做进一步讨论）。竞争性市场可以使这种社会福利水平达到最大化，这是经济学中最让人吃惊的结论之一。产出低于或者高于竞争性均衡水平，福利都会下降。

低于竞争性均衡水平的产出降低福利。如图 9.5 所示，在竞争性均衡点 e_1 处，产出为 Q_1，价格是 p_1，消费者剩余是 $CS_1=A+B+C$，生产者剩余是 $PS_1=D+E$，因而总福利为

$W_1 = A+B+C+D+E$。如果产出减少至 Q_2 且价格上涨至 p_2，就形成了新的均衡点 e_2，消费者剩余变为 $CS_2 = A$，生产者剩余变为 $PS_2 = B+D$，社会福利等于 $W_2 = A+B+D$。

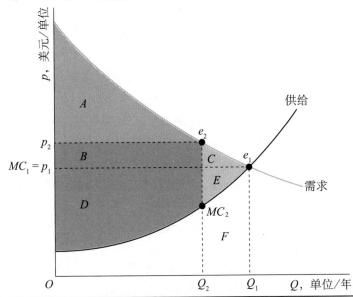

	竞争性均衡产出，Q_1 (1)	低水平产出，Q_2 (2)	改变量 (2)$-$(1)
消费者剩余，CS	$A+B+C$	A	$-B-C = \Delta CS$
生产者剩余，PS	$D+E$	$B+D$	$B-E = \Delta PS$
福利，$W=CS+PS$	$A+B+C+D+E$	$A+B+D$	$-C-E = \Delta W = DWL$

图 9.5 产出低于竞争性均衡水平为何会降低福利？

产出从竞争性均衡水平 Q_1 降至 Q_2，导致价格从 p_1 上涨到了 p_2。此时消费者剩余为 A，损失为 $\Delta CS = -B-C$。生产者可能获得收益，也可能遭受损失：此时生产者剩余为 $B+D$，变化量为 $\Delta PS = B-E$。总体而言，福利减少了 $\Delta W = -C-E$，这就是社会的无谓损失（DWL）。*

消费者剩余的变化量为：

$$\Delta CS = CS_2 - CS_1 = A - (A+B+C) = -B-C$$

因为消费者必须比竞争性市场均衡价格多付 $p_2 - p_1$ 才能买到 Q_2 单位的商品，所以他们为此损失了 B。又因为在高价位，消费者仅能购买到 Q_2 而非 Q_1 单位的商品，所以又损失了 C。

生产者剩余的变化量为：

$$\Delta PS = PS_2 - PS_1 = (B+D) - (D+E) = B-E$$

由于生产者此时是以 p_2 而非 p_1 的价格来销售 Q_2 单位的商品，所以他们获得了收益 B。但销售量减少了 $Q_2 - Q_1$，所以还会损失 E。

社会福利的变化量 $\Delta W = W_2 - W_1$ 等于[1]：

$$\Delta W = \Delta CS + \Delta PS = (-B-C) + (B-E) = -C-E$$

面积 B 从消费者手中转移到了生产者手中，这是消费者为购买 Q_2 单位商品而额外多付

---

* 本书将无谓损失定义为负，但实质上指损失了一个正值。特别是，本书遵从英文原书，在关于福利分析的内容中，对损失（或减少）的表述没有严格区分正负号，有的为正值，有的为负值，但实质上都是指福利损失了一部分或全部，并不影响理解。——译者注

[1] 福利的变化量为：$\Delta W = W_2 - W_1 = (CS_2 + PS_2) - (CS_1 + PS_1) = (CS_2 - CS_1) + (PS_2 - PS_1) = \Delta CS + \Delta PS$。

给卖方的部分，它不影响福利。福利水平下降的真实原因是，在没有任何人受益的情况下，消费者损失了 C，而生产者也损失了 E。福利的这个损失 $\Delta W = -C - E$ 就是**无谓损失**（或净损失，deadweight loss，*DWL*）：当一项行为改变市场均衡时，一个群体由此产生的剩余损失中，有一部分没有被另一个群体的收益所抵消，进而导致的福利净损失。

之所以会有无谓损失出现，是因为消费者认为的下一单位产品的价值超出了生产它的边际成本。在 Q_1 和 Q_2 之间的任一产量水平上，消费者对下一单位产品的边际支付意愿（需求曲线的高度）均大于生产它所需要支付的边际成本（供给曲线的高度）。例如，在 e_2 点处，消费者认为下一单位产品的价值为 p_2，这要比它的边际成本 MC_2 高多了。产出从 Q_2 升至 Q_1 使企业的可变成本增加 F，即边际成本（供给）曲线之下、介于 Q_2 和 Q_1 之间的区域的面积。而消费者则认为这部分额外产出的价值等于需求曲线之下、介于 Q_2 和 Q_1 之间的区域面积，即 $C+E+F$。因此，消费者认为的这些额外产出的价值比其生产成本高出 $C+E$。

如此看来，把同样的支出花在其他方面，还不如用它再多生产和消费一些这种产品，这样的话，社会福利状况会变得更好。简而言之，无谓损失就是放弃一些某种产品而购买一些另一种产品的机会成本。无谓损失反映了**市场失灵**（market failure）——生产或消费的无效率，且大多是由价格和边际成本不相等造成的。

例题详解 9.3

说明产出超过竞争性均衡产出水平也会使福利下降，这是因为额外增加的产出的生产成本可能高于消费者认为的它的价值。

解答

1. 说明设定高于竞争性均衡水平的产出会使价格下降，消费者因此能购买更多。下图说明了把产出从竞争性均衡水平 Q_1 提高到 Q_2 对福利水平有什么影响。在均衡点 e_1，价格是 p_1。当价格下降到需求曲线上 e_2 点对应的 p_2 时，消费者把这些额外的产品也都买下了。

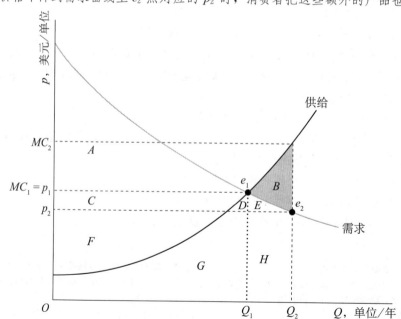

	竞争性均衡产出，Q_1	高水平产出，Q_2	改变量
消费者剩余，CS	A	$A+C+D+E$	$C+D+E=\Delta CS$
生产者剩余，PS	$C+F$	$F-B-D-E$	$-B-C-D-E=\Delta PS$
福利，$W=CS+PS$	$A+C+F$	$A+C+F-B$	$-B=\Delta W=DWL$

2. 说明当产出增加时，消费者剩余和生产者剩余是如何变化的。由于价格从 p_1 降至 p_2，消费者剩余增加了：$\Delta CS=C+D+E$，这等于需求曲线以左、介于价格 p_1 和 p_2 之间的这部分区域的面积。初始价格为 p_1 时，生产者剩余为 $C+F$。产出扩大后的成本等于供给曲线以下至 Q_2 这一区域的面积，即 $B+D+E+G+H$。而企业销售 Q_2 单位产品得到的收入仅为 p_2Q_2，等于面积 $F+G+H$。因此，新的生产者剩余等于 $F-B-D-E$。结果，产出增加导致生产者剩余减少：

$$\Delta PS=-B-C-D-E$$

3. 说明在消费者剩余和生产者剩余变化的基础上，社会福利如何变化。因为生产者的损失大于消费者的收益，所以无谓损失等于：

$$DWL=\Delta W=\Delta CS+\Delta PS=(C+D+E)+(-B-C-D-E)=-B$$

4. 解释为什么当价格不等于边际成本时，福利会发生变化。新价格 p_2 低于生产 Q_2 单位产品的边际成本 MC_2，这说明产出过多。消费者认为 Q_2-Q_1 这部分额外产出仅值 $E+H$，小于额外成本 $B+E+H$，于是产生净损失。竞争能够使福利最大化的原因在于，在竞争性均衡状态下，价格等于边际成本。当经济处于竞争性均衡的时候，需求等于供给，这就确保了价格与边际成本相等。当它们两个相等的时候，消费者认为的最后一单位产品的价值与其生产成本完全相等。如果消费者认为的最后一单位产品的价值高于其生产成本，则提高产量，福利还会增加。反之，如果消费者认为的该单位产品的价值低于其生产成本，则降低产量会增加福利。

应用案例

圣诞礼物带来的无谓损失

上个圣诞节，姨妈 Fern 送给你一双羊毛袜，上面印有跳舞的紫色泰迪熊图案。羊毛袜价格不菲，它给你带来了多少收益呢？通常，礼物的实际成本要高于收礼人对它的评价。

在礼品卡（券）面世以前，仅有 10%～15% 的节日礼物是直接给现金。礼品卡虽然不能直接兑换成现金，但起码能给收礼人一份和礼物大小相当的快乐。（所以，如果送钱太俗气，该怎么办呢？）当然，礼物带给收礼人的满足有可能超过赠送者的花销——可对你来说，发生这种情况的概率能有多大呢？

如果收礼人对礼物的评价等于（或大于）赠送者的实际花费，这就是一个"有效率"的礼物。礼物价格与收礼人的评价之差是社会福利的无谓损失。Joel Waldfogel（1993，2009）曾经向耶鲁大学在校生们调查这个无谓损失的大小，据他估计，损失约为礼物价格的 10%～33%。后来，Waldfogel（2005）又发现，相对于别人赠送的礼物而言，消费者通常对自己花钱买来的商品评价甚高，平均一美元支出要高出 10％～18％。[1]

沃德佛格（Waldfogel）发现，来自朋友和"重要人物"的礼物效率最高，而泛家族成员的非现金礼物效率最低（损失的价值相当于商品价值的三分之一）。[2] 幸运的是，祖父母、叔叔伯伯、姑姑阿姨给的基本是现金。

沃德佛格保守地算出了圣诞节、光明节以及其他有送礼习惯的节日所带来的无谓损失的规模为 120 亿美元。（这还不算逛街买礼物浪费的 28 亿小时。）然而，如果其他人不给现金或礼品卡的原因是他们能从挑选出一个"完美"礼物的过程中得到满足，则扣除了赠送者获得的满足之后的无谓损失要比通常计算的小一些。

问题是：为什么人们不用现金代替礼物呢？事实上，77％的美国人和 85％的 25～34 岁的美国人都会赠送礼品卡。（礼品卡类似于现金，但收件人只能在特定商店使用某些卡。）据估计，2016 年礼品卡的销售额为 1 400 亿美元。事实上，93％的消费者说他们更愿意收到一张 25 美元的礼品卡，而不是一个价值 25 美元的礼物。（骗谁呢？！）

9.5 使供求曲线移动的政策

经济学家开发出测量福利大小的工具的主要原因之一是预测改变竞争性均衡的政府政策的影响。所有的政府行为实际上都会以两种方式之一对竞争性均衡产生影响。一些政府政策（像限制市场中企业的数量）会让供给曲线或需求曲线发生移动；还有一些政府行为（如征收销售税）会使价格与边际成本之间产生一个楔子，因此，即使处于最初的竞争性均衡状态下二者也是不相等的。

这些政府干预行为使我们从不受限的竞争性均衡状态进入一个新的、受限制的竞争性均衡状态。因为只有在初始的竞争性均衡状态下，福利才能实现最大化，所以在这里由政府导致的变化都会使福利水平下降。后面几章还将分析，有些市场在开始时并没有实现福利最大化，进而政府干预可能会提高福利水平。

虽说政府政策能让供给曲线或需求曲线移动，但我们研究的焦点始终集中在限制供给的政策上，因为这些政策不但使用频率极高，而且效果也格外明晰。如果一项政府政策导致供给曲线向左平移，那么就会令消费者以更高的价格购买更少的商品，降低福利水平。例如，如果图 9.5* 中的供给曲线向左移动，移动至需求曲线上的 e_2 点处，那么产出从 Q_1 下降到 Q_2，价格从 p_1 上升到 p_2，福利水平减少 $C+E$。这一分析的唯一"诀窍"

---

[1] 收礼人可能表现出禀赋效应（第 3 章），也就是说，他们对礼物的意愿支付价格（WTP）低于放弃礼物时意愿接受价格（WTA）。Bauer 和 Schmidt（2008）向德国鲁尔大学的学生们询问了最近三年接收的圣诞礼物的 WTP 和 WTA 的大小。整体而言，WTP 的价格平均要比市场价格低 11％，而 WTA 的价格要比市场价格高 18％。

[2] 有些人把不想要的礼物退还给商店。在 2014 年的节日里，收到礼物的人退还了 11％的节日礼物，价值 650 亿美元。其他人可能会通过"转赠礼物"来处理不太满意的礼物。在有些家庭，同样的礼物可能会在家族成员中来回转赠达数十年。调查显示，33％的女性和 19％的男性都承认，他们有过把不想要的礼物转赠他人的经历（而且，28％的受访者说，如果问他们是否这么干过，他们是不会承认的）。

* 英文原书为图 9.3，疑有误。——译者注是，我们使用原始供求曲线来评估对生产者剩余和福利的影响。[①]

在第二次世界大战期间，涉及的大多数国家限制了消费品的销售，以使这些国家的资源可以用于战争。类似地，政府可能会通过限制市场中的企业数量（例如发放出租车、精神病院或酒类的许可证）来使供给曲线向左移动。我们将在本章最后的"挑战题解答"中考察这些政策的效应。

☐ 进入障碍

政府也可以提高企业进入市场的成本使供给曲线向左移动。如果新企业的成本大于现有企业的成本，即便现有企业盈利，潜在的进入企业也可能会选择不进入。任何一项要求潜在进入企业承担而不需现有企业承担的成本，都会起到阻止进入的作用。长期的**进入障碍**（barrier to entry）是一种仅仅施加在潜在进入企业身上的外在约束或成本，现有企业并没有这种约束或不承担这种成本。

现有企业刚进入当前市场的时候，也要支付大量的进入成本，如建造工厂、购买设备和宣传新产品等固定成本，这和新进入企业的情况完全相同。比如，对麦当劳和其他快餐连锁店来说，开一家新店的固定成本大概为 200 万美元。这些固定成本是进入成本（costs of entry）而非进入壁垒，因为这是现有企业和新进入企业都需要承担的。如果市场中现有企业处于盈利状态，那么它和新进入企业都要承担的成本就不会阻止潜在企业进入。新进入企业知道，一旦开始营业，它们就会像现有企业一样盈利。所以，只要有获利的机会，它们就愿意进入市场。

大量的沉没成本在两种情形下有可能会成为进入障碍。第一，如果资本市场不完全，新企业很难筹集到所需资金，没有办法进入有利可图的市场中；第二，如果一家企业必须承担巨大的沉没成本，这会增加其退出时的损失，企业也许就不愿意进入一个盈利前景不确定的市场中了。

应用案例

水力压裂技术的福利效应

技术进步让人类可以用水力压裂法从页岩层中提取石油和天然气，这在之前是无法做到的（见第 8 章的应用案例"水力压裂法和采油"）。水力压裂技术的反对者担心这会污染空气和水，并引发地震。也正是基于这些反对意见，很多政府限制或禁止在美国和欧洲的一些地区使用水力压裂技术采油。

Hausman 和 Kellogg（2015）使用估计出的天然气供求曲线来计算允许使用水力压裂技术采油的福利效应。他们发现，供给曲线的右移会使 2013 年美国天然气价格下降 47%。因此，消费者福利大幅度增加，特别是美国的中南部和中西部地区，那里的工业和电力行业对天然气的消耗巨大。价格下降会减少生产者剩余。豪斯曼（Hausman）和凯洛格（Kellogg）的研究结果是，源自天然气的消费者和生产商的总剩余会增加 480 亿美元，但他们也指出，计算没有考虑到对环境的损害。

[①] 对于大家都认同的竞争性商品（像食品和医疗服务等），如果政府政策限制人们对此类产品的消费，福利水平就会下降；反之，对于多数社会成员都希望禁止使用的商品（像致幻剂和毒药），如果政府限制对其的消费，社会福利水平会提高。

□ 退出障碍

美国和一些欧洲国家的政府制定了法律以推迟一些（通常是大型的）公司倒闭的速度，这样工人就可以提前得到裁员的通知。从短期来看，退出障碍能够使市场中的企业数量保持在较高水平；但从长期来看，它会限制市场中的企业数量。

为什么退出障碍在长期能减少市场中的企业数量呢？假定你想开一家建筑公司，无需资金和其他固定成本，唯一需要的投入是劳动。众所周知，在冬季和经济低迷的时期，建筑市场的需求不足，为了不用向工人支付工资，你会计划暂时关闭企业。如果在淡季能通过关门停业来避免损失，而旺季的预期经济利润又大于或等于零，你就会选择进入市场。

不过，如果一项法律要求你在解雇工人时必须提前 6 个月通知他们，那么这就会阻挠你迅速关闭企业。你知道，在经营淡季工人没活可干，但又必须支付六个月的工资，所以蒙受损失是必然的。既然损失无可避免，你可能就不会那么急着想进入该市场了。除非经营旺季的利润高到足以弥补这一损失，否则你是不会愿意投资开办一家建筑公司的。如果退出障碍限制了市场中的企业数目，那么用于考察进入障碍的分析也就同样适用于考察对退出障碍的分析。于是可以得出这样的结论：退出障碍可能会提高价格，降低消费者剩余，并减少福利。

9.6　使供给、需求之间产生一个楔子的政策

> 永远不要试图扼杀政府的计划——你只会让它变得疯狂。

销售税（或补贴）和价格控制是最常见的能使供给曲线和需求曲线之间产生一个楔子的政策。这些政策使边际成本和价格之间产生差距，造成产量非高即低。例如，一项税收使价格超过边际成本（消费者认为的商品的价值高于其生产成本），结果是消费者剩余、生产者剩余和福利全都下降。

□ 销售税的福利效应

开征新的销售税让消费者支付的价格上升（第 3 章），从而带来消费者剩余的损失，$\Delta CS < 0$。新税也会让企业得到的价格下降，生产者剩余减少，$\Delta PS < 0$。不过，它能给政府带来一笔新的税收收入 $\Delta T = T > 0$（若开征新税前税收收入为零）。

假设政府用这笔税收收入做一些对社会有益的事，我们就应该把它纳入福利的定义式中：$W = CS + PS + T$，那么，福利的改变量就等于：

$$\Delta W = \Delta CS + \Delta PS + \Delta T$$

即便已经把税收纳入福利的测量中，但从量税还是必然会降低竞争性市场的福利水平。我们会通过图 9.6 来说明对每支玫瑰征收 $t = 11$ 美分的从量税所导致的福利损失的情况。

征税前，需求曲线 D 与供给曲线 S 相交于竞争性均衡点 e_1，此时价格是 30 美分/支，数量是 12.5 亿支玫瑰/年，消费者剩余为 $A + B + C$，生产者剩余为 $D + E + F$，税收

中级微观经济学（第八版）

收入为 0，没有无谓损失。

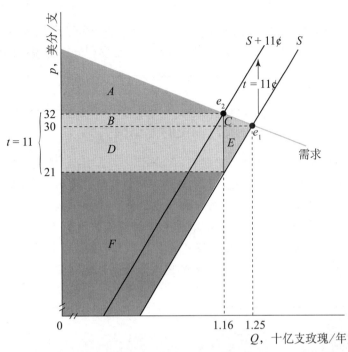

	不征税	征从量税	改变量（百万美元）
消费者剩余，CS	$A+B+C$	A	$-B-C=-24.1=\Delta CS$
生产者剩余，PS	$D+E+F$	F	$-D-E=-108.45=\Delta PS$
税收收入，$T=tQ$	0	$B+D$	$B+D=127.6=\Delta T$
福利，$W=CS+PS+T$	$A+B+C+D+E+F$	$A+B+D+F$	$-C-E=-4.95=DWL$

图 9.6　对玫瑰征收从量税的福利效应

对玫瑰征收 $t=11$ 美分的从量税，在消费者所支付的价格 32 美分与生产者得到的价格 21 美分之间插入了一个 11 美分的楔子。税收收入为 $T=tQ=12\,760$ 万美元/年。整个社会的无谓损失等于 $C+E=495$ 万美元/年。

该从量税使有效供给曲线向上移动 11 美分，从而在消费者所支付的价格 32 美分与生产者得到的价格 $32-t=21$ 美分之间，插入了一个 11 美分的楔子（第 3 章）。均衡产出相应地从每年 12.5 亿支减少到 11.6 亿支。

由于消费者要为每支玫瑰多付 2 美分，消费者剩余减少了 $B+C=2\,410$ 万美元/年。企业得到的价格降低了 9 美分，因而生产者剩余损失了 $D+E=10\,845$ 万美元/年（见例题详解 9.2）。政府得到的税收收入等于 $tQ=11$ 美分/支$\times11.6$ 亿支/年$=12\,760$ 万美元/年，即区域 $B+D$。

在消费者剩余和生产者剩余的全部损失中，只有一部分被政府的收入所补偿，所以福利减少了，即：

$$\Delta W =\Delta CS+\Delta PS+\Delta T$$
$$=-2\,410-10\,845+12\,760$$
$$=-495(万美元/年)$$

此无谓损失就等于区域 $C+E$。

社会为什么会蒙受无谓损失呢？原因在于税收导致实际产出低于福利最大化时的竞

争性均衡产出。对这种无效率或社会损失也可以解释为，税收在价格与边际成本之间插入了一个楔子。在新的均衡点，消费者愿意花 32 美分多买一支玫瑰，而企业边际成本仅为每支 21 美分（等于消费者愿意支付的价格减去 t）。消费者愿意支付的钱差不多比成本高出近三分之一，再多提供一支玫瑰有何不可？这就是福利分析要说明的问题。

征收汽油税的无谓损失

征税的社会成本是税收造成的无谓损失。Blundell 等（2012）发现，对美国高、中、低收入的消费者每征收 1 美元的汽油税，所造成的无谓损失分别为 4.3%、9.2% 和 3.9%。[①]

为什么汽油税对中等收入消费者的扭曲程度更高？部分原因是美国和加拿大的中等收入消费者对汽油价格变化的反应比另外两个收入群体的消费者更为敏感。也就是说，中等收入消费者的需求曲线更有弹性。通常情况下，需求量随着税收的增加而下降越多，无谓损失的三角形就越宽，无谓损失与税收收入的比率就越大，下一个例题详解就会介绍这一点。

例题详解 9.4

有两条线性的需求曲线经过初始的均衡点 e_1。在点 e_1 处，一条需求曲线的弹性低于另一条。初始的水平的供给曲线也通过 e_1 点。如果征收 t 大小的从量税，哪条需求曲线情形下的无谓损失更大？哪种情形下的无谓损失（DWL）与税收（T）之比更大？

解答

1. 绘制一条水平的供给曲线，并在供给曲线上添加两条不同斜率的需求曲线，三条曲线在初始的均衡点 e_1 处相交。在下页图中，初始的供给曲线和需求曲线在 e_1 点相交，均衡数量为 Q_1，均衡价格为 p_1。如例题详解 9.1 所介绍的那样，更平坦的需求曲线相对更富有弹性。

2. 说明从量税如何改变供给曲线并找出变化后的供给曲线与两条需求曲线所形成的新的均衡。从量税 t 使供给曲线向上移动 t（第 3 章），与相对缺乏弹性的需求曲线在 e_2 点相交，对应的新的均衡数量为 Q_2，新的均衡价格为 p_1+t。它与相对富有弹性的需求曲线在 e_3 点相交，对应的新的均衡数量为 Q_3，价格同为 p_1+t。

3. 确定与这两条需求曲线对应的无谓损失（DWL）。无谓损失是新的均衡数量和 Q_1 之间的需求曲线以下和供给曲线以上的面积。因此，对于相对缺乏弹性的需求曲线而言，无谓损失是区域 $C+E$；对于相对富有弹性的需求曲线而言，无谓损失是 $B+C$。假定 $B>E$，那么无谓损失随着需求曲线弹性的增加而增大。

4. 确定这两条需求曲线的 DWL/T。税收收入是均衡数量和 t 的乘积。因此，T 是位于 0 和均衡数量之间由两条供给曲线围成的矩形，两条供给曲线之间相差 t。对于相对富有弹性的需求曲线而言，税收收入为区域 A，$DWL/T=(B+C)/A$。对于相对缺乏弹

---

① 美国低收入群体由 25% 的最低收入者组成，平均年收入为 42 500 美元。中等收入群体的平均年收入为 57 500 美元。高收入群体的平均年收入为 72 500 美元。这些计算忽略了减少汽油消耗对环境的影响。

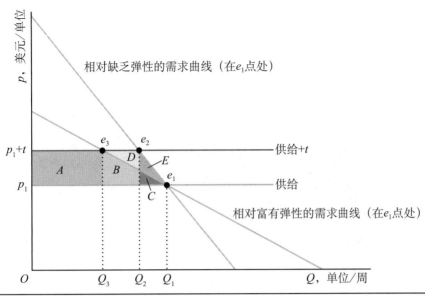

	相对富有弹性的需求曲线	相对缺乏弹性的需求曲线
无谓损失，DWL	$B+C$	$C+E$
税收，T	A	$A+B+D$
无谓损失/税收	$\dfrac{B+C}{A}$	$\dfrac{C+E}{A+B+D}$

性的需求曲线而言，税收收入为 $A+B+D$，$DWL/T=(C+E)/(A+B+D)$。由于相对富有弹性的需求曲线的 DWL 较大且 T 较小，因此其 DWL/T 必定更大。

☐ 补贴的福利效应

补贴是一种负的税收，它对产出的影响与税收相反，不过，补贴也会降低福利。如例题详解 9.5 所示，由于新的价格低于（无补贴的）边际成本，补贴会导致过度生产，从而降低福利。

例题详解 9.5

假设政府向玫瑰的生产者提供 $s=11$ 美分/支的从量补贴。这项补贴对均衡价格和均衡数量、消费者剩余和生产者剩余、政府支出、福利及无谓损失会有什么影响？

解答

1. 说明补贴对供给曲线和均衡有什么影响。补贴使下页图中供给曲线 S 向下移动 $s=$ 11 美分，新的供给曲线标注为 "$S-11$ ¢"。均衡点随之从 e_1 点移至 e_2 点，销售量增加（从每年 12.5 亿支增加到每年 13.4 亿支），消费者所支付的价格下降（从每支 30 美分降至 28 美分），生产者得到的价格（包括补贴）也提高了（从 30 美分涨到 39 美分），因此，生产者得到的价格与消费者所支付的价格相差 11 美分。

2. 说明消费者和生产者各自的收益。玫瑰的消费者和生产者都乐于接受其他社会成员的补贴。因为消费者面对的价格降低，所以消费者剩余从 $A+B$ 增加到了 $A+B+D+E$。得到补贴后，生产者也从每支玫瑰的销售中得到更多的收益，生产者剩余从 $D+G$ 增加到了 $B+C+D+G$（生产者得到的价格以下、初始供给曲线之上的区域面积）。

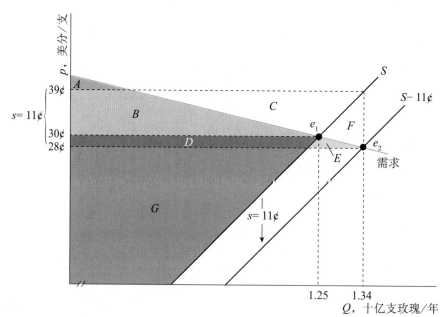

	无补贴	有补贴	改变量（百万美元）
消费者剩余，CS	$A+B$	$A+B+D+E$	$D+E=116.55=\Delta CS$
生产者剩余，PS	$D+G$	$B+C+D+G$	$B+C=25.9=\Delta PS$
政府支出，$-X$	0	$-B-C-D-E-F$	$-B-C-D-E-F=-147.4=\Delta X$
福利，$W=CS+PS-X$	$A+B+D+G$	$A+B+D+G-F$	$-F=-4.95=DWL$

3. 分析政府支出增加了多少并确定补贴对福利的影响。每销售一支玫瑰，政府就要补贴 11 美分，因而政府支出从 0 变为长方形 $B+C+D+E+F$（在表中我们称之为 $-X$）。新福利水平就等于新的消费者剩余和新的生产者剩余之和减去政府支出：$CS+PS+(-X)$。如上表所示，福利从 $A+B+D+G$ 降至 $A+B+D+G-F$。无谓损失即福利减少部分（$\Delta W=-F$）源于产量过高：最后一支玫瑰的边际生产成本大于消费者的边际收益，前者为 39 美分，而后者仅为 28 美分。

☐ 价格下限的福利效应

> 无论你的信仰是什么，你都应该努力成为一个政府计划的受益者，这样就可以长生不老了。
>
> ——林恩·马丁（Lynn Martin），前美国代表

在某些市场上，政府会设定一个价格下限（price floor）或最低价格（minimum price），也就是消费者合法地购买某种商品所支付的最低价格。例如，为了保证生产者至少能从农产品中得到价格 p，多数国家至少会选出几种农产品并设置价格下限。如果市场价格高于 p，价格支持计划就不会起任何作用。但如果市场价格低于 p，政府就会收购多余的农产品，把价格拉到 p 的水平上去。自 1929 年起（大萧条开始），美国政府已经利用价格下限或类似计划，使很多农产品的价格都保持在无规制市场的竞争性均衡价格水平之上。

农业支持价格

传统上，美国政府通过购买和储存部分农产品来维持它们的价格。我们用估计的供

求曲线来分析大豆价格支持计划的效果（Holt，1992）。[1] 如图 9.7 所示，在没有价格支持计划时，市场供给曲线、需求曲线相交决定了竞争性的均衡点 e，此时均衡价格为 $p_1 = 4.59$ 美元/蒲式耳，均衡数量为 $Q_1 = 21$ 亿蒲式耳/年。[2]

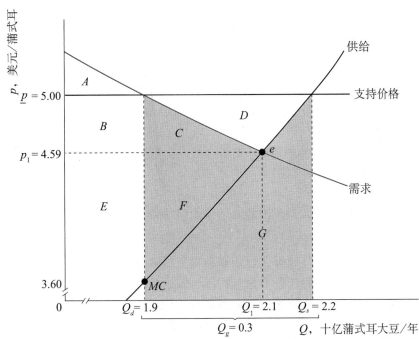

	无价格支持	有价格支持	改变量（百万美元）
消费者剩余，CS	$A+B+C$	A	$-B-C = -864 = \Delta CS$
生产者剩余，PS	$E+F$	$B+C+D+E+F$	$B+C+D = 921 = \Delta PS$
政府支出，$-X$	0	$-C-D-F-G$	$-C-D-F-G = -1\ 283 = \Delta X$
福利，$W=CS+PS-X$	$A+B+C+E+F$	$A+B+E-G$	$-C-F-G = -1\ 226 = \Delta W = DWL$

图 9.7　大豆价格支持计划的效果

没有政府的价格支持时，市场均衡为 e 点，此时 $p_1 = 4.59$ 美元/蒲式耳，$Q_1 = 21$ 亿蒲式耳/年［基于 Holt（1992）的估计］。当政府的支持价格为 $p = 5.00$ 美元/蒲式耳时，销售量增长至 Q_s，消费者购买量减少至 Q_d，因此政府需花费 12.83 亿美元/年购买 $Q_g = Q_s - Q_d$。无谓损失就是 $C+F+G = 12.26$ 亿美元/年，这其中还没有包括存储和管理费用。

当大豆的支持价格为 $p = 5.00$ 美元/蒲式耳且政府承诺收购农民想要卖出的所有大豆

---

① 我最喜欢羊毛和马海毛价格支持计划。朝鲜战争开始之后，为保证军装的"战略性供给"，美国政府实施了羊毛价格支持政策。不久后国会又增加了马海毛价格支持，尽管马海毛并没有什么军事用途。在有些年份，政府对马海毛的补贴额超过了消费者支付的价格，而且在执行价格支持政策的前半个世纪里，对羊毛和马海毛的补贴高达 2 亿美元。克林顿执政期间，于 1995 年中止了这两项补贴，毫无疑问这"危及"了国家的安全。多亏一位知名的财政保守派人士［参议员菲尔·格拉姆（Phil Gramm）］和其他爱国者（主要来自大量出产马海毛的得克萨斯州），国会于 2000 年又恢复了马海毛价格支持计划。对于那些质疑是否有必要补贴马海毛的人，众议员拉马尔·史密斯（Lamar Smith）给予猛烈反击："马海毛很流行！我就有一件马海毛的毛衣！它是我的最爱！"2006 年的预算要求为羊毛和马海毛提供 1 100 万美元的补贴，贷款利率为每磅 4.20 美元。2011 年，作为一项削减成本的措施，该项目再次结束。然而，国会在 2012 年恢复了羊毛和马海毛补贴计划，2014 年的农业法案将其至少延长到 2018 年。

② 支持价格或目标价格随着时间的推移而缓慢增长。1985 年为 5.02 美元，2010—2012 年为 6.00 美元。2014 年农业法案将 2014—2018 年的费率定为 8.40 美元。

时，销售量达到 $Q_s=22$ 亿蒲式耳。[①] 当价格为 $\underline{p}$ 时，消费者的购买量为 $Q_d=19$ 亿蒲式耳，小于在市场价格 p_1 水平下的购买量 Q_1。结果，消费者剩余减少了 $B+C=8.64$ 亿美元。而政府支付 $X=\underline{p}\times Q_g=C+D+F+G=12.83$ 亿美元收购了 $Q_g=Q_s-Q_d\approx3$ 亿蒲式耳的大豆，政府的收购量就是超额供给的那部分。

除非降低价格，否则政府没法在国内将所收购的这些大豆全卖出去，只能储存起来，或者输送到海外市场销售。

虽然通过价格支持计划农民得到了 $B+C+D=9.21$ 亿美元的生产者剩余，但该计划仍然是一种无效率的货币转移方式。如果政府购买大豆后别无他用，福利的改变量就等于 $\Delta W=\Delta CS+\Delta PS-T=-C-F-G=-12.26$ 亿美元/年。[②] 这种无谓损失反映出大豆市场中的两种扭曲：

● 超额生产（excess production）：由于产量大于消费量，只能把 Q_g 储存起来，或将其销毁，或出口到海外。

● 无效率消费（inefficiency in consumption）：对应于实际购买量 Q_d，消费者愿意为最后一蒲式耳大豆支付 5 美元，高于其边际成本 $MC=3.60$ 美元。

另一种支持价格

由于实行价格支持计划，政府要收购和存储大量粮食，而其中很大一部分会被浪费掉。面对这些后果，政府开始限制农民的产量。农民的产量存在不确定性，政府就改以农民的可用耕地量为目标，设定配额或其他约束，以此限制产出。目前，政府还使用另一种价格支持方式，它先设定一个支持价格 $\underline{p}$，农民自己决定种植多少作物，并以市场出清价格 p 向消费者出售其全部产品。然后，对售出的每单位农产品，政府向农民支付差额（deficiency payment），它等于支持价格与实际售价的差 $\underline{p}-p$，这样一来，农民的全部粮食作物就都是以支持价格销售的。

例题详解 9.6

政府以支付差额的形式给予市场上的大豆每蒲式耳 5 美元的价格补贴，这会对大豆市场的均衡价格和产量、消费者剩余和生产者剩余及无谓损失产生什么影响？

解答

1. 描述该计划对均衡价格和均衡数量的影响。如下页图所示，不存在价格支持时，均衡点是 e_1 点，此时价格为 $p_1=4.59$ 美元/蒲式耳，产量为 21 亿蒲式耳/年。提供每蒲式耳 5 美元的支持价格时，产生新均衡点 e_2。支持价格线与供给曲线相交于 22 亿蒲式耳，这就是实行价格支持时农民的产量。新均衡价格就是 22 亿蒲式耳所对应的需求曲线的高度，大约等于 4.39 美元/蒲式耳。因此可得出结论，均衡价格下降而均衡产量提高。

2. 说明该政策的福利效应。由于消费者支付的价格从 p_1 降至 p_2，消费者剩余增加了 $D+E$。此时，生产者得到的价格为 $\underline{p}$ 而非 p_1，因此生产者剩余增加了 $B+C$。政府支

[①] 在过去几十年的大部分时间里，大豆的支持价格在每蒲式耳 5 美元左右，但该价格在 2013 年升至 6 美元的水平。

[②] 此无谓损失数值低估了真实的损失，因为政府还要支付存储和管理费用。负责实施农业支持计划的美国农业部有 100 000 名员工，或者说每 8 家得到补贴的农场就有一名员工为其服务（尽管这些员工中有许多人还有其他工作职责，例如管理食品券计划）。

出等于支持价格 $\underline{p}=5$ 美元/蒲式耳与消费者支付的价格 $p_2=4.39$ 美元/蒲式耳的差额再乘以销售量 22 亿蒲式耳/年，或者就是长方形 $B+C+D+E+F$ 的面积。正是因为政府支出超过了消费者和生产者的收益，所以福利减少，无谓损失等于三角形 F 的面积。与图 9.7 所示的大豆价格支持计划相比，支付差额这种方式带来的无谓损失小（不到原有损失的十分之一），政府支出也少（尽管一般来说政府支出不一定会减少）。

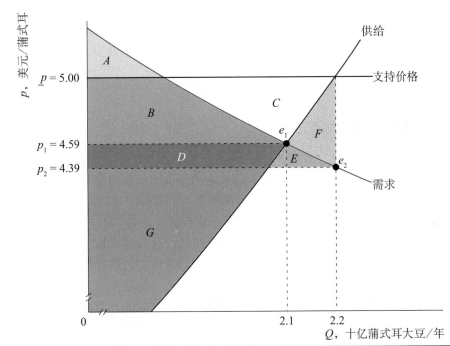

	无价格支持	有价格支持	改变量
消费者剩余，CS	$A+B$	$A+B+D+E$	$D+E=\Delta CS$
生产者剩余，PS	$D+G$	$B+C+D+G$	$B+C=\Delta PS$
政府支出，$-X$	0	$-B-C-D-E-F$	$-B-C-D-E-F=\Delta X$
福利，$W=CS+PS-X$	$A+B+D+G$	$A+B+D+G-F$	$-F=\Delta W=DWL$

应用案例

农业补贴有多大？谁受益？

在发现塞尔维亚-黑山并没有制糖产业之前，欧盟已经向那里的企业支付了 120 万美元的补贴。

——哈珀指数，2004

当今世界，差不多每个国家都会给本国农民补贴，尽管过去十年间发达国家的补贴有所下降，但补贴水平仍然很高。2013—2015 年，发达国家的农民获得了 5 850 亿美元的农业生产者价格支持（补贴）。

这些支出占发达国家 2015 年农业实际销售额的 18%。补贴的比例从挪威和瑞士的 62%、日本的 43%、欧盟的 19%、加拿大和美国的 9%、澳大利亚的 1.3%、新西兰的

0.7%到越南的0.5%不等。

2015年，美国农业补贴的总额大概有390亿美元，相当于国内生产总值的0.5%，美国每名成年人一年大约要支付159美元来补贴农业。你认为这些钱花得值吗？一些专家预测，2014年的农业法案将导致更高的联邦政府支出。

美国的大部分农业补贴都给了大型农业企业，而不是贫困的农民。根据环保工作组的数据，四分之三的支出都给了最大最富有的10%的农场经营者和地主，而将近三分之二的农民没有直接获得过补贴。事实上，有23名国会议员收到了付款；9名收到补贴者居住在沙特阿拉伯和英国等其他国家；3.94亿美元给了那些住在大城市的地主。

□ 价格上限的福利效应

在某些市场中，政府设定了价格上限（price ceiling）：以法律的形式允许企业索要的最高价格。如果政府设定的价格上限低于控制前的竞争性均衡价格，消费者需求就会大于控制前的均衡产量，而企业供给则会低于该产量（第2章）。因为生产者不得不接受更低的价格，销售更少的产品，所以生产者剩余必定会减少。

由于存在价格上限，消费者能够以低价购买商品，只不过不是想买多少就能买到多少。销售量小于控制前的均衡产量，会出现一个无谓损失：消费者认为的该商品的价值超过生产这单位产品的边际成本。

有两个原因导致使用无谓损失这一指标低估了真实的损失。首先，消费者想买的数量大于市场的销量，为了能多买到产品，他们可能要花很多时间去搜寻，这种搜寻活动（往往无功而返）本身就是一种浪费，应该被计入社会的无谓损失。Deacon 和 Sonstelie (1989) 计算出在美国1973年的汽油价格控制期间，消费者每节省1美元，就要在排队等候等方面多花1.16美元。[1]

其次，价格上限制造了超额需求，买到商品的人不是因为出价高，而是因为运气好。在没有价格上限的市场上，所有认为商品价值高于市场价格的人都会买到商品，认为商品价值低于市场价格的则不会，所以是价高者得。相反，在有价格上限的市场上，商品往往是先到先得，但先到的消费者并不是出价最高的人。因为有价格控制，买到商品的那些幸运的消费者愿意为一单位商品支付的价格是 p_1，而那些没买到商品的消费者的意愿支付价格是 p_2，$p_2 > p_1$。于是，由于商品被卖给了"错误"的消费者，给社会造成 $p_2 - p_1$ 的配置成本。[2]

例题详解 9.7

假设政府设定了一个价格上限 $\bar{p}$，它低于无规制情况下的竞争性均衡价格，这会对均衡、消费者剩余、生产者剩余以及社会福利有什么影响？

---

[1] 反常的是，如果商品按照其他歧视性规则（比如种族、性别和相貌等）有效率但不公平地分配，则这种浪费资源的搜寻活动就不会发生，因为被歧视的人知道，搜寻也没有用。

[2] 如果存在一个转售市场，认为商品价值高的消费者可以从认为商品价值低（但足够幸运，以至一开始买到了商品）的消费者手中把商品买过来，则配置成本就会减少乃至消失。

解答

1. 说明没有规制时的初始均衡。下图中需求曲线和供给曲线的交点 e_1 就是无规制时的竞争性均衡，此时均衡产量为 Q_1。

2. 在存在价格上限时，说明均衡的变化。价格上限 $\overline{p}$ 低于均衡价格 p_1，它会起到约束作用（降低了消费者支付的价格）。在这个低价格水平上，消费者需求增加到 Q_d，企业愿意供给的数量降至 Q_s，因此在新的均衡点 e_2 处，仅售出 $Q_s = Q_2$ 的商品。所以价格控制使均衡产量和均衡价格双双下降，但消费者有 $Q_d - Q_s$ 的超额需求。

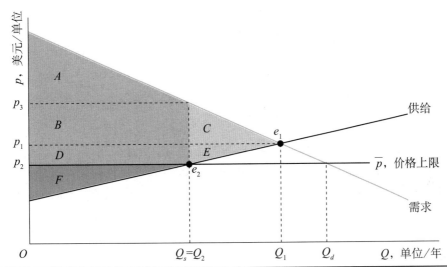

	无价格上限	有价格上限	改变量
消费者剩余，CS	A+B+C	A+B+D	$D-C=\Delta CS$
生产者剩余，PS	D+E+F	F	$-D-E=\Delta PS$
福利，W=CS+PS	A+B+C+D+E+F	A+B+D+F	$-C-E=\Delta W=DWL$

3. 说明福利的变化。进行价格控制后，消费者能以更低的价格购买到 Q_s 单位的商品，因此多得到一部分消费者剩余，即图中的区域 D。不过，由于他们只能买到 Q_s 而非原来的 Q_1 单位的商品，消费者剩余又损失了 C。整体来讲，净的消费者剩余为 $D-C$。在进行价格控制的情况下，企业以较低价格卖出低于原来销售量的商品，因而生产者剩余损失为 $D+E$。其中的 D 因价格下降而转移到了消费者手中，而剩余损失 E 则是真正的社会损失。社会无谓损失至少等于 $\Delta W = \Delta CS + \Delta PS = -C - E$。

应用案例

天然气价格上限的社会成本

1954—1989 年，美国联邦法律对天然气的跨州交易设置了一个价格上限。西南各州因为盛产天然气而不适用这项法律，比如路易斯安那州、俄克拉何马州、新墨西哥州以及得克萨斯州等。这一政策造成了大量使用天然气的中西部和东北部各州的消费者买不到足够的天然气（这和西南各州的消费者不同）。正因为这样，那些原本打算使用天然气供暖系统的用户不得不安装别的系统。因为供暖系统可使用多年，直到今天，仍然有很多家庭在使用诸如石油这样不清洁的能源来供暖，这都是几十年的价格控制惹的祸。

Davis 和 Kilian（2011）对价格控制前后的消费者行为进行了比较，他们估计，1950—2000 年，天然气需求超出可观察的销量多达 19.4%。他们算出，在这半个世纪里，每年的配置成本平均有 36 亿美元之多，这部分多出来的损失差不多相当于价格控制每年所致的无谓损失（105 亿美元）的三分之一（MacAvoy，2000），因此，总损失达 141（＝105＋36）亿美元。[①]

9.7 两类政策的比较：进口

从传统上看，美国的绝大部分进口都来自海外。

前面既考察了政府政策使供给曲线和需求曲线发生移动的情况，也分析了政策在供求曲线之间加入一个楔子的情形，这两类政策都可以用于贸易控制。

从外国进口商品对进口国是有益的。如果一国政府减少某种商品的进口，该商品的国内价格会上涨，国内生产企业的利润增加，但消费者会蒙受损失。下面的分析将说明消费者的损失会大于生产企业的收益。

（潜在的）进口国的政府可以使用下列四种进口政策中的一种：

- **允许自由贸易**（allow free trade）：任何企业都可不受限制地在该国销售商品。
- **禁止一切进口**（ban all imports）：政府规定的进口额为零。
- **征收关税**（set a tariff）：政府对进口商品征收一项被称为**关税**（tariff/duty）的税收。
- **设定一个正的进口配额**（set a positive quota）：政府将进口量限定在 $\overline{Q}$ 的水平上。

禁止进口和进口配额都能改变供给曲线，而关税可以在供给、需求之间插入一个楔子。我们将分别对自由贸易与其他三种政策下的福利状况进行比较。

为说明这几项政策在福利效应上的差异，我们用估计的美国原油供求曲线来检验美国市场。[②] 为简化起见，先做两个假设。第一，运输成本为零；第二，潜在进口品的供给曲线是一条位于国际市场价格 p^* 处的水平直线。在既定的假设条件下，作为进口国，美国能以每单位 p^* 的价格购买到所需数量的原油：因为需求量太小，难以影响世界原油的价格，所以它只是世界原油市场上的一个价格接受者。

□ 自由贸易与禁止进口

从来没有一个国家会毁于贸易。

——本杰明·富兰克林（Benjamin Franklin）

[①] 在例题详解 9.7 中，消费者承担的无谓损失由区域 C 表示，每年大约有 93 亿美元；卖方承担的无谓损失由区域 E 表示，每年有 12 亿美元，所以总的无谓损失是 105 亿美元。那些能以低价买到商品的幸运的消费者的收益由区域 D 表示，约为 69 亿美元，这是从卖方那里转移过来的。因此，消费者一共损失了 60（＝93＋36－69）亿美元，企业一共损失了 81（＝12＋69）亿美元。

[②] 这些固定弹性的原油的供给函数和需求函数是以 Baumeister 和 Peersman（2013）的研究为基础的，并用 2015 年生产和进口数据对其进行了四舍五入和更新。

中级微观经济学（第八版）

阻止进口商品进入国内市场会提高该商品的价格，我们现在比较一下美国原油市场在自由贸易和非自由贸易情况下的均衡。

在图 9.8 中，估计出来的美国国内的原油供给曲线 S^a 向上倾斜，国外供给曲线是一条位于国际价格 60 美元处的水平直线，美国原油总的供给曲线 S^1 是这两条供给曲线的水平加总。因此，当价格低于 60 美元时 S^1 与向上倾斜的国内供给曲线重合，当价格等于 60 美元时 S^1 为水平直线。在自由贸易的情况下，如果无进口时的国内价格高于国际价格 60 美元/桶，美国就会进口原油。

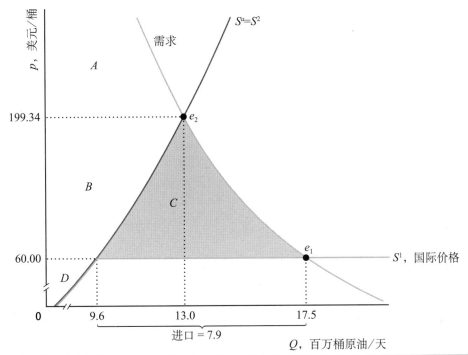

美国	自由贸易	禁止进口	改变量（百万美元）
消费者剩余，CS	$A+B+C$	A	$-B-C=-2\,045=\Delta CS$
生产者剩余，PS	D	$B+D$	$B=1\,606=\Delta PS$
福利，$W=CS+PS$	$A+B+C+D$	$A+B+D$	$-C=-439=\Delta W=DWL$

图 9.8　禁止自由贸易造成的损失

因为外国人面临的供给曲线是一条位于国际价格 60 美元处的水平直线，所以在自由贸易条件下，美国原油总的供给曲线为 S^1，均衡点为 e_1。在禁止进口的情况下，国内供给曲线 $S^a=S^2$ 与需求曲线 D 相交，形成新的均衡点 e_2。禁止进口使生产者剩余增加 $B=160\,600$ 万美元/天，消费者剩余减少 $B+C=204\,500$ 万美元/天，因此，无谓损失为 $C=43\,900$ 万美元/天或者 1 600 亿美元/年。

自由贸易的均衡点 e_1 由总供给曲线 S^1 与需求曲线的交点来确定，在该均衡状态下国内价格和国际价格同为 60 美元，美国消费者的需求量为 1 750 万桶/天。由于国内企业仅生产 960 万桶/天，因此从国外进口 790（＝1 750－960）万桶/天。美国的消费者剩余为 $A+B+C$，其生产者剩余为 D，福利是 $A+B+C+D$。在讨论贸易的整个过程中，我们将其他国家的福利效应搁置一旁，不予考虑。

在禁止进口的情况下，美国总的供给曲线 S^2 就是国内的供给曲线 S^a。它和需求曲线相交于新的均衡点 e_2。此时，新的均衡价格是 199.34 美元，新的均衡供给量就是其国内产量 1 300 万桶/天。消费者剩余是 A，生产者剩余是 $B+D$，而福利变成 $A+B+D$。

因此，进口禁令对消费者的伤害要大于生产者获得的好处。由于价格上涨，国内企业的生产者剩余增加了 $\Delta PS = B$，而消费者剩余减少，变化量为 $\Delta CS = -B - C$。总福利的改变量 ΔW 就是生产者的收益与消费者的损失之间的差额，即 $\Delta W = \Delta PS + \Delta CS = -C$。因此，进口禁令对社会不利。

应用案例

俄罗斯的食品禁令

从 2014 年开始，由于俄罗斯在乌克兰的军事活动，许多西方国家对俄罗斯实施了各种制裁。作为报复，俄罗斯禁止从美国、欧盟国家、加拿大等国家进口肉类、家禽、鱼类、海鲜、奶制品和肉制品、蔬菜、水果和坚果。

俄罗斯人，特别是生活在莫斯科这样繁荣城市的俄罗斯人，严重依赖西方的进口食品。在之前的 2013 年，俄罗斯从美国进口了约 10 亿美元的农产品，从欧盟国家进口了 118 亿欧元（157 亿美元）农产品。

这项禁令给俄罗斯消费者带来了巨大的损失。2014 年，食品价格飙升 11.5%，比总体通胀率高 5.8%。一些食品的价格甚至上涨更多。肉类和家禽的价格比 2013 年上涨了 18%，黄油的价格涨了 17%。

这项禁令对出口国家的企业影响较小，它们可以将这些产品销往世界其他地方。不过，那些主要迎合俄罗斯市场的外国企业损失惨重，比如芬兰乳制品公司 Valio，该公司于 2016 年关闭了在俄罗斯附近的工厂。

当然，正如俄罗斯农业部部长在 2016 年所宣称的那样，俄罗斯的食品生产企业从中受益。例如，在禁令生效后的第一季度，俄罗斯肉类生产商 Cherkizovo 的利润比前一年增长了 8 倍。不过，同一年俄罗斯宣布放松禁令，允许从土耳其进口儿童消费品和水果。

☐ 自由贸易与关税

> 关税，是一个名词，是对进口商品征收的一种税，目的是保护国内生产者免受消费者的贪婪之害。
>
> ——安布罗斯·比耶尔斯（Ambrose Bierce）

关税分为从量关税（每单位征收 t 美元）和从价关税（销售价格的 $v\%$）两种。近些年来，关税已经被世界各国政府广泛采用，尤其是在农产品方面。[①] 作为一种"增加政府收入"或"减少对国外原油的依赖"的手段，美国的决策者们经常就原油关税的最佳标准展开激烈争论。

你可能会问："我们已经关注过税收了，为什么还研究关税呢？难道关税不是税吗？"问得好！关税就是一种税收。如果市场中销售的唯一商品恰好是进口而来的，那么关税对

---

① 第二次世界大战后，绝大多数贸易国共同签署了《关税与贸易总协定》（GATT），这一协定对缔约成员给出口商品提供补贴、通过配额及关税抑制进口的能力都进行了限制。除非进口商品威胁造成"市场瓦解"（market disruption）（不幸的是，这个词尚未被准确定义），否则绝大多数出口补贴和进口配额都被禁止。GATT 还要求，为补偿出口国，任何一项新关税都应通过减少其他关税来抵消。作为 GATT 的继承者，世界贸易组织（WTO）对《关税与贸易总协定》进行了修订，促进各缔约成员通过谈判磋商达成协议，已经减少或消除了大量关税。

进口国的影响就与前面章节中所讲的销售税的影响相同。之所以要单独研究关税，是因为它仅适用于进口商品，从而对国内外生产者造成不同的影响。虽然在某些方面关税同别的税是一样的，但是因为它只对进口商品征收，所以在其他条件相同的情况下，相对于适用于所有商品的税种，关税无法筹集到等额的税收收入，或者也不能对均衡数量产生相同的影响。

为说明关税的影响，首先假定政府对原油征收 $t=40$ 美元/桶的从量关税。因此，只有在美国国内油价比世界原油价格至少高出 40 美元时，美国企业才会把原油进口到国内。这项关税在国际价格 60 美元与美国价格 100 美元之间插入了一个楔子。它使图 9.9 中总的供给曲线从 S^1 移动到 S^3。因此，当价格低于 100 美元时，S^3 和国内供给曲线重合，当价格等于 100 美元时，它是一条位于 100 美元处的水平直线。

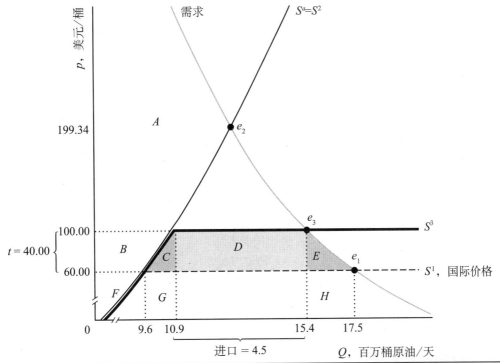

美国	自由贸易	关税或配额	改变量（百万美元）
消费者剩余，CS	$A+B+C+D+E$	A	$-B-C-D-E=-654$
生产者剩余，PS	F	$B+F$	$B=412$
关税收入，T	0	D（关税）	$D=180$（关税）
		0（配额）	0（配额）
关税带来的福利，$W=CS+PS+T$	$A+B+C+D+E+F$	$A+B+D+F$	$-C-E=-62=DWL$
配额带来的福利，$W=CS+PS$	$A+B+C+D+E+F$	$A+B+F$	$-C-D-E=-242=DWL$

图 9.9 关税（或配额）的影响

对进口原油征收 $t=40$ 美元/桶的关税，或设定 $\overline{Q}=340$ 万桶/天的进口配额，这会导致美国原油价格上涨到 100 美元/桶，比国际价格 60 美元高出 40 美元。在征收关税的条件下，新的均衡点 e_3 由美国总的供给曲线 S^3 与需求曲线相交确定。在设定配额的情况下，e_3 点由需求量 1 540 万桶/天与供给量 1 090 万桶/天之间的差额 450 万桶/天确定。与自由贸易相比，关税或配额使生产者获得收益 $B=4.12$ 亿美元/天，而消费者却因此损失 $B+C+D+E=6.54$ 亿美元/天。配额导致无谓损失 $C+D+E=2.42$ 亿美元/天。由于征收关税，政府税收增加 $D=1.8$ 亿美元/天，所以无谓损失仅为 $C+E=0.62$ 亿美元/天。

S^3 与需求曲线相交于新的均衡点 e_3，此时均衡价格和均衡数量分别是 100 美元和 1 540 万桶/天。在这个价格水平上，国内企业供给 1 090 万桶/天，因此进口量为 450(＝1 540－1 090) 万桶/天。

关税保护了美国的企业，使其免受同国外企业竞争之苦。关税越高，进口就越少，因此国内企业的要价就越高。(关税足够高时，没有任何进口，价格就会升至无贸易水平时的 199.34 美元)。由于 40 美元的关税，国内企业的生产者剩余增加了 B＝4.12 亿美元/天。

价格从 60 美元升至 100 美元，消费者剩余减少了 $B＋C＋D＋E$＝6.54 亿美元/天。政府得到关税收入 T 等于面积 D＝1.8 亿美元/天，即 t＝40 美元/桶乘以进口量 450 万桶/天。

无谓损失是消费者剩余的损失 $B＋C＋D＋E$ 减去税收收入 D，减去生产者剩余收益 B，也就是说，无谓损失为 $C＋E$＝0.62 亿美元/天或 226 亿美元/年。这差不多是生产者收益的 15%。国内生产者每获得 1 美元的收益，消费者就损失 1.59 美元。因为关税并没有阻止所有的进口，所以它带来的福利损失比禁止进口的损失要小。

这种无谓损失有两个组成部分。首先，C 是美国企业生产 1 090 万桶/天而非 960 万桶/天所造成的生产扭曲的损失。国内企业生产这部分额外产出是受高价的诱惑，因为关税将价格从 60 美元抬高至 100 美元。国内每天多生产原油 130 万桶所耗费的成本为 $C＋G$，即国内供给曲线 S^a 之下、介于 960 万桶/天和 1 090 万桶/天之间的区域的面积。如果美国人按照国际价格购买这些原油，支出额应该仅为 G。因此，C 就是国内每天多生产而不是进口 130 万桶所耗费的额外成本。

其次，E 是消费扭曲损失 (consumption distortion loss)，原因在于，消费者购买的原油量太少。因为关税将价格从 60 美元提高至 100 美元，因此消费者的购买量随之下降，从 1 750 万桶降至 1 540 万桶。[1] 美国消费者认为这部分额外产出的价值为 $E＋H$，即他们的需求曲线之下、介于 1 540 万桶/天和 1 750 万桶/天之间的区域的面积，但在国际市场上它仅值 H，即在 60 美元处引出的水平线之下、介于 1 540 万桶/天和 1 750 万桶/天之间的区域的面积。因此，E 就是每天额外的 210 万桶原油所对应的国际价格与美国消费者支付意愿之间的差额。

□ 自由贸易与配额

许多国家使用配额而不是关税，这可能造成一种错误的看法：

常识性谬误：配额比关税更可取。

虽然政治家有多种理由选择配额，但各国通常会受益于使用关税而不是等值配额，二者减少的进口数量相同，但只有关税才能给政府带来收入。(当然，最好是二者都不用。)

配额对市场的影响和关税类似。如果政府将进口限制在 $\bar{Q}$＝450 万桶/天这一水平上，这个配额就具有约束性，因为自由贸易条件下的实际进口量为 790 万桶/天。450 万桶/天的进口配额与 40 美元的进口关税一样，使均衡点变为 e_3 点，如图 9.9* 所示。给定这一有约束力的配额，当均衡价格为 100 美元时，进口量为 450 万桶/天，等于需求量 1 540 万桶/天减去供给量 1 090 万桶/天。

---

[1] 这个分析忽略了石油消费对环境的影响。我们将在第 18 章讨论这个问题。

[2] 原书为图 9.8，疑原书有误。——译者注

国内生产者的收益 B 及消费者损失 $B+C+D+E$ 都和征收关税时完全一样，不同的是，实施配额时政府没有任何收入（除非政府出售进口配额许可证）。因此，配额所导致的无谓损失为 $C+D+E=1.42$ 亿美元/天，要大于征收同等关税造成的无谓损失 $C+E=0.62$ 亿美元/天。使用配额而非关税的额外无谓损失是政府放弃的关税收入 $D=1.8$ 亿美元/天，流入了外国企业的腰包。

所以对进口国来说，要减少同样的进口额，征收关税比设定配额对它更有利。消费者和国内企业的福利在这两种政策下没什么两样，但只有关税才能给政府带来数量为 D 的税收收入。

不过，如果政府将配额许可证发放给国内进口企业，那么政府就不会损失 D。同样，如果政府以与关税相等的价格向企业出售配额许可证，政府仍将获得 D。

☐ 寻租

既然关税和配额都有损进口国的福利，为什么日本、美国等一些国家还要征收关税、设置配额或使用其他贸易壁垒呢？原因在于，国内生产者从这些政府政策中获利丰厚，所以对他们来说，组织起来去游说政府是一件有利可图的事。虽然消费者作为一个整体损失惨重，但因为人数众多，单个消费者的损失微乎其微，甚至可以忽略不计，而且他们也很少会组织起来就贸易问题去游说政府，所以在多数国家中，生产者经常能够说服（哄骗、影响或贿赂）立法者或政府官员来帮助他们获利，即使这些收益远不足以补偿消费者的损失。

假如国内生产者能说服政府征收关税、设置配额或实施其他限制进口的政策，他们就可以获得更多的生产者剩余（租金），如图 9.8 和图 9.9 中的区域 B。经济学家把从政府的行动中获得租金或利润的努力和花费称为**寻租**（rent seeking）。如果生产者或其他利益团体通过贿赂立法者来影响政策，贿赂就是一种收入转移，不会增加无谓损失（除非贿赂达到了使立法者选择实施有害政策的程度）。然而，若这种寻租行为（如雇用说客、开展宣传活动以影响立法者）用尽了所有的既得收益，关税和配额带来的无谓损失就会低估社会的实际损失。国内生产者为了影响政府决策可能耗费全部的生产者剩余。[①]

事实上，有些经济学家认为，政府的关税收入会完全被行政管理费用和寻租行为抵消。若果真如此（并且如果关税和配额不影响国际价格），关税和配额带来的社会损失就完全等于消费者剩余的变化量，就像图 9.8 中的区域 $B+C$ 以及图 9.9 中的区域 $B+C+D+E$。

Lopez 和 Pagoulatos（1994）对美国食品和烟草行业由寻租活动造成的无谓损失和额外损失进行了估计。估计的结果显示，以 2015 年美元价格计算，无谓损失总计可达 183 亿美元，相当于这些产品国内消费额的 2.6%。最大的无谓损失来自奶制品和制糖业，这两个行业的进口配额大大提高了国内市场的价格。生产者剩余总计增加 662 亿美元，相当于国内消费额的 9.5%。政府获得 27 亿美元的关税收入，相当于国内消费额的 0.4%。如果生产者剩余和政府税收全部被用于寻租和其他浪费活动，则总损失可达到 689 亿美元，相当于国内消费额的 12.5%，是无谓损失的 4.75 倍。换句话说，社会损失

---

① Tullock（1967）和 Posner（1975）提出了这一观点。但 Fisher（1985）和 Varian（1989）认为，该项支出通常小于生产者剩余。

介于 183 亿美元（无谓损失）和 872 亿美元之间。

挑战题解答　　　　　　酒类许可证

　　现在我们可以回答本章开头的挑战题了：对酒类许可证数量设定配额会对餐费（包括酒类）有何影响？什么决定了许可证的价值？除了许可证的费用以外，餐馆还能获得多少利润？限制酒类许可证的数量，谁获益？谁受损？

　　通过限制酒类许可证的数量，政府使得餐馆餐饮的供给曲线向左移动或变得更陡峭。因此，一餐的均衡价格上升，均衡数量下降。配额损害了消费者的利益：他们不会像在低价格时消费那么多餐食。当政府首次施加限制时，市场上的正在经营的餐厅受益于高利润。

　　为简单起见，我们假设所有餐馆都有相同的成本和生产相同的餐食。下面的图（a）显示了一家代表性餐馆所有者的边际成本曲线 MC 和平均成本曲线 AC^1。如果没有酒类许可证数量的配额，数之不尽的餐厅可以自由地进入这个市场。因此，图（b）中餐馆餐食的长期供给曲线 S^1 在 AC^1 的最小值处是水平的（第 8 章）。

　　根据图中所示的市场需求曲线，均衡点为 E_1，其中均衡价格 p_1 等于一家普通餐馆 AC^1 的最小值。餐食总量为 $Q_1 = n_1 q_1$，其中，n_1 为均衡的餐馆数量，q_1 为一家餐馆每月提供的餐食数量。

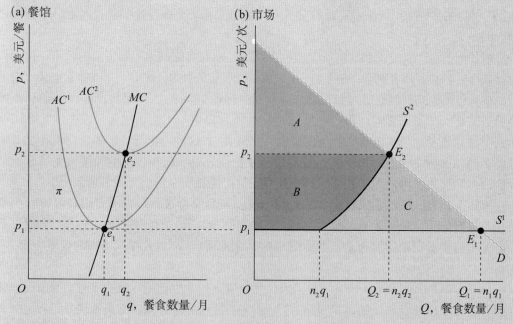

	没有限制	有限制	改变量
消费者剩余，CS	$A+B+C$	A	$-B-C=\Delta CS$
生产者剩余，PS	0	B	$B=\Delta PS$
福利，$W=CS+PS$	$A+B+C$	$A+B$	$-C=\Delta W=DWL$

　　消费者剩余 $A+B+C$ 是市场需求曲线以下、与购买量 Q_1 对应的市场价格 p_1 水平线之上的面积。餐馆没有生产者剩余，因为市场价格的供给曲线是水平的，且恰好等

于边际成本和平均成本。因此，福利等同于消费者剩余。

如果政府只发放 n_2 数量的许可证，餐馆数量只有 $n_2 < n_1$。市场供给曲线 S^2 是市场上 n_2 家餐馆在对应的最小平均成本曲线之上的边际成本曲线的水平加总。市场若要生产多于 n_2q_1 的餐食，价格必须上涨，以促使 n_2 家餐馆供给更多。

在需求曲线不变的情况下，均衡市场价格上升到 p_2。在这个更高的价格下，每家餐馆生产更多的食物，$q_2 > q_1$，但是餐食总量 $Q_2 = n_2q_2$ 下降了，因为餐馆数量 n_2 下降了。消费者剩余是 A，生产者剩余是 B，福利是 $A + B$。

因此，由于配额体制下的价格会上升，消费者剩余下降：$\Delta CS = -B - C$。幸运的许可证持有者的生产者剩余增加 $\Delta PS = B$。结果，总的福利减少：

$$\Delta W = \Delta CS + \Delta PS = (-B - C) + B = -C$$

其中，C 是无谓损失。

如果一个州通过限制酒类许可证来阻止新餐馆进入市场，它会为每个许可证持有者创造经济利润，即在图（a）中标记为 π 的区域。如果许可证持有者可以出售许可证，那么稀缺资源（许可证）的持有者可以获得这种不同寻常的利润。许可证的销售价格是所有未来利润的现值。政府通过人为地制造许可证的稀缺性，使其具有这一价值。新的持有者的平均成本上升至 AC_2。由于该费用是与产出无关的固定成本，因此不会影响边际成本。市场价格 p_2 等于 AC_2 的最小值，新的持有者获得零经济利润。由进入限制产生的生产者剩余 B 属于许可证的初始持有者而不是当前所有者。所以，初始的许可证持有者是该限制下的唯一受益者，但其收益远低于其他人的损失。

本章小结

1. 竞争性企业在长期获得零利润。尽管竞争性企业在短期内盈利和亏损都有可能，但在长期只获得零利润。如果有必要，稀缺要素的价格会调整，以确保竞争性企业在长期获得零利润。因为利润最大化的企业在长期盈亏平衡，所以那些没有实现利润最大化的企业就会亏损。竞争性企业要想生存，就必须实现利润最大化。

2. 消费者福利。消费者从某商品中得到的、超出其成本的满足，也被称为消费者剩余。它等于消费者需求曲线以下、与购买量对应的市场价格线之上的面积。价格上涨对消费者造成伤害的程度可以用消费者剩余的变化来衡量。

3. 生产者福利。企业从交易中获得的收益可以用生产者剩余来衡量。让企业仍愿意维持原来的生产，可以从其收入中拿走的最大金额就是生产者剩余。它等于企业得到的价格减去可变生产成本，也就是长期利润。它等于企业供给曲线之上、市场价格线之下，至企业实际销售量之间的面积。生产者剩余可以衡量出价格变动对企业的影响。

4. 竞争使福利最大化。把消费者剩余和生产者剩余加起来是衡量福利水平的一种标准方法。价格越是高于边际成本，福利水平就越低。在竞争性均衡点，即价格等于边际成本时，福利实现最大化。

5. 使供求曲线移动的政策。政府常通过颁发许可证来直接限制市场中企业的数量，还可能通过提高进入成本和退出成本间接地限制企业的数量。竞争性市场中企业数量减少会抬高价格，损害消费者，有益于生产企业，并降低标准福利水平。减少的福利被称为无谓损失：生产者的收益小于消费者的损失。

6. 使供给、需求之间产生一个楔子的政策。税收、价格上限和价格下限都会使消费者支付的价格与企业得到的价格之间产生一个楔子。这些政策使价格超出边际成本，即提高消费者所支付的价格、减少消费量。价格与边际成本不等造成无谓损失：消费者剩余和生产者剩余的损失不能被增加的税收收入或其他群体的收益补偿。

7. 两类政策的比较：进口。为减少进口或实现其他目标，一国政府既可以进行数量限制，如采用可使供给曲线移动的配额政策，也可以采用使供给、需求间产生一个楔子的关税政策。这两种政策的福利效应不同。当关税像配额那样使进口减少相同数量时，它也造成同等程度的损害——消费者剩余的损失大于国内生产者剩余的增加——但是，关税的优点在于它由于增加了政府的关税收入，能抵消部分损失。寻租行为是企业或个人为使政府采取有利于他们的政策而做出的种种努力。由于要耗费资源，寻租会加剧福利损失，使最终的损失超过政策本身带来的无谓损失。在一个完全竞争的市场中，政府的各项政策通常会降低福利。但是我们在后面章节中将会说明，在不完全竞争的市场中，政府政策有可能会增加福利。

思考题

MyEconLab 上有全部思考题；＊＝答案请扫本书末二维码获取；A＝代数问题；C＝可能要用到微积分知识。

1. 竞争性企业在长期获得零利润

1.1 现有的高质量且适合种葡萄的土地总是为数不多。经营土地的企业是同质的。因为需求曲线与市场供给曲线向上倾斜的部分相交，企业一开始会获得正的利润。

a. 土地的所有者为了攫取利润而提高租金。说明市场供给曲线是如何变化的（如果真的会改变的话）。

b. 假定一些企业自有土地而一些企业租用土地。从停止营业等方面的决策来看，这两类企业会有不同的表现吗？

1.2 应用案例"名字值多少钱？"中指出，像泰勒·斯威夫特这样的成功艺人的收入是天文数字，而有的艺人收入很低。讨论一下，为什么泰勒·斯威夫特的收入包括基本工资和租金。

2. 消费者福利

＊2.1 烤面包机的反需求函数是 $p=60-Q$，如果价格是 30，则消费者剩余是多少？A

2.2 无线电的反需求函数是 $p=a-bQ$，如果价格是 $a/2$，则消费者剩余是多少？A

2.3 利用应用案例"价格上涨带来巨大消费者剩余损失的商品"表格中关于烟酒的数值，画图说明在确定由价格上涨所导致的消费者剩余的损失时，收入弹性和需求弹性所起的作用。简要说明图中各个区域的面积如何与附录 9A 中推导出的方程以及本章中关于更具弹性的需求曲线如何影响消费者剩余的讨论相对应。（提示：参考例题详解 9.1。）A

2.4 去 eBay 或其他拍卖网站，从已经完成的（或接近完成的）拍卖中找到你感兴趣的一种商品的投标记录。

a. 制作一个表格显示出每个投标人的最高出价。（注意：有些人可能不止一次出价。只使用每个人的最高出价。）

b. 利用上表中的数据绘制此拍卖商品的需求曲线。

c. 确定投标人愿意为此商品支付的总意愿。（提示：参考应用案例"eBay 上的支付意愿"。）

3. 生产者福利

3.1 如果没有固定成本，企业的生产者剩余是否与其利润不同？

3.2 供给函数是 $Q=10+p$，如果价格是 20，那么生产者剩余是多少？（提示：参考例题详解 9.2。）

4. 竞争使福利最大化

4.1 如果社会只关心消费者的福利，一定会希望实现消费者剩余的最大化。假定政府不能强迫或游说企业生产高于竞争性均衡水平的产出，完全竞争的市场均衡会实现这一目标吗？如果社会只关心生产者剩余的最大化，你的答案会有什么不同？（提示：参见图 9.5 和例题详解 9.3 的讨论。）

中级微观经济学（第八版）

4.2 根据应用案例"圣诞礼物带来的无谓损失",用无差异曲线图(一个坐标轴代表作为礼物的商品,另外一个坐标轴代表所有其他商品)说明,一个人获得现金比收到礼物要好。(提示:参考本章对礼物的讨论以及第 4 章对食品券的讨论。)

4.3 美国农业部每天至少会向国民推荐 5 种水果和蔬菜。Jetter 等(2004)估计,如果消费者采纳该建议,大多数水果和蔬菜的均衡价格和均衡数量都能明显提高。例如,色拉用蔬菜的价格将上涨 7.2%,产量也会增长 3.5%,种植者的收入会提高 7.3%(预计健康状况也会改善)。用图说明这些影响,并在图中标明消费者剩余和生产者剩余的变化情况。讨论如何计算消费者剩余(假设美国农业部的推荐改变了消费者的口味或行为,使需求曲线向右移动或在均衡时变得不那么有弹性)。

5. 使供求曲线移动的政策

5.1 政府对图 9.5 中那些供给曲线变动的企业实施限制,使其在 e_2 处与需求曲线相交。讨论该限制对 CS、PS、福利和 DWL 的影响。(提示:用初始供给曲线来确定福利效应。)

5.2 洛杉矶在 2002 年颁布了一项有关新广告牌的禁令,并于 2009 年维持了该禁令。2013 年法院决定取缔所有新的数字广告牌。现有广告牌的所有者并不反对最初的禁令。为什么?这一禁令对生产者剩余、消费者剩余和福利有何影响?在你的分析中,谁是生产者和消费者?这项禁令对整个洛杉矶市的福利有何影响?

5.3 尽管在 1968 年美国还有 23 个州禁止使用自助服务的形式来销售汽油,但是到 20 世纪 70 年代中期,该禁令在绝大多数州都已经销声匿迹了。在 1992 年,自助服务渠道几乎销售了美国全部汽油的 80%,仅有新泽西州和俄勒冈州两州仍然禁止这种销售方式。根据这两个州的自助服务渠道预计的销售额,Johnson 和 Romeo(2000)估计,禁令使每加仑汽油的价格提高了 3~5 美分。用图形说明为什么禁令会影响价格。说明政策的福利效应,并在表中列出各方的损益情况。

5.4 应用案例"水力压裂技术的福利效应"介绍过,允许使用水力压裂技术会导致天然气市场上生产者剩余损失以及消费者剩余和福利增加。请用图形说明上述现象。

5.5 假设 Sony EX71 硅胶耳机更换头的反需求函数为 $p = p_N - 0.1Q$,其中 p 为每副更换头的价格,p_N 为每副新耳机的价格,Q 为每周更换头的数量。假设更换头的反供给函数为 $p = 2 + 0.012Q$。

a. 求均衡状态下一副新耳机价格变化对更换头的均衡价格的影响,$\mathrm{d}p/\mathrm{d}p_N$。

b. 如果 $p_N = 30$ 美元,那么均衡状态下的 p 和 Q 各是多少?消费者剩余是多少?生产者剩余是多少? A

6. 使供给、需求之间产生一个楔子的政策。

6.1 如果图书的反需求函数为 $p = 60 - Q$,供给函数为 $Q = p$,那么初始均衡是多少?从量税 $t = 2$ 美元时的福利效应是多少? A

6.2 假设小麦的需求曲线为 $Q = 100 - 10p$,供给曲线为 $Q = 10p$。政府对每单位征收 $t = 1$ 的从量税。

a. 均衡价格和均衡数量如何变化?

b. 这项税收对消费者剩余、生产者剩余、政府收入、福利和无谓损失有何影响? A

6.3 从价税 v 对市场中每一家竞争性企业的福利影响是什么?

6.4 如果供给曲线向上倾斜而不是水平的,那么例题详解 9.4 的分析结果会如何变化?

6.5 在例题详解 9.4 中,由于税收造成的消费者剩余损失、无谓损失和税收收入之间的关系是什么?解释例题详解 9.1 和 9.4 中不同结果背后的逻辑。

*6.6 讨论一下,对市场中每家竞争性企业征收一次性的定额税的福利效应(提示:参见第 8 章的"挑战题解答")。

*6.7 利得税(政府收取企业利润的一个特定百分比)对市场上每家竞争性企业的长期福利效应是什么?

6.8 为了把大豆的均衡价格从 p_1 提高到 p_2,政府规定豆农需上缴 x 单位的定额税,以使他们将产量从 Q_1(均衡水平)削减到价格 p_2 所对应的需求量 Q_2 的水平。请用图说明,x 必须达到多大才能使豆农把产量减少到这一水平。这个计划对消费者、农民和总福利分别会有什么影响?将这种方法分别与下述三种方法进行比较:(a)实施大小为 p_2 的支持价格,(b)提供价格支持并设定数量为 Q_1 的配额,(c)提供价格支持并设定数量为 Q_2 的配额。

6.9 假设小麦的需求曲线为 $Q = 100 - 10p$,

供给曲线为 $Q=10p$。政府给生产者提供每单位 $s=1$ 的从量补贴。

a. 均衡价格和均衡数量有何变化？

b. 从量补贴对消费者剩余和生产者剩余、政府收入、福利和无谓损失各有什么影响？（提示：参见例题详解 9.5。）A

6.10 画图比较，如果设定同样的价格下限 $\underline{p}$，传统农产品的价格支持计划和差额支付计划的福利效应有什么不同。农民、消费者或纳税人会更偏好哪个项目？（提示：参见例题详解 9.6。）

*6.11 假设小麦的需求函数是 $Q=100-10p$，供给函数是 $Q=10p$。政府通过一项差额支付计划，设定了 $\bar{p}=6$ 的支持价格。

a. 使市场出清的价格和供给量分别是多少？政府支付的差额是多少？

b. 这个计划对消费者剩余、生产者剩余、福利和无谓损失各有什么影响？（提示：参见例题详解 9.7 和应用案例"天然气价格上限的社会成本"。）A

6.12 政府将最低工资设定在目前均衡工资水平之上。最低工资对市场均衡有何影响？它对消费者剩余、生产者剩余和总剩余有何影响？谁是消费者，谁是生产者？（提示：参见在例题详解 9.7 中关于价格上限的处理。）

6.13 市长想帮助本市的租房者。她想到了两种能使租房者受益的政策。一种是租金管制，即对房租设定一个价格上限 $\bar{p}$；另一种政策是由政府提供每月 s 美元的住房补贴，这可以降低租房者的实际支付（至 $\bar{p}$）。谁会因这些政策蒙受损失？谁又会从中获得好处？比较两种政策对住房需求、消费者剩余、生产者剩余、政府支出和无谓损失的影响。这两种政策对无谓损失的影响会受供给弹性和需求弹性的影响吗？（提示：考虑极端情况。）如果受影响，是怎么影响的？（提示：参见例题详解 9.7。）

6.14 假设需求曲线用 $Q=100-10p$ 来表示，供给曲线用 $Q=10p$ 来表示。政府设定 $p=3$ 的价格上限。

a. 描述均衡的变化。

b. 价格上限对消费者剩余、生产者剩余和无谓损失各有什么影响？（提示：参见例题详解 9.7。）A

6.15 美国国家公园管理局希望约塞米蒂国家公园的游客数量保持在 Q^* 的水平上，这要低于目前实际的游客数量。管理部门考虑了两种政

策：（1）提高门票价格；（2）设定配额，限制本州居民的到访次数。比较这两种政策对消费者剩余和福利的影响。用图说明，依你的标准来看哪种政策更好。

6.16 石油公司大力游说一些国会议员，鼓励他们支持有利于石油生产者的法律。其他更民粹主义的国会议员则主张有利于消费者的法律。还有一个团体支持有利于整个社会的法律，寻求消费者和生产者之间的平衡。这三个群体分别会倾向于以下政策的哪一个，不干预市场、价格上限、价格下限、配额？用图形来说明你的答案。（提示：你的一些答案可能取决于供求曲线的形状。）

6.17 在不受监管的竞争性均衡状态下，汽油的需求曲线随着时间的推移变得更具弹性，因为人们可以通过购买更省油的汽车、搬到离工作更近的地方，或做出短期内无法做的其他改变，来应对汽油价格上涨。具有约束力的价格上限导致汽油市场出现短缺。当需求曲线在长期变得缺乏弹性时，短缺和无谓损失的规模会发生什么变化？

6.18 加拿大政府对企业生产的牛奶数量实行配额。对消费者剩余、生产者剩余和福利有什么影响？谁能从这样的规则中受益？

6.19 用图形说明为什么技术进步（导致供给曲线向右移动）会在政府维持传统价格支持的农业市场（如图 9.8 所示）中损害政府和消费者。如果政府在例题详解 9.6 中使用另一种支持价格，将这时技术进步的影响与上述结果进行比较。

7. 两类政策的比较：进口

7.1 如果进口国面临着一条向上倾斜的国外供给曲线（超额供给曲线），说明关税可能会增加该国的福利。

7.2 已知某商品的世界供给曲线是一条从国际价格处出发的水平直线，进口补贴能提高进口国的福利吗？请解释。

7.3 2013 年，美国指责印度、中国和其他三个亚洲国家以低于成本的价格在美国倾销虾，并提议征收高达 62.74% 的关税（Uttara Choudhury, "U. S. Sets Preliminary Anti-dumping Duties on Indian Shrimp," *FirstPost Business*，June 4, 2013）。假设这些国家当年都补贴本国的捕虾者。用图说明（与这些国家不提供补贴时的均衡状态进行相比）美国国内谁受益、谁受损。说明这种高额关税对

消费者和生产者的福利以及政府收入的影响。

7.4 由于美国对原糖设定进口配额并征收关税，2013 年世界原糖价格是 23 美分/磅，约为美国国内市场原糖价格 29 美分/磅的 79%，这使美国产玉米甜味剂的供应商们赚取了高额的销售利润。10 年前美国商务部就估计到，配额与价格支持使美国福利每年减少 30 亿美元。果真如此的话，Archer Daniels Midland（ADM）公司从糖的销售中每获得 1 美元的利润，美国人就要为其支付 10 美元。用模型说明配额对原糖和玉米甜味剂市场的影响。

7.5 某国政府正在考虑是实施配额还是关税，以使进口减少同样的数量。政府会偏好选择哪一种政策？为什么？解释你的答案如何取决于配额的分配方式。

7.6 在拿破仑战争期间，英国对北美实行封锁，扣押美国的船只和货轮，并强迫美国水手在英国军队中服役。应总统托马斯·杰斐逊的要求，美国国会下达禁运令，在 1807 年 12 月至 1809 年 3 月期间，几乎完全（可能达到 80%）封锁了国际商务往来。禁运之前，美国出口额占其国民生产总值的 13%。由于禁运令的生效，美国消费者一时无法找到合适的欧洲工业品的替代品；生产者丧失了欧洲市场，也卖不出那么多的农产品和其他产品。根据 Irwin（2005）的研究，禁运的福利成本至少要占到美国 1807 年国民生产总值的 8%。用图分别说明禁运对出口品的市场和进口品的市场的影响，分析均衡的变化以及对消费者福利和企业福利的影响。（假设进口品供给曲线向上倾斜。）

7.7 1994 年，墨西哥同美国签订了《北美自由贸易协定》（NAFTA），当年从美国进口的玉米量就翻了一番。现在墨西哥市场上的美国进口玉米几乎占到其总消费量的二分之一。根据牛津饥荒救济委员会的报告（2003 年），自《北美自由贸易协定》生效以来，墨西哥的玉米价格降幅已经超过 70%。作为美国南边的邻国，墨西哥

玉米价格下滑的部分原因在于美国对玉米生产每年高达 100 亿美元的补贴。该委员会公布的 2002 年数据显示，美国当年的玉米生产成本为 3.08 美元/蒲式耳，但其出口价格却为 2.69 美元/蒲式耳，二者间的差额反映出政府提供了 39 美分/蒲式耳的出口补贴。美国当年玉米出口量为 530 万吨。用图说明补贴对美国、墨西哥两国的不同利益群体的福利有何影响，对两国政府的支出有何影响。

7.8 加拿大拥有世界已知淡水资源的 20%，但很多加拿大人认为，多余的水资源微乎其微，甚至没有。多年来，加拿大和美国的企业达成协议，向饱受干旱之苦的美国城镇出口了大量淡水。英属哥伦比亚省和安大略省的领导人已经明令禁止了这些贸易。用图说明，如果淡水市场是竞争性的，这样的出口限制会给美国、加拿大两国的水价和用水量带来什么影响。同时说明该政策对两国消费者剩余和生产者剩余的影响。

7.9 美国最高法院于 2005 年 5 月裁定：居民可以直接从州外的葡萄园购买葡萄酒。以前，一些州的法律要求人们直接从位于该州的葡萄酒零售商那里购买葡萄酒。

a. 假设纽约的葡萄酒市场在最高法院判决之前和之后始终都是完全竞争的，用第 9.7 节的分析方法估计最高法院的裁定对纽约酒价的影响。

b. 估计纽约消费者剩余的增加量。

c. 消费者剩余的增长如何取决于供给和需求的价格弹性？

8. 挑战题

8.1 一个城市可以通过多种方式限制餐馆的酒类许可证数量。它可以颁发所有者永久持有的许可证并允许其转售；或者，每年收取高昂的许可费，这相当于发放有效期只有一年的许可证；第三种选择是对提供酒水服务的餐馆（每天）征税。用图形来比较和对比每一种方法下的均衡。在考虑消费者、司机、城市以及（如果相关的话）许可证获得者在每种方案下的损益。

第 10 章

一般均衡和经济福利

让人民的利益成为最高法。

——西塞罗（Cicero）

中级微观经济学（第八版）

挑战题　　　　　　　　　　**《反价格盘剥法》**

大灾退场，物价必涨。在 2005 年，"卡特里娜"飓风横扫墨西哥湾之后，美国沿岸的大部分炼油厂都被摧毁，这直接导致每加仑汽油的价格上涨了 46 美分。通常，一些州政府会实施《反价格盘剥法》来平抑油价，但是邻近州的油价却可以自由调节。例如，当 2010 年 BP 石油泄漏威胁到路易斯安那州沿岸时，该州州长博比·金达尔（Bobby Jindal）宣布当地进入紧急状态，路易斯安那州的《反价格盘剥法》生效。

2012 年 10 月，在超级飓风"桑迪"之后，油价立刻涨了几美分，但一些加油站的零售价要比批发价高出 135%。在飓风过后一周内，纽约总检察长办公室就收到了 500 多起关于价格盘剥行为的消费者投诉。司法部部长对 25 家加油站进行了价格盘剥行为调查。2014 年弗吉尼亚州，2015 年肯塔基州、纽约州、宾夕法尼亚州和西弗吉尼亚州，以及 2016 年俄克拉何马州都在紧急状况出现时先后宣布《反价格盘剥法》生效。

哥伦比亚特区和 34 个州都有《反价格盘剥法》。阿肯色州、加利福尼亚州、缅因州、新泽西州、俄克拉何马州、俄勒冈州和西弗吉尼亚州针对灾后物价上涨设置了"涨幅百分比的上限"，幅度大约是紧急状态前物价水平的 10%～25%。有 16 个州禁止价格"不合理地"上涨。康涅狄格州、佐治亚州、夏威夷州、肯塔基州、路易斯安那州、密西西比州和犹他州等也都在紧急状况出现时出台了限制价格上涨的禁令。

一般来说，在重大自然灾难发生后，立法机关会通过这些法律。[①] 加利福尼亚州在 1994 年北岭地震后通过了这项法律。佐治亚州在 1994 年发生五百年一遇的大洪水后

---

① 政府通过《反价格盘剥法》是由于它们备受欢迎。"卡特里娜"飓风导致油价上涨后，美国广播公司和《华盛顿邮报》的民意调查显示，只有 16% 的受访者认为价格上涨是"合理的"，72.7% 的人认为石油公司和天然气经销商正在利用"不公平的优势"，7.4% 的受访者表示这两种观点都是正确的，余下的人要么持其他观点，要么没有看法。

颁布了《反价格盘剥法》。因此，我们常会看见，遭受灾难的一个州通过了这样的法律，而邻近的州却没有。

在第2章中，我们分析了全国性的价格管制会导致短缺，但导致短缺的有约束力的价格管制会只影响一个州而不影响邻州吗？这种政策对两个州的价格和数量影响如何？有哪些消费者会受益于这样的法律？

除了自然灾害以外，政府的政策变动等冲击也会影响不止一个市场的均衡价格和均衡数量。为了确定这种变化的影响，需要先考察不同市场之间的关系。

在本章中，我们将把分析的视角从单一市场均衡扩展到所有市场均衡，然后研究一个社会如何确定所有市场的某一个特定均衡（或均衡的变化）是否合意。要做到这一点，社会必须回答两个问题："均衡是有效（率）的吗？"以及"均衡是公平的吗？"

如果均衡是有效的，则消费和生产也必定都是有效的。在信息给定的情况下，当且仅当以目前的成本无法生产出更多的产品时，生产就是有效（率）的（第7章）。当且仅当无法通过把商品在人们之间进行再分配，以使至少一个人的境况变好而其他人的境况不变坏时，消费就是有效（率）的。本章将说明如何确定消费是否有效率的问题。

均衡是否有效率是一个科学问题，就如何回答这个关乎效率的科学问题，全体社会成员是有可能达成一致的。

而要回答公平的问题，社会必须进行一次这样的价值判断——每个社会成员在所有商品和服务中所拥有的份额是否"公平"或"公正"。个人主义文化中有一种共识，即每个人都是自身福利状况的最佳（而且可能是唯一合法的）裁定者。不过，要想对影响多人的事件做出社会选择，个体之间的比较在所难免，用这种方法可以确定一个人的收益与另一个人的损失孰多孰少的问题。例如，在第9章中，根据消费者福利（消费者剩余）和生产者福利（生产者剩余）同等重要的价值判断，我们认为设定价格上限会降低总体的福利水平。人无论有多善良（和其他人一样），在公平问题上也可能意见不一。

作为研究福利问题的第一步，许多经济学家使用的是一种狭义的价值标准，也就是所谓的帕累托原则（Pareto principle）［以意大利经济学家维尔弗雷多·帕累托（Vilfredo Pareto）的名字命名］。该标准对不同商品和服务的配置方式进行排序，而无须进行人际比较。根据这一原则，若某种调整能让一个人的境况变好而又不使其他人的境况变坏，这种变化就是合意的（值得的）。如果某种配置处于这样一种状态，任何可能的重新配置都至少使一人受损，那么它就是**帕累托有效**（Pareto efficient）的配置方式。

如果你同意"任何一项能使全体社会成员境况都变好的政府政策都是值得的"，那么，你会赞同"能使一些人境况变好同时又不损害其他人的政策也是值得的"吗？给一个群体带来的好处大于对另一个群体的损害，这样的政策如何呢？某项政策对另一个群体的损害大于给你所在的群体带来的好处，你会怎么看待这种政策？找到一个所有成员都同意的回答方式尚且不太现实，就更别说答案了。

即使在一些很小的社会范围内（比如家庭中），效率与公平也常出现争议。假设11月的某一天，全家人欢聚一堂，每个人都想吃南瓜馅饼。你能分到几个？这取决于对下面的设计效率和公平问题的回答："用现有材料我们最多能烤多少个馅饼？"以及"应该如何分配这些馅饼？"就如何做出更多的馅饼达成一致可能要比就如何公平分配达成一致容易得多。

经济学家主要用经济学理论来回答科学性的效率问题，因为他们不需要做出价值判断就能回答出来。为了研究公平问题，必须做出价值判断，就像我们在第 9 章的福利分析中所做的那样。（奇怪的是，绝大多数社会成员似乎都认为经济学家不像其他人那样擅长价值判断）。本章还要对各种有关公平的观点加以考察。

本章将考察以下 5 个主题：

1. 一般均衡。如果一项新的政府政策或其他冲击影响多个市场而不是一个市场，那么其效果会有所不同。

2. 两人间的交易。两个人拥有一定数量的商品，共同认可的交易会使双方都受益。

3. 竞争性交换。竞争性均衡有两条合意的性质：给定一种恰当的收入分配，任何一个竞争性均衡都是帕累托有效的；而任何一种帕累托有效的配置都可以通过竞争来实现。

4. 生产和交换。引入生产后，交易带来的好处继续存在。

5. 效率和公平。因为存在多种帕累托有效的配置，所以一个社会要根据它对公平的看法进行选择。

10.1 一般均衡

迄今为止，我们一直运用的是**局部均衡分析**（partial-equilibrium analysis）：单独分析某一个市场的均衡及均衡的变动情况。在局部均衡分析中，其他商品的价格和产量固定不变，隐含的假设是，忽略所分析事件可能给其他市场的均衡价格和均衡数量造成的影响。

如果只强调这一点，局部均衡分析听起来就有点不太靠谱。但实际情况并非如此。假设政府对呼啦圈征收从量税，如果税额很高，会对呼啦圈的销售有显著的影响。可税负再重，也不至于影响到汽车、医疗服务或橙汁市场，甚至都不太可能对其他玩具的需求有明显的影响。因此，对此类税收的影响进行局部均衡分析应该足以满足我们的需求。为了分析它而同时研究所有市场，往好了说是没有必要，往坏了说就是会引起混乱。

不过，有时候我们还是需要使用**一般均衡分析**（general-equilibrium analysis）：有关如何在所有市场上同时实现均衡的研究。比如，在一个小国境内发现了一处大油田，这会使该国国民的收入提高，而收入增加又将影响该国所有的市场。经济学家有时候会为一个经济中的多个市场建模，并利用计算机模型为这些市场同时实现的一般均衡求解。

经济学家往往要同时关注若干个（并非全部）市场的均衡。因为对一些人来说，电脑游戏是漫画书的替代品，所以我们知道，对漫画书征税会影响漫画书的价格进而影响电脑游戏的价格，但不会认为这会影响到洗衣机的需求。因此，通过对漫画、电子游戏和其他一些密切相关的市场（如电影和收集卡等市场）进行观察，进而对税收的影响进行多市场均衡分析看来还是有道理的。也就是说，多市场均衡分析涵盖了相关的市场，而不是像一般均衡分析那样涵盖了所有市场。

如果一个市场的价格上涨使另一个市场的需求曲线或供给曲线出现明显的变动，这两个市场就是密切相关的。就好比对咖啡征税使咖啡价格上涨，咖啡和茶互为替代品，所以咖啡价格的上涨又使茶叶的需求曲线向外移动（在任意既定的价格水平上，茶叶的需求量都增加了）。此外，咖啡价格的上涨还造成奶油的需求曲线向里移动，因为咖啡和奶油互为互补品。

与之类似，不同市场的供给曲线也可能是相关的。一个农民既种玉米又种大豆，玉米价格上涨将会影响该农民对这两种作物的（相对）种植量的选择。

两个市场也会因一个市场的产品是另一个市场的投入品而联系在一起。使电脑芯片价格上涨的因素也会带动电脑价格上涨。

因此，基于多种原因，一个市场中发生的事件可能会对其他相关市场产生溢出效应（spillover effect）。实际上，某一事件的溢出效应可能会在若干市场之间引发一连串的连锁反应。

□ 竞争性市场间的相互作用

为说明市场间溢出效应的作用机制，我们利用 Holt（1992）估计出的供给曲线、需求曲线来对玉米和大豆市场进行考察。消费者和生产者都把玉米和大豆当作替代品，因此这两个市场的供给曲线、需求曲线息息相关。二者的需求量同时取决于各自的价格及其他变量；同样的道理，两者的供给量也取决于它们的相对价格。

通过对两个市场中的一连串相关事件加以追踪，我们能说明某一个市场的冲击给两个市场造成的影响。每一步事件是瞬时发生还是经历一定时间，取决于消费者和生产者的反应速度。

如图 10.1（a）所示，玉米的初始供求曲线 S_0^c 与 D_0^c 在初始均衡点 e_0^c 处相交。[1] 均衡价格为 2.15 美元/蒲式耳，均衡数量为 84.4 亿蒲式耳/年。大豆的初始供给曲线 S_0^s 与 D_0^s 相交于均衡点 e_0^s，如图 10.1（b）所示，均衡价格为 4.12 美元/蒲式耳，均衡数量为 20.7 亿蒲式耳/年。表 10.1 中第一行所列的数据就是这两个市场的初始均衡价格和均衡数量。

现在假设美国玉米的国外需求减少，导致玉米的出口减少 10%，美国玉米的总需求曲线从 D_0^c 移动至 D_1^c，如图 10.1（a）所示。S_0^c 与 D_1^c 相交得到新的均衡点 e_1^c。玉米价格降为 1.917 1 美元/蒲式耳，降幅达 11%；玉米供给量减少 2.5%，降到每年 82.27 亿蒲式耳/年，如表 10.1 中步骤 1 所示。

若是进行局部均衡分析，工作到这里就结束了。而在一般均衡分析中，接下来还要考虑给玉米市场造成影响的这个冲击对大豆市场的影响。因为冲击最初使玉米价格（相对于不变的大豆价格）下降了，所以消费者会用玉米代替大豆：大豆的需求曲线从 D_0^s 左移至 D_2^s，如图 10.1（b）所示。

此外，因为玉米价格下降，农民在任意既定的大豆价格水平上都会增加大豆的种植量：大豆的供给曲线向外移动到 S_2^s。新的大豆的需求曲线 D_2^s 同新的大豆的供给曲线 S_2^s 相交于新的均衡点 e_2^s，此时价格为 3.832 5 美元/蒲式耳，下降了 7%；供给量为 20.514 亿蒲式耳/年，降幅不足 1%（表 10.1 步骤 2）。

结果，大豆价格的下降没有使玉米的需求曲线出现多大的变动［图 10.1（a）中没有变动］，但却令玉米的供给曲线 S_0^c 向右移动到了 S_3^c。新的均衡点为 e_3^c，即 S_3^c 与 D_1^c 的交点。

---

[1] 直到最近，玉米和大豆市场都一直受价格控制政策的影响（第 9 章），我们在这里利用估计出的供求曲线来研究两个市场中没有价格控制时的情况。

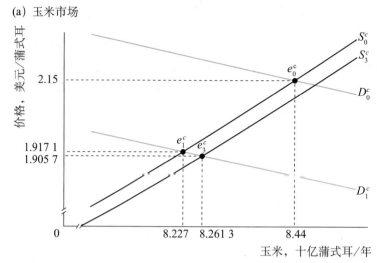

(a) 玉米市场

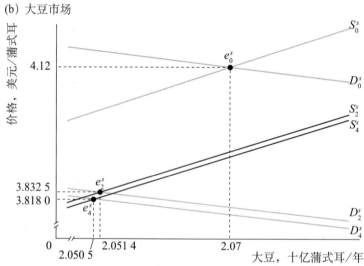

(b) 大豆市场

图 10.1　玉米市场和大豆市场的关系

大豆市场和玉米市场的供求曲线［基于 Holt（1992）的估计］是相互关联的。

价格下降到 1.905 7 美元/蒲式耳，供给量减少到 82.613 亿蒲式耳/年（表 10.1 步骤 3）。

　　玉米相对价格的再次下降使大豆的需求曲线进一步左移（变为 D_4^s），而供给曲线则进一步右移（变为 S_4^s），两条曲线在新的均衡点 e_4^s 处相交，此时大豆的价格和供给量都略有下降，分别降为 3.818 美元/蒲式耳和 20.505 亿蒲式耳/年（表 10.1 步骤 4）。

　　上述变动会在两个市场中不断地持续下去，供给曲线和需求曲线的移动幅度越来越小。最后，当两条曲线都不再移动时，就实现了最终的均衡。两个市场最终的均衡点（表 10.1 的最后一行）实际上就是图 10.1（a）和图 10.1（b）中的 e_3^c 点和 e_4^s 点。

表 10.1　　　　　　　　　　　　　　　　玉米和大豆市场的调整

步骤	玉米		大豆	
	价格	供给量	价格	供给量
初始（0）	2.15	8.44	4.12	2.07
1	1.917 1	8.227		

步骤	玉米		大豆	
	价格	供给量	价格	供给量
2			3.832 5	2.051 4
3	1.905 7	8.261 3		
4			3.818	2.050 5
5	1.905 08	8.263 08		
6			3.817 28	2.050 43
⋮	⋮	⋮	⋮	⋮
最终	1.905 05	8.263 18	3.817 24	2.050 43

如果我们的兴趣仅仅局限于国外需求曲线移动对玉米市场的影响方面，局部均衡分析的结论可信吗？根据这种分析可知，玉米价格下降了10.8%，降为1.917 1美元。相比之下，在一般均衡分析下，价格下降了11.4%，降为1.905美元，这比局部均衡分析的结果低1.2美分，因此局部均衡分析低估了价格变化约0.6个百分点。与之类似，根据局部均衡分析，供给量的降幅为2.5%，而一般均衡分析的结果仅有2.1%。看来，对该市场进行局部均衡分析所产生的偏误还不算大。[①]

例题详解 10.1

因为许多消费者在咖啡和茶之间进行选择，所以咖啡和茶的需求函数取决于两者的价格。假设咖啡和茶的需求曲线是：

$$Q_c = 120 - 2p_c + p_t$$
$$Q_t = 90 - 2p_t + p_c$$

其中，Q_c 是咖啡的数量，Q_t 是茶的数量，p_c 是咖啡的价格，p_t 是茶的价格。这些作物生长在世界不同的地区，因此它们的供给曲线并不相关。我们假设咖啡和茶的短期无弹性供给曲线是 $Q_c = 45$ 和 $Q_t = 30$。求解均衡价格和数量。现在假设霜冻使咖啡的短期供给曲线平移到 $Q_c = 30$。这对价格和数量有什么影响？

解答

1. 令两个市场的需求量和供给量相等。使咖啡需求函数和供给函数的右侧相等，我们得到 $120 - 2p_c + p_t = 45$，或者 $p_t = 2p_c - 75$。对于茶叶市场，$90 - 2p_t + p_c = 30$，或 $p_c = 2p_t - 60$。我们得到两个方程和两个未知数，p_t 和 p_c。

2. 将咖啡方程中 p_t 的表达式代入茶叶的方程式中，求出咖啡的价格，然后利用这个结果求出 p_t。将 $p_t = 2p_c - 75$ 代入 $p_c = 2p_t - 60$，得到 $p_c = 4p_c - 150 - 60$。求解这个表达式，得到 $p_c = 70$。将 $p_c = 70$ 代入咖啡的方程中，得：$p_t = 2p_c - 75 = 140 - 75 = 65$。将上述价格代入需求方程，我们确定均衡数量等于固定供给：$Q_c = 45$ 和 $Q_t = 30$。

3. 对于 $Q_c = 30$ 进行上述分析。新供给量将咖啡市场均衡条件变为 $120 - 2p_c + p_t = 30$，或 $p_t = 2p_c - 90$。将该表达式代入茶叶的均衡条件，得 $p_c = 4p_c - 180 - 60$，所以 $p_c = 240/3 = 80$，$p_t = 2p_c - 90 = 70$。因此，霜冻使咖啡供给 Q_c 减少了15单位，价格上涨了

[①] 在 MyEconLab，Chapter 10，"Sin Taxes"中，我们举例说明了在一些市场中，采用局部均衡分析而非一般均衡分析所造成的偏误极大。

10 单位；茶叶供给 Q_t 不受影响，但价格上涨了 5 单位。

□ 仅涉及部分部门的最低工资

在第 2 章中，我们曾用局部均衡分析法考察了覆盖整个劳动力市场的最低工资法的影响。最低工资造成劳动的需求量小于供给量，丢掉工作的人在别的地方也很难找到工作，因而变成失业者。

许多人都熟悉这种推理并过度概括：

常识性谬误：最低工资必然造成失业。

如果最低工资适用于整个劳动力市场，这一结果合乎逻辑。不过，我们要用一般均衡分析法说明，如果最低工资法仅涉及（或覆盖）经济中的某些部门，则可能不会引起失业。[①]

当经济中的某个部门开始实施最低工资时，工资上涨会致使该部门的劳动需求量下降，在这个部门中失去工作的工人不断向未实施这一制度的部门流动，进而促使后一部门的工资水平下降。

1938 年，当美国的最低工资法刚刚通过时，一些经济学家开玩笑说，该法的目的是要支持家庭农场。这项法律驱使大量工人离开制造业等部门，向不在限制范围内的农业部门流动。随着时间的推移，最低工资法涵盖了越来越多的经济部门。

图 10.2 说明了没涵盖所有部门的最低工资法的影响。在图 10.2 (c) 中，总的需求曲线 D 是图 10.2 (a) 中实施最低工资法的部门的劳动服务需求曲线 D^c 与图 10.2 (b) 中未实施最低工资法的部门的需求曲线 D^u 的水平加总。如果没有最低工资法，两个部门的工资都是 w_1，它由总的需求曲线 D 与总的供给曲线 S 的交点决定。在这一工资水平上，实施该法的部门每年购买了 L_c^1 个工时，未实施该法的部门购买了 L_u^1 个工时，整个市场的工时数为 $L_1 = L_c^1 + L_u^1$。

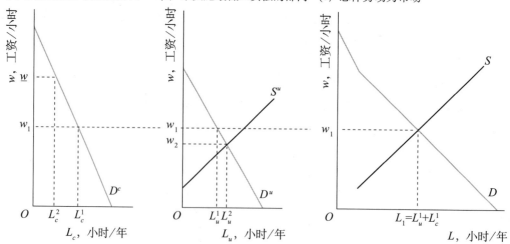

(a) 实施最低工资法的部门   (b) 未实施最低工资法的部门   (c) 总体劳动力市场

图 10.2　仅涉及部分部门的最低工资

没有最低工资限制时，均衡工资为 w_1。只在一个部门内实行最低工资 w，会导致该部门的劳动需求量减少。多余的劳动流向没有实施最低工资法的部门，从而导致那一部门的工资降到 w_2。

[①] 此外，在只有一个雇主的市场（垄断市场）中，最低工资会增加就业，不会造成失业（参见例题详解 15.4）。

中级微观经济学（第八版）

如果仅在实施最低工资法的部门设定一个等于 $\underline{w}$ 的最低工资，该部门的就业会下降到 L_c^2。要想确定未实施该法的部门的工资和就业水平，首先要知道该部门能获得多少单位的劳动。

在实施最低工资法的部门中，任何找不到工作的人都会进入未实施该法的部门。如图 10.2（b）所示，后一部门的劳动供给曲线是一条剩余供给曲线：在任意价格水平上，没有被其他部门所需求的那部分市场供给（参见第 8 章）。由于前一部门中有最低工资限制，后者的剩余供给函数为[①]：

$$S^u(w) = S(w) - D^c(\underline{w})$$

因此，未实施最低工资法的部门，其剩余供给 $S^u(w)$ 等于任意既定工资水平 w 上的总供给 $S(w)$ 减去实施最低工资法的部门的劳动使用量 $L_c^2 = D^c(\underline{w})$。

D^u 与 S^u 的交点决定了未实施最低工资法的部门的新工资为 w_2，新的就业水平为 L_u^2。[②] 一般均衡分析表明，最低工资导致实施该法的部门的就业减少，而未实施该法的部门的就业增加（很少的数量），并使该部门的工资降至初始竞争性均衡水平以下。因此，一项仅涉及部分部门的最低工资法影响着不同部门的工资和就业水平，但并不增加失业。

美国于 1938 年首次通过最低工资法时，只有 56％的工人是在实施该法的部门中就业（参见 MyEconLab，Chapter 10，"U. S. Minimum Wage Laws and Teenagers"）。时至今日，很多州的最低工资法都仅仅覆盖部分部门。

超过 145 个美国城市和乡村实施了生活工资法（living-wage law），这是一种新形式的最低工资法，它要求实施该法的地区的最低工资应该足以保证一个全职雇员生活在贫困线以上。生活工资法是一种仅涉及部分部门的法律，通常只包含政府雇员或者同政府签订协议的企业。

例题详解 10.2

所有工人的初始工资为每小时 w_1。政府仅对经济中的某些部门的劳动工资征税，税的大小为 t。也就是说，如果工人每小时的工资是 w_2，那么征税部门的企业所支付的工资为每小时 $w_2 + t$。说明在税后均衡中，征税部门和未征税部门的工资是如何确定的。这项税收对总的就业 L、征税部门的就业 L_c 和未征税部门的就业 L_u 各有什么影响？

解答

1. 确定初始均衡。在下页图中，劳动的总的需求曲线 D^1 与总的供给曲线 S 的交点 e_1 为初始均衡点，此时工资为 w_1，总就业为 L_1。征税部门和未征税部门的就业量分别是 L_c^1 和 L_u^1，且 $L_1 = L_c^1 + L_u^1$。总需求曲线是征税部门和未征税部门的需求曲线 D_c^1 与 D^u 的水平加总。

2. 说明征税部门的劳动需求曲线的移动以及由其引起的总的需求曲线的移动。这项税收使征税部门的劳动需求曲线由 D_c^1 下移至 D_c^2。结果，总的需求曲线也向内移动到 D^2。

3. 利用总的供给曲线和总的需求曲线确定均衡工资，然后再确定两个部门的就业水

---

① 如果没有最低工资限制，未实施最低工资法的部门的剩余供给函数为 $S^u(w) = S(w) - D^c(w)$。

② 如果最低工资导致其覆盖部门的商品价格相对于未覆盖部门上涨，随之使两个部门的需求曲线 D^c 和 D^u 发生移动，则上述分析是不完整的。如果劳动成本仅占总成本的一小部分（因此最低工资的影响对总成本的影响很小），或者如果最终产品的需求对价格相对不敏感，则忽略上述可能性是合理的。

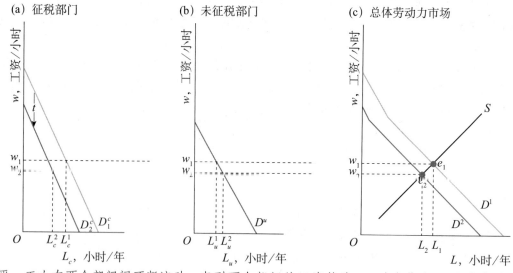

(a) 征税部门   (b) 未征税部门   (c) 总体劳动力市场

平。工人在两个部门间不断流动，直到两个部门的工资均为 w_2 时才停止。w_2 由新的总的需求曲线 D^2 与总的供给曲线 S 相交决定。此时两个部门的就业分别为 L_c^2 和 L_u^2。

4. 对均衡进行比较。税收导致工资、总就业和征税部门的就业全都下降，而使未征税部门的就业增加。

应用案例

搬到郊区去

费城等一些城市都对工资征税，而郊区不在此列（或者税率非常低）。在费城，只要是城市居民（无论是否在该市工作），或者你在该市工作（哪怕不是该市的居民），都要缴纳工资税。很不幸，这导致人和工作都向郊区迁移。为了弥补工作岗位的损失，市政府已经实施了渐进式的工资税减免计划。在工资税削减后，城市工人的工资税从 1983—1995 年的高点 4.96% 一路降至 2016 年费城居民 3.900 4% 和非费城居民 3.474 1%。

一项针对费城的调查估计，如果该市将工资税再降低 0.417 5 个百分点，会多出 30 500 人在市区工作。地区性的减税比全国性的减税更有效，工人一般不太可能为避税而跑到国外去，但是迁移到数英里外的郊区可不在话下。的确，谁都能看到，相比于市区内，以环绕在城市周围的城市航线大街（City Line Avenue）为界的郊区发展得有多么欣欣向荣。

10.2   两人间的交易

在第 9 章中我们了解到，关税、配额及其他贸易限制政策往往对进、出口两国都有伤害。原因在于，自愿达成的交易能给双方都带来好处，否则它们就不会进行交易。下面我们将用一般均衡模型来说明自由交易是帕累托有效的：所有自愿的交易发生后，我们无法再通过对商品进行重新配置以使一个人的境况变好，同时又不使其他人的境况变坏。首先，我们要证明两人间的交易具有帕累托特性，其次利用竞争性市场说明多人交易同样具有这一特征。

☐ 禀赋

假设 Jane 和 Denise 两人在马萨诸塞州的偏远地区比邻而居。一场突如其来的暴风雪让她们与外界失去了联系。眼下她们要做的是，必须在"交易"和"只消费自己手头上的商品"之间做出选择。

这两个人共有 50 捆烧柴和 80 块糖果，想再增加这两种商品的数量是不可能的。Jane 的**禀赋**（endowment）——最初拥有的商品配置或组合——为 30 捆烧柴和 20 块糖果。Denise 的禀赋为 20（＝50－30）捆烧柴和 60（＝80－20）块糖果。因此，Jane 拥有的烧柴多一些，而 Denise 拥有的糖果多一些。

我们把她们的禀赋在图 10.3 中画出，图 10.3（a）和图 10.3（b）是代表性的无差异曲线图（第 4 章和第 5 章），图中纵轴表示烧柴，横轴表示糖果。图 10.3（a）中的 e_j 点（30 捆烧柴和 20 块糖果）为 Jane 的禀赋，图 10.3（b）中的 e_d 点为 Denise 的禀赋。这两幅图中的无差异曲线都穿过禀赋点。

如果我们把 Denise 的图旋转 180 度倒扣在 Jane 的图上，就得到图 10.3（c）。这类图形被称为埃奇沃思盒形图以［英国经济学家弗朗西斯·伊西德罗·埃奇沃思（Francis Ysidro Edgeworth）的名字命名］，用以说明在两种商品的禀赋既定的情况下两人之间的交易。下面我们就用埃奇沃思盒形图来说明同时交易烧柴和糖果时的一般均衡模型。

埃奇沃思盒形图的宽代表 50 捆烧柴，长代表 80 块糖果，即 Jane 和 Denise 二人的禀赋之和。商品组合 e 同时代表两人的禀赋。从该图左下方 Jane 的原点 0_j 开始度量，在禀赋点 e，Jane 有 30 捆烧柴和 20 块糖果。与之类似，从该图右上方 Denise 的原点 0_d 开始度量的话，在 e 点，Denise 有 60 块糖果和 20 捆烧柴。

☐ 互惠交易

Jane 和 Denise 应该进行交易吗？答案和她们的偏好有关，这反映在各自的无差异曲线上。对 Jane 和 Denise 的偏好及行为我们做以下三个假设：

■ 效用最大化：每个人都最大化其效用。

■ 性状良好的无差异曲线：每个人都拥有常见的凸的无差异曲线。因此，两人对每种商品的边际效用都严格为正（永不满足）。

■ 相互独立：两人的效用都和对方的消费无关（谁都不会从另外一人的消费中得到满足或不快），而且她们各自的消费也不会伤害到对方（一个人使用烧柴不会造成让对方讨厌的烟尘污染）。

图 10.3 就反映了这些假设。在图 10.3（a）中，Jane 的无差异曲线 I_j^1 穿过她的禀赋点 e_j，并且凸向原点 0_j。禀赋点 e_j 与其他位于其无差异曲线 I_j^1 上的商品组合对 Jane 而言并无差异。与 e_j 点相比，她更偏好在 I_j^1 以上区域内的商品组合，而与 I_j^1 以下的各点相比，她更偏好 e_j 点。图 10.3（c）也说明了 Jane 的无差异曲线。与她的禀赋点相比，Jane 更偏好位于阴影部分 A 和 B 之中的商品组合，即位于无差异曲线 I_j^1 之上的区域中的商品组合。

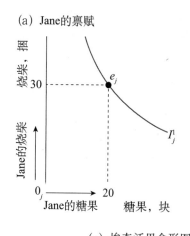

(a) Jane的禀赋

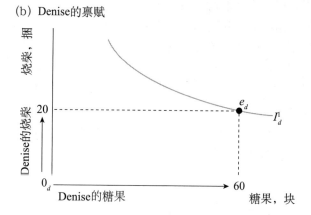

(b) Denise的禀赋

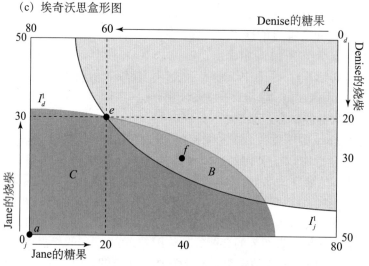

(c) 埃奇沃思盒形图

图 10.3 埃奇沃思盒形图中的禀赋

(a) Jane 的禀赋为 e_j，她有 20 块糖果和 30 捆烧柴。该商品组合与其他位于其无差异曲线 I_j^1 上的商品组合对她而言并无差异。(b) 对 Denise 而言，禀赋 e_d（60 块糖果和 20 捆烧柴）与其他位于其无差异曲线 I_d^1 上的商品组合是一样好的。(c) 在图（a）和图（b）结合形成的埃奇沃思盒形图中，二人的禀赋均为 e 点。与该商品组合相比，Jane 更偏好 A 和 B 区域内的商品组合，而 Denise 更偏好 B 和 C 内的商品组合。因此，两人都认为区域 B 内的商品组合要比 e 商品组合好。

与之类似，如图 10.3（b）所示，Denise 的无差异曲线 I_d^1 穿过她的禀赋点，并凸向其左下端的原点 0_d。在图 10.3（c）中，无差异曲线 I_d^1 仍凸向她的原点 0_d，但是在埃奇沃思盒形图中，原点 0_d 在右上端。（在观察埃奇沃思盒形图中 Denise 的无差异曲线时，把书旋转一下可能有助于观察。如果让书的顶端朝下，看起来可能会更加清楚。）与禀赋点相比，Denise 更偏好阴影部分 B 和 C 中的商品组合，即原点 0_d 到无差异曲线 I_d^1 这一区域之外的商品组合（如果让书的顶端朝下，就是位于 I_d^1 之上的那部分区域）。

在图 10.3（c）中的禀赋点 e，Jane 和 Denise 都能从交易中获益。与禀赋点相比，Jane 更偏好 A 和 B 中的商品组合，而 Denise 更偏好 B 和 C 中的商品组合，因此二人都认为 B 中的商品组合比各自的禀赋 e 要好。

假设她们之间进行交易，将商品组合 e 重新配置成组合 f。Jane 放弃了 10 捆烧柴换回 20 块糖果，而 Denise 放弃 20 块糖果换来 10 捆烧柴。如图 10.4 所示，双方都从这次交易中获益。Jane 的无差异曲线 I_j^2 穿过商品组合 f，高于过商品组合 e 的无差异曲线 I_j^1，因此 Jane 在 f 点的境况要好于 e 点。同理，Denise 穿过商品组合 f 的无差异曲线 I_d^2 也高于（如果把书顶端朝下拿着）e 点所在的无差异曲线 I_d^1，她也从交易中获益。

既然她们已经通过交易达到了 f 点，还会想进一步交易吗？要回答这个问题，可以重复上面的分析。Jane 更偏好过 f 点的无差异曲线 I_j^2 以上的所有商品组合。与 f 点相比，Denise 更偏好 I_d^2 以上（如果把书顶端朝下拿着）的所有商品组合。不过，并不存在二人都偏好的商品组合，因为 I_j^2 与 I_d^2 在 f 点相切。Jane 和 Denise 都不想交易结果从 f 变成 e（即在她们各自的无差异曲线之下）这样的商品组合。Jane 愿意从 f 交易到 c，c 位于其更高的无差异曲线 I_j^3 上，但是这样的交易会使 Denise 的境况变糟，因为对 Denise 而言，该商品组合位于一条更低的无差异曲线 I_d^1 上。同理，Denise 更偏好 b 而非 f，但是 Jane 又不这么认为。因此，离开 f 的任何移动至少会损害二者之一的利益。

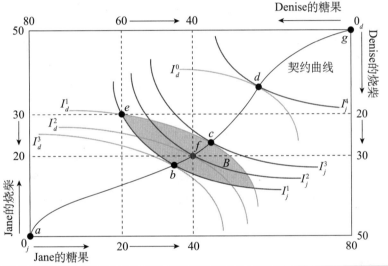

	禀赋，e		交易		新商品组合，f	
	烧柴	糖果	烧柴	糖果	烧柴	糖果
Jane	30	20	−10	+20	20	40
Denise	20	60	+10	−20	30	40

图 10.4 契约曲线

契约曲线包括所有帕累托有效的商品组合。Jane 和 Denise 两人无差异曲线的任何一个切点都在这条契约曲线上，因为不可能再进行交易，所以重新配置商品并不能在不伤害一方的同时使另一方变好。从禀赋点 e 出发，Jane 和 Denise 愿意交易 B 区域内那段契约曲线上的商品组合：介于 b 和 c 之间的商品组合。表中的数据说明了她们如何交易到商品组合 f。

没有进一步交易发生的原因可能在于，在如 f 这样的商品组合上，Jane 对烧柴和糖果的边际替代率 MRS_j（其无差异曲线的斜率）与 Denise 对两种商品的边际替代率 MRS_d 相等。Jane 的 MRS_j 为 $-1/2$：她愿意用 1 捆烧柴换 2 块糖果。由于 Denise 的无差异曲线与 Jane 的相切，所以 Denise 的 MRS_d 也一定是 $-1/2$。既然二人都想以相同的比率用烧柴换糖果，所以就不太可能同意继续进行交易。

相反，在二人的无差异曲线并不相切的商品组合上，如 e 点，对应的 MRS_j 和 MRS_d 并不相等。Denise 的 MRS_d 为 $-1/3$，而 Jane 的 MRS_j 为 -2。Denise 愿意放弃 1 捆烧柴换取 3 块糖果，或放弃 3 块糖果换取 1 捆烧柴。如果 Denise 用 3 块糖果换取 Jane 的 1 捆烧柴，Jane 会接受这个交易，因为她愿意放弃 2 捆烧柴来换 1 块糖果。这个例子说明，在无差异曲线相交的条件下进行交易是可能的，因为此时边际替代率不相等。

综上所述，我们可以得出以下四种有关商品组合 f 的等价结论：

（1）双方的无差异曲线相切于 f 点。

（2）双方在 f 点的边际替代率相等。

（3）在 f 点继续进行互惠交易是不可能的。

（4）f 点的这种配置方式是帕累托有效的：一方无法在不损害对方的情况下变得更好。

两人的无差异曲线还在商品组合 b、c 和 d 处相切，因而这些组合像 f 一样是帕累托有效的。把所有这样的商品组合连起来，我们就画出了**契约曲线**（contract curve）：所有帕累托有效组合的集合。之所以称为契约曲线，是因为只有在这些点上双方才不愿意进一步交易——这些商品组合是最终的契约。离开契约曲线上的任意组合都必定会至少损害一方的利益。

在图 10.4 中，a 和 g 这两个商品组合是契约曲线的一部分吗？

解答

说明在那些点上不可能有互惠交易发生，以此证明这些商品组合是帕累托有效的。商品组合 g 代表 Jane 占有全部商品，它在契约曲线上，因为此时不可能发生互惠交易：Denise 没有商品同 Jane 交易。因此，如果不从 Jane 那里拿走一些商品，就没办法让 Denise 的境况变好。同理，若 Denise 占有全部商品，即 a 点，我们只有从 Denise 手中取走烧柴或糖果然后把它们送给 Jane，才能使 Jane 的境况变得更好。

☐ 议价能力

对于每一个不在契约曲线上的商品组合而言，总能在契约曲线上找到至少使一人受益的商品组合来取而代之。在图 10.4 中，如果 Jane 和 Denise 从禀赋 e 开始交易，则她们之间的交易会一直持续到介于契约曲线上 b、c 点之间的某一点才会结束。B 中的所有配置都对双方有利。但如果二人的交易落在 B 中非契约曲线上的某个配置上，因为她们的无差异曲线会在那些点上相交，所以还会进行进一步的互惠交易。

交易会在契约曲线上 b 点和 c 点之间的哪一点结束呢？这取决于双方的议价能力。假设 Jane 更擅长议价，她知道：自己得到的越多，Denise 的境况就会变得越糟，而且 Denise 不会同意进行任何会使其境况比 e 点更糟的交易。因此，Jane 能进行的最为有利的交易就是使 Denise 保持在 e 点的状态，即选择 I_d^1 上的商品组合。如果 Jane 能够沿着 I_d^1 挑选她想要的任意一个商品组合，她会选择自己最高的无差异曲线上的某个组合，即 I_J^3 恰好与 I_d^1 相切的商品组合 c。此交易结束后，与这之前相比，Denise 的境况没有变坏，但 Jane 的境况变得更好了。同理可知，若 Denise 擅长议价，最后的商品配置将会是组合 b。

10.3　竞争性交换

这世上的多数交易都不是一对一的讨价还价。去商店买洗发水时，你会看一下标签价格再决定是买还是不买。你可能从来没有为一瓶洗发水而试着和店员砍价：在洗发水市场上，你是一个价格接受者。

如果我们不太了解 Jane 和 Denise 如何议价，那么就只能说她们就契约曲线上的某种配置达成交易；可如果清楚她们的交易过程，就可以用该过程来确定最终的商品配置。特别是，我们可以通过对竞争性交易过程的观察来确定一个纯交换经济中的竞争性均衡。

在第 9 章，我们曾经用一种局部均衡分析法说明，在有大量自愿交易发生的竞争性市场中，个人的福利水平 W 实现了最大化。我们现在用一般均衡模型来说明竞争性市场所具有的两个合意的特征（这些特征在很弱的条件下依然成立）：

● 福利经济学第一定理（first theorem of welfare economics）：竞争性均衡是有效率的。竞争会在所有市场中实现帕累托有效配置——没有人能在不使其他人境况变坏的情况下使自身的境况变好。

● 福利经济学第二定理（second theorem of welfare economics）：任何有效的配置都可以通过竞争来实现。假定商品的初始配置是合适的，任何可能的有效配置都可以通过竞争性交换而获得。

☐ 竞争性均衡

在只有两个人交易的时候，他们都不可能把自己当成价格接受者。但是，如果与 Jane 和 Denise 有相同嗜好和禀赋的人非常多，则每个人都是两种商品的价格接受者。我们可以用埃奇沃思盒形图来观察价格接受者的交易情况。

因为只有两种商品可供交易，所以在决定是否交易时，每个人只需考虑两种商品的相对价格即可。若 1 捆烧柴的价格 p_w 为 2 美元，1 块糖果的价格 p_c 为 1 美元，那么 1 块糖果仅值 1 捆烧柴价格的一半：$p_c/p_w=1/2$。一个人可以卖掉 1 捆烧柴并用这些钱买 2 块糖果。

在初始配置的 e 点，Jane 拥有价值 80 美元＝（2 美元/捆×30 捆烧柴）+（1 美元/块×20 块糖果）的商品。按照上面的价格，Jane 可以持有她的禀赋，或者交换成：有 40 捆烧柴但没有糖果的商品组合；有 80 块糖果但没有烧柴的商品组合；或任意一个位于价格线（预算线）上以及价格线与 Jane 的横纵坐标轴所围成的区域内的商品组合，如图 10.5（a）所示。价格线是在禀赋既定的条件下，Jane 通过交易可以得到的全部商品组合，它穿过 e 点，斜率为 $-p_c/p_w=-1/2$。

如果价格线给定，Jane 会选择哪一个商品组合呢？她想挑选能使其效用最大化的那个商品组合，该商品组合就是无差异曲线 I_J^2 与其预算线或价格线的切点。Denise 也希望能以同样的方式实现效用最大化。

在一个竞争性市场上，价格会一直调整到供求相等的水平。拍卖师能帮我们确定均衡。他能叫出一个（相对）价格，并询问在该价格水平下需求量和供给量各是多少。若供求不等，就另外再叫一个价格。当需求等于供给时，交易就会实际发生，拍卖随即结束。在一些码头，渔船在每天的拍卖会上就用这种方式把自己捕捞到的水产品卖给批发商。

图 10.5（a）表明，当糖果的价格仅为烧柴的一半时，每种商品的需求量正好和供给量相等。Jane（以及像她一样的每个人）想卖掉 10 捆烧柴，然后用那些钱去买 20 块糖果。与之类似，Denise（以及像她一样的每个人）想卖掉 20 块糖果，买 10 捆烧柴。因此，烧柴的销售量等于购买量，糖果的需求量等于供给量。我们可以在图中看到，因为两类消费者最佳的商品组合同为 f，所以需求量等于供给量。

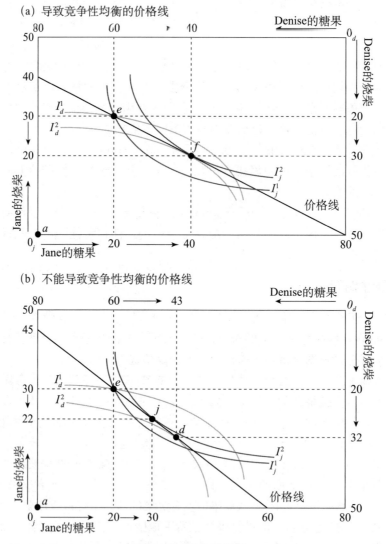

图 10.5　竞争性均衡

初始禀赋为 e。（a）如果 $p_w = 2$ 美元，$p_c = 1$ 美元，Jane 和 Denise 沿着她们所面对的价格线在 f 点交易，即在 Jane 的无差异曲线 I_j^2、价格线、Denise 的无差异曲线 I_d^2 同时相切所形成的切点处交易。（b）其他价格线都无法导致均衡。若 $p_w = 1.33$ 美元，$p_c = 1$ 美元，Denise 想按照这两个价格购买 12（$=32-20$）捆烧柴，但是 Jane 只想卖 8（$=32-22$）捆。类似地，Jane 想购买 10（$=30-20$）块糖果，但 Denise 想卖 17（$=60-43$）块。因此，这些价格与竞争性均衡并不一致。

以其他任何一种价格比率交换，每种商品的需求量和供给量都不会相等。例如，若

糖果的价格保持 $p_c = 1$ 美元不变，但是烧柴的价格降低到 $p_w = 1.33$ 美元，价格线会变得更加陡峭，其斜率等于 $-p_c/p_w = -1/1.33 = -3/4$，如图 10.5（b）所示。按照这样的价格，Jane 想得到组合 j 而 Denise 想换到 d。Jane 希望再买 10 块糖果，而 Denise 想卖 17 块，供给量与需求量不等。因此，当初始禀赋为 e 时，该价格比率不可能产生一个竞争性均衡。

☐ 竞争的效率

在一个竞争性均衡中，两类消费者的无差异曲线与价格线相切于同一商品组合，从而使每个人的无差异曲线的斜率（MRS）都等于价格线的斜率，无差异曲线的斜率等于：

$$MRS_j = -\frac{p_c}{p_w} = MRS_d \tag{10.1}$$

在一个竞争性均衡中，所有消费者的边际替代率都相等，所以该均衡必定位于契约曲线上。这样我们就证明了：

福利经济学第一定理：任何一个竞争性均衡都是帕累托有效的。

这个结论的直观感受就是：在竞争性市场中，（面对相同价格的）人们实现了他们想要进行的所有自愿交易。因为不可能再有自愿交易发生，所以在竞争性均衡中，没有办法在不使其他人境况变坏的情况下而使某个人境况变好。（如果发生非自愿交易，至少有一人的境况会变得更糟。一个偷了别人东西——非自愿交易——的人以犯罪为代价获得好处。）

☐ 用竞争来实现任意有效的配置

在众多可能的帕累托有效配置中，政府想从中选出一个，它可以用竞争性市场机制来实现这个目标吗？

前面的例子说过，竞争性均衡取决于禀赋：财富的初始分配。例如，若图 10.5（a）中的初始禀赋为商品组合 a（Denise 拥有全部商品，而 Jane 一无所有），则竞争性均衡就是点 a，因为此时不可能再有交易发生。

所以，若想通过竞争来实现某一具体的配置（如 f），交易必须始于某种恰当的禀赋才行。如果消费者的禀赋为 f，这是一个帕累托有效的商品组合，则他们的无差异曲线也相切于 f，就不会有交易发生了。也就是说，f 是一个竞争性均衡。

还有很多其他的禀赋也都能导致竞争性均衡出现在 f 点。图 10.5（a）说明，若禀赋为 e，则它带来的竞争性均衡就是 f。在该图中，价格线同时穿过 e 和 f。如果禀赋为该价格线上的任意一个组合——不仅仅是 e 或 f，则竞争性均衡点均为 f 点，因为无差异曲线仅在 f 点与之相切。

综上所述，如果初始禀赋为 x，任何一个帕累托有效的商品组合 x 都可以作为一个竞争性均衡而得到。如果初始禀赋位于某条经过组合 x 的价格线上，价格线与无差异曲线相切于 x 点，价格线的斜率等于无差异曲线的边际替代率，则该帕累托有效配置 x 也可以作为竞争性均衡而实现。至此，我们就证明了：

福利经济学第二定理：给定一个合适的初始禀赋，则任何帕累托有效的均衡都可以通过竞争来实现。

福利经济学第一定理告诉我们，社会可以通过竞争来实现效率；福利经济学第二定理又补充说，通过对禀赋（收入）予以恰当的分配，社会能够获得它所偏好的某一特定有效的配置，这和它对公平的价值判断有关。

10.4 生产和交换

迄今为止，我们所讨论的都是没有生产的纯交换经济。而接下来我们要考察的经济具有如下特征：一种投入，两种产品，且投入的数量固定。

比较优势

Jane 和 Denise 都能通过自己的劳动生产糖果或砍烧柴，但两人用一天时间的劳动所生产的产品数量有所不同。

生产可能性边界

Jane 用一天的时间能生产 3 块糖果或砍 6 捆烧柴。如果将时间在两项活动中分配，可以生产出两种产品的不同组合。a 是 Jane 一天中用于生产糖果的时间比例，$1-a$ 就是她用来砍烧柴的时间比例，因此，她一天能生产 $3a$ 块糖果和 $6(1-a)$ 捆烧柴。

让 a 在 0 和 1 之间变化，我们能画出图 10.6（a）中的那条线，它就是 Jane 的生产可能性边界（production possibility frontier）PPF_j（第 7 章），该曲线说明了她用既定的生产要素所能生产出的糖果和烧柴的最大数量的组合。如果 Jane 用可获得的最先进技术（如一把锋利的斧头）工作一整天，她就实现了生产效率（efficiency in production），并生产 PPF_j 上的产品组合。如果一天中有一段时间在休息，或没有使用最先进的技术，那么她就只能生产位于 PPF_j 之内的烧柴和糖果组合，该组合是无效率的。

边际转换率

生产可能性边界的斜率叫作边际转换率。[①] 边际转换率告诉我们少生产 1 块糖果能够多生产多少捆烧柴。因为 Jane 的 PPF_j 是一条斜率为 -2 的直线，所以每个组合的 MRT 都等于 -2。

Denise 一天最多可以生产 3 捆烧柴或者 6 块糖果。图 10.6（b）给出了她的生产可能性边界 PPF_d，其 $MRT=-1/2$。因此，就像各自的边际转换率所反映的那样，二人都工作一天的话，Denise 能生产的糖果相对较多，而 Jane 砍的烧柴相对较多。

边际转换率说明了生产一种产品的成本有多少，该成本是用放弃产生其他产品的数量来衡量的。与其他生产者相比，某人有着能以更低的机会成本生产一种产品的能力，则这个人在该产品的生产中具有**比较优势**（comparative advantage）。Denise 在生产糖果方面具有比较优势（生产一定量的糖果只需放弃少量的烧柴），而 Jane 在砍烧柴方面具有比较优势。

如图 10.6（c）所示，将两人的产出加在一起，就可以得到一条联合生产的生产可能性边界 PPF。如果 Denise 和 Jane 把全部时间都用来砍烧柴，则 Denise 和 Jane 两人分别

---

① 在标准消费者模型（第 4 章）中，我们将消费者的预算线的斜率称为边际转换率。也就是说，对于一位价格接受型消费者（也就是所消费的商品源于购买）来说，预算线的作用等同于某人生产两种产品时的生产可能性边界的作用。

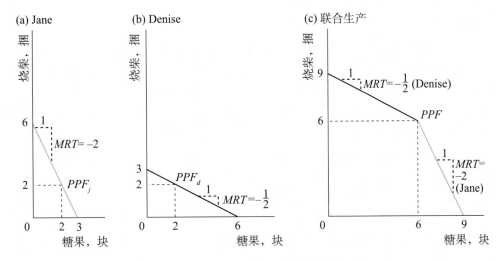

图 10.6　比较优势和生产可能性边界

(a) Jane 的生产可能性边界 PPF_j 说明，她在一天之内能制作 3 块糖果或砍 6 捆烧柴，或者生产两种产品的任意组合。其边际转换率等于 -2。(b) Denise 的生产可能性边界 PPF_d 的斜率 MRT 等于 $-1/2$。(c) 两人联合生产的生产可能性边界 PPF 在 6 捆烧柴（由 Jane 生产）和 6 块糖果（由 Denise 生产）的组合处发生弯折，并凹向原点。

生产 3 捆和 6 捆，共计 9 捆，即 PPF 与度量烧柴的坐标轴的交点。同理，若二人都只生产糖果，一共可生产 9 块。假如 Denise 专门制作糖果而 Jane 专门砍烧柴，共可以生产 6 块糖果和 6 捆烧柴，也就是 PPF 弯折处的产品组合。

若她们想多生产些糖果和少砍几捆烧柴，则就让 Denise 只做糖果，而 Jane 既做糖果又砍柴。Jane 之所以砍柴，是因为她在这方面具有比较优势。PPF 下端部分的边际转换率等于 Jane 的边际转换率 -2，原因就在于只有她既做糖果又砍柴。

同理，如果她们想少生产糖果，则 Jane 只砍柴，而 Denise 生产一些烧柴和糖果，因此 PPF 上端部分的边际转换率等于 Denise 的边际转换率 $-1/2$。简而言之，PPF 在 6 块糖果和 6 捆烧柴这一组合处发生弯折，并呈凹状（凹向原点）。

交易的好处

由于两人的边际转换率并不相等，所以 Jane 和 Denise 可以从交易中获益。假设她们愿意按相同的比例消费烧柴和糖果，若两人之间没有交易，则每人在一天中生产 2 块糖果和 2 捆烧柴；如果愿意交易，擅长生产糖果的 Denise 就会用全天时间生产 6 块糖果。同理，在砍柴上拥有比较优势的 Jane 会用一天时间砍 6 捆烧柴。平均分配这些产品，每人都能得到 3 块糖果和 3 捆烧柴——比没有交易时多了 50%。

每个人都发挥了各自的比较优势，所以交易让她们的境况全都变好了。不交易的时候，Denise 若想多得到 1 捆烧柴，就必须放弃 2 块糖果。多生产 1 捆烧柴只需要 Jane 少生产半块糖果。Denise 愿意用 2 块糖果换 1 捆烧柴，而 Jane 只要得到半块以上的糖果就愿意换出 1 捆烧柴，这就有了进行互惠交易的空间。

例题详解 10.4

如果 Jane 和 Denise 还能与 Harvey 交易，图 10.6（c）中联合生产的生产可能性边界会有什么变化？Harvey 能在一天之中生产 5 捆烧柴和 5 块糖果，或者烧柴和糖果的任意其他线性组合。

解答

1. 画出每个人的生产可能性边界。图 10.6（a）、图 10.6（b）分别显示了 Jane 和 Denise 的生产可能性边界。Harvey 的生产可能性边界是一条横、纵截距均为 5 的直线，它与烧柴所在坐标轴交于 5 捆，与糖果所在坐标轴交于 5 块（图 10.6 中并未画出）。

2. 绘制联合生产的 PPF，横轴从每个人都专门生产糖果的数量画起，然后按照砍柴的比较优势顺序连接起每个人的生产可能性边界。如果三人都生产糖果，一共能生产 14 块（在下图的横轴上）。同 Harvey 和 Denise 相比，Jane 在砍柴方面具有比较优势，接着是 Harvey，最后是 Denise。因此，Jane 的生产可能性边界位于第一段（从右下方起），然后是 Harvey 的，最后是 Denise 的。这样得到的 PPF 凹向原点。（如果我们改变个人生产可能性边界的顺序，随之产生的弯折线会位于 PPF 之内。因此，这条新线不可能是联合生产的生产可能性边界，原因在于生产可能性边界说明的是投入全部劳动所能够生产的最大可能的生产组合。）

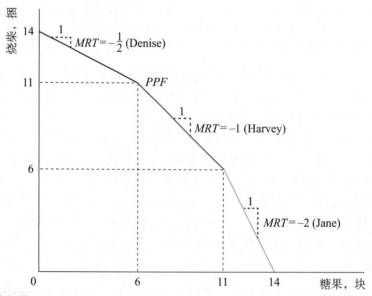

生产者的数量

如果生产烧柴和糖果的方式只有两种（Denise 和 Jane 各自不同的边际转换率所对应的方式），联合生产的生产可能性边界会有 1 个折点［图 10.6（c）］。在有不同边际转换率的另外一种生产方式——Harvey 的方式——加进来以后，生产可能性边界就有 2 个折点（如例题详解 10.4 所分析的那样）。

如果诸多有着不同边际转换率的企业都能够生产糖果和烧柴，联合生产的生产可能性边界就会有更多折点。如图 10.7 所示，随着生产者的数量越来越多，PPF 变成了一条凹向原点的平滑曲线。

因为 PPF 为凹形曲线，所以随着我们沿曲线向上运动，边际转换率（绝对值）会逐渐变小。在 a 点处，$MRT = -1/2$，此点上 PPF 的斜率比 b 点处的平缓，后者的 $MRT = -1$。在 a 点，放弃 1 块糖果能多生产出半捆烧柴。相比之下，在糖果产量相对较多的组合 b 中，少生产 1 块糖果所转移出来的资源足以生产 1 捆烧柴。

这条平滑 PPF 的边际转换率给出了生产两种产品的边际成本之比。边际转换率等于

糖果的边际成本 MC_c 与烧柴的边际成本 MC_w 之比的负数：

$$MRT = -\frac{MC_c}{MC_w} \qquad (10.2)$$

假设在图 10.7 中的 a 点处，一个生产者多生产 1 块糖果的边际成本为 1 美元，多生产 1 捆烧柴的边际成本为 2 美元。那么，该生产者付出 1 美元的成本可以多生产 1 块糖果或半捆烧柴。其边际转换率等于负的边际成本之比，$-$（1 美元/2 美元）$=-1/2$。为了多生产 1 块糖果，该生产者必须放弃生产半捆烧柴。

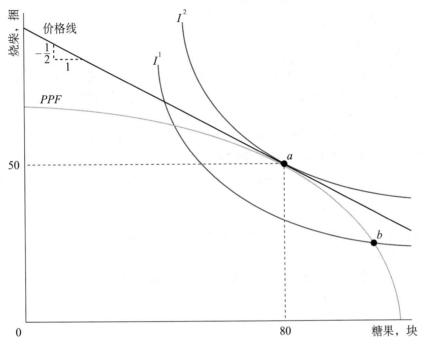

图 10.7　最优产品组合

有两种方式可以找出最优产品组合 a：选出能使个人效用最大化的无差异曲线和生产可能性边界的切点组合；或者，选出相对的竞争性价格 p_c/p_f 等于 PPF 的斜率所对应的产品组合。

☐ 有效产品组合

社会会选择 PPF 上哪一个产品组合来生产呢？如果让个人决定，他会在 PPF 上选出那个能使其效用最大化的烧柴和糖果组合。一个人要是有着图 10.7 所画的那种无差异曲线，他就会选择组合 a，即 PPF 与无差异曲线 I^2 的切点。

由于 I^2 在组合 a 处与 PPF 相切，边际替代率（无差异曲线 I^2 的斜率）等于边际转换率（PPF 的斜率）。边际替代率 MRS 表明一个人为得到一种产品而愿意放弃另一种产品的数量。边际转换率则告诉我们为多生产一种产品所必须放弃的另一种产品的数量。

在 MRS 与 MRT 不相等的时候，消费者改变组合会变得更好。在组合 b 处，无差异曲线 I^1 与 PPF 相交，所以该点对应的 MRS 与 MRT 不相等。持有组合 b 时，消费者愿意放弃 1 块糖果而换得 1/3 捆烧柴（$MRS=-1/3$），但是生产者少生产 1 块糖果能多生产 1 捆烧柴（$MRT=-1$）。因此在 b 点，烧柴产量过低。若生产者提高烧柴的产量，MRS 会一直下降，MRT 则一直上升，直到二者在 a 点相等时（$MRS=MRT=-1/2$），它们才不再变化。

我们可以把上述推理扩展到分析所有消费者同时选择产品组合的情形。每个消费者的边际替代率必须等于经济的边际转换率，即 $MRS=MRT$——前提是经济为每个消费者生产出最优产品组合。怎样才能确保该条件对所有消费者都成立呢？一个方法就是采用竞争性的市场。

□竞争

作为价格接受者，每一个消费者都选出一个产品组合，使得边际替代率等于其价格线的斜率（负的相对价格）：

$$MRS=-\frac{p_c}{p_w} \tag{10.3}$$

这样，在一个竞争性均衡中，如果所有消费者都面临着同样的相对价格，他们将购买能使所有人的边际替代率都相等的产品组合（等式10.1）。因为消费者有着相同的边际替代率，所以就不会再有交易发生。竞争性均衡实现了消费效率（consumption efficiency）：无法在消费者之间通过重新分配产品以使一个人的境况变好而不使另一个人的境况变坏。也就是说，竞争性均衡位于契约曲线上。

如果烧柴和糖果由竞争性企业出售，每家企业都会按照与其边际生产成本相等的价格来出售糖果：

$$p_c=MC_c \tag{10.4}$$

同样，它们也会按照与其边际生产成本相等的价格来出售烧柴：

$$p_w=MC_w \tag{10.5}$$

将等式10.4与等式10.5相除，我们发现在竞争中，$p_c/p_w=MC_c/MC_w$。根据等式10.2可知，边际转换率等于 $-MC_c/MC_w$，因此：

$$MRT=-\frac{p_c}{p_w} \tag{10.6}$$

我们能够证明企业为何在等式10.6成立的条件下生产。假设某生产者正在图10.7中的 b 点进行生产，对应的 $MRT=-1$，$p_c=1$ 美元，$p_w=2$ 美元，所以 $-p_c/p_w=-1/2$。生产者少生产1块糖果，糖果销售额便损失1美元，却能从多销售1捆烧柴中得到2美元，从而有1美元的净利润。因此，在 $MRT<-p_c/p_w$ 的 b 点，该生产者应该少生产糖果而多生产烧柴。相反，企业在 a 点生产时，$MRT=-p_c/p_w=-1/2$，生产者没有改变行为的动机：多生产烧柴的收益正好完全被少生产糖果的损失所抵消。

将等式10.3与等式10.6组合在一起就能得出竞争性均衡，MRS 等于负的相对价格，而负的相对价格等于 MRT：

$$MRS=-\frac{p_c}{p_w}=MRT$$

因为竞争确保 MRS 与 MRT 相等，所以竞争性均衡存在一个有效的产品组合（efficient product mix）：生产者可以把一种产品转换成另一种产品的比率等于消费者用一种产品去替换另一种产品的替代率，后者由消费者的支付意愿反映出来。

将生产可能性边界与埃奇沃思盒形图组合在一起，可以说明同时考虑生产和消费行为的竞争性均衡。假设生产者生产50捆烧柴和80块糖果，也就是图10.8中的 a 点的组合。埃奇沃思盒的大小（消费者能够获得的烧柴和糖果的最大量）由 PPF 上的 a 点决定。

消费者支付的价格一定等于生产者得到的价格，这就要求双方面对的价格线必须有相同的斜率$-p_c/p_w$。在竞争性均衡点，价格线与每个消费者的无差异曲线切于 f 点，与 PPF 切于 a 点。

在该竞争性均衡点上，所有市场的供给与需求相等。消费者购买产品组合 f。Jane 的原点 0_j 位于图中左下角，像她这样的消费者会购买 20 捆烧柴和 40 块糖果。Denise 的原点 a 在埃奇沃思盒形图的右上角，像她这样的消费者会购买 $30(=50-20)$ 捆烧柴和 $40(=80-40)$ 块糖果。

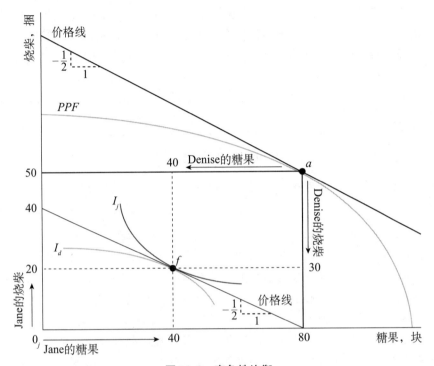

图 10.8　竞争性均衡

在竞争性均衡点，企业和消费者面对的相对价格（他们的价格线相互平行）相同，所以 $MRS=-p_c/p_w=MRT$。

竞争的两个重要结论在考虑生产行为的经济中仍然成立。首先，竞争性均衡是帕累托有效的，能够实现消费和产品组合的效率。[①] 其次，消费者之间的任何一个特定的帕累托有效组合都可以通过竞争来实现，前提是政府选定一个恰当的禀赋。

10.5　**效率和公平**

不同社会成员的生活状况取决于社会对效率（蛋糕的大小）和公平（怎样分蛋糕）问题的处理，其实际结果有赖于个人选择和政府行为。

---

　　①　尽管在这里我们还没有证明这一点，但是竞争性生产者会选择这样的要素组合，该组合能使各要素间的边际技术替代率等于负的要素相对价格之比（参见第 7 章）。那就是说，竞争同样也导致生产效率：不减少另一种产品的生产就无法再多生产一种产品。

▢ 政府的作用

政府调整产品的生产和分配效率以及资源禀赋来帮助生产者确定生产多少及如何分配产品。通过对禀赋加以重新配置（或拒绝如此），政府做出（至少是隐含着这么做）一种价值判断，即哪些社会成员应该得到相对较多的社会产品。

实际上，政府的每项计划、税收等活动都是在重新分配财富。英国有一种彩票，多数购买者都是低收入人口，该彩票的发行收益却用于供养那些出入柯芬园的皇家歌剧院的"富有的花花公子"。农产品价格支持计划（第9章）把其他纳税人的财富重新分配给了农民。所得税（第5章）和食品券计划（第4章）是把富人的钱重新分配给了穷人。

应用案例

1%的人变得更富有

如果仅从经济角度考虑，富有胜过贫穷。

——伍迪·艾伦（Woody Allen）

财富分配不均，随着时间的推移，最富有的人变得更加富有。沃尔玛财富的六位继承人拥有的财富相当于美国42%最不富裕的家庭（约4 900万户）的财富。

根据慈善机构乐施会的说法，世界上最富有的85个人[如比尔·盖茨（Bill Gates）、卡洛斯·斯利姆·赫鲁（Carlos Slim Helu）、沃伦·巴菲特和科赫（Koch）兄弟]——其中大多数生活在欧洲或美国——在2014年拥有的财富与世界上最贫穷的一半人口拥有的财富一样多。也就是说，平均而言，这些非常富有的人中的每个人都拥有相当于4 200万（大约是阿根廷人口的数量）世界上最贫穷人口的财富。世界首富比尔·盖茨在2016年拥有760亿美元，与1.56亿最贫穷的人的财富一样。最富有的1%的人群拥有的全球财富（48%）与最贫穷的99%的人群拥有的全球财富（52%）大致相同。世界最底层五分之四的人只拥有5.5%的全球财富。

北美洲和欧洲拥有几乎占全球三分之二（65%）的财富，中国和其他亚太地区国家财富的比重略低于三分之一（29%），而拉丁美洲、印度和非洲的财富总和则仅占十五分之一（6%）。

与其他发达国家相比，美国的财富分配不均。美国最富有的10%的家庭拥有74%的美国财富。同样比例的家庭所拥有的财富比率在法国是50%，在加拿大是48%，在英国是44%，在日本是34%。

自建国之日起，美国的经济变化一直在改变着该国最富有的1%的人手中的财富（见下页图）。一系列社会变化——有时发生在战争期间或战后，并经常被制定成法律条文——带来新的均衡和新的财富分配结果。例如，1863年的奴隶解放运动，把巨大的财富——原来是奴隶身份的劳动力——从富裕的南方农场主手中转移到了贫穷但自由的奴隶手中。

中级微观经济学（第八版）

农业社会

殖民时期至1820年。边疆地区的土地可以自由占有，人口稀少。与欧洲相比，劳动力昂贵，工业极不发达。财富分配相当广泛。多数富人都是南方的种植园主和沿海商人。

1863年奴隶解放。巨额"财富"——奴隶——从美国南方农场主手中流出，转移给了穷人——获得自由的奴隶自身。

1787年根据《西北法令》，新开垦土地以小块而非较大封地的形式分配。

早期工业革命
1820—1850年。铁路和纺纱业的兴起创造并集中了大量的财富。

1862年《宅地法》为开拓者打开了通往其他未开垦的公地之门。

(%)

14.9

29 ● 27

18世纪 70年代	18世纪 80年代	18世纪 90年代	19世纪第 一个十年	19世纪第 二个十年	19世纪 20年代	19世纪 30年代	19世纪 40年代	19世纪 50年代	19世纪 60年代	19世纪 70年代

1901年美国钢铁公司成立，与同时代的经济规模相比，这是美国历史上最大的企业。

1903年福特建立了第一条流水线。

1913年开征所得税。但直到20世纪40年代，它对中产阶级的影响都微乎其微。

1929年股市崩盘。由它引发的大萧条使大量财富瞬间化为乌有。

1933年罗斯福新政。社会保险和养老金计划出台。政府不再阻挠工会。

1938年《公平劳工标准法》制定了最低工资要求。

1973—1975年股市下跌42%。

1976年最富有的1%的人所掌握的财富份额降至美国历史最低点。

1981—1982年出现严重的萧条。

42.6

35.4

32.1 35.1

28.7 30.1 30.7 30 33.2

26.1 27.8 28 30

17.6

19.8

22.6

31 31.4 30.3 35.1 36.6 32.7 34.6

大产业
1895—1905年。石油、钢铁、汽车、银行、肉类加工行业兴起。

19世纪70年代至20世纪20年代。劳动阶层扩张数百万人，工资涨幅缓慢。1921年、1924年和1929年先后通过了一系列限制移民的法律。

教育
1915—1930年。高等教育扩张，教育提高了个人的收入。

19世纪 80年代	19世纪 90年代	20世纪 第一个 十年	20世纪 第二个 十年	20世纪 20年代	20世纪 30年代	20世纪 40年代	20世纪 50年代	20世纪 60年代	20世纪 70年代	20世纪 80年代	20世纪 90年代	21世纪 第一个 十年	21世纪 第二个 十年

进步年代
1900—1914年。财富不均成为全国性的政治问题。《童工法》《工资工时法》《铁路运价控制条例》出台。

第二次世界大战
1941—1945年。战争榨干了劳动供给，带来了工资上涨的压力。

里根时代
最高税率从70%迅速跌至30%以下，税负被转移给了中产阶级。

大衰退
2007—2009年。

咆哮的20年代
1923—1929年。股市繁荣增加了最富有阶层的财富。

快速增长
1950—1970年。在《退伍军人权利法案》的帮助下，很多美国青年都接受到高等教育，赚取收入的能力提高。强大的工会和高工资让中产阶级以前所未有的热情买车置房。尽管一路攀升的股市使富者更富，但中产阶级手中的财富也越来越多。

最富有的1%的人所掌握的财富份额

在大萧条到来之前，最富有的 1％的人所持有的财富份额（即拥有的总资产）大体呈现上升趋势，直到 20 世纪 70 年代中期才有所下降，此后大幅上升。因此，财富最集中的时期是在 1929 年的大萧条时期和大衰退之后的今天。

最近几十年来财富集中度日益提高的原因之一在于，里根政府在执政初期就把最高所得税率从 70％下调至 30％以下，把更多的税负转移给了中产阶级。1989—2010 年间，美国最富有的 1％家庭的财富份额从 30％上升到 35％。最富有的 10％的人所持有的财富所占比例从三分之二上升到四分之三。相应地，最贫穷的 90％的人的财富份额从三分之一下降到了四分之一。最低的一半家庭所占的份额从微小的 3％下降到几乎不存在的 1％。[①]

□ 效率

一些经济学家和政治领袖有这样一种价值观：政府应该应用帕累托原则，并选择使某人境况变好而又不损害他人利益的资源配置方式。换句话说，政府应该准许自愿交易、鼓励竞争，否则就要尽量防止出现降低效率的问题。

我们可以用帕累托原则对各种配置方式或者改变配置的政府政策加以排序。如果按照 x 组合配置产品，某人境况变好而没有人受损，帕累托标准就会把组合 x 排在组合 y 之前。若满足该条件，我们就说 x 帕累托优于 y。

并非所有的配置都可以用帕累托原则来比较。倘若配置 x 与配置 y 都是帕累托有效的，我们就无法利用帕累托标准为它们排序。比如，倘若在 x 中，Denise 拥有全部产品，而在 y 中，Jane 拥有全部产品，则就没法用帕累托原则排序。

要在两种帕累托有效配置中进行选择，基于个人比较的价值判断必不可少。社会在评价各种政府政策时必然进行个人之间的比较。

假设当一国取消了进口限制并允许自由贸易时，国内消费者获得的收益是国内生产者出现的损失的很多倍。这项政策变动并不满足帕累托效率标准，因为该标准要求某人境况变好时不损害其他人的利益。政府可以采取另一项更复杂但是满足帕累托标准的政策。由于消费者的收益大大超过生产者的损失，所以政府可以拿出消费者从自由贸易中获得的收益的一部分来补偿生产者，这样在有人受益时就没人受损了。

但政府很少使用赢家补偿输家的政策。如果没有此类补贴，在决定是否采取一项政策前就必须做一次有关个人比较的价值判断。

前面一直使用的福利标准是，W＝消费者剩余＋生产者剩余，我们把消费者和生产者的收益或损失置于同等重要的地位（赋予同样的权重）。根据这个特殊的个体比较标准，若消费者的收益大于生产者的损失，就应该采纳该政策。

因此，同要求所有政策调整都能够提高福利水平 W 相比，要求政策调整能带来帕累托更优的配置是一个较弱的规则。我们可以用福利标准代替帕累托原则对各种配置方式

---

① 联邦政府把全国家庭总收入中的 5％从富人手中转移到了穷人手中：其中 2％采用现金援助形式，如全民福利计划；另外 3％采用实物转移支付方式，如食品券和学校午餐计划。贫困家庭的收入中有 26％来自现金援助，还有 18％来自实物转移支付。美国政府对贫困国家的援助仅占国民生产总值的 0.1％，而英国占 0.26％，荷兰则达到了 0.8％。

加以排序。任何一项能够带来帕累托更优配置的政策调整均必然会提高福利水平 W；然而，能提高福利水平 W 的政策调整并不一定是帕累托更优的配置：既有赢者又有输者。

□ 公平

倘若我们不愿意使用帕累托原则，或者该原则无法让我们为相关的配置排序，就必然要使用其他价值判断标准。概括这些价值判断的一种方法就是使用社会福利函数（social welfare function），它把不同消费者的效用加总，给出各种配置的一个整体的排序。笼统地说，社会福利函数就是社会效用函数。

仍然用前面的 Jane 和 Denise 交易烧柴及糖果的纯交换经济来说明社会福利函数的应用。图 10.4 的契约曲线上存在很多可能的帕累托有效配置。Jane 和 Denise 的效用水平沿着契约曲线而变化。图 10.9 描绘了效用可能性边界（utility possibility frontier, UPF）：与契约曲线上的帕累托有效配置相对应的一系列效用水平的集合。图 10.9（a）中的 a 点与契约曲线上 Denise 占有全部产品的端点对应，c 点与 Jane 占有全部产品的组合对应。

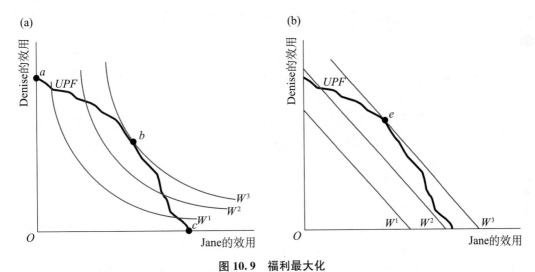

图 10.9　福利最大化

社会通过选择最高可能的等福利曲线与效用可能性边界 UPF 相切的产品配置，实现了福利的最大化。（a）等福利曲线与代表性的无差异曲线形状一致。（b）这组等福利曲线的斜率为 -1，说明社会将两个人的效用视为完全替代品。

图 10.9（a）中分别标有 W^1、W^2、W^3 的三条曲线是根据社会福利函数画出的等福利曲线（isowelfare curve）。等福利曲线上的每个点所代表的福利水平是相同的，它们类似于个人无差异曲线，因此两个人的效用是不完全替代品。图 10.9（b）中，斜率为 -1 的等福利曲线说明社会将两个人的效用视为完全替代品。社会在 e 点实现福利最大化。

谁来决定福利函数呢？在多数国家中，政府首脑决定着哪些配置方式是最合意的。这些官员可能认为把富人的钱转移给穷人会提高福利，也可能相反。政府官员选择某种特定的配置方式时，他们或明或暗地断定一些消费者更受之无愧，也应该比其他人得到更多的产品。

投票

在民主国家中，关乎产品配置的重要政策是以投票方式决定的。因为人们在应该如何解决问题以及哪些人应该得到帮助等方面存在根本性的分歧，投票这种方式常常会行不通。

在第 4 章中，我们假设消费者能根据他们的偏好（完备性）对所有产品组合排序，且他们对产品组合的排序具有传递性。[①] 现在我们假设消费者对产品在不同消费者之间的配置也存在类似偏好。一种可能是（就像我们前面所假设的那样），个人只关心自己能得到多少产品，而对其他人有多少并不在意。还有一种可能是，由于妒忌、仁慈、怜悯、爱或者其他人类情感，一个人会非常关心每个人所拥有产品的多少。[②]

把 a 记为一个特定的产品配置，它描述了一个人每种产品的拥有量。每个人都可以把它和配置 b 加以排序。例如，大家都知道他们是偏好一个每个人都有等量产品的组合，还是偏好一个因努力工作（或者具有特殊肤色或信仰）而比其他人获得更多产品的组合。

在投票过程中，个人会把他们对各种配置的排序展示出来。一种可行的投票制度要求：在投票前大家要一致同意接受即将出现的结果，即如果大多数人认为配置 a 比配置 b 好，则整个社会就认为配置 a 比配置 b 好。

用多数票法则来确定社会所偏好的配置方式听起来倒是合情合理，可真是这样吗？这样的机制可能非常奏效。例如，若所有人都有相同的可传递性偏好，则社会的排序就和每个人的传递性排序相同。

为说明这种可能性，我们假设 3 个人有不同的传递性偏好，如表 10.2 所示。个人 1 的偏好顺序从强到弱依次为配置 a、配置 b、配置 c。另外两个人的偏好次序各不相同。

3 人中有 2 人认为配置 a 好于配置 b；有 2 人认为配置 b 好于配置 c；有 2 人认为配置 c 好于配置 a。尽管个人的偏好都具有传递性，但投票产生了一个非传递性的社会偏好，于是没有产生一个被清晰界定的社会偏好的结果。对任何既定的配置而言，多数人总会认为还有一种其他的配置方式比它好。与配置 a 相比，多数人更偏好 c。同样，也会有多数人认为 b 比 c 好以及 a 比 b 好。

如果人们对于配置有这样的排序方式，所选的配置将主要取决于投票的次序。假设这 3 个人首先就 a 与 b 的偏好投票，然后将胜出一方与 c 相比较。因为在首轮投票中多数人认为 a 比 b 好，所以在第二轮中将比较 a 和 c，并且 c 被选中。然而，如果先比较的是 c 和 a，然后再比较胜出方和 b，那么组合 b 将被选中。因此，投票结果取决于各种派别确定投票次序的政治技巧。

其他投票方式也会有类似的问题。肯尼斯·阿罗（Kenneth Arrow, 1951）获得诺贝尔经济学奖部分是因其对社会选择过程的研究。关于民主投票，他得出了一个让人既震惊又沮丧的结论，被称为阿罗不可能定理（Arrow Impossibility Theorem）。阿罗建议，一个合意的社会选择机制（或者社会福利函数）应该满足如下标准：

- 社会偏好应该像个人偏好一样，是完备的（第 4 章）和可传递的。
- 如果每个人都认为配置 a 比配置 b 好，则社会也应该认为配置 a 比配置 b 好。
- 配置 a 和配置 b 的社会排序应该仅仅同个人对它们的排序有关，而同人们对其他选择的排序无关。

---

① 传递性（或理性）假设是指消费者对产品组合的偏好是前后一致的，即如果消费者认为组合 a 弱偏好于组合 b，组合 b 弱偏好于组合 c，则在他看来，组合 a 弱偏好于组合 c。

② 对经济学家而言，爱情无非就是相互依赖的效用函数。因此，下一代经济学家是如何产生的一直是个谜。

■ 非独裁性：社会偏好不能只反映一个人的偏好。

表 10.2 三个人的偏好次序

	个人 1	个人 2	个人 3
首轮选择	a	b	c
第二轮选择	b	c	a
第三轮选择	c	a	b

尽管每条标准看起来都合情合理（的确，是无害的），但是阿罗证明，不可能找到总是满足上述全部标准的社会选择规则。他的研究结果表明民主决策可能会失败——但不是民主注定会失败。毕竟只要大家一致同意某种次序，以上四条标准就能全部满足。

如果社会愿意放弃其中一条标准，就会有一个民主决策规则能保证满足其余三条标准。例如，如果我们放弃第三条标准——它常被称为不相关选择的独立性（independence of irrelevant alternatives）——某些复杂的投票（人们排列各自的偏好次序）方案就能够满足其余标准。

应用案例

投票方式至关重要

城市委员会的 15 名成员眼下必须决定：是铺一条新路（R），是修缮中学校舍（H），还是安装新的路灯（L）。每个委员依偏好次序列出选择。6 人赞成 L 好于 H，H 又好于 R；5 人偏好 R 胜于 H，H 又胜于 L；4 人同意 H 优于 R，R 优于 L。

路灯项目的支持者之一建议采用多数票法，即每人可以为他或她支持的项目投一票。多数票法将会产生以下结果：6 票支持 L，5 票支持 R，4 票支持 H，从而路灯项目获得通过。

"先别急，"一位赞成修路的委员说。已知 H 在首轮选择中最不受欢迎，他建议在 L 和 R 之间再次投票。既然首轮选择 H 的 4 人偏好 R 胜于 L，那么第二轮中公路项目就会以 9 票对 6 票的结果胜出。

一位校舍项目的支持者被这些自利式投票方法惊呆了。她提议在这些项目间两两比较。在 H、R 之间有 10 人选择 H，而在 H、L 之间有 9 人选择 H。这样，尽管中学校舍项目在首轮投票中得票数最低，但是在两两比较中最具吸引力。

最后，假设该委员会采用让·夏尔·德博尔达（Jean-Charles de Borda）于 1770 年发明的投票法（当时用于为巴黎科学院挑选成员），这种方法是指在一个 n 人的角逐中，一个人的第一选择得 n 票，第二选择得 $n-1$ 票，然后依此类推。在本应用案例中，H 获得 34 票，R 获得 29 票，L 以 27 票被淘汰，因此得票最多的中学校舍项目得到了财政支持。所以说，选举或投票结果可能取决于所采用的投票方式。

德博尔达的方法被称为排序复选制。在亚利桑那州立大学、威廉和玛丽学院、哈佛大学、南伊利诺伊大学卡本代尔分校、加州大学洛杉矶分校、密歇根大学、密苏里大学和惠顿学院等教育机构，这样的投票方法被用于解决诸多问题。排序复选制被用来选举澳大利亚众议院议员、印度总统和爱尔兰总统。在美国许多城市和县，如马萨诸塞州的剑桥、加利福尼亚州的戴维斯、加利福尼亚州的奥克兰、明尼苏达州的明尼阿波利斯、华盛顿州的皮尔斯县和加利福尼亚州的旧金山，都已经采用了排序复选制。它还被用来选举英国伦敦市和新西兰惠灵顿市的市长。

在近几年中，总统奥巴马、参议员约翰·麦凯恩（John McCain）、消费者权益保护者拉尔夫·纳德（Ralph Nader）和其他人纷纷提议过一些形式的投票规则。2011年，在英国的一次全民公投中，选民们拒绝了排序复选制的投票方式。2013年，加拿大自由党领导人由排序复选制投票方式选举产生。2016年，缅因州采纳了排序式的投票方式。

社会福利函数

受邀参加投票时，如何给不同的配置排序呢？哲学家、经济学家、报纸专栏撰稿人、政治家、广播谈话节目主持人及思想家提出了各种各样的规则，以供社会用来确定不同配置的优劣。基本上所有规则都在回答同样的问题："在社会抉择过程中，哪些人的偏好应该更受重视？"对不同社会成员的偏好赋予权重，这是确定社会福利函数至关重要的一步。

简单至极且又最为公平的规则可能就是每个社会成员得到完全相同的产品组合。如果不允许进一步交易，该规则会导致完全均等的产品配置。

像杰里米·边沁（Jeremy Bentham）及其追随者［包括约翰·斯图亚特·穆勒(John Stuart Mill)］这样一群功利主义哲学家认为，社会应该使全体成员的总效用最大化。他们提出的社会福利函数就是各成员的效用之和。每个社会成员的效用被赋予同样的权重。[1] 假设 U_i 代表个人 i 的效用且有 n 个人，则效用函数为：

$$W = U_1 + U_2 + \cdots + U_n$$

该社会福利函数可能无法实现产品的平等分配。实际上，照这个规则来看，在其他条件不变的情况下，从某种产品的消费中获得最大效用的人被给予更多数量的这种产品，这样的产品配置就可以判定为更优。

图 10.9（b）中的等福利曲线就是根据该功利主义福利函数画出来的。因为双方的效用被赋予相同的权重，所以这些等福利曲线的斜率为 -1。该图中福利在 e 点实现最大化。

这种效用方法的推广就是为不同人的效用赋予不同的权重。若指定个人 i 的权重为 a_i，则推广的效用函数为：

$$W = a_1 U_1 + a_2 U_2 + \cdots + a_n U_n$$

社会可以给予成年人、努力工作的人或者满足其他标准的人以更大的权重。按照南非以前的种族隔离制度，白种人的效用权重要高于其他肤色人种。

来自哈佛大学的哲学家约翰·罗尔斯（John Rawls, 1971）主张，社会应该使福利状况最差的社会成员（效用水平最低的人）的福利水平最大化。在社会福利函数中，所有权重都应该被赋予到效用水平最低者的效用上。罗尔斯福利函数为：

$$W = \min\{U_1, U_2, \cdots, U_n\}$$

罗尔斯规则会导致一种相对均等的产品分配结果。

---

[1] 很难就效用进行个人间的比较，因为不同人的效用尺度是主观的（第4章和第9章）。有一种规则能避免此类比较：在赋予消费者剩余和生产者剩余（以美元计价）相同权重的情况下，最大化福利的水平。

最后还要介绍一种规则，它常得到欠发达国家中的富有地主和国会议员的支持，该规则就是维持现状。其倡导者认为，目前的配置方式是可实现的最佳配置。他们反对从一人到另一人的任何资源再分配。按照此规则，最终配置结果可能是极不平等的，不然富人为什么要支持它呢？

上述规则或社会福利函数均反映了进行个人比较时的某种价值判断，也正因为这一点，我们无法在科学的基础上对这些函数加以比较。

□ 效率还是公平

如果给出一个具体的社会福利函数，社会可能会认为一个无效率的配置好于一个有效率的配置。比较下面两种配置就能证明该结论。在配置 a 中，你拥有所有商品而其他人一无所有。该配置是帕累托有效的：无法在不损害你的条件下使其他人变好。在配置 b 中，每个人所拥有的各种商品数量都相同，但是它不是帕累托有效的：我愿意拿我全部的南瓜换其他任何东西。尽管配置 b 是无效率的，但大多数人可能认为配置 b 好于配置 a。

虽然社会可能会更偏好无效配置 b 而不是有效配置 a，但绝大多数的社会福利函数会认为与配置 b 相比，社会将更偏好某个有效的配置。假设配置 c 是一个竞争性均衡，配置 b 表示人们各自拥有等额的商品，如果允许从该禀赋点开始交易，就能实现配置 c 这一竞争性均衡。根据功利主义社会福利函数可知，与配置 a 相比，配置 b 可能更受社会偏好，但是配置 c 一定比配置 b 更为社会所偏好。毕竟，如果在配置 c 中每个人的境况至少不比在配置 b 中的差，那么不考虑个人效用的权重就可以断定，配置 c 一定优于配置 b。不过根据平等规则，配置 b 比配置 c 更受偏好，因为只有严格公平才是最重要的。因此，根据大部分（非全部）众所周知的社会福利函数可知，存在一个比无效配置更受社会偏好的有效配置。

尽管竞争性均衡是帕累托有效的，但它可能不是很公平。因此，一个信仰公平的社会可能对富人征税，然后用税收收入去帮助穷人。如果取自富人的钱被直接给予穷人，社会就从一个帕累托有效配置移向另一个帕累托有效配置。

有时候提高公平程度是以降低效率为代价的。例如，一位穷人的代言人可能会认为，向穷人提供公共住房（public housing）是一个比初始的竞争性均衡更好的配置。可这种再分配没有效率：穷人认为，如果把政府用于建造公共住房的钱直接给他们，他们自身的境况会变得更好。那样他们就可以用这笔钱购买自己喜欢的房子（而非政府提供的房子），或用它买食品或其他商品。①

不幸的是，社会的效率与实现公平分配这两大目标之间冲突不断，甚至政府在不同群体间重新分配收入也要付出巨大的代价。如果税务人员和其他政府官员能够投身于生产而不是再分配，总产出将会增长。同样的道理，所得税会降低人的工作积极性（第5章）。不过，可能只有少数人会认为，保持现状最好，政府不应该为任何再分配问题操心（尽管有些国会议员似乎觉得，应该进行从穷人到富人的税收再分配）。

---

① 按照我们的定义，让穷人自己决定如何支配他们的收入是有效率的，即使他们去购买"罪恶的商品"，如烟、酒或毒品。第4章的食品券相关内容中也有类似的观点。

挑战题解答　　　　　　　　《反价格盘剥法》

　　我们可以用一个多市场模型来分析本章开篇的挑战题所提出的问题：如果价格上限只适用于部分地区（州），该政策会带来怎样的影响。下图说明了实施该政策的州（颁布了《反价格盘剥法》）和没有实施这一政策的州（未颁布《反价格盘剥法》）出现的情况。

　　我们首先考虑《反价格盘剥法》生效之前的情况。在图（c）中，整个市场的需求曲线为 D^1，它是图（a）颁布该法地区的需求曲线 D^c 和图（b）未颁布该法地区的需求曲线 D^u 的水平加总。在图（c）中，总供给曲线 S 与总需求曲线 D^1 相交于 e_1 点，均衡价格为 p，均衡数量为 Q_1。

　　当颁布《反价格盘剥法》的州设置了一个小于价格 p 的价格上限 $\bar{p}$ 之后，需求曲线 D^c 位于 $\bar{p}$ 上方的部分就不复存在。因此，新需求曲线 D^2 的形状是：当价格高于 $\bar{p}$ 时，为未颁布该法地区的需求曲线 D^u；当价格等于 $\bar{p}$ 时，呈水平状；当价格低于 $\bar{p}$ 时，等于原来的需求曲线 D^1。总供给曲线 S 会和新需求曲线的水平部分相交于 e_2，均衡数量为 Q_2。[①] 然而，当价格为 $\bar{p}$ 时，需求量为 Q，因此颁布该法地区会出现 $Q-Q_2$ 数量的短缺。

　　Q_2 在颁布该法地区和未颁布该法地区的消费者中间的分配情况，决定了短缺会发生在哪个地区。如果未颁布该法地区的一些消费者不能按价格 $\bar{p}$ 购买他们想要的数量，他们可以通过支付高价的方式来获得额外的供给。但由于价格控制，颁布该法地区的消费者就不能这么做。因此，如图（b）所示，未颁布该法地区的消费者可以按 $\bar{p}$ 买到足额的商品 Q_u^d。

(a) 颁布该法地区　　　(b) 未颁布该法地区　　　(c) 总市场

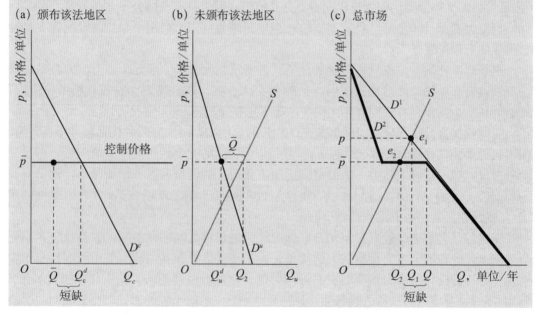

---

　　①　如果 $\bar{p}$ 过低，供给曲线就会在需求曲线 D^2 向下倾斜部分与其相交，这意味着供给者会选择只在未颁布该法的地区出售商品。例如，在 2009 年，西弗吉尼亚州发生洪水，洪水过后，州政府在该州的一些地区颁布了《反价格盘剥法》。Marathon Oil 就暂停了颁布该法地区的汽油零售业务，而在未颁布该法的其他地区的业务则正常进行。无独有偶，委内瑞拉的价格控制使得一些企业通过在邻国哥伦比亚销售产品来规避控制（参见第 2 章应用案例"委内瑞拉的商品短缺和价格上限"）。

为了方便起见，图（b）也给出了总的供给曲线。当价格为 $\overline{p}$ 时，未颁布该法地区的需求量为 Q_u^d，小于供给者愿意出售的数量 Q_2（二者之间的差额是 $\overline{Q}$），因此企业会将多余的产品 $\overline{Q}$ 在颁布该法地区出售。但这一数量低于颁布该法地区的需求数量 Q_c^d，因此该地区会出现短缺 $Q_c^d - \overline{Q}(=Q-Q_2)$。

总之，《反价格盘剥法》会使两个地区的价格下降到 $\overline{p}$，它小于竞争性均衡价格 p。与未颁布该法地区的消费者不同，颁布该法地区的消费者要受短缺之苦。因此，《反价格盘剥法》有利于邻近地区的居民，因为他们能以低价购买他们想要的商品数量。而对颁布该法地区的居民来说，他们有可能以低价买到商品而获益，但也有可能因为完全买不到商品而受损。

本章小结

1. 一般均衡。一般均衡分析会考虑冲击对一个市场的直接影响以及对其他市场的溢出效应。相反，局部均衡分析（如我们在前面章节中采用的分析法）仅仅关注某一个市场，而忽略了对其他市场的溢出效应。局部均衡分析和一般均衡分析的结果可能有所不同。

2. 两人间的交易。如果人们能够按照自己的意愿完成所有交易，最后产生的均衡将是帕累托有效的：从该均衡点移动，我们无法在不使一个人的境况变坏的情况下而使某人的境况变好。在一个帕累托有效的均衡中，因为两个人的无差异曲线相切，他们的边际替代率相等。

3. 竞争性交换。在竞争中，所有的交易者都是价格接受者，在由它所形成的配置中，产品相对价格之比等于每个人的边际替代率。因此，每一个竞争性均衡都是帕累托有效的。而且，给定恰当的禀赋，任何帕累托有效的均衡都可以通过竞争来实现。

4. 生产和交换。使用相同的要素，两个人所擅长生产的产品不同，这种情况下交易可以使他们的总产量提高。

5. 效率和公平。帕累托效率标准反映出这样一种价值判断：如果从一个配置到另一个配置的变化在不伤害其他任何人的情况下使某人的境况变好，那么该变化就是合意的。但这个标准不能对所有的配置方式进行排序，因为不同人的境况可能在不同的配置中变得更好。多数票规则也不能为社会提供一个一致同意的、具有传递性的排序。就像各种福利函数所概括的那样，经济学家、哲学家以及其他人已经提出了多种对配置进行排序的标准。社会可能使用其中一个福利函数在各种帕累托有效（或其他）配置中进行选择。

思考题

MyEconLab 上有全部思考题；＊＝答案请扫本书末二维码获取；A＝代数问题；C＝可能要用到微积分知识。

1. 一般均衡

1.1 市场中仅有两种商品，其需求函数分别为 $Q_1=10-2p_1+p_2$ 和 $Q_2=10-2p_2+p_1$。每种商品有 5 单位可供出售。求解均衡时的 p_1、p_2、Q_1 和 Q_2。一般均衡是什么？（提示：参见例题详解 10.1。）A

1.2 在一个包含两种商品的需求函数中，需求取决于商品的价格 p_1 和 p_2：$Q_1=15-3p_1+$

p_2 和 $Q_2=6-2p_2+p_1$。不过，每种商品的供给曲线只和自身价格有关：$Q_1=2+p_1$ 和 $Q_2=1+p_2$。求解出均衡时的 p_1、p_2、Q_1 和 Q_2。（提示：参见例题详解 10.1。）A

1.3 某城市出台了一部《城区租金控制法》，对中心区域的公寓租金设定了一个限制性的最高金额。而市郊则没有租金管制。郊区的租金会发生什么变化？整个城区、城市和郊区的公寓均衡数量会有怎样的变化？为简单起见，假设人们认为住在市内和郊区没什么两样。（提示：参见例题详解 10.2。）

*1.4 如果只对经济中某个部门的劳动力提供每小时 s 单位的补贴，会对均衡工资、总就业以及津贴覆盖部门和未覆盖部门各自的就业有什么影响？（提示：参见例题详解 10.2。）

1.5 假设政府向经济中某个部门的所有企业支付总额为 T 的补助，以鼓励它们多雇一些工人。这对均衡工资、总的就业以及补助覆盖到的部门和未覆盖到的部门各自的就业都有什么影响？（提示：参见例题详解 10.2。）

1.6 位于非洲的竞争性企业仅在欧洲和美国（这些国家和地区自己不生产这种产品）市场上销售某种产品。其市场供给曲线向上倾斜。欧洲对该产品征收每单位 t 的关税，但美国不征收关税。关税对这种产品的总销量、在欧洲和美国各自的销量以及均衡价格各有什么影响？（提示：参见例题详解 10.2。）

1.7 某竞争性行业有一条向上倾斜的供给曲线，它在国内市场上的销量为 Q_h，在国外市场上的销量为 Q_f，所以总销量为 Q_h+Q_f。没有其他国家能生产这一产品，也没有运输费用。确定每个国家的均衡价格和均衡数量，然后假设某外国政府设定限制性配额 Q（$<Q_f$，在初始价格水平上）。其国内外市场上的价格和销量各有什么变化？（提示：参见例题详解 10.2。）

1.8 在劳动力市场中，部门 1 的劳动需求曲线为 $L_1=a-bw$，部门 2 的劳动需求曲线为 $L_2=c-dw$。整个市场的劳动供给曲线为 $L=e+fw$。在竞争性均衡状态下，$L_1+L_2=L$。

a. 解出没有实施最低工资时的均衡。

b. 解出只有部门 1（被覆盖部门）中存在最低工资 $\underline{w}$ 时的均衡。

c. 解出最低工资标准 $\underline{w}$ 适用于整个劳动力市场时的均衡。

1.9 与郊区不同，费城对其城市居民的收入征收从价税（参见应用案例"搬到郊区去"）。这一税收对均衡工资、就业总量、费城就业量和郊区就业量有什么影响？（提示：参见例题详解 10.2。）

1.10 多年来，布法罗炸鸡翅、烤鸡翅在酒吧和饭馆都极受欢迎，尤其是足球赛季。现在，全国的饭馆都开始销售一种无骨翅（把一小块鸡胸肉油炸后淋上酱汁）。推出这种替代品的一部分原因是整鸡的价格起伏不定。现在，一度地位低下的鸡翅的销售量超过了曾经的家禽销售明星部位——无皮无骨的鸡胸肉（William Neuman, "'Boneless' Wings, the Cheaper Bite," *New York Times*, October 13, 2009）。用多市场供求图形解释为什么鸡胸肉和鸡翅的市场价格会有变化。注意鸡翅和鸡胸肉的关系是固定的（至少我这么认为）。

2. 两人间的交易

2.1 起初 Michael 有 10 块糖果和 5 块饼干，而 Tony 有 5 块糖果和 10 块饼干。交易之后，Michael 有 12 块糖果和 3 块饼干。在埃奇沃思盒形图中，标出初始的配置 A 和新配置 B。画出无差异曲线，表明有些交易对二人来说都是最优的。

2.2 在一个二人的纯交换经济中，两人的效用函数完全相同。他们还会进行交易吗？

2.3 两个人互相交易他们各自不能生产的产品。假设一个消费者的无差异曲线凸向原点（一般形状的无差异曲线），但另一个消费者的无差异曲线凹向原点。在埃奇沃思盒形图中，说明这两个消费者的无差异曲线的切点不是帕累托有效配置。（提示：找出一个帕累托有效配置。）

*2.4 在一个有两种产品 G 和 H 的纯交换经济中，两个交易者拥有柯布-道格拉斯形式的效用函数。Amos 的效用函数为 $U_a=(G_a)^\alpha(H_a)^{1-\alpha}$，Elise 的效用函数为 $U_e=(G_e)^\beta(H_e)^{1-\beta}$。他们的边际替代率是多少？Amos 和 Elise 共有 100 单位 G 和 50 单位 H。因此，若 Amos 有 G_a 和 H_a，则 Elise 有 $G_e=100-G_a$，$H_e=50-H_a$。求他们的契约曲线。

2.5 Adrienne 和 Sarah 消费比萨 Z 和可乐 C。Adrienne 的效用函数为 $U_A=Z_A C_A$，Sarah 的效用函数为 $Z_D^{0.5}C_D^{0.5}$。比萨给 Adrienne 带来的边际效用为 $MU_A^Z=C_A$。类似地，$MU_C^D=Z_A$，$MU_Z^D=\frac{1}{2}Z_D^{0.5}C_D^{0.5}$，$MU_C^D=\frac{1}{2}Z_D^{0.5}C_D^{-0.5}$。他们的初始禀赋为 $Z_A=10$，$C_A=20$，$Z_D=20$，$C_D=10$。

a. 每个人的边际替代率是多少？

b. 契约曲线的函数形式是什么样的？画出埃奇沃思盒形图，并标出契约曲线。A

2.6 解释在图 10.4 中，为什么 e 点不在契约曲线上。（提示：参见例题详解 10.3。）

3. 竞争性交换

3.1 在埃奇沃思盒形图中，给定一个恰当的禀赋，说明帕累托有效的均衡点 a 可以通过竞争得到。可以通过确定一个不在 a 点的初始禀赋点 b 来说明通过竞争性交换得到的竞争性均衡是 a。

4. 生产和交换

*4.1 在图 10.6（c）中，联合生产的生产可能性边界凹向原点。不过，也可以将两个人各自的生产可能性边界结合在一起画出一条凸向原点的 PPF。怎么才能知道应采用两种 PPF 画法中的哪一种呢？

*4.2 Pat 和 Chris 把闲暇以外的时间用于外出工作或家务劳动（准备三餐、照顾孩子以及其他杂务）。在市场中，Pat 赚的工资 $w_p = 20$ 美元，高于 Chris 的工资 $w_c = 10$ 美元。讨论婚姻对他们各自的及共同的预算约束（第 4 章和第 5 章）以及对他们的劳动-休闲选择（参见第 5.5 节"劳动供给曲线的推导"）有什么影响。讨论中要考虑到比较优势理论。

4.3 如果 Jane 和 Denise 有着相同的线性生产可能性边界，交易还会给她们带来好处吗？为什么？（提示：参见例题详解 10.4。）

4.4 结合例题详解 10.4 说明如果有五个人而不是三个人，生产可能性边界更接近一个四分之一的圆形。两个新人分别是 Bill 和 Helen，其中，Bill 能在一天之中生产 5 捆烧柴和 4 块糖果，或者烧柴和糖果的任意线性组合。Helen 能在一天之中生产 4 捆烧柴和 5 块糖果，或者烧柴和糖果的任意线性组合。

4.5 墨西哥和美国都能生产食品和玩具。墨西哥有 100 名工人，美国有 300 名工人。如果它们不交易，美国消费 10 单位食品和 10 单位玩具；墨西哥消费 5 单位食品和 1 单位玩具。下表列明了生产每种产品的必要人数：

	墨西哥	美国
生产每单位食品的工人数	10	10
生产每单位玩具的工人数	50	20

a. 在没有交易时，美国和墨西哥各自能生产多少单位的食品和玩具？

b. 在食品生产上，哪个国家具有比较优势？玩具生产呢？

c. 画出两国各自的生产可能性边界，说明两国不进行交易时的生产情况。准确标出坐标轴所代表的产品。

d. 画出有交易发生时的生产可能性边界。

e. 说明两国都能从交易中获益。（提示：参见例题详解 10.4。）A

4.6 假设利用现有资源，英国每天能生产 10 单位服装或 5 单位食品（或二者的任意线性组合），希腊每天能生产 2 单位食品或 1 单位服装（或二者的任意线性组合）。在两种产品的生产上，英国都具有绝对优势。两国之间进行交易还有意义吗？

5. 效率和公平

5.1 一个社会由两个人构成，U_1 和 U_2 分别是这两个人的效用，社会福利函数为 $W = \alpha_1 U_1 + \alpha_2 U_2$。画一条类似图 10.9 的效用可能性边界。当社会福利达到最大时，说明随着 α_1/α_2 的变大，个人 1 会获益而个人 2 会受损。A

5.2 举出一个能带来均等配置的社会福利函数，即它应该使每个人得到完全相同的产品组合。

5.3 假设社会采用与罗尔斯福利函数完全相反的函数：它努力实现社会最富裕阶层的福利最大化。写出该福利函数的表达式。什么样的配置能实现这个社会的福利最大化？

6. 挑战题

6.1 修改"挑战题解答"中的图形，说明在没有《反价格盘剥法》的情况下，这两个地区的销售额是多少。讨论这一数量与实施《反价格盘剥法》所产生的数量有何不同。

6.2 桃子是在一个竞争性市场上出售的。需求分两种：需求鲜桃的消费者和需求罐头的公司。如果政府只对直接卖给消费者的桃子设定一个限制性的价格上限，这会对两种需求的价格和数量产生什么样的影响？

6.3 最初，纽约与其他地区的电价一样，是一个竞争性的价格。现在假设纽约限制其市民的购电量，说明这会对纽约和其他地区的电价和用电量产生何种影响。

6.4 某竞争性行业有一条向上倾斜的供给

曲线，它在国内市场上的销量为 Q_h，在国外市场上的销量为 Q_f，所以总销量为 $Q_h + Q_f$。没有其他国家能生产这一产品，也没有运输费用。确定每个国家的均衡价格和均衡数量，然后假设某外国政府设定限制性配额 Q（$<Q_f$，在初始价格水平上）。其国内外市场上的价格和销量各有什么变化？

第11章

垄　断

垄断：独自高歌。

挑战题　　　　　　　　　　　**品牌药和仿制药**

发明某种新药的企业会申请专利，以确保其在未来的 20 年内成为该药品的垄断供应商，企业也因此可以收取一个远高于其边际成本的价格。例如，用于治疗心脏疾病的 Plavix 是世界上最畅销的药物之一，每片售价 7 美元，但生产成本只有 3 美分。一种用于治疗丙型肝炎的新药 Harvoni 每片售价 1 350 美元，一个疗程（12 周）要花费 113 400 美元。2015 年，图灵制药（Turing Pharmaceuticals）公司的负责人马丁·什克雷利（Martin Shkreli）将用于治疗艾滋病和癌症患者感染的 Daraprim 的价格由每片 13.5 美元提高到每片 750 美元。在 2016 年的上半年，辉瑞集团将其药品价格平均提高了近 20%。

每年，许多药品都会像 Plavix 一样失去专利保护。2016 年，Crestor（治疗胆固醇偏高）、Glumetz（治疗糖尿病）、Nuvigil（治疗注意力障碍/减肥）等一些让企业赚得盆满钵满的药品专利到期。2017 年，Tamiflu（治疗病毒感染）和 Acthar Gel（治疗内分泌失调）等药品也专利期满。

一般来说，当一种暴利药品的专利过期时，许多企业会进入市场并销售这些名牌药物的仿制品。仿制药在美国处方药市场中所占的比例从 1984 年的 18% 上升至 2015 年的 89%。2001 年，仅仅在仿制药上市后的前两周，Prozac 就失去了 73% 的市场份额。

美国国会在通过法案允许仿制药在专利过期后迅速涌入市场时，是希望专利到期能促使药价大幅降低。[①] 如果消费者将仿制药和品牌药视为完全替代品，则两种药品的价格会趋于一致，并且大量企业涌入市场会促使价格降至竞争性均衡水平。即使消费者并未将它们视为完全替代品，人们也会认为品牌药的价格会下降。

[①]　美国在 1984 年通过《药品价格竞争与专利期补偿法案》（Hatch-Waxman Act）。依据该法案，如果仿制药企业能够保证它的产品与品牌药相比包含同样数量的有效成分或是对身体产生同样的效果，那么在品牌药的专利过期后，政府允许仿制药在市场销售。有时一家企业同时制造品牌药和完全相同的仿制药，从而两种药物具有相同的成分。其他企业的仿制药通常与品牌药在外观和名称上不同，以及非活性成分不同，但有效成分相同。

不过，在专利过期且仿制药进入市场后，许多品牌药的价格是上涨的。虽然仿制药的价格相对便宜，但是品牌药仍然占据相当大的市场份额并高价出售。Regan（2008）研究了18种处方药在专利保护失效后仿制药进入市场对它们价格的影响，发现品牌药价格平均上涨2%。基于早期数据的研究表明，品牌药的价格平均会上涨7%。为什么仿制药的入市会让某些品牌药的价格上涨呢？

如果商品只有一个供给者，且没有近似的替代品，这就是**垄断**（monopoly）。垄断自古以来就很常见。公元前5世纪，在橄榄异常多产的那个年代里，希腊的大多数橄榄压榨机都归哲学家泰勒斯（Thales）所有。同样，在古埃及，法老们控制着粮食的销售。而英国的国王们则常把被称作皇室特许或专利这样的垄断权授予宠臣，这种做法直到1624年才受到议会的限制。如今，几乎所有国家都会将专利权（patent）——在一定期限内独家销售某种商品的权利——授予新产品、新工艺、新物质或新设计的创造者。1999年以前，美国政府一直授予一家公司特权，使之成为唯一一家互联网域名注册商。苹果的ipod刚推出时，在硬盘音乐播放器市场上几乎处于垄断地位，而苹果ipad则几乎垄断了平板电脑市场。

垄断企业可以制定价格，它们并不像竞争性企业那样是价格接受者。垄断企业的产量就是市场的产出，它所面临的需求曲线就是市场的需求曲线。由于市场需求曲线是向下倾斜的，当垄断企业提高价格时，它并不会失去所有的销量（这与竞争性企业不同）。因此，为了实现利润最大化，垄断企业把价格设定在边际成本之上。消费者在这个垄断高价下的购买量小于他们在竞争性价格（等于边际成本）下的购买量。

本章将考察以下6个主题：

1. 垄断利润最大化。和所有企业一样，垄断企业通过选择使边际收益等于边际成本的价格或产量实现利润最大化。

2. 市场势力。垄断价格高出边际成本的幅度取决于垄断企业所面临的需求曲线的形状。

3. 垄断定价导致的市场失灵。垄断企业将价格设定在边际成本之上，造成无谓损失。

4. 垄断形成的原因。垄断产生的两个重要原因是成本因素和政府采取限制企业进入的行为，如授予专利权。

5. 削弱市场势力的政府行为。如果政府对垄断企业制定的价格加以规制，或允许其他企业进入市场，就可以降低甚至消除垄断的福利损失。

6. 网络、动态分析和行为经济学。如果垄断企业当前的销售对其长期的需求曲线有影响，它可能就会选择牺牲短期利润最大化以实现长期利润最大化。

11.1 垄断利润最大化

所有企业（包括竞争性企业和垄断企业）都是通过边际收益等于边际成本的原则来实现利润最大化的（第8章）。我们已经学过如何由垄断企业的成本曲线推导出它的边际成本曲线（第7章）。现在我们来推导垄断企业的边际收益曲线，然后通过边际收益曲线和边际成本曲线来考察垄断企业的利润最大化行为。

□ 边际收益

企业的边际收益曲线由其需求曲线决定。由于垄断企业的需求曲线向下倾斜，所以在任何正的产出水平上，边际收益曲线总是位于需求曲线以下，这一点会在后面加以说明。

边际收益与价格

企业的需求曲线表明了企业销售一定量产品 q 所收取的价格 p。这个价格是企业获得的平均收益，所以企业的收益为 $R = pq$。

企业的边际收益 MR 表示多销售一单位产品所带来的总收益的变化量。一家企业因多销售了 Δq 单位的产品而增加了 ΔR 单位的收益，则其边际收益 MR（第8章）为：

$$MR = \Delta R / \Delta q$$

如果该企业恰好多销售了一单位产品（$\Delta q = 1$），边际收益就是 $MR = \Delta R$。

虽然竞争性企业的边际收益曲线是水平的，但垄断企业面临一条向下倾斜的边际收益曲线。图 11.1（a）中的竞争性企业面临一条在市场价格 p_1 处的水平需求曲线。由于需求曲线是水平的，竞争性企业不降低价格就可以多销售产品。因此，它销售最后一单位产品所得到的边际收益就是市场价格。

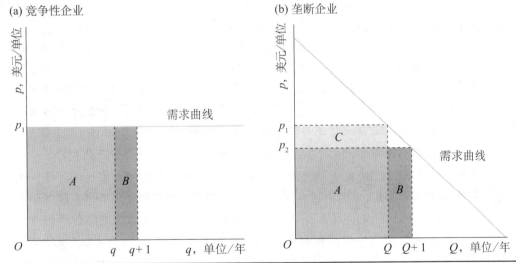

	初始收益，R_1	多销售一单位产品的收益，R_2	边际收益，$R_2 - R_1$
竞争性企业	A	$A+B$	$B = p_1$
垄断企业	$A+C$	$A+B$	$B-C = p_2 - C$

图 11.1　平均收益和边际收益

需求曲线表示的是每销售一单位产品所得到的平均收益或价格。（a）竞争性企业的边际收益是区域 B，它等于市场价格 p_1。（b）垄断企业的边际收益比价格 p_2 小了区域 C（因原本销售的 Q 单位产品的价格下降而导致的收益损失）。

起初，竞争性企业以市场价格 p_1 销售 q 单位的产品，所以，其收益 R_1 就是矩形 A 的面积 $p_1 \times q$。如果企业多销售一单位产品，收益就是 $R_2 = A+B$，其中，B 的面积等于

$p_1 \times 1 = p_1$。竞争性企业的边际收益等于产品的市场价格：

$$\Delta R = R_2 - R_1 = (A + B) - A = B = p_1$$

如图 11.1（b）所示，垄断企业面临一条向下倾斜的市场需求曲线。（我们把一家企业的产品销量称为 q，把市场上所有企业的产出也就是市场产出表示为 Q。由于垄断企业是市场上唯一的企业，q 与 Q 并无区别，所以我们用 Q 同时表示该企业的和市场的产出。）垄断企业最初以 p_1 销售 Q 单位产品；但只要价格降为 p_2，它就可以再多销售一单位产品。

垄断企业的初始收益 $p_1 \times Q$ 为 $R_1 = A + C$。当它多销售一单位产品时，收益 $p_2 \times (Q+1)$ 为 $R_2 = A + B$。因此，其边际收益是：

$$\Delta R = R_2 - R_1 = (A + B) - (A + C) = B - C$$

垄断企业以新价格 p_2 多销售了一单位产品，所以，额外的收益就是 $B = p_2 \times 1 = p_2$。由于新旧价格之间存在差价 $\Delta p = p_2 - p_1$，垄断企业在其原本销售 Q 单位产品上的损失为：$C = \Delta p \times Q$，因此其边际收益是 $B - C = p_2 - C$，比它收取的价格小了一个等于区域 C 的量。

由于图 11.1（a）中竞争性企业的需求曲线是水平的，它并没有因为多销售一单位产品而损失区域 C。正是由于垄断企业的需求曲线向下倾斜，所以其边际收益小于价格。

边际收益曲线

只要产出为正，垄断企业的边际收益曲线就位于需求曲线之下。一般来说，边际收益曲线与需求曲线的关系取决于需求曲线的形状。

对于所有的线性需求曲线来说，边际收益曲线与需求曲线的关系都是相同的：边际收益曲线是一条直线，它与需求曲线在纵轴（价格）上的起点相同，但斜率是需求曲线斜率的 2 倍，所以边际收益曲线与横轴（数量）交于需求曲线与横轴的交点值的二分之一处（见附录 11A）。在图 11.2 中，需求曲线的斜率为 -1，并且与横轴交于 24 单位处，而边际收益曲线的斜率为 -2，并且与横轴交于 12 单位处。

边际收益曲线的推导

为了推导垄断企业的边际收益曲线，我们列出一个等式来概括图 11.1（b）中价格与边际收益之间的关系。（因为想在所有价格下都使用这个等式，我们去掉了价格的下标。）为了使产出增加 ΔQ，垄断企业将价格下调 $\Delta p / \Delta Q$，这是需求曲线的斜率。这一调整使得垄断企业在它最初以较高价格即可售出的产品上损失了 $(\Delta p / \Delta Q) Q$（区域 C），但是由于现在多售出一单位产品，又多赚了 p（区域 B）。因此垄断企业的边际收益为[①]：

$$MR = p + \frac{\Delta p}{\Delta Q} Q \tag{11.1}$$

垄断企业的反需求曲线的斜率 $\Delta p / \Delta Q$ 是负数，所以等式 11.1 的最后一项 $(\Delta p / \Delta Q) Q$ 为负。等式 11.1 证实：价格比边际收益大，边际收益等于 p 加上一个负项。

---

① 收益为 $R(Q) = p(Q) Q$，其中 $p(Q)$ 为反需求函数，表示价格随着数量的上升而沿需求曲线的变化。对其微分，我们可以得到边际收益为 $MR = dR(Q)/d(Q) = p(Q) + [dp(Q)/d(Q)] Q$。

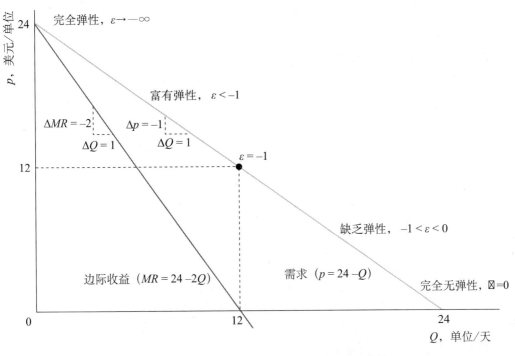

图 11.2　需求弹性与总收益、平均收益和边际收益

　　需求曲线（或平均收益曲线）$p=24-Q$ 位于边际收益曲线 $MR=24-2Q$ 的上方。当边际收益为零的时候，$Q=12$，需求弹性 $\varepsilon=-1$。

例题详解 11.1

　　当垄断企业面临如下一条线性的反需求曲线时（如图 11.2 所示），

$$p=24-Q \tag{11.2}$$

推导出企业的边际收益曲线。和反需求曲线的斜率相比，边际收益曲线的斜率是怎样的？

　　解答

　　1. 用需求曲线计算出当数量增加 1 单位时，消费者愿意支付的价格会下降多少。根据反需求函数方程 11.2，数量每增加 1 单位，消费者愿意支付的价格下降 1 美元，所以反需求曲线的斜率等于 $\Delta p/\Delta Q=-1$（参见第 2 章）。[①]

　　2. 用等式 11.1 和等式 11.2 以及反需求曲线的斜率推导边际收益函数。把需求函数的实际斜率 $\Delta p/\Delta Q=-1$ 代入等式 11.1，并且用 $24-Q$ 替换 p（利用等式 11.2），得出该垄断企业的边际收益函数：

$$MR=p+\frac{\Delta p}{\Delta Q}Q=(24-Q)+(-1)Q=24-2Q \tag{11.3}$$

我们可以根据等式 11.3 画出图 11.2 中的 MR 曲线。

　　3. 用等式 11.3 求出边际收益曲线的斜率。用与步骤 1 中相同的方法，我们可以求出

---

　　① 一般来说，如果线性反需求曲线为 $p=a-bQ$，当数量从 Q 增加到 $Q+\Delta Q$ 时，新的价格 $p^*=a-b(Q+\Delta Q)=a-bQ-b\Delta Q=p-b\Delta Q$，因此，$\Delta p=p^*-p=-b\Delta Q$。两边同时除以 ΔQ，得到需求曲线的斜率 $\Delta p/\Delta Q=-b$。当 $b=1$ 时，$\Delta p/\Delta Q=-1$。同样地，我们可以用微积分的方法推导一般的线性需求曲线的斜率 $\mathrm{d}p/\mathrm{d}Q=-b$。

等式 11.3 中边际收益曲线的斜率是 $\Delta MR/\Delta Q=-2$，所以，边际收益曲线的斜率是需求曲线斜率的 2 倍。

边际收益与需求价格弹性

任何既定产出水平下的边际收益都取决于需求曲线的纵坐标（价格）和形状。而特定产出水平的需求价格弹性［第 3 章，$\varepsilon=(\Delta Q/Q)/(\Delta p/p)<0$］能说明此处需求曲线的形状。需求价格弹性反映了价格每上升 1％导致需求量下降的百分比。

在既定产出数量下，边际收益等于价格乘以包含需求弹性的一项[①]：

$$MR=p\left(1+\frac{1}{\varepsilon}\right) \tag{11.4}$$

根据等式 11.4，需求越富有弹性，边际收益就越接近价格。在需求曲线与价格轴的交点处（$Q=0$），需求曲线具有完全弹性，所以边际收益等于价格：$MR=p$。[②]当需求是单位弹性时，$\varepsilon=-1$，边际收益为 $MR=p[1+1/(-1)]=0$。当需求曲线缺乏弹性时，$-1<\varepsilon\leqslant 0$，边际收益为负。

由等式 11.2 中的需求函数可得，$\Delta Q/\Delta p=-1$，因此需求弹性为 $\varepsilon=(\Delta Q/\Delta p)/(p/Q)=-p/Q$。表 11.1 介绍了这个线性需求曲线的数量、价格、边际收益和需求弹性的关系。当 Q 趋近于 24 时，ε 趋近于 0，且边际收益为负。当 Q 趋近于 0 时，需求变得越来越富有弹性，且边际收益趋近于价格。

表 11.1　　　　线性反需求曲线 $p=24-Q$ 的数量、价格、边际收益和需求弹性

数量，Q	价格，p	边际收益，MR	需求弹性，$\varepsilon=-p/Q$
0	24	24	$-\infty$
1	23	22	-23
2	22	20	-11
3	21	18	-7
4	20	16	-5
5	19	14	-3.8
6	18	12	-3
7	17	10	-2.43
8	16	8	-2
9	15	6	-1.67
10	14	4	-1.4
11	13	2	-1.18
12	12	0	-1
13	11	-2	-0.85
…	…	…	…
23	1	-22	-0.043
24	0	-24	0

（右侧纵向文字：弹性逐渐加大　弹性逐渐缩小）

[①] 将等式 11.1 的最后一项乘以 $p/p(=1)$，用代数方法我们可以把等式重新写作：

$$MR=p+p\frac{\Delta pQ}{\Delta Qp}=p\left[1+\frac{1}{(\Delta Q/\Delta p)\ (p/Q)}\right]$$

该表达式的最后一项是 $1/\varepsilon$，因为 $\varepsilon=(\Delta Q/\Delta p)(p/Q)$。

[②] 当 ε 接近于 $-\infty$（完全需求弹性）时，$1/\varepsilon$ 接近于 0，因此 $MR=p\left(1+\frac{1}{\varepsilon}\right)$ 接近于 p。

☐ 价格或数量决策

所有企业都是通过使边际收益等于边际成本来实现利润最大化的。与竞争性企业不同，垄断企业可以调整价格，所以它可以在价格决策或者数量决策方面做出选择来最大化自身的利润（竞争性企业不能影响市场价格，所以通过数量决策来实现利润最大化）。

垄断企业受市场需求曲线的约束。由于需求曲线向下倾斜，垄断企业要在高价格低产量与低价格高产量之间做出选择。垄断企业选择需求曲线上的某一点来获得最大利润，但它不能同时决定数量和价格。如若不然，垄断企业就会选择在极高的价格和极高的生产水平上进行生产，从而大获其利。

如果垄断企业设定价格，由需求曲线决定产出；如果企业设定产量，由需求曲线决定价格。垄断企业想要在使其利润达到最大的价格与产量下经营，因此无论做出上述哪一种决策，解都相同。下面假设垄断企业进行的是产量决策。

☐ 图形分析法

所有企业（包括垄断企业）都是用一个两步分析法来确定其利润最大化的产出水平的（见第8章）。第一步，企业确定可以使其获得最高可能利润的产出，在这个产出水平下，边际收益等于边际成本。第二步，企业决定生产 Q^* 还是停止营业。

利润最大化的产出

为了说明垄断企业通过选择产出来实现利润最大化的问题，我们在图 11.3（a）中继续使用相同的线性需求曲线、边际收益曲线，并补充了一条线性边际成本曲线。图 11.3（b）是对应的利润曲线。利润曲线在6单位产出处达到最大值，此时的边际利润（也就是利润曲线的斜率）为0。由于边际利润等于边际收益减去边际成本（见第8章），所以当边际收益等于边际成本时，边际利润为0。图 11.3（a）中6单位产出处的边际收益等于边际成本。在需求曲线上，这个产量下的价格为18美元。因此，垄断企业在 e 点的利润最大，此时它每天以18美元的单价销售6个单位的产品。

为什么垄断企业在边际收益等于边际成本时实现了利润最大化？在产量较小的情况下，垄断企业的边际收益大于边际成本，边际利润为正，利润曲线向上倾斜，增加产出会提高利润；同样，当产量较高时，垄断企业的边际成本大于边际收益，边际利润为负，减小产出可以提高利润。

如图 11.2 所示，当需求曲线富有弹性时，边际收益为正。当需求曲线具有单位弹性时，边际收益等于0。当需求曲线缺乏弹性时，边际收益为负。由于边际成本从不为负，因此边际收益曲线只能在需求曲线富有弹性的范围内与边际成本曲线相交，此时边际收益为正。也就是说，垄断利润在需求曲线富有弹性的区间达到最大值。（在这个例子中，当 $Q=6$ 时利润最大，该点的需求弹性为 -3。）与之对应，垄断企业绝不会在需求曲线缺乏弹性的区间进行生产。

停止营业决策

在利润最大化（或损失最小化）的产量上，如果价格低于平均可变成本，为避免短

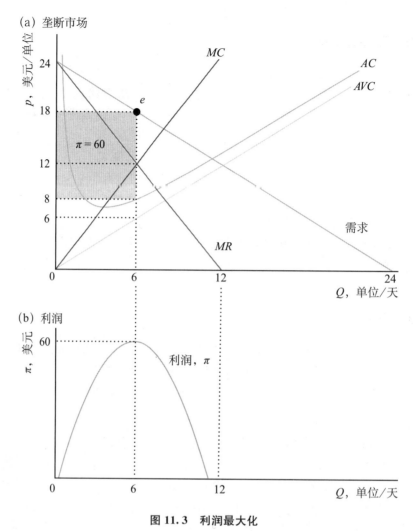

(a) 垄断市场

(b) 利润

图 11.3 利润最大化

(a) 当 $Q=6$ 时，边际收益 MR 等于边际成本 MC，利润达到最大，图中表现为阴影矩形的面积 60 美元，是每单位产出的平均利润 $p-AC=18-8=10$（美元）与产量 6 的乘积。(b) 在产量 $Q=6$（此时的边际收益等于边际成本）处，利润达到最大。

期亏损，垄断企业将停止营业。如果垄断最优价格低于平均成本，为避免长期经营损失，垄断企业就会关闭。

在图 11.3 短期经营的例子中，当产量为利润最大化的产出（$Q=6$）时，平均可变成本（$AVC=6$ 美元）小于价格（$p=18$ 美元），企业选择继续生产。当 $Q=6$ 时，价格亦高于平均成本，该垄断企业赚得利润。[①] 在利润最大化处，价格为 $p(6)=18$ 美元，平均成本为 $AC(6)=8$ 美元。因此，利润 $\pi=60$ 美元，即长为平均利润 10 美元 [$=p(6)-AC(6)=18-8$]、宽为 6 单位的阴影矩形的面积。

---

① 因为利润 $\pi=p(Q)Q-C(Q)$，所以平均利润等于 $\pi/Q=p(Q)-C(Q)/Q=p(Q)-AC$。因此，平均利润只有在价格高于平均成本时才为正。

☐ 数学分析法

还可以用数学方法来求解利润最大化的产量。已知垄断企业的需求函数和边际收益函数，还需要确定边际成本曲线。垄断企业的成本是一个关于产出的函数 $C(Q)$。在图 11.3 中，假设该垄断企业面临的短期成本函数是：

$$C(Q)=Q^2+12 \tag{11.5}$$

其中，Q^2 是垄断企业的可变成本，它是产出的函数。12 美元是其固定成本（第 7 章）。根据这个成本函数（等式 11.5），垄断企业的边际成本函数为[①]：

$$MC=2Q \tag{11.6}$$

边际成本曲线是图 11.3 (a) 中过原点且斜率为 2 的直线。平均可变成本为 $AVC=Q^2/Q=Q$，所以 AVC 曲线是一条过原点且斜率为 1 的直线。平均成本为 $AC=C/Q=(Q^2+12)/Q=Q+12/Q$，平均成本曲线是一条 U 形曲线。

为确定利润最大化的产量，使边际收益函数（等式 11.3）等于边际成本函数（等式 11.6）：

$$MR=24-2Q=2Q=MC$$

求解 Q，得 $Q=6$。将 $Q=6$ 代入反需求函数（等式 11.2），解得利润最大化时的价格为：

$$p=24-Q=24-6=18 \text{（美元）}$$

在这个产量下，平均可变成本 $AVC=6$ 美元，小于价格，所以企业不会停产。平均成本为 $AC=6+12/6=8$（美元），小于价格，企业获得利润。

应用案例

苹果的 iPad

2010 年 4 月 3 日，苹果公司开始销售 iPad。iPad 不是第一款平板电脑[②]，但它是最漂亮精致的一款，也是第一款备受消费者青睐的平板电脑。iPad 是多点触摸、手指感应触摸屏（而不是压力触控笔）和虚拟屏幕键盘的先驱。最重要的是，它提供了直观的界面，用户可以轻松访问苹果的 iTunes、电子书和各种应用程序。

人们喜欢最初的 iPad。虽然基本款售价为 499 美元，但它一经上市就几乎垄断了市场。根据研究公司 IDC 的数据，在 2010 年，苹果的平板电脑的市场份额为 87%。此外，大多数消费者并没有将竞争对手的平板电脑视为它的近似替代品。在 2010—2011 年的第一个整年内，苹果在全球售出 2 500 万台 iPad。据一项估计，基础款 iPad 的边际成本仅为 220 美元。

对苹果来说，不幸的是这一垄断持续时间很短。在 iPad 推出后的一年内，就有超过 100 款类似 iPad 的平板电脑进入市场。到 2016 年初，苹果在平板电脑市场上的份额下降到了 26%。

[①] 在等式 11.5 中对产出求导，得到边际成本 $MC=dC(Q)/dQ=2Q$。

[②] 事实上，iPad 并不是苹果的第一款平板电脑。1993—1998 年，苹果就销售了另一款平板电脑 Newton。

当 iPad 问世时，高配版 iPad 的边际成本约为 220 美元，苹果公司的固定成本约为 2 000（单位：百万美元，即 20 亿美元），反需求函数为 $p=770-11Q$，Q 为每年购买的 iPad 数量，单位是百万个。[①] 求苹果的平均可变成本函数、平均成本函数、边际收益函数、利润最大化的价格和数量以及利润。用图画出苹果公司利润最大化的解。

解答

1. 用苹果公司的边际成本和固定成本的信息推导出平均成本函数。给定苹果公司的边际成本为常数，它的平均可变成本 AVC 等于边际成本 220 美元。平均固定成本 AFC 等于固定成本除以产量即 $2\,000/Q$。那么它的平均成本 $AC=AVC+AFC=220+2\,000/Q$。

2. 用需求函数的信息推导出苹果公司的边际收益函数。给定线性的需求函数 $p=770-11Q$，我们可以知道边际收益函数的斜率是需求曲线的 2 倍，并且与价格轴相交于同一点：$MR=770-22Q$。[②]

3. 使边际收益函数和边际成本函数相等求出利润最大化时的产量和价格。如下图所示，苹果公司在 $MR=770-22Q=220=MC$ 处达到最大利润。解出利润最大化时的产量 $Q=25$（百万个）。将其代入反需求函数中，得到利润最大化时的价格 $p=495$ 美元。

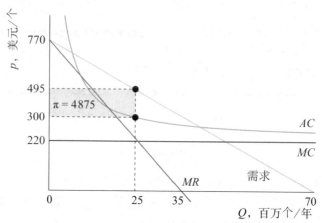

4. 用利润最大化时的价格和产量以及平均成本计算苹果公司的利润。在 $Q=25$ 单位时，公司的平均成本为 $AC=220+2\,000/25=300$ 美元。该公司的利润为 $\pi=(p-AC)Q=(495-300)\times25=4\,875$（百万美元）。如图所示，利润是一个宽为 $p-AC=195$ 美元、长为 $Q=25$ 单位的矩形。

□ 需求曲线移动的影响

需求曲线或者边际成本曲线的移动会影响垄断最优值，而且对垄断市场的影响比对竞争性市场的影响更加广泛。在竞争性市场上，需求变动对企业产出的影响只同边际成本曲线的形状有关（第 8 章）；相比之下，在垄断市场上，边际成本曲线和需求曲线的形

---

① 扫描本书末二维码"资料来源"可查看应用案例"苹果的 iPad"的文章出处，其中会给出这些估计结果的详细信息。

② 我们可以用微积分求出边际收益曲线。反需求函数乘以 Q 得到苹果的收入函数，$R=770Q-11Q^2$。边际收益函数是收益函数对产量的导数：$MR=dR/dQ=770-22Q$。

状都影响着垄断企业的产出。

我们从第 8 章的学习中知道，由竞争性企业的边际成本曲线可以得到该企业在任意市场价格下的供给量的全部信息，并且供给曲线就是企业向上倾斜的边际成本曲线（在其最小平均可变成本的上方）。竞争性企业的供给行为与市场需求曲线的形状无关，这是因为，在市场价格下，竞争性企业总是面临着一条水平的需求曲线。因此，如果知道了竞争性企业的边际成本曲线，就可以推测在任意已知市场价格下的企业产量。

相反，垄断企业的产出决策不仅取决于边际成本曲线，而且和需求曲线的形状有关。与竞争性企业不同，垄断企业没有供给曲线。只知道垄断企业的边际成本曲线还不足以推测出任意市场价格下垄断企业销售的产品数量。

图 11.4 表明，竞争性企业的价格与产量之间是一一对应的关系，但垄断市场却并非如此。如果市场是竞争的，初始均衡点是图 11.4（a）中的 e_1 点，也就是初始需求曲线 D_1 与供给曲线 MC 的交点。MC 是许多竞争性企业的边际成本曲线的加总。如果需求曲线移动至 D^2，新的竞争性均衡点 e_2 有着更高的价格和产量。需求曲线的移动使竞争性均衡点沿边际成本曲线移动，所以对于每一个均衡产量，只有一个均衡价格与之对应。

现在考察一下图 11.4（b）中介绍的垄断企业的情况。当需求曲线由 D^1 移至 D^2 时，垄断最优状态由 E_1 点移至 E_2 点，价格提高但产量不变，$Q_1=Q_2$。因此，一个已知产量可以对应多个垄断最优价格。需求曲线移动可能会引起产量改变但垄断最优价格保持不变，或者价格与产量同时发生改变。

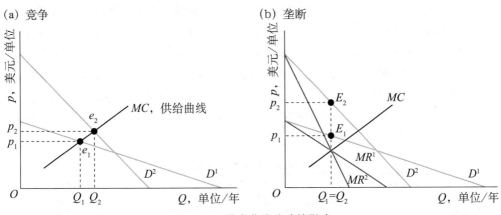

图 11.4 需求曲线移动的影响

（a）需求曲线由 D^1 移至 D^2 导致竞争性均衡从 e_1 点沿着供给曲线（所有竞争性企业的边际成本曲线的水平加总）移动到 e_2 点。由于竞争性均衡在供给曲线上，每个产量仅仅对应一个均衡价格。（b）对垄断企业来说，需求曲线的同样移动导致垄断最优状态从 E_1 点移至 E_2 点。垄断产量保持不变，但是垄断价格上涨。因此，需求的移动并没有描绘出垄断市场上价格-产量一一对应的关系。同样的产量 $Q_1=Q_2$ 分别对应着两个不同的价格 p_1 和 p_2。

11.2 市场势力

垄断企业具有**市场势力**（market power）：企业索要高于边际成本的价格进而获得利润的能力。现在我们来考察，决定垄断企业设定的价格比边际成本高出多少的因素都有哪些。

许多人错误地认为最大的垄断企业对价格拥有最大的控制力。

常识性谬误： 垄断企业的规模越大，其价格高出成本的加价就越大。

规模大小无关紧要。相反，消费者对价格越不敏感（需求越是缺乏弹性），垄断企业的价格高出成本的加价就越高。例如，在本章开头的挑战题中提到的那些价格极高的药品只有少数人才会买，但它们对这部分人至关重要。

☐ 市场势力和需求曲线的形状

垄断企业将价格提高到边际成本以上的幅度和利润最大化产出水平所对应的需求曲线的形状有关。如果垄断企业在利润最大化的产量下所面临的需求曲线富有弹性——曲线几乎水平，即使小幅提价，企业也会损失大量的销售量；相反，如果在这个产量下的需求曲线缺乏弹性（相对陡峭），同样大小的提价所损失的销售量就会小得多。

利用等式 11.4 中边际收益的表达式，并考虑使企业利润最大化的条件（也就是边际收益等于边际成本），我们可以推导出利润最大化产量下的市场势力与需求弹性的关系：

$$MR = p\left(1 + \frac{1}{\varepsilon}\right) = MC \tag{11.7}$$

通过调整各项，等式 11.7 可以改写为：

$$\frac{p}{MC} = \frac{1}{1 + 1/\varepsilon} \tag{11.8}$$

等式 11.8 说明，价格与边际成本的比率仅仅取决于利润最大化产量水平的需求弹性的大小。

在图 11.3（a）的例子中，需求是线性的。在垄断最优点 e，即 $Q=6$ 时，需求弹性为 $\varepsilon = -3$。因此，价格与边际成本的比率为 $p/MC = 1/[1+1/(-3)] = 1.5$，也可写作 $p = 1.5MC$。图 11.3（a）中的利润最大化价格为 18 美元，是边际成本 12 美元的 1.5 倍。

表 11.2 说明了价格与边际成本之比随需求弹性而变化的情况。如果弹性系数是 -1.01，需求曲线缺乏弹性，垄断企业利润最大化的价格是其边际成本的 101 倍：$p/MC = 1/[1+1/(-1.01)] \approx 101$。当需求弹性趋于负无穷（变得具有完全弹性）时，价格与边际成本的比率缩小为 $p/MC = 1$。[①]

表 11.2   **需求弹性、价格和边际成本**

需求弹性，ε	价格/边际成本，$p/MC = 1/(1+1/\varepsilon)$	勒纳指数，$(p-MC)/p = -1/\varepsilon$
-1.01	101	0.99
-1.1	11	0.91
-2	2	0.5
-3	1.5	0.33
-5	1.25	0.2
-10	1.11	0.1
-100	1.01	0.01
$-\infty$	1	0

（表左侧纵向标注：弹性渐小 ↑ ｜ 弹性渐大 ↓）

该表说明，不是所有的垄断企业都可以设定高价格。如果一家垄断企业面临的是一条具有完全弹性的水平需求曲线，与作为价格接受者的竞争性企业一样，它会把价格设

---

① 如果弹性趋于负无穷，$1/\varepsilon$ 接近 0，因此 $1/(1+1/\varepsilon)$ 趋近 $1/1=1$。

定为等于边际成本的水平。如果这家垄断企业提高价格，就会丧失全部销量。因此，企业将价格设定在边际成本的水平上以实现利润最大化。

需求曲线弹性越大，垄断企业提高价格而不损失销售额的可能性就越小。与所有其他企业一样，垄断产品的近似替代品越多，垄断企业面临的需求弹性就越大。例如，Pearson 公司拥有生产并销售本书的垄断权，但是有很多别的出版社有权生产并销售类似的微观经济学教科书（尽管你更喜欢本书）。Pearson 公司面对的实际需求比没有替代品时的需求更富有弹性。如果你认为这本教科书很贵，请想象一下要是没有出版类似替代品时这本书的价格吧！

应用案例

缆车和利润最大化

旧金山的缆车（cable car）系统自 1873 年开始运营以来，时至今日，已经成为该城市重要的一个旅游资源。在 2005 年年中，财政吃紧的地方铁路将单程票价提高了三分之二，从 3 美元涨到 5 美元。可想而知，此举的后果是乘客的人数明显减少，本地居民也要求降低票价。

随着缆车票价的上涨，一些本地居民会选择公共汽车或其他交通工具，但多数游客对缆车的需求曲线是缺乏弹性的。亚利桑那州的弗兰克·伯恩斯坦（Frank Bernstein）说："来这里就要坐缆车，要不来这干什么？"他和妻子、两个孩子以及岳母是一起来旧金山旅游的。全家从鲍威尔大街到渔人码头一个来回要 50 美元："票价是贵，但我们也就坐这一次嘛。"

如果该城市像一个垄断者那样来经营缆车，提高票价理所应当。票价上涨 67% 使 2005—2006 财政年度的收入增长了 23%，达 9 045 792 美元。价格上涨引起收入增加，说明该城市是在需求曲线上缺乏弹性（$\varepsilon > -1$）的那部分经营这套系统的，其中在票价上涨之前，$MR = p(1 + 1/\varepsilon) < 0$。随着乘客的减少，成本不变或下降（如果经营的缆车数量小于原来的 40 辆，成本会下降），所以收入增加时利润必然增加。

不过，该城市经营缆车的目标可能不是利润最大化。市长加文·纽瑟姆（Gavin Newsom）说，乘客的减少"是提高票价后我最担心的事，我们现在正处于可能丧失前来观光并乘坐缆车的游客这样一个境地"。市长认为，轻松、便宜的缆车之旅可以吸引游客前来观光，这也拉动了当地的经济。[①] 他说："缆车就是这个城市的血脉，它代表的绝不仅仅是收入。"

市长决定继续以低于利润最大化的价格运营缆车。在纽瑟姆任职的六年里，缆车的票价一直维持在 5 美元的水平。他离任后，票价在 2011 年升至 6 美元，在 2015 年升至 7 美元，一直维持到 2016 年。

□ 勒纳指数

解释需求弹性影响垄断价格与边际成本之比的另一种方法是观察企业的**勒纳指数**

---

① 这就是说，市长认为缆车提供了正的外部性（参见第 17 章）。

(Lerner index)（或者价格加成，price markup）：价格与边际成本之差同价格的比率——$(p-MC)/p$。由于竞争性企业不能将价格提高到边际成本以上，因此它的勒纳指数为 0。价格与边际成本之差越大，勒纳指数就越大，垄断企业设定价格高于边际成本的能力也就越强。

如果企业正在实现利润最大化，可以对等式 11.8 加以重新整理，用需求弹性表示勒纳指数：

$$\frac{p-MC}{p}=-\frac{1}{\varepsilon} \tag{11.9}$$

由于 $MC>0$，且 $p>MC$，$0<p-MC<p$，所以一家利润最大化企业的勒纳指数的取值范围是在 0 和 1 之间。[①] 等式 11.9 表明，竞争性企业的勒纳指数为 0，这是因为竞争性企业的需求曲线是具有完全弹性的。[②] 如表 11.2 所示，垄断企业的勒纳指数随着需求弹性的减小而增大。如果 $\varepsilon=-5$，垄断企业的价格加成（勒纳指数）就是 $1/5=0.2$；如果 $\varepsilon=-2$，价格加成就是 $1/2=0.5$；如果 $\varepsilon=-1.01$，价格加成就是 0.99。要是垄断企业面临的需求曲线只是稍微富有弹性，它会将价格设定为边际成本的倍数，并且企业的勒纳指数接近 1。

例题详解 11.3

在 2016 年，微软的 Surface Pro 4 平板电脑的售价为 735 美元，边际成本大约是 470 美元[③]，求它的勒纳指数。如果是在短期利润最大化水平上运营，那么 Surface Pro 的需求弹性是多少？

解答

1. 用勒纳指数的公式确定勒纳指数。Surface Pro 的勒纳指数是：$(p-MC)/p=(735-470)/735\approx0.361$。

2. 根据等式 11.9 来求需求弹性。根据等式，利润最大化的垄断企业会在 $(p-MC)/p=-1/\varepsilon$ 处经营。结合上一步求出的勒纳指数，可知 $0.361=-1/\varepsilon$，即 $\varepsilon\approx-2.77$。

□ 市场势力的来源

垄断企业什么时候会面临一条相对富有弹性的需求曲线，从而缺少市场势力呢？市场需求的弹性最终取决于消费者的偏好和选择。消费者对产品的需求越强烈（他们越乐意为它付出"几乎任何代价"），需求弹性就越小。

在其他因素不变的情况下，（1）当更好的替代品被投放市场的时候，（2）当更多的企业进入市场销售同类产品的时候，或者，（3）当同种服务供应商距离某企业更近的时候，该企业（不一定是垄断企业）面对的需求就会变得更有弹性。几十年来，由于这三个原因，施乐公司（Xerox）、美国邮政公司（USPS）和麦当劳的需求曲线都变得更富有

[①] 对于大于 1 的勒纳指数，ε 一定是负的分数，也就是说，在垄断最优处需求曲线是缺乏弹性的。然而，一个利润最大化的垄断企业绝不会在需求曲线缺乏弹性的部分经营。

[②] 当需求弹性趋于负无穷时，勒纳指数 $-1/\varepsilon$ 接近 0。

[③] Andrew Rassweiler，"Teardown：Microsoft-Surface Pro 4，"electronics360. globalspec. com，基于 HIS 技术分析。

弹性了。

当施乐公司开始销售普通影印纸复印机的时候，没有其他公司销售近似替代品。其他公司的机器都是在一种特殊的黏性纸上打印复印件，这种纸很快就会变黄。随着其他公司生产出普通影印纸复印机，施乐公司面对的需求曲线变得更有弹性了。

过去，美国邮政公司一直享有隔夜递送服务的专营权。现在，联邦快递公司（FedEx）、联合包裹服务公司（United Parcel Service）等多家公司在隔夜递送服务方面与美国邮政公司展开竞争。新的竞争局面使得美国邮政公司在商务信件和私人信件上的业务份额由 1988 年的 77％ 下降到 1996 年的 59％，邮件的总量 2006—2010 年下降了 40％。到 2012 年，它在地面运输市场的份额已经降至 16％（联邦快递公司占有大约三分之一的市场份额，而联合包裹服务公司占有大约一半的市场份额）。[①] 与之前的垄断相比，美国邮政公司面临的普通邮件服务的需求曲线和包裹服务的需求曲线向下移动并且变得更有弹性了。

当驾车沿公路行驶的时候，你可能会注意到，每隔几英里会出现一家麦当劳餐馆。这种空间布局旨在降低两家麦当劳餐馆争夺同一位消费者的可能。尽管麦当劳可以防止自己的餐馆相互竞争，但是它不能阻止温迪汉堡公司（Wendy's）或美国汉堡王公司（Burger King）在麦当劳餐馆附近开店。随着其他快餐店在某家麦当劳餐馆附近开业，这家麦当劳餐馆所面对的需求弹性就加大了。当利润最大化的垄断企业在面对更富有弹性的需求曲线时会怎么做呢？它必须降低价格。

11.3　垄断定价导致的市场失灵

完全竞争可以在实现福利（$W=$ 消费者剩余＋生产者剩余 $=CS+PS$）最大化的同时实现经济效率（economic efficiency）。垄断企业则不然，由于它浪费了潜在的剩余，造成无谓损失（DWL），在经济上是无效率的。垄断定价的无效率是**市场失灵**（market failure）的一种情况：生产或消费缺乏经济效率，通常是因为价格大于边际成本所致（第 9 章）。垄断导致的市场失灵就是由于价格高于边际成本。这种经济无效率为政府干预经济提供了理由。

我们继续利用前面的例子来解释无谓损失。如果垄断企业存在于竞争性市场，并在反需求曲线（等式 11.2）与边际成本（供给）曲线（等式 11.6）的交点处经营：

$$p=24-Q=2Q=MC$$

它将以 16 美元的价格销售 $Q_c=8$ 单位的产品。在这个竞争性均衡价格水平下，消费者剩余为区域 $A+B+C$，生产者剩余为区域 $D+E$（见图 11.5）。

---

① Peter Passell, "Battered by Its Rivals," *New York Times*, May 15, 1997, C1; Grace Wyler, "11 Things You Should Know about the U. S. Postal Service Before It Goes Bankrupt," *Business Insider*, May 31, 2011; "The U. S. Postal Service Nears Collapse," *Bloomberg Businessweek*, May 26, 2011; http://www.economicfreedom.org/2012/12/12/stamping-out-waste.

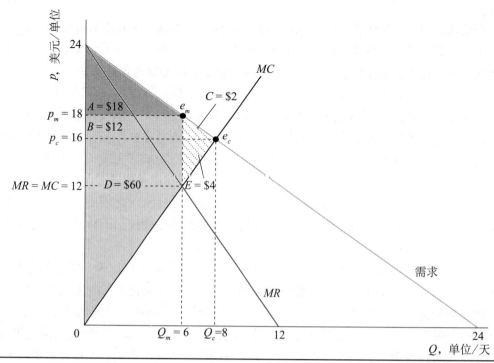

	竞争	垄断	改变量
消费者剩余，CS	$A+B+C$	A	$-B-C=\Delta CS$
生产者剩余，PS	$D+E$	$B+D$	$B-E=\Delta PS$
福利，$W=CS+PS$	$A+B+C+D+E$	$A+B+D$	$-C-E=\Delta W=DWL$

图 11.5　垄断的无谓损失

当 $p_c=16$ 美元时，竞争性市场的产量为 $Q_c=8$，这时需求曲线与边际成本（供给）曲线相交。当 $p_m=18$ 美元时，垄断企业的产量是 $Q_m=6$，此时边际收益曲线与边际成本曲线相交。垄断条件下的消费者剩余是图中的区域 A，生产者剩余是区域 $B+D$，因此，垄断造成的福利损失或者无谓损失是 $C+E$。

如果企业属于垄断企业，并且在边际收益等于边际成本的情况下经营，它只能以 18 美元的垄断价格销售 6 单位的产品，消费者剩余只有 A。消费者剩余的减少部分（B）为垄断企业所有，其余部分（C）损失掉了。

由于收取 18 美元的垄断价格而非 16 美元的竞争性均衡价格，垄断企业每单位产品多得 2 美元。因为售出 $Q_m=6$ 单位产品，赚取了 $B=12$ 美元的超额利润。不过，由于销售量小于竞争性均衡水平下的产出，垄断企业损失了区域 E。因此，垄断企业的生产者剩余比竞争性均衡水平多出 $B-E$。我们知道垄断企业的生产者剩余增加了（$B-E>0$），是因为它可以在竞争性均衡水平下生产，但是它选择不那么做。

垄断福利比竞争福利小。垄断的无谓损失为 $C+E$，它表示由于产出低于竞争性均衡产出而导致消费者剩余和生产者剩余都出现了损失。类似于在第 9 章对竞争性市场的税收所做的分析，无谓损失是由垄断产出水平上价格与边际成本之差造成的。当 $Q_m=6$ 时，价格为 18 美元，比 12 美元的边际成本高，所以消费者愿意为最后一单位产品支付高于生产成本的费用。

在图 11.3（a）的线性例子中，如果对每单位垄断产品征收 $t=8$ 美元的从量税，这会对垄断的最优产量以及消费者、垄断企业和整个社会的福利（这里社会福利包括税收收入）有什么影响？消费者承担了多少税负？

解答

1. 确定税收对垄断最优值的影响。在下图中，边际收益曲线 MR 与税前边际成本曲线 MC^1 的交点决定垄断企业的最优产量，$Q_1=6$。在税前的最优点 e_1 处，价格为 $p_1=18$ 美元。从量税导致垄断企业的税前边际成本曲线 $MC^1=2Q$ 向上移动 8 美元至 $MC^2=MC^1+8=2Q+8$。征税之后，垄断企业在 $MR=24-2Q=2Q+8=MC^2$ 的状况下经营。在税后垄断最优点 e_2 处，产量为 $Q_2=4$，价格为 $p_2=20$ 美元。因此产出下降了 $\Delta Q=6-4=2$ 单位，价格上升了 $\Delta p=20-18=2$ 美元。

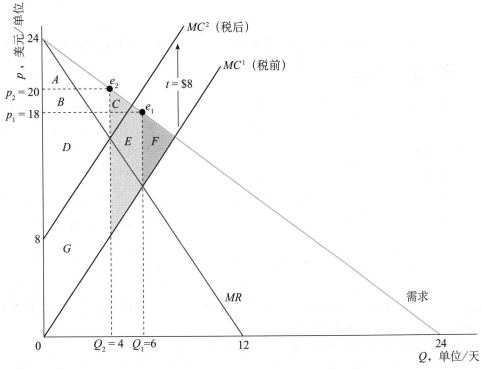

	税前的垄断	税后的垄断	改变量
消费者剩余，CS	$A+B+C$	A	$-B-C=\Delta CS$
生产者剩余，PS	$D+E+G$	$B+D$	$B-E-G=\Delta PS$
税收收入，$T=tQ$	0	G	$G=\Delta T$
福利，$W=CS+PS+T$	$A+B+C+D+E+G$	$A+B+D+G$	$-C-E=\Delta W$
无谓损失，DWL	$-F$	$-C-E-F$	$-C-E=DWL$

2. 计算各福利指标的变化。该图说明了各福利指标的变化情况。由于区域 G 的底为两条边际成本曲线之间的距离（$t=8$ 美元），高为征税之后垄断企业的产出（$Q_2=4$），所以区域 G 是政府得到的税收收入 $tQ=32$ 美元。税收减少了消费者剩余和生产者剩余，造成了无谓损失。我们知道，生产者剩余减少是因为：（a）在没有税收时，垄断企业本

来也可以在这个低产量位置进行生产，但由于它并不是利润最大化的产出水平，所以垄断企业并没有那么做，因此税前利润减少了；（b）垄断企业现在必须缴税。垄断造成的税前无谓损失为 F，税后无谓损失为 $C+E+F$，所以税收使无谓损失增加了 $C+E$。图下面的表表明消费者剩余的变化是 $-B-C$，生产者剩余的变化是 $B-E-G$。

3. 计算税负。税收从 0 美元增加到了 8 美元，变化为 $\Delta t=8$ 美元。消费者承担的税负（第 3 章）为 $\Delta p/\Delta t=2$ 美元/8 美元 $=\dfrac{1}{4}$。（垄断企业承担了 6 美元的税收，只转移出 2 美元。）[1]

评论：税收增加了垄断市场的无谓损失。

11.4 垄断形成的原因

为什么某些市场会形成垄断？两个重要的原因是：成本因素和政府行为。[2]

□ 基于成本的垄断

某种成本结构可能会促成垄断。一种可能是，一家企业的成本大大低于其潜在的对手。另一种可能是，行业内的企业具有某种特定的成本函数，使得在生产既定产量时，一家企业生产全部产品的成本低于两家或多家企业同时生产的成本。

成本优势

如果低成本企业在盈利的前提下以非常低的价格销售产品，以至其他成本较高的潜在竞争者会遭受损失，就不会有其他企业进入市场。因此，这家低成本企业就成为垄断企业。

使一家企业拥有胜过潜在竞争者的成本优势的原因有很多。其中一个原因是该企业采用了先进技术或者具备更好的生产组织方式。[3] 例如，亨利·福特采用了生产线和标准化的组织生产方式，通过这种方式，在竞争者开始模仿他的组织技巧以前，福特能够以低于这些竞争性企业的成本生产汽车。

企业可以拥有低成本的第二个重要原因是，企业控制了某种核心设施（essential facility）：一种竞争对手也要赖以生存的稀缺资源。比如，某企业是当地仅有的一家采石场的所有者，它也就成了唯一一家能够向当地建筑公司销售碎石并赚取利润的企业。

---

① 与完全竞争市场不同，当对垄断企业征税时，消费者承担的税负可能超过 100%，具体参见附录 11B。MyEconLab, Chapter 11, "Welfare Effects of Ad Valorem Versus Specific Taxes" 证明了税率相同时，政府对垄断企业征收从价税会比征收从量税所得到的税收多，且此时税后产出相同。

② 在后面的章节中，我们将讨论造成垄断的其他三种方式。第一种方式是把几家企业整合成一家企业（第 13 章）。如果新的企业无法进入，就会形成垄断。第二种方式是企业之间协调行动，并且同时设定垄断价格（第 13 章）。这种企业联合行动的方式叫作卡特尔（cartel）。第三种方式是垄断企业采取策略以阻碍其他企业进入市场（第 14 章）。

③ 当企业开发出能使其处于成本优势的好的生产方法时，一定会对这些信息保密或者取得专利权，专利权为企业提供政府保护，以免被模仿。信息保密和专利权都促使基于成本优势的垄断的产生。

中级微观经济学（第八版）

自然垄断

与市场上有几家企业同时生产的情况相比，如果由一家企业生产出市场的全部产量所花费的成本更低，那么这个市场就属于**自然垄断**（natural monopoly）。一家企业能够成为自然垄断企业，不是一定要具有成本优势，而是只要这家企业独自生产的平均成本更低就可以。具体来看，如果任意一家企业生产 q 的成本是 $C(q)$，那么，满足自然垄断的条件是：

$$C(Q) < C(q_1) + C(q_2) + \cdots + C(q_n) \tag{11.10}$$

其中，$Q = q_1 + q_2 + \cdots + q_n$ 是任意 $n \geqslant 2$ 家企业的产量之和。

如果企业在任意产出水平下都存在规模经济（第 7 章），则其平均成本曲线在任何可观察到的产出水平下都会随着产量的增加而下降。若所有潜在企业都具有相同的、严格向下的平均成本曲线，这个市场就会存在自然垄断，其证明如下。[①]

为了新建一家工厂把各居民家庭与工厂联结起来，向家庭供水的企业承担了很高的固定成本 F。企业供水的边际成本 m 是恒定的，所以其边际成本曲线是水平的，而且企业的平均成本 $AC = m + F/Q$ 随着产出的增加而下降。（例题详解 11.2 提到的 iPad 就是一例。）

图 11.6 表示的是边际成本曲线和平均成本曲线，其中 $m = 10$ 美元，$F = 60$ 美元。如果市场每天产出 12 单位，一家企业生产这些产品的平均成本为 15 美元，总成本为 180（$= 15 \times 12$）美元。若两家企业中的每一家都生产 6 单位，则平均成本为 20 美元，生产市场产出的成本为 240（$= 20 \times 12$）美元，这要比仅由一家企业生产时的成本高。

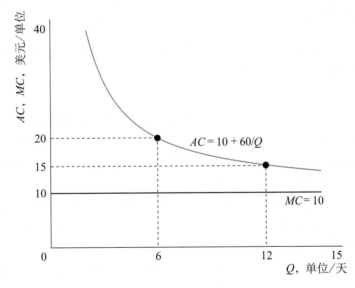

图 11.6 自然垄断

该自然垄断企业的平均成本严格下降。

---

① 即使成本曲线并非在任何产出水平上都下降，该企业也仍有可能是自然垄断企业。如果在产量为 100 单位的时候 U 形平均成本曲线达到最低点，那么由一家企业生产比 100 单位稍多（例如 101 或 102 单位）的产品时，即使在这个产出水平上的平均成本处于上升趋势，其成本也可能会更低。因此，永远处于规模经济状态的成本函数只是自然垄断的充分条件而非必要条件。

无论两家企业以哪种方式分配总产量,它们的生产成本都会超出由单独一家企业进行生产的成本(就像例题详解 11.5 中所证明的那样)。原因在于,无论有多少家企业,生产 1 单位产品的边际成本都相同,但是每增加一家企业就会增加一个固定成本,这样就提高了生产既定数量产品的成本。如果只有一家供水企业,就节省了建造第二家工厂和第二套管道的成本。

在一个具有自然垄断成本结构的行业,一家企业生产既定产量的成本最低。[①] 政府认为像提供水、天然气、电力和邮递业务等必需品或服务的公共事业部门(public utilities)就属于自然垄断,所以经常将垄断权授予这些部门。

例题详解 11.5

某企业为家庭输送 Q 单位水的总成本为 $C(Q)=mQ+F$。如果任何进入该市场的企业都具有相同的成本,这个市场存在自然垄断吗?

解答

确定如果有 2 家企业生产既定数量的产品时成本是否会增加。企业 1 生产 q_1,企业 2 生产 q_2。两家企业生产 $Q=q_1+q_2$ 的总成本为:

$$C(q_1)+C(q_2)=(mq_1+F)+(mq_2+F)=m(q_1+q_2)+2F=mQ+2F$$

如果一家企业生产 Q,成本为 $C(Q)=mQ+F$。因此,对于任何既定产量 Q,两家企业生产比一家企业生产的成本高(公式 11.10 表述的条件),所以该市场存在自然垄断。

造成垄断的政府行为

在一般情况下,政府用阻止其他企业进入市场的方法来创造垄断。我们首先讨论政府设定的常见的进入障碍,然后集中讨论专利权问题。

进入障碍

有些时候,政府会亲自拥有并管理一些垄断企业,阻止其他企业进入市场。与多数国家一样,美国的邮政服务由政府垄断。有些国家(包括中国在内)维持烟草行业的垄断。许多地方政府拥有并经营垄断性的公共企业,这些企业提供垃圾收集、电力、水、天然气、电话服务以及从事其他公共事业。

在过去的几十年里,各国政府使许多国有垄断企业私有化。政府把垄断企业卖给私营企业,这样一来,政府可以立即获得未来的垄断利润。但是,由于政治等方面的原因,政府时常低价销售这些企业,所以并不能获得未来利润的全部。

在其他市场,政府将垄断权(经营许可证)授予或拍卖给某家私营企业。例如,许多城市把有线电视服务经营权授予一家私营企业。许多政府所有的机场把提供特定服务的权利(如供应行李)拍卖给一家企业。通过将垄断权拍卖给私营企业,政府可以获得

---

① 在只有一家企业生产的时候成本最低,但多家企业生产可能带来更大的社会福利,因为竞争会把价格降至垄断水平之下。实现社会福利最大化的一个解决方案是政府只允许一家企业生产,但对企业的要价进行管制,让价格和边际成本相等(本章的后面会讨论这个问题)。

中级微观经济学(第八版)

未来的垄断收益。[①]

专利权

如果企业通过保密手段不能防止自己的发明被抄袭，为了阻止其他企业模仿并进入市场，该企业就会寻求政府保护。几乎所有国家都会通过授予**专利权**（patent）——赋予投资者在一定时期内排他性地销售某种有用的新产品、新工艺、新物质或者新设计等的权利——来提供这种保护。不同国家的专利保护期限不同，目前美国和大多数国家的专利保护期限是 20 年。

专利权允许专利持有者成为新发明的唯一供应者和使用者。[②] 专利权通常会引起垄断，但并非总是如此。例如，虽然专利权赋予一家企业在生产中使用特定工艺的排他权，但是其他企业也可能使用不同的工艺生产出相同的产品。

拥有专利垄断权的企业抬高了价格，高价格又引起了无谓损失。那么，为什么政府还要授予专利垄断权呢？主要原因是鼓励创新性活动，如果没有专利垄断权或者其他激励，创新行为会减少。开发新药品或者新电脑芯片经常要耗费几亿美元甚至几十亿美元。如果所有人都可以随便仿造新药品或者拷贝新的芯片然后与投资者竞争，那么从事成本如此巨大的研发活动的人或企业就会越来越少。所以，政府显然做出了权衡，它更看重的是出现更多新发明的长期收益，而不是在专利保护期内因垄断高价所造成的短期危害。

为了鼓励创新研发，政府除了利用授予专利权之外，另一种方法是为重要发明提供奖励或研究资金。但是这样做成本太大了，所以多数政府主要还是依靠授予专利权来鼓励创新。

应用案例

肉毒杆菌的专利垄断

眼科医师艾伦·斯科特（Alan Scott）将致命性的肉毒杆菌（Botox）毒素转化为治疗斜视和眼睑痉挛这两种眼科疾患的神奇药物。斜视在儿童中的发病率是 4%；眼睑痉挛是一种无法控制的眼睛闭合，在斯科特博士的发现之前，这种病导致 25 000 位美国人功能性失明。斯科特博士的专利药品肉毒杆菌由美国爱力根公司（Allergan, Inc.）销售。

曾一度令斯科特博士引以为豪的是，他的研究成果给几位演艺界人士带来了意想不到的好处。甚至在还没有得到可用于美容的明确批准之前，许多医生就开始为演员、模特和其他人士的面部肌肉注射肉毒杆菌来消除他们的皱纹。（这种药物使肌肉偏瘫，于是接受注射的肌肉也就无法皱眉或者微笑，也就是有些人所说的失去活动能力。）这种治疗只是暂时的，可维持 120 天，所以需要经常注射。

尽管整形与胶原美容、瑞蓝玻尿酸（Restylane）、透明质酸（hyaluronic acid）以及其他填充物等与其存在一些有限的竞争，不过爱力根公司在祛皱领域仍然几乎处于垄断

[①]　此外，政府也可以将垄断权拍卖给提议索取最低价格的企业，从而使总剩余最大化。加利福尼亚州奥克兰市曾试图以这种方式经营有线电视业务。

[②]　专利所有者可以出售专利，也可以将专利授予那些使用专利涉及的工艺或是生产专利产品的企业。这通常被称为许可（licensing）。

地位。目前销售的 54% 的肉毒杆菌被用于其他用途，包括用于治疗慢性偏头痛和膀胱过度活动症等。

爱力根公司 2004 年的销售额达 8 亿美元，在 2015 年达到 28 亿美元。事实上，肉毒杆菌的价值可能会增加。随着爱力根公司发现肉毒杆菌的新用途，其销量继续增长。据预测，到 2018 年底，肉毒杆菌的全球销售额将达到 30 亿美元。

斯科特博士说，他可以在他的实验室以大约 25 美元的价格制造出一小瓶肉毒杆菌注射液。爱力根公司随后向医生出售一剂的价格大约是 400 美元。假设该公司按照短期利润最大化原则进行定价，重新整理方程 11.9，可以得出肉毒杆菌的需求弹性：

$$\varepsilon = -\frac{p}{p-MC} = -\frac{400}{400-25} \approx -1.067$$

因此，爱力根公司所面临的需求曲线弹性并不大：价格每上升 1%，需求量仅仅下降 1% 多一点。

假设需求曲线是线性的，在 2002 年的垄断最优值 e_m（以 400 美元的单价出售 100 万小瓶，收益为 4 亿美元）处的需求弹性是 −1.067，那么爱力根公司的反需求函数是[①]：

$$p = 775 - 375Q$$

该需求曲线（如下图所示）的斜率为 −375，与纵轴（价格轴）相交的价格是 775 美元，与横轴（数量轴）相交的数量是 207 万瓶/年。对应的边际收益曲线是：

$$MR = 775 - 750Q$$

它与纵轴相交时的价格是 775 美元；斜率是 −750，是需求曲线斜率的 2 倍。

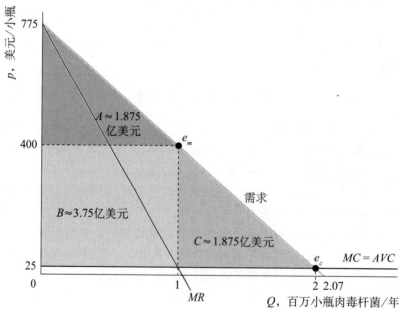

边际收益曲线与边际成本曲线的交点

$$MR = 775 - 750Q = 25 = MC$$

[①] 图中画出了一条线性的反需求曲线：$p = a - bQ$，其弹性为 $\varepsilon = -(1/b)(p/Q)$。由方程 11.9 和应用案例的数据可知最优值处的需求弹性是 $-400/375 = -(1/b)(400/1)$，其中，Q 的单位是百万小瓶，这样 $b = 375$。解得 $p = 400 = a - 375$，我们发现 $a = 775$。

决定着垄断均衡，这时企业实现了利润最大化，其产量达到 100 万小瓶/年，单价是 400 美元。

倘若该公司（像竞争性行业的情况那样）以等于边际成本（25 美元）的价格出售肉毒杆菌，消费者剩余将等于 $A+B+C$ 的面积。三角形 $A+B+C$ 的高等于 750($=775-25$)美元，底等于 200 万小瓶，面积为 75 000($=1/2\times750\times200$)万美元。在 400 美元这个更高的垄断价格上，消费者剩余是 A 的面积（1.875 亿美元）。与竞争性均衡（e_c）相比，购买者损失的消费者剩余是 $B+C$ 的面积（5.625 亿美元/年）。其中 B（3.75 亿美元/年）从消费者那里转移到了爱力根公司。剩下的损失即 C 的面积（1.875 亿美元/年）是垄断定价造成的无谓损失。爱力根公司的利润等于其生产者剩余 B 减去其固定成本。

11.5　削弱市场势力的政府行为

有些政府行为是为了削弱或消除垄断企业的市场势力。许多政府直接对垄断企业进行规制，尤其是那些政府建立的垄断企业，比如公共事业企业。多数西方国家都有相关法律来禁止企业为了实现垄断而把其他企业排挤出市场。一个政府甚至会摧毁垄断企业，将其分解为独立的小企业（就像美国政府对美国铝业公司所做的那样，这家公司曾经是市场上金属铝的垄断者）。

☐ 对垄断的规制

政府用于限制垄断企业市场势力的方式多种多样。比如多数公共事业都受到直接规制，直到今天，最常用于管制垄断定价的方法是设定价格上限。美国的 33 个州和许多国家，包括澳大利亚、加拿大、丹麦、法国、德国、墨西哥、瑞典和英国，对电信垄断实行价格上限管制（Sappington and Weisman，2010）。

最优价格规制

在有些市场上，政府要求垄断企业收取的价格不能超过竞争性市场的价格，这样可以消除垄断的无谓损失。在图 11.7 中，我们利用前面提到过的线性例子来介绍这种规制方式。

如果政府不进行规制，追求最大化利润的垄断企业的垄断最优点为 e_m 点，企业此时以 18 美元的垄断价格销售了 6 单位产品。假设政府设定的价格上限为 16 美元，边际成本曲线与市场需求曲线相交。由于垄断企业的单价不能超过 16 美元，所以该企业被规制后的需求曲线是价格等于 16 美元时的水平线（直至 8 个单位），并且在（随后）价格更低的情况下与市场需求曲线相同。如果规制后的需求曲线是水平的（直至 8 个单位），那么与之对应的边际收益曲线 MR^r 也是水平的；在产量更高的情况下，规制前后的需求曲线相同，各自对应的边际收益曲线 MR 也是相同的。

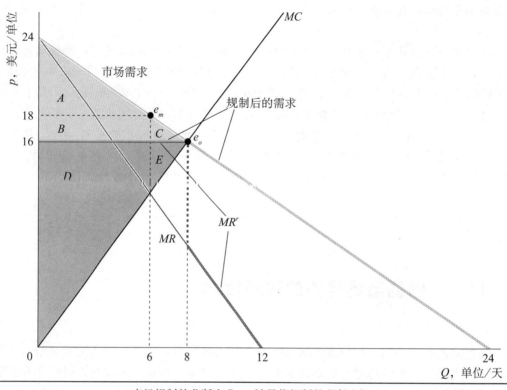

	未经规制的垄断企业	被最优规制的垄断企业	改变量
消费者剩余，CS	A	A+B+C	B+C=△CS
生产者剩余，PS	B+D	D+E	E−B=△PS
福利，W=CS+PS	A+B+D	A+B+C+D+E	C+E=△W
无谓损失，DWL	−C−E	0	C+E=△DWL

图 11.7　最优价格规制

　　如果政府制定的价格上限是 16 美元，这时垄断企业的边际成本曲线与需求曲线相交，企业所面临的新需求曲线在产出为 8 单位处出现转折，而且对应的新边际收益曲线 MR^r 在该产量处出现"跳跃"。规制后的垄断企业根据 $MR^r=MC$ 来确定产量，和竞争性行业的情况完全相同：以 16 美元的价格销售 8 单位的产品。规制消除了垄断的无谓损失（C+E）。消费者剩余（A+B+C）和生产者剩余（D+E）与竞争性均衡下的相同。

　　被规制的垄断企业把产出设定为 8 单位，此时 MR^r 等于边际成本 MC，并且企业收取合法的最高价格 16 美元。因为产量为 8 单位时的平均成本小于 16 美元，所以企业仍然盈利。实行了最优规制的垄断最优点 e_o 与竞争性均衡一样，都处于边际成本（供给）等于市场需求的位置。[①]　因此，把 MC 曲线与市场需求曲线的交点设定为价格上限消除了垄断造成的无谓损失。

　　我们何以知道这种规制是最优的呢？答案是，竞争性市场实现了福利的最大化（第 9 章），而这里的规制结果与竞争性市场上的情况相同。正如图 11.7 中的表格所列的那样，该最优规制消除了垄断所造成的无谓损失（C+E）。

---

　　①　只有受规制的价格高于平均可变成本的时候，垄断企业才会在 e_o 的位置上生产。此处的规制价格为 16 美元，高于 8 单位产出所对应的平均可变成本（8 美元）。实际上，由于这时的平均成本是 9.5 美元，企业盈利。

有关规制的问题

政府在规制垄断企业的时候常常失败，原因有三：

第一，由于政府不知道实际的需求曲线和边际成本曲线，政府设定的价格可能高于或低于竞争性均衡价格。

第二，如果规制者被俘获（captured）——受到规制对象（企业）的影响，那么规制往往就没有效果，而且这种影响通常比直接行贿更加微妙。在美国，许多规制者成为规制者之前都曾经在企业工作，并因此同情那些企业。对于另外一些规制者，情况可能正好相反：他们希望最终能在企业那里得到一份好工作，所以不想冒犯潜在的雇主们。一些规制者由于依赖产业专家的信息，可能会被误导或者至少受到这个产业的严重影响。例如，加利福尼亚州公共事业委员会敦促电话公司与电缆公司之间就它们想要如何打开当地电话市场、引入竞争而展开谈判。有些经济学家认为这些影响是固有的，所以价格规制和其他类型的规制不大可能有效。

第三，由于规制者不可能向企业提供补贴，因此他们可能无法把价格定得与他们所想的一样低，因为这样可能会使企业倒闭。自然垄断企业的平均成本曲线严格高于边际成本曲线，如果规制者将价格定为边际成本，虽然消除了无谓损失，但可能导致公司无法维持日常经营。如果规制者不能补贴企业，他们就必须把价格提高到不会使企业倒闭的水平。

非最优价格规制

如果政府设置的价格上限不在最优水平，就会产生无谓损失。假设政府设定的规制价格低于最优水平，也就是图 11.7 中的 16 美元。若设定的价格低于企业的平均成本最小值，企业将关门停产，此时无谓损失就等于最优规制下的消费者剩余与生产者剩余之和，即 $A+B+C+D+E$。

很多消费者希望政府尽可能地将受规制的垄断价格不断降低。

常识性谬误：只要企业不关门停产，政府设定的规制价格相比于垄断企业索要的价格越低，消费者就越从中受益。

过低的规制价格可能会使一些消费者受益，但也会损害其他消费者。若政府设定的价格上限低于最优规制价格，但是又不至于低到使企业关门停产的水平，那些有幸买到产品的消费者的境况会变得更好，因为他们可以用低于最优规制价格的价格购买到产品。正如例题详解 11.6 所介绍的那样，由于垄断企业的产量小于最优规制下的产量，所以社会会出现无谓损失。

例题详解 11.6

假设政府设定了一个价格 p_2，它低于社会最优水平 p_1，但是高于垄断企业的平均成本的最小值。那么，与最优规制下的情况相比，该规制下的价格、销售量、需求量和福利会有什么不同？

解答

1. 说明最优规制的结果。在最优规制下的 e_1 点处，价格定为 p_1，下页图中的市场需求曲线与垄断企业的边际成本曲线相交于这个价格，被最优规制的垄断企业销售 Q_1 单位的产品。

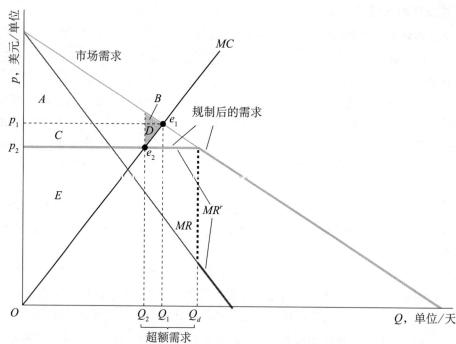

	被最优规制的垄断企业	遭到低价规制的垄断企业	改变量
消费者剩余，CS	$A+B$	$A+C$	$C-B=\Delta CS$
生产者剩余，PS	$C+D+E$	E	$-C-D=\Delta PS$
福利，$W=CS+PS$	$A+B+C+D+E$	$A+C+E$	$-B-D=\Delta W=\Delta DWL$

2. 说明政府规制价格调整为 p_2 的结果。当市场需求大于 p_2 所对应的产量时，垄断企业规制后的需求曲线在 p_2 处呈水平状态（直至 Q_d 处）。对应的边际收益曲线 MR^r 是弯折的。如果规制后的需求曲线是水平的，那么对应的边际收益曲线 MR^r 也是水平的。当规制后的需求曲线向下倾斜的时候，对应的边际收益曲线 MR^r 与原来的边际收益曲线 MR 相同。垄断企业以 p_2 的价格销售 Q_2 单位产品，实现了利润最大化。新的规制后的垄断最优点为 e_2 点，也就是 MR^r 与 MC 的交点。只要产量为 Q_2 时平均可变成本小于 p_2，被规制的企业就不会选择关门停产。

3. 对结果进行比较。当政府把垄断企业的价格上限由 p_1 降至 p_2 的时候，垄断企业的销售量由 Q_1 下降到 Q_2。低价格时消费者想要购买 Q_d，所以存在 Q_d-Q_2 大小的超额需求。与最优规制相比，福利至少损失了 $B+D$。

评论：如果不幸运的消费者费时费力去买产品还没买到，或者产品在消费者之间的配置不是最优的，则福利损失会更大。认为产品只值 p_2 的消费者可能幸运地买到它，而认为产品起码值 p_1 的消费者却可能买不到它（第9章）。

应用案例

天然气规制

由于美国的天然气垄断企业呈现出显著的规模经济，而且规制者一般无法对其补贴，

中级微观经济学（第八版）

所以规制价格就会高于边际成本，产生无谓损失。下图是基于 Davis 和 Muehlegger (2010) 的估计。[①] 如果不进行规制，垄断企业就会在边际收益和边际成本的交点处每年销售 12.1 万亿立方英尺的天然气。售价就是需求曲线上的 a 点所对应的价格。利润为下图中的矩形 π，它的长等于 12.1 万亿立方英尺，宽等于 a 点的价格与平均成本之差。

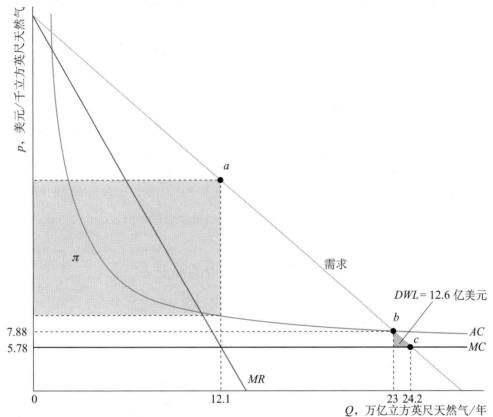

为了消除无谓损失，政府需要把最高价格设定在边际成本为 5.78 美元/千立方英尺天然气的水平，使得垄断行为看起来与价格接受者无异。价格上限处（或边际成本曲线与需求曲线的交点 c 处）的产量是 24.2 万亿立方英尺/年，相当于无规制产量的 2 倍。在这个产量上，被规制企业会有经济损失。该产量水平对应的平均成本是 7.78 美元，比 23 万亿立方英尺的平均成本 7.88 美元低了 10 美分。规制价格 5.78 美元低于该产量对应的平均成本 7.78 美元，所以它每多卖一千立方英尺天然气，就会损失 2 美元，总损失达 484 亿美元。因此，只有获得政府补贴，它才会在这个价格上出售那么多天然气。

通常，政府规制机构对垄断企业进行补贴在政治上是不可行的。平均而言，天然气规制机构会把价格设定在 7.88 美元/千立方英尺的水平，此时需求曲线与平均成本曲线相交，企业收支相抵，即 b 点。垄断企业每年出售 23 万亿立方英尺。7.88 美元比边际成本 5.78 美元高出了 36%。因此，会产生每年约 12.6 亿美元的无谓损失，也就是图中的灰色三角形区域。这个无谓损失比无规制造成的无谓损失小得多。

---

① 我们使用他们最保守的估计：产生最小无谓损失的那个。我们将他们的需求曲线近似为线性曲线，该曲线在 b 点的需求价格弹性为 -0.2。这个图代表了从州级垄断到国家级垄断的总和。

□ 加强竞争

鼓励竞争是一种可以用来代替规制以减少垄断危害的方式。如果政府通过阻止进入而制造垄断，允许其他企业进入就能很快地削弱这些垄断企业的市场势力。随着新企业的进入，先前的垄断企业在竞争之下必须降低价格，从而增加了福利。许多国家都在积极地鼓励企业进入垄断的公共事业领域，如电话、电力等行业。

同样，为了让国内垄断企业面对外国企业的竞争，政府可能取消进口禁令。如果市场上有很多与国内企业成本相同的外国企业，先前的垄断企业就会成为众多竞争性企业中的一员。市场变成了竞争性市场，消费者享受到竞争性价格，垄断所造成的福利损失也不复存在。

各国政府都在不断地提高先前的那些垄断市场的竞争程度。比如，美国和欧洲一些国家要求传统意义上的垄断行业（如电话和能源部门）参与竞争。

同样，在世界贸易组织的压力下，很多国家将保护国内垄断企业的各种壁垒逐步降低，甚至取消。外国竞争性企业进入市场可以创建一种新型的、更具竞争性的市场结构。

应用案例

3D 打印对电影行业的冲击

迪士尼、漫威、卢卡斯等多家电影公司都会通过出售一些电影周边产品（如小雕像和塑料玩具）赚取丰厚利润。比如迪士尼的《冰雪奇缘》和《海底总动员》的周边产品。根据版权法，这些公司拥有生产玩具的垄断权，版权法赋予漫画和电影等原创作品的创作者在有限的时间内使用和发行玩具的专属权利。

然而，3D 打印机正在削弱它们的垄断地位。粉丝们将高质量的设计上传到网络上，任何有 3D 打印机的人都可以用来制作这些玩具的盗版。3D 设计和 3D 产品的在线市场包括漫画书中英雄、卡通人物、电影《沉睡魔咒》中安吉丽娜·朱莉的头饰、荷马·辛普森，甚至还有沃特·迪士尼的头像。

因此，电影公司不再是垄断的企业。它只是一家主导企业，面临着由一群价格接受型小企业组成的竞争边缘（competitive fringe）。如果电影公司不能通过法律阻止这种盗版行为，它们可能不得不降低玩具的价格来与之竞争。就像政府的规制一样，竞争边缘限制了电影公司的价格。电影公司的主要优势是大批量生产的边际成本低于 3D 打印爱好者和盗版者的边际成本，但 3D 打印的成本目前正逐渐下降。

例题详解 11.7

盗版 3D 玩具的存在如何影响迪士尼对《冰雪奇缘》或《头脑特工队》玩具的售价？假设迪士尼生产玩具的边际成本 MC 固定不变。它面临着大量相同的、成本更高的竞争对手（竞争边缘），这些对手的行为就像是个（竞争性的）价格接受者，因此它们整体的供给曲线是一条位于 $p_2 = MC + x$ 处的水平直线。

解答

1. 如果迪士尼是一个垄断企业，说明它如何根据边际收益等于边际成本制定玩具雕像的价格。下图中深色粗线表示迪士尼玩具的初始（市场）需求曲线，另一条斜向下的曲线表示相应的边际收益曲线。当边际收益曲线与边际成本曲线相交时，迪士尼玩具的产量是 Q_1，对应的价格是 p_1，在 e_1 点处实现了利润最大化。

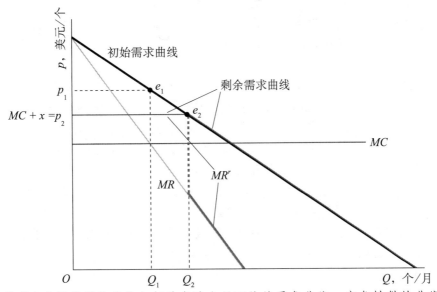

2. 说明竞争性的供给曲线如何改变迪士尼面临的需求曲线。竞争性供给曲线的作用类似于政府设定的价格上限。现在，迪士尼的价格不能超过 $p_2 = MC + x$。因此，剩余需求曲线在 $MC + x$ 处是平坦的，价格较低时与原向下倾斜的需求曲线相同。（即玩具的剩余需求曲线类似于图 11.7 所示的受规制的垄断。）

3. 根据新的边际收益与边际成本相等的原则，确定迪士尼新的最优解。就其剩余需求曲线（而非初始需求曲线）而言，迪士尼扮演着垄断者的角色。与图中迪士尼的剩余需求曲线相对应的是一条弯曲的边际收益曲线 MR^r，在产量 Q_2 处与边际成本线相交。[1] 以价格 p_2 销售 Q_2 单位的产品，迪士尼在 e_2 处实现了利润最大化。也就是说，同其他企业进入市场前相比，目前迪士尼降低价格就能卖出去更多的玩具。一旦迪士尼降价，边缘竞争者几乎什么都卖不出去。

11.6 网络、动态分析和行为经济学

我们已经考察了垄断企业的当期行为，而忽视了其未来的发展。对许多市场而言，这种分析是恰当的。但在有些市场上，当期决策会影响到未来的需求或成本，从而需要进行动态（dynamic）分析。在动态分析中，企业会考虑不同时期间的关系。

在这些市场中，垄断企业当期做出的决策是为了实现长期（而不是短期）利润最大

---

① 如果 MC 与 MR^r 在向下倾斜的部分相交，迪士尼将成为一家垄断企业，因为它的垄断价格将低于 $MC + x$。

化。例如，企业在推出新产品（比方说一种糖块）的初始阶段，时常收取低价格或者发放免费样品，这是为了形成口碑或者是为了让消费者了解其质量以期未来购买。现在，我们来研究消费者的未来需求可能会和垄断企业当前行为有关的一个重要原因。

☐ 网络外部性

企业当前的消费者人数可能会影响到它未来所面临的需求曲线。如果一个人对某种商品的需求还取决于其他人对该商品的消费，那么这种商品就具有**网络外部性**（network externality）。[①] 如果产品具有正的网络外部性，随着销售量的增加，它带给消费者的价值也会增加。

当企业推出一款具有网络外部性的新产品时，它要面对一个"先有鸡还是先有蛋"的问题：如果 Sofia 不购买产品，Max 也就不会购买；但是，如果 Max 不买，Sofia 也不会购买。企业需要协调消费者的行为，或者让他们同时做出购买决策。

电话的使用就是一个有关正的网络外部性的经典例子。电话刚出现的时候，除非亲朋好友也在用电话，否则潜在使用者就没有理由使用电话服务。如果电话不能打给其他人，买它有什么用？贝尔公司的电话网络要想成功，它的用户数量必须达到临界规模（critical mass）——使用者足够多以至于其他人也想加入。倘若电话网络当初没有达到这种临界规模，需求就会萎缩，电话网络也早就灰飞烟灭了。同样，在传真机的企业用户数量达到临界规模之前，传真机市场发展得非常缓慢。

直接的规模效应

许多行业表现出正的网络外部性，消费者直接受益于行业的巨大网络。诸如 Plus 网络这样的自动柜员机（ATM）网络越大，你在需要时能找到一台 ATM 的概率就越大，你就会越愿意使用这个网络。一种特定电脑运行系统的用户越多，它对于那些想要与其他用户传递文件的人的吸引力就越大。

间接效应

在有些市场上，正的网络外部性是间接的，当一种产品拥有达到临界规模的用户群时，正的网络外部性来源于所提供的互补性产品。与智能手机配套的应用程序越多，就会有越多的人愿意买它；然而，如果没有达到临界规模的人数，也就不会有越多的应用程序被编写出来。同样，驾驶电动汽车的人越多，企业就越有可能提供充电站；充电站越多，也就有越多的人想要驾驶电动汽车。最后举一个例子，一旦使用宽带互联网服务的用户数量达到临界规模，将会有更多的服务商提供可下载的音乐和电影，并且用户可以看到更高清的网页；而那些界面友好、使用便捷的应用程序一旦出现，就会有更多人注册使用宽带服务。

☐ 网络外部性和行为经济学

由于消费者之间想要相互联系，网络外部性的直接影响就取决于网络的规模。但消

---

① 第 18 章会介绍一般意义上的外部性。实际上，当个人状况或企业的生产能力受到其他消费者或企业行为的直接影响（而非价格变动导致的间接影响）的时候，外部性就发生了。接下来对网络外部性的讨论是基于 Leibenstein（1950）、Rohlfs（1974）、Katz 和 Shapiro（1994）、Economides（1996）、Shapiro 和 Varian（1999）以及 Rohlfs（2001）等人的研究。

费者行为有时候取决于其信念和偏好，这些可以用心理学和社会学的理论加以解释。这些解释被称作行为经济学（第4章）。

网络外部性直接影响的一种解释是基于消费者对其他消费者的态度。Harvey Leibenstein（1950）提出，消费者有时想要一种商品是因为"其他人也有"。时尚或者其他基于流行的对于正的网络外部性的解释叫作**攀比效应**（bandwagon effect）：别人拥有这种商品越多，一个人对它的评价就越高的情形。[1] iPad 今日的成功或许要部分归功于它早期的流行。UGG 雪地靴是另外一个攀比效应的例子。

相反，负的网络外部性被称作**虚荣效应**（snob effect）：别人拥有这种商品越少，一个人对它的评价就越高的情形。相对于明星制作的版画，有些人更喜欢一位没有名气的艺术家的原创油画作品，因为其他人都没有那幅画。〔正如尤吉·贝拉（Yogi Berra）所说："再没有人去那了；太挤了。"〕

□ 用网络外部性解释垄断

具有正的网络外部性的市场要求用户规模达到临界规模，所以我们常看到一家企业独大的局面。Visa 卡广告活动告诉消费者，Visa 卡"在任何你想去的地方"都能用，包括那些"不接受美国运通卡"的地方。你可以认为，这个广告是在试图让消费者相信 Visa 卡的用户数量达到了临界规模，每个人都应该用它（而不是别的卡）。

Windows 操作系统主导了市场，并不是因为它的技术比苹果公司或者 Linux 的操作系统先进，而是因为它拥有临界规模的用户数量。因此，一个开发商生产在 Windows 系统中应用的软件会比生产适用于其他操作系统的软件赚更多的利润，而有更多的应用软件也使得 Windows 对使用者更具吸引力。与之类似的是，Engström 和 Forsell（2015）发现，谷歌应用商店中安卓应用程序的下载量每增加 10%，谷歌应用商店的下载量就会增加约 20%。

但是，企业成为垄断企业后，并不一定就可以保持垄断地位。历史上一种产品取代另一种产品的例子比比皆是："国王驾崩，改朝换代"。谷歌取代了雅虎成为最重要的搜索引擎；Explorer 取代了 Netscape 成为最强大的网页浏览器，还有 Chrome 在后面虎视眈眈；李维斯（Levi Strauss）也不再是牛仔服的时尚先驱。

应用案例

eBay 的临界规模

最近几年，很多人认为，在互联网竞争的短暂历史中曾出现过自然垄断企业。创办一个商业网站首先要投入大量的固定成本（主要用于网站开发和宣传），但后继的边际成本相对较低。因此，网站上每位用户的平均成本曲线是向下倾斜的。那么，在行业内所有平均成本递减的企业之中，哪一家会成为自然垄断企业呢？[2]

---

[1] 术语提示：一些经济学家用攀比效应代表任何正的网络外部性——并不仅仅局限于基于流行的正的网络外部性。

[2] 如果互联网网站提供不同的产品（参见第14章），那么即使平均成本严格下降，也足以使几个网站共存。在 2007 年，评论家曾经预测在社交网站中会出现如 MySpace 这样的自然垄断。然而，一个网站是否能在长时间保持垄断却存在争议，因为这些网站有着不同的属性。Facebook 取代了 MySpace 的垄断地位。反过来，Facebook 可能会输给 Google 等类似网站或具有更新模式的网站，如 Twitter、Flickr 和 Instagram；或者去迎合特殊受众的网站，如 Classmates 和 LinkedIn 等。

eBay 的网上拍卖业务始于 1995 年，那是互联网的早期岁月，开始时也面临着来自其他网站的竞争，这其中就包括创建于 1998 年的财大气粗的雅虎。在那个时候，就有评论家指出，哪个拍卖网站的用户数量先达到临界规模，它就可以把竞争对手赶出这个行业。实际上，其他多数网站要么倒闭，要么后来逐渐销声匿迹了。以雅虎为例，其在美国和加拿大的拍卖业务于 2007 年关闭（尽管其在中国香港、中国台湾等地区和日本等国家的网站还在继续运营）。

显然，买者和卖者都集中在一个网站会更方便一些，这样也可以利用一套反馈系统建立良好的声誉，降低买方的搜寻成本（Brown and Morgan，2006），这要比因为缺乏竞争而对卖方在拍卖手续费用方面进行补偿好多了。Brown 和 Morgan（2009）发现，在雅虎退出之前，同样的拍卖业务，eBay 吸引的竞价者数量平均要比其他网站多出 2 位，因此价格也要高出雅虎 20%～70%。

今天我们能看到同样的情况，Uber 和 Lyft 等拼车公司为了争夺临界规模而展开一场激烈的竞争，这迫使 Sidecar 在 2016 年退出了市场。目前，Airbnb、VRBO 和 Tripping 等度假租赁网站正在进行类似的斗争。

两时期垄断模型

在初期阶段，垄断企业可以以较低的推介价格来销售产品，这样也许就能解决在产品获得临界规模用户方面遇到的"先有鸡还是先有蛋"的问题。该做法使企业实现了长期利润而非短期利润的最大化。

假设一家垄断企业正在销售它的产品，比如带香味的牛仔裤。销售只持续两个时期，之后就会有一种新潮的产品进入市场，这款牛仔裤的需求变为 0。如果这家垄断企业第一期的销售量未能达到临界数量 Q，那么在第二期它的需求曲线将靠近价格轴。可如果产品在第一期销售得很成功，至少销售出 Q 单位的产品，则第二期的需求曲线将向右发生很大的移动。

如果垄断企业追求第一期的短期利润最大化，它要收取 p^* 的价格并售出 Q^* 单位产品，其中 Q^* 小于 Q。为了销售 Q 单位，企业必须将第一期的价格降低到 $\underline{p} < p^*$，这样，第一期的利润由 π^* 减少到 $\underline{\pi}$。

在第二期，垄断企业根据这一时期的需求曲线来最大化其利润。如果垄断企业在第一期售出了 Q^* 单位产品，它能得到的第二期利润 π_l 就会比较低；如果在第一期售出 Q 单位，能得到的第二期利润 π_h 会高一些。

在第一期，垄断企业应该收取较低的推介价格吗？企业的目的在于长期利润最大化，即两期的利润之和最大化。[①] 如果企业第二期销售到临界规模，则获得的超额利润为 $\pi_h - \pi_l$。为达到这一临界规模，在第一期收取了较低的推介价格，使第一期利润减少 $\pi^* - \underline{\pi}$。如果第一期的利润损失小于第二期获得的超额利润，就应该在第一期收取较低的推介价格。这项原则对很多企业的好处显而易见：2013 年通过谷歌搜索"推介价格"，共找到 1 320 万个网页。

---

① 在第 16 章，我们会说明为什么企业对未来的利润的评价小于对今天（或现期）的利润的评价。然而，为了简化这一分析，这里我们假设垄断企业对这两个时期的利润的评价相同。

在品牌药专利期过后仿制药进入市场时，品牌药企业面临的需求曲线向左移动。为什么很多生产品牌药的企业会在生产仿制药的竞争者进入市场后提高价格？原因在于，品牌药的需求曲线不仅向左移动，还会旋转，以至在原价格下弹性变小。

品牌药的价格取决于需求弹性。当企业具有专利垄断权时，面临的需求曲线是下图中的 D^1，垄断最优点是 e_1，是相应的边际收益曲线 MR^1 和边际成本曲线的交点。（因为边际收益曲线的斜率是需求曲线斜率的 2 倍，所以 MR^1 与 MC 在 Q_1 处相交，而需求曲线 D^1 与 MC 在 $2Q_1$ 处相交。）垄断企业以 p_1 的价格销售 Q_1 单位的产品。

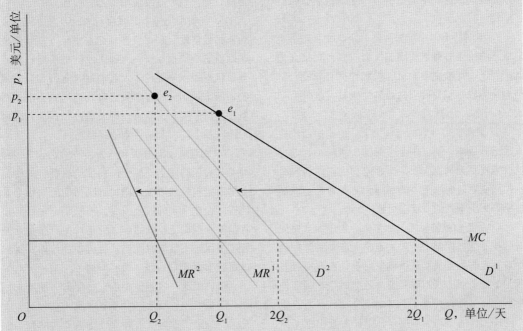

当仿制药进入市场后，原来的专利权持有者面临的线性需求曲线向左移动至 D^2，在初始价格水平处变得更陡峭，弹性更小。现在企业在 e_2 处实现利润最大化，此时 D^2 位于 D^1 左侧，产量 Q_2 小于 Q_1，但新的价格 p_2 高于原来的价格 p_1，因为需求曲线 D^2 在最优产量 Q_2 处的弹性小于需求曲线 D^1 在 Q_1 处的弹性。

为什么在初始价格下，需求曲线旋转且弹性变小？一种解释是，品牌药企业具有两个需求弹性不同的消费群体，这两个群体的区别在于转向购买仿制药的意愿不同。一个消费群体对价格相对敏感，愿意购买价格更低的仿制药。而对于品牌忠诚的消费者来说，品牌药仍然是垄断供给者，这些消费者相比那些对价格敏感的消费者，需求弹性更小，更喜欢品牌药。原因在于他们更习惯于使用熟悉的产品，担心新的产品不合规格，害怕不同的非活性成分会对他们造成伤害。

与年轻的消费者相比，年纪大的消费者转换品牌的可能性更小。来自美国退休者协会的一项调查显示，与年龄介于 45 和 64 岁的人相比，年龄在 65 岁及以上的人向他们的医生或药剂师要求使用仿制药的可能性要低 15%。同样，购买有大额保险的病人比没有参保的病人更有可能为高昂的药品买单（如果他们的保险公司允许）。

第11章

垄断

本章小结

1. 垄断利润最大化。和所有企业一样，垄断企业（唯一的卖者）通过设定使边际收益等于边际成本的产出水平来实现利润最大化。如果此时垄断企业的平均成本低于价格，垄断企业会赚得正利润。

2. 市场势力。市场势力就是企业收取高于边际成本的价格并赚取利润的能力。在利润最大化的产量下，垄断企业面对的需求越富有弹性，价格与边际成本就越接近，而勒纳指数（或价格加成）$(p-MC)/p$ 就越接近 0（竞争性均衡水平）。

3. 垄断定价导致的市场失灵。由于垄断价格大于边际成本，所以企业生产的产量很小，而且社会承受了无谓损失。垄断企业会比它作为一个价格接受者时赚取更多的利润。消费者只能以高价格购买少量产品，境遇更糟糕。

4. 垄断形成的原因。如果企业由于拥有更先进的技能或是控制了一种关键的生产要素等原因导致企业的运营成本低于竞争对手，它就有可能成为垄断企业。若相比多家企业共同生产（即使所有企业都具有相同的成本函数），一家企业生产同样产量的平均成本更低，市场上就出现了自然垄断。许多垄断企业，即使不是大多数，也都是由政府通过阻止其他企业进入市场而建立的。一种重要的进入障碍就是专利权，在大多数国家，这赋予新产品或新工艺的发明者在 20 年内排他性地出售产品或使用工艺的权利。

5. 削弱市场势力的政府行为。政府迫使垄断企业将价格设定在竞争性均衡水平，以此来避免垄断所造成的福利损失。如果政府把价格设定在非最优价格水平上或者以其他方式实行非最优规制，那么规制后的垄断最优值处的福利会低于竞争性均衡的福利。政府允许或者鼓励进入，就可以消除或者削弱垄断带来的福利损失。

6. 网络、动态分析和行为经济学。如果一种商品具有正的网络外部性，它带给消费者的价值会随着销售量的增加而增加，则当期的销售会影响垄断企业未来的需求曲线。垄断企业在产品销售的第一期设定较低的推介价格，在产品受欢迎程度确保未来也能有高销量后再提高价格，这样就可以实现长期——一段时间内——企业利润的最大化。因此，垄断企业并不是在第一期追求短期利润最大化，而是追求各个时期的总利润最大化。行为经济学为网络外部性提供一些解释，例如攀比效应和虚荣效应。

思考题

MyEconLab 上有全部思考题；＊＝答案请扫本书末二维码获取；A＝代数问题；C＝可能要用到微积分知识。

1. 垄断利润最大化

1.1 如果线性的反需求函数为：$p=100-2Q$，求出其边际收益函数。画出需求曲线和边际收益曲线。（提示：参见例题详解 11.1。）A

1.2 如果一家垄断企业可以选择价格或者产量来进行最优化决策，它的利润会有所不同吗？为什么垄断者不能同时决定价格和产量？

＊1.3 如果反需求函数是 $p=500-10Q$，当 $Q=10$ 时，需求弹性和收益各是多少？

1.4 2009 年初，因为用户开始使用无线电话，AT&T 公司（美国最大的电话公司和曾经的垄断者）放弃了付费电话业务。皮尤研究中心（Pew Research Center）的数据显示，2007 年 80％ 的美国人都拥有手机，2013 年达到 91％（到 2015 年，64％ 的美国人拥有智能手机）。付费电话的用户从 1998 年高峰时期的 260 万人下降到 2006 年的 100 万人，到 2016 年仅有 50 万人。（但是，Clark Kent 会在哪里变身成超人呢？）用图说明为什么当需求曲线向左移动时，垄断企业会退出市场。

1.5 说明为什么垄断企业在长期平均成本曲线向上和向下倾斜的部分都能够生产，而竞争性企业只能在曲线向上倾斜的部分生产。

1.6 垄断企业面临的反需求曲线为 $p=100-Q$。企业的成本曲线为 $C(Q)=10+5Q$（因而 $MC=5$），求出利润最大化的解。如果 $C(Q)=100+5Q$，答案有何变化？（提示：参见例题详解 11.2。）A

1.7 一家垄断企业在两间工厂生产产品，两间工厂的边际成本函数分别为 $MC_1(Q_1)$ 和 $MC_2(Q_2)$。其中，Q_1 是第 1 间工厂的产出，Q_2 是第 2 间工厂的产出。这家垄断企业的总产出为 $Q=Q_1+Q_2$。利用图形（或者数学方法）确定垄断企业的总产出和每间工厂的产出。（提示：两间工厂的边际成本固定不变，但并非必然相等，边际成本曲线向上倾斜。）A

1.8 用图形说明在需求曲线移动后，垄断企业的价格可能不变，但产出增加。

1.9 2013 年，奥克兰 A 队是棒球界最热门的球队之一。他们经常吸引"满座"的观众，并且还有更多的球迷想要买门票。但 A 队决定不把 56 000 个座位全部出售。在三层甲板和外场看台上，大约有 20 000 个座位被拆除或安置了防水布。A 队的管理层说，这样做是为了给球迷们创造一种更亲密的感觉。另一种解释是什么？

1.10 垄断企业面临的反需求函数是 $p=10Q^{-0.5}$。

a. 企业的边际收益函数是什么？

b. 企业的成本曲线为 $C(Q)=5Q$。求利润最大化的解。（提示：参见例题详解 11.2。）C

1.11 需求曲线 $Q=A/p$，其中 A 为正的常数，因此需求具有固定弹性 $\varepsilon=-1$。准确地画出需求曲线。选出两个不同的价格，并分别说明各自对应的收入。（切记收入是一个区域：从纵轴开始，画一条过给定价格的水平线直到需求曲线上，再从交点处画一条垂线与横轴相交。得到的矩形就是收入：其中宽代表价格，长代表数量，因而该区域就是 $p \times q=R$。）比较两个矩形的大小。如果需求曲线是线性的，请重复同样的比较。

1.12 需求曲线 $Q=A/p$，其中 A 为正的常数，因此该需求函数具有固定弹性 $\varepsilon=-1$。

a. 用数学方法说明，在固定弹性的需求曲线下，对应于任意给定的价格，收入都相同。C

b. 说明任意常弹性的需求曲线对应的边际收益均为零。C

1.13 需求曲线 $Q=A/p$，其中 A 为正的常数，因此需求具有固定的弹性 $\varepsilon=-1$。垄断企业面临这样的需求曲线时，若边际成本为正，应怎样确定价格和产量？请做出解释。这种情况可能吗？

2. 市场势力

2.1 在什么情况下垄断企业会把价格设定为等于边际成本？（提示：考虑需求弹性，也要参考应用案例"缆车和利润最大化"中提出的问题。）

2.2 美国职业棒球俱乐部是利润最大化的垄断企业吗？这个市场上的一些观察者声称棒球俱乐部所有者想要实现出席人数或者收益最大化。Alexander（2001）提出，检验某企业是不是利润最大化的垄断企业的一种方法是，核实该企业是否在需求曲线富有弹性的位置进行生产（他的发现是正确的）。为什么这是一个合适的检验方法？如果棒球俱乐部实现了收益最大化，那么它的弹性是多少？

2.3 为什么在最优产量下，需求曲线越缺乏弹性，垄断企业的价格对边际成本的比率 p/MC 越小？在最优产量下，需求曲线可能是无弹性的吗？

2.4 在什么时候垄断企业设定的价格等于边际成本？

2.5 画出具有线性需求曲线和固定不变的边际成本曲线的一家垄断企业的例子。

a. 说明利润最大化时的价格 p^* 和产出 Q^*，并且指出消费者剩余、生产者剩余和无谓损失的区域。说明如果垄断企业像价格接受者一样经营，它将会生产的产品数量 Q。

b. 现在假设需求曲线是一条凹向原点的平滑曲线（末端与坐标轴相交），它与初始需求曲线切于（Q^*，p^*）点。解释这种情况下的垄断均衡点与线性需求条件下的垄断均衡点相同的原因。说明如果企业像价格接受者一样经营，它将会生产多少产品。并说明福利区域的变动情况。

c. 如果需求曲线是一条平滑的凸向原点并与初始需求曲线相切于点（Q^*，p^*）的曲线，重复 b 中的练习。

2.6 假设乘坐旧金山缆车的反需求函数为 $p=10-Q/1\,000$，其中 p 为每次乘车的价格，Q

为每天乘车的次数，旧金山市政当局（缆车运营商）的目标是最大限度地增加收入。使收入最大化的价格是多少？假设旧金山估算出该城市从游客和居民的每次乘车中所获得的经济效益为 4 美元。如果城市的目标是使缆车收入和经济效益的总收益最大化，那么最优价格是多少？C

2.7 使用例题详解 11.2 中给出的信息，根据反需求函数计算在利润最大化价格和产量下 iPad 的需求弹性。并且利用例题详解 11.3 中的勒纳指数公式求出反需求函数。

2.8 2015 年，苹果公司推出了苹果手表。根据 HIS，其生产一款 38mm 苹果运动手表的成本是 84 美元，售价 349 美元。苹果公司的价格与边际成本之比是多少？勒纳指数是多少？如果我们假设苹果公司是一家追求短期利润最大化的垄断企业，那么苹果公司所面临的需求弹性是多少？（提示：参见例题详解 11.3。）A

2.9 据估计，动力滑板车的零件包括五个陀螺仪、两个倾斜传感器、双冗余马达、十个微处理器。它的时速可达 12.5 英里，成本至少是 1 500 美元（Eric A. Taub, "Segway Transporter Slow to Catch On," *San Francisco Chronicle*, August 11, 2003, E4）。假设动力滑板车的边际成本是 2 000 美元。给定动力滑板车的价格是 5 000 美元，计算该公司价格与边际成本的比率、勒纳指数，以及它所面临的需求弹性（假设它试图最大化其短期利润）。（提示：参见例题详解 11.3。）A

*2.10 美国邮政公司（USPS）得到《宪法》的允许垄断了普通信件的邮递。2016 年它对每张邮票收取 47 美分的费用，这个费用可能并不是利润最大化的价格，因为据称 USPS 的目标是收支平衡而不是赚取利润。继澳大利亚、英国、加拿大、瑞士和爱尔兰之后，USPS 允许 PictureItPostage.com 以 19.8 美元的价格销售一整版邮票，包括 20 个面值 47 美分的邮票和一张照片，照片上可能是你的小狗、你的母亲或者任何东西（也就是每张邮票 99 美分，或者说有接近 111% 的加成）。PictureItPostage.com 将超出向 USPS 支付的 47 美分的部分据为己有。假设 PictureItPostage.com 没有其他成本，那么该公司的勒纳指数是多少？如果 PictureItPostage.com 是一家利润最大化的垄断企业，它在定制邮票时所面临的需求弹性是多少？（提示：参见例题详解 11.3。）A

2.11 当 iPod 刚推出时，苹果公司生产最先进的 iPod 的边际成本恒为 200 美元，固定成本大约为 7.36 亿美元，我们估计其面临的反需求函数是 $p=600-25Q$，Q 的单位以百万计。求出苹果公司的平均成本函数。如果苹果公司追求短期利润最大化，求出其边际收益函数。其利润最大化价格、产量、利润和勒纳指数是多少？在利润最大化水平上，需求弹性是多少？作图说明苹果公司的利润最大化解。垄断定价的无谓损失是多少？（提示：参见例题详解 11.2 和 11.3。）A

3. 垄断定价导致的市场失灵

3.1 每生产 1 单位产品，垄断企业要承担 1 美元的边际成本（保持恒定）和 10 美元的固定成本。画出企业的 MC 曲线、AVC 曲线和 AC 曲线。再画出一条向下倾斜的需求曲线，并指出利润最大化时的产量和价格。在图中标出表示利润和无谓损失的区域。（提示：参见例题详解 11.4。）

3.2 对垄断企业征收特许经营（定额）税会产生什么影响？（提示：考虑企业可能会停产。）（提示：参见例题详解 11.4。）

*3.3 在加利福尼亚州，只有土著印第安部落可以经营赌场，这些赌场分散在全州各地，以至于每个赌场在当地都会形成垄断。加利福尼亚州州长阿诺德·施瓦辛格与这些部落协商，使他们同意向州里上交 10% 的利润以换取特许经营权。利得税对垄断企业的产出和价格有什么影响？如果利得税是 25% 而不是 10%，垄断企业的经营行为会如何改变？（提示：可以假设利得税就是指部落的经济利润。）（提示：参见例题详解 11.4。）

3.4 如果反需求曲线为 $p=120-Q$，边际成本恒为 10，向垄断企业征收每单位产品 $t=10$ 的从量税对垄断最优解以及消费者、垄断企业和整个社会的福利（社会福利包括税收）会有什么影响？消费者承担的税负是多少？（提示：参见例题详解 11.4。）A

*3.5 用数学方法说明垄断企业提高价格的幅度可能大于它上缴的税额。〔提示：一种方法是考虑垄断企业面临着一条固定（不变）弹性的需求曲线和固定不变的边际成本 m。〕（提示：参见例题详解 11.4。）C

3.6 如果垄断企业有着固定不变的边际成本，说明当边际成本下降时，企业不必将价格也降低同样的比例。（提示：参见例题详解 11.4。）

中级微观经济学（第八版）

3.7 如果垄断企业面临的需求函数为 $p(Q)$，成本函数为 $C(Q)$，分别说明征收从量税 t 对利润最大化的产出和利润各有什么影响。（提示：参见例题详解 11.4。）C

3.8 一家垄断企业的边际成本恒为 m，其利润最大化价格为 p_1。它面临一条不变弹性的需求曲线，此需求的弹性为 ε。政府征收 1 美元的从量税后，其价格为 p_2。如何用 ε 来表示价格的变化 $p_2 - p_1$？如果需求弹性是 -2，价格会上涨多少？（提示：利用等式 11.9。）C

3.9 1996 年，佛罗里达州举行了投票，否决了在佛罗里达州大沼泽地农业区（Florida Everglades Agricultural Area）对每磅白砂糖征收 1 美分的特许权税。已知市场是竞争的，Swinton 和 Thomas（2001）利用线性供给和需求曲线计算了税负。他们的反需求函数为 $p = 1.787 - 0.000\,464\,1Q$，反供给函数为 $p = -0.489\,6 + 0.000\,201\,65Q$。计算竞争性市场上消费者承担的税负（第 3 章）。如果生产者联合起来成为一家垄断企业，而且供给曲线实际上就是垄断企业的边际成本曲线，则税负又是多少？（提示：消费者承担的税负就是有税收时的均衡价格与无税收时的均衡价格之差除以税收。你会发现，在竞争性市场上的税负是 70%，有垄断市场上的税负是 41%。）（提示：参见例题详解 11.4。）A

3.10 用图形说明从价税（见第 2 章）对垄断的最优解、消费者剩余、生产者剩余、福利和无谓损失的影响。

4. 垄断形成的原因

*4.1 如果企业的平均成本曲线是 U 形的，它可以成为自然垄断企业吗？请说明原因。（提示：参见例题详解 11.5。）

4.2 如果企业在平均成本曲线向上倾斜的部分生产，它能够成为自然垄断企业吗？请解释。（提示：参见例题详解 11.5。）

4.3 在应用案例"肉毒杆菌的专利垄断"中，消费者剩余（三角形 A）等于无谓损失（三角形 C）。说明该等式是基于线性需求和不变的边际成本这两个假设。A

4.4 基于应用案例"肉毒杆菌的专利垄断"中的信息，如果政府对每小瓶肉毒杆菌征收 75 美元的从量税，均衡价格和均衡数量会发生什么变化？这项税收对福利有什么影响？A

4.5 一旦书籍或者音乐的版权期满，人们就可以合法地将其放到互联网上供所有人下载。美国的版权法规定版权期限为 95 年，并从初版算起。可是澳大利亚和欧洲的版权期限仅为 50 年。这样一来，澳大利亚网站可以公开 1936 年出版的小说《飘》或者埃尔维斯·普雷斯利（Elvis Presley）（猫王）1954 年发行的单曲"That's All Right"，而美国网站则不能这么做。显然，这种法律上的完善并不能阻止美国粉丝到澳大利亚的网站或者欧洲的网站去下载。讨论限制版权期限如何影响一部小说的出版商的定价策略。

5. 削弱市场势力的政府行为

5.1 水杯是机场商店里最畅销的东西。在很多机场，商品所收取的价格要看市场的承受能力，但一些机场会对价格进行限制。旧金山国际机场和达拉斯-沃斯堡国际机场都规定了一个"市面价格"加 10% 的价格上限（Scott McCartney, "The Price You Pay for Water at the Airport," *Wall Street Journal*, April 22, 2015）。假设机场内的所有商店由一家企业经营，而水杯在机场外的市面价格由竞争性市场决定。用图形说明受规制的价格与不受规制的价格有何不同。（提示：参见例题详解 11.6。）

5.2 如果政府对一家垄断企业进行规制，使其不能收取高于 $\bar{p}$ 的价格，这种做法对产出和福利有何影响？其中 $\bar{p}$ 位于无规制的垄断价格与最优规制价格之间（由企业的边际成本曲线与市场需求曲线的交点决定）。（提示：参见例题详解 11.6。）

5.3 基于应用案例"肉毒杆菌的专利垄断"中的信息，如果政府将每小瓶肉毒杆菌的价格上限定为 200 美元，均衡价格和均衡数量会发生什么变化？这项政策对福利有什么影响？（提示：参见例题详解 11.6。）A

5.4 某药品垄断企业生产一种救命药的成本每剂恒为 10 美元，需要每天服用这种药物的 100 个病人的日收入为 100 美元，如果价格小于等于 100 美元，对药品的需求完全无弹性；如果价格高于 100 美元，销量为 0。用图说明均衡价格和均衡数量、消费者剩余和生产者剩余。现在政府设定了 30 美元的价格上限，说明均衡点、消费者剩余和生产者剩余的变化情况。如果价格规制导致了无谓损失，损失为多少？

5.5 Bleyer Industries 公司曾经是美国唯一一家生产塑料复活节彩蛋的企业，它每年生产

2.5亿个彩蛋。不过，从中国进口产品导致其业务消减。2005年该公司申请破产，因为中国企业的生产成本更低（"U. S. Plastic Egg Industry a Shell of Its Former Self," *San Francisco Chronicle*，January 14，2005）。用图说明竞争性的进口企业如何致使垄断企业破产。（提示：参见例题详解11.7。）

5.6 马来西亚通过向进口产品征收从量关税 t 来保护本地的汽车垄断生产商宝腾（Proton）。该企业利润最大化时的价格为 p^*。该产品的国际价格为 p_w（$<p^*$）。缴税后的进口产品价格为 p_w+t，该国不从国外进口产品。迫于 WTO 的压力，政府取消了关税，致使当价格为 p_w 时外国产品对该国消费者的供给曲线是水平的。请说明有关税时垄断企业的产量和价格各是多少。如果取消关税，谁获利？谁受损？（提示：参见例题详解11.7。）

6. 网络、动态分析和行为经济学

6.1 一家生产巧克力的垄断企业面对两类消费者。喜爱甜食的多数派对巧克力有一条相对平坦的线性需求曲线；自命不凡的少数派只在多数派不购买巧克力的时候才愿意购买，所以他们具有一条相对陡峭的线性需求曲线。说明垄断企业可能的结果（高价格、低产量；低价格、高产量），并且说明在哪种情况下垄断企业会选择去

迎合自命不凡的少数派而不是多数派。

*6.2 垄断企业生产一种具有网络外部性的产品。其边际成本和平均成本恒为 2。在第一期，反需求曲线为 $p=10-Q$。除非在第一期至少售出 $Q=8$ 单位的产品，否则第二期的需求为 $p=10-Q$。如果企业实现或者超出这一目标，需求曲线向外扩展 α 倍（在任何给定价格下，企业的销量增加到 α 倍），所以它的反需求曲线为 $p=10-Q/\alpha$。垄断企业清楚，第二期之后它将不能卖出任何产品。垄断企业的目标是最大化两个时期内的利润总和。在第一期，垄断企业应该将产出定为最大化当期利润的产出吗？你的解答与 α 有什么关系？（提示：见第 11.6 节中对于两个时期的垄断模型的讨论。）A

7. 挑战题

7.1 在什么情况下，制药企业会在专利权失效后对药品收取更高价格？

7.2 如果仿制药进入市场后造成专利垄断企业的线性需求曲线向左平行移动，"挑战题解答"中的答案会有什么不同吗？

7.3 缩短药品专利保护时间的提议时有发生，但是一些反对者称这会导致药品在专利保护期间索要更高的价格，因为企业想要更快地收回开发成本。如果制药企业追求利润最大化，那么这种争论是否有依据？

第 12 章

定价和广告

任何东西，只要有人愿意买，它就值那个价。
——普布里乌斯·西鲁斯（Publilius Syrus，公元前 1 世纪）

挑战题　　　　　　　　　　　　**促销价**

很多零售商都会促销，即临时设定一个低于平时的价格，让消费者在促销期间能以低价（低于以往其他消费者支付的价格）购买商品。便利店特别喜欢不断地搞促销。在美国的大型超市，某种牌子的软饮料有 94% 的时间在促销，即便是可口可乐和百事可乐一年中也有大半的时间在促销。

2015 年，亨氏番茄酱的市场份额在美国占 62%，在加拿大占 84%，在英国则差不多占 78% 左右。亨氏公司在全球 140 多个国家卖出了超过 6.5 亿瓶番茄酱，年销售额超过 15 亿美元。当亨氏公司促销时，往常那些购买便宜品牌的番茄酱的消费者，都会转而购买亨氏番茄酱（而不是低价的普通番茄酱）。那么，亨氏公司的管理者是如何设计出一种促销模式以最大化自己的利润呢？也就是说，它如何能一方面从品牌转换者那里赚取额外收入，另一方面又不至于使享受折扣价的忠实顾客大量流失？亨氏公司得以采取这种定期促销策略的条件又是什么呢？

促销不是企业用来向消费者索要不同价格的唯一手段。为什么提前订机票会便宜很多？为什么某培训机构向新生收取的价格是每节课 45 美元，而向老生收取的价格只有 40 美元？为什么有些商品（如电脑和软件）是组装在一起打包销售的？要回答这些问题，我们需要先考察垄断和其他非竞争性企业的价格问题。

第 11 章介绍了垄断企业在采用单一定价时的价格确定问题。不过，要是企业可以采用多重定价的方式，利润还能进一步提高。**单一定价**（uniform pricing）是对同样的商品每单位收取相同的价格。**多重定价**（nonuniform pricing）是对同样的商品向消费者索要不同的价格，或者对同一个消费者按其购买量的多少来定价。本章会考察垄断企业的多重定价问题，但类似的原则也同样适用于其他任何具有市场势力的企业。

正如我们在第 11 章中所见到的那样，制定了单一高价的垄断企业只把商品卖给那些最珍视商品的消费者，而且这些消费者会获得一定的消费者剩余。垄断企业并不会把商品出售给支付意愿低于单一价格的消费者，哪怕他们愿意支付的价格高于生产的边际成本。销量的下降造成无谓损失，这是超出商品生产成本的那部分可能的销售量所带来的价值。

一家拥有市场势力的企业使用多重定价能够比使用单一定价赚取更多利润，原因有二：首先，企业获得了一部分或者全部的单一价格下的消费者剩余；其次，企业会设定一个低于单一价格的价格，使得那些在单一定价下不会购买商品的消费者也来消费，进而把单一定价下的一部分无谓损失转化为自身的利润。使用多重定价的垄断企业可以向那些在单一定价下不消费的消费者收取低价，同时还不至于影响到愿意高价消费的消费者。

本章将要考察多重定价的几种不同类型，包括价格歧视、两部定价、搭售等。在多重定价中，最常见的形式是价格歧视（price discrimination）：企业就同样的商品向不同的消费者索要不同的价格的情形。例如，在那些订购了全年纸质版和在线电子版期刊组合的用户中，《华尔街日报》会向价格敏感的学生收取 49 美元，而向对价格没那么敏感的其他用户收取 155 美元。

一些有市场势力的企业还会使用其他多重定价方法来提高利润。一种方法是企业可能使用两部定价（two-part tariff）：消费者先付一定费用以获得购买该商品的权利，而后在购买每单位产品时还要支付费用。比如，健身俱乐部或高尔夫俱乐部的会员往往要先付一笔年费加入俱乐部，然后再按使用设施或场地的次数单独付费。与之类似，有线电视公司往往按月收取基本的服务费，再对最新的电影额外计费。

另一种多重定价的方式叫作搭售（tie-in sale）：消费者只有在同意购买另一种商品的情况下才能购买某一种商品。一个例子是捆绑销售（bundling），也就是将几种产品打包在一起销售。比如，很多餐厅以一个固定价格提供晚餐套餐，该价格要低于按菜单分别单点这些菜品（开胃菜、主食和甜点）的价格之和。

垄断企业也可以通过做广告的方式来提高利润。一家垄断企业可以在考虑广告成本的情况下通过做广告移动需求曲线的位置，使利润增加。

本章将考察以下 7 个主题：

1. 价格歧视的条件。企业可以通过价格歧视增加利润，前提是：企业具有市场势力，消费者的支付意愿不同，企业能够识别出哪些消费者（较其他消费者）对价格更敏感，并且可以防止支付低价的消费者把商品转售给愿意支付高价的消费者。

2. 完全价格歧视。如果垄断企业可以就单位产品向每位消费者分别收取其愿意支付的最高价格，该企业就可以获得全部可能的消费者剩余，产品销售量达到有效水平（竞争性的）。

3. 群体价格歧视。对于没办法为每一位消费者制定不同价格的企业来说，它可以按支付意愿将消费者划分成不同的群体，并为不同的群体制定不同的价格。

4. 非线性价格歧视。企业按照消费者购买量的多少来定价，这种价格歧视需要企业引导消费者基于自身的购买量来自我选择一个有效的价格。

5. 两部定价。先向消费者就购买该产品的权利收取一笔费用，然后允许他们按意愿购买商品，并对每单位产品额外再收取一笔费用，企业这样做可以比在单一定价下赚更多的利润。

6.搭售。将不同产品打包或者捆绑在一起销售，企业因此会获得比单独销售这些商品或服务更多的利润。

7.广告。垄断企业通过做广告移动需求曲线，增加利润。

12.1　价格歧视的条件

王子在森林里穿行多时，最后找到了一家旅馆。老板很快认出他来。他只点了一份煎蛋。吃完之后，王子问老板："我要付你多少钱？"

老板回答说："二十五卢布。"

"怎么这么贵？"王子问道，"这地方没鸡蛋吗？"

"不是，这里不缺鸡蛋，但是我们缺吃鸡蛋的王子。"老板回答说。[①]

我们通过研究最常见的多重定价方式——价格歧视——来开始对企业定价做法的讨论。**价格歧视**（price discrimination）是指根据消费者的个体特性、可识别消费群体中的会员身份或者消费者的购买数量，企业就同样的商品向不同的消费者索要不同的价格。[②]

□ 价格歧视有利可图的原因

无论是哪一种商品或服务，总会有一些消费者的支付意愿比别人的高。制定单一价格的企业面临着这样一种权衡：是只针对那些支付意愿高的消费者收取一个高价，还是设定一个低价让那些支付意愿低的人也买得起。结果是往往设定一个适中的价格。不过，如果可以实施价格歧视（向不同的消费者收取不同的价格），企业就可以不用进行这样的选择了。

同任何一种多重定价的方式一样，价格歧视可以通过两种渠道获得（比单一价格下）更多的利润。首先，实施价格歧视的企业向支付意愿高于单一价格的消费者收取一个高价，由此获得了部分或全部的在单一定价时的消费者剩余（商品在买者心目中的价值减去其为此实际支付的价格）；其次，该企业还把商品卖给了那些支付意愿低于单一价格的消费者。

我们用两个极端的例子来说明价格歧视带给企业的两个好处：获得更多的消费者剩余，把商品卖给更多的消费者。之所以说是极端，原因在于企业可以把消费者的支付意愿作为商品的价格，向支付意愿最高的消费者索要最高的价格，向支付意愿最低的消费者索要最低的价格，而不是定一个折中的价格。

假设小镇上只有一家电影院，客源分为两种：大学生和老年人。如果周六晚上的电影票价不超过10美元，大学生会去看；不超过5美元，老年人会去看。为简化起见，假设放映电影没有成本，利润等于收入。再假设电影院足够大，可以容纳所有可能的观众，因此多增加一位观众的边际成本为零。表12.1显示了定价方法对电影院利润的影响。

---

① 感谢史蒂夫·萨洛普（Steve Salop）的帮助。

② 在美国，价格歧视如果不妨碍企业间的竞争就是合法的，详情可见《罗宾逊-帕特曼法案》（Robinson-Patman Act）。

在表 12.1 (a) 中，有 10 名大学生和 20 位老年人想去看电影。电影院如果向每个人收取 5 美元，利润是 150 美元＝5 美元×(10 名大学生＋20 位老年人)。如果票价为 10 美元，老年人不会去看，电影院的利润就只有 100 美元。因此，如果电影院向每个人收取同样的价钱，在票价为 5 美元时，电影院可以赚得最大的利润。没有必要把票价定得低于 5 美元，因为那样也不会有更多的人来看电影。同样，因为老年人愿意承担的票价是 5 美元且大学生的支付意愿是 10 美元，把票价定在 5～10 美元的利润要低于票价为 10 美元时的利润。要是票价高于 10 美元的话，就没有观众了。

表 12.1　　　　　　　　　　　**不同定价方法下电影院的利润**

(a) 实施价格歧视，但观众人数没有增加　　　　　　　　　　　　　　　　　　　　　　单位：美元

定价	来自 10 名大学生的利润	来自 20 位老年人的利润	总利润
单一定价，5	50	100	150
单一定价，10	100	0	100
价格歧视[a]	100	100	200

(b) 实施价格歧视，观众人数增加了　　　　　　　　　　　　　　　　　　　　　　　　单位：美元

定价	来自 10 名大学生的利润	来自 5 位老年人的利润	总利润
单一定价，5	50	25	75
单一定价，10	100	0	100
价格歧视[a]	100	25	125

a. 电影院实施价格歧视，向大学生收取 10 美元的票价，向老年人收取 5 美元的票价。

说明：票价不超过 10 美元时，大学生去看电影。老年人愿意支付的最高票价是 5 美元。电影院多招待一位观众的边际成本为零。

票价为 5 美元时，老年人没有消费者剩余：他们支付的价格也刚好是他们愿意支付的最高价格。大学生愿意为这场电影付 10 美元，但他们只付了 5 美元，所以每个人会有 5 美元的消费者剩余，他们总的消费者剩余是 50 美元。

如果电影院实施价格歧视，向老年人收取 5 美元，向大学生收取 10 美元，它的利润就可以增加到 200 美元。这是因为电影院从老年人那里赚的和原来一样多，却从大学生那里多赚了 50 美元。通过价格歧视，电影院卖出的票数没变，却从大学生那里获得了在单一定价下的全部消费者剩余。当电影院实施价格歧视时，这两类消费者都没消费者剩余。

在表 12.1 (b) 中，有 10 名大学生和 5 位老年人想去看电影。如果电影院必须实施单一定价，它会将票价定为 10 美元，这时只有大学生会去看，电影院的利润为 100 美元。(如果票价统一定为 5 美元，大学生和老年人都会去，但是电影院的利润只有 75 美元。)如果电影院可以通过向老年人收取 5 美元而向大学生收取 10 美元来实施价格歧视，它的利润就可以增加到 125 美元。价格歧视下的收入增加源于将额外的电影票卖给了老年人，增加了观影人数[并非源于观众总人数不变而将票价提高，如表 12.1 (a) 所示]。电影院从大学生那里赚得的利润和以前一样多，但从老年人那里赚了更多的钱，此时这两类消费者没有任何的消费者剩余。Leslie (1997) 发现，纽约百老汇剧院通过价格歧视获得的利润要比在单一定价时多出 5%。

这两个例子说明，企业通过价格歧视增加利润的渠道有两种：向现有消费者收取更高的价格，或增加商品的销售量。如果电影院有能力按照支付意愿将市场分割成两个部分（大学生和老年人），则可以通过价格歧视来增加利润。

迪士尼乐园的定价

2016 年，迪士尼乐园向南加州本地居民收取的门票价格为 149 美元，可以去两次迪士尼乐园或迪士尼的加州探险公园。对外地居民收取的票价为 185 美元，时效只有两天，而且只能去一个地方。这项给当地人更多折扣的政策只有满足以下两个条件才有意义：其一，外地观光者愿意比当地人支付更高的价格；其二，迪士尼能够阻止当地人把门票低价倒卖给外地人。假设有一位来自中西部地区的从未到过迪士尼的游客，如果去迪士尼游玩，路费占了旅游成本的大部分，即使为迪士尼门票多付几美元，也几乎不会增加门票支出占总成本的比重，从而也不会对个人去迪士尼的决策有什么实质性的影响。相反，对于一个已经去过迪士尼多次的当地人来说，门票价格就是成本的大头，稍微提高一下票价就有可能让他改变决策。[1]

向两类人群收取同样的价格有损迪士尼的最大利益。如果向所有人都收取一个高价，当地人不会去；如果向所有人都收取一个低价，又很难与外地人的高支付意愿相匹配。

□ 实施价格歧视的主体

不是所有的企业都能实施价格歧视，成功地实施价格歧视需要满足三个条件：

首先，企业必须拥有市场势力。如果一家企业没有市场势力，它就没法向消费者收取高于竞争性均衡水平的价格。垄断企业、寡头垄断企业或垄断竞争企业都可以实施价格歧视，而完全竞争企业则不能，因为它必须在市场给定的价格水平上销售产品。

其次，对一家想通过价格歧视来增加利润的企业来说，不同组或不同个体的消费者必须有不同的需求曲线，而且企业也能够识别出这些需求曲线上的差异。电影院知道大学生和老年人在票价上的支付意愿不一样，迪士尼乐园知道外地游客和本地居民对门票的支付意愿有所不同。在这两个例子中，企业都可以通过驾驶证等证件来识别消费者的身份。同样，如果企业得知每个人的需求曲线都是向右下方倾斜的，就可以让每位消费者以高价购买第 1 单位的产品。

最后，企业还必须能够防止或限制转售或倒卖。实行价格歧视的企业必须能够阻止以低价购买商品的消费者把商品转售给只能以高价购买商品的消费者。如果转售轻而易举，价格歧视就无法实施，因为企业的商品只能卖低价。消费者在买票之后常常立刻入场，没有时间去转售电影票，所以迪士尼乐园和电影院可以向不同的人群收取不同的价格。万一提前售票，企业也可以使用其他方法阻止倒卖，例如儿童票和成人票使用不同的颜色。

很多市场符合前两个条件——拥有市场势力和能够按对价格的敏感度来识别不同的消费者群体。但对于一个打算实施价格歧视的企业来说，最大的障碍是无法阻止转售。

---

[1] 2012 年，在南加州有一对失业的夫妇 Jeff Reitz 和 Tonya Mickesh，为了给自己打气，让自己重新振作起来，他们那一年用自己办的年卡去迪士尼玩了 366 次（整整玩了一整年）。

□ 阻止转售

在一些行业阻止转售比在别的行业容易些。而在那些转售最初比较容易的行业，企业可以采取措施增加转售的成本。

在大多数服务业或者交易成本高的行业，转售很难（甚至无从）发生。如果水管工清理管道时向你收取的费用低于向你的邻居收取的费用，你也不可能将水管工为你提供的这种服务转售给邻居。转售商品时的交易成本越高，转售就越不可能发生。假设你能够以比正常价格低 1 美元的价格购买一罐咸菜，能不能找个人把咸菜转售给他呢，或者转售的交易成本会不会太高而使转售得不偿失呢？商品的价值越高，或消费的范围越广，商品的交易成本就可能会越低，就越容易被转售。

一些企业用提高交易成本等方法来防止转售的发生。如果你的大学要求买学生票的观众在进场看比赛之前必须出示带照片的学生证，你就会发现很难将低价的学生票转售给那些需花高价购票的非学生群体。当某些大学生以低于市场的价格购买电脑时，也必须同时签订一份禁止电脑转售的合约。

同样，企业也可以通过纵向一体化的方式阻止转售。纵向一体化是指企业参与到商品或服务的多个连续的生产和分配阶段。美国铝业公司（Alcoa）一度是铝市场的垄断企业，它想把铝锭以低价卖给铝丝电线的制造商，而以高价卖给铝质飞机配件的制造商。如果美国铝业公司真这么做，电线的生产商就会很容易地把铝锭转售出去。而美国铝业公司通过建立自己的电线厂成功地阻止了这种转售，并能够向飞机部件的生产企业收取高价（Perry，1980）。

政府也常通过禁止转售来帮助企业实施价格歧视。美国的州政府和联邦政府以立法的形式要求牛奶厂商实施价格歧视，鲜奶制品的售价要高于加工奶制品（奶酪、冰激凌），并禁止转售。政府关税（对进口商品的征税）也起到了限制转售的作用，因为关税增加了从低价国进口商品并把它卖给高价国的成本。有时候，法律会明令禁止这种转售行为，根据美国有关的贸易法，某些牌子的香水在美国境内只能由其制造商出售。

应用案例

阻止名牌包的倒卖

在节假日，很多商店都会对每位顾客一次性所能购买的热门商品（比如年度最畅销的玩具）的数量加以限制，这已经没什么稀奇的了。奇怪的是，一些奢侈品零售商的网站（比如 Saks Fifth Avenue、Neiman Marcus 以及 Bergdorf Goodman 等）对名牌包的购买也有类似规定：Bergdorf Goodman 网站不会让你以 4 190 美元的价格订购多个普拉达蜥蜴裁剪尼龙肩包。

一些网站解释说，它们施加限制是因为"流行需求"。更合理的解释是，这种限制方便了企业在国际市场上实行价格歧视。生产商迫使美国零售商限制一个人可以购买的包的数量，以防止有人在美国批量购买之后再拿到欧洲或者亚洲市场上销售，因为同样的普拉达和古驰的商品在这些地方往往要比在美国贵 20%～40%。当你在普拉达的美国网站上订购时必须承诺购买的商品仅供私用，未经授权不得在美国境外进行商业转售或销售，并且公司会保留拒绝订单和限制订单数量的权利。

□ 并非所有的价格差异都是价格歧视

并非所有向消费者收取不同价格的企业都在实施价格歧视。酒店向预订新婚套房的新婚夫妇收取更高的价格，这是价格歧视吗？一些酒店的经营者说不是。他们说度蜜月的新婚夫妇和其他消费者不一样，他们经常顺手牵羊，带走一些小东西当纪念品，所以这种价格差异反映的是真实的成本差异。

在 2016 年，订阅一年的《经济学人》杂志需要付 190 美元，要是大学生订阅的话，只需要支付 115 美元。这两种订阅方式除价格不同外，其他方面完全一样，这个订阅价格上的差异反映出的确实是价格歧视。普通订阅的价格仅仅相当于在报刊亭购买杂志的价格（407.49 美元）的 47%，这在一定程度上反映了报刊亭的销售成本高于直接向读者邮寄杂志的成本，所以这种价格差异并非纯粹意义上的价格歧视。

□ 价格歧视的类型

一般来说，经济学家关注三种类型的价格歧视：完全价格歧视、群体价格歧视、非线性价格歧视。**完全价格歧视**（perfect price discrimination），也叫一级价格歧视，指企业按照消费者愿意为每单位商品支付的最高价格来出售商品。此时，不但不同消费者所支付的价格会不同，即便是对同一个消费者来说，他在购买不同单位商品时所付的价格也不一样。

群体价格歧视（group price discrimination），又叫三级价格歧视，指企业向不同的消费群体收取不同的价格，但向某一群体内的消费者收取一样的价格。企业向消费者索要的价格取决于他所处的特定群体。因此，不是所有消费者都支付了不同的价格，企业只对某些群体的消费者制定不一样的价格。群体价格歧视是最常见的一种价格歧视，大家谈论的"价格歧视"通常指的也是这种群体价格歧视。

当企业按照购买量的多少来收取不同的价格时，我们说他在实施**非线性价格歧视**（nonlinear price discrimination，也叫二级价格歧视），消费者支付的价格随着购买量的不同而不同。在非线性价格歧视下，所有购买相同数量产品的消费者支付同样的价格；当然，企业也可以把非线性价格歧视和群体价格歧视组合在一起，对不同群体的消费者制定不同的非线性定价策略。

12.2 完全价格歧视

如果一家拥有市场势力的企业能准确地了解每位消费者愿意为每一单位产品支付的价格并且能阻止转售，它就可以向每位消费者收取他们的**保留价格**（reservation price），即消费者愿意为一单位商品所支付的最高价格。这样一来，一个具备完全信息的企业就可以实施完全价格歧视了。实施完全价格歧视的企业按照消费者愿意支付的最高价格把商品出售给了对商品评价最高的人，获得了全部可能的消费者剩余。比如，苏伊士运河的管理者对过往船只单独定价，把天气和每艘船的其他航线等因素都纳入了考虑的范围。

完全价格歧视并不常见，因为企业没有关于消费者的完全信息。可尽管如此，研究完全价格歧视仍然是有意义的，因为它是一种最有效率的价格歧视，并为我们提供了一个与其他多重定价方式比较的基准。

我们首先介绍一家拥有（关于消费者保留价格方面）完全信息的企业如何利用这些信息来实施完全价格歧视，其次将实施完全价格歧视的垄断市场的结果（在价格、数量和剩余方面）与完全竞争和单一定价垄断的市场结果进行比较，最后讨论一下企业是如何获得实施完全价格歧视所需要的信息的。

□ 企业如何实施完全价格歧视？

一家拥有市场势力的企业能够阻止转售，并且拥有关于消费者支付意愿的全部信息，就可以按照消费者关于每单位产品的保留价格（也就是消费者愿意支付的最高价格）实施完全价格歧视。我们使用图 12.1 中垄断企业面临的需求曲线来说明实施完全价格歧视的企业是如何实现利润最大化的（数学解法见附录 12A）。

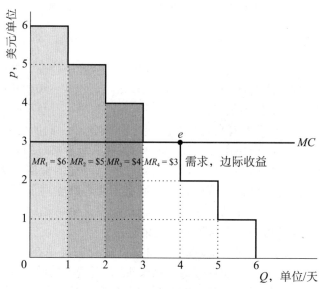

图 12.1　完全价格歧视

如图中的需求曲线所示，垄断企业为第 1、2、3 单位的产品分别收取 6 美元、5 美元、4 美元的价格，第 1、2、3 单位产品的边际收益分别是 $MR_1 = 6$ 美元、$MR_2 = 5$ 美元、$MR_3 = 4$ 美元，因此需求曲线也就是边际收益曲线。由于企业的边际成本和平均成本均为 3 美元/单位，它不愿意以低于 3 美元的价格出售产品，所以在销售量为 4 单位时，即 e 点，企业在最后一单位产品上实现了收支相抵。

任意产出水平的最高价格是该产出水平所对应的需求曲线的高度。如图 12.1 所示，实施完全价格歧视的该企业选择以 6 美元的价格出售第 1 单位产品。之后，第 2 单位产品最多可以卖 5 美元，以后每卖 1 单位产品价格都要下降 1 美元。

对于实施完全价格歧视的垄断企业来讲，其边际收益等于商品的价格。如图所示，企业第 1 单位产品的边际收益 $MR_1 = 6$ 美元，第 2 单位产品的边际收益 $MR_2 = 5$ 美元，第 3 单位产品的边际收益 $MR_3 = 4$ 美元。此时，企业的边际收益曲线和需求曲线重合。

该企业的边际成本恒为 3 美元/单位。在生产第 1 单位产品时，企业获利，因为企业以 6 美元的价格出售该产品，此时边际收益比边际成本多出 3 美元。同样，企业也愿意按 5 美元和 4 美元的价格出售第 2 单位和第 3 单位产品。当以 3 美元的价格出售第 4 单位产品时，刚好盈亏平衡。接下来每单位产品的边际成本将大于边际收益，所以该企业不愿意出售超过 4 单位的产品。因此，同所有利润最大化的企业一样，实施完全价格歧视的企业会在 e 点进行生产，此时的边际收益曲线同边际成本曲线相交。

完全价格歧视给企业带来的总收益为 $MR_1 + MR_2 + MR_3 + MR_4 = 6 + 5 + 4 + 3 = 18$（美元），这也正是横坐标介于 0 和 4 之间的边际收益曲线之下的面积。如果没有固定成本，企业生产这 4 单位产品所花费的总成本为 12（$= 3 \times 4$）美元，利润为 6 美元。

□ 完全价格歧视：有效率但也损害消费者的利益

完全价格歧视是有效率的：它最大化了消费者剩余和生产者剩余之和。因此，完全竞争和完全价格歧视都使总剩余最大化。不过在完全价格歧视下，总剩余全部归企业所有，而在竞争条件下，总剩余由消费者和生产者分享。

如果图 12.2 中的市场是竞争性的，需求曲线与边际成本曲线 MC 相交决定了竞争性均衡 e_c，此时价格为 p_c，数量为 Q_c，消费者剩余为 $A + B + C$，生产者剩余为 $D + E$，社会没有无谓损失。价格 p_c 等于边际成本 MC_c，所以市场是有效率的。

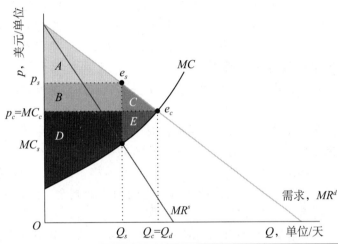

	竞争	垄断	
		单一价格	完全价格歧视
消费者剩余，CS	$A+B+C$	A	0
生产者剩余，PS	$D+E$	$B+D$	$A+B+C+D+E$
福利，$W=CS+PS$	$A+B+C+D+E$	$A+B+D$	$A+B+C+D+E$
无谓损失，DWL	0	$-C-E$	0

图 12.2　竞争性均衡、单一价格的垄断均衡和完全价格歧视的垄断均衡

在竞争性均衡点 e_c 处，价格为 p_c，数量为 Q_c，消费者剩余为 $A+B+C$，生产者剩余为 $D+E$，这时没有无谓损失。在单一价格的垄断均衡 e_s 处，价格为 p_s，数量为 Q_s，消费者剩余减少到 A，生产者剩余是 $B+D$，此时的无谓损失为 $C+E$。在完全价格歧视的垄断均衡中，垄断企业在需求曲线（边际收益曲线 MR^d）上的每一点按消费者的保留价格来出售每单位产品。销售量为 $Q_d (=Q_c)$ 单位，这也是需求曲线与边际成本曲线的交点，因此最后一单位产品的价格等于边际成本。消费者剩余为零，也不存在无谓损失。

当实施单一价格垄断时（因为无法将消费者划分为不同群体，企业只能向他们收取同样的价格），MC 曲线和单一价格垄断企业的边际收益曲线 MR^s 相交决定了产出量 Q_s。[①] 垄断企业在 e_s 处运营，收取的价格为 p_s。此时垄断的无谓损失为 $C+E$。这一效率

---

① 假设行业由垄断变为竞争，行业的边际成本曲线（任意企业增加一单位产出的最小成本）与垄断企业的 MC 曲线相同，行业的 MC 曲线就是行业的供给曲线（第 8 章）。

损失的发生是由于垄断企业收取的单一价格 p_s 大于边际成本 MC_s，所以销量小于竞争性市场的销量。

企业实施完全价格歧视的产量 Q_d 由边际成本曲线 MC 与需求曲线（边际收益曲线 MR^d）的交点决定。企业在出售 Q_d 单位产品后所获得的全部生产者剩余等于需求曲线和边际成本曲线之间的面积，即 $A+B+C+D+E$。利润为生产者剩余减去固定成本（如果存在固定成本的话）。因为每位消费者支付的价格都等于其保留价格，所以消费者剩余为零。企业在实施完全价格歧视的时候，最后一单位产品的价格为 p_c，刚好等于竞争性市场下的边际成本 MC_c，所以它在实现利润最大化的时候没有造成无谓损失。因此，完全价格歧视的结果和竞争性均衡都是有效率的。

完全价格歧视的解与竞争性均衡相比有两处明显的不同。其一，在竞争性均衡下，每个人所支付的价格 p_c 等于均衡时的边际成本 MC_c。而在完全价格歧视均衡下，只有最后一单位产品是按与边际成本相等的价格出售的，其余单位都是按消费者的保留价格售出，而这些价格都高于 p_c。其二，在竞争性市场中，消费者的收益为正（消费者剩余等于 $A+B+C$），而实施完全价格歧视的垄断企业获得了全部剩余或交易带来的好处。因此，完全价格歧视并没有降低效率——产出水平和总福利都与竞争情况下的相同——而只是对收入进行再分配，消费者丧失了一部分收入。消费者的福利在竞争情况下会更好。

单一价格的垄断和完全价格歧视的垄断，哪个对消费者更有利呢？与单一价格的垄断相比，完全价格歧视的均衡因为产量更大，更有效率。不过，在单一价格垄断下，厂商从消费者身上拿走的消费者剩余要少一些。在单一价格垄断下，对产品评价高的消费者的境况可能稍好一点，因为他们还能获得一定的消费者剩余。而在完全价格歧视下，他们没有任何剩余可言。对于那些保留价格比较低的消费者，他们不会选择在单一价格垄断下消费，而是选择在完全价格歧视垄断下进行购买，这部分消费者在两种情形下都没有消费者剩余。多生产的那部分商品的社会收益都由实施完全价格歧视的企业所得。竞争情况下的消费者剩余最多，其次是单一价格的垄断。而在完全价格歧视下，消费者剩余不复存在。

肉毒杆菌和价格歧视

为了说明完全价格歧视与竞争和单一价格垄断之间的区别所在，我们来回顾下第 11 章中"肉毒杆菌的专利垄断"这个应用案例。下页图给出了估计出的肉毒杆菌的线性需求曲线和不变的边际成本（以及平均成本）曲线，其中边际成本始终为 25 美元/小瓶。如果市场是竞争性的（价格等于边际成本，均衡点为 e_c 点），消费者剩余将会是 A、B、C 三者的面积之和，即 7.50 亿美元/年，此时没有生产者剩余和无谓损失。在单一价格垄断均衡（即均衡点 e_s）下，肉毒杆菌的单价为 400 美元，共卖出 100 万小瓶。相应的消费者剩余是三角形 A 的面积，即每年 1.875 亿美元；生产者剩余为长方形 B 的面积，即 3.75 亿美元；无谓损失为三角形 C 的面积，即 1.875 亿美元。

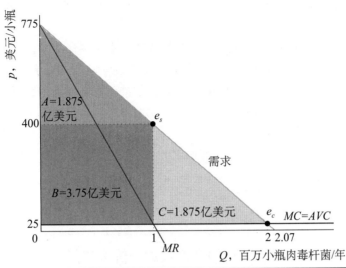

	竞争	垄断	
		单一价格	完全价格歧视
消费者剩余，CS	$A+B+C$	A	0
生产者剩余，PS	0	B	$A+B+C$
福利，$W=CS+PS$	$A+B+C$	$A+B$	$A+B+C$
无谓损失，DWL	0	$-C$	0

如果爱力根公司能够实施完全价格歧视，其生产者剩余将增长近1倍，达到 $A+B+C=7.50$ 亿美元/年，消费者剩余为零。边际消费者将会支付 25 美元的边际成本，这和竞争性市场的情况相同。

爱力根公司没有能力实施完全价格歧视，这给企业和社会造成了很大的损失。单一价格垄断下的利润是 $B=3.75$ 亿美元/年，低于完全价格歧视垄断下的利润 $A+B+C=7.50$ 亿美元/年。同样，单一价格垄断下的社会福利比完全价格歧视垄断下的社会福利低 1.875 亿美元/年，即无谓损失 C。不过，在完全价格歧视下，消费者剩余为零。

例题详解 12.1

如果表 12.1 中所描述的电影院由单一价格的垄断变为实施完全价格歧视的垄断，福利会有什么变化？

解答

1. 计算表 12.1（a）中的福利：（a）当电影院实施单一价格时；（b）当电影院实施完全价格歧视时；（c）比较这两种情况。（a）当电影院收取垄断利润最大化的单一价格（5 美元）时，它能卖出 30 张电影票，获得 150 美元的利润。有 20 位老年人按他们的保留价格支付票款，因此没有获得消费者剩余。10 名大学生的保留价格为 10 美元，因此他们的消费者剩余之和为 50 美元。社会总福利为 200 美元：150 美元的总利润加 50 美元的消费者剩余。（b）当电影院实施完全价格歧视时，它向老年人收取 5 美元而向大学生收取 10 美元。电影院向所有消费者索要的价格正好等于他们的保留价格，所以消费者剩余为零，电影院的利润增加到 200 美元。（c）因此，只要产出不变，福利在两种定价体系下就是相等的。

2. 计算表 12.1（b）中的福利：（a）当电影院实施单一价格时；（b）当电影院实施完全价格歧视时；（c）比较这两种情况。（a）当电影院实施利润最大化的单一价格 10 美元时，只有大学生会购买电影票，并且没有消费者剩余。电影院的利润为 100 美元，所以总福利是 100 美元。（b）在实施完全价格歧视的情况下，没有消费者剩余，但利润增加到 125 美元，所以总福利也增加到 125 美元。（c）因此，在完全价格歧视下，产出增加，总福利也更大。（当且仅当产出增加时，福利才会增加，这条结论具有一定的普适性。）

应用案例

谷歌公司的广告投放与价格歧视

用谷歌搜索的时候，查询结果后面总是有一些广告，广告的内容和你搜索的关键词有关。也就是说，谷歌允许广告商将搜索特定词段的人作为广告对象（Goldfarb，2014）。它既能让你方便快捷地查询一些不同寻常的主题，也能帮助企业通过定向广告找到难以发现的潜在消费者。比如，有的律师擅长处理一些和霉菌毒素有关的诉讼案件，只有当一个人查找"霉菌毒素方面的律师"的时候，广告才会出现。

谷歌使用拍卖的方式来给广告定价，出价高的广告被放在搜索页面的前面。Goldfarb 和 Tucker（2011）发现，律师愿意为这种"基于文本内容"的广告所付的费用同匹配到消费者的难易程度有关。能自我识别的潜在客户越少（也就是搜寻特定短语的人越少），愿意支付的价格也就越高。

他们还发现，当其他能搜寻到潜在客户的方法受限时，律师们的出价就会更高。有些州会对唯利是图的怂恿事故受伤者起诉的律师（anti-ambulance-chaser）的行为加以规制，在事故发生的头几个月里，禁止人身伤害案的律师通过信件、电话和电子邮件的形式与潜在客户直接联系。在这些州，搜索引擎每点击一次广告的价格比其他州要高 5%～7%。

谷歌利用广告商想在人群中把一小部分难以发现的目标群体识别出来的愿望，并按照他们的支付意愿来收取不同的价格，其本质就是在实施完全价格歧视。

交易成本和完全价格歧视

尽管有一些企业的定价策略接近完全价格歧视，但更多的企业仍然使用单一价格或其他非线性定价的方法。交易成本是主要的原因：收集每位消费者对价格的敏感度的信息非常困难或代价不菲。不过，最近电脑科技的发展降低了交易成本，使得宾馆、汽车和卡车出租公司、游艇公司和航空公司有更多机会实施价格歧视。

私立大学要求学生报告他们的经济状况，这些信息可以让学校实施完全价格歧视。学校用发奖学金的方式作为减免贫困生学费的一项举措。

还有些企业认为，在考虑交易成本的情况下，实施群体价格歧视或者其他非线性的定价方法要比实施完全价格歧视好多了，接下来我们就来看一看其他方法。

12.3　群体价格歧视

多数企业并没有切实可行的办法去估计每位消费者的保留价格，并向每个消费者收取不同的价格。但它可能会知道哪个消费群体的保留价格更高。一家企业通过把潜在消费者分成两个或多个群体，然后为每个群体制定不同的价格来实施群体价格歧视。和个人价格歧视一样，实施群体价格歧视同样要求企业具有市场势力，能够识别出有不同保留价格的消费群体，并且能够阻止转售。

消费群体可能按照年龄划分（如成年人和儿童），也可能按照地域（如按照不同的国家）等规则划分。在一个特定群体内，所有商品都以相同的价格出售。

例如，具有市场势力的电影院向老年人收取低于年轻人的价格，因为老年人不愿意花和其他人一样多的钱去看电影。电影院让每个人在买票的同时要提供有关年龄的证明，以此来阻止电影票的转售。

垄断企业如何为两个群体的消费者设定不同的价格？[①] 理解了单一价格垄断的行为就可以回答这个问题。

假设垄断企业在美国和英国销售产品并且能阻止转售。该产品在这两个国家的边际成本和平均成本都始终为 m，售价分别为 p_A、p_B，销量分别为 Q_A、Q_B，所以该垄断企业的总利润 $\pi = \pi_A + \pi_B$（即在美国、英国两国销售的利润 π_A 与 π_B 之和）：

$$\pi = \pi_A + \pi_B = (p_A Q_A - mQ_A) + (p_B Q_B - mQ_B)$$

其中，$p_A Q_A$ 是美国的收入，mQ_A 是美国的成本，$p_B Q_B$ 是英国的收入，mQ_B 是英国的成本。

为了使总利润最大化，企业令各国的边际收益等于其边际成本 m 以最大化每个国家的利润。如果企业不想改变为每个群体设定的价格，则上述定价机制一定会使其利润最大化。问题是，垄断企业会希望以降低价格的方式来增加在美国的销量吗？如果这么做，边际收益会小于边际成本，变动就会使利润减少。同样，如果减少在美国的销量，则边际收益大于边际成本，利润同样会减少。这种分析同样也适用于英国。

因此，实施价格歧视的垄断企业让每个国家的边际收益等于共同的边际成本来实现利润最大化。也正是因为每个群体的边际收益都等于共同的边际成本 m，所以这两个国家的边际收益也相等：

$$MR^A = m = MR^B \tag{12.1}$$

下面的应用案例就介绍了企业的这种行为。

应用案例

华纳兄弟对《哈利·波特》DVD 的定价

因为拥有版权，华纳兄弟（Warner Brothers）拥有生产和销售《哈利·波特与死亡

---

① 数学分析见附录 12B。

圣器（下）》DVD 的合法垄断权。华纳兄弟在美、英等国销售这部影片，由于美国和英国使用不同的 DVD 格式，所以华纳兄弟可以在两国收取不同的价格，而不必担心转售的问题。

该 DVD 是在 2011—2012 年假期期间发行的，其中在美国以 $p_A=29$ 美元的价格售出了 580 万套，在英国以 $p_B=39$ 美元（约 25 英镑）的价格售出了 200 万套。因此，华纳兄弟实施的是群体价格歧视，在不同的国家收取不同的价格。

华纳兄弟在两国的边际成本是常数 m，每套大约为 1 美元。它设定价格 P_A 和 P_B 以使其在这两个国家的总利润最大化。

图 12.3 给出了两个国家的线性需求曲线的估计结果。在图（a）中，华纳兄弟通过卖出 $Q_A \approx 580$ 万套 DVD 使它在美国的利润达到最大。在该点，边际收益等于边际成本，$MR^A=m=1$ 美元，如等式 12.1 所示。销售价格为 $p_A=29$ 美元/套。类似地，在图（b）中，该公司通过销售 $Q_B=200$ 万套 DVD 使它在英国的利润达到最大化。在该点，$MR^B=m=1$ 美元，$p_B=39$ 美元/套。

(a) 美国

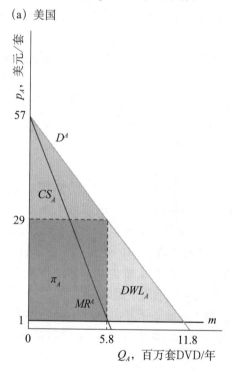

(b) 英国

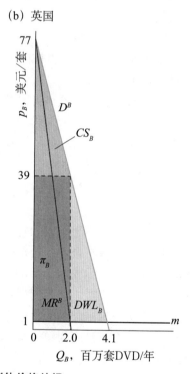

图 12.3 《哈利·波特》DVD 的群体价格歧视

华纳兄弟是《哈利·波特与死亡圣器（下）》的垄断生产商。因为美国的需求更富有弹性，所以 DVD 在英国的售价是 $p_B=39$ 美元（25 英镑），高于美国的售价 $p_A=29$ 美元。华纳兄弟按照边际收益等于其不变的边际成本（$m=1$ 美元）的原则来分别确定两个国家的销量。因此，这两个国家的边际收益也相等：$MR^A=1=MR^B$。

例题详解 12.2

我估计的华纳兄弟《哈利·波特与死亡圣器（下）》DVD 在美国和英国的反需求函数分别是 $p_A=57-4.8Q_A$，$p_B=77-19Q_B$。假定两个国家的边际成本均为 1 美元，求华纳兄弟在每个国家的最优价格和最优数量。

中级微观经济学（第八版）

解答

1. 确定边际收益函数。与线性的反需求曲线对应的边际收益曲线在纵轴上的截距与需求曲线相同，斜率是它的 2 倍（第 11 章，例题详解 11.1）。因此，在美、英两国的边际收益函数分别为：$MR^A = 57 - 9.6Q_A$，$MR^B = 77 - 38Q_B$。

2. 分别求解华纳兄弟在每个国家的最优垄断价格和最优垄断数量。华纳兄弟的最优垄断数量是通过将边际收益等于边际成本来确定的。美国的最优垄断条件为 $57 - 9.6Q_A = 1$，因而 $Q_A = 56/9.6 \approx 5.833$。利用反需求函数，我们得到相应的价格是 $p \approx 29$。英国的最优垄断条件为 $77 - 38Q_B = 1$，因此 $Q_B = 76/38 = 2$，$p_B = 39$。

□ 价格和弹性

在 DVD 的例子中，利用等式 12.1（$MR^A = m = MR^B$）可以确定在利润达最大化时的销量水平上，企业对两个群体的定价与需求价格弹性的关系。每个群体的边际收益都是其价格和需求价格弹性的函数（如第 11 章中等式 11.4 所示）。美国的边际收益为 $MR^A = p_A(1 + 1/\varepsilon_A)$，其中 ε_A 是美国消费者的需求价格弹性；英国的边际收益为 $MR^B = p_B(1 + 1/\varepsilon_B)$，其中 ε_B 是英国消费者的需求价格弹性。

把边际收益的表达式代入等式 12.1，可以得出：

$$MR^A = p_A\left(1 + \frac{1}{\varepsilon_A}\right) = m = p_B\left(1 + \frac{1}{\varepsilon_B}\right) = MR^B \tag{12.2}$$

对等式 12.2 加以整理，就能发现两个国家的价格之比仅取决于它们的需求弹性：

$$\frac{p_B}{p_A} = \frac{1 + 1/\varepsilon_A}{1 + 1/\varepsilon_B} \tag{12.3}$$

例题详解 12.3

华纳兄弟认为它的《哈利·波特与死亡圣器（下）》DVD 在美国和英国的需求弹性各是多少？检查这些弹性是否与观察到的价格比 p_A/p_B 一致。

解答

1. 根据等式 12.2，用价格和边际成本来表示弹性。根据等式 12.2，$p_A(1 + 1/\varepsilon_A) = m = p_B(1 + 1/\varepsilon_B)$。对这一等式加以整理得：$\varepsilon_A = p_A/(m - p_A)$ 和 $\varepsilon_B = p_B/(m - p_B)$。

2. 使用上一步推导出的等式计算弹性。假设 $m = 1$ 美元，$p_A = 29$ 美元，$p_B = 39$ 美元（参见应用案例"华纳兄弟对《哈利·波特》DVD 的定价"），华纳兄弟显然认为 $\varepsilon_A = p_A/(m - p_A) = 29/(-28) \approx -1.035\,7$，$\varepsilon_B = p_B/(m - p_B) = 39/(-38) \approx -1.026\,3$。

3. 利用等式 12.3 检查这些等式是否与观察到的价格一致。将价格和弹性代入等式 12.3，我们可知：

$$\frac{p_B}{p_A} = \frac{39}{29} \approx 1.345 \approx \frac{1 + 1/(-1.035\,7)}{1 + 1/(-1.026\,3)} = \frac{1 + 1/\varepsilon_A}{1 + 1/\varepsilon_B}$$

评论：华纳兄弟显然认为，在利润最大化的价格水平上，英国消费者的需求曲线比美国消费者的需求曲线更缺乏弹性，因为 $\varepsilon_B \approx -1.026\,3$ 比 $\varepsilon_A \approx -1.035\,7$ 更接近 0。因此，华纳兄弟向英国消费者收取的价格要比美国消费者的高出 34%。[①]

① 在 2012 年年中，亚马逊在各国官网上下调了该 DVD 的价格，但价格差异仍然存在。美国亚马逊的价格降为 7 美元，而英国的价格降为 9.5 美元，因此英国消费者支付的价格比美国消费者高 36%。

□ 阻止转售

与所有类型的价格歧视一样，一家垄断企业只有在能够阻止转售的情况下才能实施群体价格歧视。在《哈利·波特》的例子中，因为美国和英国使用的DVD格式不同，华纳兄弟才不用担心美国和英国之间的转售问题。在很多国际性的群体价格歧视的案例中，阻止转售的能力取决于贸易法、版权法和专利法。当这些法律变化时，企业必须用其他手段来阻止转售，否则它们将失去实施群体价格歧视的能力。

应用案例

教科书的转售

Supap Kirtsaeng是一名来自泰国的数学专业的学生，他在康奈尔大学读本科，后来又在南加州大学读博士。他发现了一个筹集学费的好方法：让他的朋友和亲戚在泰国买教材，然后航运到美国，在eBay上把这些教材卖给美国或其他国家的大学生，净利润达数十万美元。

为什么转售教材可以获利？美国教材在国外市场的售价要低很多，二者的区别仅限于美国之外的版本是平装的，并且有一个带有"国际版"的标签。

出版商约翰威立国际出版公司（John Wiley & Sons）控告Kirtsaeng侵害了它们的版权。公司指控Kirtsaeng进口、出售这些图书侵害了企业的版权。它违背了知识产权的权利穷竭原则（或首次销售原则，first-sale doctrine），该原则允许购买产品的人按自己的意愿去使用或者转售，但不适用于转销海外的产品。

美国纽约法院的第二巡回法庭同意了约翰威立国际出版公司的请求，判定Kirtsaeng先生赔偿60万美元。不过，在2013年，美国高等法院以6比3的投票驳回了这一裁决，认为知识产权权利穷竭原则基本上是适用的。这个判决也适用于受版权法保护的音乐、电影、艺术、软件和其他商品。[1]

该决定可能使出版商维持各国之间的价格差更加困难。这种规则下可能的结果是，国外教材的价格将会上涨，低收入的外国学生将支付不起书费。美国和其他国家存在的价格差异就是教材转售的交易成本。如果交易成本可忽略不计，出版商只能在全世界收取单一价格。

然而，截至2016年，美国的教材价格仍然普遍高于其他国家（甚至包括英国等西方国家）。出版商能够保持价格差异的原因之一是它们将美国的教材和外国的教材差异化，只不过这种做法可能成本巨大且耗时耗力。一旦电子版教材普及，学生就会租用一学期的书籍而不去转售，这将助长价格歧视（尽管教科书的价格将大幅下降）。

例题详解 12.4

一家垄断的图书出版商的边际成本始终固定不变，$MC=1$，它有一本小说只向两个国家（即国家1和国家2）出售，两国的反需求曲线均为线性的：$p_1=6-\frac{1}{2}Q_1$ 和 $p_2=$

---

① 不过，美国高等法院在2010年裁定，Omega（欧米茄）可以制止Costco销售其在他国生产的手表，每块表上都有一个小小的标识，因此它们受到商标法的保护，而商标法给所有者的保护更甚于版权法。

中级微观经济学（第八版）

$9-Q_2$。分别讨论在两国间存在和不存在跨国运输禁令的情况下，垄断企业要想实现利润的最大化，在两国的定价分别是多少？

解答

如果禁止跨国转售，企业就可以实施价格歧视：

1. 在各国相关的边际收益等于边际成本的原则下，确定垄断企业利润最大化的价格 p_1、p_2。如果垄断企业能够实施价格歧视，它就可以独立地为每个国家制定一个相应的垄断价格（如第 11.1 节所示）。如下面的图（a）所示，国家 1 的反需求函数是：$p_1 = 6-\frac{1}{2}Q_1$。边际收益曲线的斜率为线性反需求曲线斜率的 2 倍（见第 11 章）：$MR^1 = 6-Q_1$。垄断企业利润最大化的条件是边际收益等于边际成本：

$$MR^1 = 6-Q_1 = 1 = MC$$

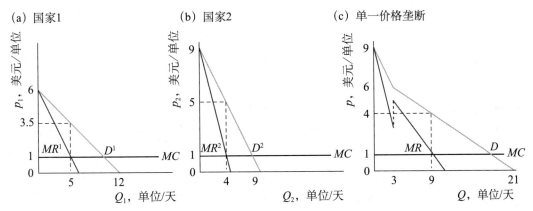

求解这个等式，得出利润最大化的产量：$Q_1 = 5$。将其代入垄断企业的反需求函数中，可以得到利润最大化的价格：$p_1 = 3.5$，如图（a）所示。在国家 2 中，反需求曲线为 $p_2 = 9-Q_2$，所以垄断企业通过选择 Q_2 来满足 $MR^2 = 9-2Q_2 = 1 = MC$ 这个条件。求得企业在国家 2 的利润最大化的产量和价格分别为：$Q_2 = 4$，$p_2 = 5$，如图（b）所示。

如果允许进口，企业就不能实施价格歧视：

2. 推导出总的需求曲线。如果垄断企业不能实施价格歧视，它会在两个国家收取同样的价格 p。通过对图（a）和图（b）中两个国家的需求曲线进行水平加总，可以得到图（c）中垄断企业所面临的总的需求曲线（见第 2 章）。当价格在 6 美元和 9 美元之间时，只有国家 2 的需求量为正，总的需求曲线［图（c）］等于国家 2 的需求曲线［图（b）］；如果价格小于 6 美元，两国的需求量均为正，总的需求曲线［图（c）］就是两国的需求曲线［图（a）和图（b）］的水平加总。[①] 如图（c）所示，总的需求曲线在 $p=6$ 处弯折，因为国家 1 的需求量只有在这一价格水平上才为正数。

3. 确定与总的需求曲线对应的边际收益曲线。总的需求曲线在 $p=6$ 处有一个拐点，从而相应的边际收益曲线分成两部分：价格高于 6 美元时，边际收益曲线与图（b）中家 2 的边际收益曲线相同；价格低于 6 美元时，总的需求曲线为两个国家需求曲线的水平

---

① 对反需求函数进行整理，得到国家 1 的需求函数为 $Q_1 = 12-2p_1$，国家 2 的需求函数为 $Q_2 = 9-p_2$。当价格水平在 6 美元之下时，总的需求函数为：$Q = (12-2p)+(9-p) = 21-3p$，其中，$Q = Q_1+Q_2$ 是垄断企业在两国的总的销售量。

加总，边际收益曲线的斜率是线性反需求曲线斜率的 2 倍。此时，总的反需求函数为 $p=7-\frac{1}{3}Q$，边际收益曲线为 $MR=7-\frac{2}{3}Q$。[1] 图 (c) 表明，边际收益曲线在总的需求曲线弯折的部分发生了"跳跃"（不连续）。

4. 求单一价格垄断时的解。垄断企业在边际收益等于边际成本时实现了利润最大化。观察图 (c) 可以发现，交点出现在两个国家都购买商品的地方：$MR=7-\frac{2}{3}Q=1=MC$。因此，利润最大化的产出为 $Q=9$，将其代入总的需求曲线的反函数中，得到垄断价格为 $p=4$。因此，不实施价格歧视的垄断价格为 4 美元，它介于实施价格歧视时的两个价格之间：$3.50<4<5$。

不同群体的识别

人们经常抱怨航空公司的定价。有些人认为：

常识性谬误：航空公司向提前订票的人收取低价是没有道理的，因为它不能从这条规则中直接获益。

就目前情况而言，这一说法是正确的：虽然航空公司无法从提前几周订票的客户那里直接获得高额收益，但它能间接获益。这条规则能让航空公司识别出具有不同弹性的消费者群体，并进行价格歧视。

企业把消费者分成不同群体的方法主要有两种。第一种方法是依据消费者的行为或行动来识别并划分他们所在的群体：企业让消费者自行选择他们所属的群体。航空公司发现，能够提前订票的人（如度假者）可能比无法提前预订的人（如商务旅客）对价格更敏感。

类似地，企业可能通过消费者是否愿意花时间以低价购买产品来识别消费者所在的群体。企业利用消费者在时间价值观上的差异来实施价格歧视。例如，如果消费者愿意花时间来获得一个低价，企业可能会采取让消费者排队等待或其他时间密集型销售方式等。商场的管理者认为，高收入的人群更不愿意"浪费时间去购物"，因此他们的销售方式是让那些亲自来商场选购商品的消费者支付一个低价，而让那些通过电话或互联网订购的消费者支付一个高价。如果认为时间宝贵的人对商品的需求缺乏弹性，这种价格歧视就能增加利润。

另一个例子与新产品的早期采用者有关。他们往往非常热情，愿意支付高价。公司可以利用早期使用者为新产品定一个较高的初始价格，接着在几周或几个月后再降低价格。

第二种方法是依据消费者身上的可观测特征，将他们划归成不同的群体，企业认为这些特征往往和保留价格或需求弹性的高低有关。例如，电影院根据消费者的年龄来实施价格歧视，成人票价高于儿童票价。

类似地，一些企业向一个国家的消费者收取的价格高于另一个国家的消费者。2015年，对于从纽约到伦敦的往返航班，如果旅客从纽约出发，平均价格为 2 507 美元，而如果从伦敦出发，平均价格为 1 672 美元。这一差异反映了群体价格歧视。

---

[1] 根据前一脚注，我们知道，当价格低于美元 6 美元时，总的需求函数为：$Q=21-3p$。整理后得到反需求函数：$p=7-\frac{1}{3}Q$。因为边际收益函数的斜率是该斜率的 2 倍，故 $MR=7-\frac{2}{3}Q$。

打折

企业用多种手段来诱使消费者将自身的需求价格弹性暴露出来。每种手段都需要消费者在享受折扣的同时付出一些成本（比如时间），不然的话，大家都想得到这种折扣。对价格敏感的消费者用多花时间的方式获得折扣，将自己与其他消费者区分开来。

优惠券。很多企业用优惠（折扣）券来实现群体价格歧视。它们用这种方式将消费者分为两个群体，向那些愿意使用优惠券的消费者收取低价，向那些不愿使用优惠券的消费者收取高价。当不使用优惠券的消费者对价格的敏感度平均较低时，提供优惠券这种做法才有意义。那些愿意花时间剪下并收集优惠券来购买燕麦等商品的消费者，支付的价格低于那些更加珍视时间的消费者。据估计，93%的美国家庭至少偶尔会使用优惠券。2015年，企业一共"免费"发行了2 860亿张面值为5 150亿美元的优惠券，但消费者只兑换了其中的不到1%。

电子优惠券（例如EverSave.com）的使用让企业更容易找到适合的消费群体，但同时也降低了消费者使用优惠券的成本，导致有更多的人使用优惠券。据eMarketer估计，在2016年，59%的美国成人互联网用户兑换了在线优惠券。

飞机票。旅客在从两种不同的机票中做出选择的时候，就显示出他们更可能是商务乘客还是度假乘客。航空公司给消费者两个选择：没有附带条件的高价票，以及必须提前很长时间订购的低价票。

航空公司知道许多商务乘客在买机票之前并不知道哪天会出差，这些乘客的需求曲线缺乏弹性。相比之下，度假乘客通常可以提前计划，所以对航空旅行的需求弹性也相对较高。航空公司为消费者提供的选择确保了富有弹性的度假者可以获得低价票，而缺乏弹性的商务乘客购买高价票（通常比提前预订的高4倍以上）。

反拍卖。Priceline.com等一些在线商店利用消费者出价或者反拍卖的方法来识别对价格敏感的消费者。消费者进入一个低价的商品或服务（如飞机票）的出价中，然后商家决定是否接受这个出价。为了防止价格不太敏感的消费者也使用这些方法，航空公司要求在Priceline上成功竞价的人要富有弹性：在下班时间飞行、允许一次或多次中转、接受任何机型。同样，当开始竞价时，消费者必须列出"一至两个喜欢的品牌"。正如Priceline的创始人杰伊·沃克（Jay Walker）所解释的："企业当然不想给你打折，但如果你能证明你会换别的品牌的商品，它们就愿意付出一些代价留住你。"

退款。为什么企业宁愿给你退5元钱，也不愿意把商品的价格降低5元？原因是，消费者必须花额外的时间来申请这些退款。因此，只有那些对价格敏感且对自己的时间估价较低的人才会申请。据《消费者报告》的调查显示，47%的消费者会经常性地申请退款，23%的消费者有时候会申请，25%的消费者从没有申请过，5%的消费者回答说这个问题对他们不适用。

□ **群体价格歧视的福利效应**

群体价格歧视会导致生产和消费的无效率，其结果是，福利低于竞争性市场或者完全价格歧视的水平。但和单一价格垄断相比，群体价格歧视的福利可大可小。

群体价格歧视与竞争的比较

与群体价格歧视情形相比，完全竞争情形下的消费者剩余更大、产出更多。如图 12.3 所示，群体价格歧视下美国的消费者剩余是 CS_A ［图 12.3 (a)］，英国的消费者剩余为 CS_B ［图 12.3 (b)］。竞争下的消费者剩余是需求曲线之下、边际成本曲线之上的面积：图 12.3 (a) 中为 $CS_A + \pi_A + |DWL_A|$，图 12.3 (b) 中为 $CS_B + \pi_B + |DWL_B|$。

因此，群体价格歧视把一部分竞争性的消费者剩余 π_A 和 π_B 以超额利润的形式转移给了垄断企业，而且还让余下消费者剩余中的一部分变成了无谓损失（DWL_A 和 DWL_B）。无谓损失的产生是由于群体价格歧视的垄断企业收取的价格高于边际成本，导致产出低于最优的竞争性均衡水平。

群体价格歧视和单一价格垄断的比较

仅从理论出发，我们不能分辨出群体价格歧视和单一价格垄断下福利的高低，两种情形下垄断企业设定的价格都高于边际成本，所以产量都低于竞争性均衡水平。当企业开始实施价格歧视时，如果原本在单一价格时没有购买的消费者群体开始购买，那么产量就会增加。在电影院的例子中［如表 12.1 (b) 所示］，价格歧视下的福利高于单一价格垄断时的福利，因为价格歧视时卖出的电影票更多（参见例题详解 12.1）。

群体价格歧视越接近完全价格歧视（例如，将消费者细分到两个以上的更多群体中），企业的产出就越多，生产的无效率就会越低。不过，要是企业转向群体价格歧视，则总剩余和总产出都会下降。[1]

12.4 非线性价格歧视

很多企业没法判断哪个消费者的保留价格最高，但它们知道多数消费者愿意为第一单位产品支付的价格要高于愿意为后面各单位产品支付的价格。换句话说，代表性消费者的需求曲线向右下方倾斜。如此一来，企业可以根据每一位消费者的购买数量来实施价格歧视，即企业使用二级价格歧视或数量歧视的非线性价格歧视方法。

虽然价格因数量而异，但每位消费者面临相同的非线性定价规则。[2] 要想使用非线性价格歧视，一家企业必须拥有市场势力，并能阻止消费者低价购买产品再高价转售出去。

一瓶 V8 蔬菜汁，64 盎司装的售价为 4.39 美元（6.8 美分/盎司），而 12 盎司装的售价为 2.79 美元（23 美分/盎司）。除了成本方面的因素，价格差异反映出一种非线性价格歧视。数量折扣令大批量购买的消费者（比少量购买的消费者）享受低价。[3]

---

[1] 当消费者花时间将商品转售给支付意愿比较高或者在搜寻低价商品的人的时候，又会有新的无效率产生。如果每个人都清楚企业只会设定单一价格，这类活动便不会发生。

[2] 只有价格 p 是常数时，消费者的支出 qp 才是数量 q 的线性函数。如果价格随数量而变，支出与数量就不再有线性关系：$qp(q)$。

[3] 并非所有的数量折扣都是价格歧视的一种形式。其中一些反映出企业通过大量销售而降低成本。例如，软饮料大杯出售的每盎司成本比小杯出售的每盎司成本要低；杯子的成本随大小变化不大，而装瓶和服务的成本是一样的。一家提供饮料数量折扣的餐厅可能会将实际节省的成本转让给较大的购买者，而不是进行价格歧视。

另一个非线性价格歧视的策略是阶梯定价（block pricing），许多公用事业单位采用这种定价方法，即最初几单位产品（一个数量区间）定一个价，而后继的数量区间再定另外一个价。递减阶梯定价和递增阶梯定价都很常见，如煤气、电、水和其他公用事业。

在图 12.4 中，阶梯定价的公用事业垄断企业面临着一条线性的需求曲线，消费者同质。需求曲线与纵轴相交于 90 美元处，与横轴相交于 90 单位处。垄断企业的边际成本（以及平均成本）恒为 $m=30$ 美元。图 12.4（a）说明了垄断企业通过制定两个不同的价格（两个价格都位于需求曲线上）以非线性价格歧视的方式来实现利润最大化。

企业利用递减阶梯定价来最大化自己的利润。在第一个数量区间（1～20 单位），产品的价格为 70 美元；在第二个数量区间内（超过 20 单位），单价变为 50 美元。（决定各数量区间的点，70 美元和 20 单位以及 50 美元和 40 单位，都位于需求曲线上。）（数学分析见附录 12C。）

给定消费者的需求曲线，一位消费者决定购买 40 单位产品，他需要为第一个数量区间的商品支付 1 400（$=70\times20$）美元，为第二个数量区间支付 1 000（$=50\times20$）美元。消费者在第一个数量区间获得了消费者剩余 A，在第二个数量区间获得了消费者剩余 C，总的消费者剩余为 $A+C$。实施价格歧视的垄断企业的利润或生产者剩余是区域 B。因为最后一个单位产品的价格（50 美元）大于其边际成本（30 美元），所以社会出现了大小为 D 的无谓损失。

在图 12.4（b）中，垄断企业只能制定一个单一的价格，它会在边际收益等于边际成本处生产，以 60 美元的单价卖出 30 单位产品。因此，通过以非线性价格歧视取代单一价格的方式，这家公用事业单位卖出了更多的商品（40 单位而不是 30 单位），并获得了更多的收益（$B=1\ 200$ 美元，而不是 $F=900$ 美元）。如果采用数量折扣，消费者剩余会减少（$A+C=400$ 美元，而不是 $E=450$ 美元）；总剩余（消费者剩余加生产者剩余）增加（$A+B+C=1\ 600$ 美元，而不是 $E+F=1\ 350$ 美元）；无谓损失更少（$D=200$ 美元，而不是 $G=450$ 美元）。因此，在这个例子中，企业和社会因为实施非线性价格歧视从而福利会更好，但消费者作为一个整体会遭受损失。

企业能设定的阶梯价格越多，就越接近完全价格歧视。在完全价格歧视下，企业会获得所有可能的消费者剩余，其利润或生产者剩余就等于总剩余。而且，最后一单位产品的价格等于边际成本，总剩余达到最大，社会没有无谓损失。

12.5 两部定价

我们现在来研究另一种形式的多重定价：两部定价。它和之前讨论过的非线性价格歧视很相似，因为消费者支付的价格会随着购买量的变化而变化。

在**两部定价**（two-part pricing）下，企业先向每一位消费者索要一笔固定的使用费（或进入费，access fee）[①]，然后赋予他们按单位价格购买想要数量的商品的权利。消费者支付使用费 A 以获得购买既定数量商品的权利，然后再按照价格 p 来购买商品。因此

[①] 专业术语提示：两部定价常常被称为两部收费。

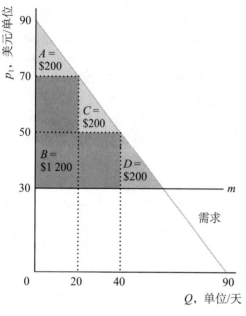
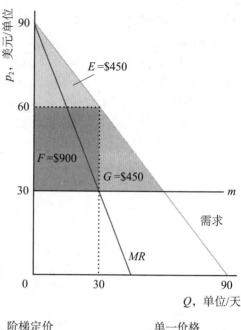

(a) 数量歧视

(b) 单一价格垄断

	阶梯定价	单一价格
消费者剩余，CS	A + C = \$400	E = \$450
生产者剩余，PS=π	B = \$1 200	F = \$900
总剩余，W=CS+PS	A + B + C = \$1 600	E + F = \$1 350
无谓损失，DWL	−D = −\$200	−G = −\$450

图 12.4 阶梯定价

如果这家垄断企业采用数量折扣的阶梯定价，它的利润（生产者剩余）就会高于设定单一价格时的水平，而且福利也会更大。(a) 采用阶梯定价，其利润为 B＝1 200 美元，福利为 A＋B＋C＝1 600 美元，无谓损失为 D＝200 美元。(b) 如果垄断企业设定单一价格（使其边际收益等于边际成本），则垄断企业的利润为 F＝900 美元，福利为 E＋F＝1 350 美元，无谓损失为 G＝450 美元。

购买 q 单位商品的总支出为 A＋pq 。因为有一笔使用费，消费者所支付的平均价格在购买量少的时候会更高，多的时候会降低。

两部定价很常见。[1] 很多健身俱乐部收取年费后还按次数收费；一些平价商店要求顾客买年卡后才能以低价购买商品；还有的汽车租赁公司收取日租或使用费后再按里程收费；要想买到 2015—2016 年达拉斯牛仔队足球比赛的季票（价格从 690 美元到 1 250 美元不等），球迷必须先支付 10 000～125 000 美元以获得一个个人座位的购票许可，它允许球迷购买接下来 30 年里的赛季门票。

如果企业想从两部定价中获得利润，它就必须拥有市场势力，了解不同顾客的需求（或需求是如何随着一位消费者的购买量而变化的），并且能够有效阻止转售。我们先考察所有消费者的需求曲线相同时垄断企业的两部定价，再看当消费者的需求曲线存在差异时垄断企业的两部定价。

---

① 比如，近几年在某些国家的商场里出现的"发泄商店"。消费者先买门票，进去后再根据不同价格选一些旧的手机、电视机等物件，把它摔碎或砸烂。

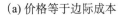 **消费者相同情况下的两部定价**

如果企业面临的所有消费者都相同（同质），它也了解消费者的需求曲线，就可以制定一个两部定价，该两部定价就会具有完全价格歧视的两条重要性质：首先，因为最后一单位产品的价格等于其边际成本，所以数量或销量是有效的；其次，全部可能的消费者剩余都从消费者手中转移到了企业那里。

为了说明这一点，我们考虑这样一家垄断企业，它有着不变的边际成本 $MC=10$ 美元，没有固定成本，进而平均成本也为 10 美元。垄断企业的所有消费者有相同的需求曲线，$Q=80-p$，图 12.5（a）给出了这样的一个消费者 Valerie 的需求曲线 D^1。

如果垄断企业设定的价格 p 等于其固定的边际成本 10，则总剩余达到最大。企业所售的每一单位产品都收支平衡，没有生产者剩余或利润可言。Valerie 买了 $q=70$ 单位的产品，其消费者剩余为面积 $A=\frac{1}{2}(80-p)q=\frac{1}{2}[(80-10)\times 70]=2\,450$（美元）。

不过，若企业收取一笔 2 450 美元的使用费，这笔钱就成为它从每一位消费者身上获得的生产者剩余或者利润，Valerie 没有任何消费者剩余。企业的总利润是 2 450 美元乘以消费者的人数。

企业通过使价格等于边际成本实现利润最大化，以索要使用费的形式获得全部可能的消费者剩余。如果一家企业设定的价格在边际成本 10 美元之上，销量减少，利润下降。

(a) 价格等于边际成本　　　　　　　　(b) 价格高于边际成本

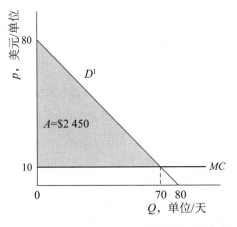
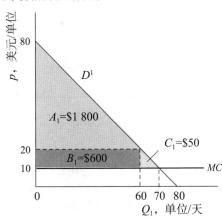

图 12.5　消费者相同情况下的两部定价

（a）因为所有消费者都有像 Valerie 一样的需求曲线 D^1，垄断企业通过两部定价的方式得到所有可能的消费者剩余。它所设定的价格 p 等于边际成本 10 美元，索要的一笔使用费为 $A=2\,450$ 美元，这是需求曲线之下和单价 $p=10$ 美元之上的那个三角形的面积；（b）如果垄断企业设定的价格等于 20 美元，高于边际成本，收益下降。Valerie 在此高价下只会购买 60 单位的产品，垄断企业因 Valerie 每单位产品多付 10 美元而赚的利润为 $B_1=600$ 美元。但此时企业所能收取的最高的使用费是 $A_1=1\,800$ 美元，进而总利润只有 2 400 美元，少于价格等于边际成本时的利润 2 450 美元。两者的差异 $C_1=50$ 美元为无谓损失，这是由于高价所导致的销量的减少造成的。

例如，在图 12.5（b）中，企业的定价为 $p=20$ 美元。在这一高价下，Valerie 只买 60 单位，少于图 12.5（a）中定价为 10 美元时的购买量 70 单位。60 单位销量带给企业的利润是 $B_1=(20-10)\times 60=600$（美元）。

不论 Valerie 买多少产品，垄断企业都不得不把使用费降到 $1\,800(=\frac{1}{2}\times 60\times 60)$ 美

元的水平，新的潜在消费者剩余是 A_1。企业从 Valerie 那里获得的总利润为：$A_1+B_1=$ 1 800＋600＝2 400（美元），这小于图 12.5（a）中的 $A=2 450$ 美元，彼时的定价等于边际成本 10 美元，并且索要了更高的使用费。

图 12.5（a）中的 A 等于图 12.5（b）中的 $A_1+B_1+C_1$。把价格定在边际成本之上，企业损失了 C_1，是销量减少造成的无谓损失。

与之类似，如果企业的定价低于边际成本，利润也会下降。销量虽然多了，但单位产品赚得少了，哪怕收一笔较高的使用费也弥补不了这个损失。

□ 消费者不同情况下的两部定价

如果消费者有不同的需求曲线，两部定价会变得更加复杂。[①] 假定垄断企业有两个消费者，消费者 1 是 Valerie，消费者 2 是 Neal，Valerie 的需求曲线为 $Q_1=80-p$，即图 12.6（a）中的 D^1［与图 12.5（b）中的一样］。Neal 的需求曲线是 $Q_2=100-p$，即图 12.6（b）中的 D^2。垄断企业的边际成本 MC 和平均成本均恒为 10 美元。

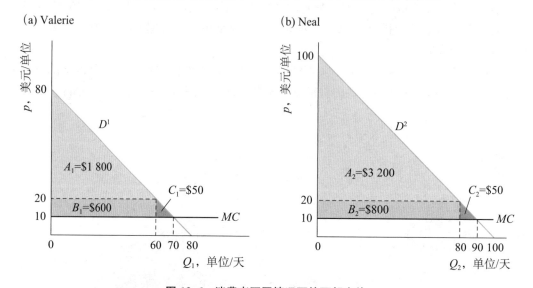

图 12.6　消费者不同情况下的两部定价

垄断企业有两位消费者。图（a）中的 Valerie 的需求曲线为 D^1 和图（b）中 Neal 的需求曲线为 D^2。如果垄断企业可以为两个消费者设定不同的价格和使用费，它将设定价格 $p=10$ 美元等于其边际成本，向 Valerie 收取 2 450 美元（＝$A_1+B_1+C_1$）的使用费，向 Neal 收取 4 050 美元（＝$A_2+B_2+C_2$）的使用费。如果垄断企业必须对两位消费者收取相同的价格，它将设定价格 $p=20$ 美元，在此价格下，Valerie 和 Neal 分别只买 60 单位和 80 单位商品，并向两位消费者分别收取相当于 Valerie 的潜在消费者剩余大小的使用费 $A_1=1 800$ 美元。企业可以收取的最高使用费是 3 200 美元，但在此水平上，Valerie 不会购买商品，只有 Neal 会买。通过收取高于边际成本的价格，该企业从 Valerie 和 Neal 那里分别得到 $B_1=600$ 美元，$B_2=800$ 美元。因此总利润是 5 000（＝2×1800＋600＋800）美元。这要小于向不同消费者索要不同数量的使用费时的利润 6 500（＝2 450＋4 050）美元。

如果企业知道每个消费者的需求曲线，能阻止转售，并且能向不同的消费者收取不同的价格和使用费，它就会获得全部的消费者剩余。垄断企业为两名消费者设定的价格是 $p=MC=10$ 美元，收取的使用费等于每个人的潜在消费者剩余。在 $p=10$ 美元处，Vale-

---

① 数学分析见附录 12D。

rie 买了 70 单位产品 [图（a）]，Neal 买了 90 单位产品 [图（b）]。如果没有使用费，Valerie 的消费者剩余 $CS_1 = \frac{1}{2}(80-p)q_1 = \frac{1}{2}(80-p)^2$ 等于需求曲线之下以及价格 10 美元之上的三角形 $A_1 + B_1 + C_1$ 的面积，即 $2\,450(=\frac{1}{2} \times 70 \times 70)$ 美元。类似地，Neal 的消费者剩余 $CS_2 = \frac{1}{2}(100-p)^2$ 是 $4050(=\frac{1}{2} \times 90 \times 90)$ 美元，等于三角形 $A_2 + B_2 + C_2$ 的面积。

因此，垄断企业向 Valerie 和 Neal 两人索取的使用费分别是 2 450 美元和 4 050 美元，消费者没有获得任何剩余。企业的总利润为：2 450＋4 050＝6 500（美元）。垄断企业通过剥夺两名消费者的最大可能的消费者剩余实现了利润最大化。

现在假设，企业不能向消费者收取不同的价格或不同的使用费。企业将价格定为 20 美元（大于边际成本），并向 Valerie 收取一笔等于其潜在消费者剩余（$A_1 = 1\,800$ 美元）的使用费，这样就最大化了自身的利润。尽管收取的使用费攫取了 Valerie 全部的消费者剩余，但它仍低于 Neal 的消费者剩余（3 200 美元$=A_2$）。若企业收取的使用费涨到 3 200 美元，就只有 Neal 会购买商品，赚得更少了（3 200 美元＜1 800＋1 800＝3 600 美元）。

在 $p=20$ 美元处，Valerie 买了 60 单位，Neal 买了 80 单位。企业的平均成本是 10 美元，每单位产品可赚 20－10＝10（美元），所以它从 Valerie 处赚得 $B_1 = 600(=10 \times 60)$ 美元，从 Neal 处挣得 $B_2 = 800(=10 \times 80)$ 美元，共计 1 400 美元。加上使用费 3 600 美元，垄断企业的总利润是 $5\,000(=2 \times 1800+600+800)$ 美元。Valerie 没有得到任何消费者剩余，Neal 还有 $1\,400(=3\,200-1\,800)$ 美元的消费者剩余。

这笔从纯粹的两部定价法中得到的利润（5 000 美元）要小于企业可以向不同消费者索要不同数量的使用费时的利润（6 500 美元）。不过，与单一垄断定价所带来的利润（3 200 美元）相比，纯粹的两部定价的利润还是高一些。[①]

在实施两部定价时，为什么垄断企业会收取高于边际成本的价格呢？通过提高价格，垄断企业从出售给两类消费者的每单位产品中都获得了更多的收入，也减少了潜在消费者的消费者剩余。因此，如果垄断企业可以通过向不同的消费者收取不同的固定费用来获得全部潜在消费者剩余，它就可以设定一个等于边际成本的价格。可是，若垄断企业必须向所有人收取相同的固定费用，从而不能获得全部潜在的消费者剩余，那么它通过提高价格就能从 Neal 那里获得更多的利润，增加的这部分利润也足以补偿从 Valerie 失去的那部分固定费用。[②] 因此，在本例中，价格高于边际成本增加了企业的利润。

---

① 像在单一价格垄断的情形那样，垄断企业面临的总的需求函数为两个个体的需求函数加总：$Q=q_1+q_2=(80-p)+(100-p)$ 或 $Q=180-2p$，p 小于 80 美元，这保证两名消费者的需求量都为正。该函数对应的反需求函数为 $p(Q)=90-\frac{1}{2}Q$，收入函数为 $R(Q)=p(Q) \times Q=90Q-\frac{1}{2}Q^2$，进而边际收益函数为 $MR=dR(Q)/dQ=90-Q$。在单一价格垄断情形下，企业要实现利润最大化，需令其 MR 等于 MC，进而有：$90-Q=10$，或 $Q=80$。此时，价格 $p=90-(80/2)=50$（美元）。企业的利润为 $\pi=(p-AC)Q=(50-10) \times 80=3\,200$（美元）。

② 如果垄断企业把价格从 20 美元降至边际成本的水平（10 美元），它将在 Valerie 身上损失 B_1，但是可以把使用费从 A_1 提高到 $A_1+B_1+C_1$，所以从 Valerie 那里获得的利润增加了 $C_1=50$ 美元。它从 Neal 那里获得的使用费增加了 $B_1+C_1=650$ 美元，但从每单位商品的销售中获得的利润减少了 $B_2=800$ 美元，故总利润减少了 150 美元。从 Neal 那里损失的 150 美元大于从 Valerie 那里多赚到的 50 美元。因此该垄断企业制定 20 美元（而不是 10 美元）的价格会使利润增加 100 美元。

iTunes 的定价

在 2009 年之前，作为音乐下载巨头之一的苹果的 iTunes 音乐商店采用单一定价的方式，每首歌售价 99 美分。不过，一些竞争者（如 Amazon MP3）并没有采用这种定价方式。有些唱片公司警告苹果，如果继续这么做，就不再续约了。显然是受到这方面的压力，加上竞争对手成功经验的启发，苹果在 2009 年转而将每首歌以三种价格销售。

苹果对所有歌曲的"一价"政策是否蚕食了它的利润？定价方法变化后（如单一价格、一曲一价、价格歧视以及两部定价），消费者剩余和无谓损失如何变化？为回答这些问题，Shiller 和 Waldfogel（2011）调查了近 1 000 名学生，了解了每个人对 50 首流行歌曲中的每一首的支付意愿，然后用这些信息计算出不同定价策略下的最优价格。

首先，在单一定价下，每首歌的价格相同；其次，在可变定价（variable pricing）下，每首歌按照这一单曲的利润最大化来定价；最后，苹果还可以使用两部定价，先就使用权按月或年收取一笔费用，然后再对每一次下载收取一个固定的价格。

如果我们知道需求曲线和边际成本，就可以确定每种定价机制下的消费者剩余（CS）、生产者剩余（PS）或利润和无谓损失（DWL）。每个剩余指标除以总剩余（需求曲线之下及边际成本曲线之上的区域）就是每种剩余（CS、PS、DWL）的份额。下表给出了在三种定价方式下 Shiller 和 Waldfogel（2011）所估算的 CS、PS、$|DWL|$ 所占的份额的大小。

定价机制	PS	CS	$|DWL|$
单一定价	28	42	29
可变定价	29	45	26
两部定价	37	43	20

如果这些学生的偏好与市场中的一般消费者无异，则苹果可以通过由原来的单一定价转变为可变定价来提高利润（见表中 PS 列）。不过，结果也表明，用两部定价会更好一些。也许是为了把握机遇，苹果公司在 iTunes Match（2011）和 Apple Music（2015）这两款产品方面都有效地使用了两部定价。从单一定价方式向另外两种定价方式转变后，无谓损失减少了。从消费者的角度看，可变定价最好，两部定价次之，单一定价最不利。

12.6 搭售

还有一种非线性定价的形式是**搭售**：顾客只有在同意购买另一种商品的情况下才能购买某种商品。搭售有条件搭售和捆绑销售两种形式。

☐ 条件搭售

在**条件搭售**（requirement tie-in sale）中，购买企业某种产品的顾客还必须购买该企业生产的其他产品。一些企业在出售如复印机这样的耐用品时，要求顾客必须同意在将来也从该企业购买复印机的相关服务和配件。企业用这种方法能识别出哪些消费者的用量大，进而索要高价。例如，如果一家生产打印机的企业可以要求消费者只能从它那里购买墨盒，它就能拿走绝大部分消费者剩余。同用量小进而墨盒成本高的客户相比，一般都假定用量大的客户的需求会相对缺乏弹性，愿意支付高价。

应用案例

条件搭售

不幸的是，对打印机制造商来说，《马格努森-莫斯质保法》（Magnuson-Moss Warranty Improvement Act）禁止任何制造商将这种搭售条款作为质保的条件。为了绕开这一法案，像兄弟（Brother）、佳能（Canon）、爱普生（Epson）以及惠普（Hewlett-Packard，HP）等打印机制造商就会利用质保书来诱使消费者只使用它们的墨盒并且不会再灌墨使用。像惠普喷墨打印机的质保书上就写着，如果因为使用非惠普的或填充的墨盒而造成打印机出现故障，则不适用该条款。

这个警告能让绝大多数消费者只购买惠普的墨盒吗？看起来是这样的。惠普的 Deskjet 1112 型号的打印机售价只有 29.99 美元（免运费），也就是说，惠普实际上白送了一台打印机，这台打印机的最佳色彩分辨率可高达 4 800×1 200dpi。不过，惠普彩色墨盒和黑色墨盒的售价分别为 21.99 美元和 15.99 美元，最多可实现黑白打印 180 张，彩色打印 165 张。如果多数消费者都去买别的厂家的廉价墨盒或填充墨盒，惠普就不会以低价销售它的打印机了。因此，惠普通过在质保条款上大做文章，实现了条件搭售带来的好处。

☐ 捆绑销售

企业常采用的一种定价策略叫**捆绑销售**（bundling）：将多种产品或服务放在一起按单独一个价格来出售。实际上，绝大多数商品都是由很多独立的部分捆绑而成的。汽车是组装的；耐克（Nike）、克拉克（Clarks）和梅雷尔（Merrell）等鞋类公司把左脚的鞋和右脚的鞋作为一双鞋来出售，其中还包括了鞋带。

通常来说，商品被捆绑在一起是为了能提高效率，因为将商品组合在一起减少了消费者方面的交易成本或者同产品有关的生产成本。例如，我们买已经带有扣子的衬衫，而不是先买（没有扣子的）衬衫然后再买扣子。消费者喜欢买缝制好的衬衫，省去了分头去买两样东西然后再缝扣子的麻烦。

不过有些时候，即便不会获得任何生产优势，交易成本也不大，企业还是会使用捆绑销售的方式。把商品捆绑在一起销售，能让企业利用消费者支付意愿上的差异来增加利润。比如，一家电脑公司可能会将电脑和打印机打包销售，即使这样做并不会节约成本。

销售两种或多种商品的企业可以使用捆绑销售的方法来增加利润。在纯捆绑销售中，商品只能一起销售。例如，一家饭店会提供一种汤配三明治的特色套餐，但是不会把它们分开销售。在混合捆绑销售中，企业为消费者提供了分开购买还是一起购买的选择。一家饭店既会出售一种汤加三明治的特色套餐，也允许顾客单独购买其中的任何一种。

在企业无法直接进行价格歧视的时候，捆绑销售允许它们向消费者收取不同的价格，但最终是否增加了利润，还要看消费者的偏好和企业阻止转售的能力。

纯捆绑销售比较普遍。Microsoft Works 就是一种纯捆绑销售。它的基本组成部分是一个文字处理软件和一个电子制表软件。同微软的旗舰产品 Word 和 Excel 相比，它们的功能有限，不单独售卖，只捆绑销售。

微软应该把这些软件捆绑在一起销售还是单独出售？这取决于不同消费者对各个商品的保留价格的高低。我们以一家出售文字处理软件和电子制表软件的企业为例来说明如下两种情况：一种情况是纯捆绑销售比分别出售的利润高，另一种情况是纯捆绑销售无利可图。

企业有 Alisha 和 Bob 两名消费者。表 12.2 的前两列显示了每位消费者对每种产品的保留价格。Alisha 对文字处理软件的保留价格是 120 美元，高于 Bob 的 90 美元；但她对电子制表软件的保留价格是 50 美元，低于 Bob 的 70 美元。两人的保留价格负相关：消费者对一种产品的保留价格高，对另一种产品的保留价格就低。表格的第三列给出了每位消费者对捆绑销售产品的保留价格，即所包含的两种产品保留价格的总和。

表 12.2   负相关的保留价格

	文字处理软件	电子制表软件	捆绑销售
Alisha（美元）	120	50	170
Bob（美元）	90	70	160
利润最大化的价格（美元）	90	50	160
销量（单位）	2	2	2

如果企业分开销售两种产品，实现利润最大化的方法是将文字处理软件的价格定在 90 美元的水平，这样两位消费者都会购买，一共赚取了 180 美元。如果要价 120 美元，只有 Alisha 会购买；如果定价在 90 美元和 120 美元之间，仍然只有 Alisha 会买，且比要价 120 美元时赚得还少。与之类似，对于电子制表软件，企业利润最大化的定价是 50 美元，两位消费者恰好都会购买，而不是要价 70 美元，只卖给 Bob。企业单独出售两款软件所获得的总利润是 280(=180+100) 美元。

如果企业捆绑销售这两种产品，要价 160 美元，两位消费者都会购买，企业实现了利润最大化，获利 320 美元。比起要价 170 美元只卖给 Alisha，这是一个更好的结果。因为纯捆绑销售赚 320 美元而分开销售赚 280 美元，捆绑销售更有利可图。

纯捆绑销售能增加利润，是因为企业获得了更多的消费者剩余（他们的保留价格）。在分开单独定价的情况下，Alisha 仅仅从文字处理软件那里获得了 30(=120−90) 美元的消费者剩余，从电子制表软件获得零剩余。Bob 的情况相反，文字处理软件没有给他带来消费者剩余，仅仅从电子制表软件中获得 20 美元的消费者剩余。因此，总的消费者剩余是 50 美元。在纯捆绑销售下，Alisha 获得 10 美元的消费者剩余而 Bob 没有获得任何消费者剩余，所以总的消费者剩余只有 10 美元。因此，企业从纯捆绑销售中多获得了 40 美元的潜在消费者剩余。

纯捆绑销售是否能增加企业的利润取决于保留价格。表 12.3 给出了两位不同的消费者 Carol 和 Dmitri 的保留价格。Carol 对两种商品的保留价格均高于 Dmitri。这些保留价格是正相关的：对一种产品的保留价格更高的消费者，对另一种产品的保留价格也更高。

如果各款软件分开来卖，企业对文字处理软件要价 90 美元，然后卖给全部两名消费者，共计赚取 180 美元。不过，如果对电子制表软件的要价为 90 美元，只有 Carol 会买；如果要价为 40 美元，两个人都会买，一共赚 80 美元，还是要价 90 美元赚得更多。分别定价时企业的总利润是 270（＝180＋90）美元。

表 12.3 正相关的保留价格

	文字处理软件	电子制表软件	捆绑销售
Carol（美元）	100	90	190
Dmitri（美元）	90	40	130
利润最大化的价格（美元）	90	90	130
销量（单位）	2	1	2

若企业使用纯捆绑销售，为实现利润最大化，企业会把商品组合在一起要价 130 美元并卖给两位消费者，共挣得 260 美元。企业把产品分开单独销售会赚 270 美元，捆绑销售赚 260 美元，前一种销售方式的收入更高，所以在这个例子中，纯捆绑销售无利可图。只要保留价格正相关，即使 Dmitri 对电子制表软件有更高的保留价格，纯捆绑销售也不会增加利润。

例题详解 12.5

一家出售文字处理软件和电子制表软件的企业有 4 个潜在客户，各自的保留价格如下表所示：

单位：美元

	文字处理软件	电子制表软件	捆绑销售
Aaron	120	30	150
Brigitte	110	90	200
Charles	90	110	200
Dorothy	30	120	150

该企业的生产成本为零，所以利润最大化等同于收入最大化。企业采用单独销售、纯捆绑销售还是混合捆绑销售能带来最大的利润？

解答

1. 计算单独销售的利润最大化价格和利润。如果企业对每个软件单独定价，利润最大化时每款软件的定价为 90 美元，4 名消费者中有 3 人会购买。将文字处理软件卖给 Aaron、Brigitte 和 Charles。将电子制表软件卖给 Brigitte、Charles 和 Dorothy。它从每款软件中获利 270（＝3×90）美元，一共赚得 540 美元。这要比为每一款软件设定其他价格赚得多。[1]

2. 计算企业使用纯捆绑销售时实现利润最大化的价格和利润。利润最大化的捆绑销售价格为 150 美元，企业同时向 4 位顾客出售产品，共获得 600 美元的利润，这比单独销售赚到的 540 美元多了 60 美元。

----

[1] 如果企业对某一款软件的定价降到 30 美元，4 名消费者都会购买，但收入只有 240 美元；如果每款软件要价 110 美元，只有两名消费者会买，共赚得 440 美元；如果要价 120 美元，每款就只有一人会买，收益为 240 美元。

3. 确定企业如何通过混合捆绑销售实现利润最大化。在混合捆绑销售的情况下，企业对捆绑的产品组合要价 200 美元，单独出售的每个软件要价 120 美元。企业会从购买产品组合的 Brigitte 和 Charles 那里赚得 400 美元，Aaron 会花费 120 美元只购买文字处理软件，Dorothy 会花 120 美元只购买电子制表软件。这样企业又从单独销售中赚得 240 美元。进而混合捆绑销售的总利润是 640（＝400＋240）美元，比纯捆绑销售的 600 美元和单独销售的 540 美元都多。

12.7 广告

> 为了省钱而不做广告，好比是为了节约时间而弄停时钟。

除了设定价格或产量、选择投资项目和游说政府之外，企业还会采取一些其他策略来提高利润，而广告就是其中最重要的一种。企业通过投放广告来移动需求曲线，以更高的价格出售更多的产品。相反，竞争性企业就没有投放广告的动机，在既定的价格下，即使没有广告，竞争性企业也可以想卖多少就卖多少。

广告只是推销产品的一种方式。其他方式还包括提供免费的样品以及利用销售代理商。有些推销策略非常微妙，比如，食品杂货店将含糖的谷类早餐放在位置低的货架上，让孩子们一眼就能看到。根据公众利益科学中心（Center for Science in the Public Interest）对全国 27 家超市的调查，10 个对孩子有吸引力的品牌（糖类产品占 44%）的平均摆放位置是从下往上的第二排货架，而 10 个成年人喜爱的品牌（糖类产品占 10%）的平均摆放位置是从上往下的第二排货架。

垄断企业可以通过做广告增加利润。一个成功的广告能改变消费者的偏好或者为消费者提供新产品信息，使市场需求曲线发生移动。垄断企业还可以告诉消费者某一著名的运动员或演员也使用该产品，以此来改变消费者的偏好，儿童和青少年通常是这类广告的目标受众。如果广告让一些消费者相信不用这款产品就活不下去了，需求曲线就会向外移动，在新的均衡位置变得更缺乏弹性，企业可以对产品索要更高的价格（参见第 11 章）。

如果企业将产品的一种新功能告知潜在的消费者，产品的需求曲线会向右移动。例如，亨氏公司在 1927 年的一个广告中说，在早餐和晚餐时将烘焙的豆子放在吐司里食用是一种不错的选择，它因此创造了一种英国的国民美食，也将产品的需求曲线向右移动。

□ 是否做广告？

即使广告能够改变需求，企业也不一定会花钱做广告。如果广告使企业需求曲线向外移动，或者使其弹性变小，则企业的毛利（不计广告成本）必定会上升。可只有当预期净利润（毛利减去广告成本）增加的情况下，企业才会做广告。

在图 12.7 中，如果垄断企业不做广告，面临的需求曲线是 D^1；如果做广告，需求曲线从 D^1 移至 D^2。

垄断企业的边际成本 MC 固定不变且等于平均成本 AC。在做广告之前，垄断企业选择的产出水平为 Q_1，此时，边际成本等于边际收益 MR^1，对应的需求曲线是 D^1。利润

最大化的均衡点是 e_1 点，垄断企业设定的价格是 p_1，垄断企业的利润是矩形面积 π_1，其宽为价格与平均成本之差，长为产量 Q_1。

投放广告后需求曲线移动至 D^2，垄断企业选择的产量是 $Q_2(Q_2 > Q_1)$，此时 MR^2 与边际成本曲线 MC 相交。在新的均衡点 e_2 处，垄断价格为 p_2。由于需求曲线向外移动，即使价格提高，垄断企业在投放广告后的销量也提高了。

因此，投放广告后，垄断企业毛利增加，新的毛利是矩形面积 $\pi_1 + B$，其中矩形的宽为新价格与平均成本之差，长为产量 Q_2。因此，对垄断企业而言，投放广告后毛利的增加就是 B。如果广告成本小于 B，则企业净利润增加，此时垄断企业做广告要比不做广告好。

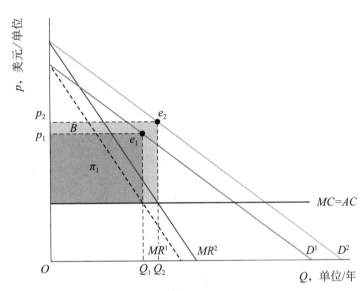

图 12.7　广告

垄断企业不做广告时的需求曲线是 D^1，广告使实际的需求曲线移动到 D^2，同时使垄断企业的毛利（不计广告成本）从 π_1 上升到 $\pi_2 = \pi_1 + B$。因此，如果广告的成本小于它所带来的收益 B，公司的净利润（毛利减去广告成本）就会增加。

☐ 做广告的费用

一家垄断企业应该做多少广告来实现自己的净利润最大化呢？要回答这个问题，我们先看一下，如果垄断企业把广告支出增加或减少 1 美元会发生什么，这 1 美元正是多做一单位广告的边际成本。如果垄断企业在广告上多支出 1 美元，其毛利润就会增加不止 1 美元，净利润的上升说明增加广告投入是值得的。相反，如果最后 1 美元的广告支出导致毛利润增加不足 1 美元，净利润就会下降，则企业应该减少广告支出。因此，如果最后 1 美元的广告使毛利刚好增加 1 美元，则此时的广告数量实现了净利润的最大化（附录 12E 给出了微积分的分析方法）。总之，确定利润最大化的广告数量与确定利润最大化的产出水平的方法相同：边际收益（增加一单位广告所带来的毛利的增加量或者多生产一单位产品的边际收益）等于边际成本的时候，广告数量或产出达到最优水平。

现在介绍一下企业如何用边际分析法决定它们在电视上做多长时间的广告。枯燥无趣的电视广告中偶尔也会蹦出一些特色鲜明（稀奇有趣）的产品："那个好玩吗？切成薄片！切成方块！……哦，等下！不仅仅如此！"如图 12.8 所示，在小的电视台，每分钟广告时长的边际成本 MC 为常数。企业买了 A_1 分钟的广告时间，边际收益为 MB^1，等于边际成本。如果某个事件（比如普通的电视观众转台去看超级碗或者世界杯）使边际收益下降到 MB^2，广告的数量也降到 A_2。

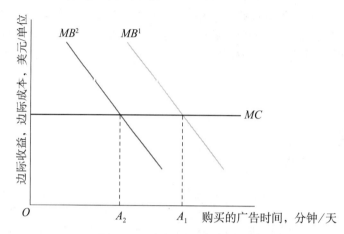

图 12.8 广告边际收益的变动

如果广告的边际收益曲线为 MB^1，企业购买 A_1 分钟的广告时间，此时 MB^1 与每分钟广告的边际成本曲线 MC 相交。如果特殊事件使得普通观众转向其他频道，广告的边际收益曲线向左移到 MB^2，电视台只能售出 A_2 分钟的广告时间。

应用案例

超级碗大赛的商业广告

超级碗大赛上的商业广告是美国电视上最贵的商业广告。在 2016 年超级碗大赛期间，一个 30 秒的广告要价 500 万美元。这些商业广告的高价并不足为奇，因为广告的成本通常会随着观众数量（行业术语是：眼球）的增加而增加，超级碗大赛是受众最广的节目，2016 年有超过 1.12 亿的电视观众观看。真正令人惊讶的是，超级碗大赛的广告费如果分摊到每位观众身上，人均成本是其他电视广告的 2.5 倍。

不过相比其他节目上的广告，超级碗大赛上的广告对观众的影响可能更大。这不仅是一项重要的体育赛事，也展示了本年度最令人记忆深刻的商业广告。比如，苹果公司在 1984 年推出的 Macintosh 的广告至今仍为人津津乐道。事实上，一些超级碗的电视观众甚至不是球迷，但是他们仍会观看这些精彩的广告。加上这些广告会在网上被疯狂传播，广告的曝光率会进一步增加。

假设超级碗大赛上的广告更可能让观众记忆深刻，那么花大价钱做这些商业广告就值得吗？很多企业显然认为是，它们的需求已经抬高了价格。Kim（2011）发现，企业在超级碗大赛上的商业广告一经推出，它的股价就立即上涨。因此，投资者显然认为尽管企业支付了高额的广告费，但是这些商业广告提升了企业利润。Ho 等（2009）发现，对那些广告预算开支较高的电影来说，在超级碗大赛上投放商业广告比花费同样成本在电视上做广告更能增加票房收入。他们也得出结论，电影公司在超级碗大赛期间投放的广告是处于（或接近）利润最大化的广告投放水平的。

挑战题解答　　　　　　　　促销价

　　亨氏公司会定期对旗下的番茄酱进行促销，以实施价格歧视。现在的问题是，亨氏公司应该多长时间促销一次？促销在满足了什么条件之后才是值得的？

　　要回答这些问题，我们需要先从一个简单的市场着手。市场上只有亨氏公司及另一家企业，我们把后者出售的番茄酱定义为普通的番茄酱。① 每隔 n 天，代表性的消费者会买一次番茄酱，选择对象就是这两家企业中的一家。

　　（不忠诚于某个品牌的）一般的消费者对价格特别敏感，只买最便宜的番茄酱。他们格外关注价格信息，而且总能知道亨氏公司何时促销。

　　亨氏公司想用定期促销的方式留住这些消费者。普通番茄酱以竞争性价格出售，每单位为 2.01 美元，等于生产的边际成本。假设亨氏公司的边际成本为 $MC=1$ 美元（得益于规模效应），而且，如果亨氏公司只向它的忠诚顾客出售产品，会索要一个垄断价格 $p=3$ 美元。亨氏公司面临着一个选择难题：如果不能经常以低于普通番茄酱的价格搞促销，购买其产品的一般（或没有品牌忠诚度的）的消费者就寥寥无几；而如果经常搞促销，又会损失一部分来自品牌忠诚顾客的收入。

　　假定亨氏公司决定每 n 天进行一次促销：促销价格是 2 美元，其他 $n-1$ 天的日常非促销（垄断）价格是 3 美元，后者是一个建立在品牌忠诚顾客需求曲线基础上的垄断价格。在促销日，普通消费者会购买足量的亨氏番茄酱供（下一次促销之前的）n 天使用。因此，他们不会购买普通的番茄酱。（其他一些消费者忠于普通品牌的番茄酱，哪怕是在亨氏公司促销期间，他们也不会购买亨氏番茄酱。）

　　如果忠实顾客发现亨氏公司正在促销（概率是 n 分之一），他们会以促销价买足 n 天的量；否则的话，仍然愿意以常规（垄断）价格购买。若其他品牌的忠诚顾客意识到了这种促销模式，也会按这种方式定期购买促销商品，进而这种策略不能实现利润最大化。不过，消费者的购买计划是独立做出的：他们会购买很多商品，不愿意仅仅为了这一种促销商品而改变他们的购买模式。②

　　亨氏公司能通过改变促销模式赚更多的钱吗？它不想频繁地促销，因为这会减少从忠诚顾客那里赚的钱，且没办法通过增加面向一般消费者的销售来弥补。如果值得促销，它不想降低促销的频率，因为这样会减少一般消费者的购买量。在促销期间，亨氏公司想尽可能索要一个对一般消费者仍然具有吸引力的高价（2 美元）。如果低于此价，销量不会增加，利润反而减少；如果高于此价，一般的消费者就不会购买。

　　亨氏公司能通过促销增加利润吗？促销是否值得要看一般消费者和忠诚顾客的人数（分别为 S 和 B）的相对大小。如果每位消费者每天购买 1 单位的番茄酱且产品只面向

---

　　① 美国的番茄酱市场除了亨氏番茄酱以外，余下的部分由 Hunt（15%）和一般的或自有的品牌（22%）组成。在下文的讨论中，我们假设，那些忠于 Hunt 和一般品牌番茄酱的消费者不会受亨氏公司促销的影响，进而可以将这部分消费者忽略。

　　② 我们出于简化的目的做了这个假设。在现实世界中，企业可以通过随机促销或广告促销（能被普通消费者看到）的方式实现同样的目标。

忠诚顾客销售，则亨氏公司每天的利润为 $\pi=(p-MC)B=(3-1)B=2B$，其中 $p=3$ 是亨氏番茄酱的日常价格，$MC=1$ 是它的边际成本和平均成本。如果亨氏公司使用促销定价方法，每天的平均利润是：

$$\pi^*=2B(n-1)/n+(B+S)/n$$

其中，第一项是以单价 2 美元时向忠实顾客卖了 B 单位产品的利润乘以亨氏公司不促销的天数的比重 $(n-1)/n$，第二项是以促销价格 1 美元向顾客卖了 $B+S$ 单位产品的利润乘以亨氏公司促销天数的比重 $1/n$。

因此，如果 $\pi<\pi^*$，或者 $2B<2B(n-1)/n+(B+S)/n$，亨氏公司就会搞促销。用代数方法将上式进一步化简，得：$B<S$。因此，如果普通消费者的人数超过了忠实消费者的人数，促销就会比以常规价格只针对忠诚顾客销售更有利可图。[1]

本章小结

1. 价格歧视的条件。如果企业拥有市场势力，知道哪些消费者愿意为产品支付高价，并且它能够阻止以低价购买产品的消费者将产品转售给付高价的消费者，满足了这些条件后，这家企业就可以实施价格歧视。企业实施价格歧视所获得的利润高于单一定价时的利润，因为（a）与单一价格相比，企业能够从愿意支付高价的消费者那里获得部分或全部的消费者剩余；（b）企业还可以将产品卖给那些在单一价格下不会购买产品的消费者。

2. 完全价格歧视。要想实施完全价格歧视，企业必须知道每个消费者愿意为每单位产品支付的最高价格。如果企业向消费者收取的价格等于消费者愿意为这一单位产品所支付的最高价格，那么垄断企业就能获得全部的潜在消费者剩余，而且产出水平是有效率的（竞争性的）。完全价格歧视和竞争相比，福利相同，但消费者遭受损失（境况变糟），企业获得好处（境况更好）。

3. 群体价格歧视。一家没有足够信息实施完全价格歧视的企业可能知道不同消费者群体需求弹性的相对大小，于是，利润最大化的企业向不同的消费者群体收取与其需求弹性相对应的价格，即向需求弹性最小的群体收取最高的价格。群体价格歧视下的福利水平低于竞争或完全价格歧视下的福利水平，但是和单一价格垄断时的福利水平相比则可高可低。

4. 非线性价格歧视。一些企业根据消费者的购买量来定价。此类定价方式常见的例子就是数量折扣。买得越多，单价越低。

5. 两部定价。通过向消费者收取一笔有关购买权的使用费和一个单独的价格，企业可以获得比单一定价更高的利润。如果企业了解全部消费者的需求曲线，可以通过向不同消费者收取不同使用费的两部定价方式来获得全部潜在的消费者剩余。即便不知道每位消费者的需求曲线，或者不能对不同的消费者收取不同的使用费，该企业也仍然可以利用两部定价方法获得高于单一垄断价格的利润。

6. 搭售。企业可以用搭售的方式来增加利润。搭售指消费者在购买一种商品的同时必须购买另一种商品。在条件搭售中，购买一种产品的顾客必须从这家企业购买其他产品或服务。一些企业使用纯捆绑销售，即只销售捆绑在一起的产品；另一些企业则使用混合捆绑销售，每种产品

---

[1] Hendel 和 Nevo（2013）考察了软饮料市场。他们发现，一些对价格敏感的消费者在促销期间购买并囤货，对价格不敏感的消费者则不会囤货。因此，非价格歧视的利润和（无法实现的）价格歧视的利润之间的差异有 25%～30% 可以用促销来加以解释。在实施价格歧视时，企业能识别出消费者的类型并防止套利。

既单独出售，又捆绑在一起出售。当消费者的保留价格显著负相关，即消费者对不同商品的支付意愿（相对地）有高有低的时候，捆绑销售就是一种有利可图的定价策略。

7. 广告。垄断企业通过广告等促销方式使需求曲线向右移动或者弹性降低，从而即便在发生了广告支出后，企业的净利润仍然增加。

思考题

MyEconLab 上有全部思考题；* ＝答案请扫本书末二维码获取；A＝代数问题；C＝可能要用到微积分知识。

1. 价格歧视的条件

1.1 在表 12.1 的例子中，如果电影院不实施价格歧视，它收取的价格要么是大学生所愿意支付的最高价格，要么就是老年人愿意支付的最高价格。为什么不收取一个介于两者之间的价格呢？（提示：讨论这两个群体的需求曲线为何会不同寻常。）

*1.2 许多大学为来自低收入家庭的学生提供奖学金、助学贷款和其他计划，使他们支付的学费低于高收入家庭的学生。请解释大学这样做的原因。

1.3 2016 年，雅培公司（Abbott Laboratories）、阿斯利康公司（AstraZeneca）、安万特制药公司（Aventis Pharmaceuticals）、百时美施贵宝公司（Bristol-Myers Squibb Company）、礼来公司（Eli Lilly）、葛兰素史克公司（GlaxoSmithKline）、杨森制药公司（Janssen）、强生集团（Johnson & Johnson）、诺华公司（Novartis）、奥梅制药公司（Ortho-McNeil）以及辉瑞公司（Pfizer）等制药公司在许多处方药上为低收入的老年人提供折扣，这些企业为什么这么做？

1.4 垄断企业 Alexx 公司目前以单一价格销售其产品。如果想从价格歧视中获利，需要满足什么条件？

1.5 在校大学生一度可以通过校园购买计划享有购买电脑的高折扣。20 世纪 90 年代后期，随着电脑公司的大幅降价，这种折扣也大量消失。"行业利润甚微，已经无法实施这些计划（大学折扣）了，"美国高等教育信息化协会主席这样说道，该协会是一个调查和促进校园科技使用的组织（David LaGesse，"A PC Choice：Dorm or Quad?" *U. S. News & World Report*，May 5，2003，64）。利用本章所讨论的概念和术语来解释，为什么利润缩水会导致学生折扣的减少甚至消失。

1.6 2002 年投放市场的 25 000 辆新雷鸟汽车中，只有 2 000 辆在加拿大销售。但那里的潜在消费者却如潮水般地围住福特汽车的经销公司。许多买主都希望把汽车转售到美国以谋取暴利。转售相对容易，运输成本也不高。附带金属篷顶的雷鸟汽车在 2001 年年底上市，当时在加拿大的售价为 56 550 加拿大元，而在美国却高达 73 000 加拿大元。为什么？为什么加拿大的买主要把雷鸟汽车往南运呢？为什么福特公司要求加拿大零售商与其签订禁止将汽车转运至美国的协议呢？（提示：参见应用案例"阻止名牌包的倒卖"。）

1.7 迪士尼公司也在进行价格歧视，它向儿童收取的门票价格低于成人，向当地居民收取的门票价格也低于一般的游客。为什么没有发生转售的问题呢？

1.8 2016 年 6 月 26 日，赫兹汽车公司（Hertz）在纽约出租一天 Chevy Spark 汽车的价格为 88 美元，而在迈阿密出租一天 Chevy Spark 汽车的价格为 29 美元。这是价格歧视吗？解释原因。

2. 完全价格歧视

2.1 利用应用案例"肉毒杆菌和价格歧视"中的信息，如果爱力根公司是一家实施单一价格的垄断企业，而不是实施完全价格歧视的垄断企业，它的损失是多少？解释原因。

2.2 一家自然垄断企业（参见第 11 章）的边际成本曲线是一条水平的直线，平均成本曲线向右下方倾斜（因为存在固定成本），企业可以实施完全价格歧视。

a. 图形说明垄断产量 Q^* 是多少。它会在价格等于边际成本的位置上生产吗？

b. 用图形说明（并解释）它的利润是多少。

2.3 在例题详解12.1中，能够将表12.1加以修改使得电影院采用完全价格歧视获得的利润大于实施单一价格带来的利润吗？如果实施完全价格歧视所带来的超额利润增加，表12.1应该如何改动？

2.4 在例题详解12.1和表12.1中，如果老年人的保留价格变为2.5美元，答案会如何变化？

2.5 Ticketmaster公司用在线拍卖的方式销售门票（http://www.ticketmaster.com/ticket-auctions）。这是价格歧视吗？如果是，属于哪一种？

* 2.6 假设垄断企业面临的反需求曲线是 $p=90-Q$，边际成本曲线和平均成本曲线均为常数30，企业实施完全价格歧视时的利润是多少？消费者剩余、总剩余、无谓损失各是多少？如果企业变成一家单一价格的垄断企业，结果会有什么不同？

2.7 2005年，歌星诺拉·琼斯（Norah Jones）为了提高市场反应平平的CD "Feels like Home" 的销量，开始了全国性的巡回演出。不过，每场演唱会平均只卖出了2/3的门票 T^* （Robert Levine, "The Trick of Making a Hot Ticket Pay", *New York Times*, June 6, 2005, C1, C4）。

a. 假设当地承办方是每场音乐会的垄断者，演唱会场馆的座位数量固定。如果承办方的成本与观看演唱会的人数无关（琼斯得到保证付款），画出承办方举办演唱会的边际成本曲线，其中横轴代表门票的销售量（一定要标出 T^*）。

b. 如果垄断的承办方可以收取一个单一市场价格，演唱会门票出现剩余是否说明票价偏高？解释原因。

c. 如果垄断的承办方可以实行完全价格歧视，b的答案还会一样吗？用图形说明原因。

2.8 在案例"谷歌公司的广告投放与价格歧视"中，我们介绍了当人们搜索特定短语时，谷歌网站上的广告商会为广告位置竞价。一家服务于本地（如管道或虫害防治）的企业是否应该为在小城镇或大城市的广告支付费用？为什么？

3. 群体价格歧视

3.1 企业对两个群体收取两种不同的价格。如果向低价的群体销售会出现损失，它还会继续这么做吗？解释原因。

3.2 垄断企业的边际成本为0，面对两个消费者群体。起初垄断企业不能阻止转售，所以它通过收取单一价格 $p=5$ 美元来实现利润最大化，第一个群体的消费者都拒绝购买。现在垄断企业可以阻止转售，所以它决定采用价格歧视的办法。总产出会增加吗？为什么？利润和消费者剩余将如何变化？

3.3 垄断企业在两类消费者群体中间实施价格歧视的能力和它的边际成本曲线有关吗？为什么？考虑两种情况：（a）边际成本很高，使得垄断企业不愿意向其中一个群体出售产品；（b）边际成本很低，以至垄断企业想把商品同时卖给这两个群体。

3.4 杂货店常常为不同的消费者设定不同的价格。具体的措施是，向有意购买的消费者发放常客卡，并收集他们的购物信息。杂货店利用这些数据，就可以向个别消费者提供打折卡。

a. 杂货店是否会进行完全价格歧视、群体价格歧视或其他类型的定价？

b. 杂货店应该如何利用消费者过去的购物信息来制定出一个具体的价格以使其利润最大化？（提示：参考消费者的需求价格弹性。）

* 3.5 专利权让索尼（Sony）成为机器狗Aibo的合法垄断生产商。这一机器狗可以端坐、做乞求状、追球跑、跳舞以及演奏电子音乐。当索尼开始出售这种玩具时，它宣布将以2 000美元/个的价格在日本出售3 000个机器狗Aibo，而以2 500美元的价格在美国出售2 000个。假设生产Aibo的边际成本为500美元，它在日本的反需求函数为： $p_J=3\,500-\frac{1}{2}Q_J$，在美国的反需求函数为： $p_A=4\,500-4\,500Q_A$。求解均衡时的价格和数量（假设美国消费者不能从日本购买）。说明两国的需求弹性同利润最大化时的价格之比的关系。两国的无谓损失分别是多少？垄断给哪一国造成的损失更大？（提示：参见例题详解12.2。）A

* 3.6 一家垄断企业在美国和日本销售商品，在美国的反需求函数为： $p_A=100-Q_A$；在日本的反需求函数为： $p_J=80-2Q_J$（其中 p_A 和 p_J 都以美元计价）。企业在两个国家的边际成本相同： $m=20$。如果企业能够阻止转售，它在这两个市场的定价分别为多少？（提示：参见例题详

中级微观经济学（第八版）

解 12.2。) A

*3.7 版权赋予环球影业公司生产和销售《妈妈咪呀!》DVD的合法垄断权。该DVD在美国的售价为20美元,在英国的售价为36美元(22英镑)。美国和英国的反需求函数分别为 $P_A=39-3Q_A$ 和 $P_B=71-7Q_B$。两国的边际成本均为 $m=1$。求出环球影业公司的最优产量和价格。(提示:参见例题详解12.2。) A

3.8 华纳家庭娱乐公司(Warner Home Entertainment)向全球发售《哈利·波特与阿兹卡班的囚徒》的DVD双碟套装。与美国的售价(15美元)相比,加拿大的售价高出33%,日本的售价高出66%。假定华纳的边际成本为1美元,如果此时华纳已经实现了利润最大化,则它在加拿大和日本的需求弹性各是多少?(提示:参见例题详解12.3。) A

*3.9 华纳家庭娱乐公司的《哈利·波特与阿兹卡班的囚徒》的DVD双碟套装在A国的售价约为3美元,是其美国售价的1/5,共销售出了100 000套。之所以在A国的售价格外低,是因为A国的消费者和其他国家的消费者相比并不那么富裕,并且在A国可以买到售价仅为0.72~1.2美元的盗版。假设边际成本为1美元,A国的需求弹性是多少?请推导出A国的需求函数并画出与图12.3(a)相似的图来说明华纳在A国的政策。 A

3.10 垄断企业在两个国家出售商品,并且两国之间不存在转售,需求曲线分别为: $p_1=100-Q_1$, $p_2=120-2Q_2$。垄断企业的边际成本是 $m=30$。求出每个国家的均衡价格。(提示:参见例题详解12.2。) A

3.11 垄断企业在美国和日本出售商品,美国市场的需求弹性为 -2,日本市场的需求弹性为 -5。垄断企业的边际成本为10美元。如果不存在转售,它在两个国家为商品设定的价格分别为多少? A

*3.12 在例题详解12.4中,分别计算国家间的航运被禁止和不被禁止的情况下的企业利润。

3.13 当 $m=7$ 或 $m=4$ 时,例题详解12.3的分析会有什么变化?(提示:当 $m=4$ 时,边际成本曲线和MR曲线有3个交点——如果把垂直部分包括在内。单一价格垄断企业将选择其中一点使其利润最大化。)

*3.14 Spenser高级炉具公司打出广告,宣传电子炉的一日特价促销。广告规定,不接受电话订购,也不负责送货。这家公司为什么要做出这些限制?(提示:参见应用案例"打折"。)

3.15 根据纳税人及消费者权益基金会(Foundation of Taxpayer and Consumer Rights)的一份报告,由于欧洲的高税率,欧洲的油价相当于美国的2倍之高。不过,从每加仑汽油的净税负来看,美国要高于欧洲。报告得出结论说,美国的乘客在补贴欧洲的驾驶员,他们交的税不少,可是只有小部分流入石油企业的腰包。假设石油企业是垄断企业,可以对不同国家的消费者实施价格歧视,我们能就此认为美国的消费者在补贴欧洲人吗?解释你的答案。

3.16 2015年,欧盟委员会指控6家美国制片厂和1家英国付费电视公司Sky UK不公平地阻止访问电影等项目。这一指控对Sky UK公司关于阻止英国和爱尔兰以外消费者访问的合约条款提出了挑战。(James Kanter and Mark Scott, "E. U. Opens Antitrust Case Against Major U. S. Studios and Sky UK," *New York Times*, July 23, 2015.)制片厂与其他国家的广播机构签订了单独的合同。为什么制片厂需要这样的限制?

3.17 2016年,特斯拉推出了其广受欢迎的Model S电动汽车的新版本S 60,起价为66 000美元。它的电池组可以存储75千瓦时的电量,但是软件限制了它仅能使用60千瓦时。然而,只要9 000美元,车主就可以进行一次简单的软件升级来获得全额75千瓦时,从而使汽车的行驶里程增加约19%。为什么特斯拉故意对它的汽车采用这样的策略?解释其定价策略。

4. 非线性价格歧视

4.1 在图12.4(a)中,非线性定价(数量歧视)下所有(同质)消费者的境况都要比单一价格[图12.4(b)]下消费者的境况差吗?

4.2 在图12.4(a)中,实施数量歧视的垄断企业可以根据消费者的购买量设定3种价格,企业的利润为 $\pi=p_1Q_1+p_2(Q_2-Q_1)+p_3(Q_3-Q_2)-mQ_3$,其中 p_1 是对前 Q_1 个单位(第一区间)商品所收取的高价, p_2 是对接下来的 (Q_2-Q_1) 单位商品所收取的较低价,而 p_3 是对剩下的 (Q_3-Q_2) 单位商品所收取的最低价格, Q_3 是实际的总购买量,企业的边际成本和平均成本恒为 $m=30$ 美元。用微积分的方法求出利润最

大化的 p_1、p_2 和 p_3。C

*4.3 在对图 12.4 的讨论中，我们假设垄断企业通过设置两个区间价格来进行阶梯定价，这两个区间价格位于需求曲线上。假设垄断企业将第一个区间设定为 20 单位，但可以选择一个大于 70 美元的第一个区间价格。然后，允许消费者以 30 美元的价格购买任意大于这一数量的产品。垄断企业能否为第一个区间设定一个价格，在此价格下，消费者愿意购买 60 单位，垄断企业获得全部潜在剩余且社会不存在无谓损失？如果能的话，第一个区间的价格是多少？

5. 两部定价

5.1 用数学方法说明，为什么在两部定价下购买量少的消费者支付的价格会更高。C

5.2 宾夕法尼亚的爱丽丝堡有一个 Knoebels 游乐园，进入公园水晶宫的门票价格是 A，里面玩一次水上滑道的价格是 p。假设青少年和老年人各有 400 名前来观光游玩。每名青少年的需求函数为 $q_1 = 5 - p$，每位老年人的需求函数是 $q_2 = 4 - p$。没有固定成本，公园也必须对两个人群收取同样的价格，Knoebels 的目标是选择合适的 A 和 p 来实现利润最大化，请求出最优的 A 和 p。A

*5.3 Joe 搬到了只有一家高尔夫球场 Northlands 的小镇，他的反需求函数为 $p = 120 - 2q$，其中 q 是每年去球场的次数。球场的管理者与每一位加入俱乐部的会员单独谈判，进而可以为每个个体设定不同的价格。该管理者充分了解 Joe 的需求曲线，并为他提供了特定的服务内容，Joe 需要先交一笔费，然后按每轮次 20 美元的价格打高尔夫球，这也是俱乐部每一轮要承担的边际成本。俱乐部利润最大化时收取的会费是多少？管理者可以用两部定价的方式每轮次向 Joe 收取一个单一价格，这种情况下俱乐部的利润会增加多少？A

5.4 如应用案例"iTunes 的定价"所介绍的那样，Shiller 和 Waldfogel（2011）估计，如果 iTunes 是用两部定价的方式，先收取一笔年费，然后为每首歌设定一个较低的单价，这种情况下的利润要比单一定价和可变定价时的利润增加 30%。假设 iTunes 使用两部定价方法，再假设多下载一首歌曲的边际成本为 0。如果消费者同质，iTunes 应该如何设定其利润最大化的歌曲单价？在消费者同质的情况下，用图形说明该利润最

化的两部定价。解释一下，为什么实际中利润最大化的每首歌的单价是正的。

5.5 解释在图 12.5 中为什么要价不等于 10 美元时会减少垄断企业的利润。比较 $p = 20$ 和 $p = 10$ 时垄断企业的利润。

6. 搭售

6.1 在本田（Honda）汽车和摩托车的维修和保养时，为什么公司服务部门要向消费者强调使用"原装本田配件"的重要性？本田公司能像应用案例"条件搭售"中的惠首公司那样成功吗？

6.2 垄断企业出售两种产品，而消费者只需要其中的一种。假设可以阻止转售，企业可以通过捆绑销售（强迫消费者同时购买两种商品）的方式来增加利润吗？

6.3 解释在表 12.2 中，为什么企业不使用混合捆绑销售策略。

*6.4 一家电脑硬件企业同时销售笔记本电脑和打印机。两种产品的库存量很大，所以没有可变成本。用目标群体的方法，企业的定价团队将消费者划分成数量相等的三类，每一类群体的保留价格如下：

单位：美元

	笔记本电脑	打印机	捆绑销售
A 类消费者	800	100	900
B 类消费者	1 000	50	1 050
C 类消费者	600	150	750

a. 如果只为单个产品定价（不使用捆绑销售），企业在利润最大化时为笔记本电脑和打印机设定的价格分别是多少？出于简化的目的，假设企业面临的每一类消费者都只有一人，它一共会赚多少钱？

b. 在进行了一番成本不菲的研究之后，企业的一位外部顾问建议，如果捆绑销售（而不是单独定价），会赚更多的钱。顾问的建议对吗？再次假设每类消费者只有一人。企业从纯捆绑销售中能赚多少钱？

c. 捆绑销售是否有利可图？为什么？（提示：参见例题详解 12.4。）A

7. 广告

7.1 用类似图 12.7 的图形解释为什么一家企业可能不会花钱做广告，即使这种支出会使企业的需求曲线向右移动（提示：讨论需求弹性或垄断最优价格会发生什么变化。）

7.2 许多类似 Hulu.com 的网站在向消费者提供各种电视节目和电影服务的同时，也插播定制的广告，因为这些公司对消费者的习惯更加了解。这样的定制化行为是怎样影响广告的边际收益曲线的？为什么？

*7.3 1995 年许多电视台和广播电台都播出了辛普森的谋杀事件。工作日的早晨，电视观众都去观看谋杀事件的报道从而使得其他节目的收视率下降。估计的商业广告在各大城市的销售量平均下降了 10%～60%（Stuart Elliott, "Advertising: The 'O. J. Factor' Takes a Toll on Producers of Infomercials," *New York Times*, March 24, 1995, C4）。

a. 用类似图 12.8 的图形解释原因。

b. 在辛普森事件之前，一个位于北卡罗来纳州的夏洛特的公司如果在中午 12：30 的时候花 1 000 美元播出商业广告，会使得销售量增加 2 190 美元。如果公司在事件期间仍然花费 1 000 美元，这还是最优选择吗？如果不是，它是应该增加还是减少广告投入？

*7.4 垄断企业面临的反需求函数是 $p = 800 - 4Q + 0.2A^{0.5}$，其中 Q 是产量，p 是价格，A 是广告水平。生产的边际成本是 2，单位广告的成本是 1。求出该企业在实现利润最大化时的价格、产量和广告水平。（提示：参见附录 12E。）C

7.5 用图形说明社交媒体对超级碗大赛上商业广告的需求有何影响。（提示：参见应用案例 "超级碗大赛的商业广告"。）

8. 挑战题

8.1 百货公司每周都会减价促销一款不同的衣服。用价格歧视来解释企业采用这种常规销售方式的原因。

8.2 在 "挑战题解答" 中，如果亨氏公司可以为忠诚客户和普通客户分别设定价格，那么这种销售方法实现的结果是否与实施群体价格歧视的结果相同？为什么？

第13章

寡头和垄断竞争

三个人想保守住一个秘密是不可能的，除非有两个人是死人。
　　　　　　　　　　——本杰明·富兰克林（Benjamin Franklin）

挑战题　　　　　　　　　　　**政府航空补贴**

　　为了在竞争中不落下风，飞机制造商会游说政府提供补贴。欧洲的空中客车公司和美国的波音公司是市场上仅有的两家大型商用喷气式飞机制造商。法国、德国、西班牙、英国等国对空中客车公司进行政府补贴，以使其在宽机身飞机市场上与美国的波音公司展开竞争。美国政府谴责欧洲各国的这种做法，但欧洲人认为，让波音公司大获其利的军事合同是美国政府对波音公司的隐性补贴。

　　政府的慷慨不会凭空出现。波音公司和空中客车公司的管理者苦苦游说才获得这种支持。举例来说，2015年，波音公司在游说方面的花费是21 921 000美元，派出了95个说客，其中包括3名前国会议员。

　　华盛顿和欧盟再一次向世界贸易组织（WTO）提起申诉，指控对方向自己的飞机制造商非法提供补贴。在2010年，世界贸易组织裁定（如美国在2005年所指控的那样）以空中客车A380巨型飞机为代表的一些机型得到了不适当的补贴，损害了波音公司的利益。2012年，世界贸易组织裁定波音公司和空中客车公司都接受了不正当的补贴。2015年，世界贸易组织同意调查有关华盛顿州对波音公司提供补贴的投诉，波音公司也质疑欧洲政府向空中客车公司提供贷款。因此，补贴、控告、协议和再补贴的循环仍在继续。

　　如果波音公司或者空中客车公司两者之间只有一家受到政府补贴，企业如何将得到的补贴转化为竞争优势呢？若双方政府都给予补贴，结果会怎样？波音公司和空中客车公司应该游说政府补贴进而挑起一场补贴大战吗？

　　一个国家主要的航空公司在国内没有几个竞争对手，企业的利润取决于自己和对手的行动。与之类似，任天堂、微软和索尼三家企业主导着电子游戏市场，每家企业的利润取决于自身价格与对手价格的比较，以及产品的性能。

　　航空市场和视频游戏市场都属于**寡头**（oligopoly）：存在实质性进入障碍的、只有几家企业组成的市场。在这样的市场中，只有少数企业在彼此竞争，每家企业都能够对价格（进而对竞争对手）产生影响。由于需要考虑到对手企业的行为，所以，寡头企业比垄断企业或竞争性企业更难以做出利润最大化的决策。垄断企业没有对手；竞争企业忽略其他对手的行为——在选择实现利润最大化的产量的过程中，它只需考虑市场价格和自身的成本。

如果一家寡头企业对对手的行为视而不见，或没有预测准确，很有可能会招致利润上的损失。例如，当对手企业的汽车产量增加时，福特汽车的售价就得下降。如果它低估了竞争对手的产量，就可能会生产过多的汽车，从而造成损失。

寡头企业既可以独立行动，又可以协调行动。几家公然同意协调行动的企业组成的团体叫作**卡特尔**（cartel）。这些企业可以就各自的销售量或销售价格达成一致。通过合作并像垄断企业那样行事，卡特尔的成员共同赚取了垄断利润，这也是最大可能的利润。在大多数发达国家，卡特尔通常是非法的。

如果寡头企业之间不串谋，它们的利润就会下降。尽管如此，由于市场中的企业数量相对较少，各自独立行动的寡头企业在长期还是会获得正的经济利润，这一点与竞争性企业不同。

进入障碍的存在确保寡头市场上只有少数几家企业。如果一个市场没有进入障碍，会有企业相继进入，直到利润为零。在完全竞争的市场上，进入的企业很多，它们面临着一条水平的需求曲线，成为价格接受者。然而在其他市场上，即使进入后的利润为零，每家企业还是面临着向下倾斜的需求曲线。因为需求曲线向下倾斜，企业可以使价格高于边际成本，从而产生了市场失灵：无效率（或过低）的消费（参见第9章）。**垄断竞争**（monopolistic competition）指的是企业拥有市场势力（使价格高于边际成本），但没有新企业能进入并获得正利润的一种市场结构。

在本章，我们将考察企业在卡特尔、寡头和垄断竞争等几种市场上的产量或价格的决策。正如第11章所提到的那样，不管垄断企业的决策变量是价格还是产量，均衡结果都相同；同样，如果串谋的寡头企业销售同质产品，无论是价格决策还是产量决策，卡特尔均衡也都相同。但在寡头和垄断竞争的市场上，价格决策和产量决策导致的均衡结果会有所差别。

本章将考察以下6个主题：

1. 市场结构。企业的数量、价格、利润及市场的其他特性取决于市场是垄断、寡头、垄断竞争还是完全竞争。

2. 卡特尔。如果企业之间能够成功地协调它们的行为，就能像垄断企业一样采取集体行动。

3. 古诺模型。在古诺模型中，各企业选择产出水平时不会串谋，市场的产量、价格和企业的利润介于竞争和垄断的水平之间。

4. 斯塔克尔伯格模型。在斯塔克尔伯格模型中，与成本相同的竞争对手相比，领导企业会率先决定其产出水平，此时市场的产量会高于所有企业同时进行产量决策时的产出水平，因此领导企业能获得比其他企业更高的利润。

5. 伯川德模型。在伯川德模型中，设定价格的寡头均衡与设定产量的均衡会有所不同，这取决于产品的差异化程度。

6. 垄断竞争。企业可以自由进入市场，但面临着向下倾斜的需求曲线，均衡时企业设定的价格高于边际成本，但没有经济利润。

13.1 市场结构

我们可以根据市场中企业的数量、企业进入和退出市场的难易程度以及市场中的企业实现产品差异化的能力等因素来对市场进行分类。表 13.1 列出了垄断、寡头、垄断竞争和完全竞争四种主要市场结构的特征和性质。在表 13.1 中，我们假设这些企业面临着很多作为价格接受者的买主。

表中的第 1 行描述了每个市场结构中的企业数量。垄断市场上只有一家企业，寡头市场中往往有几家企业。垄断竞争市场上的企业数量可多可少，但通常很少。完全竞争市场的企业数量很多。

由于市场存在诸如政府许可或专利权等不可逾越的进入障碍（第 2 行），垄断和寡头市场中企业数量很少。相比之下，在完全竞争和垄断竞争的市场上，只要利润为正，就会有新企业进入，所以长期经济利润为零（第 3 行）。但垄断和寡头市场中的企业可以获得正的长期经济利润。

完全竞争企业面临的是水平的需求曲线，所以它们是价格接受者。从企业数目来看，垄断竞争市场少于完全竞争市场。由于竞争对手相对较少，对其市场的影响力要大一些，因此垄断竞争企业与垄断和寡头企业一样，都面临着一条向下倾斜的需求曲线。所以，非竞争性企业都是价格的制定者（第 4 行）。也就是说，除了完全竞争企业之外，所有的企业都有一定的市场势力，能够将价格定在边际成本之上，因而在这些不完全竞争的市场结构中，价格高于边际成本，出现市场失灵。一般来说，市场中的企业数量越少，价格就会越高（第 5 行）。

表 13.1　　　　　　　垄断、寡头、垄断竞争和完全竞争四种市场结构的性质

	垄断	寡头	垄断竞争	完全竞争
1. 企业数量	1	很少	很少或很多	很多
2. 进入条件	不能进入	限制进入	自由进入	自由进入
3. 长期利润	≥0	≥0	0	0
4. 定价能力	价格制定者	价格制定者	价格制定者	价格接受者
5. 价格水平	很高	高	高	低
6. 策略取决于单个竞争对手的行为	否（没有竞争对手）	是	是	否（只关心市场价格）
7. 产品	单一产品	可能有差异	可能有差异	同质
8. 例子	本地的天然气	汽车制造商	图书，餐馆	种植苹果的农民

相比于垄断和完全竞争的企业，寡头和垄断竞争企业必须密切关注竞争对手的行为（第 6 行）。垄断企业没有对手，完全竞争企业在选择产出水平时也会无视对手，因为市场价格向企业提供了它想要了解的有关对手的全部信息。

寡头企业和垄断竞争企业会生产有差异的产品（第 7 行）。例如，寡头汽车制造商生产的汽车在大小、重量和其他方面都有所区别。相反，竞争性的果农出售的是无差异的

（同质）苹果。

13.2　卡特尔

> 同业中的人即使是为了娱乐和消遣也很少聚在一起，但他们的对话结果不是对付公众的阴谋，就是抬高价格的计划。
>
> ——亚当·斯密（Adam Smith），1776

寡头企业有动机结成卡特尔，它们串谋设定价格或者产量从而提高利润。石油输出国组织（OPEC）就是一个众所周知的国际卡特尔，不过多数卡特尔是在一国之内运作的。

一般来说，与独立决策相比，每个卡特尔成员会同意降低产量，这导致市场价格上升，企业获得更多利润。如果企业将产出降到垄断水平，它们就能获得最高可能的整体利润。

对消费者来说，幸运的是，卡特尔常常会失败。一方面是因为政府政策禁止企业结成卡特尔，另一方面是因为卡特尔的成员有违反卡特尔协议的动机。每个成员都有"欺骗"的意图，原因在于，如果它增加产量而其他企业遵守协议，自身的利润会增加。

☐ 卡特尔形成的原因

如果卡特尔成员认为它们能够通过协调行动来提高利润，卡特尔就结成了。可是企业独立经营的时候已经实现了利润最大化，为什么还要加入卡特尔获得更多的利润呢？原因很微妙。当一家企业独立行动时，它只考虑产量对自身利润的影响，不会在乎增产会降低其他企业的利润；相反，卡特尔考虑的是，任何一家企业的产量变化对所有卡特尔成员利润的影响。因此，卡特尔获得的总利润要大于相同企业单独行动时的利润之和。

尽管卡特尔在寡头市场上十分常见，但偶尔也能在一个高度竞争的市场中看到，比如专业人才市场。如果竞争性企业降低产量就可以略微地提高市场价格（提价幅度如此之小，以至企业不但忽略了这个变化对其他企业利润的影响，也忽略了对自身利润的影响）。不过，倘若同一行业内所有同样的竞争性企业都同等降低产量，市场价格就会出现明显的变化。意识到这种共同行动的影响后，卡特尔会选择一个比竞争性市场低的产出水平。

图 13.1 给出了竞争性市场和卡特尔之间的这一区别。寡头市场上有 n 家企业，其他企业无法进入。图 13.1（a）显示了一个代表性完全竞争企业的边际成本曲线和平均成本曲线。如图 13.1（b）所示，如果所有的企业都是价格接受者，市场的供给曲线 S 是在最低平均成本之上的单家企业的边际成本曲线的水平加总。在竞争性均衡价格 p_c 处，每一家作为价格接受者的企业的产量都是 q_c [这是图 13.1（a）中 MC 曲线与 p_c 这条水平的虚线的交点]。[1] 市场的产量是 $Q_c = nq_c$ [图 13.1（b）中 S 与市场需求曲线的交点]。

---

① 像图中所画的那样，竞争性均衡价格大于平均成本的最小值。由于企业数量固定，这些竞争性企业会获得正利润。

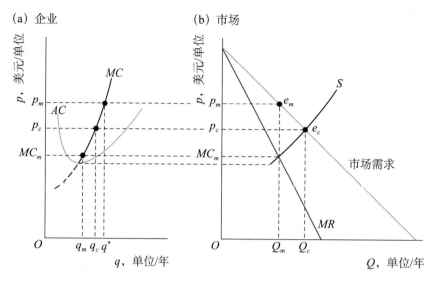

图 13.1　竞争与卡特尔

(a) 市场上有 n 家企业，本图给出了每家企业的边际成本曲线和平均成本曲线。竞争性企业的产量是 q_c，而卡特尔成员的产量 $q_m < q_c$。在卡特尔价格 p_m 下，每个卡特尔成员有把产量从 q_m 提高到 q^*（p_m 水平上的虚线与 MC 曲线相交的地方）的动机。(b) 与卡特尔均衡 e_m 相比，竞争性均衡 e_c 处的产出水平更高、价格更低。

现在假设这些企业结成了一个卡特尔。它们应该降低产量吗？在竞争性均衡产出水平上，卡特尔的边际成本［竞争性行业的供给曲线，图 13.1 (b) 中的 S］高于它的边际收益，因此，如果减少产量，卡特尔的利润会继续增加。随着产量的减少，卡特尔的共同利润会一直增加，直到产出达到垄断的产量水平 Q_m，这时卡特尔的边际收益等于边际成本。如果卡特尔的利润增加了，每个成员的利润也会增加。如图 13.1 (a) 所示，为了达到卡特尔的产量水平，每家企业必须把产量限制在 $q_m = Q_m/n$ 的水平上。

为什么企业必须结成卡特尔才能获得更高的利润呢？一家竞争性企业在边际成本等于市场价格的条件下生产 q_c 单位产品。如果只有一家企业降低产量，因为价格不变而销售量减少，该企业的利润会下降。卡特尔让所有的企业都减少产量以提高市场价格，从而增加了每家企业的利润。在其他条件相同的情况下，潜在的卡特尔面临的市场需求弹性越小，卡特尔制定的价格就会越高，通过卡特尔获得的利润也就会越多。如果对结成非法卡特尔的惩罚过于轻微，一些肆无忌惮的商人就会因为无法抵制利润的诱惑而加入卡特尔。

□ 卡特尔失败的原因

在大多数发达国家，卡特尔通常是非法的，卡特尔中的企业可能会面临罚款，企业的所有者或管理者也可能会被罚款甚至监禁。[①] 不过，即便没有法律干预，很多卡特尔最终也失败了。

一些卡特尔失败是因为它们没有足够的市场力量去大幅抬高价格。举例来说，1918—1988 年间，黄铜的生产商曾四次试图结成国际卡特尔。在最近的一次尝试中，铜出口国政府间协会（Intergovernmental Council of Copper Exporting Countries）只控制了民主国家不到

① 企业在价格、产量、市场区域等方面串谋是非法的，鲜有例外。如果（愿意的话）企业可以就研发或技术标准协调一致，这是多数法律所允许的。

中级微观经济学（第八版）

1/3 的产量，还面临着一些来自从废金属材料中回收铜的企业的竞争。由于这些来自非卡特尔成员的竞争，卡特尔没有能够提高铜价，并最终在 1988 年解散。

卡特尔成员都有违反卡特尔协议的动机。一家企业的老板可能会做如下推理："我加入卡特尔是为了鼓励其他企业减少它们的产量，这会提高市场价格，从而增加每家企业的利润。不过，如果我违反卡特尔协议增加生产就能赚取更多利润。我只是众多企业中的一家，别的企业不能辨别出到底是谁在增加生产，从而可以侥幸逃脱惩罚，而且只有我一家增产也不会影响市场价格。"由此推理可知，对每家企业来说，最好的结果是，所有其他企业都遵守卡特尔协议进而提高市场价格，但自己违反协议增加生产，并以高价格获得更多的销售利润。

图 13.1 说明了企业选择违反协议的原因。在卡特尔产量［即图 13.1（a）中的 q_m］水平上，每个卡特尔成员的边际成本是 MC_m。一家不将其产量限制在卡特尔水平的企业可以增加利润。多出的每单位产品都能按价格 p_m 出售，因为单独一家企业的产出对市场价格基本没有影响。也就是说，企业像价格接受者一样，边际收益等于市场价格。它会通过把产量提高到让边际成本等于 p_m 的 q^* 处来实现利润最大化。对于额外生产的产品（q_m 和 q^* 之间的产量），其边际收益在边际成本之上。所以，企业通过违背卡特尔协议能赚取更多的利润。随着违反卡特尔协议的企业越来越多，卡特尔价格下降。最终，只要退出的企业达到一定数量，卡特尔就失败了。

□ 立法反对卡特尔

19 世纪末，卡特尔（或者，当时被称作托拉斯）在美国是合法的，也很普遍。石油、铁路、糖和烟草等托拉斯（trust）都把价格提高到竞争性均衡水平之上。[1]

为了应付托拉斯抬高价格的做法，美国国会在 1890 年通过了《谢尔曼反托拉斯法》（Sherman Antitrust Act），1914 年又通过了《联邦贸易委员会法案》（Federal Trade Commission Act），禁止企业公然达成反竞争行为的协议[2]，特别是严厉禁止出于共同定价的目的而结成卡特尔。用法律术语来说，这种价格操纵本身就是一种违法行为：它是严重违反法律的，企业没有任何减刑的可能。政府通过对被发现串谋的企业实施惩罚来阻止卡特尔的形成。

美国司法部和联邦贸易委员会是美国两大反垄断执法机构。美国司法部最近引用最高法院的说法，指出串谋是"反托拉斯的最大罪行"，所以对卡特尔进行起诉是"最优先执行的任务"。联邦贸易委员会的目标是"防止不公平的商业竞争方式"和"执行……其他消费者保护法"。这两个机构都可以利用刑事和民事的法律来打击卡特尔和操纵价格以及其他反竞争行为。

虽然存在相关法律，但有些卡特尔依然存在，原因有三：

第一，国际卡特尔和特定国家中的卡特尔是合法的。一些由国家而不是企业结成的

---

[1] 在 19 世纪和 20 世纪初，因卡特尔而攫取了大量财富的强盗资本家包括：John Jacob Astor（房地产和毛皮），Andrew Carnegie（铁路和钢铁），Henry Clay Frick（钢铁），Jay Gould（金融和铁路），Mark Hopkins（铁路），J. P. Morgan（银行），John D. Rockefeller（石油），Leland Stanford（铁路），以及 Cornelius Vanderbilt（铁路和运输）。

[2] 美国法律并不禁止所有的卡特尔。美国最高法院做出的一项奇怪判决，基本上将美国职业棒球联盟排除在反垄断法之外。工会明确不受反垄断法的约束。工人们可以采取集体行动来提高工资。排除工会的一个历史理由是，工人们面对的是可以行使垄断权力的雇主（第 15 章）。只要不讨论价格和产量等问题，各公司可以协调研发工作或技术标准。

寡头和垄断竞争

国际卡特尔（如 OPEC）是合法运营的。

第二，一些卡特尔不合法，但它们认为可以逃脱检查，或者认为相应的惩罚无关痛痒。至少是直到最近，这个想法基本正确。例如，1996 年，美国阿丹米公司（Archer Daniels Midland，ADM）支付了三笔罚款来了结三起与定价有关的民事案件：一个涉及（在许多消费品中使用的）柠檬酸的案子，被罚款 3 500 万美元；在柠檬酸价格制定丑闻被曝光后，公司股票价格下跌，为了补偿股东的损失，被罚了 3 000 万美元；一个涉及赖氨酸（一种食品添加剂）的案件，被罚了 2 500 万美元。同年，阿丹米公司为一个制定赖氨酸和柠檬酸价格的联邦刑事案支付了 1 亿美元的罚款。但仅仅 8 年后，阿丹米公司为一个制定玉米糖浆价格的案子支付了 4 亿美元的罚款。

第三，有些企业即便不能公然串谋，也会协调它们的行动，从而避免了违反竞争法的风险。美国反托拉斯法的量刑依据是密谋证据（如公然协议），而不是垄断的经济后果。该法律并没有禁止企业收取垄断水平的高价格——它明确禁止协议提高价格。因此，一些企业集团制定出垄断水平的价格，但并没有违反竞争法。这些企业无须采取实际行动向对方发信号，不用见面就可以默契合谋（tacitly collude）。如果一家企业提高了价格，并且只有在其他企业遵循它的领导的情形下才能保持高价格，那么由于这些企业没有公然地进行沟通，就不一定会违法。

例如，在 2012 年感恩节前不久，联合航空公司宣布上调票价。不过，在竞争对手未能配合这一涨价行为后，联合航空公司在第二天就下调了票价。很快，美国航空公司的总裁观察到，如果载客量最大的西南航空公司不配合其他航空公司的涨价行为，后者就会取消这一行动。[①]

1889 年，加拿大颁布了世界上第一部反托拉斯法，比美国的《谢尔曼反托拉斯法》早了一年。根据美国的法律，操纵价格的卡特尔本身是违法的，将受到民事和刑事处罚。澳大利亚和新西兰有类似加拿大和美国的反卡特尔法律。近年来，欧盟和多数发达国家都效仿加拿大和美国，严厉禁止卡特尔行为。

美国司法部、联邦贸易委员会、加拿大竞争局和欧盟变得越来越强硬，起诉了多起案件，并大幅增加罚款。来自世界各地的反垄断机构也正在越来越多地展开合作。加拿大、墨西哥、欧洲、澳大利亚、新西兰和美国等国家和地区之间存在着合作协议。鉴于从事串谋和其他反竞争活动的企业的全球范围日益扩大，这种合作至关重要。

大型科技公司的工资卡特尔

怎么才能得到比现在高的工资呢？也许你会尝试跳槽，到同行业中的另一家公司就职。但如果那家公司拒绝雇用你现在公司曾经用过的人，那你就倒霉了。这种事发生在许多高技能工程师的身上。

2005 年，当对硅谷工程师的需求激增时，苹果公司的史蒂夫·乔布斯（Steve Jobs）与谷歌的埃里克·施密特（Eric Schmidt，他也是苹果董事会的成员）达成了一项秘密、

---

① Charisse Jones, "United Airlines Hikes Fares; Will Rivals Follow?" *USA Today*, October 11, 2012; "US Airways President Talks about Southwest Fares," *Businessweek*, October 24, 2012.

非法的"禁止偷猎"协议，双方同意不招聘彼此的员工，分享工资等级信息以及惩罚违反协议的公司等，以此来让员工的工资维持在低位。内部电子邮件显示，2007年，为了取悦乔布斯，施密特解雇了一位曾与苹果工程师联系过的谷歌招聘人员。Intuit、Pixar和 Lucasfilm 也加入了这一卡特尔。据称，还有一些大型科技公司也参与了这一阴谋，影响的员工人数超过 100 万。

显然，当美国司法部在 2010 年对苹果、谷歌和其他公司展开调查时，这个卡特尔就被叫停了。2014 年，Intuit、Pixar 和 Lucasfilm 就一项集体诉讼（指控它们合谋压低工资）达成了 2 000 万美元的和解协议。2015 年，苹果、谷歌、英特尔和 Adobe 同意支付4.15 亿美元来解决一起类似的诉讼。它们否认有任何不法行为！

这起密谋是买方卡特尔的一个例子。最近的卖方卡特尔据称或被证实发生在航空、图书出版、法国乳制品、巴尔干半岛火车、计算机芯片、航空货运、液晶显示屏、土豆(!) 和许多其他市场。

☐ 卡特尔的维持

为了阻止企业违反卡特尔协议，卡特尔必须能够察觉到企业的背叛行为并实施惩罚。而且，卡特尔成员必须在消费者和政府机构面前隐藏它们的违法行为。

侦察和执行

卡特尔利用各种技术来侦察背叛行为。例如，一些卡特尔授权其成员相互查账。卡特尔也可以根据地域或消费者来划分市场，这样一来，如果有企业试图争夺其他企业的消费者，被发现的可能性就增大了，这就像西班牙和意大利两国结成的水银卡特尔(1928—1972 年) 那样，该卡特尔把美洲市场分给了前者，把欧洲市场分给了后者。卡特尔的另一种选择是求助于收集企业市场份额数据的行业组织。如果卡特尔中有成员进行欺诈，它的市场份额会上升，从而向其他被欺骗的企业发出警示。

你也许在本地商店里见过一些所谓的"低价"广告，商店保证它的售价不会比任何竞争对手的价格高。实际上这些广告可能只是该企业诱使消费者报告其他企业违反（公开或私下达成的）卡特尔协议的一种方法（Salop, 1986）。

执行卡特尔协议的方法有很多。过去，通用电气（GE）和西屋电气（Westinghouse）这两个主要的大型蒸汽涡轮发电机销售商在它们的合同中加入了"最惠客户条款"。条款规定，如果卖方不给当前的签约企业降价，（在现在或未来）也就不能给其他任何买家降价。这类折扣条款对卡特尔的欺诈实施了一种惩罚：如果企业通过降价进行欺诈，它就必须为以前的所有买家降价。执行卡特尔的方法还有暴力威胁等。[①]

各国政府往往会间接促成卡特尔：

常识性谬误：要求政府机构报告在政府合同中出价最低的企业以及它的出价，对公众是有利的。

虽然社会在许多方面受益于政府的透明度，但披露这类信息可以帮助卡特尔执行其协议。如果政府报告说，"违约"的卡特尔成员低价竞标使其赢得了合同，其他卡特尔成员立

---

① 参见 MyEconLab，Chapter 11，应用案例"Bad Bakers"。

刻会知道这家企业违背了卡特尔协议。电力设备和大型建筑卡特尔就利用了这些政府信息。

政府支持

有时候，政府会帮助建立和执行卡特尔，并给予它们以反托拉斯法和竞争法的豁免权。因为成功地游说美国国会授予特别豁免权，自 1922 年起，美国职业棒球队便不再受大多数反托拉斯法的管辖，这让它们可以通过法院来协助执行卡特尔协议中的某些条款。

政府创立卡特尔然后又采取行动去终结它，这方面国际航空市场提供了一个范例。1944 年，52 个国家签署了《国际民航公约》（Convention on International Civil Aviation），旨在建立国与国之间的航线规则（"自由飞行"）。政府间的双边协议规定了国际机票价格，并授予航空公司反托拉斯法的豁免权，即允许它们通过国际航空运输协会（International Air Transport Association，IATA）来协商价格。在 20 世纪 70 年代末，美国放松了对航空运输业的管制。此后不久，欧洲国家开始放松管制，允许非国有的航空公司进入市场。一些国家通过谈判达成了双边开放领空协议，这类协议削弱了 IATA 的价格操纵权。[①]

应用案例

枫糖浆卡特尔中的欺骗行为

大多数枫糖浆来自加拿大魁北克省（而不是一些美国人认为的佛蒙特州）。魁北克省有很多枫糖树和大约 13 500 个枫糖浆生产商。它们怎么能联合起来有效地运作一个卡特尔呢？半个世纪前，魁北克省政府通过一项法律成立了一个合法的卡特尔组织：魁北克省枫糖浆业联合会。该联合会的执行理事西蒙·特雷帕尼尔（Simon Trépanier）称该联合会是枫糖浆业的 OPEC。

技术变革（如塑料管的使用）导致枫糖浆供应大幅度增加，价格下降。为应对价格下降，联合会的多数成员投票决定从 2004 年开始建立强制性的生产配额，这限制了农民一年的销售量。此外，它们还要求农民必须通过联合会出售他们所有的糖浆，从而限制供应量以提高枫糖浆的价格。2004—2015 年，价格上涨了 36%（按实际价值计算为 13%）。

所有的农民都高兴吗？根据特雷帕尼尔先生的说法，"四分之三的成员对我们所做的事情满意或非常满意"。其他的呢？他们中的一些人"欺骗"了卡特尔。

如果联合会怀疑有农民在联合会之外生产和销售，就会对他们的财产进行监视，然后，对这些农民进行罚款，或者在极端的情况下剥夺其生产权。换句话说，它拥有非法卡特尔只能羡慕的权力。

但是联合会能阻止所有的欺骗吗？这是一场与像罗伯特·霍奇这样的农民的斗争，这些农民违反了法律，没有加入联合会的体系。2004—2008 年，联合会没有抓到霍奇。但在 2009 年，当他们发现霍奇的活动时，要求霍奇支付 278 000 加元作为他不加入联合会且在联合会外销售的费用，这比他每年大约 50 000 加元的销售额高出了 4 倍多。

2015 年，联合会雇用了警卫来监视霍奇的制糖农场。几个星期之后，他们没收了他每年生产的 20 400 磅（价值约 60 000 加元，合计 46 000 美元）枫糖浆。但霍奇仍不妥

---

① 欧洲法院在 2002 年废止了美国和八个欧洲国家之间的航空协议的核心条款。

协，他认为，不管法律如何规定，他应该可以自由地选择生产多少和向谁出售。他说："他们把我们称作背叛者，说我们正在进行一场枫糖浆战什么的。"他20岁的女儿看到了说："枫糖浆战，这不可悲吗？"

霍奇不是唯一一个与卡特尔做斗争的人。尽管有严厉的惩罚和法律作为后盾，但该卡特尔几乎随时都要同时进行大约400项调查。

进入障碍

限制企业数量的进入障碍或壁垒有助于卡特尔察觉和惩罚背叛行为，并使价格保持在高位。市场上企业的数量越少，其他企业发觉某家企业背叛的可能性就越大，对该企业实施惩罚也就越容易。除了那些涉及职业联盟的卡特尔以外，由众多企业结成的卡特尔相对罕见。Hay和Kelley（1974）在1963—1972年间研究了美国司法部的联合定价案，发现只有6.5%的案子中包括50个或以上的串谋者，涉案企业的平均数量是7.25个，有将近一半的案子（48%）所涉及的企业都不超过6家。

有新企业进入市场时，卡特尔经常会失败。例如，当只有意大利和西班牙销售水银时，它们能够建立和维持一个稳定的卡特尔，一旦有更多国家加入，建立世界水银市场卡特尔的企图就一再失败（MacKie-Mason and Pindyck，1986）。

☐ 兼并

如果反托拉斯法或竞争法阻止了企业的串谋，企业会尝试通过兼并形成垄断来达到同样的目的。为了制止这种可能，大多数反垄断法和竞争法一旦认为兼并的最终结果对社会有害，就会对企业的兼并能力加以限制。

美国的法律一旦认为企业兼并有抑制竞争的后果，就会对企业的兼并能力进行限制。近年来，欧盟委员会也一直积极审查并在必要时阻止兼并。例如，2011年，美国司法部和欧盟委员会阻止了纽约证券交易所（New York Stock Exchange）和纳斯达克（NASDAQ）这两家世界最大的证券交易所合并的提议。

兼并对社会有利还是有弊，取决于其两种相互抵消的效应（减少竞争和提高效率）哪一个更大。考虑两种极端情况。一是市场上仅有两家企业，它们的合并没有降低成本，而是增加了垄断势力，因此新合并的企业大幅提高了价格。这样的兼并对社会有害。二是市场上有大量的企业，其中有两家企业合并，这会节省成本，但市场势力或市场价格没有明显提高。这样的兼并有利于社会。

市场势力明显增强且成本下降的诉讼案件属于中间情况。但是，如果兼并后价格下降是因为成本的下降效应大于市场势力的增长效应，则兼并是可取的。

应用案例

兼并导致的垄断

政府为什么要担心兼并？如果兼并增加了企业的市场势力，提高了价格和利润，那么新企业不会进入市场吗？只有在企业能够轻易进入市场而不产生大量沉没成本或没有其他进入障碍的情况下，这一讨论才有意义。因此，在决定是否允许兼并时，政府会考虑进入市场的难度。

Collard-Wexler（2014）用一个例子说明了为什么在熟料混凝土行业中市场进入是重要的。虽然美国有大约 5 000 家现成的混凝土工厂，但它们很少直接竞争。由于航运成本高，该国至少有 449 个小型的本地市场。新工厂必须承担大量的沉没进入成本。他发现，在合并成为垄断者之后，一家新企业需要 9 到 10 年的时间才能进入市场。因此，如果一个本地市场上仅有的两家企业进行合并，由此产生的企业就可以在十年左右的时间里赚取垄断利润，造成的损失几乎是垄断每年所造成的损失的八倍。

13.3　古诺模型

没有结成串谋的寡头企业的行为是怎样的？虽然有关竞争和垄断的模型分别只有一个，但描述非合作的寡头企业行为的模型为数众多，每个模型的均衡价格和数量也各不相同。

使用哪一个模型更恰当要看市场有什么特征。比如企业所采取的行动的类型（设定数量还是价格），以及企业是同时行动还是序贯行动。我们将依次考察三个重要的寡头模型。在古诺模型中，企业之间没有串谋，同时选择产量；在斯塔克尔伯格模型中，领导企业先选择产量，然后跟随企业再独立地选择它的产量；在伯川德模型中，企业同时且各自独立地设定价格。

为了简单明了地把这些模型介绍给读者，我们从 4 个严格的假设出发，后面再放松这些假设。

（1）我们研究的寡头模型都是**双头垄断**（duopoly）的，也就是说，只有两家企业。当然，每个模型也都适用于有多家企业的市场。随着企业数量的增加，古诺模型和斯塔克尔伯格模型的结果会有所变化，但生产无差异产品的伯川德模型的结果始终相同。

（2）我们假设各家企业是相同的，它们有同样的成本函数，生产同样的产品（无差异的产品）。后面将说明，如果成本不同，或者消费者认为它们生产的产品不一样，市场运行结果会有变化。

（3）在本节中我们假设企业同时行动。在讨论斯塔克尔伯格模型时再改变这一假设，使一家企业先于另一家企业采取行动。

（4）我们假设市场只存在一期，所以，企业的产量或价格决策只进行一次。第 14 章将讨论多期市场的情况。

为了对不同模型的市场结果加以比较，我们需要对寡头均衡的特征加以梳理。在第 2 章，我们对均衡的定义是指一种没有人愿意改变自身行为的状态。对于竞争性市场来说，给定其他企业的产量不变，没有企业愿意改变自己的产出。寡头企业可采取的行动多种多样（比如设定价格或数量，或者设定广告的规模），均衡的规则也不能仅仅局限于设定产出水平的企业行为。

诺贝尔经济学奖获得者、著名经济学家和数学家约翰·纳什（John Nash）定义了一个均衡概念，它应用广泛，包括寡头模型（Nash，1951）。我们将在第 14 章给出纳什均衡更为一般的定义。在本章，我们使用该定义的一个特例，它适用于单一时期的寡头模型。在这个模型中，企业唯一可以采取的行动是设定价格或产量：在所有其他企业的行动保持不变的前提下，如果没有一家企业可以通过选择不同的行动来获得更高的利润，则这些企业采取的一组行动就是一个纳什均衡。

□ 双头垄断古诺均衡

1838 年，法国经济学家兼数学家古诺（Cournot）提出了第一个正式的寡头模型，他解释了寡头企业同时进行产量决策时的行为方式。这些企业单独行动，拥有的关于竞争对手的信息也不完全。在知道其他企业会选择多少产量之前，每家企业必须选择自己的产量。因为市场价格取决于总产出，所以一家企业的产量会直接影响其他企业的利润。从而，在选择利润最大化的策略时，每家企业都要考虑对手的产量。古诺引入了一个与纳什均衡定义相同的均衡概念，其中企业所采取的行动是选择产量。

为了说明古诺模型的基本思想，我们举一个真实市场的例子：联合航空公司和美国航空公司两家公司在芝加哥—洛杉矶航线上的竞争。[①] 这两家公司总的乘客人数是 Q，是搭乘美国航空公司的乘客 q_A 和搭乘联合航空公司的乘客 q_U 之和。其他企业在这两个机场没有着陆权，进而没法进入这个市场。[②]

每家航空公司会选择搭载多少位乘客呢？为了回答这个问题，我们要确定该模型的纳什均衡。企业选择产量的纳什均衡，又被称作**古诺均衡**（Cournot equilibrium）或**纳什-古诺均衡**（Nash-Cournot equilibrium，也称作产量方面的纳什均衡）：指存在这样一组产量，没有企业能够在其他所有企业不改变产量的情况下通过改变自己的产量来增加利润。

为了找出古诺均衡，我们需要确定每家企业是如何选择其产量的。首先，我们从芝加哥—洛杉矶航线的总需求曲线和一家企业关于其竞争对手的产量的信念入手，来确定这家企业所面临的剩余需求曲线：在任意价格水平上，没有被其他卖者满足的那部分市场需求（第 8 章）。其次，我们将分析一家企业如何利用其剩余需求曲线来确定它的最优反应：在有关竞争对手产量的信念既定的情况下，实现利润最大化的产量水平。最后，我们用这两家企业的最优反应信息来确定古诺均衡。

图形分析法

各家企业所采取的策略取决于它所面临的需求曲线和它的边际成本。美国航空公司利润最大化时的产量同它认为联合航空公司可能搭载的乘客数量有关。图 13.2 说明了两种可能性。

若美国航空公司是一家垄断企业，它不必担心联合航空公司的策略，所面临的需求就是市场的需求，即图 13.2（a）中的曲线 D。为了实现利润最大化，美国航空公司会在边际收益曲线 MR 与边际成本曲线 MC（每位乘客固定为 147 美元）相交的位置来确定它的产量。在图 13.2（a）中，垄断产量是每季度 96 单位（千位乘客），垄断价格是每位乘客 243 美元（单程）。

---

① 该例是基于 Brander 和 Zhang（1990）的研究。为了估计利润，我们假设 Brander 和 Zhang（1990）对不变的企业边际成本的估计同企业的相关的长期平均成本一样。

② 由于不再放松管制，现有企业被授予购买、出售或租借着陆位置的权利，而现有企业对着陆位置的控制可能使进入变得更加困难。

第13章

寡头和垄断竞争

因要和联合航空公司展开竞争，美国航空公司在确定自身利润最大化的产量时必须考虑联合航空公司的行为，它所面临的需求也不再是整个市场的需求。准确地说，美国航空公司关心的是它的剩余需求曲线：在任意价格上，没有被其他卖家满足的那部分市场需求（第8章）。一般来说，如果市场需求函数是 $D(p)$，其他企业的供给是 $S^o(p)$，那么剩余需求函数 $D^r(p)$ 就是：

$$D^r(p) = D(p) - S^o(p)$$

于是，如果联合航空公司不顾价格的高低而坚持搭载 q_U 位乘客，则美国航空公司的搭载人数只能是剩余的需求，即 $Q = D(p)$ 与 q_U 之差，所以，$q_A = Q - q_U$。

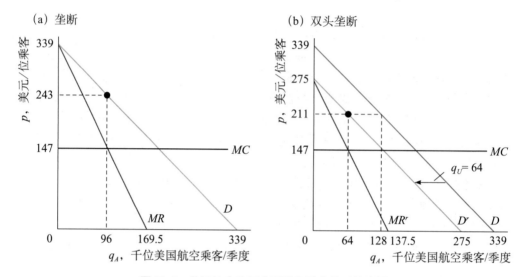

图 13.2　美国航空公司实现利润最大化时的产量

（a）如果美国航空公司是一家垄断企业，它将选择利润最大化的产量 $q_A = 96$ 单位（千位乘客/季度），此时边际收益 MR 等于边际成本 MC。（b）如果美国航空公司认为联合航空公司搭乘人数为 $q_U = 64$ 单位，其剩余需求曲线 D^r 等于市场需求曲线 D 减去 q_U。美国航空公司在 $q_A = 64$ 单位的时候实现利润最大化，此时边际收益 MR^r 等于 MC。

假设美国航空公司认为联合航空公司会搭载的乘客量为 $q_U = 64$。图 13.2（b）表明，美国航空公司的剩余需求曲线 D^r 是市场需求曲线 D 向左移动 $q_U = 64$ 单位所形成的。比如，若价格是 211 美元，则乘客总数是 $Q = 128$，联合航空公司运送的乘客人数是 $q_U = 64$，那么美国航空公司搭载的乘客数量就是 $Q - q_U = 128 - 64 = 64 = q_A$。

如果美国航空公司的管理者认为联合航空公司会搭载 q_U 单位乘客，它的最优反应（即利润最大化的产量）是多少呢？美国航空公司可以自认为对那些不乘坐联合航空公司航班的人具有垄断权，剩余需求曲线 D^r 表示的就是这部分消费者。要实现利润最大化，美国航空公司会选择使剩余需求对应的边际收益 MR^r 等于边际成本的产量。如图 13.2（b）所示，如果 $q_U = 64$，美国航空公司的最优反应是 $q_A = 64$。

通过适当移动它的剩余需求曲线并采用这种分析方法，美国航空公司能够计算出它在任意 q_U 下的最优反应。图 13.3 标出了美国航空公司的最优反应曲线，它表明美国航空公司在每个可能的 q_U 处会卖出的票数。[①] 如这条曲线所示，如果美国航空公司认为联合航空公司不会搭载任何乘客，即 $q_U = 0$，则美国航空公司将会卖出垄断票数 96 单位。最

---

① 术语提示：有些经济学家称最优反应曲线（best-response curve）为反应曲线（reaction curve）。

优反应曲线斜率为负，表明美国航空公司认为联合航空公司搭载的乘客越多，它所售出的票数就越少。如果美国航空公司认为 $q_U = 64$，它所售出的票数就为 $q_A = 64$。如果美国航空公司认为 q_U 大于等于 192，它就会选择停运，即 $q_A = 0$，因为运营不会获利。

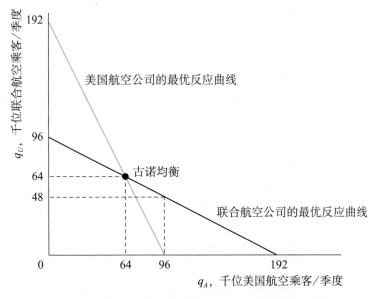

图 13.3　美国航空公司和联合航空公司的最优反应曲线

　　最优反应曲线表明了在关于对手产量的信念既定的情况下每家企业为实现利润最大化而选择的产量。古诺均衡位于两条最优反应曲线的交点位置。

　　同样，联合航空公司的最优反应曲线表明了它在美国航空公司出售 q_A 数量时所售出的票数。例如，联合航空公司要是认为美国航空公司会出售 $q_A = 192$，则它将出售 $q_U = 0$；如果 $q_A = 96$，则 $q_U = 48$；如果 $q_A = 64$，则 $q_U = 64$；如果 $q_A = 0$，则 $q_U = 96$。

　　若销售的数量不在最优反应曲线上，企业就会改变它的行为。在古诺均衡中，没有企业想要改变它的行为。因此，各家企业都处在最优反应曲线上：如果关于对手的产量的信念是正确的，则各家企业都实现了利润大化。

　　这些企业的最优反应曲线相交于 $q_A = q_U = 64$ 处。如果美国航空公司预计联合航空公司会出售 $q_U = 64$ 单位，它就会售出 $q_A = 64$。由于该点位于美国航空公司的最优反应曲线上，所以它不想改变产量（64）。同样，如果联合航空公司预计美国航空公司会出售 $q_A = 64$ 单位，联合航空公司也不会改变它的产量（64）。因此，这一对产量就是古诺均衡：在有关对手产量的正确信念给定的情况下，每家企业都实现了最大的利润，没有企业想改变它的产量。

　　除了两条最优反应曲线交点的那组产量外，任何其他的产量都不是古诺均衡。如果哪一家企业没在它的最优反应曲线上，它就会改变产量来增加利润。例如，$q_A = 96$ 和 $q_U = 0$ 这对产量就不是古诺均衡。如果联合航空公司根本不营运，美国航空公司会非常乐于生产出垄断产量：在它的最优反应曲线上。但联合航空公司对这个结果不会满意，因为它不在联合航空公司的最优反应曲线上。如联合航空公司的最优反应曲线所示，假如知道美国航空公司会出售 $q_A = 96$ 单位，联合航空公司将会出售 $q_U = 48$ 单位。只有当 $q_A = q_U = 64$ 时，才没有企业想要改变自己的行为。

代数分析法

也可以使用代数方法来解决这两家航空公司的古诺均衡问题（更一般的情况参见附录13A）。我们使用估计出的市场需求和企业的边际成本来求解这个均衡。

估计出的市场需求函数为：

$$Q = 339 - p \tag{13.1}$$

其中，价格 p 是一次单程飞行的票价，两家企业的乘客总数 Q 用每季度单程飞行的乘客数来表示。图13.2（a）和图13.2（b）表明市场需求曲线 D 是一条直线，与价格轴相交于339美元，与数量轴相交于每季度339单位（千位乘客）。每家航空公司有固定的边际成本 MC 和平均成本 AC，每位乘客每次航班的票价为147美元。我们用这些信息并辅之以经济模型就能够求出两家航空公司的古诺均衡。

如果美国航空公司认为联合航空公司会搭载 q_U 单位乘客，那么美国航空公司预计会搭载的乘客数量是市场总需求减去 q_U。在价格为 p 时，乘客总数 $Q(p)$ 由市场需求函数（即等式13.1）决定。因此美国航空公司面对的剩余需求是：

$$q_A = Q(p) - q_U = (339 - p) - q_U$$

利用代数方法进行整理，把剩余需求函数改写成：

$$p = 339 - q_A - q_U \tag{13.2}$$

在图13.2（b）中，线性剩余需求曲线 D^r 与市场需求曲线 D 平行，并比 D 向左移动了 $q_U = 64$ 单位。

如果需求曲线是线性的，对应的边际收益曲线的斜率为需求曲线斜率的2倍（见第11章）。剩余需求曲线即等式13.2的斜率是 $\Delta p / \Delta q_A = -1$，所以其对应的边际收益曲线[即图13.2（b）中的 MR^r]的斜率等于 -2。因此边际收益函数是[①]：

$$MR^r = 339 - 2q_A - q_U \tag{13.3}$$

美国航空公司的最优反应（在 q_U 既定的情况下利润最大化的产量）是选择使等式13.3中的边际收益等于边际成本的产量：

$$MR^r = 339 - 2q_A - q_U = 147 = MC \tag{13.4}$$

对等式13.4加以整理，可以把美国航空公司的最优反应产量 q_A 表示为 q_U 的函数：

$$q_A = 96 - \frac{1}{2}q_U \tag{13.5}$$

图13.3给出了美国航空公司的最优反应函数，即等式13.5。根据这个最优反应函数，如果 $q_U = 0$，则 $q_A = 96$；如果 $q_U = 64$，则 $q_A = 64$。同理，联合航空公司的最优反应函数是：

$$q_U = 96 - \frac{1}{2}q_A \tag{13.6}$$

古诺均衡是一对产量 q_A 和 q_U 的组合，所以等式13.5和等式13.6同时成立：每家企业都在它的最优反应曲线上生产。这个说法等同于说古诺均衡是最优反应曲线的交点。

确定古诺均衡的一个方法是把等式13.6代入等式13.5：

$$q_A = 96 - \frac{1}{2}\left(96 - \frac{1}{2}q_A\right)$$

---

① 美国航空公司的收益是 $R = pq_A = (339 - q_A - q_U)q_A$。美国航空公司如果把 q_U 视为常量，并通过产量来调整 R，就会发现其边际收益 $MR = \partial R / \partial q_A = 339 - 2q_A - q_U$。

求解出 q_A。通过这种方式，我们发现 $q_A=64$ 是美国航空公司的古诺均衡产量。把 $q_A=64$ 代入等式 13.6，得出 $q_U=64$，这是联合航空公司的古诺均衡产量。因此，古诺均衡的总产量 $Q=q_A+q_U=128$。把 $Q=128$ 代入市场需求函数（即等式 13.1）中，求得古诺均衡的价格是 211 美元。

□ 均衡、弹性和企业数量

航空公司的例子表明，如果两家古诺企业各自独立地设定产量，消费者支付的价格要低于垄断（或者卡特尔）价格。如果上述企业不止两家，价格可能会更低，下面来证明这一点。

每家古诺企业都按照边际收益等于边际成本的原则来实现利润最大化。第 11 章表明，企业的边际收益取决于价格及其利润最大化时所面对的需求弹性。一家代表性古诺企业的边际收益是 $MR=p(1+1/\varepsilon_r)$，其中 ε_r 是企业所面临的剩余需求曲线的弹性。附录 13A 指出，$\varepsilon_r=n\varepsilon$，其中，$\varepsilon$ 是市场需求弹性，n 是市场上有着同样成本的企业的数量。于是，我们可以把一家代表性古诺企业实现利润最大化的条件写成：

$$MR=p(1+\frac{1}{n\varepsilon})=MC \tag{13.7}$$

如果 $n=1$，古诺企业就是垄断企业，等式 13.7 和等式 11.7 中的垄断利润最大化条件相同。企业越多，一家企业面临的剩余需求的弹性 $n\varepsilon$ 就越大。随着 n 变得越来越大，剩余需求弹性趋于负无穷（$-\infty$），等式 13.7 就变成了 $p=MC$，这就是作为价格接受者的完全竞争企业实现利润最大化的条件。

勒纳指数 $(p-MC)/p$ 是一个衡量企业市场势力的指标，表示企业使价格高于边际成本的能力。将等式 13.7 加以整理，可以得出古诺企业的勒纳指数取决于该企业所面临的弹性：

$$\frac{p-MC}{p}=-\frac{1}{n\varepsilon} \tag{13.8}$$

因此，如果市场上只有一家企业，设等式 13.8 中的 $n=1$，古诺企业的勒纳指数就等于垄断水平（$-1/\varepsilon$），从而得出垄断企业的表达式（见等式 11.9）。此外，随着企业数量的增加，企业所面临的剩余需求弹性越来越接近 $-\infty$，勒纳指数也就越来越趋近于 0，这与作为价格接受者的完全竞争企业的情况相同。

我们可以用航空公司的例子来证明这些结果。假设拥有相同边际成本（$MC=147$ 美元）的其他航空公司也在芝加哥和洛杉矶之间运送乘客。表 13.2 说明了古诺均衡价格和勒纳指数随着企业数量的变化而变化的情况。[①]

如我们所知，若只有一家古诺企业，它会以 243 美元的垄断价格生产 96 单位的垄断产量。我们也知道双头垄断下每家企业的产量是 64，因此整个市场的产量是 128，市场价格是 211 美元。双头垄断市场的弹性 $\varepsilon=-1.65$，因此每家企业面临的剩余需求弹性是市场弹性的 2 倍，$2\varepsilon=-3.3$。

---

① 在附录 13A 中，我们推导出面临着线性需求的企业的古诺均衡产量和价格。给定需求曲线（等式 13.1）和边际成本（147 美元）的情况下，每家企业的古诺均衡产量是 $q=(339-147)/(n+1)=192/(n+1)$，古诺均衡市场价格是 $p=(339+147n)/(n+1)$。

表 13.2　　　　　　　　　不同企业数量下的古诺均衡

企业数量， n	企业产出， q	市场产出， Q	价格， p，美元	市场弹性， ε	剩余需求弹性， $n\varepsilon$	勒纳指数， $(p-m)/p=-1/(n\varepsilon)$
1	96	96	243	−2.53	−2.53	0.40
2	64	128	211	−1.65	−3.30	0.30
3	48	144	195	−1.35	−4.06	0.25
4	38.4	154	185.40	−1.21	−4.83	0.21
5	32	160	179	−1.12	−5.59	0.18
10	17.5	175	164.45	−0.94	−9.42	0.11
50	3.8	188	150.76	−0.80	−40.05	0.02
100	1.9	190	148.90	−0.78	−78.33	0.01

随着企业数量的增加，每家企业的产量不断下降，趋近于零，但是总产量趋近于192，这是市场需求曲线在价格等于边际成本（147 美元）时的数量。尽管市场的需求弹性会随着企业数量的增加而下降，但每家企业的剩余需求曲线会变得越来越平坦（完全弹性）。其结果是，价格趋近于边际成本 147 美元的水平。同样，随着企业数量的增加，勒纳指数会越来越接近价格接受型企业的水平（等于0）。[1]

从表 13.2 可以看出，市场中的企业越多，对消费者就越有利。当企业的数量从 1 上升到 4 时，价格会下降 1/4，勒纳指数会下降近一半。有 10 家企业时，价格比垄断水平时的价格低 1/3，勒纳指数为垄断水平的 1/4。

应用案例

携号入网

消费者不能从旧的服务提供商转向新的服务提供商，这会降低新公司进入的竞争效果。在大多数欧洲国家，移动电话业务最初由垄断企业提供。在政府向新进入者开放移动电话市场后，由于转换成本高（例如需要获得新电话号码和新手机），消费者更换运营商的速度非常慢。如果想换一家运营商的话，消费者没办法携带他们原有的电话号码入网，这导致现有企业所面临的需求曲线缺乏弹性。

为降低转换成本，加强企业之间的竞争，多国政府要求移动电话的号码可携带，也就是允许消费者携带原有的电话号码加入另一家移动电话运营商的网络（携号入网）。[2] Cho 等（2015）估计，在欧洲国家施行携号入网之后，加上有效的竞争者不断增加，使电话服务的价格下降了 7.9%，每季度人均消费者剩余增加了 2.86 欧元（3.07 美元）。

---

① 随着企业的数量趋于无穷大，只要平均成本不下降，古诺均衡就会趋于完全竞争的状态（Ruffin, 1971）。

② 美国从 2003 年开始要求无线本地号码全国范围内可携带，而加拿大则从 2007 年开始。2002 年，欧盟委员会授权每个欧洲共同体国家实施携号入网政策。截至 2016 年，至少有 73 个国家实施携号入网政策。

□ 异质企业

我们最初假设企业都是同质的，它们既有相同的成本函数，也生产同样的产品。不过，企业间的成本往往不同，生产的产品也常常有别于对手。

成本不同的情况

在古诺模型中，企业按照最优反应函数的要求，依据边际收益等于边际成本的原则确定产出。企业的边际成本不同，最优反应函数也会有所差别。在古诺均衡中，低成本企业的最优产量更高。不过，只要产品没有差别，企业索取的价格都是一样的。

现在，我们用前面分析过的（双头垄断的）航空市场的例子来说明企业成本不同的影响。假设美国航空公司的边际成本仍维持在 147 美元，而联合航空公司的边际成本则下降到 99 美元。古诺模型仍然适用，但我们必须放松有关两家企业成本相同的假设。古诺均衡将会怎样变化？你的直觉可能告诉你联合航空公司的产量相较于美国航空公司会增加，正如我们下面将介绍的。

美国航空公司的情况没有变化，它的最优反应函数也维持原样。相对于美国航空公司的任何特定产量，联合航空公司的最优反应都是选择一个使（与剩余需求曲线对应的）边际收益（MR^r）等于新的、更低的边际成本的产量。因为边际成本曲线下降，对于美国航空公司的任一特定的产量，联合航空公司可以比以往生产得更多。

图 13.4 （a）展示了这个推理过程。联合航空公司的曲线 MR^r 没有变化，但是边际成本却从 MC^1 下降到 MC^2。假设美国航空公司的产量固定为 64 单位，则联合航空公司的剩余需求就是市场需求 D 左移 64 单位的 D^r。MR^r 曲线与原来的边际成本曲线 $MC^1 = 147$ 相交于 64，与新的边际成本曲线 $MC^2 = 99$ 相交于 88。因此，如果美国航空公司的产量保持在 64 单位不变，由于边际成本的下降，联合航空公司会提高产量。

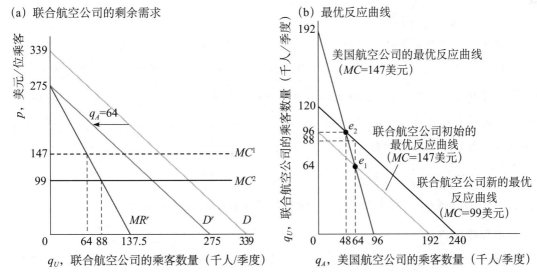

图 13.4 一家公司边际成本下降对双头垄断古诺均衡的影响

（a）联合航空公司的边际成本由 $MC^1 = 147$ 美元降至 $MC^2 = 99$ 美元，导致联合航空公司对美国航空公司 $q_A = 64$ 单位的最优反应产量从 $q_U = 64$ 单位提高到 88 单位。（b）如果两家公司的边际成本均为 147 美元，古诺均衡在 e_1 点。如果联合航空公司的边际成本降至 99 美元，其最优反应曲线向外移动，这时它对美国航空公司的任意产量的最优反应均是（较之前）增加产量。在新的古诺均衡 e_2 点，联合航空公司出售 $q_U = 96$ 单位，而美国航空公司仅售 $q_A = 48$ 单位。

以上推理适用于美国航空公司选择的任何产量，所以随着边际成本的下降，图13.4（b）中联合航空公司的最优反应曲线向外移动。相比于之前更高的成本曲线，联合航空公司会在任何美国航空公司选定的产量下生产更多。因此，古诺均衡从两家企业产量均为64单位的初始均衡点 e_1 移动到联合航空公司产量为96单位而美国航空公司产量为48单位的 e_2 点。

使用等式13.1的市场需求曲线，我们发现市场价格从211美元下降到195美元，消费者受益。联合航空公司的利润从410万美元上升到920万美元，而美国航空公司的利润下降到230万美元。[1] 因此，联合航空公司的边际成本下降使得它和消费者获益，美国航空公司受损。

例题详解 13.1

如果美国航空公司的边际成本维持不变，联合航空公司的边际成本因政府补贴而下降到99美元的水平，推导出它的最优反应曲线，并求出新的古诺均衡。[2]

解答

1. 确定联合航空公司在获得补贴后与其剩余需求曲线相对应的边际收益函数。幸运的是，我们已经知道答案了。边际成本曲线的移动并不影响联合航空公司的剩余需求曲线，因此边际收益函数和以前相同：$MR^r = 339 - 2q_U - q_A$。（美国航空公司的边际收益函数的表达式同此，只是下标 A 和 U 互换即可，见等式13.3。）

2. 使联合航空公司补贴后的边际收益函数等于边际成本函数，以此确定其最优反应函数。对于既定的美国航空公司的产量 q_A，联合航空公司选择产量 q_U，使其边际收益与边际成本 m 相等：

$$MR^r = 339 - 2q_U - q_A = 99 = m$$

我们可以用代数方法重新整理上式，得出 q_U 针对 q_A 的最优反应曲线：

$$q_A = 120 - \frac{1}{2}q_A$$

这个最优反应函数就是图13.4（b）中联合航空公司新的最优反应曲线。

3. 通过两个关于 q_A 和 q_U 的最优反应函数，求解出新的古诺均衡产量。因为美国航空公司的边际成本不变，它的最优反应函数也不变（等式13.5，$q_A = 96 - \frac{1}{2}q_U$）。美国航空公司和联合航空公司最优反应函数的交点决定了新的古诺均衡。通过美国航空公司的最优反应函数求出有关 q_A 的表达式，然后再代入联合航空公司的最优反应函数中：

$$q_U = 120 - \frac{1}{2}q_A = 120 - \frac{1}{2}\left(96 - \frac{1}{2}q_U\right)$$

解得 $q_U = 96$，将 $q_U = 96$ 代入任何一个最优反应函数中，又得出 $q_A = 48$。

差异化的产品

寡头企业会通过对自己的产品进行差异化的方法使其需求曲线向右移动，弹性变小。

---

① 每家公司单位乘客的利润等于价格减去平均成本，即 $p-AC$，因此公司的利润等于 $\pi = (p-AC)q$，q 为每家公司拥有的乘客数量。当古诺均衡价格为211美元，平均成本等于147美元时，在初始的对称情形下，每家公司的古诺利润等于 $\pi = (211-147) \times 64 = 4\ 100$ 千美元/季度 = 410万美元/季度。

② 附录13A给出了一般形式的数学证明。

需求曲线的弹性越小，企业的要价就越高。笼统地讲，只要消费者相信这个产品的质量更胜一筹，他们就愿意支付高价。

让自己的产品与众不同的方法之一是赋予它独特的令人满意的特质，比如雷克萨斯的自动泊车功能。2010 年，金百利克拉克公司（Kimberly-Clark）推出了好奇纸尿裤（Huggies），它是一种用完就可以替换的尿片，印着粗斜纹的图案，有缝合口和后兜。这些特征使它的销量一下子上升了 15%。哪怕和对手的产品在物理或者化学成分上完全相同，企业也可以通过广告、鲜艳的标志和一些促销活动使消费者相信它的产品在某些方面更好（可能并未明说）。经济学家称这种行为是虚假差异化（spurious differentiation）。拜耳制药（Bayer）的阿司匹林比其他品牌同样化学成分的阿司匹林要价更高，因为它说服消费者认同它的产品更安全或者在某些方面更优质。高乐氏的瓶子看上去质量更好，但里面的洗衣液在化学成分上没有什么特别的地方，只是卖得更贵。

因为产品差异化使需求曲线的弹性变小，所以与产品同质的情形相比，存在产品差异时的均衡价格会高一些。我们也知道，随着价格和边际成本之间的差距不断扩大，消费者福利也会下降。于是，接下来的问题是，产品差异降低了福利水平吗？答案是"不一定"。尽管产品差异导致的高价伤害了消费者，但这种差异可能是消费者愿意接受的。消费者会对新选择做出评价，有些人的确会喜新厌旧。

只要消费者认为产品不同，古诺均衡的数量和价格就会有所不同，每家企业面临的反需求函数和索取的价格也就不一样。例如，假设企业 1 的反需求函数是 $p_1 = a - b_1 q_1 - b_2 q_2$，如果消费者认为商品 1 和商品 2 不同，则 $b_1 > b_2$；如果消费者认为这两种商品相同，则 $b_1 = b_2 = b$。倘若消费者认为两家企业生产的产品不同，企业 2 也面临着类似的反需求函数，我们就在古诺模型中用个体的需求曲线来替换单一的市场需求曲线。例题详解 13.2 介绍了如何在一个现实的市场中求解出包含差异化产品的古诺均衡。

例题详解 13.2

英特尔（Intel）和 AMD 是仅有的两家生产中央处理器（CPU，相当于个人计算机的大脑）的企业。外观上的差异以及英特尔的广告"Intel Inside"使消费者相信英特尔的产品更好一些，他们认为两种 CPU 之间是不完全替代的。两家企业的反需求函数如下：

$$p_A = 197 - 15.1 q_A - 0.3 q_I \tag{13.9}$$
$$p_I = 490 - 10 q_I - 6 q_A \tag{13.10}$$

其中，每个 CPU 的价格单位是美元/个，数量单位是百万个，下标 I 和 A 分别代表英特尔和 AMD。[①] 每家企业面临的边际成本恒为 $m = 40$ 美元（我们可以忽略固定成本）。解出古诺均衡的数量和价格。

解答

1. 基于线性需求函数与它的边际收益函数之间的关系，计算出每家公司的边际收益函数。对于线性需求曲线，我们知道边际收益曲线的斜率是需求曲线的 2 倍。因此反需

[①] 感谢乌戈·萨尔加多（Hugo Salgado）估计了这两家企业的反需求函数，并提供证据表明这个市场可以通过古诺均衡来加以描述。

求函数 13.9 和 13.10 所对应的边际收益函数分别为[①]：

$$MR^A = 197 - 30.2q_A - 0.3q_I \quad\quad\quad (13.11)$$

$$MR^I = 490 - 20q_I - 6q_A \quad\quad\quad (13.12)$$

2. 根据边际收益函数等于边际成本函数的原则，求出最优反应函数。我们用等式 13.11 中的 MR^A 与边际成本 $m = 40$ 美元相等这个原则，求出 AMD 的最优反应函数：

$$MR^A = 197 - 30.2q_A - 0.3q_I = 40 = m$$

解出 q_A，得出 AMD 的最优反应函数：

$$q_A = \frac{157 - 0.3q_I}{30.2} \quad\quad\quad (13.13)$$

同理可得英特尔的最优反应函数为：

$$q_I = \frac{450 - 6q_A}{20} \qu\quad\quad\quad (13.14)$$

3. 根据最优反应函数求解出古诺均衡。对由最优反应函数 13.13 和 13.14 组成的方程组求解，得到古诺均衡的数量 $q_A = 15\ 025/3\ 011 \approx 5$（百万个），$q_I = 63\ 240/3\ 011 \approx 21$（百万个）。把这两个值代入反需求函数 13.9 和 13.10 中，得到与之对应的价格分别是 $p_A = 115.20$ 美元/个，$p_I = 250$ 美元/个。

13.4 斯塔克尔伯格模型

在古诺模型中，两家企业同时进行产量决策。但如果其中一个被称为领导者（leader）的企业能够在竞争对手（即跟随者，follower）之前确定产量，那么在一家企业先于另一家企业进入市场时，自然会出现一家企业率先行动的问题。在以往的例子中，充当领导者的企业如大型计算机市场的 IBM、涡轮发电机行业的通用电气以及咖啡烘焙商中的通用食品。

率先行动的企业是否会获得优势呢？为了回答这个问题，海因里希·冯·斯塔克尔伯格（Heinrich von Stackelberg）对古诺模型进行了修正。

领导者是如何设定产量的呢？领导者会认识到，一旦自己确定了产量，竞争对手企业就会利用其古诺最优反应曲线来选择自身最优反应的产出水平。因此领导者会在跟随者行动之前预测跟随者的行动。有了这样的认识，领导者可以操纵跟随者，在牺牲后者的基础上获得好处。

我们用航空市场的例子来说明这个模型（附录 13B 对该模型进行了数学分析）。虽然很难想象美国航空公司或联合航空公司中的某一家真正具备先于对手行动的优势，但我们（武断地）假设美国航空公司可以在联合航空公司之前行动。

---

① 我们可以用微积分推导边际收益函数。例如，在 AMD 的反需求函数即等式 13.9 的两边同时乘以 q_A，得到它的收益函数 $R_A = p_A q_A = 197 q_A - 15.1\ (q_A)^2 - 0.3 q_I q_A$。保持 q_I 不变，在方程两边对 q_A 求导，得 $MR^A = dR_A/dq_A = 197 - 30.2q_A - 0.3q_I$。

□ 图形分析法

假设美国航空公司先选择产量，它会如何确定其最优策略呢？美国航空公司会利用剩余需求曲线来找出利润最大化的产出水平。它知道，当自身产量为 q_A 时，联合航空公司将根据古诺最优反应函数选择其最优反应 q_U。因此，美国航空公司的剩余需求曲线 D^r［图 13.5（a）］等于市场需求曲线 D［图 13.5（a）］减去联合航空公司的最优反应曲线［图 13.5（b）］。例如，如果美国航空公司选择 $q_A=192$，联合航空公司的最优反应是 $q_U=0$［如图 13.5（b）中联合航空公司的最优反应曲线所示］。其结果是，剩余需求曲线和市场需求曲线在 $q_A=192$ 时重合［图 13.5（a）］。

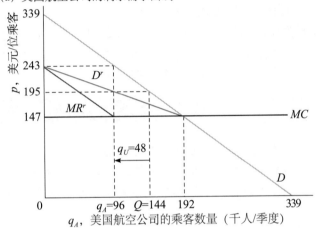

(a) 美国航空公司的剩余需求曲线

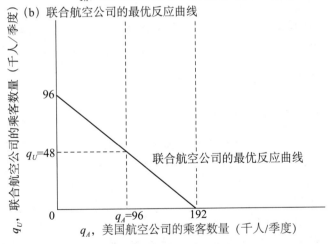

(b) 联合航空公司的最优反应曲线

图 13.5　纳什-斯塔克尔伯格均衡

（a）斯塔克尔伯格模型中的领导者所面临的剩余需求等于市场需求减去跟随者在领导者产量为 q_A 的情况下选择的产量 q_U。领导者选择 $q_A=96$，从而使得其边际收益 MR^r 等于其边际成本。这时的总产量 $Q=144$ 是两家企业的产量之和。（b）跟随者按古诺最优反应曲线确定的产量进行生产。

同样，如果美国航空公司选择 $q_A=0$，那么联合航空公司将选择 $q_U=96$，从而在 $q_A=0$ 时的剩余需求 96 小于市场需求。剩余需求曲线与价格轴相交于 $q_A=0$ 和 $p=243$ 美元处，在该价位上的剩余需求比市场需求少了 96 单位。当 $q_A=96$ 时，$q_U=48$，所以在

$q_A=96$ 时的剩余需求比市场需求少了 48 单位，对应的价格 $p=195$ 美元。

剩余需求曲线及其对应的边际收益曲线（MR^r）与价格轴相交于同一点（243 美元），但后者的斜率是前者的 2 倍。

美国航空公司选择的利润最大化产量为 $q_A=96$，此时（对应于剩余需求曲线的）边际收益曲线 MR^r 等于边际成本 147 美元。当 $q_A=96$ 时，价格是剩余需求曲线的高度，为 195 美元。市场总的需求 $Q=144$。在这个价位上，联合航空公司会生产 $q_U=Q-q_A=48$，这是它对美国航空公司的产量（$q_A=96$）的最优反应。

因此，如图 13.5 所示，在纳什-斯塔克尔伯格均衡（又称为斯塔克尔伯格均衡）中，领导者的产量是跟随者的 2 倍。[1] 斯塔克尔伯格均衡的总产量是 144，大于古诺均衡的总产量 128。这又使得斯塔克尔伯格的价格 195 美元低于古诺均衡价格 211 美元。所以，消费者会认为斯塔克尔伯格均衡比古诺均衡好一些。

斯塔克尔伯格模型中的领导者获得了 460 万美元的利润，高于它在古诺均衡中的利润 410 万美元。不过，斯塔克尔伯格的总利润低于古诺均衡的总利润，原因在于，斯塔克尔伯格中的跟随者仅获利 230 万美元，低于古诺均衡的水平。

例题详解 13.3

如果美国航空公司是市场上的斯塔克尔伯格领导者，联合航空公司是跟随者，利用代数方法解出斯塔克尔伯格均衡的产量与市场价格。（提示：如图形分析法所示，斯塔克尔伯格领导者美国航空公司就像一个面临着剩余需求函数的垄断企业那样来实现其利润最大化）。

解答

1. 确定美国航空公司所面临的剩余需求函数的反函数。美国航空公司所面临的剩余需求函数等于市场需求函数 $Q=339-p$（等式 13.1）减去联合航空公司的最优反应函数 $q_U=96-\frac{1}{2}q_A$（等式 13.6）：

$$q_A(p)=Q(p)-q_U(q_A)=339-p-\left(96-\frac{1}{2}q_A\right)=243-p+\frac{1}{2}q_A \tag{13.15}$$

利用代数变换，把等式 13.15 改写成剩余需求函数的反函数［即图 13.5（a）中的直线 D^r］：

$$p=243-\frac{1}{2}q_A \tag{13.16}$$

2. 利用边际收益等于边际成本的原则，解出美国航空公司的利润最大化产量。面临着剩余需求曲线的斯塔克尔伯格领导者美国航空公司像垄断企业那样行动。从第 11 章中可知，边际收益函数与其剩余需求函数的反函数（等式 13.16）相似，只是前者的斜率是后者的 2 倍：$MR_A=243-q_A$［图 13.5（a）中的直线 MR^r］。为了实现利润最大化，美国航空公司会选择使边际收益等于边际成本的产量：

$$MR_A=243-q_A=147=MC \tag{13.17}$$

---

① 这里领导者的产量和垄断者的产量相同，跟随者的产量与它处于卡特尔均衡时的产量相同。这些关系之所以成立，是由线性需求曲线和固定的边际成本所致，而在更一般的条件下就不再成立。

中级微观经济学（第八版）

对等式 13.17 求解，得出美国航空公司的产量为 $q_A = 96$。

3. 用联合航空公司的最优反应函数解出它的产量和市场的总产量。把 $q_A = 96$ 代入联合航空公司的最优反应函数（等式 13.6）中，就能发现联合航空公司卖出的座位数是美国航空公司的一半：$q_U = 96 - \frac{1}{2} q_A = 48$。因此，总产量 $Q = q_A + q_U = 96 + 48 = 144$。

4. 利用市场需求函数解出市场价格。把总产量 $Q = 144$ 代入市场需求函数中，得出市场价格为 195 美元。

评论：更一般的求解方法见附录 13B。

□ 为什么序贯行动重要？

当两家企业同时行动时，为什么不会出现斯塔克尔伯格均衡？为什么一家企业（如美国航空公司）不宣称它将生产斯塔克尔伯格领导者的产量来诱使别的企业（如联合航空公司）生产斯塔克尔伯格跟随者的产量呢？答案是，当企业同时行动的时候，联合航空公司不会把美国航空公司将大量生产的警告视为可置信的威胁。

如果联合航空公司相信了那个威胁，它确实会生产斯塔克尔伯格跟随者的产量。但是，因为大量生产并不符合美国航空公司的最大利益，所以联合航空公司不会相信这个威胁。如果美国航空公司按照领导者的产量进行生产而联合航空公司却按古诺水平进行生产，则美国航空公司的利润将低于其按古诺水平生产的利润。美国航空公司不能肯定联合航空公司会相信它的威胁并降低产量，进而它在实际中会按照古诺产量进行生产。

当然，每家企业都可以发出同样的威胁并宣称它想成为领导者。但两家企业都不相信对方会接受威胁并降低产量，它们还是会选择生产古诺水平的产量。相反，如果一家企业率先行动，因为它已经承诺要增加产量，并正在执行这个威胁，大量生产的威胁就是可置信的。

□ 竞争性均衡、斯塔克尔伯格均衡、古诺均衡及串谋均衡的比较

如表 13.3 所示，从均衡的数量、价格、消费者剩余和利润来看古诺均衡和斯塔克尔伯格均衡是介于竞争性均衡（价格接受者）和串谋均衡之间的。在我们的航空公司的例子中，如果两家企业同为市场价格的接受者，它们会选择在剩余需求曲线和边际成本曲线相交的位置生产，价格等于边际成本（147 美元），价格接受型均衡为：$q_A = q_U = 96$。

如果美国航空公司和联合航空公司串谋，它们可以通过生产垄断产量（$q_A + q_U = 96$）来实现联合利润最大化。而串谋的企业会以多种方式瓜分产量。美国航空公司会像一个垄断者那样服务于所有的乘客，$q_A = 96$，$q_U = 0$，然后拿些利润给联合航空公司；或者反过来，让联合航空公司提供全部的服务，$q_A = 0$，$q_U = 96$；再或者，随便怎么分配产量，只要它们的产量之和等于垄断产量就行，相当于：

$$q_U = 96 - q_A \tag{13.18}$$

图 13.6 中的契约曲线说明了方程 13.18 所表示的各种可能的串谋组合。在图中，我们假设企业均分整个市场，所以 $q_A = q_U = 48$。

表 13.3　双头垄断航空公司串谋均衡、古诺均衡、斯塔克尔伯格均衡及竞争性均衡的比较

	竞争	斯塔克尔伯格	古诺	串谋
总产量 Q（千位乘客）	192	144	128	96
价格 p（美元）	147	195	211	243
消费者剩余（百万美元）	18.4	10.4	8.2	4.6
利润 π（百万美元）	0	6.9	8.2	9.2

　　两家公司的产量在竞争性均衡中为 192（＝96＋96），在古诺均衡中为 128（＝64＋64），在斯塔克尔伯格均衡中为 144（＝96＋48），在串谋均衡中为 96。

　　因此，竞争性均衡价格（147 美元）低于斯塔克尔伯格均衡价格（195 美元）；斯塔克尔伯格均衡价格（195 美元）低于古诺均衡价格（211 美元）；而古诺均衡价格又低于串谋均衡价格（243 美元）。当然，消费者更喜欢低价。消费者剩余在竞争性均衡时为 1 840 万美元，在斯塔克尔伯格均衡时为 1 040 万美元，在古诺均衡时为 820 万美元，在串谋均衡时为 460 万美元。

　　卡特尔的利润是企业所能获得的最高利润。垄断利润为每季度 920 万美元，如果两家企业平分，每家可获得 460 万美元。相反，如果企业各自行动，每家就只能获得大约 410 万美元的古诺利润。斯塔克尔伯格领导者的利润是 460 万美元，比古诺利润要高一些；但跟随者的利润减少，只有 230 万美元。

　　我们已经了解到，随着企业数量的增加，古诺均衡接近于竞争性均衡。同样，我们也能证明，随着斯塔克尔伯格跟随者的数量增加，斯塔克尔伯格均衡也越来越接近价格接受型均衡。因此，古诺、斯塔克尔伯格和价格接受型这三种市场结构之间的差别随着企业数量的增加而逐渐变小。

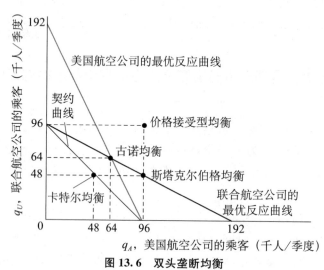

图 13.6　双头垄断均衡

古诺均衡由最优反应曲线的交点确定，其中每家企业生产 64 单位。潜在的卡特尔均衡位于契约曲线 $q_U＝96-q_A$ 上。图中显示了对称的卡特尔均衡，每家企业生产 48 单位。如果企业是一个价格接受者，它会在剩余需求和边际成本 96 相等的地方生产。在斯塔克尔伯格均衡中，领导者的产出（96）比跟随者（48）多。

13.5　伯川德模型

我们已经分析了寡头企业利润最大化的产量决策问题。不过，这类企业中有一些使用的是价格决策，它们让消费者自己决定购买量，如果是这样，市场均衡会有所不同。

在垄断和竞争性市场中，不会出现企业是制定产量还是制定价格的问题。竞争性企业没有选择：它们不能影响价格，因此只能选择产量（见第8章）。垄断企业不管确定的是价格还是产量，所实现的垄断均衡都是一样的（见第11章）。

伯川德（Bertrand）于1883年发现，寡头企业制定价格，然后由消费者决定购买的数量。如此形成的纳什均衡叫作**伯川德均衡**（Bertrand equilibrium）或纳什-伯川德均衡（Nash-Bertrand equilibrium，也称作关于价格的纳什均衡）：指存在这样一组价格，没有企业能够在其他企业不改变价格的情况下通过改变自己的价格来获得更高的利润。

我们将说明伯川德均衡的价格和产量与古诺均衡的不同，然后还要说明伯川德均衡的结果取决于企业生产的是相同的还是有差异的产品。

☐ 同质产品

我们先来分析一个设定价格的寡头模型。模型中，各家企业的成本相同，生产的产品也一样。这种条件下的伯川德均衡与价格接受型均衡的结果相同（价格等于边际成本）。为了证明这个论断，我们将采用分析古诺模型时的方法，用最优反应曲线来确定伯川德均衡。

最优反应曲线

假设市场中的两家设定价格的寡头企业生产同样的产品，而且都有着固定不变的边际成本和平均成本（5美元/单位）。如果企业2的定价为 $p_2 = 10$ 美元，企业1的最优反应是什么（它会制定什么样的价格）？如果企业1的定价高于10美元，消费者都会去企业2那里购买产品，企业1的产品卖不出去；如果企业1也把价格定为10美元，其利润是5美元/单位。如果市场需求是200单位，且两家企业都制定了相同的价格，我们预计企业1能够占有一半的销量，利润是500美元。

不过，假设企业1的定价稍低于竞争对手（为9.99美元），因为产品相同，企业1将获得整个市场，每单位产品获利4.99美元，总利润为998美元。所以，只要企业1的定价稍低于对手，它的利润就会增加。同理，如果企业2的定价为8美元，企业1也要把价格定得稍低于企业2的水平。

现在想象一下企业2的定价为 $p_2 = 5$ 美元的情况。如果企业1的定价高于5美元，它的销量为0；如果企业1的定价为5美元，两家企业均分市场且利润为零；如果企业1的价格低于竞争对手，就会获得整个市场，但是它每卖出一单位产品都会亏损。因此，只有在竞争对手的价格比企业1的边际成本和平均成本5美元高时，企业1才会降低价格。同理，如果企业2的定价低于5美元，企业1就不会再生产了。

图13.7表明，如果企业2的定价低于5美元，企业1的最优反应是不生产；如果企业2的定价为5美元，企业1的最优反应也是5美元；如果企业2的价格高于5美元，企

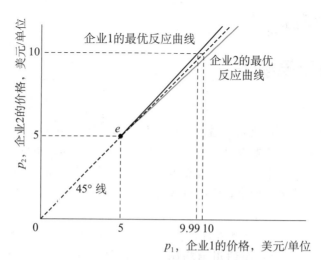

图 13.7　产品相同时的伯川德均衡

在产品相同且边际成本和平均成本恒为 5 美元时，企业 1 的最优反应曲线从 5 美元处开始，然后稍高于 45°线。也就是说，只要价格超过 5 美元，企业 1 就会比对手企业的价格低。两条最优反应曲线在 e 点相交，构成伯川德均衡，这时，两家企业的价格都定在 5 美元。

业 1 的最优反应是比企业 2 的价格稍低。高于 5 美元时，企业 1 的最优反应曲线比 45°线高出一个无穷小的量即可。（为清晰起见，图中最优反应曲线与 45°线之间的距离还是被夸大了。）同理，企业 2 的最优反应曲线从 5 美元处开始并比 45°线稍低。

这两个最优反应函数仅在每家企业的定价都为 5 美元的 e 点相交。只要另一家企业的价格为 5 美元，则任何一家企业都不会改变价格，所以 e 点是伯川德均衡。在这个均衡水平，每家企业的利润都为零。因此，生产同质产品的企业的伯川德均衡与价格接受型竞争性均衡相同。

伯川德均衡与古诺均衡

伯川德均衡和古诺均衡有着本质上的不同。当企业生产相同产品且边际成本固定不变时，古诺均衡中的企业利润为正，价格高于边际成本。而伯川德均衡中的企业利润为零，价格等于边际成本。

当企业生产相同产品时，古诺模型似乎比伯川德模型更为合理。在真正的寡头市场上，伯川德模型（不像古诺均衡）至少在两个方面看起来有点前后矛盾：第一，伯川德模型的"竞争性"均衡价格很牵强。如果市场中只有少数几家企业，它们为什么还要展开如此激烈的竞争而使自己的利润为零呢？相反，企业数目少的古诺均衡的价格介于竞争性均衡价格和垄断价格之间。因为寡头企业的定价总是高于竞争性企业的定价，所以古诺均衡似乎更有说服力。

第二，仅取决于成本的伯川德均衡的价格对需求和企业数量不敏感。而古诺均衡的价格同企业的数量、需求和成本状况有关。正因为如此，经济学家更有可能使用古诺模型而不是伯川德模型来研究同质产品的市场。

☐ 差异化产品

如果多数市场都有着企业生产同质产品的特征，那么伯川德模型可能早就被扔在脑后了。然而，产品存在差别（比如，汽车、音响、电脑、牙膏和意大利面酱汁）并由企业决定价格的市场十分常见。在这样的市场中，伯川德均衡似乎更加合理，同质产品模型中的两个问题不复存在：企业制定的价格高于边际成本，而且价格对需求状况和企业数量也很敏感。

实际上，很多经济学家认为，当产品存在差异时，设定价格的模型比设定产量的模型更加合理。在这样的市场中，企业决定价格，然后消费者决定购买量。相反，如果企业决定产量，就难以弄清市场上的差异化产品是如何定价的。

可乐市场

我们以可乐市场的差异化产品为例来阐释伯川德均衡，并用图形中的最优反应曲线来求解均衡。图 13.8 显示了企业的最优反应曲线。数量单位是千万箱/季度（每箱由 24 罐 12 盎司装的易拉罐组成），（针对零售商的）价格和成本以 1982 年的真实美元价格计算（美元/十箱）。图中的最优反应曲线由 Gasmi 等（1992）所估计出的需求函数推导而来（见附录 13C）。[1] 可口可乐和百事可乐生产相似但不同的产品，很多消费者都倾向于消费其中的某一种。如果百事可乐的价格相对于可口可乐来说略有下降，一些爱喝可口可乐的消费者也不会就此改变选择。这样一来，两家企业的价格不必正好和对方的相等。因此，它们的最优反应曲线都不与经过原点的 45°线重合（参见图 13.7）。

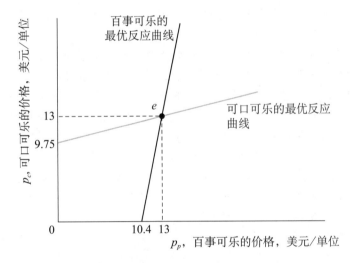

图 13.8　存在产品差异时的伯川德均衡

可口可乐和百事可乐都有着向上倾斜的最优反应曲线。它们的最优反应曲线会相交于 e 点，这是伯川德均衡点，此时价格同为每单位 13 美元。

伯川德最优反应曲线和图 13.3 中的古诺最优反应曲线的斜率不同。描述产量关系的古诺曲线向下倾斜，表明对手企业的产量越高，自己的产量就越低。在图 13.8 中，概括了价格关系的伯川德最优反应曲线向上倾斜，表明对手企业的定价越高，企业自己的定价也越高。

当每家企业的定价都为 13 美元/单位时，实现伯川德均衡，为图 13.8 中的 e 点。在这个均衡中，当对手企业的价格既定时，每家企业决定自己的最优反应价格。没有企业愿意改变价格，因为任何一家企业都不能通过改变价格来增加利润。

---

① 他们的估计模型允许企业同时进行价格决策和广告决策。我们假设企业的广告数量是既定的。可口可乐的方程是本书作者估计出来的（稍微做了四舍五入）。百事可乐的方程是经过本书作者调整的，从而使得可口可乐和百事可乐的均衡价格相等。

产品差异化和福利

产品差异化使需求曲线的弹性变小，所以，如果存在产品差异化，均衡的价格可能要比产品相同时的价格高一些。我们知道，随着价格与边际成本之差不断扩大，福利会持续下降。这么看来，产品差异化降低了福利水平吗？答案是"不一定"。尽管产品差异化导致的高价伤害了消费者的利益，但这种差异化也是消费者本人所愿意接受的。消费者会对新出现的选择做出评价，有些人的确会喜新厌旧。

为说明第二种效应的重要性，我们考虑引入一种新的、有差异的产品的价值。这种价值反映了消费者在没有这款产品时为了达到（享有这种产品时）同样的福利水平愿意多付的花费。

应用案例

瓶装水

最近一段时间，瓶装水成了"虚假的产品差异化"的最具戏剧性的证明，因为这些产品的物理差别微乎其微。你可能会认为它们难以区分，可企业是怎么使非碳酸、无味的瓶装水实现差异化的呢？主要的手段是营销。2016 年的一份报告显示，53％的美国消费者更喜欢喝"高档"瓶装水。

百事最畅销的瓶装水 Aquafina 上有一个蓝色的标志，仿佛太阳从群山之巅冉冉升起。因为这个标志，消费者以为这些水是采自野外无污染的潺潺溪水中。如果真这么想，那可就大错特错了。这款最畅销的瓶装水与自来水出处相同，都来自公共水资源。不过，百事可乐坚持说，这款水的价值在于经过了最先进的过滤系统"HydRO-7"的过滤，这意味着，这种过滤（滤掉一些天然物质）物有所值。无独有偶，可口可乐也在大力营销以差异化它的 Dasani 瓶装水，尽管这种瓶装水也是源自公共水资源。

在 Slate 报告的一个"盲"测中，没人能够区分 Aquafina 和 Dasani，它们的洁净程度和安全水平相同。但因为花样百出的营销，一些消费者会认为这两种瓶装水不一样，他们会更偏好其中的某一种，也愿意为这些产品付高价。[1]

13.6 垄断竞争

我们现在开始垄断竞争市场的分析，这是一种兼具垄断或寡头（企业可以设定价格）以及完全竞争（自由进入）这些不同市场特征的市场结构。垄断竞争企业面临着向下倾斜的需求曲线，具有一定的市场势力，这一点和寡头企业类似；与进入困难的寡头市场相比，企业可以自由进入垄断竞争市场且经济利润为零，这又和完全竞争企业相同。

---

[1] 已经成功使瓶装水差异化的可口可乐开始转向牛奶。2015 年，可口可乐开始销售其 Fairlife "超级牛奶"。这种牛奶通过采用一种特殊的过滤工艺，含有更多的"天然"蛋白质和钙，且含糖量更少。可口可乐北美公司总裁桑迪·道格拉斯（Sandy Douglas）表示："这基本上是牛奶的优质化……我们将收取的价格是惯用罐装牛奶的两倍。"

如果竞争性企业和垄断竞争企业的利润都是零，那么怎么区分这两种市场结构呢？与竞争性企业（面临着水平的剩余需求曲线，制定的价格等于边际成本）相比，垄断竞争企业面临着向下倾斜的剩余需求曲线，所以它们能够使价格高于边际成本。

垄断竞争企业面临着向下倾斜的剩余需求曲线，原因在于，市场较小，或者企业间的产品存在差异。即便生产的是同质产品，一旦市场需求曲线接近原点，市场空间也仅能维持少数企业生存，进而单家企业面临的剩余需求曲线也是向下倾斜的。举例来说，在一个小镇市场，只有几家提供管道安装维修服务的企业就足够了。如果每家企业都能够提供差异化的产品，即使价格比竞争对手高一点，那些更喜欢其产品的消费者也不至于流失。垄断竞争企业的例子有书籍、酒店、电影、小镇的水管工和餐馆。

应用案例

垄断竞争的美食车市场

现今美国食品行业最热门的现象之一就是美食车，兴起于西海岸城市，如洛杉矶、波特兰和西雅图。美食车在垄断竞争市场中提供差异化食品。现在，大量的美食车在美国各个城市中那些之前缺少类似服务的地区开展业务。

一些像 Chairman Bao、Curry Up Now 以及 Liba Falafel 这样的美食车在旧金山日渐衰退的中端市场上出售高品质午餐，这个市场的传统意义上高质量的餐馆为数不多。有些顾客（比起印度食品）更偏爱中国食品，因此 Chiarman Bao 的价格哪怕比 Curry Up Now 的高一些也不至于无人问津。每一辆美食车都面临着向下倾斜的需求曲线。

移动餐馆业务一直呈爆炸式增长。就像加利福尼亚州圣克拉拉市的一位食品服务顾问威廉·本德（William Bender）所说的那样，"有限的送餐范围、高品质和较低的操作成本，这些开启了一个全新的行业"。连顶级餐厅的厨师也加入这个行业中来。洛杉矶知名的厨师卢多维克·勒费布尔（Ludovic Lefebvre）创立了 LudoTruck 这样一个流动的炸鸡店。旧金山的谢兹·斯潘塞（Chez Spencer）开了一个法式快餐摊点 Spencer On The Go，提供一些酒馆食品，比如 12 美元一份的鹅肝酱和烤面包。

行业进入成本非常低。用 50 000 美元租赁设备和支付人工费，用 250 000 美元去装饰一辆豪华的美食车、购置烹饪和制冷设备。潜在的进入者可以在网站 mobilefoodnews.com 上学习经营技巧，网站上也有各地方的法律、在哪里购买设备和保险等相关内容。

开一家新实体餐厅是有风险的。如果需求小于预期，企业会损失（巨大的）固定成本。但一辆美食车的管理者要是发现地方选错了，换个地方经营也是举手之劳。

企业如何辨别利润机会呢？旧金山湾区一家经营美食车推广和选址业务的公司 Off the Grid 的所有者马修·科恩（Matthew Cohen）这样说："午餐是我们必吃的东西。"一旦美食车前面排队的人越来越多，他就会再经营一辆。科恩在 2010 年从 10 辆美食车起步，到了 2016 年就已经拥有 200 多个摊位了。

☐ 均衡

为了说明垄断竞争均衡，我们先假设企业有相同的成本函数，生产同样的产品。垄断竞争市场的长期均衡需要满足两个条件：企业要实现利润最大化，所以会选择满足边际收益等于边际成本的产出水平；行业会不断有新企业进入，直到无利可图，所以价格等于平均成本（即利润等于零）。

图 13.9 说明了一个垄断竞争市场的均衡情况。一家代表性的垄断竞争企业面临着一条剩余需求曲线 D^r。为了实现利润最大化，企业设定了一个产量 q，使剩余需求曲线对应的边际收益曲线与边际成本曲线相交：$MR^r = MC$。在这个产出水平上，企业的平均成本曲线 AC 与其剩余需求曲线相切。因为剩余需求曲线的高度是价格，所以切点处的价格等于平均成本（$p = AC$），企业利润为零。

使平均成本曲线达到最小值的最小产量叫作**全能产量**（full capacity）或**最低有效规模**（minimum efficient scale）。企业的全能产量或最低有效规模是使市场不再从规模经济中获益的产量。因为垄断竞争均衡发生在平均成本曲线上向下倾斜的部分（这时的平均成本曲线与向下倾斜的需求曲线相切），企业在长期中会在低于全能产量的位置上生产。

垄断竞争企业的数目越少，每家企业面临的剩余需求曲线的弹性就越小。如我们所知，一家古诺企业面临的需求弹性是 $n\varepsilon$，其中 n 是企业的数量，ε 是市场的弹性。因此市场中的企业越少，剩余需求曲线的弹性就越小。与之类似，企业的产品差异越大，剩余需求曲线的弹性就越小，价格也越高。

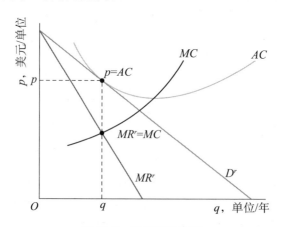

图 13.9　垄断竞争均衡

一家面临着剩余需求曲线 D^r 的垄断竞争企业把产量设定在边际收益与边际成本相等的水平上：$MR^r = MC$。由于其他企业也能够进入该市场，这家企业的利润趋于 0，所以，价格等于企业的平均成本：$p = AC$。

快餐店就是垄断竞争行业的一个代表性的例子。这些餐馆差异化它们提供的食物，因此每家餐馆都可能面临向下倾斜的需求曲线。但行业进入和退出比较容易，边际企业获得的经济利润为零。绝大多数餐馆有些座位在大部分时间里都是空的，进而是在低于全能产量的位置上运营。下面的例题详解为这一现象提供了一个解释。

例题详解 13.4

请说明，垄断竞争企业会在低于全能产量或最低有效规模的产量水平上实现利润最大化，即使得平均成本曲线达到最小值的最小产量（U 形平均成本曲线的最底端）。最低有效规模是企业不再从规模经济中获益的那个产量。

解答

利用需求曲线的属性，说明垄断竞争企业的长期均衡会出现在平均成本曲线规模报酬递增（向下倾斜）的部分。在长期均衡中，垄断竞争企业的平均成本曲线与向下倾斜的需求曲线相切，如图13.9所示。因为需求曲线向下倾斜，均衡时的平均成本曲线也必须向下倾斜。因此，垄断竞争企业在均衡时会选择在低于全能产量的位置上生产。

☐ 固定成本与企业数量

垄断竞争均衡时的企业数量取决于企业的成本，每家企业的固定成本越大，市场均衡时企业的数量就越少。

尽管可以自由进入，但如果固定成本很高，就没有企业愿意进入。在汽车行业，仅仅开发一个新的防护板（fender）就要花费800万～1 000万美元。研制出一种新药可能要花费3.5亿美元甚至更多。

我们可以用航空公司的例子来说明这种关系，但需要修改有关进入限制和固定成本的假设。美国航空公司和联合航空公司是仅有的两家在芝加哥—洛杉矶航线上提供航空服务的公司。到目前为止，我们一直假设市场存在进入障碍（比如，不能在那两个机场获得降落权）从而阻止新企业进入，且企业的固定成本为零。如果固定成本等于零且边际成本不变（147美元/位乘客），则平均成本也始终为147美元/位乘客。如前所述，在这个双头垄断的市场上，每家企业每季度以 $p=211$ 美元的价格搭载 $q=64$ 单位乘客，每季度获利410万美元。

现在我们假设没有进入障碍，但由于机场税、资本支出等因素，每家企业要承担大小为 F 的固定成本，各企业的边际成本仍然是147美元/位乘客，但其平均成本为：

$$AC=147+\frac{F}{q}$$

平均成本随着乘客数量的增加而下降，如图13.10（a）和图13.10（b）所示，$F=230$ 万美元。

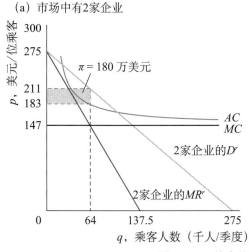

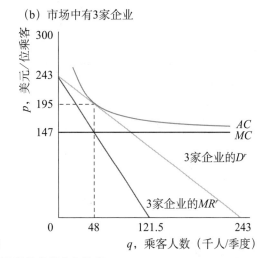

图 13.10 航空公司间的垄断竞争均衡

（a）如果各航空公司相同，固定成本均为230万美元且市场中仅有2家企业，那么各企业的搭载量是 $q=64$ 单位（千人/季度），价格是 $p=211$ 美元/位乘客，利润是180万美元，这个利润会吸引新企业进入。（b）在第3家企业进入市场后，剩余需求曲线发生移动，从而各企业在 $p=195$ 美元的价位上搭载 $q=48$ 单位乘客并获得零利润，这就是垄断竞争的均衡。

如果垄断竞争市场中只有 2 家企业，固定成本必须为多大时才能使企业的利润为零？我们知道，各企业在没有固定成本时的利润是 410 万美元。因此，固定成本必须等于 410 万美元时企业的获利才为零。由于这个固定成本的存在，垄断竞争的价格和产量与寡头均衡的相同（$q=64$，$p=211$ 美元），企业的数量也相同，只是各企业此时的利润为零。

如图 13.10（a）所示，如果固定成本仅为 230 万美元且市场中只有 2 家企业，则每家企业都会获利。双头垄断下每家企业面临的剩余需求曲线（标记为"2 家企业的 D^r"）是由市场需求减去竞争对手的古诺均衡产量 $q=64$。在剩余需求既定的情况下，每家企业生产 $q=64$ 单位的产品，这时的边际收益 MR^r 等于边际成本 MC。在 $q=64$ 单位时，企业的平均成本 $AC=147$ 美元 + 230 万美元/64 单位 ≈ 183 美元，所以各企业的利润为：$\pi = (p-AC)q ≈ (211$ 美元 -183 美元$)\times 64$ 单位/季度 ≈ 180 万美元/季度。

如此高的经济利润会吸引进入者进入市场。第 3 家企业的进入导致图 13.10（b）中每家企业的剩余需求曲线向左移动。在这个新的均衡中，每家企业选择 $q=48$ 且价格 $p=195$ 美元。在该产出水平上，每家企业的平均成本都是 195 美元，所以各企业收支相抵。不会再有企业进入了，因为新企业继续进入的结果是剩余需求曲线继续向左移动，所有企业都将亏损。因此，如果固定成本是 230 万美元，垄断竞争均衡时市场上将有 3 家企业。这个例子得出了一个一般性的结论：固定成本越低，垄断竞争均衡时的企业数量就越多。

例题详解 13.5

如果每家企业的固定成本为 300 万美元，航空公司的垄断竞争均衡是多少？

解答

1. 确定企业的数量。我们已经知道，在固定成本为 410 万美元时，垄断竞争均衡中有 2 家企业在经营；在固定成本为 230 万美元时，垄断竞争均衡中会有 3 家企业。在固定成本为 300 万美元时，如果市场中只有 2 家企业，各自获利 110 万（=410 万-300 万）美元。如果又有一家企业进入，则每家企业均损失 70 万（=300 万-230 万）美元。因此，在有 2 家企业的垄断竞争均衡中，企业的利润太小以致不能吸引另一家企业进入。这个结果是垄断竞争均衡，因为没有其他企业想要进入。

2. 确定均衡产量和均衡价格。我们已经知道，双头垄断下每家企业的产量 $q=64$，所以 $Q=128$，$p=211$ 美元。

应用案例

分区法、连锁酒店与进入障碍

在美国，地方政府会用分区（zoning）的方式来限制土地的用途。要建一座商业建筑，想得到许可异常困难（往往要跟多个部门打交道），这也构成了进入障碍。Suzuki（2013）就对得克萨斯市政分区法给连锁酒店（例如，Best Western、Comfort Inn、Holiday Inn、La Quinta Inn、Quality Inn 以及 Ramada）带来的影响进行了研究。

按照他的估计，即使在没有分区法的情况下，建筑成本也高得惊人：一座新的 Best Western 酒店的建筑成本为 240 万美元，一座新的 La Quinta Inn 酒店的建筑成本为 450

万美元。分区政策从宽到严会使酒店的可变成本上升 21%，使进入的沉没成本提高 19%。而这种严厉的分区政策导致的高进入成本又使一个相对较小的市场中的酒店的平均数量从 2.3 家下降为 1.9 家。结果，房间少了 15%，但每个房间的收入增加了 7%。从宽到严的政策转变使生产者剩余和消费者剩余分别减少 150 万美元和 100 万美元。所以，严厉的分区法提高了进入成本，减少了酒店和房间的数量，使价格上升，福利下降。

因此，现有酒店的所有者们强烈支持分区法再严厉一些。这些寡头企业想继续保持这个正的经济利润，而不是在一个没有进入障碍的垄断竞争市场中获得零利润。

挑战题解答　　　　　　　　　　政府航空补贴

如果获得政府补贴的只有一家飞机制造企业，该企业应该如何利用补贴获得竞争优势呢？如果两家企业同时得到补贴，结果如何？波音公司和空中客车公司是否应该游说政府补贴进而掀起一场补贴大战？

为了尽可能简单地回答这些问题，我们使用古诺模型，假定波音公司和空中客车公司以相同的成本生产同质产品，并面临线性需求曲线。[①] 政府对一家公司（每单位）的补贴将使其边际成本低于竞争对手。

为了使利润最大化，只要竞争对手的产量给定，古诺市场中的一家企业总是想要生产更多。也就是说，它的最优反应曲线向外移动。在图 13.4（a）中，如果美国航空公司的成本保持不变，我们会看到联合航空公司的边际成本下降对均衡的影响。随着边际成本的下降，联合航空公司在对手产量给定的时候总是想要生产更多，所以它的最优反应曲线向外移动，远离图 13.4（b）中的原点。

市场均衡从图 13.4（b）中的 e_1 移到 e_2，联合航空公司的古诺均衡产量增加，美国航空公司的产量下降。由于总产出增加，均衡价格也下降了。联合航空公司收益的增加是以美国航空公司收益的减少为代价的。实际上，联合航空公司的利润上升了 510 万美元，超出了实际所节省的 460 万美元的成本。也就是说，联合航空公司的管理者通过节约成本获得了竞争优势。

基于同样的分析，如果空中客车公司受到补贴而波音公司没有获得补贴，在波音公司的产量给定的情况下，空中客车公司应该生产更多。它的均衡数量和利润上升，波音公司的均衡数量和利润下降。

政府应该给空中客车公司多少补贴？答案取决于政府的目标。一个合理的目标是，政府希望最大化企业利润之和，这其中既包括补贴，也要减去补贴的成本。[②] 根据这个目标，政府希望提供的补贴能产生使企业利润最大化的斯塔克尔伯格均衡解。

如果政府给予两家企业相同的补贴以降低它们的边际成本，企业的最优反应曲线就会像下页图所示的那样发生变动。初始最优反应曲线的交点决定了初始无补贴均衡点 e_1，新的补贴后均衡点 e_2 出现在新的最优反应曲线相交的地方。在新的均衡点，两家企业的产量都比初始产量多 $q_2 > q_1$。

---

① 使用异质产品的古诺模型或者伯川德模型也能得出同样的结论。

② 补贴是从一些公民（纳税人）到另一些公民（空中客车公司的所有者）的转移支付，所以政府可能不太在意补贴的规模。政府也不会关心居住在另一个国家的消费者。

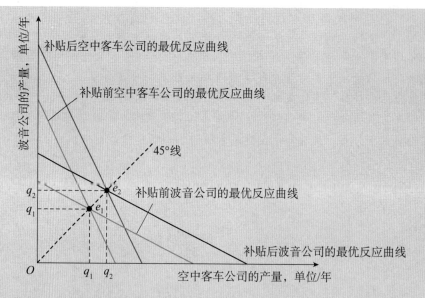

与只有一家企业获得政府补贴的情况不同，每家被补贴的企业都以相同的数额增加其均衡产出，从而使价格下降。[1] 本质上，每个政府最终是在对别国的消费者进行补贴，并没有给本国企业带来相对于其竞争对手的策略优势。

每个政府的福利是企业利润的总和，包括补贴减去补贴的成本，即忽略补贴的企业利润。由于企业的产出高于古诺均衡，两家公司的收益都减少了（忽略了补贴），两国都遭受了损失。不进行补贴对两国更有利，不过两家公司会从补贴中受益，因此它们会努力游说政府提供补贴。

本章小结

1. 市场结构。市场均衡的价格、利润和产量同市场结构有关。因为追求利润最大化的企业使边际收益等于边际成本，所以只有在企业面临向下倾斜的需求曲线的时候，价格才能高于边际收益，进而高于边际成本。与竞争性市场上的企业不同，垄断、寡头和垄断竞争市场中的企业面临着向下倾斜的需求曲线。当进入受到阻碍时，企业就像垄断企业或寡头企业一样获得正利润；但如果可以自由进入，就像在竞争性市场或垄断竞争市场上一样，企业的利润将趋于零。与竞争性企业和垄断企业不同，非合作的寡头企业和垄断竞争企业必须关注竞争对手的行为。

2. 卡特尔。如果企业之间成功串谋，它们将生产垄断的产出并集体获得垄断利润。虽然串谋能提高共同利润，但每家企业为了自身利益都有动力违背卡特尔协议。为了维持卡特尔的高价格，卡特尔成员要有能力察觉和阻止背叛，而且非卡特尔成员也不能增加供给。当反托拉斯法和竞争政策禁止串谋的时候，企业可以通过法律允许的兼并来实现这一目的。

---

[1] 1992年，有关政府就民用客机的交易问题签署了一份美国-欧盟协议，目的在于限制政府的补贴（包括对直接补贴不得超过研发成本的33%的限制以及对可变成本的各种限制等）。Irwin 和 Pavcnik（2004）发现，在1992年的协议达成之后，飞机的价格上涨了3.7%，这个价格的提高与取消补贴造成的企业边际成本（5%）的上涨基本一致。

3. 古诺模型。如果寡头企业各自独立地行动，市场的产出和企业的利润会介于竞争和垄断之间。在一个古诺模型中，每家寡头企业同时决定产量。在古诺均衡水平，各家企业在对手产量既定的情况下按其最优反应进行生产（即实现自身利润最大化的产出水平）。随着古诺企业数量的增加，古诺均衡的价格、产量和利润都趋向于接受价格（完全竞争）的均衡水平。

4. 斯塔克尔伯格模型。如果一家企业是斯塔克尔伯格领导者，它在对手（即斯塔克尔伯格跟随者）之前决定产量，那么领导者的产量和利润都将高于成本相同的跟随者。政府可能会对其国内的寡头企业提供补贴，帮助它生产出斯塔克尔伯格领导者的产量并销往国际市场。在企业数量既定的情况下，斯塔克尔伯格均衡的产出水平高于古诺均衡的产出水平，而古诺均衡的产出水平又比串谋均衡（与只有一家垄断企业的生产情形相同）的产出水平高。相应地，斯塔克尔伯格均衡的价格低于古诺均衡的价格，而古诺均衡的价格又低于串谋均衡或垄断均衡的价格。

5. 伯川德模型。在很多寡头或垄断竞争市场上，企业决定的是价格而不是产量。如果产品同质且企业决定价格，则伯川德均衡价格等于边际成本（它低于设定产量的古诺均衡的价格水平）。如果产品实现了差异化，那么伯川德均衡价格高于边际成本。一般来说，产品差异越大，伯川德均衡价格高出边际成本价格的幅度就越大。

6. 垄断竞争。在垄断竞争市场上，在所有能盈利的进入行为发生后，市场上的企业也为数不多，使得各家企业面临着向下倾斜的需求曲线，因而企业的定价高于边际成本。这些市场并非完全竞争市场，原因在于企业数量相对较少（可能是固定成本过高或者相对于市场需求而言的规模经济过大所致），或者企业实现了产品差异化。

思考题

MyEconLab 上有全部思考题；＊＝答案请扫本书末二维码获取；A＝代数问题；C＝可能要用到微积分知识。

1. 市场结构

1.1 哪一种市场结构最能概括下列市场的结构？为什么？（a）飞机制造，（b）小城镇的电工，（c）种西红柿的农场，（d）城市的有线电视。

2. 卡特尔

2.1 在每次 OPEC 的会议上，最大的石油生产国沙特阿拉伯都坚持这个卡特尔应该削减石油产量。沙特阿拉伯人抱怨说，与卡特尔协议分配的产量相比，包括自己在内的大多数 OPEC 成员都在超额生产。请用图形和文字说明，卡特尔成员在明知道超额生产会降低其产品价格的情况下还要这么做的原因。

2.2 市场上的企业数量保持不变，随着非卡特尔成员数量增加，价格会发生什么变化？为什么？

2.3 导致一个卡特尔成功的可能性增加的主要因素是什么？

＊2.4 许多零售商店会提供一个价格不高于竞争对手的条款，解释为什么同属于卡特尔的企业会提出这样的条款。

2.5 魁北克省枫糖浆业联合会提供了世界上超过四分之三的枫糖浆（应用案例"枫糖浆卡特尔中的欺骗行为"）。根据政府规定，成员企业通过联合会共同销售糖浆，联合会为每家企业的产量设定配额。用类似于图 13.1 的图形说明该卡特尔的价格是如何确定的。说明一家企业通过欺骗（生产超过卡特尔的配额产量）可以获得多少利润。

2.6 2012 年，美国政府对全球最大的啤酒制造商 Anheuser-Busch InBev 提起诉讼，阻止其以 200 亿美元收购墨西哥的 Grupo Modelo（生产 Corona 等啤酒）（Brent Kendall and Valerie Bauerlein, "U. S. Sues to Block Big Beer Merger," *Wall Street Journal*，January 31，2013）。Anheuser-Busch InBev 占据美国啤酒市场份额的 39％，MillerCoors 和 Grupo Modelo 分别占 26％ 和 7％。当诉讼被公告时，两家公司的股价都大幅下跌。为什么？

＊2.7 市场的反需求曲线是 $p = 100 - 2Q$，共有四家企业，每家企业的边际成本均为 $MC =$

20。如果企业结成了一个利润最大化的卡特尔，并且达成生产相同产量的协议，每家企业的产量是多少？（提示：参见第 11 章中对垄断问题的介绍。）A

2.8　2013 年，一位联邦法官裁定，苹果与美国五个主要的出版商勾结，人为推高电子书（可在苹果的 iPad 上阅读）的价格。苹果从出版商那里收取图书价格 30% 的佣金。苹果为什么要帮助出版商提高价格？考虑到苹果的佣金，图书卡特尔会想要设定什么样的价格？（提示，电子书的边际成本几乎为零。）

2.9　2013 年，美国联邦贸易委员会允许排名第二和第三的办公用品公司 OfficeMax Inc. 和 Office Depot Inc. 合并。Office Depot 的市值为 13 亿美元，OfficeMax 的市值为 9.33 亿美元。据报道，合并带来的效率方面的收益将为新公司节省 4 亿~5 亿美元。然而，2015 年，一名联邦法官同意美国联邦贸易委员会的意见，阻止了 Office Depot 与最大的办公用品公司 Staples 之间价值 63 亿美元的合并。为什么联邦贸易委员会允许早先的合并而不允许 Staples 与 Office Depot 的合并呢？

3. 古诺模型

3.1　美国康涅狄格州对保释保证金企业在"提交一定数额的保证金"时能够收取的最高数额进行了规定（Ayres and Waldfogel, 1994）。在法律规定只允许一家企业运营的城市里，保释保证金几乎就是法律规定的最高金额 [普莱恩维尔（Plainville）、斯坦福（Stamford）和沃灵福德（Wallingford）均为最高金额的 99%]。在只有两家企业运营的城市里，价格也和最高金额相差无几 [安索民亚（Ansonia）为 99.6%，梅里登（Meriden）为 98%，新伦敦（New London）为 98%]。不过，在有 3 家或 3 家以上企业的城市，价格却有可能降至最高许可金额之下。在有 3 家企业的诺瓦克（Norwalk），这笔钱仅仅是最高金额的 54%，在有 8 家企业的纽黑文（New Haven）是 64%，在有 10 家企业的布里奇波特（Bridgeport）是 78%。请基于古诺模型对这种情况加以解释。

*3.2　如果市场需求函数为 $Q = 1\,000 - 1\,000p$，且企业的边际成本是 0.28 美元/单位，则双头垄断的古诺均衡是多少？（提示：从反需求函数入手。）A

3.3　产量决策的双头垄断企业所面临的需求是 $p = 150 - q_1 - q_2$，每家企业的边际成本是 60 美元。求出该模型的古诺均衡。A

*3.4　保单贴现企业使得罹患绝症的消费者（尤其是艾滋病患者）能够根据他们现有的寿险合同中规定的权益来借款以支付当前的消费和医疗费用。1996 年推出并得到推广的抗艾滋病病毒的特效药降低了艾滋病的死亡率，延长了患者的寿命，从而推迟了保单贴现企业收取保费的时间。但是，不能仅仅把保单贴现支付（患者可以借出的资金）的减少归因于预期寿命的延长。保单贴现企业的数量从 1995 年的 44 家下降到了 2001 年的 24 家。Sood 等（2005）发现，保单贴现企业的市场势力每增加一些，就将使艾滋病病毒抗体呈阳性的患者手中持有的保单价值下降约 10 亿美元。当边际成本上升且保单贴现企业的数量减少时，古诺均衡的价格将如何变化？利用图形或数学方法证明你的答案。（提示：利用数学方法证明时，假设市场需求曲线的弹性始终保持不变可能会有所帮助。）A

3.5　在附录 13A 中，市场上有 n 家企业，如果每家企业都面临着固定成本 F，且每单位产出的边际成本都固定不变，请指出这 n 家企业的古诺均衡。（提示：可能会用到一点数学方法。）A

3.6　Lee 等（2010）估计，2009 年每包香烟征收 10 新台币（0.30 美元）的税使台湾的香烟消费量减少了 13.19%。假设市场由两家香烟公司组成，说明这一从量税如何影响古诺均衡。（提示：说明税收如何影响企业的边际成本，从而影响最优反应函数。）

3.7　如果联合航空公司和美国航空公司的边际成本分别是 100 美元和 200 美元，则古诺均衡（图 13.3）会有什么变化？（提示：参见例题详解 13.1。）A

3.8　2015 年，圣灵航空公司的报告称，除特殊项目和燃料外，每个座位每英里的飞行成本是 5.7 美分，而西南航空公司的相应数据是 8.5 美分。假设圣灵航空公司和西南航空公司在同一条航线上竞争，请用图形说明均衡时这两家企业的产量的差异。（提示：参见例题详解 13.1。）

*3.9　如果双头垄断市场面临的反需求曲线是 $p = a - bQ$，企业 1 的边际成本为 m，企业 2 的边际成本为 $m + x$，其中 $x > 0$，那么古诺均衡的产量是多少？哪一家企业的产量更多？哪一家企

业拥有更高的利润？A

*3.10 为什么产品差异能让寡头企业索要高价？

3.11 在例题详解 13.2 中，如果 AMD 面临的需求函数和英特尔一样，都如等式 13.10 所示，则英特尔-AMD 均衡是多少？A

3.12 企业 1 和企业 2 生产差异化产品。企业 1 的反需求函数是 $p_1=260-2q_1-q_2$，而企业 2 的反需求函数是 $p_2=260-2q_2-q_1$。每家企业的边际成本都是 20。市场的古诺均衡是多少？（提示：参见例题详解 13.2。）A

3.13 用图说明在例题详解 13.2 中英特尔-AMD 的古诺均衡。在什么产量下，最优反应函数与坐标轴相交？

3.14 在古诺均衡中，一个寡头企业的产量与全能产量相比是更多还是更少？请解释。

4. 斯塔克尔伯格模型

*4.1 设定产量的双头垄断企业面临的市场需求为 $p=150-Q$，每家企业面临的边际成本都是每单位 60 美元。

a. 古诺均衡是多少？

b. 如果企业 1 率先行动，求出斯塔克尔伯格均衡。A

4.2 假设市场需求曲线是线性的，每家企业的边际成本都为常数 m，不考虑固定成本。当市场上有 1 家领导企业和 2 家跟随企业时，求出斯塔克尔伯格均衡。（提示：参见附录 13B 中一个跟随者的斯塔克尔伯格模型，或者使用微积分方法。）C

4.3 如果两家采取产量决策的企业同时行动，会出现斯塔克尔伯格均衡的结果吗？为什么？

*4.4 学校正在考虑把学生会的办公地点出租给一家或两家卖教材的书店。学校对每平方英尺所收取的租金取决于书店（缴租金前）的利润，从而取决于未来的市场是垄断的还是双头垄断的。从学校收取租金的角度考虑，最好有几家书店呢？从学生的角度考虑呢？为什么？

*4.5 市场需求函数为 $Q=1\,000-1\,000p$。每家企业的边际成本为 $m=0.28$（每单位 28 美分）。企业 1 是领导者，率先行动。企业 2 是跟随者。求斯塔克尔伯格均衡的产量、价格以及利润。（提示：参见附录 13B 和例题详解 13.3。）将结果与古诺均衡（思考题 3.2）进行比较。C

*4.6 为了检验某项兼并的效率和市场势力，考察由两家出售相同产品的企业组成的市场，企业 1 和企业 2 的边际成本固定不变，分别为 1 和 2，市场需求是 $Q=15-p$。

a. 求出古诺均衡的价格、产量、利润、消费者剩余和无谓损失。

b. 如果两家企业合并并按照较低的边际成本生产，各项均衡值会发生什么变化？

c. 讨论效率（生产的平均成本）和福利［消费者剩余、生产者剩余（利润）和无谓损失］的变化情况。A

4.7 Zipcar（现在由 Avis 拥有）开创了按小时出租汽车的业务，目前仍然是行业的领跑者。然而，Car2go（由戴姆勒拥有）、Enterprise CarShare 和 Hertz 24/7 最近进入了市场。截至 2015 年，这四家公司控制了美国 95% 的汽车共享市场。Zipcar 庞大的会员网络和汽车网络可能会让它成为斯塔克尔伯格领导者。用图形说明竞争对手的进入会对 Zipcar 有什么影响。讨论有一个斯塔克尔伯格领导者和一个跟随者的市场与有三个跟随者的市场之间的区别。

5. 伯川德模型

5.1 如果企业数量增加，产品同质的伯川德模型的均衡价格会发生什么变化？为什么？

*5.2 如果双头垄断下每家企业的决策变量可以是价格也可以是产量，哪种情况下价格会更低？在什么情况下你能给出一个肯定的答案？

5.3 在可口可乐和百事可乐的例子中，征收从量税 t 会对均衡价格产生什么影响？（提示：这种从量税对企业的边际成本有何影响？回答这个问题无须使用数学方法。）

5.4 在最初的伯川德均衡中，两家生产差异化产品的企业收取相同的均衡价格。一个消费者调查机构称赞了其中一家企业的产品，于是新顾客开始购买这种产品，导致其需求曲线向右移动（其他产品的需求曲线没有受到实质性的影响）。利用图形说明这种信息对伯川德均衡的影响。这两家企业的均衡价格会发生什么变化？

*5.5 假设有两家完全相同的双头垄断企业，它们的边际成本始终为 10 美元/单位，企业 1 面临的需求函数是 $q_1=100-2p_1+p_2$，其中，q_1 是企业 1 的产量，p_1、p_2 分别是企业 1、企业 2 的价格。同样，企业 2 的需求函数是 $q_2=100-2p_2+p_1$。求出该情形下的伯川德均衡。C

5.6 如果思考题 5.5 中两家企业的边际成本

均为 0，求出这时的伯川德均衡。A

5.7 在思考题 5.5 中，如果企业 1 的边际成本是 30 美元/单位，企业 2 的边际成本是 10 美元/单位，求出此时的伯川德均衡。A

5.8 两家比萨店位于纽约市的 Americas 大道上，彼此相距只有几英尺，一份比萨的价格都是 1 美元(Matt Flegenheimer，"＄1 Pizza Slice Is Back After a Sidewalk Showdown Ends Two Parlors' Price War," *New York Times*，September 5，2012)。Bombay Fast Food 把比萨的价格降到 79 美分，第二天早上，2 Bros. Pizza 把价格降到 75 美分，接着 Bombay Fast Food 又很快将价格降到与之对应的水平。这些降价行为导致顾客排起了很长的队伍。两家比萨店都声称它们在亏损，两个店主在他们餐馆前的人行道上开了个会。据称，他们达成了一项把价格提高到 1 美元的协议。能用同质产品、伯川德模型和卡特尔模型解释这一系列事件吗？请说明原因。

5.9 许多企业用营销手段让自己的瓶装水显得与众不同（参见应用案例"瓶装水"）。如果市场中的企业参与的是一个伯川德博弈，这种差异化对价格和福利有什么影响？

6. 垄断竞争

6.1 例题详解 13.4 表明，垄断竞争企业的利润最大化产量出现在全能产量水平之下。这个结果与企业生产同质产品还是差异化产品有关吗？为什么？

6.2 2010 年和 2011 年，美国政府对新企业给予激励。一家新企业可以冲销 10 000 美元的启动成本，它们可以冲销新的资本投资，投资于初创企业和小企业的投资者如果出售所持股份获利将免征资本利得税。小企业管理局将担保贷款的规模扩大至 500 万美元。这些激励措施会对垄断竞争市场产生什么影响？请解释。

6.3 在垄断竞争的航空公司模型中，求出各家企业不存在固定成本时的均衡。

6.4 寡头企业或垄断竞争企业是否有供给曲线？原因何在？（提示：请参考第 11 章有关垄断企业是否有供给曲线的讨论。）

6.5 在垄断竞争市场上，政府对每单位产品征收 1 美元的从量税。代表性企业的利润会出现什么变化？市场上的企业数量是增加还是减少？为什么？（提示：参见例题详解 13.5。）

*6.6 企业 1 是现有企业，企业 2 是一个边际成本更低的潜在进入者。市场的需求曲线是：$p=120-q_1-q_2$，企业 1 的边际成本固定为 20 美元，企业 2 的边际成本固定为 10 美元。

a. 若没有政府干预，古诺均衡的价格、产量和利润各是多少？

b. 为了阻止新企业进入，企业 1 寻求政府的帮助，进入成本增加。如果法律要求使企业 2 的边际成本提高到了企业 1 的水平（20 美元），求出新的古诺均衡。

c. 假设进入障碍不会提高边际成本，但是会提高固定成本，求出能阻止进入的最小的固定成本。（提示：参见例题详解 13.5。）A

7. 挑战题

*7.1 在本章的航空公司的例子中，假设联合航空公司和美国航空公司分属不同的国家。

a. 如果只有联合航空公司所属国家的政府提供每位乘客 48 美元的补贴，确定均衡价格、产量和利润。

b. 如果美国航空公司和联合航空公司都得到了每位乘客 48 美元的补贴，讨论一下此时均衡结果与只有一家企业受到补贴的结果有什么不同。A

7.2 两家企业属于不同的国家，都向第三国出售一样的产品，政府 1 为本国企业生产的每单位产品提供 s 元的补贴，而另外一个国家的政府没有采取类似措施。没有政府干预时，市场的结果是古诺均衡。假设需求曲线是线性的，$p=1-q_1-q_2$，每家企业的边际成本和平均成本都是 m，政府 1 的目标是最大化净国民收入（它不关心企业和政府间的转移支付，所以它最大化不含转移支付的企业利润）。求出政府 1 最优的 s，使得在斯塔克尔伯格均衡中，其他企业生产跟随者的产量，企业 1 生产领导者的产量。C

第14章

博弈论

一位露营者被一头饥饿的熊所发出的咆哮声惊醒，他发现同伴正在穿跑鞋。露营者笑道："你不可能跑得比熊快。"同伴冷冷地说道："不用跑过熊。跑过你就行了！"

挑战题　　　　　　　　**英特尔和 AMD 的广告策略**

2016 年第一季度，英特尔和 AMD 基本占据了个人电脑中央处理器（CPU）市场份额的 100% 和图形芯片单元（GPU）市场份额的 83%。英特尔大做广告（"Intel Inside"广告宣传非常成功），价格较高；而 AMD 很少做广告，价格较低。英特尔控制着超过 82% 的 CPU 市场份额和 70% 的 GPU 市场份额。

从 Salgado（2008）估计的需求函数来看，消费者愿意为英特尔品牌的 CPU 多支付一笔钱（溢价）。他发现，在价格不变的情况下，如果英特尔增加 10% 的广告，总的市场需求会增加 1%，而英特尔的相对市场份额将提高 3% 以上，与此同时，AMD 的需求就下降了。Salgado（2008）的研究表明，要是两家公司广告量水平相同（不管其水平如何），则它们的市场份额也会大致相当。

在个人电脑时代来临之初，英特尔就已经成为 CPU 市场上的巨无霸。英特尔在 1971 年制造出了第一个商用微处理器芯片。1991 年，它推出了"Intel Inside"营销和品牌推广活动。英特尔提出，如果个人电脑制造商所印制的广告中含有英特尔的标识，它就会分摊一部分广告成本。这些资金不仅降低了计算机制造商的成本，英特尔的标识也使消费者确信他们所购买的电脑有最新技术作保障。仅仅 6 个月，就有 300 家电脑企业加入该计划。当这些企业纷纷打起广告之后，英特尔的标识也随之出现在世界各地。这场广告宣传活动也成为要素品牌化（ingredient branding）的首次成功尝试之一。

AMD 在 1975 年开始销售英特尔 8080 微处理器的反向工程复制品，以此进入了微芯片市场。1982 年，AMD 和英特尔签订了一份协议，允许 AMD 成为英特尔 8086 和 8088 处理器的特许二源制造商，因为 IBM 只有在拥有两个微芯片源的情况下才会在其个人电脑中使用这些芯片。

为什么英特尔选择大做广告，而 AMD 很少做广告？在本章的结尾，我们将讨论一种可能的解释：英特尔能够首先采取行动，从而获得优势。（相比之下，在例题详解 14.1 中，我们会考察两家企业同时采取行动的可能结果。）

当市场上只有一小群人或企业（例如电子书阅读器的生产商）时，他们清楚地知道，每个人的行动都会对其他人的福利或利润有显著影响，进而会对这些行为格外留意。除了选择产量和决定价格，企业还在许多方面展开竞争。为了取得相对于竞争对手的优势，企业会做出许多决策，就像电子书阅读器市场那样，会决定做多少广告，是否阻止新企业进入市场，怎样实行产品差异化，以及是否投资新设备。

一家无视或者不能准确预测对手行为的寡头企业很难经营好。如果福特低估了丰田和本田的产量，它就会生产太多的汽车而损失惨重。这些企业清楚这种策略性的依存关系，也意识到任何一家企业的计划和决策都可能对其他企业的利润产生重大影响。

在本章，我们用博弈论（von Neumann and Morgenstern，1944）来考察少数个人和企业的相互作用问题。**博弈论**（game theory）是经济学家、政治学家以及军事观察员等用来分析参与人策略性决策的一组工具。本章主要介绍博弈论的一些基本概念。[①]

博弈论在实践中应用广泛，在分析寡头企业的定价、定产和广告水平方面特别有用。另外，经济学家也用博弈论来分析工会和管理层或者汽车的买者和卖者之间的议价、排污企业和被污染方之间的交互作用、房屋的买家和卖家之间的交易、拥有不同信息量（如车主和汽车修理工）的各方之间的协商、拍卖中的竞价等经济交互行为。博弈论同样被政治学家和军事决策者用于避免或发动战争，被生物学家用于演化生物学和生态学问题的分析。此外，哲学家、电脑科学家等也在使用博弈论。

在本章中，我们将在一个博弈的框架内分析寡头企业的交互行为。**博弈**（game）指参与人（如个人和企业）之间运用策略的一种交互行为；**策略**（strategy）是详细说明一名参与人将采取的行动的战略计划；**行动**（action）是参与人在博弈的特定阶段做出的行为，比如一家企业在当前阶段所生产的产量。

例如，一家企业会使用一种简单的商业策略：无论竞争对手怎么做，它都将生产 100 单位产品。在这种情形下，策略包含了一个单一的行动：生产 100 单位产出。不过，有些策略是由一组复杂的行动或者行为组成的，而且还可能和竞争对手采取的行动有关。比如，一家企业可能会决定，只要对手企业上一期生产的少，本期它就少生产；而对手企业如果生产的多，它就多生产。

博弈中的**收益**（或支付，payoffs）是参与人从博弈的结果中所获得的好处，比如一家企业的利润，或者个人的收入或效用。收益函数（payoff function）详细说明了每位参与人的收益与所有参与人的策略选择之间的函数关系。我们通常假设参与人寻求收益最大化。本质上来说，该假设对收益做了简单的界定。收益包括参与人所体验到的全部相关收益（benefits），因此，理性参与人应该尽力实现他们可能获得的最高收益。

博弈规则（rules of the game）包括参与人行动的时点（比如一个参与人是否要率先行动），在博弈特定点的所有可能的行动，以及有关博弈进行的其他可能方面。一个正式

---

① 更详细的介绍参见 Fudenberg 和 Tirole（1991）或者 Gibbons（1992）。参见 http://www.econ.canterbury.ac.nz/personal_pages/paul_walker/gt/hist.htm 上有趣的历史简介。

中级微观经济学（第八版）

的有关博弈的完整描述通常包括对参与人、博弈规则（包括各种可能的行动或策略）、收益函数以及关于参与人所掌握的信息状况的陈述。

在分析一个博弈的时候，我们通常有三个目标：准确地描述和理解博弈，预测博弈的可能结果，以及就如何最好地参与博弈向管理者提出建议。

了解参与人拥有的信息量是分析一个博弈的关键。我们先假设所有相关信息对参与人来说都是共同知识，然后再逐步放松假定。**共同知识**（common knowledge）是所有参与人都知道的信息，是所有参与人都知道所有参与人都知道的信息，是所有参与人都知道所有参与人都知道所有参与人都知道的信息，依此类推。我们先假定参与人具有**完全信息**（complete information），即，博弈的策略和收益都是共同知识的一种状况。

企业拥有的信息会影响博弈的结果。在所有企业都知道某一条特定的信息和只有部分企业知道这条特定的信息两种情况下，博弈结果可能有所不同。如果一家企业不知道其他企业的潜在收益，结果也好不到哪去；同样，如果企业的计算能力有限，或者计算的成本高到无法承受，又或者管理者的分析能力有限，它的境况可能会变差。在本章末尾我们还会讨论非理性的行为。

本章将考察以下 5 个主题：

1. 静态博弈。所有参与人同时行动且只行动一次，因此一方在必须进行决策的时候不知道其他参与人所采取的行动。

2. 重复动态博弈。如果一个静态博弈在多个时期内重复进行，企业可能使用（比在单一时期的静态博弈中）更复杂的策略，因为在一个时期的行动可能会影响到后继各时期对手的行动。

3. 序贯式动态博弈。如果一家企业在竞争对手之前采取行动，可能会获得竞争优势，原因是它可以将一个不可置信的威胁转变成可置信且可观察的行动。

4. 拍卖。也是一种博弈，竞价者在其他竞价者对拍卖物品或服务的评价上拥有不完全信息。

5. 行为博弈理论。有些人根据心理因素做出有偏误的决策，而不是完全理性的策略。

14.1 静态博弈

> 根据我们的自由企业和良性竞争的原则，我要求你们两家要殊死竞争。
>
> ——蒙提·派森（Monty Python）

我们先介绍**静态博弈**（static game），在这种博弈中，参与人同时行动（或者，至少是每位参与人在行动时不知道对手采取的行动），且只行动一次。企业关于收益函数拥有完全信息，但对于竞争对手的行动拥有不完美信息。

常见的例子包括：两家互相竞争的企业同时就新工厂的选址做出一次性决定，小孩玩的比试胆量的懦夫或斗鸡（chicken in cars）游戏，决斗［就像阿龙·伯尔（Aaron Burr）和亚历山大·汉密尔顿（Alexander Hamilton）在 1804 年所做的那样］，雇主和潜在雇员的谈判，超级碗或世界杯赛场外街头小贩对地点和价格的选择，古诺模型和伯川德模型（第 13 章），等等。

我们通过一个两家企业参与博弈的例子来展开分析，其中，每一家企业都只有两个行动可以选择，行动只有一次。我们的例子是有关联合航空公司和美国航空公司展开竞争的现实情况的简化版本（Brander and Zhang, 1990）。

博弈有如下特征。两个参与人或者企业是联合航空公司和美国航空公司。它们进行的是一个静态博弈，也就是博弈只进行一次。博弈规则详细说明了每家企业可能采取的行动和策略以及行动的时间。每家企业只有两种可能的行动可选：从芝加哥到洛杉矶的航线每季度搭载的乘客量要么是 48 单位（千人），要么是 64 单位。两家企业除了公布它们的产出，不会再有进一步的交流，进而不能做单边交易或者协调行动。每家企业的策略就是采取两个行动中的一个，要么是低产出（每季度 48 单位），要么是高产出（每季度 64 单位）。企业同时宣布它们的行动或者策略。

它们拥有完全信息：知道每家企业所有可能的策略以及对应的收益（利润）。不过，从某个重要的方面看，它们的信息是不完全的：因为两家企业同时选择产量，所以没有一家航空公司会在自己做产量决策的时候知道对手会采取的行动。

在本节中，我们将展示如何在表中表示这些静态博弈，以及如何预测它们的博弈结果。

□ 标准式博弈

> 如果你把所有的不可能都排除了，不管剩下的是什么，有多离谱，都一定是真相。

——夏洛克·福尔摩斯（阿瑟·柯南·道尔）

静态博弈的**标准式**（normal-form）表达详细说明了博弈的参与人、他们可能的策略以及每种策略组合下参与人的收益函数。这种静态博弈的标准式的表达形式是一个如表 14.1 所示的收益矩阵（或者利润矩阵）。

收益矩阵说明了企业可选择的四种可能的策略组合下的利润情况。比如，如果美国航空公司选择了较大的产量（$q_A = 64$ 单位/季度），联合航空公司选择了较小的产量（$q_U = 48$ 单位/季度），企业的获利情况见矩阵中的左下方框。其中，美国航空公司的利润（右上角的数字）为每季度 510 万美元，联合航空公司的利润（左下角的数字）为每季度 380 万美元。我们现在对博弈有了一个完整的描述，包括参与人、博弈规则、一系列允许选择的策略、收益以及可获得的信息情况。

表 14.1　　　　　　　　**产量决策型博弈的占优策略：囚徒困境博弈**

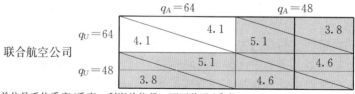

说明：产量单位是千位乘客/季度；利润单位是：百万美元/季度。

因为两家企业同时选择策略，每家企业都会认为对手策略既定，并在此条件下选择利润最大化的策略。因此，这两家企业是在进行一次不完美信息的非合作博弈，它们必须在观察到竞争对手同期实施的行动之前采取行动。所以，即便参与人对其他所有参与人的收益拥有完全信息，也不知道其他人会选择什么行动。

理性参与人不会选择被其他策略所占优的策略，有了这个判断，我们就能预测一些博弈的结果。首先，我们证明在一些博弈中，如果每家企业都有一个占优于其他策略的最优策略，博弈的结果就可以预测。其次，我们将证明在另一些博弈中，通过不断剔除被占优策略之后，会只剩下唯一一个结果。最后，我们注意到，要想准确地预测常见博弈的结果，需要根据每位参与人选择的对其他参与人行动的最优反应（使可能收益最大的反应）来进行。

占优策略

如果每位参与人都有一个占优策略，我们就能很精确地预测出博弈的结果。**占优策略**（dominant strategy）是指不管对方企业选择哪种策略组合，始终能给参与人带来更多收益的那个策略。当一家企业拥有占优策略的时候，它不会持有以下信念：竞争对手的策略选择会让它选择另外一个严格被占优的策略。

虽说企业并不总是拥有占优策略，但在航空公司的这个博弈中确实如此。为了确定美国航空公司的占优策略，管理者会进行以下推理：

■ 如果联合航空公司选择高产出策略（$q_U = 64$），美国航空公司的高产出策略使其利润最大化：在联合航空公司选择的策略既定的情况下，美国航空公司选择高产出策略（$q_A = 64$）的利润是 410 万美元（见左上方框中的右上角数字），选择低产出策略（$q_A = 48$）的利润是 380 万美元（见右上方框中的右上角数字）。因此，在联合航空公司选择高产出策略的情况下，美国航空公司选择高产出策略时的收益更高。

■ 如果联合航空公司选择低产出策略（$q_U = 48$），美国航空公司选择高产出策略能使其利润最大化：在联合航空公司策略既定的情况下，美国航空公司选择高产出策略时的利润是 510 万美元，选择低产出策略时的利润为 460 万美元。

■ 因此，高产出策略是美国航空公司的占优策略：不管联合航空公司选择何种策略，只要美国航空公司选择高产出策略，利润就会更高。所以，在证明了美国航空公司不会选择低产出策略之后（因为这个策略被高产出策略占优），我们可以在表 14.1 中把它的低产出策略部分画上一条垂线。

基于同样的推理，高产出策略也是联合航空公司的占优策略，我们需要在联合航空公司的低产出策略上画一条水平线。由于高产出策略对两家企业来说都是占优策略，所以，我们可以预测这个博弈的结果是一对高产出的组合（$q_A = q_U = 64$）。在表 14.1 中，用底为白色的方框把这个结果（两家企业都选择高产出的策略）表示出来了。

这个博弈吸引人的地方在于：为什么两家企业不选择能够让它们实现共同利润最大化的那组策略呢？如果选择 $q_A = q_U = 48$，它们实际上都会赚 460 万美元而不是 $q_A = q_U = 64$ 时所赚的 410 万美元。这就是所谓的**囚徒困境**（prisoners' dilemma），即所有参与人都选择占优策略，但他们选择占优策略时的收益却少于合作并选择其他策略时的收益。

在每个"警察-劫犯"博弈中，实际上都存在着囚徒困境的问题。警察把 Larry 和 Duncan 抓起来关到监狱里，单独关押，防止串供。一名助理检察官对 Larry 说，"我们有足够证据证明你们俩从事了性质较轻的犯罪活动，能让你在牢里蹲上一年。如果你把你同伙的问题交代了而他保持沉默，我们可以就一项严重犯罪来起诉他，他会被判 5 年，而你会被无罪释放。如果你们都坦白了，各判 2 年。"与此同时，另一个助理检察官也会和 Duncan 说同样的话。基于和航空公司那个例子类似的原因，Larry 和 Duncan 都会选择坦白，哪怕守口如瓶的结果对他们更好。

最优反应与纳什均衡

很多博弈没有占优策略解。对于这样的博弈，我们有更一般的求解方法。给定竞争对手选择的任何一组策略，一位参与人会选择**最优反应**（best response），也就是在关于对手选择策略的信念给定的情况下，可以最大化一位参与人收益的那个策略。我们在第13章中推导一家寡头企业的最优反应曲线时介绍过这个概念。

占优策略是对竞争对手所有可能策略的一个最优反应。因此，占优策略是一种最优反应。不过，即使不存在占优策略，每家企业也能够根据对手选择的任何可能的策略来确定最优反应。

参与人使用最优反应是基于纳什均衡，这是经济学家约翰·纳什（John Nash，1951）正式提出的一个有关博弈的解的概念。**纳什均衡**（Nash equilibrium）指，在博弈参与人的策略保持不变的情况下，没有人可以通过选择不同的策略来获得更高的收益[1]，这样的一组策略就叫纳什均衡。纳什均衡的一个有趣的特性是，它是自我实施（self-enforcing）的：如果每位参与人都选择纳什均衡策略，就没有人会去选择别的策略。换句话说，当参与人发现其他人也选择了这个策略，没有参与人会后悔他所做的策略选择：我做了最优选择（选择了最优反应）。

纳什均衡最初是经济学家用来分析博弈的解的一个概念。它使得我们能发现更多博弈的解，而不是只有占优策略解。如果一个博弈有占优策略解，这个解也必然是一个纳什均衡解。不过，很多没有占优策略解的博弈也会有纳什均衡解。

为了说明上述论断，我们来考察一个更复杂的同时行动博弈。假设联合航空公司和美国航空公司这两家公司各有3种产出水平可供选择：96、64、48（单位：千人/季度）。如表14.2中3×3的利润矩阵所示，这个博弈有9种可能的产出组合，美国航空公司和联合航空公司都没有单一的占优策略，但我们可以用一种两步法找出纳什均衡。首先，在给定其他企业选择的情况下，确定一家企业的最优反应。其次，检查是否有一组策略（利润矩阵中的单元格）是两家企业的最优反应。每一组这样的策略都是纳什均衡。

表 14.2 产量决定型博弈的最优反应

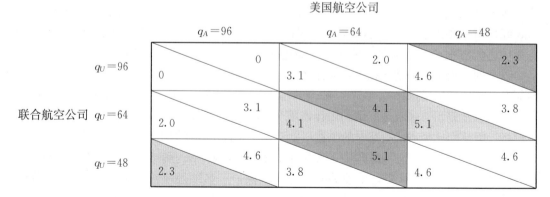

说明：产量单位是千位乘客/季度；利润单位是百万美元/季度。

---

[1] 在第13章中，我们使用了纳什均衡定义的一个特例，其中我们提到的是行动而不是策略。如果参与人只能行动一次，则行动和策略是相同的；然而，在本章的后面，我们将考虑持续多个阶段的博弈，因此需要根据策略进行定义。

我们先确定美国航空公司对联合航空公司所有可能行动的最优反应。如果联合航空公司选择 $q_U=96$，如表中的第一行所示，美国航空公司选择 $q_A=96$（第一列）的利润是0，选择 $q_A=64$ 的利润是 200 万美元（第二列），选择 $q_A=48$ 的利润是 230 万美元（第三列）。因此，如果联合航空公司选择 $q_U=96$，美国航空公司的最优反应是选择 $q_A=48$。我们把最后一列（第三列）最上面的单元格的右上方三角形涂上深色来表示美国航空公司的最优反应；同样，如果联合航空公司选择 $q_U=64$（第二行），美国航空公司的最优反应是 $q_A=64$，利润是 410 万美元，所以我们把第二列的中间单元格的右上方三角形也涂上深色；最后，如果联合航空公司选择 $q_U=48$（第三行），美国航空公司的最优反应是 $q_A=64$，利润是 510 万美元，所以我们在第三行中间单元格的右上方三角形涂上深色。

用同样的推理方法可以确定联合航空公司对美国航空公司每种策略的最优反应。如果美国航空公司选择 $q_A=96$（第一列），联合航空公司会选择 $q_U=48$，实现最大的利润230 万美元，我们把表格最左下方单元格的左下方三角形涂上浅色；同理，如果美国航空公司选择 $q_A=64$ 或 48，联合航空公司的最优反应是 $q_U=64$，我们也把相应单元格的左下方三角形涂上浅色。

我们现在找出纳什均衡。它是这样一对策略组合，即两家企业都使用最优反应策略，从而没有任何一家企业想改变这个策略。在这个博弈中，只有一个单元格的上、下两部分都被涂上了颜色，即 $q_A=q_U=64$。如果竞争对手使用这个策略，就没有企业会去选择其他策略了。举例来说，给定联合航空公司选择 $q_U=64$，如果美国航空公司增加产量至96，其利润将会从 410 万美元降至 310 万美元；或者，如果美国航空公司降低产量至48，利润也会降低至 380 万美元。因此，美国航空公司不会改变它的策略。

因为其他单元格都不是双方互为最优反应（上、下两部分都是涂上了颜色的三角形）的策略组合，所以，在这些单元格里至少会有一家企业想改变自己的策略。例如，在 $q_A=q_U=48$ 这个单元格，每家企业都可以通过把产量提高至 64 单位而将利润从 460 万美元提高到 510 万美元。如果选择为 $q_A=48$，$q_U=64$，则美国航空公司可以通过增产到 64将利润从 380 万美元提高到 410 万美元；同理，在 $q_A=64$，$q_U=48$ 处，联合航空公司也会选择提高产量。在其他策略组合中，至少会有一家企业会偏离该策略而选择别的策略，所以这些策略都不是纳什均衡。因此，通过探讨每家企业的最优反应，我们能发现这个博弈唯一的纳什均衡。

在这个航空公司的例子中，我们假设企业只能在几个产量水平之间进行选择。但在一个企业能选择任何产出水平的博弈中，仍可以用博弈论找到其纳什均衡。在第 13 章航空公司的例子中，我们已经介绍过这种一般性的方法。在图 13.3 中，我们确定了每家航空公司的最优反应曲线，发现最优反应曲线只有一个交点，交点所对应的产量组合即为纳什均衡。实际上，这个均衡同表 14.1 和表 14.2 中的均衡相同。

无法实现联合利润最大化

表 14.1 中的占优策略分析和表 14.2 中的最优反应分析表明，非合作的企业可能无法实现联合利润最大化。参与人是否会选择使联合利润最大的行为取决于利润矩阵。

我们用一个做广告的例子来解释这一观点。

常识性谬误：做广告必然会增加企业的利润。

我们将证明，对于一些利润矩阵，如果企业能够同意都不做广告，它们都将从中受益。

表 14.3 介绍的是一个广告博弈，其中每家企业可以选择做广告和不做广告，有两个可能的利润矩阵。在纳什均衡中，联合利润在第一个博弈中没有实现最大化，但在第二个博弈中实现了最大化。

表 14.3 (a) 中的博弈是一个囚徒困境博弈，类似于表 14.1 中的航空公司博弈，做广告不会吸引新的消费者进入市场，只能从竞争对手那里挖走客户。因为每家企业必须同时决定是否做广告，所以，一家企业在做决定时是无法知道对手采取的策略的。

表 14.3 广告博弈

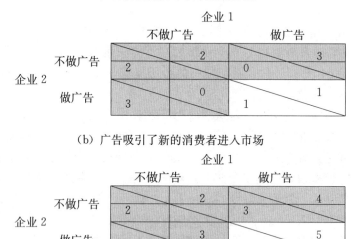

(a) 广告仅仅会从对手那里挖走客户

(b) 广告吸引了新的消费者进入市场

说明：利润单位是百万美元。

如果企业都不做广告，每家企业的利润是 200 万美元，如表 14.3 (a) 中利润矩阵的左上方单元格所示。如果企业 1 做广告而企业 2 不做广告，则企业 1 从企业 2 那里攫取了市场份额，利润增加到 300 万美元，而企业 2 的利润降低到 0 美元。企业 1 增加的收入小于企业 2 损失的收益，原因在于客户转移带来的收入部分被企业 2 的广告成本所抵消。如果两家企业都做广告，利润都为 100 万美元，如矩阵的右下方单元格所示。

做广告对两家企业来说都是一个占优策略。[①] 我们画出一条水平线和一条垂线来表示企业不会使用被占优（或者劣的）的不做广告的策略。两家企业都做广告是一个占优策略解。对于另一家企业的策略，每家企业都会选择它的最优反应，所以，做广告也是这两家企业的一个纳什均衡。

在这个纳什均衡中，每家企业的收益都是 100 万美元，少于都不做广告时的收益 200 万美元。所以在这个单一时期的同时博弈中，企业的利润之和并没有达到最大。

刚听到这个结论的时候，很多人会心生疑问：合作的收益是 200 万美元，大于纳什均衡的收益 100 万美元，那么为什么企业之间不能相互合作，选择收益更高的"不做广

[①] 企业 1 的推理如下。如果对手不做广告，我不做广告的利润是 200 万美元而做广告的利润是 300 万美元，所以做广告会更好；如果对手做广告，我不做广告的利润是 0 美元而做广告的利润是 100 万美元，还是做广告会更好。无论企业 2 如何行动，做广告对企业 1 都是更好的选择，这也是企业 1 的占优策略。企业 2 面临着同样的问题，也会得出做广告是占优策略的结论。

告"的策略呢？这个博弈是一个囚徒困境博弈：博弈有一个占优策略解，如果企业选择合作，利润会下降。即使都不做广告时的联合利润最大，但不论其他企业是否做广告，一家企业选择做广告的收益也更大。

不合作的原因是缺乏信任。只有存在一个有约束力的（可强制执行的）协议，一家企业才会使用不做广告的策略。彼此之间互不信任的原因是，每一家企业都知道对手的最佳利益是选择偏离共同利益最大化的行动。[①]

相比之下，在表 14.3（b）的博弈中，一家企业做广告会吸引新的消费者进入市场，两家企业都从中受益。每家企业的广告都有一个市场扩张的效应。如果都不做广告，利润均为 200 万美元。如果只有一家企业做广告，它的利润会增加到 400 万美元，大于另一家企业的利润 300 万美元。

两家企业都做广告的收益会比只有一家企业做广告或两家都不做广告的情况要好。再重复一遍，做广告是企业的占优策略，因为无论其他企业使用何种策略，企业做广告时的利润都大于不做广告的利润，这个占优策略解是一个纳什均衡。然而，这个博弈不是囚徒困境。在这个纳什均衡中，企业的联合利润已经最大化，等于企业选择合作时的结果。

因此，纳什均衡是否最大化了参与人的联合利润，取决于利润矩阵表现出来的博弈的性质。这两种博弈的不同之处在于，两家企业都做广告的纳什均衡与图 14.3（b）（广告增加了市场规模）中的串谋均衡相同，但它并不是图 14.3（a）（广告蚕食了另一家企业的市场份额）中的串谋均衡。

应用案例

策略性广告

拥有市场势力的企业（如寡头企业）常常大做广告。[②] 2015 年美国最大的广告企业是宝洁公司，这是一家生产牙膏、婴儿用品以及其他家庭用品的企业。宝洁公司在美国的广告支出为 43 亿美元，在全球的广告费高达 83 亿美元（占其全球净销售额的 11%）。

在寡头市场上，企业进行广告决策时，会考虑对手企业的类似行为。企业应该花多少钱做广告，关键要看广告对对手是有益还是有害。

比如，当一家企业通过广告向消费者宣传产品的新用途时，自身和竞争对手的市场需求都会增加，牙膏广告就是这样。一战之前，只有 26% 的美国人刷牙。从 1926 年开始，部分是由于 Ipana 的"粉色牙刷"宣传活动所致（详细介绍了牙龈出血的危害），美国人刷牙的比率提高到了 40%。Ipana 的广告使牙刷和牙膏行业的厂商都受益匪浅。[③]

另一种情况是，如果企业能使消费者确信它的产品比别家的好，就能增加利润。从 20 世纪 30 年代开始一直到 70 年代初，"秘密成分"在消费广告中大行其道。这些成分以

---

① 假设这两家企业事先会面，并同意不做广告。如果博弈只进行一次，每个企业都有违约的动机。例如，如果企业 1 相信企业 2 会遵守协议而不做广告，那么企业 1 就可以通过违反协议和做广告将其利润从 200 万美元增加到 300 万美元。

② 在完全竞争市场上，一家企业在当前的市场价格水平上想卖多少就能卖出去多少，因此没有理由做广告。

③ 虽然难以置信，但是从 20 世纪 70 年代开始，Wisk 液体洗涤剂宣称它解决了一个重大的社会问题：衣领污渍（https://www.youtube.com/watch? v=E3N_skYSGoY）。据推测，一些消费者（即使是那些容易上当、觉得这则广告很有吸引力的人）将其推广至使用其他液体洗涤剂也同样有效。

字母和数字的组合命名，表明它们是在实验室中发现的，而不是在麦迪逊大街上编造出来的。Dial 肥皂炫耀说它含有 AT-7。在牙膏品牌中，Gleem 说它含有 GL-70，佳洁士（Grest）声称它含有氟化亚锡。

经验证据表明，企业广告对其他竞争对手的影响和行业有关。一个极端的例子是可乐市场，一家企业的广告不会为市场带来新的消费者，它的主要作用是攫取对手的市场份额。Gasmi、Laffont 和 Vuong（1992）指出，可口可乐和百事可乐的广告收益都是以牺牲对手的利益为代价的，可乐广告对市场的总需求几乎没有任何影响［如表 14.3（a）所示］。同样地，某个品牌的勃起功能障碍药物广告增加了它自己的份额，降低了竞争对手的份额（David and Markowitz，2011）。另一个极端的情形是非处方的止痛药广告，它对竞争对手的伤害大于对做广告企业的帮助，导致市场的总利润下降（Anderson，2016）。

香烟和啤酒的广告也是一种极端的情形。Roberts 和 Samuelson（1988）发现，香烟广告扩大了市场规模但不会对市场份额产生实质性影响［如表 14.3（b）所示］。[1]同样，Chandra 和 Weinberg（2015）发现，啤酒企业的广告对其竞争对手有一个正的溢出效应。

中间情形包括苏打饼干（Slade，1995）和加拿大快餐，广告主要增加了总体需求，但对市场份额的影响不大（Richards and Padilla，2009），英特尔的 CPU 广告对市场总体需求的影响小于对自身市场份额的影响（Salgado，2008）。

多重均衡

很多寡头博弈有不止一个纳什均衡。我们用进入市场的博弈来说明这种可能。假设某高速公路的服务区内没有加油站，有两家企业都想在这里建一个加油站。有足够大的空间可以最多建设两个加油站。表 14.4 的利润矩阵表明，如果只有一个加油站，市场需求足以确保它盈利。但如果有两个加油站，每一个的损失为 10 万美元。企业没有占优策略。每家企业的最优行动取决于其他企业的选择。

通过考察每家企业的最优反应，我们可以确定这个博弈有两个纳什均衡：企业 1 进入而企业 2 不进入，或者企业 2 进入而企业 1 不进入。因为没有企业愿意改变自己的行为，所以两个都是纳什均衡。假设企业 2 选择不进入，企业 1 不会改变策略而退出市场。如果退出，它的利润会从 10 万美元变为 0 美元。同样，假设企业 1 选择进入，企业 2 也不会改变自己的行为而进入市场，那样做会使收益从 0 美元变为损失 10 万美元。基于同样的原因，只有企业 2 进入市场也是一个纳什均衡。

博弈的参与人怎么才能知道哪一个纳什均衡（如果存在的话）会出现呢？他们不会知道。除非企业之间串谋并确保协议执行，否则，想知道它们如何选择策略是比较困难的。例如，进入企业可以为不进入的另一家企业提供一定的经济补偿。如果不串谋，企业在做出决策前进行协商也不可能对了解均衡结果有任何帮助。由于要求相同的企业使用不同的策略，所以这些纯策略的纳什均衡结果不太具有说服力。

---

① 然而，疾病控制和预防中心的证据表明，广告可能会改变年轻人的品牌忠诚度。

表 14.4   **进入市场的纳什均衡**

企业 1

		不进入	进入
企业 2	不进入	0 \ 0	0 \ 1
	进入	1 \ 0	−1 \ −1

说明：利润单位是十万美元。

例题详解 14.1

英特尔和 AMD 是主要的中央处理器生产商。假设它们同时行动，进行下面的一次博弈，利润也是对称的［这与 Salgado（2008）的估计一致］。如果两者都选择少做广告，英特尔的利润 π_I 和 AMD 的利润 π_A 均为 2。如果双方均选择多做广告，则每家企业的利润均为 3。如果英特尔多做广告，AMD 少做广告，则 $\pi_I=8$，$\pi_A=4$。如果英特尔少做广告，而 AMD 多做广告，则 $\pi_I=4$ 和 $\pi_A=8$。分析每家企业如何选择自己的策略。纳什均衡或均衡解是什么？

解答

1. 用利润矩阵表示企业的最优反应。如下图所示，利润矩阵表示了四对可能的策略和相关的利润。如果英特尔选择少做广告（上面一行），此时，如果 AMD 选择少做广告，则其利润为 2；如果多做广告，则其利润为 8，所以 AMD 的最优反应是多做广告，由右上方单元格右上角的深色三角形表示。如果英特尔选择多做广告（下面一行），此时，如果 AMD 选择少做广告，则其利润为 4；如果选择多做广告，则其利润为 3，所以 AMD 的最优反应是少做广告，由左下方右上角的深色三角形表示。与之类似，我们用单元格左下角的浅色三角形来显示英特尔的最优反应。

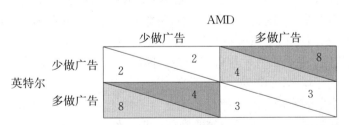

2. 用最优反应确定纳什均衡。要使一组策略成为纳什均衡，两家企业都必须选择最优反应。因此，这个博弈有两个纳什均衡：英特尔多做广告且 AMD 少做广告（左下角单元格）；英特尔少做广告且 AMD 多做广告（右上角单元格）。

▢ 混合策略

在我们讨论过的每个博弈中（包括表 14.4 的同时行动的进入市场的博弈），我们一直假设企业采取的是**纯策略**（pure strategy）——每位参与人只选择一个行动的博弈。除了使用纯策略之外，在进入市场这类博弈中，一家企业可能会采用**混合策略**（mixed strategy），在这种博弈中，参与人按照所赋予的概率在各种可能的行动中进行选择。鉴于一个混合策略是一个关于不同行动的概率分布，所以一个纯策略就是一项行动被赋予的概率等于1。也就是说，一个纯策略就是一条说明参与人采取什么行动的规则，而一个混合策略是一条说明参与人将采用掷色子、掷硬币或其他选择来采取行动的规则。

在进入市场的博弈中，两家企业可能采用相同的混合策略：两家企业进入的概率均为1/2（抛硬币时头像朝上的概率）。这组混合策略是一个纳什均衡，在一家企业使用混合策略纳什均衡的情况下，没有企业想改变自己的策略。

如果两家企业均采用这种混合策略，表14.4中收益矩阵里的4种结果出现的概率就相同。在矩阵中，特定单元格中的结果出现的概率是每位参与人选择相关行动概率的乘积。每位参与人选择既定行动的概率都是1/2，因为这些行动是各自独立的，所以两位参与人选择既定行动组合的概率就是 $\frac{1}{2} \times \frac{1}{2} = \frac{1}{4}$。于是，企业1赢得10万美元（石上方框）和损失10万美元（右下方框）的概率都是1/4；赢得0美元（左上方框和左下方框）的概率为1/2。这样的话，企业1的期望收益（企业在每种可能结果下的利润乘以该结果出现的概率）为：

$$1 \times \frac{1}{4} + (-1) \times \frac{1}{4} + 0 \times \frac{1}{2} = 0 (美元)$$

考虑到企业1采用这种混合策略，则企业2采用纯策略不能获得更高的期望利润。如果企业2使用纯策略且进入的概率是1，则它赢得10万美元或损失10万美元的概率各占一半，期望收益为0美元。如果企业2确定不进入市场，其收益必然为零。

要是企业2认为企业1会使用均衡的混合策略，则企业2采用哪种纯策略都一样（尽管这家企业只考虑在其混合策略中概率为正的那些策略）。相反，在混合策略均衡中，若某一行动的期望收益高于其他行动，就有必要提高企业2选择高期望收益的行动的概率。可是，如果在一个混合策略中，概率大于0的所有纯策略都具有相同的期望收益，则企业2是使用某种纯策略还是混合策略差别不大。

在我们的例子中，为什么企业会选一个进入概率为1/2的混合策略呢？在一个和这个博弈类似的对称博弈中，每位参与人进入的概率相同，都是θ。而且对企业2来说，如果企业1进入的概率是θ，则它所使用的混合策略必须确保进入和不进入没有差别。企业2进入的收益是：$\theta \times (-1) + (1-\theta) \times 1 = 1 - 2\theta$；不进入的收益是：$\theta \times 0 + (1-\theta) \times 0 = 0$。令期望收益相等，$1 - 2\theta = 0$，解得 $\theta = 1/2$。因此，每家企业都选择进入概率为1/2的混合策略是一个纳什均衡。

进入市场这个博弈有两个纯策略纳什均衡（一家企业采用进入的纯策略，另一家企业采用不进入的纯策略）和一个混合策略纳什均衡。如果企业1进入的概率是1/2，则企业2选择进入的概率是1（进入的纯策略）、0（不进入的纯策略）还是这两个极端之间的任何值，结果都没有差别。不过，要想让企业的策略构成一个混合策略纳什均衡，则两家企业选择进入的概率必须是1/2。

介绍混合策略这个概念的一个重要原因是某些博弈没有纯策略纳什均衡。不过，纳什（Nash，1950）证明了，如果一个静态博弈的参与人数量和行动数量有限，这个博弈至少会有一个纳什均衡，尽管可能是个混合策略均衡。

某些博弈论专家认为，企业不可能靠掷硬币来做出选择，所以混合策略不太靠谱。对于这个质疑的一个解释是，企业的行为可能看起来不可预测。这个博弈没有占优策略，每家企业都没有理由认为对手会选择纯策略，对手的行为是随机的。不过，在现实的博弈中，企业可能会用到一些对手没有掌握的信息或推理，进而它还会使用纯策略。另一个解释是，混合策略在某些博弈中还是有意义的（比如进入博弈），这类博弈中策略是随机的，参与人的选择是对称的。

严厉的爱

我们可以用博弈论来解释父母和孩子之间的许多互动。在美国，"回巢族"一词指的是大学毕业、失去第一份工作或退役后回家与父母住在一起的年轻人。（日本人称他们为单身寄生族。）

最近的经济衰退对年轻人的打击尤为严重。20～24 岁的美国人失业率从 2007 年的 8.5％升至 2008 年的 11％，2009 年失业率已升至 16％，在 2012 年全年失业率都保持在 13％以上，但到 2015 年失业率下降至 10％。

因此，与往年相比，更多成年子女选择搬回家与父母同住。在 25～34 岁的人群中，住在几代同堂的家庭中的比例从 1980 年的 11％上升到了 2007 年的 22％，到 2010 年达到 24％（这是自 20 世纪 50 年代以来的最高水平），并继续升到 2015 年的 26％。[①] 2013 年，欧洲 20～29 岁的年轻人中有超过一半（56％）的人与父母住在一起，从丹麦的 10％到斯洛伐克的 84％不等。2015 年，英国 20～24 岁的人群中有 48％的人与父母同住，25～29 岁的人群中有 25％的人和父母住在一起。

问题来了，许多父母都担心对孩子的这种支持会妨碍他们出去工作。比起无条件的经济支持，给予孩子"严厉的爱"（把孩子赶出家门让他们自力更生）是不是对他们更有帮助呢？下面的例题详解给出了答案。

例题详解 14.2

如果 Mimi 的儿子 Jeff 找工作，Mimi 会无条件地供养他，否则一切免谈。与大多数年轻人不同，Jeff 只有在自己好逸恶劳而得不到 Mimi 照顾的情况下才会想着去找一份工作。他们的收益矩阵如下所示：

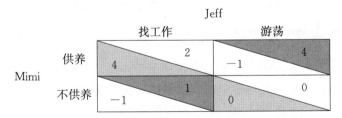

如果 Mimi 和 Jeff 同时行动，找出该博弈的纯策略均衡和混合策略均衡。

解答

1. 用最优反应分析确定在 4 组可能的纯策略中有没有纳什均衡。我们首先确定每位

---

① 皮尤研究中心（Pew）2015 年的一份研究报告显示，父母在经济上帮助成年子女的比例在美国为 61％，在意大利为 60％，在德国为 48％。

参与人的最优反应。如果 Jeff 选择游荡，Mimi 的最优反应是不供养，因为选择不供养的收益是 0，大于选择供养的收益－1。我们用（不供养，游荡）左下角的浅色三角形来表示 Mimi 的最优反应。同样地，如果 Jeff 找工作，Mimi 的最优反应是供养（供养的收益为 4，不供养的收益是－1），我们在（供养，找工作）左下角的三角形中涂上浅色。Jeff 的最优反应由（供养，游荡）和（不供养，找工作）右上角的深色三角形来表示。由于每个组合中总有人想改变自己的策略，因此这些纯策略中没有一个是纳什均衡。

2. 令期望收益相等，解出混合策略均衡。如果 Mimi 提供供养的概率是 θ_M，Jeff 找工作的期望收益是：$2\theta_M + 1 \times (1-\theta_M) = 1 + \theta_M$，游荡的期望收益是：$4\theta_M + 0 \times (1-\theta_M) = 4\theta_M$。因此，如果 $1 + \theta_M = 4\theta_M$，$\theta_M = 1/3$，Jeff 的期望收益相等。类似地，如果 Jeff 找工作的概率是 θ_J，Mimi 供养他的时候期望收益是：$4\theta_J + (-1) \times (1-\theta_J) = 5\theta_J - 1$，不供养他的时候期望收益是：$-\theta_J + 0 \times (1-\theta_J) = -\theta_J$。令期望收益相等：$5\theta_J - 1 = -\theta_J$，解得 $\theta_J = 1/6$。因此，尽管这个博弈没有纯策略纳什均衡，但有一个混合策略纳什均衡。

14.2 重复动态博弈

在标准式的静态博弈中，因为参与人同时行动，且博弈只进行一次，所以他们对对方的行动拥有不完美的信息。不过，在**动态博弈**（dynamic game）中，参与人在一定的时间内序贯地行动或者同时重复地行动，所以他们对其他参与人之前的行动拥有完美的信息。

我们将考虑两类动态博弈，首先介绍的是一种重复博弈或多时期博弈。在这种博弈中，参与人在每一期都同时行动（就像航空公司的囚徒困境博弈一样），博弈至少进行两次，也可能是多次。尽管参与人在每一期都同时行动，但他们知道其他参与人之前各期的行动，而这可能会影响他当期所选择的行动。因此，这属于一种动态博弈。

其次会介绍序贯式博弈。我们研究一个两阶段博弈，每个人只参与博弈一次，所以对参与人来说，这是一个"单一时期"的博弈。在第一阶段，参与人 1 行动，在第二阶段，参与人 2 行动，博弈结束后参与人获得的收益和他们选择的行动有关。

☐ 动态博弈的策略和行动

静态博弈和动态博弈之间的一个主要区别在于，在动态博弈中，我们需要区分策略和行动。一项行动是指参与人在特定时间从事的一项行为或行动，比如选择产出水平或价格。一个策略是指一个竞争计划，它详细说明了参与人在整个博弈过程中采取的全部行动的集合，这些行动可能包括那些某一特定时间在其他参与人之前所采取的行动或在额外信息条件下该参与人所采取的行动。

例如，美国航空公司的策略可能是：如果联合航空公司上一季度在芝加哥到洛杉矶的航线上运送了旅客 6.4 万人，那么这个季度它会计划运送 6.4 万人；如果联合航空公司上一季度运送了 4.8 万人，这个季度它会计划运送 4.8 万人。在同时行动的静态博弈中，行动和策略的区分没什么意义，实际上，这两者是一回事。

□ 重复的囚徒困境博弈中的合作

为了说明静态博弈和重复博弈的区别，我们考虑了一个重复的囚徒困境博弈。每个时期都只有一个阶段，两个参与人同时行动。不过，因为参与人 1 在第 t 期的行动发生在参与人 2 在第 $t+1$ 期的行动的前面，所以，该博弈也是一个动态博弈，之前的行动会影响后面的选择。参与人知道之前各期的所有行动，但因为同时行动的缘故，所以在任何一个特定的时期，他们不知道彼此的行动。

前面介绍过，如果美国航空公司和联合航空公司参与的是单一时期的囚徒困境博弈，如表 14.1 所示，那么若它们进行串谋（也就是组成卡特尔），两家企业的产量都会提高。该理论认为卡特尔是无法结成的，但实际上是可以结成卡特尔的，这是为什么呢？一种解释是，市场会存在多个时期，而串谋更有可能发生在多时期博弈而不是单一时期博弈中。

在单一时期博弈中，如果有一家企业违背了卡特尔协议，则其他企业无法对它实施惩罚。如果企业一期接着一期博弈，不守规矩的企业是会得到惩罚的。

现在假设航空公司的单一时期囚徒困境博弈（表 14.1）一季度接着一季度地重复进行。如果博弈只进行一期，每家企业都会视对方的策略既定不变，并假设这种看法不会影响到策略的选择。在一个重复博弈中，企业在当期所采取的策略和对手之前的行动有关。例如，只有在对手上一期选择低产出的情况下，一家企业才会在当期也设定一个低产出。在一个重复博弈中，企业可以通过发信号和威胁实施惩罚来影响对手的行为。

信号

当企业碍于反托拉斯法不愿意与竞争对手直接接触时，可以通过发信号来影响对手的行为。例如，美国航空公司可以在一定时期内使用低产出的策略，目的是向联合航空公司传递一个信号：两家企业在将来合作并选择低产出。如果联合航空公司在将来没有以降低产出来回应，则美国航空公司只是短时间内蒙受损失。但如果联合航空公司心领神会也降低了产量，它们未来就会因为低产出而获益。

若低产出策略对每个参与人来说都是有利可图的，为什么企业在这种无限次数的重复博弈中并不总是选择合作呢？一个原因是，合作并不是唯一可能的纳什均衡。该博弈还有另外一个纳什均衡：每家公司在每个时期都选择高产出。如果联合航空公司认为美国航空公司在每一期都选择高产出，它的最优反应也是每一期都选择高产出。同样的推理也适用于美国航空公司。每家公司关于对手的信念都将得到经验的证实，谁都不会改变策略。

威胁实施惩罚

为了促进合作，企业还可以向不限制产出的对手发出实施惩罚的威胁。表 14.1 的利润矩阵说明了航空公司可以威胁对手以确保串谋。假设美国航空公司向联合航空公司宣布，它将实施如下策略：

■ 只要联合航空公司每一期都选择低产出，美国航空公司也会这么做。

■ 如果联合航空公司在第 t 期选择了高产出，则美国航空公司会在第 $t+1$ 期及以后各期都选择高产出。

要是联合航空公司相信美国航空公司会遵从这个策略，它就会明白，选择低产出时每一期的利润都是 460 万美元。尽管在第 t 期选择高产出的利润会提高到 510 万美元，但这么做的代价是，将来各期的利润会降到 410 万美元。因此，联合航空公司在首次偏离（背叛）

合作产出时会有 50（＝510－460）万美元的利润，但（相比于合作）后继各期均会损失 50（＝460－410）万美元。仅仅在两个惩罚期后，损失就会超过初始背叛所带来的收益。[①]

美国航空公司正在使用的策略是触发策略（trigger strategy）。该策略是说，竞争对手如果背叛了串谋的结果就会招致惩罚。在这个例子中，触发策略是一种极端情况，因为仅仅一次背叛就会招致对手在后继各期实施永久性的惩罚。不过，如果两家公司都采用这种策略，其结果就是一个纳什均衡，均衡中，两家企业在每一期都会选择低产出并获得串谋利润；背叛和惩罚并不会发生。有时候还会使用一种不太极端的触发策略。例如，在这个例子中，背叛一次就惩罚两期，背叛行为不再有吸引力，进而也不太可能会发生。

例题详解 14.3

试说明，如果美国航空公司和联合航空公司的博弈只持续 T 期，它们也不太可能选择合作。

解答

从最后一期开始逆向分析。在最后一期即第 T 期，因为了解将来不会再博弈了，即使欺骗（选择高产出）也不会受到惩罚，所以它们在最后一期的行为就像在单一时期博弈中那样，都选择高产出。这导致第 $T-1$ 期成为盈利的最后一期。基于同样的原因，在企业知道它们在第 T 期会选择欺骗之后，在第 $T-1$ 期也会选择欺骗，而且不会招致惩罚。一直这么推导下去，我们能看到，一旦博弈有一个确定的终点，想达成低产出的协议就会非常困难。

评论： 重复进行几次相同的博弈并不一定会驱使企业合作。已知有一个确定的终点，合作就会变得很困难。然而，如果参与人知道博弈会结束，但是不确定会在什么时候结束，则欺骗也不太会发生。所以，在一个无限地持续下去或者没有确定终点的博弈中，合作更有可能发生。

14.3 序贯式动态博弈

我们现在介绍序贯式动态博弈，在这种博弈中，一家企业先于另一家企业行动。我们将展示如何以图表的方式表示这些博弈，并预测它们的结果。

□ 博弈树

经济学家在分析序贯式动态博弈的时候，用的是**扩展式**（extensive form）而不是标准式，扩展式详细说明了 n 位参与人的行动次序、每次选择的行动、每位参与人拥有的其他参与人之前行动的信息、关于所有可能策略的收益函数等内容。在本节中，我们假设参与人不仅拥有关于收益函数的完全信息，对某一点之前的博弈情况也了如指掌。

为了说明序贯行动或者两阶段博弈的问题，我们假设美国航空公司可以在联合航空公司之前选择自己的产出。这一序贯式博弈被称为斯塔克尔伯格博弈（第 13 章），其分

① 因为今天的 1 美元要比未来的 1 美元更值钱，所以我们假设企业会对未来的收益或损失进行贴现（第 16 章）。但是，贴现的影响会随着时期变短或时期数变少而减弱。

中级微观经济学（第八版）

析结果表明：当一位参与人可以先于另一位参与人行动时，其博弈的结果与同时行动博弈的结果不同。为了使分析简化，我们假设联合航空公司和美国航空公司这两家企业都只有 3 种产出水平可供选择：96、64、48（单位：千位乘客/季度）。

利用博弈的标准式（表 14.2），我们推导出了两家企业同时行动时的纳什均衡。为了反映序贯行动的特征，我们需要用扩展式或者博弈树（图 14.1）来表示，这种方法能体现出行动的次序、某一点上每位参与人可能的行动，以及博弈结束时的利润，等等。

在图中，每个方框都代表某家企业的一个决策位置，称为决策点（或决策节，decision node）。决策点方框里的名字代表轮到这位参与人行动了。从方框延伸出来的线或分支表示参与人在博弈中的这个决策点可能选择的全部行动。图的左边是美国航空公司（领导者）首先在 3 种产出水平中进行选择；图的中间是作为跟随者的联合航空公司在了解了美国航空公司的选择后从 3 种产出中做出的选择；图的右边是两家航空公司在序贯行动之后博弈结束时所获得的收益。例如，如果美国航空公司选择 64 而联合航空公司选择 96，则美国航空公司每季度的收益是 200 万美元，联合航空公司每季度的收益是 310 万美元。

该博弈中存在**子博弈**（subgame）。在一个给定的阶段，一个子博弈是由参与人在行动以及相应的收益给定的情况下可能采取的全部序贯决策构成的。在联合航空公司进行选择的第二阶段，一共有 3 个可能的子博弈。如果美国航空公司在第一阶段选择 $q_A = 48$，在图 14.1 中，相关的子博弈是第二阶段的决策节和 3 个分支。这个博弈有 4 个子博弈，其中的 3 个是，在美国航空公司于第一阶段进行的 3 种可能的行动给定的情况下，联合航空公司在第二阶段的 3 种决策，另外一个子博弈是从第一阶段的决策开始的，也就是整个博弈。

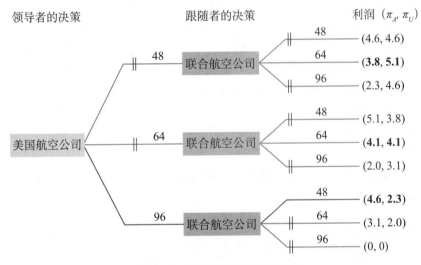

图 14.1　斯塔克尔伯格博弈树

领导者美国航空公司率先决定产量，在美国航空公司的决策已知的情况下，跟随者联合航空公司随后选择产量。这些决策给两家企业带来的利润见图中的右边部分。行动上画了双竖线表明企业拒绝采取这项行动。

□ 子博弈完美纳什均衡

> 在解决此类问题的时候，重要的是可以倒推回去。
>
> ——夏洛克·福尔摩斯（阿瑟·柯南·道尔）

为了预测序贯式博弈的结果，我们需要引入有关纳什均衡概念的一个更强的版本。

如果参与人的策略在每一个子博弈中都是一个纳什均衡，则这组策略就构成了一个**子博弈完美纳什均衡**（subgame perfect Nash equilibrium）。鉴于整个动态博弈也是一个子博弈，所以，子博弈完美纳什均衡也是一个纳什均衡。相反，在静态的囚徒困境这样的同时行动博弈中，唯一的子博弈就是博弈本身，所以就没有必要对纳什均衡和子博弈完美纳什均衡加以区分了。

表 14.2 中的标准式描述了同时行动博弈的纳什均衡，其中每家公司的选择都是 64。不过，若企业是序贯（或先后）行动的，子博弈完美纳什均衡就会得出一个不同的结果。

我们可以用**逆向归纳法**（backward induction）来求出子博弈完美纳什均衡，首先确定最后行动的参与人的最优反应，然后再确定倒数第二行动的参与人的最优反应，将这个过程一直不断地重复下去，直到博弈的开始。在我们所举的例子中，按照博弈树从右向左推导，先确定跟随者联合航空公司的决策，然后再推导出领导者美国航空公司的决策。

领导者美国航空公司会如何在第一阶段选择它的产量呢？对于每种可能的产量，美国航空公司会对联合航空公司的行动进行预测并选择使自己利润最大化的产量水平。因此，要想预测美国航空公司在第一阶段选择的行动，需要知道：在美国航空公司第一阶段的产出既定的情况下，它的行动决定了跟随者联合航空公司在第二阶段采取的行动。利用这个有关联合航空公司在第二阶段反应的信息，美国航空公司进行第一阶段的决策。

跟随者联合航空公司没有占优策略，其产出水平取决于美国航空公司的产量选择。如果美国航空公司选择 96，联合航空公司选择 48 时的利润是 230 万美元，选择 64 时的利润是 200 万美元，选择 96 时的利润是 0 美元。因此，如果美国航空公司选择了 96，联合航空公司的最优反应是 48。其他两种行动上的双竖线表明联合航空公司不会选择该项行动。

同理，如图 14.1 右侧部分所示，美国航空公司决定着联合航空公司对美国航空公司每项可能行动的反应，通过预测联合航空公司的反应，美国航空公司知道：

- 如果美国航空公司选择 48，联合航空公司会卖出 64，所以美国航空公司的获利会是 380 万美元。

- 如果美国航空公司选择 64，联合航空公司会卖出 64，所以美国航空公司的获利会是 410 万美元。

- 如果美国航空公司选择 96，联合航空公司会卖出 48，所以美国航空公司的获利会是 460 万美元。

因此，美国航空公司为了实现利润最大化，在第一阶段将选择 96，联合航空公司的策略是对美国航空公司在第一阶段的行动做出最优反应：如果美国航空公司选择 48 或 64，它就选择 64；如果美国航空公司选择 96，它就选择 48。所以，联合航空公司的最优反应是选择 48。在这个子博弈完美纳什均衡中，没有企业愿意改变自己的策略。假设美国航空公司选择 96 单位的产出，联合航空公司使用的策略 $q_u = 48$ 已经最大化了自己的利润，因此不会做出改变。同样，给定联合航空公司对美国航空公司每种可能产出水平的最优反应，美国航空公司也只有选择 96 才能获得最大的利润。

子博弈完美纳什均衡要求参与人相信他的对手也会按利润最大化的方式选择行动（这样最符合自身的利益），没有人会偏离最优策略。之所以加上"子博弈完美"这个条件，是因为我们想要解释，如果一位参与人不按最优路径选择会出现什么情况。例如，如果美国航空公司在第一阶段不选择它的最优产出，子博弈完美要求联合航空公司于第二阶段在美国航空公司实际选择的条件下继续遵循利润最大化的策略。

并非所有的纳什均衡都是子博弈完美纳什均衡。例如，假设美国航空公司的策略是在第一阶段选择96，联合航空公司的策略是：如果美国航空公司选择48或64，它就选择96，如果美国航空公司选择96，它就选择48。因为美国航空公司会选择96，联合航空公司会选择48，所以这个结果同我们刚刚推导出的子博弈完美纳什均衡是一样的，也没有企业会偏离这个策略。[1] 这个结果是一个纳什均衡，不过，这组策略却不是一个子博弈完美纳什均衡。尽管纳什均衡和子博弈完美纳什均衡有着同样的均衡路径，联合航空公司也不会偏离这个路径，但是，如果美国航空公司选择48（或者64），联合航空公司的策略就不会构成一个纳什均衡。如果它选择64而不是96，它获得的利润会更高。因此，这个纳什均衡不是子博弈完美的。

这个子博弈完美纳什均衡或者斯塔克尔伯格均衡不同于同时行动的古诺均衡。美国航空公司——斯塔克尔伯格领导者——的产出比古诺均衡产出数量64高出50%；其利润是460万美元，也要比古诺均衡的利润410万美元高出15%。联合航空公司——斯塔克尔伯格跟随者——的产出48和利润230万美元都少于古诺均衡时的水平。所以，尽管联合航空公司在斯塔克尔伯格均衡中拥有的信息比古诺均衡中多（它知道美国航空公司的产出水平），但境况却比同时行动时差一些。

□ 可置信

为什么同时行动博弈和序贯式博弈会有不同的结果呢？假设美国航空公司在先行动的时候选择了一个高产出96，诱使联合航空公司为了自身利益选择一个相对低的产出48，这样美国航空公司就能从先行动中获得好处，选择斯塔克尔伯格领导者产出。

在同时行动博弈中，为什么美国航空公司不宣布它将选择斯塔克尔伯格领导者的产出，以诱使对方选择斯塔克尔伯格跟随者的产出呢？答案是，当企业同时行动时，联合航空公司不会相信美国航空公司选择高产出的警告，因为高产出并不符合美国航空公司的最大利益。

对企业来说，一个策略要想成为**可置信的威胁**（credible threat），就必须使对手相信，运用该策略符合企业自身的最大利益，从这个意义上说是理性的。[2] 如果美国航空公司选择了领导者的均衡产出水平，而联合航空公司生产古诺均衡产出水平，则美国航空公司的利润要低于它选择古诺产出时的利润。美国航空公司不会认为在同时行动博弈中联合航空公司会相信它的威胁，所以会把产出降到古诺产出的水平。相反，在序贯式动态博弈中，美国航空公司首先选择，它发出的生产高产量的承诺就是可置信的。

直觉上看，一个承诺可置信的原因在于做到了"破釜沉舟"。如果将军把军队后面的

---

[1] 给定联合航空公司的策略，美国航空公司没有动力去选择别的策略。如果美国航空公司选择48，其利润是230万美元；如果美国航空公司选择64，其利润是200万美元。这两个利润水平都低于选择96时的利润460万美元。在美国航空公司的策略给定的情况下，联合航空公司没有别的选择会带来更大的利润。

[2] 你肯定有过这种经历，在餐馆的时候，听见一位父亲怒气冲冲地和他的孩子说，"你不听话的话，一会儿我们吃晚饭的时候就把你放在车里"，或者，"你不听话的话，以后就不让你看电视了"。当然，这些话可吓不住孩子（他们认为这是不可置信的威胁），他们会继续我行我素。这证明，和他们的父亲比起来，孩子们是更优秀的博弈论专家。

桥烧了，从而只能前进，不能后退，那么这支军队将变得如困兽般可怕。[1] 同样，如果企业将来可选择的余地越来越小，那么它也可能会因此变得更加强大。[2]

不过，有些企业无法做出承诺，进而不能发出可置信的威胁。一般来说，企业的威胁要奏效，它必须有能力在别的企业报复自己之前打击对方。相同的企业选择同时行动不可能威胁到对方。如果企业不同，一家企业有可能做出可置信的威胁行动，重要的不同就是有能力率先行动。比如，现有企业可能游说政府通过法律来限制新企业进入。

□ 动态进入博弈

我们用进入博弈来说明法律作为一种承诺方式的用途。在有些市场中，率先行动的企业可以采取策略以阻止潜在的对手进入市场。现有的垄断企业如何阻止（潜在）竞争对手进入市场呢？它采取这种行为在经济上值得吗？

现有企业通过先行动能发出可置信的威胁以阻止新企业进入。不过，如果一名管理者只是和对手说"别进来，市场只容得下我一家"，这样是不行的。对手只会笑答："如果不愿意共享市场的话，那你就退出吧。"

专营合约

我们考虑一个例子，现有企业可以向第三方支付费用以防止新企业进入。商场内只有一家鞋店，它属于现有企业。现有企业向商场的所有者付一笔金额 b，要求在租赁合约中添加条款，授予其专营权（exclusive right），目的是确保自己是整个商场里的唯一一家鞋店。[3] 如果付了这笔钱，业主就要同意将剩余的店面租给餐厅、玩具店或其他不卖鞋子的租户。问题是鞋店应该付这笔钱吗？

图 14.2 中的博弈树显示了这个两阶段的博弈，其中涉及的对象包括现有企业、潜在进入者（另一家鞋店）。在博弈的第一阶段，现有企业要决定是否支付 b 以防止新企业进入；在第二阶段，潜在对手决定是否进入。如果进入，需要支付一笔大小为 F 的固定费用来（在商场内）建一家新店。

图形的右侧显示了现有企业和潜在对手在三种不同可能结果下的利润（π_i，π_r）。图中最上面一行的结果表明，如果现有企业不付费购买专营权且潜在对手也不进入市场的话，则现有企业每月获得 $\pi_i=10$（万美元）的"垄断"利润，潜在对手的利润为零 $\pi_r=0$；中间一行结果表明，如果现有企业不购买专营权且潜在对手进入市场的话，现有企业获得 $\pi_i=4$ 的双头垄断利润，对手企业获得的利润为双头垄断利润减去固定成本 F，即 $\pi_r=4-F$；最下面一行的结果表明，如果现有企业支付一笔费用 b 来购买专营权的话，它会赚得垄断利润减去专营费，即 $\pi_i=10-b$，潜在对手则没有任何收益，$\pi_r=0$。

为了求解出子博弈完美纳什均衡，我们从最后一个决策（潜在对手的进入决策）开

---

[1] 《孙子兵法》："围地，吾将塞其阙；死地，吾将示之以不活。"

[2] 有些心理学家使用承诺的思想去处理某些行为问题。一名心理学家可能建议一名使用 writer's block 程序来写作的作者设置一个不可撤销的程序，一旦作者的书没有如期完成，该作者就会开出 1 万美元的支票给他最憎恶的团体——纳粹党、3K 党，或者国家保护飞靶基金会（National Save the Skeets Foundation）。这种不可撤销的承诺提高了作者拖延的成本，鼓励作者按时完成任务。（我们可以想象作者参加了一个和自己利益相关的博弈。）

[3] 达拉斯-沃斯堡、劳德代尔堡-好莱坞、旧金山等一些机场出售在其机场提供特定产品或服务的专营权。例如，旧金山国际机场对一家书店的专营权发出招标，其最低可接受出价为每年 40 万美元。

始，使用逆向归纳法。博弈树的上半部分显示的是，如果现有企业不为阻止新企业进入而付费会出现的结果。对潜在对手来说，如果进入的收益（$\pi_r = 4 - F$）大于不进入市场的收益（$\pi_r = 0$），即 $F \leq 4$，它就会选择进入市场。博弈树的下半部分显示了，现有企业为了防止新企业进入而支付了一笔费用 b 以获得专营合约，潜在对手只好知难而退。

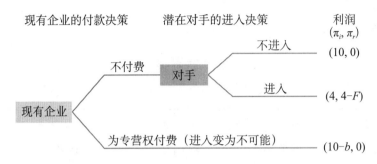

图 14.2　博弈树：现有企业是否为阻止新企业进入付费

如果潜在竞争对手不进入市场，它就没有利润可言，$\pi_r = 0$，而现有企业获得垄断利润，$\pi_i = 10$；如果潜在竞争对手进入市场，现有企业只能获得双头垄断利润 4，而对手获得利润 $4 - F$，其中 F 是其进入市场所发生的固定成本。如果双头垄断利润 4 小于 F，则进入不会发生；否则，进入就会发生，除非现有企业通过购买专营权来阻止新企业进入，成为商场里的唯一一家鞋店，现有企业购买专营权的条件是：$10 - b > 4$。

在三种可能的结果中，哪一个会出现，这要看参数 b（现有企业购买专营权的费用）和 F（潜在对手进入市场所需支付的固定成本）的大小：

● 进入封锁（$F > 4$）：即使现有企业不购买专营权，潜在对手也不会进入市场，因此，$\pi_r = 0$。现有企业不必付费，赚取垄断利润 $\pi_i = 10$。

● 阻止进入（$F \leq 4$，$b \leq 6$）：由于 $F \leq 4$，除非现有企业付费购买专营权，否则，进入就会发生。现有企业选择支付专营费 b，这样做的利润（$\pi_i = 10 - b \geq 4$）至少和允许进入时赚取的双头垄断利润（$\pi_i = 4$）一样多。由于潜在对手不进入市场，故利润 $\pi_r = 0$。

● 容纳进入（$F \leq 4$，$b > 6$）：由于潜在对手的固定成本小于等于 4，除非现有企业购买专营权，否则，进入将会发生。现有企业不支付专营费。专营费如此之高，使得现有企业允许新企业进入时获得的利润（$\pi_i = 4$）高于支付专营费后的利润（$\pi_i = 10 - b < 4$）。因此，现有企业获得双头垄断利润（$\pi_i = 4$），而竞争对手也并非一场徒劳（$\pi_r = 4 - F$）。

简而言之，如果潜在竞争对手的进入成本过高（$F > 4$），或者专营合约的价格不菲（$b > 6$），则现有企业不会付费购买专营合约。

下一个例题详解使用动态博弈论来否定以下错误观念：

常识性谬误：只有当新设备所节省的生产成本大于设备所花费的投资成本时，企业才会进行投资。

例题详解 14.4

用下面的博弈树说明，即使新设备不会降低成本，面对潜在进入威胁的现有企业也会投资于新设备。在博弈的第一阶段现有企业决定是否投资新设备（降低了其边际生产成本），在博弈的第二阶段潜在对手决定是否进入市场。

1. 面对现有企业在第一阶段采取的每一个可能的行动，确定潜在对手在第二阶段的

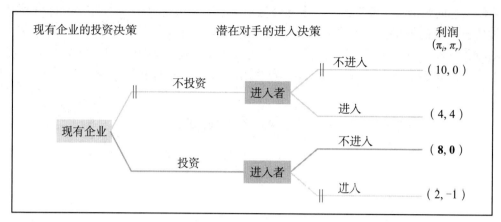

反应。为了求解子博弈完美纳什均衡，我们从博弈的第二阶段（潜在对手的进入决策）出发，使用逆向归纳法。如果现有企业不投资，潜在对手会选择进入，因为进入的收益（$\pi_r=4$）大于不进入的收益（$\pi_r=0$）。如果现有企业投资，因为进入无利可图：$\pi_r=-1<0$，所以潜在对手不会进入市场。

2. 根据潜在对手的反应，确定现有企业的决策。如果现有企业不投资，潜在对手进入，则现有企业的收益为 $\pi_i=4$。如果现有企业投资且潜在对手不进入，则现有企业将获得 $\pi_i=8$。因此，现有企业会选择投资。

评论：如果没有进入威胁，这项投资是不会有回报的。投资会导致现有企业的利润从 $\pi_i=10$ 下降到 $\pi_i=8$。不过，由于投资阻碍了进入，现有企业会从投资中受益。

应用案例

阻止新设赌场

假设你拥有镇上唯一的赌场。你知道你的赌场越大，能提供的游戏和娱乐就越多，也就会吸引越多的顾客。你需要权衡的是，随着赌场规模的扩大，成本也随之增加。所以，为了实现垄断利润最大化，必须选择最优的规模。

如果在垄断利润最大化的规模下新企业进入有利可图，问题就会变得复杂。这种情况下扩大赌场的规模也许是值得的。高昂的投资成本使得你维持一家大赌场的承诺变得可信。当一家赌场足够大时，潜在的进入者会因为建造一个竞争性的赌场而赔钱，从而不会进入。

当潜在的进入者开始联系销售商和供应商网络时，赌场所有者就会知道进入计划。Cookson（2015）估计，当面对进入威胁时，现有的赌场会把规模扩大 13%～16%。他还发现，当现有企业投资的是大型扩张项目而不是规模小于 20 000 平方英尺的小项目时，新企业进入市场的可能性会减半（从 66% 降为 33%）。

限制性定价

所谓**限制性定价**（limit pricing）是指企业把价格（或等价的产出）设定在其他企业进入市场后无法盈利的水平。例如，现有企业可以将价格设定在潜在对手的边际成本之下，使后者在进入市场后无利可图。或者现有企业选择一个产量水平，使得价格低到留给竞争对手的顾客不足以使其盈利的水平。不过，企业要想成功实施限制性价格，必须具备对手没有的某种优势，下面的例子说的就是这种情况。

一家现有企业赚取巨额垄断利润，这引起了潜在竞争对手的兴趣。现有企业可能向潜在对手发出威胁：如果进入市场，它就索要低价，让进入者得不偿失。威胁只有可置信才会起作用。要是两家企业的成本相同，市场需求也足以支持它们生存，类似的威胁就不可置信。在这种情况下，如果进入市场，现有企业的最佳选择是设定一个双头垄断价格以共同盈利，绝不是收取低价而弄得两败俱伤。此时，意识到现有企业实际上不会限制价格，潜在对手将无视威胁，毅然进入市场。

要想使限制性定价的威胁可置信，现有企业必须具备（对手没有的）某种优势。比如，成本比潜在对手的低，这样可以收取一个低价，以至于对手一进入市场就损失，而现有企业获得的利润也要高于允许其他企业进入市场时的水平。

另一个例子是斯塔克尔伯格模型的极端版本。模型中，领导者率先行动并选择一个高产出，跟随者生产低产出。根据需求曲线和企业成本的情况，领导者可以选择一个能盈利更多的高产出，使得跟随者无法盈利。也就是说，领导者承诺生产高产出，进而实施了一个可置信的限制性定价。

例题详解 14.5

在一个现有企业和潜在对手的博弈中，现有企业在博弈的第一阶段会使用不同的技术建厂：要么是只能生产固定数量产品（产量大）的非弹性技术，要么是产量可大可小的弹性技术。在博弈的第二阶段，潜在对手要决定是否进入市场。如下面的博弈树所示，如果技术是非弹性的，现有企业所生产的产量使得它使用限制性定价的威胁是可置信的。哪一种策略（或技术）能最大化现有企业的利润呢？

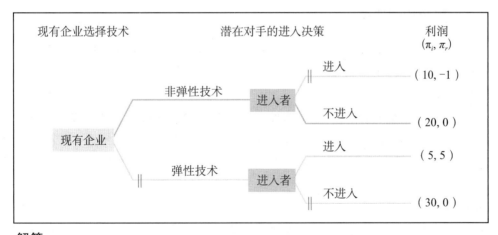

解答

1. 通过逆向归纳法确定潜在对手面对现有企业所采取的每一种可能行动时的最优策略。此博弈有两个适当的子博弈。右上方的子博弈显示了给定现有企业采取非弹性技术的情况下，潜在对手进入或不进入市场时的利润大小。如果进入，潜在对手会亏损（$\pi_r = -1$），如果不进入，则盈亏平衡（$\pi_r = 0$），所以它会选择不进入市场。右下角的子博弈给出了当现有企业采取弹性技术时潜在对手的进入决策。此时，潜在对手更倾向于进入市场并获得 $\pi_r = 5$ 的利润，而不是游离于市场之外，一分也不赚。

2. 给定潜在对手对现有企业每个策略的反应后，确定现有企业的最优策略。如果现有企业使用弹性技术，市场进入就会发生，现有企业获得利润 $\pi_i = 5$；但是，如果现有企业使用非弹性技术，其他企业不会进入市场，现有企业的利润为 $\pi_i = 20$。因此，现有企业会选择非弹性技术。

评论：如果其他企业不进入市场，现有企业使用弹性技术也能获得高利润。但如果现有企业这么做，竞争对手会选择进入市场，所以现有企业承诺使用非弹性技术是更好的选择。非弹性技术是一个可置信的威胁（现有企业将限制价格）。

14.4 拍卖

到现在为止，在我们所介绍的博弈中，参与人对收益函数拥有完全的信息。现在我们转向一种重要的博弈：拍卖。在拍卖中，参与人是在不了解其他参与人的收益函数的情况下设计自己的竞价策略。

拍卖（auction）是一种销售方式，它把产品或服务卖给出价最高的人。大量交易都采用拍卖的形式。具有代表性的如政府合同一般采用采购拍卖的方式。近些年来，政府已经通过拍卖方式出售了广播电台、移动电话和无线网络接入的部分波段，并且通过拍卖建立起了电力和运输市场。其他常通过拍卖方式进行销售的商品既包括房产、汽车、农产品、马匹、古董和艺术品，又包括木材之类的自然资源等。在本节，我们先来了解一下拍卖的类型，然后再考察拍卖规则对买者策略的影响。

☐ 拍卖的构成要素

在决定在拍卖中采取何种出价策略之前，首先需要弄清楚博弈的规则。拍卖有三个基本的要素：拍品数量、拍卖形式和潜在竞价者对商品的估价。

拍品数量

拍卖出售的商品可以是一件或者多件。2004 年，谷歌在首次公开募股时，曾经在同一时间里将很多份额完全相同的股票拍卖出去。还有很多的拍卖只出售一件产品，比如一幅原版的画作。为了讨论的方便，我们会关注那些只有一件单独的且不可分割的物品的拍卖。

拍卖形式

拍卖的形式多种多样，但大多都是英式拍卖、荷式拍卖、密封式拍卖和双向拍卖这四种拍卖形式的变种。

■ **英式拍卖。** 在美国和英国，几乎每个人都至少在电影里见过英式拍卖或者升价拍卖（English or ascending-bid auction）。拍卖人开始时在出售方认可的最低价位上叫价，然后反复鼓动潜在买主出一个比前面最高竞价者更高的价格竞购。在没有人愿意再出高价的时候，拍卖者叫着"第一次，第二次，成交！"并结束拍卖：该商品以最高价格卖给了最后的竞价者。苏富比拍卖行（Sotheby's）和佳士得拍卖行（Christie's）采用英式拍卖出售艺术品和古董。

■ 荷式拍卖。荷式拍卖或降价拍卖（Dutch auction or descending-bid auction）在第一次出价时就戏剧性地结束了。拍卖方首先提问，是否有人愿意在该价位上买进，然后将价格以固定数量不断降低，直到有人认可该价格并购买为止。荷式拍卖的各种形式经常用于同时拍卖多件产品，比如，谷歌拍卖其首次公开募股的股份和美国财政部销售国库券等。

■ 密封式拍卖。在密封式拍卖（sealed-bid auction）中，竞标者同时出价，无法得知其他人的情况（比如，把每个出价放在一个密闭的信封里），价高者中标。中标者支付的价格则取决于拍卖采用的是最高价格拍卖还是次高价格拍卖。如果是一级价格（或最高价格）拍卖（first-price auction），则中标者将支付自己所报出的最高价格。政府部门经常采用这种拍卖方式。若是二级价格（或次高价格）拍卖（second-price auction），则中标者支付的是出价第二高者报出的价格。

许多在线拍卖公司采用的就是次高价格拍卖。举例来说，你在 eBay 上写出你意愿支付的最高价格，如果它高于其他竞标者的最高价，eBay 公司的电脑将代表你在比出价次高者稍高一点的价位上出价。这种拍卖制度与传统的密封式拍卖的差别在于，人们在拍卖的规定时间结束之前可以一直出价，而且潜在的竞价者了解当前的出价情况（但不知道最高竞价者愿意支付的最高价格）。这样看来，eBay 还具有英式拍卖的一些特征。

■ 双向拍卖。在双向拍卖中，所有潜在的买家和卖家都可以公开报价，说明他们愿意以什么价格买进或卖出。他们可以接受另一参与者的买卖要约。传统上，人们买卖股票、期权或其他证券的大多数金融交易所都是口头的双向拍卖。交易双方站在露天的交易场里，大声叫喊，在空中挥舞卡片，或者用手势来传达他们的报价，或者发出交易协议的信号。近年来，几乎所有这类交易所都改成了电子的双拍卖系统。

估价

拍品可能有私人价值，也可能有共同价值。一般来说，这种价值区分取决于拍品是否具有独特性。

■ 私人价值（private value）。如果每位潜在的竞价者赋予拍品不同的个人价值，我们说它具有私人价值。竞价者个人知道拍品对于自己的价值，但是不知道它在别人心目中的价值。典型的例子是原版的艺术品，人们对它们的估价总是大相径庭。

■ 共同价值（common value）。在很多拍卖中，一件商品对任何人来说都具有同样的基本价值，但是没有哪位买家能确切知道这种共同价值是多少。比如，在木材拍卖中，各企业对一片区域里的所有林木竞价购买，所有企业都知道木材的现价，但是它们不能准确知道林中的树木究竟有多少立方英尺。

当然，在许多实际的拍卖中，拍品不仅具有私人价值，而且具有共同价值。比如，在林木拍卖中，竞价企业可能不仅对木材数量（共同价值）的估计不同，而且在砍伐成本（私人价值）方面也不一样。

☐ 私人价值拍卖中的竞价策略

潜在买家的最佳策略同拍品数量、拍卖形式和价值类型有关。为了能清楚地说明这一点，我们来考察一个具体的拍卖，拍品只有一件且不可分割，每位竞价者的私人价值

博弈论

各不相同。

二级价格拍卖的策略

在 eBay 上，如果是在二级价格拍卖下对某种商品竞价，你应该"输入你愿意支付的最高金额"（pages. ebay. com/education/gettingstarted/bidding. html）。eBay 的这种建议对吗？

在传统的密封式二级价格拍卖中，最高出价策略弱占优于其他出价策略：对你来说，最高出价策略和其他出价策略的效果一样或者更好。你的出价会影响到你能否中标，但不会影响到你中标之后的支付金额，因为支付金额等于出价次高者的价格。

假设你对一件民间雕刻艺术品的估价是 100 美元，如果任意一个其他竞价者报出的最高价位是 85 美元，而你的最高出价高于这一水平，最终你将以 85 美元的价格购得该拍品，并获得 15（＝100－85）美元的消费者剩余。其他竞价者不用付钱，但也得不到消费者剩余。

你是否应该超出你的估价来出价呢？假设你出价 120 美元，这样就存在三种可能性：第一，如果对手的最高出价高于 120 美元，你不会中标，也就得不到消费者剩余。该结果与你出价 100 美元的效果是一样的，所以出价高于 100 美元对你没什么好处。

第二，如果他人的最高出价低于 100 美元，你将中标并得到与你出价 100 美元时相同的消费者剩余。同样，出价高不影响结果。

第三，如果对手的最高出价介于 100 美元和 120 美元之间（比如，110 美元），如果你用高出你的最高估价来竞价，这样虽然中标，但是买价超出估价，所以你得到的消费者剩余为负：－10（＝100－110）美元。相比之下，如果按照最高估价来出价，你将无法中标，消费者剩余为零，但这比你损失 10 美元要好。因此，报一个超出最高估价的价格并不会比按最高估价来出价效果好，甚至还有可能招致损失。

出价是不是应该比你的最高估价低呢（比如 90 美元）？也不是。如果你是最后的中标者，低价只会降低中标的概率，而不会影响到你最终需要支付的价格。如果其他人的最高出价低于 90 美元，或者高于你的估价，对你来讲，出价 90 美元还是 100 美元得到的消费者剩余都一样。不过，如果其他人的最高出价介于 90 美元和 100 美元之间，你可能会因为出价低而出局，从而损失了一个正的消费者剩余。

因此，对你来说，按估价来出价起码会和其他出价（高于或低于你的估价）一样好，这个观点并不取决于你是否知道他人的估价。如果你只知道自己的估价，而不知道他人的情况，按估价出价就是最优的策略。如果每个人都遵循这一策略，对商品估价最高的人将最终胜出，并且支付的价格等于次高的估价。

英式拍卖的策略

现在假设卖主采用英式拍卖向私人价值各异的竞价者出售一件雕刻品。最优策略是出价稍高于当前的最高出价，当然，你的出价必须低于你对该商品的估价（100 美元）。如果当前的出价是 85 美元，你的出价就应该（在拍卖规则允许的数量范围内）稍高一些，比如 86 美元，这个价位低于你的私人价值。如果没有人继续出价，你将在拍卖中胜出并得到 14 美元的消费者剩余。同理，在 100 美元价格以下不断出价总是值得的，但出价 100 美元时，就算赢得拍卖，消费者剩余也是零。

不过，出价高于 100 美元也不划算，你能想到的最好结果就是出局而得到零剩余。

若赢得拍卖，将得到负的消费者剩余。

如果所有的参与人均按估值来出价，那么中标者将支付比次高出价稍高一点的价格。这样一来，其结果与密封式二级价格拍卖的结果在本质上是一样的。

拍卖结果相同

就荷式拍卖或密封式一级价格拍卖来说，人们将发现参与人会把他们的出价"砍"到私人价值以下。背后的直觉在于你并不知道别人的私人价值。降低出价虽降低了中标的概率，但是增加了（如果）中标之后的消费者剩余。所以，平衡了这两种效果的最佳出价策略就是低于实际价值出价，这又取决于你对对手策略的信念。可以看出，你的最佳策略是让自己的出价等于或者稍高于你对次高出价的预期，当然，它不会超出你的私人价值。

于是，在私人价值拍卖的各种形式下，期望的结果都是一样的：最高估价者赢得拍卖，购买价格大致等于次高估价者的私人价值。收益等价定理（Revenue Equivalence Theorem）（Klemperer，2004）认为，在某些近乎合理的条件下，任何拍卖的收益都应该是相同的，而且价高者得。

□ 赢者的诅咒

赢者的诅咒（winner's curse）是一种经常发生在共同价值拍卖而不是私人价值拍卖中的现象，指的是拍卖赢家的出价超出了拍品的共同价值。过高出价往往发生在对商品真实价值不了解的情况下。[①]

当政府用拍卖的方式出售一块林地的树木时，潜在的竞价者对这块地上的树木的数量估计不一样。估计值最高的那个人最有可能赢得拍卖。如果平均的出价接近真实值，出价高可能就多付了钱，所以赢者的诅咒就是付了过多的钱。

理性的参拍者会调整自己的出价以避免赢者的诅咒。他们会推理道："我可以通过将出价隐藏或削减在估值之下来避免陷入赢者的诅咒的可能性。我知道，如果赢了，我可能高估了商品的价值。报价应该隐去多少和参拍的人数有关。参拍的人越多，赢者高估商品价值的可能性就越大。"

因为明智的竞价者会控制他们的出价，卖者在英式拍卖中拍出的价格要好于在密封式拍卖中拍出的价格。[②] 在英式拍卖中，竞价者会根据对他人出价的观察来修改自己对标的物的估价。

因为明智的竞价者会控制他们的出价，对具有共同价值的商品的卖家来说，英式拍卖比密封式拍卖的效果好。在英式拍卖中，参拍者可以根据观察到的其他人的出价来修改自己对标的物的估价。

很多卖家都知道这一点。例如，像 eBay 这样的在线拍卖网站就不会使用密封式拍卖，而是用修改后的英式拍卖或其他类型的拍卖取而代之。但一些政府却不了解这一点，

---

① 迈克·肖尔（Mike Shor）做了一个很好玩的网站（www.gametheory.net/mike/applets/winnercurse），上面能演示"赢者的诅咒"。它会问你："你该为一家价值不确定的公司报价多少？"你可以尝试不同的报价策略，看看哪个是最好的。

② 虽然明智的竞价者应该避免赢者的诅咒，但经济学家在许多情况下都观察到了赢者的诅咒这一现象。一个重要的例子是收购市场，比如企业收购市场。Thaler（1994）提供了很多关于赢者的诅咒的例子，包括对公司收购的讨论。

它们继续大量使用密封式拍卖（或投标）来处理林木、有线电波等资产，要是换成英式拍卖的话，拍得的钱会更多。

竞价者的诅咒

当你知道可以按固定价格 p 购买一件商品时，你在拍卖中愿意为这件商品出的最高价格是多少？不管你怎么去估价，竞价都不会超过 p。不过，eBay 上却常有人这么干。Lee 和 Malmendier（2011）把竞价超过一个人的估价（固定价格 p）叫作竞价者的诅咒。

他们考察了 eBay 上的一款桌面游戏 Cashflow101 的拍卖，该游戏被认为可以帮助人们更好地了解他们的财务状况。在 eBay 上，这款游戏不仅出现在拍卖列表上，而且也可以通过选择"现在购买"而以一个固定价格购买。在整个调查期间，始终可以按固定价格在 eBay 上买到这款游戏（卖家具有同等或者更高的信誉，运费也低）。

即便只有少数人出价过高，他们的行为也还是影响了拍卖的价格和结果。有 42% 的拍卖的最后拍价都高于固定价格，平均要高出 10% 左右。虽然这种出价高的人只占一小部分（17%），但他们赢得拍卖的可能性很大，进而决定了最终胜出价格的大小。

行为经济学提供的一个可能的解释是，竞价者对固定价格不太关注。Lee 和 Malmendier（2011）发现，固定价格与拍卖在同一页面上离得越近，竞价者就越可能看到这个信息，也就越不可能出现出价过高的问题。

另一个解释是竞价者缺乏出价经验。Garratt 等（2012）和 Feng 等（2016）发现，同经验丰富的竞价者相比，经验不足的人更可能出价过高。

14.5 行为博弈理论

我们通常假设人们是理性的，说的是他们能利用所有可用的信息优化自己的行为。不过，就像应用案例"竞价者的诅咒"所反映的那样，由于受到心理偏差或偏误的影响，加之计算能力有限，他们的行为也未必总是理性的。这种可能性是行为经济学研究的领域（第 4 章和第 11 章），它旨在对现有的经济模型加以补充，以便更好地理解和预测经济决策。

非最大化行为的一个例子发生在最后通牒博弈（ultimatum game）中。人们经常面临着最后通牒，其中一人（提议者）发出"要么接受，要么离开"的提议给另一个人（回应者）。无论各方协商多久，一旦最后通牒发出，回应者必须接受或拒绝提议，没有讨价还价的机会。最后通牒可以被看作是一个序贯式博弈，提议者是先行动者，回应者是跟随者（Camerer，2003）。

通用汽车公司的通牒

在 2009 年，通用汽车公司（General Motors，GM）遭遇财务困境，打算撤掉美国和加拿大各约四分之一和三分之一左右的经销商。由于担心经销商的反对可能会使计划延误并进一步增加成本，通用汽车公司给经销商下了最后通牒：如果不反对重组计划，就能从通用汽车公司那里获得一（小）笔补偿金。

经销商可以接受最后通牒，得到补偿；也可以拒绝提议，反对重组，但什么也得不到。尽管不合理，但一些经销商还是选择了后者，并抱怨通用汽车公司"强势、狡诈、蛮不讲理"。在 2011 年，一些加拿大经销商对加拿大通用汽车公司提起了集体诉讼，但在 2015 年输掉了官司。

☐ 一个实验

在商务谈判和个人谈判中，有一种可能性很重要：有些人即使要花费一些私人成本，也要拒绝提议。为了进一步了解真实的决策，Camerer（2004）进行了一项最后通牒实验。

一组学生参与人坐在电脑实验室里。每个参与人被指定为提议者或回应者。使用计算机将每个提议者与一个回应者进行匹配（匿名）。博弈从分配 10 美元开始，每名提议者向回应者提出一个具体的金额分配的最后通牒，接受提议的回应者会收到所提议的金额，而提议者将获得 10 美元中的剩余部分。如果回应者拒绝了这个提议，两名参与人都将分文不得。

为了找到理性的子博弈完美解，我们使用逆向归纳法。在第二阶段，只要报价为正，回应者就应该接受。进而在第一阶段，提议者应提出一个分配给对方最小可能（正的）金额的方案。

然而，这种理性行为并不是现实结果的准确预测。最常见的提议是 3～4 美元，远远超过"理性"的最低方案。低于 2 美元的提议相对较少，而且一旦出现，多被拒绝。

对这个实验的一个担心是，收益太小，不是所有参与人都会认真参与博弈。不过，当总的分配金额增加到 100 美元的时候，基本结论仍然成立：代表性的提议为总金额的 30%～40%。如果说有什么区别的话，那就是在赌注更高的时候，回应者更有可能拒绝低金额的提议。

☐ 互惠

拒绝了低分配金额的一些回应者认为，提议者太贪婪了，他们更愿意做出小的牺牲来惩罚这种行为。一些回应者被低分配金额激怒，有些感到羞辱，还有些觉得他们应该抵制这种"不公平"的行为。绝大多数提议者都能够预料到这种感觉，并向回应者提供一份金额更高的分配方案，但几乎从没超过 50%。

显然，大多数参与人都认为，先行动的优势应该让提议者多得到一点，但不能太多。

此外，他们相信互惠：一方面，投之以桃，报之以李；另一方面也针锋相对、以毒攻毒，而且，只要代价不大，就会报复。因此，如果提议者的分配金额太低，许多回应者宁愿一无所得也要惩罚他一下。

Eckel 和 Grossman（1996）发现，在最后通牒博弈中，如果私人成本很高，男性比女性更有可能实施惩罚。他们推测这种差异可能解释了经济衰退时在工资和失业方面呈现出的性别模式，男性更倾向于坚持既定的工资，而女性能接受弹性的工资。

挑战题解答　　　　　　　　英特尔和 AMD 的广告策略

正如我们所看到的那样，当市场上的一家企业可以率先行动时，会获得一个先行动者优势，这在一定程度上会打击第二家企业进入市场的积极性。在一个不那么极端的情况下，先行动者的优势很小，新企业会选择进入，但产量小于前者（如有关航空公司的斯塔克尔伯格模型所表达的那样）。这一观点可以为"挑战题"提供一个可能的解释，也就是在个人电脑的 CPU 市场上为什么英特尔一直在做广告而 AMD 却没有。

在例题详解 14.1 中，我们考察英特尔和 AMD 同时行动且有对称利润的一个博弈。这个博弈有两个纯策略均衡：一家公司选择少做广告，则另一家公司选择多做广告。思考题 6.2 要求你证明这个博弈还有一个混合策略均衡，在这个均衡中，每家公司都以 1/7 的概率选择少做广告（预期利润约为 3.71）。

相反，就像实际情况那样，在英特尔率先行动时，这个博弈也有一个清楚的结果。下面的博弈树给出了一个合理的解释。英特尔在 AMD 行动之前首先进行广告决策，然后 AMD 再决定是否大量投资于广告。我们通过逆向归纳法求解出博弈的子博弈完美纳什均衡。就利润而言，若英特尔决定少做广告，AMD 多做广告时的利润（$\pi_A=8$）要大于少做广告时的利润（$\pi_A=2$）；如果英特尔选择多做广告，AMD 少做广告时的利润（$\pi_A=4$）比多做广告时的利润（$\pi_A=3$）要高。基于对 AMD 行为的预期，英特尔将选择多做广告，此时的利润（$\pi_I=8$）高于少做广告的利润（$\pi_I=4$）。

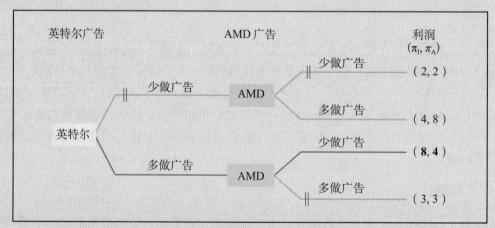

因此，由于英特尔先行一步，并能承诺大做广告，这将 AMD 置于只有少做广告才能赚得更多的地位。当然，如果博弈树中的利润不同，结果也可能会是另一番景象，但这个例子为我们理解企业为什么使用不同的策略提供了一个合理的解释。

中级微观经济学（第八版）

本章小结

经济学家用以分析参与人（比如企业）之间的冲突与合作的工具叫作博弈论。每位参与人选择一种策略或行动计划与其他企业竞争。经济学家通常假设参与人对于博弈规则、收益函数以及其他参与人对于这些信息的知晓情况拥有共同知识。在很多博弈中，参与人对于收益如何取决于所有参与人的策略这个问题拥有完全信息。在一些博弈中，参与人对参与人之前的行动拥有完美信息。

1. 静态博弈。在一个类似囚徒困境或古诺模型这样的静态博弈中，每位参与人都同时行动且博弈一次。经济学家用标准式或者收益矩阵来分析静态博弈。一般来说，经济学家所研究的静态博弈都是：参与人对收益函数拥有完全信息（每个人的收益都取决于所有参与人的行动），但是对竞争对手的行为拥有不完美信息（因为他们同时行动）。如果给定其他人的策略，任何一位参与人选择不同的策略都不会带来更大的收益，这组策略就是一个纳什均衡。在一个静态博弈中，既可能有纯策略纳什均衡，又可能有混合策略纳什均衡，也可能有多个纳什均衡。静态博弈中的纳什均衡并不能保证所有参与人的联合收益达到最大。

2. 重复动态博弈。在一些动态博弈中，静态博弈在随后的时期里反复进行。比如，企业在每一个季度都要进行价格或产量决策。因此，一家企业在特定行动中可能采取的策略同对手在前几期的行动有关。相比于单一时期的博弈，企业在重复博弈中使用这种相机策略（如以牙还牙或者其他类型的触发策略）往往很容易就能实现联合收益（串谋解）的最大化。

3. 序贯式动态博弈。在有的动态博弈中，企业序贯行动，有一个参与人在其他参与人之前行动。通过率先行动，一家企业能够做出承诺行动或可置信威胁。因此，与同时行动相比，先行动可能会让企业获得更高的利润。例如，在斯塔克尔伯格寡头模型中，有一家企业充当这个序贯式博弈的领导者，先于对手（跟随者）选择产量。运用逆向归纳法，领导者预期到跟随者的反应后选择自己在第一阶段的最优产出。该产出是一个承诺行动，让领导者获得了先行动者优势。即便成本相同，与跟随者相比，领导者的产量更多，利润也更高。

4. 拍卖。由于竞价者不知道别人对拍品的估价，所以拍卖是一种不完全信息的博弈。买家的最优策略取决于拍卖的特征。在更一般的情况下，如果拍卖规则导致出价最高者赢得购买权，则期望价格在所有拍卖形式下都是相同的。例如，各种私人价值拍卖形式下的期望价格就等于对商品估价次高者的私人价值。在一个所有竞价者对商品的评价都相同的拍卖中，他们对价值的估计有所不同，成功的竞价者可能会遭受"赢者的诅咒"（出价太高了），除非他们控制自己的出价，以限制他们对商品价值过于乐观的估计。

5. 行为博弈理论。基于心理偏差、推理能力有限，以及认为其他管理者不会采用完全理性的策略等原因，策略博弈中的管理者可能不会采用理性的策略。最后通牒博弈表明，人们在某些情况下会使用非理性策略。

思考题

MyEconLab 上有全部思考题；*＝答案请扫本书末二维码获取；A＝代数问题；C＝可能要用到微积分知识。

1. 静态博弈

*1.1 用收益矩阵解释囚徒困境出现的原因，其中，Larry 和 Duncan 是犯罪嫌疑人。若双方都不坦白，各判 1 年；若一方坦白，坦白的释放，不坦白的判 5 年；若双方都坦白，各判 2 年。（注意：由于数字代表入狱的年限，不是好事，所

以符号为负。）

1.2 两家企业展开广告战，其收益矩阵如下。找出每家企业对其竞争对手可能采取的行动的最优反应。两家企业有占优策略吗？找出该博弈的纳什均衡。

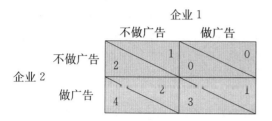

1.3 两家企业的利润矩阵如下。在这种情况下，企业2会匹配企业1的报价，但企业1不会匹配企业2的报价，情况是这样的吗？两家企业有占优策略吗？该博弈的纳什均衡是什么？请解释。

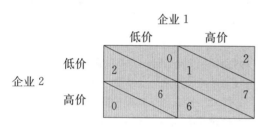

*1.4 假设丰田和通用都想进入电动汽车市场，进入和不进入市场的利润如下（单位：百万美元）：

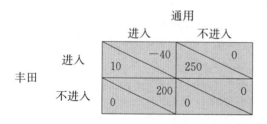

如果两家企业同时决策，哪一家企业（还是两家都）会选择进入？假如通用生产这种新型汽车会得到美国政府的一次性补贴50单位，答案会有什么变化？

1.5 获得了奥运会100米和200米金牌的两位运动员打算进行一场150米的比赛。赛前，每位运动员要决定是否服用一些合成类的类固醇来提高成绩。如果一名运动员服用类固醇，而另一名没服用，则服用类固醇的运动员将获胜。每位运动员赢得比赛的收益是20，打平的收益是10，输掉比赛的收益是0。而且，服用这类类固醇的效用是—6。把两位运动员同时决定是否服用类

固醇的博弈表示出来。

a. 找出纳什均衡。这是一个囚徒困境博弈吗？为什么？

b. 假设其中一位运动员服用类固醇的效用是—12，而另一位还是—6。求出新的纳什均衡，这是一个囚徒困境博弈吗？

1.6 假设宝洁和强生同时考虑投放新的广告。每家企业可以选择的广告数量有高、中、低三档。利润矩阵如下表所示，每家企业对竞争对手每种策略的最优反应是什么？两家企业都有占优策略吗？这个博弈的纳什均衡是什么？

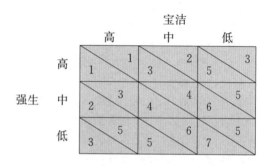

1.7 企业1和企业2生产毛毯，它们在质量方面展开竞争。给定其收益矩阵如下，确定每家企业相对于竞争对手行动的最优反应，找出纳什均衡。

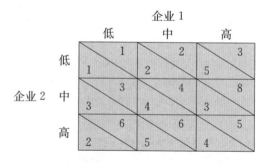

1.8 修改问题1.7，如果企业1选择高质量而企业2选择低质量（表格右上角），企业1的收益是1而不是3。答案会有什么变化？

1.9 在对香烟广告的研究中，Roberts 和 Samuelson（1988）发现，特定品牌的广告会对整个市场有影响，但不会影响该品牌的市场份额。假设某品牌 i 的需求 $q_i = a + b(A_i + A_j)^{0.5}$，其中 A_i 是品牌 i 的广告支出。品牌 i 的利润函数为 $\pi_i = p_i[a + b(A_i + A_j)^{0.5}] - A_i$。

a. 品牌 B 的广告支出会影响品牌 A 的市场份额 $q_A/(q_A + q_B)$ 吗？

b. 用 a、b 表示纳什均衡的广告费。b 增加对均衡支出有何影响？C

1.10 日本 Maspro 电工株式会社社长桥山高志（Takashi Hashiyama）有一批价值 2 000 万美元的艺术品要拍卖出去，其中包括凡·高、塞尚以及毕加索的早期作品（Carol Vogel，"Rock，Paper，Payoff"，*New York Times*，April 29，2005，A1，A24）。他在佳士得和苏富比两家拍卖行之间犹豫不决。最后，他决定让它们进行"剪刀-石头-布"的博弈来一定输赢，石头赢剪刀，剪刀赢布，布赢石头，赌注是几百万美元的佣金。最终佳士得胜出：剪刀赢了布。

a. 说明这个博弈的利润或收益矩阵。（提示：假设输了的收益是－1，打平手的收益是 0，赢的收益是 1。）

b. 苏富比的印象派和现代艺术专家说，"这个博弈就是碰运气，我们没有太在意，也没有什么策略。"相反，佳士得在日本的负责人向心理学家取经，并向印象派和现代艺术学院主任的 11 岁的女儿（双胞胎）请教。一个小女孩说："每个人都知道你总是先出剪刀，出石头太明显了，剪刀能赢布。"另一个小女孩说："你们都是新手，出剪刀最安全啦。"考虑了这些建议之后，如果你知道你的对手向小女孩讨教过，你有什么建议？一般来说，你推荐的纯策略和混合策略是什么？为什么？

1.11 假设你和你的朋友玩一个"便士博弈"，每人盖住一个便士。如果两个便士的头像方向相同（同时朝上或朝下），这两个便士就都归你；如果不一致，这两个便士就都归你的朋友。画出收益矩阵。该博弈是否存在纯策略纳什均衡？如果存在，是什么？A

*1.12 假设两家企业的收益矩阵如下表所示：

企业 1

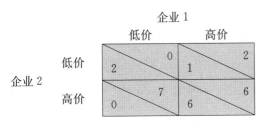

在这种情况下，企业 2 想要匹配企业 1 的价格，但是企业 1 不想匹配企业 2 的价格。两家企业有占优策略吗？这个博弈是否存在纯策略纳什均衡？确定所有的纯策略和混合策略纳什均衡。（提示：参见例题详解 14.1 和 14.2。）A

1.13 两个容易冲动的年轻人各开一辆车在一条路中间相遇。路很窄，每人有两个选择：继续开或者掉头。他们认为，如果只有一个人掉头，则掉头的那个人会很没面子（收益＝0），而另一个人会非常得意（收益＝2）；如果都不掉头，则出车祸非死即残（收益＝－10）；如果都掉头，则谁也不受伤害（收益＝1）。画出两人这场"斗鸡博弈"的收益矩阵，找出该博弈的纳什均衡。（提示：参见例题详解 14.1 和 14.2。）A

1.14 适当修改第 1.13 题中"斗鸡博弈"的收益矩阵，如果两个人都不掉头的收益是"－2"，均衡会有什么变化？（提示：参见例题详解 14.1 和 14.2。）A

1.15 Lori 雇用 Max 并希望他能努力工作而不是游手好闲，她在考虑要不要给他奖金。在同样的条件下，Max 更喜欢悠闲一点（见下表）。

Max

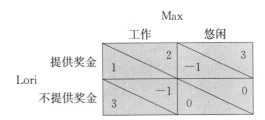

如果他们同时行动，选择的策略会是什么？为什么这个博弈会和例题详解 14.2 中的博弈有不一样的均衡结果？A

1.16 表 14.4 说明了做广告是两家企业的占优策略。解释为什么这组策略是一个纳什均衡。

1.17 在应用案例"策略性广告"中，可乐广告或香烟广告博弈会成为囚徒困境博弈的一个例子吗？

1.18 在性别战博弈中，丈夫想在度假时去爬山而妻子想去海边，但他们都偏好一起去度假。

丈夫

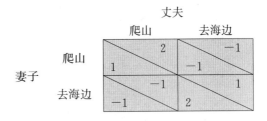

纳什均衡是什么？博弈和均衡概念是否有利于分析这一对夫妇的决定？如何改变博弈规则，使之更有意义？A

2. 重复动态博弈

2.1 在一个重复博弈中，如果企业知道的信息为如下三种情况，博弈的结果如何？（a）无限重复下去；（b）重复有限次数，以及（c）重复有限次数，但企业不确定当前阶段是否为最后阶段。（提示：参见例题详解 14.3。）

*2.2 在例题详解 14.3 中有关航空公司之间重复博弈的例子中，如果参与人知道博弈将只进行五期，博弈的结果如何？如果博弈一直无限期地持续下去，但一家或两家企业只关心当期利润，博弈的结果又是什么样的？

3. 序贯式动态博弈

*3.1 两家企业计划出售 10 单位或 20 单位产品，它们面临的收益矩阵如下表所示：

企业 2

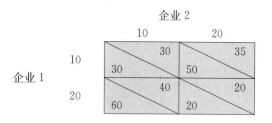

a. 如果企业同时进行决策，纳什均衡是什么？

b. 假设企业 1 可以先行动，画出博弈树，博弈的结果是什么？为什么？

c. 假设企业 2 可以先行动，画出博弈树，博弈的结果是什么？为什么？

3.2 对于上题中的两家企业，如果政府一次性地向每家企业征收 40 单位的税（也就是矩阵中的所有收益都要减去 40）。企业在生产 10 单位、20 单位并纳税之外，又多了一个新选择，即关门停止营业，这样就不用交税了。解释一下你的分析有何变化。

3.3 基于下面的博弈树，求出斯塔克尔伯格子博弈完美纳什均衡。联合利润最大化的结果是什么？为什么它不是这个博弈的结果呢？

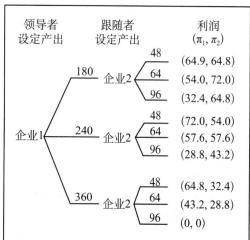

3.4 在例题详解 14.2 中，假设 Mimi 可以首先采取行动，则均衡的结果是什么？为什么（用扩展式图解分析）？如果 Jeff 可以首先采取行动，重新回答上面两个问题。

3.5 假设把第 1.4 题修改成通用没有得到补贴，但是能在丰田之前采取行动。纳什均衡是什么？为什么？

3.6 李维斯（Levi Straus）和威格（Wrangler）正计划生产新一代牛仔裤，它们必须确定产品的颜色。可能的颜色有白色、黑色和紫色三种。每家企业的收益取决于两家企业的颜色选择，利润矩阵如下：

李维斯

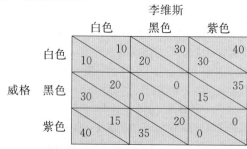

a. 假设两家企业同时行动，找出博弈的占优策略和纳什均衡。

b. 现在假设企业序贯行动，威格先行动。画出博弈树，找出该序贯式博弈的子博弈完美纳什均衡。

3.7 假设松下（Panasonic）和真力时（Zenith）是两家唯一生产某种新型 3D 高清电视机的企业。进入该产品市场的收益矩阵如下表所示（单位：百万美元）：

松下

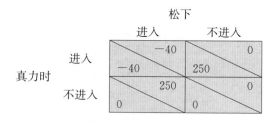

a. 如果两家企业同时行动，每家企业都有占优策略吗？为什么？

b. 在两家企业同时行动的情况下，找出博弈的纳什均衡。

c. 如果美国政府承诺，真力时进入该市场后将得到 50 单位的一次性补贴，找出新的纳什均衡。

d. 如果真力时公司没有补贴，但是具有先行动优势，找出纳什均衡。

3.8 一个歹徒要抢走保险箱里的东西，他威胁唯一知道密码的保险箱主人打开保险箱。"打开保险箱；否则要你的命！"保险箱主人该相信这个威胁，打开保险箱吗？下表说明的是他们对各种可能结果的估值：

	歹徒	保险箱主人
打开保险箱，歹徒不开枪	4	3
打开保险箱，歹徒开枪	2	1
不打开保险箱，歹徒开枪	1	2
不打开保险箱，歹徒不开枪	3	4

此类博弈经常出现在诸如《虎胆龙威》《红潮风暴》以及《马耳他之鹰》之类的电影中。

a. 画出博弈树。谁会先采取行动？

b. 均衡是什么？

c. 保险箱主人会相信歹徒的威胁吗？

d. 保险箱主人会打开保险箱吗？

3.9 2007年，意大利政府宣称，它打算用5名被俘的塔利班犯人换回一名在阿富汗被塔利班武装绑架了15天的意大利记者丹尼尔·马斯特罗贾科莫（Daniel Mastrogiacomo）。很多国家的政府认为此举不当，因为这会鼓励恐怖分子实施更多的绑架行动。因此，阿富汗政府宣布禁止进行这样的交换（"Afghanistan: Government Pledges End to Hostage Deals," Radio Free Europe, April 16, 2007）。请用扩展式博弈树分析这个基本观点。关于意大利政府的行为，你能肯定地说是好还是不好吗？（提示：你的回答取决于你对未来成本和今天收益所赋予的权重。）

3.10 Salgado（2008）发现，在计算机芯片制造方面，AMD的成本比英特尔的成本高出约12%，这是因为它应用"干中学"更少（第7章）。现有企业在第一阶段的产量越大，在第二阶段的边际成本就越低。如果潜在进入者预期现有企业会在第二阶段大量生产，它就不会进入。画出博弈树来说明为什么现有企业在第一阶段的产量会大于单一时期的利润最大化产出水平。接

下来，请通过改变博弈树的收益结果来找出企业不会在第一阶段提高产量的情况。（提示：参见例题详解14.4和14.5。）

*3.11 垄断厂商用很多工人来进行产品装箱，它也可以使用机械手来代替工人工作。尽管机械手使垄断厂商的固定成本大大提高，但因为不用雇人而降低了生产的边际成本。购买机械手提高了垄断厂商的总成本：在市场需求既定的情况下，垄断厂商的销售量太少以至没法补偿机械手的成本。假设现有企业不投资于机械手。如果对手不进入市场，它的收益是0美元，现有企业的收益是900美元；如果对手进入市场，它的收益是300美元，现有企业的收益是400美元。相反，假设现有企业投资于机械手。如果对手不进入市场，它的收益是0美元，现有企业的收益是500美元；如果对手进入市场，它的收益是－36美元，现有企业的收益是132美元。画出博弈树分析垄断厂商该买机械手吗？（提示：参见例题详解14.4。）

*3.12 假设现有企业可以在潜在进入者决定是否进入市场之前承诺选择高产出。现有企业先选择是否承诺生产一个低产出或高产出 q_i，竞争对手再决定是否进入市场。如果现有企业承诺选择低产出而竞争对手不进入，则竞争对手的收益是0美元，现有企业的收益是900美元；如果竞争对手选择进入，则竞争对手的收益是125美元，现有企业的收益是450美元。如果现有企业承诺选择高产出而竞争对手不进入，则竞争对手收益是0美元，现有企业收益是800美元；如果竞争对手进入，则竞争对手收益是0美元，现有企业收益是400美元。画出博弈树，说明该博弈的子博弈完美纳什均衡。（提示：参见例题详解14.4和14.5。）

*3.13 在竞争对手进入之前，现有企业的垄断利润为 $\pi_m = 1\,000$ 万美元。如果有企业进入市场，现有企业和进入企业都获得双头垄断利润 $\pi_d = 300$ 万美元。假设现有企业可以游说政府，规定行业内所有企业都必须花费400万美元来安装防止污染的设备。画出博弈树。现有企业应该敦促政府要求安装这套设备吗？为什么？

3.14 在高速公路服务区，一家加油站可以

向服务区的所有者支付 40 000 美元以阻止第二家加油站进入。如果没有新加油站，现有加油站的利润为 $\pi_i = 100\ 000$ 美元。如果有新加油站进入市场，现有加油站的双头垄断利润将是 45 000 美元，新加油站将赚取 30 000 美元的利润。现有加油站是否要通过付费来获得专营权？会有新加油站进入吗？请使用博弈树来回答这些问题。

4. 拍卖

4.1 慈善活动常使用无声拍卖（silent auctions）的形式，大家为所捐物品竞价，比如与一位电影明星〔2008 年，科林·弗思（Colin Firth）和斯卡莉特·约翰松（Scarlett Johansson）〕或前总统（2013 年，比尔·克林顿）的约会。在无声拍卖中，参拍者写下报价并提交。某些无声拍卖会使用密封竞价的形式，将报价放在一个密封的信封里，严格保密。还有些无声拍卖是公开式的：参拍者在公告板上写下出价，在场的每个人都能看到。你认为哪种慈善拍卖能筹集到更多的资金？

4.2 凯文·克兰（Kevin Kline）在百老汇歌剧《大鼻子情圣》（Cyrano de Bergerac）中扮演一位长着大鼻子的骑士诗人，在演出结束后，他将那个假鼻子〔上面有他和另一位一起演出的明星珍妮弗·加纳（Jennifer Garner）的共同签名〕进行拍卖，以此为百老汇关怀中心（Broadway Cares）的抗击艾滋病项目筹集善款（Dan Mitchell, "This Time, Santa Has Been Too Naughty," *New York Times*, December 9, 2007）。他们使用英式拍卖。一天晚上，一位电视制片人以 1 400 美元拍得这个道具鼻子，但第二天晚上拍价就涨到了 1 600 美元；还有两天晚上拍出的价格是 3 000 美元和 900 美元。价格波动为何如此之大？最终的售价是由哪一位参拍者的出价决定的？如果观众知道善款将用于慈善，这一信息又是如何影响价格的？

4.3 假设只有企业 1、企业 2 和企业 3 对第一大街和 Glendon 路拐角地段感兴趣。该地块使用密封式二级价格拍卖。假设企业 1 对地块的估价是 $v_1 = 20\ 000$ 美元，企业 2 的估价是 18 500 美元，企业 3 的估价是 16 800 美元。如果赢得拍卖，每家竞拍企业的盈余（或剩余）为 $v_i - p$；

如果竞拍失败，盈余为 0。价值为私人价值。每位竞拍者的最优出价是多少？哪一家企业会在拍卖中胜出？支付的价格是多少？

5. 行为博弈理论

5.1 画一个表示最后通牒博弈的博弈树，其中，提议者先行一步决定分给回应者的金额，接着回应者再决定接受还是拒绝这个提议。如果达成协议，共有 50 美元可用于分配；如果回应者拒绝了提议，两人均一无所获。提议分配的金额必须是整数的美元。求出该博弈的子博弈完美纳什均衡，你认为在实践中会出现什么结果？

5.2 在一个有限期的囚徒困境博弈中，完全理性解是每位参与人在每一时期都选择背叛。不过，在学生参与的实验中，只要重复的次数足够多，参与人通常会在很多期内（比如 20 期中的 10 期）都选择合作。原因何在？（提示：考虑互惠和参与人的有限推理能力。）

6. 挑战题

6.1 在"挑战题解答"的有关英特尔与 AMD 之间的博弈中，若两家企业都做广告时的利润同为 9，用博弈树找出新的子博弈完美纳什均衡。

*6.2 在"挑战题解答"中，如果英特尔和 AMD 同时行动，则得出混合策略均衡。每家企业的预期利润是多少？（提示：参见例题详解 14.1 和 14.2 以及"挑战题解答"。）

6.3 多数大型电动汽车制造商分属于两个对手阵营，它们各使用两种不兼容技术中的一种在充电站（类似于加油站）给汽车充电。这两种技术都使用直流电充电，在 20 分钟内可使汽车电池电量达到 80%。日本汽车制造商（本田、马自达、三菱、日产、斯巴鲁、丰田）和 PSA 标致雪铁龙都支持 CHAdeMO 技术。大多数德国和美国汽车制造商（奥迪、宝马、克莱斯勒、戴姆勒、福特、通用汽车、保时捷和大众）都支持 Combo 技术。CHAdeMO 技术是首先引入的，且目前的使用范围要更广（Julia Pyper, "Charger Standards Fight Confuses Electric Vehicle Buyers, Puts Car Company Investments at Risk," www. eenews. net, July 24, 2013）。重新标注"挑战题解答"（保持当前收益不变）中的扩展式图形，以说明这些公司的决策。现在，改变你的分析。一些行业分析师认为，这些公司推出 Combo 标准是为了减缓日产 Leaf 的销售速度，以便与之竞争的制造商能够迎头赶上。请改变收益来说明，为什么德国和美国汽车制造商可能会选择这一标准，尽管日本汽车制造商及标致雪铁龙首先采取行动。

第 15 章

要素市场

工人得工价是应当的。——《提摩太前书》5 章 18 节

挑战题　　　　　　　　　**运动员的薪水与球票价格**

棒球队的老板们一定格外怀念那段"美好的旧时光"，在那个时候，球队之间形成串谋，成功地把运动员的薪水压低。大部分的运动员合同中都有"保留条款"——即使合同到期，运动员也只能和自己现在服役的队谈判。在经过一系列诉讼案件和集体协商之后，这一条款在 1976 年被废止。

从那以后，顶级棒球运动员的薪水一飞冲天（其他运动项目也经历了相似的过程，包括加拿大和美国的曲棍球和橄榄球以及欧洲足球）。有了自由选择权后，运动员们可以和任何球队谈判。他们的平均实际工资从 1976 年的 21.45 万美元（以 2016 年的美元价格计算）上升到 2016 年的 440 万美元，该年的最高工资来自道奇队（Dodger）的克莱顿·克肖（Clayton Kershaw），工资是 3 300 万美元。大联盟球队中，有 127 名球员的收入不低于 1 000 万美元。

1999 年洛杉矶道奇队宣布它已经和明星投球手凯文·布朗（Kevin Brown）签了一份 7 年价值 1.05 亿美元的长期合同，这使得他成为棒球界第一位得到亿元合同的球员。当有人问布朗，这份合同对票价有什么影响的时候，他回答说："我从不认为运动员的薪水和票价会有什么关系。"记者对此窃笑不已。一些新闻评论家写道，布朗的薪水飙升将会推动票价上涨以弥补这一支出。

工资还是一直在涨。詹卡洛·斯坦顿（Giancarlo Stanton）和马林鱼（Marlins）队签了一份 2015—2027 年的 12 年长约，合同价值是 3.25 亿美元。

在球队和球星签了天价合同之后，有关工资对票价影响的争论就会出现。

常识性谬误：球队的高工资会推动球票价格上涨。

《圣路易斯日报》的专栏作家自信满满地预言道，如果 2012 年圣路易红雀（St. Louis Cardinals）队和艾伯特·皮若尔（Albert Pujols）再签一份类似与罗德里格斯（Rodriguez）签订的球员工资合同，那么球票价格一定要涨了！《华盛顿审查者报》

球队和其他企业一样，雇用劳动并且购买其他投入用以生产产品和服务。本章将会说明，要素市场的均衡价格取决于要素市场和产品市场的结构。我们首先研究竞争性要素市场和产品市场的情况，推导出完全竞争企业的要素需求曲线，并求出市场均衡。其次考察两个市场中至少有一个存在垄断的情形。最后研究存在买方垄断（monopsony）的市场：市场上某种产品的买者是唯一的。买方垄断是卖方垄断的镜像。卖方垄断的售价要高于竞争性市场的价格，而买方垄断的买价要低于竞争性市场的价格。

本章将考察以下3个主题：

1. 竞争性要素市场。要素供给曲线和要素需求曲线的交点（它取决于企业的生产函数和产品的市场价格）决定着竞争性要素市场的均衡。

2. 垄断对要素市场的影响。如果企业在要素市场或者产品市场上运用市场势力，则投入和产出的销售量将下降。

3. 买方垄断。垄断买方通过支付一个低于竞争性市场的价格来实现其利润最大化，但同时造成了社会的无谓损失。

15.1 竞争性要素市场

实际上，对所有的企业来说，总有一些要素要通过要素市场才能得到。购买要素的企业要么是竞争性价格的接受者，要么是非竞争性价格的制定者（比如垄断买方）。出售要素的企业可能是竞争、垄断竞争、寡头垄断或垄断这几种形式中的一种。这里，我们考察的是买卖双方均为竞争性价格接受者的要素市场。下一节再讨论非竞争性要素市场的情况。

当买者和卖者为数众多且规模较小时，要素市场就是竞争性的。荷兰花卉拍卖市场每天都要在阿姆斯特丹进行鲜花拍卖（见第8章），这就是典型的、拥有大量买者和卖者的竞争性市场。卖者（批量）向买者提供投入品（鲜花），后者再在零售市场上向最终消费者出售产成品（花瓶里的插花、花束等）。

在第5章中，我们考察了偏好和工资水平对个人在劳动和休闲之间的选择的影响，并推导出了劳动的供给曲线。先前对竞争性供给曲线的分析同样适用于要素市场。第8章给出了常见的（包括那些为其他企业提供要素的企业）竞争性供给曲线。掌握了供给曲线的相关知识之后，我们在分析竞争性要素市场的时候，唯一要做的就是分析要素的需求曲线。

企业短期的要素需求

一家利润最大化企业的要素需求曲线是向下倾斜的：投入品的价格越高，企业想要购买的数量就越少。为了弄清楚企业要素需求背后的逻辑，我们来考察一家只使用资本和劳动两种要素来进行生产的企业。第 6 章和第 7 章的企业理论告诉我们，企业对一种投入要素的需求量取决于要素的价格和最终产品的价格。

我们先来看一家企业对劳动的短期需求。企业在短期可以改变劳动的投入量，但不能改变资本的数量。在此之后，再来看一下两种要素都可变动时的长期要素需求。

在短期中，企业的资本数量不变（$\bar{K}$），劳动数量即雇用的工人数量 L 是可变的。企业多雇用一名工人会使利润上升吗？这要看企业增加产出时收入和劳动成本哪个增加得更多。

（每小时）增加一名工人会使企业（每小时）的产出 q 增加 $MP_L = \Delta q / \Delta L$，这个增量是劳动的边际产量（见第 6 章）。它对企业的价值是多少呢？最后一单位产品所产生的额外收益是企业的边际收益，$MR = \Delta R / \Delta q$。于是，**劳动的边际收益产量**（marginal revenue product of labor，MRP_L）即多雇用一名工人所带来的额外收益等于[1]：

$$MRP_L = MR \times MP_L$$

对于一个能以竞争性价格雇用劳动的企业来说，多雇用一名工人每小时的边际成本等于工资 w。如果多雇用一名工人的边际收益（劳动的边际收益产量）大于边际成本（工资），即 $MRP_L > w$，则企业的利润会因此增加；反之，如果劳动的边际收益产量小于工资，即 $MRP_L < w$，则企业减少劳动会增加利润。于是，当使用最后一名工人的边际收益产量恰好等于其边际成本（也就是工资）的时候，即满足下列条件时，企业的用工数量实现了利润最大化：

$$MRP_L = w$$

现在我们把注意力集中在竞争性企业上面。一家竞争性企业的产品在市场价格为 p 时面临的需求弹性无穷大，所以边际收益为 p（见第 8 章），劳动的边际收益产量是：

$$MRP_L = p \times MP_L$$

竞争性企业的边际收益产量也被称为边际产量价值，因为它等于市场价格乘以劳动的边际产量，也就是新增产出的市场价值。

竞争性企业雇用工人的数量满足劳动的边际收益产量等于工资这个条件：

$$MRP_L = p \times MP_L = w \tag{15.1}$$

表 15.1 揭示了等式 15.1 中的关系。如果企业使用的劳动 L 等于 3（单位：工人/小时），则第 3 名工人的边际产量是 5 单位。因为企业在市场价格是 3 美元的时候把产品销售出去，于是企业雇用第 3 名工人的额外收益是 $MRP_L = p \times MP_L = 3 \times 5 = 15$ 美元。而这名工人的工资只有 12 美元，所以企业因为雇用了他而增加了利润。接着雇用第 4 名工人的话，这最后一名工人的劳动的边际产量下降到 4 单位，劳动的边际收益产量下降到 12 美元。于是第 4 名工人所带来的额外收益与其工资相等，企业

---

[1] 在短期，产量仅仅是劳动的函数，即 $q(L)$。企业销售 q 单位产品的价格由需求函数 $p(q)$ 决定。于是，企业的收益是 $R(L) = p[q(L)]q(L)$。利用链式微分法则可以得出企业从雇用一定数量的额外劳动服务中所获得的额外收益是 $MRP_L \equiv \dfrac{dR}{dL} = \dfrac{dR}{dq} \times \dfrac{dq}{dL} \equiv MR \times MR_L$。

的利润不变。若企业继续雇用第 5 名工人，$MRP_L = 9$ 美元，小于 12 美元的工资，企业利润下降。

表 15.1 劳动的边际产量、劳动的边际收益产量和边际成本

劳动量，L	劳动的边际产量，MP_L（单位）	劳动的边际收益产量，$MRP_L = 3MP_L$（美元）	利润的变化（美元）	产出，q（单位）	边际成本，$MC = 12/MP_L$（美元）
2	6	18	6	13	2
3	5	15	3	18	2.4
4	4	12	0	22	3
5	3	9	−3	25	4
6	2	6	−6	27	6

说明：每小时工资 w 是 12 美元；价格 p 是每单位 3 美元。劳动可变，但资本固定。

图 15.1（a）表明了同样的关系。工资曲线（$w = 12$ 美元）与 MRP_L 曲线相交于 $L = 4$（单位：工人/小时）。工资曲线就是企业面临的劳动供给曲线。因为企业是劳动服务的竞争性买方，它能够在 12 美元的工资水平上雇到足够多的劳动。在其他投入保持不变的情况下，劳动的边际收益产量曲线 MRP_L 是企业的劳动需求曲线，它表明企业愿意为雇用一定数量工人所支付的最高价格。劳动供给曲线与劳动需求曲线（即等式 15.1）的交点决定了利润最大化的工人数量。

(a) 利润最大化的劳动使用条件　　　(b) 利润最大化的产出条件

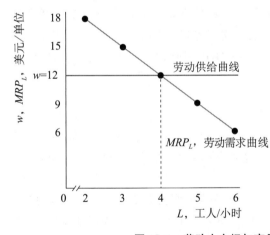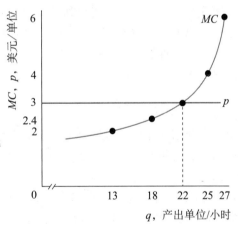

图 15.1　劳动力市场与产品市场均衡之间的关系

（a）当劳动量 $L = 4$ 名工人/小时的时候，企业的利润达到最大，此时工资线（$w = 12$ 美元）与劳动的边际收益产量曲线（MRP_L，该曲线同时也是劳动需求曲线）相交。（b）企业利润在产量为 22 单位时达到最大，因为此时的边际成本（$MC = w/MP_L$）等于市场价格（$p = 3$ 美元）。

根据边际收益递减规律（见第 6 章），企业的劳动需求曲线通常向下倾斜。在资本投入保持不变的情况下，随着劳动投入的增加，新增工人所带来的边际产量（MP_L）终究会递减。表 15.1 说明，劳动的边际产量从第 2 名工人所对应的 6 单位下降到第 6 名工人所对应的 2 单位。随着工人数量的增加，劳动的边际产量下降，所以劳动的边际收益产量（它等于固定的价格与劳动的边际产量之积）或劳动的需求曲线也必然向下倾斜。

一家造纸厂的估计出来的短期生产函数为柯布-道格拉斯形式[1]：

$$q = L^{0.6}\overline{K}^{0.2} \qquad\qquad (15.2)$$

其中，$\overline{K}$ 是固定的资本数额。在短期，企业的资本固定不变，$\overline{K}=32$。一单位纸的价格是 $p=50$。求出造纸厂的短周期生产函数和劳动需求函数。如果工资 $w=15$，企业会雇用多少工人？

解答

1. 将 $\overline{K}$ 代入等式 15.2，确定造纸厂的短期生产函数。在等式 15.2 中，假设 $\overline{K}=32$，有：

$$q = L^{0.6}32^{0.2} = 2L^{0.6}$$

2. 利用短期生产函数得到短期的劳动边际产量，再将其乘以价格，确定劳动的边际收益产量。短期柯布-道格拉斯生产函数的劳动的边际产量 $MP_L = 0.6(2L^{0.6})/L = 1.2L^{-0.4}$（附录 6C）。因此，当 $p=50$ 的时候，劳动的短期边际收益产量（或劳动需求函数）为：

$$MRP_L = 1.2pL^{-0.4} = 60L^{-0.4}$$

3. 使用等式 15.1 确定企业每小时雇用的工人数量。根据等式 15.1，$MRP_L = w$，进而 $60L^{-0.4} = 15$，或者 $L=32$。

利用劳动或产出实现利润最大化

第 8 章给出了另一个实现利润最大化的条件：竞争性企业会在市场价格 p 等于额外一单位产出的边际成本 MC 的时候实现利润最大化（等式 8.3）。这个通过产出来实现利润最大化的条件等同于等式 15.1 中的通过劳动来实现利润最大化的条件。等式 15.1 两边同除以 MP_L，得到：

$$p = \frac{w}{MP_L} = MC$$

像第 7 章介绍的那样，边际成本等于工资 w 乘以劳动的边际产量的倒数，即多生产 1 单位产出所需的额外劳动 $\Delta L/\Delta q$。边际成本是生产额外产出 Δq 所需的额外劳动的成本，即 $w\Delta L$。

表 15.1 说明了这种关系。第 5 列是产出量随工人人数变化而变化的情况。因为 3 名工人的产量是 18 单位，4 名工人的产量是 22 单位，所以第 4 名工人的边际产量即为 4 单位。在工资为 12 美元的情况下，最后一单位产出的边际成本是 $MC = w/MP_L = 12/4 = 3$（美元）。市场价格也是 3 美元。所以，如图 15.1（b）所示，企业生产 22 单位产出时，利润达到最大。

总之，图 15.1 中的两个利润最大化的均衡给出了同样的答案：企业雇用 4 名工人并生产 22 单位的产出就可以实现利润最大化。图 15.1（a）表明，企业雇用 4 名工人时利润最大，因为最后一名工人的边际收益产量（MRP_L）等于雇用该名工人的边际成本（w）。图 15.1（b）表明，企业产量为 22 单位时的利润最大，这时候生产最后一单位产出的边际收益（$p=3$ 美元）等于最后一单位产出的边际成本（MC）。

---

[1] 这个生产函数是基于 Hossain 等（2012）对孟加拉国一家造纸厂的估计。我选择的产出单位是为了让一般的柯布-道格拉斯函数（$q = AL^a K^b$）中的常乘数 A 等于 1。

工资和价格的变化对要素需求的影响

如等式 15.1 所示，企业雇用的工人数量取决于工资和最终产品的价格。假设劳动供给曲线发生移动，工资从 $w_1=12$ 美元下降到 $w_2=6$ 美元，同时市场价格保持不变，仍为 3 美元。尽管新增产出所带来的收益不变，但由于劳动成本下降，企业将会增加劳动的投入量。图 15.2 说明了劳动供给曲线向下移动（从 S^1 到 S^2）导致工资水平下降，使得企业雇用工人的数量沿着劳动需求曲线 D^1 发生了移动，从 a 点（企业每小时雇用 4 名工人）移动到了 b 点（企业每小时雇用 6 名工人）。

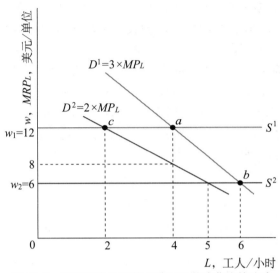

图 15.2　劳动需求曲线的移动和沿着该曲线的移动

如果产品的市场价格是 3 美元，企业的劳动需求曲线是 D^1。工资下降导致劳动供给曲线从 S^1 移动到 S^2。如果工资是 $w_1=12$ 美元，企业每小时使用 4 名工人，均衡点是 a 点。如果工资下降至 $w_2=6$ 美元，企业每小时使用 6 名工人，均衡点变为 b 点。市场价格下降至 2 美元导致企业的需求曲线从 D^1 移动至 D^2。如果市场工资维持在 $w_1=12$ 美元的水平上，市场价格的下降将导致沿着供给曲线 S_1 的移动：企业雇用的工人数量从 4 名（D^1 和 S^1 上的 a 点）减少为 2 名（D^2 和 S^1 上的 c 点）。

假如市场价格从 3 美元降到 2 美元，劳动的需求曲线向下移动，从 D^1 移动到 D^2。在任何既定的劳动数量上，需求曲线 D^2 的高度都只有 D^1 的 $2/3=(2MP_L)/(3MP_L)$。如果工资维持在 $w_1=12$ 美元的水平上，企业对工人的需求量将从 a 点的 4 人降为 c 点的 2 人。由此可见，不管是市场工资还是市场价格变动，都会影响到企业雇用工人的数量。

> **例题详解 15.2**

当政府对每单位产品征收大小为 t 的从量税时，竞争性企业将如何调整其对劳动的需求？

解答

1. 直觉分析。这项从量税使企业销售每单位产品时所得到的价格下降，这与刚才我们所讲的市场价格下降的效果相同，所以我们可以运用同样的思路进行分析。

2. 说明税收对劳动的边际收益产量的影响。对一家竞争性企业来说，劳动的边际收益产量等于企业产品的销售价格乘以劳动的边际产量。税收降低了企业所得到的价格，但不影响劳动相对于资本的价格，所以它并没有影响到劳动的边际产量 $MP_L(L)$。对一定数量的劳动而言，劳动的边际收益产量从 $p \times MP_L(L)$ 下降到 $(p-t) \times MP_L(L)$。劳动的边际收益产量曲线（也就是劳动的需求曲线）向下移动，直到每一劳动数量对应的高度为初始劳动需求曲线高度的 $(p-t)/p$。

□ 长期的要素需求

在长期中，企业可以改变所有的要素投入。如果工资上涨，企业会调整劳动和资本的投入量。这样的话，在资本保持不变的条件下，企业短期的劳动边际收益产量曲线就不是长期的劳动需求曲线。长期的劳动需求曲线要考虑到工资上涨对资本投入的影响。

无论在短期还是长期，劳动的需求曲线都是劳动的边际收益产量曲线。在短期中，企业不能改变资本投入，所以短期的 MP_L 曲线以及短期的 MRP_L 曲线都相对陡峭。在长期，企业可以改变所有的要素投入，因此长期的 MP_L 曲线和 MRP_L 曲线都更为平坦。

图15.3显示了例题详解15.1中的造纸厂的长、短期劳动需求曲线之间的关系。[1] 在短期，资本固定为 $\overline{K}=32$，工资为 $w=15$ 美元，并且，资本的租金 $r=5$ 美元，价格 $p=50$ 美元。当资本 $\overline{K}=32$ 时，企业每小时雇用32名工人，也就是短期劳动需求曲线上的 a 点。在长期，由于雇用32名工人并使用32单位的资本能实现利润最大化，所以 a 点也处于企业的长期劳动需求曲线上。

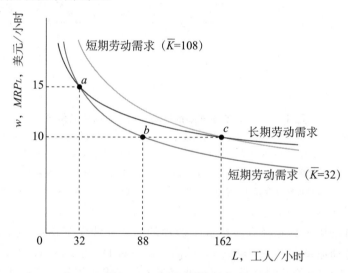

图15.3　造纸厂的劳动需求

如果长期的市场价格为50美元/单位，资本的租金水平为 $r=5$ 美元，且工资为 $w=15$ 美元/小时，这家加拿大的造纸厂将使用32名工人（并使用32单位的资本），在长期劳动需求曲线上的 a 点进行生产。在短期，如果资本固定为 $\overline{K}=32$，企业仍然会使用32名工人/小时，在短期劳动需求曲线的 a 点生产。如果工资下降到10美元，资本始终维持在 $\overline{K}=32$ 的水平，企业将雇用88名工人（如短期劳动需求曲线上的 b 点所示）。但是，在长期中，企业将把资本使用量提高到 $\overline{K}=108$ 并雇用162名工人（如长期劳动需求曲线和 $\overline{K}=108$ 时的短期劳动需求曲线上的 c 点所示）。

在短期中，如果工资下降到10美元的水平，企业不能增加资本投入，所以它将雇用88名工人，见短期劳动需求曲线上的 b 点，这时 $\overline{K}=32$。但是在长期，企业将投入更多

---

[1]　对柯布-道格拉斯形式的生产函数来说，附录15A比较正式地说明了长期劳动需求函数和资本需求函数是市场价格 p、工资水平 w 和资本的租金 r 的函数。对这家加拿大的造纸厂来说，把参数 $a=0.6$、$b=0.2$ 和 $A=1$ 代入等式15A.4，可以得到该企业长期的劳动需求函数：$L=(0.6/w)^4(0.2/r)p^5$。其长期的资本需求函数是等式15A.5，即：$K=(0.6/w)^3(0.2/r)^2 p^5$。

的资本和劳动（因为在市场价格水平上，企业愿意销售多少产品，就能够销售多少产品）。它将使用162名工人和108单位的资本，见长期劳动需求曲线和当 $\bar{K}=108$ 时的短期劳动需求曲线上的 c 点。

☐ 要素的市场需求

将使用某种要素的各家企业的要素需求曲线加总起来，就得到了该要素的市场需求曲线。但确定一种要素的市场需求曲线要比推导出一种最终产品的消费者市场需求曲线困难得多。在第2章中，我们对个别消费者的需求曲线进行水平加总的时候考虑的仅仅是单一的市场。但许多产品市场都用到劳动和资本这样的投入要素。所以，为了推导出劳动的市场需求曲线，我们首先要考察的是每一个产品市场的劳动需求曲线，然后对产品市场进行加总才能得到要素的市场需求曲线。

边际收益产量分析法

前文在产品市场价格既定的情况下推导了竞争性企业的要素需求曲线。这里的问题是，产品市场价格取决于要素的价格。由于一种要素的价格下降，被动接受原来的市场价格的各家企业将投入更多这种要素来提高产量。当市场上所有企业的产出都增加的时候，就会导致该产品的市场价格下跌。而随着市场价格的下降，每家企业又会减少产出，进而减少了投入要素的需求。于是，如图15.4所示，如果市场价格保持不变，要素价格的下降导致要素需求增加的效应会更加显著。

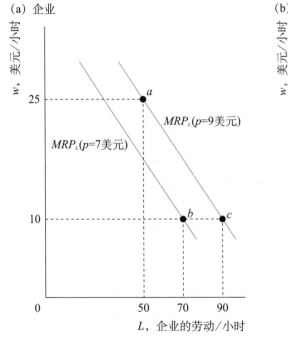
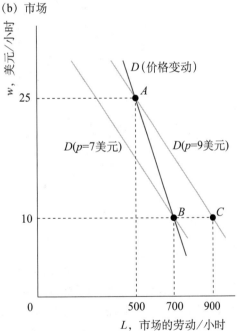

图15.4　企业和市场的劳动需求

当产品价格为 $p=9$ 美元时，单个竞争性企业的劳动需求曲线是 $MRP_L(p=9$ 美元$)$。如果 $w=25$ 美元/小时，企业将雇用50名工人，见图（a）中的 a 点，那么市场上的10家企业将需要500名工人，见图（b）中的劳动需求曲线 $D(p=9$ 美元$)$ 上的 A 点。如果工资下降到10美元/小时，且市场价格维持在9美元的水平上，每家企业将雇用90名工人，见图（a）中的 c 点。但是，额外的产出会导致产品价格下降到7美元，所以每家企业将雇用70名工人，见 b 点。考虑到价格调整的劳动力市场需求 D（价格变动）从 A 点移动到 B 点。

在 9 美元/单位这个初始的产品市场价格水平，竞争性企业的劳动需求曲线 ［图 15.4（a）］是 $MRP_L(p=9$ 美元$)=9 \times MP_L$。当工资为 25 美元/小时的时候，企业雇用 50 名工人（见 a 点）。市场上的 10 家企业 ［图 15.4（b）］共需要 500 小时的劳动量，见需求曲线 $D(p=9$ 美元$)=10 \times 9 \times MP_L$ 上的 A 点。如果工资下降到 10 美元且市场价格维持在 9 美元不变，每家企业将雇用 90 名工人（c 点），市场上全部企业将雇用 900 名工人（见 C 点）。但是，额外的产出使价格下降到 7 美元，所以每家企业雇用 70 名工人（b 点），各企业共雇用 700 名工人（B 点）。产品市场在考虑了价格调整的因素后，市场的劳动需求曲线 D（价格变动）从 A 点移动到 B 点。这样一来，与产品价格固定的情况相比，市场的劳动需求曲线更陡峭。

另一种方法

对某些特定类型的生产函数而言，利用产出水平的利润最大化等式来确定市场的需求曲线要比利用边际收益产量的方法简单。假设计算器生产商是竞争性的，并采用固定比例的生产函数：生产每个计算器需要一个微芯片、一个塑料盒。每个塑料盒的成本是 p_p，每个微芯片的成本是 p_m。那么，计算器市场对微芯片的需求是多少呢？

图 15.5 显示的是计算器的需求 Q 和微芯片的需求 M。由于计算器和微芯片的数量相等（$Q=M$），所以微芯片和计算器的横轴重合。

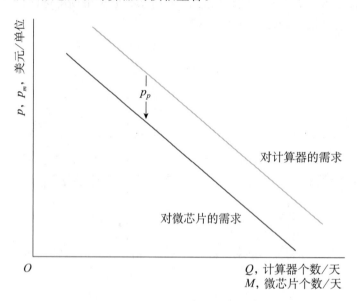

图 15.5　对计算器微芯片的需求

生产一个计算器需要一个成本为 p_m 的微芯片和一个成本为 p_p 的塑料盒，所以生产计算器的边际成本是 $MC=p_p+p_m$。竞争性企业在计算器的价格为 $p=p_p+p_m$ 的水平上生产，进而微芯片的需求曲线在计算器的需求曲线下方，两者之间的垂直距离为 p_p。

每个计算器都需要一个微芯片和一个塑料盒，所以生产计算器的边际成本是 $MC=p_p+p_m$。每家竞争性企业在市场价格等于边际成本的水平上进行生产，即 $p=p_p+p_m=MC$。结果每家企业愿意为一个微芯片支付的最高价格是 $p_m=p-p_p$，这是从一个计算器的销售额中扣除塑料盒成本之后的余额。于是，如图 15.5 所示，计算器市场对微芯片的需求曲线位于计算器的需求曲线之下，相距 p_p。[1]

□ 竞争性要素市场的均衡

要素市场的需求曲线和供给曲线的交点决定着竞争性要素市场的均衡。我们刚刚完成对要素市场需求的推导。要素供给曲线没有什么特别之处，每家企业的长期要素供给曲线是位于其平均成本曲线最低点之上的边际成本曲线，而要素市场的供给曲线是各企业供给曲线的水平加总（参见第 8 章）。由于我们已经在第 2、3、8、9 章里对一般性市场的竞争性均衡进行了分析，这里便无须赘言。

第 10 章说明，不同市场上同一种要素的价格是相等的。比方说，如果某个行业里的工资相对较高，工人将从低工资行业转移到高工资行业，一直到各行业的工资水平持平。

15.2　垄断对要素市场的影响

在考察了竞争性企业向竞争性产品市场出售一种要素的要素市场均衡之后，我们现在来研究市场势力对要素市场均衡的影响。如果企业在产品市场或要素市场上通过制定高于边际成本的价格来发挥市场势力，与所有企业都是竞争性企业的情况相比，某种要素的实际销量会有所下降。

□ 市场结构和要素需求

要素需求曲线随着市场势力的变动而变动。如第 11、12 章所述，对一家追求利润最大化的企业而言，边际收益 $MR = p(1+1/\varepsilon)$ 是产品需求弹性 ε 和市场价格 p 的函数。于是，该企业的劳动的边际收益产量函数是：

$$MRP_L = p\left(1+\frac{1}{\varepsilon}\right)MP_L$$

由于竞争性企业在市场价格水平下面临的需求曲线弹性无穷大，所以边际收益等于市场价格，于是，其劳动需求曲线是 $MRP_L = p \times MP_L$。

对一个竞争性市场来说，劳动的边际收益产量曲线或劳动需求曲线位于垄断企业或寡头垄断企业的相应曲线之上。图 15.6 介绍了一家造纸厂在三种不同市场结构中面临的短期市场要素需求曲线的情况，三种市场结构分别是竞争、双头垄断的古诺模型以及垄断。[2]

垄断企业面临着一条向下倾斜的需求曲线，它会在富有弹性的阶段进行生产（见第 11 章），进而需求弹性介于 $-\infty < \varepsilon \leqslant -1$。结果是，在任何价格水平上，垄断企业的劳动

第15章

要素市场

---

① 计算器的反需求函数 $p(Q)$ 是数量的递减函数，同样，微芯片的反需求函数是 $p_m(M)$。因为 $Q=M$，所以我们可以把利润最大化的条件写成 $p(Q)=p_m(M)+p_p$。于是，微芯片的需求曲线位于计算器的需求曲线之下，两者之间的距离为 p_p，即 $p_m(M)=p(Q)-p_p$。

② 在短期，造纸厂的边际产量函数是 $MP_L=1.2L^{-0.4}$。竞争性企业的劳动需求是 $p \times 1.2L^{-0.4}$，古诺模型下两家相同企业之一的劳动需求是 $p[1+1/(2\varepsilon)] \times 1.2L^{-0.4}$，垄断企业的劳动需求是 $p(1+1/\varepsilon) \times 1.2L^{-0.4}$。

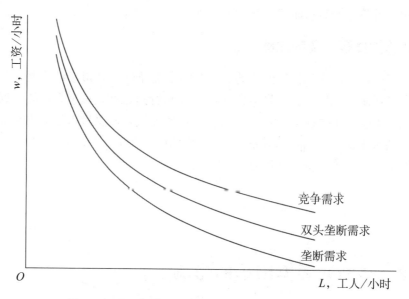

图15.6 造纸厂的劳动需求会因市场结构不同而不同

对所有追求利润最大化的企业来说，劳动需求曲线是劳动的边际收益产量曲线：$MRP_L=MR\times MP_L$。由于市场结构不同，边际收益会发生改变，MRP_L同样如此。在工资既定的情况下，竞争性的造纸厂对劳动的需求比一家双头垄断的古诺企业的劳动需求大，而后者的劳动需求又大于垄断企业的劳动需求。

需求曲线$p(1+1/\varepsilon)MP_L$都位于竞争性企业的劳动需求曲线pMP_L之下，两者的劳动的边际产量曲线相同。

古诺模型下的企业所面临的需求弹性是$n\varepsilon$，其中n是相同企业的数量，ε是市场需求弹性（见第13章）。考虑到企业具有相同的市场需求曲线，在双头垄断的古诺模型中，一家企业所面临的需求弹性是垄断企业所面临的需求弹性的2倍，所以该古诺企业的劳动需求曲线是$p[1+1/(2\varepsilon)]MP_L$，在垄断企业的劳动需求曲线之上，但位于竞争性企业的劳动需求曲线之下。从现在开始，我们集中关注竞争性均衡和垄断均衡，因为寡头垄断均衡和垄断竞争均衡的情况介于这两种极端情况之间。

□ 要素市场和产品市场的一个市场势力模型

如果一家企业在产品市场或要素市场上具有市场势力，当它提高价格的时候，消费者最终支付的价格也会提高。这样一来，消费者的购买量减少，对要素的需求下降。这里用一个线性的例子来说明垄断企业对要素市场均衡的影响。最终产品的反需求函数$p(Q)$是：

$$p=80-Q \tag{15.3}$$

图15.7画出了这条需求曲线。企业在每小时工资20美元的水平上可以无限量地雇到工人。每生产1单位产出Q只需要1单位的劳动L，不需要其他要素，所以，劳动的边际产量是1。

作为参照，我们首先分析竞争性的要素市场和产品市场，其次探讨在产品市场形成垄断之后要素市场均衡的变化，再次考察垄断的要素市场和竞争性的产品市场，最后研究两个市场都存在市场势力（或垄断）的情况。

竞争性的要素市场和产品市场

在图15.7中，相关的供给曲线和需求曲线的交点确定了两种市场的竞争性均衡。由

于 $Q=L$，图中的横轴既表示产量，又表示劳动数量。

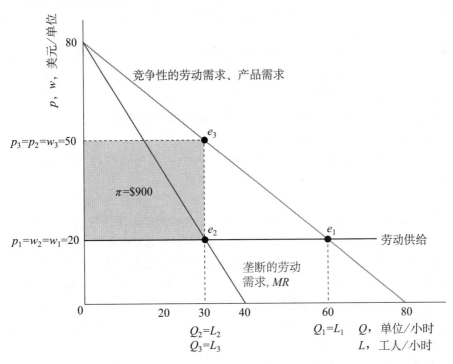

图 15.7　产品市场结构对劳动力市场均衡的影响

因为 1 单位劳动生产 1 单位产品，劳动的边际产量为 1，因此，竞争性的劳动需求曲线和产品需求曲线相同。两个市场都是竞争性的，所以劳动力市场的均衡点为 e_1 点。垄断的劳动需求曲线等于边际收益曲线。产品垄断企业对最终消费者收取高价，购买更少的劳动。新的劳动均衡点是 e_2 点。在劳动力市场垄断（工会）情形下，均衡点是 e_3 点。

因为增加 1 名工人就增加 1 单位的产出，所以劳动的边际产量是 1。这样，竞争性市场的劳动需求是 $MRP_L = p \times MP_L = p$，它与产品需求曲线相同。劳动需求函数与产品需求函数相同，其中可以用 w 替换 p、用 L 替换 Q：

$$w = 80 - L \tag{15.4}$$

竞争性的劳动供给曲线是一条位于 20 美元处的水平直线。在竞争性的产品市场上，劳动供给曲线与竞争性的劳动需求曲线相交（等式 15.4），其交点决定了劳动力市场的均衡 e_1，此时 $20 = 80 - L$。于是，竞争性均衡下的劳动服务数量是 $L_1 = 60$，而均衡工资是 $w_1 = 20$ 美元。

生产 1 单位产品的成本等于工资，所以产品的供给曲线也是位于 20 美元处的水平直线。产品的供给曲线与需求曲线相交（等式 15.3）时，$Q_1 = 60$，$p_1 = 20$ 美元。竞争性企业的平均成本 w_1 正好等于产品的售价 p_1，所以竞争性企业正好收支相抵。

竞争性的要素市场和垄断的产品市场

与竞争性市场相比，产品市场由于存在垄断，所以价格高，销量低，工人需求少。垄断企业所面临的竞争性劳动供给曲线是一条位于工资 $w_2 = 20$ 美元处的水平直线。这样，垄断企业产出的边际成本是 20 美元/单位。

垄断企业的边际收益曲线的斜率是它所面临的线性产品需求曲线的 2 倍（见第11章）：

$$MR_Q = 80 - 2Q$$

垄断企业在边际收益等于边际成本的时候实现了利润最大化：

$$MR_Q = 80 - 2Q = 20 = MC$$

这样一来，均衡产量是 $Q_2 = 30$。用该数量去替换等式 15.3 中的产品需求，可以得出均衡价格等于 50 美元。垄断企业每单位产出的盈利为 $p_2 - w_2 = 50 - 20 = 30$ 美元。如图 15.7 中的阴影矩形所示，其总利润为 900 美元。

由于垄断企业的劳动的边际产量为 1，其劳动需求等于其边际收益：

$$MRP_L = MR_Q \times MP_L = MR_Q$$

用 L 和 w 分别替换边际收益函数中的 Q 和 MR_Q，就可以得到该垄断企业的劳动需求函数：

$$w = 80 - 2L$$

竞争性的劳动供给曲线 $w_2 = 20$ 美元与垄断企业的劳动需求曲线的交点决定了劳动力市场的均衡 e_2，此时 $80 - 2L = 20$。所以，均衡状态下的劳动数量 $L_2 = 30$。

这个例子说明，垄断企业损害了最终消费者的利益并把一部分要素（劳动）的出售者逐出市场。若产品市场处于竞争状态，最终的消费者对每单位产品将少支付 30 美元。由于产品价格提高，消费者的购买量减少，$Q_2 = 30 < 60 = Q_1$。结果是，在劳动的需求方面，垄断市场小于竞争性市场：$L_2 = 30 < 60 = L_1$。如果劳动的供给曲线向上倾斜，这种需求缩减还会降低工人的工资。

垄断的要素市场和竞争性的产品市场

现在假设产品市场是竞争的，但劳动供给方面存在垄断，有可能是工人结成了工会，而工会在市场上就像一个垄断者那样行事。不过，为简化起见，我们假设劳动力市场上的唯一垄断者是一家为产品市场供应工人的企业。[①]

劳动垄断企业使自己的边际收益等于边际成本（即 20 美元）。由于竞争性产品市场的劳动需求曲线与产品的需求曲线相同，所以该劳动垄断企业所面临的边际收益曲线与产品垄断企业的边际收益曲线相同，用 L 代替 Q 可得到：

$$MR_L = 80 - 2L$$

劳动垄断企业在图 15.7 中的 e_3 点处进行生产，此时边际收益等于边际成本，为 20 美元：

$$80 - 2L = 20$$

该劳动垄断企业出售的劳动服务 $L_3 = 30$ 小时，将其代入劳动需求曲线（等式 15.4），可以得出垄断工资为 $w_3 = 50$ 美元。由于劳动垄断企业从每小时的劳动中盈利 $w_3 - 20 = 30$ 美元，其总利润为 $\pi = 900$ 美元。

产品市场的竞争性供给曲线是 $w_3 = 50$ 美元这条水平线，它与产品的需求曲线（等式 15.3）相交，交点即为产出均衡状态：$50 = 80 - Q$。于是均衡数量 $Q_3 = 30$。均衡价格与工资相同，$p_3 = w_3 = 50$ 美元。企业收支相抵。

在我们的例子中，1 单位劳动能生产 1 单位的产出，不管劳动力市场和产品市场哪一个是垄断的，消费者的境遇都一样，即支付的价格是 $p_2 = p_3 = 50$ 美元，购买的产品数

---

① 在许多市场上都存在这样的企业，它们仅仅向其他企业提供劳动力。Manpower、Kelly Services 和 Accountemps 提供临时的办公文员等雇员。一些建筑企业只提供熟练的工匠。当然，还有一些企业专门提供计算机程序员。

量是 $Q_2 = Q_3 = 30$ 单位。但劳动力市场的均衡不同：如果形成垄断的是劳动力市场而非产品市场，工资水平会更高。但不管哪个市场出现了垄断，利润都归垄断企业所有。

应用案例

工会和利润

工会会员可以像其他垄断企业那样通过集体行动来提高工资。工会在提高工资方面能否成功，取决于它所面临的需求弹性的大小、工会成员采取集体行动的能力、法律以及劳动力市场工会化的程度等因素。

在美国，如果企业中的大多数工人赞成组成工会，工会合同就对所有的工人都有效。通过工会和企业之间的谈判，工人的工资可能上涨。与此同时，企业的市值（反映了公司的盈利能力）就可能随着工会的形成而下降。据 Lee 和 Mas（2012）估计，一旦企业组成工会，企业的价值平均下降 4.05 万美元/工人（数据根据 1998 年美元估计，工人是具有投票资格的工人），相当于企业价值下降了约 10%。

Lee 和 Mas（2012）强调，工会形成造成企业的价值下降是因为工人通过更高的工资侵占了企业曾经所有的一部分利润。此外，工会还会导致企业无法使用最佳的劳动-资本组合，从而造成生产的低效率。基于其他研究的估计，Lee 和 Mas（2012）计算出 8% 的企业价值下降源于更高的工资，2% 的企业价值下降源于低效率。

同样，Stanfield 和 Tumarkin（2016）发现，2012 年澳大利亚新南威尔士州限制工会政治活动的法律削弱了工会。它允许企业通过谈判达成更有利于自己的合同条款，提高了企业的价值。

连续市场垄断

如果劳动力市场和产品市场都是垄断的，那么消费者将遭遇双重垄断加价。劳动力市场的垄断提高了工资水平，从而提高了最终产品的生产成本。产品市场的垄断则更进一步地提高了最终产品的价格。[①]

图 15.8 说明的就是这种双重加价的情况。产品垄断企业的边际收益曲线是 $MR_Q = 80 - 2Q$，它与该企业的劳动需求曲线 $w = 80 - 2L$ 重合。由于劳动需求曲线是线性的，所以劳动垄断企业的边际收益曲线要陡 2 倍：

$$MR_L = 80 - 4L$$

通过使边际收益与边际成本相等，即 $80 - 4L = 20$，该劳动垄断企业实现了利润的最大化。这样在劳动力市场达到均衡状态 e_4 时，劳动垄断企业提供的工人数量为 $L_4 = 15$。将其代入劳动需求函数 $w = 80 - 2L$ 中，可以得出垄断的均衡工资 $w_4 = 50$ 美元。由此可见，劳动垄断企业的加价使工资比边际成本高 30 美元。其利润是图 15.8 中的区域 B，$B = 30 \times 15 = 450$ 美元。

---

① 在这个例子中，劳动垄断企业的边际成本保持不变，为 $m = 20$ 美元，它在边际成本等于边际收益 $[w(1 + 1/\varepsilon_L)$，其中，ε_L 为劳动需求弹性] 的情况下经营。这样，工资高于边际成本：$w = m\mu_L$，其中，$\mu_L = 1/(1 + 1/\varepsilon_L) > 1$ 是倍增的劳动垄断加价。工资是产品垄断企业的边际成本。产品垄断企业进一步加价：$p = w\mu_Q = m\mu_L\mu_Q$，其中，$\mu_Q = 1/(1 + 1/\varepsilon_Q) > 1$ 是倍增的产品垄断加价，ε_Q 是产品的需求弹性。

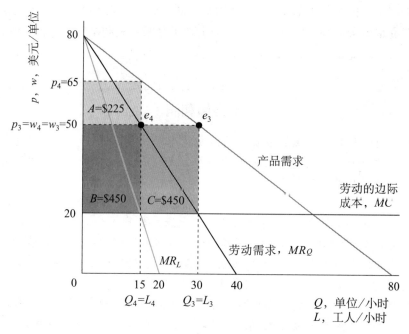

图 15.8　双重垄断加价

如果存在两个连续的垄断市场，消费者将遭遇到双重的价格加成。劳动力市场的均衡是 e_4，其中工资 w_4 比劳动力市场的边际成本和平均成本（20美元）高出 30 美元。产品垄断企业的价格 p_4 比其边际成本 w_4 高 15 美元。如果劳动垄断企业实施纵向一体化，消费者收益增加（$p_3 < p_4$），总利润也从 $A+B$ 增加到 $B+C$。

　　为了实现利润最大化，产品垄断企业令其边际收益（$MR_Q = 80 - 2Q$）与边际成本（$w_4 = 50$ 美元）相等。这时，销售了 $Q_4 = 15$ 单位的产出，将其代入产品需求曲线中，可以得出产品的垄断均衡价格 $p_4 = 65$ 美元。产品垄断企业的加价使产品价格比边际成本高 15 美元，其利润是区域 $A = 225$ 美元。

　　这种双重加价损害了消费者的利益：与仅有一个市场存在垄断的情况相比，他们支付的价格更高，为 65 美元，而不是原本的 50 美元。

例题详解 15.3

　　如果上例中的劳动垄断企业兼并了垄断性的生产企业（纵向一体化）[①]，会对消费者有何影响？利润会有什么变化？

解答

　　1. 解出兼并后的均衡。兼并后的新垄断企业的产品需求是市场需求；如图 15.8 所示，新增产出的边际收益是 $MR_Q = 80 - 2Q$。既然企业合并成了一家，以前的劳动垄断企业不再对生产部门提高劳动价格。多生产 1 单位产出的边际成本是 20 美元。该垄断企业实现利润最大化的途径是使边际成本等于 MR_Q。由此实现的产出均衡与先前作为单家劳动垄断企业的均衡一样，均衡产出是 $Q_3 = 30$ 且 $p_3 = 50$ 美元。兼并后，垄断企业的利润是 $30 \times 30 = 900$ 美元，即区域 $B + C$。

　　2. 对兼并前后的均衡进行比较。消费者从兼并中获益。原因在于，他们支付的价格

---

　　① 关于纵向一体化的更详细的材料，参见 MyEconLab，Chapter 15，补充材料 "Vertical Integration"。

从 $p_4 = 65$ 美元下降到 $p_3 = 50$ 美元，他们可以多买 15 美元的产品。两家企业也从中获利。两家垄断企业的联合利润是区域 $A+B=675$ 美元，这低于一体化的企业的利润 $B+C=900$ 美元。劳动垄断企业可以向产品垄断企业提供比它单独经营时更高的产出，而且自身的利润也有所增加：两家企业可以分享 225 美元的额外利润。由此可见，纵向兼并消除了两次垄断加价中的一次，各方都能从中获益。

评论： 这种潜在的双重加价在许多市场中都存在。例如，苹果公司的 iPhone 在美国只通过 AT&T 公司销售。尽管苹果公司和 AT&T 公司联合避免了双重加价，但 iPhone 的价格还是超过了联合利润最大化的价格。不过，企业之间可以通过"类一体化"的方式签订一个分享利润的合约并设定达到联合利润最大化的价格。

15.3 买方垄断

第 11 章讲到，作为唯一卖方的垄断企业选择市场需求曲线上的某一点（价格和产量的组合）来实现利润最大化。而买方垄断企业是市场上唯一的买者，选择该行业供给曲线上的某一个价格和数量组合点来实现利润最大化。垄断买方是垄断卖方的镜像，它以低于竞争性企业的价格购买产品来发挥自己的市场势力。

一家生产新式武器系统的美国生产商只有向联邦政府出售武器才是合法的。美国的各支职业橄榄球队在采取集体行动时，是美国唯一能雇用职业橄榄球运动员的企业。[①] 在很多渔场，仅有一个买者（或者说，最多仅有几个买者，从而形成了买方寡头垄断）。

□ 买方垄断的利润最大化

假定某企业是镇上唯一的雇主，也就是本地劳动力市场上的垄断买方。该企业仅用一种生产要素即劳动（L）来生产最终产品。它认为最后 1 名工人的价值就是该名工人的边际收益产量（所生产的额外产出的价值），这也是企业在雇用这一数量工人时的劳动需求曲线的高度。

企业的劳动需求曲线向下倾斜，见图 15.9（a）。该企业的劳动供给曲线向上倾斜：时薪 w 越高，愿意为企业工作的人就越多。该企业的边际支出（marginal expenditure）——多雇一名工人所增加的成本——取决于供给曲线的形状。

供给曲线表示的是，该买方垄断企业雇用一定数量工人的平均支出或工资。比如，如果每天雇用的劳动 $L=20$ 名工人，其平均支出或工资是 20 美元。由于劳动供给曲线向上倾斜，如果想多雇用一名工人，企业就得提高工资。鉴于支付给所有工人的工资相同，企业还需给已有工人补足这一工资涨幅。于是买方垄断企业在最后 1 名工人身上的边际

---

① 橄榄球运动员属于美国橄榄球运动员工会，工会就像垄断者那样采取集体行动，来试图抵消球队作为垄断买方的市场势力。

支出大于该工人的工资。[1] 图 15.9 中边际支出曲线的倾斜程度是线性供给曲线的 2 倍。[2]

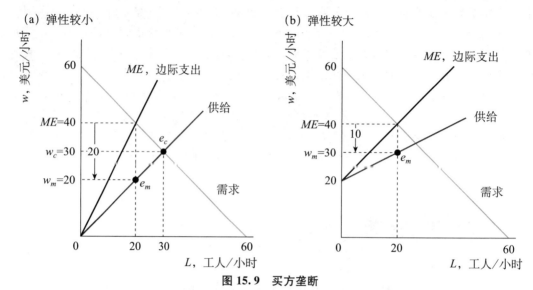

图 15.9　买方垄断

（a）边际支出曲线——垄断买方多购买一单位的边际成本——在向上倾斜的市场供给曲线的上方。边际支出曲线与垄断买方的需求曲线相交决定了买方垄断均衡 e_m。在竞争性市场上，价格 w_c＝30 美元；而垄断买方以更低的价格（w_m＝20 美元）购买数量更少的商品。（b）与图（a）相比，图（b）中的供给曲线在均衡位置的弹性更大，所以以垄断买方赋予最后一单位的价值（等于边际支出 40 美元）超过支付价格 w_m＝30 美元的额度小于图（a）中的相应额度。

　　相比较而言，如果该企业是劳动力市场上的竞争性价格接受者，它所面临的供给曲线就是一条等于市场工资的水平直线。这样一来，企业多雇一名工人的边际支出就是市场工资。

　　包括垄断买方（见附录 15B）和竞争性企业在内的任何买方都是按照最后一单位要素的边际价值等于企业的边际支出的方式来确定劳动的购买数量。如果最后一名工人的劳动服务给买者带来的价值高于其边际支出，买者就会继续购买。同理，如果最后一名工人的劳动服务的价值小于其边际支出，买者就会解雇一定数量的工人。

　　这家买方垄断企业购买了 20 单位的劳动，其边际支出曲线与需求曲线的交点决定了买方垄断均衡 e_m。此时，该企业认为最后一名工人的劳动服务的价值（需求曲线的高度）是 40 美元，边际支出（边际支出曲线的高度）也是 40 美元。它仅仅支付了 20 美元（供给曲线的高度）。换言之，该买方垄断企业认为这最后一单位 20 美元的劳动物超所值。

　　如果图 15.9 中的市场是竞争性的，市场需求曲线与市场供给曲线的交点将决定竞争性市场的均衡 e_c，此时买者以 w_c＝30 美元的单价购买 30 单位劳动。因此，买方垄断企业所雇工人数要比竞争性市场的少（20 名工人少于 30 名工人），工资也要低一些（20 美元少于 30 美元）。

　　买方垄断势力（monopsony power）是指唯一的买者以低于竞争性价格的价格购买

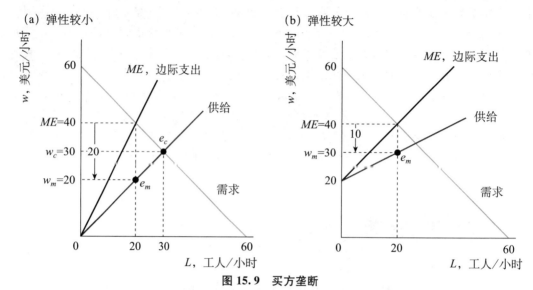

① 该买方垄断企业的总支出是 $E＝w(L)L$，其中 $w(L)$ 是由供给曲线所确定的工资。企业的边际支出是 $ME＝dE/dL＝w(L)+L[dw(L)/dL]$，其中 $w(L)$ 是支付给最后一名工人的工资，$L[dw(L)/dL]$ 是企业对已有工人支付的额外工资额。因为供给曲线向上倾斜，$dw(L)/dL>0$，边际支出 ME 大于平均支出 $w(L)$。

② 附录 15B 表明，对任何线性劳动供给曲线而言，ME 曲线的倾斜程度都是劳动供给曲线的 2 倍。

中级微观经济学（第八版）

产品并盈利的能力。最后一名工人给企业带来的价值（需求曲线的高度）与企业所付工资（供给曲线的高度）之间的差距取决于买方垄断均衡时的供给弹性的大小。边际支出（等于买方垄断企业得到的价值）对工资的加成与均衡时的供给弹性成反比（附录15B）：

$$\frac{ME-w}{w}=\frac{1}{\eta}$$

比较图 15.9（a）和图 15.9（b）可以看出，均衡时供给曲线的弹性越小，边际支出和工资之间的差距就越大。当市场处于买方垄断均衡时，图 15.9（b）中的供给曲线比图 15.9（a）中的供给曲线的弹性要大一些。[①]图 15.9（a）中边际支出与工资之差（$ME-w=20$ 美元）比图 15.9（b）中的（$ME-w=10$ 美元）大。同样，图 15.9（a）中的加成 $[(ME-w)/w=20/20=1]$ 远大于图 15.9（b）中的加成 $[(ME-w)/w=10/30=1/3]$。

应用案例

买方垄断和性别工资差异

如果工人不能轻易辞去目前的工作而去找其他工作，雇主就可以行使买方垄断的权力来降低工资。许多已婚女性面临的就业机会与男性不同。如果她们因为照顾孩子和承担其他家庭责任而需要在离家近的地方上班，可选择的工作机会就十分有限，这可以部分地解释为什么女性比同等技能的男性挣得少（Madden，1973）。

Webber（2016）估计，结婚或有孩子降低了一家企业的女性劳动力供给弹性（但对男性没有影响），这大致解释了约 60% 的性别弹性差异。弹性上的整体差异能解释为什么女性工资低 3.3%，或者性别工资差异为 14%。

☐ 买方垄断的福利效应

由于在垄断买方和供应商的价格间存在一个楔子，所以相对于竞争性市场而言，垄断买方造成了福利损失。如果图 15.10 中的市场是竞争性的，在竞争性均衡 e_c 点，数量是 Q_c，价格是 p_c。不过，在存在买方垄断的情况下，最优点是 e_m，数量为 Q_m，价格为 p_m。

与竞争性均衡相比，在图 15.10 中，卖方失去的生产者剩余为 $D+E$，原因是垄断买方对商品的定价 p_m 低于竞争性价格 p_c。D 从卖方那里转移到垄断买方那里，这是垄断买方购买 Q_m 单位时利用价格差 p_c-p_m 所节省的成本。垄断买方失去了 C，原因是卖方在低价位上出售的数量 Q_m 低于 Q_c。所以买方垄断造成的无谓损失是 $C+E$，出现损失的原因是，垄断买方认为的 Q_m 单位的商品的价值（即图中的垄断买方的支出 ME）和它支付的价格 p_m 之间存在差距。Q_c 和 Q_m 之间的差距越大，ME 和 p_m 之间的差距会越大，无谓损失就越多。

---

① 图 15.9（a）中的供给曲线是 $w=L$，而图 15.9（b）中的供给曲线是 $w=20+\frac{1}{2}L$。供给弹性系数是 $\eta=(dL/dw)(w/L)$，在图 15.9（a）中的均衡处 η 是 $w/L=20/20=1$，在图 15.9（b）中的均衡处 η 是 $2w/L=2\times30/20=3$。于是，均衡处的供给曲线在图 15.9（b）中的弹性是图 15.9（a）中的 3 倍。

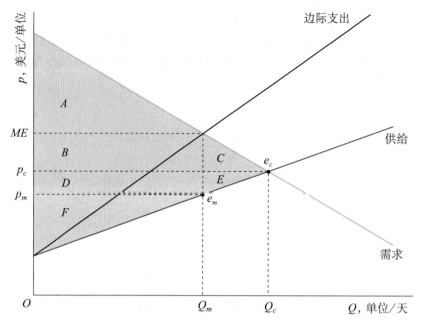

图 15.10 买方垄断的福利效应

买方垄断企业通过制定一个低于竞争性价格 p_c 的价格 p_m，导致市场供给减少，从而降低了福利水平。

	竞争	买方垄断	变化量
消费者剩余，CS	$A+B+C$	$A+B+D$	$D-C=\Delta CS$
生产者剩余，PS	$D+E+F$	F	$-D-E=\Delta PS$
福利，$W=CS+PS$	$A+B+C+D+E+F$	$A+B+D+F$	$-C-E=\Delta W=DWL$

例题详解 15.4

劳动力市场上只有一个垄断性的雇主，如果最低工资设定在竞争性水平，市场均衡会发生什么变化?

解答

1. 确定初始的买方垄断均衡。供给曲线如下页图所示，边际支出曲线是 ME^1。ME^1 和需求曲线的交点决定了买方垄断均衡 e_1。垄断买方在 w_1 的工资水平下购买 L_1 单位的劳动。

2. 确定最低工资对边际支出曲线的影响。如垄断买方所见，在最低工资高于原有供给曲线的地方（劳动量低于 L_2），最低工资使供给曲线变得平坦，此时新的边际支出曲线 ME^2 也是平坦的。当供给曲线向上倾斜的时候，ME^2 与 ME^1 相同。

3. 确定实施最低工资标准后的市场均衡。垄断买方在其新的边际支出曲线和需求曲线的交点处生产。在存在最低工资的时候，需求曲线与 ME^2 曲线上水平部分的末端相交。于是，在新的均衡点 e_2 处，垄断买方支付最低工资 w_2，共雇用 L_2 名工人。

4. 比较这两种均衡。实施最低工资后的均衡与由供求曲线决定的竞争性均衡是相同的。与买方垄断均衡相比，工人的工资更高，雇用的人数更多。最低工资对工人有利但损害了垄断买方的利益。

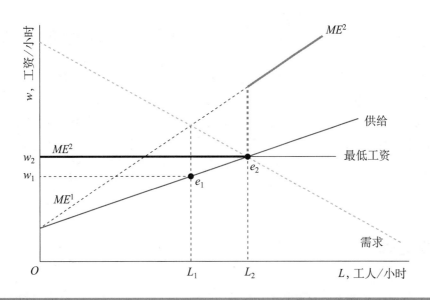

挑战题解答   运动员的薪水与球票价格

在本章开头的挑战题中，我们提问：如果棒球队和明星球员签订了天价合约，票价是否会因此上升？我们已经知道了工资的上涨的确会引起完全竞争市场的价格上升。这个例子是否和竞争性市场有所不同呢？如果有，为什么？

当球队和明星球员签订天价合约时，并不会引起票价上涨。原因有二：一是球队自己制定价格——它是局部垄断者（至少是寡头之一）；二是球员工资为固定成本，不会随着体育场中的球迷多少而变化。

像棒球俱乐部这样的垄断价格是由边际收益曲线和边际成本曲线的交点决定的。当球队提高球员工资时，它提高的是球队的固定成本而不是边际成本。球员的工资并不会影响到最后一位球迷进场观看比赛的成本。其实，如果球场的座位未满，最后一位球迷的边际成本实际上是零。

因此，为了达到最大利润，企业会设定球票价格以使收入最大化。也就是说，如果球队对现役球员支付了高工资，就不会提高票价，因为固定成本的变动不会影响利润最大化的价格。[1]

假如工资决定票价，我们可以认为，工资的变动与票价的变动是相互关联的。但情况并不是这样，它们之间的联系很微弱。球队收入中用于支付球员工资的部分占比从 1976 年的 25% 上升到 2006 年的 54%，但到了 2012 年又降为 40%。

1990—2005 年间，球员的工资平均上涨了 100%，而棒球赛票价却涨了 120%。2010 年，在 14 个降薪的球队中，有 4 个球队降低了票价，7 个保持不变，3 个提高了票价。在 16 个加薪的球队中，有 2 个球队降低了票价（例如，老虎队的球员工资上涨了 6.8%，平均票价却下降了 14.2%），6 个没有变化，8 个提高了票价。6 个提高球票价格的球队中，只有 1 个球队的球员工资下降（虽然游骑兵队的球员工资下降了 19%，但球票价格平均提高了 6.4%），其他的球队工资没有明显变化。

---

[1] 相反，如果签了一名新的明星球员（和续约相比），球队的吸引力会增加，面临的需求曲线会移动，进而球队会提高票价。不过，球队提高票价的原因在于需求曲线的变动，而不是成本因素。

球员工资和球票价格之间存在一定的关系，主要原因在于高球票价格"引起"高工资，而不是相反。明星球员攫取了球队的一部分利润。实际上，道奇队的球票价格在和布朗签那份天价合同之前就已经上涨了。收入最高的那些城市的球队倾向于支付最高的工资。纽约扬基队每年从 YES 的有线电视转播中得到近 3.5 亿美元的收入（加上球队自身拥有该公司三分之一的股份），还没考虑球票收入就已经足够支付球员的工资了（2013 年为 2.29 亿美元）。另外 5 个支付最高工资的球队是那些新建了大球场的球队，球场就是一台取款机，球票收入立刻翻倍，球队也有足够的财力去签新球员。

本章小结

1. 竞争性要素市场。任何企业都可通过选择要素投入量，让边际收益产量（MRP，该要素的边际收益乘以边际产量）等于要素价格来实现利润最大化。MRP 是企业的要素需求。竞争性企业的边际收益等于市场价格，所以其 MRP 等于市场价格乘以边际产量。企业的长期要素需求曲线通常比短期要素需求曲线平缓，原因是企业在长期可以调整更多要素，所以弹性更大。要素的市场需求反映出要素价格变化影响产品价格，进而影响到产品市场的产出水平。

2. 垄断对要素市场的影响。如果企业凭借其市场势力将产品市场或要素市场的价格提高到边际成本之上，消费者的需求量就会减少。因为产出量与投入量密切相关，投入量的减少会降低产量，产量的下降会降低投入需求。

3. 买方垄断。利润最大化的垄断买方——市场上唯一的买者——制定使其边际价值等于边际支出的价格。因为垄断买方支付的价格低于竞争性价格，所以销量比竞争性市场的低，要素生产者的境遇恶化，垄断买方挣得的利润高于它作为价格接受者时的利润，而且社会承担了无谓损失。垄断买方也可以实行价格歧视。

思考题

MyEconLab 上有全部思考题；＊＝答案请扫本书末二维码获取；A＝代数问题；C＝可能要用到微积分知识。

1. 竞争性要素市场

1.1 在劳动的边际产量为负的劳动投入量上，竞争性企业的劳动需求曲线是什么形状？为什么？

＊1.2 一家企业的生产函数是柯布-道格拉斯形式的：$q = AL^a K^b$。求出劳动的边际收益产量。（提示：使用附录 6C，参考例题详解 15.1。）A

1.3 美国的一家烟草公司的生产函数是柯布-道格拉斯形式的：$q = L^{0.2} K^{0.3}$（参见第 6 章的应用案例"不同行业的规模收益"）。求出该公司劳动的边际收益产量。（提示：使用附录 6C，参

考例题详解 15.1。）A

＊1.4 竞争性企业的生产函数是 $q = 2LK$。劳动的边际收益产量是多少？（提示：$MP_L = 2K$，见例题详解 15.1。）A

＊1.5 对竞争性企业的收入征收税率为 v 的从价税会对该企业的劳动需求造成什么影响？（提示：参见例题详解 15.2。）

1.6 资本租金的下降，长期如何影响企业对劳动力的需求？

1.7 如果企业采用固定比例的生产函数，1 单位劳动力和 1 单位资本生产 1 单位产出，那么劳动的边际收益产量是多少？

1.8 假设一场瘟疫（艾滋病、非典、埃博拉病毒、禽流感）使一个小国的大部分劳动力丧失了工作能力。如果这个国家的劳动力市场是竞争性的，这场灾难会对该国的工资有什么影响？

1.9 受技术进步和油价上涨的推动，石油公司正在越来越深的水域钻探。请用反映深水钻井的边际收益产量和边际成本的图形说明钻井技术的改进和石油价格的上涨如何导致更多的深水钻井。

1.10 假设一家公司的生产函数是 $q=L+K$，它会是一家竞争性企业吗？请解释。A

2. 垄断对要素市场的影响

2.1 垄断的产品市场因为一家新企业的进入而变成古诺双头垄断市场，那么垄断企业对劳动力的需求将如何变化？

2.2 劳动供给曲线的变动在哪一类产品市场上对工资的影响大，是竞争性市场还是垄断市场？

2.3 一家垄断企业有着柯布-道格拉斯形式的生产函数 $Q=L^aK^b$，且反需求函数为 $p=Q^{-d}$，它的劳动的边际收益产量是多少？〔提示：使用附录6C，注意垄断的边际收益函数为 $MR=(1-d)Q^{-d}=(1-d)p$。〕

2.4 如果垄断企业采用固定比例的生产函数进行生产，其中每生产1单位产品需要1单位的劳动和1单位的资本，则企业对劳动有怎样的需求？

2.5 从2017年开始，ESPN 和 Turner 将在9年内向美国国家篮球协会（National Basketball Association）支付240亿美元以获得赛事转播权。这比之前的合同高了160%。你预计这笔交易对广告费和广告数量有什么影响？为什么？

2.6 许多杂货店向制造商收取通道费或进场费（slotting fee）：把既定商品放在货架上的一笔一次性的费用。虽然杂货店常声称，这些费用是为了重新贴标签和更新电脑文件，但相比于这些，这笔金额实在是太大了，往往在5万美元以上。假设制造商和杂货店都是垄断的。请问进场费对制造商的批发价格、杂货店的最终价格、售出的产品数量和两家公司的利润都有什么影响？

2.7 上下游垄断企业之间的合并对消费者有利吗？请解释（提示：参见例题详解15.3）。

2.8 苹果公司的 iPhone 在上市的最初5年，在美国只能在 AT&T 公司的电话网络中使用。

事实上，苹果公司采取了一系列措施来防止消费者对手机"解锁"从而去使用其他网络。法国的 Orange 销售的第一台 iPhone 的价格是399欧元（约合588美元），并且附带入网两年的合约。与美国的情况不同，法国的消费者可以买到未锁定的 iPhone。如果消费者选择 iPhone 的合约计划，Orange 对解除锁定的 iPhone 会额外收取100欧元（144美元）的费用；如果消费者选择的是非 iPhone 的合约计划（这样 iPhone 的一些特殊功能将无法使用），会额外收取150欧元；如果消费者不参与 Orange 的合约计划，会额外收取250欧元（Stan Beer，"Orange iPhone Unlock Starts Demise of Exclusive Carrier Model"，*ITWire*，November 28，2007）。试对以下问题给出合理解释：为什么 AT&T 公司要求苹果公司强制执行专卖合约？为什么 Orange 公司的合约更具灵活性？扩大市场势力的是苹果公司还是电话服务公司？

2.9 苹果公司通过 AT&T 公司把它的手机卖给最终的消费者。假设消费者具有固定弹性的需求函数，$Q=Ap^{-\epsilon}$，苹果公司生产的边际成本为 m，AT&T 公司转售一部手机的成本是 c。如果两家企业都是垄断的，各自独立地进行价格决策，它们设定的价格是多少？如果两家企业合并，设定的价格又是多少？（提示：见例题详解15.3。）C

2.10 美国司法部指控苹果公司和五家出版商合谋操纵电子书（苹果公司希望在 iPad 上销售的供用户浏览的电子书价格）。出版商与美国司法部达成和解，苹果公司于2013年被判有罪。苹果公司与图书出版商和其他 iPad 应用程序的销售商的标准协议是，苹果公司拿走30%的收入。比较以下几种情况下的均衡：（1）出版商结成卡特尔，直接向最终消费者销售；（2）苹果公司向消费者销售产品，并拿走收入的30%。（提示：一本电子书的边际成本基本上是零。）

3. 买方垄断

3.1 如果垄断买方面临的供给曲线是水平的，它能否发挥垄断买方的市场势力把价格定在竞争性价格以下还能盈利？

3.2 垄断买方面临的供给曲线是 $p=10+Q$。它的边际支出曲线是多少？A

3.3 如果垄断买方投入1000美元做广告，会使其初始的劳动供给曲线从原来的 S^1 向右移动到 S^2。说出垄断买方做广告的条件。（提示：参见第12章对垄断广告的分析。）

3.4 有些医疗改革计划提倡对企业征税来支付工人的医疗保健费用。竞争性企业和工人之间各自承担的税负是多少？如果该企业是垄断买方，答案会有什么变化？

3.5 假设一种瘟疫（艾滋病、非典、埃博拉病毒、禽流感）使一个小国的大部分劳动力丧失了工作能力。该国的劳动力市场是买方垄断的。这场灾难将会对该国的工资造成什么影响？将答案与思考题1.8进行比较。

3.6 一家企业在产品市场上是垄断卖方，在要素市场上是垄断买方。它唯一的投入是从竞争性市场上购买的制成品，该产品的供给曲线向上倾斜。企业在产品市场上向竞争性的买者出售同样的产品。确定该企业利润最大化的产出水平。它在产品市场上出售的产品的价格是多少？向要素供应商支付的价格是多少？

3.7 一家企业既是产品市场的垄断卖方又是要素市场的垄断买方（与上一题相同），比较一下这种情况下的市场均衡与竞争性市场均衡的结果有什么不同。

3.8 比较以下两种市场的均衡产量和均衡价格：市场上有一家企业既是垄断买方又是垄断卖方（与思考题3.6相同）；一家企业在要素市场上是竞争性买方，但在产品市场上为垄断企业。

3.9 如果买方垄断企业面临的供给曲线是 $p=10+Q$，需求曲线是 $p=50-Q$，均衡数量和均衡价格各是多少？这种均衡与竞争性均衡有什么不同？A

3.10 比较以下两种市场的福利状况：市场上有一家企业既是垄断买方又是垄断卖方（与思考题3.6相同）；市场上的企业在投入品市场上是垄断买方，但在产品市场上是价格接受者。

3.11 如果将最低工资定在稍高于或稍低于竞争性工资水平，买方垄断均衡会发生什么变化？（提示：参见例题详解15.4。）

3.12 价格补贴对一家买方垄断企业有什么影响？特别是，如果价格补贴使价格等于供给曲线和需求曲线的交点，请描述一下这时的均衡。（提示：参见例题详解15.4。）

3.13 到2015年，苹果、谷歌、皮克斯等一些公司就美国司法部提起的诉讼达成和解。美国司法部指控这些公司之间存在一项卡特尔协议，禁止它们相互招揽对方的员工（见第13章中的应用案例"大型科技公司的工资卡特尔"）。这样一项协议的目的是什么？这些公司想要获得什么样的市场结构？

3.14 Humphreys 和 Pyun（2016）估计对于职业棒球大联盟的新球员，（MRP－工资）/MRP＝0.89，而有资格成为自由球员的球员的相应数值是0.21。解释这种差异的原因。

4. 挑战题

4.1 挑战题提出，如果棒球俱乐部提高球员的薪水，会增加它的固定成本而不是可变成本。请利用一个图形来证明在下列两种情况下提高薪水的影响：（a）俱乐部是竞争性的；（b）俱乐部是垄断的。

第16章

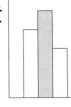

利率、投资和资本市场

我很乐意在星期二为今天的一个汉堡付钱。

——Wimpy

挑战题　　　　　　　　　**上大学值得吗？**

　　在童年的大多数时间里，你的父母、老师和其他长辈都会鼓励你上大学。2015年盖洛普（Gallup）的一项调查显示，96%的美国成年人认为在高中文凭之外，获得一个更高的学位或者一个职业资格证是重要或者非常重要的。

　　不过，读大学值得吗？认为大学是一笔好投资的美国成年人的比重已经从2008年的81%跌落至2015年的50%。2015年的一项调查显示，年龄在25岁和44岁之间的高中毕业但没有读大学的人中有60%认为"大学教育值得投资"。同年的另一个调查发现，四分之三的大学生认为"大学是一笔很好的投资"。

　　在2015年秋，有超过三分之二（69%）的高中毕业生进入大学。大学的入学人数从2000年秋至2015年秋增加了近三分之一。在25岁以上的成年人口中，获得大学及以上学位的人数占比也从1990年的23%增加到2015年的36%。

　　上大学的费用可不低。在2014—2015学年，各高校一个学生平均的支出（包括学杂费、住宿费等在内）是21 728美元，而在私立的非营利性学校，这笔费用是41 970美元。在2015年，《美国新闻与世界报道》声称，大学毕业生和非大学毕业生的终生收入之差达100万美元之多。如果投资于大学教育在经济上是可行的，我们应该如何权衡成本和收益以进行决策呢？

　　本章将继续第15章对要素市场的论述，重点是资本市场以及考察哪些投资是物有所值的。人们对资本（capital）及可供多年使用的其他耐用品进行投资。企业用诸如工厂、机器设备和卡车之类的耐用品来生产和配送商品与服务。（相比之下，非耐用的商品和服务，比如冰激凌甜筒、看电影等，是在支付时或不久后只能消费或者使用一次。）

　　消费者平均要将收入的1/8花在住房、汽车、冰箱之类的耐用品上面。就像一个企业决定是否要投资实物资本，个人也要决定是否对自己的人力资本进行投资。当企业选择设备的耐用年限时，一些人也会加强锻炼或购买医疗服务以延长预期寿命。企业购买机器等资本以增加产出和未来利润，而个人对教育进行投资是为了提高生产率以及未来的收入。

如果某企业按周租赁一件耐用品，它所面临的抉择同购买非耐用的商品或服务时所面临的一样。企业对工人服务（或其他非耐用的要素）的需求将按照当期的边际成本（工资）等于当期的边际收益（工人的劳动所生产的边际收益产量）的原则来决策。按月租用卡车之类的耐用品的企业也可用同样的规则来决定每个月租赁卡车的数量，在这个数量水平上，当期边际租赁成本等于当期边际收益（即卡车所产生的边际收益产量）。

如果不能以租赁而只能以购买或制造等方式来获得资本品，企业就不能仅仅在当期成本和当期收益的基础上使用这一规则。（有很多资本是不能租借的，比如工厂或专业化的设备等）。在决定是否要建一座可长期使用的工厂时，企业必须对资本的当期成本和利用工厂所获得的未来的高利润进行比较。

一般来说，这种比较包括存量比较和流量比较。**存量**（stock）是一种按独立的时点测量的数量或价值。因为耐用品可以连续使用多个时期，在讨论它的存量时，不需要涉及它在某一时期的使用情况。我们说，企业"在今年拥有一栋公寓大楼"（而不说企业"每年都拥有一栋公寓大楼"）。如果企业花50万美元购买这栋公寓住宅，那么我们就说这栋住宅今天的资本存量为50万美元。

流量（flow）是以单位时间来计算的数量或价值。非耐用品的消费量（比如，你每个星期所消费的冰激凌蛋卷的数量）就是一个流量。类似地，一件耐用品的存量可以提供一定流量的服务。企业的公寓大楼（其资本存量）为房客提供一定流量的住房服务（按月份或年度出租的话）。为了换取这些住房服务，房客需要向企业支付一定流量的租金。

对于企业来说，购买公寓大楼是否值得呢？要回答这个问题，我们需要从两个方面进行深入分析。首先，必须建立一种比较远期货币流量和即期货币流量的方法，这正是本章要研究的内容；其次，需要考虑远期不确定性因素的作用（企业每个月都能把所有公寓租出去吗），这将是第17章要讨论的问题。

本章将考察以下4个主题：

1. 即期货币与远期货币的比较。利率说明了一笔钱在今天（即期）的价值比在未来（远期）的价值高出多少。

2. 跨期选择。在收益可比较的基础上，如果一项投资的收益大于其他最优方案的收益，则该项投资就是值得的。

3. 可耗竭性资源。资源的稀缺性、不断上升的采掘成本以及正的利率可能导致煤和黄金这类可耗竭性资源的价格在长期中呈指数式增长。

4. 资本市场、利率与投资。资本市场上的供求决定着市场利率，市场利率影响到人们的投资额。

16.1 即期货币与远期货币的比较

即使不存在通货膨胀，一组商品在今年、明年乃至100年以后以相同价格售出，多数人也仍然会认为今天的一美元要比明天的一美元更值钱。你愿意今天就享受价值一美元的巧克力，而不是等到 10 年后再吃同等数量的巧克力，不是这样吗？

☐ 利率

实际上，由于人们认为今天的一美元比未来的一美元更值钱，要想让别人借给你一美元，就必须同意在未来还的金额多于一美元。也许你是用借来的钱付的学费，作为交换，你要承诺在毕业后会还更多的钱。将来你要多付的金额是由利率决定的，**利率**（interest rate）是指偿还一定时期的借款时所必须额外支付的百分比。[1]

如果你把钱存到银行的储蓄账户中，就相当于把钱借给了银行，这些钱反过来又会被贷给那些想要买车买房的人。为了能在一年中使用你的储蓄资金，银行同意按一定的利率 i（如 4%）进行支付。这就是说，银行承诺从现在起的一年后，对于你每存入的一美元，银行都将还给你 1.04（$=1+i$）美元。如果你在储蓄账户中存入 100 美元，得到的将是 100 美元加上 4（$=100 \times 0.04$）美元的利息，即一年后总共得到 104 美元。（请参见 MyEconLab，Chapter 16，"Usury"，里面介绍了古代人对支付利息所持的反对态度以及今天伊斯兰银行的诸多限制。）

贴现率

与其他社会成员相比，你可能更看重或看淡未来的消费。如果知道自己得了不治之症，将在两年内死去，一个人也就不会像其他人那样看重未来 3 年或 3 年后能得到什么。我们把每个人自己的"利"率叫作贴现率（discount rate）：这个比率反映的是与即期消费相比远期消费在个人心目中的相对价值。

人们的借贷意愿取决于贴现率高于还是低于市场利率。如果你的贴现率接近于 0，把即期消费和远期消费视为相同，就会很乐意把钱贷出去赚点利息。同理，如果你的贴现率很高（认为即期消费比远期消费更有价值），你就会愿意以一个较低的利率借点钱。为简单起见，除非特别声明，否则下面的讨论都假设个人的贴现率与市场利率相等。

复利

如果你在银行存入 100 美元，利率为 4%，一年后你可以将 4 美元的利息取出而在账户中保留 100 美元以便在未来再赚取利息。如果你将 100 美元无限期地存在银行里，且利率一直不变，那么每年都能从银行那里得到 4 美元。用这种方式，你将 100 美元的存量转变成了 4 美元/年的永久性流量。

相反，如果你把 100 美元和 4 美元的利息都留在存款账户中，银行在两年后将以 104 美元为本金支付利息。就原始存款而言，银行应该给你 4 美元的利息；就第一年后的 4 美元利息而言，银行还应该给你 0.16（$=4 \times 0.04$）美元的新利息，总利息是 4.16 美元。

因此在一年后，你的账户上有：

104.00 美元 $=100$ 美元 $\times 1.04 = 100$ 美元 $\times 1.04^1$

两年后有：

108.16 美元 $=104$ 美元 $\times 1.04 = 100$ 美元 $\times 1.04^2$

三年后有：

112.49 美元 ≈ 108.16 美元 $\times 1.04 = 100$ 美元 $\times 1.04^3$

---

① 为简单起见，本章所指的都是这种利率，但是在大多数经济中还存在很多种利率。例如，银行收取的贷款利率就高于存款利率。

如果我们扩展这一推论，在 t 年后，你有：

100 美元×1.04^t

一般来说，如果让你的利息在账户中积攒起来，你每借给银行 1 美元，银行在一年后就欠你 $1+i$ 美元，两年后就欠你 $(1+i)×(1+i)=(1+i)^2$ 美元，三年后就欠你 $(1+i)×(1+i)×(1+i)=(1+i)^3$ 美元，t 年后将欠你 $(1+i)^t$ 美元。这种将利息作为部分本金产生利息的累积方式叫作复利（compounding）。

复利频率

为了让储蓄账户产生最大的收益，你需要观察利率和复利频率。虽然我们已经做出只在一年结束时支付利息的假设，但很多银行并不是一年才付息一次，而是频繁地支付利息。如果你将利息一整年都存放在银行，你会得到复利利息，这是利息产生的利息。

如果一家银行的年利率为 $i=4\%$，但是它一年支付两次利息，6 个月之后银行支付给你半年的利息，$i/2=2\%$。对于你账户里的每一美元，银行将在 6 个月后支付给你 $1+i/2=1.02$ 美元。如果你将利息存在银行，一年后银行将欠你 $(1+i/2)×(1+i/2)=(1+i/2)^2=(1.02)^2=1.0404$ 美元，也就是最初的 1 美元加上 4.04 美分的利息。

如果银行更频繁地按复利计算利息，你会得到更多利息。一些银行提供连续复利，每时每刻都支付利息。对你来说，连续复利仅仅比日计复利稍微好一点。表 16.1 给出的是在投资 10 000 美元后根据复利频率的不同，在年利率为 4% 和 18% 两种情况下的收益。

表 16.1	利息与复利频率	单位：美元
复利频率	在一年结束时对 10 000 美元投资所支付的利息	
	4%	18%
一年一次	400.00	1 800.00
一年两次	404.00	1 881.00
一年四次	406.04	1 925.19
每天一次	408.08	1 971.64
连续复利	408.11	1 972.17

多数人都很难这么计算利息，因此 1968 年《美国诚实借贷法》要求贷款人（lender）向借款人（borrower）通告效果等同的不按复利计算的年利率（annual percentage rate，APR）。如表 16.1 所示，在一年两次的复利频率下，复利率为 4% 而年利率为 4.04%。也就是说，在一年后，非复利的利率为 4.04% 的账户与复利率为 4% 但一年两次计息的账户所产生的利息相同。

因此，在考虑不同的贷款或利率时，你应该对各种年利率进行比较；比较不同复利频率下的利率可能会产生误导。因为信用卡的贷款利率通常很高，所以你在通过信用卡借款的时候要格外注意各种账户之间年利率的差异。如果信用卡的利率为 18%，那么它的连续复利的年利率将超过 19.7%。如果你向银行借款 10 000 美元，期限为一年，连续复利的计息方式将使你欠银行 1 972.17 美元的利息，而一年一次复利的计息方式所欠的利息是 1 800 美元，前者比后者高出 9.6%。从现在开始，我们假设复利计息的频率是一年一次。

□ 利率：联结现在与未来的纽带

利率联结着今天你存入银行的存款价值（即现值，PV）和以后你将要得到的终值

（FV，即现值加上利息）。理解了这种关系，我们就可以估计某些投资是否具有吸引力了，这些投资涉及在当期进行支付而在未来获益，或者在当期购买而在未来进行支付等问题。掌握了利率和现值，我们可以计算出终值；同样，知道了终值和利率，我们也可以确定现值。

终值

如果今天你在银行存入 PV 美元，按复利计算，t 年后你将得到多少钱呢？终值 FV 是现值与反映复利计息方式的项的乘积：

$$FV = PV \times (1+i)^t \tag{16.1}$$

表 16.2 显示的是在不同的年度复利计息条件下现在存入银行 1 美元在未来的价值。例如，当利率为 1% 时，将 1 美元存入银行 50 年后的价值只有 1.64 美元。然而，当利率分别为 4%、10% 和 20% 时，同样的投资所获得的价值分别为 7.11 美元、117.39 美元和 9 100.44 美元。

表 16.2　　　　　以不同的年复利率 i 计算，1 美元在 t 年后的终值　　　　　单位：美元

t（年）	1%	4%	5%	10%	20%
1	1.01	1.04	1.05	1.10	1.20
5	1.05	1.22	1.28	1.61	2.49
10	1.10	1.48	1.63	2.59	6.19
25	1.28	2.67	3.39	10.83	95.40
50	1.64	7.11	11.47	117.39	9 100.44

说明：$FV = (1+i)^t$，其中，FV 表示在年复利率为 i 的情况下投资 1 美元在 t 年后所获得的终值。

应用案例

复利的威力

将 1 000 美元存入银行赚取利息，在年利率为 8% 的情况下，400 年后这笔钱将增加到 4 300 万亿美元，但是最初的 100 年是最难熬的。

——西德尼·霍默（Sidney Homer），所罗门兄弟公司的分析师

你肯定读过一则关于荷兰人的故事，他们在 1626 年做了笔非常划算的买卖：用价值 24 美元的项链珠子和廉价饰品从早期的定居者手中买下曼哈顿。不过，这样就下结论还为时尚早。如果当年这些印第安人有机会卖掉饰品，并且以 7% 的年利率投资于免税债券，那么到 2016 年这些债券的价值就约为 6.9 万亿美元，这可远远超出了曼哈顿岛的估价（1.1 万亿美元）。然而，如果美国将 1867 年从俄国手里买下阿拉斯加所花的 720 万美元投资在同一类债券上，则这笔钱到现在就只有 1 720 亿美元，这比阿拉斯加当前的价值少多了。

现值

在市场利率既定的情况下，我们现在要问的不是今天的 1 美元在未来值多少钱，而是问未来的 1 美元现在值多少钱。例如，我们可能想知道当利率为 i 的时候，今天在银行存入多少钱（PV）才能够在未来得到一定数额的钱（FV）。如果我想在一年后得到

$FV=100$美元，利率为$i=4\%$，利用等式 16.1 我们知道，$PV\times1.04=100$ 美元，两边同时除以 1.04，就得出如果明年想得到 100 美元，今天就需要在银行存入现值为 96.15（$=100/1.04$）美元的一笔钱。

将等式 16.1 的两边同时除以$(1+i)^t$，可以得到一个反映 t 时期后终值和现值的一般性公式：

$$PV=\frac{FV}{(1+i)^t} \tag{16.2}$$

这个等式告诉我们，在每年的复利率为 i 的情况下，t 年后 FV 美元的现值是多少。表 16.3 和图 16.1 中的数字表示的是在不同的利率条件下未来 1 美元的现值。实际上，利率越高，未来一笔特定数量的钱在今天就越不值钱。当利率为 20% 时，25 年后支付给你的 1 美元只相当于今天的 1 美分。

表 16.3	在不同的年复利率 i 下，t 年后 1 美元的现值				单位：美元
t（年）	1%	4%	5%	10%	20%
1	0.99	0.96	0.95	0.91	0.83
5	0.95	0.82	0.78	0.62	0.40
10	0.91	0.68	0.61	0.39	0.16
25	0.78	0.38	0.30	0.09	0.01
50	0.61	0.14	0.09	0.009	0.000 11

说明：$PV = 1/(1 + i)^t$，其中，PV 是在年复利率为 i 的情况下 t 年后 1 美元的现值。

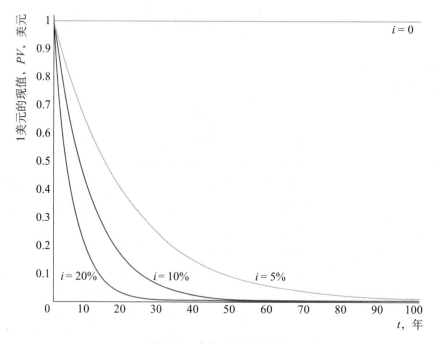

图 16.1　未来 1 美元的现值

支付 1 美元的时期越远，1 美元的现值就越小。在既定的期限中，利率越高，现值也越小。

□ 收益流

有时候，我们需要按照时期（即流量方法）而不是根据现值和终值（即存量方法）进行支付。企业购买新厂房或个人购买住房的时候，通常采取的是按月抵押还款的方式。

在决定是否购买厂房或住房时，决策者要比较存量（厂房和住房）的价值和跨期收益的流量价值。

跨期支付的现值

进行比较和评估的一种方法是，利用现值和终值的关系来确定收益流的现值。为此，我们需要把每一笔未来收益的现值都计算出来，然后再进行加总。

有限时期的收益

我们用一个具体的例子来推导一般性的结果。假设你同意连续三年在每年年底支付 10 美元来偿还一笔债务，利率为 10%，这一系列付款的现值为：

$$PV = \frac{10}{1.1} + \frac{10}{1.1^2} + \frac{10}{1.1^3} \approx 24.87 \text{（美元）}$$

更一般地，在利率为 i 的条件下，如果你每年付款 f，共付 t 年，这项支付流量的现值（存量）为：

$$PV = f\left[\frac{1}{(1+i)^1} + \frac{1}{(1+i)^2} + \cdots + \frac{1}{(1+i)^t}\right] = \frac{f}{i}\left[1 - \frac{1}{(1+i)^t}\right] \quad (16.3)$$

最后一项的推导见附录 16A。表 16.4 介绍了每年支付 10 美元，连续支付 5 年，在年利率分别为 5%、10% 和 20% 的时候，该支付的现值将分别为 43 美元、38 美元和 30 美元。

无限时期（永久性）的收益

如果在每年年底支付一笔钱的行为要一直持续下去，与等式 16.3 相比，现值公式的计算就相对容易多了。你将 PV 美元存入银行账户，利率为 i，在一年年底会得到 $f = i \times PV$ 的利息或未来收益。将该表达式两边都除以 i，我们发现，想要无限期地获得收益，你必须存入银行的金额为（见附录 16A）：

$$PV = \frac{f}{i} \quad (16.4)$$

因此，你必须存入银行 $10/i$ 美元来保证在未来能无限期地获得 $f = 10$ 美元的收益。利用该公式可以得出：当利率分别为 5%、10% 和 20% 的时候，要无限期地每年获得 10 美元收益，其现值分别为 200 美元、100 美元和 50 美元。[1]

表 16.4	在年复利率为 i 的情况下，每年支付 10 美元、持续 t 年的流量的现值		单元：美元
t（年）	5%	10%	20%
5	43	38	30
10	77	61	42
50	183	99	50[a]
100	198	100[a]	50[a]
∞	200	100	50

a. 实际数值包含美分，表中数字系四舍五入所得。例如，在年复利率为 10% 且连续支付 100 年的条件下流量的现值是 99.992 7 美元。

说明：均系在年底支付。

---

[1] 等式 16.4 这个永久性支付的公式提供了一个在很长但有限的年份里获得的收益的近似值。如表 16.4 所示，在利率为 5% 的情况下，每年支付 10 美元、连续 100 年，这个流量的现值是 198 美元，它接近永久性支付流的现值 200 美元。利率越高，近似程度就越高。在 10% 的利率条件下，支付 100 年的现值是 99.992 7 美元，而永久性支付的现值是 100 美元。高利率条件下近似程度高的原因在于，如表 16.3 所示，50 年或 100 年以后的 1 美元在今天来说基本上毫无价值可言。

丰田公司的广告称，一辆卡罗拉汽车的售价是 14 000 美元，可买可租，租金另算。要想租一辆车，必须先支付 1 650 美元的首付款，并且承诺在未来的两年中的每一年年底再分别支付 1 800 美元。在付完最后一笔租金后，你可以以 12 000 美元的价格买下这辆车。如果你想一直留着这辆车直到报废（至少还有十年），市场利率是 10%，哪种方式下成本的现值会更低（不考虑通货膨胀）？

解答

1. 计算租金的现值。先利用再购买的现值为首付的 1 650 美元、两年间每年年底分别支付的 1 800 美元的现值（1 800/1.1≈1 636.36 美元；1 800/1.1²≈1 487.60 美元）以及两年后购买该车所需支付的 12 000 美元的现值（12 000/1.1²≈9 917.36 美元）的加总。利用等式 16.2，$PV=FV/(1+i)^t$，我们可以得到租期届满后购买该车所需的现值约为：

$$1\,650+1\,636.36+1\,487.60+9\,917.36=14\,691.32\,(美元)$$

2. 比较租车和买车。买车的现值为 14 000 美元，比租车的现值少 691.32 美元。

跨期支付的终值

上面计算了支付流的现值，这种计算能帮助你决定是不是现在就购买某种商品，然后再分期付款。但是，有时候我们想要了解的是支付流的终值。

例如，假设你想知道每年存入银行 f 美元，在未来的某个时间你的账户中会有多少钱（FV）。第一年你向银行存入 f 美元，在第二年，你除了拥有第一年的本金和利息 $[f(1+i)^1]$ 之外，你再向银行存入 f 美元，因此在第二年年底，你的存款总额为 $f[1+(1+i)^1]$。第三年，你又存了 f 美元，加上第二年存款的现值 $f(1+i)$，再加上第一年存款的现值 $f(1+i)^2$，你的账户共有存款 $f[1+(1+i)^1+(1+i)^2]$。一直继续下去，可以得出，在 t 年年底，账户金额是[①]：

$$FV=f[1+(1+i)^1+(1+i)^2+\cdots+(1+i)^{t-1}]=\frac{f}{i}[(1+t)^t-1] \tag{16.5}$$

为退休生活而储蓄

如果一切正常，你肯定会活到退休。是像皇室一样靠储蓄生活，还是靠社保提供的收入以避免整日以热狗为生？（我退休后将成为一名不折不扣的农民。）

你当然不想听到这些，但现在考虑为退休而储蓄的问题并非杞人忧天。由于复利的魔力，如果在年轻时就开始储蓄，就不用像从中年才开始储蓄的人那样每年要存那么多钱了。

假设你打算从 22 岁一直工作到 70 岁退休，并且你的退休金储蓄账户的利率是 7%。让我们来考虑两种储蓄方法：

---

① 由等式 16.3 可知，在利率为 i 的条件下，每年付款 f、支付 t 年的一项支付流的现值为 $PV=(f/i)[1-1/(1+i)^t]$。通过在等式两边乘以 $(1+i)^t$，我们得到终值的表达式，即等式 16.5 的最后一项。

■ 早起的鸟（early bird）。在最初的 15 年工作生涯中，你每年存 3 000 美元，让你的储蓄生息直到退休。

■ 晚开的花（late bloomer）。在最初的 15 年里不存款，但在接下来的 33 中每年存入 3 000 美元直到退休。

哪种方案带来的退休储蓄金高呢？为了回答这个问题，我们计算每种投资在退休时的终值。

"早起的鸟"在头 15 年中每年存入退休金账户 3 000 美元，用等式 16.5 可以求出 15 年后账户中有：

$$3\ 000 \times (1 + 1.07^1 + 1.07^2 + \cdots + 1.07^{14}) = \frac{3\ 000}{0.07} \times (1.07^{15} - 1) \approx 75\ 387 (美元)$$

在接下来的 33 年，这笔钱按复利计息。利用等式 16.1 可以求出这笔资金在退休时增长了 9.3 倍，达到了：

$$75\ 387 \times 1.07^{33} = 703\ 010\ (美元)$$

"晚开的花"在前 15 年中不做任何投资，然后每年存款 3 000 美元直到退休。我们再次运用等式 16.5，计算出退休时这笔资金的总额为：

$$3\ 000 \times (1 + 1.07 + 1.07^2 + \cdots + 1.07^{32}) = \frac{3\ 000}{0.07} \times (1.07^{33} - 1) \approx 356\ 800\ (美元)$$

因此，尽管"晚开的花"的存款时间比"早起的鸟"长出 1 倍多，但是在退休时，前者的存款仅仅相当于后者的一半。实际上，为了和"早起的鸟"在退休时拥有同样数量的存款，"晚开的花"必须在 33 年中每年存款近 6 000 美元。[顺便说一句，一个人在 48 年的工作时间里每年存款 3 000 美元，在退休时他将积蓄 1 059 810（＝703 010＋356 800）美元。]

☐ 通货膨胀和贴现

到目前为止，我们还一直没有考虑通货膨胀的问题（隐含的假设是通货膨胀率为 0）。现在假设普遍存在的通货膨胀使名义价格在长期中按照一个固定的比率增长。名义价格（nominal prices）是指没有根据通货膨胀进行调整的实际中的价格。在根据通货膨胀率加以调整之后（见第 5 章），我们可以把名义价格转换成实际价格（real prices），也就是经过通货膨胀调整的价格。为了计算未来一笔收益的实际现值，我们要对未来的实际支付按通货膨胀加以调整，并用利率进行贴现。

为了说明这个过程，我们来计算明年将要进行支付的一笔款项的实际现值。首先我们根据通货膨胀进行调整，将明年的名义支付转化为实际支付。其次确定实际利率。最后，我们用实际利率将支付金额的实际终值转化为实际现值。

通货膨胀的调整

假设通货膨胀率为 g，明年要支付的名义金额为 $\tilde{f}$，这笔未来债务用今天的美元价格来表示（你的实际欠款额）是 $f = \tilde{f}/(1+g)$。如果通货膨胀率为 $g = 10\%$，明年的名义支付用今天的美元来表示就是：$\tilde{f}/1.1 \approx 0.909\tilde{f}$。

名义利率和实际利率

为了计算这笔未来的实际支付的现值，我们用利率进行贴现。就像对未来支付进行通货膨胀调整将其转化为实际价值一样，经过通货膨胀调整亦可以将名义利率转化成实际利率。

在不发生通货膨胀的情况下，今天的 1 美元在明年的价值是 $1+i$，其中 i 是实际利率。在通货膨胀率为 g 的情况下，今天的 1 美元在明年的名义价值为 $(1+i)(1+g)$。如果 $i=5\%$ 且 $g=10\%$，则今天的 1 美元在明年的名义价值就是 $1.155(=1.05\times1.1)$ 美元。

银行支付的是名义利率（$\tilde{i}$）而不是实际利率。如果某一客户的实际贴现率为 i，要想从他那里吸收存款，银行的名义利率就应该达到使今天存入的 1 美元在一年后能增值到 $(1+i)(1+g)$ 美元。因为 $1+\tilde{i}=(1+i)(1+g)=1+i+ig+g$，所以，名义利率是：

$$\tilde{i}=i+ig+g$$

对这个等式稍加整理，就能看出实际利率由名义利率和通货膨胀率共同决定：

$$i=\frac{\tilde{i}-g}{1+g} \tag{16.6}$$

等式 16.6 表明，在存在通货膨胀的情况下，实际利率小于名义利率。

如果通货膨胀率很低，等式 16.6 中的分母 $(1+g)$ 就接近 1。于是，很多人把实际利率近似看作名义利率减去通货膨胀率：

$$\tilde{i}-g$$

如果名义利率为 15.5%，通货膨胀率为 10%，则实际利率为 $(15.5\%-10\%)/1.1=5\%$。实际利率的近似值为 $5.5\%(=15.5\%-10\%)$，比真正的利率高出 0.5 个百分点。通货膨胀率越低，该近似值就越接近实际利率。如果通货膨胀率降到 $g=2\%$，而名义利率仍然为 15.5%，则实际利率的近似值为 13.5%，比实际利率（13.24%）仅仅高出四分之一个百分点。

计算存在通货膨胀时的现值

为了求出一笔一年后才支付金额的实际现值，我们用实际利率对未来的实际支付 $f=\tilde{f}/(1+g)$ 进行贴现：

$$PV=\frac{f}{1+i}=\frac{\tilde{f}}{(1+g)(1+i)}=\frac{\tilde{f}}{1+\tilde{i}}$$

因此，通过按通货膨胀率进行调整和用实际利率进行贴现，就得出了实际现值。同理，我们可以使用名义利率对名义支付进行贴现。

假设你和一家商店签订合同，在今天得到一台蓝光播放器，价值 69.30 美元。通货膨胀率为 $g=10\%$，实际利率为 $i=5\%$。我们将未来支付的金额转化为实际的美元数量，并用实际利率进行贴现来计算实际现值。明年 69.30 美元的名义支付仅仅相当于今天的 $63(\approx69.30/1.1)$（实际）美元。用实际利率贴现后，得出这笔未来支付的实际现值为 $60(\approx63/1.05)$ 美元。

如果每个人都预测一个低通货膨胀率 g，根据等式 16.6，实际利率大致等于 $i=\tilde{i}-g$。但是，如果实际的通货膨胀率比预测的 g 要高，则这种预料之外的通货膨胀率将有利于债务人，因为支付是按名义利率而不是实际利率计算的，此时未来支付的实际成本下降。

假设你当初购买蓝光播放器的时候没有人考虑到通货膨胀（$g=0$），因此你和店主相信未来支付的现值为 $66(\approx69.30/1.05)$ 美元。在你们刚刚完成交易之后，通货膨胀率突然上升为 $g=10\%$，因此实际现值为 60 美元。所以，因为预料之外的通货膨胀发挥了作用，你的欠款的现值低于你和店主最初估计的值。

中　奖

2016 年，乔治·科林斯（George Collins）获得了佛罗里达州乐透头奖"1 200 万美元"。他选择一次性获得 920 万美元的税前现金而不是在今后的 30 年里每年获得 40 万美元。在提供这两套方案之后，乐透奖的各成员州也承认，未来支付的那笔钱不如一次性支付的那笔钱值钱。[1]

几个州都吹嘘说彩票中奖者将赢得 100 万美元，这个声明有一定的误导性（翻译过来就是：他们撒了弥天大谎）。典型的情况是，中奖者在 20 年中每年得到 50 000 美元，这意味着赢家是逐渐得到 100 万（＝20×50 000）的名义美元的。在进行了通货膨胀调整和贴现之后，这项跨期支付的奖金的实际现值可比 100 万美元少多了。

连续 20 年每年得到 50 000 美元，这样的一笔支付在今天值多少钱呢？如果今天进行第一笔支付，不考虑通货膨胀率和利率，它的实际现值为 50 000 美元，以后的支付需要按通货膨胀率和贴现率进行调整使其与今天的支付有可比性。

如果通货膨胀率为 5%，实际利率为 4%，明年支付的 50 000 美元在今年的实际现值仅为 45 788 [≈50 000/(1.05×1.04)] 美元。一般来说，我们确定 t 年后 1 美元的实际现值为：

$$\frac{1}{(1.05)^t(1.04)^t}$$

分母中，$(1.05)^t$ 这一项是把 t 年后的支付转化为今年的价值所需要进行的通货膨胀调整，而 $(1.04)^t$ 这一项是把 t 年后的支付转化成了现值。

按照上述通货膨胀率和利率计算，20 年的付款的实际现值低于 50 万美元，为 491 396 美元。如果没有通货膨胀（$g=0$），实际现值将变为 706 697 美元。当通货膨胀率为 5%、实际利率为 10% 时，奖金的现值只有 351 708 美元。

16.2 跨期选择

前几章讨论的消费者和企业的选择都不涉及时期的问题。可更常见的情况是，这些选择经常会涉及跨期的比较。个人和企业必须在具有不同现值和终值的两个或多个方案（比如，投资和合同）中选择一个。土地投机者要决定，是在今天以 100 000 美元的价格出售土地，还是在明年以 200 000 美元的价格出售土地。Margi 要从以下方案中选择一种：把 1 000 美元存入银行，购买价值 1 000 美元的股票，为电脑编程课程支付 1 000 美元，或者现在就花掉 1 000 美元。米高梅集团（MGM）所面临的选择是：出品一部由硬

---

[1] 希拉·博特略（Sheila Botelho）在赢得罗得岛州的跨州弹力球彩票后，被问到为什么选择单笔的支付时，博特略夫人和她的丈夫回答说："到了我们这个年龄，什么也等不起了。"

汉主演的电影（其中他打败了邪恶的资本家而解决了污染问题），在雷诺新开一家宾馆，建一个电视演播室，或者把这笔钱长期存在银行里。

当决策涉及时期问题的时候，一种方法是选择现值最高的方案。按市场利率进行借贷可以将一个时期的财富转换到另一个时期。因此，如果我们选择了现值最高的方案，就可以将财富分配在不同时期，从而与那些不太吸引人的选择相比，我们在每一期都有更多的钱可用。

□ 投资

现值比较可用于投资决策。如果投资的期望收益大于机会成本，企业就将进行投资（见第 7 章）。机会成本是把资金用于其他最佳用途（也就是次优选择）所能获得的收益。

企业在进行投资决策时，需要对潜在的资金支出与企业的最优方案进行比较。把投资的钱存在银行里生息也可能是一种最优的选择。我们将考虑两种比较的方法：净现值法和内部收益率法。

净现值法

企业必须决定是否花 20 000 美元买一辆卡车。因为机会成本为 20 000 美元，所以只有当卡车未来期望收益的现值大于这个数时，企业才会进行这项投资。

通常来说，只有当期望收益的现值超过成本的现值时，企业才会进行投资。如果 R 为一项投资的期望收益的现值，C 是该项投资的成本的现值，当 $R>C$ 时，企业才会进行投资。[①]

一般常用净现值的概念来对这条规则加以重新表述。净现值 $NPV=R-C$ 是收益的现值 R 与成本的现值 C 之差。只有当净现值为正时，企业才进行投资：

$$NPV=R-C>0$$

假设在开始的那一年 $t=0$，第 t 年企业的收入为 R_t，第 t 年企业的成本为 C_t，如果最后一年（T）的收入和成本都不等于零，则企业要进行投资，净现值必须满足：

$$NPV = R - C$$

$$= \left[R_0 + \frac{R_1}{(1+i)^1} + \frac{R_2}{(1+i)^2} + \cdots + \frac{R_T}{(1+i)^T} \right]$$

$$- \left[C_0 + \frac{C_1}{(1+i)^1} + \frac{C_2}{(1+i)^2} + \cdots + \frac{C_T}{(1+i)^T} \right] > 0$$

我们不去比较收益和成本的现值，而是观察每年的现金流的现值（不严格地讲，是年利润）即 $\pi_t=R_t-C_t$ 是否为正。对上式各项加以整理，可以将净现值的公式改写成：

$$NPV = (R_0 - C_0) + \frac{R_1 - C_1}{(1+i)^1} + \frac{R_2 - C_2}{(1+i)^2} + \cdots + \frac{R_T - C_T}{(1+i)^T}$$

$$= \pi_0 + \frac{\pi_1}{(1+i)^1} + \frac{\pi_2}{(1+i)^2} + \cdots + \frac{\pi_T}{(1+i)^T} > 0 \qquad (16.7)$$

这条规则并没有限制企业只有在每年现金流为正的时候才进行投资。例如，企业用 100 美元购买一台设备，在第一年还要投入一定的费用来学习设备的使用方法，所以这一年没有获得任何收入，现金流为负：$\pi_0=-100$。第二年，收入为 350 美元，但机器的

[①] 当未来的成本和收益已知且确定，投资可撤销但不会延迟时，这条规则才成立（Dixit and Pindyck，1994）。

保养费是 50 美元，所以第二年的现金流为 $\pi_1 = 300$ 美元。第二年年底，机器报废了，因此这项投资此后的现金流都为 0。将等式 16.7 中的利率设定为 5%，得出企业的净现值为：

$$NPV = -100 + 300/1.05 \approx 185.71 \text{（美元）}$$

净现值为正，所以企业会进行这项投资。

例题详解 16.2

彼得·古贝尔（Peter Guber）和乔·拉科布（Joe Lacob）在 2010 年以 4.5 亿美元的价格买下了金州勇士队（Golden State Warriors）。《福布斯》杂志估算他们 2009 年的净收入为 1 190 万美元。如果这两位新老板坚信他们在未来将持续获得每年 $f = 1$ 190 万美元（通货膨胀调整后）的利润，那么在 $i = 2\%$ 的实际利率下，这项投资是不是比把这 4.5 亿美元存入银行更赚钱呢？若实际利率为 $i = 3\%$，结果有什么不同呢？

解答

1. 按 2% 的实际利率求出球队的净现值。如果投资的期望收益的现值（即 0.119 亿美元/0.02 ≈ 5.95 亿美元）与成本的现值（即购买价格 4.5 亿美元）之差为正，则购买金州勇士队的净现值为正：

$$NPV = 5.95 - 4.5 = 1.45 \text{（亿美元）} > 0$$

由此可见，如果次优投资方案所支付的利率为 2%，那么购买金州勇士队在经济上是划算的。

2. 按 3% 的实际利率确定净现值。如果利率是 3%，收益流的现值只有 3.97 亿美元（≈ 0.119 亿美元/0.03），这项投资就不那么划算了：3.97 − 4.5 = −0.53 （亿美元）< 0。

内部收益率法

如例题详解 16.2 所示，一项投资的净现值是否为正要看利率的大小。多高的贴现率（收益率）才能让企业觉得投不投资都没有差别呢？**内部收益率**（internal rate of return，irr）是使一项投资的净现值为零的贴现率。用 irr 替换等式 16.7 中的利率 i，并设 $NPV = 0$，通过求解下列等式就可以间接求出内部收益率 irr：

$$NPV = \pi_0 + \frac{\pi_1}{1 + irr} + \frac{\pi_2}{(1 + irr)^2} + \cdots + \frac{\pi_T}{(1 + irr)^T} = 0$$

当投资产生了稳定且永久性的利润流 f 且投资成本为 PV 时，就更容易计算出 irr。将等式 16.4 移项并用 irr 替换 i，得出投资收益率为：

$$irr = \frac{f}{PV} \tag{16.8}$$

在不使用净现值规则的情况下，通过比较内部收益率和利率的大小也可以确定一项投资是否值得。如果企业靠贷款来投资，当投资产生的内部收益率高于其他最优选择（我们假设为利率）时[①]，即 $irr > i$ 时，企业贷款投资就值得。

例题详解 16.3

彼得·古贝尔和乔·拉科布以 4.5 亿美元的价格买下了金州勇士队，并且坚信他们

---

① 净现值法总是很有效果。当 irr 不唯一时，内部收益率法变得不适用。在例题详解 16.3 中，irr 是唯一的，用这种方法得到的答案和用净现值法得到的答案一样。

在未来将持续获得 $f=1\,190$ 万美元的实际年收益（利润）。利用内部收益率法分析，如果实际利率为 2%，他们会买下该球队吗？

解答

确定这项投资的内部收益率并与利率进行比较。利用等式 16.8，我们能算出买下金州勇士队的内部收益率为：

$$irr = \frac{f}{PV} = \frac{0.119}{4.5} \approx 2.6\%$$

因为这一收益率高于 2% 的实际利率，所以投资者会买下该球队。

▢ 债券收益率

企业和个人如果不进行资本投资，也不把钱存入银行，还可以进行债券（bond）投资。债券是由政府或企业发行的、承诺偿还给债权人一定数额款项的书面文件。借款的数目叫作债券的面值（face value）。有些债券附带息票（coupon）。债券持有者每年都要剪掉一张息票，将其返还给发行者，并收到一笔固定数额的收入。在债券所显示的到期日（maturity date）当天，息票已经剪完，借款人可以通过偿还面值（即借款金额）来赎回债券。

有些债券，比如不可兑换的公司债券（perpetuity），没有到期日，面值永远不会偿还，但债券持有者每年都能获得一笔收入。

例如，Jerome 去年花 $PV=2\,000$ 美元购买了一种政府发行的债券，该债券承诺给持有者提供每年 $f=100$ 美元的永久性收入。根据等式 16.8，Jerome 的债券收益率为 5%（$=100/2\,000$）。与此同时，银行的存款利率也是 5%，并预计将来一直如此。这样的话，买债券还是把钱存入银行对 Jerome 来说没有什么区别。

然而，由于出现了预期之外的通货膨胀，今年银行支付的名义利率意外上涨到 10%，每个人都预期这个新利率将持续下去；同时，如果政府继续以 2 000 美元的价格出售债券，收益率仍将保持在 5% 的水平，那么大家都会更愿意把钱存入银行。于是，Jerome 要想卖掉债券，就必须把价格降低，使债券收益率达到 10% 的水平。根据等式 16.4，今年 Jerome 的债券现值降到了 $1\,000$（$=100/0.1$）美元的水平。一般来讲，如果名义利率持续上涨，则债券的售价从面值开始往下降（若利率下降，则售价上涨）。

同样，对支付名义收益率的债券而言，它的实际收益也随着通货膨胀率的变化而变化。在通货膨胀率很高的 20 世纪 70 年代和 80 年代初，美国债券持有者的相当一部分财富都蒸发掉了。在加拿大、英国等国家之后，美国于 1997 年开始发行按通货膨胀率调整的债券，这种债券提供了一个真实、稳定的收益率。

▢ ★行为经济学：时变贴现

> 努力工作，必有所获；懈怠懒惰，即刻落魄。

人总是想及时行乐。[①] 我们希望即刻得到回报，稍后再承担成本："雨，雨，快走开，我想出去玩，改天你再来。"

时间一致性

到目前为止，我们对人的这种不耐（impatience）的解释是通过假设人们利用指数贴

---

① 这一部分主要基于 Rabin（1988）、O'Donoghue 和 Rabin（1999）以及 Karp（2005）的观点。

现（exponential discounting）来处理未来的成本或者收益，如等式 16.2 所示：现值等于终值除以 $(1+i)^t$，其中 t 为指数，且贴现率 i 不随时间而变。如果人们用这种方法，他们的偏好就具有了时间一致性（time consistency）：在今天对十年后发生的一件事进行贴现同在明年对十年后的一件事进行贴现，结果相同。

但还是有很多人沉迷于即刻的满足，这和我们的长期偏好并不一致：我们的"长期自我"想对"短期自我"加以约束。即使今天计划着明天不要多吃，明天仍有可能吃多。我们具有现时偏向型偏好（present-biased preference）：当对两个将来的时刻进行权衡时，我们赋予前一个时刻以更大的权重，因为它离我们更近。例如，如果你将在 10 年后得到 100 美元或者在 10 年零一天以后得到 200 美元，你几乎会很自然地选择后一天的较大数额。在 10 年后多等一天的成本毕竟没有多少。但是，如果今天给你 100 美元或者明天给你 200 美元，你可能会选择今天的较小值，因为如果计划周期很短，多出来的一天就会让人感觉晚了很多。

对于延迟和其他时间不一致行为，行为经济学家（见第 4 章）有一种解释，即未来离你越远，贴现率就越低。例如，假设今天你可以在 2 小时内修剪完草坪，但是如果等到下一周，你可能会花 2 小时 15 分钟，因为草长得更高了。花两个小时剪草所产生的不满（负效用）为 -20，花 2.25 小时剪草所产生的不满是 -22.5。下周剪草的现值为 $-22.5/(1+i)$，其中 i 是你个人对一周时间的贴现率。如果今天你的贴现率是 $i=0.25$，一周后割草的现值为 $-22.5/1.25 = -18$，比 -20 要好，所以你推迟剪草。如果提前 6 个月问你这个问题，贴现率可能会低得多，比如 $i=0.1$，在这种利率下，现值为 $-22.5/1.1 \approx -20.45$，比 -20 要差，因此你就会考虑在第一时间剪草。看来，贴现率的下降可以解释这种时间不一致行为。

下降的贴现率和环境

社会贴现率随着时间的推移而不断下降，这可能有利于对全球变暖或其他未来的环境灾难问题进行规划（Karp，2005）。假设在一个世纪内，人们不会感受到温室气体的有害影响，且社会采用传统的指数贴现法。如果社会固定的贴现率为 1%，我们将愿意在今天至多投资 37 美分来避免一个世纪后 1 美元大小的灾难；如果贴现率为 4%，我们仅需要投资 2 美分。因此，即便是一个中等贴现率，也会让我们对子孙后代的问题漠不关心：我们不愿意在今天承担适度的成本来避免发生在遥远未来的巨大灾难。

一种方案是让社会使用不断下降的贴现率，当然，这样做会使我们的决策具有时间不一致性。比起尚未谋面的子孙后代，今天的父母们更关心现在活着的儿女们。所以，相对于儿女的福利来说，他们愿意用一个高贴现率来对孙子孙女们的福利进行贴现。而他们对未来第 10 代和第 11 代子孙的感情依恋程度的差别可能非常小。如果社会适用于这一推理，未来的社会贴现率应该低于现在的贴现率。通过逐渐降低贴现率，可以认为，与对离我们较近的未来连续两代人的福利所分别赋予的权重相比，我们对较远的未来连续两代人的福利所分别赋予的权重（重视程度）会更接近。

应用案例

下降的贴现率和自我控制

如果人们的贴现率随着时间的推移而下降，他们就会有现时偏好或自我控制问题，也就是说，他们更偏好于即时的满足而不是延迟的满足。[①] 最近的一些研究建议，政府应该提供一些自我控制的政策来帮助有这些偏好的人们。

Shapiro（2004）发现，在食品券发放后的一个月的周期内，用券的消费者的卡路里摄取量会逐渐下降 10%～15%，说明人们更喜欢即时消费。如果贴现率恒为常数，则表明他们更愿意在一个月内平均消费。政府可以每两周发放一次食品券而不是每月发放一次，这样就可以纠正现时偏好，一些州已经在福利支付上这么做了。

吸烟者在吸烟方面往往具有不一致的偏好。具有下降趋势贴现率的人缺乏自我控制能力，并且永久地推迟了戒烟的期限。2013 年盖洛普的一项民意调查发现，74% 的美国吸烟者希望戒烟。根据 2015 年的调查，56% 的北京吸烟者说他们想戒掉这个习惯。因此，想戒烟的人可能会支持政府加强控制措施。根据一项对中国台湾的研究，Kan（2007）发现，想戒烟的人更支持禁烟令和增加香烟税。2012 年，新西兰的吸烟者有 59% 支持政府在烟草方面采取更多的行动，接近一半（46%）的吸烟者支持在 10 年内禁止售卖香烟，条件是提供有效的尼古丁替代品。在 2014 年，39% 的吸烟者支持高税收，而 2002 年仅有 29% 的吸烟者支持这一做法。

实际上，在 2009 年，奥巴马总统（正在吸烟但是想戒烟）签署了一项法律，第一次把烟草产品列入联邦法律。他说这项法律旨在阻止儿童吸烟，可能也会阻止他本人吸烟。有关吸烟者复杂情绪的最令人震惊的证据是 Gruber 和 Mullainathan（2005）发现的，即不论在美国还是加拿大，香烟税都让有吸烟倾向的人快乐加倍。

16.3 　可耗竭性资源

温良之人将继承土地，但不是采矿权。

——保罗·格蒂（J. Paul Getty）

贴现在决定石油、黄金、铜、铀和其他**可耗竭性资源**（exhaustible resource）的消费速度方面起到重要的作用。可耗竭性资源指的是不会增加只会耗尽的不可再生的自然资源。为了实现资源现值的最大化，可耗竭性资源的所有者要确定资源的开采和销售时间。资源的稀缺性、开采成本和市场结构影响着资源价格在不同时期的涨跌。

□ 可耗竭性资源的出售时机

假设你拥有一座煤矿，在哪一年开采并在哪一年销售才能实现煤炭现值的最大化呢？为了说明如何回答这个问题，我们假设你只能于今年、明年两年在竞争性市场上销售煤炭，利率为 i，每磅煤的开采成本为 m，且始终固定不变。

在后两条假设成立的情况下，今年开采一磅煤的现值为 m，明年开采一磅煤的现值为 $m/(1+i)$。于是，如果你想在明年卖煤，最好等明年再开采，这样可以推迟你所承担的开采成本。只有在今年想卖煤的情况下，你才会在今年开采。

既然已经掌握了一条确定开采时间的规则——在可能的最后时刻，剩下的就是选个时间销售的问题了。这个决策取决于煤价在不同年份的变化。假设你知道煤价在今、明两年会从 p_1 涨到 p_2。

为了选择出售的年份，你要对今年和明年出售的现值进行比较。如果今年出售，每磅煤的利润现值为 p_1-m，而明年出售的利润现值为 $(p_2-m)/(1+i)$。因此，实现现值最大化的销售决策是：

■ 如果今年售煤的现值大于明年售煤的现值：$p_1-m > (p_2-m)/(1+i)$，则所有煤都在今年出售。

■ 如果 $p_1-m < (p_2-m)/(1+i)$，则所有煤都在明年出售。

■ 如果 $p_1-m = (p_2-m)/(1+i)$，任选一年即可。

这一规则背后的道理是，将煤存放在地下就如同把钱存入银行。你可以今年卖掉 1 磅煤，净利润为 p_1-m，然后将钱存入银行，明年能得到 $(p_1-m)(1+i)$。或者你可以将煤在地下存放一年再出售。如果下一年得到的金额 (p_2-m) 小于现在把煤售出后将钱存入银行所获得的收入，现在就把煤售出；相反，如果煤价上升得很快，以至于煤的未来价值比把卖煤的钱存入银行赚得还多，那就将财富存于煤井之下。

□ 稀缺的可耗竭性资源的价格

可将这种两时期的分析方法拓展到多个时期（Hotelling，1931）。我们用一个多时期的分析来说明可耗竭性资源的价格在长期中的变动情况。

只有当现在销售 1 磅煤的现值与下一年销售 1 磅煤的现值相等时，即 $p_t-m = (p_{t+1}-m)/(1+i)$（其中第 t 年的价格是 p_t，第 $t+1$ 年的价格是 p_{t+1}），我们才会在第 t 年和第 $t+1$ 年都出售煤。用代数知识对这一等式移项整理，就得到一个表示价格在这两年期间变化情况的表达式：

$$p_{t+1} = p_t + i(p_t - m) \tag{16.9}$$

如果你想在这两年中都卖煤，下一年的价格就必须比上一年的价格高出 $i(p_t-m)$，这是你把今年卖一磅煤的利润存入银行，在利率为 i 的情况下所得到的利息收入。

如图 16.2 所示，价格和固定的边际成本之差在逐渐扩大。为了弄清其中的缘由，我们把等式 16.9 的两边同时减去 p_t，得到一个价格变化的表达式：

$$\Delta p = p_{t+1} - p_t = i(p_t - m)$$

该等式表明，随着今年现金流 (p_t-m) 的增加，两年之间的价格差不断扩大。因此，如图 16.2 所示，随着时间的推移，价格在逐渐上涨，价格曲线和平坦的开采的边际成本曲线之间的差距也在逐渐加大。

尽管现在明白了价格如何随着时间的推移而变动的问题，但是我们仍然需要更多信息来确定第一年和以后各年的价格。假设矿主知道政府在第 T 年将会禁止煤炭的使用（或者在这一年会出现一种更高级的替代品）。因为到第 T 年还没有卖出去的煤将变得一文不值，所以他们需要制定一个价格，以便让所有的煤可以在第 T 年之前全部售完。而实现这一目标的约束条件和等式 16.9 共同决定了第一年的价格和此后各年的价格涨幅。

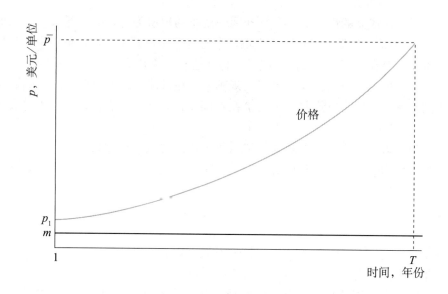

图 16.2　可耗竭性资源的价格

可耗竭性资源在第 $t+1$ 年的价格比在第 t 年的价格高 $i(p_t-m)$，它是利率和第 t 年的价格与开采的边际成本之差的乘积。于是，价格曲线与边际成本曲线之间的差额随着利率的变化呈指数式扩大。

两时期的价格实例

为了说明每一年的价格确定问题，我们假设市场上有多家相同的竞争性煤炭企业；政府发布禁令，规定第二年之后不再允许出售煤炭；每一期开采的边际成本都为 0。设等式 16.9 中 $m=0$，我们知道，下一年的价格等于上一年的价格加上利率，再乘以上一年的价格：

$$p_2 = p_1 + i \times p_1 = p_1(1+i) \qquad (16.10)$$

因此从第一年到第二年，价格随着利率的提高而上涨。

矿主面临的资源约束是，煤的销售量不能大于煤矿的储藏量。第一年和第二年售出的煤的数量（Q_1 与 Q_2）之和等于煤矿的总储藏量 Q。矿主想在两年之内把所有的煤炭售完，卖不出去的煤对他们而言再也没有什么价值了。

假设第 t 年的煤的需求曲线为 $Q_t=200-p_t$。如果地下储煤量低于价格为 0 时的需求量，那么两年内煤的总需求量等于地下储煤总量：

$$Q_1 + Q_2 = (200-p_1) + (200-p_2) = Q$$

把等式 16.10 中 p_2 的表达式代入这个资源约束的表达式中，得到 $(200-p_1)+[200-p_1(1+i)]=Q$，合并同类项，得：

$$p_1 = (400-Q)/(2+i) \qquad (16.11)$$

因此，第一年的价格取决于地下储煤量和利率。

如果煤矿中最初的储煤量为 $Q=169$ 磅，如表 16.5 所示，利率为 10% 时的价格为 $p_1=110$ 美元；利率为 20% 时的价格为 $p_2=105$ 美元。利率较低时，第一年和第二年的价格差更小（11 美元小于 21 美元），因此，第二年的销售量占初始储煤量的比重相对较高（47% 大于 44%）。

表 16.5 反映利率和储煤量的煤炭价格与数量

	$Q = 169$		$Q = 400$
	$i=10\%$	$i=20\%$	任何利率 i
$p_1 = (400-Q)/(2+i)$	110 美元	105 美元	0 美元
$p_2 = p_1(1+i)$	121 美元	126 美元	0 美元
$\Delta p \equiv p_2 - p_1 = i \times p_1$	11 美元	21 美元	0 美元
$Q_1 = 200 - p_1$	90	95	200
$Q_2 = 200 - p_2$	79	74	200
下一年销售的比例	47%	44%	50%

租金

如果煤是稀缺的商品，其竞争性价格高于开采的边际成本（在我们的例子中，$m=0$）。我们如何让这个结论与先前得出的"竞争性市场中的价格等于边际成本"的结论保持一致呢？答案就是，当煤稀缺的时候，它产生了租金（rent），即支付给要素所有者的超出提供这种要素所需的最低要求的那部分费用（见第9章）。

煤矿所有者不一定是采矿者，采矿者可以向煤矿所有者购买开采权。承担了开采的边际成本 m 后，采矿者的利润是 $p_1 - m$。但是，煤矿所有者收取这笔（租金形式的）费用的目的是转让这种稀有资源的开采权，而不是把利润也转让给采矿者。即使煤矿所有者和采矿者是同一个人，超出边际开采成本的收益也是稀缺性所产生的租金。

如果煤不稀缺，就不需要支付租金，并且价格等于开采的边际成本。考虑例子中的需求曲线，任何人在一年中最多愿意购买 200 磅煤，这是在价格为 0 时的需求量。如果最初地下的储煤量为 400 磅——足以每年供应 200 磅——那么煤就不是稀缺的了，在两年的价格均为 0（如表 16.5 所示）。[①] 如图 16.3 所示，地下储煤量 Q 越少，煤的初始价格就越高。

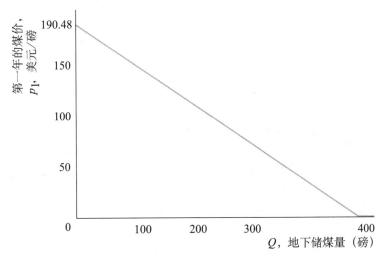

图 16.3 两时期模型中第一年的价格

在一个两时期模型中，第一年的价格 p_1 随着地下储煤量 Q 的增加而下降。本图是基于 10% 的利率。

---

① 只有在煤炭稀缺，即 $Q \leqslant 400$ 时，等式 16.11 才成立。根据这一等式，当 $Q=400$ 时，$p_1=0$。如果地下的储煤量更多，即 $Q>400$，煤就不是稀缺的——即使在价格为 0 时，人们也不想要全部的煤，因此第一年的价格等于开采的边际成本 0。也就是说，价格不能为负，就像在数量大于 400 时等式 16.11 所表明的那样。

价格上涨

根据我们的理论，如果满足下列条件，则可耗竭性资源的价格将上涨：（1）资源是稀缺的；（2）开采的边际成本长期固定不变；（3）在竞争性市场上出售。按照这个理论可以预测，古红杉树的价格将上涨。

应用案例

红杉树

在美国西部的森林里，有很多生长了几百年甚至几千年的古红杉树。如果砍伐了成年的红杉树，小红杉树在我们的有生之年也难以长成。因此，即便每年都种下新的红杉树（生长速度很慢），但古红杉树森林就如同矿物燃料一样，实际上是一种不可再生资源。相反，其他种类的树木，比如那些可以当圣诞树的树木，可以很快再生，它们像鱼一样属于可再生资源。

下图中呈指数式增长的曲线说明了红杉树实际价值的变化情况，在 1953—1983 年间，年均涨幅达 8%。实际上，一直到这个时期结束的时候，也没有红杉树可售。这些树木要么已经被采伐，要么还正在保护林里生长。仅存的一片私有林地也在 1996 年被美国政府和加利福尼亚州从马科萨姆公司收购了。

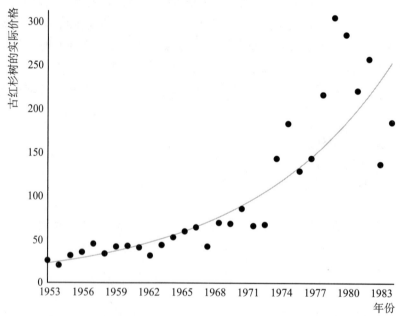

从 20 世纪 60 年代末一直到 70 年代，古红杉树的价格都高得出奇，主要原因在于联邦政府实施的一系列措施：动用土地征用权，以市场价格为红杉树国家公园（Redwood National Park）购买了很大一部分现存的古红杉树。政府在 1968 年购买了 170 万 MBF（million-board feet，百万板英尺）红杉树，在 1978 年购买了 140 万 MBF。第二次的购买量相当于以先前的速度砍伐了 2.25 年。这两次政府购买的总量占 1978 年私有红杉树数量（约 730 万 MBF）的 43%。因此，规模如此庞大的政府购买使得私有红杉树的耗竭期限提前了好几年，造成红杉树价格达到了原本应该在几年后才能达到的高水平。

中级微观经济学（第八版）

□ 价格不变或下降的原因

如果我们的三个假设条件（稀缺、开采的边际成本不变和竞争）中的某一个没有得到满足，稀缺资源的价格可能将保持稳定或者下降。[①] 诸如铝、煤、铅、天然气、银和锌等大多数可耗竭性资源的价格已经经历了在几十年间不断下降或者保持不变。实际上，每种主要的矿产、金属和石油在 1998 年的实际价格都比 1980 年的低。

资源充裕

如我们所见，如果可耗竭性资源不是稀缺的，基本上可以将初始价格设定为开采的边际成本。价格和边际成本的差随着利率的上升而变大。如果资源充裕，初始的差为 0，这个差不会进一步扩大，价格也始终不变，等于边际成本。而且，如果初始的差比较小，就需要很长时间才能引起大家的注意。

因为资源充裕，很多可耗竭性资源的实际价格在数十年里相对稳定。此外，一旦某种资源又发现有新的储量，价格会明显下降。

用现在的技术对一种资源的存量加以妥善保护叫作储备（reserve）。一些资源的已知储备量非常大。还有一些储备有限。[②] 按当前的开采速度看，这个世界上有足够的硅（从沙子中提取）和镁供我们使用。已知的锌的储备量只能维持 17 年；铅、金和白银分别只有 16 年、19 年和 20 年。在不断发现新储备的情况下，铝（铝土矿）的已知储备可供使用一个多世纪。因为资源充裕，铝的实际价格在过去的 50 年中保持不变。

技术进步

技术进步增加了天然气的潜在储备量。长久以来，不断发展的技术进步降低了很多自然资源开采的边际成本，也降低了这些可耗竭性资源的价格。开采的边际成本的大幅下降可能足以抵消利率所造成的价格上涨，因此总的价格逐年下降。[③]

19 世纪末和 20 世纪初的那个时期涌现出很多新的开采技术。技术的不断进步加上新矿区的不断出现，导致很多可耗竭性资源的实际价格下降。例如，1945 年铝的实际价格仅仅是 50 年前的价格的 12%。最终，随着铝矿的枯竭，勘探者为了寻找资源而不得不深挖细采，从而造成边际成本的上升，价格要比边际成本固定不变时上涨得快。据估计，从页岩中回收天然气的新方法使美国天然气的储备量增加了 38%，世界其他地区的储备量增加 48%。[④]

变化的市场势力

市场结构的变化可以造成可耗竭性资源的价格波动。在 1880—1972 年间，石油的实际价格大体上没有变化。但当石油输出国组织（OPEC）在 1973 年组建起石油卡特尔时，

---

① 下面关于可耗竭性资源的价格为什么没有上升的讨论及相关的例子是基于 Berck 和 Roberts（1996）的研究以及这些作者提供的额外的数据。他们的文章还说明了污染和其他环境控制会阻碍资源价格上升。其他数据来自 Brown 和 Wolk（2000）。

② 数据来自 http://minerals. usgs. gov/minerals/pubs/mcs/2015/mcs2015. pdf。

③ 当开采的边际成本为 m 且保持不变时，等式 16.9 即 $p_{t+1}=p_t+i(p_t-m)$ 成立，因此 p_{t+1} 一定大于 p_t。如果每年的开采成本各不同，则 $p_{t+1}=p_t+i(p_t-m_t)+(m_{t+1}-m_t)$。因此，如果开采成本的降幅 (m_t-m_{t+1}) 超过了 $i(p_t-m)$，则 $p_{t+1}<p_t$。

④ http://www. eia. gov/analysis/studies/worldshalegas。

油价迅速攀升。在价格最高的 1981 年，石油的实际价格比 1880—1972 年间相对稳定时的价格高出将近 5 倍。1980 年，伊朗和伊拉克之间的战争开始，OPEC 开始解体，石油的实际价格回落到以前的水平，并在整个 20 世纪 90 年代都没有什么变化。在 21 世纪的头 10 年间，主要是因为世界范围内的需求增加，油价飞涨。到 2014 年，由于政治的不确定性导致石油价格浮动。从那以后，产量增加，价格下跌。

16.4 资本市场、利率与投资

我们已经看到，个人的投资决策取决于市场利率。利率由资本市场决定，资本市场中的利率就是价格，供给量是贷款资金的数量，需求量是借款资金的数量。

你知道政府支出会影响你的投资机会吗（比如花钱上大学）？

常识性谬误：政府支出对我个人没有影响。

如果政府的支出源于借款，就会影响市场利率，进而影响你的投资机会。

由于资本市场是竞争性的，利率和资金的借贷数量是由资金供给曲线和需求曲线的交点决定，如图 16.4 所示。个人需要资金来购买住房或支付大学学费，政府需要借入资金来修建道路或者发动战争，企业则需要资金来修建厂房或者购买设备。随着利率的下降，借款量增加，因此需求曲线 D 向下倾斜。

供给曲线反映的是个人和企业的贷款情况。一些高收入者把钱存入银行或购买债券（在退休以后或者经济拮据的时候，把这些债券换成可用于消费的资金）。如果没有其他回报率更高的投资选择，企业也可能把钱借给银行或其他个体。对个人和企业来说，高利率会导致高储蓄，因此初始的供给曲线 S^1 向上倾斜。

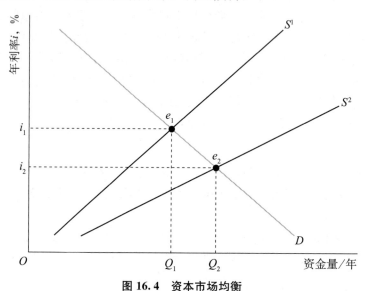

图 16.4　资本市场均衡

初始均衡 e_1 由贷款的需求曲线 D 和初始的供给曲线 S^1 的交点决定。法律方面的变动导致储户增加，供给曲线移动到 S^2。新均衡下的利率 i_2 低于初始利率 i_1。有更多的资金被贷出：$Q_2 > Q_1$。

初始均衡为 e_1，均衡利率为 i_1，借贷资金的均衡数量为 Q_1。和之前一样，任何一个影响需求和供给的变量（比如偏好和政府规制措施等）出现变化，这个均衡结果都将发生改变。

资金的供给曲线向右移动的原因有很多。政府可能会取消对外商投资的限制。或者，政府可能会免除个人退休金账户（Individual Retirement Accounts，IRAs）在退休前的储蓄税，这种政策会使任意利率水平下的储蓄增加。

上述变化会导致图 16.4 中的供给曲线右移至 S^2。在新的均衡点 e_2 处，利率 i_2 更低。在这个更低的利率水平上，企业和其他投资项目的回报率低于供给曲线移动前的水平。他们借入更多的资金，新的均衡数量 $Q_2 > Q_1$。

例题详解 16.4

假设政府需要借一笔钱来发动一场对外战争。说明政府借款的增加，也就是在任意给定利率下，政府对资金的需求量的增加，提高了均衡利率，从而抑制或挤出了私人投资。

解答

用三个图来说明政府需求曲线向外移动如何影响均衡利率从而减少私人投资。在下面的图（a）中，私人部门的资金需求曲线 D_p 是私人企业和个人投资借款的资金。图（b）表示政府部门的资金需求曲线从 D_g^1 移动到 D_g^2。因此，在图（c）中，总需求曲线（私人需求曲线和政府需求曲线的水平加总）从 D^1 移动到 D^2。图（c）也同时给出了资金供给曲线 S。

初始的均衡即图（c）中的 e_1，是初始的资金总需求曲线 D_1 和供给曲线 S 的交点。此时的均衡利率是 i_1，借出资金为 Q_1。在政府的需求曲线向外移动之后，新的均衡点变成了 e_2 点，均衡利率上升，$i_2 > i_1$，更多的资金被借出，$Q_2 > Q_1$。更高的市场利率使得私人投资从 Q_p^1 下降到了 Q_p^2 [图（a）]。因此，政府借款挤出了一部分私人投资。

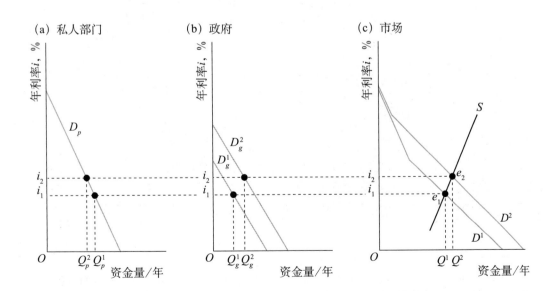

　　我时常会想，如果当时身边有一个很棒的说唱组合，我的职业选择或许是音乐而不是政治。

——理查德·尼克松（Richard Nixon）

　　你曾做过的一项最重要的人力资本投资决策或许就是要不要上大学，如果上大学仅仅是为了增加终生收入，你的这项投资决策算得上明智吗？

　　回想一下高中最后一年的情景，当时，你必须决定是投资于大学教育还是直接找份工作。如果你冒险直接进入劳动力市场，假设你从18岁开始全职工作（每周工作35个小时以上），到70岁时退休。

　　如果上大学的动机在于提高终生收入，那么在结束高中学业后，就应该立即开始接受大学教育，这样你就可以在尽可能长的时间里赚取更高的工资。为使分析相对简便，假设大学要读四年才能毕业，在读书期间你不工作，每年的学费和其他费用（如书本费和学杂费）总计为20 000美元。大学毕业以后，你从22岁一直工作到70岁。上大学的机会成本包括：学费支出加上你本可以在高中毕业后直接参加工作的4年获得的收入。期望收益是未来更高的收入现金流。

　　下图画出了有高中文凭和大学文凭的代表性个人的年龄-收入曲线。[①] 在22岁时，代表性的大学毕业生的收入为29 335美元，而高中毕业生的收入仅为25 009美元。二者的收入在51岁时都达到顶峰，大学毕业生的收入为77 865美元，高中毕业生的收入仅有42 707美元。

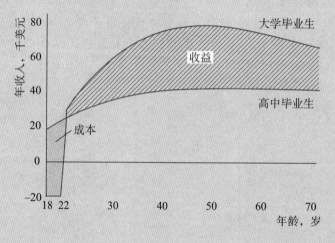

　　如果一个收入流在任何年龄都高于另一个收入流，我们会选择前者。由于两个收入流在22岁时相交，因此不能采用这个方法。一种决定进行大学教育投资是否划算的方法是比较两个收入流在18岁时的现值。如下页表所示，现值由所使用的利率决定。

---

　　① 这些分析考虑的是年龄、教育和人口统计特征，而不是个人天赋。相关数据是2009年的，详细信息请扫书末二维码"资料来源"。感谢我中级微观经济学课的学生杨·帕纳西（Yann Panassie）检测了这个模型。我们假设工资增长率等于通货膨胀率，所以真实收入总是固定不变的。尽管高中毕业生的失业率更高，在2015年是大学毕业生失业率的2倍，但这里并没有对此做出调整。

中级微观经济学（第八版）

贴现率，%	现值（2009 年千美元）	
	高中	大学
0	2 007	3 225
2	1 196	1 823
4	779	1 103
6	547	708
8	410	476
10	323	332
10.42	309	309
12	264	238
14	223	174

如果潜在大学生能够以零利率借到钱（即这笔钱的终值和现值相等），现值就等于长期收益的总额。如上表所示，大学毕业生的收入总额（包括最初的负收入）为 323 万美元（上表第一行），比高中毕业生的收入总额 201 万美元高出 61%，因此，上大学是划算的。上页图还说明，在贴现率为 0 时，上大学是值得的，因为成本（负数）和收益（正数）的面积之和（也就是大学毕业生和高中毕业生的终生收入之差）为正。

这个表还表明，在利率等于 10.42% 时，上大学的收入现值和上高中的收入现值相等。也就是说，大学教育的平均内部收益率等于 10.42%。如果借款或投资的实际利率低于 10.42%，大学毕业生的收入现值就比高中毕业生的高。因此，追求收入最大化的普通人就会选择上大学。[①]

根据 Payscale.com 网站的统计，在 2015 年，上大学的平均内部收益率在各个学校不太一样：哈维·穆德学院和佐治亚理工学院是 12.5%，科罗拉多矿业学院和得克萨斯农工大学是 11.4%，艾奥瓦州立大学是 10.4%，新墨西哥州立大学是 10.0%，罗格斯大学和加州大学伯克利分校是 9.9%，斯坦福大学是 7.9%，哈佛大学是 7.1%，理海大学是 6.9%，芝加哥艺术学院是 0.7%。[②]

对于那些认为教育具有消费属性的人来说，上大学的决策变得更加复杂。即使其他投资的收益更高，但喜欢上学的人仍然会选择上大学。但对讨厌上学的人来说，只有在上大学比其他投资的经济收益更高的时候，他们才会投资于大学教育。

---

① 由政府补助的联邦斯塔弗德贷款（federal Stafford loans）的名义利率在 2011—2013 年是 3.4%，在 2015—2016 年是 4.29%。一些无法贷款上学的穷人根本上不了大学，和那些有着同样能力的富人不同，他们实际上面临着极高的利率。

② 想知道更多学校的内部收益率，请参见 http://www.payscale.com/college-roi。Payscale 的计算方式与我们在挑战题中的相似，但是没有控制个人特征，其他方面也有些区别。

本章小结

1. 即期货币与远期货币的比较。不考虑通货膨胀因素，多数人认为未来的钱不如今天的钱值钱。利率反映的是人们认为今天的一美元超出未来的一美元的价值量。为了对不同时期的支付进行比较，我们需要用利率进行调整，用今天的美元价值来表示未来的支付值。同样，涉及不同时期的支付流与这些支付的现值或终值存在着利率方面的联系。

2. 跨期选择。面对两个现金流不同的方案，个人或者企业会选择现值较高的那个。与之类似，如果净现值为正或者内部收益率高于利率，企业就会投资该项目。假如人们面临着下降的贴现率，他们的行为可能会前后不一：缺乏自控力和延迟。

3. 可耗竭性资源。诸如煤、黄金和石油之类的不可再生资源将逐渐耗尽，不能得到补充。如果这些资源是稀缺的，开采它们的边际成本保持不变或者增加，市场结构不变，那么，由于正利率的存在，资源的价格将随着时间的推移而快速上涨。但是，如果这些资源充裕，开采的边际成本随着时间的推移而下降，或者市场变得更具有竞争性，则不可再生资源的价格可能会长期保持不变或者下降。

4. 资本市场、利率与投资。资本市场上的需求和供给决定着市场利率的高低。使供给曲线向左移动或需求曲线向右移动的冲击能让利率上升。当利率上升时，企业的投资减少。

思考题

MyEconLab 上有全部思考题；＊＝答案请扫本书末二维码获取；A＝代数问题；C＝可能要用到微积分知识。

1. 即期货币与远期货币的比较

1.1 过去和现在都有一些国家认为不该收取利息，它们还颁布了高利贷法来禁止人们这么做。允许收取利息对个人和社会有哪些收益或成本？

1.2 如果一些潜在的贷款人怀着不会被当局抓到（违反高利贷法）的侥幸心理，仍然一意孤行，则意在限制利率的高利贷法会有什么影响？

1.3 请登录 http://www.timetravelfund.com。该网站介绍说，在利率为 5％ 的情况下，投资 1 美元在 500 年后会值 39 323 261 827.22 美元，它的计算正确吗？如果正确，复利计息的周期是多少？如果你愿意，也可以讨论一下该网站所提供的投资的好处。（提示：见应用案例"复利的威力"。）A

1.4 很多退休基金都要收取一笔（相当于被管理资产总额的 0.25％）管理费用。假设 Alexx 和 Spenser 每人投资 5 000 美元购买同一种债券。

Alexx 直接投资，每年赚取 5％。Spenser 使用退休基金，每年赚取 4.75％。请问：30 年之后，Alexx 将比 Spenser 多赚多少钱？A

＊1.5 贴现率为 0 的人如何比较现在的消费和未来的消费？如果他的贴现率无穷大，你的答案会有什么变化？

1.6 当谈到自己的一场演唱会的门票价格为 350 美元的时候，巴巴拉·史翠珊（Barbra Streisand）说："如果你把这笔钱平摊到 28 年里，每年才 12.50 美元。那么，每年花费 12.50 美元来听我唱歌不值得吗？看我的现场演唱不值得吗？"在什么条件下，人们才可以用史翠珊女士的规则去判断是否该看一场演唱会？我们怎么能知道做出这种购买决策的人的贴现率是多少？

1.7 如果你买一辆车，首付 100 美元，后两年每年支付 100 美元，在利率为 5％ 的情况下，这些支付的现值是多少？A

1.8 如果利率为 i，一年后支付 100 美元和

两年后支付100美元的现值各是多少？A

1.9　戴尔计算机公司让供应商平均等待37天才能拿到付款，但它自己可以马上获得消费者的付款。这种货币流动相当于隐性借款，戴尔从中赚取了利息。如果戴尔公司可以获得4％的年利率，它在投入品上每花一美元能从这种货币流动中获得多少价值？A

1.10　如果利率为 i，从现在起 T 年后开始，每年支付 f，连续支付 t 年，这个现金流的现值是多少？A

1.11　年复利率为10％时，为了每年得到200美元，你需要存入银行多少钱？A

1.12　地平线福特（Horizon Ford）做广告说它可以以24 000美元的价格卖给你一辆金牛座（Taurus）汽车也可以租给你。如果是出租，你必须首先支付3 000美元，并在未来的两年年底各支付3 000美元。在最后的租金支付完毕后，你可以花2万美元购买这辆车。如果你打算在它报废之前（至少要10年）都拥有这辆车，利率是10％，哪一种方法所需成本的现值更低？A

*1.13　如果通货膨胀率为5％，年复利率为10％，你需要存入银行多少钱才能在每年都得到现值为200美元的永久性支付？A

*1.14　你要租用一间公寓2年，今年需要支付 $\tilde{f}$，明年要支付同等的名义金额。如果通货膨胀率为 g，实际利率为 i，这些租金的现值为多少？A

1.15　如果你在你的余生（实际上是永远）每天花4（实际）美元买一杯拿铁，那么现在在3％的利率下的贴现价值是多少？A

1.16　你中了彩票。你的奖励是要么在两年中的每年年底得到5万美元，要么现在一次性支付8.7万美元。预期的通货膨胀率为5％，实际利率是4％。哪种方式的现值更高？（提示：参见应用案例"中奖"。）A

2. 跨期选择

*2.1　两个不同球队向一位职业篮球运动员提供在今年为球队效力的合同，两份合同都做出担保，即使运动员受伤不能参赛，仍然可以得到工资。A队的合同规定现在立即支付100万美元，B队的合同规定现在支付50万美元，并在10年后支付200万美元。假设没有通货膨胀，我们只考虑哪个合同的现值更高，并且他的个人贴现率（利率）为5％，他会接受哪个合同？如果利率为

20％，答案会不同吗？（提示：参考应用案例"为退休生活而储蓄"。）A

2.2　当利率为10％的时候，你更喜欢用100美元购买一部电话还是以每年10美元的价格租用这部电话？你的答案取决于电话机的使用寿命吗？A

2.3　太平洋天然气电力公司通过比较的方式向顾客说明，用新的滚筒式洗衣机更换传统洗衣机，每人每年可以在煤气、水、洗涤剂等方面节省80美元的开支。假设利率为5％，洗衣机的预期使用寿命为5年。如果新的滚筒式洗衣机的费用为800美元，你应该现在更换还是在5年后更换？A

2.4　你计划在今年用200美元购买一台二手冰箱，并在两年之后毕业时卖掉。假设届时卖掉冰箱可以得到100美元，不存在通货膨胀，利率为5％，那么冰箱的实际成本（购买支出的现值减去转售价格的现值）为多少？A

2.5　你想购买一台室内空调机，一种型号的价格为200美元，每年的运行成本为20美元；另一种型号的价格为300美元，但每年的运行成本只有10美元。假设两种空调机的使用寿命都为10年，买哪种好？（回答这个问题需要大量计算吗？）A

2.6　"冷战"结束后，美国政府决定精简军队的规模。退役军人在接到退役通知的同时，还面临着政府提供的选择：连续30年，每年得到8 000美元的补贴，或者立刻得到50 000美元的一次性补贴。92％的在役士兵和51％的军官都选择了后者（Warner and Pleeter, 2001）。使两个选择对个人没有任何区别的个人贴现率是多少？针对在役士兵和军官的个人贴现率，你能得出什么结论？A

2.7　越来越多的公司向退休员工提供这样的选择：要么现在一次性获得一笔收入，要么终生按月领取养老金（http://www.fidelity.com/viewpoints/personal-finance/lump-sum-or-monthly-pension）。考虑折扣、通货膨胀和不确定性，讨论接受一次性付款的优点和缺点。

*2.8　你的车很耗油，一加仑汽油只能跑10英里，但没法将它转售，你确定它还能用5年。你知道你始终可以花8 000美元购买一辆每加仑汽油跑20英里的汽车。汽油的价格是2.00美元/加仑，你每年的行驶里程为6 000英里。如果利率为5％且你只对存钱感兴趣，你是应该现在就

买车，还是等到这台车报废后再买车？如果利率为 10%，你的决定会改变吗？A

2.9 你要购买一辆价值为 20 000 美元的新车，可以选择以利率为 0 的贷款或者在交易后得到 500 美元的返现。如果选择贷款，购车时首付 5 000 美元，然后在每年年底支付 5 000 美元，连付 3 年。你的储蓄账户中目前有 50 000 美元。

a. 储蓄账户的利率为 4%，在未来 3 年内保持不变，你选择哪种支付方法？

b. 当利率 i 为多少时，选择两种方法没有区别？A

2.10 作为纽约市的居民，你正在考虑购买一辆新的丰田普锐斯汽车，价格为 20 000 美元。拥有和驾驶这辆汽车使得你每年需要支付的费用为 3 000 美元（大部分是在曼哈顿车库的停车费用）。如果不买车，你每年在公共交通工具和租车上的花费为 5 000 美元。利率为 4%。为了使拥有汽车的贴现成本比其他选择低，你买车的最短使用年限是多少？A

2.11 在接受《华尔街日报》资本专栏的采访中，一位经济顾问解释了不断攀升的医疗费用对劳动需求的影响（David Wessel, "Health-Care Costs Blamed for Hiring Gap," March 11, 2004, A2）。他说："在经济领域中，医疗费用增长得最快，快于价格、工资和利润。妨碍就业的不仅有当前的医疗费用，还有不断攀升的医疗费用流的现值。"

a. 为什么医疗费用流的现值（而不仅仅是当前的医疗费用）也影响到企业是否设立新职位的决策？

b. 为什么雇主在决定是否设立一个新的职位时要对未来医疗费用进行贴现？A

2.12 刘易斯·沃尔夫（Lewis Wolff）和他的投资集团在 2005 年以 1.8 亿美元的价格买下了奥克兰运动家棒球队。《福布斯》杂志估测当年该球队的净收入为 590 万美元。如果新的所有者相信在未来他们一直会有同样的年利润（经通货膨胀调整后），这项投资是否比将这 1.8 亿美元存入银行获得每年 3% 的实际利率的收益更加划算？（提示：参见例题详解 16.2 及 16.3。）A

2.13 正如上一个问题所讨论的，刘易斯·沃尔夫和他的投资集团在 2005 年以 1.8 亿美元的价格收购了奥克兰运动家棒球队。据报道，名人堂成员雷吉·杰克逊（Reggie Jackson）的出价增

加了 2 500 万美元，但遭到了拒绝（Forbes, 2005）。如果销售价格是 2.05 亿美元，那么在例题详解 16.3 中的计算会发生什么变化？A

2.14 几乎令所有人大跌眼镜的是，新组建的华盛顿国民棒球队在 2005 年赚取了 2 000 万美元的税前利润，而 2004 年该队为蒙特利尔博览会队时曾亏损 1 000 万美元（Thomas Heath, "Nationals Expected'05 Profit Is $20 Million," Washington Post, June 21, 2005, A1）。在 2002 年以 1.2 亿美元购得了该队的特许经营权的职业棒球大联盟在 2006 年以 4.5 亿美元的价格将其出售（http://washington.nationals.mlb.com）。如果希望华盛顿国民棒球队将来每年能赚取 2 000 万美元，对该球队进行 4 亿美元投资的内部收益率是多少？（提示：参见例题详解 16.3。）A

2.15 根据《福布斯》的测算，一个典型的美国职业篮球联盟（NBA）的特许经营权可以卖到 3.72 亿美元——尽管尼克斯队在 2007 年价值 6 亿美元。NBA 球队的平均收益为 980 万美元（在扣除利息、税收、折旧和摊销之前）。假设球队可以永久地保持这样的收入流，对于一个追求利润最大化的投资者来说，当实际利率为 3% 时，购买这样一个特许经营权是否合适？试用例题详解 16.2 和 16.3 的方法来回答问题。A

2.16 2012 年，包括前湖人球星魔术师约翰逊（Johnson）在内的一个团体以 21.5 亿美元的价格收购了洛杉矶道奇队。道奇队公布的收入为 1 130 万美元（John Gittelsohn and Nadja Brandt, "Dodgers Costing $2.15 Billion Hinges on Property Return," http://www.businessweek.com, April4, 2012）。金融专家对高价感到困惑，推测新业主希望从他们购买的周边土地中获得额外的收益。如果实际利率为 2%，他们每年需要赚多少钱才能使这笔交易划算？（提示：参见例题详解 16.2 及 16.3。）A

2.17 企业利润 $\pi=$ 收益—劳动成本—资本成本。其资本成本可以表示为资本收益率 irr 与资本价值 $P_K K$ 的乘积，其中 P_K 是单位资本的价格，K 是资本的数量。请问：企业隐含的资本收益率为多少？（提示：当利润为 0 时求出 irr。）A

*2.18 某企业正在考虑进行一项投资，现金流 $\pi_1=100$ 美元，$\pi_2=-1\ 200$ 万美元，$\pi_3=2\ 000$ 万美元，其余 t 时 $\pi_t=0$，利率为 7%。用净现值法确定企业是否应该投资。企业是否可以用

中级微观经济学（第八版）

内部收益率法来做出决策？A

2.19 据美联社报道，2015 年，马克斯·舍尔策（Max Scherzer）成为美国职业棒球大联盟历史上收入最高的右投手，他与华盛顿国民队签署了一份"2.1 亿美元的 7 年合同"，其中包括"创纪录的 5 000 万美元签约奖金"。据报道，他将在 2015 年拿到 1 000 万美元，2016—2018 年每年拿到 1 500 万美元，2019—2021 年拿到 3 500 万美元。但 2019—2021 年的 1.05 亿美元（＝3×3 500 万美元）将无息延期至 2028 年。此外，5 000 万美元的签约奖金将在 7 年的合同期内平均分配。问现值 2.1 亿美元的利率是多少？如果利率是 3％，这个合同的现值是多少？A

3. 可耗竭性资源

3.1 你有一桶原油，可以在今天以 p 美元卖掉。假设不存在通货膨胀和储存成本，如果你打算在明年而不是现在卖掉它，明年的售价应该是多少？A

3.2 随着时间的推移，树木、酒、牛等变得越来越珍贵，但是随后也可能越来越不值钱。以现值为纵坐标，以年份为横坐标，作图表示出它们之间的关系。如果收获成本为 0，标出哪一年主人应该"收获"这一物品。如果利率为 0，你的答案会有什么变化？用图说明。[提示：如果物品的现值为 P_0，我们用这些钱投资的利率为 i（i 是一个很小的数，如 2％或 4％），那么它在第 t 年的价值为 $P_0(1+i)^t$；或者如果可以连续复利计息，则是 $P_0 e^{it}$。该曲线随着时间的推移呈指数式增长，看起来像图 16.2 中的价格曲线。画出各种可能的不同现值的曲线，并用这些曲线来确定最优的收获时机。] A

3.3 如果所有藏在地下的煤（Q 单位）将在两年后全部耗尽，第 t 年的需求函数为 $Q_t = A(p_t)^{-\varepsilon}$，其中 ε 是固定的需求弹性，那么每年的煤价是多少？A

4. 资本市场、利率与投资

4.1 如果政府禁止外国贷款人贷款给本国居民，资本市场的均衡会如何变化？

4.2 在例题详解 16.4 的图中，试想政府的需求曲线保持在 D_g^1 不变，但是政府开始对所有利息收入收取 1％的私人所得税。资本市场的均衡会如何变化？对私人借款者会有何影响？

5. 挑战题

5.1 如果利率趋近于 0，根据"挑战题解答"中的图形回答人们应该选择上大学吗？利用图中标注为"收益"和"成本"的区域，说出一条决定人们是否应该上大学的简单法则。

5.2 在当前的利率水平下，Bob 选择上大学并在四年后毕业是值得的。如果需要五年毕业，上大学的选择还划算吗？说明"挑战题解答"中的图形的变化情况。用一个公式和变量说明现值是怎样变化的。A

5.3 （a）今天付给你 10 000 美元；（b）只要你工作，每年就有 1 000 美元的薪水增长。哪一种对你而言更有价值？在什么利率水平下，（a）比（b）更有价值？你的答案是否取决于预期工作年限的长短？A

5.4 2012 年，密歇根州克拉克森（Clarkson）的克拉克森社区学校（Clarkson Community Schools）向拥有学士学位的新教师支付了 38 087 美元，向拥有硕士学位的新教师支付了 41 802 美元。（简单地说，假设这些工资保持不变，并且不会随着经验的增加而增加。）假设你知道你想为这个学区工作，想要最大化你一生的收入。获得硕士学位需要额外一年的学习和花费 2 万美元。如果你那一年不能工作，你应该获得硕士学位吗？如果你可以一边学习一边工作，你应该获得硕士学位吗？在你的计算中，假设你将工作 40 年，然后退休，考虑 3％和 10％的利率。（提示：使用等式 16.3。或者假设你会一直工作，并使用等式 16.4 进行计算，你可能会得到一个近似合理的答案。）A

不确定性

彩票：对于数学不好的人的征税。

挑战题   **BP 石油公司和有限责任**

在 2010 年 4 月 20 日，BP 石油公司租赁的"跨洋深水地平线"（Transocean Deepwater Horizon）油井发生大规模的泄漏，11 名工人遇难，17 人重伤。此外，参与漏油清除工作的 9 万名工人因为暴露在各种有毒物质之中也出现了明显的健康问题。原本在事故发生时会自动将油井堵住的防护措施失效，在最终被堵住之前，造成近 2 亿加仑的原油泄漏，墨西哥湾被严重污染。这场巨大的漏油事故给路易斯安那州和墨西哥湾的沿岸各州带来了巨大的清理成本，也重创了湾区的渔业和旅游业。

很难得出一个必然的结论：出现这样一个糟糕的结果是因为 BP 石油公司在事故发生前做了一个错误的决策。BP 石油公司的防护措施可能没什么不妥，只是它的运气太差。不过政府部门的结论是，漏油事故很大程度上是由 BP 石油公司及其他分包商的安全和防护措施不当造成的。

BP 石油公司可能忽视或者低估了这场带来后果严重的灾难发生的可能性。它错误地认为，像这样的事故以前没发生过，以后就不会出现（或者，至少发生的概率渺茫）。不过，对 BP 石油公司行为的一个更可能的解释是，它认为一旦灾难发生，自己只会承担部分成本。1990 年，美国国会通过一项法律，规定企业只对油井泄漏的清理成本承担不超过 7 500 万美元的责任上限，这在这场事故中显得微不足道。

BP 石油公司在面临铺天盖地的国际指责后，同意放弃这项权利。在 2012 年，它承认对 11 位海员的死亡承担过失罪，并交出了 40 亿美金的罚款。此外，它还要承担更多的清理成本、民事诉讼、其他一些罚款及处罚等。在 2015 年，BP 石油公司与墨西哥湾沿岸各州和联邦政府就灾害的后果签订了一份 208 亿美元的协议，这使得它承担的总成本高达 560 亿美元，是 7 500 万美元的 747 倍。与当年股东持有的价值 1 060 亿美元的股票相比，这可是不小的一部分。

BP 石油公司的决策是经过计算的，它建立在对漏油风险的估计基础上，并考虑到了 7 500 万美元的赔偿金上限。这个赔偿金上限对企业的风险投资意愿或者安全投资低于最优水平有什么影响？它对企业和社会中的其他个体承担的风险有什么影响？它对企业购买的用以规避原油泄漏成本的保险有什么影响？

　　生活就是一场场的赌博。你会得到一份好工作吗？你能躲开空难、疾病、地震和火灾吗？退休之后你能享受到社会保险吗？明天你会中大奖吗？你的股票会升值吗？

　　本章将把不确定性引入个人和企业的决策模型中，我们要研究不确定性对个人消费决策和企业商业决策的影响。

　　在进行投资或其他决策的时候，需要考虑到各种情况，即各种自然状态（state of nature）下可能出现的结果（outcome）。比如，一家制药企业的药品可能被药监局批准或者驳回，所以这两种自然状态是批准或驳回。和这种自然状态相联系的结果是：如果药品被批准，则制药企业的股票每股为 100 美元；若被驳回，则每股仅为 75 美元。

　　人不能先知先觉，无法准确地预知未来，但是我们能知道哪些结果发生的可能性更大一些。例如，投掷一枚硬币，两种可能出现的结果都是 50％ 的概率。当不确定性可以量化时，常被称为风险（risk）：每种结果出现的可能性是可知的或可以估计的，但没有一种结果是一定会发生的。然而，因为有许多人不能够分辨风险和不确定性，所以我们总是可互换地使用这些术语。本章所有的例子都是可量化的不确定性。[①]

　　消费者和企业根据风险程度的变化来调整他们的消费与投资决策。确实，多数人都愿意花钱买保险或采取预防措施来降低风险。而且，只要想从高风险的投资中获得更高的回报，多数人都会选择一种风险更高而不是更低的投资方式。

　　本章将考察以下 5 个主题：

　　1. 风险评估。概率、期望值和方差都是用来评估风险程度以及从风险活动中盈利的可能性的重要的概念。

　　2. 对风险的态度。无论是管理者还是消费者，人们选择有风险还是无风险的方案取决于他们对风险的态度以及每种方案的期望收益。

　　3. 规避风险。人们会通过如下途径来降低他们的总体风险：不做有风险的选择，采取措施降低灾难发生的可能性，合并可以相互抵消的风险，购买保险，等等。

　　4. 不确定性下的投资。人们是否投资取决于收益的不确定性、期望收益、对待风险的态度、利率以及改变好结果出现的可能性是否值得等因素。

　　5. 关于不确定性的行为经济学。有些人选择包含风险的方案的方式超出了传统经济学的理解，于是研究者开始转向使用一种包含心理因素的新模式。

17.1　风险评估

在美国，谁都有可能成为总统，而这正是你要承担的风险之一。

——阿德莱·史蒂文森（Adlai Stevenson）

---

　　① 当我们没有足够的知识去赋予有意义的概率时，不确定性是无法量化的不同的结果，或者我们甚至不知道可能的结果是什么。如果问"谁愿意 15 年后成为美国总统？"我们大多数人甚至不知道可能的竞选者有哪些，更不用说概率了。

Gregg 正在考虑是否在 7 月 4 日安排一场户外音乐会。预定音乐会是一场赌博：如果天气好，他肯定能赚不少钱；但如果下雨，也会损失一大笔钱。

要分析这个决策，Gregg 需要一种描述和量化风险的方法。一个特殊的事件，如举行户外音乐会，在这里有许多可能的结果，要么下雨，要么不下雨。在决定是否安排音乐会时，Gregg 使用概率来量化每种结果的风险，然后使用这些概率来确定他可以获得的收益。

□ 概率

概率是 0 至 1 之间的某个数字，它表示的是某个特定结果发生的可能性。如果这个结果不发生，它的概率为 0。如果这个结果一定会发生，它的概率为 1。如果在 7 月 4 日有四分之一的可能性下雨，则降雨的概率就是 1/4 或 25%。

Gregg 该如何估计在 7 月 4 日下雨的概率呢？通常情况下，最好的方法是使用频率（frequency），频率会告诉我们过去的不确定事件多久发生一次。否则，就必须使用主观概率，它是基于一些信息（比如有经验的天气预报员的日常"最佳猜测"）对概率的一种估计。

频率

概率是某一结果发生的实际可能性。Gregg 不知道真实的概率，他必须去估计。因为 Gregg 或是天气预报部门知道这么多年来在 7 月 4 日下雨是否频繁，他可以用这些信息去估计今年那一天下雨的概率。

用 n 表示事件中某一特定结果发生的次数，用 N 表示该事件发生的总次数。于是，我们估算频率的 θ 等于：

$$\theta = n/N$$

比如，在过去的 40 年中，7 月 4 日那天下雨有 20 次，$n=20$，$N=40$，得出 $\theta=20/40=0.5$。Gregg 便使用 θ 这个频率作为今年下雨的真实概率。

主观概率

不幸的是，经常没有历史记录可供我们计算频率。比如，日本在 2011 年发生了九级地震，还伴随着海啸和核反应堆危机，这在现代历史上是前所未有的。

尽管事件频繁发生，我们也无法利用频率去计算概率。这就需要我们用已掌握的种种信息来形成一个主观概率（subjective probability），这是我们对某结果发生的可能性做出的最佳判断。

我们可以使用一切可用的信息，甚至包括那些并非基于有意识的科学的估计程序的信息。如果 Gregg 提前几个月计划这场音乐会，他对下雨概率的最佳估计是基于过去下雨的频率。不过，当这个活动临近的时候，天气预报员会给他一个最佳的估计，这个估计考虑到大气条件以及历史上的下雨频率的信息。这个天气预报员个人的判断加上观察到的频率来估计概率，因此这是一个主观概率。

概率分布

概率分布（probability distribution）与每一种可能结果的出现概率有关。图 17.1 (a) 给出了 5 种可能结果的概率分布：在某个相对干旱的城市中，每月有 0～4 个雨天。在一个月中，没有雨天和正好出现 4 个雨天的概率均为 10%，出现 2 个雨天的概率为

40％，出现 1 个雨天和 3 个雨天的概率均为 20％。一个月中超过 5 个雨天的概率为 0。

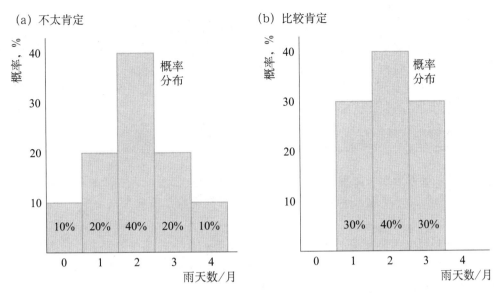

图 17.1　概率分布

概率分布表示的是每一种互相独立的结果发生的可能性。图（a）给出了 5 种可能结果的概率分布。每月正好有 2 天下雨的概率是 40％。超过 4 个雨天的概率是 0。图（a）和图（b）中的概率分布有相同的均值。与图（a）相比，图（b）中的方差要小一些，其概率分布更集中在均值周围。

这些天气的结果是互相独立的——在特定的时间内只有一种结果可能出现，并且是穷尽的——所有可能的结果都列出来了。当结果独立且穷尽时，这些结果中的一个一定会出现，且所有概率相加为 100％。为简单起见，我们只关注那些只有 2 种可能结果的情况。

期望值

> 我发现了一个共性，期望事件发生的可能性比我们预想的要高多了。
>
> ——乔治·W. 布什

赞助商 Gregg 明天安排了一场露天音乐会。[①] 他能赚多少钱要看当天的天气。如果明天是晴天，他将从这场音乐会中盈利 $V=15$ 美元。（如果音乐会让你更开心——它无疑也会让 Gregg 更开心——你可以把本例中的 15 美元想象成 15 000 美元。）如果明天下雨，音乐会就会被迫取消，因为必须支付给乐队一些钱，所以利润为 $V=-5$ 美元。尽管 Gregg 不能确定明天的天气状况，但他知道气象部门预报说明天下雨的可能性为 50％。

Gregg 用关于这两种结果的价值的均值或者平均数作为这场音乐会可能受益的概括性统计。均值或者平均数又被称为期望值（expected value，EV，也就是他的期望利润，expected profit）。期望值 EV 等于每一种可能结果发生时的价值乘以该结果出现的概率[②]：

$$EV = Pr(\text{不下雨}) \times \text{价值(不下雨)} + Pr(\text{下雨}) \times \text{价值(下雨)}$$

---

① 我哥哥 Gregg 是一个成功的音乐会筹办人，下面的故事是另一个 Gregg，他是一个音乐会推广人。

② 如果有 n 种可能的结果，结果 i 的值是 V_i，出现该结果的概率是 Pr_i，则期望值是：$EV = Pr_1V_1 + Pr_2V_2 + \cdots + Pr_nV_n$。

$$= \frac{1}{2} \times 15 + \frac{1}{2} \times (-5) = 5(美元)$$

其中，Pr 代表一个结果出现的概率，所以 Pr（下雨）代表"下雨的概率"。

期望值表示在此事件重复发生的情况下 Gregg 盈利的平均值。如果他几年内多次筹办类似的音乐会，而天气状况也遵循历史模式，会有一半的音乐会不下雨，他每场能赚15 美元，另一半的音乐会会下雨，他每场能赚—5 美元（损失 5 美元）。所以在长期中，他每场音乐会的平均利润是 5 美元。

例题详解 17.1

如果 Gregg 在音乐会之前拥有关于下雨概率的完全信息，而在需要的时候临时就能雇到乐队，那么其期望收入会增加多少？拥有这种完全信息给他带来了多少收益？

解答

1. 如果 Gregg 对每种自然状态拥有完全的信息，确定其盈利的大小。假如 Gregg 确定明天开音乐会的时候下雨，他就不会提前联系乐队，这样既不会有损失也不会有利润。如果他确定不会下雨，他会举行音乐会并赚 15 美元。

2. 确定 Gregg 在准确知晓天气状况之前的期望收入。Gregg 知道，他将有 50% 的概率挣 15 美元，有 50% 的概率挣 0 美元，所以在拥有完全信息的情况下，他的期望值是：

$$\frac{1}{2} \times 15 + \frac{1}{2} \times 0 = 7.5(美元)$$

3. 完全信息给他带来的收益就是完全信息下的期望收入与不完全信息下的期望收入之差。Gregg 在完全信息下的期望收入大于不完全信息下的期望收入：7.5—5=2.5（美元）。[1]

评论：如果拥有信息没有改变行为，它就没有价值。这个信息对 Gregg 来说很有价值。如果他知道会下雨，他就不会预定乐队。

☐ 方差与标准差

从期望值来看，Gregg 知道如果他预定许多类似的音乐会平均能赚多少钱。然而，期望值并不能概括一场音乐会的风险有多大。

若 Gregg 的收入和下不下雨没关系，他就不面临任何风险，他得到的实际回报就是期望值。如果各种可能的结果彼此不同，他就面临着风险。

我们可以用不同的方法来衡量 Gregg 面临的风险。最常见的方法是使用基于可能结果的值与期望值 EV 的偏离程度。如果不下雨，他的实际收入与期望收入之差是 10（=15—5）美元；如果下雨，这个差是—10（=—5—5）美元。由于存在两种不同的结果（对应于两种自然状态），把它们结合起来形成一种衡量风险的手段比较方便。

一种指标被称为方差（variance），它衡量的是概率分布的情况。例如，在图 17.1（a）中，每个月雨天的概率分布范围是从 0 到 4，在图 17.1（b）中每个月雨天的概率分布范围是从 0 到 3，前者的方差大于后者。

---

[1] 答案可以直接得出。信息的价值就是在雨天不预定乐队所节省下来的钱：$\frac{1}{2} \times 5 = 2.5$（美元）。

从形式上看，方差是观察结果与期望值之差的平方的概率加权平均值。[1] Gregg 从室外音乐会上获得的收入的方差是：

$$方差 = Pr(不下雨) \times [价值(不下雨) - EV]^2 + Pr(下雨) \times [价值(下雨) - EV]^2$$

$$= \frac{1}{2} \times (15-5)^2 + \frac{1}{2} \times (-5-5)^2$$

$$= \frac{1}{2} \times 10^2 + \frac{1}{2} \times (-10)^2 = 100(美元)$$

表 17.1 介绍了计算从音乐会中获得利润的方差的步骤。第 1 列列举了 2 个结果：下雨或不下雨。第 2 列给出了概率。第 3 列是每个结果的价值或利润。第 4 列计算出了第 3 列的值与期望值 $EV = 5$ 美元之间的差。接下来的第 5 列对这些差进行平方处理，即求平方差。最后一列把这些平方差与第 2 列的概率相乘。这个平方差的概率加权之和 100 美元就是方差。

经济学家和商人常用标准差（standard deviation）而不是方差来描述风险的大小。标准差是方差的平方根，常用符号 σ 来表示，因此方差的符号就是 σ^2。对室外音乐会来说，方差 $\sigma^2 = 100$ 美元，标准差是 $\sigma = 10$ 美元。

表 17.1　　　　　　　　　　　　　方差与标准差：对风险的衡量

结果	概率	价值	差额＝价值－5 美元	平方差	平方差×概率
不下雨	1/2	15 美元	10 美元	100 美元	50 美元
下雨	1/2	−5 美元	−10 美元	100 美元	50 美元
				方差	100 美元
				标准差	10 美元

17.2　对风险的态度

如果给定 Gregg 举办音乐会的风险，他还会举办这场音乐会吗？我们需要先了解他对风险的态度才能回答这个问题。

☐ 期望效用

如果 Gregg 不关心风险，那么不管风险有多大，他都会根据音乐会的期望值（利润）来决定是否开音乐会。然而大多数人关心的是风险和期望值。事实上，大多数人是厌恶风险的，他们不喜欢风险。与低风险的选项相比，只有高风险选择的期望值足够大的时候，他们才会选择它。

我们需要一种正式的方法来进行期望值和风险间的选择，以确定风险较高的选择的期望值是否大到能证明其高风险是合理的。最常用的方法是对效用最大化模型的扩展。在第 4 章中，我们注意到，利用效用函数就可以描述个体对各种商品组合的偏好情况。约翰·冯·诺依曼和奥斯卡·摩根斯坦（John von Neumann and Oskar Morgenstern，

---

[1]　有 n 种可能的结果，期望值是 EV，每种结果 i 的值是 V_i，每种结果的概率是 Pr_i，则方差为：$Pr_1(V_1 - EV)^2 + Pr_2(V_2 - EV)^2 + \cdots + Pr_n(V_n - EV)^2$。在方差的计算过程中，对期望值偏离越大，赋予的权重就越高。

1944）认为，可以把风险纳入这个标准的效用最大化模型中。[1] 这个方法用来说明人们对风险的偏好如何影响他们在期望值和风险各不相同的选项中的选择，比如职业选择、接受的合同类型、在哪里建厂、是否购买保险以及购买哪些股票等。

在这个模型中，我们假设个体知道每个可能结果的值和它发生的概率。一个理性的人会最大化期望效用，期望效用是各种可能结果的效用的概率加权平均值。比如，Gregg 从推广音乐会中获得的期望效用 EU 是：

$$EU = Pr(不下雨) \times U(价值(不下雨)) + Pr(下雨) \times U(价值(下雨))$$
$$= \frac{1}{2} \times U(15) + \frac{1}{2} \times U(-5)$$

其中，他的效用函数 U 取决于他的收入。例如，$U(15)$ 是 Grogg 从 15 美元的收入中获得的效用。[2]

简而言之，期望效用的计算和期望值的计算相似。二者都是加权平均，而且权重是某种自然状态发生的概率（Pr）。数学上的区别在于，期望值是货币价值的概率加权平均值，而期望效用是源自货币价值的效用的概率加权平均值。重要的经济差异在于期望效用捕获了风险和价值之间的权衡，而期望值只考虑价值。

如果我们了解了个人效用随着财富的变化而变化的情况，就可以确定这个人对风险的态度。我们把有风险的情况称为赌博。例如，如果 Gregg 把他的音乐会安排在户外，他就是在打赌不会下雨。我们的分类标准是基于人们是否愿意参与公平赌局（fair bet）：期望值为零的赌博。公平赌局的一个例子是抛硬币：如果正面朝上你就得掏出 1 美元，如果背面朝上你就得到 1 美元。由于你预计一半的情况下你会赢，一半的情况下你会输，所以这个赌局的期望值为 0：

$$\frac{1}{2} \times (-1) + \frac{1}{2} \times 1 = 0$$

相反，如果赌局变为输了就掏出 2 美元，赢了就得到 4 美元，这就是一个对你有利但不公平的赌局，其期望值为：

$$\frac{1}{2} \times (-2) + \frac{1}{2} \times 4 = 1(美元)$$

不愿意参与公平赌局的人属于风险厌恶型（risk averse），对于公平赌局感到无所谓的人属于风险中性型（risk neutral），而风险偏好型（risk preferring）的人则愿意参与公平赌局。[3]

□ 风险厌恶

大多数人是风险厌恶者。我们可以用期望效用模型研究属于风险厌恶型的 Irma 如何在不确定的情况下进行选择。图 17.2 给出了 Irma 的效用函数。效用函数凹向财富轴，表明 Irma 的效用随着财富的增加而增加，但增幅递减。[4] 也就是其财富的边际效用递减：多增加 1 美元的财富所带来的满足程度比前 1 美元所带来的小。效用函数凹向财富轴的

---

[1] 这种处理不确定性条件下选择的方法是最常用的方法。Schoemaker（1982）讨论了这种方法背后的逻辑、证据和几种变形。Machina（1989）介绍了一些替代的方法。在这里我们把效用作为一个可以基数测量而不仅仅是只能序数衡量的指标。

[2] 人们对所消费的商品有偏好。然而为了简单起见，我们会说一个人从可以用于消费商品的收入或财富中获得效用。

[3] 术语提示：风险喜好（risk loving）和追求风险（risk seeking）是风险偏好的常见同义词。

[4] Irma 关于财富 W 的效用函数是 $U(W)$。财富增加，边际效用为正，即 $dU(W)/dW > 0$，不过，效用是按一个递减的比率在增加，即 $d^2U(W)/dW^2 < 0$。

人属于风险厌恶型的，现在来证明这一点。

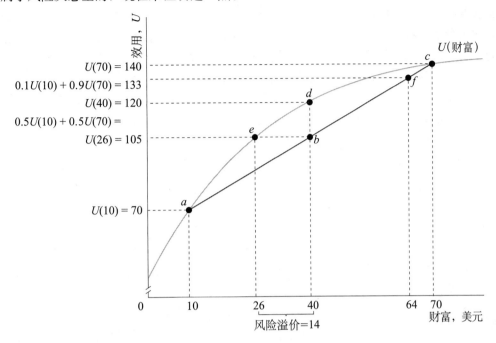

图 17.2 风险厌恶

起初，Irma 的财富是 40 美元，她的效用是 $U(40)=120$，即 d 点。如果她购买股票，其价值为 70 美元，效用达到 c 点，$U(70)=140$。如果她购买的股票价值只有 10 美元，效用在 a 点，为 $U(10)=70$。如果她认为股票价值为 70 美元的主观概率是 50%，那么她购买这只股票的期望效用是 b 点，即 $0.5U(10)+0.5U(70)=105$，这小于她拥有 40 美元财富的期望值，即 $U(40)=120$，所以她不会购买股票。要是认为股票价值为 70 美元的主观概率有 90%，她购买这只股票的期望效用是 f 点，即 $0.1U(10)+0.9U(70)=133$，这个值大于她拥有 40 美元财富的效用（120）即 d 点，所以她会购买这只股票。

不愿意参加公平的赌局

假设 Irma 初始的财富是 40 美元，她有两个选择：一个是留着这些钱什么也不做，她的效用肯定为 $U(40)=120$（图 17.2 中 d 点的高度）。另一个是购买一家新创建的公司的股票。如果运营成功，财富变成 70 美元；如果失败，只有 10 美元。

Irma 对该公司成功的主观概率是 50%，她的期望财富依然是：

$$40(美元)=\frac{1}{2}\times 10+\frac{1}{2}\times 70$$

因此，购买股票是一个公平的赌局，因为无论她是否购买股票，她都拥有相同的期望财富。

如果 Irma 是风险中性的，她只关心自己的期望值而不关心风险，她会觉得买不买股票无所谓。但由于 Irma 是风险厌恶的，她更倾向于不买股票，因为两种选择的期望财富相同，而购买股票的风险更大。

我们可以证明，Irma 更愿意保留原来的财富而不买股票，因为这个选择的风险小。如果股票表现良好，她的效用是 $U(70)=140$，即 c 点。如果股票表现不好，效用是 $U(10)=70$，即 a 点。这样一来，她的期望效用是：

$$\frac{1}{2}\times U(10)+\frac{1}{2}\times U(70)=\frac{1}{2}\times 70+\frac{1}{2}\times 140=105$$

她的期望效用在 b 点，即线段 ac（被称为弦）的中点。由于 Irma 的效用曲线是凹的，所以她拥有一定财富的效用 120（d 点）大于从风险行为中获得的效用 105（b 点）。最终她不会购买股票，购买股票是一个公平的赌局，没有改变她的期望财富，但增加了风险。因此，由于效用函数是凹的，Irma 不愿参与公平的赌局，也不愿承担风险。效用函数为凹函数的人在两种选择期望值相同的情况下会选择风险小的那个。

只有在期望值非常高的情况下，风险厌恶者才愿意选择一个风险高的方案。如例题详解 17.2 所示，如果 Irma 对股票价值更有信心，期望值就会增加，她也就会购买股票。

例题详解 17.2

假设 Irma 对股票表现良好的主观概率是 90%，她购买这只股票的期望财富是多少？她的期望效用是多少？她会买这只股票吗？

解答

1. 计算 Irma 的期望财富。她的期望值或期望财富等于：股票崩盘的概率 10% 乘以这种情况下股票的价值，加上股票表现良好时的概率乘以此时股票的价值，即：

$$0.1 \times 10 + 0.9 \times 70 = 64（美元）$$

在图 17.2 中，64 美元是 f 点在财富轴上的投影到原点的距离。

2. 计算 Irma 的期望效用。她的期望效用是两种结果下的效用的概率加权平均值：

$$0.1 \times U(10) + 0.9 \times U(70) = 0.1 \times 70 + 0.9 \times 140 = 133$$

她的期望效用是 f 点在效用轴上的高度。线段 af 的长度是线段 ac 长度的 9/10。

3. 比较 Irma 的期望效用和不购买股票时的确定效用。Irma 购买股票的期望效用 133（f 点）大于她不购买股票时的确定效用 120（d 点）。因此，如果 Irma 相信这只股票表现良好，她就会购买。虽然买比不买时的风险要大，但她的期望财富很高（64 美元而不是 40 美元），足以让她觉得冒险是值得的。

风险溢价

风险溢价（risk premium）是决策者为避免承担风险而支付的最高金额，它也同样是决策者愿意承担风险所需的最低额外补偿（premium）。

我们可以用图 17.2 来确定 Irma 的风险溢价，她持有的股票的价值有 50% 的概率为 70 美元，有 50% 的概率为 10 美元。风险溢价是她从风险股票中获得的预期财富与被称为确定性等价的财富之间的差额，后者是肯定持有的财富，会产生与这种不确定的前景相同的效用。

Irma 持有股票的期望财富是 40 美元，相应的期望效用是 105。确定性等价的收入是 26 美元，因为如果确定持有 26 美元的财富，她的效用也是 105：$U(26) = 105$。这和她持有股票的期望效用相同。所以她会认为持有股票还是以 26 美元的价格出售股票没有差别。她的风险溢价，即不确定性前景的期望值与确定性等价之间的差：$40 - 26 = 14$，如图所示。

应用案例

股市的风险溢价

随着时间的推移，大多数股票的价值比债券波动大。因为股票比债券的风险大，如果两者都要在市场上卖给厌恶风险的投资者，在投资者计划持有这些投资品的期间内，投资股票的回报率必须超过投资债券的回报率。这种更高的回报是投资者对股票的风险溢价。

例如，美国政府债券基本上不存在美国政府违约的风险。如图 17.2 所示，投资者只有在股票的风险溢价高于无风险的美国政府债券时才会购买股票。也就是说，只有当股票的期望收益超过债券的收益时，投资者才会购买股票。

2014 年，标准普尔 500 指数成分股的回报率为 13.5%，超过了 10 年期美国国债 10.8% 的回报率。然而，股票并不总是能跑赢安全的政府债券。2015 年，标准普尔 500 指数成分股的回报率为 1.4%，与债券 1.3% 的回报率几乎持平。此外，股票在 2008 年和 2011 年的表现远逊于债券（股票分别为 -36.6% 和 20.1%，债券分别为 2.1% 和 16.0%）。

尽管如此，股票在较长时期内的回报率更高。在 1966—2015 年的 50 年间，标准普尔 500 指数成分股的平均年回报率为 11.0%，长期债券为 7.1%。[①]

□ 风险中性

风险中性者对是否参与公平的赌局感到没有差别。对于他们来说，财富的边际效用是不变的：增加 1 美元的财富所带来的满足程度与前 1 美元所带来的相同。由于财富的边际效用不变，所以在效用-财富图中，效用曲线是一条直线。因此，一个风险中性者的效用只取决于财富，而不是风险。

假设 Irma 是个风险中性者，其直线形效用曲线如图 17.3（a）所示。如果她的主观概率是 50%，那么她在购买股票和肯定获得 40 美元财富之间没有差异。购买股票的期望效用是 a 点和 c 点效用的平均值：

$$\frac{1}{2} \times U(10) + \frac{1}{2} \times U(70) = \frac{1}{2} \times 70 + \frac{1}{2} \times 140 = 105$$

她的期望效用正好等于 40 美元确定的财富带来的效用（b 点），原因在于，连接 a 点和 c 点的线段也在效用曲线上，且 b 点是其中点。

这里，Irma 对于是否参与这个公平赌局感觉无差异，她不在意承担多少风险，两种选择的期望财富均为 40 美元，所以这两个选择对她来说是一样的。

一般来说，风险中性者会选择期望值最高的方案，实现期望值最大化能带来效用最大化。在风险不同的方案中，风险中性者会选择期望值稍高一点的有风险的方案。也就是说，对于风险中性者而言，风险溢价为零。

□ 风险偏好

风险偏好者的财富的边际效用是递增的，他愿意参与公平赌局。如果 Irma 的效用曲线如图 17.3（b）所示，她就是个风险偏好者。购买股票的期望效用 105（b 点）大于不购买股票而拥有 40 美元确定财富的效用 82（d 点）。所以，她会选择购买。

风险偏好者愿意为参与公平赌局支付一定的金额（风险溢价为负）。如图 17.3 所示，

---

① 这个时期每年平均通货膨胀率为 4.2%，经通胀调整后，标准普尔 500 指数成分股的年均实际收益率为 6.9%，美国政府的长期债券的年均实际收益率为 3.0%。

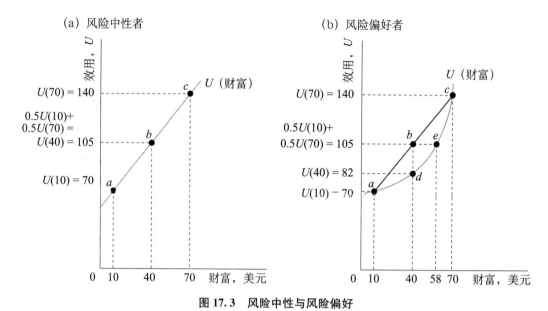

图 17.3　风险中性与风险偏好

　　(a) 如果 Irma 的效用曲线是直线，她就是个风险中性者，对是否参与公平赌局感觉无差异，其购买股票的期望效用 105（b 点）与拥有固定财富 40 美元的效用（b 点）相同。(b) 如果 Irma 的效用曲线凸向横轴，其财富的边际效用递增，她就是个风险偏好者，会选择购买股票，因为购买股票的 期望效用 105（b 点）大于拥有固定财富 40 美元的效用 82（d 点）。

Irma 购买股票的期望效用与她肯定拥有 58 美元财富的效用相同。考虑到其初始财富为 40 美元，如果你给她提供一个购买股票的机会，或给她 18 美元，对她来说是一样的。如果给她的钱少于 18 美元，她会更愿意选择购买股票。

应用案例

赌博

　　多数人都说他们不喜欢承担风险。[①] 跟这种说法一致的是，大多数消费者用购买汽车、住房、医疗和其他形式的保险的方式来减少他们面临的风险。但这些人中也有很多会参与赌博。

　　据估计，2015 年全球博彩业的收入为 915 亿美元。世界上超过一半的国家都有彩票。

　　很多人不仅赌博，还参与不公平的赌局。所谓的不公平，是指赌博的期望值为负。也就是说，如果他们反复参与的话，从长期来看，很可能会赔钱。例如，英国政府把总赌注的一半放在彩票上。美国人输掉了所有合法赌博的 7%。

　　《华尔街日报》的一项研究显示，网络赌客在下注的日子里有 30% 的时间是赢钱的，但在两年内只有 11% 的时间是盈利的（其中大多数人的获利都少于 150 美元）。那些最常下注的前 10% 的人中，95% 的人都赔钱。

---

　　① 以下有关赌博的讨论并不是要鼓励你去赌博。例如，关于 Powerball 彩票有一点一定要记住，这是一种你买一张然后中奖的概率（约 1.85 亿分之一）和你不买但也能中奖的概率相差无几的彩票，二者的概率都是零。

人们为什么要参与不公平的赌局？有些人赌博是因为他们喜欢冒险，或者是因为他们有赌博的冲动。[1] 然而，这两种观察结果都不能解释参与非强迫性赌博的人在生活的其他方面所表现出的风险厌恶行为（如购买保险）。厌恶风险的人也可能会参与不公平的赌局，要么是因为他们从中获得了快乐，要么是因为他们错误地认为赌博对他们有利。

第一种解释是，赌博既有风险，也是一种娱乐。厌恶风险的人为他们的财产投保（比如房子），因为他们不想承担偷窃、洪水和火灾的风险。但这些人可能会玩扑克或赌马，因为他们从这些游戏中获得了很多快乐，让他们足以忍受财务风险和预期的损失。

许多人确实喜欢碰碰运气。一项调查发现，65％的美国人说，他们玩的是碰运气的游戏，即使这些游戏不涉及或者只涉及微不足道的金钱。也就是说，他们玩是因为他们喜欢游戏。参与有可能获胜的游戏以及由大奖产生的满足感和兴奋感要比失败带来的负面情绪大得多。

第二种解释是，人们可能因为犯错而赌博。[2] 他们要么不知道真实的概率，要么不能正确计算期望值，所以他们没有意识到自己在参与一场不公平的赌局。一些赌徒只是过于自信：他们高估了自己获胜的可能性。

17.3 规避风险

> 如果绝大多数意外事故都发生在家里，为什么不搬出去呢？

风险厌恶者都想消除或降低他们面临的风险。风险中性者回避对他们不利的不公平赌局，即便是风险偏好者，遇到极不公平的赌局也会躲得远远的。个人可以有选择性地规避高风险活动，但是想完全规避所有风险是不可能的。比如，财产所有者始终面临着财产被损毁、盗窃或烧毁的可能，但他们能够通过利用信息、多样化或是购买保险的方式降低这些不利事件发生的概率。

☐ 拒绝参与

规避风险的最简单方法是不参与有风险的活动。没有人强迫你买彩票、从事高风险的职业，或者购买一家新创立的生物技术公司的股票。如果你用的某个牌子的产品带有质保而同类其他品牌的产品没有，那么购买有质保的产品就会降低你的风险。

即使不能同时规避所有的风险，你也可以采取措施来降低不良状态出现的概率或可能招致的各种损失的程度。比如，你可以按照厂商的建议来维护汽车，降低汽车出故障的概率。锁好家门可以减小电视机被盗的可能性。处理掉你积攒了 4 年的报纸会降低房子着火的可能性。2015 年，杜邦先锋公司（DuPont Pioneer）推出了一种玉米种子，该

---

[1] Friedman 和 Savage（1948）认为，有些赌徒是风险厌恶者，只会小赌；而风险偏好者会参与大赌，如彩票。

[2] 经济学家知道如何计算期望值，他们大多数的兴奋主要来自经济模型，但他们显然更不可能参与赌博。许多年前，一个经济学家协会在内华达州雷诺市召开会议。雷诺市的酒店之所以收取较低的房费，是因为他们认为客人的赌博损失会让他们大赚一笔。不过经济学家们很少参与赌博，以至于被要求不要再来了。

公司声称，这种种子比传统的种子更抗旱，农民通过种植它可以减少干旱的风险。

□ 获得和利用信息

如例题详解 17.1 所示，在行动之前收集准确的信息是降低风险、提高期望值和期望效用的最重要方法之一。具备了相关的信息后，你可能就不会做出冒险的选择，或者说，你就能够采取行动来降低灾难发生的概率或损失的规模。

在买汽车或冰箱之前，许多人翻阅《消费者报告》来确定某个品牌的产品可能需要维修的频率。类似地，在决定新工厂的位置之前，谨慎的管理者也会收集不同地区有关犯罪率、火灾风险和其他潜在危险的各种信息。

□ 多样化

尽管听起来可能有些自相矛盾，但个人和企业常常通过进行多项而不是单独一项风险投资来降低他们整体的风险水平。这种做法叫作风险分担（risk pooling）或多样化（diversifying）。你的祖父母可能是这么说的："不要把所有鸡蛋都放在一个篮子里。"

相关性与多样化

多样化能在多大程度上降低风险取决于各种投资的回报之间是否相关或者同向变动。[①]如果两个投资正相关，则一个绩效好，另一个的绩效也会变好；如果两个投资负相关，则一个绩效好，另一个就绩效差；如果两个投资的绩效各自独立变动，也就是没有能够按照预期的方向变动，则说明二者无关。

如果两个投资完全负相关，那么多样化就能消除风险。假设两家企业正在为获得一份政府合同而竞争，每家企业赢得合同的概率相等。因为只有一家企业能赢，另一家肯定会输，所以这两个投资是完全负相关的。你可以购买任何一家企业价值为 20 美元的一股股票。赢得合同的企业的股票会增值到 40 美元，而输掉合同的企业的股票会贬值到 10 美元。

如果你购买同一家企业的两股股票，那么在合同确定归属后，你的股票将值 80 美元或 20 美元。因此期望值为：

$$EV = \frac{1}{2} \times 80 + \frac{1}{2} \times 20 = 50$$

方差是：

$$\sigma^2 = \frac{1}{2} \times (80 - 50)^2 + \frac{1}{2} \times (20 - 50)^2 = 900$$

但是，如果你各购一股，不管哪家企业赢得合同，你的两股股票都将值 50 美元，方差为 0。由于投资的是负相关的股票，因此风险已经被完全去除了。

即便两个投资是不完全负相关的，多样化也可以降低风险。实际上，一种负相关的关系对投资来说甚至是不必要的。即便两个投资不相关，或者不完全是正相关的，多样化也可以降低风险，只不过降低的程度没有完全负相关的时候那么明显罢了。在后一种情况下，多样化可以完全消除风险。

---

① 两个随机变量 x 和 y 之间的相关性的度量是 $\rho = E\left(\frac{x-\bar{x}}{\sigma_x} \frac{y-\bar{y}}{\sigma_y}\right)$。其中，$E(\cdot)$ 表示取括号中项的期望，$\bar{x}$ 和 $\bar{y}$ 是平均值（期望值），而 σ_x 和 σ_y 分别是 x 和 y 的标准差。这种相关性可以在 -1 和 1 之间变化。如果 $\rho = 1$，这些随机变量是完全正相关的；如果 $\rho = -1$，它们是完全负相关的；如果 $\rho = 0$，它们是不相关的。

中级微观经济学（第八版）

现在假设两家企业都有 50% 的可能赢得政府合同，而且一家企业是否赢得合同并不影响到另一家企业赢得合同。因此，两家企业的股票价值不相关，每家企业的股票价格均有 1/2 的概率为 40 美元，有 1/2 的概率为 10 美元。各家企业的股票都值 40 美元的概率是 1/4，一只股票值 40 美元而另一只值 10 美元的概率是 1/2，两只股票都值 10 美元的概率是 1/4。如果你分别购买一股，这两股的期望值就是：

$$EV = \frac{1}{4} \times 80 + \frac{1}{2} \times 50 + \frac{1}{4} \times 20 = 50$$

方差是：

$$\sigma^2 = \frac{1}{4} \times (80 - 50)^2 + \frac{1}{2} \times (50 - 50)^2 + \frac{1}{4} \times (20 - 50)^2 = 450$$

该期望值和购买一家企业的两股股票的期望值相同，但方差只有后者的一半。所以，当价值不相关的时候，多样化降低了风险。

即使各种投资之间属于不完全正相关，多样化也可以降低风险。如果两种投资是完全正相关的关系，多样化就不会降低风险。例如，如果政府只向两家公司授予合同或对两家公司都不授予合同，则风险是完全正相关的。不管你是购买一家公司的两股，还是两家公司各买一股，股票的期望值和方差是一样的。

通过共同基金分散投资

考虑到大多数公司的股票价值与其他股票的价值并不是完全正相关的，购买多家公司的股票比只购买一家公司的股票更可能降低风险。投资者可以同时有效持有多家公司股票的方法是购买股票共同基金。持有基金公司发行的股票相当于买了很多公司的股票。

一些共同基金是基于标准普尔 500 只股票的综合指数，这是 500 家大企业的市值的加权平均值。标准普尔的 500 家公司仅占美国全部公开交易的公司的 7%，但市值占美国股票市场总市值的 80%。一些共同基金甚至覆盖了更多的股票。Wilshire 5 000 指数投资组合最初包括 5 000 只股票，现在包括的更多，它试图将美国市场上所有公开发行的股票全部包括进来，包括新发行的。还有一些共同基金是以债券为基础的，或者是股票、债券等投资的混合。

如果股票之间的价格变动互不相关，共同基金就可以用多样化的方式降低投资者的风险。不过，股票型共同基金有一个全市场风险，这是一种对整个市场来说都相同的风险。当经济扩张时，几乎所有股票的价格都上涨；当经济收缩时，差不多所有股票的价格都下跌。购买多样化的股票型共同基金不会让你免受与经济变化相关的系统性风险，这种风险对大多数股票的影响都相同。

应用案例

失败的多样化

愚蠢的是，许多企业员工未能实现投资组合的多样化。他们的大部分财富都与雇主的股票挂钩。管理者和其他公司员工可能会获得股票分红，但他们不会出售。对于还有一些人，雇主会将他们在公司 401（k）退休计划中的投资与公司股票挂钩。[1] 另有一些

---

[1] 401（k）计划是企业为员工经营的退休计划。通过投资 401（k）计划，员工可以推迟为他们的投资和回报缴税，直到他们在 59.5 岁后开始提取资金为止。

人会自愿投资，以示忠诚。

如果公司倒闭，这些员工不仅会失去工作，还会失去他们退休投资组合的大部分价值，就像 Radio Shack 在 2015 年宣布破产时所发生的那样。这很具有代表性。Duan 等（2015）分析了 729 家陷入困境的大型上市公司 20 年来的数据。他们发现，即便在企业经营的困难时期，员工也相对稳定地持有公司股票。

在 2007 年的萧条初期，参加 401（k）退休计划的大公司员工中，几乎每 5 个人中就有 2 个把 20% 或更多的钱投资在了自己公司的股票上。[①] 大约六分之一的参与者投资了 50% 或更多。平均来看，这些资金占公司股票总额的 16%。

工人持有母公司这么高比例的股票是很危险的。投资公司贝尔斯登在 2008 年初面临破产时，员工持有该公司三分之一的股票。美国政府对其进行了救助，但其 2008 年的股价跌至 2007 年 12 月的 10%。如果贝尔斯登的一名员工的 401（k）在 2007 年底向标准普尔 500 指数基金投资了 10 万美元，到 2008 年第一季度末，该笔投资的价值将降至 90 760 美元。但是，如果这名员工将 16% 的资金投入贝尔斯登的股票，这笔投资就会跌至 77 838 美元。更糟糕的是，如果所有的资金都投在贝尔斯登的股票上，401（k）就只值 1 万美元了。

因此，许多投资顾问建议在雇主公司的股票上投资不要超过 5%。随着参与者教育程度的提高，以及一些公司就员工在养老金计划中对自家公司股票的投资加以限制，雇主公司股票在养老金计划中的比例不断下降。2013 年，只有 39% 的公司在员工退休计划中将公司股票作为投资选项。根据 Pensions & Investments 对美国最大退休计划的调查，公司股票中养老金资产的平均比例从 2005 年的 26.1% 降到了 2014 年的 15.6%。

☐ 购买保险

> 我对寿险代理人深恶痛绝：他们总说有一天我会死，可事实并非如此。
>
> ——斯蒂芬·利科克（Stephen Leacock）

个人和组织也可以通过购买保险来避免或减少风险。正如我们已经看到的，厌恶风险的人愿意为规避风险而付费（风险溢价）。保险公司恰好满足了大家降低风险的需求，它可以为购买保险的任何人承担风险。很多厌恶风险的个人和企业都购买保险，这也导致保险业规模庞大：2012 年全球保险收入超过 4.613 万亿美元，超过全球 GDP 的 6%。[②]

保险购买数量的决定

许多个人和企业购买保险是为了将他们面临的部分或全部风险转移给保险公司。厌恶风险的个人或企业向保险公司支付保险费，一旦坏结果出现（如生病、发生事故或因盗窃或火灾造成财产损失），保险公司就会赔偿钱给投保人。

因为 Scott 厌恶风险，他想为他价值 500 的商店投保。他的商店明年发生火灾的可能

---

① 401（k）计划是企业根据《国内税收法典》（Internal Revenue Code）401 条款（第 k 段）为员工运营的退休计划。在 59.5 岁提取收入之前，员工可以延迟为他们的投资收益缴税。

② 基于 http://www.insurancejournal.com/news/international/2013/06/26/296846.htm 和 http://www.plunkettresearch.com/insurance-risk-management-market-research/industry-overview。

性是 20%。一旦发生火灾，这家商店将一文不值。

如果不投保，这家店的期望值是：

$$EV = 0.2 \times 0 + 0.8 \times 500 = 400$$

Scott 面临很大的风险，商店价值的方差是：

$$\sigma^2 = 0.2 \times (0-400)^2 + 0.8 \times (500-400)^2 = 40\,000$$

现在，假设有一家保险公司提供公平的保险（fair insurance）：保险公司和投保人之间的赌局，该赌局对投保人的价值为零。也就是说，这个保险是一个公平的赌局。Scott 每向保险公司支付 1 美元（风险溢价），发生火灾时，保险公司会赔付他 5 美元。所以，如果没发生火灾，就损失 1 美元；如果发生火灾，会多得 4（＝5－1）美元。[1] 因为 Scott 是风险厌恶者，保险是公平的，他想通过购买足够的保险来完全消除他的风险。也就是说，他希望购买公平的保险，使他在两种自然状态下境况都一样好。他支付了 x 大小的保险费，如果没有发生火灾，他有 $500-x$ 可用；如果发生火灾，他有 $4x$。$500-x=4x$，或者 $x=100$。[2] 如果没有发生火灾，他将支付 100 的保险费，并以 400 的净值拥有一家价值 500 的商店。如果真的发生火灾，Scott 支付 100，但从保险公司得到 500，净价值是 400。因此，两种情况下 Scott 的财富都是 400。

虽然完全公平保险下的期望值与无保险时的期望值相同，但无保险时的方差从 40 000 下降到有保险时的 0。Scott 拥有完全公平的保险会更好，虽然期望值相同，但没有风险。如果保险是公平的，厌恶风险的人总是想要完全保险。

有时保险公司会对所提供的保险金额加以限制。例如，保险公司可以为 Scott 提供公平保险，但最多只能赔付 400，而不是 500。考虑到这个限制，Scott 会尽其所能购买最大数额的公平保险。

例题详解 17.3

当地政府向 Scott 的房子征收 20 单位的财产税。假设不论是否发生火灾，都要缴税，则 Scott 所购买的公平保险是多少？如果只有在房子不发生火灾的情况下才需要缴税，他所购买的公平保险又是多少？

解答

1. 确定房子投保前的税后期望值。如果始终需要缴税，房子的期望值是：

$$380 = 0.2 \times (-20) + 0.8 \times 480$$

如果只在不发生火灾的情况下才需要缴税，房子的期望值是：

$$384 = 0.2 \times 0 + 0.8 \times 480$$

2. 如果两种情况下都需要缴税，计算 Scott 购买的公平保险金额。因为 Scott 是一个风险厌恶者，他想要完全保险，这样他的房子的税后价值在两种自然状态下都是一样的。如果始终要缴税，他支付的 x 要满足 $500-x-20=4x-20$，因而 $x=100$。如果发生火灾，他的净资产是 $500-100-20=380$。如果发生火灾，保险公司赔付 500，或者在保险

---

[1] 根据保险业的惯例，我们使用"保险费"指实际支付的保险金额。保险费与风险溢价不同，风险溢价是一个人为了规避风险而愿意支付的费用。

[2] Scott 的保险合同的期望值为 $0.8 \times (-100) + 0.2 \times 400 = 0$，这说明保险是公平的。

费基础上多支付 400，而且他还要缴税 20，剩下的还是 380。也就是说，无论是否缴税，他所购买的保险都一样多。由于无论处于什么状态，他都要缴税，所以税收不影响他在保险方面的决策。

3. 如果政府仅在火灾发生时才征税，计算 Scott 购买的公平保险金额。根据这个税收规则，Scott 支付 x 使得 $500-x-20=4x$，所以 $x=96$。Scott 向保险公司支付 96，一旦发生火灾可以得到 480。不发生火灾时，他的财富是 $500-96-20=384$。如果发生火灾，保险公司赔偿 480，所以 Scott 的财富是 $480-96=384$。因此，他在两种自然状态下的税后财富相同。

评论： 由于税收系统在坏的自然状态下不会征税，这为 Scott 提供了部分保险，他购买的私人保险（480）少于在两种自然状态下都征税时的保险 500。

公平与保险

面对公平保险，风险厌恶者会选择完全保险。如果保险公司收取的保费高于公平保险的价格，人们就会少买保险。[1]

由于保险公司不提供公平保险，所以大多数人不会选择完全保险。如果保险公司提供公平保险，它就很难经营下去。在公平保险的情况下，保险公司预期赔付的金额等于它收取的金额。由于保险公司有运营费用（维护办公室、打印表格、聘请销售代理等费用），所以提供公平保险的保险公司将亏本。保险公司的保费必须足以弥补这个运营费用，进而所提供给投保人的保险并不公平。

保险公司应该收取多高的保费呢？垄断的保险公司可以收取高达风险溢价的保费，这是人们为了规避风险而愿意支付的金额。例如，在图 17.2 中，Irma 愿意支付不超过 14 美元的金额来购买保险；如果股票涨势不好，这份保险将弥补其损失。个人越是厌恶风险，垄断的保险公司就能收取越高的保费。若市场上有多家保险公司竞争业务，保单价格就会低于风险厌恶者愿意支付的最高价格，但仍然会达到使保险公司足以支付其运营费用的水平。

应用案例

航空保险

任何不能杀死我的航班，都会让我更强大。

许多人害怕飞行：如果飞行是如此安全，为什么他们还把机场叫作"终点"？为了消除这个顾虑，许多公司（如 Travel Guard，TG）为个人航班提供意外死亡保险。如果就在我乘坐班次表上的下一架商业航班前，我付给 TG 25 美元，然后死在这趟航班上，TG 将支付给我的家人 50 万美元。（虽然我可以获得数额大得多的航空旅行险，但让自己对家人的价值高于活着的人，似乎不是一个好主意。）

一架飞机坠毁的可能性有多大？在这个概率下，TG 的保险公平吗？

如果 θ 是我在航班上的死亡概率，在与 TG 的这个赌局上，我家人的期望值是 $\theta \times 500\,000 + (1-\theta) \times (-25)$。为了使保险公平，这个期望值必须是零，如果 θ 等于

---

[1] 正如例题详解 17.3 所示，税法可以抵消这一问题，使一些保险在税后变公平。

0.000 115，保险就是公平的。也就是说，每 8 696 名乘客中有一人死亡。

商业航空公司发生致命空难的危险有多大？根据美国国家运输安全委员会（National Transportation Safety Board）的数据，2002 年、2007 年、2008 年以及 2010 年至 2016 年 6 月，美国国内商业航班均未发生死亡事故。

在 2001 年，这种可能性比以往任何一年都要高得多，因为 9 月 11 日恐怖分子劫持和坠机事件造成机上 525 人死亡，随后航班数量大幅减少。然而，即使在 2001 年，这一概率也只有 0.000 000 77，即 130 万分之一，远低于让 TG 保险成为公平赌局的概率。从 2005 年 1 月到 2016 年 4 月，死亡概率为 0.000 000 010 3，即每 9 700 万名乘客中有一人死亡。

根据这个概率，如果每天都飞，一直持续 100 年，避免致命坠毁的概率是 99.96%；连飞 1 000 年，概率降至 99.62%；连飞 10 000 年，概率降至 96.31%。（对大多数人来说，乘飞机旅行的最大风险是开车往返机场。死于车祸的人数是死于飞机坠毁的人数的两倍多。）

鉴于我死于坠机事故的概率是 $\theta=0.000\ 000\ 010\ 3$，50 万美元保单的公平保费价格是 0.52 美分。因此，TG 提出向我收取的费用是公平费用的 4 808 倍。

如果接受 TG 的好意，我就是一个极度厌恶风险的人。但即便我是个风险厌恶者，最好还是买一般人寿险，它比飞行险便宜得多，也涵盖了各种意外和疾病导致的死亡。

只承保可分散风险的保险

为什么保险公司愿意出售保单而承担风险呢？它把很多人的风险集中起来，使自己承担的风险比任何个人承担的都低。如果一辆汽车被盗的概率与其他汽车是否被盗的情况是不相关的，那么保险公司为一个人承保盗窃险的风险就大大高于为许多人承保的平均风险。

保险公司出售的保单只承保那些可以多样化的风险。如果投保人发生灾难的风险是高度正相关的，保险公司就难以通过持有多份保单来分散风险。战争影响到所有投保人，所以他们面临的结果是完全相关的。因为战争是不可分散的风险（non-diversifiable risk），所以保险公司不会为战争提供保险。

应用案例

有限的自然灾害保险

年复一年，最大的保险损失都是由自然灾害造成的。近年来，许多保险公司开始将一些重大自然灾害视为不可分散的风险，因为这类灾难性事件会导致许多投保人同时受损。随着人们在可能遭受风暴或地震破坏的地区建造更多房屋，保险公司因不可分散风险而遭受的潜在损失也在增加。

1994 年洛杉矶地震后，保险公司向房主赔付了 125 亿美元。农民保险集团（Farmers Insurance Group）报告称，它为洛杉矶地震支付的保费是过去 30 年的 4 倍。

据估计，2005 年的"卡特里娜"飓风造成了 1 000 亿～2 000 亿美元的破坏和重大的生命损失。私营保险公司支付了 410 亿美元，占总损失额的 20.5%～41%。

日本 2011 年发生的 9 级地震及其引发的海啸是历史上代价最大的一次，估计造成的损失为 2 000 亿~3 500 亿美元。然而，由于日本地震保险保障水平较低，保险业仅支付了 350 亿美元，不到总损失的 18%。2016 年日本发生的两次大地震造成至少 100 亿美元的损失，但赔付的保险金仅有 20 亿美元。

2015 年的 353 场灾害中，有 198 场是自然灾害。在 920 亿美元的总损失中，由自然灾害造成的损失约为 800 亿美元。在这些损失中，只有 40% 是由私人或政府赞助的保险公司承担的。此外，对于那年最大的灾难，尼泊尔 7.8 级地震，保险公司只赔付了 100 多亿美元经济损失的 2%。

保险公司现在在世界上许多地方都拒绝提供飓风或地震保险，因为这些风险相对不可分散。当全美保险公司（Nationwide Insurance Company）宣布大幅削减墨西哥湾（Gulf of Mexico）和东海岸（从得克萨斯州到缅因州）新保单的销售时，该公司一名高管解释说："谨慎要求我们努力管理灾难性损失的风险敞口。"

美国政府已经部分取代了私营保险公司的功能。美国国家洪水保险计划主要为得克萨斯州和佛罗里达州的美国人提供保险，防止飓风、热带风暴、暴雨和其他条件引起的洪水。然而国会并没有为该计划提供持续的资金，仅在 2010 年，该计划就至少失败了四次。因此，消费者可能无法指望联邦洪水保险一直有效。[1]

在一些高风险地区，国营保险公司如佛罗里达联合承保协会和加州地震管理局为家庭提供保险。然而，这些保单不仅提供的保护小，费率高，往往是以前可获得的商业保险的 3 倍，而且它们仅对超过特定水平的损害提供赔偿，即所谓的免赔额。

17.4 不确定性下的投资

人们对风险的态度影响他们的投资意愿。在某些情况下，投资者可以花钱改变成功的可能性。

在下面的例子中，垄断企业的所有者决定是否开设一家新的零售店。由于企业是垄断者，所有者的投资收益并不依赖于其他企业的行为，而是来自新的商铺。这样一来，所有者就不需要进行策略性的考虑。所有者知道投资的成本是多少，但不太清楚会有多少人光临这家新店，所以利润存在不确定性。正是因为投资回报的这种不确定性，所有者在投资新店时必须考虑到风险。

我们首先考虑风险中性的所有者 Chris 的决定。因为她是风险中性的，如果公司的期望值因投资而上升，她就会投资。任何增加期望值的行为也一定增加其预期效用，因为她对风险漠不关心。相反，在下一个例子中，Ken 是风险厌恶者，如果投资的风险很大，他可能不会进行投资，尽管这会增加企业的期望值。也就是说，期望值最大化不一定使期望效用也最大化。

---

[1] 反对该计划的一种观点是，这些补贴保险激励人们参与过度的冒险行动，比如在发生洪水概率比较高的地区安家落户。

中级微观经济学（第八版）

□ 风险中性者的投资

垄断企业的风险中性的所有者Chris使用决策树［图17.4（a）］来进行投资决策。图中的矩形称为决策点，表示她必须决定是否投资。圆圈是一个机会点，表示一个随机过程决定的结果（与给定的概率一致）。

如果Chris不开新店，她将一无所得；如果开了新店，她预计有80％的概率会赚200（单位：千美元；下同），有20％的概率会损失100。新店的期望值［见图17.4（a）中的圆圈］为：

$$EV = 0.8 \times 200 + 0.2 \times (-100) = 140$$

因为她是一个风险中性者，与0的收入相比，她更愿意得到140的期望值，所以她会投资。于是矩形中的期望值是140。

（a）风险中性的所有者

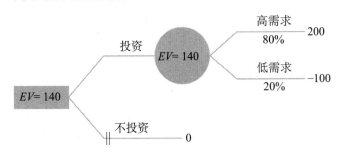

（b）风险厌恶的所有者

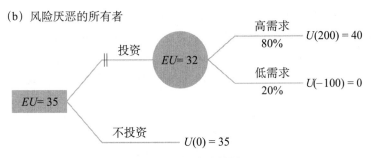

图 17.4 投资决策树

垄断企业的所有者决定是否开设新店。（a）期望值是140，所以风险中性的所有者会进行投资。（b）对这位风险厌恶的所有者而言，不投资的效用大于投资的期望效用，所以他不会投资。

□ 风险厌恶者的投资

Ken是一个风险厌恶者，他面临着与Chris相同的决策。如果投资的期望效用大于不投资的确定效用，Ken就会投资开新店。图17.4（b）给出了一个基于特定的风险厌恶者的效用函数的决策树。圆圈表示Ken投资的期望效用：

$$EU = 0.2 \times U(-100) + 0.8 \times U(200)$$
$$= 0.2 \times 0 + 0.8 \times 40 = 32$$

不投资的确定效用是$U(0)=35$，这大于32。因此Ken不会选择投资。最终矩形中的期望效用（也是确定的效用）为35。

我们一直假设自然决定了各种可能事件的概率。然而，有时候投资者可以花钱来改变概率。风险中性的 Gautam 在考虑是否投资一家新店，如下图所示。在投资之后，他可以花 50（单位：千美元；下同）做广告，增加新店需求旺盛的可能性。如果投资但不做广告，有 40% 的概率赚 100，有 60% 的概率损失 100。他应该投资新商店吗？

解答

1. 如果不做广告，计算出投资的期望值。如果他只投资而不做广告，获利 100 的概率是 40%，损失 100 的概率是 60%。不做广告的期望值是：

$$0.4 \times 100 + 0.6 \times (-100) = -20$$

因此，如果不做广告的话，投资就会赔钱。

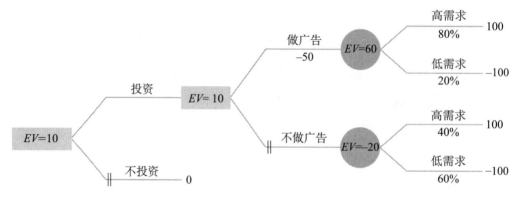

2. 如果做广告，计算出投资的期望值，并且确定他是否应该投资，是否应该做广告。如果做广告的话，获利 100 的概率提高到 80%，因而期望值为：

$$0.8 \times 100 + 0.2 \times (-100) = 60$$

减去广告成本后的期望值是 10（=60-50）。这样，进行投资且做广告要比不投资或只投资不做广告的境况好一些。

▌ 17.5　关于不确定性的行为经济学

许多人在不确定性下做出的选择与期望效用理论的预测不一致。经济学家和心理学家使用行为经济学来解释这些偏离期望效用模型预测的行为，行为经济学是用心理学的观点以及对人类认知和情感偏差的研究扩展理性经济模型，试图更好地预测经济决策。（我们在第 4、11 和 14 章中讨论了行为经济学的其他应用。）

☐ **概率的有偏估计**

人们常常错误地估计了事件发生的概率，导致这种偏误出现的原因有几个，其中包括对因果关系的误读和过度自信等。

"赌徒谬误"

很多人，或者说是大多数人，都存在"赌徒谬误"。

常识性谬误：过去事件会影响当前的独立事件的结果。[①]

假如你参加了一场掷硬币的游戏，游戏是公平的，但已经连续 6 次正面朝上了，下次背面朝上的概率有多大？因为过去的结果不会影响这一次，所以概率仍然是 50%，但是有很多人都认为会出现正面，因为正面出现的概率正大呢，也有一些人认为会出现背面，因为出现背面才"公平"，两种看法都是错误的。

假设罐子里有 3 个黑球和 2 个红球。随便拿出一个，得到黑球的概率是 3/5＝60%。把球放回去再重新拿，得到黑球的概率还是一样。不过，拿到黑球之后若是不放回去，再次抽到黑球的概率就变成了 2/4＝50%。因此，在硬币连续几次正面朝上之后，那些认为会出现背面朝上的人所犯的错误就相当于把"黑球拿出再放回"等同于"拿出不放回"。

过度自信

对于赌博我们避之不及，但还有人愿意参与，一种解释是他们过度自信。例如，Golec 和 Tamarkin（1995）发现，一些足球彩票的爱好者总是参与一些中奖概率极低的赌博，因为他们严重高估了赢取某类奇特赌局（exotic bet）的概率（这是一种同多场比赛结果相关的博彩）。在一项调查中，参赌人认为他们在某一特定的赌博中获胜的概率是 45%，而实际上获胜的客观概率只有 20%。

很少有人能像高中男运动员那么过度自信。许多美国高中篮球和足球运动员认为他们能获得上大学的体育奖学金，但只有不到 5% 的人最终如愿。在这个精英群体中，约 25% 的人希望成为职业运动员，但其实获得成功的人只占 1.5%。[②]

> **应用案例**

有偏估计

> 美国人被一头牛撞死的概率要大于被一只鲨鱼咬死的概率。
>
> ——2015 年，哈珀指数

报纸、电视和电影经常会让人高估奇异事件并低估常见事件发生的可能性吗？报纸当然更喜欢报道"人咬狗"而不是"狗咬人"这样的事。

看过电影《大白鲨》的人在下海前总会情不自禁地想起鲨鱼。2016 年，世界各地的报纸报道了佛罗里达州、南卡罗来纳州、北卡罗来纳州、得克萨斯州、加利福尼亚州、澳大利亚、马达加斯加和巴西海岸的鲨鱼袭击事件。你担心鲨鱼袭击吗？其实你真的不用担心。

2005—2015 年的十年间，美国海域只有 7 人死于鲨鱼攻击：平均每年约 0.6 人。这比坐在豆袋椅里窒息的可能性要小一些。2015 年，27 名美国人死于闪电。每年死于泳池

---

① 有个笑话讽刺的就是认为一个事件会影响另一个独立事件的错误观点。有一个人每次坐飞机都带着炸弹，因为他相信"一架飞机上有一枚炸弹的可能性非常小，所以同时有两枚炸弹的可能性几乎为零"。

② 参见 http://www.ncaa.org/wps/wcm/connect/public/NCAA/Resources/Research/Probability＋of＋Going＋Pro 以及 Rossi 和 Armstrong（1989）的研究。

溺水的人数为 23 人；因汽车撞上鹿而丧生的人数为 211 人；死于摩托车事故的有 2 500 人；死于枪杀的有 11 000 人；全部凶杀案中有 16 000 人丧生；死于车祸的有 34 000 人；死于前列腺癌的有 40 000 人；死于乳腺癌的有 46 000 人；死于癌症的有 500 000 人；与烟草有关的死亡人数为 500 000 人；还有死于心脏病的有 734 000 人。

Benjamin 等（2001）的报告说，如果对各种致命因素发生的频率进行估计，人们总是会高估各种罕见的致命事件，而低估那些更常见的危险因素。相反，如果要求他们就自己所在年龄段因各种原因而导致死亡的数量进行估计，估计的偏误就小之又小。这可不是说人真的知道实际的概率，只是表明他们不会犯系统性的错误。（不过你应该知道，尽管每年的圣诞节假期都有铺天盖地的警告，但并没有人死于食用一品红浆果。）

期望效用理论的违背

经济学家和心理学家已经证明，有些人的选择违背了期望效用理论的基本假设。一类重要的反常行为之所以会出现，是因为在描述或构建选择的方式发生无关紧要的变化时，人们会改变自己的选择，即使潜在的可能性和事件没有改变。另一类违反则是由于对确定性的偏见。

框架

许多人（包括许多经济学家）认为，人们通常是理性的。

常识性谬误：同样的选择无论如何呈现，人们的反应都是一样的。

当问题以等价但不同的形式或结构呈现在人们面前的时候，有些人的偏好会随之改变。Kahneman 和 Tversky（1981）就提出了这样一个问题，如果美国要遭遇一场罕见的疾病（比如禽流感），有 600 个人会因此失去生命。为了应对这场灾难，政府有两个方案可以选择，每种方案的"精确的科学估计"如下：

如果采取 A 方案的话，有 200 个人会得救；

如果采取 B 方案的话，有 1/3 的概率是 600 个人全都可以得救，有 2/3 的概率是一个人也救不了。

让大学生在这其中进行选择的话，72% 的人会选择结果确定的 A 方案，尽管 B 方案的收益和风险都高一些。

另外一组学生被告知要在另外一组方案中进行选择：

如果采取 C 方案的话，有 400 个人将会丧生；

如果采取 D 方案的话，有 1/3 的概率是一个人也没死，有 2/3 的概率是 600 人全部丧生。

这组学生中有 78% 的学生选择了损失大但不确定的 D 方案，而不是损失结果确定的 C。如果人的目标是期望效用最大化的话，这个结果就有些奇怪了：从预期的结果来看，A 方案和 C 方案是相同的，B 方案和 D 方案也是相同的。所以，如果使用期望效用理论的话，这两组方案的选择结果应该是一致的。

研究人员在很多类似的实验中都观察到了这个模式，并把它称为反射效应（reflection effect）：在面对收益和损失的时候，人对风险的态度相反。在涉及收益的选择时，人是风险厌恶者，但在选择中涉及损失的时候，人又往往是风险偏好者。

确定性效应

相对于风险结果而言，很多人会对相对确定的结果赋予过大的权重。这种确定性效应［或者阿莱效应（Allais effect），法国经济学家阿莱首先提出的］可以用 Kahneman 和 Tversky（1979）的一个例子来加以说明。首先，让一群实验对象在如下方案中进行选择：

- 方案 A：以 80% 的概率获得 4 000 美元，以 20% 的概率获得 0 美元。
- 方案 B：肯定获得 3 000 美元。

多数（80%）实验对象会选择方案 B。

其次，再给出一组方案以供选择：

- 方案 C：以 20% 的概率获得 4 000 美元，以 80% 的概率获得 0 美元。
- 方案 D：以 25% 的概率获得 3 000 美元，以 75% 的概率获得 0 美元。

现在，多数（65%）实验对象会选择方案 C。

Kahneman 和 Tversky（1979）发现，多数受访者违背了期望效用理论，他们在第一组方案中选择了 B，而在第二组方案中选择了 C。如果 $U(0)=0$，选择 B 而不选择 A 意味着前者带来的期望效用大于后者，所以 $U(3\ 000)>0.8U(4\ 000)$，或者 $U(3\ 000)/U(4\ 000)>0.8$；在 C 和 D 中选择 C 意味着 $0.2U(4\ 000)>0.25U(3\ 000)$，或者 $U(3\ 000)/U(4\ 000)<0.8(=0.2/0.25)$。这两个选择前后不一致，违背了期望效用理论。

期望效用理论的基础是赌局中每种结果的概率已知，但现实世界往往充满了未知和主观概率。Ellsberg（1961）指出，期望效用理论无法解释一些模棱两可的情况，这时候人们很难为决策的结果赋以权重，他称之为悖论。在两个罐子中，各有红球和黑球共 100 个，你只知道在第一个罐子里，有红球和黑球各 50 个，第二个罐子的红球和黑球的比率不清楚。我们都知道，从第一个罐子拿出一个红球的概率为 50% 和从第二个罐子拿出一个红球的主观概率是一样的。也就是说，不知道第二个罐子中红球和黑球的数量，我们并不能确定拿出红球的概率是大于还是小于 50%。但多数人都偏向于认为从第一个罐子里拿出红球的可能性更大一些。

☐ 前景理论

Kahneman 和 Tversky（1979）的前景理论是另一种关于人在不确定条件下的决策的理论，它解释了某些期望效用理论所不能解释的问题。根据前景理论，人们关注收益和损失（财富的变化），而不是像期望效用理论那样只关注财富本身。人们从一个参照点（财富水平的基点）出发，考虑各种结果相比于参照水平的收益和损失。

期望效用理论和前景理论的比较

我们通过比较人在面对同样境况时在两种理论下的行为来说明这两种理论的差异。Muzhe 和 Rui 的初始财富均为 W。他们面临着一个赌局：有 θ 的概率会赢得 A 美元，有 $1-\theta$ 的概率会赢得 B 美元。比如，A 是负值，代表损失；B 是正值，代表收益。

Muzhe 想最大化自己的期望效用。如果不参与赌局，效用是 $U(W)$；如果参与赌局，期望效用是各种可能的结果乘以各自发生的概率：

$$EU = \theta U(W+A) + (1-\theta)U(W+B)$$

式中，$U(W+A)$ 是参与赌局后 A 结果出现时获得的效用，$U(W+B)$ 是 B 结果出现时获得的效用。他参与这个赌局的条件是，赌博带来的期望效用大于初始财富带来的确定性效用：$EU>U(W)$。

　　相反，Rui 的决策和前景理论一致。她会将赌局和反映当前初始状态（肯定拥有 W）的参照点进行比较，并为参照点赋予权重 $V(0)$，"0"意味着这个结果是确定的，既没有收益，也没受损失。如果出现损失，就会给损失赋予一个负值 $V(A)$；反之，如果获得收益，就给它赋予一个正值 $V(B)$。

　　Rui 要想确定赌博带来的价值是多少，倒是不用像在期望效用理论中那样使用概率 θ 和 $1-\theta$ 求期望值，而只需使用决策权重 $w(\theta)$ 和 $w(1-\theta)$ 即可，其中 w 函数的权重与最初的概率不同。如果人们对罕有事件赋以格外高的权重（参见应用案例"有偏估计"），则低值结果的权重 $w(\theta)$ 就会大于 θ，而高值结果的权重 $w(\theta)$ 就会小于 θ。

　　如果不参与赌局的价值 $V(0)$ 小于参与赌局的价值（两种结果的加权平均值），Rui 就会选择参与赌局：

$$V(0)<w(\theta)\times V(A)+w(1-\theta)\times V(B)$$

因此，无论是在结果的评价还是在权重的设定上，前景理论都不同于期望效用理论。

前景理论的特征

　　为了解开不同选择的奥秘，前景理论的值函数 V 有着一条 S 形的曲线，如图 17.5 所示。该曲线反映了前景理论的三个特征：

　　首先，由于收益和损失都是相对于初始状态而言的，所以曲线经过初始的参考点。

　　其次，曲线的两部分都凹向横轴（代表结果的坐标轴），对于结果的一个既定变化，结果（无论是收益还是损失）越大，Rui 就越不敏感。比如，他对损失是 1 美元还是 2 美元的关心程度要高于损失是 1 001 美元还是 1 002 美元。

　　最后，曲线在收益和损失之间是不对称的。不像期望效用理论的观点那样，人们对收益和损失的看法是不同的。图中 S 形的曲线也说明了损失带来的影响大于收益。也就是说，值函数是损失厌恶型的：人们厌恶损失更胜于渴望收益。

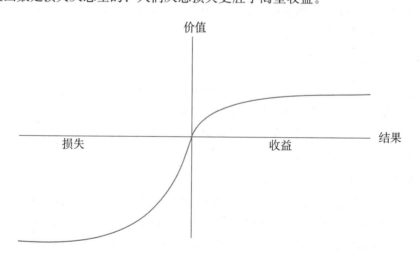

图 17.5　前景理论的值函数

　　前景理论的值函数是一条 S 形曲线。由于损失和收益是相对于初始条件而言的，所以它在原点穿过参考点。由于曲线的两个部分都凹向表示结果的坐标轴，因此对于结果的一个既定变化，结果（无论是收益还是损失）越大，决策者就越不敏感。人们面对损失和收益的态度不同，因此关于损失和收益的曲线部分是非对称的。S 形曲线显示相比同等数额的收益，损失会有更大的影响，这说明了决策者是损失厌恶型的。

鉴于主观权重、基于收益和损失的估值以及价值曲线的形状，前景理论可以解决不确定性下选择的一些行为之谜。因为 S 形曲线表明人们对待得失是不同的，所以它可以解释本节前面描述的疾病实验中的反射效应。在疾病实验中，当相同的结果用挽救的生命而不是失去的生命来表示时，人们会做出不同的选择。这也解释了为什么有些人参与不公平的彩票：他们对罕见事件的重视程度超过了期望效用理论中使用的真实概率。

类似地，我们可以使用加权函数来解决埃尔斯伯格悖论（Ellsberg paradox）。例如，对于一个包含未知比例的黑球和红球的罐子，一个人可能会把 40% 的赌注压在得到一个黑球上，把 40% 的赌注压在得到一个红球上，而余下 20% 反映了当面对大量不确定性时不愿意冒险的心理。相对于不赌博的初始情况，这样做降低了赌博的期望值。

应用案例

损失厌恶协议

管理者怎样才能促使员工努力工作？如果员工有损失厌恶心理，那么如果提供了一份损失型的合同（如果不努力工作，就没有奖金），而不是等价的收益型合同，员工会更努力工作。Fryer 等（2012）、Hossain 和 List（2012）以及 Imas 等（即将发表）发现，损失型合同的生产率高于收益型合同。

不过，如果企业因为员工更喜欢收益型合同而不得不支付更高的工资来开始工作，就不会从损失型合同中受益。对企业来说，幸运的是，Imas 等人发现，工人更喜欢损失型合同。

挑战题解答　　　　BP 石油公司和有限责任

现在我们来回答挑战题中提出的三个问题：赔偿金上限对企业的风险投资意愿或者安全投资低于最优水平有什么影响？它对企业和社会的其他个体承担的风险有什么影响？它对企业购买的用以规避原油泄漏成本的保险有什么影响？

为了说明基本的想法，假设一家石油钻井公司预期新的钻井平台在不发生泄漏的情况下能赚得 10 亿美元的利润；而一旦发生泄漏事故，将损失 390 亿美元。泄漏的概率是 θ。我们首先考虑该企业是否投资于一个新的钻井平台（这个分析也适用于对企业是否投资于一个具有既定安全属性的钻井平台的分析）。

如果企业是风险中性的，只有在期望收益为正的情况下才会投资于一个新的钻井平台，$(1-\theta)\times10+\theta\times(-390)>0$，或者 $\theta<1/40=2.5\%$。[1] 如果企业是风险厌恶的，这个临界概率（企业愿意投资的最高概率）小于 2.5%。

现在假设企业赔偿金的上限为 190 亿美元。如果它是风险中性的，只有满足下列条件才会投资新的钻井平台：$(1-\theta)\times10+\theta\times(-190)>0$，或者 $\theta<1/20=5\%$。与之类似，如果企业是风险厌恶的，临界概率比没有责任上限的时候要高。

如果责任上限鼓励那些原本不打算钻井的企业进行钻井，就增加了社会的总体风险。如果钻井企业是风险中性的，泄漏的概率是 $\theta=3\%$，并且该企业承担泄漏损失的全部责

---

[1] 该企业将期望收益与次优的投资机会相比较。为简单起见，我们假设后者的收益为零。

任，那么企业的期望收益为 $0.97×10+0.03×(-390)=-2<0$，所以它不会钻井。不过，如果它的责任上限是 190 亿美元，钻井的期望收益变为 $0.97×10+0.03×(-190)=4>0$，所以它会选择钻井。责任上限导致企业钻井的可能性提高，使社会其他人承担的总风险增加。此外，社会的其他人承担着 200 亿美元（＝390 亿美元－190 亿美元）的风险。如果发生泄漏，他们就要为此承担责任。

假设企业是风险厌恶的，它希望购买公平的保险来规避风险。为了说明赔偿金上限对企业购买保险的影响，我们假设灾难发生的概率是 $\theta=1\%$。如果没有责任上限或保险，企业的期望收益是 $0.99×10+0.01×(-390)=6$（亿美元）。要是有一家保险公司愿意提供公平的保险，那么这家钻井企业将为每 1 美元的花费购买 100 美元的保险。考虑到钻井企业不愿承担风险，它会购买全额保险。因此，如果发生事故，保险公司将支付 390 亿美元。为了购买这些保险，钻井公司支付 3.9 亿美元，保险合同的期望值为 $-3.9+0.01×390=0$ 美元。有了这项保险，无论是否发生漏油事故，企业都能获利 $0.99×10-3.9=6$（亿美元）。

若钻井企业的责任上限为 190 亿美元，它将以 1.9 亿美元购买价值 190 亿美元的保险，因此，无论在哪种自然状态下，它的期望收益都是 $10-1.9=8.1$ 亿美元。也就是说，由于责任上限的存在，钻井企业的期望利润增加了 2.1 亿美元。这笔钱是从社会其他人转移到企业手里的。因为一旦石油泄漏，社会将承担 200 亿美元的损失责任。

本章小结

1. 风险评估。概率衡量了特定自然状态发生的可能性。人们可能利用一些历史可循的发生频率来计算概率。由于缺乏详细的信息，人们在现有信息的基础上对概率进行主观估计。期望值是各种自然状态下的价值的概率加权平均值。衡量风险的常用指标之一是方差（或标准差，即方差的平方根）。方差是各种自然状态下的价值与期望值之差的平方的概率加权平均值。

2. 对风险的态度。人们选择有风险的方案还是无风险的方案取决于他们对风险的态度以及各种方案的期望收益。多数人厌恶风险，所以只有在高风险的期望值远远高于低风险的期望值的时候才会选择前者。风险中性的人不在乎风险，会选择收益率高的方案。风险偏好者即便是在收益率低的情况下也可能选择风险大的方案。个体的效用函数反映了他对风险的态度。期望效用是各种自然状态的结果带来的效用的概率加权平均值。根据期望效用理论，决策者会选择期望效用最高的方案。

3. 规避风险。人们试图通过多种途径来降低他们所面临的风险。他们会一起规避某些风险，并采取行动来降低坏结果发生的概率或造成的损害。投资者在行动之前收集信息有助于他们做出更好的选择。人们还可以通过投资的多样化来降低风险，除非投资收益之间是完全正相关的。保险公司为那些能够在多个个体之间加以分散的风险提供保险。面对公平保险（投保人的期望收益为零），风险厌恶者会选择完全保险。因为保险公司必须有足够的收入去支撑它们全部的运营成本，所以它们提供的保险是不公平的。即便风险厌恶者也有可能购买一些不公平的保险，但购买的数量要远低于完全保险的水平。

4. 不确定性下的投资。一个人是否投资取决于收益的不确定性、期望收益、个人对风险的态度、利率以及改变好结果出现的可能性所花的成本等因素。对风险中性者而言，只有投资的预期值为正，它才是有利可图的。一个风险厌恶者只有在投资后期望效用提高的情况下才会进行投资。因此，如果风险投资的收益率比安全投资的收益率高，风险厌恶者就会进行风险投资。人们会花钱改变各种投资结果的概率（如果这么做能提高期望效用）。

5. 关于不确定性的行为经济学。经济学家和心理学家意识到，人在不确定性条件下的行为并不符合期望效用理论。原因可能是对概率的有偏估计或者有不同于期望效用的目标。例如，有些人关注损失甚于收益。前景理论可以为这些令人困惑的行为提供解释，该理论允许人们以不对称的方式对待损失和收益，并对结果赋予不同的权重，这些权重与期望效用理论中所用的概率不同。

思考题

MyEconLab 上有全部思考题；∗＝答案请扫本书末二维码获取；A＝代数问题；C＝可能要用到微积分知识。

1. 风险评估

1.1　如果一个小区有 1 000 所房子，过去一年有 5 所发生火灾，7 所被大风毁坏，其他完好无损。房子发生火灾或者被大风摧毁的概率是多少？A

∗1.2　Asa 买了一幅画。这幅画的作者将来成名的概率是 20%，届时这幅画将值 1 000 美元。这幅画因火灾等原因而被损毁的概率是 10%。如果画作未被损毁且这位艺术家没有成名，价值是 500 美元。请问这幅画的期望值是多少？

∗1.3　你的股票在下一年有 25% 的可能增值到 400 美元，有 75% 的可能贬值成 200 美元。期望值和方差各是多少？

1.4　Tiffany 打算在晚上街市里买馅饼然后在第二天卖掉。如果天气晴好，她能赚到 200 美元；如果下雨，就会损失 60 美元，也就是她为没有卖掉的馅饼花费的钱。天气预报说下雨的概率是 25%。她的期望收益是多少？如果她在街市开始前就对下雨的概率有完全信息，就可以只在能卖出馅饼的时候买，这时候的期望收益会增加多少？

1.5　EZ 建筑公司获得了一份 20 000 美元的合同，为房屋建造一个新的（屋后供休憩的）平台。如果不必将柱子（垂直支撑）下沉至基岩，公司的利润为 4 000 美元；如果必须下沉，损失 1 000 美元。它必须安放柱子的概率是 25%。这份合同的期望值是多少？现在假设 EZ 建筑公司知道它在必须拒绝或者接受这份合同之前可以获得一份关于这块地的研究报告，该报告能详细说明柱子是否必须下沉。这项研究使 EZ 建筑公司的期望值增加多少？它为这项研究支付的最高金额是多少？（提示：参见例题详解 17.1。）

∗1.6　为了防止人们违反交通法规，社会可以提高超速者被逮住并受到惩罚的概率，或者可以加大超速罚款的额度。请解释以上两种方法可以用来威慑超速行为的原因。政府会更喜欢哪种方法？为什么？

1.7　假设如果预期罚款至少为 500 美元，大多数人不会超速行驶。实际的超速罚款是 800 美元。为了阻止超速驾驶，被抓住并定罪的可能性必须为多大？A

2. 对风险的态度

2.1　Ryan 和 Kristin 打赌，如果骰子显示 1 点或 2 点，他会支付她 3 美元；如果是其他点数，她就欠他 2 美元。这对 Kristin 是公平赌局吗？A

2.2　假设 Maoyong 关于财富的效用函数为 $U(W) = \ln W$（$\ln W$ 意味着是 W 的自然对数）。用图形表示 Maoyong 的效用函数，并说明为什么 Maoyong 是一名风险厌恶者。

2.3　Jen 关于财富的效用函数是 $U(W) = \sqrt{W}$。用图形表示出 Jen 的效用函数，并说明为什么 Jen 是一名风险厌恶者。

2.4　假设 Laura 的效用函数是 $U(W) = W^{0.5}$，其中 W 是财富。她是个风险厌恶者吗？用数学方式解答。C

∗2.5　在例题详解 17.2 中，Irma 更愿意购买股票。用图形说明她的确定收入为多高时才会选择不买股票。

2.6　假设有一位风险厌恶者，他必须在确定拥有 100 美元和一个风险方案之间做出选择。

该方案有两种结果：$(100-x)$ 美元和 $(100+x)$ 美元，且这两种结果出现的概率相同。请利用图形（或数学）证明此人的风险溢价越小，x（赌局的变量）就越小。（参见例题详解 17.2。）

2.7 假设 Laura 的效用函数为 $U(W) = W^{0.5}$，初始财富为 $W = 100$ 美元。她想参加的赌博有 50% 的概率将她的财富提高到 120 美元，有 50% 的概率将她的财富降低到 80 美元，赌博的风险溢价为多大？（提示：参见例题详解 17.2。）A

2.8 假设思考题 2.7 中的 Laura 的效用函数是 $U(W) = \ln W$，风险溢价又是多少？（参见例题详解 17.2。）A

*2.9 Hugo 有一条凹的效用曲线 $U(W) = W^{0.5}$。他唯一的资产是处于初创阶段的网络公司的股票。明天他就会知道股票的价值。他相信股票有 2/3 的概率等于 144 美元，有 1/3 的概率等于 225 美元。他的期望效用是多少？如果可以支付款项来避免损失，他愿意支付的风险溢价是多少？（提示：参考例题详解 17.2。）A

2.10 Joanna 正在考虑三份可能的工作。下表显示了她在每一份工作中可能获得的收入。

	结果 A		结果 B	
	概率	薪资	概率	薪资
工作 1	0.5	20	0.5	40
工作 2	0.3	15	0.7	45
工作 3	1	30		

对于每份工作，请计算出相应的期望值、方差和标准差。如果 Joanna 厌恶风险（通过方差来衡量），你能预测她的工作选择吗？如果她是风险中性的，选择又是什么？

2.11 Lisa 刚从一位远房亲戚那里继承了一个葡萄园。如果年景好（在采摘季节里不下雨、不霜冻），销售葡萄园的葡萄能获利 100 000 美元；如果年景不好，会损失 20 000 美元。Lisa 估计好年景的概率是 60%。

a. 计算 Lisa 经营葡萄园所获收入的期望值和方差。

b. Lisa 是风险厌恶者。Ethan 是葡萄的买主，他提出，保证每年向 Lisa 支付 70 000 美元以换取她的总收成。Lisa 会接受这个条件吗？请说明理由。

c. 为什么 Ethan 可能提出这样的条件？给出 3 个理由并分别加以解释。其中一个理由应该涉及他对待风险的态度。请用一个一般的表示 Ethan 收入的效用函数图来说明这个原因。A

2.12 Farrel 等（2000）估计，彩票的需求弹性大约是 -1。如果英国国家彩票中心发行彩票旨在赚钱（截留一定比例的总收入），这是经营彩票的最优策略吗？请说明理由。A

2.13 根据应用案例"赌博"中的信息，至少说出三个风险厌恶者参与赌局的原因。

3. 规避风险

3.1 Lori 是一个风险厌恶者，她有两件珠宝，各值 1 000 美元。她想把它们寄给在泰国的妹妹，但担心运送过程中的安全问题。她认为珠宝没有寄到的概率是 θ。同时发送两件珠宝的期望效用会比分批发送的期望效用高吗？请解释原因。

3.2 Lucy 是医学检测公司 Dubrow Labs 的经理，她担心该公司可能会因为弄错血液检测结果而被起诉。如果没有被起诉，该公司的预期利润为 100，但如果被起诉，利润仅为 10。Lucy 认为被起诉的概率是 5%。如果有公平的保险，Lucy 是个风险厌恶者，她会买多少保险？A

*3.3 考虑一个拥有 16 万美元珠宝等贵重物品的家庭。这个家庭被盗窃的概率是 0.2，将损失价值 7 万美元的贵重物品。假设它能以 15 000 美元的价格购买一份保险，可以完全补偿盗窃所造成的损失。家庭的效用函数为 $U(X) = 4X^{0.5}$。

a. 该家庭应该购买保险吗？

b. 保险的合理价格是多少？

c. 这个家庭最多愿意支付多少钱来购买完全保险？

3.4 风险中性者是否会购买不公平的保险（对他们来说不公正）？请解释原因。（提示：参见例题详解 17.3。）

3.5 2012 年超级飓风"桑迪"过后，政府向房屋被毁的人们提供补贴。这些补贴如何影响这些人购买保险的可能性和他们购买的数量？（提示：使用效用曲线来说明你的答案。见例题详解 17.3 和应用案例"有限的自然灾害保险"。）

3.6 利用应用案例"航空保险"中的信息，如果概率高达 0.000 000 77，即 2001 年许多人死于"9·11"灾难的频率，计算公平保险的价

格。A

4. 不确定性下的投资

4.1 个人在赌场赌博和买股票之间有什么区别（如果存在区别的话）？对社会而言有什么区别？

*4.2 Andy 和 Kim 在一起生活。Andy 今年可能要在 Kim 的教育上投资 10 000 美元（可能是通过再找一份工作来把这笔开支所需要的钱挣回来）。该投资将使 Kim 的未来收益增加 24 000 美元（以现值计算——见第 16 章）。如果他们一直在一起，将分享这笔增加的收益。但他们将来有 1/2 的概率会分开。如果是结了婚再分开的话，Andy 将得到 Kim 额外收益的一半。如果他们没有任何法律关系待在一起又分开了，Andy 将一无所获。假设 Andy 是一个风险中性者。她会在 Kim 的教育上投资吗？你的答案是否取决于他们的法律关系？A

4.3 使用决策树来说明，在诉讼中风险中性的原告如何决定是接受赔偿还是让法庭审判。被告提出以 5 万美元进行和解。如果原告不同意和解，原告认为在审判中获胜的概率为 60%。如果原告胜诉，所判金额为 X。在原告拒绝和解前，X 能有多大？原告对风险的态度如何影响这一决定？A

4.4 请用决策树来分析肾病患者做出是否接受肾脏移植手术的决策。患者目前在使用透析机，这降低了她的效用。如果手术成功，她的效用将恢复到患病之前的水平。但是，接受手术有 5% 的死亡概率。（如果有必要，可以用效用值来说明你的答案。）

4.5 在例题详解 17.4 题中，广告将高需求的概率提高到 80%。如果例题中的所有其他信息保持不变，那么由广告引起的高需求的最小概率是多少才能让 Gautam 投资并做广告？

4.6 在大萧条期间，世界上很多房主在房屋上的负债都超过了房屋本身的价值。通常情况下，无法偿还抵押贷款的美国借款人可以把自己的房子交给持有抵押贷款的银行，而无须宣布破产或对任何未清偿的贷款余额负责。但面临着更严格的破产法的欧洲人即使在失去房屋之后，也要为未清偿的抵押贷款负责（Gabriele Steinhauser and Matthew Dalton, "Lingering Bad Debts Stifle Europe Recovery," *Wall Street Journal*, January 31, 2013）。使用一个决策树说明，当其他条件相同的时候，美国人比欧洲人更有可能买房子。

4.7 由于一个州的州长可以对新法律产生重大影响，州长选举结果的不确定性可能会影响企业是否进行新的投资。Shelton 和 Falk（2016）估计，在一个党派两极分化的州，选举不确定性翻倍会导致制造企业投资下降 2.7%。请你为这个结果提供一个可能原因。你的解释是否以企业的管理者是个风险厌恶者为条件？

5. 关于不确定性的行为经济学

5.1 请先回答一下有关你自己的偏好的 2 个问题：

a. 给你 5 000 美元，并为你提供一个选择：你可以确定地得到额外的 2 500 美元，也可以玩一个抛硬币的游戏，正面朝上将得到 5 000 美元，反面朝上你将得到 0 美元。你会选择哪个方案？

b. 如果你做出如下选择就给你 10 000 美元：要么退还 2 500 美元，要么玩抛硬币的游戏，正面朝上你将退还 5 000 美元，反面朝上你将退还 0 美元。你会选择哪个方案？

大多数人会在第一种情况下选择确定地得到 2 500 美元，但在第二种情况下会选择抛硬币。请解释行为不一致的原因。你就人们在不确定性下的决策有什么样的结论？A

5.2 Evan 在收益方面追求风险，在损失方面规避风险。Louisa 在损失方面追求风险，在收益方面规避风险。说明两个人的效用函数。哪个人对风险的态度与前景理论一致？哪个人会受到框架效应的影响？

5.3 一个人面对损失时是风险厌恶的，面对收益时是风险偏好的。请画出他的效用曲线。

*5.4 Joe 今天在赛马场赌博输了一大笔钱。在当天的最后一场比赛中，他决定来一把大的，如果赢了，他就能回本，当天收支平衡。他的朋友 Sue 赢的比她当天输的多，她在最后一场比赛中玩了把小的，这样即使输了，她也能在当天保持领先。这是胜利者和失败者在跑道上的典型的行为。你会用过度自信偏误、前景理论或其他行为经济学原理来解释这种行为吗？

5.5 期望效用理论和前景理论的主要区别是什么？

6. 挑战题

6.1 Global Gas International 决定把建设一条从加拿大到新奥尔良的石油管道的工程以 5 亿

美元的价格分包给 Halidurton Heavy 建筑公司。石油管道破裂引起环境污染的概率是 θ。如果是这样，承担的法律责任是 6 亿美元。

a. 如果 Halidurton Heavy 建筑公司是风险中性的并且要为管道破裂的后果负责，求出令它接受和拒绝合同无差异的 θ 的值。

b. 如果 Halidurton Heavy 建筑公司是风险厌恶的并且能买到公平的保险，它会购买多少保险？

c. 如果 Global Gas International 将对 Halidurton Heavy 建筑公司进行一些赔偿，使得 Halidurton Heavy 建筑公司必须支付的最高损失是 2 亿美元，求出令 Halidurton Heavy 建筑公司接受和拒绝合同无差异的 θ 的值。

d. 如果 Halidurton Heavy 建筑公司得到部分赔偿，它将购买多少公平的保险？

第 18 章
外部性、公有资源和公共物品

我向空中射了一箭，箭就卡住了。

　　在这一章中，我们将说明，如果一项产权不明晰，就有可能导致市场失灵。产权（property right）是使用一项资产的排他性的权利。拥有了这本书，你就有了阅读它的权利，也就有了阻止别人拿走它的权利。不过，很多商品的产权是不完整或不明晰的。

　　产权界定不明晰可能导致外部性，即某人的消费或生产活动对市场之外的他人造成有益或有害的影响。当工厂排放污染物伤害邻近的企业和个人时，有害的外部性就发生了。当人们缺乏清洁空气的产权时，工厂、司机等会污染空气，而不承担减少污染的成本。

　　事实上，一件良品（the good）或者厌品（the bad，如污染）的产权如果没有被人拥有，它们就不太可能有价格。如果你有免受噪声污染的权利，你可以利用法院阻止邻居播放吵闹的音乐。或者，你也可以出售你的权利，允许邻居播放音乐。如果你没有这个产权，就没有人愿意为它支付正的价格。

　　我们从对污染的考察开始分析。一些最重要的负外部性是生产的副产品（如制造业导致的水污染）和消费（如驾车造成的交通堵塞或空气污染）。一个竞争性市场会比受到政府最优监管的市场产生更多的污染，但垄断可能不会像竞争性市场那样产生那么多的污染。明晰的产权有助于减少外部性问题。

接下来我们将证明一种商品若缺少排他性，也会出现由外部性导致的市场失灵。如果一件商品的所有者有明晰的产权，并且能够阻止他人消费，这个商品就具有了排他性。你在法律上有权阻止任何人吃你的苹果。但一个国家的国防不能在不保护全体公民的情况下仅保护部分公民。

如果一种商品缺少竞争性也会导致市场失灵，竞争性是说只有一个人可以消费它，比如苹果。国防缺少竞争性，因为我消费并不妨碍你消费。

我们会考察缺少排他性或竞争性或两者都缺少的三类市场。开放的公有资源是一种资源，例如海洋渔业，想将潜在的用户排除在外是不可能的。俱乐部商品（比如游泳池）是一类有排他性但是具有非竞争性的商品或服务：一个人消费不尽、其他人也可以消费的商品（至少在达到产能之前）。公共物品（如国防和清洁的空气）既有非排他性，也有非竞争性。公共物品可能没有市场，或者市场供应不足。

当这种市场出现失灵时，政府干预可能会提高福利。政府可以对污染之类的外部性加以直接规制，也可以通过税收或法律进行间接规制，使污染者对其造成的损害承担责任。同样，政府也可以提供公共物品。

本章将考察以下 6 个主题：

1. 外部性。消费和生产的副产品，可能对他人有益或有害。

2. 存在外部性时的竞争无效率。竞争性市场产生了太多有害的外部性。

3. 减少外部性的规制。税收或规制可以减少或防止污染等外部性的生产过剩。

4. 市场结构和外部性。对于有害的外部性来说，非竞争性市场的均衡可能比竞争性均衡更接近社会最优水平。

5. 通过产权配置来减少外部性。减少或消除外部性问题的交易以明晰的产权配置为前提。

6. 竞争性与排他性。如果商品缺少竞争性或排他性，竞争性市场就会遭遇市场失灵。

18.1 外部性

当一个人的福利或一家企业的生产能力直接受到其他消费者或企业的行为的影响（而非通过价格的变动间接受到影响）时，**外部性**（externality）就产生了。企业在生产过程中排放出对周围居民有害的气体，产生了外部性，它并不是在市场中交易的。相比之下，企业增加销售量降低了市场价格，虽然对竞争对手也造成了伤害，但并没有产生外部性。

外部性对他人既可能有利，也可能有害。对别人造成伤害的外部性被称为负外部性（negative externality）。邻居在午夜大吵大闹对你造成了影响，化工厂向湖中排放废渣不仅破坏了湖的美丽，而且危害到在水面上租船运营的企业。悉尼的政府官员曾经为了驱赶郊区公园里的纵酒狂欢者大声播放巴里·马尼洛（Barry Manilow）的歌，这也使得当地居民被吵得几乎发疯。[1]

---

[1] "Manilow Tunes Annoy Residents," cnn.com, July 17, 2006.

正外部性（positive externality）则对他人有利。美国林务局 2016 年的一份报告估计，加州街道和林荫大道两旁的树木为市政当局和居民提供了价值 10 亿美元的收益，其中包括碳储存、净化空气污染物、拦截降雨、在供暖和制冷房屋中节约能源以及美观等等。

单独一项行为可能给一些人带来正外部性而给其他人带来负外部性。用烟斗吸烟的味道可以让部分人感到愉悦但让其他人感到不舒服。有人会以为，他们的风铃能让邻居感到高兴，而稍有常识的人都知道，这些风铃会让我们恨不得把它们拽下来踩个粉碎！据报道，为了净化洛杉矶的空气而做出的种种努力虽然让人们的呼吸更加顺畅，但也使辐射水平比空气污浊时高了不少。

应用案例

垃圾邮件的负外部性

垃圾邮件是一种未经请求就批量发送的电子邮件，迫使人们浪费时间删除，诱使人们无意中泄露私人信息，并使计算机感染恶意软件，从而对全球的企业和个人造成重大的负面外部影响。垃圾邮件发送者利用了电子邮件的开放访问特性。垃圾邮件发送者的目标是那些可能对垃圾邮件中提供的信息感兴趣的人。这个目标组相对于大多数不需要该消息并且需要花费时间阅读和删除该消息的收件人来说是小得多的一个群体。（此外，许多垃圾邮件都是骗局。）据 Talos 统计，2016 年，全球每天收到 4 000 亿封垃圾邮件，占全球邮件流量的 86%。

从世界范围看，垃圾邮件和恶意软件的成本巨大。2015 年，全球仅在网络安全技术方面的支出就超过 840 亿美元。公司通过安装垃圾邮件过滤器和雇用员工来删除垃圾邮件从而产生了高昂的成本。德国一所大学的一项研究发现，垃圾邮件造成的工作时间损失约为 1 200 分钟，即每位员工每年的工作时间损失约为 2.5 天（Caliendo et al., 2012）。各种各样的估计费用从每年 200 亿美元到 500 亿美元不等。雅虎研究人员 Rao 和 Reiley（2012）得出结论，垃圾邮件制造者每获得 1 美元的利润，社会就会损失 100 美元，这个比例至少是汽车污染的 100 倍。

18.2 存在外部性时的竞争无效率

竞争性企业和消费者无须为他们所造成的负外部性负担成本，所以他们造成的负外部性过多；同样，由于厂商并没有因产生正外部性而得到补偿，所以这类正外部性总是太少。

为了弄清楚外部性所引起的非最优生产的原因，我们考察一个（假设的）竞争性市场，其中的造纸厂在生产过程中的副产品——比如空气污染和水污染——会对周边居民造成危害，我们称其为污染物（gunk）。每生产一吨纸张会增加一单位的污染物，减少污染物数量的唯一途径是降低纸张的产量。没有降低污染的技术可用，也不可能把造纸厂设在污染物对人不造成危害的地区。

造纸厂不必对它们所造成的污染付费。于是，各家企业的**私人成本**（private cost）——仅仅指生产成本，不包括外部性——包括企业直接的劳动成本、能源成本和木质纸浆的成本，并没有包括源自污染物的危害的间接成本。真实的**社会成本**（social cost）是私人成本与由外部性所造成的危害的成本之和。

造纸业是水污染的主要工业源。我们用图 18.1 中纸张市场的供求图形来说明，在竞争性市场上，由于企业的私人成本低于社会成本，所以竞争性市场产生了过多的污染。[①]在竞争性均衡状态，企业决策仅仅考虑了私人成本，而忽略了污染外部性给他人造成的损害。市场供给曲线是总的私人边际成本（private marginal cost）曲线 MC^p，它是各个造纸厂的私人边际成本曲线的水平加总。

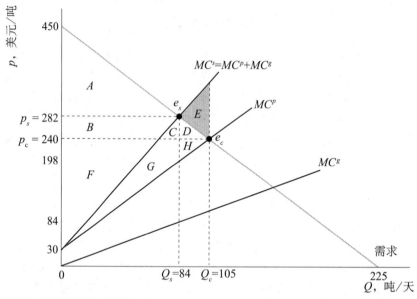

	社会最优	私人企业最优	改变量
消费者剩余，CS	A	$A+B+C+D$	$B+C+D$
私人的生产者剩余，PS_p	$B+C+F+G$	$F+G+H$	$H-B-C$
外部性成本，C_g	$C+G$	$C+D+E+G+H$	$D+E+H$
社会的生产者剩余，$PS_s=PS_p-C_g$	$B+F$	$F-C-D-E$	$-B-C-D-E$
福利，$W=CS+PS_s$	$A+B+F$	$A+B+F-E$	$-E=DWL$

图 18.1　竞争性市场上污染的福利效应

竞争性均衡 e_c 由纸张的需求曲线和竞争性供给曲线或忽略了污染的私人边际成本曲线 MC^p 的交点决定。社会最优水平 e_s 位于需求曲线和社会边际成本曲线（即 $MC^s=MC^p+MC^g$，其中 MC^g 是污染物的边际成本）的交点处。私人的生产者剩余基于 MC^p 曲线，社会的生产者剩余基于 MC^s 曲线。

竞争性均衡 e_c 由纸张的市场供给曲线和市场需求曲线的交点决定。竞争性均衡的产量是 $Q_c=105$ 吨/天，竞争性均衡的价格是 $p_c=240$ 美元/吨。

企业的私人的生产者剩余（private producer surplus）是各造纸厂基于其边际成本曲线的生产者剩余：市场价格以下、MC^p 曲线以上一直到竞争性均衡的产量 105 吨之间的

[①]　附录 18A 用代数方法分析了这个模型，并推导出图中的数字。这些数字不是根据实际的估计结果得出来的。

区域，$F+G+H$。竞争性均衡使消费者剩余和私人的生产者剩余之和达到最大（参见第9章）。如果市场不存在外部性，消费者剩余和私人的生产者剩余之和将等于福利，所以竞争性均衡实现了福利的最大化。

但是，由于污染的存在，竞争性均衡未能实现福利最大化。竞争性企业因为不必支付成本而生产了太多的污染物。导致市场失灵（参见第9章）的原因在于竞争力量使价格等于私人边际成本而不是社会边际成本（social marginal cost），而社会边际成本既包括私人生产成本又包括外部性的损害。

对于一个既定的产量来说，多生产1吨纸给社会造成的总成本 MC^s（即社会边际成本）等于造纸厂为多生产这一吨纸张而承担的生产成本加上由此带来的对周边居民的外部性损害的成本。于是，在任何既定的产量水平上，社会边际成本曲线的高度都等于 MC^p 曲线（多生产1吨纸的私人边际成本）和 MC^g 曲线（边际外部性损害）的垂直加总。

社会边际成本曲线与需求曲线相交于社会最优产量 $Q_s=84$ 处。产量较低的时候，价格（消费者认为的售出的最后一单位商品的价值）高于总的社会边际成本。这时，纸张消费者的收益大于多生产一单位纸张（自然有额外一单位的污染物）的成本。而产量较高时，价格低于社会边际成本，所以消费者的收益小于多生产一单位纸张的成本。

福利等于消费者剩余和社会的生产者剩余（social producer surplus）之和。社会的生产者剩余是以社会边际成本曲线而不是以私人边际成本曲线为基础的。当价格等于社会边际成本的时候，福利达到最大。社会最优水平 e_s 的福利等于 $A+B+F$，即需求曲线和 MC^s 曲线之间一直到最优产量 84 吨处所围成的区域。

竞争性均衡 e_c 的福利水平较低：$A+B+F-E$，即需求曲线和 MC^s 曲线之间一直到产量 105 吨处所围成的区域。因为社会成本超过了消费者认为的最后生产的 21 吨纸的价值，所以从 84 吨到 105 吨之间的区域 E 是无谓损失。造成无谓损失的原因是，竞争性市场使价格等于私人边际成本而不是社会边际成本。

社会最优的福利水平高于竞争性均衡的福利水平，原因在于，把污染从竞争性水平降低到社会最优水平会产生一些收益，这种收益足以弥补给消费者和造纸厂造成的损失。污染带给居住在造纸厂周围的人的成本是 MC^g 以下、从零产量到实际产量之间的区域。通过比较发现，该区域与 MC^p 曲线和 MC^s 曲线之间的区域面积相同。竞争性均衡状态下的总损失是 $C+D+E+G+H$，而社会最优水平的总损失仅为 $C+G$。由此可见，不生产社会最优产量而生产竞争性产量所造成的额外污染损失是 $D+E+H$。

以竞争性产出而不是社会最优产出水平组织生产的主要受益者是消费者：他们只需为每吨纸支付 240 美元，而不是 282 美元。消费者剩余从 A 增加到 $A+B+C+D$，相应的私人的生产者剩余变化为 $H-B-C$，在图 18.1 中为负。

该图证实了与负外部性相关的两个结果：

其一，竞争性市场造成了过多的负外部性。对企业来说，污染的价格为零，这低于最后一单位污染给社会带来的边际成本，所以与社会最优水平相比，一个未经规制的竞争性市场产生了过多的污染。

其二，最优污染水平大于零。尽管污染有害，人们不喜欢污染，但是几乎所有的生产和消费活动都会引起污染。造纸、生产洗碗机和电视机会造成空气污染和水污染，农用化肥会污染水源，运货工人在驾车送货上门的过程中也会污染空气。

全球变暖

2014 年联合国的一份报告指出，全球变暖正在发生，情况变得越来越严重。报告反映了一个联合国小组中 800 名科学家的工作，这个小组此前因其在环境方面的工作获得了诺贝尔和平奖。

根据联合国的报告，人类活动（污染）导致气温上升。至少 97% 积极发表论文的气候科学家认为，过去一个世纪的气候变暖趋势可能是人类活动造成的，来自 80 个不同国家的科学院也有类似结论。尽管如此，一些非科学家还是持怀疑态度。2015 年皮尤研究中心对美国成年人进行的一项民意调查发现，68% 的人认为有确凿证据表明地球在过去几十年里一直在变暖，25% 的人认为不存在这样的证据。

联合国的报告发现，持续排放温室气体将导致气候进一步变暖，这将加大对人类和生态系统造成严重、普遍和不可逆转影响的可能性。由于海平面上升，岛国和沿海城市将面临洪水。Pal 和 Eltahir（2015）预测，到 21 世纪末，波斯湾地区将遭受热浪和湿气的侵袭，人类将无法忍受。自 20 世纪 80 年代以来，全球与天气相关的保险损失增加了三倍多。世界银行 2016 年的一份报告预测，到 2030 年，如果不采取行动保护世界贫困人口免受气候变化灾难（如农作物歉收、自然灾害和水传播疾病）的影响，将有超过 1 亿人陷入极端贫困。

18.3 减少外部性的规制

由于竞争性市场产生了过多的负外部性，所以政府干预可能会带来一定的社会成效。在 1952 年，伦敦出现过一次严重的黄色浓雾（污染如此严重以至于人们难以找到回家的路），估计造成了 4 000～12 000 人死亡。那些黑暗的日子迫使英国政府于 1956 年颁布了第一部《清洁空气法案》，美国出台《清洁空气法》是在 1970 年。[①]

现在几乎全世界都在关注污染问题。二氧化碳（CO_2）主要由燃烧化石燃料产生，是全球变暖的元凶之一，它会危害海洋生物，并造成额外的损害。如表 18.1 所示，到目前为止，美国是工业生产中二氧化碳排放量较大的国家。在澳大利亚、加拿大、俄罗斯和美国，二氧化碳的人均排放量非常高。俄罗斯的污染排放量与国内生产总值（GDP）之比很高。表的最后一列显示，自 1990 年以来，印度的二氧化碳排放量至少翻了一番，而只有法国、德国、俄罗斯和英国等少数国家减少了二氧化碳排放量。

中国的二氧化碳排放量占世界的 27%，美国占 17%，印度和俄罗斯各占 5%。因此，这四个国家的二氧化碳排放量占到全世界的一半。[②]

---

① 爱德华一世于 1286 年建立了空气污染委员会以减少伦敦的烟雾。在该委员会的建议下，他禁止在城市燃烧煤，违反者会被处以酷刑或死刑。http://www.epa.gov/aboutepa/london-historic-pea-soupers.

② http://www.ucsusa.org/.

表 18.1　　　　　　　　　　　　　工业二氧化碳排放量，2011 年

	CO_2，百万吨	CO_2，吨/人	CO_2，千克/百美元 GDP	1990 年以来 CO_2 的百分比变动
中国	9 020	6.6	65	267
美国	5 306	16.8	34	10
印度	2 074	1.7	35	200
俄罗斯	1 808	12.6	56	−13[a]
日本	1 188	9.3	27	9
德国	729	8.8	21	−22[b]
加拿大	485	14.1	36	12
英国	448	7.2	19	−19
墨西哥	467	3.9	25	48
澳大利亚	369	16.2	40	40
法国	339	5.3	14	−10

a. 自 1992 年以来；b. 自 1991 年以来。

资料来源：CO_2 排放量以吨计：http://mdgs.un.org/unsd/mdg/Data.aspx（访问日期：2016 年 7 月 17 日）。

　　发展中国家在控制污染方面的开支很少，一些发达国家在污染规制方面的公共开支近年来也有所下降。作为回应，各种抗议爆发了。

　　尽管如此，世界各国的政治家在如何以及是否控制污染的问题上存在分歧。大多数美国国会民主党人支持加强污染控制，但大多数共和党人呼吁减少此类规定。澳大利亚在 2012 年征收了碳税，2014 年废除了该税，并可能恢复征收。类似的争议也发生在加拿大和欧洲国家。显然，在可预见的未来，污染控制将是世界各地争论的主要焦点。一个亮点是，2015 年在巴黎参加气候变化国际会议的 195 个国家同意了严格的减排目标。该协议于 2016 年获得批准。然而，随着特朗普总统的当选，美国的参与是有疑问的。

　　假设一个政府想要规制污染，它要对污染的边际损害、需求曲线、成本和生产技术等完全了解。政府可以通过限制企业可能产生的污染数量或对企业产生的污染征税来直接最优地控制污染。对可能释放的空气或水污染数量的限制被称为排放标准（emissions standard）。对空气污染征税是一种排放费（emissions fee），对在空气或水中排放污染物征税是一种排污费（effluent charge）。

　　然而，政府往往通过对产出或投入的数量限制或征税来间接控制污染。政府是否对投入或产出限制或征税可能取决于生产过程的性质。一般来说，直接规制污染比规制产出要好，因为直接规制污染鼓励公司采用有效的新技术来控制污染（在我们的例子中我们忽略了这种可能性）。

　　规制可以有效地减少污染。Shapiro 和 Walker（2015）观察到，1990—2008 年间，尽管美国制造业产出大幅增加，但是美国制造业最常见的空气污染物排放量下降了60%。他们估计至少 75% 的减少是由于环境法规。

☐ 排放标准

　　我们用图 18.1 中造纸厂排污的例子来说明政府如何利用排放标准来降低污染。政府可以通过把造纸厂每天的产量限定在 84 单位来实现社会最优。（因为本例中的产出和污

染同时变动，所以对二者中的任何一个进行规制都可以降低污染。）

遗憾的是，政府通常没法准确地知道最优规制的水平。例如，为了把产出水平限定在最优水平上，政府必须了解社会边际成本曲线、纸张的需求曲线和污染量等变量如何随着产量的变化而变化。监督产出和污染哪个更容易可能决定着政府是实行产出限制还是制定污染标准。

政府不但必须具备足够的知识来设定最优规制水平，而且必须实施这些规制措施来实现社会最优。美国环境保护署于 2008 年将臭氧标准提高到百万分之 0.075。2015 年，36 个地区轻微违规，3 个地区中度违规，3 个地区严重违规，2 个地区极端严重违规（洛杉矶-南海岸空中盆地和加州圣华金河谷）。[①]

☐ 排放费

政府可以对产出或污染征税来迫使排污者承担成本。（同样，法律也可以在法庭上让排污者对损害负责。）在造纸厂的例子中，由于产出和污染密切相关，对产出征税和对污染直接征税的效果相同。但是，如果企业可以通过改变投入或添置控污设备来改变产出和污染的关系，那么政府就应该对污染征税了。

在造纸厂的例子中，政府如果知道污染物的边际成本 MC^g，就可以把对产出征的税收设定在与该边际成本相等的水平上：$T(Q) = MC^g$［为了表明税收随着产出 Q 的变化而变化，我们把税收记为 $T(Q)$］。图 18.2 说明了生产商的税后边际成本，即 $MC^s = MC^p + T(Q)$。

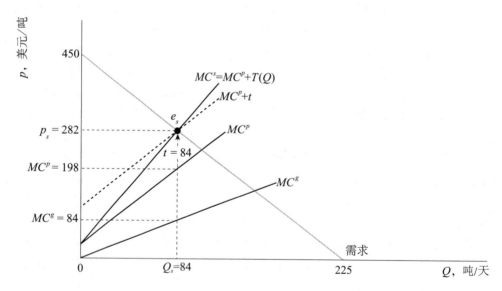

图 18.2 控制污染的税收

对造纸厂征收与污染物危害相等的税收 $T(Q) = MC^g$，使其外部性内部化，从而使企业的私人边际成本等于社会边际成本 MC^s。于是，竞争性的税后均衡与社会最优状态 e_s 相同。另外，对每吨纸征收 $t = 84$ 美元的从量税（它等于在 $Q_s = 84$ 时污染物的边际危害）也可以实现社会最优。

---

① 参见 http://www3.epa.gov/airquality/greenbook 了解不符合环境保护署标准的详细信息，并登录 http://scorecard.goodguide.com/ 了解你所在地区的环境风险。

对产出征税让生产商实现了**外部性内部化**（internalize the externality）：承担给他人造成伤害的成本（或者是获得为他人带来的好处）。税后的私人边际成本曲线或供给曲线与社会边际成本曲线相同。于是，税后的竞争性均衡就是社会最优状态。

通常，政府制定的是（边际税率不变的）从量税，而不是像 MC^x 那样随着污染量的变动而变化的税负。如例题详解 18.1 所示，征收合适的从量税会使生产处于社会最优水平。

例题详解 18.1

对于图 18.1 中存在污染的市场而言，政府可以针对产出征收什么样的从量税 t 来实现福利最大化？

解答

在社会最优的产量水平上，使从量税等于污染的边际危害。如图 18.2 所示，在社会最优的产量水平 $Q_s=84$ 上，污染物的边际危害是 84 美元。如果从量税 $t=84$ 美元，那么税后的私人边际成本（税后竞争性供给曲线）MC^p+t 就等于社会最优产量处的社会边际成本。进而税后竞争性供给曲线与需求曲线相交于社会最优产量水平。在社会最优状态下，企业通过支付从量税实现了外部性成本的内部化。实现最优生产的唯一条件是，税收等于实现最优产量时污染的边际成本；而在其他产量上，二者倒不必相等。

应用案例

通过税收降低汽车污染

开车会造成堵塞、事故和污染等外部性。此外，燃料燃烧和驾驶都会引起污染。Hill 等（2009）对这两种污染进行了研究，他们估计，燃烧一加仑汽油（包括所有下游效应）所释放的二氧化碳给气候带来的不利影响的成本约为 37 美分，而和健康有关的微粒污染物成本大概为 34 美分。

在交通拥挤期间，一位司机会对其他司机造成一定的拖延。Parry 等（2007）估计，全美平均每加仑汽油产生的此类成本平均为 1.05 美元。

Edlin 和 Karaca-Mandic（2006）用保险费的上升来衡量交通事故的外部性。他们发现，交通密度越高，外部性就越明显，但在交通密度较低的州，外部性就不明显了。在加利福尼亚州（高交通密度的一个州），多一个司机导致全州范围内其他司机的保险成本每年增加 1 725～3 239 美元。多行驶 1% 的路程，保险成本会提高 3.3%～5.4%。虽然州政府可以通过修更多的公路来缓解交通拥挤，减少交通事故，但比较经济的方法还是对外部性征税。将税率设定在边际外部成本的水平，能使加利福尼亚州每年增加 660 亿美元的收入（这远远超出了该州目前每年 570 亿美元的税收水平），而整个国家的税收也能因此增加超过 2 200 亿美元。截至 2015 年，德国、奥地利、斯洛伐克、捷克共和国、波兰、匈牙利和瑞士都出台了某种形式的车辆行驶里程税（vehicle miles traveled tax，VMT），旨在更明确地防止交通拥堵和事故。

车辆在重量方面效率低下，因为大型车辆的车主忽视了在事故中给其他司机和行人带来的更大死亡的风险（Anderson and Auffhammer，2014）。车的重量每增加 1 000 磅，撞车事故导致死亡的概率增加 47%。自 1989 年以来，由于车辆重量增加而造成的较高的外部性风险为每加仑汽油 0.26 美元，而总死亡的外部性大致相当于对每加仑汽油征收 0.97~2.17 美元的燃油税。

考虑到二氧化碳排放和事故，Sheehan-Connor（2015）估计最优单一税是每加仑 1.14 美元。2014 年，国际货币基金组织（International Monetary Fund，IMF）估计，美国的最优税率是每加仑汽油 1.6 美元、每加仑柴油 2.10 美元。

为了减少驾驶的负外部性，政府对汽油、汽车和汽油中所含的碳征税。但是，这类税一般比外部性的边际成本低得多，而且对车辆重量或时间不敏感。

控制污染的收益与成本

1970 年的《清洁空气法》和 1990 年的《清洁空气法修正案》净化了美国的空气。1980—2015 年，美国二氧化硫（SO_2）平均下降 84%，一氧化碳（CO）下降 84%，铅下降 92%，二氧化氮（NO_2）下降 59%，臭氧下降 32%。[①]

美国环境保护署认为，《清洁空气法》每年挽救了 16 万多条生命，避免了 10 万多次医院就诊，预防了数百万例呼吸系统疾病，并挽救了 1 300 万个工作日的损失。环境保护署（EPA，2011）估计，遵守《清洁空气法》的成本为 530 亿美元，但 2010 年的收益为 1.3 万亿美元。因此，收益与成本的比例近乎 25 比 1。

应用案例

保护婴儿

一些政策变化提高了收益，降低了成本。例如，E-ZPass 可以减少拥堵和污染，提高婴儿的健康水平。在新泽西州、宾夕法尼亚州等 12 个州的收费公路上，电子收费系统 E-ZPass 允许车辆不必在收费亭前停车就能缴费。

等待缴费的汽车会造成额外的污染并浪费司机的时间。E-ZPass 可以减少收费站 85% 的延误，并可以减少约 6.8% 的交通二氧化氮排放。引入 E-ZPass 后，居住在收费站 2 公里以内的孕妇早产率降低了 11%，婴儿出生体重较轻的产妇数量比居住在收费站 2~10 公里以内的低 12%（Currie and Walker，2011）。[②] 同样，Knittel 等（2016）发现，颗粒物的数量每减少 1 单位（平均为每立方米空气 29 微克），就可以在 10 万新生儿中挽救 10 条生命，婴儿周死亡率下降约 4%。

18.4 市场结构和外部性

我们所得到的有关竞争性市场和负外部性的两个主要结论——产生了过多的污染，

[①] 根据 https://www.epa.gov/air-trends（访问日期：2016 年 7 月 21 日）。
[②] 不仅婴儿面临汽车污染的风险，老年人也一样。Anderson（2015）估计在高速公路顺风行驶的时间比例增加 1 倍，印度 75 岁及以上老年人的死亡率增加 3.6%~6.8%。

解决之道是征收等于外部性的边际社会成本的税收——并不适合其他市场结构。尽管竞争性市场总是产生过多的负外部性，但非竞争性的市场也可能产生高于或低于社会最优水平的产出和污染。如果税收让企业的外部性内部化，竞争性市场的产量就是社会最优的水平，可非竞争性市场却不是这样。

☐ 垄断和外部性

我们仍然用造纸厂的例子来证明这些结论。在图 18.3 中，垄断均衡 e_m 由边际收益曲线 MR 和私人边际成本曲线 MC^p 的交点决定。和竞争性企业一样，垄断企业对其污染的危害置之不理，所以它在决策的时候仅仅考虑直接的私人成本。

在垄断均衡状态 e_m 下，产量仅为 70 吨，低于社会最优状态 e_s 下的 84 吨。所以图形表明，即使存在外部性，垄断产出也可能低于社会最优水平。

虽然存在外部性的竞争性市场总是生产了高于社会最优水平的产量，但对垄断企业来说，产量有可能高于、等于或低于社会最优水平。垄断企业产量过高或过低的原因在于它们面临着两种相互抵消的效应：垄断企业可以把价格定得高于边际成本，所以产量往往过低；但是，它的决策取决于其私人边际成本而不是社会边际成本，所以产量又总是过高。

哪种效应会占据主导地位呢？这要看产品的需求弹性和污染所造成的边际危害程度。如果需求曲线富有弹性，垄断加价就小，垄断均衡接近竞争性均衡 e_c，并高出社会最优状态 e_s。如果额外污染导致的额外危害很小——均衡时候的 MC^g 接近于零——社会边际成本基本等于私人边际成本，垄断企业的产量就会低于社会最优水平。

☐ 存在外部性时垄断和竞争的福利

在没有外部性的时候，竞争状态下的福利水平要高于未经规制的垄断下的福利水平（第 11 章）。但在存在外部性的时候，垄断的福利水平可能高于竞争的福利水平。[①]

如果垄断产量和竞争产量均高于社会最优的产量水平，则垄断的福利水平肯定更高，因为竞争产出高于垄断产出。如果垄断产出低于社会最优的产出水平，我们需要审查哪种情况下的偏差更大：是垄断企业生产得太少，还是竞争性企业生产得过多。

在图 18.3 中，垄断均衡的福利 $A+B$ 低于社会最优的福利 $A+B+C$，垄断导致了无谓损失 C，原因在于垄断企业的产量低于社会最优的产量水平。

在图 18.3 中，垄断所导致的无谓损失 C 小于竞争所导致的无谓损失 D，所以垄断的福利更高，垄断的产量只是略微有点低，但竞争则生产了过多的产出——从而产生了太多的污染物。

例题详解 18.2

在图 18.3 中，如果对垄断企业征收与外部性的边际危害等额的税收，这对产量、价格和福利有什么影响？

---

① 包括宾夕法尼亚州和北卡罗来纳州在内的几个州已经建立了销售白酒的州立垄断企业。一种可能的目的在于控制因白酒消费而产生的外部性，比如酒后驾车等。

解答

1. 说明税收对垄断均衡的影响。税收等于污染的边际成本，这使垄断企业实现了外部性内部化，并视社会边际成本为其私人成本。边际收益曲线 MR 与社会边际成本曲线 MC^s 的交点决定了税后的垄断均衡 e_t。税收导致均衡产量从 70 单位下降到 60 单位，均衡价格从 310 美元上升至 330 美元。

2. 确定垄断均衡的变动对垄断的无谓损失的影响。税前的消费者剩余和生产者剩余之和是 $A+B$，而税后仅为 A，可见福利水平下降了。A 与社会最优的福利水平（$A+B+C$）之间的差额是 $B+C$，这就是税后的垄断所带来的无谓损失。税收加剧了垄断企业压低产量的倾向。无谓损失从 C 增加到 $B+C$。垄断企业税前的产量太低，税后的产量更低。

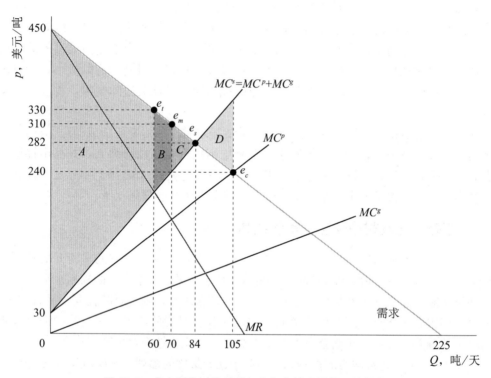

图 18.3　存在污染时的垄断、竞争和社会最优三种状态

竞争性均衡状态 e_c 下的产量高于社会最优状态 e_s 下的产量，所以竞争性市场的无谓损失是 D。垄断均衡 e_m 由边际收益曲线 MR 和私人边际成本曲线 MC^p 的交点决定。垄断状态下（基于社会边际成本 MC^s 曲线）的社会福利是 $A+B$。这时，垄断的无谓损失 C 小于竞争状态下的无谓损失 D。

□ 对不完全竞争市场中的外部性征税

很多人建议，政府对企业征税的额度要和污染的边际危害相等，理由是，这种规模的税收能使竞争性市场达到社会最优状态。例题详解 18.2 表明，此类税收若应用于垄断企业，则可能会降低福利水平。如果未被征税的垄断企业的产量低于社会最优水平，那么征税肯定会降低福利水平；反之，如果垄断企业的产量原本高于社会最优的产量，那么税收可能会增加福利。

如果政府有足够的信息来确定社会最优的产量，它就可以用强制手段使垄断市场或

中级微观经济学（第八版）

竞争性市场达到社会最优的水平。但是，如果社会最优的产量水平高于未经规制的垄断产量，政府就必须对垄断企业进行补贴（而不是征税）来使其产量达到期望水平。

简而言之，解决非竞争性市场（不完全竞争市场）的负外部性问题比解决竞争性市场的外部性问题要复杂得多。为了实现竞争性市场上的社会最优，政府只需要减少外部性，可采取降低产量的方法来实现。而在非竞争性市场上，政府必须解决因外部性和市场势力而产生的各种问题。这样一来，政府就需要更多的信息来对非竞争性市场实行最优规制，而且可能要运用更多的政策工具（比如补贴）。然而，由于市场势力和污染所引起的各种问题在效果上互相抵消，所以规制失灵（failure to regulate）对非竞争性市场所造成的危害要小于竞争性市场。

18.5 通过产权配置来减少外部性

除了通过排放费和排放标准直接控制外部性之外，政府还可以采取一种间接的方式，即分配产权：一种使用资产的专有特权。如果没有人对良品或厌品拥有产权，它们就不太可能有价格。如果你有一项产权，可以保证你免受空气污染的权利，你可以去法院阻止附近的工厂污染空气。或者你可以出售你的权利，允许工厂污染。如果你没有这项权利，则没有人愿意为它支付正的价格。由于缺乏价格，污染者的私人边际成本低于整个社会的边际成本。

☐ 科斯定理

在罗纳德·科斯（Ronald Coase）于 1960 年发表他的经典论文之前，经济学家和其他人一样，经常犯以下错误：

常识性谬误： 与政府授予那些受污染危害的人免受污染的权利相比，政府授予污染者以污染权必定会导致污染增加。

根据科斯定理（Coase Theorem），如果产权得以明确界定，无论初始的权利如何配置，污染者和被污染者之间的谈判都能实现最优的污染水平。

为了说明科斯定理，我们考虑两家相邻的企业，Alice 的汽车修理厂和 Theodore 的茶馆。汽车修理厂的噪声影响了茶馆的生意，如表 18.2 所示。因为汽车修理厂每小时修理更多的汽车，它的利润增加，但由此产生的额外噪声降低了茶馆的利润。最后一列显示了两家企业的总利润。汽车修理厂每小时修一辆车最大化了它们的联合利润——这是社会最优的解决方案。

没有产权的情况

最初，没有人对噪声有明确界定的产权。Alice 不肯和 Theodore 谈判。毕竟，如果 Theodore 没有摆脱噪声的法律权利，她为什么要减少自己的产出和相关的噪声呢？如果 Theodore 希望法庭最终能宣布他有权不受噪声污染，那么他为什么要花钱让 Alice 减少噪声呢？因此，Alice 的汽车修理厂每小时修两辆车，这使她的利润最大化，为 400 美元。由此产生的过度污染迫使 Theodore 破产，他们的联合利润是 400 美元。

免遭污染的权利

现在，假设法庭授予 Theodore 享受安静的权利。他可以强制 Alice 关闭汽车修理厂，这样他就能赚 400 美元，他们的联合利润是 400 美元。然而，如果 Alice 只修理一辆车，她的收益是 300 美元，而 Theodore 的损失是 200 美元。他们应该达成一项协议，让她付给他 200~300 美元，从而 Alice 拥有修理一辆车的权利。于是他们的联合利润最大化，为 500 美元。

Alice 为什么不买修理两辆车的权利呢？她从第二辆车上赚了 100 美元，比 Theodore 的损失 200 美元少，所以他们不能达成让她修第二辆车的协议。

可以污染的权利

另一种情况是，假设法院说 Alice 有权随心所欲地制造噪声。除非 Theodore 付钱让她减少噪声，否则他就得关门大吉。Theodore 200 美元的收益来自 Alice 修理一辆车而不是两辆车的行为，这个收益大于 Alice 100 美元的损失。他们应该能够达成一项协议，Theodore 支付给 Alice 100~200 美元，她只修理一辆车，他们的联合利润最大化，为 500 美元。

表 18.2 　　　　　　　　　　　随着生产和噪声变化的每日利润变化

汽车修理厂的产出，辆/小时	利润，美元		
	汽车修理厂	茶馆	总利润
0	0	400	400
1	300	200	500
2	400	0	400

总结　这个例子说明科斯定理的三个重要结论：

（1）如果产权不明晰，一家企业污染严重，联合利润也没有实现最大化。

（2）明确的产权配置导致社会最优的结果，无论谁获得权利，联合利润均实现最大化。

（3）然而，谁拥有产权会影响联合利润在他们之间的分配。因为产权有价值，没有产权的一方要向拥有产权的一方提供补偿。

科斯方法存在的问题

为了实现社会最优的结果，成功的谈判必不可少。但是，至少有三个原因会导致谈判不可能总是成功。

首先，如果交易成本很高，双方可能无法坐下来谈判。例如，如果一个工厂造成空气污染，可能会影响到成千上万甚至数百万的人。把这些人召集起来与工厂进行谈判的成本太高。

其次，如果各企业采取策略性的谈判行为，也可能无法达成协议。比如有一方宣称"满足我的所有条件"并且决不让步，达成协议就几乎是不可能的。

最后，如果任意一方缺乏降低污染的成本和收益方面的信息，那么可能就会出现无效率的结果。要是不清楚污染活动会对另一方造成什么影响，就无从知晓为达成协议需要向对方支付的金额。

由于以上原因，科斯式的谈判极少出现。如果无法进行谈判，产权的分配就会对污染的数量造成影响。因此，科斯定理并不是大多数污染问题的实际解决方案。相反，它的价值在于，它证明了缺乏明确界定的产权是外部性问题的根源。

买个小镇

当美国环境保护署声称詹姆斯·加文美国电力（James Gavin American Electric Power）这家电力公司污染俄亥俄州柴郡的行为违反了《清洁空气法》时，环境保护署实际上赋予了居民免受污染的权利。为了避免更高的诉讼成本、安装新设备以及其他减少工厂污染的行动，该公司以 2 000 万美元买下了这个小镇，诱使居民收拾行李离开。因此，一旦明确了产权，企业可能会发现从别人那里购买这些权利的成本更低，而不是无休止的诉讼和减少污染的成本。

☐ 排污权市场

如果过高的交易成本妨碍了谈判，或许我们可以利用一个促进个体之间展开交易的市场来解决这个问题。在 20 世纪 80 年代的早期，美国联邦政府、州政府和世界上其他国家的一些政府就引进了总量控制与交易系统。在总量控制与交易系统下，政府分配特定数量的排污许可证，允许企业生产特定数量的污染物。这些排污许可证不仅给予了企业排污的权利，而且限制了污染排放的总量。排污许可证是可以在市场上交易的，而交易常采用拍卖的形式。企业可以将其富余的排污许可证出售给其他需要排放污染物的企业（这种许可证类似于中世纪的犯人所购买的免罪符）。

与污染所造成的危害相比，有些企业的产品价值很高，有些企业的产品价值很低，前一类企业就会从后一类企业的手中购买排污权。减少污染要降低产出，假设有两家工厂，每减少 1 吨污染所放弃的产出的成本分别为 200 美元和 300 美元。如果政府要求这两家工厂都减少 1 吨的污染，总成本就是 500 美元。由于排污许可证可以交易，第一家工厂可以减少 2 吨的污染而把排污许可证出售给第二家工厂，从而社会总成本仅为 400 美元。在污染损害额度既定的条件下，交易排污许可证实现了产出价值的最大化，进而提高了效率。

政府若掌握了足够多的信息，就可以为各家企业制定出最优的排污量，也就不会出现不必要的排污权交易。通过市场，政府不用搜集这类详细信息来实现效率目标，它唯一需要做出决策的是允许排放的污染总量。

酸雨总量控制与交易计划

酸雨计划是 1990 年美国《清洁空气法》的一部分，其目的是减少 1 000 万吨二氧化硫（SO_2）和 200 万吨氮氧化物（NO_x），这是酸雨的主要成分。1990—2015 年，二氧化硫水平降低了 81%。

根据这项法律，美国环境保护署向所有公司发放二氧化硫排放许可证，这些公司的排放总量与美国环境保护署设定的排放总量上限相等。每个许可证允许一家公司每年排放 1 吨二氧化硫。政府对超出排放限额的公司处以每吨 2 000 美元的罚款。如果一家公司的排放量低于其限额，它可以将剩余的许可证出售给其他公司，从而为该公司提供减少排放量的激励。

环境保护署每年举行一次许可证现货拍卖，企业可在本年度使用许可证，并举行一次许可证的提前拍卖，拍卖有效期为 7 年，任何人都可以购买。在某些年份，一些环保团体，如酸雨退休基金、坦帕大学环境保护联盟和贝茨学院环境经济学班都从企业那里购买了许可证以进一步减少污染。（你可以在 http://www.epa.gov/airmarkets/so2-allowance-auctions 上看到年度拍卖的结果。）据估计，根据这项市场计划，减少污染的成本大约比许可证不能交易的成本低四分之一至三分之一，每年可节省 2.25 亿～3.75 亿美元。此外，环境保护署估计，酸雨计划在 2010 年的收益约为 3 590 亿美元（以 2016 年的美元计算），年成本约为 84 亿美元，收益-成本比为 43：1。

□ 正外部性的市场

如果没有监管、税收或者明确界定产权的政府干预，市场就无法解决负外部性带来的危害。然而，市场在没有政府额外干预的情况下解决了许多正外部性问题，因为产权通常是明晰的。

蜜蜂为橘子、杏仁、鳄梨等农产品授粉。如果一个橘子园位于商业养蜂企业的旁边，因为养蜂人没有获得蜜蜂带来的全部收益，他可能不能供养足够的蜜蜂来为橙子实施最佳授粉。不过，市场可以解决这个潜在的问题，因为养蜂人对他们的蜜蜂有明确的产权。橘子园可以雇养蜂人在授粉季节把蜂箱带到农场。这种市场交易导致了最佳的授粉。

18.6 竞争性与排他性

到目前为止，我们关注的是具有竞争性和排他性的私人物品。**竞争性商品**（rival good）在被消费的同时也被消耗殆尽。如果 Jane 吃了一个橘子，那个橘子就没了，所以没有人能吃了。**排他性**（exclusion）意味着可以阻止其他人消费一种商品。如果 Jane 有一个橘子，她可以把它锁在家里，很容易地防止别人把它吃掉。因此，橘子是具有竞争性和排他性的物品。

如果商品缺乏竞争性，每个人都可以消费（比如清洁空气或国防）。如果市场对这种商品索要一个正的价格，因为向另一个人提供这种商品的边际成本为零，市场失灵就会出现。

如果商品缺乏排他性，比如清洁的空气，因为没有人对商品拥有排他性的产权，所以也就没有人可以被阻止消费。因此，当那些不需要为商品付费的人过度利用商品时，市场会失灵，就像他们污染空气时一样。要是市场失灵严重，就像公有资源和公共物品经常出现的那样，政府可能在提供或控制商品方面发挥重要作用。例如，政府通常为路灯买单。

我们可以根据商品是否具有竞争性和排他性来对其进行分类。表 18.3 概述了四种可能性：私人物品（竞争性和排他性）；公有资源（竞争性和非排他性）；俱乐部商品（非竞争性和排他性）；公共物品（非竞争性和非排他性）。

表 18.3   **竞争性与排他性**

	排他性	非排他性
竞争性	私人物品：苹果、铅笔、电脑、汽车	公有资源：渔场、高速公路、公园
非竞争性	俱乐部商品：有线电视、音乐会、网球俱乐部	公共物品：国防、洁净的空气、灯塔

☐ 公有资源

公有资源是一种没有排他性但有竞争性的资源。每个人都可以自由进入并拥有同等的利用这一资源的权利。

许多渔场都是对公众开放的，任何人都可以进去捕鱼，捕到鱼之后才拥有对鱼的产权。每位捕鱼者都想在他人之前把鱼捕捞上岸从而获得对这些鱼的产权。缺乏明确界定的产权导致过度捕捞。与私人渔场相比，公共渔场的渔民们倾向于捕捞更多的鱼。

就像污染制造者一样，渔船的所有者只考虑他们的私人成本。在计算这些费用时，它包括船只、其他设备、船员和用品的费用；不包括减少今天的鱼类存量而给后代造成的代价，而这将减少明年海洋中的鱼类数量。鱼越少，就越难捕到鱼，所以减少今天的鱼的数量增加了将来捕鱼的成本。

捕捞鱼类的社会成本是私人成本加上当前和未来鱼类数量减少的外部成本。因此，公有资源导致的市场失灵是一种负外部性。

相反，如果每个渔民都拥有一个私人池塘，就不会产生外部性，因为产权是明确定义的。每个养鱼户都很小心，在任何一年都不会过度捕捞，以保持未来的鱼类储备（或数量）。

公有资源的另一些重要例子还包括石油、水以及其他一些从"公共池"（common pool）中提取出来的液体和气体。矿主之间会展开竞争以求以最快的速度把资源从公共池中提取出来，从而获得对这种商品的所有权。竞争降低了液压，导致后续泵水的难度加大，因此产生了外部性。伊拉克声称入侵科威特是因为科威特过度开采两国共同的石油资源（这导致了 1991 年的波斯湾战争）。[①]

如果很多人试图同时访问一个网站，拥挤可能会降低网速。类似的问题也发生在普通公路和高速公路上。如果你有一辆汽车，你就拥有驾驶这辆车的权利。可是，因为你对你所行驶的道路没有排他性的产权，所以只能与人共享而不能禁止别人在这条道路上行驶。然而，每位司机对行进中占用的那部分道路拥有临时性的产权（由此阻止了其他人占用同一个空间）。道路上的空间竞争导致交通堵塞（负外部性），从而降低了每个司机的速度。

---

① 同样，阿拉斯加州也提议租用阿拉斯加国家野生动物保护区附近的土地，这将允许公司钻探并可能从储备中抽取石油，而国家野生动物保护区原本是禁止钻探的。参见 Taylor, Phil, "Alaska Unveils Plan to 'Drain' Federal Crude from ANWR," *E&E News*, June 30, 2011.

为了防止过度使用公有资源，政府可以明确定义产权、限制获取或对用户征税。在过去的一个世纪里，许多发展中国家已经将开放获取的公共农业用地分割成拥有明确产权的小型私人农场。政府经常以先到先得的原则来分配资源，例如在一些受欢迎的国家公园。

政府也可以通过征税或者收费来限制人们使用该资源，只有那些最珍惜资源的人才能获得使用权。例如，政府经常向进入公园或博物馆的参观者收取门票。通过征收与每个人对他人造成的外部性损害相等的税收或费用（例如高速公路上日益拥堵的价值），政府迫使个人将外部性内部化。

应用案例

道路拥堵

普通公路和高速公路属于我们所有人。任何人都可以免费使用。当许多人试图在同一时间使用它们时，由此产生的拥堵（即负外部性）损害了所有司机的利益。也就是说，道路是一种过度开发或拥挤的公有资源。

在大多数发达国家，时间成本、汽油成本和道路拥堵造成的污染都非常高。2015年，在美国，通勤者在交通上浪费了 80 亿小时，这比开车去冥王星所花费的时间还要长（假设去冥王星有公路，而且没有交通堵塞）。

代表性的美国消费者损失了 50 个小时，而在 10 条最糟糕的道路上，每年有 92 个小时的延误。比利时以 44 小时的损失位居第二，紧随其后的是荷兰（39 小时）、德国（38 小时）、卢森堡（33 小时）、瑞士和英国（30 小时）、法国（28 小时）。最糟糕的城市是伦敦，那里的司机在交通堵塞中平均损失 101 个小时（相当于 4 天的时间）。

对使用道路（比如桥梁和高速公路）收费可以减少司机人数，减缓交通堵塞。例如，人们必须付过路费才能经金门大桥进入旧金山，或者通过卡拉汉隧道进入波士顿。伦敦对在市中心行驶的汽车征收拥堵费。

☐ 俱乐部商品

俱乐部商品是指不具有竞争性但具有排他性的商品。正式的俱乐部，如游泳俱乐部或高尔夫俱乐部，提供一些俱乐部商品。这些俱乐部将不缴纳会员费的人排除在外，但它们提供的游泳或高尔夫等服务是非竞争性的：在这些设施的使用达到饱和之前，多一个人游泳或打高尔夫球不会减少其他人的乐趣。

然而，最重要的俱乐部商品并不涉及真正的俱乐部。有线电视就是一个重要的例子。像康卡斯特这样的有线电视公司几乎不需要额外的成本就可以为更多的消费者提供服务（前提是他们有有线电视）。这项服务缺乏竞争，增加一个观众不会损害其他观众的观看体验（而且边际成本几乎为零）。[①] 可有线电视公司还是很容易把人排除在消费之外。

只有付费的人才能收到信号并观看频道。有线电视公司对观看一个频道收取正的价

---

① 一个边际成本为零的俱乐部商品可能是自然垄断的（第 11 章）。

格超过了提供该频道的零边际成本。结果是，一些愿意付费（但是低于当前价格）观看有线电视的用户无法观看，这给社会带来了无谓损失。

虽然俱乐部商品会造成市场失灵，但政府很少干预，因为政府很难提供帮助。与监管一样，试图通过强迫有线电视公司收取与其接近于零的边际成本相当的价格来消除无谓损失，将会弄巧成拙，因为这种服务将无法生产，因而将失去更多的总剩余。政府可以限制有线电视的平均成本，这将减少但不能消除无谓损失。

应用案例

盗版软件

一个不具有竞争性但具有排他性的重要例子是计算机软件，比如 Microsoft Word。软件不具有竞争性。微软几乎不需要额外的成本就可以向另一个消费者提供软件程序的副本。市场失灵的原因是微软要价过高，所以销量太少。

不过，要是微软不能通过防止其软件的盗版（在不付费的情况下使用软件）来行使其产权的话，可能会导致更大规模的市场失灵：它可能会完全停止生产该产品。在那些将非付费用户排除在外的成本高的国家，计算机软件被盗版并被广泛共享，这降低了软件生产和销售的利润率。商业软件联盟（BSA）估计，2015 年盗版软件的份额为 39%。在许多发展中国家，这一比例非常高：利比亚和津巴布韦为 90%；亚美尼亚、孟加拉国、印度尼西亚、伊拉克、尼加拉瓜、巴基斯坦的这一比例为 80%～90%；俄罗斯为 64%；印度为 58%。在大多数欧盟国家、澳大利亚和加拿大，这一比例为 21%～32%；日本和新西兰是 18%；美国是 17%。2013 年微软报告说，45% 的盗版软件来自互联网。

☐ 公共物品

公共物品既不具有竞争性，也不具有排他性。清洁的空气是公共物品。一个人享受清洁空气并不妨碍其他人也享受，所以清洁空气是非竞争性的。如果我们净化空气，我们不能阻止住在附近的人受益，所以它不是排他性的。

公共物品拥有特殊形式的外部性。如果一家企业减少污染，净化空气，它就给邻居带来了一个正的外部性。

搭便车

不幸的是，由于缺乏明确界定的产权，公共物品的市场供应不足。因为不能将不花钱消费的人排除在外，所以公共物品的提供者不能对公共物品提供的服务行使产权。问题的原因是搭便车：不用付钱就从别人的行为中获益。也就是说，搭便车者希望从正外部性中获益。因此，对企业来说，提供一种能够盈利的公共物品是非常困难的，很少有人愿意为这种产品付钱，不管它对他们来说价值有多大。

我们用一个市场供给不足的公共物品的例子来说明搭便车问题。假设有两个家庭，家庭 1 和家庭 2，它们都住在城外公路的尽头，都同样从沿路的路灯中受益。它们必须自己付钱买灯。

图 18.4 显示了两个家庭的需求曲线 D^1 和 D^2。每个家庭的需求曲线反映出它们对给

定数量路灯的支付意愿。家庭 1 的需求曲线 D^1 低于家庭 2 的需求曲线 D^2。例如，安装 6 盏路灯，家庭 1 愿意支付 80 美元（a 点）而家庭 2 愿意支付 160 美元（b 点）。

图中还显示了市场或社会的需求曲线 D。公共物品的市场需求曲线不同于私人物品的需求曲线。

私人物品的社会边际收益与个人消费该物品的边际收益相同。因此，私人物品的市场需求曲线或社会边际收益曲线是每个个体需求曲线的水平加总（第 2 章）。

而公共物品的社会边际收益是每个消费者的边际收益之和，由于公共物品不具有竞争性，所有人都可以从相同的产出中获得收益，因此，公共物品的社会需求曲线或社会支付意愿曲线是每个个体需求曲线的垂直加总。例如，购买 6 个路灯的社会支付意愿是 240 美元（点 e_s），这是两个家庭愿意支付的金额之和，即 80 美元＋160 美元。

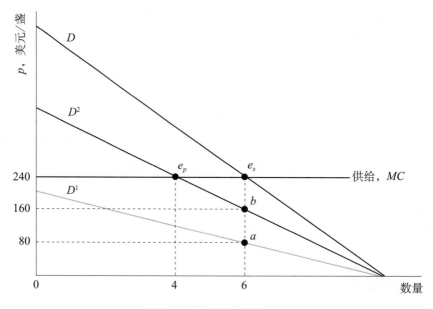

图 18.4　公共物品供给不足

只有两户人家住在城外一条马路的尽头。它们必须花钱安装路灯。社会需求曲线 D 是单个家庭的需求曲线 D^1 和 D^2 的垂直加总。供给曲线是位于边际成本为 240 美元处的水平直线。社会最优水平出现在社会需求曲线与供给曲线相交的 e_s 点，此时家庭购买 6 盏路灯。如果两个家庭各自独立行动，家庭 2 在 e_p 处购买 4 盏路灯，这是 D_2 与供给曲线的交点。供给曲线在 D_1 之上，所以家庭 1 不买路灯，搭了家庭 2 购买 4 盏路灯的便车。因此，如果家庭独立行事，它们购买的路灯就会太少。

竞争性供给曲线是水平的，每盏路灯 240 美元，这是社会边际成本。在社会最优供给 e_s 处，社会边际成本等于社会支付意愿。也就是说，社会最优供给 e_s，发生在竞争性供给曲线与社会需求曲线的交点处。在社会最优情况下，这些家庭购买 6 盏路灯。

然而，如果家庭独立行动，它们只在市场均衡时购买 4 盏路灯。供给曲线在 e_p 处与 D_2 相交，其中家庭 2 购买了 4 盏路灯。供给曲线位于 D_1 之上，所以家庭 1 不会购买路灯：搭家庭 2 的便车。家庭 1 免费使用路灯，因为路灯是公共物品。因此，竞争激烈的市场提供的路灯（4 盏）比社会最优的 6 盏要少。

在更极端的情况下，政府因为无法阻止不付费的人消费这些产品，所以不提供任何公共物品。一般来说，如果政府不提供非排他性的公共物品，就没有人提供它。

中级微观经济学（第八版）

一个购物中心里只有两家商店，它们决定是否雇用一名保安，多雇保安也不会提高安保水平。在购物中心巡逻的保安提供一种没有竞争性的服务，同时保护两家商店。保安每小时收费 20。每家商店获得的收益是每小时 16。两家商店各自独立参与这个博弈。下表显示了它们的收益。这个博弈的解是什么？社会最优解是什么？

商店 1

	雇用		不雇用	
雇用	−4	−4	−4	16
不雇用	16	−4	0	0

商店 2

答案

1. 使用最优反应分析（第 14 章）确定博弈的纳什均衡。在商店 1 雇用保安的情况下，商店 2 雇用保安的收益是−4，不雇用保安的收益是 16，所以此时商店 2 的最优反应是不雇用保安。同样，在商店 1 不雇用保安的情况下，商店 2 雇用保安的收益是−4，不雇用保安的收益是 0，所以此时商店 2 的最优反应是不雇用保安。因此，商店 2 的占优策略是不雇用保安。使用类似的分析，商店 1 也有不雇用保安的占优策略。博弈的纳什均衡是两家商店都不雇用保安。

2. 计算雇用一名保安的收益和成本，以确定社会的最优解。一个保安的成本是 20，但是两家商店加起来的收益是 32，所以雇一名保安是值得的。

评论：独立行动的时候，因为每家商店都想搭便车，所以没有实现社会最优。这也是囚徒困境的一个例子（第 14 章）。

应用案例

麻疹疫苗中的搭便车者

麻疹疫苗接种是一项公益事业。接种疫苗的人通过帮助限制疾病的传播，为搭便车的人提供了正外部性。大多数人接种麻疹疫苗可降低社区中所有人（包括拒绝接种疫苗的人）暴露于麻疹的风险：民众具有群体免疫。也就是说，接种疫苗的人给其他人带来了正外部性，降低了他们患病的可能性。

相比之下，如果有太多的人放弃接种疫苗而搭便车，整个群体就会变得更加脆弱。患有这种疾病的人会给他人带来负的外部性。麻疹具有很强的传染性，接触到它的人有 90% 会被感染。一个病人通常会感染 12～18 个缺乏免疫力的人。

这种疾病在缺乏群体免疫的地区传播迅速。在 1963 年麻疹疫苗问世之前，15 岁的美国人中，有 90% 的人都感染了麻疹。自 1963 年以来，该疫苗已经预防了约 3 500 万个病例。美国在 2000 年宣布消灭麻疹。然而，来自其他国家的旅行者继续输入这种疾病。

第18章 外部性、公有资源和公共物品

最理想的估计是，至少需要 92%～94% 的接种率才能实现群体免疫。密西西比州强制要求在校儿童接种疫苗，该州 99.7% 的幼儿园学生都接种了疫苗，因此该州产生了群体免疫。然而，美国的加利福尼亚州等六个州和华盛顿特区的疫苗接种率低于 90%，它们缺乏群体免疫的能力。结果是，从 2014 年 12 月到 2015 年 4 月，加州爆发了 136 例麻疹病例。

减少搭便车行为

解决搭便车问题的一个办法是政府提供公共物品。政府提供国防、公路以及许多其他公共物品。

政府还可以采取一些集体行动来减少搭便车问题，方法包括：社会压力（social pressure）、合并（merger）、私有化（privatization）和强制行为（compulsion）等。

社会压力可能会减少或消除搭便车现象，尤其是在群体规模较小的时候。这种压力可能会导致购物中心的大多数公司自愿雇用保安。企业可能会在重复的囚徒困境博弈中合作，特别是在市场上企业数量相对较少的情况下。

消除企业搭便车行为的直接方法是让它们合并成一家企业，从而实现外部性的内部化。各家店铺的收益之和等于合并后的企业的收益，这样就能在雇用保安方面做出最优的决策。

如果各自独立的店铺签订一份协议，约定分摊雇用保安的费用，它们实际上也会获得合并所带来的好处。但是，考虑到囚徒困境的问题，它们能否同意签订这样的一份协议仍然存在疑问。一种解释是，在重复的囚徒困境博弈中，企业更有可能进行合作（参见第 14 章）。

私有化（排他性）可以消除搭便车行为。公共物品是任何人都可以使用的，一旦限制使用，它就变成了私人物品。一个例子是清洁的水，水务企业可以对个人用水实施监督并收取费用。

另一个解决搭便车问题的办法是强制行为。像政府之类的外部组织可以制订一个解决搭便车问题的强制性方案。同样，拥有多家店铺的购物中心的管理层可以要求各家店铺签署一份租借合同，让它们承诺支付一定的"税收"，具体数额由各家店铺投票决定。如果多数店铺都投票同意雇用保安，则所有店铺都必须支付相关的费用。虽然在没有得到其他店铺的支付保证时，某家店铺可能也不愿意为保安服务付费，但它可以用投票的方式来要求每家店铺（包括它自己）为服务付费。

应用案例

牛肉的故事

根据联邦法律，在一些农业产业中，企业可以通过下述途径来解决公共物品问题：强迫所有行业成员在绝大多数成员同意的前提下为集体活动捐款。根据《牛肉促进与研究法》的规定，所有牛肉生产商都必须对其在美国出售的每头牛缴纳 1 美元的费用，而由此筹集到的 8 000 万美元为疯牛病的研究和教育项目以及开展集体广告活动提供了资金，比如 2015 年和 2016 年的"牛肉：晚餐必备"和 2012 年的"在家也能烧烤"等广告。这种集体广告的支持者估计，生产者每贡献 1 美元，就能获得 5.67 美元的额外边际收益。

为公共物品估价

为了确保非排他性公共物品的供给，政府通常会自行生产或者强制他人去生产。在提供此类公共物品的过程中，政府需要考虑的问题涉及是否提供，以及（如果提供的话）提供多少。要解决这些问题，需要了解成本（通常是最容易的环节）和公共物品对诸多个体的价值（有难度的环节）。

政府会根据调查或投票结果来确定消费者对公共物品的价值评价。这些方法的一个主要问题在于，多数人并不知道一件公共物品给他们带来的价值是多少。你愿意为保存国家档案支付多少钱？降低空气污染对提高你的健康水平有多大的好处？在知道有军队的保护的情况下，你的夜间睡眠会改善多少？

即使人们知道公共物品带给自己的价值，他们也有动机在调查中撒谎。那些认为公共物品价值很大、想要政府提供的人可能会夸大收益的价值。同样，那些认为公共物品价值很低的人，可能会过度贬低其价值——甚至报告说是负价值，以此来阻止政府的行为。

比起调查，政府可以通过让市民投票的方式来决定公共物品的提供。假设每一个街角的信号灯是否安装的决策都使用一个单独的多数票规则，如果大多数人投票安装，则所有投票者均摊成本。如果信号灯对于一个投票者的价值至少等于他为其支付的税，则他会投票安装。

多数人是否会同意安装交通信号灯取决于中间投票人的偏好。对于中间投票人来说，有一半的投票者认为这个项目不值得实施，还有一半的人认为这个项目值得实施。如果中间投票人想要安装信号灯，那么赞成者起码超过一半，所以投票通过。同样，如果中间投票人反对这个项目，反对者又会超过一半，所以投票无法通过。

如果信号灯给社会带来的价值不低于成本，安装信号灯就是有效率的。多数票规则能带来效率吗？下面的例子将要说明，这一规则无法保证效率的实现。

每个信号灯的安装费用是 300 美元，有 3 位投票者，所以，一个人只有在认为这个信号灯的价值不低于 100 美元的条件下才会投赞成票，同意安装。表 18.4 给出的是每个投票者认为在 3 个交叉路口各安装一个信号灯的价值。

对每个信号灯的安装计划来说，Hayley 是中间投票人，所以她的观点决定着投票的结果。如果 Hayley 愿意安装信号灯，她就会和 Asa 构成多数票，投票通过；另一种情况是，Hayley 和 Nancy 投反对票，拒绝安装信号灯。多数派同意在街角 A 和街角 C 安装信号灯，反对在街角 B 安装。在街角 A 和街角 B 安装信号灯的社会价值分别是 300 美元、375 美元，每个信号灯的价值都不低于 300 美元的成本，所以是有效率的。

在街角 A，市民投票同意安装信号灯，其结果是有效率的。其他两种投票导致无效率的结果。在街角 B 没有安装信号灯，但这里安装信号灯给社会带来的价值超过了 300 美元的成本；在街角 C 安装了信号灯，但投票者认为在这里安装信号灯的价值小于 300 美元。

支持-反对式投票的问题在于这种投票流程忽视了偏好的强度。投票者仅仅表明了这个项目的价值是高于或低于某个数额。由此可见，多数票规则不能完全体现出公共物品的价值，从而无法保证公共物品的供给效率。[1]

表 18.4　　　　　　　　　对成本为 300 美元的交通信号灯的投票

信号灯的位置	对每位投票者的价值			对社会的价值，美元	投票结果[a]
	Nancy	Hayley	Asa		
街角 A	50	100	150	300	安装
街角 B	50	75	250	375	不安装
街角 C	50	100	110	260	安装

a. 当且仅当投票者认为信号灯的价值不低于 100 美元时，她才会投票赞同在某个街角安装信号灯；100 美元是个人在信号灯安装后必须承担的税收。

挑战题解答　　　　　　　　　贸易与污染

在本章开头的挑战题中，我们问道：如果一个国家不对国内的污染加以限制的话，还会从自由贸易中获益吗？这个问题随着各国间自由贸易步伐的推进而变得越来越重要。

美国与多国签订了自由贸易协定（FTA）和国际投资自由化的准则，意在消除或减少关税和配额，促进国际贸易。这些国家是澳大利亚、巴林、加拿大、智利、哥斯达黎加、萨尔多瓦、危地马拉、洪都拉斯、以色列、约旦、墨西哥、摩洛哥、尼加拉瓜、秘鲁、新加坡、韩国，等等。自 2014 年起，与 FTA 成员国的贸易占美国出口的 47%，进口的 35%。2016 年最激烈的争论是，美国是否应该签署一份新的环太平洋贸易协定。

自由化的贸易不断扩张，在 2012 年，贸易已经占美国 GDP 的 30%，而 1965 年还不到 10%。有些经济体的贸易占 GDP 的份额更高，欧盟是 30%，日本是 31%，印度是 48%，中国是 55%，墨西哥和英国是 59%，加拿大是 63%。

我们在第 9 章和第 10 章曾经提到过，当国内市场是一个没有受到税收、关税和污染扭曲的完全竞争市场时，如果受损者得到补偿，每个人都可以从自由贸易中获益（参见第 9 章）。在自由贸易下，一个部门由于业务减少和失业带来的损失将会被另一个部门以更大的收益弥补。然而，如果一个经济体中至少有两个市场发生扭曲，矫正其中一个可能会增加或降低福利。[2] 例如，如果一个国家阻止贸易但不控制污染，允许自由贸易后对污染继续不加以控制就不一定能使福利增加。

如果一个国家对污染出口行业不加规制，会有什么样的福利效应？为了分析这个问题，我们把第 9 章的贸易模型和本章的模型结合在一起进行分析。

假设一个国家的造纸行业在国际纸张市场上是一个价格接受者。国际市场价格是 p_w。下面的图（a）给出了在一个没有污染（或者政府采取了最优污染控制措施）的市场上贸易带来的好处。国内供给曲线 S 向上倾斜，本国可以以国际市场价格 p_w 进口任意数量的纸张。在自由贸易均衡 e_1 处，均衡产量是 Q_1，均衡价格是国际市场价格 p_w。如果禁止进口，均衡点在 e_2，产量下降到 Q_2，价格上升到 p_2。因此，禁令会造成无谓损失 D。（更详尽的信息参见对图 9.8 的讨论。）

---

① 尽管投票没有揭示出公共物品的价值，但是 Tideman 和 Tullock（1976）与其他经济学家已经设计出几种征税方法，这些方法有时候能够诱使人们暴露其真实的评价。不过，这些方法很少被使用。

② 在经济学文献中，这个叫作次优理论（theory of the second best）。

在图（b）中，我们将污染纳入考虑。供给曲线 S^* 是企业未承担污染成本时的私人的边际成本曲线的加总（类似于图 18.1 中的 MC^p）。如果政府征收一项从量税 t，大小等于每吨纸造成的污染的边际成本，税收使企业将污染成本内部化，产生了新的供给曲线 S（类似于图 18.1 中的 MC^s）。

如果政府不采用税收或者其他措施对污染加以规制，私人供给曲线 S^* 位于社会供给曲线之下，造成国内生产过剩。如果贸易被禁止，均衡点是 e_3，与最初自由贸易时的均衡状态相比，产量更高，为 Q_3，价格更低，为 p_3。因为真实的边际成本（S 曲线在 Q_3 点的高度）在消费者价格之上，也会有无谓损失。

根据次优理论，即使允许了自由贸易，福利也不一定会增加，因为该国依然存在污染扭曲。自由贸易均衡是 e_4。企业以国际市场价格卖出产品 Q_4，其中 Q_1 卖给国内消费者，Q_4-Q_1 卖给其他地区的消费者。贸易带来的私人收益（忽略政府提供补贴的成本）是区域 $A+B$。不过，由于生产 Q_4 比 Q_3 造成更多的污染，国内产出的扩大增加了社会的成本，即区域 $B+C$。这个区域的高度等于两条供给曲线之间的距离，即污染损失的边际成本和平均成本的差（t），长度是扩大的产出（Q_4-Q_3）。因此，如果区域 C 大于区域 A，允许贸易会造成净福利损失。如图所示，C 大于 A，所以，如果不对污染征税，允许贸易会降低福利水平。

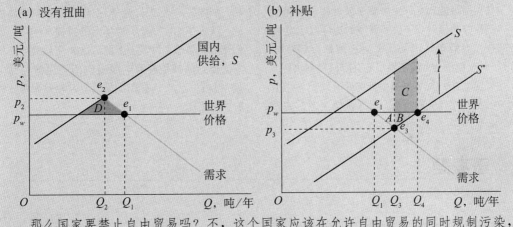

(a) 没有扭曲　　　　　　　(b) 补贴

那么国家要禁止自由贸易吗？不，这个国家应该在允许自由贸易的同时规制污染，以达到福利最大化。

本章小结

1. 外部性。当一个人的福利或一家企业的生产能力直接受到其他消费者或企业的行为影响（而非通过价格的变动间接受到影响）时，外部性就产生了。对他人有害的外部性是负外部性；而对他人有益的外部性是正外部性。有些外部性对一个群体有利，但对另一个群体有害。

2. 存在外部性时的竞争无效率。由于生产者没有对污染之类的负外部性付费，其私人成本低于社会成本，结果是，竞争性市场产生了比最优水平更多的负外部性。如果消除外部性的唯一途径就是降低产出，那么最优方案是把产量限定在降低外部性的边际收益等于产量减少给消费者和生产者带来的边际成本的水平上。因为彻底消除外部性要求取消合意的产出水平和消费活动，所以通常情况下，有一定的外部性是最优的结果。如果政府能掌握有关需求、生产成本以及外部性的危害等方面的足够信息，它就可以利用税收或配额的方法来强制竞争性市场按照社会最优水平生产。政府征税或实施配额既可以针对负外部性，也可以针对产出。

3. 减少外部性的规制。政府可以采取使用排放费（税）或排放标准来控制外部性。如果政府具有完全信息，它可以设定费用水平等于外部性的边际危害，使企业外部性内部化，生产社会最优产出水平。同样，政府可以设定一个达到社会最优的标准。然而，如果政府不具有完全信息，使用税收还是收取费用取决于许多因素。

4. 市场结构和外部性。尽管竞争性市场生产了过多的产出和负外部性，但非竞争性市场也可能偏离最优水平。在存在负外部性的情况下，非竞争性均衡可能比竞争性均衡更接近社会最优水平。当税收的额度等于负外部性的边际社会危害的时候（对竞争性市场征税会达到社会最优水平），对非竞争性市场征税可能会降低福利水平。

5. 通过产权配置来减少外部性。外部性产生的原因是产权界定不明晰。根据科斯定理，如果两个当事人能够进行谈判，把产权配置给其中的任何一方都会产生有效率的结果。但是，由于产权有价值，所以产权的配置会影响到财富的分配。遗憾的是，谈判往往并不可行，尤其是在涉及许多人的时候。在这些情况下，交易（产生外部性的）许可证的市场可能会解决外部性问题。

6. 竞争性与排他性。私人物品具有竞争性和排他性，在其所有者消费一单位该物品后，其他人不能消费它，并且该物品的所有者可以阻止其他人消费。有些商品缺乏其中一种或两种属性。开放获取的公有资源，如渔场，是非排他性的，但会受到竞争性的影响。这种不具有排他性的情况会造成过度捕捞，因为渔业使用者在捕鱼时没有考虑到强加给其他人的成本。俱乐部商品不具有竞争性，但具有排他性。例如，一个游泳俱乐部没有竞争性，但可以排除非会员的使用。市场失灵发生在企业以零边际成本生产的产品定价为正的情况下，因为企业销售的产品太少。公共物品，如国防，既是非竞争性的，也是非排他性的。缺乏排他性导致了市场上的搭便车问题：人们使用商品却不付钱。因此，这类商品的潜在供应商得到的补偿不足，因而它们提供的商品不足。由于私人市场往往提供的公共物品不足，政府经常生产或补贴这类物品。

思考题

MyEconLab 上有全部思考题；＊＝答案请扫本书末二维码获取；A＝代数问题；C＝可能要用到微积分知识。

1. 外部性

1.1 《新英格兰医学杂志》的研究显示，你的朋友圈或者"社交网络"可能比你的基因更能使你发胖。如果其他条件相同，有一个超重的朋友将导致你更有可能也变得超重，那么这是一个负外部性的例子吗？为什么？（提示：这其中是否有因果关系？是否胖的人更喜欢找胖的人做朋友？同样记住，有瘦朋友的人也可能变得更瘦。）

1.2 根据数字媒体公司 Captivate Network 的数据，观看 2012 年奥运会而不工作的员工给美国公司造成了 13.8 亿美元的生产力方面的损失。这种损失是负外部性的一个例子吗？请解释。

1.3 分析下列陈述。垃圾是正的还是负的外部性？为什么市场解决方案在这里是可行的？

自 20 世纪初以来，新泽西州的养猪户就用费城的垃圾喂猪。费城每年节省 300 万美元，并通过允许新泽西州的农民为他们的猪肉回收商拾取剩余的食物残渣减少了堆积如山的垃圾。费城每年向新泽西州的养猪户支付 190 万美元用于回收垃圾，约合每吨 79 美元。否则，该市将不得不为从路边回收同样的食物垃圾支付每吨 125 美元。

1.4 当有超级明星运动员的客队与主队比赛时，主队会获得经济上的好处（如出售额外门票）。这种正外部性会降低社会福利吗？如果没有，为什么没有？如果有，团队可以做些什么来解决这个问题？

1.5 现存的佛罗里达海牛中有一半已经有了惊人的发现：从发电厂排放出来的温水是一个很好的冬季避难所。温暖的水可以防止它们死于寒冷的压力。因此，在 2016 年，海牛被重新分类，从濒危变为受威胁。发电厂是否具有外部性？是什么类型的外部性？

2. 存在外部性时的竞争无效率

2.1 为什么零污染不是社会的最优解？社会的污染会不会太少？为什么？

2.2 在图 18.1 中，解释为什么 $D+E+H$ 区域是社会最优与私人均衡之间的外部性成本差。

2.3 用于促进动物生长和预防疾病的抗生素是用于人类的四倍多（Teillant and Laxminarayan，2015）。牲畜中抗生素的广泛使用导致动物中耐药病原体的增加，这些病原体可能会被传播给人类，损害人们的健康。利用图表分析对牲畜使用生长激素的均衡和福利效果。

3. 减少外部性的规制

3.1 包括澳大利亚、爱尔兰和美国在内的许多国家要求公司销售更多的节油灯泡（如紧凑型荧光灯），而不是白炽灯。这些限制的目的是减少碳排放和全球变暖。各国可以使用哪些替代方法来实现同样的目标？相对于其他选择，禁令的优点和缺点是什么？

*3.2 在本章的纸张市场例子中，什么是最优的排污费和最优的对产出征收的税（假设只征收单一、固定的排污费或税）？（提示：参见例题详解 18.1。）

3.3 在图 18.2 中，政府可以通过对产出征税来对纸张市场进行最优规制。技术变革降低了私人生产的边际成本。讨论如果对产出征收的税不变的话，对福利会有什么影响。（提示：参见例题详解 18.1。）

3.4 在图 18.1 中，政府是否可以使用价格上限或价格下限来达到最优的生产水平？

3.5 根据 Roberts 和 Schlenker（2012）的研究，如果全球变暖，美国三种主要经济作物的产量可能下降 80%。当气温高于 50 华氏度时，作物产量会增加，但当气温高于 86 华氏度时，产量会急剧下降。考虑到农业产出和温度之间的关系，如果政府能够预测性地控制污染和温度（而这种农业效应是全球变暖的唯一外部性），那么它的最佳政策是什么？你能使用税收或排放标准

来实现你的最佳政策吗？如果政府不能确定其控制污染或预测温度的能力，您的政策建议将如何更改？

*3.6 使用附录 18A 中的数值例子，确定当污染物的边际危害为 $MC^g=84$ 美元时的社会最优值（代替方程 18A.3）。你能想到一个不用代数方法就能解决这个问题的捷径吗？

3.7 Markowitz 等（2012）发现限制酒类商店的数量可以减少犯罪。考虑到酒类销售带来的危害，为了使福利最大化，监管机构应如何设置酒类许可证的数量？利润最大化的酒类商店老板是否应该游说政府支持或反对更严格的许可证限制？

3.8 美国国家公路交通安全管理局发行了一部名为《没有头盔法，我们都为此付出了代价》的电影。这一影名的两个原因是，一些受伤的摩托车手接受公共医疗补助（Medicaid）治疗，事故遇难者的家属接受公共援助。

a. 不戴头盔的个人购买摩托车是否会产生负外部性？请给予解释。

b. 如果是这样的话，政府应该如何设置无头盔税，从而达到社会所期望的摩托车销售水平？

3.9 康涅狄格州宣布，如果商业车队运营商将生产臭氧的汽油转换成该州所说的更清洁的燃料（如天然气和电力），它们将获得税收减免。每花费一美元用于改装它们的车队或建造替代加油站，运营商都可以从它们的公司税中扣除 50 美分。这种方法可能是控制污染的一种经济有效的方法吗？

3.10 在 2009 年，整个世界都笼罩在 H1N1 流感病毒的威胁之下，众议院议员罗莎·德劳洛（Rosa DeLauro）和参议院议员爱德华·肯尼迪（Edward Kennedy）在国会上提议通过一项《健康家庭法案》，以确保工人在生病期间也能照常拿到工资。尽管疾病预防和控制中心敦促人们在生病的时候不要去工作或上学，就待在家里，以免传染给其他人，但还是有很多工人置若罔闻（特别是那些生病的时候就没有工资的工人）。在考虑到外部性的情况下，说明这项法案的效率和福利含义。

3.11 澳大利亚维多利亚州北部对大谢珀顿地区凌晨 3 点至 6 点营业的酒吧征收呕吐税。这个税本来是要用来清理醉酒的人在街上呕吐留下的烂摊子的。酒吧老板们反对说，政客们想当然

地认为它们的顾客应对这一混乱局面负责。讨论使用这种税来处理这种外部性的利弊。

3.12 许多司法管辖区严格限制烈性酒（酒精含量明显高于葡萄酒的酒）的销售，以限制相关的负外部性（de Mello et al.，2013）。一种方法是对此类产品的销售征收重税。另一种方法是要求卖方获得许可证，并将许可证的数量限制在社会需要的数量之内。政府通常将这些许可证卖给出价最高的人。然而，在其他司法管辖区，政府将许可证价格设置得足够低，以至于出现了对许可证的大量超额需求。

a. 在什么情况下拍卖许可证等同于征税？

b. 为什么监管机构或政界人士会支持酒类许可证定价过低？（提示：这类许可证通常会落到政治捐赠者或捐赠者的朋友和同事手中。）

3.13 世界各国为消费者提供化石燃料补贴（Coady et al.，2016）。2015年，补贴达到5.3万亿美元（占全球国内生产总值的6.5%）。Davis（2016）估计，补贴每年导致40亿美元的外部成本。作图表示这些补贴的效果，并将补贴后的均衡与补贴前的均衡以及社会最优水平进行比较，说明污染危害的产生原因。

3.14 在"卡特里娜"飓风摧毁新奥尔良市的大部分地区后，路易斯安那州公路家园重建赠款项目帮助个人支付重建家园的费用。Fu和Gregory（2016）估计，对于其他想重建家园但没有资格获得赠款的人来说，每增加一个重建房屋就会产生4 950美元的正外部性。用供求数据说明赠款如何影响重建房屋的市场。

3.15 垃圾邮件给电子邮件用户带来严重的负外部性（参见应用案例"垃圾邮件的负外部性"）。如果发送者必须为每封电子邮件支付少量费用，这种负外部性的程度和影响会下降吗？这项收费会对非垃圾邮件的净收益产生什么影响？收费会如何影响垃圾邮件在整体电子邮件流量中所占的比例？

4. 市场结构和外部性

4.1 假设减少纸张生产污染的唯一方法是减少产量。政府对垄断的生产者征收等于污染边际危害的税收。请说明这项税收可以提高福利水平。

4.2 假设纸张的反需求函数是 $p = 200 - Q$，私人边际成本曲线（无规制的竞争性市场供给曲线）是 $MC^p = 80 + Q$，且污染物的边际危害为

$MC^g = Q$。

a. 无规制的竞争性均衡是什么？

b. 社会最优水平是什么？多高的从量税（按单位产出或单位污染物征收的税）能导致社会最优？

c. 无规制的垄断均衡是什么？

d. 应该如何对垄断实行最优规制？如此规制后的均衡是什么？

5. 通过产权配置来减少外部性

5.1 列举三个具体的例子说明科斯式议价可能会导致社会最优。

*5.2 在表18.2的例子中，假设双方无法协商。政府对汽车修理厂征收的税等于它对茶馆造成的边际危害。税率是多少？它能使福利最大化吗？如果征税并且双方可以讨价还价，结果会如何变化？（提示：如果Alice交税，那么她就有权生产任何她想要的水平。）

5.3 Austin将和他的小女儿一起去度假，他有一张头等舱的机票。他认为坐头等舱比坐经济舱贵300美元。一位CEO的座位就在他旁边，他正在考虑付钱给Austin，让他搬到经济舱的一个空位上。

a. CEO认为安静值600美元。Austin能和这个CEO达成一个双方都同意的价格然后搬到经济舱去吗？

b. 如果CEO将安静的价格设定在200美元，那么Austin和CEO能否达成一个双方都同意的价格，让Austin搬到经济舱？

c. 假设双方进行了有效的谈判，CEO认为安静的价值在哪个范围的时候才会让Austin挪到经济舱？

6. 竞争性与排他性

6.1 列出三个不完全符合表18.3所列类别的商品，因为它们并不具有严格意义上的竞争性或排他性。

6.2 大量使用的桥梁（如布鲁克林大桥和金门大桥）是否属于公有资源？如果是这样，做些什么能缓解外部性的问题？

6.3 广播电视及有线电视是否属于公共物品？有排他的可能吗？如果有一个是公共物品的话，为什么它是私人提供的？

6.4 中级微观经济学教材销量是否达到最佳？利用公共物品、竞争性和排他性这些概念进行讨论。

6.5 为防止过度捕捞，可以对鱼类或船只征税吗？用图形解释和说明。

6.6 在购物中心巡逻的保安保护着购物中心的两家商店。电视商店对保安的需求曲线在任何价格下都严格大于冰激凌店。一名保安的边际成本是每小时 10 美元。用图形说明均衡，并将其与社会最优均衡进行比较。现在假设购物中心的所有者将为每名保安提供每小时 s 美元的补贴。请你在图形中表示出使得两家商店达到社会最优结果的最优 s。

6.7 购物中心有两名租户享受保安服务 q。电视机商店每小时需要的保安人数为 $q_1 = a_1 + b_1 p$，其中 p 为每小时保安服务的价格。冰激凌店对保安的需求是 $q_2 = a_2 + b_2 p$。这项服务的社会需求是什么？A

6.8 大流感（类似于 1918 年的严重流感）导致 200 万人或更多的人死亡，也可能导致全球国民收入的 4%～5% 的年度收入损失（参见 Fan et al.，2016）。使用本章中的概念（如外部性、搭便车和公共物品）解释什么是大流感。为了预防流行病，政府干预是必要的吗？还是社会可以完全依靠市场来解决这个问题？（提示：参见应用案例"麻疹疫苗中的搭便车者"。）

6.9 专利流氓是指这样的公司：它们购买专利，希望对大公司提起专利侵权诉讼，而不是自己生产产品。最近，谷歌、微软、福特汽车公司、摩根大通、太阳城和优步等 53 家公司加入了 LOT（转让许可证）网络。[①] 这些公司拥有大约 360 000 项专利。如果任何专利落入这些专利流氓之手，它们会自动将专利交叉授权给所有成员，这样专利流氓就不能起诉它们。LOT 执行董事肯·塞登（Ken Seddon）说，这个项目类似于疫苗所赋予的群体免疫力。此外，加入的公司越多，对其他公司的吸引力就越大。请解释这个推理。（提示：参见应用案例"麻疹疫苗中的搭便车者"。）

6.10 你和你的室友在水槽里有一堆脏盘子要洗。如果由你们决定谁来洗，而且双方都不会指望另一方会收拾烂摊子。用这个例子解释公共物品和搭便车的问题。

*6.11 牛肉行业的每 1 美元集体广告为生产商带来了 5.67 美元的额外边际收益（正如应用案例中讨论的那样），行业广告是否处于最佳状态（见第 12 章）？请解释你的答案。

6.12 Anna 和 Bess 需要在 24 小时内写完一篇有关公共物品的帕累托最优数量的论文。t_A、t_B 分别是两人在论文上投入的小时数，论文的最后得分是她们两人在论文上投入的总时间的函数：$23\ln(t_A + t_B)$。如果 Anna 投入的时间是 t_A，她用于休闲的时间就剩下 $24 - t_A$ 小时了。Anna 的效用函数是 $U_A = 23\ln(t_A + t_B) + \ln(24 - t_A)$。Bess 的效用函数是：$U_B = 23\ln(t_A + t_B) + \ln(24 - t_B)$。如果她们同时而各自独立地选择投入的时间，纳什均衡时每个人投入的时间是多少？要想使总的效用达到最大，每个人应该投入的时间是多少小时？C

6.13 在例题详解 18.3 中，假设如果两家公司都投票决定雇用一名保安，它们将分摊这名保安的费用。画出新的收益矩阵。它们会雇用保安吗？

7. 挑战题

*7.1 重新绘制"挑战题解答"中的图（b），说明即使不征收污染税或不进行规制，贸易仍有可能增加福利。

*7.2 在"挑战题解答"中，在没有污染的情况下，如图（a）所示，我们是如何知道贸易的赢家可以补偿输家，并且还有剩余收益的？

---

① Carolyn Said，"Tech，Auto Companies Join Forces to Thwart Patent Trolls，" *San Francisco Chronicle*，January 28，2016.

第 19 章

信息不对称

买者有多少只眼睛也不够用，而卖者一只也不需要。

——乔治·赫伯特（George Herbert，1651）

中级微观经济学（第八版）

挑战题　　　　　　　　　　**工作的风险**

　　部分是由于企业在安全方面的投资不同，因而有些企业的工作更加危险。2010 年是美国多灾多难的一年：7 名工人死于华盛顿州的一个炼油厂爆炸事故；11 名工人死于墨西哥湾的钻井平台爆炸事故；29 名矿工死于西弗吉尼亚州的梅西能源公司的煤矿爆炸。这些灾难也只是冰山一角，每年有成千上万的工人在工作中丧生，2014 年的死亡人数为 4 821 人。其他国家也发生过重大灾难。2013 年，孟加拉国一家服装厂发生倒塌，造成 1 129 名工人死亡。2016 年孟加拉国的一家工厂发生爆炸，23 名工人殒命。

　　潜在雇员一般不知道个别公司的事故率或受伤率，但可能知道整个行业的，部分原因是政府报告了这一类的统计数据。事故率因行业而异，每 10 万名金融服务业员工中只有 0.9 人受伤，但建筑业中有 9.7 人受伤，采矿业中有 12.4 人受伤。有些职业尤其危险，每 10 万名工人中，伐木业发生事故导致死亡的人数是 91.3 人，渔业是 75 人，农业是 22.9 人，运输业是 23.6 人。此外，安全的职业像销售，每 10 万人中死亡人数为 1.6 人，教育服务业为 0.7 人（尽管学生有时会无聊致死）。[1]

　　如果人们是理性的，担心发生危险，那么只有当高风险工作的工资比低风险工作的工资高出很多时，他才会选择前者。经济学家发现，政府统计数据所显示的工人获得补偿性工资差别的行业和职业风险相对较大。

　　然而，如果工人不知道某一行业内某些公司存在更大的风险，他们可能无法从该行业内更危险的雇主那里获得补偿性工资差别。[2] 工人们可能会对一个行业的风险有

---

　　[1] 政府的统计数据也告诉我们男性出现意外的比率是 6.0，远大于女性的 0.7。这种差异是由职业差异和对风险的态度不同造成的。有多少女性会在说"嘿，注意安全"之后还出现事故呢？

　　[2] 当然，一些好的雇主会获得好的声誉。2012 年 Redhook 啤酒厂开始销售一种特殊的啤酒，以纪念一名因啤酒桶爆炸而遇难的员工，并将收益交给了他的家人。

在之前介绍的模型中，每个人在有关价格、产品质量以及同交易有关的因素方面掌握的信息是相同的。也就是，他们拥有对称的信息。即便在第 16 章的不确定性模型中，保险的买卖双方对未来事件的不确定程度也完全一样。

但是在本章的模型中，交易各方面临着信息不对称问题，**信息不对称**（asymmetric information）是指交易的一方掌握了另一方所没有的相关信息。比如，卖者对自己产品的质量了如指掌，而买者却常常一知半解。

信息不对称有两种重要的类型：隐藏特征和隐藏行动。**隐藏特征**（hidden characteristic）是一方知道一个人或一件事的属性，但另一方不知道。例如，土地的所有者知道一块地的矿藏情况，但这块地的买家并不知道。

隐藏行动（hidden action）是交易的一方从事另一方无法观察到的行动。一个例子是企业的管理者在股东不知情的情况下出于私人目的使用公司的飞机。

当交易双方拥有同等或同等有限的信息时，两者都没有优势。相反，信息不对称会导致机会主义行为（opportunistic behavior），即一方在环境允许的情况下利用另一方的经济优势。这种信息不对称导致的机会主义行为会造成市场失灵，破坏了竞争性市场的许多理想属性。

信息不对称的机会主义行为存在两个问题：一个问题是逆向选择（它由隐藏特征引起），另一个问题是道德风险（与隐藏行动有关）。当交易的一方拥有另一方不知道的某项隐藏特征的信息并利用这些信息的经济优势时，就会出现**逆向选择**（adverse selection）问题。例如，如果路边的小贩向路过的司机出售一箱橙子，只有小贩知道这些橙子的质量差，但他们可能会声称这些橙子的质量很好，并收取高价。也就是说，由于隐藏特征（也就是橙子质量）的存在，卖者试图从信息不对称中获益。如果潜在买家担心这种机会主义行为，他们可能只愿意支付低价，或者干脆就不会购买。

隐藏行动产生的主要问题是**道德风险**（moral hazard），即信息优势方采取了另一方

---

① 梅西能源公司在 2009 年有 515 次违规行为。2010 年 4 月梅西能源公司位于西弗吉尼亚州的 Upper Big Branch 矿井发生事故，造成 29 名工人死亡。在该事故发生之前，美国矿山安全与健康管理局向梅西能源公司发出 124 张与安全有关的传票。矿山安全与健康管理局在 2011 年得出结论，认为梅西能源公司本可以避免 2010 年夺取 29 人生命的爆炸事故的发生，该矿的前安全负责人被判两项重罪，并被判处 36 个月的监禁。2016 年，梅西能源公司前任 CEO 唐·布兰肯希普（Don Blankenship）被定罪，被判处一年有期徒刑。

无法观察到的行为，损害了信息劣势一方的利益。如果你按小时付钱给汽车修理工，但实际上没有在旁边观看修理过程，修理工在你的车上所花费的时间就是一个隐藏行动。[①]如果修理工向你索要过多的工时费用，就出现了道德风险。

本章着重关注逆向选择和隐藏特征。逆向选择往往导致一些理想的交易没有发生，甚至整个市场无法存在。我们还讨论逆向选择问题的可能解决方案。第 20 章将集中讨论隐藏行动所造成的道德风险问题以及如何使用合同来处理这些问题。

本章将考察以下 5 个主题：

1. 逆向选择。逆向选择可能会阻止理想的交易发生，可能导致市场不存在。

2. 减少逆向选择。为降低逆向选择所造成的不利，政府行为或各方签订合约可以遏制机会主义行为，或者可以限制处于信息优势的一方伤害处于信息劣势的一方利益的能力。

3. 对产品质量的错误观念所导致的价格歧视。如果某些消费者错误地把相同的产品看成是质量各异的产品，企业就可以实施价格歧视。

4. 价格信息缺失所产生的市场势力。消费者不了解各家企业的要价，导致企业获得市场势力。

5. 招聘过程中信息缺失所产生的问题。在招聘过程中试图消除信息不对称的做法可能导致社会福利的增加或减少。

19.1 逆向选择

与逆向选择相关的最重要问题之一是，消费者可能通过不购买来阻止卖方利用信息优势获利。结果是，并不是所有理想的交易都发生了，潜在的消费者剩余和生产者剩余也随之消失。实际上，在极端情况下，逆向选择可能会使市场无法运行。我们用逆向选择问题的两个重要例子（保险和不同质量的产品）来说明这一观点。

保险市场

隐藏特征和逆向选择在保险业中非常重要。如果一家健康或医疗保险公司提供的是公平的保险，它向每个人收取相当于全体人口平均医疗费用的保险费。该公司将会因为逆向选择而蒙受损失。很多健康状况不好的人，也就是那些预期会承担比平均水平高的医疗费用的人，会认为买这种保险是一笔好买卖，进而会购买。反过来看，对那些健康状况好的人来说，除非他们特别厌恶风险，否则就会因为保费超过预期的医疗成本而拒绝购买这种保险。健康状况差的人购买保险的比例异乎寻常地高，健康保险市场会出现逆向选择，保险公司为参保人支付的平均医疗费用会超过总人口的平均水平。

逆向选择导致了市场结果的低效率，它没有最大化生产者剩余和消费者剩余的总和。由于对部分相对健康的个人来说，潜在的保险交易未能发生，因而潜在的消费者剩余和

---

① 一个律师在一场事故中死去，去了天堂。一群天使用一面写着"欢迎最老的人"的旗帜迎接他，律师疑惑地问："为什么你们认为我是最老的人？我死的时候只有 47 岁。"其中一个天使回答道："这骗不了我们，你死的时候至少有 152 岁了，我们看到你的计时收费单了！"

生产者剩余出现损失。因为健康状况更好，这些消费者愿意以接近公平保险的价格购买保险。而保险公司只有在确保这些人相对健康的情况下，才愿意提供如此低的保险价格。

□ 质量未知的产品

把"通用汽车"（General Motors）的字母位置变换一下，就是"次品"（or great lemons）。

由于产品的卖者比买者更了解产品的质量（隐藏特征），所以逆向选择时有发生。表面上看相同的二手车，在维修方面差异很大。一些车被冠以"次品"的名头，它们存在各种各样的问题，只有等车主驾驶了一段时间之后才能发现。因此，车主凭经验就知道一辆二手车是不是次品，但潜在的买者却不知道。

如果买卖双方拥有相同的信息，就不会出现逆向选择问题。但是当卖者比买者拥有更多的信息时，就可能会发生逆向选择。在这种情况下，许多人认为：

常识性谬误：如果消费者知道有些商品质量低，有些商品质量高，但不能具体区分哪一个质量高，哪一个质量低，则所有的商品都会以这两种商品的平均价格出售。

这种观点尽管在直觉上很吸引人，但通常是错误的。

如果消费者在事前无法判断产品的质量，低质量产品（即次品，lemon）就可能把高质量产品驱逐出市场（Akerlof，1970）。为什么呢？二手车买者担心二手车可能是次品。因此，如果他们不知道汽车质量好坏，就不会付那么高的价钱。他们只会在价格低到足以反映出买到次品的可能性时才会购买。考虑到优质二手车的卖者不愿意以那么低的价格出售，他们不会进入市场。逆向选择将优质二手车挤出了市场，只留下次品。

在下面的例子中，我们假设卖者不能改变他们的二手车的质量，并且潜在的买者数量很多。所有买者都愿意为一辆次品二手车支付 4 000 美元，为一辆优质二手车支付 8 000 美元。在图 19.1（a）中，次品二手车的需求曲线 D^L 是一条位于 4 000 美元处的水平直线，在图 19.1（b）中，优质二手车的需求曲线 D^G 是一条位于 8 000 美元处的水平直线。

尽管潜在的买者为数众多，但只有 1 000 名次品二手车车主和 1 000 名优质二手车车主愿意出售。次品二手车车主的保留价（他们出售汽车的最低价格）是 3 000 美元。因此，在图 19.1（a）中，次品二手车的供给曲线为 S^L，在价格为 3 000 美元处一直水平直至数量为 1 000 辆时变为垂直（因为无论价格多高，都无车可售）。优质二手车车主的保留价格是 v，它低于 8 000 美元。图 19.1（b）给出了 v 的两个可能的值。如果 $v = 5\,000$ 美元，优质二手车的供给曲线是 S^1，在价格为 5 000 美元的价位上一直水平直到 1 000 辆处变成垂直。如果 $v = 7\,000$ 美元，则供给曲线为 S^2。

信息对称的市场均衡

如果买卖双方在销售行为发生之前了解所有二手车的质量——他们拥有完全对称的信息，所有车都将被售出，且优质二手车的价格高于次品二手车。在图 19.1（a）中，次品二手车的需求曲线 D^L 与其供给曲线 S^L 的交点决定着次品二手车市场的均衡点（e 点），这时 1 000 辆次品二手车都以 4 000 美元的价格售出。无论优质二手车的供给曲线是图 19.1（b）中的 S^1 还是 S^2，优质二手车市场的均衡点均是 E 点，这时 1 000 辆优质二手车均以 8 000 美元的价格售出。

如果每个人都有相同的信息，所有的车都能卖出去。因为高质量产品被认为其价值最高的人得到，所以市场是有效率的。当车主认为的车辆的价值低于潜在买者认为的价值时，交易就会发生。

(a) 次品二手车市场　　　　　　　　　　(b) 优质二手车市场

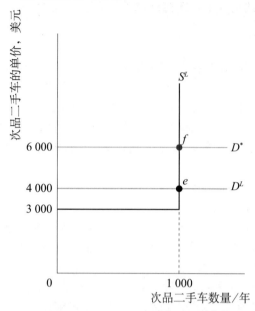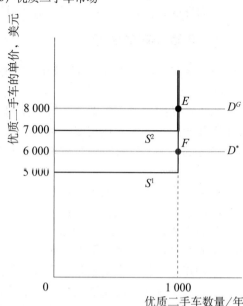

图 19.1　次品二手车和优质二手车的市场

　　如果每个人都拥有完全信息，次品二手车市场的均衡为 e（每辆 4 000 美元，共销售 1 000 辆），优质二手车市场的均衡是 E（每辆 8 000 美元，共销售 1 000 辆）。假设买者在购买前不知道车的质量，但他认为两种车的待售数量相同，两个市场上的需求曲线均为 D^*，是一条在 6 000 美元处水平的直线。若优质二手车卖家的保留价格是 5 000 美元，则其供给曲线为 S^1，共有 1 000 辆优质二手车（F 点）和 1 000 辆次品二手车（f 点）按照 6 000 美元的价格出售。如果他们的保留价格是 7 000 美元，供给曲线变为 S^2，优质二手车不会出售，1 000 辆次品二手车会按 4 000 美元的价格出售（e 点）。

　　他们是否具有完全信息或者缺乏信息无关紧要，重要的是信息量相同。但是，他们拥有的信息量会影响汽车的售价。在完全信息的情况下，优质二手车的售价是 8 000 美元，次品二手车的售价是 4 000 美元。

　　如果没有人能够在购车的时候分辨出次品二手车和优质二手车，两种车的售价将相同。假设人人都是风险中性者（见第 17 章），并且不能辨别出车的好坏：买者和卖者都不了解情况。买者购买到次品二手车和优质二手车的概率相同。一辆二手车的期望值（参见第 17 章）是：

$$6\ 000（美元）= \frac{1}{2} \times 4\ 000 + \frac{1}{2} \times 8\ 000$$

　　风险中性的买者将支付 6 000 美元来购买一辆质量未知的车。由于卖者同样不能辨别出车的质量好坏，所以他们会接受这个价格，并卖出所有的车。[①]因为汽车被那些认为其价值高于原来的车主的人买走，所以市场是有效率的。

　　如果仅有次品二手车出售，只能卖到 4 000 美元的价格。优质二手车的存在使得次品二手车的价格提高到 6 000 美元。同样，如果仅有优质二手车出售，售价是 8 000 美元。次品二手车的存在使得优质二手车卖家得到的价格降低到 6 000 美元。这意味着，优质二手车的卖者向次品二手车的卖者提供了补贴。

---

　　① 风险中性的卖者对一辆质量未知的汽车的期望值是 $\frac{1}{2} \times 3\ 000 + \frac{1}{2} v = 1\ 500 + \frac{1}{2} v$。如果 $v = 7\ 000$ 美元，这个期望值是 $1\ 500 + 3\ 500 = 5\ 000$（美元）；如果 $v = 5\ 000$ 美元，期望值只有 4 000 美元。所以无论哪种情况，他们都愿意以 6 000 美元的价格把车卖掉。

中级微观经济学（第八版）

信息不对称的市场均衡

如果卖者了解汽车的质量，而买者不了解，这种市场可能是无效率的：即使优质二手车的买者认为的车的价值高于卖者认为的价值，车也未必卖得出去。市场的均衡取决于优质二手车车主认为的自己车的价值（v）是大于还是小于买者的期望值（6 000 美元）。可能出现两种均衡：（1）所有车都以均价出售；或者（2）仅有次品二手车售出，且价格等于买者认为的次品二手车的价值。

开始时，我们假设优质二手车的卖者认为自己车的价值是 $v=5\ 000$ 美元，这个价位低于买者的期望值，所以交易能够进行。优质二手车市场的均衡由图 19.1（b）中 S^1 和 D^* 的交点 F 确定，这时优质二手车以 6 000 美元的价格售出 1 000 辆。同样，次品二手车的车主认为自己车的价值只有 3 000 美元，他们很愿意按 6 000 美元的价格出售，次品二手车市场的新均衡点是 f 点。

如此一来，所有的车都以相同的价格售出。结果是信息不对称并没有引起效率问题，但的确对公平产生了影响。消费者没有能力辨别质量的高低，导致次品二手车的卖者从中获利，而优质二手车的卖者从中受损。买到优质二手车的消费者捡了便宜，而买到次品二手车的消费者则独尝苦果。

现在假设优质二手车的卖者认为自己车的价值是 $v=7\ 000$ 美元，显然他们不愿意以 6 000 美元的价格卖车。于是，次品二手车把优质二手车驱逐出了市场。买者意识到，在任何 7 000 美元以下的价位上，他们都只能买到次品二手车。于是在均衡状态下，1 000 辆次品二手车以 4 000 美元的期望（即实际）价格售出，并且没有优质二手车出售。对于优质二手车而言，车主认为的它们的价值低于潜在买者认为的价值，但车仍然在原卖者手中，所以这种均衡是无效率的。

综上所述，要是买者掌握的关于产品质量的信息少于卖者，结果就可能出现次品问题：即便潜在买者认为的优质二手车的价值高于当前的车主认为的价值，优质二手车也卖不出去。如果是这样的话，信息不对称将导致竞争性市场丧失原本令人满意的效率和福利特性。若信息对称，就不会出现次品的问题。如果二手车的买卖双方都了解车的质量，则每辆车在完全竞争市场上都将以其真实价值售出。就像新车那样，如果买者和卖者都不能辨别出车的质量，那么优质二手车和次品二手车将以期望值而不是它们的（未知的）真实价值销售。

例题详解 19.1

假设二手车的例子中，每个人都是风险中性者，潜在买者认为次品二手车的价值是 4 000 美元，认为优质二手车的价值是 8 000 美元；次品二手车车主的保留价格是 3 000 美元，优质二手车车主的保留价格是 7 000 美元。当前拥有次品二手车的车主所占的比例是 θ（在前面的例子中，这个比例是 $\theta=1/2$）。请问，θ 值为多大时，所有潜在的卖者都可以把自己的车销售出去？描述一下这种均衡。

解答

1. 确定在所有的车都卖出去的时候，买者愿意支付的价格是多少。因为买者是风险中性的，如果他们认为买到一辆次品二手车的概率是 θ，他们愿意为这辆质量未知的车支付的价格就是平均价格：

$$p = 8\,000 \times (1 - \theta) + 4\,000 \times \theta = 8\,000 - 4\,000 \times \theta \tag{19.1}$$

例如，如果 $\theta = 1/2$，则 $p = 6\,000$ 美元；如果 $\theta = 1/4$，则 $p = 7\,000$ 美元。

2. 求出使所有的车都销售出去的 θ 值，并描述均衡。所有车主都把车销售出去的条件是：市场价格等于或大于他们的保留价格 7 000 美元。利用等式 19.1 可以得出，如果次品二手车的比例不超过 1/4，即 $\theta \leqslant 1/4$，则市场（均衡）价格是 7 000 美元。所以，当 $\theta \leqslant 1/4$ 时，所有的车都会以等式 19.1 所确定的价格销售出去。

信息不对称的质量可变情形

很多企业可以改变产品的质量。如果消费者在购买之前不能辨别出质量的高低，他们就会对不同质量的产品支付相同的价格。由于企业出售高质量产品和低质量产品的价格相同，所以它们不会生产高质量的产品。要是消费者愿意为高质量的产品支付更高的价格，上述结果就是无效率的。

因为外部性的原因（企业没有获得提高产品质量的全部收益），企业不愿意生产高质量的产品（第 18 章）。一家企业如果出售高质量的产品，它会提高市场上所有产品的平均质量，进而买者就愿意对所有的产品都支付更高的价格。其结果是，因为提高了所有产品的平均价格，高质量产品的卖者和低质量产品的卖者都从高质量产品的销售中获得好处。提高产品质量的社会价值大于私人价值，前者体现为所有企业的收益增加，后者仅仅表现为生产高质量产品的企业的收益增加。

例题详解 19.2

假设生产一个低质量钱包的成本是 10 美元，而生产一个高质量钱包的成本是 20 美元，消费者在购买之前无法分辨出钱包质量的优劣，也不会重复购买，他们根据生产成本对钱包做出评价。市场上有 5 家企业，每家企业生产 100 个钱包，并且每家企业只生产单一质量（或好或坏）的钱包。消费者按钱包的期望值付款。企业还愿意生产高质量的钱包吗？

解答

1. 计算钱包的期望值。如果 5 家企业都生产低质量的钱包，消费者的支付价格是每个 10 美元。如果仅有 1 家企业生产高质量的钱包，其他公司都生产低质量钱包，则消费者购买高质量钱包的概率为 1/5。它对每个钱包的期望值是：

$$10 \times \frac{4}{5} + 20 \times \frac{1}{5} = 12 \text{（美元）}$$

2. 如果其他企业由于信息不对称而生产低质量钱包，说明一家企业生产高质量的钱包并不划算。如果只有一家企业提高产品质量，每个钱包的售价从 10 美元上涨至 12 美元，所有企业都受益。提高产品质量提高了总利润，但高质量的企业仅仅得到了全部收益中的一部分。每出售一个高质量的钱包，所获得的额外收益是 2 美元，低于增加的生产成本 10 美元。（相比之下，其他企业从更高的价格中获益，却没有承担额外的成本。）由此可见，由于信息不对称，即使消费者愿意购买，企业也不会生产高质量的产品。

中级微观经济学（第八版）

19.2 减少逆向选择

逆向选择是由于一方利用非对称信息的隐藏特征造成的，解决逆向选择问题的两种主要方法是将信息均等化以及限制信息优势一方利用隐藏信息的能力。对逆向选择问题的反应在一些市场上增加了福利，但在另一些市场上则弊大于利。

□ 信息均等化

向各方提供信息可以减少或消除逆向选择问题。信息优势的一方或者信息劣势的一方都可以消除信息的不对称。减少信息不对称的三种方法是：

（1）信息劣势的一方（如保险公司）可以进行筛选。筛选是处于信息劣势的一方可以采取的一种行动，用以确定处于信息优势的一方拥有哪些信息。

（2）信息优势一方（如寻求购买健康保险的人）可以发信号。发信号是处于信息优势的一方采取的行动，将信息发送给信息劣势一方。

（3）未直接参与交易的第三方（如公司或政府机构）可以搜集信息，并将其出售给信息劣势的一方。

筛选

处于信息劣势的一方会努力通过筛选手段收集反映处于信息优势一方的隐藏特征的信息，以此来消除其劣势。寿险公司通过了解潜在客户的健康史（如进行体检）来尽量减少逆向选择的问题。它利用这种信息来决定不为高风险个体提供保险服务，或者向他们收取高额保费，作为对额外风险的补偿。

调查个人健康状况和搜集危险嗜好（例如抽烟和酗酒）的信息通常代价不菲。因而，保险公司搜集信息也会适可而止，所依据的标准是增加额外信息所带来的边际收益等于由此所花费的边际成本。长此以往，寿险公司会越来越体验到搜集这些信息是值得的，这些信息包括：潜在顾客平时是否锻炼，是否有家族早逝史，或者是否从事对生命有潜在威胁的活动。

消费者也可以使用筛选的手段。例如，一个潜在的客户可以通过试驾来筛选一辆二手车；让一个客观可信的机械师检查汽车；或者付钱给如CARFAX这样的公司来检查车辆的维修历史。只要消费者获取信息的成本低于私人收益，他们就会搜集信息，进行交易，并使市场平稳运行。

在一些市场，消费者可以通过只从一家有着提供高质量产品声誉的企业购买产品来避免逆向选择问题。例如，消费者知道，期望重复购买的二手车经销商比个人更有动力不销售有缺陷的汽车。

发信号

信息优势的一方可以向信息劣势的一方发信号来消除逆向选择。然而，只有当接收方认为信号可信时，才能解决逆向选择问题。聪明的消费者可能不太相信企业一些未经证实的说法。如果广告说一辆二手车的性能好，你就会相信吗？

第19章

信息不对称

若只有生产高质量产品的企业认为发出一个信号是值得的，这个信号就可信。高质量产品的生产者经常试图向消费者表明，它们产品的质量比竞争对手的好。要是消费者相信它们的信号，这些企业就可以对它们的产品收取高价。

但信号必须可信才能有效。例如，一家公司可能会通过一个独立的测试机构发布对其产品的好评，试图说服购买者相信它的产品是高质量的。只有当低质量的公司无法从一个独立的检测机构获得这样的报告时，消费者才会相信这个信号。

保修可以作为一种信号，也可以作为一种保证。对于一家产品值得信赖的企业来说，它提供担保的成本要小于生产低质量产品的企业提供担保的成本。进而，如果一家企业提供担保而另一家不提供，消费者就可以推断出有担保的企业生产的产品更好。当然，不守信的企业会试图模仿生产高质量产品的企业的行为，提供它们不打算信守的担保。寿险的申请人可以向保险公司提交一份医生的书面声明作为身体健康的信号。但如果人们很容易就能找到不讲道德的医生来谎报自己身体的健康状况，保险公司可能就不会相信这样的信号了。在这里，保险公司用自己的医生进行筛查可能会更好，因为信息更可信。

应用案例

为数据打折

你健康吗？你的保险公司想知道，并且它想让你保持健康。澳大利亚、欧洲、新加坡和南非的寿险公司利用互联网让客户向它们发出健康的信号。

当 Andrew Thomas 到达健身房刷卡时，他的南非寿险公司 Vitality 就会收到即时信息。该公司通过使用智能手机追踪他的位置，在 30 分钟后检查他是否还在那里。作为与保险公司分享医疗和锻炼信息的回报，Thomas 获得了积分，这让他的保险费减少了 9%。

2015 年，John Hancoak 成为美国首家推出类似计划的寿险公司。该公司为客户提供 Fitbit 监控设备，客户可以自动上传他们的活动水平。最活跃的客户将获得高达 15% 的寿险折扣、亚马逊礼品卡和凯悦酒店半价优惠。截至 2016 年，Fitbit 已与多家医疗保险公司达成合作协议，如 Anthem、Premera Blue Cross、Humana Vitality 和 Optum/Unitedas 等。因此，寿险公司正在帮助它们的客户发出关于自身健康的信号，减少逆向选择问题。此外，这些公司利用这些信息为向它们投保的人提供激励，让他们过上更健康的生活，这样他们的家人就不得不等待更长的时间来领取他们的人寿保险。

第三方信息

在有些市场中，消费者团体、非营利组织和政府机构向买方提供有关不同商品和服务质量的信息。如果这一信息是可信的，它可以通过使消费者避免购买低质量的商品或为低质量产品支付较低的价格来减少逆向选择。

外部组织要提供可信的信息，就必须让消费者相信它是可信的。消费者联盟（Consumer Union）是发布产品评估指南《消费者报告》（Consumer Reports）的机构，它试图通过拒绝接受企业广告或其他收入来建立自己的可信度。

中级微观经济学（第八版）

审计是第三方评估的另一个重要例子。在第三方评估中，独立的会计师事务所对企业或其他组织的财务报表进行评估。有时候，企业会自愿进行审计以提高声誉（一个信号）。有时候审计是法律所要求的，或者是参与特定交易（筛选）的一个条件。

许多地方政府要求房屋销售者聘请专业人员对房屋进行检查，然后向潜在买家披露房屋的所有相关事实，比如房龄、电气或管道工程中任何已知的缺陷。通过这样做，这些政府保护购买者免受由于未披露的缺陷而产生的逆向选择。

政府、消费者团体、行业团体等部门提供了相关的标准方面的信息，**标准**（standard）是用来对某种商品的质量进行评价的度量单位。例如，绝缘体的阻力值（R 值，这是一个标准）描述的是绝缘体的绝缘效果。消费者通过**认证**（certification）来了解某个品牌的质量，认证指的是对某种产品符合或超过一定质量标准的说明。

很多行业团体都制定了自己的标准，它们还请外部团体或企业［比如美国安全检测实验室公司（Underwriters Laboratories，UL）或美国工厂联合防火保险公司（Factory Mutual Engineering Corporation，FMEC）］来证明它们的产品符合规定的标准。例如，通过对螺丝杆上的螺纹粗细制定标准，我们可以保证螺丝钉在使用上不受品牌的限制。

当标准和认证项目以较低的成本完整地告知消费者市场上所有商品的相对质量并且不限制可获得的商品时，它是社会所需要的。不过，这些项目中有一些可能会存在不利的后果，原因有两个。

首先，提供不准确信息的标准和认证计划可能会误导消费者。即使质量是连续变化的，仍有些标准只使用高质量与低质量的评级。这些标准鼓励生产的产品要么有尽可能低的质量（和生产成本），要么有获得最高评级所需的最低质量。

其次，如果标准和认证计划将可销售的商品和服务限制在那些获得认证的产品和服务方面，那么这些项目也可能产生反竞争的后果。例如，许多政府只对符合某些最低标准的专业人员和工匠颁发许可证。无证人员不得从事这种职业或工作（见第 2 章的应用案例"职业许可证的发放"）。许可证抬高了价格，因为工人的平均素质更高，而且许可证法消除了低技能工人的竞争。因此，福利可能上升，也可能下降，这取决于占主导地位的是质量增加的效应还是价格上涨的效应。对于政府机构是否恰当且经济地设置了这些限制，目前存在广泛争议。

应用案例

逆向选择和翻新产品

网上购物的一个特点是，消费者在买东西之前是看不到这件商品的，一些狡诈的卖家很容易歪曲所售商品的质量。在最差的"次品市场"版本中，低质量的商品会把高质量的商品逐出市场。

对 eBay 上出售的电子产品来说，是否存在逆向选择的担忧要格外强烈，消费者无法在购买前通过检查产品进行筛选。eBay 这个市场表明，卖家已经找到了显示质量的方法，消费者也找到了筛选的方法。

消费者知道，在 eBay 上销售产品创造了一个可执行的合约，卖家会发出信号减少 eBay 上的逆向选择。发信号的方式有多种。一些卖家提供退款保证。有些人会向 eBay 支付额外费用来发布华丽的展示。一个重要的信号是商品是新的、翻新的还是二手的。

多年来，照相机、电脑、手机、MP3播放器和其他耐用消费品的制造商在再次销售之前，都会对退货产品进行再制造或升级。尽管这些翻新产品可以与新产品相媲美，但消费者并不这么认为，他们愿意为新产品支付溢价。

Neto等（2016）研究了三种iPod在eBay上的销售情况：Classic、Touch和Nano。例如，他们发现，一个二手iPod Nano的平均价格是一个新iPod Nano的65%，而一个翻新iPot Nano的平均价格是一个新iPod Nano的82%。因此，商品类型的信号会影响价格。

其他信号比如正面或积极的描述如何？消费者认为二手商品比再制造产品或新产品的质量差异更大：二手商品的价格比其他商品的价格差异更大。因此，相比新产品和翻新产品，质量索赔更有可能影响二手商品的价格。Neto等（2016）发现，正面的描述会影响大多数类型的二手iPod的价格，但不会影响新iPod和翻新iPod的价格。

消费者还可以使用eBay的反馈（声誉）评分进行筛选：过去客户的正面评价的百分比。一个卑劣的卖家会得到一个很差的反馈分数。Subramanian和Subramanyam（2012）研究了eBay上电子产品的销售情况。他们发现，卖家反馈分数越高，新产品和翻新产品之间的价差就越小。他们还发现，消费者为原制造商或其授权工厂制造的产品支付的价格高于第三方制造的产品。

因此，消费者利用之前消费者评级形式的第三方信息进行筛选，以及企业发出的各种信号，都能帮助减少二手商品和翻新产品的逆向选择问题。

☐ 限制机会主义行为

除了为商品和服务制定标准和认证之外，各国政府和各种机构还在其他一些方面防止机会主义行为。三个常见的例子是信息披露要求、产品责任法和全民医保。

信息披露要求

政府经常要求信息优势的一方向信息劣势的一方披露所有相关信息。例如，许多地方政府要求卖家向潜在买家披露有关房屋的所有相关实情，比如房龄，以及任何已知的电气或管道问题。政府通过这么做保护买者免受由于未披露的问题而产生的逆向选择。

产品责任法

在许多国家，产品责任法保护消费者免受有功能缺陷或危险的产品的困扰。此外，美国的一些州的最高法院声明，新产品隐含着一种理解，即它们将安全地发挥预期功能。如果没有，即使没有产品责任法，消费者也可以起诉卖家。如果消费者可以依靠明示或默示的产品责任法来强制制造商对有缺陷产品进行赔偿，他就不需要担心逆向选择的问题了。不过，打官司的交易成本实在太高了。

全民医保

因为低风险的消费者不会以反映平均风险的价格购买保险，所以保险市场存在逆向选择。一些政府通过向每个人提供保险或强制每个人购买保险来消除这个问题。加拿大、英国等一些国家通过强制性保费和税收的组合提供资金，从而为所有居民提供基本的医疗保险。美国的《患者保护和平价医疗法案》有一项"个人强制保险"，要求几乎所有美国人都要获得医疗保险。

与之类似，企业也经常提供强制性的健康保险作为员工的福利，而不是给他们更高的工资之后让他们自己决定是否购买这种保险。这种做法让保险公司减少了逆向选择问题：身体健康的人和身体不健康的人都包括进来了。因此，结果是，企业可以按低于员工自己购买的人均成本为员工购买医疗保险。

19.3 对产品质量的错误观念所导致的价格歧视

我们已经看到，如果消费者在购买商品时不能区分产品的质量，劣质品就能把优质品驱逐出市场。假如消费者错误地认为原本相同的产品质量不同，市场结果也会发生变化。消费者为他们认为的质量高的产品付了更多的钱。

如果一部分消费者知道两种产品质量相同，而另一部分消费者不知道，企业就能从价格歧视中获益。对不知情的消费者来说，企业可以为它们所说的高质量产品定一个高价格；而对知情的消费者，企业就不再这么做了，否则销售额减少带来的损失将会超出高价所带来的收益，造成利润下降。

部分（但是并非全部）消费者的信息不对称可能引发价格歧视，但是，如果所有的消费者对不同产品的质量都了如指掌或一无所知，企业就只能以单一价格来出售产品。

通过故意增加消费者对产品质量的不确定性，企业可以变本加厉地剥削处于信息劣势的消费者，获取高额收益（Salop，1977）。企业误导消费者的一个惯用伎俩就是"制造噪声"，也就是推出形形色色的品牌名称，而事实上兜售的却是同一种产品。同理，它有时候也会以自身品牌的名义将某种产品以相对高的价格出售给消费者，而同样的产品被冠以自有品牌（private label）（家用或储藏用）廉价供应给杂货店或商店。例如，同样的加工机既可以生产 Prego 意大利面酱，也可以为各种杂货店生产类似的家用品牌（house brand）产品。

如果一些消费者知道两种产品是相同的，而另一些消费者认为它们的质量不同，企业会实施一种特殊的价格歧视（第12章）。例如，一家食品制造商可能会利用消费者不知情，对所谓的优质民族品牌收高价，而知情的消费者则会购买价格低但同样优质的自有品牌。

如果制作多个品牌的成本相对较低，而且愿意以高价来购买产品的消费者所占比重较高，进行品牌延伸就是合算的。否则，企业以中间价格出售产品所带来的收益会比分别以高价和低价出售同一产品的不同品牌所带来的收益高。

应用案例

减少消费者的信息量

企业用多个品牌销售同一种产品，以此向不知情的消费者收取更高的价格。几十年来，外部企业生产的产品一直在西尔斯等百货公司以后者的自有品牌销售（如 Kenmore、DieHard 和 Craftsman）。惠而浦（Whirlpool）销售自己的洗衣机和烘干机，但西尔斯也以 Kenmore 的牌子销售这些产品。西尔斯还将自己的标签贴在 Amana、Caloric、GE、Gibson、Jenn-Air、Toshiba 等产品身上。[1]

通常情况下，Kenmore 的产品与原品牌的产品相同甚至要更好一些，而且价格更低。知识渊博的消费者意识到除了标签以外，这两个品牌是相同的，他们会以低价购买西尔斯品牌的商品。但是，那些错误地认为原品牌比 Kenmore 的产品好的顾客，会为他们的选择付更多的钱。

随着时间的推移，消费者对自有品牌越来越熟悉和认可，自有品牌产品的市场份额迅速增加。根据自有品牌制造商协会（Private Label Manufacturers Association, PLMA）2016 年的数据，自有品牌在超市销售的商品中所占份额为 23%，在药店销售商品中所占份额为 17%。报告还说，自有品牌的市场份额在瑞士为 52%，在西班牙为 50%，在英国为 46%，在瑞典为 31%。随着消费者对自有品牌的质量有了更多的了解，保持多个品牌的优势会逐渐减弱。

19.4 价格信息缺失所产生的市场势力

前面说过，消费者对产品质量信息的缺失足以把高质量产品逐出市场或者导致价格歧视。消费者对企业间价格差异的信息缺失还有另外一个影响：赋予企业一定的市场势力。企业有强烈的动机对消费者搜集产品价格信息设置障碍。正是出于这个原因，一些商家并不会在电话中透露产品的价格信息，尽管互联网使得隐藏价格信息变得更为困难。

我们现在来考察价格方面的信息不对称为什么会导致市场的非竞争性定价而不是竞争性定价。假设某个城镇的商店都出售同一种商品，如果消费者对价格有着完全信息（full information），所有商店就都只能索要完全信息的竞争性价格 p^*。如果一家商店想把价格提高到 p^* 之上，很可能会一件也卖不出去。每家商店都面临一条位于市场价格处的水平的剩余需求曲线，都不具有市场势力。

相反，如果消费者对企业为某种商品所设定的价格只拥有有限信息（limited information），某家商店就可以索要更高的价格，同时不至于失去所有的顾客。处于信息劣势的消费者不知道在别的地方可以低价买到这种商品，所以只能以高价在这家商店购买。[2] 这样每家商店就会面临着一条向下倾斜的剩余需求曲线，它们都具有一定的市场势力。

□ 旅游陷阱模型

我们现在将说明，如果市场上只有一种价格，该价格肯定会高于 p^*。在加利福尼亚州金矿发现地附近的小镇，满大街都是卖纪念品的商店。当你逛到其中某一家时，你会

---

① 想知道你在 Sears 买的商品是哪家公司生产的？请访问 http://www.applianceaid.com/searscodes.html。

② 一个有关丧葬的例子涉及对临终者及其家属的剥削。在追悼会上安排火葬，追悼会通常只收取 10～25 美元的注册费，比通过太平间安排的相同服务所需费用低一半或者更少。了解追悼会的消费者知道这比太平间的价格更具有竞争力，从而可以获得相对较低的报价。

602

发现该商店在销售一种颇具当地特色的雪球：一种用水和人造雪填充的模拟"当纳聚会"场景的塑料球。你立刻决定这么有档次的纪念品你肯定至少买一个回去作为纪念，如果价格够低，你可能会买更多。乘坐的大巴车马上就要离开小镇了，所以你无法挨家商店询问，看哪家商店给的价格最低。此外，哪家商店的商品价格最低对你来说已经毫无意义，因为你并没有短期内还来这里旅游的想法。

假设你和其他游客都有一本旅游指南，上面介绍了销售不同价位纪念品的商家数目，但是它并没有标明特定商店的要价。[①] 很多游客都面临着和你一样的情况，都有相同的需求函数。

游客去一家商店询价或购买雪球所花费的时间和货币成本为 c，如果雪球价格为 p，则你在第一家商店购买雪球的成本为 $p+c$。如果你在第二家商店购买雪球，而在此之前你已经逛了一家商店，那么总成本就是 $p+2c$。

如果价格是非竞争性的

所有的纪念品商店都会标出同样的价格吗？如果会，将索要多高的价格？我们先考虑一下每家商店是否会索取完全信息的竞争性价格 p^*。

当且仅当没有一家企业想要索取不同的价格时，完全信息的竞争性价格才是均衡价格。没有哪家企业的定价会低于 p^*（p^* 与边际成本相等），因为这样做会使每笔买卖都赔钱。

不过，如果索要高于 p^* 的价格，企业就有可能获利，因此在这种情况下，p^* 并非均衡价格。要是其他所有商店的价格都为 p^*，而唯独有一家商店的价格为 $p_1=p^*+\varepsilon$，这里的 ε 是一个很小的正数，也就是商店的价格涨幅，那么这家商店就能获利。假设你刚好走进这家商店，并得知这家商店雪球的价格为 p_1。你从旅游指南上得知其他所有纪念品商店的雪球价格仅为 p^*。你可能会感叹："太不幸了（或者其他类似的话），我怎么来到这个小镇上唯一一家要价高的商店了呢。"在懊恼之余，你会考虑到其他商店再转转。但是，如果这家商店的价格涨幅 ε（$=p_1-p^*$）小于 c（去另一家商店的成本），你肯定就不会再去第二家商店了。

所以，若价格的涨幅略低于去其他商店询价的成本，商店让价格偏离其他所有商店的要价 p^*（均衡价格）就可以获利。如果消费者对价格只拥有有限的信息，均衡时就不会是所有的企业都索要完全信息的竞争性价格。

垄断价格

我们已经知道该市场价格不会低于或等于完全信息的竞争性价格。那么，有没有可能出现这样一种均衡：所有商店都索要相同的价格，而这个价格又高于竞争性价格呢？具体来说，我们能否实现所有商店的要价均为 $p_1=p^*+\varepsilon$ 的均衡呢？答案是，不可能。所有商店都会因同样的原因背离上述均衡价格。某家商店只要将价格提至 $p_2=p_1+\varepsilon=p^*+2\varepsilon$，就可获利。只要 $\varepsilon<c$，对那位不走运的恰好走到要价最高的商店的游客来说，去第二家商店购买雪球就是不划算的。因此，这里的 p_1 并不是均衡价格。同理，我们可以将那些高于 p^* 而低于垄断价格 p_m 的其他可能的价格排除在均衡价格外。

然而，垄断价格有可能是一个均衡价格。没有企业会愿意把价格定在垄断价格之上，

---

① 我们对旅游指南做出这样的假设是为了使表述尽可能简化。该假设并非是得出后面的结论的必要条件。

因为此举会导致销量下降，进而利润下滑。在游客得知某一家商店雪球的定价后，他们会决定雪球的购买数量。如果定价太高，那么商店失去的销售额就会高于高价格带来的收益，导致利润下降。因此，尽管商店提价并不会导致销量全无，但它也不会选择那么做。

现在还剩下最后一个问题，如果其他所有商店都要价 p_m，这家商店会不会定一个更低的价格呢？如果不会，那么 p_m 就是一个均衡价格。

一家商店应该把价格降到 p_m 以下，但降幅小于 c 吗？如果它这么做，消费者寻找这家商店并不划算，而商店每做一笔生意获利都有所减少，总收益必然下降。因此，商店不会索要一个略低于 p_m 的价格。

商店把价格定在 p_m 之下，但差额大于 c，这样是否划算呢？如果的确有这么几家商店，消费者可能会找到这样的低价商店。虽说这些商店的每笔生意所获得的利润比索要高价的商店少，但销售额的增加最终会导致其总利润高于那些要价高的商店。不过，如果商店数量众多，消费者可能就无法找到低价店，因为找到它的概率很小。结果，如果存在多家商店，导致寻找低价商店的难度加大，就没有企业会降价，所以 p_m 就是均衡价格。因此，当消费者拥有不对称的信息，而且搜寻成本很高、企业数量很多时，唯一可能的单一均衡价格就是垄断价格。

如果某家企业可以通过索要低价来打破价格为 p_m 的单一价格均衡，这种单一价格均衡就不复存在了。要么不存在均衡价格，要么存在各家商店索要不同价格的均衡（参见 Stiglitz，1979；或 Carlton and Perloff，2005）。多重价格均衡很普遍。

例题详解 19.3

多家纪念品商店的最初要价均为 p_m（因为消费者不知道各家商店的要价），买家的搜寻成本为 c。如果消费者搜寻成本的一半由政府买单，有没有可能出现一个低于 p_m 的单一均衡价格？

解答

说明曾被我们用来否定任何既定价格条件（除垄断价格外）下的单一价格均衡的结论并不取决于搜寻成本的高低。如果所有其他商店都收取单一价格 p，p 满足 $p^* \leqslant p < p_m$，此时企业抬价会盈利。只要其涨价幅度不超过 $c/2$ 即可（消费者搜索商店的新成本），不走运的消费者将止步于这家商店而不会再去别家商店采购。这种可盈利的价格偏离模式表明，上述单一价格均衡并非真正的均衡。再重申一遍，唯一可能的单一价格均衡只能位于 p_m 的水平。[1]

☐ 广告与价格

美国的联邦贸易委员会（FTC）是一个消费者保护机构，它与那些试图禁止价格广告的组织针锋相对；FTC 认为消费者可以从价格广告中获益。如果一家企业将有关产品的超低价格信息告知消费者，它就能获得更多的消费者青睐，销售额的增加会抵消低价所造成的利润损失。如果低价商店用广告推出价格信息，吸引众多消费者，它们就可以

---

[1] 如果搜寻成本足够低，单一均衡价格 p_m 就会被获利性低价打破，所以只可能是多重价格均衡。如果搜寻成本降为零，消费者拥有完全信息，则唯一可能出现的均衡位于完全信息的竞争性价格水平。

打破垄断价格均衡，消费者无须挨家商店去找寻低价商品。广告越成功，低价商店的数量越多，市场平均价格就越低。当有足够多的消费者知情时，所有的商店都会索取低价。因此，如果没有广告，则没有企业能够发现低价也能获利，而有了广告之后，所有的商店都可能索要低价。参见 MyEconLab，Chapter19，"Advertising Lowers Prices"。

19.5 招聘过程中信息缺失所产生的问题

在劳动力市场中，信息不对称是一个常见的问题。雇员不像企业那么了解工作环境（就像本章开头和结尾的挑战题所提到的那样）。而与潜在雇员相比，企业对潜在雇员的技能也缺乏信息。

劳动力市场的信息不对称导致雇员的福利低于完全信息条件下的水平。为了减少在其技能方面的信息不对称，雇员可以发信号，企业可以进行筛选。发信号和筛选可能会提高也可能会降低福利水平，这是我们接下来要讨论的问题。

□ 廉价磋商

但凡和钱扯上关系时，诚实为上策。

——马克·吐温（Mark Twain）

当处于信息优势的一方向处于信息劣势的一方主动提供信息时，处于信息优势的一方参与了**廉价磋商**（cheap talk）：无真凭实据的主张或声明（参见 Farrell and Rabin，1996）。人们经常使用廉价磋商的方式来让自己或自己的某些特质被低成本地识别出来。虽然处于信息优势的一方可能会编造一些有利于自己的谎言，可通常只有实话实说才能符合双方的最大利益。我可以吹嘘手头有一只待售的黑猩猩，但是如果我真正想推销的是 DVD 播放机，炫耀我的黑猩猩就毫无意义。廉价磋商的一大优势（如果奏效的话）是，和花钱来验证工作技能相比，这的确是一种相对廉价的向雇主发信号的方式。

假设企业有两份工作，一份工作要求高，一份工作要求低，想雇用 Cindy 来做其中的一份。要求高的工作对候选人能力的要求也高；要求低的工作，低能力的人就能做好，因为这样的工作会让能力高的人感到厌烦，进而影响到工作的绩效。

Cindy 非常清楚自己的能力，但是企业不了解。企业最初的想法是，Cindy 为高能力者和低能力者的可能性相同。表 19.1 显示了 Cindy 和企业在不同可能性下的收益（损失）情况。[①] 如果 Cindy 的能力较高，她就会选择做要求高的工作：此时的收益为 3；如果 Cindy 的能力较低，她会发现要求高的工作对她来说压力太大——她的收益仅为 1——但是她可以应付要求低的工作。如果 Cindy 的能力刚好与工作相匹配，企业就会获得高收益，即 Cindy 如果能力高则获得要求高的工作，如果能力低则获得要求低的工作。

我们可以将这个例子视为一个两阶段的博弈。在第一阶段，Cindy 告知企业有关自

---

① 在第 14 章，我们曾使用 2×2 矩阵来表示同时决策或同时行动的博弈，双方选择同时采取行动。而在这里只有公司采取行动。Cindy 并没有采取行动，因为她无法选择自己的能力水平。

己能力的信息；在第二阶段，企业决定将哪份工作交给她干。

Cindy 会就自己的能力做出各种可能的介绍。简而言之，我们假设她要么说"我的能力高"，要么就说"我的能力低"。这个两阶段的博弈会有一个均衡，在均衡中，Cindy 告诉企业实情，企业相信 Cindy 的说法，且指派给她适当的工作。如果她宣称自己能力高，企业就指派给她要求高的工作。

如果企业对 Cindy 的廉价磋商采取上述态度，则 Cindy 就完全没有撒谎的动机。如果 Cindy 说谎，企业会做出错误的决策，而这个错误决策对双方都不利。Cindy 和企业都寻求同一结果，所以廉价磋商奏效。

表 19.1   雇员-雇主的收益矩阵

（a）廉价磋商奏效的情况

（b）廉价磋商不奏效的情况

但是，在有些情况下，廉价磋商并不奏效。如果 Cindy 和企业的收益如表 19.1（b）所示，则二者期望的结果就并不相同。企业的想法还同之前一样：如果 Cindy 的能力高，就给她要求高的工作；如果她的能力低，就给她要求低的工作。但 Cindy 的想法变了，无论自身能力如何，她都想得到要求高的工作。因此 Cindy 会置事实于不顾而宣称自己能力高。洞悉到她的动机后，企业可能会将她的声明视为毫无意义的胡说——她的声明并没有改变企业对她的能力的看法：高能力和低能力的可能性相同。

基于上述信念，企业会指派给 Cindy 要求低的工作，因为这样它的期望收益较高。如果指派给她要求低的工作，企业的期望收益为：$\frac{1}{2} \times 1 + \frac{1}{2} \times 4 = 2.5$；如果指派给她要求高的工作，企业的期望收益为：$\frac{1}{2} \times 2 + \frac{1}{2} \times 1 = 1.5$。由于企业的信息不对称，如果 Cindy 确实能力高，这个结果就是没有效率的。

当企业的利益和个人的利益出现分歧时，廉价磋商并不能提供一个可信的信号。在这种情况下雇员必须发出高成本的信号才可信，现在我们就来分析这样的信号。

应用案例

eBay 最佳报价市场中的廉价磋商

除了拍卖，eBay 还允许卖者以特定的价格出售商品。买者可能允许潜在的买者以较

中级微观经济学（第八版）

低的价格提供最佳报价作为回应。卖者可以接受最佳报价、拒绝或还价。当买者或卖者接受对方的报价时，交易就完成了。[①]

Backus 等（2015）建议，一些卖者可以通过发布 100 美元的倍数的初始价格来利用廉价磋商。以 100 美元的倍数列出的物品比以 109 美元等类似精确价格列出的物品更能收到价格低 5%～8% 的报价、提前 6～11 天到达、卖出去的可能性高 3%～5%。因此，这些整数可以提供对双方都有帮助的信息：卖者快速销售，而客户低价购买。

□ 作为信号的教育

一定有人告诉过你，上大学的一个充分理由就是能找一个好工作。之所以如此，一种可能是大学教育让你获得了有价值的培训；另一种可能是大学学位可以作为一种关于能力的信号被发送给雇主。如果高能力的人比低能力的人更有可能上大学，那么对雇主来说，学校教育就是关于能力的信号（Spence，1974）。

为了说明这种信号的作用机理，我们将做出一种极端的假设：从一所合适的学校毕业仅仅是一个信号，学校不提供任何对企业有用的培训（Stiglitz，1975）。在所有的劳动力中，高能力工人所占比重为 θ，低能力工人占 $(1-\theta)$。（在整个职业生涯中）高能力者和低能力者为企业带来的产出价值分别是 w_h 和 w_l。如果竞争性的雇主知道雇员的能力水平，它们将按每个工人的边际产品价值来支付工人的工资，所以高能力工人和低能力工人的收入分别是 w_h 和 w_l。

我们假设雇主无法直接确定工人的技能水平。例如，当生产是团队生产（比如生产线）的时候，企业就无法确定每个工人的生产率。

有可能出现两种均衡，这要看雇主能否识别出雇员能力的高低。如果雇主无法分辨雇员能力的高低，其结果就是混同均衡（pooling equilibrium）：将不同的人视为相同或行为相似来加以对待（支付报酬）的一种均衡。雇主向所有雇员支付平均工资：

$$\bar{w} = \theta w_h + (1-\theta)w_l \tag{19.2}$$

风险中性的竞争性企业有望盈亏平衡，因为它们对高能力的工人支付少，这足以补偿对低能力的工人支付过多所带来的损失。

假设高能力者在学校获得学位的成本为 c，但低能力者不能获得学位（或者获得学位的成本高得令人却步）。如果高能力者获得学位，而低能力者没有，那么学位就是向雇主提供个人能力信息的信号。在信号如此清楚的情况下，结果将是分离均衡（separating equilibrium）：在这种状态下，一种类型的人采取能把他们自己与其他类型的人区分开来的行动（比如发出一种信号）。这里的学位就是一个有效的信号，它使得高能力者得到了高工资 w_h，而其他人获得低工资 w_l，因此工资的高低取决于能力的高低。

现在来介绍一下出现混同均衡或分离均衡的条件。我们考虑在均衡时，是否有人愿意改变他的行为。如果没有，这个均衡就是合理的。

分离均衡

在分离均衡中，高能力者获得学位的成本为 c，工资为 w_h；低能力者没有获得学位，

---

① 因为这个博弈（第 13 章）非常复杂，所以参与人很难设计出最优策略。

工资为 w_l。低能力者没有学位，所以他们别无选择；但高能力者可以选择不上学。不过，如果他们没有学位，被雇用后会被视为低能力者，工资也是 w_l；如果他们选择上学，净收益等于 $w_h - c$。于是，高能力者选择上学的条件是：

$$w_h - c > w_l$$

重新整理，得出高能力者选择获得学位的条件是：

$$w_h - w_l > c \tag{19.3}$$

等式 19.3 表明，获得学位的收益（即额外的工资）$w_h - w_l$ 大于上学的成本 c。如果该等式成立，就没有工人想改变自己的行为，所以分离均衡出现。

假设 $c = 15\,000$ 美元，高能力者的生产率是其他人的 2 倍：$w_h = 40\,000$ 美元，$w_l = 20\,000$ 美元。高能力的工人从教育中获得的收益为 $w_h - w_l = 20\,000$ 美元，这比教育的成本高出 5 000 美元。所以在这种均衡状态下，没有人愿意改变行为。

混同均衡

在混同均衡状态下，所有工人都得到等式 19.2 中的平均工资 $\bar{\omega}$。同样，因为低能力者不能拿到学位，他们别无选择。高能力者必须就是否上学做出选择。在没有学位的情况下，高能力者得到的是平均工资。有了学位之后，其工资是 w_h。如果拿到学位的收益（额外的工资）$w_h - \bar{\omega}$ 低于上学的成本 c，即：

$$w_h - \bar{\omega} < c \tag{19.4}$$

那么高能力者选择上学就不划算。因此，如果等式 19.4 成立，就没有工人想改变自己的行为，混同均衡成立。

例如，如果 $w_h = 40\,000$ 美元，$w_l = 20\,000$ 美元，且 $\theta = \frac{1}{2}$，那么：

$$\bar{\omega} = \frac{1}{2} \times 40\,000 + \frac{1}{2} \times 20\,000 = 30\,000(美元)$$

如果上学的成本 $c = 15\,000$ 美元，高能力者拿到学位的收益 $w_h - \bar{\omega} = 10\,000$ 美元就低于上学的成本，所以高能力者不会选择上学，出现了混同均衡。

例题详解 19.4

当 θ 的值为多少时，混同均衡在一般情况下都会成立？特别是，当 $c = 15\,000$ 美元、$w_h = 40\,000$ 美元、$w_l = 20\,000$ 美元时，θ 值为多少时，可能出现混同均衡的结果？

解答

1. 确定 θ 的值，此时高能力者选择不上学是划算的。等式 19.4 表明：如果 $w_h - \bar{\omega} < c$，则高能力者不会选择上学。利用等式 19.2 并把等式 19.4 中的 $\bar{\omega}$ 替换掉，整理得出高能力者选择不上学的条件是：$w_h - [\theta w_h + (1-\theta)w_l] < c$ 或

$$\theta > 1 - \frac{c}{w_h - w_l} \tag{19.5}$$

如果高能力者为数众多，θ 的值很大，则高能力者就会选择不上学。直觉是，随着高能力的工人所占比重越来越大（趋近于 1），平均工资就会越来越趋近于 w_h（见等式 19.2），上学的收益 $w_h - \bar{\omega}$ 就会越来越少。

2. 求解特定参数条件下的 θ 值。如果把 $c = 15\,000$ 美元、$w_h = 40\,000$ 美元、$w_l = 20\,000$ 美元代入等式 19.5，就可以得出：若 $\theta > 1/4$，则高能力者将选择不上学，出现混同均衡。

单一均衡或多重均衡

到底出现一种均衡还是两种均衡，取决于能力差异、上学的成本、高能力工人所占的比重等因素。下面的例子利用了图 19.2，其中 $w_h = 40\,000$ 美元，$w_l = 20\,000$ 美元。

如果上大学的成本非常高，即 $c > w_h - w_l = 20\,000$ 美元，等式 19.3 不成立，则这时就只可能出现混同均衡。图 19.2 中的水平线表明 $c = w_h - w_l = 20\,000$ 美元。在这条直线上方（$c > 20\,000$ 美元），只可能出现混同均衡，因为此时上学对高能力的人来说并不划算。

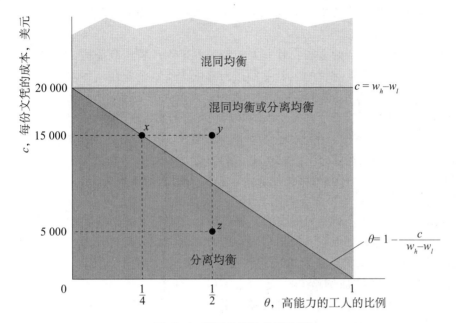

图 19.2　混同均衡和分离均衡

如果企业了解雇员的能力，则高能力的工人和低能力的工人的工资分别为 $w_h = 40\,000$ 美元和 $w_l = 20\,000$ 美元。均衡的类型取决于上学的成本 c 和高能力者所占的比重 θ。如果 $c > 20\,000$ 美元，只可能出现混同均衡，其中每个人都得到平均工资。如果高能力者为数不多，$\theta < 1 - c/20\,000$，就只可能出现分离均衡。在水平的直线和斜线之间，两种均衡都有可能出现。

等式 19.5 表明，如果高能力者为数不多（相对于成本和收益的差额来说），就只能出现分离均衡了。当 $\theta = 1 - c/(w_h - w_l)$ 时，图中出现了一条斜线。在这条斜线的下方，即 $\theta < 1 - c/(w_h - w_l)$ 时，高能力者的人数相对较少，所以平均工资 $\bar{w}$ 很低。由于高能力的工人想发送信号，所以不会出现混同均衡。因此，在这条斜线的下方，只能出现分离均衡。在这条斜线的上方，等式 19.5 成立，可能出现混同均衡。（例题详解 19.4 的解答表明，如果 $c = 15\,000$ 美元，且 $\theta > 1/4$，在图 19.2 中表现为 x 点右边的点，比如 y 点，没有人愿意改变混同均衡状态下的行为。）

在水平线的下方，发送信号的成本低于 $20\,000$ 美元，在斜线的上方，高能力的工人为数众多，在这一区域每种均衡都有可能出现。例如，当 $c = 15\,000$ 美元且 $\theta = 1/2$ 的时候，等式 19.3 和等式 19.4（等价于等式 19.5）都成立，因此，混同均衡和分离均衡都有可能出现。在混同均衡状态下，没有人愿意改变其行为，所以这种均衡是可能的。同样，在分离均衡状态下也没有人愿意改变自己的行为。

政府可能会确保这两种均衡中有一种会出现。通过禁止上学（和其他可能的信号）可以实现混同均衡；而通过向某些高能力者提供上学的补贴，可以实现分离均衡。一旦有些人开始发送信号，企业可以借此支付或高或低的工资（而不是支付混同工资），那么其他高能力者也发送文凭信号就是划算的。

效率

在分离均衡的例子中，高能力者接受教育只是表明他们与其他人有别，教育并没有其他功能。如果教育作为一种信号让高能力者得到了较高的净工资，那么教育就具有私人价值。在我们的例子中，教育需要花费一定的成本，但没有提供有用的培训，所以教育对社会而言是无效率的。

信号发送改变了工资的分布：并非人人都得到平均工资，高能力工人的工资高于低能力的工人。但是，企业支付的工资总额是一样的，所以企业在两种均衡状态下的期望利润都为 0。[1] 此外，在混同均衡和分离均衡中，每个人都参与工作，所以总产出相同。

然而，在分离均衡状态下，每个人的福利状况都有可能变糟了。在图 19.2 中的 y 点（$w_h=40\,000$ 美元，$w_l=20\,000$ 美元，$c=15\,000$ 美元，$\theta=1/2$），混同均衡或分离均衡都有可能出现。在混同均衡状态下，每名工人的工资是 $\bar{\omega}=30\,000$ 美元，且不存在发信号导致的浪费（或成本）。在分离均衡状态下，高能力工人的工资为 $w_h-c=25\,000$ 美元，低能力工人的工资为 $w_l=20\,000$ 美元。

在分离均衡状态下，高能力工人的工资（25 000 美元）低于混同均衡状态下的工资（30 000 美元）。但是，如果有人发出信号，所有高能力工人都将发出信号来避免其工资下滑到低能力工人的水平。之所以出现不受社会欢迎的信号，是因为发信号的私人收益——高能力工人净增加的 5 000 美元 $[=(w_h-c)-w_l=25\,000$ 美元$-20\,000$ 美元$]$——大于社会净收益。信号的社会总收益是 0——信号改变的只是工资的分布；由于信号是有成本的，所以社会净收益为负。

由于信息不对称以及高能力工人欲以信号来显示其能力，所以出现了无效率的教育开支。这个时候，政府可以通过禁止浪费性的信号（取消大学教育）来提高社会的总财富；不论能力高低，人人都可以从中受益。

但是，在另一些情况下，高能力者不希望出现这样的禁令。在 z 点（即 $\theta=1/2$，$c=5\,000$ 美元），如果政府不干预，只可能出现分离均衡。在这种均衡状态下，高能力的工人获得 $w_h-c=35\,000$ 美元，低能力的工人获得 $w_l=20\,000$ 美元。如果政府禁止发送信号，两类雇员在随即出现的混同均衡状态下都将挣得 30 000 美元的工资，因此高能力工人的利益受损，每人少挣 5 000 美元。所以，即便政府禁令提高了效率（消除了浪费性的信号），高能力的工人也会反对此项禁令。

在这个例子中，发信号不具有生产力，所以禁止这类信号总能提高效率。不过，有些信号提高了总产出水平，所以对社会有益。教育信号导致工人和工作岗位更加匹配，或者在作为信号的同时还提供了有用的培训，所以能提高产出水平。教育还可能提高市民的素质。总而言之，如果发信号不具有社会生产力，就可能导致社会总产出下降；如果发信号能提高生产率或者满足了其他一些合意的目的，社会的总产出就可能因此上升。

---

[1] 在分离均衡状态下，企业对高能力的工人支付的工资高于对低能力的工人支付的工资，但是企业向每名工人支付的平均工资 $\bar{\omega}$ 与混同均衡状态下的相同。

有关发信号的重要性的经验证据五花八门。Tyler 等（2000）发现，对最不具备工作技能的高中辍学者而言，通过高中同等学力考试（GED，相当于高中文凭）将使白人辍学者的收入增加 10%～19%，但是对少数民族的高中辍学者来说，在统计上没有显著的效应。

□ 雇用时的筛选

企业筛选未来雇员的方法有很多种。雇主可能认为个体的某项特征与能力相关，从而以此作为雇用标准，比如面试者的穿着与谈吐，或者企业采取测验的形式。更有甚者，有些雇主认为个体的性别、种族、宗教或民族都代表着能力的高低，从而采取统计性歧视（statistical discrimination）。

大多数社会都认可雇主采取面试和测验的方法来挑选雇员。企业经常把面试和测验作为评估个体能力的筛选机制。如果这种筛选机制很准确，企业就可以选拔出优秀的雇员并委以合适的工作。但是，和发信号一样，如果这些代价不菲的筛选活动不能增加产出，它们就是无效率的。在美国，如果雇主不能证明雇用测验能够准确地衡量出工作所需的技能，那么雇用测验的做法将受到法院的质疑和否决。

如果雇主认为特定性别、种族、宗教或民族的人平均来说比其他人能力更强，他们就可能采取统计性歧视的做法（Aigner and Cain，1977）而只雇用这类人。即使知道这些因素和能力之间的关系并不完美，他们也可能会坚持这种做法。

图 19.3 表明了某一雇主的信念：种族 1 的成员平均来说比种族 2 的成员能力低。该图指出，雇主认为种族 1 的部分成员在能力上要高于种族 2 的部分成员：种族 1 的部分能力曲线在种族 2 的部分能力曲线的右侧。由于雇主认为这个群体特征（即种族）是个体能力的一个（不完美）指标，所以该雇主依然会只选择雇用种族 2 的成员，当然，前提是种族 2 的成员人数够多。

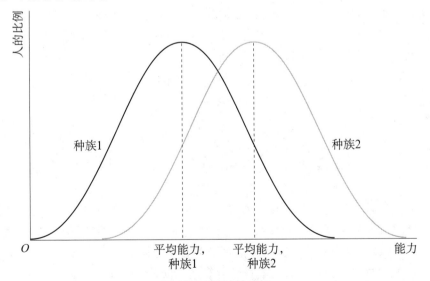

图 19.3　统计性歧视

本图表明了雇主的信念：种族 1 的成员平均来说比种族 2 的成员能力低。即使这位雇主认为种族 1 的部分成员在能力上要强于种族 2 的部分成员，他也会只雇用种族 2 的人。由于该雇主从来不雇用种族 1 的人，所以他永远无从知晓这个事实：两个种族的人具有相同的能力。

这位雇主可能会说，（这么做）并非出于偏见而只是为了实现利润最大化。[①] 然而，他的行为就像出于种族仇恨一样对种族 1 的人们造成了伤害。

各个种族之间即便不存在能力差异，也很难消除这种统计性歧视。如果所有的雇主都持这样的观点（即种族 1 成员的能力低，不值得雇用），那么，这个种族的人将永远得不到工作，雇主就永远不会发现他们观点的错误，就这么一直错下去。这种歧视性做法如果把种族 1 的熟练工人排除在某些工作之外，会降低社会产出水平。

但是，统计性歧视也可能是基于群体之间的真实差异。例如，与年轻男性相比，保险公司向年轻女性索要的汽车保险费更低，原因在于，一般来说，前者发生事故的概率更高。保险公司认为，这种做法减少了道德风险，降低了提供保险的成本。然而，这种做法对那些安全系数极高的年轻男性不利，却让那些极其鲁莽的年轻女性驾驶员从中获益。

挑战题解答　　　　　　　　　工作的风险

在本章开头的挑战题中，我们问了两个问题：如果企业了解工作的危险性而潜在的员工不了解，企业是否会对安全的投资不足？政府的干预是否能克服这一问题？

假设行业内有两家企业，它们同时决策是否要进行安全投资，比如工厂的自动喷水系统，或者矿井的逃生通道。与企业不同，潜在雇员不知道在每一家企业工作的安全性如何，他们只了解整个行业的风险。如果企业 1 投资，行业内的工人不知道只有企业 1 的工厂的安全性得到改善。随着政府公布了行业的事故方面的数据，工人才意识到整个行业的安全性都提高了，两家企业都可以降低工资。进而，企业 1 的安全投资给其他企业带来了外部性。

囚徒困境博弈（第 14 章）说明了这一结果。利润矩阵（如下图所示）说明了企业的利润和它们的安全投资有关。企业 1 有一个占优策略。如果企业 2 投资（右侧一列），企业 1 选择不投资的收益（250）高于投资的收益（225）。与之类似，如果企业 2 不投资（左侧一列），企业 1 不投资的收益（200）会更高。因此，不投资是企业 1 的占优策略，我们用横线画出。由于这个博弈是对称的，基于同样的推理，不投资也是企业 2 的占优策略。

		企业 2	
		不投资	投资
企业 1	不投资	200 ＼ 200	250 ＼ 100
	投资	100 ＼ 250	225 ＼ 225

不投资是两家企业的占优策略，这组占优策略（上左单元格）构成了纳什均衡，两家企业的均衡收益均为 200。如果它们都进行安全投资（右下单元格），收益均为 225，这要好于纳什均衡的结果。不过，两家企业都投资不是一个均衡，因为每一家企业在对方投资的情况下都可以通过选择不投资使利润从 225 增加到 250。

---

　① 并非所有的雇佣歧视都源于统计性歧视。歧视常见的其他原因包括偏见（Becker，1971）和买者垄断权利的实施（Madden，1973）。

企业进行安全投资要承担全部的成本，但只获得了一部分收益，所以它在安全方面的投资会不足。相反，如果工人知道每家企业的安全状况，而只有更安全的企业才能支付低工资的话，这会使收益矩阵发生变化，增加了企业进行安全投资的可能性。[①]

因此，如果政府或者工会能够搜集特定企业的安全信息并将其提供给工人，企业就会进行安全方面的投资。不过，对于提供信息的政府和工会来说，只有搜集必要信息的成本非常低的时候，它们才会这么做。

本章小结

处于信息优势的一方的机会主义行为损害了处于信息劣势的一方的利益，由此带来的信息不对称导致市场失灵。机会主义会产生两类问题。信息优势的一方利用隐藏特征在交易中获得好处，损害处于信息劣势的一方的利益，这种机会主义行为就是逆向选择。处于信息优势的一方通过隐藏行动从处于信息劣势的一方那里获得好处，这种机会主义行为就是道德风险。

1. 逆向选择。逆向选择给保险市场带来了问题，因为低风险的人不买保险，从而推高了高风险人群的保险价格。由于逆向选择，并不是所有理想的交易都会发生。因此，低质量的商品往往在交易中超比例地出现，就像二手车和许多其他产品的"次品市场问题"一样。劣质品可能把优质品逐出市场。

2. 减少逆向选择。解决逆向选择问题的方法包括：企业发送信号（包括建立品牌和提供担保或保证），消费者筛选（比如通过专家或依赖公司的声誉），由第三方如政府机构或消费者团体提供信息，以及用法律限制信息优势一方利用私人信息。

3. 对产品质量的错误观念所导致的价格歧视。如果消费者错误地认为同样的产品质量各异，就给企业提供了实施价格歧视的机会。由于

只有部分消费者搜集产品的质量信息，所以只有这一部分消费者了解市场上产品的质量差别。企业以"制造噪声"的方式来剥削处于信息劣势的消费者：以两种不同的品牌、不同的价格来销售同一产品。

4. 价格信息缺失所产生的市场势力。如果消费者不了解各家企业之间的定价差异，某家企业就可以在不失去全部顾客的前提下提高价格。由此，消费者对价格信息的缺失导致了市场势力。完全信息的市场是竞争性的，而消费者对价格信息的不知情会导致一种垄断价格或多种价格的分布。

5. 招聘过程中信息缺失所产生的问题。在招聘过程中，企业利用发信号和筛选来消除信息不对称。可能被录用的雇员和企业有着共同的利益（例如指派适当的雇员去适当的职位），让知情的职位候选人如实告知企业（通过廉价磋商）他们的能力，这样双方都能从消除信息不对称的过程中获益。当双方利益不一致时，廉价磋商不能奏效。潜在的雇员可能会利用诸如大学学历之类的高成本信号告知未来的雇主他/她的能力。如果这些信号不具有收益特征（教育仅作为一个信号，未能提供任何培训），则它们可能对个人有益，但对社会无益。如果这些信号具备收益特征

---

① 由于信息是一种公共物品（第18章），如果企业将信息提供给员工，其他人可能也会知道。企业让其他人（比如政府的规制者，他们会因为企业出现事故和犯罪而对其进行罚款）也知道这个信息的成本可能会大于因提供给工人信息而支付低工资所带来的收益。

（由于教育能够提供培训或使雇员符合所指派的工作而带来更大的产出），那么它们可能对个人和社会都有好处。招聘过程中企业还会进行筛选，有助于改善雇员与职位匹配程度的求职面试、目标测试和其他筛选机制会对社会有益。但是，统计性歧视的筛选却损害了被歧视群体的利益。以特定群体特征为基准而持歧视观点的雇主永远也无法得知他们的歧视是基于错误的信念，因为他们永远也无法去验证。

思考题

MyEconLab 上有全部思考题；＊＝答案请扫本书末二维码获取；A＝代数问题；C＝可能要用到微积分知识。

1. 逆向选择

1.1 根据美国联邦贸易委员会的一项研究，美国有数百万名消费者都是虚假减肥产品的受害者，这些假货从号称可以减脂的茶到虚假的临床试验以及溶脂注射，应有尽有。这些虚假宣传属于逆向选择还是道德风险？

1.2 假设总人口中有一半人的健康状况好，有一半人的健康状况不好。健康人生病的成本为 1 000 美元，不健康的人生病的成本为 10 000 美元。在某一年中，任何一个人（无论健康与否）要么生病，要么平安无事。一个人生病的概率为 40%。虽然每个人都了解自己的健康状况，但是保险公司并不知道。保险公司提供完全公平的保险。因为无法分辨个体的健康状况，它必须以同样的价格向每个人提供相同的保险。保险公司的唯一成本就是保险范围内的医疗费用赔付。在上述条件下，保险公司为投保人提供全部医疗费用报销，其期望利润为零。

a. 如果人人都购买保险，保险的价格是多少？

b. 如果只有不健康的人才购买保险，保险的价格会是多少？

c. 如果每个人都有权选择是否购买保险，请说明，除非健康的人高度厌恶风险，否则逆向选择就会发生。

1.3 要想确定单引擎飞机市场是否也存在次品市场问题，你能否借助下面任何一条信息来回答这一问题？如果可以，请说明理由。

a. 未被转售过的飞机与被转售过的飞机的维修比率。

b. 在购买后每一年的转售比例。

1.4 如果你买了一辆新车，并且在第一年就想转手卖出去——事实上也就是你购车后的几天内——那么你能够得到的接盘价格肯定会大大低于原价。请利用次品市场模型来解释其中的原因。

1.5 利用 Akerlof（1970）的次品市场模型来解释，为什么爱招徕游客的饭店往往有可能提供质量较次的食物？游客不会再来这个地方，他们也无从知晓不同饭店之间的食物的相对质量，但是他们可以通过每家饭店张贴在外的菜单来确定相对价格。

1.6 在例题详解 19.1 中，如果二手车的价格是 10 000 美元，答案是什么？

＊1.7 二手车市场上有很多买家，他们愿意为高质量二手车支付的价格为 p_1，愿意为低质量二手车支付的价格为 p_2。潜在的卖家数量有限，他们认为高质量二手车的价值是 $v_1 \leqslant p_1$，认为低质量二手车的价值为 $v_2 \leqslant p_2$。每个人都是风险中性者。低质量二手车在所有待售车中所占的份额为 θ。在什么条件下，所有的车都能被售出？什么时候只有低质量的二手车才能被售出？有没有可能一辆车都卖不出去？

1.8 假设在上题中，买家在购车时要支付 800 美元的交易成本，这个交易成本就是他们为找到一辆合适的车所花的时间价值。此时均衡的价格是多少？有没有可能一辆车都卖不出去？

1.9 在例题详解 19.2 中，说明如果所有其他公司都在生产高质量的钱包，那么一家公司开始生产低质量钱包就是值得的。

1.10 在例题详解 19.2 中，如果生产高质量钱包的成本仅为 11 美元，是否会有公司生产高质量钱包？请做出解释。

1.11 生产一台低质量的电动订书机需要 12 美元，生产一台高质量的订书机需要 16 美元。消费者在购买时无法区分好的订书机和差的订书机。四家公司生产订书机。消费者对订书机的评价是基于其生产成本，并且他们是风险中性的。这四家公司中是否有一家能够在不亏损的情况下生产出高质量的订书机？如果消费者愿意花36美元购买高质量的订书机，会发生什么？（提示：参见例题详解 19.2。）

1.12　在法国高端烹饪界，《米其林指南》（Michelin Red Guide）的三星评定体系是业界广泛认可的用于评定美食美味度的依据。法国消费者认为另一美食指南《高米罗》（Gault Milleau）不如《米其林指南》权威，原因在于《高米罗》接受广告，且它的美食评审团接受免费餐。

a. 为什么美食指南的级别评定对餐厅业主和厨师很重要？讨论餐厅的级别对餐厅需求的影响。

b. 为什么广告和免费餐会影响《高米罗》的可信度？讨论《高米罗》的评级体系所存在的道德风险问题。

c. 既然广告和免费餐会影响《高米罗》的可信度，为什么它还会接受广告和免费餐呢？

2. 减少逆向选择

2.1　美国一些州禁止保险公司使用车主的家庭住址来设定汽车保险费率。为什么保险公司使用家庭住址？禁止这种做法的效率和公平含义是什么？

＊2.2　加利福尼亚州建立了该州特有的地震保险计划。保险费因 ZIP 码的不同而异，根据与最近的断层线之间的距离来定。但是，批评家们认为，设定这种保险费的人士忽略了土壤类型。有些房屋建在岩床上，有些房屋则建在不稳定的土壤上。这种保险费的设定背后有什么含义？

＊2.3　一家企业花了一大笔钱来向消费者推广它的品牌蘑菇。消费者是否可以据此得出结论：这家企业销售的蘑菇比其他非品牌蘑菇的质量要高？请解释。

2.4　Edelman（2011）认为，被广泛使用的网络认证机构在没有经过充分验证的情况下就颁发认证证书，导致逆向选择。他发现，经认证机构认证的网站不可信的可能性是未经认证网站的两倍多。请解释原因。

2.5　John Hancock 人寿保险公司如何利用现代通信技术减少逆向选择？（提示：请参阅应用案例"为数据打折"。）

2.6　杂货店、酒店和其他公司给顾客免费

的会员卡。使用该卡的顾客可以享受折扣。这些公司是在发送信号、筛选、进行价格歧视还是在从事其他活动？

3. 对产品质量的错误观念所导致的价格歧视

3.1　解释垄断企业为什么可以通过只有部分消费者才能接触到的报纸、杂志来做销售广告以实施价格歧视。这属于噪声垄断吗？

3.2　应用案例"减少消费者的信息量"提到，食品制造商可能会将一个国家品牌的产品以超过相同的自有品牌产品的价格出售。这家公司是噪声垄断（或者寡头）吗？

3.3　有些公司使用两种不同的品牌以不同的价格销售同一种产品。例如，尽管雪佛兰 Tahoe 和 GMC Yukon 实际上是一样的，但 2016 年的 Yukon 售价比 2016 年的 Tahoe 售价高出 1 200 美元。用信息不对称来解释，为什么公司可能使用两个品牌名称？为什么一种产品可能比另一种产品卖得更多？

4. 价格信息缺失所产生的市场势力

＊4.1　在例题详解 19.3 中，如果绝大多数消费者都知道所有商店的真实价格，只有少数消费者需要花费搜寻成本才能知道价格，那么企业会在垄断水平上设置单一均衡价格吗？

4.2　美国联邦贸易委员会反对加州牙科协会（California Dental Association）禁止其成员从事有关价格广告的活动，称这是对贸易的限制。这种限制会对均衡价格产生什么样的影响呢？

5. 招聘过程中信息缺失所产生的问题

5.1　假设在本章的发信号模型中，你已经知道 w_h、w_l 和 θ 的值。那么，在 c 为何值时，才有可能同时出现混同均衡和分离均衡？c 为何值时，这两类均衡均会出现，而且高能力工人在分离均衡中获得的净收益比在混同均衡中获得的要高？（提示：参见例题详解 19.4。）

5.2　教育为一个连续变量，e_h 为高能力工人的教育年限，e_l 为低能力工人的教育年限。上述两类工人单位时期的教育成本分别为 c_h 和 c_l，且 $c_h < c_l$。假设雇主能够正确区分他们的能力，他们所获得的工资分别为 w_h 和 w_l。在哪种情况下会出现分离均衡？每一类工人将获得多少数量的教育？

5.3　在思考题 5.2 中，在什么条件下会出现混同均衡？

5.4　在思考题 5.2 和思考题 5.3 中，如果

$c_l \leqslant c_h$，请描述一下均衡的情况。

5.5 部分大学没有设立评级制度。一种说法认为，废除评级制度可以减轻学生的压力，进而令他们在学校有更好的表现。这种政策对学生有利还是有弊？

5.6 在发信号模型中，假设企业用测试的方法来验证雇员能力需要支付c^*。企业支出的这些花销是否值得？

5.7 在什么情况下统计性歧视是私人无效率的？在什么情况下又是社会无效率的？统计性歧视是否总是给受歧视的群体成员带来损害？

5.8 某些企业只招高中毕业生。依据过去的经验和统计，这些企业认为，总体来说高中毕业生比非毕业生的表现要优秀一些。这种招聘行为同雇主根据种族或性别进行的统计性歧视有何区别？讨论这种做法对效率和公平的影响。

6. 挑战题

6.1 在"挑战题解答"中，你能通过改变矩阵中的收益而使企业选择投资吗？请解释。

6.2 对于不进行安全投资的企业，政府可以征收的最低罚款是多少？这会使两家企业都在安全方面进行投资变成一个纳什均衡吗？

第 20 章

合约与道德风险

至少有 33 位美国职业棒球大联盟球员签署的合约当中含有激励条款。该条款规定：如果球员在一场赛区系列赛中获得"最有价值球员"的称号，他将得到一笔奖金。遗憾的是，赛区系列赛本身却没有这样的奖金。[1]

挑战题　　　　　　　　　**追回奖金**

造成 2007—2009 年全球金融危机的一个主要原因是银行、保险公司等一些企业的管理者及其他员工等承担了过多的风险。回顾导致金融危机的事件，高盛首席执行官劳埃德·布兰费恩（Lloyd Blankfein）承认，华尔街公司一味追求利润，忽视了风险，这些公司需要大幅改变薪酬做法。正如他所说，"关于薪酬的决定以及采取和不采取的其他行动，尤其是那些短时间内给股东造成严重损失的银行的做法，事后看来是自私和贪婪的。"

银行管理者们抛弃了公认的放贷做法，奖励他们的抵押贷款经纪人不顾风险拉来大量新抵押贷款。例如，他们在不要求首付的情况下向高风险借款人发放了大量贷款。没有支付首付款的借款人比支付大额首付款的借款人更有可能违约而停止支付抵押贷款。

在旧金山湾区（San Francisco Bay area），在 2007 年前九个月中那些自有住房丧失赎回权的家庭中，69% 的家庭在购买房屋时首付为 0，只有 10% 的家庭支付了传统的 20% 首付。在美国，丧失赎回权的家庭数量从 2006 年夏天的每月 10 万户上升到 2007 年的每月 25 万户，在 2008 年增加到每月 30 万户，2009 年和 2010 年增加到每月 35 万户，然后在 2011 年下降到每月 22.5 万户，2012 年下降到每月 20 万户，到 2016 年第一季度达到每月 9.5 万户——这是 2006 年以来的最低水平。

由于经纪人和管理者们的收入与抵押贷款的数量或年度（短期）利润有关，所以他们才会发放这些高风险的抵押贷款。他们并不担心经济形势恶化会导致借款人拖欠贷款以及未来的利润下降。结果是，在大衰退期间，银行、借款人和整体经济蒙受了可怕的损失。

2010 年《多德-弗兰克消费者保护法案》（Dodd-Frank Consumer Protection Act）提出的一项应对措施是，企业应制定追回条款，如果管理者们过去的行为导致后来的

---

[1]　Tom FitzGerald, "Top of the Sixth," *San Francisco Chronicle*, January 31, 1997, C6.

损失，允许企业追回之前支付给他们的一部分或全部奖金。很多企业主动制定了这样的规则。1986年，《财富》百强企业中，只有18%的企业报告有追回政策，到2013年，这一比例接近90%。2016年美国证券交易委员会提出一项规定，要求银行和各类金融机构为高级管理人员和承担重大风险的员工提供为期七年的追回拨备。另一种与追回政策类似的政策是企业在较长时期（通常是几年）内不发放奖金和其他薪酬，这样管理者们只能依靠其决策在长期内取得成功来获得奖励。

在例题详解20.1中，我们问了这样一个问题：为什么这些银行的高管要额外承担导致股东价值出现重大损失的风险？在"挑战题解答"中，我们分析了这样一个问题：使用延迟付酬或追回条款来评估管理者在长期的业绩对股东有利吗？

一家企业的管理者往往冒着极大的风险。牙医给你镶牙，不是因为你需要它，而是因为牙医想要一台新的平板电视。当老板不在的时候，员工会在网上浏览笑话，而不是工作。一个租车的司机会冒着毁坏悬挂系统的风险把车开出高速公路。

这些例子中的每一个都说明了由于道德风险所导致的资源使用效率低下的问题，而信息优势一方通常通过隐藏行动从信息劣势的一方获得好处（第19章）。在这一章中，我们将研究如何在不将风险转移给那些风险厌恶者的情况下，设计一种合约来避免因道德风险而导致的无效率，或者至少在这两个目标之间达成一个很好的妥协。

保险公司将"道德风险"一词引入了日常用语。很多类型的保险都非常容易受到被保险人隐藏行动的影响，从而导致道德风险问题。例如，Ralph是一家服装店的老板，他购买了大量名牌牛仔裤，并把它们存在仓库里。按惯例，他为货物按原价投保了火灾险或盗窃险。对他来说，不幸的是，这些牛仔裤现在既不流行也不畅销。由于面临巨大的经济损失，他烧毁了仓库并提出了保险索赔。隐藏行动是点燃仓库，因为多数人认为这样的行为是不道德的（以及非法的），所以我们使用了道德风险这个术语。

道德风险的一个不那么极端的例子是，医疗保险补偿了看病的费用。如果参保人不用花钱就能看病，有些人看病的次数就会超过他们自己花钱情况下看病的次数。比如，有些人去看病的部分原因是他们患有疑病症或感到孤独，需要有人陪伴。这样的行为并不违法，可能也不会让你觉得不道德。但由于费用昂贵，保险公司会采取行动减少他们的看病次数。

为了说明控制道德风险的方法以及道德风险和风险之间的权衡，我们把重点放在委托人（如雇主）和代理人（如雇员）之间的合约上。委托人与代理人签订合约，是为了采取有利于委托人的行动。到目前为止，我们一直认为企业能够高效地生产。但是，如果委托人不能经常监控代理人，代理人可以偷懒——这是一种道德风险。在这种风险中，代理人没有提供他们应提供的所有服务，或从事了其他低效率且不符合要求的行为。

拥有信息的代理人会采取机会主义行为，这对处于信息劣势的委托人造成了利益损害，损失的数目有时候非常惊人，而如果双方都拥有完全信息并杜绝了机会主义行为，他们的福利水平就都可以得到改善。

在本章中，我们将考察以下5个主题：

1. 委托-代理问题。代理人的产出取决于合约的类型和委托人监督代理人行为的能力。

2. 利用合约减少道德风险。委托人和代理人可能会同意签订一份没有消除道德风险或没有实现风险最佳分摊的合约，但是在合约中，这两个目标之间达到了某种平衡。

3. 通过监督降低道德风险。如果雇主对雇员的行为进行监督并使其一旦被解雇就得不偿失，雇员就会更加努力地工作。

4. 对委托人的检查。为了防止雇员处于不利地位，雇主可能会同意以合约的方式做出承诺，使得向员工讲真话符合雇主的最大利益。

5. 合约的选择。通过观察代理人在面临选择时所选取的合约类型，委托人可以获得足够的信息来降低道德风险。

20.1 委托-代理问题

我们将委托-代理关系中的道德风险称为委托-代理问题或代理问题。如果信息是对称的，行动就不会被隐藏，委托-代理关系就不会产生道德风险问题。当建筑承包商（委托人）与油漆工（代理人）签订分包合约，并且双方都在同一建筑工地施工时，承包商可以直接观察油漆工工作的努力程度和效果。由于这种密切的监视，油漆工不能从事任何隐藏行动，例如在工作时间休息一个小时喝咖啡或干私事。因此，这种委托-代理关系不存在效率低下的问题。

相反，当你与那些你无法观察或评估其行为的人签订合约的时候，他们可能会占你的便宜。如果你（委托人）按小时付钱给汽车修理工（代理人）修理你的汽车，你不知道他是否一直在工作。如果聘请一名律师替你打一场因意外事故引起的官司，你不清楚律师的建议是符合你的最大利益，还是符合他的最大利益。

为了说明委托-代理问题，我们考虑一个例子，公司所有者（委托人）和管理者（代理人）的收入取决于代理行为、如天气（会影响需求）这样的自然状态、投入的价格（影响成本），等等。委托人和代理人关心风险和收益在他们之间的分配。

委托人 Paul 在北美拥有多家冰激凌店。他与代理人 Amy 签订合约，委托她来管理其在迈阿密的店铺。Amy 的职责包括监督工人、采购物资和执行其他必要的行动。

这家商店每天的收入取决于当地的需求情况和 Amy 工作的努力程度。对冰激凌的需求会随着天气的变化而变化，一半的时间是高的，另一半时间是低的。

Amy 要么正常工作，要么努力工作。她认为自己是个诚实的人，绝不会偷 Paul 的东西。在正常的营业时间里，她总是在商店，即使 Paul 不能检查她，她也至少投入了正常的努力。她总是很有礼貌但不带个人感情地问每一个进店的人："我能帮你吗？"

尽管如此，但是 Amy 在工作上可能算不上努力。她可以更努力，比如热情地直呼老顾客的名字，快速地为顾客服务，花额外的时间与附近的商家联系，看看他们是否有兴趣联合促销，改善商店的外观。但是额外的工作很累，使她没有时间和朋友们一起去海滩，看小说，看《与星共舞》节目以及从事其他她喜欢的一些活动。她认为，这种额外的努力每天会让她付出 40 单位的成本。

对于任何给定的需求水平，如果 Amy 努力工作，商店会卖出更多的冰激凌。对于给定的 Amy 工作的努力程度，若需求高，商店也会卖得更多。四种可能的努力和需求组合的利润是向 Amy 支付报酬之前的利润，这是 Paul 和 Amy 的收入之和（见图 20.1）：

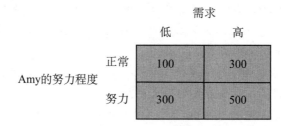

需求

	低	高
正常	100	300
努力	300	500

Amy的努力程度

图 20.1　四种可能的努力和需求组合的利润

如果需求高且 Amy 正常工作，或者需求低且她努力工作，企业每天的利润均为300。如果需求高且 Amy 努力工作，利润是 500；如果需求低且她正常工作，利润只有 100。

□ 效率

在理想状态下，委托人（Paul）和代理人（Amy）同意签署有效合约（efficient contract）：该合约的条款确保任何一方在不损害对方的情况下都无法使自己的境况变得更好。有效合约的采用会带来**生产效率**（efficiency in production）和**风险承担效率**（efficiency in risk bearing）。

生产效率要求委托人和代理人的共同价值（利润、收益）最大化。在我们的例子中，道德风险对委托人造成的损害大于给代理人带来的好处，所以总利润下降。由此可见，实现生产效率要求避免出现道德风险。

风险承担效率要求风险的分摊是最优的，因为最不在意风险的人（风险中性或风险厌恶程度较低的人）承担了更多的风险。风险厌恶的人愿意支付风险溢价以避免风险，而风险中性的人并不关心他们是否面临公平的风险（第 17 章）。在我们的例子中，Paul 在北美拥有多家冰激凌店。他看重的是所有这些店的总收益，因此是个风险中性的人。和多数人一样，Amy 不喜欢风险。因此，如果 Paul 承担所有的风险，Amy 一点也不承担，那么风险承担就是有效的。

□ 信息对称

如果 Paul 住在迈阿密，可以直接监督 Amy，道德风险就不是问题。他们可以商定一份合约：如果她工作努力，每天获得 200 单位工资；如果不努力，就会失去工作。因为Amy 努力的成本是 40，如果努力工作的话，她的净收益为 160（＝200－40），这比起被解雇而一无所获要好得多。即使商店的利润随需求而变化，Amy 也不会承担任何风险：不管需求情况如何，她都会收到 200。

Paul 是剩余索取人：他获得剩余的利润，这是支付了 Amy 工资后商店利润的剩余部分。由于 Amy 工作努力（为了避免失业），Paul 的剩余利润只会随着需求而变化。如果需求低，商店赚 300，他付给 Amy 200，剩下 100。如果需求高，商店赚 500，在付给Amy 200 后剩下 300。Paul 的预期利润是低需求的概率 50% 乘以 100 加上高需求的概率50% 乘以 300，即：

$$0.5 \times 100 + 0.5 \times 300 = 200$$

根据这份合约，Paul 承担了商店收入不确定方面的全部风险。Paul 的收益与预期利润的方差较大：$0.5 \times (100-200)^2 + 0.5 \times (300-200)^2 = 10\ 000$。[1]

表 20.1 中的第一行——完全监督——概括了这个结果。最后两列显示，这个合约是有效的，因为 Paul 作为风险中性的一方承担所有的风险，并且由于 Amy 工作努力，他们的收入已经达到最大。

表 20.1 冰激凌店的结果

合约	期望收益			Amy 的方差	效率	
	Paul	Amy[a]	Paul＋Amy		风险承担	联合收益
信息对称						
完全监督	200	160	360	0	是	是
信息不对称						
固定工资为 100	100	100	200	0	是	否
许可费为 200	200	160	360	10 000	否	是
状态依存费为 100 或 300	200	160	360	0	是	是
50%的利润分成	200	160	360	2 500	否	是
工资与奖金为 200； 　Amy 是风险中性者	200	160	360	10 000	是	是
工资与奖金为 200； 　Amy 是风险厌恶者	100	100	200	0	是	否

　　a. 如果 Amy 付出额外的努力，她的收益是她的收入减去 40，也就是她认为努力工作的价值。

　　b. 因为 Amy 是风险厌恶的，Paul 是风险中性的，只有当 Paul 承担全部风险时风险承担才是有效率的，这时 Amy 的方差为 0。

　　c. 如果 Amy 付出额外的努力，从而商店的期望收益为 400 而不是 200，则生产是有效率的。

□ 信息不对称

　　Paul 厌倦了温暖的天气，从迈阿密搬到了加拿大的多伦多，在那里他无法再观察 Amy 的努力情况。因为 Amy 的努力现在对 Paul 来说是一个隐藏行动，他面临着一个道德风险问题。

　　当 Paul 能监督 Amy 的努力时，能让后者的工资与其工作努力程度相关。他现在付给她的工资并不随她（隐藏的）努力而变化。我们最初假设 Paul 和 Amy 的合约规定：无论商店利润是多少，Paul 都付给 Amy 固定工资 100。这种合约是固定费用合约的一种特殊情况，其中一方向另一方支付固定的费用。因为无论 Amy 工作多努力，得到的报酬都是一样的，她会选择正常工作，这是一个道德风险问题。一方面，如果 Amy 正常工作，她不会因为额外的努力而产生额外的私人成本，收入是 100；另一方面，如果她努力工作，收入是 100，但私人成本是 40，所以净收益只有 60。

　　因为 Amy 只是正常工作，所以店铺在低需求的情况下赚了 100，刚好支付 Amy 的工资。在高需求的情况下赚了 300，Paul 的净收益为 200。因此，Paul 面临着一个不确定的利润，期望值为 $\frac{1}{2} \times 0 + \frac{1}{2} \times 200 = 100$。Paul 的收益的方差仍然很高：$\frac{1}{2} \times (0-100)^2 + \frac{1}{2} \times (200-100)^2 = 10\ 000$。

---

　　① 方差（第 17 章）是低需求的概率 50%乘以低需求下的收益 100 与期望收益 200 之差的平方，再加上高需求的概率 50%乘以高需求下的收益 300 与期望收益 200 之差的平方。

表 20.1 的第二行（固定工资为 100）总结了这一固定工资合约的影响。Paul 承担所有的风险，所以风险分担是有效的。但他们的期望的共同收益为 200，低于前面信息对称情况下的收益 360。Amy 在这种情况下获得 100，而 Paul 的期望收益也是 100，这就是他所关心的，因为他是风险中性的。两者都是在信息对称情况下有更高的收益：Amy 的净收益为 160，Paul 的期望收益为 200。因为道德风险大大降低了商店的期望收益，向 Amy 支付固定工资并不是最优的。我们将在下一节研究一份良好的合约如何降低道德风险造成的低效率。

例题详解 20.1

一般情况下，拉斯维加斯家庭银行只发放优质贷款，仅仅向那些极有可能偿还贷款的人提供抵押贷款。然而，该行高管莱昂纳多（Leonardo）正考虑向投机者和其他信誉较差的借款人提供次级抵押贷款。如果他只发放优质贷款，银行将赚得 1.6 亿美元。如果他还发放次级贷款，银行将获得 8 亿美元利润。要是经济状况好的话，很少有人违约，可如果经济不景气，违约会大量出现，银行损失 3.2 亿美元，经济不景气的可能性是 75%。

如果银行的利润为正，莱昂纳多将获得银行利润的 1%。他认为，一旦银行出现亏损，他可以不受影响地离职，当然也得不到任何补偿。莱昂纳多和该行股东对风险持中立态度。如果莱昂纳多只关心个人预期收入的最大化，他会提供次级贷款吗？银行的股东们希望莱昂纳多做些什么（鉴于他们知道其中的风险）？

解答：

1. 比较银行的这两种抵押贷款的期望收益。如果银行同时提供优质贷款和次级贷款，它的期望收益是 0.25×80 000＋0.75×（−32 000）＝−4 000 万美元，这是一个期望损失。如果只提供优质抵押贷款，该银行的利润肯定会达到 1.6 亿美元。

2. 比较管理者对这两项投资的预期利润。如果莱昂纳多只提供优质贷款，他的收入是 1.6 亿美元的 1%，也就是 160 万美元。如果他发放的是优质贷款和次级贷款，他的收益是 8 亿美元的 1%，或者说 800 万美元，这种情况的概率为 25%，而没有获得任何补偿的可能性为 75%。因此，他的期望收益为 0.25×800＋0.75×0＝200 万美元。因为莱昂纳多是风险中性，不关心股东的回报，他选择提供两种类型的贷款。

3. 比较股东对两类抵押贷款的预期利润。如果银行只提供优质抵押贷款，银行股东从优质抵押贷款中获得 99% 的利润，即 0.99×1.6＝1.584 亿美元。如果银行同时发放优质贷款和次级贷款，在经济状况良好时，股东将获得 8 亿美元中的 99% 的利润即 7.92 亿美元。但在糟糕的经济形势下，股东将承担全部损失 3.2 亿美元。股东的期望收益为 0.25×7.92＋0.75×（−3.2）＝−0.42 亿美元的期望损失。因此，股东更希望银行只发放优质贷款。

评论：鉴于莱昂纳多有错误的动机（并忽视了他对股东的责任），他采取了一个隐藏行动，选择提供不符合股东最佳利益的次级贷款。正如我们将要在"挑战题解答"中所讨论的那样，解决管理者和股东利益分歧问题的一个可能的办法是改变管理者的薪酬方案。

应用案例

出租车司机诚实吗？

你来到一个陌生的城市，坐上出租车。司机会走最短的路线送你到目的地，还是会绕道宰你一下？

为了找到答案，Balafoutas 等（即将发表）在雅典进行了一项实验。四名母语为希腊语的希腊人乘坐了 400 次出租车，他们对司机说道："我不是雅典人，我想去那里（目的地的名称），你知道在哪吗？"在旅程开始几秒钟后，乘客要么说："到站之后能给我收据吗？"要么说："到站之后请给我收据，我需要老板给我报销车费。"

实验人员预计，在前一种情况下，欺诈行为发生的可能性要小于后一种（道德风险）情况，因为在后一种情况下，乘客没什么动机去举报和控告司机绕道和多收钱的行为。在发生道德风险的旅程中，超额收费的发生率为 36.5%，而在对照的旅程中，这种现象发生的概率为 19.5%。总的来说，有道德风险的旅程的车费平均要比对照旅程的车费高出 17%。

20.2 利用合约减少道德风险

> 口头合约连一张纸都不如。

很多人没有认识到薪酬激励的重要性。

常识性谬误：是一次性支付，还是按小时、按收入的百分比等方式向一个人支付工资，这并不重要。

相反，如果存在道德风险，则支付合约对结果的影响很大。一个精心设计的合约为代理人提供了实现生产效率的强大激励，可以减少或消除道德风险问题。

在本节中，我们将演示几种类型的合约如何在 Paul 和 Amy 冰激凌店示例中提高效率。这些合约为 Amy 的努力工作提供了更大的激励，尽管她比 Paul 更厌恶风险，但有些合约仍然要求她承担一些风险。因此，一些合约做了一种权衡，提高生产效率的同时降低了风险承担效率。

□ 固定费用的合约

我们先考虑一个固定费用合约，Paul（委托人）付给 Amy（代理人）固定工资，结果是 Paul 承担了所有风险，Amy 不承担任何风险。或者 Amy 可以付给 Paul 一笔固定的金额，这样她就可以得到剩余利润。Amy 实际上是在支付经营 Paul 冰激凌店的许可费。有了这样一份合约，Paul 不承担任何风险，因为他收取固定的费用，而 Amy 承担了所有的风险。[1]

由于 Amy 在这样的特许合约下获得了剩余利润，努力工作所导致的预期利润的增加全部归她所有，所以她有努力工作的动机。

为了说明原因，我们假设 Amy 每天向 Paul 支付 200 的固定许可费，留下全部的剩

---

[1] 一些企业使用了两种类型的固定费用合约。例如，在一些理发店，部分理发师以固定费用从业主处租用椅子，并承担与需求变化有关的所有风险，而其他理发师则按小时收费，业主从其活动中获得剩余利润。

余利润。（我们的分析只取决于 Amy 付给 Paul 固定的费用，而不是她支付的确切数额。）如果她不努力工作，在高需求情况下赚 100（＝300－200），但在低需求时损失 100（＝200－100）。如果不努力工作，她的期望收益是 $0 = \frac{1}{2} \times (-100) + \frac{1}{2} \times 100$。如果努力工作，她在低需求时会得到 60（＝300－200－40），在高需求时得到 260（＝500－200－40），所以她从努力工作中获得的期望收益是 $160 = \frac{1}{2} \times 60 + \frac{1}{2} \times 260$。

她的收益方差在低需求时为 $10\,000 = \frac{1}{2} \times (-100-0)^2 + \frac{1}{2} \times (100-0)^2$，与高需求时方差相同，即 $10\,000 = \frac{1}{2} \times (60-160)^2 + \frac{1}{2} \times (260-160)^2$。由于两种情况下的风险是相同的，但期望净收益在努力时更高，所以她的最优选择是努力工作。

因此，相比于 Paul 支付给 Amy 一笔固定费用，Amy 支付给 Paul 一笔固定费用所带来的期望总收益更高。因为当 Amy 是剩余利润的索取者时，她会努力工作，并获得由此带来的所有收益。如表 20.1 第三行（许可费为 200）所示，Amy 支付 Paul 许可费，因为 Amy 工作努力，店铺的期望收益为 400。Paul 肯定能赚到 200，Amy 希望扣除她 40 的努力成本后净赚 160。因此，他们的期望收益之和是 360。相反，如果 Paul 付给 Amy 固定的工资（第二行，固定工资为 100），Amy 赚 100，Paul 的期望收益是 100，实际的期望总收益是 200。

尽管 Amy 支付给 Paul 一笔固定费用（而不是相反）增加了他们的期望总收益，但这让厌恶风险的 Amy 承担了所有的风险，而风险中性的 Paul 没有承担任何风险。因此，虽然合约最大化了他们共同的期望收益，但没有实现风险承担效率。

哪种合约更好，这取决于 Amy 对风险的厌恶程度。如果 Amy 接近风险中性，给 Paul 一笔固定费用的方式比较好，因为双方的期望收益都高，此时 Amy 并不太关注风险。但是如果 Amy 是一个风险厌恶者，即使要放弃一笔可观的期望收益，她也可能更喜欢固定工资。[①]

□ 或有合约

很多合约规定，双方获得的报酬取决于某些其他变量，如代理人所采取的行动、自然状态，或企业的利润、产出或收入。例如，当 Paul 可以监督 Amy 的努力程度时，他向 Amy 提供了一份合约，使她的报酬取决于她的努力程度。她只有付出额外的努力，才会得到报酬，否则就会失去工作，这样的合约是有效的。但如果 Paul 不能监督 Amy 的努力程度，这种合约就不可取，他可以使用或有合约（contingent contracts）。

状态依存合约

在状态依存合约（state-contingent contract）中，一方的报酬只取决于自然状态。例如，假设 Amy 在需求低的情况下向 Paul 支付 100 的许可费，而在需求高的情况下支付 300 的许可费，并保留任何额外的收入。作为剩余利润的索取者，Amy 有努力的动机。在低需求的情况下，店铺总收入为 300，Amy 付给 Paul 100，剩余利润是 160＝300－

---

① 例如，Amy 没有储蓄，而且她发现作为剩余利润的索取者她在低需求时难以自给自足，那么她会更加厌恶风险。

100－40，其中 40 是她努力的成本。在高需求下，店铺总收入为 500，Amy 支付给 Paul 300，剩余利润是 160＝500－300－40。

Paul 的期望收益为 $200＝\frac{1}{2}\times100+\frac{1}{2}\times300$，如表 20.1 的第四行所示。因为 Amy 在两种自然状态下收入都为 160，所以她选择不承担任何风险而 Paul 承担所有风险。这个结果是有效的，因为 Paul 是风险中性的，Amy 是风险厌恶的，即使 Paul 不能监督 Amy 的努力，这个状态依存合约也是完全有效的。不过，它要求双方观察并就自然状态达成一致，这可能是无法达成的。

应用案例

医疗保险与道德风险

截至 2016 年初，约有 2 000 万未参保的人依照《美国患者保护和平价医疗法案》（ACA）获得了医疗保险。将风险从此前未被医疗保险覆盖且厌恶风险的人转移到风险中性的保险公司，整个社会都受益（第 17 章）。不过，一些分析人士认为，扩大保险覆盖范围会导致更多的道德风险。例如，病人可能过度使用医疗系统，这抬高了每个人的成本。

ACA 的成人依赖保险条款允许 26 岁以下的年轻人继续享受父母的医疗保险。在此之前，大约有三分之一的 19～25 岁的年轻人没有保险。Jhamb 等（2015）估计，这一规定使年轻人的保险覆盖率提高了 7.4％，就医次数增加了 3％。被保险人是否过度使用医疗保健服务？Kowalski（2015）的一项研究调查了一家美国大公司的雇主赞助的健康保险，估计道德风险造成的平均的无谓损失大大超过了该群体从风险保护中获得的平均福利收益。

例题详解 20.2

Gary 对于看病的需求取决于他的健康状况。有一半时间他的健康状况良好，需求是 D^1；有一半时间身体不好，需求是 D^2。Gary 是个风险厌恶者。如果没有医疗保险，他看一次病要花 50 美元。在全额保险的情况下，他在年初支付一笔固定的费用，而保险公司将支付每次医疗的全部费用。或者，根据一份或有合约，Gary 在年初支付一小笔保险费，每次看病保险公司只赔付 20 美元，Gary 自己承担剩余的 30 美元。这些合约出现道德风险的可能性有多大？没有保险和分别在两种保险的情况下，Gary 的风险（医疗费用的方差）是多少？请比较不同合约在风险和道德风险之间的权衡。

解答

1. 描述每种合约需求曲线下的道德风险。假设 Gary 的健康状况良好，如果他没有保险，Gary 每次看病需向医生支付 50 美元，在下页图中 D^1 上的 a_1 点。相比之下，如果是全额保险，他每次就诊不需要支付任何费用，会看病 6 次（c_1 点）。与之类似，如果健康状况不佳，在不购买保险的情况下他会去看病 5 次（a_2 点），在全额保险的情况下会看病 10 次（c_2 点）。因此，不管他的健康状况如何，他每年都会多去五次，并享受全额

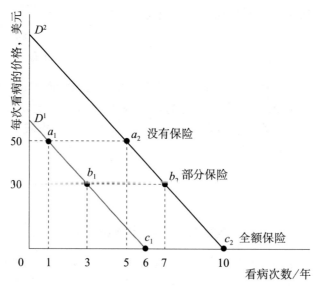

保险。这些多出来的就诊次数就是道德风险。

在或有合约的情况下，Gary 每次要付 30 美元。如果他的健康状况良好，会去 3 次（b_1 点），只比 a_1 点多 2 次。如果他的健康状况不佳，会去 7 次，再一次比全额支付费用时（a_2 点的 5 次）多 2 次。因此，这一或有合约减少了道德风险问题：他只多看病 2 次。

2. 计算 Gary 在无保险和两份保险合约下的医疗费用的方差。在没有保险的情况下，他的平均就诊次数是 $3 = \frac{1}{2} \times 1 + \frac{1}{2} \times 5$，所以每年的平均医疗费用是 150 美元。因此，没有保险的医疗费用的方差为：

$$\sigma_n^2 = \frac{1}{2}\left[(1 \times 50) - 150\right]^2 + \frac{1}{2}\left[(5 \times 50) - 150\right]^2 = 10\ 000$$

如果是全额保险，每年只需要支付一笔固定的金额，所以他的支付不由健康状况决定：方差是 $\sigma_f^2 = 0$。最后，如果是部分保险，他平均会去 5 次，平均成本是 150 美元，方差是：

$$\sigma_p^2 = \frac{1}{2}(90 - 150)^2 + \frac{1}{2}(210 - 150)^2 = 3\ 600$$

于是，$\sigma_n^2 > \sigma_p^2 > \sigma_f^2$。

3. 讨论权衡取舍的问题。因为 Gary 是个风险厌恶者，所以风险承担有效率的情况是保险公司承担所有的风险，也就是全额保险。然而，全额保险导致严重的道德风险问题。取消保险消除了道德风险，但也迫使 Gary 承担全部风险。或有合约是一种折中的方式，其中道德风险和风险程度都介于两种极端情形之间。

利润分成合约

即使委托人不能观察到代理人的行为，委托人也可以设计出一种或有合约，通过依据结果（如利润或产量）进行支付来减少道德风险问题。一种常见的或有合约是利润分成合约，在这种合约中，每一方的收益只是可观察的总利润的一部分。

假设 Paul 和 Amy 同意平分冰激凌店的利润。让 Amy 的工资取决于商店的收入是否会促使 Amy 努力工作？

如果 Amy 正常工作，需求低的时候商店可以赚 100，而 Amy 只能分一半，即 50。

需求高的时候商店赚 300，所以 Amy 的分成是 $150\left(=\frac{1}{2}\times300\right)$。因此，Amy 正常工作的期望收益是 $100=\frac{1}{2}\times50+\frac{1}{2}\times150$。她的收入的方差是：$2\,500=\frac{1}{2}(50-100)^2+\frac{1}{2}(150-100)^2$。

在 Amy 努力工作的时候，如果需求低，商店赚 300，Amy 分得 150，努力的私人成本是 40，所以她的净收益是 110；如果需求高，商店的利润是 500，所以 Amy 的净收益是 210（$=250-40$）。因此，努力工作的期望收益是 $160=\frac{1}{2}\times110+\frac{1}{2}\times210$。她的收入的方差是 $2\,500=\frac{1}{2}(110-160)^2+\frac{1}{2}(210-160)^2$，和正常工作时相同。因为努力工作可以在不增加风险的情况下为 Amy 带来更高的期望收益，所以她会选择努力工作。

假设 Amy 工作努力，Paul 在低需求的时候赚了 150，在高需求的时候赚了 250，他的期望利润是 $200=\frac{1}{2}\times150+\frac{1}{2}\times250$，如表 20.1 的利润分成一行所示。Paul 更喜欢这种利润分成合约而不是固定费用合约，在固定费用合约中他付给 Amy 100 的固定工资，期望利润为 100。

然而，只有当 Amy 从努力工作中获得的利润足以抵消她的私人成本时，她才会选择努力工作。如果 Amy 的收益不到利润的 20%，她选择正常工作，收益低于 100。[①] 利润分成可能会减少或消除道德风险问题，特别是在代理人的利润分成份额较大的时候。如果代理人所占的份额很小，结果可能就不同了。

例题详解 20.3

Penny 是一家商店的老板，她和管理者 Arthur 做了一笔交易：在年底，Penny 得到商店利润的三分之二，而 Arthur 得到余下的三分之一。如果 Arthur 的目标是自身利益最大化，他会以最大化商店总利润的方式（Penny 和 Arthur 都能观察得到）行事吗？请用图形回答。

解答

1. 画出总利润曲线图形，并用它推导出 Arthur 的利润曲线。从下页图中可以看出，随着产量的上升，总利润（π）曲线是先上升后下降的。在每一个产出水平上，Arthur 的利润曲线是总利润曲线的三分之一，即 $\frac{1}{3}\pi$。

2. 确定使 Arthur 的利润最大化的数量，并检查该数量是否也使总利润最大化。因为管理者利润占总利润的三分之一，在年产量为 q^* 时，他实现了利润份额的最大化。总利润和所有者的利润份额也在 q^* 处实现最大化。[Penny 也实现了收益（总利润的 2/3）最大化，她的收益是每一产量水平上的总利润曲线和管理者收益曲线的（垂直）差。]

---

① 如果 θ 是 Amy 的利润分成份额，那么她在正常努力下的期望收益为 $\frac{1}{2}\times100\theta+\frac{1}{2}\times300\theta=200\theta$，她付出额外努力的期望净收益为 $\frac{1}{2}\times300\theta+\frac{1}{2}\times500\theta-40=400\theta-40$。如果她正常努力获得的期望收益超过她从额外努力中获得的期望收益，她会选择不付出额外的努力：$200\theta>400\theta-40$，或者 $\theta<20\%$。

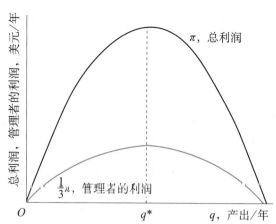

评论：在总利润最大化的产出水平下，总利润的任何份额都实现了最大化。[1]

为你的晚餐歌唱

Outside Lands 音乐和艺术节是世界上最大的年度音乐盛会之一，它的制作人在年度活动上与数十名食品和饮料供应商谈判销售商品。根据他们签订的合约，供应商会支付他（制作人）一笔较大的最低金额（担保）以及收入的一部分。

因为没办法监控，他担心供应商会少报它们的收入。利用以往音乐会的数据，他比较了各个供应商的收入报告，发现绝大多数供应商都报告了各自类别内的可比收入。第二年，他没有邀请利润报告数量少的那 10% 的供应商。因此，存在明显欺诈行为的供应商失去了将来参加这个活动的机会。

接下来，他还尝试了一些新的东西。音乐会观众只能通过电子支付系统购买葡萄酒，该系统会跟踪销售情况。由于报告更加准确，他估计公司收入比去年增长了 30% 以上。因此，通过使信息对称，他消除了道德风险问题。

奖金和期权

为了诱导代理人努力工作，委托人可能会给代理人一笔奖金：如果业绩目标达到了，就会给代理人额外的报酬。例如，如果商店的收入（付给 Amy 之前）超过 300，Paul 可以给 Amy 100 的基本工资和 200 的奖金。

如果 Amy 正常工作，商店赚的钱不足以触发奖金条款，所以 Amy 在两种自然状态下都获得了 100。如果 Amy 努力工作但是需求低，商店赚 300，Amy 的工资是 100，成本是 40，所以她的净收益是 60。然而，如果她工作努力且需求高，商店赚 500，触发了奖金条款，Amy 得到她的工资 100 加上奖金 200。减去努力的成本 40，净赚 260。因此，

---

[1] 利用微积分的方法确定利润最大化的产量。将利润函数 $\pi(q)$ 对产量 q 求微分，得到边际利润，并令其等于零，$\mathrm{d}\pi(q)/\mathrm{d}q=0$。管理者利润份额 $\frac{1}{3}\pi(q)$ 最大化的产量满足：$\frac{1}{3}\mathrm{d}\pi(q)/\mathrm{d}q=\frac{1}{3}\mathrm{d}\pi(q)/\mathrm{d}q=0$ 或者 $\mathrm{d}\pi(q)/\mathrm{d}q=0$。也就是说，管理者所占利润份额的最大化和总利润最大化的条件相同。

Amy 努力工作的期望收益是 $160 = \frac{1}{2} \times 60 + \frac{1}{2} \times 260$，超过了她正常工作的收入 100。

但努力工作的净收益的方差是 $10\,000 = \frac{1}{2} \times (60 - 160)^2 + \frac{1}{2} \times (260 - 160)^2$。所以，Amy 是否努力工作取决于她对风险的厌恶程度。如果她对风险的态度近乎中立，就会努力工作。如果她对风险非常厌恶，她只会正常工作，获得一份适度但可预测的工资，并避免了有时收入低的风险。

表 20.1 倒数第二行表明在 Amy 为风险中性者时的奖金合约（工资与奖金为 200）的结果。如果 Amy 是风险中性的或接近风险中性的，她会选择努力工作。如果需求低，奖金条款不会被触发，所以 Paul 只支付 Amy 基本工资 100，保留剩余 200；如果需求高，Paul 付给 Amy 300（100 的基本工资加上 200 的奖金）并保留剩余的 200（＝500－300）。

Paul 期望收益是 $200 = \frac{1}{2} \times 200 + \frac{1}{2} \times 200$。事实上，无论需求高低，他总能赚 200，因此不承担任何风险。所以，如果 Amy 是风险中性的，即便 Amy 承担了全部的风险，奖金也会带来有效的收入和有效的风险分担。（如果 Amy 对风险近乎中性但并非完全中性，她仍会选择努力工作，但不愿承担全部的风险。）

表 20.1 最后一行显示了 Amy 极度厌恶风险时奖金合约（工资与奖金为 200）的结果。现在，她宁愿只获得固定收入 100，也不愿冒险在付出努力的代价后可能只得到 60，所以她选择正常工作。进而总收入较低，因此没有效率，但各方实现了风险承担效率，其中，Paul 承担了全部的风险。因此，这笔奖金可能（但不一定）会促使 Amy 努力工作。

很多高管的工资有一部分是期权，期权是一种奖金。期权赋予持有者在指定时间间隔内以给定价格（行权价）购买公司一定数量股份的权利。如果公司的股票价格超过执行价，期权就会给执行人员带来好处，因此期权是基于股票价格的奖金。

计件工资

另一种常见的或有合约类型是计件工资合约。在这种合约中，代理人每生产一单位产品就会收到一笔付款。在这样的合约下，Amy 每卖出一份冰激凌就会得到报酬，而不是按小时计算，这给了她努力工作的动力，但她承担着需求波动的风险，需求波动她控制不了。

在所有者能够观察到的是产出而不是劳动的情形下，他们一般会使用计件工资。计件工资常用于农业、制造业、汽车玻璃等雇主希望鼓励员工快速完成重复性工作的企业。

佣金

当至少一方不能观察到总利润，但双方都能观察到收入时，他们通常会使用收入分成合约，代理人从中获得一部分收入。例如，Susan 在一家服装店工作，她收到的佣金是她每卖出一件商品的收入的 5%。

与利润分成一样，计件工资和佣金比固定工资合约更能激励代理人努力工作。然而，就像奖金一样，这种激励并不一定强大到足以补偿代理人努力的成本，而且代理人也要承担一些风险。

例题详解 20.4

Peter 是一家公司的老板，其销售人员 Ann 根据其销售收入获得佣金（收入）。因此，Ann 有一个最大化收益的动机。下面的图形显示了收入和利润随产量而变化的情况。请说明，如果她成功地使收入最大化，就不能使公司的利润最大化。

解答

说明这两条曲线达到最大值的产出量，并对它们进行比较。如图所示，Ann 通过销售 q_r 单位的产出实现了收益的最大化。利润最大化的产量 q_p 要小一些。因此，如果她的工作使销售额最大化，不会实现利润最大化。[①]

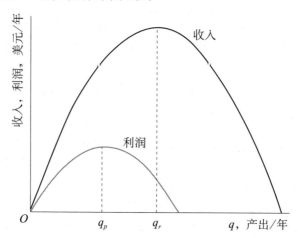

☐ 选择最优合约

哪种合约最好，这要取决于签约各方对待风险的态度、风险的大小以及监督的难度等因素。通常，当双方发现他们无法同时实现生产效率和风险承担效率时，他们会选择一个不能实现这两个目标的合约。例如，他们可能使用在生产或风险承担方面都不能实现效率的或有合约，这种合约在两个目标之间达成了平衡或妥协。

所选择的合约类型取决于很多因素。雇用律师的人不能观察律师的工作努力情况，也不能轻易判断律师的工作质量，他们会担心道德风险。任何一方都可能特别关注风险承担。

律师通常只有在任务或案件非常简单的情况下才会收取固定的费用，比如写遗嘱或处理无争议的离婚案件。客户对工作是否圆满完成有一定的了解，所以监控相对容易，涉及的风险也小。不过，如果一个复杂的案件所需的时间未知，律师可能不会接受固定费用的模式。

在风险较高的情况下，其他类型的合约更常用。当律师相对不愿承担风险或委托人非常担心律师的工作努力情况时，委托人可以按小时支付律师工资。但是，除非委托人能看到律师的努力程度，否则这样的合约可能会导致律师多收几个小时的费用。

还有一种选择是，双方可以使用**或有费用**（contingent fee）：如果客户赢了，支付给律师的费用是法庭案件（通常在扣除法律费用后）裁定的赔偿额的一部分；如果输了，

---

① 利润是 $\pi(q)=R(q)-C(q)$。利润最大化的条件是 $d\pi(q)/dq=dR(q)/dq-dC(q)/dq=MR-MC=0$。也就是说，当边际收益 MR 等于边际成本 MC 时，利润达到最大。相反，收益最大化的条件是边际收益等于零，$dR(q)/dq=MR=0$。

则不支付任何费用。或有费用安排对专门从事车祸、医疗事故、产品责任和其他侵权行为的原告律师来说尤其常见。由于这些原告律师通常可以把客户的风险组合在一起，因此不像客户那么担心风险，而且愿意接受或有费用。此外，事故受害者在赢得庭审前往往缺乏支付律师费用的资源，因此他们往往更喜欢或有合约。

20.3 通过监督降低道德风险

如果委托人能够监督代理人的工作，那么旨在防止道德风险问题的复杂合约可能就没有必要了。此外，一个可以观察最终产品而不是工作努力程度的委托人，可以通过根据最终产品支付款项来避免道德风险。

如果雇主不能监督雇员的偷懒行为，接受固定工资的雇员就不具备努力工作的动机（自尊除外）。倘若雇主按小时向雇员支付工资但又不能观察到他们劳动时间的长短，雇员就有可能虚报他们的工作时间。

企业可以通过加强对雇员的监督或监视来减少此类偷懒行为的发生。监督消除了信息不对称：雇员和雇主都知道雇员工作的努力程度。如果监督雇员的成本足够低，用监督和解雇工作不力的雇员的做法来阻止偷懒行为就是值得的。

企业尝试多种方法来降低监督成本。通过增加资金投入监督工作绩效的例子包括要求员工打卡、安装摄像头，等等。同样，企业通过安装生产线，强迫员工按照企业规定的速度工作，也可以控制员工的工作效率。

美国管理学会最近的一项调查表明，近三分之二的雇主对雇员的语音邮件、电子邮件或电话等进行记录，对员工的电脑文档进行审查，或对员工的工作进行录像。四分之一的公司对其员工进行秘密的监视。最常见的监视类型包括：记录打出的电话号码并记录通话时长（37％）、对员工的工作进行录像（16％）、保存并审查电子邮件（15％）、保存并审查电脑文档（14％）以及录音并审查谈话内容（10％）。监督和监视的现象在金融部门最普遍，其中有81％的企业采用这些方法。通常，有些企业并不对所有员工始终进行监视，而是采取抽查的方式监督部分员工。

但是，对于有些工作来说，监督达不到预期的目的或者不符合成本效益原则。监督可能降低员工的士气，反过来降低生产率。若干年前，西北航空公司为防止员工偷懒而卸掉了卫生间的隔门，而新的管理层上台后废除了这项政策（并且做出了其他改变），生产率得以提升。

销售人员大部分时间都是在公司以外的地方工作，所以想对这些雇员进行监督是不切实际的。远程办公越来越多，监督雇员也会变得越来越困难。

一家公司的董事会应该代表股东（委托人）监督高级管理人员（代理人）以确保他们按照股东利益做出决策。坏的管理者可能会隐藏他们的行动，或者选择不"出卖"他们的董事。González 等（2013）研究了一些公司，这些公司的高级管理人员非法进行价格垄断，导致公司及其股东面临承担严重法律责任的风险。他们发现，这些公司的高级管理人员倾向于招募不尽心监督的董事。

当直接监督的成本很高时，企业就会采用各种经济激励手段（这是下一节的内容）

来减少必要的监督量。每种激励手段——保证金、延期支付和（奇高的）效率工资——都对努力工作具有"抵押"（hostage）效果（Williamson，1983）。偷懒被逮住或从事其他不良行为的员工不仅要丢掉工作，而且要放弃他们的抵押品。抵押品的价值越高，企业为制止员工的不良行为而需要采取的监督就越少。

□ 保证金

确保代理人行为得当的直接方法是要求他们存入一笔钱来为他们的行为做担保，就像房东要求房客预交押金以保证他们不会破坏房间那样。雇主可以要求雇员提供一份绩效保证金（bond），如果代理人未能完成既定任务或实现既定目标，这笔资金将归委托人所有。通常的做法是，代理人在开始工作之前把这笔保证金交付给（留给）委托人或第三方，比如保险公司等。

对运送贵重物品（比如珠宝等）的押运工或负责看管这些物品的警卫必须提高保证金来防范盗窃和其他道德风险。同样，保证金也可以被用来防止雇员在接受高费用的培训之后就立即辞职走人（Salop and Salop，1976）。休公假的大学教师本该利用这些假期来接受培训或参加其他活动以提高未来的生产率，所以一般情况下，他们必须签署一份协议：如果在休完公假后的一年之内辞职，就必须向学院或大学缴纳一定数额的赔偿金。我们将从控制偷懒的策略的角度来研究其他一些方法，其中大多数都可视为形式各异的担保。

防止偷懒的担保

有些雇主要求雇员预交一笔保证金，一旦发现雇员偷懒，就将其没收。比如，专业运动员如果错过一次集训或比赛，就要被处以一定金额的罚款（等价于保证金）。保证金越高，雇主就越不需要对雇员进行监督。

假设雇员认为马虎对待工作的价值是 G 美元。如果雇员偷懒，被逮住后唯一可能的惩罚是被开除，有些雇员会选择偷懒。

但是，假设雇员必须缴纳 B 美元的保证金，如果玩忽职守，一经发现，这笔保证金就要被没收。假设企业的监督水平既定，雇员偷懒被逮住的概率是 θ，于是偷懒的雇员被逮住的期望损失是 θB。[①] 如果偷懒的既定收益 G 不超过预期（被逮住而罚没保证金）的惩罚 θB，即 $G \leqslant \theta B$，风险中性的雇员就不会选择偷懒。可见，能够制止偷懒的最低的保证金水平为：

$$B = \frac{G}{\theta} \tag{20.1}$$

等式 20.1 表明，雇员认为偷懒的价值越高，或者被逮住的概率越小，则需要缴纳的保证金就必须越多。

保证金和监督之间的权衡

保证金越多，就越没有必要通过监督来防止偷懒。假设雇员认为在一年内偷懒的价值是 $G = 1\,000$ 美元。如果偷懒被逮住的概率是 100%，那么防止偷懒的保证金就不能低

---

① 预期惩罚是 $\theta B + (1-\theta) \times 0 = \theta B$，其中左边第一项是被逮住的概率与罚款 B 的乘积，第二项是不被逮住的概率乘以罚款 0。

中级微观经济学（第八版）

于 1 000 美元；如果被逮住的概率是 50%，那么保证金就不能低于 2 000 美元；当概率为 10% 时，保证金就不得低于 10 000 美元；要是概率只有 5%，保证金就不能低于 20 000 美元。

例题详解 20.5

工人缴纳 B 美元的保证金，如果他们盗窃时被逮住，这笔保证金就会被没收（不会追加其他惩罚）。每增加一个单位的监督 M，就会把工人盗窃被逮住的概率 θ 提高 5%。每单位监督的成本是 10 美元。工人每盗取一件设备就能以全价 G 美元转售出去。请问：如果企业认为工人是风险中性的，它采用的最优监督量 M 是多少？特别地，如果 $B=$ 5 000 美元，$G=500$ 美元，那么最优监督量 M 是多少？

解答

1. 确定防止盗窃所必需的监督量。为了防止盗窃发生所必需的最少监督量由下列条件决定：工人从盗窃中获得的收益等于被逮住时的期望损失。当工人盗窃的收益 G 等于预期惩罚 θB 的时候，刚好可以阻止其盗窃。于是，当被逮住的概率 $\theta=G/B$ 时，工人得到了有效的威慑。由于每增加一单位监督会使 θ 提高 5%，所以监督的数量是 $M=\theta/0.05$。

2. 确定监督是否具有成本效率。只有在企业的期望收益大于监督成本（即 $10 \times M$）的时候，企业进行 M 单位的监督才是合算的。成功防止盗窃的期望收益是 G，所以当 $G > 10 \times M$ 或 $G/M > 10$ 的时候，监督是合算的。

3. 求解具体情形下的最优监督量。最优监督水平为：

$$M = \frac{\theta}{0.05} = \frac{G/B}{0.05} = \frac{500/5\,000}{0.05} = \frac{0.1}{0.05} = 2$$

因为 $G/M=500/2=250$ 美元 >10 美元，所以进行该水平的监督是值得的。

保证金的问题

在防止出现雇员偷懒和盗窃之类的道德风险方面，缴纳保证金可以降低必要的监督量，所以深得雇主的青睐。但是，企业很少公然使用保证金来防范盗窃，用它来防止偷懒就更加少见了。

保证金制度有两个固有的问题：

其一，为了攫取保证金，刁蛮的雇主可能会诽谤雇员有盗窃行为。担心雇主出现此类机会主义行为的雇员就不愿意缴纳保证金。解决这个问题的一个可能的办法是要求企业树立起不会采取这种行为的声誉，而另一个可行的办法是要求企业制定客观的处罚（没收保证金的）依据，使之经得起他人的审查。

其二，雇员可能没什么钱，也缴不起保证金。在例题详解 20.5 中，如果雇员盗取 10 000 美元且被逮住的概率仅为 5%，那么只有在要求风险中性的雇员缴纳至少 200 000 美元保证金的条件下才能有效地威慑盗窃行为。

如果这两个问题可以避免，委托人和代理人就会采用保证金的做法。企业之间要比个人之间更常采用保证金合约的做法；而且，在保证金的筹集方面，企业所面临的问题也往往比雇员所面临的少。

在建筑行业，为了让承包人在规定日期内顺利竣工，委托人要求他们缴纳一些保证金，而且想证实合约是否如期履行非常容易，所以委托人采取机会主义行为的可能性也比较小。

限制石油和天然气公司破产

为什么大多数陆上石油和天然气生产商都是小企业？一个主要原因是避免责任。由于规模小，它们可以生产尽可能多的产品，如果它们造成的环境破坏、水污染、有毒气体排放、爆炸超过其资产，它们可以通过宣布破产来避免责任。它们是无力履行判决的。拥有大量资产的大公司将支付损害赔偿金并继续经营下去。

得克萨斯州大约有 5 000 家石油和天然气生产公司。这些公司中的大多数年收入不到 200 万美元，远远低于它们的债务。然而，从 2001 年起，得克萨斯州要求这些公司提供担保债券，这是一种保险合约，保险公司有义务赔偿被保险的石油或天然气生产商对该州造成的环境损害。保险公司为那些安全记录不佳或由于财务状况不佳而缺乏谨慎行事动机的公司设定了较高的保费。相比之下，财务安全的大公司不太可能不负责任，因此支付的保费也较低。

Boomhower（2016）的研究表明，提供担保债券的要求提高了企业的安全激励。债券强制令一生效，就有 6% 的公司退出了市场（是通常比率的两倍）。退出的公司大多规模较小，环境记录也很差。这些退出的公司将 88% 的石油和天然气租约转让给了更大的公司。剩下的最小的 80% 的公司减少了石油产量，而大公司的产量没有受到影响。也就是说，在担保之前逃避责任的能力提高了小公司的数量及其产量。

债券强制令生效后，环境破坏程度有所下降。更少的公司在生产结束时不封堵油井（这导致了地下水污染的严重风险）。井喷和违反水保护规定的事件也大幅度减少。

☐ 延期支付

企业可以将延期支付作为员工缴纳的保证金，这种做法很有效。例如，在工作初期，企业为新工人支付的工资较低。后来，随着时间的推移，偷懒被逮住的工人遭到解雇，而那些依然在岗的工人得到了更高的工资。延期支付工资的另一种形式是，企业仅仅为那些一直兢兢业业工作到退休的工人提供退休金形式的报酬。延期支付起到了与保证金相同的作用。它们提高了被解雇的成本，所以减少了为防止偷懒所进行的必要监督。

工人在意的是他们一生收入的现值（见第 16 章）。企业可以向工人提供两种支付方案。一种方案是，在工人工作期间，每年为其支付 w 的工资；另一种方案是，将起步工资设在 w 以下，但是随着工作年限的增加会将工资提高到 w 以上的水平。

如果工人可以预支未来的收入，且这两种工资方案的现值相同，那些终生为一家企业工作的工人会认为这两种方案没有差异。但是，企业更青睐于第二种方案，因为它会让工人更加努力地工作以免被解雇并失去更高的未来收入。

偷懒行为的减少会提高产出。如果雇主和雇员共享这份额外的产出（比如雇主的利润提高了，雇员的终生收入增加了），企业和工人都会喜欢能降低偷懒动机的延期支付计划。

和保证金一样，延期支付方案的一个缺点在于，它会诱使雇主采取机会主义行为。例如，为了避免支付更高的工资，雇主可能会解雇未偷懒的老员工而代之以工资低廉的新员工。不过，如果企业能够树立起不无端解雇老员工的良好声誉，延期支付的机制会有助于防止偷懒。

□ 效率工资

前面说到，用保证金和延期支付的方式来提高雇员丢掉工作的成本可以防止偷懒行为的发生。对企业来说，还有一个方法也能起到这样的效果，即支付**效率工资**（efficient wage）：企业为防止工人偷懒（或卸责）而支付的非同寻常的高工资。[1] 如果那些因偷懒而被解雇的工人能立刻找到一家企业上岗，并挣得同样的工资，那么工人偷懒就没有什么风险可言。不过，高工资提高了离职的成本，进而有利于防止偷懒行为。[2]

效率工资如何发挥与保证金相同的作用？

假设企业向每位工人支付效率工资 w，这要高于工人因偷懒而被解雇后可以在别的企业挣到的市面工资 $\underline{\omega}$。现在我们要说明：企业对工人的监督越松懈，要防止偷懒，w 和 $\underline{\omega}$ 之间的工资差异就必须越大。

工人决定是否偷懒，还要看被解雇后收入方面的预期损失与偷懒的价值 G 两者的大小。工人偷懒的期望损失为 $\theta(w-\underline{\omega})$，其中 θ 是偷懒被逮住并被解雇的概率，括号内的项代表被解雇的收入损失。一个风险中性的工人选择不偷懒的条件是：被解雇的期望损失大于或等于偷懒的收益（参见附录 20A）：

$$\theta(w-\underline{\omega}) \geqslant G \tag{20.2}$$

为了有效地防止偷懒，w 超出 $\underline{\omega}$ 的最小幅度由该表达式相等时的条件决定，即 $\theta(w-\underline{\omega})=G$，或

$$w-\underline{\omega} = G/\theta \tag{20.3}$$

等式 20.3 中的额外收入 $w-\underline{\omega}$ 起到与等式 20.1 中的保证金 B 相同的作用——防止消极怠工。

假设工人在一年之内偷懒所得到的好处是 $G=1\,000$ 美元，每年的工资 $\underline{\omega}$ 是 20 000 美元。如果偷懒工人被逮住的概率是 $\theta=20\%$，则要有效防止偷懒，效率工资 w 至少要达到 25 000 美元。如果加强监督，使得 $\theta=50\%$，则有效防止偷懒的最低的 w 为 22 000 美元。企业会从防止偷懒的各种可能的监督水平和效率工资的组合中选出劳动成本最小的组合。

效率工资与失业

前面的分析表明，为了防止偷懒行为，支付比市面工资高的工资符合企业的最大利益。这个结论的问题在于，如果一家企业提高工资是合算的，那么所有企业都提高工资也是合算的。可是，如果所有企业都提高各自的工资水平并支付相同的工资，就没有企业

---

① 这里有关效率工资的讨论是基于 Yellen（1984）、Stiglitz（1987），以及特别是 Shapiro 和 Stiglitz（1984）等人的研究。

② 对效率工资提高生产率的原因还有其他的解释。有些经济学家认为，在欠发达国家，为了保证工人可以买到足够的食品从而更努力地工作，雇主支付的效率工资超过了雇用工人所需的一般工资水平。其他经济学家（比如，Akerlof, 1982）和管理专家认为，更高的工资就像礼物一样，让工人以为企业工作为荣，从而只需要更少的（或者不需要）监督。

能够通过支付高工资的方式来防止偷懒行为了。

不过，总体上的高工资确实有助于防止偷懒。由于所有企业支付的工资都超过了竞争性工资水平，它们对劳动的需求就会下降，从而导致失业。现在假设有一个工人被解雇了，他将在寻找新工作这段时间处于失业状态。如此一来，失业的存在使这名被解雇的工人在别处挣得的工资 $\underline{w}$ 低于 w。[①] 其结果是，（较高的）效率工资通过引起失业而防止了偷懒。

该理论的一个意义在于，由政府提供的失业津贴实际上提高了失业率。失业津贴提高了 $\underline{w}$，降低了 w 超出 $\underline{w}$ 的幅度，从而降低了解雇的惩罚力度。这样，企业为了防止偷懒，不得不把效率工资提到更高，这又造成了更高的失业率。

□ 事后监督

到目前为止，我们重点研究了雇主即时监督不良行为的问题。如果偷懒或其他不良行为在事后被检查出来，犯错误的雇员将遭到解雇或接受惩罚。这种惩罚机制阻止了偷懒行为的发生。

想即时发现不良行为往往困难重重，不过事后确认就相对容易一些。只要合约规定在委托人发现不良行为之后可以收取罚金，事后监督就能防止不良行为的发生。例如，雇主可以对雇员工作的质量进行检查，如果质量不达标，就可以强迫雇员加以改正。

保险公司常用这种方法与客户签约，它所提供的合约不会对各种鲁莽的、愚蠢的或恶意的行为进行保险，以此来回避极端的道德风险问题。如果保险公司事后认定一起事故之所以发生是由于投保人的鲁莽行为，而不是由于意外，它将拒绝赔付。

例如，倘若有证据表明，投保了的驾驶员属于醉酒驾车，那么保险公司将不会为由此所造成的交通事故进行赔偿。如果房产保险公司发现爆炸是由在房间里制造毒品这样的非法活动引起的，它也不会对损害进行赔偿。点燃自家房屋或公司的纵火犯提出的索赔请求肯定也会遭到驳回。寿险公司会拒绝向自杀者的家属提供经济补偿（如同戏剧《推销员之死》的剧情一样）。

如果当时不能惩罚犯错者，在道德风险发生后才发现它，那就太晚了。事实上，如果事后惩罚是不可能的或不切实际的，那么事后监督是毫无意义的。虽然当你发现自己是受害者时很难过，但你除了阻止这种情况再次发生外，别无他法。

20.4 对委托人的检查

到此为止，我们重点研究的是代理人比委托人掌握更多信息的情况。不过有时候，委托人可能会拥有不对称的信息并从事机会主义行为。

因为雇主（委托人）经常是在雇员（代理人）完成工作之后再付报酬，所以雇主就有很多机会去剥削工人。例如，不诚实的雇主可能谎称工人偷懒或产品不达标而克扣工资。在雇员接受计件工资制后，雇主可以逐渐降低计件工资水平。提供奖金的雇主可以瞒报企业的产量或利润。雇主可以妄称发现一位雇员有不良行为而削减其薪水，没收其

---

① 用 x 代表这位被解雇的工人处于失业状态的时间比例，他的期望收入是 $\underline{w}=(1-x)w+x\times0=(1-x)w$。

保证金，或者拒绝支付退休金之类的延期支付报酬。有效合约不仅能避免或减少雇员所引起的道德风险，而且能杜绝或减少雇主所引起的道德风险。

要求企业缴纳保证金的做法可以有效地防止企业的机会主义行为，比如，企业可以缴纳保证金来确保它有能力支付当前的工资和未来的退休金。

防止企业采取机会主义行为的另一个策略是通过要求雇主向雇员披露相关信息来消除信息不对称。例如，雇主允许雇员代表加入公司的董事会，以此作为信息渠道来监督企业的行为。为了让员工接受利润分成计划，企业可能允许员工（或独立审计师）核查其账目，让他们了解有关企业利润的信息。另外，企业还可以（向员工）指出公司股价密切反映了公司的利润状况，并用已知的股价来激励员工。

向雇员传递信息的另一个途径是企业谋求树立一个良好的声誉。例如，企业可以宣布，不会为了避免支付退休金而解雇老员工。企业的声誉越好，员工就越有可能接受延期支付计划，这样就防止了偷懒行为的发生。

如果企业发现这些方法不可行，它们就会采用无效率的合约，比如，有可能规定以容易观察到的收益而不是不太可靠的利润报表作为向员工支付报酬的基础。下面的应用案例所讨论的就是一个极具破坏性但又常见的无效率合约。

应用案例

裁员还是减薪？

在经济低迷的时候（衰退期和萧条期），市场对企业产品的需求也会下降。很多企业应对这种局面的手段是裁员、减产，而不是减薪并留住每位员工。2002—2012 年，美国平均的实际周工资水平在 333 美元和 345 美元之间小幅波动，但到 2016 年 5 月升至 368 美元。相比之下，同期的失业率则大幅波动。从 2002 年的 5.7% 开始，2003 年上升到 6.1%，2007 年下降到 4.4%，2010 年上升到 10.0%，到 2016 年 5 月稳步下降到 4.7%。

如果双方同意，减薪对企业和工人都有利。工人的收入再低也比没有工作强。因为企业的成本下降，在经济低迷时能卖出更多的产品，所以和停工的情况相比，企业的利润会更高。提供较低工资并与雇员分享利润的企业实现了弹性工资制。

可为什么减薪反而不如裁员那样常见呢？一种解释涉及信息不对称：和企业不同，工人不知道企业是否真正处于困境，所以不会同意减薪。简而言之，他们不相信企业会对他们说实话，他们担心企业声称经济形势严峻只不过是为减薪找的一个借口。如果企业不得不裁员（一种两败俱伤的行为），则看起来更有可能反映了实际的经济形势。[①]

下表（减薪）是经济低迷时减薪的收益矩阵，我们用它来证明这种推理。在经济形势好和坏的不同时期，每名工人的产值分别是 21 美元和 15 美元。每个方框的左下角是企业支付给工人的报酬。企业在声称经济形势好的时候支付给工人的工资是 12 美元/小时，在声称经济形势差的时候支付的工资是 8 美元/小时。每个方框的右上角是企业保留的收益。如果经济形势差，企业声称经济形势差时的收益（7 美元）比声称经济形势好时的收益（3 美

---

① 在 2010 年，在经历了几年的经济低迷之后（事实证明经济下滑确有其事），减薪大量地代替了裁员，尤其是国有企业或州政府企业。爽零（Sub-Zero）——冰箱及其他家电制造企业——告诉它的员工，如果他们不接受减少 20% 的工资和津贴，企业就会关闭至少一家工厂并裁员 500 人。

元）高。同样，如果经济形势好，企业声称经济形势差时的收益（13美元）高于声称经济形势好时的收益（9美元）。这样一来，不管真实的经济形势如何，企业始终会声称经济形势差。

减薪

		企业所声称的经济形势			
		差		好	
真实的经济形势	差	8	7	12	3
	好	8	13	12	9

工人为了使自身免受这种系统性谎言的伤害，他们会坚持认为：在任何时候，只要企业声称经济形势差，就会裁员。这种要求促使企业汇报真实的经济形势。在下表（裁员）的矩阵中，在每个时期中有一半的时间企业声称经济形势差，企业在这些时间就会裁员，从而导致产出的价值下降三分之一。因为工人的工作时间仅为原来的一半，所以他们的收入只是经济形势好时的收入12美元的一半，即6美元。在经济形势差的时候，企业说出真相时的收益（4美元）高于声称经济形势好时的收益（3美元）。在经济形势好的时候，企业宣布实情的收益（9美元）高于它声称经济形势差时的收益（8美元）。这样一来，企业就会如实汇报实际的经济形势。

裁员（任何时期都有一半的时间企业声称经济形势差）

		企业所声称的经济形势			
		差		好	
真实的经济形势	差	6	4	12	3
	好	6	8	12	9

在实行减薪合约的条件下，企业会始终声称经济形势差，工人的收入与真实的经济形势无关，为8美元。倘若经济形势有一半的时间是好的，那么企业的平均收益是$10\left(=\frac{1}{2}\times7+\frac{1}{2}\times13\right)$美元。如果实行的是裁员合约，则工人的平均收入是$9\left(=\frac{1}{2}\times6+\frac{1}{2}\times12\right)$美元，企业的平均收益是$6.50\left(=\frac{1}{2}\times4+\frac{1}{2}\times9\right)$美元。

所以，企业偏好的是减薪合约，而工人偏好的是裁员合约。但是，如果工人能够观测到真实的经济形势，双方就都偏好减薪合约。工人的平均收入是$10\left(=\frac{1}{2}\times8+\frac{1}{2}\times12\right)$美元，而企业的平均收益是$8\left(=\frac{1}{2}\times7+\frac{1}{2}\times9\right)^*$美元。在裁员合约的条件下，减产降低了双方的总收益。这样一来，要保持信息相对灵通的企业的诚信，就可能会采用导致社会无效率的裁员合约。

---

* 原书此处为"$6.5\left(=\frac{1}{2}\times4+\frac{1}{2}\times9\right)$美元"，疑有误。——译者注

20.5　合约的选择

我们已经研究了如何拟订一份合约来规避道德风险，但常见的情况是，委托人允许代理人选择合约的类型。通过观察代理人的选择结果，委托人获得了防止代理人实施机会主义行为的足够信息。

企业不想雇用那些可能偷懒的工人。雇主知道，即便存在偷懒的机会，也不是所有的工人都会偷懒。所以，与其把重点放在如何阻止工人偷懒上面，还不如集中精力解决如何雇用到勤奋的工人这个问题。按照这个思路，企业试图通过防止逆向选择来规避道德风险问题，懒惰的工人通过逆向选择来谎称他们在勤奋工作。

如同第19章所讨论的那样，雇员可能会向雇主发信号：他们具有较高的劳动生产率。例如，倘若只有不偷懒的工人才会同意长时间地工作，那么就可以把这种长时间工作的承诺视为一种可靠的信号。另外，工人可以通过树立模范工人的声誉来发出信号。一旦达到可以依赖这种声誉的程度，就实现了对工人分类的目的。

当工人不能发出可信的信号时，企业就会努力筛选出不良的工人。企业确定招聘的工人中哪些会勤奋工作以及哪些会偷懒的途径之一是让他们自行选择合约。如果工作勤奋的应聘者选择的是工资由工作的努力程度决定的或有合约，而懒惰的应聘者选择的是固定费用合约，那么企业就能够根据他们的选择对他们加以区分。

假设企业打算雇用一位销售员来管理其位于克利夫兰的办事处，并且假设这位可能受聘的雇员是一个风险中性者。勤奋的销售员每年可以销售价值达 100 000 美元的产品，而懒惰的销售员每年只能销售价值为 60 000 美元的产品（见表20.2）。勤奋的雇员在别的企业可以挣得 30 000 美元的收入，所以企业考虑采用或有合约，向这位销售员支付相当于销售额 30% 的佣金。

如果企业成功地雇用到一位勤奋的销售员，则他的收入是 30 000(＝100 000×30%) 美元。企业的销售收入是 70 000 美元。（为简单起见，）假设企业没有生产成本，但是维持这家分支机构的成本是 50 000 美元/年。因此，企业的利润是 20 000 美元。如果企业在同样的合约条件下雇用到的是一位懒惰的销售员，则销售员的收入是 18 000 美元，企业的销售收入是 42 000 美元，企业在支付办事处的办公费用后还要亏损 8 000 美元。

因此，企业想要雇用的只是一位勤奋的销售员。不巧的是，它事先并不能知道应聘者是否勤奋。为了获得此类信息，企业让应聘者自己选择合约的类型：

- 或有合约：没有固定工资，但佣金收入占销售额的 30%。
- 固定费用合约：不管销售额是多少，年薪固定为 25 000 美元。

愿意勤奋工作的应聘者会选择或有合约，这样可以多挣 5 000 美元；相反，懒惰的应聘者选择年薪制比选择佣金制多挣 7 000 美元。如果应聘者选择的是固定费用合约，企业就会知道这个人不打算努力工作，进而不会录用他。

只要懒惰的应聘者不通过选择或有合约来假装自己是勤奋的员工，企业就可以利用这种合约选择的方式来获得必要的信息。根据或有合约的规定，懒惰者每年只能挣得 18 000 美元，但或有合约会吸引劳动力市场上的其他人。如果这组合约并不能对员工加以分类，企业就会采用其他合约组合。如果所有合约选择组合都失效，就只能用其他手段来防止偷懒了。

表 20.2 企业的试算表

	或有合约 （销售额的30%），美元	固定费用合约 （年薪25 000美元），美元
勤奋的员工		
销售额	100 000	100 000
一销售员的工资	−30 000	−25 000
＝企业的净收益	70 000	75 000
一办公费用	−50 000	−50 000
＝企业的利润	20 000	25 000
懒惰的员工		
销售额	60 000	60 000
一销售员的工资	−18 000	−25 000
＝企业的净收益	42 000	35 000
一办公费用	−50 000	−50 000
＝企业的利润	−8 000	−15 000

挑战题解答　　　　　　追回奖金

本章开头的挑战题问道，在较长的时期内评价管理者的业绩和使用追回条款的延迟付酬的方式是否有利于股东。答案取决于管理者在短期内获得的报酬是否会诱使他们牺牲长期利润来换取短期的个人利益。

管理者更喜欢早一天获得收入，而不是晚获得，因为今天的钱比明天的钱更值钱。很多管理者根据企业的年利润领取奖金。如果管理者可以将一笔巨额销售从明年1月转移到今年的12月，企业两年的总利润不变，但管理者却可以在今年而不是明年领到和业绩相关的奖金。因为不会显著降低长期利润的现值，所以企业的所有者可能不太关心这种跨时间的销售额转移。

更令人担忧的是，管理者增加今年的利润而降低以后几年的利润。很多公司对正利润支付奖金，但对亏损（负利润）不进行罚款或惩罚（负奖金）。假设某项政策导致今年利润大，但明年亏损多。如果管理者根据每年的利润获得奖金，他在今年会有大量的奖金，而明年没有奖金。

在一种极端的情况下，一个管理者行事鲁莽增加了今年的利润，但却使公司在明年破产。该管理者计划拿走今年的奖金，然后消失。在2007—2009年的金融危机之前，很多抵押贷款和金融工具管理者都从事了这种鲁莽和不负责任的行为。财富管理公司美林证券的错误决策让股东损失了数十亿美元，但高级管理者们全然不顾自己的决策对股东造成的伤害，仍然得到了奖金。

如果企业明年业绩不好就可以收回今年发出去的奖金，那么就可以抑制不良的管理行为。如果没有追回条款，管理者就会有更大的动力去采取这种增加今年利润而损失未来利润的行为。

同样，企业可以根据近几年的利润来发放奖金。如果奖金是两年利润的一个百分比，那种增加今年利润而造成明年损失的做法就得不到奖金。

为了说明为什么以较长的期限为基础发放奖金可以提供更好的激励结构，我们研究了 Jim 的案例，他是一家汽车贷款公司的高管，我们观察的是一个两年期的情况。最初，Jim 在第一年可以获得贷款金额的 10%。他可以贷款给两组客户。一组客户有很好的财务记录，并且按时还款。这组客户的贷款在今年给公司带来了 1 000 万美元的收入，这样在两年的时间里，公司在支付给 Jim 奖金后就能获得 900 万美元的收益。另一组客户违约可能性大。这组客户今年带来的收入为 3 000 万美元，但他们在第二年的违约行为使公司损失了 4 000 万美元。在第一年支付给 Jim 300 万美元后，公司在两年内损失了 1 300 万美元（不考虑贴现的问题）。

Jim 倾向于向两组客户发放贷款获得 400 万美元，而不是只向风险低的群体贷款获得 100 万美元，他的行为可能在第二年让公司面临毁灭性的损失。可即便第二年被炒鱿鱼，他也会为在第一年赚到巨款而开心。可如果他的奖金是两年利润的分成，他就不再会向高风险群体发放贷款了。

从 2012 年开始，摩根士丹利以三年为一个周期向高收入员工发放奖金。同样，苹果公司也是每两年（而不是每年）发放一次股票期权等福利。2016 年，富国银行因一桩丑闻从董事长兼首席执行官那里追回了 4 100 万美元。

本章小结

1. 委托-代理问题。如果委托人与代理人签订合约，且委托人不能观测到代理人的行为，则代理人有可能从事机会主义行为，从而产生道德风险。例如，如果一位雇主无法观察到一名雇员的工作努力情况，那么雇员就有可能偷懒。这一道德风险降低了他们的共同利润。一份有效的合约具备生产效率（消除道德风险从而最大化共同利润）和风险承担效率（越不风险厌恶的一方承担的风险越多）。生产是否有效取决于委托人和代理人签订的合约类型及他们信息不对称的程度。在理想的情况下，合约是有效的，实现总利润最大化，并且最优地分担风险。

2. 利用合约减少道德风险。委托人和代理人之间可能会同意签署一份在降低道德风险及分摊风险方面实现了最优平衡的合约。消除道德风险的合约要求代理人承担风险。如果代理人比委托人更厌恶风险，双方就会进行权衡，通过降低部分生产效率来降低代理人的风险。

3. 通过监督降低道德风险。由于存在信息不对称，为了防止雇员偷懒，雇主必须对其工作进行监督。随着雇员对保住这份工作的兴趣不断增加，所需要的监督也会减少。雇主可能会要求雇员缴纳一大笔保证金，一旦发现他有偷懒、盗窃或其他不良行为，就将其没收。如果雇员支付不起这笔保证金，雇主就会采用延期支付或效率工资——极其高的工资——的做法来影响雇员，让他认识到保住这份工作是值得的。雇主还可以利用事后监督来防止偷懒。不过，只有在不良行为能够在事后受到惩罚的情况下这种监督才会奏效。

4. 对委托人的检查。通常代理人和委托人都能够从事机会主义行为。如果企业必须向雇员披露其行为，雇员受损害的可能性就小了。为了传递信息，雇主可以让雇员出席企业的重大会议或者审计公司的账簿。另外，雇主可以做出承诺，从而让雇员了解真相也符合雇主自身的最大利益。这些承诺（比如，在经济衰退时会裁员而不是减薪）固然能降低道德风险，但是会导致生产的无效率。

5. 合约的选择。委托人通过让代理人选择合约，从而获得有价值的信息。雇主用防止逆向选择的方法来避免道德风险问题。例如，雇主可能让潜在的雇员选择合约，这样就可以让工作勤奋的应聘者选择一种合约，让懒惰的应聘者选择另一种合约。

思考题

MyEconLab 上有全部思考题；* —答案请扫本书末二维码获取；A=代数问题；C=可能要用到微积分知识。

1. 委托-代理问题

*1.1 有时候一群饥饿的学生会去餐馆，无论谁点了什么，最后他们都同意一起买单。这项费用分摊安排对账单总额有何影响？为什么？

1.2 2012 年，加州的一个环保组织发现，从亚洲进口的 14 种李子糖果和姜汁糖果的含铅量是加州法律允许含量的 4～96 倍。一些观察人士预计，如果美国修改法律，要求生产商和销售商进行第三方检测，美国消费者将面临价格大幅上涨。假设糖果能可靠地贴上检测或未检测的标签，并以折扣价出售未经检测的糖果。讨论一下为什么消费者可能购买更便宜、未经检测的商品，或者因为担心道德风险而不买。

1.3 一项重大临床试验结果表明，普通的膝关节手术并不能改善骨关节炎患者的术后表现。Howard 等（2016）研究了 1998—2010 年佛罗里达州的所有这些手术。他们发现，在上述结果发表后，这类手术的数量下降了，但医师拥有的手术中心的这类手术数量下降幅度小于医院。解释为什么。

1.4 加州建立了自己的地震保险计划。因为负责地震的国家机构人员很少，所以它向私营保险公司支付处理地震损失索赔的费用。这些保险公司收取每笔批准的索赔金额的 9%。这个赔偿计划会不会导致保险公司的机会主义行为？如果是这样，什么是更好的处理赔偿的方案呢？

*1.5 一些卖家提出以后会以特定的价格回购一件物品。为什么一家公司要做出这样的承诺来处理道德风险问题？

1.6 根据世界上最大的股票经纪人之一的一份传单，"大多数个人投资经理收取的费用是根据所管理资产的百分比计算的。我们相信这符合你的最佳利益，因为你的经理收取的报酬是基于投资管理，而不仅仅是基于你的账户收取的交易佣金。你可以放心，你的经理的投资决策是由一个主要的目标指导——增加你的资产"。这项政策符合客户的最大利益吗？为什么？

1.7 琼·米切尔（Jean Mitchell）的一项研究发现，从前列腺癌检测中获益的泌尿科医生比将样本送到独立实验室的医生订购的检测更多。自行进行实验室工作的医生团体为每次活检分析的前列腺组织样本比使用外部实验室的医生多 72%，发现的癌症病例也更少（Christopher Weaver，"Prostate-Test Fees Challenged," *Wall Street Journal*，April 9，2012）。讨论这些结果是否必然显示出道德风险或提供了另一种解释。

1.8 银行管理者 Sarah 可以发放两种贷款中的一种。她可以贷款给当地公司，有 75% 的可能性赚到 1 亿美元，有 25% 的可能性赚到 8 000 万美元。或者，她可以把钱借给石油投机者，有 25% 的可能性赚到 4 亿美元，有 75% 的可能性损失 1.6 亿美元（由于投机者的贷款违约）。Sarah 得到银行 1% 的收益。她认为，如果银行出现亏损，她可以毫不犹豫地离职，尽管她不会得到任何补偿。Sarah 和银行股东对风险持中立态度。如果 Sarah 所关心的只是最大化她个人的期望收益，她如何投资银行的钱？股东们希望 Sarah 怎样投资银行的钱？（提示：见例题详解 20.1。）A

2. 利用合约减少道德风险

2.1 Padma 有权得到"金牛犊号"沉船上的任何财宝。Aaron 是专门从事海洋打捞的潜水员。如果 Padma 是风险规避者而 Aaron 是风险中性者，那么向 Aaron 支付固定的费用是否会提高风险承担效率和生产效率？你的答案是否取决于沉没宝藏的价值有多可预测？另一个补偿计划会更有效率吗？

中级微观经济学（第八版）

2.2 一家健康保险公司试图通过限制每人每年看牙医的次数来防止过度看牙医的道德风险。这种限制如何影响道德风险和风险承担？用图形显示这些结果。（提示：参见例题详解20.2。）

2.3 传统上，医生是按服务收费的。现在，尽管病人每次就诊仍需支付少量费用，但是医生的报酬越来越低（不管需要多少治疗，他们按照一年为一个病人的治疗收取费用）。在这种安排下，医生们组成一个小组，并签署一份轮流为给定病人治疗的人头合约。这一道德风险补偿和风险承担的变化意味着什么？

*2.4 Priscilla 聘请 Arnie 来管理她的商店。表的左列显示了 Arnie 的努力程度。每个单元格说明了 Priscilla 的净利润（忽略了 Arnie 的努力成本）。

	低需求	高需求
不努力	20	40
努力	40	80
很努力	80	100

Arnie 努力工作的私人成本分别是：不努力时为 0，努力时为 10，很努力时为 30。需求有高有低，概率各是一半。Arnie 和 Priscilla 是风险中性的。他们考虑了两种可能的合约：（1）固定费用：Arnie 的固定工资是 10；（2）利润分成：Arnie 获得公司净收入的 50%，但没有工资。

a. 如果他们使用固定费用合约会发生什么？

b. 如果他们使用利润分成合约会发生什么？

c. 双方各喜欢哪种合约？

2.5 在前一个问题描述的情况下，如果 Arnie 的第一份合约发生了变化，他的固定基本工资是 10，另外还有相当于净收入 80% 的奖金，你的答案会如何变化？

2.6 老板 Patrick 对他的每家店的管理者都提出了同样的报价：年底一次性付给我 10 万美元，你就可以保留任何额外的利润。Astrid 是其中一家店的管理者，她很高兴地表示同意，因为她知道，如果经营良好，这家店的总利润将大大超过 10 万美元。如果她的目标是自身收入的最大化，她会以最大化商店总利润的方式行事吗？用图形来说明你的答案。（提示：参见例题详解20.3。）

*2.7 促销商安排很多不同的餐馆在集市上设立摊位，用来销售 Cajun - Creole 食品。促销商提供适当的音乐和其他娱乐活动。顾客只能用 "Cajun Cash" 购买食品，Cajun Cash 是与促销商在博览会上出售的实际现金面额相同的纸币。为什么不允许食品摊在卖食品的时候直接收取现金？（提示：参见应用案例"为你的晚餐歌唱"。）

*2.8 Zhihua 和 Pu 是在一家商店里工作的合作伙伴。他们将商店的营业利润均等分配（忽略了用自己时间计算这个利润的机会成本）。如果每一方都不能迫使对方工作，这种营业利润分成合约是否会激励他们最大化共同的经济利润？（提示：想象一下，在一个周六的晚上，当 Zhihua 独自一人在商店里，他会想让商店营业再晚一点，还是关门出去逛街呢？参见例题详解20.4。）

2.9 在例题详解20.4中，联合利润是否随着 Ann 收入份额的增加而增加、减少或保持不变？

*2.10 Jack 和 Jill 住在不同的城市。无论哪一位选择乘飞机去拜访另一位，他们都同意平均分摊飞行费用。这项费用分摊安排有什么含义？（提示：见例题详解20.4。）

2.11 在美国的 NBA，所有者之间收入分成但成本不分成。假设有一个球队（洛杉矶快船队）只出售主场对阵来访的费城 76 人队的门票。假设快船队与 76 人队比赛的球票的反需求函数是 $p=100-0.004Q$。快船队出售 Q 张球票的成本函数是 $C(Q)=10Q$。

a. 如果快船队必须把 50% 的收入给 76 人队，找出快船队实现利润最大化的球票数量和价格。此时快船队的利润和 76 人队的收入各是多少？

b. 相反，假设 76 人队根据同样的收入分享规则设定快船队的票价。76 人队将设定什么价格？卖出多少张球票？76 人队将获得多少收入？解释为什么你关于 a 和 b 部分的答案会有所不同。

c. 现在假设快船队分享其利润而不是收入。快船队得到利润的 45%，76 人队得到余下的 55%。快船队设定球票的价格。找出快船队的利润最大化价格，并确定该球队卖出了多少张球票和它的利润份额。

d. 用边际收益和边际成本解释 a 和 c 部分的答案。（提示：参见例题详解20.3和20.4。）

2.12 假设教科书作者的版税收入占销售收入的份额是 $R=pq$，p 是教科书的有竞争力的市

第20章

合约与道德风险

场价格，q 是教科书的数量。出版商印刷和发行这本书的费用是 $C(q)$。找出均衡，并将其与最大化作者收入和企业利润之和的结果进行比较。用数学方法和图形回答这个问题。为什么你认为版税通常是收入而不是利润的一部分？

2.13 假设现在教科书出版商面临着向下倾斜的需求曲线。销售收入是 $R(Q)$，出版商印刷和发行这本书的成本是 $C(Q)$。比较以下几种稿酬支付方法的均衡，作者从每种方法中得到的总稿酬相同。

a. 作者获得一笔一次性收入 $\mathscr{L}$。

b. 作者得到了占销售收入比例 a 的稿酬。

c. 作者收到一笔一次性收入再加上销售收入的一定比例。

你认为为什么作者通常会获得销售收入的一定比例？

3. 通过监督降低道德风险

3.1 很多律师事务所由合伙人组成，合伙人分享利润。在成为合伙人后，律师必须提交一份保证金，这是一笔支付给律师事务所的大额款项，律师会因其不良行为而被没收。为什么？

*3.2 在例题详解 20.5 中，一家公司计算了防止偷窃的最佳监督级别。如果 $G=500$ 美元，$\theta=20\%$，阻止盗窃的最低的保证金是多少？

3.3 在上一个问题中，假设企业要求每一名员工额外支付 1 000 美元的保证金，公司必须在每一期向员工多支付 10 美元让他为企业工作。防止偷窃的最低的保证金金额是多少？（提示：参见例题详解 20.5。）

3.4 解释一下，为什么充分就业可能与不偷懒相互矛盾。

3.5 从 2008 年起，当出现下列情况时，比如外科医生将仪器留在病人体内，给病人输血时搞错血型，某些类型的医院感染以及其他可预防的错误等，医疗保险将拒绝赔付相关费用。现在医院不得不支付这些费用，并且不能给病人开账单。这些改革的目的是为医院提供更有力的激励，以防止此类错误（特别是感染）的发生。美国疾病控制与预防中心（Centers for Disease Control and Prevention）估计，每年有 200 万名患者在医院感染艾滋病，给社会造成的损失超过 270 亿美元。其中近 10 万人受到的感染是致命的。如果医院更严格地遵循基本的感染控制程序，包括让医生和护士在接待不同病人期间洗手，很多感染是可以预防的。医疗保险的新政策是为了应对逆向选择（第 19 章）还是道德风险？这可能有帮助吗？请解释。

3.6 用于出租的汽车在二手车市场上的售价低于个人拥有的同型号、同年份的汽车。这种价格差异是否反映了逆向选择或道德风险？租车公司能否通过仔细检查租车者归还时的损坏情况来减少这一问题？为什么租车公司通常只做一个粗略的检查？

3.7 很多不符合标准的共管公寓开发项目是由一些小公司建造的，这些小公司宣布破产或在共管公寓买家对它们提起法律诉讼时破产。什么样的法律补救措施可以减少这种道德风险问题？如果你正在考虑在一栋新建筑中购买一套共管公寓，那么建造者的哪些特点会让你更有可能购买？请解释。（提示：参见应用案例"限制石油和天然气公司破产"。）

4. 对委托人的检查

4.1 尽可能多地列出委托人可以向代理人保证其将避免机会主义行为的方式。

4.2 美国 14 个州有法律限制特许权人（如麦当劳）终止《特许加盟协议》的条件。加盟商通常向特许权人支付固定费用或分成。这些法律对生产效率和风险承担效率有什么影响？（提示：参见例题详解 20.3 和 20.4。）

4.3 在应用案例"裁员还是减薪？"中，企业要么减薪，要么裁员。你能找出一种对企业和工人都有利的好的方法吗？（提示：假设公司利润或其他变量是可观测的。）

5. 合约的选择

5.1 列出一些必要的条件，使企业能够通过提供合约选择来对潜在员工进行分类。

5.2 在本章的合约选择例子中，如果销售收入随市场情况而变化，固定费用合约和或有合约对风险承担的影响是什么？工人对待风险的态度是否会影响他选择的合约类型？

6. 挑战题

6.1 在"挑战题解答"中，说明股东对新的薪酬方案的期望收益要高于原有的薪酬方案的期望收益。

6.2 2012 年，惠普公司宣布，其新任首席执行官梅格·惠特曼（Meg Whitman）将获得 1 美元的薪水和约 1 610 万美元的股票期权。如果你是股东，你对这个薪酬方案有什么看法？道德

中级微观经济学（第八版）

风险、效率和风险分担的含义是什么？

6.3 Adrienne 是一家大公司的管理者，她必须决定是推出新产品还是对现有产品做一些小的改动。新产品有 30% 的机会获得巨大成功并带来 2 000 万美元的利润，有 40% 的机会相当成功并带来 500 万美元的利润，有 30% 的机会失败并损失 1 000 万美元。对老产品做一些小改动肯定能带来 1 000 万美元的利润。在 Adrienne 的合约中，任何超过 800 万美元的利润的 10% 会作为奖金发放给她。如果她是风险中性的，只关心自己的收入，她的决定是什么？股东应该对这份薪酬合约感到满意吗？设计一份对 Adrienne 和股东都更有利的合约。

6.4 Curtis 在堪萨斯州威奇塔市管理着一家电子产品商店。他考虑要么从美国尼康公司购买相机，附带美国的保修；要么从灰色市场（欧洲供应商处）购买尼康相机，相机虽然相同，但后者只能在欧洲保修。灰色市场的相机批发价低。Curtis 没有工资，只会按商店利润的 10% 提成。如果商店赔钱，他就一无所获地离开。他相信，如果他出售的是美国的尼康相机，商店的利润将达到 40 万美元。灰色市场相机的利润更加不确定，当地人是否愿意购买没有保修的低价相机呢？如果他卖的是灰色市场的相机，他认为他有 50% 的可能性商店的利润是 100 万美元，有 50% 的可能性商店会亏损 30 万美元。Curtis 和店主都是风险中性的。Curtis 会选择卖哪款相机呢？如果店主拥有充分的信息，她会选择什么？制订一个替代的薪酬计划，使得 Curtis 获得的收入等于从美国尼康公司的相机销售中获得的收入，并且如果这样做降低了店主的预期收入，Curtis 将不会再销售灰色市场的相机。A

本书各章附录、部分习题答案、资料来源、参考文献，请分别扫描以下二维码获取。

各章附录

部分习题答案

资料来源

参考文献

		经济科学译丛					
序号	书名	作者	Author	单价	出版年份	ISBN
1	中级微观经济学(第八版)	杰弗里·M. 佩罗夫	Jeffrey M. Perloff	118.00	2022	978 - 7 - 300 - 30162 - 4
2	计量经济学	林文夫	Fumio Hayashi	99.00	2021	978 - 7 - 300 - 22496 - 1
3	投资学精要(第11版)	兹维·博迪等	Zvi Bodie	118.00	2021	978 - 7 - 300 - 29193 - 2
4	时间序列分析——单变量和多变量方法(第二版·经典版)	魏武雄	Willian W. S. Wei	89.00	2021	978 - 7 - 300 - 29640 - 1
5	市场设计:拍卖与匹配	纪尧姆·海宁格	Guillaume Haeringer	52.00	2021	978 - 7 - 300 - 28854 - 3
6	环境与自然资源经济学(第十一版)	汤姆·蒂坦伯格等	Tom Tietenberg	79.00	2021	978 - 7 - 300 - 29213 - 7
7	货币金融学(第十二版)	弗雷德里克·S. 米什金	Frederic S. Mishkin	98.00	2021	978 - 7 - 300 - 29134 - 5
8	现代经济学原理(第六版)	罗伯特·J. 凯伯	Robert J. Carbaugh	72.00	2021	978 - 7 - 300 - 25126 - 4
9	现代劳动经济学:理论与公共政策(第十三版)	罗纳德·G. 伊兰伯格等	Ronald G. Ehrenberg	99.00	2021	978 - 7 - 300 - 29116 - 1
10	国际贸易(第十一版)	保罗·R. 克鲁格曼等	Paul R. Krugman	52.00	2021	978 - 7 - 300 - 29058 - 4
11	国际金融(第十一版)	保罗·R. 克鲁格曼等	Paul R. Krugman	59.00	2021	978 - 7 - 300 - 29057 - 7
12	国际经济学:理论与政策(第十一版)	保罗·R. 克鲁格曼等	Paul R. Krugman	98.00	2021	978 - 7 - 300 - 28805 - 5
13	财政学(第五版)	乔纳森·格鲁伯	Jonathan Gruber	118.00	2021	978 - 7 - 300 - 28892 - 5
14	面板数据分析(第三版)	萧政	Cheng Hsiao	69.00	2021	978 - 7 - 300 - 28646 - 4
15	宏观经济学(第十三版)	鲁迪格·多恩布什等	Rudiger Dornbusch	89.00	2021	978 - 7 - 300 - 28853 - 6
16	曼昆版《宏观经济学》(第十版)课后题解答与题库	N. 格里高利·曼昆等	N. Gregory Mankiw	62.00	2021	978 - 7 - 300 - 28855 - 0
17	共谋理论和竞争政策	小约瑟夫·E. 哈林顿	Joseph E. Harrington, Jr.	39.00	2021	978 - 7 - 300 - 28804 - 8
18	离散时间的经济动力学	苗建军	Jianjun Miao	108.00	2020	978 - 7 - 300 - 28814 - 7
19	微观经济学(第四版)	戴维·A. 贝赞可	David A. Besanko	125.00	2020	978 - 7 - 300 - 28647 - 1
20	经济建模:目的与局限	劳伦斯·A. 博兰德	Lawrence A. Boland	49.00	2020	978 - 7 - 300 - 28532 - 0
21	计量经济分析(第八版)(上下册)	威廉·H. 格林	William H. Greene	158.00	2020	978 - 7 - 300 - 27645 - 8
22	微观经济学(第四版)	保罗·克鲁格曼等	Paul Krugman	86.00	2020	978 - 7 - 300 - 28321 - 0
23	发展宏观经济学(第四版)	皮埃尔·理查德·阿根诺	Pierre−Richard Agenor	79.00	2020	978 - 7 - 300 - 27425 - 6
24	平狄克《微观经济学》(第九版)学习指导	乔纳森·汉密尔顿等	Jonathan Hamilton	42.00	2020	978 - 7 - 300 - 28281 - 7
25	经济地理:区域和国家一体化	皮埃尔−菲利普·库姆斯等	Pierre−Philippe Combes	56.00	2020	978 - 7 - 300 - 28276 - 3
26	公共部门经济学(第四版)	约瑟夫·E. 斯蒂格利茨等	Joseph E. Stiglitz	96.00	2020	978 - 7 - 300 - 28218 - 3
27	递归宏观经济理论(第三版)	拉尔斯·扬奎斯特等	Lars Ljungqvist	128.00	2020	978 - 7 - 300 - 28058 - 5
28	策略博弈(第四版)	阿维纳什·迪克西特等	Avinash Dixit	85.00	2020	978 - 7 - 300 - 28005 - 9
29	劳动关系(第10版)	小威廉·H. 霍利等	William H. Holley, Jr.	83.00	2020	978 - 7 - 300 - 25582 - 8
30	微观经济学(第九版)	罗伯特·S. 平狄克等	Robert S. Pindyck	93.00	2020	978 - 7 - 300 - 26640 - 4
31	宏观经济学(第十版)	N. 格里高利·曼昆	N. Gregory Mankiw	79.00	2020	978 - 7 - 300 - 27631 - 1
32	宏观经济学(第九版)	安德鲁·B. 亚伯等	Andrew B. Abel	95.00	2020	978 - 7 - 300 - 27382 - 2
33	商务经济学(第二版)	克里斯·马尔赫恩等	Chris Mulhearn	56.00	2019	978 - 7 - 300 - 24491 - 4
34	管理经济学:基于战略的视角(第二版)	蒂莫西·费希尔等	Timothy Fisher	58.00	2019	978 - 7 - 300 - 23886 - 9
35	投入产出分析:基础与扩展(第二版)	罗纳德·E. 米勒等	Ronald E. Miller	98.00	2019	978 - 7 - 300 - 26845 - 3
36	宏观经济学:政策与实践(第二版)	弗雷德里克·S. 米什金	Frederic S. Mishkin	89.00	2019	978 - 7 - 300 - 26809 - 5
37	国际商务:亚洲视角	查尔斯·W. L. 希尔等	Charles W. L. Hill	108.00	2019	978 - 7 - 300 - 26791 - 3
38	统计学:在经济和管理中的应用(第10版)	杰拉德·凯勒	Gerald Keller	158.00	2019	978 - 7 - 300 - 26771 - 5
39	经济学精要(第五版)	R. 格伦·哈伯德等	R. Glenn Hubbard	99.00	2019	978 - 7 - 300 - 26561 - 2
40	环境经济学(第七版)	埃班·古德斯坦等	Eban Goodstein	78.00	2019	978 - 7 - 300 - 23867 - 8
41	管理者微观经济学	戴维·M. 克雷普斯	David M. Kreps	88.00	2019	978 - 7 - 300 - 22914 - 0
42	税收与企业经营战略:筹划方法(第五版)	迈伦·S. 斯科尔斯等	Myron S. Scholes	78.00	2018	978 - 7 - 300 - 25999 - 4
43	美国经济史(第12版)	加里·M. 沃尔顿等	Gary M. Walton	98.00	2018	978 - 7 - 300 - 26473 - 8
44	组织经济学:经济学分析方法在组织管理上的应用(第五版)	塞特斯·杜玛等	Sytse Douma	62.00	2018	978 - 7 - 300 - 25545 - 3
45	经济理论的回顾(第五版)	马克·布劳格	Mark Blaug	88.00	2018	978 - 7 - 300 - 26252 - 9
46	实地实验:设计、分析与解释	艾伦·伯格等	Alan S. Gerber	69.80	2018	978 - 7 - 300 - 26319 - 9
47	金融学(第二版)	兹维·博迪等	Zvi Bodie	75.00	2018	978 - 7 - 300 - 26134 - 8
48	空间数据分析:模型、方法与技术	曼弗雷德·M. 费希尔等	Manfred M. Fischer	36.00	2018	978 - 7 - 300 - 25304 - 6
49	《宏观经济学》(第十二版)学习指导书	鲁迪格·多恩布什等	Rudiger Dornbusch	38.00	2018	978 - 7 - 300 - 26063 - 1
50	宏观经济学(第四版)	保罗·克鲁格曼等	Paul Krugman	68.00	2018	978 - 7 - 300 - 26068 - 6
51	计量经济学导论:现代观点(第六版)	杰弗里·M. 伍德里奇	Jeffrey M. Wooldridge	109.00	2018	978 - 7 - 300 - 25914 - 7
52	经济思想史:伦敦经济学院讲演录	莱昂内尔·罗宾斯	Lionel Robbins	59.80	2018	978 - 7 - 300 - 25258 - 2
53	空间计量经济学入门——在R中的应用	朱塞佩·阿尔比亚	Giuseppe Arbia	45.00	2018	978 - 7 - 300 - 25458 - 6

序号	书名	作者	Author	单价	出版年份	ISBN
54	克鲁格曼经济学原理(第四版)	保罗·克鲁格曼等	Paul Krugman	88.00	2018	978-7-300-25639-9
55	发展经济学(第七版)	德怀特·H.波金斯等	Dwight H. Perkins	98.00	2018	978-7-300-25506-4
56	线性与非线性规划(第四版)	戴维·G.卢恩伯格等	David G. Luenberger	79.80	2018	978-7-300-25391-6
57	产业组织理论	让·梯若尔	Jean Tirole	110.00	2018	978-7-300-25170-7
58	经济学精要(第六版)	巴德, 帕金	Bade, Parkin	89.00	2018	978-7-300-24749-6
59	空间计量经济学——空间数据的分位数回归	丹尼尔·P.麦克米伦	Daniel P. McMillen	30.00	2018	978-7-300-23949-1
60	高级宏观经济学基础(第二版)	本·J.海德拉	Ben J. Heijdra	88.00	2018	978-7-300-25147-9
61	税收经济学(第二版)	伯纳德·萨拉尼耶	Bernard Salanié	42.00	2018	978-7-300-23866-1
62	国际贸易(第三版)	罗伯特·C.芬斯特拉	Robert C. Feenstra	73.00	2017	978-7-300-25327-5
63	国际宏观经济学(第三版)	罗伯特·C.芬斯特拉	Robert C. Feenstra	79.00	2017	978-7-300-25326-8
64	公司治理(第五版)	罗伯特·A.G.蒙克斯	Robert A. G. Monks	69.80	2017	978-7-300-24972-8
65	国际经济学(第15版)	罗伯特·J.凯伯	Robert J. Carbaugh	78.00	2017	978-7-300-24844-8
66	经济理论和方法史(第五版)	小罗伯特·B.埃克伦德等	Robert B. Ekelund. Jr.	88.00	2017	978-7-300-22497-8
67	经济地理学	威廉·P.安德森	William P. Anderson	59.80	2017	978-7-300-24544-7
68	博弈与信息:博弈论概论(第四版)	艾里克·拉斯穆森	Eric Rasmusen	79.80	2017	978-7-300-24546-1
69	MBA宏观经济学	莫里斯·A.戴维斯	Morris A. Davis	38.00	2017	978-7-300-24268-2
70	经济学基础(第十六版)	弗兰克·V.马斯切纳	Frank V. Mastrianna	42.00	2017	978-7-300-22607-1
71	高级微观经济学:选择与竞争性市场	戴维·M.克雷普斯	David M. Kreps	79.80	2017	978-7-300-23674-2
72	博弈论与机制设计	Y.内拉哈里	Y. Narahari	69.80	2017	978-7-300-24209-5
73	宏观经济学(第十二版)	鲁迪格·多恩布什等	Rudiger Dornbusch	69.00	2017	978-7-300-23772-5
74	国际金融与开放宏观经济学:理论、历史与政策	亨德里克·范登伯格	Hendrik Van den Berg	68.00	2016	978-7-300-23380-2
75	经济学(微观部分)	达龙·阿西莫格鲁等	Daron Acemoglu	59.00	2016	978-7-300-21786-4
76	经济学(宏观部分)	达龙·阿西莫格鲁等	Daron Acemoglu	45.00	2016	978-7-300-21886-1
77	中级微观经济学——直觉思维与数理方法(上下册)	托马斯·J.内契巴	Thomas J. Nechyba	128.00	2016	978-7-300-22363-6
78	动态优化——经济学和管理学中的变分法和最优控制(第二版)	莫顿·I.凯曼等	Morton I. Kamien	48.00	2016	978-7-300-23167-9
79	投资学精要(第九版)	兹维·博迪等	Zvi Bodie	108.00	2016	978-7-300-22236-3
80	环境经济学(第二版)	查尔斯·D.科尔斯塔德	Charles D. Kolstad	68.00	2016	978-7-300-22255-4
81	MWG《微观经济理论》习题解答	原千晶等	Chiaki Hara	75.00	2016	978-7-300-22306-3
82	横截面与面板数据的计量经济分析(第二版)	杰弗里·M.伍德里奇	Jeffrey M. Wooldridge	128.00	2016	978-7-300-21938-7
83	宏观经济学(第十二版)	罗伯特·J.戈登	Robert J. Gordon	75.00	2016	978-7-300-21978-3
84	动态最优化基础	蒋中一	Alpha C. Chiang	42.00	2015	978-7-300-22068-0
85	管理经济学:理论、应用与案例(第八版)	布鲁斯·艾伦等	Bruce Allen	79.80	2015	978-7-300-21991-2
86	微观经济分析(第三版)	哈尔·R.范里安	Hal R. Varian	68.00	2015	978-7-300-21536-5
87	财政学(第十版)	哈维·S.罗森等	Harvey S. Rosen	68.00	2015	978-7-300-21754-3
88	经济数学(第三版)	迈克尔·霍伊等	Michael Hoy	88.00	2015	978-7-300-21674-4
89	发展经济学(第九版)	A.P.瑟尔沃	A. P. Thirlwall	69.80	2015	978-7-300-21193-0
90	宏观经济学(第五版)	斯蒂芬·D.威廉森	Stephen D. Williamson	69.00	2015	978-7-300-21169-5
91	现代时间序列分析导论(第二版)	约根·沃特斯等	Jürgen Wolters	39.80	2015	978-7-300-20625-7
92	空间计量经济学——从横截面数据到空间面板	J.保罗·埃尔霍斯特	J. Paul Elhorst	32.00	2015	978-7-300-21024-7
93	战略经济学(第五版)	戴维·贝赞可等	David Besanko	78.00	2015	978-7-300-20679-0
94	博弈论导论	史蒂文·泰迪里斯	Steven Tadelis	58.00	2015	978-7-300-19993-1
95	社会问题经济学(第二十版)	安塞尔·M.夏普等	Ansel M. Sharp	49.00	2015	978-7-300-20279-2
96	时间序列分析	詹姆斯·D.汉密尔顿	James D. Hamilton	118.00	2015	978-7-300-20213-6
97	微观经济理论	安德鲁·马斯-克莱尔等	Andreu Mas-Collel	148.00	2014	978-7-300-19986-3
98	产业组织:理论与实践(第四版)	唐·E.瓦尔德曼等	Don E. Waldman	75.00	2014	978-7-300-19722-7
99	公司金融理论	让·梯若尔	Jean Tirole	128.00	2014	978-7-300-20178-8
100	公共部门经济学	理查德·W.特里西	Richard W. Tresch	49.00	2014	978-7-300-18442-5
101	计量经济学导论(第三版)	詹姆斯·H.斯托克等	James H. Stock	69.00	2014	978-7-300-18467-8

经济科学译丛

序号	书名	作者	Author	单价	出版年份	ISBN
102	中级微观经济学(第六版)	杰弗里·M. 佩罗夫	Jeffrey M. Perloff	89.00	2014	978-7-300-18441-8
103	计量经济学原理与实践	达摩达尔·N. 古扎拉蒂	Damodar N. Gujarati	49.80	2013	978-7-300-18169-1
104	经济学简史——处理沉闷科学的巧妙方法(第二版)	E. 雷·坎特伯里	E. Ray Canterbery	58.00	2013	978-7-300-17571-3
105	环境经济学	彼得·伯克等	Peter Berck	55.00	2013	978-7-300-16538-7
106	高级微观经济理论	杰弗里·杰里	Geoffrey A. Jehle	69.00	2012	978-7-300-16613-1
107	高级宏观经济学导论:增长与经济周期(第二版)	彼得·伯奇·索伦森等	Peter Birch Sørensen	95.00	2012	978-7-300-15871-6
108	卫生经济学(第六版)	舍曼·富兰德等	Sherman Folland	79.00	2011	978-7-300-14645-4
109	计量经济学基础(第五版)(上下册)	达摩达尔·N. 古扎拉蒂	Damodar N. Gujarati	99.00	2011	978-7-300-13693-6
110	《计量经济学基础》(第五版)学生习题解答手册	达摩达尔·N. 古扎拉蒂等	Damodar N. Gujarati	23.00	2012	978-7-300-15080-8

金融学译丛

序号	书名	作者	Author	单价	出版年份	ISBN
1	国际金融(第十五版)	戴维·K. 艾特曼	David K. Eiteman	108.00	2022	978-7-300-30096-2
2	个人理财(第八版)	阿瑟·J. 基翁	Arthur J. Keown	98.00	2021	978-7-300-29837-5
3	货币金融学(第三版)	R. 格伦·哈伯德等	R. Glenn Hubbard	96.00	2021	978-7-300-28819-2
4	房地产金融与投资(第十五版)	威廉·B. 布鲁格曼等	William B. Brueggeman	118.00	2021	978-7-300-28473-6
5	金融工程学原理(第三版)	罗伯特·L. 科索斯基等	Robert L. Kosowski	109.00	2020	978-7-300-28541-2
6	金融市场与金融机构(第12版)	杰夫·马杜拉	Jeff Madura	99.00	2020	978-7-300-27836-0
7	个人理财(第11版)	E. 托马斯·加曼等	E. Thomas Garman	108.00	2020	978-7-300-25653-5
8	银行学(第二版)	芭芭拉·卡苏等	Barbara Casu	99.00	2020	978-7-300-28034-9
9	金融衍生工具与风险管理(第十版)	唐·M. 钱斯	Don M. Chance	98.00	2020	978-7-300-27651-9
10	投资学导论(第十二版)	赫伯特·B. 梅奥	Herbert B. Mayo	89.00	2020	978-7-300-27653-3
11	金融几何学	阿尔文·库鲁克	Alvin Kuruc	58.00	2020	978-7-300-14104-6
12	银行风险管理(第四版)	若埃尔·贝西	Joël Bessis	56.00	2019	978-7-300-26496-7
13	金融学原理(第八版)	阿瑟·J. 基翁等	Arthur J. Keown	79.00	2018	978-7-300-25638-2
14	财务管理基础(第七版)	劳伦斯·J. 吉特曼等	Lawrence J. Gitman	89.00	2018	978-7-300-25339-8
15	利率互换及其他衍生品	霍华德·科伯	Howard Corb	69.00	2018	978-7-300-25294-0
16	固定收益证券手册(第八版)	弗兰克·J. 法博齐	Frank J. Fabozzi	228.00	2017	978-7-300-24227-9
17	金融市场与金融机构(第8版)	弗雷德里克·S. 米什金等	Frederic S. Mishkin	86.00	2017	978-7-300-24731-1
18	兼并、收购和公司重组(第六版)	帕特里克·A. 高根	Patrick A. Gaughan	89.00	2017	978-7-300-24231-6
19	债券市场:分析与策略(第九版)	弗兰克·J. 法博齐	Frank J. Fabozzi	98.00	2016	978-7-300-23495-3
20	财务报表分析(第四版)	马丁·弗里德森	Martin Fridson	46.00	2016	978-7-300-23037-5
21	国际金融学	约瑟夫·P. 丹尼尔斯等	Joseph P. Daniels	65.00	2016	978-7-300-23037-1
22	国际金融	阿德里安·巴克利	Adrian Buckley	88.00	2016	978-7-300-22668-2
23	个人理财(第六版)	阿瑟·J. 基翁	Arthur J. Keown	85.00	2016	978-7-300-22711-5
24	投资学基础(第三版)	戈登·J. 亚历山大等	Gordon J. Alexander	79.00	2015	978-7-300-20274-7
25	金融风险管理(第二版)	彼得·F. 克里斯托弗森	Peter F. Christoffersen	46.00	2015	978-7-300-21210-4
26	风险管理与保险管理(第十二版)	乔治·E. 瑞达等	George E. Rejda	95.00	2015	978-7-300-21486-3
27	个人理财(第五版)	杰夫·马杜拉	Jeff Madura	69.00	2015	978-7-300-20583-0
28	企业价值评估	罗伯特·A. G. 蒙克斯等	Robert A. G. Monks	58.00	2015	978-7-300-20582-3
29	基于Excel的金融学原理(第二版)	西蒙·本尼卡	Simon Benninga	79.00	2014	978-7-300-18899-7
30	金融工程学原理(第二版)	萨利赫·N. 内夫特奇	Salih N. Neftci	88.00	2014	978-7-300-19348-9
31	国际金融市场导论(第六版)	斯蒂芬·瓦尔德斯等	Stephen Valdez	59.80	2014	978-7-300-18896-6
32	金融数学:金融工程引论(第二版)	马雷克·凯宾斯基等	Marek Capinski	42.00	2014	978-7-300-17650-5
33	财务管理(第二版)	雷蒙德·布鲁克斯	Raymond Brooks	69.00	2014	978-7-300-19085-3
34	期货与期权市场导论(第七版)	约翰·C. 赫尔	John C. Hull	69.00	2014	978-7-300-18994-2
35	国际金融:理论与实务	皮特·塞尔居	Piet Sercu	88.00	2014	978-7-300-18413-5
36	并购创造价值(第二版)	萨德·苏达斯纳	Sudi Sudarsanam	89.00	2013	978-7-300-17473-0
37	应用公司财务(第三版)	阿斯沃思·达摩达兰	Aswath Damodaran	88.00	2012	978-7-300-16034-4
38	资本市场:机构与工具(第四版)	弗兰克·J. 法博齐	Frank J. Fabozzi	85.00	2011	978-7-300-13828-2

图书在版编目（CIP）数据

中级微观经济学：第八版/（美）杰弗里·M. 佩罗
夫著；谷宏伟译．—北京：中国人民大学出版社，
2022.1
（经济科学译丛）
ISBN 978-7-300-30162-4

Ⅰ.①中… Ⅱ.①杰… ②谷… Ⅲ.①微观经济学-
教材 Ⅳ.①F016

中国版本图书馆 CIP 数据核字（2022）第 011545 号

"十三五"国家重点出版物出版规划项目
经济科学译丛
中级微观经济学（第八版）
杰弗里·M. 佩罗夫　著
谷宏伟　译
Zhongji Weiguan Jingjixue

出版发行	中国人民大学出版社			
社　　址	北京中关村大街 31 号	**邮政编码**	100080	
电　　话	010 - 62511242（总编室）	010 - 62511770（质管部）		
	010 - 82501766（邮购部）	010 - 62514148（门市部）		
	010 - 62515195（发行公司）	010 - 62515275（盗版举报）		
网　　址	http://www.crup.com.cn			
经　　销	新华书店			
印　　刷	涿州市星河印刷有限公司			
规　　格	185 mm×260 mm　16 开本	**版　　次**	2022 年 1 月第 1 版	
印　　张	42 插页 2	**印　　次**	2022 年 1 月第 1 次印刷	
字　　数	1 008 000	**定　　价**	118.00 元	

尊敬的老师：

您好！

为了确保您及时有效地获得培生整体教学资源，请您务必完整填写如下表格，加盖学院的公章后以电子扫描件等形式发给我们，我们将会在 2~3 个工作日内为您处理。

请填写所需教辅的信息：

采用教材				□ 中文版　□ 英文版　□ 双语版
作　者			出版社	
版　次			ISBN	
课程时间	始于　　年　月　日		学生人数	
	止于　　年　月　日		学生年级	□ 专科　　　□ 本科 1/2 年级 □ 研究生　□ 本科 3/4 年级

请填写您的个人信息：

学　校			
院系/专业			
姓　名		职　称	□ 助教 □ 讲师 □ 副教授 □ 教授
通信地址/邮编			
手　机		电　话	
传　真			
official email（必填） (eg：×××@ruc.edu.cn)		email (eg：×××@163.com)	
是否愿意接受我们定期的新书讯息通知：　□ 是　□ 否			

系/院主任：＿＿＿＿＿＿＿＿（签字）

（系 / 院办公室章）

＿＿＿年＿＿月＿＿日

资源介绍：

——教材、常规教辅资源（PPT、教师手册、题库等）：请访问 www.pearson.com/us/higher-education。　（免费）

——MyLabs/Mastering 系列在线平台：适合老师和学生共同使用；访问需要 Access Code。　（付费）

地址：北京市东城区北三环东路 36 号环球贸易中心 D 座 1208 室（100013）

Please send this form to：copub.hed@pearson.com

Website：www.pearson.com